CURSO DE PROCESSO CIVIL

Tomo II

Fabio Caldas de Araújo

CURSO DE PROCESSO CIVIL

Tomo II

Processo de Conhecimento e Cumprimento de Sentença

EDITORA *Jus*PODIVM | MALHEIROS EDITORES

www.editorajuspodivm.com.br

CURSO DE PROCESSO CIVIL

Tomo II – ***Processo de Conhecimento e Cumprimento de Sentença***

Direitos reservados desta edição por
MALHEIROS EDITORES LTDA.
Rua Paes de Araújo, 29, conjunto 171
CEP 04531-940 – São Paulo – SP
Tel.: (11) 3078-7205 – Fax: (11) 3168-5495
URL: www.malheiroseditores.com.br
e-mail: malheiroseditores@terra.com.br

Composição: PC Editorial Ltda.

Impresso no Brasil
Printed in Brazil
02.2020

Dados Internacionais de Catalogação na Publicação (CIP)

A663c Araujo, Fabio Caldas de.
Curso de processo civil : tomo II : processo de conhecimento e cumprimento de sentença / Fabio Caldas de Araújo. – São Paulo : Malheiros, 2020.
816 p. ; 21 cm.

Inclui bibliografia.
ISBN 978-85-392-0464-9

1. Processo civil - Brasil. 2. Direito civil - Brasil. 3. Ação judicial. 4. Jurisdição voluntária. 5. Ação coletiva (Processo civil). I. Título.

CDU 347.91/.95(81)
CDD 347.8105

Índice para catálogo sistemático:

1. Processo civil : Brasil 347.91/.95(81)

(Bibliotecária responsável: Sabrina Leal Araujo – CRB 10/1507)

SUMÁRIO

PROCESSO DE CONHECIMENTO E CUMPRIMENTO DE SENTENÇA

PARTE I – PROCEDIMENTO COMUM

CAPÍTULO I – *A FORMAÇÃO DO PROCESSO*

Capítulo IV – ***AUDIÊNCIA DE CONCILIAÇÃO E MEDIAÇÃO***

Capítulo V – ***RESPOSTA DO RÉU***

Capítulo VI – ***DA ORGANIZAÇÃO E DO SANEAMENTO DO PROCESSO***

Capítulo VII – ***AUDIÊNCIA DE INSTRUÇÃO E JULGAMENTO***

Capítulo VIII – ***DAS PROVAS***

CAPÍTULO IX – *DA SENTENÇA E SUA CLASSIFICAÇÃO*

*Capítulo X – **COISA JULGADA***

*Capítulo XI – **REMESSA NECESSÁRIA***, 474

Parte II – CUMPRIMENTO DE SENTENÇA

Capítulo I – *A TUTELA EXECUTIVA JUDICIAL*

Capítulo II – *PRESSUPOSTOS ESPECÍFICOS PARA O CUMPRIMENTO DE SENTENÇA*

Capítulo VI – ***A EXECUÇÃO INVERTIDA DO DEVEDOR***

Capítulo VII – ***CUMPRIMENTO DE SENTENÇA DA OBRIGAÇÃO ALIMENTAR***

CAPÍTULO *VIII* – ***CUMPRIMENTO DE SENTENÇA EM RELAÇÃO À FAZENDA PÚBLICA***

Capítulo IX – CUMPRIMENTO DE SENTENÇA NA TUTELA ESPECÍFICA

Capítulo X – DA SUSPENSÃO E EXTINÇÃO DO CUMPRIMENTO DE SENTENÇA

Parte I
PROCEDIMENTO COMUM

Capítulo I

A FORMAÇÃO DO PROCESSO

1. A Parte Especial do Código de Processo Civil. 2. O procedimento comum, os procedimentos especiais e a atipicidade procedimental. 3. Procedimento comum: 3.1 Estrutura e natureza supletória – 3.2 A cognição no procedimento comum – 3.3 Procedimento escrito e oral – 3.4 Procedimento comum e procedimento sumário – 3.5 Fase postulatória: 3.5.1 A demanda e sua materialização pela petição inicial: 3.5.1.1 O princípio da aproveitabilidade da petição inicial: emenda e complementação – 3.5.1.2 O endereçamento da inicial – 3.5.1.3 Individualização das partes – 3.5.1.4 A descrição dos fatos e fundamentos jurídicos: a "causa petendi" – 3.5.1.5 Princípio da eventualidade e a modificação da "causa petendi" – 3.5.1.6 Formas de alteração da causa de pedir: redução, ampliação e transubstanciação: (a) Redução da causa de pedir – (b) Ampliação e transubstanciação da causa de pedir – 3.5.1.7 Fatos jurídicos originários: principais e acidentais – 3.5.1.8 Fundamento jurídico: infraconstitucional e constitucional – 3.5.1.9 "Iura novit curia" e a proibição da surpresa ("Verbot der Überraschungsentscheidung") – 3.6 O pedido: 3.6.1 Da classificação do pedido: 3.6.1.1 Pedidos explícitos: (a) Pedido certo – (b) Pedido determinado e genérico – (c) Pedido genérico e ações revisionais – (d) Pedido alternativo – (e) Pedido em obrigação indivisível – 3.6.1.2 Pedido implícito: (a) Pedido formulado em vínculos de prestação continuada – (b) Pedido implícito e sentença omissa – 3.6.1.3 A interpretação do pedido – 3.6.1.4 Da pluralidade de pedidos: (a) Cumulação própria: (a.1) Cumulação simples e cumulação sucessiva – (b) Cumulação imprópria: (b.1) Cumulação alternativa: obrigação alternativa e pedido alternativo – (b.2) Cumulação eventual – 3.6.1.5 Requisitos para a cumulação de pedidos: (a) Pedidos compatíveis – (b) Competência do juízo: parcial e total – (c) Adequação e flexibilização procedimental – 3.6.1.6 Da modificação do pedido: (a) Alteração do pedido e revelia – 3.7 O valor da causa – 3.8 Especificação das provas: 3.8.1 Intensidade da prova documental e necessidade de exibição prévia – 3.8.2 A opção pela realização da audiência de conciliação ou de mediação – 3.9 O requerimento de citação – 3.10 Juízo de admissibilidade quanto à formação da relação processual: 3.10.1 Considerações preliminares – 3.10.2 Juízo positivo sobre o pedido formulado pelo autor: 3.10.2.1 A petição inicial e a integração bifásica do réu – 3.10.2.2 Pedido liminar – 3.10.3 Juízo negativo sobre o pedido formulado pelo autor: 3.10.3.1 Causas para a sentença liminar processual ("Prozessurteil"):

(a) Procedimento em caso de sentença processual liminar – 3.10.3.2 Da improcedência liminar do pedido com análise do mérito: (a) Procedimento na improcedência liminar do pedido – (b) Hipóteses de improcedência liminar: (b.1) Súmulas do STF e do STJ – (b.2) Julgamentos repetitivos – (b.3) Incidente de resolução de demandas repetitivas e a assunção de competência – (b.4) Súmula de Tribunal de Justiça local – (b.5) Prescrição e decadência.

1. A Parte Especial do Código de Processo Civil

O Código de Processo Civil/2015, conforme já estudado no primeiro tomo deste *Curso*, inaugura uma nova sistematização e realiza uma separação entre a Parte Geral e a Parte Especial. Na Parte Geral são tratados os institutos fundamentais que possuem natureza metajurídica (arts. 1º a 317), cuja aplicação é voltada para todos os demais institutos processuais que informam a tutela cognitiva e a executiva, incluindo a esfera recursal.

A Parte Especial é introduzida pelo estudo do processo de conhecimento e seguida pelo cumprimento de sentença, o que revela a adoção do sincretismo processual, que oferece mecanismo de integração entre a atividade de conhecimento e a atividade satisfativa. A entrega da prestação jurisdicional não se resume à declaração do direito da parte, pois exige sua efetiva concretização, em tempo razoável, por meio da atividade executória (art. 4º do CPC, *in fine*). Um ordenamento jurídico sem a existência de mecanismos hábeis para a implementação concreta do comando judicial seria insustentável.[1]

A Parte Especial está estruturada basicamente em quatro livros. O Livro I engloba o processo de conhecimento, o cumprimento de sentença e os procedimentos especiais objeto deste t. II e do t. III e estão estruturados em três títulos. O Título I refere-se ao procedimento comum, em que são analisados a formação, o desenvolvimento e a extinção da relação processual (arts. 318 a 512 do CPC). O Título II é dedicado ao cumprimento de sentença, que representa a implementação prática da atividade processual reconhecida por decisão judicial, no processo de conhecimento (arts. 513 a 553 do CPC). No Título III são estudados os procedimentos especiais que não se acomodam ao procedimento comum retratado pelo Título I (arts. 539 a 770 do CPC). O t. III deste *Curso*, que

1. Como acentua agudamente a doutrina alemã, "Rechtsschutz ohne Rechtszwang is einer entwickelten Rechtsordnung nicht vorstellbar" ("A proteção jurídica, sem os instrumentos de coerção, revelaria a formação de um ordenamento jurídico insustentável" – tradução livre (Gaul/Schilken/Becker-Eberhard/Lakkis/Rosenberg, *Zwangsvollstreckungsrecht*, 12ª ed., § 1º, p. 4).

aborda os procedimentos especiais, também abarca o estudo de algumas ações especiais previstas em legislação extravagante.

2. *O PROCEDIMENTO COMUM, OS PROCEDIMENTOS ESPECIAIS E A ATIPICIDADE PROCEDIMENTAL*

O Livro I da Parte Especial reúne, no processo de conhecimento, o procedimento comum e os procedimentos especiais. Pelo Código de Processo Civil/1973 os procedimentos especiais ocupavam o Livro IV, em caráter autônomo. A atual topologia oferecida aos procedimentos especiais é correta. Embora os procedimentos especiais reflitam forma de tutela jurisdicional diferenciada, nada justifica seu tratamento em livro autônomo. A maioria dos procedimentos especiais apresenta peculiaridade apenas na fase de formação da relação processual, o que gera sua conversão em procedimento comum após a integração do réu na relação processual. É possível afirmar que houve um fortalecimento do procedimento comum, que é marcado pela atipicidade procedimental, em vista do poder de direção material conferido ao juiz para adaptação do procedimento, nos termos do art. 139, VI, do CPC. Muito embora exista uma limitação no dispositivo que procura reduzir o poder do juiz para "dilatar os prazos processuais e alterar ordem de produção das provas", somente aquele que não atua no foro não compreenderá a extensão do poder conferido. A especialidade dos procedimentos é justamente marcada pelos prazos conferidos para a prática dos atos processuais e pela ordem de produção das provas. O art. 139, VI, do CPC estabelece a finalidade do poder conferido na parte final do dispositivo, em que reza: "(...) adequando-os às necessidades do conflito de modo a conferir maior efetividade à tutela do direito". A leitura constitucional do art. 139, VI, exige que o juiz, com a participação das partes, rompa barreiras naturais que surgirão na aplicação do procedimento comum, que é marcado pela plenitude e pela ordem lógica no desenvolvimento dos atos processuais. Ainda que fossem criados outros inúmeros procedimentos especiais, jamais a lei processual conseguiria antever todas as possíveis e hipotéticas situações dos litigantes. Isto fortalece a necessidade da atipicidade procedimental como corolário da entrega da prestação jurisdicional efetiva. Como toda decisão judicial deve ser fundamentada e pode ser impugnada pela via recursal adequada, o poder diretivo do juiz na construção do modelo procedimental adequado ganha força como expediente técnico que visa a auxiliar as partes na solução da demanda. A jurisprudência irá testar os limites do art. 139, VI, cuja tendência é de ampliação, desde que observado o processo civil democrático, que privilegia a gestão participativa na relação processual, na qual o juiz, as partes e o Ministério Público buscam objetivo comum pautado pela efetivação dos direitos fundamentais materiais e processuais em tempo razoável (art. 5º, XXXV e LXXVIII, da CF/1988).

3. *Procedimento comum*

3.1 Estrutura e natureza supletória

O Código de Processo Civil anterior diferenciava o procedimento comum em ordinário e sumário. O procedimento sumário desapareceu, e com ele a desnecessidade de designar a forma plena como procedimento ordinário. Por este motivo, hoje existem apenas o procedimento comum, que corresponde à *regra*, e os procedimentos especiais, que correspondem a *exceções* previstas pelo sistema em vista das especificidades do direito material. Os Juizados Especiais representam uma forma especialíssima, que permite classificá-los como um procedimento sumariíssimo, pela intensa utilização da oralidade e concentração dos atos processuais; contudo, também se inserem entre os procedimentos especiais e são analisados detidamente no tomo III deste *Curso*.

O procedimento comum representa a fórmula processual plena. O procedimento de maior extensão quanto à cognição horizontal e vertical é o comum. Ele é marcado pela existência de fases que não são estanques e marcadas pela interpenetração: *fase postulatória*, *fase conciliatória*, *fase de saneamento*, *fase instrutória* e *fase decisória*.

A *fase postulatória* marca o início do procedimento comum, pelo exame da formação da relação processual. A postulação como ato processual essencial para o nascimento da relação processual decorre da iniciativa do autor pelo oferecimento da petição inicial (art. 319 do CPC). O réu também postula pelo oferecimento de resposta, que poderá ser materializada pela contestação (art. 335) ou, mesmo, reconvenção (art. 343). Na contestação são realizados requerimentos, mas se admite a formulação de pedido. O pedido contraposto e a reconvenção são modos de o réu formular pedido por meio de sua resposta. Tanto o pedido contraposto como a reconvenção são oferecidos na contestação, mas diferem quanto à finalidade e à extensão. O pedido contraposto é formulado em ações de caráter dúplice, nas quais a posição do autor e a do réu se confundem. É o que acontece nas ações possessórias (art. 556 do CPC). A reconvenção exige a conexão com o pedido formulado na inicial, mas tem natureza autônoma e pode ser oferecida independentemente da apresentação de contestação, inclusive com a ampliação do *thema decidendum* (art. 343, § 6º).

A *fase conciliatória* retrata alteração importante do vigente CPC pela sua obrigatoriedade, nos termos do art. 334, que demonstra autêntica fusão do antigo procedimento ordinário com o sumário. O autor e o réu estão sujeitos ao ato de conciliação, que corresponde a uma etapa obrigatória, cuja dispensa dependerá da manifestação expressa de ambas as partes quanto à sua não realização. Em algumas situações o próprio juiz poderá afastar sua designação, por impossibilidade de autocomposição (art. 334, § 4º, I e II).

A *fase de saneamento* representa etapa de preparação da atividade instrutória em que o juiz realiza a depuração da atividade processual até então desenvolvida. O juiz ainda deve solucionar questões processuais que possam tornar inútil toda a atividade posterior (art. 357, I). É fundamental que questões relacionadas às condições da ação e aos pressupostos processuais sejam decididas até a fase de saneamento, ainda que sobre elas não exista preclusão.[2] O juiz saneará o processo por meio de decisão interlocutória ou em audiência, com a presença das partes, para o saneamento compartilhado (art. 357, § 3º). A fase de saneamento indica que não era viável o julgamento antecipado da lide (art. 355 do CPC). Deve ser lembrado que o julgamento antecipado parcial do mérito (art. 356 do CPC) não elimina a necessidade de saneamento, pela continuidade da relação processual em relação ao ponto controverso.

A *fase instrutória* é marcada pela produção das provas necessárias à complementação da prova documental já ofertada pelo autor, pelo réu e pelos terceiros intervenientes. como a prova pericial e a testemunhal.

A *fase decisória* é marcada pela prolação da sentença final, que encerra o procedimento comum e abre a possibilidade da via recursal e da execução provisória/definitiva. A fase decisória também poderá ser antecipada, de modo parcial, por meio da técnica dos arts. 354, parágrafo único, e 356 do CPC. Isto não elimina o fato de que somente a sentença proferida, após a consumação das fases anteriores, encerra a atividade do juiz em primeira instância, nos termos do art. 494 do CPC.

2. No processo subjetivo podemos afirmar que as condições da ação podem ser conhecidas a qualquer tempo, mas no processo objetivo, como na ação direta de inconstitucionalidade/ADI, o STF não permite esta solução. A questão será abordada oportunamente nos procedimentos especiais.

3.2 A cognição no procedimento comum

A cognição (*cognitio*) no processo civil pode ser limitada ou ilimitada, e tudo dependerá da via procedimental adotada. A cognição pode ser classificada sob a ótica *horizontal* ou *vertical*.

Todas as fases citadas indicam que o procedimento comum permite a *cognição plena e exauriente*, uma vez que toda e qualquer matéria pode ser incluída para fins de discussão, o que revela a existência de *cognição horizontal ampla*. O mesmo deve ser afirmado em relação às provas que podem ser produzidas, uma vez que inexiste limitação quanto ao aprofundamento das questões fáticas, o que revela uma *cognição vertical profunda*. Tudo isto demonstra a vocação supletória do procedimento comum para os procedimentos especiais e para o processo de execução (art. 318, parágrafo único). No processo de execução a função supletiva é importante para o regramento da impugnação e dos embargos (arts. 525 e 914). Deve ser ressaltado que o rito da impugnação ao cumprimento de sentença (art. 525 do CPC) não foi sequer disciplinado pelo atual Código de Processo Civil.

3.3 Procedimento escrito e oral

O procedimento comum é desenvolvido de modo escrito e oral. A forma escrita permite o processamento de atos processuais físicos ou eletrônicos. Há uma tendência de eliminação completa da tramitação dos autos físicos, e o avanço aponta para uma progressiva digitalização do estoque, sem prejuízo da prática de atos processuais físicos quando ocorrer falha do sistema eletrônico. É o exemplo da audiência de instrução quando a gravação da mídia não for possível por problemas técnicos. O ato será realizado por meio físico, com posterior digitalização.

A oralidade é uma marca do processo civil moderno e uma conquista do jurisdicionado, que tem a possibilidade do contato direto com o órgão julgador, que poderá colher as impressões e as razões que motivam o pedido de tutela jurisdicional. A oralidade favorece a *imediação* e permite que o juiz formule seu livre convencimento motivado não apenas com as provas documentais. O sistema atual é diverso da oralidade romana. Naquela fase todo o processo era oral e se desenvolvia por ritos formais, que seriam atestados por testemunhais presenciais ao ato.[3]

3. Para uma visão da parte histórica, v. o t. I deste *Curso*, p. 218.

O resgate da oralidade no processo civil foi realizado por Chiovenda e incorporado em nossa legislação após o Código de Processo Civil/1939.[4] A oralidade permite a fuga da perigosa prova legal que dominou o processo medieval. O *speculum iuris* de Durante, processualista do século XIII, enumerava 96 regras sobre a credibilidade de testemunhas.[5] No processo civil moderno a prova legal ou tarifada assume papel reduzido, o que permite liberdade de sua produção. Sua limitação esbarra apenas na ilegalidade e na inconstitucionalidade. O art. 369 do CPC fala em meios "moralmente legítimos"; contudo, Moral e Direito não se confundem nesse campo, e um exemplo pode esclarecer o ponto. Admite-se a gravação clandestina feita por um dos interlocutores da relação processual quanto a fato relevante que possa provar em benefício do autor da gravação. Indiscutivelmente, a gravação clandestina é imoral, mas juridicamente admissível.[6]

3.4 Procedimento comum e procedimento sumário

O art. 272 do CPC/1973 classificava o procedimento comum para o processo de conhecimento em *ordinário* e *sumário*. Atualmente o Código de Processo Civil prevê apenas o procedimento comum, que deverá reger todas as causas, e como exceção os procedimentos especiais, que poderão se utilizar supletivamente do procedimento comum para o preenchimento de eventuais lacunas.

O procedimento sumário era evitado pelas partes, e paulatinamente esta visão acabou sendo assimilada pelos juízes. O motivo é justamente a necessidade de abertura do procedimento pela audiência de conciliação. A superlotação de pautas provocava um fenômeno comum, as audiências iniciais eram designadas apenas meses após o despacho de recebimento da petição inicial. Muitas vezes algum defeito de citação ou endereço informado incorretamente frustravam o ato, e acarretavam nova espera para a completude da relação processual. Com o tempo as partes passaram

4. V. o excelente artigo escrito por Chiovenda para o exame da oralidade no Código de Processo Civil/1939, "A ideia romana no processo civil moderno", in *Processo Oral – Coletânea de Estudos de Juristas Nacionais e Estrangeiros*, pp. 85-97.

5. Chiovenda, "A ideia romana no processo civil moderno", cit., in *Processo Oral – Coletânea de Estudos de Juristas Nacionais e Estrangeiros*, p. 91.

6. "É pacífico, neste Superior Tribunal e no Pretório Excelso, que a gravação ambiental, realizada por um dos interlocutores, com o objetivo de preservar-se diante de investida ilícita, prescinde de autorização judicial – Recurso conhecido em parte e, nessa extensão, improvido" (STJ, 6ª Turma, RHC 29.156-PR, rela. Min. Maria Thereza de Assis Moura, j. 19.6.2012, *DJe* 29.6.2012).

a adotar o rito ordinário mesmo quando expressamente fosse designado o sumário. Este descrédito foi reconhecido pelo STJ, que pacificou sua jurisprudência quanto ao tema.[7] Este é um dos pontos que colocará à prova o art. 334 do CPC, especialmente quanto à obrigatoriedade.

De qualquer forma, o art. 275, I e II, do CPC/1973 trazia a expressa relação das ações que seriam submetidas ao procedimento sumário. Atualmente todas estas ações serão processadas pelo procedimento comum, inclusive aquelas que estão previstas em lei especial, como a usucapião especial rural (art. 5º da Lei 6.969/1981) ou a adjudicação compulsória (art. 16 do Decreto-lei 58/1937).

3.5 *Fase postulatória*

3.5.1 A demanda e sua materialização pela petição inicial

A demanda judicial (*princípio da demanda*) somente existe com o oferecimento da petição inicial, que é condição para a formação linear da relação processual (autor/Estado-juiz). É por meio da demanda que se fixam *in concreto* os elementos da ação: partes, causa de pedir e pedido.[8] A demanda é uma expressão do princípio dispositivo, uma conquista do processo civil moderno e democrático, pelo qual a busca da tutela judicial deve surgir da iniciativa da parte. É por esta razão que o Poder Judiciário não poderá agir de ofício, apenas excepcionalmente e com autorização legal expressa (art. 2º, *in fine*, do CPC).[9]

A petição inicial materializa a demanda apresentada pelo autor.[10] Daí a importância da petição inicial como instrumento de concreção do direito afirmado em juízo. Sua apresentação obedece a requisitos formais, o que motiva o ordenamento jurídico a especificar seu conteúdo obrigatório (*Muß-Inhalt*).[11]

O art. 319 do CPC estabelece, nos incisos I a VII, os requisitos para a materialização da petição inicial. O conhecimento do pedido exige

7. "A jurisprudência do STJ é firme no sentido de que, inexistindo prejuízos às partes, não há nulidade alguma na conversão do rito sumário em ordinário, sendo este de cognição mais ampla, permitindo mais profunda dilação probatória" (STJ, 3ª Turma, AgR no REsp 1.444.089-SP, rel. Min. Moura Ribeiro, j. 25.8.2015, *DJe* 3.9.2015).

8. Cândido Rangel Dinamarco, *Vocabulário do Processo Civil*, 2ª ed., p. 117.

9. Como na aplicação de medidas protetivas no interesse da criança ou adolescente, que exige a intervenção precoce como meio de minimização de danos (art. 101, VI, do Estatuto da Criança e do Adolescente/ECA).

10. Barbosa Moreira, *O Novo Processo Civil Brasileiro*, 18ª ed., p. 9.

11. Jauernig, *Zivilprozeßrecht*, 26ª ed., § 39, p. 157.

imperativo categórico: a petição deve ser redigida no vernáculo oficial. Todos os atos processuais serão redigidos na língua portuguesa, como estabelece o art. 192 do CPC. Os elementos essenciais da petição inicial, causa de pedir (art. 319, III) e pedido (art. 319, IV), serão estudados dentro do seu contexto.

Sua apresentação em juízo se dá pela forma escrita, o que é essencial para a publicidade e registro do ato processual postulatório (*Klageschrift*).[12] Ela poderá ser ajuizada por meio *físico* ou *eletrônico*. No procedimento sumariíssimo do Juizado Especial permite-se a apresentação de reclamação verbal (art. 14, § 3º, da Lei 9.099/1995), mas enquanto a demanda não for materializada por escrito, pela secretaria judicial, o requerimento será destituído de força jurídica (*flatus vocis*). A petição escrita deve ser inteligível, pois a narrativa deve descrever situação jurídica que permita a compreensão. A intelecção da causa de pedir e do pedido é essencial para que o réu possa produzir sua defesa, e o não atendimento a este requisito poderá gerar o indeferimento da petição inicial (art. 330, § 1º, III, do CPC).

A petição inicial consiste em *pressuposto processual de existência e validade da relação processual*. É por meio dela que o juízo toma conhecimento dos fatos que justificam o pedido de tutela jurídica e que dão cabimento ao desenvolvimento dos atos processuais que preparam o pronunciamento judicial sobre a questão (*sentença processual ou de mérito* – arts. 485 e 487 do CPC).

Após a formação da relação processual, pelo juízo positivo de admissibilidade da petição inicial, os atos processuais ganham impulso oficial (art. 2º do CPC). O princípio do impulso oficial revela atividade de gestão processual e o comprometimento inevitável do juiz com a impulsão dos atos processuais mediante a colaboração das partes (art. 6º do CPC).[13] A petição inicial desencadeia um *plexo de cientificações* para o réu (*Fülle von Aufforderungen*).[14] Isto demonstra a seriedade e a importância da

12. Paulus, *Zivilprozessrecht: Erkenntnisverfahren und Zwangsvollstreckung*, 3ª ed., n. 120, p. 63.

13. Como assevera a doutrina italiana, a natureza pública da relação processual é informada pelo princípio do impulso oficial; no entanto, isto não elimina a necessidade de que determinados atos sejam praticados pelas partes, sob pena de extinção do processo (*e.g.*, art. 485, II, do nosso CPC). Algumas situações, como a integração de litisconsorte necessário (art. 115, parágrafo único), dependem da atividade da parte, e não do juízo. Isto permite visualizar o princípio do impulso oficial e o princípio do impulso da parte (*principio dell'impulso di parte*). V.: Proto Pisani, *Lezioni di Diritto Processuale Civile*, p. 193.

14. Jauernig, *Zivilprozessrecht*, cit., 26ª ed., § 39, p. 157.

lisura e coerência dos pedidos que são formulados na petição inicial, pois, ao ser materializada a citação, abre-se para o réu o prazo preclusivo para o cumprimento de uma série de ônus e deveres processuais, tais como: (a) *prazo para a escolha de um patrono*; (b) *prazo para a formulação de defesa*; (c) *prazo para cumprimento de eventual tutela provisória concedida*; (d) *prazo para a interposição do recurso, para comparecimento em audiência de conciliação e mediação*; e (e) *prazo para anexação de documento indispensável para a complementação do pedido* (art. 6º, § 1º, da Lei 12.016/2009).

3.5.1.1 *O princípio da aproveitabilidade da petição inicial: emenda e complementação*

A petição inicial, registrada e distribuída, deflagra a prática dos atos processuais e o escoamento do lapso temporal no processo. O juiz tomará ciência das razões de invocação da tutela jurisdicional pela leitura da petição inicial, o que exige o preenchimento de requisitos mínimos elencados pela lei para permitir a correta intelecção do pedido por parte do juiz. Sua importância fez com que legislador elaborasse o elenco dos seus requisitos essenciais por meio do art. 319 do CPC.

O direito de ação, como expressão de autêntico direito fundamental instrumental (art. 5º, XXXV, da CF) é materializado pela petição inicial, o que exige cuidado em sua análise, bem como a concessão, sempre que possível, de mecanismos hábeis para sua correção. Toda decisão de encerramento prematuro da relação processual deve ser evitada, para que o mérito do processo possa ser decidido e para que a satisfação do direito possa ser garantida. O art. 4º do CPC revela o compromisso da lei processual com a solução efetiva do litígio para as partes, incluindo a atividade satisfativa.

O princípio da aproveitabilidade da petição inicial reafirma a prioridade da decisão de mérito e veda o indeferimento abrupto do processamento do feito, sem ser oportunizada a possibilidade de emenda do libelo na hipótese de falha em sua elaboração (art. 321 do CPC).[15] Sua aplicação não é uma novidade. O art. 284 do CPC/1973 previa a possibilidade de emenda para a hipótese de defeitos e irregularidades. O art. 321 do vigente CPC aperfeiçoou sua aplicação. Inicialmente aumentou o

15. "Apresentando a petição inicial vícios, é dever do juiz determinar que sejam sanados – Entendimento consolidado desta Corte – Agravo regimental improvido" (STJ, 1ª Turma, AgR no REsp 1.254.268-SC, rela. Min. Regina Helena Costa, j. 10.11.2015, *DJe* 23.11.2015).

prazo de regularização de 10 para 15 dias. E o ponto de maior destaque reside na advertência de que a ordem para emenda ou complementação deverá conter a indicação precisa sobre o defeito a ser corrigido junto à peça inicial. Esta modificação é importante, porque é possível que o juiz também tenha compreendido erroneamente o pedido formulado, e a explicitação da correção permitirá economia de tempo e transparência na decisão. Outro ponto fundamental na emenda reside no fato de que a retroatividade dos efeitos da citação atingirá a data da emenda e não do oferecimento da petição inicial em juízo.[16]

Pela sistemática anterior eram comuns despachos de emenda com a simples menção da advertência do prazo, sob pena de extinção, inclusive sem menção a qualquer inciso legal. O texto atual exige que, além do inciso ofendido, o juiz indique com precisão o que deve ser complementado ou emendado. Sendo assim, quando o juiz verificar a necessidade de formação de litisconsórcio necessário, deverá determinar a complementação do art. 319, II, III, IV e V, bem como informará o fundamento do art. 115, parágrafo único, do CPC, com a motivação da necessidade do litisconsórcio. Outro exemplo pode ser lembrado, no pedido de usucapião. Não bastará que o juiz determine a emenda da inicial por ausência de cumprimento dos requisitos do art. 319 do CPC. A eliminação do procedimento especial da ação de usucapião traz maior dificuldade na formulação do pedido, e o juiz deverá especificar a necessidade de a causa de pedir (art. 319, III) estar fundamentada por memorial descritivo que servirá para a formação de futura matrícula, ao mesmo tempo que advertirá para a necessidade do pedido de procedimento edital, em vista do polo passivo universal necessário para a formação da matrícula (art. 259, I, do CPC).[17] O juiz deve orientar e, assim, colaborar para o escorreito andamento do feito (arts. 6º e 139, IX, do CPC).

Vale lembrar que o pedido inaugural não poderá ser indeferido quando sua complementação dependa de provas que não estão na posse do autor ou de informações a que não tem acesso (art. 320 do CPC). Na propositura do mandado de segurança, por exemplo, as provas que fun-

16. Cf. STJ: "Nos termos da jurisprudência desta Corte, se a petição inicial não preenche os requisitos do art. 282 do CPC/1973 [*correspondente ao 319 do CPC/2015*], deve-se considerar a data da emenda à petição inicial para os efeitos de retroação da citação, pois este é o momento em que a ação passou a reunir condições de procedibilidade (AgInt nos EDcl no AgInt no AREsp 1.137.266-SP, rel. Min. Marco Aurélio Bellizze, 3ª T., j. 14.10.2019, *DJe* 22.10.2019).

17. Sobre a diferenciação entre *procedimento edital* e *citação por edital*, v. o Tomo I deste *Curso*, p. 896.

damentam a configuração do ato coator podem estar na posse do réu, o que motiva a necessidade de ordem judicial para a exibição do documento (art. 6º, § 1º, da Lei 12.016/2009[18]). A mesma advertência é válida para as informações fiscais exigidas pelo art. 319, II, c/c §§ 1º a 3º, do CPC.

É possível que mesmo após o juiz conceder o prazo de 15 dias para a emenda ou complementação, com a especificação do ponto a ser corrigido, a parte se quede silente. Nesta hipótese não existirá outra alternativa para o juiz além do indeferimento da petição inicial (arts. 321, parágrafo único, e 485, I, do CPC).[19] Também será possível que o juiz não especifique o ponto a ser corrigido ou emendado, o que autoriza, desde já, o manejo dos embargos de declaração com o fito de a parte obter o esclarecimento adequado.

3.5.1.2 *O endereçamento da inicial*

A formalização da postulação exige que o autor faça o endereçamento da petição inicial "ao juízo a que é dirigida", nos termos do art. 319, I, do CPC. O dispositivo é técnico, pois fala em "juízo" (órgão), e não "juiz" (agente estatal). As Varas são sucedidas por juízes em movimentação de carreira, e não se deve realizar endereçamento pessoal, ainda que tal atitude não consista em qualquer irregularidade.

O correto endereçamento exige o conhecimento sobre as regras de competência. Apesar da simplificação quanto à propositura eletrônica da petição inicial, a definição da competência, em um primeiro momento, caberá ao autor, e o incorreto ajuizamento representará aumento de custos e de tempo na tramitação do feito. O juiz poderá corrigir a falha de imediato ao despachar a petição inicial, quando observar sua incompetência

18. Lei 12.016/2009:

"Art. 6º. A petição inicial, que deverá preencher os requisitos estabelecidos pela lei processual, (...).

"§ 1º. *No caso em que o documento necessário à prova do alegado se ache em repartição ou estabelecimento público ou em poder de autoridade que se recuse a fornecê-lo por certidão ou de terceiro, o juiz ordenará, preliminarmente, por ofício, a exibição desse documento em original ou em cópia autêntica e marcará, para o cumprimento da ordem, o prazo de 10 (dez) dias. O escrivão extrairá cópias do documento para juntá-las à segunda via da petição*" (grifos nossos).

19. Ainda que sob a égide do Código de Processo Civil/1973: "O descumprimento, pela parte autora, de determinação judicial para a emenda da inicial impõe o indeferimento da petição, com a extinção do processo sem a resolução do mérito – Inteligência da regra do art. 284, parágrafo único, do CPC" [*art. 321, parágrafo único, do CPC/2015*] (STJ, 4ª Turma, AgR no REsp 1.181.273-PB, rel. Min. Antônio Carlos Ferreira, j. 8.5.2014, *DJe* 29.5.2014).

absoluta (art. 64, § 1º, do CPC). O feito deverá ser remetido ao juízo competente, e nunca extinto pelo art. 485 do CPC.[20] A extinção do feito somente será providência cabível na incompetência absoluta e territorial do Juizado Especial, nos termos do art. 53, III, da Lei 9.099/1995.

3.5.1.3 *Individualização das partes*

A inicial deve conter a descrição das partes que participarão da relação processual, conforme o art. 319, II, do CPC. O diploma vigente exige maior requinte nas informações. As informações essenciais residem no nome, prenome e no Registro Geral. O Registro Geral não foi mencionado (RG), mas é fundamental para o correto esclarecimento da identidade, pois possibilita a identificação dos ascendentes, via sistema, e elimina qualquer possibilidade de ajuizamento da demanda em relação a homônimo. O documento de identidade é criação moderna, com o objetivo de eliminar possíveis imperfeições pela homonímia e aproximação dos nomes entre membros da mesma família. Pela inserção de outros dados (foto, impressão digital e número sequencial único) se obtém segurança muito maior. Nem todos os Países adotam o documento de identidade (*Personalausweis*). A qualificação inicial deverá conter o endereço das partes, o que será essencial para a comunicação dos atos processuais. O endereço físico é obrigatório e o endereço eletrônico poderá ser facultativo ou obrigatório. Será obrigatório para o advogado (art. 287) e para as pessoas jurídicas mencionadas no art. 246, §§ 1º e 2º, do CPC. Será facultativo para as pessoas físicas e para as pessoas jurídicas representadas por microempresas e empresas de pequeno porte. O Código de Processo Civil elegeu a intimação eletrônica como meio preferencial de movimentação processual (art. 270), o que justifica a presença do endereço eletrônico de todas as partes. Em determinadas ações, como na de usucapião, a identificação das partes é fundamental para a correta formação do litisconsórcio passivo necessário, inclusive com a indicação do cônjuge ou companheiro do confinante.

O art. 319, II, exige, ainda, a menção ao estado civil. Este dado é fundamental para evitar problemas de nulidade ou ineficácia da decisão quando a relação processual exigir a participação do cônjuge ou compa-

20. Em algumas situações o processo poderá ficar suspenso pela necessidade de confirmação da competência, como na hipótese da Súmula 150 do STJ: "Compete à Justiça Federal decidir sobre a existência de interesse jurídico que justifique a presença, no processo, da União, suas autarquias ou empresas públicas". Esta Súmula revela um exemplo de aplicação do princípio da cooperação entre o juízo estadual e federa (art. 6º CPC).

nheiro (*e.g.*, art. 73, § 1º, do CPC). Também se exige a menção ao CPF e ao CNPJ em relação às pessoas físicas e jurídicas. Estes dados complementares são fundamentais, pois para a concessão de inúmeros pedidos via sistema, como INFOJUD, BACENJUD, CCS-BACEN ou mesmo para a inserção de restrição à circulação de veículos no RENAJUD, o CPF e o CNPJ são essenciais.

A ausência de algum dos dados exigidos pelo art. 319, II, do CPC não pode provocar a extinção do processo quando a parte autora demonstrar que não tem acesso à informação. O fato é comum, e pode ser exemplificado com o ajuizamento de uma ação possessória motivada por invasão coletiva. A própria identificação do responsável para a formação do polo passivo restará prejudicada, o que dizer da inserção de todos os dados exigidos pelo dispositivo... O art. 319, nos §§ 1º a 3º, permite que a parte possa pedir o auxílio do juízo na sua obtenção. Quando os elementos mínimos tornarem possível a formação da relação processual, a petição inicial deverá ser deferida, pois os dados poderão ser complementados *a posteriori* (art. 319, § 2º, do CPC). Mesmo que possível a obtenção dos dados, a parte poderá não ter condições de obtê-los, especialmente quando hipossuficiente. Nesta hipótese, o juízo, igualmente, deverá processar o pedido, para complementação futura (art. 319, § 3º, do CPC).

3.5.1.4 *A descrição dos fatos e fundamentos jurídicos: a "causa petendi"*

Será fundamental que o autor descreva dois elementos essenciais que viabilizam a demanda em juízo: a *causa de pedir* e o *pedido*. O art. 319, III, do CPC refere-se ao primeiro. A causa de pedir corresponde ao motivo que justifica a formulação do pedido de tutela estatal. A causa de pedir responde a um simples questionamento: *Por que ingressar em juízo?*. Esta resposta envolve a descrição dos fatos jurídicos constitutivos afirmados pelo autor (*causa de pedir remota*) bem como os fundamentos que justifiquem o pedido de tutela jurídica, pela demonstração da subsunção normativa destes fatos com o ordenamento jurídico, ou seja, a demonstração da situação de *ameaça* ou *lesão* quanto à posição jurídica afirmada (*causa de pedir próxima*).[21] Esta exigência atinge tanto as pretensões pessoais como as reais.[22] Em uma ação reivindicatória caberá ao autor demonstrar os fatos constitutivos do seu direito, que consistem na

21. Sobre o tema, v. nossas considerações no t. I deste *Curso*, pp. 367-368. Ainda: Augusto Tanger Jardim, *A Causa de Pedir no Direito Processual Civil*, p. 72.

22. Arruda Alvim, *Manual de Direito Processual Civil*, 14ª ed., vol. II, p. 447.

causa de pedir remota (título dominial e origem da propriedade), bem como a causa de pedir próxima, referente aos fundamentos que justificam o pedido de tutela, indicando a violação sofrida em relação ao direito de propriedade (ameaça de ruína, esbulho, construção vicinal irregular). Sobre a causa de pedir são possíveis diversas classificações. Em sua essência, a causa de pedir já seria naturalmente composta pela necessidade da presença da *causa de pedir remota e próxima* para sua configuração.

Todavia, é possível, ainda, classificarmos a causa de pedir, tomando em consideração unicamente os fatos constitutivos deduzidos na petição inicial, em: *simples*, *composta* ou *complexa*.[23] Será *simples* quando existir a invocação de um único fato como fundamento da demanda. É o caso do pedido de retomada do bem imóvel pela descrição da ausência do pagamento à vista. A causa poderá assumir natureza *composta*, quando são vários os fatos constitutivos, mas que fornecem suporte para a formulação de um único pedido, como na execução de várias pensões alimentícias em atraso, que dão azo ao pedido de pagamento. Cada mês inadimplido corresponde a uma causa de pedir, e que poderia dar azo ao ajuizamento de uma execução autônoma. A causa de pedir composta assume natureza homogênea, pois a soma das causas de pedir fundamenta um único pedido condenatório. A causa de pedir *complexa* é marcada pela presença de mais de uma causa de pedir, porém distintas e heterogêneas. A causa de pedir complexa revela autêntica cumulação de demandas.[24] Um exemplo clássico seria a ação de investigação de paternidade cumulada com petição de herança.

O art. 319, III, do CPC revela que nosso sistema se filiou à teoria da substanciação (*Substantierungstheorie*).[25] Por meio dela se exige a descrição dos fatos e dos fundamentos jurídicos, os quais deverão ser explicitados na petição inicial, após a indicação do juízo e a qualificação das partes. Nossa lei processual exige que o autor descreva os

23. José Rogério Cruz e Tucci, *A **Causa Petendi** no Processo Civil*, 2ª ed., p. 155.

24. Idem, p. 156.

25. Como ensinam Rosenberg/Schwab/Gottwald (*Zivilprozessrecht*, 16ª ed., § 94, 22, p. 630), ao contrário da teoria da individualização, os fatos (*Sachverhalt*) são inseridos como elementos preponderantes e suficientes para a fundamentação do pedido. Na teoria da individualização prepondera a necessidade de exposição da relação jurídica (*Rechtsverhältnis*) e cabe ao autor diferenciá-la de outras possíveis relações na exposição do seu pedido (*von anderen Rechtsverhältnissen unterschied*). Deste modo, ao fundamentar o pedido de indenização por ilícito relativo (responsabilidade contratual) excluir-se-ia a formação da coisa julgada quanto ao pedido por ilícito absoluto (responsabilidade extracontratual).

fatos originários que demonstram a origem da pretensão. E mais: além da necessidade de indicar os fatos jurídicos originários, o autor deverá indicar o fundamento jurídico que justifica a concessão de proteção pelo ordenamento. Em uma ação possessória o autor deverá comprovar os fatos originários de sua *posse ad interdicta* (*causa de pedir remota*), assim como descrever a existência de ameaça ou lesão à posse que justifique o pedido de concessão de tutela judicial (*causa de pedir próxima*).[26] Mesmo nas ações que expressem direitos absolutos, como na ação reivindicatória, existe a necessidade de o autor expor na petição inicial a origem do direito de propriedade – alienação, usucapião, sucessão (causa de pedir remota) –, para depois justificar a necessidade da tutela jurídica de reivindicação pela ofensa ao direito de propriedade (causa de pedir próxima).

Não fazem parte da causa de pedir a *qualificação jurídica* dada ao fato ou, mesmo, a *norma jurídica* apontada como aplicável.[27] Esta afirmação acaba por exigir que o autor descreva os fatos constitutivos do seu direito e aponte apenas o fundamento jurídico para a invocação da tutela judicial. Pouco importa a invocação da norma jurídica incorreta, ou seja, a menção a artigo de lei equivocado.

3.5.1.5 *Princípio da eventualidade e a modificação da "causa petendi"*

A necessidade de descrever simultaneamente os fatos e os fundamentos jurídicos na petição inicial indica a necessidade de concentração do ato de postulação. Não seria possível ao réu formular sua defesa se a cada fase processual o autor pudesse mudar os fatos jurídicos que justificam a formulação do pedido de tutela (*causa petendi*). O princípio da eventualidade exige a estabilização dos atos processuais e cria um sistema de preclusão, permitindo que a marcha processual siga seu curso até a prolação da sentença. A estabilização dos fatos também será importante

26. Nosso sistema não adotou a teoria da individualização (*Individualisierungstheorie*), que ganhou maior adesão na Itália. Nesta teoria a causa de pedir apoia-se no fundamento jurídico, e não nos fatos jurídicos originários, como já exposto na nota *supra*. A discussão e a opção entre a teoria da substanciação ou da individualização não têm sabor meramente acadêmico, mas essencialmente prático. Adotando-se a teoria da individualização traz-se o inconveniente da expansão da coisa julgada sobre a relação jurídica, e não sobre os fatos. Deste modo, se a coisa julgada fosse estabilizada sobre a relação jurídica ela impediria a propositura de novo pedido sobre a mesma relação jurídica, ainda que apoiado em fato diverso. Não é o que acontece em nosso sistema atual, uma vez que o mesmo pedido, desde que apoiado em novo fato jurídico diverso, permite a propositura de nova demanda.

27. José Carlos Barbosa Moreira, *O Novo Processo Civil Brasileiro*, cit., 18ª ed., p. 16.

para fins de incidência da coisa julgada, na medida em que ela somente imunizará a relação jurídica processual quanto aos fatos que foram alegados e discutidos em juízo (art. 502). Logo, uma demanda declaratória negativa em que se rejeitou a tese de prescrição entre "A" e "B" não impede que o autor "A" proponha nova demanda contra "B" sustentando a compensação da mesma dívida.

O autor possui autorização para alterar a causa de pedir após o ajuizamento da petição inicial, mas, em respeito ao princípio da eventualidade, há limite temporal definido expressamente pelo art. 329 do CPC.

O autor poderá alterar a causa de pedir, sem anuência da parte adversa, até a citação (art. 329, I).[28] Após a integração do réu no processo é possível a alteração da causa de pedir com seu consentimento expresso, até a fase de saneamento do processo (art. 357 do CPC). O réu terá o direito de se manifestar sobre a alteração no prazo de 15 dias, inclusive para formular pedido suplementar de provas. Tudo dependerá da natureza da alteração. Neste conceito de alteração da causa de pedir é possível que o autor adicione, elimine ou altere a natureza da causa de pedir formulada. A possibilidade de alteração também se aplica à reconvenção (art. 329, parágrafo único).

Em vista da nova concepção constitucional que ilumina o processo civil, especialmente pelo primado da efetividade e da duração razoável do processo, não deve ser proscrita a possibilidade de alteração da causa de pedir por negócio processual (art. 190 do CPC), mesmo após ultrapassado o prazo do art. 329, I e II, do CPC.[29] A possibilidade de alteração nos elementos da ação vem sufragada expressamente pelo CPC vigente na hipótese de autocomposição (art. 515, II, e § 2º) e para as situações previstas pelo art. 493.

3.5.1.6 *Formas de alteração da causa de pedir: redução, ampliação e transubstanciação*

A possibilidade de alteração da causa de pedir e seu limite temporal estão configurados pelo art. 329 do CPC. Contudo, cabe analisar o conteúdo possível desta alteração.

28. V.: STJ, 3ª Turma, AgInt no AREsp 669.906-SP, rel. Min. Marco Aurélio Bellizze, j. 25.10.2016, *DJe* 10.11.2016.

29. Pela possibilidade de alteração *a posteriori* com foco na leitura constitucional: Ricardo de Barros Leonel, *Causa de Pedir e Pedido*, pp. 242 e ss. Ainda: Fredie Didier Jr./Hermes Zaneti Jr., com base no Código de Processo Civil/2015: *Curso de Direito Processual Civil*, 2ª ed., vol. 1, pp. 585-586.

(a) Redução da causa de pedir

A primeira hipótese é revelada pela redução da causa de pedir. Ela pode atingir a causa de pedir *simples*, a *composta* ou a *complexa*. Quando se tratar de redução da causa de pedir simples é possível que o autor observe que o inadimplemento não é *total*, mas *parcial* – a causa de pedir descrevia o inadimplemento de 100 quando, na verdade, ele seria de 50. Até antes da citação a redução será possível de modo unilateral, mas após a citação a redução exigirá o consentimento do réu e alcançará termo final com o saneamento do processo, conforme incidência da regra do art. 329, II, do CPC. A redução também incide sobre a causa de pedir complexa ou a composta.

É possível que o autor perceba que o pedido de investigação de paternidade cumulado com petição de herança é desnecessário, porque foi apresentado testamento em que o falecido reconhece o autor como herdeiro (art. 1º, III, da Lei 8.560/1992). Na ação direta de inconstitucionalidade é possível que o legitimado para a declaração de inconstitucionalidade reduza o âmbito da causa de pedir, para eliminar leis ou atos normativos apontados como inconstitucionais, inclusive após a concessão da liminar.[30] Na execução de verbas alimentares percebe-se, após o ajuizamento da execução, que algumas parcelas mencionadas como atrasadas já haviam sido quitadas, o que leva à redução da causa de pedir, pois o inadimplemento será narrado em período inferior.

A redução da causa de pedir após a citação do réu operará diversas eficácias, que serão analisadas no decorrer da exposição do procedimento comum. Ela poderá provocar a desistência parcial do processo, renúncia parcial ou, mesmo, redução operada por negócio processual. Há uma diferença peculiar entre o art. 329, I e II, e o art. 485, § 3º, do CPC. Até o oferecimento da contestação pelo réu o autor poderá desistir da ação, de modo total ou parcial, sem a anuência da parte contrária. Isto significa que se o réu não anuir na alteração da *causa petendi* ou do pedido até a contestação o autor ainda terá a faculdade de desistir do processo, para que posteriormente reproponha a demanda de modo adequado. O réu não poderá se opor a essa desistência, que poderá ser estratégica. Após a contestação o réu poderá exigir o prosseguimento do feito, para que o pedido seja julgado pelo mérito.

30. Gilmar Ferreira Mendes/Arnoldo Wald/Hely Lopes Meirelles, *Mandado de Segurança e Ações Constitucionais*, 38ª ed., p. 475.

(b) Ampliação e transubstanciação da causa de pedir

A causa de pedir poderá ser aumentada. E aqui cabe uma distinção. É possível o acréscimo de uma causa de pedir com ou sem alteração do pedido. O autor poderá acrescentar novo fato constitutivo sem modificar o pedido, como em uma ação de divórcio em que se agrega ausência de respeito e consideração mútuos (art. 1.566, V, do CC) ou rompimento da vida em comum (art. 1.566, II, do CC). Em outra hipótese será possível adicionar causa de pedir que poderá gerar novo pedido, como a quebra da fidelidade (art. 1.566, I, do CC), que repercutirá para fins de danos morais.[31]

A leitura do art. 329 do CPC, como já afirmado, merece sintonia com a nova sistemática imposta pelo Código, especialmente quanto à celeridade, à efetividade e participação democrática das partes na relação processual. O negócio processual (art. 190 do CPC) revela hipótese clara de possibilidade de ampliação da causa de pedir e do pedido mesmo após o saneamento do processo (art. 329, II).

A causa de pedir ainda poderá sofrer transubstanciação em situações excepcionais, especialmente pela incidência do art. 493 do CPC. Nesta hipótese, os fatos constitutivos ou o fundamento jurídico podem sofrer alteração, mudando a natureza do pedido formulado em juízo. A mudança do pedido possessório para indenizatório, em vista da impossibilidade superveniente de retirada de terceiro de boa-fé do imóvel, afigura uma hipótese interessante e reconhecida pelo STJ. A *causa petendi* inicial revela a existência de relação possessória; contudo, em vista da posição de estabilidade assumida pelo terceiro de boa-fé, admite-se a conversão do pedido possessório em indenizatório.[32]

3.5.1.7 *Fatos jurídicos originários: principais e acidentais*

O princípio da eventualidade atinge tanto a causa de pedir como o pedido (art. 329 do CPC). No entanto, deve ser realizada uma distinção teórica que alcança grande relevo prático. Os fatos jurídicos que demonstram a base da postulação do autor podem ser classificados em *principais* e *acidentais*. Somente os fatos principais possuem relevância para fins de

31. Discutimos a sobrevivência ou não da "culpa" em ações de família (art. 693 CPC), no Tomo III deste *Curso*, pp. 523 e ss.

32. STJ, 4ª Turma, REsp 1.302.736-MG, rel. Min. Luís Felipe Salomão, j. 12.4.2016, *DJe* 23.5.2016.

estabilização da demanda e especialmente para a identificação da litispendência (art. 337, §§ 1º e 2º, do CPC). É sobre os fatos principais que serão delimitados os meios probatórios, inclusive com a possibilidade de participação das partes (art. 357, II, e § 3º, do CPC).[33]

Os fatos principais são estabilizados e servem de suporte para a formação da defesa. Os fatos acidentais colorem os fatos principais, mas podem ser livremente retificados, na medida em que apenas complementam e facilitam a compreensão dos fatos principais. Deve-se ter cuidado nesta classificação. O autor que ingressa com ação para o recebimento de alugueres atrasados deve expor o fato constitutivo principal referente à condição de locador/locatário e a falta de pagamento. O fato secundário diz respeito ao endereço e às características do imóvel que podem ser retificadas caso seja realizada menção errônea. Por sua vez, a data do pagamento não consiste em fato acidental ou secundário, pois sua definição é crucial para precisar a existência da mora e poderá influir diretamente no sucesso da demanda.

3.5.1.8 *Fundamento jurídico: infraconstitucional e constitucional*

A substanciação da causa de pedir exige a descrição dos fatos e dos fundamentos jurídicos que embasam a formulação do pedido. Não basta apenas a descrição dos fatos jurídicos, pois se revela essencial realizar a conexão deles com o ordenamento jurídico. O fundamento jurídico deve ser buscado no ordenamento infraconstitucional, sem prejuízo da utilização do fundamento constitucional. Isto propicia que a ausência de texto normativo expresso permita a subsunção dos fatos aos princípios constitucionais.

O fundamento jurídico não se confunde com o fundamento legal. Por este motivo, não há que se falar em alteração da causa de pedir quando a parte modifique o dispositivo legal de sua peça.

3.5.1.9 *"Iura novit curia" e a proibição da surpresa ("Verbot der Überraschungsentscheidung")*[34]

A fundamentação jurídica revela a conformação dos fatos jurídicos constitutivos narrados na petição inicial ao pedido formulado pela parte requerente (autor ou réu/reconvinte). A fundamentação legal não vincula

33. José Rogério Cruz e Tucci, *A **Causa Petendi** no Processo Civil*, cit., 2ª ed., p. 153.

34. Schwab/Gottwald, *Verfassung und Zivilprozeß*, p. 53.

o juiz quanto à qualificação dos fatos que são apresentados na petição inicial. Esta afirmação tem suporte em antigo e notório adágio: *da mihi factum, dabo tibi ius*. A aplicação deste aforismo continua válida, mas com temperamento. O juiz não se prende à tese jurídica suscitada pelo autor na inicial ou pelo réu na contestação ou reconvenção. O dever constitucional de fundamentação permite que o juiz forme seu livre convencimento (art. 371 do CPC) com base no substrato probatório oferecido pelas partes, inclusive com provas suplementares produzidas de ofício (art. 370 do CPC). Esta postura do ordenamento decorre de uma simples constatação: *a decisão judicial deve oferecer o melhor rendimento possível para a entrega da tutela jurisdicional adequada à satisfação integral do mérito* (art. 4º do CPC).

Para alcançar esse desiderato, o juiz nunca se vinculará à qualificação jurídica conferida pela parte aos fatos narrados na petição inicial e ainda poderá produzir prova suplementar em caráter oficioso para dirimir dúvida que dificulte a solução de questões controvertidas no processo. O juiz vincula-se ao ordenamento legal e constitucional, buscando a salvaguarda dos direitos fundamentais materiais e instrumentais (art. 1º do CPC). Conclui-se que a aplicação do princípio *iura novit curia* corresponde a uma proteção para as próprias partes, que não deixarão de obter resposta sobre o pedido de tutela apenas pela utilização incorreta do *nomen iuris* da ação ou do dispositivo legal aplicável.[35] Afinal, sua adoção representa uma reação à primeira fase do processo civil moderno (teoria civilista ou imanentista).[36]

Esta conclusão não elimina a obrigatória ponderação na aplicação do princípio *iura novit curia*, em vista da necessidade de proteção integral ao contraditório. Esta visão decorre de releitura sobre a incidência do princípio do contraditório e sua proteção constitucional como direito fundamental.[37] O art. 10 do CPC proíbe a decisão-surpresa (*Verbot der Überraschungsentscheidung*), ou seja, que o juiz decida com base em fundamento sobre o qual a parte não tenha tido oportunidade para se manifestar. A doutrina alemã informa que o direito de manifestação deve abarcar não apenas os fatos constitutivos (*Tatsachen*), mas também os fundamentos e questões jurídicas (*sondern auch zu Rechtsfragen gewähren muß*).[38]

35. José Rogério Cruz e Tucci, *A **Causa Petendi** no Processo Civil*, cit., 2ª ed., p. 160.

36. Sobre a teoria imanentista, v. o t. I deste *Curso*, pp. 344 e ss.

37. Schwab/Gottwald, *Verfassung und Zivilprozeß*, cit., p. 53.

38. Idem, ibidem.

Deste modo, assim como o juiz deverá abrir o contraditório em face de prova que tenha produzido de ofício (art. 371 do CPC), também deverá abrir o contraditório quando observar a necessidade de mudança na qualificação jurídica, exceto quando a nova qualificação já tenha sido debatida pelas partes. Os reflexos podem ser grandes para determinadas situações. Afirmada a responsabilidade contratual mas julgada como extracontratual, as verbas decorrentes de indenização possuem marcos distintos de composição e com reflexos consideráveis na formação do título executivo (*e.g.*, Súmulas STJ-43 e 54). É indiscutível que a defesa é construída com base nos fatos e fundamentos expostos na petição inicial. A mudança operada por qualificação absolutamente diversa traz prejuízo, o que torna natural o dever de abertura do contraditório. Esta solução também se opera expressamente no CPC vigente em relação aos fatos supervenientes que sejam conhecidos *ex officio*, nos termos do art. 493, parágrafo único.

3.6 O pedido

O pedido corresponde ao ponto central da petição inicial (art. 319, IV, do CPC). O pedido define o conteúdo da demanda e o alcance da sentença.[39] É por meio do pedido que é desenhado o objeto litigioso do processo. O juiz há de centrar sua atividade processual e decisória sobre o pedido formulado na petição inicial. O pedido pode ser decomposto em *objeto mediato*, que corresponde ao bem da vida, e *objeto imediato*, o provimento jurisdicional requerido, que no processo de conhecimento poderá assumir natureza declaratória, constitutiva, condenatória, mandamental ou executiva *lato sensu*.

A sentença deverá ser proferida nos limites do *objeto mediato* formulado pelo autor. Não poderá o juiz alterar o requerimento formulado pela parte. Abre-se ao juiz apenas o caminho da procedência ou improcedência do pedido, total ou parcial (art. 490 do CPC). Quando o comando judicial se distanciar do *thema decidendum* estará viciado. Não é lícito julgar além do que foi pedido (*ultra petita*), aquém do que foi pedido (*infra* ou *citra petita*) ou fora do que foi pedido (*extra petita*). Esta correlação entre a decisão judicial e o bem da vida requerido em juízo (art. 492 do CPC) revela o princípio da congruência, uma expressão do princípio republicano e democrático de nosso sistema processual. Independentemente da natureza do pedido formulado em juízo (tutela reparatória ou específica), cabe ao demandante fixar seu conteúdo.

39. Milton Paulo de Carvalho, *Do Pedido no Processo Civil*, p. 97.

3.6.1 Da classificação do pedido

3.6.1.1 *Pedidos explícitos*

(a) Pedido certo

O pedido, como regra, deve ser explícito, ou seja, expresso; e cabe ao demandante materializá-lo de modo *certo* e *determinado* na petição inicial. A clareza e a precisão no requerimento formulado na petição inicial são essenciais para que o réu possa realizar sua defesa e para que o juiz possa compreender o objeto do litígio e decidir de modo fundamentado. Não se deve esquecer que é sobre o resultado da apreciação do pedido que recairá a imutabilidade da coisa julgada. O pedido certo (art. 322 do CPC) reflete a precisão quanto ao bem da vida requerido em juízo (objeto mediato) e ao provimento jurisdicional solicitado (objeto imediato).[40]

(b) Pedido determinado e genérico

O pedido *determinado* (art. 324 do CPC) é nada mais que o pedido certo mas especificado pela *qualidade* e pela *quantidade*. Em determinadas situações o pedido explícito poderá ser *indeterminado*, ou seja, *genérico*. O Código de Processo Civil denomina o pedido indeterminado de "genérico" (art. 324, § 1º) e prevê três hipóteses básicas de indeterminação: (a) nas ações universais, se o autor não puder individuar os bens demandados; (b) quando não for possível determinar, desde logo, as consequências do ato ou do fato; (c) quando a determinação do objeto ou do valor da condenação depender de ato que deva ser praticado pelo réu.

As ações universais são marcadas por impossibilidade momentânea de especificação dos bens que compõem o objeto mediato. Um exemplo simples reside na ação de inventário. O inventariante nem sempre terá condições de apresentar e descrever os bens que compõem o monte partível na petição inicial (art. 324, § 1º, I, do CPC). Outra modalidade de pedido genérico reside nas demandas em que o autor não consegue determinar o pedido de modo preciso pela ausência de conhecimento prévio quanto à extensão do ato ou do fato ocorrido (art. 324, § 1º, II). Em muitas situações o autor poderá afirmar a existência da lesão mas desconhecerá sua extensão, o que impedirá a formulação de pedido determinado. É o exemplo do pedestre que se envolveu em um acidente com veículo e que necessitará de várias cirurgias reparadoras. O valor deverá ser apurado na fase da instrução, por meio de perícia, ou, ainda, em fase de liquidação,

40. Idem, p. 103.

quando a sentença não puder arbitrá-lo com precisão (art. 509, I). O autor descreverá o dever de indenizar (*an debeatur*) mas será incapaz de determinar o valor da reparação na formulação do seu pedido (*quantum debeatur*). O pedido também poderá ser genérico quando a especificação do objeto mediato ou, mesmo, de seu valor depender de ato que deva ser praticado pelo réu. Na ação para exigir contas a determinação do valor das contas dependerá de ato a ser praticado pelo réu (art. 550 do CPC).

Mesmo o pedido genérico deve conter determinada precisão em sua descrição.[41] No Direito Alemão os pedidos genéricos para pagamento de quantia devem estimar uma grandeza ou proporção (*Größenordnung*).[42] O pedido de herança deve especificar o valor dos bens existentes no momento da abertura do inventário e precisar a pessoa do falecido e os herdeiros; na ação de responsabilidade civil os danos já conhecidos precisam de apontamento, bem como eventual pedido de danos morais, que independe de liquidação.[43] Nas ações indenizatórias, quando dependam da colaboração do réu, uma estimativa também deve ser formulada, para orientar questões importantes como a competência do juízo.

Nas ações coletivas para a defesa de interesses individuais homogêneos também é lícita a formulação de pedido genérico, que dependerá da liquidação individual de cada interessado, mediante a demonstração da adequação de sua situação ao título executivo coletivo.

(c) Pedido genérico e ações revisionais

O legislador processual estabeleceu uma barreira radical para a formulação de pedidos genéricos em ações revisionais que tenham por objeto contratos de empréstimo, financiamento e alienação de bens. Esta vedação do art. 330, § 2º, do CPC não é uma inovação, porque havia sido inserida ainda no CPC/1973, por meio da Lei 12.810/2013, que criou o art. 285-B. O dispositivo tem como fim bloquear pedidos revisionais absolutamente genéricos. Entendemos que o dispositivo, se corretamente aplicado, com ponderação e razoabilidade, não provoca cerceamento ao direito de ação. A multiplicação das demandas repetitivas não pode ser contida pela criação de barreiras de acesso à Justiça. No entanto, o Poder Judiciário vivenciou na última década um volume maciço de ações revi-

41. Pontes de Miranda, *Comentários ao Código de Processo Civil* (de 1973), t. II, p. 17.

42. Jauernig, *Zivilprozessrecht*, cit., 26ª ed., § 39, p. 159.

43. Wellington Moreira Pimentel, *Comentários ao Código de Processo Civil*, 2ª ed., vol. III, p. 174.

sionais genéricas e infundadas. A mera existência de relação contratual com uma instituição financeira seria suficiente para desencadear uma demanda revisional. Um fenômeno paralelo foi observado anteriormente no processo de execução, pelo oferecimento de defesas infundadas na fase de execução. Após a Lei 11.232/2005, por meio do art. 475-L, § 2º, passou-se a exigir do devedor que alegasse o excesso de execução a apresentação dos valores corretos, para fins de impugnação específica do título executivo. A regra foi transposta para o CPC/2015 junto ao art. 525, § 4º.[44]

O art. 330, § 2º, do CPC não pode impedir que a parte hipossuficiente tenha sua petição inicial indeferida pela impossibilidade de apresentação dos cálculos de revisão do contrato. Isto não elimina a necessidade de que os pedidos, ainda que genéricos, sejam analíticos, para impugnar pontos específicos da relação contratual. Nada impede que os valores efetivos sejam apurados por meio de perícia. O que não deve ser permitido é a descrição da causa de pedir genérica com pedido de prova pericial para apurar eventual ilicitude, sem contraposição de qualquer fato concreto. Na verdade, a redação do art. 330, §§ 2º e 3º, encontra sua matriz de inspiração em julgamento do STJ (Repetitivo REsp 1.061.530-RS) no qual foram definidos parâmetros para o ajuizamento de ações revisionais: como a proibição de alegação genérica de violação ao contrato, conhecimento *ex officio* de cláusulas abusivas com base no art. 51 do CDC e condições para a concessão de tutela de urgência e levantamento da inscrição junto aos órgãos de proteção ao crédito (Serasa, SPC).[45]

Um exemplo importante de amenização da rigidez documental na petição inicial é a ação de usucapião. Em muitos dos casos a pessoa que pleiteia a usucapião é hipossuficiente e não possui condições de anexar

44. CPC, § 4º do art. 525: "§ 4º. Quando o executado alegar que o exequente, em excesso de execução, pleiteia quantia superior à resultante da sentença, cumprir-lhe-á declarar de imediato o valor que entende correto, apresentando demonstrativo discriminado e atualizado de seu cálculo".

45. Dentre as várias teses fixadas: "É possível a revisão das taxas de juros remuneratórios dos contratos de mútuo bancário, em situações excepcionais, desde que caracterizada a relação de consumo e que a abusividade, no sentido de colocar o consumidor em desvantagem exagerada, fique cabalmente demonstrada ante as peculiaridades do caso concreto" (STJ, 2ª Seção, REsp 1.061.530-RS, rela. Min. Nancy Andrighi, j. 22.10.2008, *DJe* 10.3.2009). No entanto, o posicionamento firme do STJ é pela ausência de interesse processual quando se formula pedido genérico em ação revisional, sem a demonstração de parâmetros para a revisão. Vide, STJ, AgInt no AREsp 1.283.076-PR, rel. Min. Marco Aurélio Bellizze, 3ª T., j. 24.9.2018, *DJe* 27.9.2018.

um *memorial descritivo* para descrever a área usucapienda com todos os elementos que informarão a futura matrícula do imóvel. A jurisprudência permite que a parte anexe um mero croqui ou realize apenas a individuação da área, uma vez que o memorial poderá ser construído pela prova pericial a ser realizada na fase de instrução.[46]

O art. 330, § 2º, do CPC ingressa em seara indevida e procura estabelecer condição de procedibilidade para a ação. O dispositivo determina que nas ações revisionais o valor incontroverso deverá continuar a ser pago nos termos do que dispõe o contrato. Esta disposição também está inserida na orientação do recurso repetitivo supramencionado.[47]

(d) Pedido alternativo

O pedido certo é geralmente direcionado para um único objeto mediato, ou seja, o autor requer um único bem da vida em relação ao réu. É possível que exista alternativa oriunda do próprio direito material (art. 252 do CC) para que o devedor possa cumprir a obrigação de mais de uma forma. A necessidade de ajuizamento da ação para o adimplemento contratual permitirá que o juiz defira o cumprimento pelas formas avençadas entre as partes, ainda que o credor não tenha elencado as formas alternativas na petição inicial (art. 325, parágrafo único, do CPC). O pedido alternativo é disjuntivo, pois permite que o adimplemento seja realizado por mais de um modo diverso.

Não se confundem as obrigações alternativas com as facultativas, que também podem ser beneficiadas pelo art. 325 do CPC. Na obrigação facultativa não há propriamente alternativa quanto ao cumprimento. A obrigação é uma só, mas se estabelece um modo facultativo e residual

46. "Usucapião – Indeferimento da inicial – Inépcia – Ausência de documento indispensável – Peça inaugural que cumpre satisfatoriamente os requisitos exigidos para ação de usucapião – Ausência de vício grave que impossibilite a prestação jurisdicional – Anulação da r. sentença apelada, com retorno dos autos à origem para o regular prosseguimento do feito – Recurso provido, para o fim de anular a sentença" (TJSP, 4ª Câmara de Direito Privado, comarca de Lucélia, rel. Des. Hamid Bdine, j. 2.2.2017, data de registro: 8.2.2017).

47. "A abstenção da inscrição/manutenção em cadastro de inadimplentes, requerida em antecipação de tutela e/ou medida cautelar, somente será deferida se, cumulativamente: (i) a ação for fundada em questionamento integral ou parcial do débito; (ii) houver demonstração de que a cobrança indevida se funda na aparência do bom direito e em jurisprudência consolidada do STF ou STJ; (iii) houver depósito da parcela incontroversa ou for prestada a caução fixada conforme o prudente arbítrio do juiz" (STJ, 2ª Seção, REsp 1.061.530-RS, rela. Min. Nancy Andrighi, j. 22.10.2008, *DJe* 10.3.2009).

de cumprimento quando a primeira forma se torna inviável. Há uma confusão com a obrigação alternativa, mas apenas aparente. Na alternativa o credor pode escolher entre uma e outra forma de cumprimento. Na facultativa a prestação é apenas uma, mas o devedor poderá cumprir o avençado de mais de uma forma, sem que o credor possa recusar a forma eleita e sem que possa exigir o cumprimento pela forma que é facultada ao devedor.[48] Trata-se do que a doutrina alemã denomina de "poder de substituição" (*Ersetzungsbefugnis*).

(e) Pedido em obrigação indivisível

As obrigações nos termos da lei material permitem classificação quanto ao objeto do seu cumprimento em divisíveis ou indivisíveis.[49] A petição inicial poderá conter obrigação indivisível formulada em pedido de um ou de alguns dos credores. O que a lei processual procura disciplinar não é o modo de repartição do objeto litigioso, o qual ganha previsão nos arts. 260 a 262 do CC. Sob a ótica processual, aquele que se beneficia do processo deverá receber sua cota-parte com a dedução das despesas processuais. A indivisibilidade não decorre da convenção das partes, mas da natureza do objeto. Esta é uma das diferenças essenciais em relação à obrigação solidária, pois quando há perecimento do objeto indivisível a obrigação se transforma em divisível. Na obrigação solidária, ainda que o objeto seja destruído ou consumido, o vínculo de solidariedade entre os devedores não desaparecerá.

3.6.1.2 *Pedido implícito*

Apenas em situações excepcionais o juiz poderá afastar o princípio dispositivo e decidir mesmo ante a ausência de pedido expresso, o que revela hipótese de conhecimento de *pedidos implícitos*. O art. 322, § 1º, do CPC considera a correção monetária, os juros legais e as verbas de sucumbência, inclusive honorários advocatícios, como implícitos nos pedidos de condenação do réu. As prestações periódicas também são consideradas implícitas, pois as prestações vincendas estão incluídas implicitamente no pedido formulado com a petição inicial (art. 323 do CPC).[50]

48. João de Matos Antunes Varela, *Das Obrigações em Geral*, vol. I, p. 871.

49. Sobre o ponto, consulte o que escrevemos com José Miguel Garcia Medina, *Código Civil Comentado*, p. 293.

50. Nelson Nery Jr./Rosa Maria de Andrade Nery. *Comentários ao Código de Processo Civil – Novo CPC – Lei 13.105/2015*, p. 892.

O Código Civil estabelece expressamente, no art. 404, que no conceito de *perdas e danos* se inserem, nas obrigações pecuniárias, a atualização monetária segundo índices oficiais regularmente estabelecidos, juros, custas e honorários de advogado. Nada mais coerente que estas verbas sejam fixadas, mesmo com a ausência de pedido expresso. A correção monetária possui longo histórico de admissão como pedido implícito no STJ.[51] O STF já havia editado há muito tempo a Súmula 254: "Incluem-se os juros moratórios na liquidação, embora omisso o pedido inicial ou a condenação".[52] A fixação de alimentos considera-se implícita na ação de investigação de paternidade (art. 7º da Lei 8.560/1992).[53] Logo, mesmo que não exista pedido expresso, o juiz deverá fixar alimentos quando reconhecer a procedência do pedido de filiação. Esta solução não permite arbitrariedade. Se o binômio necessidade/capacidade não foi objeto de prova, o juiz deverá converter o feito em diligência e investigar o fato com base em seu poder oficioso (art. 371 do CPC), permitindo às partes a produção de provas, sob pena de violação do princípio da surpresa (art. 10 CPC).

(a) Pedido formulado em vínculos de prestação continuada

Nas obrigações de trato sucessivo o pedido para cumprimento das prestações vincendas é implícito. Isto torna desnecessário que o pedido seja formulado especificamente em relação a cada parcela. O pedido deve ser certo até o momento da propositura da ação; contudo, as parcelas vincendas não dependem de pedido expresso e são implícitas ao pedido inaugural formulado. Isto é importante para a tutela de cognição, tanto em relação ao procedimento comum como ao especial e para a tutela executiva. No procedimento especial de consignação, autorizado depósito das parcelas, o pedido é implícito para a consignação das demais, as quais não dependem de autorização periódica para o depósito. Na ação de mandado de segurança as verbas pretéritas que não foram pagas dependem de ação de cobrança (Súmulas STF-269 e 271), mas aquelas que se vencerem no

51. Precedentes do STJ: 2ª Turma, AgR no REsp 895.102-SP, rel. Min. Humberto Martins, j. 15.10.2009, *DJe* 23.10.2009; 2ª Turma, REsp 1.023.763-CE, rela. Min. Eliana Calmon, j. 9.6.2009, *DJe* 23.6.2009; 1ª Turma, AgR no REsp 841.942-RJ, rel. Min. Luiz Fux, j. 13.5.2008, *DJe* 16.6.2008; 4ª Turma, AgR no Ag 958.978-RJ, rel. Min. Aldir Passarinho Jr., j. 6.5.2008, *DJe* 16.6.2008.

52. Arruda Alvim, *Tratado de Direito Processual Civil*, vol. I, pp. 83 e ss.

53. Como informa Milton Paulo de Carvalho (*Do Pedido no Processo Civil*, cit., p. 103), a jurisprudência já considerava o pedido de alimentos implícito inclusive na antiga ação de desquite.

decorrer do *mandamus* não dependem de pedido expresso (art. 14, § 4º, da Lei 12.016/2009).[54]

(b) Pedido implícito e sentença omissa

O estudo dos precedentes fornece importante lição quanto à necessidade de diferenciação entre o *pedido implícito* e a *sentença omissa*. O pedido implícito poderá ser conhecido pelo juiz, em caráter excepcional, mas a sentença não admite condenação implícita.[55] A sentença omissa quanto ao julgamento de um pedido explícito ou implícito necessita de integração por meio dos embargos de declaração (art. 1.022, II, do CPC), sem prejuízo da interposição do recurso ordinário adequado. O título executivo judicial deve precisar a obrigação (*an debeatur*) e o valor (*quantum debeatur*) a ser exigido do devedor.

O STJ fixou com clareza a distinção entre o pedido implícito e a sentença omissa no julgamento sobre a complementação de ações. As ações representam fração do direito de propriedade sobre uma sociedade empresarial e sua titularidade garante o recebimento, por lei, de dividendos e de juros sobre o capital próprio. A sentença que determinar a complementação poderá fixar a obrigatoriedade de incidência das verbas acessórias: *dividendos* (art. 202 da Lei 6.404/1976) e *juros sobre o capital próprio* (Lei 9.249/1995), ainda que ausente pedido expresso; mas não poderão ser exigidos dividendos ou juros sobre capital próprio quando a sentença não contemplou de modo expresso referidas verbas e o autor não tenha interposto recurso de embargos de declaração para obter a eficácia integradora.[56]

54. Sobre o ponto, v. nosso trabalho com José Miguel Garcia Medina, *Mandado de Segurança Individual e Coletivo*, 2ª ed., p. 149.

55. Araken de Assis, *Processo Civil Brasileiro*, 2ª ed., vol. I, São Paulo, Ed. RT, 2016, p. 751.

56. Cf. STJ em Repetitivo, embora com limitação ao momento de reconhecimento, ou seja, na sentença: "1. Para fins do art. 543-C do CPC: [*CPC/1973 – v. art. 1.036 do CPC/2015*] 1.1 Cabimento da cumulação de dividendos e juros sobre capital próprio. 1.2 Nas demandas por complementação de ações de empresas de telefonia admite-se a condenação ao pagamento de dividendos e juros sobre capital próprio independentemente de pedido expresso. 1.3 Descabimento da inclusão dos dividendos ou dos juros sobre capital próprio no cumprimento da sentença condenatória à complementação de ações sem expressa previsão no título executivo. 2. Caso concreto: 2.1 Inviabilidade de se alterar, na fase de cumprimento de sentença, o valor patrimonial da ação definido expressamente no título executivo, sob pena de ofensa à coisa julgada. 2.2 Descabimento da inclusão dos juros sobre capital próprio no cumprimento de sentença sem previsão expressa no título executivo (...) (REsp n. 1.134.186-RS,

3.6.1.3 *A interpretação do pedido*

O art. 322, § 2º, do CPC determina que o pedido formulado na petição inicial deverá ser interpretado em face do conjunto da postulação e observará a boa-fé. O dispositivo merece elogios, na medida em que permite que a decisão judicial possa interpretar o pedido formulado pelo autor. Todos os meios de interpretação são admitidos, mas assume importância destacada a interpretação sistemática e teleológica do pedido. Ameniza-se o rigor lógico e sistemático pela necessidade de que a interpretação, em seu conjunto, observe a boa-fé.

Na prática, a possibilidade de interpretação do pedido é importante para evitar decisões judiciais vazias, que se apegam à literalidade do texto legal, ou mesmo para evitar alegação de julgamento *extra* ou *ultra petita*.[57] A preocupação quanto à possível violação do art. 10 do CPC (proibição da surpresa) não parece razoável, pois a interpretação judicial do pedido no momento da prolação da sentença há de ser feita com base nos fatos produzidos durante a instrução. A fundamentação analítica do art. 489 do CPC permitirá que eventual desvio seja corrigido pelo recurso adequado.

O recurso do art. 322, § 2º, do CPC referente à postulação encontra simetria para a defesa na regra do art. 341, III.[58] Nem sempre o pedido ou a defesa são formulados com precisão, mas desde que o juiz tenha condições de compreender o ato da postulação ou defesa, em seu conjunto, não deve indeferir a petição inicial ou declarar a revelia sobre ponto não impugnado especificamente. Um exemplo desta afirmação reside na petição inicial em que o autor descreve os fatos e fundamentos jurídicos relativos aos danos materiais e morais mas formula requerimento final apenas de danos morais. Ainda que o pedido de danos materiais não tenha sido formulado de modo expresso, o juiz não poderá deixar de considerá-lo quando demonstrados os danos emergentes e os lucros cessantes que foram descritos na petição e comprovados documentalmente. O conjunto da postulação e a boa-fé do postulante, que deve ser sempre presumida,

rito do art. 543-C). 3. Recurso especial parcialmente provido" (STJ, 2ª Seção, REsp 1.373.438-RS, rel. Min. Paulo de Tarso Sanseverino, j. 11.6.2014, *DJe* 17.6.2014).

57. "É firme a jurisprudência desta Corte no sentido de que a interpretação lógico-sistemática da petição inicial, com a extração daquilo que a parte efetivamente pretende obter com a demanda, reconhecendo-se pedidos implícitos, não implica julgamento *extra petita* – Precedente" (STJ, 4ª Turma, ED no REsp 1.331.100-BA, rel. Min. Raul Araújo, j. 28.6.2016, *DJe* 10.8.2016).

58. Fredie Didier Jr./Hermes Zaneti Jr., *Curso de Direito Processual Civil*, cit., 2ª ed., vol. I, p. 595.

não permitem que o juiz ceife a análise do pedido por defeito que deveria ter sido, inclusive, corrigido, nos termos do art. 330 do CPC.[59]

A aplicação da boa-fé independe de expressa positivação, mas sua topologia perante o art. 5º do CPC representa o compromisso sistêmico de sua projeção metajurídica nos âmbitos subjetivo e objetivo.[60]

3.6.1.4 *Da pluralidade de pedidos*

A relação processual poderá conter tanto a *cumulação subjetiva* como a *objetiva*. A *cumulação subjetiva* é retratada pelas formas de litisconsórcio (art. 113 do CPC), em que mais de uma pessoa participa no polo ativo e/ou no passivo da demanda.[61]

A demanda admite, ainda, a cumulação objetiva, ou seja, a formulação de mais de um pedido para o conhecimento do juiz, o que configura uma pluralidade de pedidos.

O art. 327 do CPC autoriza expressamente o cúmulo objetivo: "É lícita a cumulação, em um único processo, contra o mesmo réu, de vários pedidos, ainda que entre eles não haja conexão". A mesma relação processual permitirá que o autor obtenha melhor rendimento na prestação da tutela jurisdicional, com a cumulação de mais de um pedido, ainda que não exista conexão entre eles.

A cumulação objetiva poderá referir-se a uma soma de pedidos formulados pelo autor contra o mesmo réu, ou quando há uma pluralidade de pedidos formulados contra o mesmo réu para que apenas um único pedido seja acolhido. A primeira situação revela o que a doutrina denomina de "cumulação própria"; a segunda, a "cumulação imprópria".[62]

(a) Cumulação própria

Denomina-se *cumulação própria* aquela em que o autor formula mais de um pedido autônomo contra o mesmo réu. Cada pedido, isoladamente, poderia justificar, de per si, o ajuizamento de uma demanda.

59. José Miguel Garcia Medina, *Novo Código de Processo Civil Comentado*, p. 566.

60. Sobre a boa-fé processual consultem-se as considerações tecidas no t. I deste *Curso*, p. 183.

61. V. o t. I deste *Curso*, p. 541.

62. Milton Paulo de Carvalho, *Do Pedido no Processo Civil*, cit., p. 105. Barbosa Moreira (*O Novo Processo Civil Brasileiro*, cit., 18ª ed., p. 13) prefere utilizar as expressões "cumulação em sentido estrito" (cumulação própria) e "cumulação em sentido lato" (cumulação imprópria).

Como estabelece o art. 327 do CPC, não se exige o liame entre os pedidos (conexão). Os pedidos de cumulação própria representam autêntica adição com reflexos diretos na indicação do valor da causa, como revela o art. 292, VI, do CPC. O valor da causa será expresso pela quantia correspondente à soma de todos os pedidos. Na cumulação própria é possível diferenciar duas situações. A primeira revela a somatória de pedidos *independentes*, e a segunda de pedidos *interdependentes*. Esta diferenciação leva a doutrina a classificar o cúmulo próprio de modo dual, ou seja, em *simples* ou *sucessivo*.

(a.1) Cumulação simples e cumulação sucessiva – Fala-se em *cúmulo simples* quando os pedidos são autônomos e absolutamente independentes. Ambos formarão capítulos diversos na sentença, sem qualquer relação de prejudicialidade, na medida em que cada pedido permite decisão diversa e o exame cumulado não provoca qualquer conflito. A cumulação simples pode ser exemplificada pelo pedido de reivindicação de um bem imóvel cumulado com o pagamento de um mútuo, ambos em relação ao mesmo réu.

No *cúmulo sucessivo* os pedidos são autônomos mas *interdependentes*, ante a vinculação lógica e prejudicial entre ambos.[63] Em ação de investigação de paternidade cumulada com petição de herança não há dúvida de que os pedidos são diversos, mas o acolhimento do segundo depende, naturalmente, da procedência do primeiro.

A cumulação dos pedidos de demarcação e divisão corresponde a outro exemplo de cúmulo sucessivo (art. 570 do CPC). A demarcação e a divisão correspondem a pedidos autônomos e que, por si sós, permitiriam o ajuizamento de demandas próprias (art. 569, I e II). Todavia, quando cumulados eles assumem natureza sucessiva e prejudicial, pois somente é possível *dividir* uma área *demarcada*. O pedido de demarcação assume natureza prejudicial em relação à divisão.

(b) Cumulação imprópria

Na cumulação imprópria não existe propriamente a soma de pedidos, mas a apresentação de uma pluralidade de pedidos para a escolha de um só. Este é o motivo pelo qual esta modalidade não representa autêntica modalidade de cumulação de pedidos. Como alerta a doutrina, enquanto na cumulação própria os pedidos são somados pela conjunção

63. Araken de Assis, *Processo Civil Brasileiro*, cit., vol. I, p. 779.

aditiva "e", na cumulação imprópria os pedidos são somados com a conjunção disjuntiva "ou".[64] Apenas um dos pedidos formulados será acolhido.

São hipóteses de cumulação imprópria (a) formulação de pedidos alternativos (arts. 325, *caput* e parágrafo único, e 326, parágrafo único) ou (b) a formulação de pedidos principais e subsidiários (art. 326 do CPC). A primeira hipótese revela a *cumulação alternativa*; e a segunda, a *cumulação eventual*.

(b.1) Cumulação alternativa: obrigação alternativa e pedido alternativo – A cumulação alternativa caracteriza-se pela pureza quanto à incidência da conjunção disjuntiva "ou". No cúmulo alternativo o autor poderá formular mais de um pedido, inclusive com natureza diversa. O acolhimento de qualquer um dos pedidos importa perda de objeto em relação aos demais. O pedido deferido corresponde a uma das opções realizadas na petição inicial e não permite que o autor possa recorrer da decisão, em vista da ausência de sucumbência.[65]

O pedido alternativo não se confunde com a previsão do art. 325 do CPC, que revela disposição de direito material. O dispositivo explicita a redação dos arts. 252 e ss. do CC. Não há dúvida de que o direito processual projeta a realização do direito material em juízo; contudo a leitura do art. 325 do CPC não revela a formulação de pedidos autônomos e plurais. O art. 252 do CC e o art. 325 do CPC revelam a hipótese de pedido simples e único, cuja individuação poderá caber ao autor ou ao réu, atentando-se ao disposto no parágrafo único do art. 325 do CPC.[66]

Tanto a obrigação alternativa como a facultativa revelam pedidos únicos em juízo. Na obrigação facultativa não há uma eleição de vários meios para o cumprimento da obrigação pelo devedor, mas uma faculdade de satisfação da obrigação em caso de impossibilidade de cumprimento da obrigação originária.[67]

Na cumulação alternativa o valor da causa será o do pedido que contenha o maior valor (art. 292, VII, do CPC).

64. Milton Paulo de Carvalho, *Do Pedido no Processo Civil*, cit., p. 106.

65. Fredie Didier Jr./Hermes Zaneti Jr., *Curso de Direito Processual Civil*, cit., 2ª ed., vol. I, p. 581.

66. V. o que escrevemos sobre o art. 252 do CC com José Miguel Garcia Medina, *Código Civil Comentado*, cit., p. 292.

67. Polacco, *Le Obbligazioni nel Diritto Civile Italiano*, 2ª ed., Roma, Athenaeum, 1915, p. 211.

(b.2) Cumulação eventual – Na cumulação eventual, também denominada de *subsidiária*, ou de *pedidos sucessivos*, há nítida influência do princípio da eventualidade.[68] Ao expor os possíveis pedidos que são hábeis a satisfazer a pretensão deduzida em juízo, ao autor é interessante expor as possíveis formas de satisfação de sua pretensão. Há autêntica economia processual, pela possibilidade de exame das diversas formas de solução da controvérsia.

Na cumulação eventual é possível empregar a conjunção "se" em complemento à conjunção "ou". Deste modo, o autor formulará pedidos autônomos para que o juiz acolha "a" ou "b", mas irá estabelecer uma ordem de preferência para que "b" somente seja acolhido "se" não for possível o deferimento de "a". Dentre tantos exemplos de cúmulo eventual podemos citar a formulação do pedido de usucapião. O atual Código de Processo Civil eliminou o procedimento especial, e o autor poderá formular o pedido pelo procedimento comum de modo eventual. É possível que peça a declaração da usucapião ordinária pela presença da posse, tempo, boa-fé e justo título, nos termos do art. 1.242 do CC, ou que reconheça a hipótese de usucapião extraordinária caso não se configure a existência do justo título. O autor poderá pedir a tutela específica da obrigação de fazer ou, em caso de impossibilidade, a tutela ressarcitória para o recebimento do equivalente pecuniário.[69]

Por este motivo, no cúmulo eventual existe um pedido principal e outros pedidos de natureza subsidiária que devem ser examinados apenas na impossibilidade de acolhimento do primeiro.[70] Ao contrário do cúmulo alternativo, o acolhimento do pedido subsidiário em detrimento do pedido principal justifica a utilização da esfera recursal pelo autor que elegeu o pedido principal como prioritário.

Na cumulação eventual o valor da causa será o do pedido principal (art. 292, VIII, do CPC).

3.6.1.5 *Requisitos para a cumulação de pedidos*

A cumulação de pedidos implica o aumento do espectro da decisão judicial, e por isso o legislador estabeleceu regras essenciais para possibilitar o conhecimento dos pedidos, sem prejuízo ao bom andamento

68. Milton Paulo de Carvalho, *Do Pedido no Processo Civil*, cit., p. 109.
69. Chiovenda, *Principii di Diritto Processuale Civile*, p. 1.130.
70. Chiovenda (*Principii di Diritto Processuale Civile*, cit., p. 1.131): "Il rapporto di principale a subordinata corrisponde a una gradazione d'interesse dell'attore".

da causa. O art. 327 do CPC, em seu § 1º, elenca nos incisos I a III, os requisitos para que a cumulação possa ser conhecida.

(a) Pedidos compatíveis

A cumulação de pedidos exige a compatibilidade como requisito para o processamento conjunto. A análise decorre, obviamente, das consequências que são provocadas no âmbito material em caso de deferimento da cumulação. Os pedidos devem guardar coerência na sua formulação, e o próprio art. 330, § 1º, IV, do CPC estabelece que a petição inicial será considerada inepta quando contiver pedidos incompatíveis entre si.

Existem pedidos que aparentemente seriam incompatíveis, mas não o são. É o caso da ação para reconhecimento e dissolução da união estável. Quando inexiste registro do contrato de união, pedido declaratório e constitutivo negativo assumem natureza de cumulação sucessiva.

Na cumulação imprópria não existe impossibilidade de formulação de pedidos incompatíveis.[71] Os pedidos são autônomos, e somente um deles poderá ser acolhido – o que motiva a possibilidade de serem antagônicos. O pedido de cumprimento do contrato e sua extinção configura exemplo de pedido que pode ser formulado. Não sendo possível o cumprimento, existirá a possibilidade de extinção do vínculo negocial.[72] O art. 327, § 3º, retrata esta autorização ao excepcionar o art. 326 da limitação de cumulação por compatibilidade.

(b) Competência do juízo: parcial e total

A cumulação de pedidos, própria ou imprópria, necessita que o juiz seja competente para análise de todos os pedidos. Existindo a incompetência absoluta do juízo para o conhecimento de algum dos pedidos a cumulação é inviável.

71. "A jurisprudência desta e. Corte Superior tem orientação de que na cumulação imprópria subsidiária ou alternativa é possível a existência de pedidos incompatíveis entre si, não acarretando a inépcia da inicial – Precedentes – Recurso especial a que se nega provimento" (STJ, 3ª Turma, REsp 1.255.415-DF, rel. Min. Moura Ribeiro, j. 3.2.2015, *DJe* 18.2.2015).

72. "Afasta-se a alegação de inépcia da petição inicial, por suposta cumulação de pedidos incompatíveis, na hipótese de os pedidos se apresentarem alternativos, não demandando execução concomitante – Agravo regimental não provido" (STJ, 3ª Turma, AgR no REsp 1.142.623-PR, rel. Min. Ricardo Villas Bôas Cueva, j. 13.3.2012, *DJe* 16.3.2012).

Ao despachar a inicial o juiz poderá se deparar com as seguintes situações básicas.

A primeira será a conclusão de sua incompetência absoluta para o processamento de todos os pedidos formulados pelo autor. A hipótese não é de extinção, mas remessa do processo para o juízo competente (art. 64, § 3º, do CPC). Em situação de urgência poderá, inclusive, analisar eventual medida de urgência para depois determinar a remessa dos autos (*quando est periculum in mora, incompetentia non attenditur*).

A segunda situação será aquela em que o juiz verificar sua incompetência parcial. As situações mais comuns decorrem do conflito de competência entre a Justiça Estadual e a Federal. Existindo pedidos cumulados em que um deles seja de competência da Justiça Federal deverá incidir a regra do art. 45, §§ 1º e 2º, do CPC. A solução exige o desmembramento dos processos por meio de solução no juízo estadual dos pedidos de sua competência, com resolução do processo, sem análise do mérito, da parte que compete à Justiça Federal (art. 45, § 2º, do CPC).[73]

A terceira situação é aquela em que um dos pedidos cumulados não é de competência do juízo mas se refere à incompetência relativa, e não absoluta. O juiz não poderá conhecer de ofício da incompetência relativa (Súmula STJ-33), e dependerá de provocação do réu. A suscitação e o reconhecimento da incompetência em relação a um dos pedidos exigirão o deslocamento parcial da demanda. Apesar da inexistência de previsão expressa para a resolução parcial da demanda no Código de Processo Civil, o diálogo das fontes, entre a lei geral e a especial, permite a adoção da regra do art. 51, III, da Lei 9.099/1995 como regra de conformação. O juiz poderá extinguir a parcela da demanda em que não possui competência e remetê-la ao juízo competente.[74]

(c) Adequação e flexibilização procedimental

As regras que delineiam o regime da cumulação de pedidos têm como função permitir o desenvolvimento escorreito dos atos processuais, evitando sobressaltos e pontos de estrangulamento que possam travar o andamento da marcha processual. O art. 327, § 1º, III, do CPC estabelece regra expressa no sentido de que o procedimento utilizado pela parte deverá ser adequado para todos os pedidos formulados. A homogeneidade

73. Sobre o conflito de competência entre o juízo federal e o juízo estadual, v. o Tomo I deste *Curso*, p. 438.

74. Fornecendo duas alternativas: extinção parcial e desmembramento, com opção pela última: Araken de Assis, *Processo Civil Brasileiro*, cit., vol. I, p. 785.

e a compatibilidade dos pedidos são fundamentais, porque a diversidade dos procedimentos poderá trazer inconvenientes e paralisação indevida ao processo.

Como regra, a cumulação própria de pedidos (simples e sucessiva – v. *supra*) exige que os pedidos estejam disciplinados pelo procedimento comum.

Apesar desta limitação expressa quanto à necessidade de adequação procedimental entre os pedidos formulados, o art. 327, § 2º, do CPC fornece uma das regras mais importantes, e que deve ser lida em consonância com o art. 139, VI. Referimo-nos à possibilidade de flexibilização procedimental, que corresponde a uma previsão inovadora e sem paralelo com o Código de Processo Civil/73.

A possibilidade de o juiz trabalhar com os prazos processuais e alterar as fases do procedimento revela nítida possibilidade de adaptação do procedimento comum às necessidades das partes (art. 139, VI, do CPC). Aliás, isso já era realizado no dia a dia forense. A regra do art. 327, § 2º, é mais aguda, pois o juiz, ao receber a petição inicial e observar cumulação de pedidos que, a princípio, seria indevida, poderá determinar o processamento do pedido adequando-o às técnicas processuais diferenciadas dos procedimentos especiais. O pedido de ação revisional muitas vezes emprega técnica de consignação que envolve procedimento especial, nos termos do art. 539 do CPC. A ação de consignação, como procedimento especial, não se presta para a revisão, mas a cumulação do pedido de revisão com o de consignação permite que o juiz possa adaptar a técnica da consignação para permitir a discussão sobre a parte controversa do contrato.[75]

Em alguns casos o juiz não poderá se utilizar da regra especial do art. 327, § 2º, do CPC pela natureza do procedimento. Um exemplo é a ação especial de busca e apreensão de veículos, nos termos do Decreto-lei 911/1969, que possui configuração especial e rito sumário que visa a minimizar os prejuízos decorrentes do crédito inadimplido e da rápida depreciação dos bens móveis. A nova regra aos poucos será testada pela jurisprudência como meio de otimizar a prestação da tutela jurisdicional. Outro exemplo seria a possibilidade de cumular procedimentos executivos aparentemente incompatíveis, como a execução da verba alimentar atual, pelo rito da prisão civil (art. 528, §3º) com a verba alimentar pretérita, pelo rito da quantia certa (art. 528, §8º).

75. STJ, 4ª Turma, REsp 1.160.697-MG, rel. Min. Luís Felipe Salomão, j. 28.4.2015, *DJe* 26.5,2015.

3.6.1.6 *Da modificação do pedido*

Os comentários tecidos anteriormente sobre redução, ampliação e transubstanciação da causa de pedir aplicam-se, *mutatis mutandis*, à disciplina do pedido. As modificações estão disciplinadas pelo art. 329 do CPC, que estabelece marcos temporais que atendem à necessidade de estabilização da demanda.

Assim como a causa de pedir, o pedido também poderá ser modificado de modo unilateral até a citação, ou seja, até o momento que antecede a efetiva cientificação do réu (art. 329, I, do CPC). Após a citação autoriza-se a alteração mas com anuência do réu, cujo marco-limite será o saneamento do processo (art. 329, II).[76]

A mesma advertência realizada no tratamento da causa de pedir é válida para a mutação do pedido. O marco temporal do saneamento do processo somente deve atingir aquelas situações em que não é possível o negócio processual. Desde que os interesses não sejam indisponíveis, o art. 190 do CPC oferece a possibilidade desta alteração. Os limites do negócio processual ainda serão testados pela jurisprudência, mas a abertura para um processo democrático e que atenda ao interesse das partes não pode ser evitada pela atividade jurisdicional quando inexista prejuízo.

Existem hipóteses que importam modificação do pedido mas independem propriamente de atitude específica do autor. A conexão de demandas oferece um exemplo salutar, em que pedidos serão cumulados pela via instrumental do art. 55 do CPC. A redução do pedido, assim como da causa de pedir, ultrapassa os marcos temporais do art. 329 do CPC quando exista renúncia ou desistência por parte do autor, o que decorre de negócio processual unilateral. Formas específicas de organização da relação processual pelo magistrado, como a limitação do litisconsórcio multitudinário, também provocam a redução de pedidos, além da mutação subjetiva no polo processual por efeito do art. 113, § 1º, do CPC.[77]

(a) Alteração do pedido e revelia

A garantia do contraditório é fundamental na leitura e na aplicação do art. 329 do CPC. A possibilidade de alteração do pedido traz indaga-

76. STJ, "A jurisprudência do STJ é firme quanto à impossibilidade de se emendar a petição inicial após o oferecimento da contestação e o saneamento do processo, quando essa providência importar alteração do pedido ou da causa de pedir, como na hipótese dos autos. Recurso Especial não provido (REsp 1.743.279-CE, rel. Min. Herman Benjamin, 2ª T., j. 6.9.2018, *DJe* 27.11.2018).

77. Araken de Assis, *Processo Civil Brasileiro*, cit., vol. I, p. 792.

ções importantes quanto às possíveis situações processuais que poderão ocorrer, dentre elas a revelia. O CPC/1973 trazia a previsão expressa do art. 321, que exigia a citação do réu revel para se manifestar sobre a alteração do pedido ou da causa de pedir. Trata-se de garantia efetiva e integral do contraditório (art. 5º, LIV, da CF).

O atual Código de Processo Civil não repete mais esta regra, mas a citação é essencial quando há mutação na causa de pedir e no pedido. Deve ser garantida a citação, pois somente ela garante a estabilização da causa de pedir e do pedido ante o silêncio da parte contrária. A intimação não proporciona esta eficácia, pois não será permitido presumir a aquiescência pela ausência de manifestação. Apenas a citação tem o poder de provocar a revelia, pela cientificação quanto às consequências da ausência de manifestação expressa na relação processual.[78]

3.7 O valor da causa

A petição inicial deverá conter a indicação do valor da causa (art. 319, V, do CPC). Em vista da importância do valor da causa, o Código de Processo Civil procura definir critérios objetivos para guiar o deman-

78. Com precisão, o STJ, ainda pelo Código de Processo Civil/1973:

"Processual civil – Ampliação objetiva da demanda – Necessidade de consentimento do réu – Impossibilidade de consentimento tácito – *Due process of law* – Observância dos princípios do contraditório e da ampla defesa. (...).

"Tendo em vista que a lei determina a citação para os casos de ampliação objetiva da demanda, em havendo tão somente a intimação, o consentimento quanto ao novo pedido somente poderá atingir seu objetivo – com o vigor o princípio da instrumentalidade das formas – caso esse consentimento se dê de forma expressa, como decorrência lógica da análise sistêmica das normas do direito processual civil. (...).

"(...). Entendimento contrário implicaria aceitar que à parte ré recairia o ônus decorrente de seu silêncio, mesmo não havendo cumprimento de determinação legal expressa, qual seja, citação válida, o que, a toda evidência, não se coaduna com o ordenamento jurídico pátrio. Assim, não há como entender no sentido de que o consentimento exigido pelo art. 264 do CPC pode se dar tacitamente, na medida em que, caso citado, o silêncio do réu deve ser punido com a revelia. Por sua vez, em sendo apenas intimado, caso haja comparecimento espontâneo, o consentimento deve ser expresso. Na espécie, não houve citação, mas apenas intimação do Município para que se manifestasse sobre o pedido formulado pelo particular acerca da condenação das parcelas pretéritas em uma única sentada, desde o ilegal cessamento do adicional inicialmente pleiteado (fls. 76-79). Pelas razões acima expostas, é vedado interpretar o silêncio do Município de Xaxim como aceitação tácita acerca do pedido trazido aos autos em momento posterior à contestação, já que se presume o prejuízo causado pela ausência de citação – Recurso especial não provido" (STJ, 2ª Turma, REsp 1.307.407-SC, rel. Min. Mauro Campbell Marques, j. 22.5.2012, *DJe* 29.5,2012).

dante na atribuição correta. Este dado é importantíssimo não apenas para a fixação correta do recolhimento das custas judiciais, mas para a definição da competência do juízo (art. 3º, I, da Lei 9.099/1995; art. 3º da Lei 10.259/2001; art. 2º da Lei 12.153/2009). A fixação da sucumbência também poderá ser orientada com base no valor da causa (art. 85, § 4º, III, do CPC).

Os critérios legais estão estabelecidos no art. 292 do CPC. A ausência do valor da causa abre espaço para a emenda da petição inicial. O art. 292, § 3º, do CPC permite que o juiz corrija o valor da causa quando perceber a discrepância evidente entre o proveito econômico a ser perseguido e o valor atribuído, o que provocará a necessidade de recolhimento de custas suplementares. Quando o erro for evidente é possível que a atuação *ex officio* do juiz torne desnecessária a emenda do art. 321 do CPC. Em situações de maior densidade, e que dependem de eventual demonstração documental, caberá ao réu realizar a impugnação, na fase da contestação (art. 293 do CPC).

Não se mostra lícito deixar de realizar a fixação do valor da causa, ou simplesmente atestar que a causa possui *valor inestimável*.[79] Na eventualidade de a petição inicial ou a reconvenção serem omissas e não existir estimativa dentro de alguma das hipóteses tipificadas pelo ordenamento (art. 292 do CPC), caberá ao juiz realizar a integração, *ex officio*, o que será fundamental para a definição de eventual sucumbência (art. 85, § 8º, do CPC).

3.8 Especificação das provas

A petição inicial deve ser instruída com as provas documentais que embasam o pedido inaugural (art. 434 do CPC). É dever do autor trazer elementos mínimos que possam legitimar a pretensão ajuizada e demonstrar a liceidade do pedido mediato. Neste aspecto, a leitura do art. 319, VI, do CPC deve ser diversa do que literalmente determina. O dispositivo exige apenas que o autor especifique as provas. A especificação é providência determinada na fase que antecede a instrução da causa, ou seja, no saneamento do processo. As partes devem indicar as provas que necessitam produzir, desde a primeira oportunidade de manifestação no processo. O autor deverá juntar com a inicial as provas documentais que estão em sua posse e especificar a necessidade de provas futuras, como a pericial ou a testemunhal. Em suma: o autor não pode deixar de anexar

79. Sobre o tema, v. o que escrevemos no t. I deste *Curso*, p. 926.

os documentos essenciais, sob pena de preclusão consumativa (art. 320 do CPC).

A petição inicial reflete o momento em que a prova documental deve ser produzida pelo autor. Para o réu será na apresentação da contestação. É certo que a jurisprudência flexibilizou a regra da eventualidade para permitir a juntada de *documentos novos* no decorrer da relação processual; contudo, os documentos indispensáveis para o conhecimento do pedido devem ser oferecidos na propositura da ação.[80] O CPC vigente englobou esta orientação, como dessume da leitura do art. 435, *caput* e parágrafo único. Admite-se a juntada de documentos novos em três situações básicas, após o oferecimento da petição inicial: (a) *em relação a fatos ocorridos após o oferecimento da peça inaugural*; (b) *quando produzidos para contraditar documentos anexados aos autos pela parte contrária*; (c) *na hipótese de desconhecer a existência do documento no momento da primeira manifestação*. Em todas estas situações a juntada deve permitir a abertura do contraditório, para possibilitar a impugnação (art. 437, § 1º, do CPC).

3.8.1 Intensidade da prova documental e necessidade de exibição prévia

A intensidade da prova anexada com a petição inicial poderá variar de acordo com o procedimento. No procedimento comum a prova documental apresentada deve ser suficiente para preencher as condições da ação. O juiz precisa de elementos que permitam visualizar a conexão do autor com os fatos para realizar um juízo positivo de sua legitimidade e seu interesse de agir.

Alguns pedidos exigem prova documental robusta. É a hipótese da ação de usucapião. A petição inicial deverá estar acompanhada de memorial descritivo que individualize a área, permita identificar os marcos divisórios e os confinantes da área usucapienda. O memorial é peça técnica elaborada por profissional habilitado e que servirá para o registrador criar a futura matrícula.

80. "É admitida a juntada de documentos novos após a petição inicial e a contestação desde que: (i) não se trate de documento indispensável à propositura da ação; (ii) não haja má-fé na ocultação do documento; (iii) seja ouvida a parte contrária (art. 398 do CPC) [*CPC/1973 – § 1º do art. 437 do CPC/2015*] – Precedentes" (STJ, 4ª Turma, AgR no AREsp 435.093-SP, rel. Min. Luís Felipe Salomão, j. 24.6.2014, *DJe* 1.8.2014).

O autor que ingressa com uma ação reivindicatória deve fornecer prova da sua propriedade. Aquele que ingressa com uma ação de alimentos deve provar o elo de filiação, parentesco ou afinidade por meio de documento indispensável ao processamento do pedido. Nestes dois exemplos a prova documental revela-se importante, porque alguns fatos jurídicos exigem a demonstração por documento público, que não pode ser substituído por outro meio de prova (art. 407 do CPC). Em alguns procedimentos especiais, como o mandado de segurança e a ação monitória, a prova documental literal assume importância invulgar. No mandado de segurança não há possibilidade de aprofundamento da cognição vertical; logo, todas as provas documentais são ofertadas desde a fase inaugural para a demonstração do "direito líquido e certo".

Em procedimentos como o do mandado de segurança, ou mesmo no procedimento comum, quando a apresentação do documento essencial não for possível por estar na posse do réu ou terceiro, o autor poderá pedir a exibição concomitante com o oferecimento da petição inicial (art. 396 do CPC e art. 6º, § 1º, da Lei 12.016/2009).

3.8.2 A opção pela realização da audiência de conciliação ou de mediação

A grande aposta do CPC/2015 reside na previsão do art. 319, VII. O procedimento comum ganha uma fase conciliatória obrigatória, nos termos do art. 334 do CPC. No sistema anterior prevalecia a dicotomia: procedimento ordinário e procedimento sumário. No procedimento ordinário a relação processual angular seria completada com a citação do réu para o oferecimento da contestação, enquanto no procedimento sumário o juiz determinava audiência para conciliação e apresentação simultânea da defesa.

A audiência de conciliação e de mediação alçou autonomia como ato específico e antecedente ao saneamento do processo. A obrigatoriedade como etapa procedimental deve ser elogiada como incentivo para a autocomposição; contudo, a exigência de dupla manifestação para sua dispensa parece exagerada (art. 334, § 4º, I, do CPC). A base para a autocomposição é justamente a livre iniciativa, e a disposição das partes em conciliar marca o *princípio do voluntarismo* na mediação e conciliação.[81]

81. Parties were present because they wanted to be there, or at least were not compelled to be there" (David Spencer/Michael Brogan, *Mediation Law and Practice*, p. 85).

Existem fatores positivos e negativos em tornar a conciliação uma etapa obrigatória. O fator negativo estaria na triplicação de audiências, pois, além da pauta para conciliação, o juiz ainda poderá determinar uma audiência para o saneamento compartilhado (art. 357, § 3º, do CPC) e a audiência de instrução e julgamento, para a complementação probatória (art. 358 do CPC).

O sucesso da audiência de conciliação e mediação dependerá da estruturação adequada dos Centros Judiciários de Solução de Conflitos e Cidadania/CEJUSCs (art. 165 do CPC), com pauta independente e com a participação de conciliadores e mediadores em número suficiente. Deste modo, não existirá a duplicação da pauta judicial e será evitado o alongamento da relação processual. Sob o ponto de vista fático, o juiz não é a pessoa indicada para participar da audiência de conciliação, em vista do volume de trabalho e pelo fato de as técnicas de solução amigável exigirem maior tempo de permanência com as partes. Nos conflitos familiares a designação da conciliação e mediação é fundamental, inclusive com mais de uma sessão, quando necessário (art. 694 do CPC). Nos juízos que ainda não contam com a estrutura dos CEJUSCs internalizados na comarca ou seção judiciária a audiência deverá ser realizada pelo próprio juiz ou servidor designado por meio de portaria.

Os CEJUSCs já implantados têm colhido bons frutos para autocomposição, e com sua devida estruturação acreditamos que a obrigatoriedade da conciliação não trará maiores obstáculos ao andamento da relação processual, bem como não permitirá que alguma das partes se utilize dela como meio de procrastinação. Afinal, a pauta independente e a possibilidade do requerimento de tutela provisória amenizam a situação da parte fragilizada. De qualquer modo, o desinteresse na realização da audiência de conciliação deve ser expresso, para que a parte contrária tenha ciência do repúdio quanto à sua realização. O silêncio na petição inicial fará presumir sua aceitação.

3.9 O requerimento de citação

Muito embora não exista mais a previsão do requerimento obrigatório da citação na petição inicial, é de bom alvitre que a parte autora o faça de modo expresso.

Independentemente do pedido, o juiz determinará, *ex officio*, a citação do réu para seu comparecimento à audiência de conciliação (art. 334 do CPC). O réu deve ser cientificado com prazo mínimo de 20 dias. Este prazo reflete uma garantia mínima de contraditório, para que o réu possa se inteirar do pedido, constituir um advogado e iniciar a formulação de sua defesa.

A iniciativa do autor quanto ao requerimento da citação ainda é importante porque a agilidade na prestação da tutela jurisdicional dependerá de dados que já são de seu conhecimento. O autor que tem conhecimento comprovado do paradeiro incerto do réu deve pedir a citação edital (art. 256 do CPC), ou, tendo conhecimento da recalcitrância do réu, optar pela citação por oficial de justiça (art. 249 do CPC).

O procedimento edital (art. 259 do CPC), que não se confunde com a citação por edital, também deve ser incluído no controle oficioso do juiz para a regularidade de formação da relação processual. A ação de usucapião, por exemplo, exige o procedimento edital como meio de garantia e cientificação de todo e qualquer interessado, uma vez que a futura matrícula terá eficácia *erga omnes*.[82]

3.10 *Juízo de admissibilidade quanto à formação da relação processual*

3.10.1 *Considerações preliminares*

A petição inicial conformada aos requisitos do art. 319 do CPC é considerada apta para formar a relação processual. Nesta fase preliminar a relação ainda é linear (A→J).[83] A petição inicial corresponde a pressuposto processual de existência e validade da relação processual.[84] Sem ela é impossível o desenvolvimento dos atos processuais em obediência ao princípio dispositivo. A análise prévia sobre a petição inicial não a imuniza. O controle sobre os pressupostos processuais não se sujeita a preclusão. É possível que o réu aponte defeitos na fase da contestação ou que o juiz, antes de proferir a sentença, reconheça a falta de algum dos seus requisitos.

Embora o controle da petição inicial esteja dentro do poder oficioso do juiz, o Código de Processo Civil vigente reforçou os mecanismos de correção e aproveitamento da relação processual, o que está em sintonia com o princípio da primazia da decisão de mérito (art. 4º do CPC). Na fase inicial a petição inicial não deverá ser abruptamente indeferida

82. Jacy de Assis, *Processos de Procedimento Edital*, pp. 9-11.

83. Sobre a geometria processual com exposição gráfica: Hellwig, *Lehrbuch des Deutschen Zivilprozeßrechts* (*Klagerecht und Klagmöglichkeit*), t. II, § 69, p. 36.

84. Arruda Alvim, *Manual de Direito Processual Civil*, cit., 14ª ed., vol. II, p. 497.

quando possíveis sua correção (art. 321 do CPC) e o exercício do juízo de retratação pelo juiz (art. 331 do CPC). Mesmo após a manifestação do réu permite-se a correção dos vícios processuais (art. 352 do CPC). Deve-se evitar a prolação de sentença terminativa e o CPC inovou ao prever o juízo de retratação no prazo de cinco dias (art. 485, § 7º, do CPC) em face de qualquer uma das hipóteses de extinção pelo art. 485 do CPC. E mesmo quando for possível a prolação de decisão pelos arts. 485 ou 487 do CPC o juiz deverá optar pela prolação da sentença de mérito, que reflete a otimização da prestação da tutela jurisdicional (art. 488 do CPC).

Em situações residuais a utilização do art. 321 do CPC não será possível como meio de adequar a petição inicial, o que provocará seu indeferimento sem a prévia possibilidade de emenda. Explica-se. É possível que a demanda seja indeferida pela impossibilidade de processamento do pedido quando manifestamente ausente uma das condições da ação. O exemplo é simples. Os filhos do falecido ingressam com ação negatória de filiação em relação a um dos potenciais herdeiros (art. 1.601 do CC). Tratando-se de ação personalíssima, inexiste legitimidade de agir para que os herdeiros possam propor a ação.[85] A parte autora é manifestamente ilegítima, e o processamento do pedido não poderá ser deferido (art. 330, III, do CPC).

O exemplo *supra* revela hipótese que não permitirá emenda do pedido ou alteração subjetiva do polo ativo. Não se trata de defeito formal, mas autêntica impossibilidade jurídica de conhecimento do pedido. Aqui revela-se a fraqueza de nosso sistema. Esta decisão de rejeição deveria ser de mérito (art. 487 do CPC); contudo, não está prevista como hipótese de improcedência liminar do pedido (art. 332 do CPC). A adoção das condições da ação fará com que a decisão seja fundamentada na ausência de legitimidade para o pedido, uma vez que inexiste pertinência subjetiva entre os requerentes e a pretensão afirmada em juízo. A forma de driblar esta incongruência reside na advertência de que a demanda não poderá ser renovada sem a correção do defeito anterior (art. 486, § 1º, do CPC). Como não existe possibilidade de correção, o pedido nunca será renovado. O controle sobre a formação da relação processual depende da aptidão da petição inicial, como autêntico pressuposto processual somado à averiguação de existência das condições da ação.

O juízo positivo será formado a partir do preenchimento do binômio pressupostos/condições da ação, como se depreende da leitura do art. 330

85. Autoriza-se apenas a sucessão processual quando a ação tenha sido ajuizada em vida (art. 1.601, parágrafo único, do CC).

do CPC. O não preenchimento provocará a extinção prematura da relação processual, nos termos do art. 331. O juízo liminar de improcedência pelo mérito é residual e excepcional, o que provoca a criação de tipos cerrados, nos moldes do art. 332, I a IV, e § 1º, do CPC. O juízo positivo e o juízo negativo merecem tratamento específico.

3.10.2 *Juízo positivo sobre o pedido formulado pelo autor*

3.10.2.1 *A petição inicial e a integração bifásica do réu*

A petição inicial apta permite que a relação processual passe de linear para angular. Isto significa que o juiz analisa, em potência, a viabilidade da demanda oferecida pelo autor, autorizando que o réu seja cientificado para fazer parte da relação processual. A relação angular estabiliza a demanda de modo trilateral: (a) autor, (b) réu e (c) juiz.

A regularidade da petição inicial é condição essencial para que o juiz determine a citação do réu. O mandado deverá conter as advertências legais para que o réu possa realizar sua integração ao processo (art. 250 do CPC). Como regra, a integração é bifásica, pois o réu adere à relação por meio da audiência de conciliação ou de mediação (art. 334 do CPC) e a completa com o oferecimento da contestação (art. 335 do CPC). É possível que ela seja monofásica: (a) quando a audiência de conciliação ou de mediação for frutífera, o que provocará a resolução da demanda por autocomposição (art. 487, III, "b"); (b) quando inviável a realização da audiência de conciliação, por renúncia bilateral (art. 334, § 4º, I); ou (c) quando o objeto litigioso não permitir a autocomposição (art. 334 § 4º, II). Nestas últimas duas hipóteses o réu oferecerá diretamente a contestação, no prazo de 15 dias, estabilizando a relação processual trilateral (art. 335 do CPC). Os detalhes sobre a resposta do réu serão abordados oportunamente.

3.10.2.2 *Pedido liminar*

O juízo positivo sobre a petição inicial também permitirá o exame do pedido de tutela provisória, que poderá ser formulado na modalidade de urgência ou de evidência.[86] A regularidade da peça inicial é essencial para que a tutela antecipada ou cautelar possa ser examinada em caráter antecedente, concomitante ou incidental (arts. 300, 303 e 305 do CPC). O mesmo valerá para aquelas situações que não tenham a urgência como

86. Sobre o ponto, v. o que escrevemos no t. I deste *Curso*, pp. 951 e ss.

base da antecipação, mas a evidência dos fatos jurídicos narrados (art. 311 do CPC). Aqui torna-se relevante apontar que em situações excepcionais a liminar poderá depender de audiência de justificação prévia ou de oitiva preliminar da parte ré (arts. 300, § 2º, e 562, parágrafo único, do CPC e art. 2º da Lei 8.437/1992), antes de a decisão liminar ser materializada. A audiência de justificação corresponde a uma oportunidade de reforço ao embasamento do pedido de tutela provisória. O contraditório formado na audiência não é substancial, pois a participação da parte contrária poderá até ser evitada, como em pedidos cautelares nas ações de família, ou quando se busca fortalecer a probabilidade do direito perante um pedido de arresto (art. 301 do CPC). Todavia, quando a participação do réu é deferida, sua atividade processual ainda não será plena, pois poderá acompanhar o ato, formular contradita e até realizar perguntas, mas não poderá oferecer rol, pois a instrução será unilateral.

3.10.3 *Juízo negativo sobre o pedido formulado pelo autor*

O juízo negativo sobre a petição inicial está segmentado em duas situações básicas que estão acomodadas nos art. 331 e 332 do CPC, conforme explanação *supra*. O primeiro dispositivo congrega as hipóteses de encerramento prematuro da relação processual, mas por meio de sentença liminar processual. Não há formação de coisa julgada material e o dispositivo sentencial alcança previsão nos incisos I, IV e VI do art. 485 do CPC. O art. 331 do CPC não revela uma inovação, pois encontrava acomodação no art. 296 do CPC/1973; contudo, houve significativa melhora em sua redação, especialmente pela previsão da formação do contraditório recursal (art. 331, § 1º). O segundo dispositivo apresenta uma radical alteração quando comparado com a redação do at. 285-A do CPC/1973. A improcedência liminar do pedido é causa para a resolução do processo com análise do mérito e possui aptidão para a formação da coisa julgada material (art. 487 do CPC). Não há mais improcedência liminar pela desconformidade da petição inicial com os julgamentos produzidos pelo juízo monocrático, mas apenas quando a demanda apresente desconformidade com precedentes (art. 332, I a IV, do CPC) ou quando a relação material discutida em juízo esteja encoberta pela prescrição ou fulminada pela decadência (art. 332, § 1º, do CPC).

3.10.3.1 *Causas para a sentença liminar processual ("Prozessurteil")*

O art. 331 do CPC revela o encerramento prematuro da relação processual linear. A primeira forma de indeferimento da petição inicial se dá pela sua inépcia. O art. 330, § 1º, I a IV, do CPC determina as causas para que a petição inicial seja considerada inepta, ou seja, quando: (a) *faltar a causa de pedir ou o pedido*; (b) *for formulado pedido indeterminado e fora das hipóteses em que a lei autoriza a formulação do pedido genérico (art. 324, § 1º, I a III)*; (c) *da narrativa não decorrer a conclusão do pedido requerido*; (d) *os pedidos contidos na narrativa forem incompatíveis entre si*. Estas situações pressupõem que tenha sido ofertado prazo para emenda e correção que não tenha sido utilizada pela parte, nos termos do art. 321. O art. 330, IV, prevê expressamente a necessidade de incidência do art. 321 como condição para o indeferimento da petição inicial. Este mesmo dispositivo ainda exige que o advogado decline seu endereço quando advogue em causa própria, sob pena de indeferimento da peça (art. 106 do CPC). Deste modo, pressupõe-se que a sentença proferida pelo art. 485, I, do CPC somente será proferida após ter sido oportunizada a possibilidade de emenda da petição inicial.

O indeferimento ainda terá cabimento quando ausentes as condições da ação: (a) *pedido formulado por parte manifestamente ilegítima*. Aqui a ilegitimidade deve ser evidente, do contrário a ligação do autor com o objeto litigioso poderá depender do amadurecimento do substrato probatório, sem prejuízo de eventual correção, após o oferecimento da contestação, nos termos do art. 338 do CPC; (b) *interesse processual de agir em juízo*. Isto poderá ser configurado quando não demonstrada, *ab initio*, a situação de lesão ou ameaça que justifique a necessidade e a utilidade de invocação da tutela jurisdicional.

O art. 330, §§ 2º e 3º, ainda tratam de ponto já analisado por ocasião do tratamento do pedido genérico e que se refere ao art. 330, § 1º, II do CPC. As ações revisionais não podem conter formulação de pedido absolutamente genérico, pois a descrição analítica do débito a ser impugnado deve estar discriminada, inclusive com depósito do valor incontroverso para fins de viabilidade do pedido de antecipação de tutela.[87] Nesta hi-

87. "A abstenção da inscrição/manutenção em cadastro de inadimplentes, requerida em antecipação de tutela e/ou medida cautelar, somente será deferida se, cumulativamente: (i) a ação for fundada em questionamento integral ou parcial do débito; (ii) houver demonstração de que a cobrança indevida se funda na aparência do bom direito e em jurisprudência consolidada do STF ou STJ; (iii) houver depósito da parcela incontroversa ou for prestada a caução fixada conforme o prudente arbítrio do juiz" (STJ, 2ª Seção, REsp 1.061.530-RS, submetido ao rito do art. 543-C do CPC [*CPC/1973 – v. § 1º do art. 1.036 do CPC/2015*], rela. Min. Nancy Andrighi, j. 22.10.2008, *DJe* 10.3.2009; STJ, 4ª Turma, AgR no AREsp 537.458-MS, rel. Min. Antônio Carlos Ferreira, j. 23.9.2014, *DJe* 1.10.2014).

pótese o indeferimento da petição inicial ainda poderá ser evitado, desde que o juiz determine a emenda no prazo de 15 dias.

No processo de execução o indeferimento da petição inicial assume contorno mais rigoroso, pois o título executivo formado não poderá ser obstado por defesa infundada. Por este motivo, a impugnação genérica autoriza rejeição liminar, ante a previsão expressa da necessidade de impugnação específica e da possibilidade de rejeição liminar (art. 525, § 5º, do CPC).[88]

O indeferimento da petição inicial também poderá ocorrer em face do não preenchimento de pressuposto pré-processual. Nas ações de improbidade administrativa o recebimento da petição inicial somente poderá ocorrer após a manifestação prévia do réu (art. 17, §§ 8º e 9º, da Lei 8.429/1992). Na ação de busca e apreensão (Decreto-lei 911/1969) a notificação prévia é obrigatória para caracterizar o interesse de agir e configurar a mora do devedor (art. 2º, § 2º, do Decreto-lei 911/1969). É importante averiguar nos procedimentos especiais a existência de requisitos específicos para o processamento do pedido. Outro exemplo refere-se ao pagamento e depósito obrigatório dos honorários e custas para fins de nova propositura de ação extinta pelo art. 485 do CPC, conforme previsão do art. 486, §2º do CPC.

(a) Procedimento em caso de sentença processual liminar

O desatendimento aos requisitos do art. 330 levará ao indeferimento da petição inicial, nos termos do art. 331 do CPC. A prolação de sentença processual liminar abrirá o prazo para o recurso de apelação da parte autora, de 15 dias (art. 1.003, § 5º, do CPC).

O juiz terá a faculdade de se retratar-se, no prazo de cinco dias, após o oferecimento do recurso de apelação. Trata-se de solução que oferece otimização e que agora também é oportunizada para as demais hipóteses do art. 485 do CPC. Importante frisar que o juízo de retratação não se opera mais, unicamente, em relação ao indeferimento da petição inicial, mas em face de todas as demais hipóteses de resolução sem análise do mérito, em vista da redação do art. 485, § 7º, do CPC.

88. "Conforme entendimento assente na jurisprudência desta Corte Superior, quando o fundamento dos embargos for excesso de execução, cabem ao embargante, na petição inicial, a indicação do valor que entende correto e a apresentação da memória do cálculo, sob pena de indeferimento liminar, sendo inadmitida a emenda da petição inicial – Incidência da Súmula n. 83 do STJ. 2. Agravo interno não provido" (STJ, 4ª Turma, AgInt no REsp 1.599.000-GO, rel. Min. Luís Felipe Salomão, j. 16.2.2017, *DJe* 23.2.2017).

A análise sobre as condições da ação e sobre os pressupostos processuais poderá ser realizada em momento ulterior, uma vez que não há preclusão sobre estas matérias. O juízo de retratação refere-se ao art. 331 e ao art. 485, § 7º, do CPC. Logo, mesmo que não seja pronunciado o indeferimento da petição inicial, *a posteriori*, permite-se a faculdade de retratação em caso de prolação de sentença com base em outras hipóteses do art. 485 do CPC.

A medida do art. 331 acompanha previsão que encontrava acomodação no art. 296 do CPC/1973, mas com uma diferença fundamental. Pelo Código anterior havia sido pacificada a desnecessidade de citação do réu para responder ao recurso de apelação. O Código vigente mudou esta sistemática e passou a exigir que o réu passe a integrar a relação processual, ainda que na fase recursal (art. 331, § 1º, do CPC). O entendimento anterior era baseado na noção de que a eventual reforma da sentença não traria qualquer prejuízo ao réu, o que provocaria ausência de interesse processual.[89] O entendimento do Código vigente foi modificado pelo fortalecimento do contraditório.

Não sendo exercido o juízo de retratação, o réu será citado para oferecer resposta. A manifestação não será para contestar a petição, mas para oferecer resposta ao recurso formulado pelo autor em relação ao indeferimento da petição inicial. O prazo para a contestação somente passará a fluir em caso de reforma da sentença liminar, após o retorno dos autos, momento em que o réu será intimado para fins do art. 334 do CPC. O prazo de fluência será regulado pelo art. 335, I a III, do CPC.

É possível que o autor não ofereça o recurso de apelação, hipótese em que o réu será apenas intimado do trânsito em julgado (art. 331, § 2º, do CPC). No regime do Código anterior não existia discussão sobre a necessidade de fixação de honorários advocatícios, pois a relação na fase recursal era linear. Pela sistemática atual, como há integração necessária do réu, a reforma da sentença acabará por gerar a condenação do réu. A fixação da verba sucumbencial será realizada pelo tribunal.

89. V. a sistemática anterior: "À luz do art. 296 [*CPC/1973 – v. art. 331 do CPC/2015*], com a redação dada pela Lei n. 8.952, o réu não é mais citado para acompanhar a apelação interposta contra sentença de indeferimento da petição inicial. Mesmo na fase recursal, o feito prossegue apenas de forma linear – autor/juiz. O réu poderá intervir, mas sem necessidade de devolução de prazos recursais, porque o acórdão que reforma a sentença de indeferimento não chega a atingi-lo, pois, devolvidos os autos à origem, proceder-se-á à citação e, em resposta, poderá o réu alegar todas as defesas que entender cabíveis, inclusive a inépcia da inicial" (STJ, 2ª Turma, REsp 507.301-MA, rel. Min. João Otávio de Noronha, j. 13.3.2007, *DJU* 17.4.2007, p. 286).

A princípio, a reforma da sentença apenas determinará a fluência da marcha processual, com o desenvolvimento dos atos processuais ulteriores para fins de conciliação (art. 334 do CPC), saneamento (art. 357 do CPC), instrução (art. 358 do CPC) e julgamento (arts. 485 e 487 do CPC). Mesmo em face do art. 331 do CPC, o tribunal poderá realizar o julgamento liminar do processo pela aplicação *da teoria da causa madura*, nos termos do art. 1.013, § 1º, I, do CPC. É certo que esta hipótese está predestinada a uma *causa madura* – o que pressupõe a formação trilateral da relação processual. Mas excepcionalmente é possível visualizar situações em que o órgão *ad quem* pode reconhecer a existência de prescrição ou decadência, o que permite a decisão de mérito em fase preliminar (art. 487, parágrafo único). No que tange à prescrição, entendemos que o tribunal deverá ouvir previamente as partes. Além da garantia do contraditório forte (art. 10 do CPC), a oitiva prévia permite que sejam apontadas possíveis causas de interrupção ou suspensão do lapso prescricional. Além disso, a prescrição é passível de renúncia (art. 191 do CC), o que exige a concessão de prazo para manifestação do réu.

3.10.3.2 *Da improcedência liminar do pedido com análise do mérito*

Com o objetivo de acelerar a prestação da tutela jurisdicional, o art. 332 do CPC permite que o juiz possa encerrar a relação processual de modo prematuro e com análise do mérito. A técnica processual de julgamento liminar do pedido já existia perante o Código de Processo Civil anterior, mas com sistemática diversa e de pouco alcance prático. O antigo art. 285-A não produziu o efeito desejado e foi construído sob um enfoque equivocado que permitia ao juízo monocrático construir seus próprios precedentes.[90]

A improcedência liminar do pedido é uma forma de julgamento antecipadíssimo do mérito, pois dispensa qualquer etapa instrutória da causa. Pode-se antever pela redação do art. 332 do CPC um compromisso com a celeridade e a duração razoável do processo, mas também o fortalecimento dos precedentes (art. 927 do CPC). A força persuasiva ou obrigatória dos precedentes é alvo de intenso debate doutrinário; contudo, é forçoso reconhecer que o jurisdicionado tem direito à previsibilidade e

90. Vale a pena a leitura do dispositivo anterior, para a comparação com a redação do atual art. 332 do CPC: "Art. 285-A. Quando a matéria controvertida for unicamente de direito e no juízo já houver sido proferida sentença de total improcedência em outros casos idênticos, poderá ser dispensada a citação e proferida sentença, reproduzindo-se o teor da anteriormente prolatada".

à igualdade no julgamento de questões homogêneas, as quais permitem o pronunciamento uniforme dos tribunais sobre a matéria.[91]

O dispositivo apenas autoriza a improcedência liminar, o que exigirá prudência do magistrado. A congruência típica entre o fato narrado na petição inicial e as hipóteses elencadas pelo art. 332 do CPC deve ser exata, na medida em que o fato narrado na petição inicial poderá não se amoldar com exatidão a súmula ou julgamento dos Tribunais Superiores. A aplicação do art. 332 do CPC não permite que o juiz apenas reproduza a súmula ou julgamento, pois se exige fundamentação expressa (art. 93, IX, da CF/1988). Não se considera fundamentada a decisão judicial quando se reproduz o enunciado da súmula ou do julgamento sem o cotejo específico dos fatos colacionados na petição inicial com o precedente (art. 489, § 1º, V, do CPC).

É possível que o pedido formulado pelo autor, à primeira vista, se subsuma a algum precedente, mas a conformação seria apenas aparente. O autor deverá demonstrar ao juiz a diferença do pedido formulado em face da súmula ou julgamento (*distinguishing*) que poderia fundamentar a decisão liminar de improcedência ou, mesmo, a superação da súmula ou julgamento (*overruling*), que não se aplica ao objeto do litígio. Este ponto demonstra a importância do juízo de retratação, nos moldes do art. 332, § 3º, do CPC, pois o autor ainda terá uma oportunidade de realçar pontos que podem modificar o entendimento do juiz, sem a necessidade de prosseguimento do recurso de apelação.

(a) Procedimento na improcedência liminar do pedido

O art. 332, I a IV, e § 1º, estabelecem tipos legais em que se autoriza o julgamento liminar de mérito da demanda. O dispositivo aplica-se não só para a petição inicial, mas para a reconvenção. Ele poderá ser aplicado em primeira instância ou em instância superior, uma vez que existem causas que são de competência originária dos Tribunais Superiores.

A decisão liminar provocará o encerramento da demanda com análise do mérito, nos termos do art. 487, I ou II, do CPC. Admite-se que a improcedência possa ser parcial. Nada impede que um dos pedidos cumulados pelo autor se encaixe na previsão dos incisos I a IV do art. 332 do CPC, ou que possa estar fulminado pela prescrição ou decadência. Quando se configurar o julgamento parcial, o recurso cabível não será a apelação, mas o agravo de instrumento, nos termos do art. 354, parágrafo único, do CPC.

91. Daniel Mitidiero, *Precedentes — Da Persuasão à Vinculação*, p. 112.

Fora das hipóteses do art. 332 do CPC não há autorização para o juiz realizar o julgamento com análise do mérito. As hipóteses são excepcionais. Seria diversa a situação se nosso sistema aderisse ao binômio processual, tal como acontece no sistema alemão. Neste sistema a sentença processual (*Prozessurteil*) é vocacionada ao encerramento do processo para defeitos relacionados aos pressupostos processuais, os quais afetam a relação processual. A sentença material (*Sachurteil*) é voltada para a decisão sobre o mérito do processo. Deste modo, quando uma parte é ilegítima ou quando o pedido formulado é juridicamente impossível, o julgamento ocorrerá pelo mérito. Em nosso sistema estas decisões podem ser proferidas liminarmente, mas com natureza processual (arts. 330 e 331 do CPC), e não material (art. 332 do CPC).

A possibilidade de indeferimento liminar do pedido, embora esteja topologicamente alocada no procedimento comum, aplica-se a qualquer procedimento especial. Nada impede sua utilização na tutela executiva quando o cumprimento de sentença ou a execução de título extrajudicial permitam a tipificação de alguma das hipóteses do art. 332 do CPC. Esta noção deriva da natureza supletória do procedimento comum (art. 318, parágrafo único).

A sentença liminar de indeferimento abre a possibilidade de o autor oferecer o recurso de apelação, no prazo de 15 dias. Certificado o recebimento do recurso, abre-se a conclusão dos autos para a possibilidade do exercício do juízo de retratação em relação ao prolator da decisão, o que corresponde ao efeito regressivo do recurso de apelação. O efeito regressivo existe em situações residuais, como nos arts. 331 e 332 do CPC e 198, VII, do ECA. Somente quando o indeferimento for parcial, conforme comentário *supra*, o recurso será o agravo de instrumento (art. 1.015, II, do CPC), pois a relação processual ainda continuará em relação ao pedido não extinto. Nesta situação o juízo de retratação deverá ser exercido no momento em que o juiz tomar conhecimento da interposição do agravo (art. 1.018, § 1º, do CPC) ou quando realizado o pedido de informações (art. 1.019, I. do CPC).

O tribunal, ao conhecer do recurso de apelação interposto pelo autor, tem a possibilidade de rejulgar a causa, em vista do efeito devolutivo. A possibilidade já é reconhecida para o encerramento do processo sem análise do mérito, nos termos do art. 1.013, § 3º, do CPC. O contraditório será garantido pela citação do réu, sem prejuízo de que o relator possa converter o feito em diligência, para fins do art. 933 do CPC: "Se o relator constatar a ocorrência de fato superveniente à decisão recorrida ou a existência de questão apreciável de ofício ainda não examinada que devam ser considerados no julgamento do recurso, intimará as partes para que se manifestem no prazo de 5 (cinco) dias".

(b) Hipóteses de improcedência liminar

(b.1) Súmulas do STF e do STJ – Os julgamentos reiterados que revelam o posicionamento majoritário de determinado tribunal são expressos por meio de verbetes sintéticos que são denominados de *súmulas*. O Código de Processo Civil/2015 fortalece as decisões judiciais homogêneas que são estabilizadas por meio das súmulas e dos julgamentos repetitivos. O art. 927 comprova esta afirmação quando determina que os precedentes serão observados pelos juízes e tribunais, o que reforça o papel da jurisprudência estável como autêntica *fonte do Direito*.

No entanto, questão crucial, que é debatida neste momento pela doutrina, pauta-se na força obrigatória ou persuasiva dos precedentes elencados nos arts. 332 e 927 do CPC. Embora o tema pertença ao t. IV deste *Curso*, posicionamo-nos pela obrigatoriedade unicamente quanto às decisões proferidas pelo STF em controle concentrado, bem como em relação às suas súmulas vinculantes (art. 927, I e II, do CPC). Os demais precedentes são persuasivos e vinculam apenas os tribunais que os emitem. O juiz tem o poder de decidir de acordo com o livre convencimento motivado e deve fundamentar sua decisão, mas não se vincula a qualquer tribunal, exceto quando exista previsão constitucional.

Mesmo a regra do art. 489, § 1º, VI, do CPC não representa vinculação, mas apenas uma regra de fundamentação para que o juiz justifique a não incidência do precedente. Em outras palavras: é o livre convencimento motivado que permite a não aplicação do precedente por meio da demonstração de sua inadequação ao caso concreto.

Isto será fundamental para orientar o tribunal quanto à matéria fática que é analisada pelo juiz em primeira instância e para permitir a renovação da própria jurisprudência. O poder de decisão judicial emana da Constituição, que estabelece unicamente a necessidade de fundamentação para a validade da decisão judicial (art. 93, IX e X). Não há nenhuma norma constitucional que vincule o juiz aos precedentes dos tribunais locais estaduais ou federais, ou mesmo em relação ao STJ ou STF quanto às súmulas de natureza simples, em matéria infraconstitucional ou constitucional, respectivamente.[92]

92. Neste sentido: Nelson Nery Jr./Rosa Maria de Andrade Nery, *Comentários ao Código de Processo Civil – Novo CPC – Lei 13.105/2015*, cit., pp. 909-910.

As súmulas do STJ em matéria infraconstitucional e as súmulas do STF em matéria constitucional autorizam o juiz a aplicar o art. 332, I, do CPC, mas somente as súmulas vinculantes do STF obrigam o juiz ao conteúdo do seu enunciado (art. 103-A da CF/1988). As súmulas vinculantes também condicionam as decisões administrativas tomadas nos Poderes Executivo e Legislativo.

(b.2) Julgamentos repetitivos – O juiz estará autorizado a julgar liminarmente improcedente o pedido (art. 332, II, do CPC) quando existir tese firmada em acórdão relativo a recursos repetitivos proferidos no STJ e no STF, conforme o art. 1.036 do CPC. O julgamento do repetitivo fornece homogeneidade e previsibilidade; contudo, não é vinculante para o juiz. A obrigatoriedade do precedente advém da natural conformação do juízo monocrático com a posição majoritária dos Tribunais Superiores. Não existe razão para decidir de modo diverso sem fundamentação adequada para a divergência. A imposição dos precedentes é natural, na medida em que os processos marcados pela identidade de teses merecem solução paritária.[93] A igualdade e a necessidade de previsibilidade são argumentos que demonstram a importância da jurisprudência uniforme. No entanto, isto não permite que se conclua pela obrigatoriedade de o juiz seguir os julgamentos repetitivos. Como regra constitucional de fundamentação, o juiz deverá explanar sua motivação, mas sem a obrigatoriedade de conformação ao precedente. Mesmo uma súmula vinculante poderá ser afastada pelo juízo monocrático quando inconstitucional, em vista da possibilidade de controle difuso.

(b.3) Incidente de resolução de demandas repetitivas e a assunção de competência – Também autoriza a decisão liminar de indeferimento do pedido a existência de solução quanto ao incidente de resolução de demandas repetitivas ou de assunção de competência. Ambas as técnicas processuais inseridas pelo vigente Código de Processo Civil trabalham como forma de uniformização dos julgamentos. No incidente de resolução de demandas repetitivas é necessário que a questão seja marcada pela multiplicidade de sua repetição em processos que podem gerar decisões conflitantes, com ofensa à isonomia e à segurança jurídica (art. 976, I e II). Na assunção de competência não há multiplicidade de processos, mas é a relevância da questão e sua repercussão na ordem jurídica que justi-

93. "O preceito não deve ser observado apenas porque assim consta do CPC-927, III a V, mas pelo seu conteúdo intrínseco, pela sua essência" (Nelson Nery Jr./Rosa Maria de Andrade Nery, *Comentários ao Código de Processo Civil – Novo CPC – Lei 13.105/2015*, cit., pp. 909-910).

ficam a uniformização (art. 947 do CPC). Ambas as hipóteses autorizam que o juiz possa decidir de modo liminar e encerrar a relação processual com decisão de mérito (art. 332, III, do CPC).

(b.4) Súmula de Tribunal de Justiça local – Mesmo não prevista como precedente no art. 927 do CPC, a jurisprudência consolidada dos Tribunais de Justiça por meio de súmulas ganhou previsão específica no art. 332, IV, e permite a decisão liminar de improcedência pelo mérito quando a tese sustentada na petição inicial colidir frontalmente com súmula construída para regular questão específica e atinente ao Direito local.

(b.5) Prescrição e decadência – Como já abordado *supra*, a prescrição e a decadência correspondem a matérias que podem ser conhecidas *ex officio* pelo juiz e que provocam o encerramento do processo com análise do mérito, nos termos do art. 487, II, do CPC.

Em relação à decadência é fundamental que sejam diferenciadas suas modalidades legal e convencional.[94] O juiz somente poderá conhecer da decadência legal, na qual as pretensões tuteladas revelam o exercício de ações de natureza constitutiva (*e.g.*, art. 178 do CC). A decadência convencional é regulada pelo interesse das partes, e o juiz não poderá suprir sua alegação, nos termos do art. 211 do CC.

A prescrição está voltada para questões de natureza patrimonial, e os ordenamentos alienígenas, como regra, não autorizam o juiz a dela conhecer de modo oficioso. Esta era a orientação do Direito Brasileiro até a alteração propiciada pela Lei 11.280/2006, que revogou expressamente o art. 194 do CC, que proibia ao juiz conhecer oficiosamente da prescrição, exceto para a proteção de incapazes.

O art. 487, parágrafo único, do CPC trouxe reforço à possibilidade de encerramento da relação processual quando da análise preliminar da petição inicial, pois não exige a aplicação do art. 10 do CPC. Não existiria surpresa, nos termos do dispositivo, quando o juiz conhece da prescrição e da decadência pelo art. 332, § 1º, do CPC. Esta opção não é isenta de críticas, mas acabou sendo a solução adotada pelo legislador.

A aceleração da marcha processual corresponde à força motriz do dispositivo; contudo, sua aplicação é tormentosa, especialmente em relação à prescrição, uma vez que a revogação do art. 194 do CC não

94. Sobre o tema, v. o que escrevemos com José Miguel Garcia Medina, *Código Civil Comentado*, cit., p. 249.

foi acompanhada da modificação do art. 191 do CC. A prescrição como matéria que atinge a esfera patrimonial do sujeito de direito encontra-se no campo de disposição e pode ser renunciada pelo seu beneficiário.

A não aplicação do art. 10 do CPC será amenizada pela possibilidade do exercício do juízo de retratação por parte do juiz quando o autor apresentar o recurso de apelação. Nesta fase o recorrente poderá informar alguma causa suspensiva ou impeditiva do lapso prescricional que não tenha sido considerada na decisão. Sendo mantida a decisão, permitir-se-á que o réu possa se manifestar sobre a matéria na fase da apelação, pois será citado para oferecer as contrarrazões.

Capítulo II

SUSPENSÃO DA RELAÇÃO PROCESSUAL

1. A suspensão e a anormalidade da relação processual: 1.1 Efeitos da suspensão do processo: 1.1.1 Não fluência do prazo – 1.1.2 Nulidade e ineficácia dos atos processuais: 1.1.2.1 Prática dos atos processuais urgentes e surpresa processual – 1.1.2.2 Demonstração de prejuízo ("pas de nullité sans grief") – 1.1.2.3 Colaboração processual na suspensão. 2. Modalidades de suspensão do processo: 2.1 Suspensão voluntária ou facultativa: 2.1.1 Controle sobre a suspensão voluntária – 2.1.2 Suspensão facultativa e a boa-fé processual – 2.1.3 Suspensão por ato do juiz e a gestão processual – 2.2 Suspensão obrigatória do processo: 2.2.1 Casos de suspensão obrigatória ou involuntária: 2.2.1.1 Perda da capacidade processual ou da capacidade postulatória – 2.2.1.2 Suspensão em relação às partes e a terceiros – 2.2.1.3 Limites subjetivos à suspensão do processo: morte, perda ou ausência da capacidade do juiz, promotor e serventuários – 2.2.1.4 Distinção entre morte, perda ou ausência de capacidade: (a) Morte das partes e dos representantes legais: habilitação, sucessão e substituição das partes – (b) Morte do representante legal – (c) A suspensão do processo pela extinção ou paralisação da pessoa jurídica – 2.2.1.5 Mutações na capacidade processual: (a) A mutação na capacidade processual pela interdição – (b) A menoridade – (c) Menores entre 16 e 18 anos – (d) Ébrios eventuais e toxicômanos – (e) A incapacidade por causa transitória ou permanente – (f) Pródigos – 2.2.1.6 Formas de proteção aos incapazes: tutela e curatela – 2.2.1.7 Ausência da capacidade postulatória – 2.3 Suspensão pela convenção das partes – 2.4 Suspensão pela arguição de impedimento e suspeição: 2.4.1 O processamento da exceção e o "modus operandi" da suspensão – 2.5 Suspensão pela admissão do incidente de resolução de demandas repetitivas – 2.6 Suspensão por questões prévias: 2.6.1 Suspensão pelo art. 313, V, "a", do CPC – 2.6.2 Prejudicialidade absoluta e relativa – 2.6.3 Suspensão pelo art. 313, V, "b", do CPC – 2.7 Suspensão por caso fortuito ou de força maior – 2.8 Suspensão por decisão do Tribunal Marítimo – 2.9 Suspensão e demais previsões legais – 2.10 Suspensão pelo nascimento ou adoção em benefício da patrona/do patrono da causa – 2.11 Regularização voluntária e oficiosa do polo processual – 2.11 A prática de atos urgentes durante a suspensão – 2.11 Suspensão do processo na fase executiva: 2.13.1 Suspensão pela irregularidade da capacidade processual ou postulatória – 2.13.2 Suspensão pela prejudicialidade na esfera penal – 2.13.3 Suspensão pelo recebimento dos embargos ou impugnação ao título – 2.13.4 Suspensão pela inexistência de bens penhoráveis – 2.13.5 Suspensão por ausência de expropriação frutífera – 2.13.6 Suspensão pelo parcelamento judicial – 2.13.7 Suspensão convencional na execução.

1. *A suspensão e a anormalidade da relação processual*

Expressão atribuída a Carnelutti, a denominada "crise" representa a alteração na marcha da relação processual ocasionando sua suspensão (*sospensione*) ou extinção antecipada (*cessazione*).[1] A palavra processo (*pro-caedere*) traz em sua gênese a noção de movimento preordenado a um fim. Inesperados percalços podem exigir a suspensão do procedimento na fase cognitiva (comum ou especial) ou executiva com o fim de regularizar o processamento do feito. Na sempre refinada exposição de Pontes de Miranda, o Código de Processo Civil conhece da suspensão como instituto "que não quebra a vida dessa relação e é apenas como o deixar de respirar por alguns momentos, na vida individual".[2] Aqui, intuitivamente, sobrelevam a diferença entre a suspensão e a interrupção e a vocação natural dos arts. 313 a 315 do CPC para regular as situações de suspensão da relação processual.

A suspensão retarda o andamento do feito mas não impede a solução final da causa por meio da prolação de uma decisão de mérito (art. 487 do CPC) ou processual (art. 485 do CPC). O período de suspensão será benéfico quando cumprir seu desiderato, permitindo que a parte regularize e sane o obstáculo que motivou a paralisação momentânea da marcha processual.

A regularização da relação processual corresponde ao principal desiderato da suspensão, ao introduzir uma *distantia temporis* que permitirá a retomada dos atos processuais. No entanto, o saneamento da relação processual não corresponde ao único objetivo. A complexidade da relação jurídica processual pode estar retratada pela necessidade de coordenar a prática simultânea de atos processuais em esferas homogêneas ou heterogêneas da atividade jurisdicional, o que caracteriza o fenômeno da prejudicialidade (*pregiudizialità nel processo*).[3] Sua importância é enorme, porque em determinadas situações a decisão de mérito somente poderá ser proferida após a realização e a recepção de atos processuais

1. Carnelutti, *Sistema del Diritto Processuale Civile*, vol. III, p. 395.

2. Pontes de Miranda, *Comentários ao Código de Processo Civil* (de 1973), t. III, p. 435.

3. Francesco Bucolo, *La Sospensione nell'Esecuzione*, p. 14.

específicos que são essenciais para a solução de questões pendentes (art. 313, V, "a", do CPC) ou que dependam da produção de determinada prova para a viabilidade da decisão da mérito (art. 313, V, "b"), a única capaz de estabilizar a relação jurídica de direito material e que é o objeto final da atividade jurisdicional (art. 4º do CPC). Aparentemente a suspensão colide frontalmente com o princípio da duração razoável do processo (art. 5º, LXXVIII, da CF), mas sua aplicação será essencial para evitar a prática de atos processuais inúteis, ainda que a hipótese não reflita situação de nulidade processual.

A suspensão pode ocorrer não apenas na seara do processo de conhecimento, mas mesmo na fase de excussão dos bens, em vista do art. 921 do CPC, inclusive fornecendo marco temporal para a formação da prescrição intercorrente (art. 924, V, do CPC).[4] No processo de execução, seja em face do cumprimento de sentença (art. 513) ou da execução dos títulos extrajudiciais (art. 771 do CPC), a suspensão poderá ser consequência de tutela cautelar conferida para coordenar a interferência dos atos de defesa na marcha da relação executiva (art. 525, § 6º, e 919, § 1º, do CPC), ou mesmo consequência de direito potestativo processual do executado (art. 916, § 3º, CPC). Na esfera da disciplina recursal a suspensão também é ferramenta valiosa com o fim de permitir a uniformização da jurisprudência e conferir a estabilidade almejada pelo art. 927 do CPC. A formação de precedentes persuasivos ou obrigatórios socorre-se da suspensão prevista pela previsão do art. 980, IV, para a resolução de demandas repetitivas (IRDR) ou, ainda, da técnica de suspensão do recurso especial e do recurso extraordinário, conforme prevê o art. 1.029, § 4º, do CPC.

A suspensão socorre tanto a relação processual oriunda do procedimento comum (art. 313 do CPC) como dos procedimentos especiais (arts. 685, parágrafo único, e 694, parágrafo único, do CPC). A fluência do prazo de suspensão sem o devido aproveitamento do lapso temporal decorrido poderá provocar medida mais drástica, representada pela extinção da relação processual, quando há defeito que impede a análise do mérito. As hipóteses do art. 485 do CPC são taxativas, ou seja: o fim anormal da relação processual deve estar expressamente delineado na lei processual, uma vez que o exercício da pretensão processual somente pode ser evitado por hipóteses expressamente determinadas em lei. Esta tipicidade não é fechada, uma vez que o art. 485, X, remete a outras situações previstas pelo CPC e que estão ligadas com a previsão do art.

4. Sobre a prescrição intercorrente, v. a Parte Geral deste *Curso*, t. I, p. 905. Existe regra especial para a aplicação da prescrição intercorrente no direito transitório, como explicita o art. 1.056 do CPC.

313, como a não regularização da capacidade processual pela morte da parte (art. 313, § 2º, I, c/c o art. 76, § 1º, I, do CPC).

1.1 Efeitos da suspensão do processo

Nosso sistema não realiza diferenciação entre a suspensão ou a interrupção da relação processual, pois conhece apenas a suspensão da relação processual.[5] No Direito Alemão existe diferenciação entre a interrupção (*Unterbrechung*) e a suspensão (*Assetzung*), bem como a previsão de paralisação da marcha processual por negócio processual entre as partes (*Ruhen des Verfahrens*).[6]

O Direito Brasileiro enquadra as hipóteses de paralisação como formas de suspensão e com previsão predominante na Parte Geral perante os arts. 313 a 315. Este quadro não é exaustivo, embora represente a previsão das categorias essenciais de suspensão da relação processual. O art. 313, V, abre a válvula para permitir a regulação da suspensão no processo executivo, o qual conta com previsão específica, conforme dicção dos arts. 921 a 923 do CPC, assim como em alguns procedimentos especiais (*ex vi* dos arts. 678, 685, parágrafo único, e 694, parágrafo único).

1.1.1 Não fluência do prazo

O primeiro e mais importante efeito da suspensão refere-se à não fluência do prazo processual (art. 218 do CPC). A não fluência traz como consequência a impossibilidade de prática dos atos processuais. É vedada a prática de atos no processo em que foi determinada a suspensão. Em algumas situações de conexão de causas (art. 55, § 1º, do CPC) é comum que o juiz centralize a prática dos atos processuais no processo mais antigo, com suspensão dos demais processos conexos. Esta prática comum reflete solução racional e que revela autêntica prejudicialidade instrumental (art. 313, V, "a").

Ainda que sob o ponto de vista dogmático a suspensão não se confunda com a interrupção, a paralisação da fluência do prazo deve ser contada a partir do momento em que o ato ou fato jurídico processual acontece, nos termos das hipóteses do art. 313 do CPC. Há uma diferença entre *acontecido* e *conhecido*. Nem tudo que acontece é conhecido no

5. Pontes de Miranda (*Comentários ao Código de Processo Civil* (de 1973), cit., t. III, p. 437): "Relação processual não se interrompe".

6. Lüke, *Zivilprozessrecht – Erkenntinisverfahren/Zwangsvollstreckung/Europäisches Zivilfahrensrecht*, 10ª ed., § 18, p. 208.

mesmo momento. Por isso, independentemente de o conhecimento ser imediato, a suspensão deve ser contada desde o acontecimento do *ato* ou *fato jurídico*. Ainda que a morte da parte somente venha a ser conhecida pelo juízo meses após seu acontecimento, a eficácia da decisão de suspensão será *ex tunc*.[7] Como ensina Pontes de Miranda, a ignorância não afeta a existência e os estados jurídicos. O estado jurídico é nada mais que o prolongamento de um acontecimento, cujo conhecimento posterior não deixa de irradiar efeitos jurídicos.[8]

1.1.2 Nulidade e ineficácia dos atos processuais

Como consequência natural da impossibilidade de prática dos atos processuais durante o período de suspensão, a prática de qualquer ato processual não deverá provocar qualquer efeito em relação à parte adversa ou, mesmo, repercussão negativa em face de litisconsorte ou terceiro interessado. Em suma: durante o período de suspensão não há que se falar em ônus processual quanto à prática de atos cognitivos ou executivos (*Handlunglast*).[9]

Os atos processuais praticados no decorrer da relação processual são nulos e devem retroagir ao momento em que ocorreu a subsunção normativa do art. 313 do CPC. A ineficácia dos atos processuais em relação a terceiros que não participam da relação processual deve ser examinada

7. Não há dúvida de que cada situação deverá ser avaliada, pois o aproveitamento dos atos processuais poderá, em tese, ser possível, desde que não exista a demonstração de prejuízo. No entanto, configurado o prejuízo, a eficácia será *ex tunc*. Neste sentido: "(...). 2. A orientação jurisprudencial dominante nesta Corte é no sentido de que os atos processuais praticados após a morte da parte são nulos, pois o ato de suspensão do processo tem eficácia declaratória, *ex tunc* – Precedentes da Corte Especial e das 2ª, 3ª, 4ª e 5ª Turmas: EREsp n. 270.191-SP, rel. Min. Francisco Peçanha Martins, Corte Especial, *DJU* 20.9.2004; ED no REsp n. 465.580-RS, rel. Min. Castro Meira, 2ª Turma, *DJe* 18.4.2008; REsp n. 155.141-ES, rel. Min. Barros Monteiro, 4ª Turma, *DJU* 7.11.2005; REsp n. 270.191-SP, rel. Min. Ari Pargendler, rel. para o acórdão Min. Carlos Alberto Menezes Direito, 3ª Turma, *DJU* 8.4.2002 p. 209; REsp n. 436.294-RJ, rel. Min. Félix Fischer, 5ª Turma, *DJU* 2.6.2003). 3. Agravo regimental a que se nega provimento" (STJ, 3ª Turma, AgR no AgR no Ag 654.796-RS, rel. Min. Vasco Della Giustina (Desembargador convocado do TJRS), j. 15.9.2009, *DJe* 9.10.2009).

Ainda sob a ótica da instrumentalidade e aplicação do princípio *pas de nullitè sans grief*, v.: STJ, 4ª Turma, REsp 725.456-PR, rel. Min. Luís Felipe Salomão, j. 5.10.2010, *DJe* 14.10.2010.

8. Pontes de Miranda, *Tratado de Direito Privado*, t. I, § 4º, p. 11.

9. Rosenberg/Schwab/Gottwald, *Zivilprozessrecht*, 16ª ed., § 123, p. 863.

no caso concreto. A proteção conferida ao terceiro de boa-fé poderá minimizar os efeitos *ex tunc* da decisão que reconhece a necessidade de suspensão. Um exemplo concreto refere-se aos sucessores do falecido na execução quando não tenha sido realizada a concentração do ato executivo na matrícula do imóvel (arts. 792, 799, IX, 828 e 844 do CPC; art. 54, *caput* e incisos I a IV, da Lei 13.097/2015). Embora reconhecida a necessidade de continuidade da marcha processual, o terceiro não poderá ser afetado por declaração de ineficácia do ato de transmissão, uma vez que no momento da aquisição inexistia ônus ou gravame sobre a matrícula do bem ou, em caso de bem móvel, junto ao DETRAN.

Questão interessante refere-se aos efeitos da suspensão do processo em face da prescrição extintiva ou aquisitiva em curso. O exemplo pode ser fornecido por meio da propositura de uma ação reivindicatória em que a parte autora, após o ajuizamento, falece. Como os efeitos da interrupção da prescrição extintiva ou aquisitiva (usucapião) apenas se consumam com a citação válida, o prazo transcorrido até a regularização do polo ativo poderia ser computado para fins de defesa do réu? A resposta há de ser negativa, desde que os sucessores regularizem a capacidade processual no prazo assinalado (art. 313, § 2º, II, do CPC). A regularização permitirá a citação válida, cujos efeitos retroagem à data de ajuizamento da ação, convalidando a interrupção ocorrida (art. 312 do CPC).[10]

A regra será a não fluência do prazo prescricional enquanto pendente causa suspensiva, cuja fluência dependerá da solução das causas nominadas pelo art. 313 do CPC. Deste modo, enquanto pendente a regularização da capacidade processual ou vigente o prazo de convenção para paralisação do processo, inviável qualquer fluência do prazo prescricional, uma vez que inexiste inércia a ser imputada a qualquer das partes.[11]

10. "Die Hemmung der Verjährung und der Ersitzung durch Klageerhebung dauert auch während des Stillstands des Verfahrens fort" ("A suspensão da prescrição e da usucapião por meio do oferecimento do pedido em juízo perduram durante a paralisação do processo" – tradução livre) (Rosenberg/Schwab/Gottwald, *Zivilprozessrecht*, cit., 16ª ed., § 123, p. 863).

11. "A morte de uma das partes é causa de imediata suspensão do processo (art. 265, I, do CPC/1973) [*v. art. 313, I, do CPC/2016*], não havendo previsão legal de prazo prescricional para a habilitação de seus sucessores, de modo que, aplicando esse entendimento no caso concreto, constata-se que o processo deveria ter ficado suspenso desde o momento do passamento da autora, ocorrido ainda na fase de conhecimento, não podendo ser contado, a partir desse evento, nenhum lapso prescricional em prejuízo aos herdeiros, seja para a habilitação deles, seja para a propositura da ação de execução – Recurso especial provido" (STJ, 1ª Turma, REsp 1.707.423-RS, rel. Min. Gurgel de Faria, j. 30.11.2017, *DJe* 22.2.2018).

No que tange à prescrição intercorrente, agora expressamente reconhecida pelo art. 921, V, do CPC, deve ser determinada questão crucial concernente ao início da contagem do termo *a quo*.[12] Mesmo antes da previsão do art. 921, V, a prescrição intercorrente era revelada pela leitura do art. 173 do CC/1916 e foi transposta para o CC/2002, parágrafo único do art. 202: "A prescrição interrompida recomeça a correr da data do ato que a interrompeu, ou do último ato do processo para a interromper". O que caracteriza a prescrição intercorrente é a paralisação desidiosa, a inércia imotivada da relação processual do autor ou exequente. A prescrição intercorrente revela que cada ato processual praticado no processo tem o condão de interromper o prazo prescricional sucessivamente, até o término do processo. Quando esta paralisação permite a consumação da prescrição chama-se de *intercorrent*e, pois se configurou no transcurso do processo.[13]

No âmbito tributário sua previsão já estava sedimentada pela leitura do art. 174 do CTN e veio reforçada pela alteração da Lei 11.051/2004, que inseriu o § 4º no art. 40 da Lei de Execução Fiscal. Importante frisar que a prescrição intercorrente não é instituto exclusivo da fase executiva, em que pese à sua previsão típica no art. 921, V, do CPC/2015.[14]

A prescrição intercorrente poderá ser contada quando os prazos máximos de suspensão sejam infringidos (art. 313, § 4º), e que são computados em seis meses para o regime de suspensão facultativa por negócio processual (art. 313, II, do CPC) ou de um ano para a suspensão oriunda de prejudicial ou de fato ou produção de prova em outro juízo. Não sendo julgada a causa prejudicial ou produzida a prova ou fato, a prescrição intercorrente passará a ser contada. Vale lembrar que o STJ

12. O STJ já reconhecia a prescrição intercorrente na execução fiscal por meio da Súmula 314: "Em execução fiscal, não localizados bens penhoráveis, suspende--se o processo por um ano, findo o qual se inicia o prazo de prescrição quinquenal intercorrente".

13. Ponto importante que foi definido pelo STJ diz respeito à aplicação do princípio da causalidade na hipótese de extinção do processo pelo reconhecimento da prescrição intercorrente: "A prescrição intercorrente por ausência de localização de bens não afasta o princípio da causalidade em desfavor da parte executada, nem atrai a sucumbência para a parte exequente" (REsp 1.835.174-MS, rel. Min. Paulo de Tarso Sanseverino, 3ª T., j. 5.11.2019).

14. V. a advertência de Arruda Alvim: "Não deve ser havida como configurada prescrição intercorrente se não há inércia do autor ou do credor, em processo de conhecimento ou em execução" ("Da prescrição intercorrente", in Mirna Cianci (coord.), *Prescrição no Código Civil – Uma Análise Interdisciplinar*, Saraiva, 2005 p. 29).

definiu os contornos de aplicação da prescrição intercorrente por meio do primeiro IAC julgado naquela Corte.[15]

1.1.2.1 *Prática dos atos processuais urgentes e surpresa processual*

Com a suspensão do processo proíbe-se a prática dos atos processuais, os quais são vedados e não podem ser praticados, exceto para a preservação de dano irreparável ao sujeito processual ou ao objeto litigioso (art. 314 do CPC).[16] A prática de ato processual durante o período de

15. Cf. STJ: "As teses a serem firmadas, para efeito do art. 947 do CPC/2015 são as seguintes: 1.1 Incide a prescrição intercorrente, nas causas regidas pelo CPC/1973, quando o exequente permanece inerte por prazo superior ao de prescrição do direito material vindicado, conforme interpretação extraída do art. 202, parágrafo único, do Código Civil de 2002. 1.2 O termo inicial do prazo prescricional, na vigência do CPC/1973, conta-se do fim do prazo judicial de suspensão do processo ou, inexistindo prazo fixado, do transcurso de um ano (aplicação analógica do art. 40, § 2º, da Lei 6.830/1980). 1.3 O termo inicial do art. 1.056 do CPC/2015 tem incidência apenas nas hipóteses em que o processo se encontrava suspenso na data da entrada em vigor da novel lei processual, uma vez que não se pode extrair interpretação que viabilize o reinício ou a reabertura de prazo prescricional ocorridos na vigência do revogado CPC/1973 (aplicação irretroativa da norma processual). 1.4 O contraditório é princípio que deve ser respeitado em todas as manifestações do Poder Judiciário, que deve zelar pela sua observância, inclusive nas hipóteses de declaração de ofício da prescrição intercorrente, devendo o credor ser previamente intimado para opor algum fato impeditivo à incidência da prescrição. 2. No caso concreto, a despeito de transcorrido mais de uma década após o arquivamento administrativo do processo, não houve a intimação da recorrente a assegurar o exercício oportuno do contraditório. 3. Recurso especial provido (REsp 1.604.412-SC, rel. Min. Marco Aurélio Bellizze, 2ª Seção, j. 27.6.2018, *DJe* 22.8.2018).

16. V. interessante e correta decisão do STJ analisando a possibilidade da penhora durante a suspensão do processo: "Ação distribuída em 29.12.2010 – Recurso especial interposto em 10.12.2014 e atribuído à Relatora em 25.8.2016. 2. Os propósitos recursais consistem em definir se houve negativa de prestação jurisdicional, se os atos praticados durante a suspensão do processo em virtude do falecimento da parte são nulos e, ainda, se a cônjuge de um dos herdeiros do executado deveria ter sido intimada da penhora de bem de propriedade do devedor originário após o seu falecimento. (...). O ato de penhora de bem imóvel é um ato de natureza processual, motivo pelo qual é proibida a sua prática no período de suspensão do processo decorrente do falecimento do executado. Na hipótese, todavia, o delineamento fático estampado no acórdão recorrido demonstra que a penhora era indispensável para assegurar a utilidade e a satisfatividade da execução em curso, que se prolongava por muitos anos sem nenhuma perspectiva de adimplemento do crédito materializado no título executivo, assumindo a penhora, nesse contexto, o papel de medida assecuratória e conservativa de direito, de modo a atrair a incidência da exceção prevista na parte final do art. 793 do CPC/1973 [*v. art. 923 do CPC/2015*] (STJ, 3ª Turma, REsp 1.643.012-RS, rela. Min. Nancy Andrighi, j. 22.3.2018, *DJe* 26.3.2018).

suspensão viola a boa-fé, pois durante o período de paralisação processual a parte confia que a relação processual não será inovada. A prática de ato processual corresponde a um atentado (art. 77, VI, e § 7º, do CPC).

Por este motivo, é fundamental a prolação de decisão judicial proclamando a suspensão do processo, bem como determinando o restabelecimento da fluência do procedimento, ainda que a decisão tenha apenas efeito declaratório, e não constitutivo. A suspensão, como já afirmado, decorre da subsunção do ato ou fato jurídico às hipóteses taxativas do art. 313 do CPC.

A publicação e a intimação da decisão judicial de suspensão são importantes para evitar a surpresa processual e garantir o contraditório substancial (art. 10 do CPC). Caberá ao juiz realizar o controle quanto aos prazos estabelecidos pelo art. 313, § 4º, do CPC. Enquanto a parte autora ou a parte ré não forem intimadas para fins de regularização do polo processual não existe a possibilidade de sanção. Mesmo na seara executiva o falecimento do exequente exige a determinação de regularização, sendo inviável suscitar a prescrição intercorrente (art. 924, V, do CPC).

1.1.2.2 *Demonstração de prejuízo ("pas de nullité sans grief")*

A par da natureza declaratória da decisão que reconhece a suspensão do processo e de sua eficácia *ex tunc*, a jurisprudência evoluiu no sistema brasileiro para adequar a leitura do art. 313 do CPC aos postulados da instrumentalidade e da efetividade processuais. A visão moderna da suspensão do processo não pode estar dissociada do princípio do prejuízo. A incidência do suporte fático do art. 313 do CPC não pode provocar a nulidade de atos processuais sem a análise dos efeitos gerados no processo. É possível que a infringência ao art. 314 do CPC não tenha gerado qualquer prejuízo para a parte, o que não justifica a prolação de decisão de nulidade.[17]

17. "Não há como se declarar a nulidade requerida, uma vez que, a despeito do fato de o falecimento da parte gerar a suspensão do processo, a jurisprudência do STJ entende ser necessária a demonstração de prejuízo para que haja o reconhecimento de eventual nulidade pela ausência de suspensão do processo – Precedentes. 1.2 No caso em análise, a recorrente, a pretexto de demonstrar prejuízo, invoca danos a terceiros – herdeiros do falecido. Entretanto, a agravante não tem legitimidade para defender interesse alheio, e o prejuízo apto a gerar a nulidade invocada deve ser próprio e concreto. 1.3 O aresto recorrido não contém elementos que possam afirmar a ocorrência, ou não, de prejuízo. Desse modo, o acolhimento do inconformismo, segundo as alegações vertidas nas razões do especial, demanda revolvimento do acervo fático-probatório dos autos, situação vedada pela Súmula n. 7 do STJ. 2. Agravo interno

1.1.2.3 *Colaboração processual na suspensão*

A colaboração das partes é essencial para evitar que a suspensão do processo não seja infrutífera. A questão pode ser confrontada na hipótese de morte do autor ou réu do processo ou, mesmo, na paralisação da relação processual em que se aguarda a produção de prova em outro juízo. Para que o processo possa seguir seu rumo natural, caberá à parte interessada colaborar para regularizar o obstáculo.

Na hipótese de falecimento do autor da ação, e não sendo hipótese de extinção da relação processual pela intransmissibilidade da pretensão (art. 485, IX, do CPC), caberá aos sucessores do falecido habilitaram-se conjuntamente, ou por meio de inventariante que represente o espólio. A ausência de colaboração (art. 6º do CPC) acarretará no ônus de extinção da demanda pelo abandono injustificado do processo. É importante que o juiz fixe prazo e meio adequado para dar publicidade ao processo. Não se trata de atividade que deve ser realizada *ex officio*.

Quando se tratar do falecimento da parte ré as diligências para a sucessão do polo passivo competem ao autor, que deve diligenciar para promover a citação do espólio ou, ainda, de todos os herdeiros, para que possam suceder o falecido. Em vista das possíveis barreiras a serem enfrentadas pelo autor na localização dos sucessores do réu, a lei processual determina um prazo mínimo de dois meses e o máximo de seis meses para esta tarefa. O insucesso na localização poderá exigir a abertura do inventário por meio de inventariante dativo ou de pessoa que se habilite ao encargo (art. 617, VII e VIII).

2. *Modalidades de suspensão do processo*

A interrupção momentânea da marcha processual (*Stillstand des Verfahrens*) poderá ser provocada por *causas internas* ou *externas*.[18] Ambas afetam a solução do *thema decidendum*. As causas internas ao desenvolvimento da relação processual podem ser exemplificadas pela morte ou perda da capacidade processual (*Tod der Geschäftsunfähigkeit* – art. 313, §§ 1º e 2º, I e II, do CPC). Como causa externa podemos citar a relação prejudicial entre a esfera penal e a civil, que permite a suspensão até o exame da questão que afeta o andamento da relação processual civil

improvido" (STJ, 3ª Turma, AgInt no AREsp 1.113.428-SP, rel. Min. Marco Aurélio Bellizze, j. 27.2.2018, *DJe* 9.3.2018).

18. Lüke, *Zivilprozessrecht – Erkenntinisverfahren/Zwangsvollstreckung/Europäisches Zivilfahrensrecht*, cit., 10ª ed., § 18, p. 207.

(*e.g.*, exame da autoria e da materialidade da infração na esfera penal – arts. 313, V, "a", e 315 do CPC).

O art. 313 visa a regular os casos de suspensão da relação processual que podem ser classificados em *facultativos* e *obrigatórios*. O fim do processo é propiciar solução definitiva para a pendência individual ou coletiva, o que demonstra a impossibilidade de que esta suspensão seja *sine die*, ou seja, indefinidamente. Em face da leitura e da interpretação sistemática de todas as previsões legais (art. 313, I a VII), a suspensão nunca deverá ultrapassar um ano (arts. 313, § 4º, e 315, § 2º, do CPC).

O prazo de um ano não impede que causas diversas de suspensão possam afetar a relação processual em momentos distintos e de modo cumulado. Após o término da suspensão facultativa do processo (art. 313, II e III) é possível que umas das partes faleça, o que provocará a suspensão obrigatória (art. 313, I), com prazo para regularização do polo processual. Algumas das causas de suspensão obrigatória, como as previstas pelo inciso IV, revelam exemplos em que o prazo máximo de um ano não pode ser computado. O controle sobre o julgamento da exceção de suspeição ou impedimento dependerá de análise pelo tribunal. Não se aplica mais a suspensão automática pelo oferecimento da peça de exceção (art. 146, § 2º, I e II, do CPC) e o prazo máximo de um ano poderá não ser observado. O julgamento do incidente de resolução (art. 313, IV, CPC) é outro exemplo de modulação do prazo de suspensão. Enquanto não julgados a exceção de suspeição ou impedimento e, mesmo, o incidente de demandas repetitivas, o termo *ad quem* do período de suspensão não valerá, e, por consequência, o termo *a quo* do prazo de prescrição intercorrente não poderá ser iniciado, pois não há inércia da parte, mas, sim, do órgão judiciário.

2.1 Suspensão voluntária ou facultativa

O processo poderá ser suspenso por causas *facultativas* (*voluntárias*) e obrigatórias (*involuntárias*).[19] O art. 311, II, do CPC estabelece a suspensão voluntária do processo atendendo à vontade das partes (*sospensione concordata*).[20] Esta modalidade de suspensão voluntária revela autêntico negócio processual bilateral, nos termos dos arts. 190 e 200 do

19. A doutrina em sua maioria adota a classificação de Carnelutti, que fala em suspensão "facultativa" ou "obrigatória".

20. Carmine Punzi, *Il Processo Civile – Sistema e Problematiche*: *i Procedimenti Speciali*, vol. II, p. 169.

CPC.[21] Esta modalidade representa uma forma de exceção ao princípio do impulso oficial.[22]

Em grande parte das situações a suspensão do feito é pedida na audiência de conciliação (art. 334), de saneamento (art. 357, § 3º, do CPC) e de instrução (art. 359 do CPC), ou, mesmo, determinada *ex officio* pelo juiz (art. 139, V e VIII)[23] a aproximação das partes para estudo de viabilidade de propostas de acordo formuladas naquela oportunidade. O prazo máximo de paralisação será de seis meses (art. 313, § 4º, do CPC). Após seu término as partes devem promover o andamento, e a inércia imotivada poderá acarretar a extinção do feito, com base no art. 485, II, do CPC. O art. 357, § 3º, do CPC também confere extrema relevância à vontade das partes ao permitir não só o diálogo processual para a construção do objeto do processo sobre o qual recairá a decisão judicial (art. 357, § 2º, do CPC), mas para realizar pedido de suspensão consensual do processo (art. 313, II, do CPC). Antevendo os malefícios da continuidade da relação processual, em virtude do tempo, do gasto com as diligências e da produção de prova pericial, as partes podem pedir a suspensão, e devem ser incentivadas pelo juiz quando existe real possibilidade de solução ajustada. A suspensão acordada do art. 313, II, não deve ser utilizada como instrumento de paralisação indevida. A atitude da parte que propõe o pedido de suspensão mas que se comporta de modo absolutamente refratário *a posteriori* configura má-fé processual, e pode ser motivo de aplicação do art. 77 do CPC. A paralisação consensual da relação processual de má-fé reflete autêntica resistência injustificada ao andamento do processo (art. 80, IV, do CPC) e viola o dever de lealdade e cooperação na construção da relação processual, na medida em que provoca o surgimento de fase processual inútil (art. 77, III, do CPC) com o único objetivo de postergar a decisão judicial. Atos desta natureza podem até fundamentar a concessão da tutela da evidência, em vista da manifesta atitude de protelação dos atos processuais (art. 311, I, *in fine*, do CPC).

2.1.1 Controle sobre a suspensão voluntária

O controle judicial sobre a suspensão voluntária é reduzido. O juiz não pode indeferir, *a priori*, a paralisação da marcha processual a requerimento das partes, desde que o pedido seja lícito. A possibilidade de dis-

21. V. o que escrevemos no t. I deste *Curso*, p. 759.

22. Araken de Assis, *Processo Civil Brasileiro*, vol. II, p. 855.

23. Menos comum, mas com grande proveito, na seara executiva, *ex vi* do art. 772, I, do CPC.

posição sobre o andamento do processo insere-se no comando do art. 190 do CPC. Não há dúvida de que o controle judicial será sempre possível. O juiz pode limitar o pedido de suspensão quando ele extrapole o prazo previsto pelo art. 313, § 4º, do CPC, pois a suspensão não poderá superar seis meses. O controle judicial é tênue quanto aos elementos formais e materiais de validade da suspensão. Como se trata de autêntico negócio processual, sob a ótica formal o pedido deve ser realizado com obediência à capacidade postulatória; e sob o ponto de vista material o pedido deve obedecer ao prazo máximo de seis meses. Ponto de maior polêmica refere-se à necessidade de motivar o pedido de suspensão convencional. A doutrina sempre negou essa necessidade, uma vez que o dispositivo apenas exige o acordo entre as partes.[24] Na fase atual do processo civil não existe mais espaço para atos processuais infundados. Isto atinge não apenas as decisões judiciais imotivadas (art. 489 do CPC; art. 93, IX e X, da CF/1988), mas também os requerimentos formulados pelas partes, pois é vedado apresentar pretensão ou exceção sem fundamento (art. 77, II, do CPC). A duração razoável do processo exige que ao menos seja justificada a necessidade de paralisação do processo. A suspensão não pode ser utilizada para fim escuso.

Na hipótese de participação de terceiros na relação processual, o juiz deverá velar pela necessidade de anuência e inserção do terceiro na convenção de suspensão. O assistente simples (art. 121 do CPC) não poderá se opor à suspensão acordada, mas a mesma solução não se aplica em relação ao assistente litisconsorcial (art. 124 do CPC). Este último, embora com intervenção tardia, também exerce poderes semelhantes aos da parte na relação processual.[25]

2.1.2 Suspensão facultativa e a boa-fé processual

A paralisação do processo por negócio processual provoca uma preclusão temporária no processo, pois nenhum ato processual deverá ser praticado, com exceção daqueles que sejam reputados urgentes (art. 314 do CPC). A urgência há de ser avaliada pelo juiz, e pode resultar na autorização de atos de modificação sobre o objeto litigioso, como em uma ação de usucapião em vista de dano iminente sobre o bem ou, ainda, quando há necessidade de produção antecipada de prova, sob pena de perecimento do vestígio material ou impossibilidade de testemunho

24. Pedro Batista Martins, *Comentários ao Código de Processo Civil* (de 1939), vol. II, p. 333.

25. Sobre o tema, v. nosso estudo *Intervenção de Terceiros*, p. 180.

futuro – o que justifica a prática de atos processuais durante o período de suspensão.

A suspensão exige a cooperação entre as partes e o respeito à boa-fé. Não é justo utilizar o período de suspensão para obter benefício ou vantagem indevida por meio de comportamento contraditório. Durante a suspensão do processo qualquer alteração sobre o objeto litigioso é indevida, especialmente em demandas relacionadas a posse, propriedade, responsabilidade civil – como exemplos mais usuais. Esta violação do dever de lealdade e boa-fé consiste em conduta vedada e reprimida expressamente pelo art. 77, VI, e § 7º, do CPC, como medida de atentado. O sistema reprime a conduta do litigante desleal (*improbus litigator*).[26]

2.1.3 Suspensão por ato do juiz e a gestão processual

A suspensão voluntária permite o exame da suspensão *ex officio* ou por ato do juiz (*ope iudicis*).[27] A princípio ela não se confunde com a suspensão involuntária, que possui natureza obrigatória, em vista de tipos fechados (art. 313, I, III, IV e V, do CPC). A suspensão por ato do juiz decorre de determinadas hipóteses previstas ou não no ordenamento, como na concessão de efeito suspensivo na impugnação ou nos embargos (arts. 525, § 6º, e 919, § 1º, do CPC), em procedimentos especiais, como nos embargos de terceiro (art. 678 do CPC), ou, ainda, em função do papel de gestor processual. Estas hipóteses de concessão de efeito suspensivo não revelam discricionariedade, pois, estando configurada a situação fática que autorize o efeito, o juiz deve concedê-lo.

A suspensão por ato do juiz não revela qualquer liberalidade ou discricionariedade em sua concessão. Preenchidas as hipóteses de sua configuração e demonstrada sua necessidade, o juiz deverá suspender a relação processual, para evitar a prática de atos inúteis e protelatórios.

Na doutrina italiana há forte crítica contra as suspensões impróprias oriundas de decisões judiciais baseadas em juízo de discricionariedade.[28] A crítica deve ser transportada para o Direito Brasileiro, pois a paralisação do processo revela medida excepcional e que deve ser sempre evitada, pois atenta frontalmente contra o princípio da duração razoável do processo (art. 5º, LXXVIII, da CF/1988). Um exemplo desta afirma-

26. José Frederico Marques, *Instituições de Direito Processual Civil*, vol. III, n. 736, p. 324.

27. Ugo Rocco, *Trattato di Diritto Processuale Civile*, vol. III, p. 251.

28. Carmine Punzi, *Il Processo Civile – Sistema e Problematiche: i Procedimenti Speciali*, cit., vol. II, p. 170.

ção reside em hipóteses correntes nos Juizados Especiais Cíveis quando não são encontrados bens do devedor. Muitos juízes criam uma fase de suspensão indevida, remetendo os autos para arquivo provisório, quando a lei estabelece a obrigatoriedade da extinção do processo, nos termos do art. 53, § 4º, da Lei 9.099/1995.[29]

Em situações excepcionais, mas sempre de modo fundamentado, admite-se que o juiz possa suspender o processo para evitar prejuízo às partes e ao desenvolvimento sadio da relação processual. Um exemplo seria a possibilidade de suscitação de deslocamento de competência da esfera estadual para a federal. Em vista do conteúdo da Súmula STJ-150, cabe ao juízo federal deliberar sobre o interesse na causa.[30] Neste período que medeia entre a suscitação e a manifestação o juiz poderá suspender a prática de atos processuais, o que não afeta a prática de atos urgentes (art. 314 do CPC).[31] Durante o processamento de determinados pedidos incidentais, como no pedido de extromissão e alteração do polo (art. 109, § 1º, do CPC), a suspensão por breve período acaba sendo importante para definir o polo processual, bem como no processamento do pedido de participação do terceiro como assistente litisconsorcial (art. 120 do CPC).[32]

Em outros dispositivos o texto legal parece conceder certa discricionariedade para o juiz "conceder" a suspensão, como no art. 694, parágrafo único, do CPC: "A requerimento das partes, o juiz pode determinar a suspensão do processo enquanto os litigantes se submetem a mediação extrajudicial ou a atendimento multidisciplinar". Esta suspensão visa a evitar a prática de atos inúteis e revela o novo papel desempenhado pelo juiz no processo em sua tarefa de gestão.

29. Lei 9.099/1995, § 4º do art. 53: "§ 4º. Não encontrado o devedor ou inexistindo bens penhoráveis, o processo será imediatamente extinto, devolvendo-se os documentos ao autor".

30. Entendimento reforçado pela ausência do regime de agravo de instrumento para discutir a competência, conforme previsão do art. 1.015 do CPC. Deve ser ponderado que o STJ mitigou a taxatividade do art. 1015 do CPC, desde o seguinte repetitivo: REsp 1.704.520-MT, rel. Min. Nancy Andrighi, CE, j. 5.12.2018, *DJe* 19.12.2018.

31. De acordo com o que defendemos na Parte Geral deste *Curso* (t. I, p. 434), surgindo motivação para a aplicação do art. 45 do CPC – ou seja: potencial interesse da União na causa –, o juiz estadual não deve remeter o processo, mas enviar o arquivo digital ou extrair cópias, sem baixa na distribuição. Esta medida atenta para a economia e para o disposto na Súmula STJ-150.

32. É certo que o assistente simples ou litisconsorcial recebe o feito no estado em que se encontra, mas sem prejuízo de que o pedido formulado, isto é, em fase anterior ao saneamento, possa permitir a suspensão momentânea para que o ato do art. 357 do CPC possa ser praticado com a participação de todos os interessados.

É indiscutível que o Código de Processo Civil/2015 mudou o panorama de desenvolvimento dos atos processuais, pela abertura e participação das partes na construção do procedimento (art. 190). Ao mesmo tempo, trouxe maior responsabilidade ao juiz na construção do procedimento, pois deverá velar pela duração razoável (art. 139, II, do CPC); realizar e incentivar a autocomposição a qualquer tempo (art. 139, V, do CPC); alterar o procedimento, com sua adaptação ao caso concreto (art. 139, VI, do CPC); e suprir as falhas e promover o saneamento individual ou compartilhado (art. 357 do CPC). Ora, estas situações permitem hipóteses de suspensão momentânea e óbvia do procedimento quanto à sua marcha normal, o que se justifica pelo modelo instaurado pelo Código de Processo Civil. A função de gestão processual exercida pelo juiz na relação processual permitirá a suspensão motivada do procedimento, e que pode ser classificada como imprópria.

2.2 Suspensão obrigatória do processo

A suspensão obrigatória (involuntária) da marcha processual é marcada por fatos objetivos, por isso, revelam causas que justificam a paralisação necessária da relação processual e que decorrem de previsão *ex lege*.[33] As causas que informam a necessidade de suspensão podem ser internas ou externas à relação processual.[34] Concentram-se, nestes casos, as hipóteses do art. 313, I, III, IV, V, VI, VII e VIII, do CPC. As hipóteses revelam a incidência do *princípio da tipicidade* na suspensão do processo, por se tratar de medida excepcional e residual.

2.2.1 Casos de suspensão obrigatória ou involuntária

2.2.1.1 *Perda da capacidade processual ou da capacidade postulatória*

O art. 313, I, do CPC inaugura o tratamento dos casos de suspensão apontando para a perda da capacidade processual (*Verlust der Prozessfähigkeit*) ou da capacidade postulatória (*gesetzlichen Vertreters*), tratando

33. Ugo Rocco, *Trattato di Diritto Processuale Civile*, cit., vol. III, pp. 251-252.

34. Carnelutti apenas considerava as causas externas como hipóteses verdadeiras de suspensão do processo, pois as internas corresponderiam a um intervalo maior ("sino del intervalo, más o menos largo, que naturalmente separa un acto de otro" – *Instituciones del Proceso Civil*, p. 149). Esta distinção perde significado prático em nosso sistema, pois as causas sejam internas ou externas geram um único efeito, qual seja, *a suspensão temporária do processo.*

ambas as situações de forma diferenciada.[35] A capacidade processual está atrelada à capacidade jurídica, de tal forma que a incidência dos arts. 3º, 4º e 6º do CC/2002 provoca alteração ou extinção da capacidade processual, gerando a necessária suspensão do feito para regularização de pressuposto essencial para o desenvolvimento da relação processual – qual seja: a existência de parte legítima para conduzir o processo.

A perda da capacidade processual pode acometer o legitimado ordinário, quando a capacidade de fato (*Parteifähigkeit*) e a processual (*Prozessfähigkeit*) concentram-se na mesma pessoa ou quando existe a substituição processual, hipótese em que a pessoa que conduz o processo (*Prozessführungsbefugnis*) é diversa da que detém a legitimidade para discutir o direito material que compõe o objeto litigioso.[36]

O art. 313 I, é claro e abrange a morte ou perda da capacidade da parte, do seu representante legal ou do seu procurador. Ocorrendo morte (art. 6º do CC) ou perda da capacidade da parte (arts. 3º e 4º do CC), do representante legal (curador, tutor ou detentor do poder familiar) ou do procurador, que é titular da capacidade postulatória, caberá ao juiz determinar a suspensão do processo, para a regularização da relação processual.

2.2.1.2 *Suspensão em relação às partes e a terceiros*

O art. 313, I, do CPC estabelece a necessidade de suspensão em relação a qualquer das partes. Nesta acepção também deverá ser incluída a figura do terceiro cujo ingresso tenha sido admitido no processo. Sua participação poderá ser de mero auxiliar, como o assistente simples (*Nebenpartei*), ou de autêntico litisconsorte, como na denunciação da lide. A perda da capacidade exige a regularização da capacidade processual e postulatória em relação a todos que participam da relação processual. Não há contraditório efetivo e substancial sem a comunicação dos atos processuais, pois o direito de participar da relação processual e de influir sobre a decisão judicial estaria prejudicado.

Nas situações de cúmulo subjetivo marcado pelo litisconsórcio, em que existe mais de uma parte no polo ativo e/ou passivo, a situação

35. No sistema alemão é tratada como hipótese de interrupção, e não de suspensão (v.: Rosenberg/Schwab/Gottwald, *Zivilprozessrecht*, cit., 16ª ed., § 125, p. 874).

36. Como ensina a doutrina alemã (Rosenberg/Schwab/Gottwald, *Zivilprozessrecht*, cit., 16ª ed.), ambos os conceitos não se confundem, ainda que em regra a legitimidade de conduzir o processo esteja no portador da pretensão da relação jurídica conflituosa ("Die Prozeßführungsbefugnis steht in der Regel den Trägern des streitigen Rechtsverhältnis zu", ob. cit., 16ª ed., § 46, p. 272).

é idêntica. A morte ou perda da capacidade processual de um dos litisconsortes exige a suspensão do processo. A pluralidade de partes impõe regime diferenciado no tratamento da relação processual, como se observa da leitura dos arts. 229, 345, I, e 1.005 do CPC. Cada litisconsorte é considerado em sua perspectiva autônoma (art. 117, primeira parte, do CPC), ou seja: se a demanda for proposta em regime de litisconsórcio o desatendimento por algum deles da determinação de regularização do polo (art. 313, § 2º, II, do CPC) acarretará a extinção da relação processual (art. 76, § 1º, I, do CPC).

No cúmulo objetivo a situação não é diversa, como na oposição (art. 682 do CPC), nos embargos de terceiro (art. 674 do CPC) ou, mesmo, em pedidos eventualmente incidentais, como na desconsideração da personalidade jurídica (art. 133 do CPC). O processamento de demandas acumuladas na fase inicial (ação demarcatória e ação divisória – art. 570) ou ulterior (oposição – art. 682 do CPC), inclusive por determinação judicial (conexão ou continência – art. 54 do CPC), exige a regularidade de todas partes que são titulares de posição jurídica na relação processual.

2.2.1.3 *Limites subjetivos à suspensão do processo: morte, perda ou ausência da capacidade do juiz, promotor e serventuários*

Em relação aos demais sujeitos do processo, representados pelos juízes, promotores, serventuários e auxiliares da Justiça, a princípio, o regime da suspensão do processo não deve ser aplicado por analogia. O falecimento ou perda da capacidade do juiz, promotor, escrivão, contador judicial, partidor ou perito podem exigir a paralisação momentânea do processo; contudo, sem a necessidade de suspensão da marcha da relação processual. Há possibilidade de nomeação pelo tribunal ou procuradoria de justiça de substituto legal até a regularização da situação, para que o cargo seja provido de modo horizontal ou vertical. O *princípio da continuidade do serviço público* impede a suspensão do processo.

O falecimento do magistrado não provoca a suspensão imediata do feito, mas a remessa do processo para o juiz substituto ou para aquele que for nomeado pelo tribunal. É possível que situações intercorrentes sejam verificadas e possam até provocar a prorrogação de prazo processual. Por exemplo, em virtude do falecimento foi determinado luto oficial na comarca, com suspensão do expediente forense. A parte não teve a oportunidade de comparecer ao fórum para assinar termo de compromisso ou para participar da audiência de conciliação, cuja ausência permite a fixação de multa de até 2%, por ato atentatório à dignidade da Justiça. O fato deverá ser certificado e a parte não sofrerá qualquer prejuízo, pela existência de justa causa para restituição do prazo e nova oportunidade para a prática do ato processual (art. 223, § 1º, do CPC).

Sob a ótica fática, a ausência de juízes e promotores substitutos exigirá a paralisação momentânea do processo. Quando não há substituto automático, ato administrativo específico deverá ser produzido para nomeação de responsável temporário até a assunção do cargo vago. A substituição do membro do Ministério Público é favorecida pelo *princípio da unidade*.

Nestas hipóteses, *mutatis mutandis*, a suspensão deve ser reconhecida, por motivo de força maior, até a regularização, com a indicação do substituto (art. 313, VI, do CPC). Trata-se de transposição análoga à que sucede com a extinção das pessoas jurídicas quando há retirada de sócio, sua licença ou acordo de dissolução da sociedade, pois neste intervalo não houve quem representasse a pessoa jurídica.[37] A mesma solução deve ser invocada para as situações específicas e momentâneas em que o Estado-juiz não pode ser representado. Trata-se de hipótese aproximada ao impedimento ou suspeição (art. 313, III), o que justifica, igualmente, a suspensão momentânea do processo até a designação de novo juiz ou promotor para a causa, como condição de regularização da marcha processual. Em determinadas situações, como na esfera processual penal, a paralisação excessiva, ainda que amparada em causa legítima de suspensão, permite correção do prazo excessivo por meio do *habeas corpus*.[38] Esta situação pode ocorrer não só na hipótese de morte dos agentes políticos e públicos. Durante o transcurso da vida profissional o desgaste e problemas de saúde podem provocar a incapacidade relativa (art. 4º do CC). O afastamento voluntário ou compulsório não é causa para suspensão, em vista do dever de substituição automática; contudo, a paralisação injustificada pela ausência do juiz, promotor ou serventuário permitirá a invocação do art. 313, VI, como meio de evitar prejuízo para as partes da relação processual.

2.2.1.4 *Distinção entre morte, perda ou ausência de capacidade*

As causas previstas pelo art. 313, I, do CPC exigem a suspensão do processo para o fim de permitir a habilitação nos autos. Há uma

37. Pontes de Miranda, *Comentários ao Código de Processo Civil* (de 1973), cit., t. III, p. 441.

38. STJ, 5ª Turma, HC 311.396-MA, rel. Min. Joel Ilan Paciornik, j. 15.8.2017, *DJe* 24.8.2017.

distância temporal natural entre o evento *morte* ou *perda da capacidade* até a notícia ser comunicada no processo. A morte e a incapacidade são fatos jurídicos *stricto sensu* involuntários e exigem o conhecimento de sua ocorrência para que os efeitos jurídicos sejam propagados. Ao tomar conhecimento de qualquer uma das causas do art. 313, I, cabe ao juiz determinar a suspensão do processo, nos termos do art. 313, § 1º, para permitir a correção do polo processual. Os atos processuais praticados entre o *evento* e a *comunicação* da *morte* ou *perda da capacidade* são nulos, exceto quando não restar comprovado qualquer prejuízo para a marcha do processo.[39] Embora o advogado possa ter praticado ato sem autorização, a possibilidade não é estranha ao sistema processual, como comprova o art. 104 do CPC. A ratificação dos atos processuais será possível desde que visível a inexistência de prejuízo e quando definida a possibilidade de continuidade da marcha processual.[40] Em todo caso, a regra é a de que a decisão do juiz que atesta a perda da capacidade processual ou postulatória é interlocutória e com caráter meramente declaratório; portanto, com eficácia *ex tunc*.[41-42]

Após a suspensão o juiz determinará prazo razoável para a regularização da relação processual. Em caso de morte, desde que o direito seja transmissível, caberá aos herdeiros promover a habilitação, que poderá ser feita mediante a juntada de certidão do óbito nos autos, sem necessidade de procedimento especial, tal como estabelecido no art. 689 do CPC, quando inexistir conflito entre os sucessores. É muito raro observar a parte interessada utilizar o procedimento especial do art. 689 do

39. "Processo civil – Agravo interno – Embargos de divergência – Morte de uma das partes – Declaração de nulidade dos atos processuais – Necessidade de comprovação do prejuízo – *Pas de nullité sans grief.* 1. A eventual falta de observância da regra prevista no art. 265, I, do CPC/1973 (art. 313, I, do NCPC), que determina a suspensão do processo com a morte de qualquer das partes, enseja apenas nulidade relativa, sendo válidos os atos praticados, desde que não comprovado o prejuízo – Precedentes. 2. Agravo interno não provido" (STJ, 2ª Seção, AgInt nos EAREsp 578.729-PE, rel. Min. Luís Felipe Salomão, j. 14.3.2018, *DJe* 20.3.2018).

40. O que poderá não ocorrer, isto é, quando ocorrer confusão entre a pessoa do autor e a do réu, incidindo o art. 485, X, do CPC, ou quando a ação contiver pretensão que é intransmissível, como nas ações personalíssimas.

41. Humberto Theodoro Jr., *Curso de Direito Processual Civil*, vol. III, p. 272.

42. Neste sentido: "Nos casos de morte da parte no curso do processo, também a jurisprudência desta Corte é no sentido de que a suspensão é automática, a decisão tem efeito *ex tunc* e eventuais atos praticados após o falecimento são nulos em razão da mesma causa: a morte do mandante extingue automaticamente os efeitos do mandato" (STJ, 3ª Seção, EAR 3.358-SC, rel. Min. Gurgel de Faria, rel. para o acórdão Min. Félix Fischer, j. 10.12.2014, *DJe* 4.2.2015).

CPC, sendo de interesse de ambas as partes a pronta regularização, para o prosseguimento do processo.

Independentemente da regularização serôdia da relação processual, consumado o *fato jurídico morte*, há sucessão automática quanto ao patrimônio jurídico do *de cujus*. Suas ações, pretensões e exceções e seus direitos subjetivos transmitem-se automaticamente aos sucessores. Obviamente, determinadas pretensões e ações são intransmissíveis, o que poderá provocar a extinção do processo, como na hipótese de obrigação alimentar (art. 485, IX, do CPC). A obrigação alimentar será suportada pelas forças da herança, mas sem sucessão automática quanto ao encargo em relação aos sucessores. Algumas pretensões personalíssimas admitem sucessão desde que a morte do interessado ocorra após o ajuizamento do pedido (art. 1.601, § único, do CC[43]).

A perda da capacidade processual por alteração na situação civil da parte ou do terceiro dependerá de demonstração objetiva, inclusive de eventual sentença de interdição, que exigirá o procedimento especial do art. 747 do CPC.[44] A necessidade de interdição poderá ser a causa da suspensão do processo até sua solução, sem prejuízo de que o juiz possa nomear curador provisório para atuar no curso do processo (art. 749, parágrafo único, do CPC).

(a) Morte das partes e dos representantes legais: habilitação, sucessão e substituição das partes

A habilitação corresponde ao procedimento especial previsto no Livro II da Parte Especial do CPC, que visa a possibilitar a sucessão processual, nos termos do art. 689.[45] Ele regula as situações de sucessão processual em relação a qualquer das partes da relação processual, inclusive terceiros que atuam como auxiliares.

A *sucessão* não se confunde com a *substituição* processual. O princípio da estabilidade das partes tem como fim garantir a ordem e salvaguardar o processo contra eventuais subterfúgios que visem a dificultar sua solução. A sucessão das partes nos termos do art. 109 do CPC corresponde a uma forma de regular a interação entre o direito processual e o material quando há alienação ou cessão do objeto litigioso por ato *inter vivos*.

43. CC, parágrafo único do art. 1.601: "Contestada a filiação, os herdeiros do impugnante têm direito de prosseguir na ação".

44. Sobre as causas e o procedimento da interdição, consulte-se o t. III, deste *Curso*, p. 512.

45. V. o que escrevemos sobre a habilitação no t. III deste *Curso*, pp. 332-341.

Na sucessão *inter vivos*, desde que exista a anuência da parte contrária (art. 109, § 1º, do CPC), o sucessor poderá assumir o polo ativo ou passivo, com a liberação da parte sucedida dos deveres, ônus e efeitos da sentença. Muito embora o processo tenha como escopo a realização do direito material, o art. 109 do CPC revela claramente a autonomia da relação processual. Sem a comunicação da alienação ou cessão do direito material no processo os efeitos do negócio jurídico são ineficazes para o fim de desvincular as partes originárias. O adquirente ou cedente deverá pedir a sucessão, e quando não a obtenha poderá participar do processo como assistente litisconsorcial (art. 109, § 2º, do CPC) – o que justifica a extensão dos efeitos da sentença para sua esfera jurídica (art. 109, § 3º, do CPC).

Na sucessão *causa mortis* a alteração do polo processual é inevitável. Com o falecimento do autor ou do réu exigir-se-á a habilitação dos herdeiros (art. 687 do CPC). A comprovação da morte não permite que a outra parte recuse a habilitação, pois a sucessão *causa mortis* revela causa obrigatória de mutação do polo processual.

A habilitação não se confunde com o procedimento de interdição que regulará as causas de perda da capacidade, e que se submetem a outro procedimento para sua constatação (art. 747 do CPC). Até a reorganização do patrimônio jurídico do *de cujus* caberá ao inventariante assumir a defesa do espólio (art. 75, VII, do CPC). A habilitação poderá ocorrer independentemente de sentença quando a prova documental apresentada pelos sucessores não seja alvo de impugnação (art. 691 do CPC).[46] Neste caso não existirá a necessidade de formação de um incidente, pois o pedido será processado automaticamente nos autos, com observância do contraditório (art. 10 do CPC).

Alguns cuidados precisam ser redobrados na observância da regularidade da habilitação. Basicamente, a habilitação poderá ser realizada pelo inventariante, enquanto pendente o processo de inventário. Cabem ao inventariante o patrocínio das ações necessárias para a proteção do espólio bem como sua defesa perante pretensões e ações em que o espólio seja chamado para responder, sob pena de remoção e apuração de responsabilidade (arts. 75, VII, e 622, IV, do CPC). Não existindo notícia

46. Percebe-se a redação superior do CPC/1973, art. 1.060: "Proceder-se-á à habilitação nos autos da causa principal e independentemente de sentença quando: (...)". A práxis informa que é rara a existência de processo incidental de habilitação e que ela sempre se manifesta pela demonstração documental da certidão de óbito ou de certidão do processo de inventário pelo inventariante. V. nossa crítica ao procedimento especial da habilitação no t. III deste *Curso*, p. 332.

de processo de inventário será possível a habilitação direta e conjunta de todos os herdeiros. A manifestação conjunta de todos os interessados torna desnecessária a existência do procedimento especial de habilitação. No entanto, quando configurados pedido da parte em relação aos sucessores ou a habilitação de um só dos herdeiros a suspensão do processo será essencial para que o contraditório possa ser formado em relação aos demais herdeiros, nos termos do art. 691 do CPC. A habilitação direta exige a participação de todos os herdeiros, em vista da existência de litisconsórcio necessário, sob pena de formação de provimento *inutiliter data*. Obviamente que esta afirmação se refere ao polo passivo, pois quando se tratar do polo ativo nenhum herdeiro poderá ser compelido a litigar em conjunto, embora seja obrigado a suportar as consequências do litígio, em vista da extensão da eficácia da decisão sobre sua esfera jurídica.

(b) Morte do representante legal

A morte poderá ser consumada não apenas em relação à parte ou terceiro, mas também em relação ao seu *representante legal* na relação processual. A suspensão deverá ser determinada de modo idêntico quando o fato for noticiado nos autos. A morte do tutor, curador ou dos pais exige a regularização em tempo hábil para a continuidade da relação processual. O procedimento de habilitação não se aplica para a sucessão do representante legal. O falecimento de um dos pais não impede que o outro continue na representação judicial do filho. Apenas o falecimento de ambos exigiria a suspensão do processo para nomeação de tutor. A morte do tutor ou curador exigirá a suspensão do processo, com alteração do tutor ou curador junto ao procedimento em que tramitou o pedido de tutela ou curatela. A suspensão e a comunicação do juízo competente serão essenciais para que o processo possa seguir com regularidade. O mandato conferido ao advogado cessa pela ausência do representante, ainda que possa atuar no período de vacância, pela excepcionalidade do evento (art. 104 do CPC). É certo que a relação de defesa e proteção do interesse do incapaz envolve relação *intuitu personae*. Isto permite que após a regularização da representação o procurador judicial seja constituído nos autos para promover o prosseguimento da relação processual.

(c) A suspensão do processo pela extinção
ou paralisação da pessoa jurídica

O art. 313, I, do CPC também se dirige às pessoas jurídicas. A "morte" das pessoas jurídicas exige análise diferenciada, em vista das possíveis causas de sua extinção. O encerramento, a liquidação, a reestruturação (fusão, cisão, incorporação), a recuperação e a falência representam situações em que a suspensão será necessária.[47]

O Código de Processo Civil/2015 perdeu uma oportunidade preciosa para suprir esta omissão. Parte da doutrina mostrou-se refratária a esta possibilidade.[48] A realidade exige que a suspensão também seja aplicada quando há extinção ou para paralisação das atividades de pessoas jurídicas. Na hipótese de recuperação e falência, a leitura do art. 6º, § 1º, da Lei 11.101/2005 fornece o caminho quando determina que as execuções individuais serão suspensas, sem prejuízo do prosseguimento das ações de conhecimento em que se discutem valores ilíquidos, inclusive procedimentos especiais atinentes à sua determinação, como a ação monitória.[49]

2.2.1.5 *Mutações na capacidade processual*

A habilitação está voltada para o falecimento da parte, mas o art. 313, I, do CPC prevê, ainda, a perda ou alteração da capacidade processual que poderá afetar não só a parte, mas o próprio representante e o procurador. O vigente diploma processual não evoluiu, pois não regulou de modo expresso a situação de perda da capacidade, conforme crítica já formulada pela doutrina perante o CPC/1973 em face da antiga redação do art. 265, § 2º.[50]

O Código de Processo Civil/2015 precisa ser compatibilizado com a profunda alteração realizada no Código Civil quanto ao regime da incapacidade (arts. 3º e 4º), com especial atenção para a necessidade do diálogo entre as fontes.[51] O regime da incapacidade é classicamente diferenciado em *permanente* ou *transitório*.

Na verdade, o art. 313, I, pressupõe a existência de capacidade processual no início da demanda. Verificada qualquer alteração (*capitis deminutio*), o juiz deverá determinar a suspensão do processo.

A redação do art. 3º do CC/2002 já havia sofrido considerável modificação em vista do antigo texto ofertado pelo art. 5º do CC/1916. No regime de 1916 existia um regime rígido e inflexível para o tratamento da

47. Araken de Assis, *Processo Civil Brasileiro*, vol. II, 2016, p. 789.

48. José Frederico Marques, *Instituições de Direito Processual Civil*, cit., vol. III, pp. 309 e ss.

49. Fábio Ulhoa Coelho, *Comentários à Lei de Falências*, p. 73.

50. Humberto Theodoro Jr., *Curso de Direito Processual Civil*, vol. I, p. 273.

51. Sobre o conflito entre o Estatuto da Pessoa com Deficiência e o Código de Processo Civil, v. nosso *Curso*, t. III, p. 517.

incapacidade absoluta ou relativa. O Código Civil/2002 conferiu maior elasticidade, mesmo sem deixar de considerar a incapacidade como medida excepcional. Como ensina Trabucchi: "A regra geral é a capacidade; a incapacidade constitui exceção, e sem possibilidade de extensão destas normas por analogia".[52]

(a) A mutação na capacidade processual pela interdição

A interdição consiste no procedimento que visa a regularizar a alteração na capacidade do sujeito de direito. O regime atual da interdição é totalmente diverso das previsões oriundas do Código Civil/1916 e da redação original do Código Civil/2002. Atualmente há clara opção do sistema em oferecer integração máxima, o que provoca restrição ao procedimento de interdição. A primeira constatação é simples, e decorre das alterações dos arts. 3º e 4º do CC.[53] A incapacidade absoluta ficou restrita aos menores de 16 anos e o procedimento de interdição vocacionado para a concessão da curatela restrito às questões patrimoniais. Denota-se a alta complexidade do regime oriundo do *Estatuto da Pessoa com Deficiência*, especialmente em face da alteração do regime das incapacidades. A alteração propicia uma releitura constitucional do papel da curatela.[54]

Nesta releitura, dois diplomas exerceram influência decisiva na mudança do regime das incapacidades. Primeiramente, a *Convenção sobre os Direitos das Pessoas com Deficiência* (2007), a qual foi ratificada pelo Brasil (2008).[55]

A Convenção representa uma revolução quanto ao regime da curatela, ao promover a inclusão da pessoa com deficiência na sociedade civil, permitindo sua igualdade e estabelecendo a necessidade de adaptação da legislação material e da processual para criação de mecanismos de salvaguarda aos portadores de deficiência.[56]

52. "La regola generale è per la capacità; l'incapacità costituisce eccezione, e quindi le norme relative non vanno estese per analogia" (Trabucchi, *Istituzioni di Diritto Civile*, 39ª ed., p. 75).

53. Sobre o ponto, v. nosso *Código Civil Comentado*, em coautoria com José Miguel Garcia Medina, 2ª ed., pp. 41-46.

54. Alteração promovida pelo art. 114 da Lei 13.146/2015 (Estatuto da Pessoa com Deficiência).

55. Ratificada pelo Decreto Legislativo 186, de 9.7.2008, e promulgada pelo Decreto 6.949, de 25.8.2009.

56. V. art. 12, 4, da Convenção: "Os Estados-Partes assegurarão que todas as medidas relativas ao exercício da capacidade legal incluam salvaguardas apropriadas e efetivas para prevenir abusos, em conformidade com o direito internacional dos direitos humanos. Essas salvaguardas assegurarão que as medidas relativas ao exer-

O segundo diploma é representado pelo Estatuto da Pessoa com Deficiência, promulgado pela Lei 13.146/2015, cujo texto materializa, internamente, a recepção da Convenção e muda o cenário secular de tratamento das pessoas com deficiência. O Estatuto enaltece o *princípio da proteção integral ao deficiente* – assegurando os direitos à vida, à igualdade, à propriedade, e especialmente em relação ao poder de decisão sobre questões concernentes à reserva da intimidade (casamento, direito de testar, tratamento médico, adotar, procriar, dentre outras – em especial, arts. 6º e 8º da Lei 13.146/2015) –, o qual poderá ser auxiliado na tomada de decisão (art. 84, § 2º, da Lei 13.146/2015).

Em face desta releitura, as causas elencadas pelos arts. 3º e 4º do CC merecem atenção. A suspensão do processo para fins de regularização da capacidade processual da parte ou do representante legal exigirá a adequação ao novo modelo e permite a nomeação de curador ou tutor.

(b) A menoridade

Como causa de incapacidade absoluta a menoridade é a única que permaneceu na redação do art. 3º do CC após a modificação operada pela Lei 13146/2015, conforme redação do art. 114, que eliminou as demais formas de incapacidade absoluta de nosso sistema.[57] *Grosso modo*, a incapacidade absoluta não se encaixa no modelo de "perda", em face da

cício da capacidade legal respeitem os direitos, a vontade e as preferências da pessoa, sejam isentas de conflito de interesses e de influência indevida, sejam proporcionais e apropriadas às circunstâncias da pessoa, se apliquem pelo período mais curto possível e sejam submetidas a revisão regular por uma autoridade ou órgão judiciário competente, independente e imparcial. As salvaguardas serão proporcionais ao grau em que tais medidas afetarem os direitos e interesses da pessoa".

57. A delimitação da idade mínima é um fator de política legislativa, revelando dados culturais de cada povo. No século passado, o art. 25 da *Consolidação* de Teixeira de Freitas acompanhava o texto das *Ordenações Filipinas*, Livro 3º, Título XXIX, § 1º. Considerava-se menor impúbere o homem com menos de 14 anos e a mulher com menos de 12 anos. No *BGB* a incapacidade absoluta negocial é delimitada pelo § 106, que fixa a idade mínima em 7 anos: "Ein Minderjähriger, der das siebente Lebensjahr vollendet hat, ist nach Maßgabe der §§ 107 bis 113 in der Geschaftsfähigkeit beschränkt" ("Um menor, que tenha completado seu sétimo ano de vida, está limitado de acordo com o disposto nos arts. 107 a 113 para empreender negócios jurídicos" – tradução nossa). O Código italiano não prevê a idade mínima para a incapacidade absoluta, apenas a maioridade aos 18 anos, e com previsão especial para a prática de outros atos da vida civil, como o trabalho, mediante lei especial, art. 2: "La maggiore età è fissata al compimento del diciottesimo anno. (...). Sono salve le leggi speciali che stabiliscono un'età inferiore in materia de capacità a prestare il proprio lavoro".

redação do art. 313, I, do CPC. A menoridade é situação de ausência de capacidade primária. Ninguém perde o que ainda não adquiriu. Embora rara sua constatação em juízo, a ausência de capacidade processual exige a regularização da representação, o que torna essencial a suspensão do processo. A motivação pode ser fundamentada no art. 313, VIII, c/c o art. 76, do CPC: "Art. 76. Verificada a *incapacidade processual ou a irregularidade da representação da parte*, o juiz suspenderá o processo e designará prazo razoável para que seja sanado o vício".

A constatação da ausência de capacidade exige a integração por meio do representante legal na pessoa dos *pais*, *tutores* ou *responsáveis pela guarda*.[58] A restrição estabelecida pelo texto diz respeito à possibilidade de que os menores possam participar do tráfico jurídico (*Rechtsverkehr*) sem a autorização das pessoas que são legalmente responsáveis por seus cuidados (pais ou tutores ou responsáveis). A norma tem fim protetivo, uma vez que a celebração de atos jurídicos exige maturidade e pleno conhecimento quanto ao seu conteúdo e consequências, ainda mais perante a máxima *nemo ius ignorare censetur*.[59] O negócio celebrado por um menor incapaz é eivado de nulidade (art. 166, I, do CC), uma vez que o negócio jurídico, embora exista (plano da existência), será inválido (plano da validade = nulidade/anulabilidade), acarretando sua ineficácia (plano da eficácia). O juiz poderá conhecer de ofício da nulidade e o próprio Ministério Público poderá pleiteá-la, atuando como parte ou fiscal da ordem (*custos legis*). Pontes de Miranda, em magistério insuperável, já afirmava a necessidade de se conferir, excepcionalmente, a capacidade processual ao impúbere para permitir o exercício do direito de ação contra seus responsáveis legais.[60]

58. A guarda não autoriza a representação processual do menor de modo automático. Apenas em situações excepcionais, e sempre atendendo ao princípio da proteção integral à criança e ao adolescente, ela pode ser admitida. A legitimidade para a integração depende da prévia suspensão ou destituição do poder familiar. Neste sentido: "O exercício da guarda não outorga ao guardião, de forma automática, o direito de representar o menor em juízo. 2. Ausente situação excepcional a conferir ao guardião a representação do guardado, e estando os pais no gozo do poder familiar, a estes incumbe a representação processual dos filhos em juízo. 3. O não atendimento da regularização da *representação processual*, mesmo sendo concedido prazo razoável, importa em extinção do processo sem resolução do mérito. 4. Apelo conhecido e não provido" (TJDF, 2017610045058- SJ, rel. Des. Roberto de Freitas, j. 18.4.2018).

59. Esta regra sofreu abrandamento com a possibilidade do reconhecimento do erro de direito pelo art. 139, III do CC.

60. Pontes de Miranda, *Tratado de Direito Privado*, cit., t. I, § 58, p. 200.

(c) Menores entre 16 e 18 anos

A partir do CC/2002 houve sensível diminuição na idade como fator objetivo para a determinação de incapacidade, nos termos do art. 4º, I. A incapacidade relativa também sofreu alteração pelo Estatuto da Pessoa com Deficiência, conforme redação do art. 114 da Lei 13.146/2015.

O que foi dito com relação à aplicação do art. 313, VIII, c/c o art. 76, do CPC também se aplica a este dispositivo. Ocorre que essa incapacidade é relativa e, por isso, não impede a prática do ato, mas condiciona sua eficácia à obediência da assistência como regra para os negócios jurídicos celebrados. O menor com incapacidade relativa já possui autonomia quanto à capacidade delitual civil (*Deliktsfähigkeit*), nos termos do art. 180 do CC: "O menor, entre 16 (dezesseis) e 18 (dezoito) anos, não pode, para eximir-se de uma obrigação, invocar a sua idade se dolosamente a ocultou quando inquirido pela outra parte, ou se, no ato de obrigar-se, declarou-se maior".

Aos 16 anos inúmeros atos já poderão ser praticados, como testar (art. 1.860, parágrafo único, do CC) ou contrair matrimônio (art. 1.517 do CC).[61] A assistência deve ser prestada pelos pais, pois a direção da família não é mais representada pelo pátrio poder, e sim pelo poder familiar. No caso de divergências, como na concessão de autorização para o casamento aos 16 anos, caberá ao juiz decidir eventual controvérsia (art. 1.631, parágrafo único, do CC), com apoio técnico e equipe multidisciplinar. O alcance dos 16 anos também representa a possibilidade da concessão de emancipação ao incapaz relativo nas hipóteses do art. 5º, parágrafo único, do CC, muito embora nem todas as situações ali regradas sejam faticamente possíveis, pois já seriam de extrema raridade em relação ao regime anterior, quando a emancipação abrangia elastério maior, ou seja, até os 21 anos.

Deve ser pontuada a autorização excepcional conferida pela Constituição Federal/1988 para que o maior de 16 anos e menor de 18 (art. 4º, I, do CC) possa ajuizar a ação popular, sem a necessidade de assistência, desde que comprove a condição de eleitor (art. 14, § 1º, II, "c", da CF/1988 e art. 1º, § 3º, da Lei 4.717/1965).

(d) Ébrios eventuais e toxicômanos

Ao contrário do inciso anterior, que traz uma limitação quanto à capacidade em virtude de um dado da natureza – ou seja: a idade –, o caso

61. Sem nenhuma diferenciação, pois pelo Código Civil anterior os homens menores de 18 e as mulheres menores de 16 não podiam se casar, ainda que com a autorização dos pais (art. 185 do CC/1916).

versado no inciso II do art. 4º do CC não corresponde a uma limitação automática, pois os ébrios e toxicômanos necessitam de processo de interdição para o reconhecimento, ainda que transitório, da incapacidade. A perda da capacidade no decorrer da relação processual não determina a suspensão do processo até o término do processo de interdição, porque existe a possibilidade de nomeação de curador provisório. Ele será o responsável pela integração da capacidade processual. A incapacidade dos toxicômanos e dependentes já era regulada por legislação específica. O Código Civil incorporou expressamente a figura do ébrio, reconhecendo o alcoolismo e a dependência química como causas de incapacidade.

(e) A incapacidade por causa transitória ou permanente

Todos aqueles acometidos de moléstia que provoque a incapacidade temporária ou permanente sujeitam-se à proteção da curatela. A lei não distingue quanto à origem da incapacidade, pois a mesma pode ser congênita ou adquirida. A principal consequência deste estado permanente de incapacidade é a necessidade da interdição, com nomeação de um tutor/curador para exercer os atos da vida civil em nome do incapaz. Este procedimento exige, obrigatoriamente, a inspeção judicial, com participação de equipe multidisciplinar e prova pericial, uma vez que a seriedade da sentença judicial exige o cumprimento de todo o iter procedimental.

A interdição tem como fundamento a impossibilidade de que o interditado possa manifestar de forma válida sua vontade; por isso, a existência de doença ou enfermidade que o limite mas não impeça sua manifestação da vontade não é causa justa para a declaração de incapacidade.

Sendo a causa transitória, nada impede que a interdição seja levantada por novo processo judicial para averiguação da cessação da causa de incapacidade.

(f) Pródigos

A prodigalidade ainda constitui causa de incapacidade relativa e poderá tornar necessária a integração processual para determinadas pretensões em juízo. Serpa Lopes argumenta que a prodigalidade deveria ser conhecida apenas quando o pródigo possui família. Este entendimento atualmente merece ponderação, especialmente pela proteção constitucional da dignidade e do mínimo existencial como condição de sobrevida. Não há dúvida de que um dos maiores objetivos é a proteção do seio familiar, mas a proteção da vida e da existência digna também está em jogo na prodigalidade. Não há dúvida de que a prodigalidade depende de interdição, com nomeação de curador para o fim de gestão dos bens, sendo causa para a suspensão momentânea do processo.[62]

2.2.1.6 *Formas de proteção aos incapazes: tutela e curatela*

Os casos de incapacidade relativa e absoluta discriminados nos arts. 3º e 4º do CC são objeto de tutela ou curatela ou concessão de guarda e exigem a regularização da representação processual para fins do art. 76 do CPC. Aos menores que estão sujeitos ao poder familiar não há que se falar em tutela. No entanto, caso o poder familiar cesse pela morte dos pais ou por outra causa legal, como a interdição ou a condenação criminal ou, mesmo, pela suspensão ou extinção em ação civil, ter-se-á hipótese de tutela (art. 1.728 do CC). A tutela aplica-se aos menores de idade para fins de representação e assistência. Compete ao juiz da infância e do adolescente deferir a tutela, que recairá como múnus aos parentes mais próximos (art. 1.731 do CC).

O curador é nomeado por meio do processo de interdição para os maiores que não possam praticar os atos da vida civil e dentro de uma nova ótica inaugurada pela Lei 13.146/2015. O curador poderá ser nomeado essencialmente para a prática de atos de gestão patrimonial. Para as questões de natureza existencial (casamento, adoção) existe a possibilidade de auxílio por meio de tomada de decisão. Com isso, a figura da curatela aplica-se ao emancipado e maior incapaz, para atender principalmente aos interesses patrimoniais do curatelado. Para as questões pessoais inexiste incapacidade, e apenas a possibilidade de auxílio por meio da Tomada de Decisão Apoiada, nos termos do art. 1.783-A do CC.[63]

O processo de interdição é essencial para a nomeação do curador. Nesta modalidade de procedimento de jurisdição graciosa busca-se a proteção máxima ao interesse do incapaz. Mas a gravidade do ato judicial que inabilita o interdito exige rigidez maior quanto à verificação da efetiva incapacidade.

O procedimento para a instituição da curatela está disciplinado pelos arts. 748 e 749 do CPC. Como já afirmado, os dispositivos do Código Civil foram expressamente revogados pelo art. 1.072, II, do CPC. Contu-

62. O que não abarca outros atos, como o poder familiar. V.: Francisco Pereira Bulhões Carvalho, *Incapacidade Civil e Restrições de Direito*, vol. II, n. 663.

63. Esta distinção parece também prevalecer no sistema italiano, como informa Trabucchi (*Istituzione di Diritto Civile*, cit., 39ª ed., p. 89): "Il curatore interviene di regola per rapporti patrimoniali; il tutore ha anche funzioni di carattere personale (*tutor datur personae, curator bonis*)".

do, a leitura dos dispositivos do Código de Processo Civil merece análise integrada com as modificações oriundas da Lei 13.146/2015.

O art. 748 do CPC estabelece a primazia da legitimidade quanto ao pedido de curatela pelo elo pessoal e parental do interditando. A possibilidade de o pedido ser formulado pelo cônjuge ou companheiro presume a manutenção da sociedade conjugal ou da união estável mesmo após o surgimento da causa de incapacidade (art. 748, I). Os parentes ou tutores também são legitimados naturais para o pedido de interdição (art. 748, II). Houve significativa inovação na previsão de o pedido de interdição ser formulado pelo representante da entidade em que a pessoa está abrigada (art. 747, III). É muito comum em juízo os pais serem encaminhados para instituições de acolhimento pelos filhos, sendo necessária a curatela pelo representante como meio de proteção ao idoso acolhido.

A autointerdição, inserida pelo art. 114 da Lei 13.146/2015, deve ser respeitada, ainda que revogado o art. 1.768, IV, do CC (v. *supra*). É plenamente possível que pessoas com doenças progressivas e degenerativas pleiteiem a instituição da curatela e que redijam *testamento vital* para fins de cumprimento pelo curador.

O Ministério Público, quando não atuar como parte (art. 748, I e II, do CPC), sempre atuará como fiscal da ordem jurídica (art. 752, § 1º, do CPC). Sua função será supletiva para as situações de *deficiência mental* ou *intelectual*, conforme o art. 114 da Lei 13.146/2015. A releitura do art. 748, *caput*, do CPC é essencial, pois não se mostra legítima a restrição de sua atuação para os casos de doença mental grave.

2.2.1.7 *Ausência da capacidade postulatória*

Além da perda da capacidade processual, poderão ocorrer a perda da capacidade do procurador judicial ou, mesmo, sua morte (art. 6º do CC). Sua participação na relação processual não é facultativa, mas essencial para a prática dos atos de postulação no processo. Neste caso, pouco importa que a audiência de instrução já tenha iniciado, pois o juiz, tomando conhecimento do fato, deverá interrompê-la, assinalando o prazo de 15 dias para a regularização, mediante a nomeação de novo procurador (art. 313, II, e § 3º, do CPC).

As consequências previstas pelo descumprimento do mandamento são semelhantes àquelas previstas no art. 76 do CPC. Caso tenha falecido o procurador do autor, o processo será extinto sem análise do mérito, com base no art. 485, III, do CPC. Se a negligência disser respeito ao réu, o juiz declarará sua revelia.

Questão extremamente delicada centra-se na preclusão gerada na esfera recursal quando o advogado falece após a interposição da apelação mas antes do seu julgamento. Nestes casos a parte perdedora muitas vezes somente tomará conhecimento do fato quando for citada para a execução. Arruda Alvim, com base no Código de Processo Civil/1973, noticiou interessante julgamento histórico do Pleno do extinto 1º TACivSP em que ocorreu decisão sobre o incidente apontado, ficando estabelecido que o falecimento do advogado de uma das partes "durante o prazo entre o julgamento e a publicação da súmula do acórdão suspende a fluência do prazo para recurso, ainda que a morte venha a ser noticiada muito tempo depois".[64] Esta decisão está em consonância com a natureza declaratória do provimento que reconhece o evento *morte*.[65] Casos singulares merecem a devida atenção, em vista da possibilidade de manobra protelatória; mas a boa-fé deve ser presumida, até prova em contrário.[66] Também já se decidiu, com acerto, que não há que se falar em suspensão caso a parte esteja representada por mais de um procurador e o falecimento diga respeito a um dos advogados.[67]

Situação assaz rara, mas que pode ser configurada na prática, revela-se na possibilidade de propositura da demanda quando a parte autora já é falecida. Seria possível convalidar os atos praticados na relação pro-

64. Arruda Alvim, *Manual de Direito Processual*, 14ª ed., vol. II, p. 369.

65. Posicionamento firme do STJ: "Falecimento do advogado – Suspensão do processo. 1. O entendimento do Tribunal de origem encontra-se em consonância com a jurisprudência desta Corte Superior, firme no sentido de que o óbito do representante legal da parte constitui causa para suspensão do processo desde o evento fatídico, independente de comunicação ao juízo – Precedentes: AR n. 2.995-RS, rel. Min. Jorge Mussi, 3ª Seção, j. 12.3.2014, *DJe* 25.3.2014; ED no REsp n. 861.723-SP, rela. Min. Eliana Calmon, 2ª Turma, j. 9.6.2009, *DJe* 25.6.2009) 2. Agravo interno a que se nega provimento" (STJ, 1ª Turma, AgInt no AREsp 1.105.146-RS, rel. Min. Sérgio Kukina, j. 28.9.2017, *DJe* 17.10.2017).

66. Neste sentido: "Constitui efeito do falecimento do advogado da parte a suspensão do processo, revelando-se nulos os atos praticados em desfavor da outorgante, pois sobre eles não pode exercer qualquer direito de defesa. 2. Caso concreto em que não se têm indícios de ciência acerca do falecimento do profissional pela parte por ele representada judicialmente, não se podendo presumir a omissão intencional desse fato, ou seja, a deslealdade processual da executada" (STJ, 3ª Turma, AgInt no REsp 1.606.777-GO, rel. Min. Paulo de Tarso Sanseverino, j. 2.5.2017, *DJe* 16.5.2017).

67. "Não há que se falar em suspensão do processo para a constituição de novo procurador se no instrumento de mandato há constituição de dois procuradores e apenas um deles faleceu no curso da lide" (TAMG, 7ª Câmara Cível, AI 0353868-5, de Governador Valadares, rel. Juiz Geraldo Augusto, j. 7.3.2002). No mesmo sentido: STJ, 3ª Turma, REsp 341.495-RS, rela. Min. Nancy Andrighi, j. 3.12.2001, *DJU* 18.2.2002, p. 424.

cessual? Entendemos que a resposta deva ser negativa. A morte do autor antes da propositura da demanda extingue o contrato de mandato. Por este motivo, todos os atos praticados são inexistentes. Afinal, a ausência de capacidade postulatória reflete violação a um pressuposto processual de existência. Todos os atos jurídicos praticados não podem ser qualificados como atos processuais.[68]

2.3 Suspensão pela convenção das partes

A suspensão também poderá decorrer do acordo de vontade entre as partes, que tem a possibilidade de paralisar o andamento do processo com o objetivo de alcançar uma solução ajustada (arts. 313, II, e 921, I, do CPC). Esta hipótese revela autêntico negócio processual (art. 190 do CPC), que revela a participação democrática no processo, permitindo que as partes possam refletir e discutir sobre o objeto litigioso, o que incentiva uma solução amistosa. Esta convenção processual terá validade *ex nunc*, ou seja, surtirá eficácia desde a audiência em que for celebrada ou da decisão que homologar a juntada da petição conjunta.

É comum as partes requererem o sobrestamento do feito por prazo inferior ao permitido, que é de seis meses, na tentativa de entabular um acordo. O art. 313, § 5º, é claro ao determinar que, findo o prazo, o juiz determinará o prosseguimento do feito.

Caberá à serventia judicial diligenciar pelo vencimento do prazo. É comum que a intimação das partes ocorra sem a necessidade de despacho do juiz, em virtude de portaria judicial delegatória (art. 203, § 4º, CPC). A inércia injustificada das partes poderá dar causa à extinção do processo pelo art. 485, II, do CPC, desde que observada a prescrição do § 1º. O art. 313, II, estabelece prazo máximo de suspensão por seis meses mas não impõe restrição ao número de paralisações até ser atingido

68. V. interessante julgado do STJ: "A morte do autor anteriormente à propositura da demanda de conhecimento é, portanto, fato jurídico relevante para se declarar a inexistência do processo judicial em relação a ele, eis que a relação processual não se angularizou, nunca existiu, não se formou validamente, à míngua da capacidade daquele autor para ser parte, e, por conseguinte, extinguiu-se, ao mesmo tempo, o mandato outorgado ao advogado, carecendo a relação processual de pressuposto de desenvolvimento válido e regular, qual seja, aquele relativo à capacidade postulatória. Nesse sentido: AR n. 3.285-SC, 3ª Seção, rel. Min. Nilson Naves, rel. para o acórdão Min. Félix Fischer, *DJe* 8.10.2010 – Embargos infringentes não providos" (STJ, 3ª Seção, EAR 3.358-SC, rel. Min. Gurgel de Faria, rel. para o acórdão Min. Félix Fischer, j. 10.12.2014, *DJe* 4.2.2015).

o limite estabelecido. Assim, nada impede que as partes requeiram, *e.g.*, três suspensões de dois meses.

Durante o período de suspensão as partes não se submetem aos prazos processuais, e qualquer publicação ou intimação não terá o condão de iniciar a contagem para a prática de ato processual, sob pena de violação da boa-fé e surpresa processual em relação às partes.[69]

69. V. interessante decisão do STJ nesse sentido: "Processual civil – Tempestividade da apelação – Suspensão do processo – Homologação antes de ser publicada a decisão recorrida – Impossibilidade da prática de ato enquanto paralisada a marcha processual – Hipótese que não se confunde com a alegada modificação de prazo peremptório – Boa-fé do jurisdicionado – Segurança jurídica e devido processo legal – *Nemo potest venire contra factum proprium.* 1. O objeto do presente recurso é o juízo negativo de admissibilidade da apelação proferido pelo Tribunal de Justiça, que admitiu o início da contagem de prazo recursal de decisão publicada enquanto o processo se encontra suspenso, por expressa homologação do Juízo de primeiro grau. 2. Cuida-se, na origem, de ação declaratória ajuizada pela recorrente contra o Município de Porto Alegre, tendo como objetivo a declaração de nulidade de processo administrativo que culminou na aplicação de penalidades pela instalação irregular de duas Estações Rádio Base (ERBs) naquela Municipalidade. 3. O Tribunal *a quo* não conheceu da apelação da ora recorrente, porquanto concluiu que se trata de recurso intempestivo, sob o fundamento de que a suspensão do processo teria provocado indevida modificação de prazo recursal peremptório. 4. Com base nos fatos delineados no acórdão recorrido, tem-se que: (a) após a interposição dos embargos de declaração contra a sentença de mérito, as partes convencionaram a suspensão do processo pelo prazo de 90 dias; (b) o Juízo de primeiro grau homologou a convenção em 12.9.2007 (fl. 343, *e-STJ*); (c) posteriormente, em 2.10.2007, foi publicada a sentença dos aclaratórios; (d) a apelação foi interposta em 7.1.2008. 5. Antes mesmo de publicada a sentença contra a qual foi interposta a apelação, o Juízo de primeiro grau já havia homologado requerimento de suspensão do processo pelo prazo de 90 dias, situação em que se encontrava o feito naquele momento, conforme autorizado pelo art. 265, II, e § 3º, do CPC [*CPC/1973 – v. art. 313, II, e § 4º, do CPC/2015*]. 6. Não se trata, portanto, de indevida alteração de prazo peremptório (art. 182 do CPC) [*CPC/1973 – v. art. 222 do CPC/2015*]. A convenção não teve como objeto o prazo para a interposição da apelação, tampouco este já se encontrava em curso quando requerida e homologada a suspensão do processo. 7. Nessa situação, o art. 266 do CPC [*CPC/1973 – v. art. 314 do CPC/2015*] veda a prática de qualquer ato processual, com a ressalva dos urgentes a fim de evitar dano irreparável. A lei processual não permite, desse modo, que seja publicada decisão durante a suspensão do feito, não se podendo cogitar, por conseguinte, do início da contagem do prazo recursal enquanto paralisada a marcha do processo. 8. É imperiosa a proteção da boa-fé objetiva das partes da relação jurídico-processual, em atenção aos princípios da segurança jurídica, do devido processo legal e seus corolários – princípios da confiança e da não surpresa –, valores muito caros ao nosso ordenamento jurídico. 9. Ao homologar a convenção pela suspensão do processo, o Poder Judiciário criou nos jurisdicionados a legítima expectativa de que o processo só voltaria a tramitar após o termo final do prazo convencionado. Por óbvio, não se pode admitir que, logo em

2.4 Suspensão pela arguição de impedimento e suspeição

O Código de Processo Civil/2015 operou profunda reforma quanto ao oferecimento das exceções. O termo "exceção" (*exceptio*) deve, aqui, ser compreendido em sua acepção romana, ou seja, peça de defesa.[70] Como ponto essencial da reforma de 2015, não existe mais a suspensão automática do processo pelo simples oferecimento da petição de exceção de suspeição ou impedimento.[71] A suspensão é facultativa e não decorre do efeito automático de apresentação do pedido (*ope legis*), mas da análise do magistrado (*ope judicis*), conforme os arts. 146, § 2º, I e II, e 148, § 2º, do CPC.

Os dois dispositivos *retro* demonstram que o pedido pode ser oferecido contra o juiz que preside a causa (146, § 2º, I e II) como em relação aos demais sujeitos processuais (art. 148, I, II e III).

O art. 148 do CPC é expresso quanto à extensão dos motivos elencados para a suspeição e o impedimento para os demais participantes da relação processual. De modo expresso são incluídos o Ministério Público e os auxiliares da Justiça (art. 148, I e II). A arguição da suspeição ou impedimento nestas duas hipóteses será processada no juízo de origem.

seguida, seja praticado ato processual de ofício – publicação de decisão – e, ademais, considerá-lo como termo inicial do prazo recursal. 10. Está caracterizada a prática de atos contraditórios justamente pelo sujeito da relação processual responsável por conduzir o procedimento com vistas à concretização do princípio do devido processo legal. Assim agindo, o Poder Judiciário feriu a máxima *nemo potest venire contra factum proprium*, reconhecidamente aplicável no âmbito processual – Precedentes do STJ. 11. Recurso especial provido" (STJ, 2ª Turma, REsp 1.306.463-RS, rel. Min. Herman Benjamin, j. 4.9.2012, *DJe* 11.9,2012).

70. No Direito Romano ambas as partes deveriam ser ouvidas tanto pelo pretor (fase *in iure*) como pelo *iudex* (fase *apud iudicem*). No período formulário (*per formulae*) o pretor, após contraditório, com base na análise do caso, concederia a *actio* ao demandante e poderia incluir a *exceptio* formulada pelo réu para posterior análise do *iudex* (Max Kaser e Rolf Knütel, *Römisches Privatrecht* (*Direito Privado Romano*), p. 58. V., ainda, nosso *Curso*, t. I, p. 231). É interessante notar que no Direito Romano as teses defensivas eram processadas juntamente com a ação do autor, e não por meio de peça autônoma. A concentração operada pelo Código de Processo Civil/2015 revela um retorno ao tratamento romano, ao determinar a exceção de incompetência (art. 337, II), a impugnação ao valor da causa (art. 293), a impugnação ao benefício da assistência judiciaria (art. 98). Obviamente que a defesa de suspeição e a de impedimento não se sujeitam a esse regime.

71. O regime do CPC/73 era claro quanto à suspensão automática, pela leitura do art. 308: "Recebida a exceção, o processo ficará suspenso (art. 265, III), até que seja definitivamente julgada".

O procedimento para o conhecimento da suspeição e impedimento não se aplica para as testemunhas (art. 148, § 4º, CPC).[72]

A arguição de suspeição e de impedimento não deixa de ser uma peça de exceção, ou seja, uma petição de defesa, mas com contornos diferenciados.[73] A reforma de 2015 limitou o oferecimento de exceções autônomas, que agora devem ser formuladas, predominantemente, como preliminares da contestação (art. 337, II e III). As exceções correspondem a defesas indiretas, uma vez que não atacam a pretensão de mérito do autor, mas suscitam questões atinentes à verificação da regularidade de pressupostos processuais (objetivos e subjetivos) ligados ao juízo e ao juiz, o que pode ser verificado pela leitura do art. 337 do CPC.

2.4.1 O processamento da exceção e o "modus operandi" da suspensão

Após o oferecimento da peça de exceção, de modo autônomo e por petição dirigida ao juiz da causa, no prazo de 15 dias do conhecimento do fato, abrem-se duas possibilidades ao magistrado.

A primeira é o conhecimento, de ofício, da suspeição ou impedimento, pelo preenchimento do suporte fático de algumas das hipóteses dos arts. 144 e 145 do CPC. Esta situação permite, sob a ótica da instrumentalidade, que a petição autônoma seja oferecida nos próprios autos, sem a necessidade de formação do incidente em apartado. É o que se depreende da leitura do art. 146, § 1º, do CPC quando o juiz reconhece, *in continenti*: "Se reconhecer o impedimento ou a suspeição ao receber a petição o juiz ordenará imediatamente a remessa dos autos a seu substituto legal, (...)".

Em vista do volume de processos e do processamento atual pelo meio virtual, será possível a criação de mecanismos que auxiliem o juiz na constatação, ao menos, do impedimento. Uma petição formulada por

72. A impugnação do rol poderá ocorrer basicamente em dois momentos. O primeiro, logo após a juntada do rol no processo. O art. 450 do CPC determina que a parte deverá lançar o rol com a qualificação completa, o que permite a impugnação antecipada. O segundo, no momento que antecede a tomada do seu compromisso legal, em procedimento oral e com instrução concomitante ao ato em andamento (art. 457, *caput* e §§ 1º a 3º, do CPC).

73. O que não impede o conhecimento *ex officio* do juiz, com seu afastamento, na fase inicial do processo ou quando receba o pedido. Outra hipótese de afastamento superveniente do juiz do processo é quando ocorre sua inserção no rol de testemunhas, como prevê o art. 452, I, do CPC. Importante que a parte não utilize este expediente como forma de criar impedimento com o fim de afastar o juiz natural da causa (art. 144, § 2º, do CPC).

procurador ou com parte que tenha elo de parentesco poderá ser cruzada eletronicamente. Isto permitirá a criação de alerta e fase específica para análise prévia do magistrado, no momento da distribuição. Todavia, é absolutamente comum a causa do impedimento ou suspeição ser apurada apenas após o processamento do pedido, pelo fato de grande parte da movimentação processual ser delegada aos serventuários por meio de portaria judicial (art. 203, § 4º, CPC). Ao se afastar do feito, o processo deve ser suspenso pelo juiz da causa. Apesar do silêncio da lei, inexiste outra solução possível. O feito deverá ficar paralisado, com remessa ao juiz substituto, que será responsável pelos atos subsequentes, bem como eventual apreciação da nulidade quanto aos atos praticados até a presente fase. A eventual concessão de tutela de urgência deverá ser requerida ao substituto legal, nos termos do art. 146, § 3º, do CPC. Sob a ótica prática, em muitos casos o perecimento do direito poderá ser iminente, e a parte se depara com a inexistência de juiz substituto. A parte deverá diligenciar junto à presidência do respectivo tribunal a nomeação urgente para a decisão do pedido.

A segunda possibilidade é a recusa por parte do juiz de se afastar do processo, o que é mais comum perante hipóteses de suspeição (art. 145 do CPC). Não existe suspensão automática do processo. Recebido o pedido e sendo negado o motivo suscitado pela parte interessada, o juiz deverá determinar o processamento do pedido em apartado, com a formação do processo incidental. O juiz nunca poderá rejeitar a peça ou negar seu seguimento.

A opção do Código de Processo Civil vigente não foi por conferir a suspensão automática ao processo. A decisão ficará a crivo do relator, que deverá decidir, ao receber a exceção, se confere, ou não, o efeito suspensivo. Como alerta a melhor doutrina, a concessão do efeito suspensivo é praticamente imperativa, pois evitará maiores dissabores.[74] Além disso, é inevitável que o juízo originário se sinta pressionado a não realizar, ao menos, o julgamento da causa, até a decisão final do incidente.

A suspensão do processo é medida de razoável e que traz estabilidade. Em situações evidentemente abusivas o relator poderá rejeitar *in limine*, especialmente quando o fato seja superveniente e tenha como objetivo apenas afastar o magistrado dos autos, em ofensa ao princípio do juiz natural (art. 144, § 2º, do CPC).

Com a suspensão do processo, o feito apenas retomará seu curso normal com a intimação das partes da decisão final com a determinação

74. Araken de Assis, *Processo Civil Brasileiro*, cit., vol. II, p. 808.

de impulsão. Na hipótese de procedência do pedido, o tribunal ainda deverá modular o alcance, nos termos do art. 146, §§ 6º e 7º, do CPC.

No processamento do pedido de suspeição e impedimento em relação ao Ministério Público, advogados públicos, terceiros interessados, inclusive em relação ao *amicus curiae*, a suspensão será decidida pelo juízo originário. É possível a rejeição imediata da peça quando não esteja adequadamente fundamentada. Sendo admitida, o pedido será processado, com abertura de prazo de 15 dias para manifestação da parte impugnada, sem suspensão do processo. Muito embora não esteja prevista a suspensão, é provável que a relação processual principal apresente alguma paralisação, para evitar a prática de atos processuais nulos. De qualquer forma, a marcha do processo não será paralisada.

2.5 *Suspensão pela admissão do incidente de resolução de demandas repetitivas*

O art. 313, IV, do CPC estabelece como causa para a suspensão do processo a admissão do incidente de resolução de demandas repetitivas/IRDR. A razão da suspensão pode ser examinada na causa de instauração do incidente. Sua base está fundada na existência de multiplicidade de processos com causa controversa idêntica e que necessitem de solução homogênea, para evitar decisões conflitantes.

Durante o período de pendência do IRDR é salutar a suspensão do processo, com o fim de evitar atividade processual inútil. Tudo isso sem prejuízo de que as medidas urgentes possam ser analisadas pelo juízo competente (art. 982, § 2º, do CPC).

O prazo para julgamento do incidente será de um ano, conforme dicção do art. 980 do CPC, o que revela harmonia com o prazo máximo previsto pelo art. 313, II, e § 4º, do CPC. Isto não significa que a suspensão não possa perdurar, pois o relator poderá estender o período de suspensão por decisão fundamentada, o que revela a possibilidade de modulação do prazo de suspensão.

A suspensão também poderá ser aplicada aos julgamentos repetitivos perante o STJ e o STF, inclusive com possibilidade de aplicação da suspensão de modo escalonado, conforme os arts. 1.036, § 1º, e 1.037, II, do CPC.[75]

75. Idem, p. 805.

2.6 Suspensão por questões prévias

Muito embora a redação do art. 313, V, "a" e "b", do CPC tenha como pano de fundo a existência de questão prejudicial, a análise de todas as hipóteses do inciso V revela solução diferenciada, especialmente no que toca à prejudicialidade, cujo tema é espinhoso. Menestrina[76] destacou-se por monografia ímpar, sendo pequena a produção científica que aborda o tema com especificidade.[77]

Pontes de Miranda, com toda propriedade, ensinou que o juiz se depara com duas ordens de questões prévias à análise do mérito do processo: as questões prejudiciais e as questões preliminares. Qual a diferença entre uma questão preliminar e uma prejudicial? A solução proposta pelo insigne jurista estava em atrelar as questões processuais como preliminares e as questões de direito material como as prejudiciais. Este raciocínio encontra respaldo genérico no próprio texto legal. A leitura do art. 337 do CPC demonstra a vocação das preliminares para a matéria de índole processual e que devem ser enfrentadas antes do mérito. Como bem lembrou Thereza Alvim, a prescrição e a decadência também devem ser alegadas como preliminares e não são de ordem de ordem processual, até porque extinguem o processo com a análise do mérito. Como alerta a doutrina, a princípio nada impede que o art. 313, V, "a", do CPC se refira tanto à questão prejudicial como à preliminar.[78] As questões prejudiciais condicionam o exame do mérito do processo e não se confundem com outras questões que provocam o nascimento de incidentes processuais (*Zwischenstreite*).[79]

76. Em seu precioso estudo Menestrina já diferenciava as preliminares das prejudiciais. As preliminares afetas aos pressupostos processuais poderiam levar a um retrocesso na marcha processual, pela visualização de defeito que contamine a relação processual (*infectis rebus*) (*La Pregiuzidiciale nel Processo Civile*, pp. 53 e ss.).

77. V.: Olavo de Oliveira Neto, *Conexão por Prejudicialidade*, *passim*. Ainda: Thereza Alvim, *Questões Prévias e Limites Subjetivos da Coisa Julgada*, *passim*; Antônio Scarance Fernandes, *Prejudicialidade: Conceito, Natureza Jurídica, Espécies de Prejudiciais*, *passim*.

78. Fredie Didier Jr./Hermes Zaneti Jr., *Curso de Direito Processual Civil*, 2ª ed., vol. I, p. 754.

79. Questão já debatida pelos alemães. Os incidentes processuais dizem respeito a questões processuais que afetam a relação entre as partes ou com terceiros, com especial relevo para o campo probatório. Como asseverou Wach, as partes legitimadas aos incidentes processuais estão no exercício de seus direitos e deveres processuais (*Parteistreit über processualische Rechte und Pflichten*) e sobretudo fundamentadas na solução de atos processuais que são praticados, ou devem ser praticados, na relação processual. O Código de Processo Civil/2015 primou por diminuir os incidentes

As questões prejudiciais, como a própria denominação indica, são compostas por fatos jurídicos antecedentes e autônomos cuja pendência compromete a análise do mérito do processo. Lembramos o clássico exemplo da ação de petição de herança intentada por pretenso herdeiro que foi excluído da partilha e que era reconhecido apenas de fato pelo *de cujus*. A contestação dos demais herdeiros poderá suscitar questão prejudicial relativa à paternidade do postulante. Fácil observar que a paternidade é questão que antecede a petição de herança e prejudica a análise do mérito desta ação. A solução da prejudicial poderá ficar restrita à fundamentação da sentença (art. 502, § 2º) ou, então, poderá ser alvo de coisa julgada quando suscitada incidentalmente e se submeter ao efetivo contraditório e ao aprofundamento do debate probatório (art. 501, § 1º, I e II).

Como ensina Humberto Theodoro Jr., a questão prejudicial ainda poderá ser interna ou externa. *Interna*, quando cabe ao próprio juiz decidir a questão que atormenta a decisão sobre o mérito. *Externa*, quando a decisão fique subordinada ao deslinde de outro processo, onde se analisa fato jurídico que é da essência do pedido intentado. E acrescenta o abalizado processualista mineiro que somente a questão prejudicial externa provoca a autêntica suspensão do processo.[80]

2.6.1 Suspensão pelo art. 313, V, "a", do CPC

A conclusão quanto à suspensão do processo pela prejudicialidade externa decorre da lógica e adequação procedimental. O art. 313, V, "a", representa verdadeiro caso de prejudicialidade quando a questão é externa e torna conveniente e adequada a suspensão da relação processual para evitar julgamento contraditório e inconsistente.[81] A princípio a suspensão

processuais, como a impugnação ao valor da causa, que agora é tratada como questão preliminar na contestação (art. 337, III).

80. Humberto Theodoro Jr., *Curso de Direito Processual Civil*, cit., vol. I, p. 274.

81. Posicionamento sufragado pelo STJ: "(...). Segundo a jurisprudência desta Corte Superior, 'inexistindo relação de prejudicialidade externa entre as demandas, não se admite a pretendida suspensão do processo com fundamento no art. 265, IV, 'a', do CPC/1973' [*v. art. 313, V, "a", do CPC/2015*] (AgInt no AREsp n. 1.010.223-SP, rel. Min. Ricardo Villas Bôas Cueva, 3ª Turma, j. 13.6.2017, *DJe* 28.6.2017). Confira-se, ainda: REsp n. 1.513.254-SP, rel. Min. João Otávio de Noronha, 3ª Turma, j. 3.11.2015, *DJe* 18.11.2015) (...). Para se rever a conclusão do Tribunal de origem, no sentido de que 'não há que se alegar a existência de prejudicialidade entre as demandas e, por consequência, sem razão o sobrestamento da consignatória', demandaria, inevitavelmente, o exame do contexto fático-probatório dos autos,

é essencial, porque não há possibilidade de reunião das causas quando a questão prejudicial e a questão prejudicada não podem ser reunidas para análise conjunta. Ao contrário, quando a conexão for possível, nos termos do art. 55 do CPC, também inexistirá a necessidade de paralisação da marcha do processo.[82]

Em determinadas situações a reunião por conexão não será possível quando a competência para a decisão não possa ser atribuída ao mesmo órgão jurisdicional. Mesmo a hipótese do art. 55, § 3º, do CPC será inaplicável ao caso concreto.[83] Um exemplo ilustrará o afirmado. O processo sucessório poderá ser paralisado quando surja ponto invencível relativo à comprovação do estado de pessoa.

O art. 612 do CPC é expresso: "O juiz decidirá todas as questões de direito desde que os fatos relevantes estejam provados por documento, só remetendo para as vias ordinárias as questões que dependerem de outras provas". Surgindo questão vinculada ao estado de filiação, a suspensão do processo será necessária, para aguardar a decisão sobre o estado de pessoa. O juízo sucessório e o de família possuem competências que não permitem a conexão das causas, ainda que a questão esteja dentro da jurisdição civil. É possível que a questão prejudicial seja homogênea, uma vez que estará inserida dentro da jurisdição civil; contudo, submetida a competências exclusivas. O juízo da sucessão poderá paralisar o processo de inventário até a solução final sobre a filiação no juízo sucessório.

2.6.1.1 *Prejudicialidade absoluta e relativa*

Por vezes é comum a prejudicialidade externa manifestar-se entre a esfera criminal e a civil em que há uma interdependência relativa (*le criminal tient le civil en état*).[84] Não há vinculação obrigatória, ou subordinação do processo civil em relação ao criminal, contudo, tanto

atraindo o óbice da Súmula n. 7-STJ – Precedente: AgR no AREsp n. 744.668-MS, rel. Min. Luís Felipe Salomão, 4ª Turma, j. 10.3.2016, *DJe* 21.3.2016. 5. Agravo interno desprovido" (STJ, 4ª Turma, AgInt no AREsp 974.485-ES, rel. Min. Marco Buzzi, j. 1.3.2018, *DJe* 7.3.2018).

82. Devemos lembrar que o Código de Processo Civil/2015 foi além e permitiu a reunião de processos mesmo quando não exista a conexão (art. 55, § 3º). O legislador primou pela efetividade e instrumentalidade processual ao permitir a reunião de causas desconexas.

83. CPC, § 3ª do art. 55: "§ 3º. Serão reunidos para julgamento conjunto os processos que possam gerar risco de prolação de decisões conflitantes ou contraditórias caso decididos separadamente, mesmo sem conexão entre eles".

84. Alfonso Pérez Gordo, *La Suspensión del Juicio Ejecutivo*, p. 160.

a legislação material quanto processual externam efeitos de interação necessária e vinculantes.

Como nosso sistema admite a questão prejudicial penal como relativa, torna-se necessário abordar a diferença entre as questões prejudiciais absolutas e relativas. Deriva do direito romano uma primeira forma de abordagem da questão prejudicial na qual ela assume natureza absoluta (*cui iurisdictio data est ea quoque concessa videtur sine quibus iurisdictio explicari non potest*).[85] Ao juízo penal era dada a jurisdição absoluta sobre todas as questões cujo conhecimento seria essencial para que a causa pudesse ser decidida.[86] A independência absoluta do juízo penal foi abrandada em face dos inconvenientes óbvios deste sistema, o que levou à formulação do sistema de interdependência relativa, em reconhecimento ao princípio de que ninguém está acima ou além da sua própria jurisdição (*nemo iudex supra et extra fines iurisdictionis suae*). Em suma: a prejudicialidade é revelada exatamente pelo reconhecimento da necessidade de colaboração entre as diversas esferas jurisdicionais. O reenvio das questões penais para o juízo cível será obrigatório para determinadas situações. Passemos ao exame específico de nosso sistema, em vista da interação entre a legislação civil e a penal.

O art. 935 do CC regula aspectos importantes ao fixar o regime de coordenação entre a autoria e a materialidade, ao dispor que não compete "questionar mais sobre a existência do fato, ou sobre quem seja o seu autor, quando estas questões se acharem decididas no juízo criminal".[87] O dispositivo revela que a interdependência é vinculante apenas quando a autoria e a materialidade estiverem definidas no juízo criminal. A relatividade advém do fato de que a sentença absolutória ou a condenatória podem estar fundamentadas em outras situações jurídicas, como a dúvida.[88]

O reconhecimento das causas de exclusão da antijuridicidade na esfera criminal também gera reflexos diretos na esfera cível. O suporte fático decidido na esfera criminal poderá irradiar reflexos em diferentes esferas, o que é reconhecido expressamente pelo art. 65 do CPP: "Faz coisa julgada no Cível a sentença penal que reconhecer ter sido o ato praticado em estado de necessidade, em legítima defesa, em estrito cum-

85. Idem, p. 149.

86. Fenech, *Derecho Procesal Penal*, vol. I, p. 457.

87. Sobre o ponto, v. o que escrevemos em coautoria com José Miguel Garcia Medina, *Código Civil Comentado*, cit., 2ª ed., p. 259.

88. A "dúvida" sobre a autoria é causa suficiente para a absolvição, pela aplicação do princípio *in dubio pro reo*; mas não impede a promoção da *ação civil **ex delicto***.

primento de dever legal ou no exercício regular de direito". As causas excludentes de ilicitude também são reconhecidas pela legislação civil, como se observa da leitura dos arts. 188, I, e 929 e 930 do CC. O reconhecimento provocará a impossibilidade jurídica do pedido de reparação.

Esta passagem demonstra a importância da suspensão por prejudicialidade externa, em vista dos efeitos que podem ser gerados na esfera cível. Isto aconselha a leitura ponderada sobre o prazo máximo determinado pelo art. 313, § 4º, do CPC.[89]

A possibilidade de flexibilização do prazo e sua importância vieram confirmadas pela redação do art. 200 do CC, que reforça o papel de julgamento na esfera criminal: "Quando a ação se originar de fato que deva ser apurado no juízo criminal, não correrá a prescrição antes da respectiva sentença definitiva". O dispositivo cria hipótese de *actio non natae* na esfera civil. Este dispositivo do Código Civil foi fortalecido pelo art. 201, § 2º, do CPP: "O ofendido será comunicado dos atos processuais relativos ao ingresso e à saída do acusado da prisão, à designação de data para audiência e à sentença e respectivos acórdãos que a mantenham ou modifiquem". Esta intimação permitirá que a vítima possa tomar as iniciativas cabíveis para fins de buscar a reparação cível ao término do processo criminal com maior segurança. Em determinadas hipóteses reconhece-se que esta espera será inviável, especialmente quando for necessária a percepção de verba alimentar.

A essência do art. 200 do CC/2002 aparentemente foi absorvida pelo CPC/2015, conforme se depreende da redação do art. 315: "Se o conhecimento do mérito depender de verificação da existência de fato delituoso, o juiz pode determinar a suspensão do processo até que se pronuncie a Justiça Criminal". A legislação processual, no entanto, procurou limitar a paralisação do juízo cível e acrescentou prazos para o desenrolar da investigação criminal bem como da ação penal. Se o fato delituoso estiver em fase de investigação, o prazo para iniciar a propositura da ação penal será de três meses (art. 315, § 1º, do CPC). Tratando-se de ação em curso, o prazo para finalizar o curso do processo será de um ano.

89. A relativização do prazo máximo de suspensão ânua é reconhecida pelo STJ: "Em situações excepcionais, a 3ª Turma do STJ tem afastado o rigor da norma contida no art. 265, § 5º, do CPC/1973 [*v. § 4º do art. 313 do CPC/2015*], de modo a permitir a flexibilização do prazo máximo de suspensão do processo enquanto se aguarda o julgamento de outra causa com relação de prejudicialidade (...)" (STJ, 3ª Turma, AgInt no AREsp 1.010.223-SP, rel. Min. Ricardo Villas Bôas Cueva, j. 13.6.2017, *DJe* 28.6.2017).

A paralisação do prazo prescricional da pretensão civil é uma benesse para a parte lesada; mas, como regra, não deve ser imposta. Como já afirmado, em muitas situações a existência de indícios veementes sobre a autoria e a culpabilidade permite a propositura de imediato da ação civil. Isto poderá ser essencial para garantir a fixação de pensionamento, constituição de capital e a concentração da demanda, o que evitará a fraude e protegerá o terceiro de boa-fé (art. 54, IV, da Lei 13.097/2015).[90]

2.6.2 Suspensão pelo art. 313, V, "b", do CPC

A previsão do art. 313, V, "b", do CPC não pode ser considerada como autêntica prejudicial. A verificação ou produção de prova fora do juízo em que se processa o feito não corresponde a uma questão que vincule e subordine a decisão judicial. Na produção da prova "fora da terra", mediante carta precatória, de ordem, rogatória ou pedido de auxílio direto, a suspensão poderá ser necessária por imperativo procedimental.

O art. 377 do CPC determina que a suspensão do processo ocorrerá somente quando a carta precatória ou a rogatória sejam requeridas até antes da decisão de saneamento e desde que a prova seja indispensável ao julgamento da causa.[91] O art. 377 estabelece requisito temporal (decisão anterior ao saneamento) e material (prova indispensável).

Atualmente a fase saneadora corresponde à do art. 357 do CPC e ao prazo para que as cartas precatórias, rogatórias e os pedidos de auxílio sejam expedidos, com suspensão do processo. Esta suspensão mesmo no Código de Processo Civil/1973 não provocava mais a suspensão automática, especialmente quando o pedido de prova assumia caráter protelatório.[92] Ela deve ser motivada, e a fase do art. 357 propicia esse

90. "É princípio elementar a independência entre as esferas cíveis e criminais, podendo um mesmo fato gerar ambos os efeitos, não sendo, portanto, obrigatória a suspensão do curso da ação civil até o julgamento definitivo daquela de natureza penal. Deste modo, o juízo cível não pode impor ao lesado, sob o fundamento de prejudicialidade, aguardar o trânsito em julgado da sentença penal" (STJ, REsp 347.915-AM, rel. Min. Fernando Gonçalves, *DJU* 29.10.2007).

91. Este exame deve ser realizado em fase de saneamento, sem prejuízo da técnica de saneamento compartilhado em audiência (art. 357, § 3º, do CPC). Apesar da necessidade de audiência, o ato é muito importante quando a complexidade do objeto litigioso esteja somada à necessidade de produção de provas que alonguem a relação processual. O ato é importante porque incentivará a fixação de calendário processual (art. 191 do CPC), impedindo a suspensão indevida da relação processual.

92. "O art. 338 do CPC [*CPC/1973 – v. art. 377 do CPC/2015*], embora deva ser abrandado em face da Constituição Federal, não pode ser expungido do ordenamento jurídico, capaz que é de coibir abusos – Deprecatas para locais distantes, a

exame por meio da saneamento compartilhado, seja em audiência ou mesmo por meio de intimação das partes para o esclarecimento do objeto da prova.

A práxis demonstra que o art. 377 do CPC/2015 merece leitura flexibilizada. Nada impede, no estágio atual de proteção à máxima efetividade do processo, que o relator, por exemplo, determine a conversão do feito em diligência para que os autos baixem ao juízo de origem com o fim de esclarecimento sobre laudo pericial (art. 932, I, do CPC).[93] Tal diligência poderá ultrapassar o prazo máximo de suspensão (um ano), mas poderá ser essencial para a definição efetiva da lide.

A finalidade desta suspensão é impedir que o juiz finalize a instrução sem o retorno da prova e profira sentença com análise parcial do espectro probatório. Embora o pedido não seja requerido no prazo do saneamento, a expedição da carta não deve ser negada, conforme inteligência do art. 377, parágrafo único, do CPC. Permite-se sua expedição após o saneamento, e a parte poderá diligenciar no juízo deprecado para providenciar a produção em tempo oportuno. Existirá a possibilidade de retorno até o momento da decisão. O juiz apenas não suspenderá o procedimento em curso. Este posicionamento privilegia a busca da verdade real.[94]

exigirem maior presteza da parte ora agravante, inclusive na apresentação das peças necessárias – Distribuição tardia, outrossim – Intuito protelatório patente – Decisão indeferindo a suspensão do processo que se mantém – Recurso improvido, cassada a liminar" (TJSP, 5ª Câmara de Direito Privado, AI 161.491-4, rel. Des. Ivan Sartori, j. 24.8.2000).

93. E até a produção da prova, quando autorizada a perícia indireta pelo juízo de origem. Um exemplo poderá ilustrar a importância da questão. Em processos de natureza previdenciária, segurados que tiveram exposição a agente nocivo poderiam pleitear a soma de prazo especial em seu pedido de aposentadoria, e muitas perícias são realizadas de modo indireto, pelas dificuldades materiais, especialmente em competência delegada. No entanto, a demonstração do agente nocivo e do período de exposição exige prova pericial, que é complexa e demorada. O deferimento do pedido com prova exclusivamente documental pode gerar carta de ordem para complementação da perícia, cujo prazo deverá ser flexibilizado. V. interessante decisão monocrática do TRF-4ª Região, 6ª Turma, na ACi 0012420-05.2016.4.04.9999, rel. Des. Federal João Batista Pinto Silveira, *Diário Eletrônico da Justiça Federal da 4ª Região* 9.3.2018.

94. Para o STJ a carta precatória civil ou criminal cumprida fora do prazo não tem o condão de suspender o processo: "A expedição de carta precatória para o oitiva de testemunha não tem o condão de interromper a instrução, sendo certo que, se esgotado o período para a sua devolução sem que a providência nela determinada tenha sido efetivada, é possível até mesmo que o magistrado profira sentença nos autos, sem que se cogite de eiva a contaminar o feito" (STJ, 5ª Turma, AgR no AREsp 683.840-SP, rel. Min. Jorge Mussi, j. 15.3.2018, *DJe* 23.3.2018).

2.7 Suspensão por caso fortuito ou de força maior

O sobrestamento do feito poderá ocorrer em virtude de situações extraordinárias que fujam ao controle das partes e do próprio juiz. A existência de greve dos serventuários revela exemplo aplicável ao art. 313, VI, do CPC.[95] Não seria lícito qualquer das partes sofrer prejuízo, principalmente pela ausência de causa eficiente proveniente de atitude de uma das partes. Por outro lado, o obstáculo criado por uma das partes para impedir a prática do ato processual também terá o condão de suspender o prazo, muito embora esta hipótese pertença à previsão do art. 313, VIII, do CPC.

2.8 Suspensão por decisão do Tribunal Marítimo

Os Tribunais Marítimos correspondem a Cortes administrativas de julgamento de questões relacionadas aos acidentes de navegação e demais fatos jurídicos de sua competência.[96] Como alerta a doutrina, embora retirada a expressão "Administrativo" de sua denominação, por meio do Decreto 7.675/1945, sua natureza jurídica não sofreu modificação.[97] O Tribunal Marítimo assume função essencialmente técnica e administrativa, sem a formação de coisa julgada.

Não deixa de ser um órgão auxiliar da Justiça, e sua especialidade justifica a suspensão determinada pelo art. 313, VII, do CPC. Deve ser recordado que suas decisões estavam previstas para figurar como títulos executivos judiciais (art. 515, X, do CPC); contudo, houve veto presidencial, que excluiu sua eficácia executiva.

A atividade técnica realizada pelo Tribunal dificilmente é superada por novas provas realizadas em juízo, especialmente porque são produzidas em fase anterior e que preserva o acervo probatório. Isso não

95. Em 4.4.2018 o Presidente do TJPR reconheceu a suspensão dos processos em relação à Cia. Paranaense de Energia por breve período em função de incêndio no Departamento Jurídico da empresa, o que consiste em evento involuntário e subsumido ao art. 313, VI, do CPC.

96. Criados por meio do Decreto 20.829, de 21.12.1931. Inicialmente estavam subordinados à Diretoria da Marinha Mercante e sua autonomia funcional foi obtida por meio do Decreto 22.900, de 6.7.1933. Sua estrutura administrativa veio organizada pelo Decreto 24.585, de 5.7.1934. Posteriormente, a Lei 2.180/1954 e a Lei 5.056/1966 vieram a conferir a formatação atual do Tribunal Marítimo quanto a sua estrutura, competência, quadro de funcionamento, procedimento e penalidades aplicáveis.

97. Waldemar Ferreira, *Tratado de Direito Comercial*, vol. XII, p. 163.

elimina a possibilidade de prova contrária, uma vez que é passível de nova valoração pelo Poder Judiciário.[98]

As provas produzidas na seara do Tribunal Marítimo serão importantes como elemento probatório na esfera judicial, mas sua atividade também é importante no que tange ao registro e à documentação de atos navais. Como afirmado, não há vinculação do Poder Judiciário, que estará autorizado à revisão (art. 18 Lei 2.180/1954); contudo, os elementos produzidos na especialidade do juízo marítimo servem de importante substrato para a formação do convencimento da decisão judicial.[99]

2.9 Suspensão e demais previsões legais

Em outras situações previstas pela lei processual ordinária e extravagante podem ser apontados casos de suspensão involuntária do processo. Já foi apontado o art. 76 do CPC para a regularização da capacidade processual, embora tenha conexão direta com o art. 313, I. Algumas formas de intervenção de terceiro exigem a suspensão para permitir o ingresso da nova parte na relação processual. A assistência e a denunciação da lide bem como o incidente de desconsideração da personalidade (art. 134, § 3º, CPC) revelam hipóteses em que a suspensão é possível.[100]

Muitas destas hipóteses são apontadas pela doutrina como situações de suspensão imprópria, uma vez que não provocam necessariamente a paralisação total da relação processual e visam a coordenar a combinação de processos incidentais na relação jurídica. A questão deve ser analisada no caso concreto. Outros exemplos podem ser mencionados, como nas decisões de suspensão da atividade executiva pelo processamento da impugnação (art. 525, § 6º, do CPC) ou dos embargos (art. 919, § 1º, do CPC). Note-se que a concessão de efeito suspensivo na impugnação não impede a prática de atos de reforço e garantia do juízo e, mesmo,

98. Idem, p. 165.

99. "As conclusões estabelecidas pelo Tribunal Marítimo são suscetíveis de reexame pelo Poder Judiciário, ainda que a decisão proferida pelo órgão administrativo, no que se refere à matéria técnica referente aos acidentes e fatos da navegação, tenha valor probatório" (STJ, 4ª Turma, REsp 811.769-RJ, rel. Min. Luís Felipe Salomão, j. 9.2.2010, *DJe* 12.3.2010).

100. A assistência e a denunciação não preveem a possibilidade de suspensão. A assistência até a nega expressamente (art. 120, parágrafo único, do CPC); contudo, a prática revela a necessidade da suspensão para evitar prejuízo quanto ao contraditório em caso de ingresso, ainda que o assistente receba o processo no estado em que se encontra. Na denunciação a participação do denunciado poderá ser fundamental para o correto deslinde da causa.

a avaliação dos bens (art. 525, § 7º), o que revela a natureza imprópria desta suspensão. A suspensão na fase executiva (arts. 525, § 8º, e 919, § 3º) poderá ser parcial. Este mesmo raciocínio aplica-se aos embargos de terceiro (art. 678 do CPC), na medida em que a suspensão afetará apenas os bens referentes ao interesse do terceiro embargante. A suspensão também se apresenta de modo importante na legislação extravagante, como perante o processo coletivo, em que a suspensão da ação particular será importante até o deslinde da ação coletiva, como *conditio sine qua non* de beneficiamento e extensão *in utilibus* da eficácia da coisa julgada, nos termos do art. 104 do CDC.[101]

2.10 Suspensão pelo nascimento ou adoção em benefício da patrona/do patrono da causa

A suspensão da marcha processual sofreu alteração pontual por meio da Lei 13.363/2016. A primeira previsão refere-se ao art. 313, IX, do CPC, que prevê a suspensão do processo em benefício da advogada quando se submeter ao parto ou obtiver a decisão judicial de concessão da adoção.

A decisão de suspensão dependerá da comprovação do nascimento ou da adoção por meio da juntada de documento comprobatório (Declaração de Nascido Vivo/DNV, certidão de nascimento, sentença judicial de adoção). Como o parto poderá ser programado, é possível até a juntada de declaração médica atestando o dia em que será realizado o procedimento para fins de contagem do termo *a quo*. O art. 313, § 6º, concede o prazo de 30 dias de suspensão do processo para a advogada que se tornar mãe.

Há clara diferença quanto ao prazo concedido pelos incisos IX e X do art. 313 do CPC. Ambas as hipóteses de suspensão atendem ao direito fundamental de convivência e acompanhamento ao estágio inicial de integração dos filhos ao ambiente materno e paterno. Ao advogado o art. 313, X, permite a suspensão do processo, mas pelo prazo de oito dias, conforme o art. 313, § 7º, do CPC. O termo inicial também será computado a partir do nascimento ou do dia de concessão da adoção, mediante demonstração documental do fato jurídico (nascimento ou adoção).

A suspensão prevista pelo art. 313, IX e X, está condicionada a que o patrono ou a patrona judicial sejam únicos. Não deve existir mais de um

101. O que também vale para a suspensão do mandado de segurança individual em relação ao mandado de segurança coletivo, pela aplicação da teoria do Diálogo da Fontes (*Der Dialog der Quellen*). V. o que escrevemos em coautoria com José Miguel Garcia Medina, in *Mandado de Segurança Individual e Coletivo*, 2ª ed., p. 207.

procurador no processo, ou mesmo substabelecimento, sem reserva de poderes. É essencial que o cliente seja cientificado pelo(a) advogado(a).

2.11 Regularização voluntária e oficiosa do polo processual

O art. 313 e seus §§ 1º a 7º do CPC revelam situações que podem devem ser denunciadas pelas partes no processo, o que não impede o conhecimento oficioso pelo juiz para hipóteses especiais. O falecimento de qualquer das partes, de seu representante legal ou de seu procurador (art. 313, § 1º), o parto (art. 313, IX e X) ou a adoção (art. 313, IX e X), quando a advogada responsável pelo processo constituir a única patrona da causa ou quando o advogado responsável pelo processo constituir o único patrono da causa e tornar-se pai, refletem fatos que devem ser comunicados para que possam permitir a suspensão da relação processual sem a prática de atos inúteis. A falta de comunicação configura ausência de colaboração processual e poderá até configurar má-fé quando o intuito for protelatório e não exposta a circunstância que justifica a suspensão do processo (art. 77, I, do CPC). A repetição de atos processuais inúteis e que geram custas e despesas deve ser suportada pela parte que lhes deu causa quando tinha conhecimento da impossibilidade ou inutilidade de sua prática (art. 93 do CPC).

2.12 A prática de atos urgentes durante a suspensão

A suspensão da relação processual é extremamente danosa. Ela interfere diretamente na solução do processo e na efetividade da atividade jurisdicional. A dinâmica dos atos jurídicos e negociais é contrária à paralisação da atividade jurisdicional, que deve ser excepcional.

Mesmo sendo pontual, a suspensão poderá ser inevitável, como se percebe do exame das diversas situações anteriormente expostas; o que não impede a adoção de providências urgentes. A suspensão da relação processual não pode provocar prejuízo para a parte que necessita de provimento jurisdicional urgente para a conservação, prevenção ou, mesmo, satisfação de uma pretensão.

Esta é a finalidade do art. 314 do CPC em ressaltar que a proibição de qualquer ato processual não veda o conhecimento de atos urgentes. A vedação processual à prática de atos processuais durante o período de suspensão abrange não só o feito principal, mas também em relação aos incidentes ou processos incidentais. Em algumas situações é justamente a existência do incidente ou processo incidental que poderá provocar a suspensão do feito principal, como na desconsideração da personalidade jurídica (art. 134, § 3º, do CPC), na oposição (art. 685, parágrafo único) ou na impugnação (art. 525, § 5º).

É certo que durante qualquer modalidade de suspensão (própria ou imprópria), existindo a necessidade da prática de ato urgente, que vise a preservar a utilidade do provimento jurisdicional ou atender a pretensão urgente da parte, o juiz não poderá se eximir de decidir, exceto nas situações de suspeição ou impedimento (art. 314, *in fine*).

A expressão "atos urgentes" engloba toda e qualquer atividade processual essencial e ultrapassa o âmbito da concessão de tutela de provisória. Não parece excessivo recordar que a concessão da tutela provisória não sofre interferência pela posterior suspensão do processo (art. 296, parágrafo único, do CPC). Obviamente, o juiz também não será tolhido quanto ao conhecimento de provimentos de urgência e de evidência durante o período de suspensão.

Além da tutela provisória, o juiz poderá conhecer de atos processuais urgentes que assumem feição acautelatória, como eliminar situação de atentado processual para evitar a desconfiguração do objeto litigioso (art. 77, § 7º, do CPC), permitir o reforço da penhora quando demonstrada a deterioração ou a insuficiência do bem, autorizar a alienação antecipada dos bens móveis e semoventes para evitar prejuízo para ambas as partes (art. 852 do CPC), autorizar a averbação premonitória da ação de natureza pessoal para garantia do autor e proteção de terceiros de boa-fé (art. 54, IV, da Lei 13.097/2015).

2.13 Suspensão do processo na fase executiva

A disciplina sobre a crise da relação processual encontra acomodação na Parte Geral do Código de Processo Civil, o que convida ao exame do regime da suspensão não apenas na fase cognitiva, mas também na fase executiva. A suspensão da relação processual é medida excepcional, e na fase executiva os cuidados em sua aplicação são ainda maiores. A fase executiva corresponde ao momento crucial em que o comando judicial assume efetivo relevo prático e exige medidas expeditas para evitar a *dissipação*, *deterioração* ou o *esgotamento* do patrimônio do executado. A situação de esgotamento patrimonial corresponde a uma das causas mais comuns de suspensão da relação processual executiva, mormente pela tentativa do credor de buscar outros bens ou, mesmo, aguardar a recomposição patrimonial na tentativa de obter a satisfação do seu título executivo. É nesta seara que a prescrição intercorrente assume especial relevo, em vista da impossibilidade de paralisação *ad aeternum* da relação processual (art. 924, V, do CPC). É possível afirmar que a suspensão do processo executivo atende a um reclamo essencialmente cautelar. Isto decorre da natureza diferenciada do processo executivo, em que os atos processuais progressivos geram a satisfação em favor do exequente.[102]

O Código de Processo Civil vigente revela novo compromisso com a tutela jurisdicional adequada, que engloba não só a atividade de conhecimento, mas a de satisfação integral do postulante (art. 4º). As causas de suspensão da relação executiva estão nominadas nos arts. 921 e 922 do CPC e se referem tanto ao cumprimento de sentença como à execução dos títulos extrajudiciais. O regime de suspensão também obedece ao princípio da tipicidade, sem prejuízo de situações excepcionais de suspensão que podem decorrer da concessão de tutela provisória, como a suspensão da ação executiva pela propositura de ação de conhecimento – o que configuraria o reconhecimento excepcional de efeito suspensivo para defesas heterotópicas.[103]

2.13.1 Suspensão pela irregularidade da capacidade processual ou postulatória

A fase executiva oriunda do cumprimento de sentença (art. 513) ou da execução de título extrajudicial (art. 771) também se submete aos cânones tradicionais do regime de suspensão. A relação executiva não deixa de obedecer aos pressupostos processuais, o que exige a regularidade da capacidade processual e da representação judicial. Nestes termos, o art. 921, I, do CPC determina a suspensão do processo quando configurada

102. Carlos Furno, *La Sospensione del Processo Esecutivo*, p. 47.

103. Como regra, a defesa heterotópica, representada por ação de conhecimento que visa a desconstituir o título executivo, não tem o condão de suspender a execução. Não existe previsão típica na leitura do art. 921 do CPC. O art. 784, § 1º, reforça a autonomia do processo executivo, que conta com instrumentos específicos para a concessão do efeito suspensivo. Todavia, o STJ excepcionalmente mitiga o art. 784, § 1º, do CPC, como nas discussões que envolvem crédito rural, ante a especialidade do crédito. Neste sentido: "A ação de conhecimento somente enseja suspensão de processo de execução de cédula rural se reconhecido por sentença que o devedor preenche os requisitos legais para a securitização de dívida rural – Precedente – Agravo interno não provido" (STJ, 4ª Turma, AgInt no REsp 1.445.634-MT, rel. Min. Luís Felipe Salomão, j. 27.6.2017, *DJe* 1.8.2017).

No Direito Comparado, analisando a ação declaratória como causa de suspensão do juízo executivo: A. Pérez Gordo, *La Suspensión del Juicio Ejecutivo*, cit., pp. 257 e ss.

a hipótese do art. 313. Os pressupostos de sua incidência foram anteriormente explanados, para onde remetemos o leitor.

2.13.2 Suspensão pela prejudicialidade na esfera penal

O art. 921, I, do CPC ainda menciona a possibilidade de suspensão pela incidência do art. 315: "Se o conhecimento do mérito depender de verificação da existência de fato delituoso, o juiz pode determinar a suspensão do processo até que se pronuncie a Justiça Criminal".

A princípio, a leitura do dispositivo poderia gerar certa perplexidade. Primeiro porque o processo de execução já pressupõe a existência de título executivo; logo, qual a necessidade de suspensão da fase executiva? Como informa Francesco Bucolo, em denso estudo sobre a suspensão, as regras que justificam a paralisação da marcha processual podem ser essencialmente condensadas em três justificativas: (a) necessidade de coordenação entre os atos processuais; (b) regular a prejudicialidade interna; e (c) atender à economia processual.[104] A coordenação entre atos externos praticados entre a esfera civil e a penal se encaixa na primeira justificativa e também atende aos reclamos de economia processual.

É certo que os títulos extrajudiciais e judiciais formados em virtude de um ilícito penal não justificam, por si sós, a suspensão do processo executivo com base no art. 315 do CPC.[105] Mesmo a revisão criminal seria quase impensável sob o viés prático (art. 622 do CPP) como causa de justificação da suspensão. Isto porque antes mesmo do início da fase executiva, via de regra, será necessária a liquidação da sentença penal no juízo cível, ante a possibilidade de exame de "fatos novos", como a compensação de culpa. A necessidade de um novo procedimento comum (art. 512 do CPC) na fase de liquidação já permitiria o evento de suspensão, ante o oferecimento da revisão criminal.

Existe outra situação pontual que não tem relação direta com o art. 315 do CPC mas revela a possibilidade de suspensão com o fim de atender ao princípio da economia processual e que decorre da incidência do art. 387, IV, do CPP. Referimo-nos à possibilidade de duplicidade de títulos executivos oriundos da esfera penal. Desde a reforma operada pela Lei 11.719/2008 o art. 387, IV, do CPP permite a fixação de valor mínimo, pelo juízo da condenação penal, em benefício da vítima quanto aos prejuízos patrimoniais e morais.

104. Francesco Bucolo, *La Sospensione nell'Esecuzione*, cit., 2ª ed., p. 60.

105. Como bem lembrou Araken de Assis, *Processo Civil Brasileiro*, cit., vol. II, p. 839.

A fixação do valor mínimo é polêmica, pois muitas vezes é ausente o contraditório efetivo sobre os prejuízos materiais na esfera penal. Sendo realizada sua fixação, surge a necessidade de apuração dos danos complementares. Acontece que a sentença penal condenatória gerará a formação simultânea de dois títulos executivos. O primeiro líquido, ante a aplicação do art. 387, IV, do CPP. O segundo ilíquido, o qual dependerá do processo de liquidação (art. 512 do CPC).

2.13.3 Suspensão pelo recebimento dos embargos ou impugnação ao título

O art. 921, II, do CPC atende à necessidade coordenação da ação executiva com as demandas incidentais que visam à desconstituição do título executivo e permite a suspensão *ope iudicis*, desde que preenchidos os requisitos legais (arts. 525, § 6º, e 919, § 1º, do CPC). Até antes da reforma operada pela Lei 11.232/2005 a suspensão da execução ocorria *ope legis*. A simples propositura da ação de embargos seria suficiente para a suspensão automática da execução.

Na fase atual o executado deverá realizar pedido de suspensão (princípio dispositivo) e comprovar a necessidade de paralisação dos atos executivos, com o oferecimento de garantia ao juízo, sem prejuízo de que seja aberta a possibilidade de contracautela por parte do exequente. Será necessário que a contracautela represente segurança efetiva para a necessidade de apuração de danos na relação executiva, lembrando que o sucesso dos embargos/impugnação traz à tona a responsabilidade objetiva do exequente.[106]

A suspensão do art. 921, II, assume contornos diferenciados. Inicialmente ela faz referência apenas à propositura dos embargos (art. 919, § 1º), mas, obviamente, o regime de suspensão também se aplica à impugnação (art. 525, § 6º), inclusive pela extensão conferida pelo art. 313, VIII, do CPC. Este mesmo dispositivo permitirá a suspensão da execução em outras situações, como na propositura dos embargos de terceiro.[107]

A suspensão do processo de execução poderá ser *total* ou *parcial*. Tudo dependerá da extensão do pedido formulado na peça de oposição à execução. A impugnação parcial permite o prosseguimento da execução incontroversa até a fase final.

106. V. na segunda parte deste trabalho, referente ao cumprimento de sentença, o *princípio da responsabilidade objetiva*.

107. Sobre o regime dos embargos de terceiro no Código de Processo Civil/2015, v. nosso estudo *Intervenção de Terceiros*, cit., p. 361.

O pedido de suspensão não pode ser infundado, ou seja: a parte deve demonstrar a plausibilidade da causa invocada. Sabe-se que o processo de execução sofre pela ausência de efetividade, especialmente após a derrocada da prisão civil do depositário judicial. A paralisação da atividade executiva deve ser excepcional. É por esta razão que o pedido de suspensão assume feição nitidamente cautelar, e o executado deve demonstrar fundamentos relevantes que podem gerar dano irreparável em caso de continuidade da atividade executiva até a fase de satisfação.[108] Isto não elimina a necessidade da garantia do juízo, que pode assumir feição especial para determinadas situações.[109]

O pedido de suspensão não engloba automaticamente todos os devedores, ainda que a relação obrigacional contida no título seja solidária, desde que a causa diga respeito apenas ao executado/impugnante (arts. 525, § 9º, e 919, § 4º).[110] O regime de atividade processual na seara exe-

108. "O art. 919, § 1º, do CPC/2015 prevê que o magistrado poderá atribuir efeito suspensivo aos embargos à execução quando presentes, cumulativamente, os seguintes requisitos: (a) requerimento do embargante; (b) relevância da argumentação; (c) risco de dano grave de difícil ou incerta reparação; e (d) garantia do juízo. No caso, diante das premissas fáticas constantes no acórdão, não está demonstrado o dano de difícil ou incerta reparação necessário à suspensão da execução, mormente considerando que as questões levantadas pela ora agravante revelam a ausência de probabilidade do direito alegado – Agravo interno não provido" (STJ, 4ª Turma, AgInt no AREsp 1.124.768-SP, rel. Min. Lázaro Guimarães (Desembargador convocado do TRF-5ª Região), j. 17.10.2017, *DJe* 25.10.2017).

109. Conforme julgamento repetitivo do STJ, não se admite a suspensão da exigibilidade do crédito fiscal pelo oferecimento de carta de fiança bancária. Ela apenas permitiria a expedição de certidão positiva com efeito negativo: "O STJ, no julgamento do REsp Repetitivo n. 1.156.668-DF (rel. Min. Luiz Fux, *DJe* 10.12.2010), firmou posicionamento no viés de que a fiança bancária não é equiparável ao depósito integral do débito exequendo, para fins de suspensão da exigibilidade do crédito tributário, ante a taxatividade do art. 151 do CTN e do enunciado da Súmula n. 112/STJ. *Este Tribunal Superior, no julgamento do REsp Repetitivo n. 1.272.827-PE (rel. Min. Mauro Campbell Marques,* ***DJe*** *31.5.2013)*, assentou entendimento na linha de que para atribuição de efeitos suspensivos aos embargos do devedor não basta a apresentação de garantia, é imperiosa a verificação pelo juiz da relevância da fundamentação (*fumus boni iuris*) e do perigo de dano irreparável ou de difícil reparação (*periculum in mora*), requisitos não presentes *in casu*, de acordo com a Corte de origem – Agravo interno não provido" (grifos nossos) (STJ, 2ª Turma, AgInt no REsp 1.653.658-SP, rel. Min. Herman Benjamin, j. 5.12.2017, *DJe* 19.12.2017).

110. Cf. julgamento repetitivo do STJ que não reconhece o benefício da extensão da suspensão para os coobrigados na recuperação judicial: "Para efeitos do art. 543-C do CPC: [*CPC/1973 – v. art. 1.036 do CPC/2015*] 'A recuperação judicial do devedor principal não impede o prosseguimento das execuções nem induz suspensão ou extinção de ações ajuizadas contra terceiros devedores solidários ou coobrigados em geral, por garantia cambial, real ou fidejussória, pois não se lhes aplicam a sus-

cutiva não corresponde ao do processo de conhecimento, o que também se observa para os atos de comunicação processual (art. 915, §§ 1º e 3º, do CPC).

2.13.4 Suspensão pela inexistência de bens penhoráveis

A inatividade do exequente poderá não decorrer de sua inércia proposital, mas das dificuldades de promover o andamento do feito, pela ausência de bens junto ao patrimônio do devedor. No conceito de *ausência* engloba-se o de *insuficiência*. O processo de execução é marcado pela necessidade do concurso na fase de satisfação (*par conditio creditorum*). A regra geral, e que deriva do sistema germânico, informa que a preferência advém da atitude diligente do credor que formaliza a primeira penhora, marcada pelo princípio da preferência pela penhora (*prior in tempore, potior in iure* – art. 797 do CPC). Isto não elimina a necessidade do concurso para averiguar a preferência temporal ou material quando se configurar a pluralidade de credores em relação ao mesmo bem do devedor. O art. 908 do CPC não desmente esta afirmação: "Havendo pluralidade de credores ou exequentes, o dinheiro lhes será distribuído e entregue consoante a ordem das respectivas preferências". Por este motivo, o concurso de credores exige a materialização da penhora e a comunicação ao juízo responsável pelos atos de expropriação. Não basta a existência do título preferencial, pois a execução deve estar ajuizada e com penhora nos autos, mesmo em face do credor preferencial.[111]

pensão prevista nos arts. 6º, *caput*, e 52, inciso III, ou a novação a que se refere o art. 59, *caput*, por força do que dispõe o art. 49, § 1º, todos da Lei n. 11.101/2005'. 2. Recurso especial não provido" (STJ, 2ª Seção, REsp 1.333.349-SP, rel. Min. Luís Felipe Salomão, j. 26.11.2014, *DJe* 2.2.2015).

111. "Os arts. 612 e 711 do CPC/1973 [*arts. 797 e 908 do CPC/2015*], dispondo sobre penhora e direito de preferência, acolheram o princípio do *prior tempore, potior in iure*, ou seja, a penhora anterior prevalece sobre a posterior. Contudo, esse direito de preferência cede ao crédito privilegiado, de forma que, existindo pluralidade de penhoras sobre o mesmo bem, deve-se verificar a existência das preferências, que, na ordem, são: créditos trabalhistas, fiscais e aqueles decorrentes de direito real de garantia. 2. O exercício do direito de preferência, em razão da natureza do crédito, submete-se a formalidades exigidas por lei e subsome-se ao concurso singular de credores. É no ato da distribuição do dinheiro que o credor privilegiado terá preferência sobre os demais, conforme a natureza de seu crédito. 3. O pedido de remição feito com base no art. 788 do CPC, já estando aperfeiçoado com decisão concessiva transitada em julgado e registro no cartório competente, não deve ser revogado por ter-se apurado posterior crédito privilegiado. A remição já aperfeiçoada indica que houve o depósito em dinheiro em favor do credor e nesse ato é que o exercício do

A existência de vários credores e a ausência de prioridade na penhora correspondem a uma hipótese clara de insuficiência de bens e que autoriza o pedido de suspensão do processo executivo. O prazo desta suspensão será de no máximo um ano (art. 921, § 1º, do CPC). Não há dúvida de que antes desta medida final o juízo deverá colaborar por meio da tentativa de localizar bens móveis e imóveis pelo sistema eletrônico.

Outra hipótese que não se confunde com a ausência ou insuficiência é a impossibilidade de penhora derivada da impossibilidade legal de constrição sobre o bem (art. 833).[112] O devedor possui bens, mas não são suscetíveis de constrição.

No Juizado Especial Cível Estadual a insuficiência de bens não autoriza o pedido de suspensão. A celeridade e a simplicidade do procedimento dependem da eficácia em localizar bens em nome do executado. A não localização de bens é causa de extinção do processo, nos termos do art. 53, § 4º, da Lei 9.099/1995: "Não encontrado o devedor ou inexistindo bens penhoráveis, o processo será imediatamente extinto, devolvendo-se os documentos ao autor".

O ponto de maior importância quanto ao tema da suspensão por ausência de bens refere-se ao termo inicial do prazo de prescrição intercorrente. Esta modalidade de prescrição é causa de extinção da relação processual executiva, o que exige atenção quanto ao modo de sua configuração (art. 924, V, do CPC).

O art. 1.056 do CPC determina que a incidência da prescrição intercorrente será aplicada no processo de execução a partir da vigência do atual Código. Sua leitura foi modulada pelo julgamento do primeiro incidente de assunção de competência do STJ.[113]

A prescrição intercorrente decorre de uma necessidade de pacificação do conflito, pois existe um grande passivo de execuções infrutíferas

direito de preferência deveria ter sido exercido. 4. Recurso especial parcialmente conhecido e provido em parte" (STJ, 3ª Turma, REsp 1.278.545-MG, rel. Min. João Otávio de Noronha, j. 2.8.2016, *DJe* 16.11.2016).

112. Este tema, de suma importância, será examinado em minúcias no t. IV de *Curso*, em que abordaremos a teoria da execução e os procedimentos executórios.

113. Quanto ao art. 1.056, v. STJ: "O termo inicial do art. 1.056 do CPC/2015 tem incidência apenas nas hipóteses em que o processo se encontrava suspenso na data da entrada em vigor da novel lei processual, uma vez que não se pode extrair interpretação que viabilize o reinício ou a reabertura de prazo prescricional ocorridos na vigência do revogado CPC/1973 (aplicação irretroativa da norma processual) (...) Recurso especial provido" (REsp 1.604.412-SC, rel. Min. Marco Aurélio Bellizze, 2ª Seção, j. 27.6.2018, *DJe* 22.8.2018).

que eram arquivadas sem extinção, ante a impossibilidade de finalizar o processo executivo, por ausência de bens.

A incidência da prescrição intercorrente deverá iniciar após um ano de suspensão do processo, momento em que os autos serão arquivados provisoriamente. A partir desta fase iniciar-se-á a contagem do lapso prescricional, que dependerá da natureza do título executivo. Os títulos judiciais acompanham o prazo prescricional oriundo do processo de cognição, nos termos da Súmula STF-150. Os títulos extrajudiciais dependerão da natureza da obrigação e do regime aplicável à cártula para fins de conhecimento da prescrição.

Durante o interregno o processo poderá ser desarquivado para medidas executivas (art. 921, § 3º, do CPC). Apesar de o texto legal ser silente, o mero pedido de desarquivamento, sem qualquer medida efetiva de penhora, não tem o condão de interromper o prazo já iniciado. Será necessário que o ato seja eficaz, do contrário o credor poderia lançar repetidas petições de desarquivamento quando observasse a possibilidade de consumação do prazo prescricional.[114]

A prescrição poderá ser reconhecida de ofício ou a requerimento da parte executada. O conhecimento oficioso da prescrição decorre de importante alteração ocorrida no sistema brasileiro por meio da Lei 11.280/2006, que também revogou o art. 194 do CC. Apesar da autorização para o conhecimento *ex officio*, o art. 921, § 5º, do CPC reconhece a necessidade de prévia manifestação das partes.[115] Esta advertência reforça o princípio da não surpresa processual previsto pelo art. 10 do CPC

114. "Requerimentos de diligências infrutíferas não são capazes de interromper ou suspender o fluxo da prescrição intercorrente, que se consuma depois de cinco anos contados do fim do prazo anual durante o qual se suspende o curso do feito. 2. Prestigiando o efeito estabilizador de expectativas que decorre da fluência do tempo, pretende-se evitar a prática de pedidos de desarquivamento dos autos, em momento próximo ao lustro fatal, para a realização de diligências inócuas, seguidas por novos pleitos de suspensão do curso da execução, com o reprovável intuito de escapar os créditos executados do instituto da prescrição. 3. Precedentes: ED no AgR no AREsp n. 594.062-RS, rel. Min. Humberto Martins, *DJe* 25.3.2015; AgR no Ag n. 1.372.530-RS, rel. Min. Napoleão Nunes Maia Filho, *DJe* 19.5.2014; e AgR no AREsp n. 383.507-GO, rel. Min. Arnaldo Esteves Lima, *DJe* 7.11.2013. 4. Agravo regimental da Fazenda Nacional a que se nega provimento" (STJ, 1ª Turma, AgR no AREsp 251.790-GO, rel. Min. Napoleão Nunes Maia Filho, j. 10.11.2015, *DJe* 30.11.2015). Este entendimento foi reafirmado no IAC 01 do STJ, v. REsp 1.604.412-SC, rel. Min. Marco Aurélio Bellizze, 2ª Seção, j. 27.6.2018, *DJe* 22.8.2018.

115. Esta exigência harmoniza-se com a redação do art. 191 do CC, que não foi revogado pela Lei 11.280/2006. A revogação do art. 194 do CC passou a permitir que o juiz pudesse conhecer da prescrição de ofício; contudo, o art. 191 permite que

(*Verbot der Überraschungsentscheidung*).[116] A falta de abertura de prazo para que a parte possa se manifestar e comprovar fatos impeditivos do reconhecimento da prescrição intercorrente provoca nulidade na decisão que extingue o processo de execução, com base no art. 924, V, do CPC.[117]

2.13.5 Suspensão por ausência de expropriação frutífera

O Código de Processo Civil/2015 acabou por inserir uma previsão inovadora de suspensão por ausência de efetividade na hasta pública. Esta paralisação era corriqueira quando a primeira e a segunda praças não surtiam o efeito desejado. A regra do art. 921, IV, trouxe a normatização da suspensão obrigatória do processo quando nenhuma das formas de expropriação do devedor surte o efeito almejado. A decisão judicial de suspensão marcará (com eficácia *ex nunc*) o prazo inicial para a fluência de um ano como tempo máximo de paralisação da relação executiva. A leitura do art. 921, § 1º, do CPC aparentemente restringe sua incidência para o inciso III; contudo, sua aplicação também se estende para o inciso IV.

A ausência de licitantes pressupõe que o credor não tenha exercido o direito de adjudicar. O insucesso da licitação pode estar relacionado desde a fatores econômicos bem como à natureza do bem penhorado, que não desperta grande atrativo para fins de comercialização. Apesar de não estar mencionado no inciso III, a alienação por iniciativa particular também se submeterá ao prazo de um ano. Como dispõe o art. 879 do CPC, a alienação poderá ser realizada: (a) por iniciativa particular; ou (b) por leilão judicial eletrônico ou presencial.

A alienação particular é realizada por iniciativa do credor após a fixação das condições para a venda do bem (art. 880, § 1º, do CPC). Este autêntico alvará judicial para a venda não deve ser concedido *sine die*, pois existem variações de mercado que fogem do controle por meio desta modalidade de venda judicial. É certo que o insucesso da venda por

a prescrição possa ser renunciada. Logo, deve-se abrir prazo para manifestação prévia de ambas as partes antes de sua decretação.

116. Sobre o *princípio da proibição da surpresa*, v. o t. I deste *Curso*, p. 111.

117. "Consoante a jurisprudência firmada pela 3ª Turma deste Tribunal, compete ao juiz, antes de pronunciar a prescrição intercorrente, intimar o exequente a fim de que, no exercício regular do contraditório, tenha a oportunidade de comprovar a eventual existência de fatos impeditivos à incidência da prescrição – Precedentes" (STJ, 3ª Turma, REsp 1.552.432-MS, rela. Min. Nancy Andrighi, j. 21.11.2017, *DJe* 18.12.2017).

período superior a um ano, sem manifestação do exequente, também o submeterá ao prazo de suspensão de um ano.

2.13.6 Suspensão pelo parcelamento judicial

A suspensão da relação executiva também será obrigatória quando for verificado o parcelamento previsto pelo art. 916 do CPC, aplicável para a execução por quantia certa. Esta engenhosa criação da Lei 11.382/2006, e que foi absorvida pelo Código de Processo Civil vigente, representa aparente exercício de *direito potestativo* do devedor. Há mera aparência de direito potestativo, mas se trata de direito subjetivo que poderá sofrer limitações. É certo que o preenchimento das condições objetivas e a boa-fé do devedor não abrem espaço para a recusa do credor.

Outro ponto ainda merece ponderação. Nada impede que as condições do art. 916 possam ser alteradas por meio de negócio processual, especialmente em face da natureza patrimonial do parcelamento (art. 190 do CPC). Nada impede que por meio de convenção processual o prazo de pagamento possa sofrer elastério, bem como estabelecida a possibilidade de valor menor para o parcelamento ou, ainda, forma de correção diferenciada.

O art. 916 do CPC representa instituto com claro viés de proteção ao devedor. Como afirmamos, existe um direito subjetivo ao parcelamento, desde que preencha as condições objetivas do texto legal. A existência de numerário disponível em conta bancária não se justifica como motivo plausível para a não aplicação do art. 916 do CPC. A existência de numerário não revela, por si só, impossibilidade de parcelamento, pois o devedor pode depender desta quantia para a sobrevivência própria ou, mesmo, para conferir liquidez para sua empresa. Do contrário a existência de um bem valioso seria suficiente para impedir a utilização do art. 916 do CPC, pelo desejo do credor de realizar sua adjudicação. O dispositivo legal não exige outras condições além daquelas expressamente tipificadas. O credor poderá demonstrar que o parcelamento é abusivo e que existe plena condição de quitação do valor. O fato deverá ser comprovado pelo exequente, pois a execução pendente já revela presunção de iliquidez.

A incidência da suspensão não elimina as medidas constritivas que eventualmente tenham sido deferidas no processo (arresto, penhora, prenotação), o que também encontra supedâneo na regra do art. 525, § 7º, do CPC. O pedido de parcelamento é oferecido no prazo dos embargos, ou seja, em 15 dias. O prazo de citação para pagamento (3 dias) é independente do prazo para defesa (15 dias). Esgotado o prazo para pagamento, já poderão ser consumados o arresto ou a penhora nos autos (arts. 829, § 1º, e 830).

Enquanto suspenso o processo, a pendência da relação processual não elimina a afetação das medidas constritivas incidentes sobre os bens do executado. Nem mesmo a confissão e o reconhecimento do débito, medidas obrigatórias por parte do devedor (art. 916, § 6º, do CPC), têm o condão de afastá-las. Somente com a quitação da execução serão levantadas as medidas constritivas para segurança do exequente em caso de descumprimento do parcelamento.

O devedor tem o direito de parcelar seu débito judicial desde que cumprido integralmente o comando do art. 916: (a) reconhecimento da dívida exequenda; (b) depósito de no mínimo 30% do valor do débito, acrescido de custas processuais e honorários advocatícios; (c) pagamento parcelado em até seis vezes, com correção monetária e juros de 1% ao mês.

O reconhecimento da dívida importa renúncia ao direito de defesa na execução por meio dos embargos ou da impugnação. Isto não significa que matérias de ordem pública não possam ser suscitadas a qualquer tempo. O que se veda é a impugnação à *causa debendi* que consubstancia o "mérito" da defesa na execução. Os vícios processuais e atinentes a matérias de ordem pública sequer dependem de apresentação de embargos ou impugnação (art. 518 do CPC).

A proposta subordina-se à prévia abertura de contraditório para o credor; contudo, sua objeção será restrita apenas ao valor e aos índices utilizados no cálculo. Não poderá recusar o recebimento parcelado por entender que deve receber o pagamento à vista. Poderá, obviamente, demonstrar que o pedido já fora formulado, com descumprimento pelo devedor, ou que os requisitos do art. 916 não foram cumpridos, como a insuficiência do depósito (menor que 30 %).

A vedação do parcelamento em relação ao cumprimento de sentença persiste pelo art. 916, § 7º. Não há justificativa plausível para a diferença de tratamento apenas pela natureza diversa de formação dos títulos judiciais dos extrajudiciais. O STJ já reconhecia a aplicabilidade do art. 745-A do CPC/1973 para o cumprimento de sentença. Este entendimento não deve sofrer alteração perante o vigente regime processual.[118]

118. "O parcelamento previsto no art. 745-A do CPC [*CPC/1973 – v. art. 916 do CPC/2015*] pode ser requerido também na fase de cumprimento da sentença, dentro do prazo de 15 dias previsto no art. 475-J, *caput*, do mesmo diploma legal [*Art. 593 do CPC/2015*]. Contudo, o referido direito não é potestativo do devedor, cabendo

2.13.7 Suspensão convencional na execução

A suspensão facultativa é extremamente benéfica na fase executiva. Sua aplicação em juízo é intensa e provoca muita confusão, pela ausência de maiores cuidados na elaboração do acordo anexado aos autos.

A suspensão da execução decorre essencialmente do ajuste de vontades que procura solucionar a quitação do título por meio diverso da expropriação. Além de custosa e demorada, a expropriação nem sempre fornece bons resultados.

Com muita propriedade a doutrina visualizou os problemas básicos que geralmente incidem em juízo e que atestamos em mais de 20 anos de judicatura.[119] É muito comum as partes apresentarem petição de acordo com diminuição do valor devido e com certo elastério para o pagamento do débito. Ocorre que poucos acordos mencionam as consequências para o caso de descumprimento.

O art. 922, parágrafo único, do CPC procurou amenizar esta lacuna ao determinar que o descumprimento obrigará que o processo retome seu curso. O problema reside exatamente na definição do curso a ser retomado. Tudo dependerá do acordo firmado nos autos. É importante que as partes estabeleçam de modo minucioso a forma de cumprimento e as consequências do incumprimento. A soberania da vontade das partes (art. 190 do CPC) impera na condução do processo na fase cognitiva e na executiva. Se o acordo estabelecer o retorno da execução ao *status quo ante*, o processo retoma sua fase anterior. Se as partes pedem a homologação do acordo com cláusulas específicas para o incumprimento, elas é que determinarão o prosseguimento da execução pela demonstração do *animus novandi* junto ao acordo entabulado.[120]

ao credor impugná-lo, desde que apresente motivo justo e de forma fundamentada, sendo certo que o juiz poderá deferir o parcelamento se verificar atitude abusiva do exequente. 2. No caso, o parcelamento foi indeferido com base na oposição da credora, conduta não considerada abusiva pelos Magistrados de origem, esbarrando a alteração do julgado no óbice contido da Súmula n. 7 do STJ. 3. Agravo regimental não provido" (STJ, 3ª Turma, AgR no REsp 1.577.155-SP, rel. Min. Ricardo Villas Bôas Cueva, j. 12.4.2016, *DJe* 19.4.2016).

119. Araken de Assis, *Processo Civil Brasileiro*, cit., vol. II, p. 860.

120. "Em se tratando de execução suspensa em razão de acordo celebrado entre as partes, nos termos do art. 792, *caput*, do CPC/1973 [*v. art. 922 do CPC/2015*], sem que haja *animus novandi*, se houver descumprimento deste por parte do devedor, o feito deve ser retomado com base no título executivo originário (CPC/1973, art. 792, parágrafo único) [*CPC/1973 – v. art. 922, parágrafo único, do CPC/2015*], não podendo o julgador extinguir em definitivo a execução" (STJ, 3ª Turma, AgInt no REsp 1.432.616-SP, rel. Min. Marco Aurélio Bellizze, j. 27.6.2017, *DJe* 3.8.2017).

A leitura do art. 922, *caput* e parágrafo único, do CPC não permite que o juiz julgue resolvida a relação processual por meio do art. 924. O processo deve ficar suspenso até o cumprimento. Isto também elimina a fixação de prazo máximo para a suspensão da execução, pois não ficará limitada ao prazo de um ano (art. 921, § 1º, do CPC). A suspensão persistirá pelo tempo necessário ao cumprimento do que foi acordado pelas partes.

Capítulo III
EXTINÇÃO DA RELAÇÃO PROCESSUAL

1. O fim da relação processual. 2. Extinção do processo e a primazia do mérito. 3. Sentença processual ("Prozessurteil") e sentença material ("Sachenurteil"). 4. A resolução do processo pelo art. 485 do CPC: 4.1 O indeferimento da petição inicial: 4.1.1 Hipóteses de indeferimento da inicial – 4.1.2 Extinção pelo abandono do processo pelas partes: 4.1.2.1 Extinção pelo abandono do autor e a Súmula STJ-240 – 4.1.2.2 Interpretação restritiva do pedido de extinção – 4.1.2.3 Pagamento das despesas processuais – 4.1.2.4 A interrupção da prescrição e a sentença processual – 4.1.3 Resolução do processo em face de pressupostos processuais negativos – 4.1.4 Resolução do processo pela ausência das condições da ação – 4.1.5 A resolução do processo pela existência de convenção de arbitragem – 4.1.6 Resolução do processo pela desistência da ação: 4.1.6.1 A desistência como negócio processual – 4.1.6.2 O pedido de desistência e a sucumbência – 4.1.6.3 Limites temporais ao pedido de desistência – 4.1.6.4 O consentimento do réu e o abuso de direito – 4.1.6.5 Desistência e a esfera administrativa – 4.1.6.6 Homologação da desistência em processo coletivo – 4.1.7 Desistência da prova e resolução do processo – 4.1.8 Resolução do processo pela intransmissibilidade da ação: 4.1.8.1 A transmissão das pretensões alimentares – 4.1.8.2 A transmissão da pretensão e as pessoas jurídicas: fusão, cisão, extinção e coligação de empresas – 4.1.9 Extinção do processo em face das demais hipóteses legais – 4.2 Da resolução do processo pelo art. 487 do CPC: 4.2.1 Formas de resolução do processo com análise do mérito: 4.2.1.1 O acolhimento ou a rejeição do pedido – 4.2.1.2 Resolução pelo reconhecimento da prescrição e da decadência – 4.2.1.3 Reconhecimento jurídico do pedido – 4.2.1.4 Transação – 4.2.1.5 Resolução pela renúncia do direito.

1. O FIM DA RELAÇÃO PROCESSUAL

O sistema processual brasileiro já condensava perante o Código de Processo Civil/1973 o tratamento sistemático do regime de *formação*, *suspensão* e *extinção do processo* perante o mesmo Título VI da Parte Geral, referente ao processo de conhecimento, nos arts. 262 a 269. Até o presente momento foram analisados os momentos de formação e suspensão do processo. Como o Código de Processo Civil/2015 não alterou o tratamento topológico genérico, mantendo o regramento geral de modo conjunto perante os arts. 312 (formação), 313 (suspensão) e 316 (extinção do processo), optamos, por questões didáticas, por examinar o tema da extinção do processo de modo sequencial.

Percebe-se que os três pontos correspondem aos últimos temas da Parte Geral. Para o tratamento sistemático, o exame das hipóteses de nascimento, paralisação e morte da relação processual foram direcionadas para este t. II deste *Curso* porque os institutos processuais que fundamentam cada uma das hipóteses legais, como a petição inicial, ou mesmo a sentença processual ou de mérito, estão acomodados no Livro I da Parte Especial. O término da relação processual exige exame analítico. O aperfeiçoamento conferido pelo Código de Processo Civil quanto a este tema foi significativo.

2. *Extinção do processo e a primazia do mérito*

O processo caminha para ter um fim. Não é possível a pendência indeterminada da relação processual. Mesmo o regime de suspensão não pode ser conferido *sine die*. A prescrição intercorrente é uma prova desta afirmação, e mesmo quando a parte abandona inadvertidamente a relação processual a legislação processual estabelece a necessidade de resolução do processo pelo abandono do autor (art. 485, III) ou de ambas as partes (art. 485, II).

O regime processual inaugurado pelo CPC/2015 permite analisar o fim da relação processual pelo exame do conteúdo do art. 316: "A extinção do processo dar-se-á por sentença". O Código de Processo Civil/1973 induzia que o regime de extinção do processo fosse analisado preferencialmente dentro da ótica da sentença final (*Endurteil*). Isto derivava do próprio conceito de sentença, que era conferido pela redação original do art. 161, § 1º, do CPC/1973: " Sentença é o ato pelo qual o juiz põe termo ao processo, decidindo ou não o mérito da causa".[1] O Código de Processo Civil vigente procurou melhorar a redação legal do dispositivo e reconhece que a sentença não põe fim ao processo, mas apenas à fase de conhecimento ou de execução (art. 203, § 1º). E mais: reconhece que

1. Para o exame das transformações do conceito de sentença desde a redação original do Código de Processo Civil/1973 até o Código de Processo Civil/2015, convidamos o leitor à consulta do t. I deste *Curso* (pp. 782-799), em que os atos do juiz (sentenças, decisões interlocutórias e despachos) são examinados com profundidade.

esta extinção deve ser fundamentada em alguma das causas previstas pelo arts. 485 e 487 do CPC. Esta definição não é suficiente. Existem provimentos jurisdicionais que encerram parcialmente o processo (art. 356 do CPC); logo, permitem a continuidade da relação processual. No entanto, estes provimentos resolvem parcela do objeto do processo com análise do mérito e possuem a natureza de autêntica sentença intermediária (*Zwischenurteil*).[2] Nosso sistema não recepciona o julgamento intermediário como sentença, mas como decisão interlocutória de mérito, que desafia o recurso de agravo (art. 356, § 5º, do CPC).

Um dado importantíssimo, e que não pode passar despercebido, é que há clara opção constitucional e legal para que os sujeitos processuais colaborem para o encerramento da relação processual por meio de uma decisão de mérito. O princípio da tutela jurisdicional adequada (art. 5º, XXXV, da CF) e o princípio da primazia do mérito (art. 4º do CPC) revelam que o juiz, como gestor da relação processual, deve envidar esforços para que o processo não se encerre por meio de decisão processual (art. 485 do CPC).

A extinção do processo por defeito na relação processual deve ser evitada ao máximo, pois apenas posterga ou, ainda, agrava o problema trazido pelas partes. Este ponto foi ressaltado expressamente pelo art. 317 do CPC: "Antes de proferir decisão sem resolução de mérito, o juiz deverá conceder à parte oportunidade para, se possível, corrigir o vício". Este dispositivo não guarda paralelo com o sistema anterior. A preocupação acentuada do legislador reformador foi reforçada pela inserção do juízo de retratação, previsto no art. 485, § 7º do CPC: "Interposta a apelação em qualquer dos casos de que tratam os incisos deste artigo, o juiz terá 5 (cinco) dias para retratar-se". Até então o juízo de retratação era previsto apenas para hipóteses residuais no sistema processual, como na hipótese de indeferimento da petição inicial (art. 296 do CPC/1973 e art. 331 do CPC/2015) e nas apelações oriundas do Juízo da Infância e do Adolescente (art. 198, VII, do ECA).

O compromisso da vigente ordem processual com a solução definitiva do conflito exige nova postura dos atores processuais. Sem sombra de dúvida, em muitas situações a perpetuação indefinida da relação processual não pode ser permitida. A pendência de feitos em que não há interesse de movimentação pelas partes também provoca prejuízo processual. A necessidade de controle sobre o processo, atos de intimação que não surtem efeito e movimentação infrutífera, que retira a atenção sobre outros processos, deve ser sopesada para fins de incidência do art. 485

2. V. o t. I deste *Curso*, p. 787.

do CPC. O que realmente se espera é que a vitória da lide não seja mais fruto único da falha processual de uma das partes e que estas hipóteses de resolução pelo art. 485 do CPC sejam progressivamente menores. A possibilidade de abertura de fase para correção de defeito na relação processual privilegia o exame da situação de fundo que retrata o bem da vida posto em litígio.

3. Sentença processual ("Prozessurteil") e sentença material ("Sachenurteil")

Os arts. 485 e 487 do CPC fornecem a fundamentação legal das causas para a resolução do processo "sem" (art. 485) ou "com" (art. 487) análise do mérito. O dispositivo sentencial apresentará diferença estrutural em função da causa de resolução do processo. As *sentenças processuais* resolvem o objeto formal do processo pela existência de defeito que se refere aos *pressupostos processuais* e/ou às *condições da ação.*[3] A sentença processual não permite a formação de coisa julgada material, apenas formal, o que corresponde a um estado de preclusão máxima no processo. As *sentenças de mérito*, ou *materiais*, deitam o exame sobre o problema da vida retratado pelas partes. E sobre elas a coisa julgada material será formada como meio de estabilização social. *Grosso modo*, a coisa julgada tem a mesma função do ato jurídico perfeito, da prescrição e da decadência, pois assume relevante papel de ordenação e estabilidade das relações jurídicas.

As causas de resolução do processo pelos arts. 485 e 487 do CPC serão objeto de análise detalhada, em cada um dos seus incisos, ante a importância da sentença como elemento de estabilização do processo e como fato processual para a transição para o cumprimento de sentença. Embora pouco provável, é possível que a prolação da sentença permita a formação da coisa julgada quando inexista recurso de sua decisão.

O tratamento da extinção da relação processual em dois dispositivos específicos, os arts. 485 e 487 do CPC, demonstra que a legislação processual permite diferenciar o encerramento pelo exame do trinômio processual (pressupostos processuais + condições da ação + mérito).

O art. 485 do CPC reconhece que os defeitos que afetam os dois primeiros requisitos do trinômio provocam a resolução do processo sem

3. Como se infere da influência alemã, em que o objeto do processo sofre distinção quanto às questões processuais (*Prozessurteil*) e de mérito (*Sachurteil*). V.: Rosenberg/Schwab/Gottwald, *Zivilprozessrecht*, 16ª ed., § 59, 3, p. 354.

o exame do mérito. A não formação de coisa julgada material permitirá que a demanda possa ser novamente ajuizada (art. 486 do CPC). Em uma tentativa de salvar as condições da ação e sua incoerência sistêmica, o legislador reformador tornou expresso que nas hipóteses de litispendência assim como nos defeitos oriundos dos incisos, I, IV, VI e VII do art. 485 a demanda somente poderá ser reproposta quando demonstrada a sanação do vício que provocou a extinção. Um exemplo ilustrará a questão. A parte teve repelido seu primeiro processo por ausência de legitimidade de agir, uma condição da ação expressa no art. 17 do CPC. O juiz rejeitou a demanda porque o pedido reivindicatório de um bem imóvel foi feito por quem não era o proprietário ou possuidor publiciano (art. 485, VI, do CPC). A questão efetivamente resolvida pela sentença anterior foi de mérito, pois aquele que não detém a posição jurídica de titular do direito material, ainda que *in fieri*, como na hipótese de possuidor com usucapião consumado (possuidor publiciano), não pode ingressar com pedido petitório. Isto demonstra o artificialismo das condições da ação e o motivo pelo qual o sistema alemão repele esta solução. Esta decisão já seria de mérito e com formação de coisa julgada material. Como nosso sistema classifica este defeito como processual, por ausência de condição da ação, não há vedação de nova propositura do pedido, desde que o defeito seja solucionado (art. 486, § 1º). Em outras palavras: não há possibilidade de nova propositura, pois se o autor demonstrar que agora é titular houve mudança em sua causa de pedir; logo, a coisa julgada anterior não o atingiria. Seria muito mais simples e efetivo reconhecer a existência do binômio processual em nosso sistema (pressupostos processuais + mérito), mas a tradição e a influência de Liebman em nosso sistema ainda são fortes o suficiente para impedir esse avanço.[4]

As sentenças processuais ou materiais podem ser parciais (*Teilurteil*) ou totais (*Vollurteil*).[5] O exame sobre o objeto do processo poderá ser parcial em relação a uma sentença processual (art. 485) que determina a resolução do processo em face de apenas um dos litisconsortes. O mesmo pode ser dito em relação à sentença de mérito (art. 487), que poderá julgar parcialmente procedente o pedido realizado sobre o objeto litigioso.

4. A resolução do processo pelo art. 485 do CPC

A diferença entre as hipóteses de extinção elencadas pelos arts. 485 e 487 do CPC reflete influência da doutrina alemã, que diferencia as

4. Sobre o ponto, v. t. I deste *Curso*, p. 349.
5. Musielak, *Grundkurs ZPO*, 9ª ed., § 7º, p. 301.

sentenças processuais das materiais.[6] O art. 485 do CPC reflete as causas que justificam o nascimento de sentenças processuais (*Prozessurteil*), as quais são fundamentadas em defeitos que maculam a relação processual de forma irremediável.[7] As sentenças materiais são aquelas que examinam o bem da vida que é discutido por meio da relação processual. Analisa--se o objeto material do processo sobre o qual se quer a pacificação do conflito.[8] Como as questões processuais e de mérito são inconfundíveis, o legislador procurou sistematizar a tipologia das causas de extinção em dispositivos distintos com regramento próprio, o que justifica a retratação das sentenças processuais (art. 485, § 7º, do CPC).

Como já afirmado, a projeção mais importante quanto à diferenciação dos provimentos dos arts. 485 e 487 do CPC está nos lindes da coisa julgada. Somente a sentença proferida com base no art. 487 formará coisa julgada material com estabilidade definitiva à relação conflituosa. A sentença formada pelo art. 485 do CPC representará a morte antecipada do processo, visto que o magistrado não chegará a analisar o objeto litigioso. Este ponto justificou a preocupação do Código de Processo Civil/2015 quanto à criação de mecanismos de otimização e aproveitamento máximo do processo (arts. 317 e 485, § 7º). Sob o ponto de vista da economia processual, as sentenças processuais são prejudiciais, por abrirem margem para a replicação de processos. Este é um ponto delicado, e que deve ser observado com atenção pelo Conselho Nacional de Justiça/CNJ, pois, ao serem traçadas metas anuais de julgamentos de estoques de processos, ajuizados até determinada data, incentiva-se a prolação de sentenças processuais como meio de solução de dados estatísticos.[9]

6. "Erstere [*referindo-se à* ***Sachurteil***] erklären die Klage für ganz oder Teilweise begründet oder unbegründet. Letztere [*referindo-se à* ***Prozessurteil***] entscheiden nur über prozessuale Fragen (...)" (Baur e Grunsky, *Zivilprozeßrecht*, vol. 9, 9ª ed., § 59, p. 229).

7. Como ensinam Grunsky/Baur (*Zivilprozessrecht*, 9ª ed., vol. 9, §15, p. 174), as sentenças processuais decorrem "da ausência de um pressuposto processual" (*wegen Fehlens einer Prossevoraussetzung*)". Em nosso sistema precisamos acrescentar o defeito oriundo da ausência de condição da ação, conforme explanação *supra*.

8. Musielak, *Grundkurs ZPO*, cit., 9ª ed., § 7º, p. 300.

9. As *Metas* do CNJ são publicadas anualmente como meio de planejamento e incentivo para a solução dos estoques de processos em áreas de congestionamento ou em matérias de relevante valor para a ordem social e jurídica. Elas podem ser consultadas em *http://www.cnj.jus.br/gestao-e-planejamento/metas*. É indiscutível a contribuição trazida pelas *Metas*, mas a ausência de estrutura adequada ao Poder Judiciário, especialmente em primeira instância, nem sempre produz decisões que atendem ao princípio da primazia do mérito (arts. 4º e 317 CPC).

4.1 O indeferimento da petição inicial

As hipóteses de indeferimento da petição inicial estão retratadas pelo art. 330 do CPC. O exame deste tópico foi realçado anteriormente por ocasião do estudo da formação do processo; contudo, não foram contempladas as hipóteses em espécies que justificam o indeferimento da peça inaugural.

O art. 485, I, do CPC traz a necessidade do exame dialético entre os arts. 319 e 330. E mais: perante a sistemática inaugurada pelo Código de Processo Civil/2015 não há que se falar na impropriedade de classificar o indeferimento da petição inicial como causa exclusiva de resolução do processo sem análise do mérito.[10]

Com toda propriedade, percebeu Arruda Alvim a bilateralidade da relação processual em face desta hipótese de extinção do processo.[11] Os requisitos da petição inicial estão delimitados pelo art. 319 do CPC, que dispõe quanto aos elementos de forma e fundo que viabilizam o oferecimento do pedido inaugural. Desta forma, a petição inicial deverá demonstrar os requisitos formais e materiais previstos no art. 319 e que assumem maior rigor perante o CPC/2015. Os requisitos de fundo do art. 319 do CPC permitem identificar as condições da ação e os pressupostos processuais essenciais para a formação linear da relação processual.

A primeira leitura do art. 330 do CPC poderia gerar uma falsa interpretação, qual seja: a restrição de sua incidência unicamente para o inciso I, *in verbis*: "Art. 330. A petição inicial será indeferida quando: I – for inepta; (...)". As hipóteses contempladas pelo art. 330, II e III, revelariam a ausência das condições da ação que justificariam a incidência do art. 485, VI, do CPC. Na verdade, a inépcia referida pelo art. 485, I, engloba todas as hipóteses de indeferimento da petição inicial mencionadas no art. 330 do CPC, pois o dispositivo contempla o indeferimento pela fase temporal, ou seja, na fase de formação da relação processual.

A petição inicial que não preencher os requisitos de forma e fundo atinentes aos pressupostos processuais e não demonstrar as condições da ação referentes à legitimidade e ao interesse processual poderá ser

10. Esta discussão seria possível no sistema anterior, em que inexistia diferenciação entre as hipóteses de indeferimento da inicial (art. 330 do CPC/2015) e de improcedência liminar do pedido com julgamento de mérito (art. 332 do CPC/2015). Pelo Código de Processo Civil/1973 o conhecimento da prescrição ou da decadência, *in limine*, também era classificado como causa de indeferimento da petição inicial, o que gerava a crítica à classificação unívoca do indeferimento da petição inicial como forma de extinção do processo sem análise do mérito.

11. Arruda Alvim, *Manual de Direito Processual Civil*, 14ª ed., vol. II, p. 746.

indeferida no nascedouro da relação processual. Nesta fase ainda não existirá relação processual angular, mas apenas linear: autor/juiz. É possível que o oferecimento da petição inicial também ocorra quando já pendente relação processual entre as partes, como na reconvenção (art. 343 do CPC). O fato de duas ações (do autor contra o réu e do réu contra o autor) serem processadas simultaneamente não eliminará a autonomia da demanda reconvencional, a qual pode ser oferecida independentemente da contestação (art. 343, § 6º, do CPC). Logo, a petição inicial da reconvenção também pode ser indeferida com base no art. 485, I, do CPC.[12]

Como a fase de oferecimento do pedido inaugural marca o nascimento da demanda, o rigor formal deve ser abrandado. O art. 321 do CPC não desmente esta afirmação ao exigir a concessão para a parte do prazo de 15 dias de emenda para a correção da petição inicial. O juiz não poderá simplesmente determinar a emenda genérica. O dever de cooperação processual atinge todos os que participam da relação processual (*Arbeitsgemeinschaft*). A ordem judicial de emenda deverá indicar precisamente o que deve ser completado ou modificado perante o pedido inaugural. Ainda que o prazo do art. 321 do CPC não tenha sido utilizado de modo conveniente e o juiz tenha proferido sentença de extinção, a parte ainda poderá pedir o juízo de retratação, nos termos do art. 485, § 7º, do CPC. A ausência de citação da parte contrária permitirá que o defeito, quando possível, ainda possa ser corrigido, para o aproveitamento máximo da petição inicial.

É muito importante que o exame da petição inicial não seja delegado por portaria judicial para a secretaria judicial (art. 203, § 4º, do CPC), prática que se tornou comum, especialmente pela proliferação de demandas repetitivas.[13] O exame atento da petição inicial permite a

12. O ponto de maior complexidade no indeferimento da reconvenção reside na limitação do acesso recursal. Sempre houve polêmica e discussão sobre qual o recurso cabível (agravo ou apelação), como se observa do seguinte julgado do STJ do saudoso Min. Sálvio de Figueiredo em que se reconhece a aplicação da fungibilidade recursal: "Aplica-se no caso o princípio da fungibilidade, uma vez presente dúvida objetiva a respeito do recurso cabível, e também por inocorrer erro grosseiro e má-fé, sendo dispensável o pressuposto do prazo menor como requisito" (STJ, 4ª Turma, REsp 113.443-PR, rel. Min. Aldir Passarinho Jr., rel. para o acórdão Min. Sálvio de Figueiredo Teixeira, j. 11.12.2001, *DJU* 1.7.2004, p. 195). Atualmente, em vista da limitação taxativa do art. 1.015 do CPC e da impossibilidade de cisão do processo para fins de apelação, a questão deverá ser enfrentada como preliminar de apelação, sem prejuízo de utilização de sucedâneos recursais.

13. Esta vedação decorre da própria redação do art. 203, § 4º, do CPC. O exame da petição inicial permite julgamento liminar de mérito e exige a leitura do juiz. Os atos autorizados mediante portaria judicial são apenas os ordinatórios, mas jamais os decisórios.

correção da peça para eliminar obscuridade quanto à narrativa da causa de pedir remota, eliminar a cumulação de pedidos incompatíveis ou, ainda, impedir o prosseguimento do feito quando presente litisconsórcio multitudinário – dentre outras possíveis correções. O prejuízo que pode ser gerado por essa negligência é considerável, pois não existe preclusão *pro judicato* para o exame dos pressupostos processuais e condições da ação.[14] Isto significa que um defeito que poderia ser identificado na fase inicial acabará por gerar uma sentença processual pelo art. 485, IV ou VI, após o transcurso de todo o procedimento comum ou especial, ou, no mínimo, até a fase de saneamento do processo.[15]

4.1.1 Hipóteses de indeferimento da inicial

O art. 330, I, do CPC determina que a petição inicial será indeferida quando for inepta. As causas de inépcia são explicitadas no § 1º: (a) *ausência da causa de pedir* ou *do pedido*; (b) *pedido formulado de modo genérico*; (c) *narração distorcida dos fatos*; e (d) *presença de pedidos incompatíveis*.

Como já esclarecido, a causa de pedir e o pedido são os elementos essenciais da petição inicial, nos termos do art. 319, III e IV, do CPC. A decisão judicial de mérito depende da narrativa da causa de pedir próxima e da remota, porque nosso sistema funda-se no *princípio da substanciação*. Não basta apenas a descrição dos fatos que dão origem à pretensão da tutela jurídica (causa de pedir remota), mas a descrição dos fundamentos jurídicos do pedido (causa de pedir próxima). Este dado é fundamental não apenas para o juiz, mas para que a parte contrária possa exercer o contraditório em plenitude. O réu tem o direito de saber exatamente sobre o que terá que formular defesa.

A necessidade do contraditório substancial está retratada pelo art. 10 do CPC, que proíbe a decisão surpresa (*Verbot der Überraschungsentescheidung*).[16] A petição inicial deve oferecer a causa

14. Sobre as espécies de preclusão, v. p t. I deste *Curso*, p. 809.

15. Muitos afirmarão que a correta propositura do pedido é ônus da parte e sobre ela recairá a consequência negativa da má utilização dos instrumentos processuais. Esta visão acaba por desconsiderar o escopo social do processo e o processo implícito de educação pelo adequado uso da jurisdição. Neste ponto o papel do juiz é essencial. Ainda pode ser agregado o escopo econômico. Sobre o ponto, v. ensaio de Dinamarco, *A Instrumentalidade do Processo*, 15ª ed., pp. 161 e ss.

16. Sobre a proibição da surpresa, v. o t. I deste *Curso*, p. 111. Embora o tema seja polêmico, a proibição também se aplica ao juiz quanto à incidência do princípio *iura novit curia*. Sobre a questão, v. *retro*, Capítulo I, item 3.5.1.9.

de pedir completa; e, percebendo sua deficiência, o juiz deverá intimar a parte para a correção (art. 321). O não atendimento ao pedido de emenda provoca a extinção do processo.

A ausência de pedido é rara como causa de extinção do processo. Sua importância não necessita de maior explanação. A sentença de mérito pronuncia-se sobre o pedido formulado pelo autor na petição inicial ou pelo réu em seu pedido contraposto ou demanda reconvencional. Sem pedido não existe pronúncia de procedência ou improcedência.

A omissão do autor pode referir-se tanto ao *pedido mediato* quanto ao *imediato*. O pedido mediato refere-se ao bem da vida requerido em juízo. Sem a especificação correta do bem não existe como a sentença se pronunciar pela procedência ou improcedência. A mesma advertência é válida em relação ao pedido imediato. É necessário que o autor especifique a tutela jurisdicional pretendida. Em determinadas situações abre-se a possibilidade de a tutela ressarcitória ser requerida pelo equivalente pecuniário (*risarcimento per equivalente*) ou mediante a concessão da tutela específica (*risarcimento in forma specifica*).[17] Dessa forma, caberá ao autor requerer a tutela jurisdicional condenatória quando pretender o ressarcimento pecuniário; ou, então, a tutela mandamental e executiva quando optar pela tutela específica.

Em algumas situações excepcionais admite-se a existência de pedido implícito, o que corresponde à possibilidade do pronunciamento judicial mesmo sem a existência de pedido expresso da parte. Algumas destas situações são autorizadas pela lei ou reconhecidas pela própria jurisprudência. Na ação de investigação de paternidade é lícito à parte requerer não só a declaração do estado de filiação, mas a condenação ao pagamento da verba alimentar. Se o pedido de verba alimentar for omisso na petição inicial, ainda assim o juiz deverá realizar sua fixação tratando-se de filhos incapazes, conforme o art. 7º da Lei 8.560/1992.[18] O mesmo se aplica em relação aos juros de mora e à correção monetária, que compõem o pedido mediato e podem ser concedidos mesmo sem pedido expresso.[19]

17. Paolo Zatti, *Corso di Diritto Civile*, 3ª ed., p. 549.

18. Lei 8.560/1992, art. 7º: "Sempre que na sentença de primeiro grau se reconhecer a paternidade, nela se fixarão os alimentos provisionais ou definitivos do reconhecido que deles necessite".

19. A jurisprudência do STJ orienta-se no sentido de que "os juros de mora e a correção monetária integram os chamados pedidos implícitos, de modo que a alteração ou modificação de seu termo inicial não configura julgamento *extra petita* ou *ultra petita* (...)" (STJ, 2ª Turma, AgInt no REsp 1.269.379-RJ, rela. Min. Assusete Magalhães, j. 15.5.2018, *DJe* 21.5.2018).

A inépcia também pode ser reconhecida quando o pedido for indeterminado. Toda petição inicial deve conter pedido determinado (art. 324). A determinação refere-se ao *an* e ao *quantum debeatur*, ou seja, quanto ao conteúdo do pedido e sua extensão. Para hipóteses residuais admite-se a indeterminação inicial, o que possibilita a formulação de pedido genérico, conforme o art. 324, § 1º, do CPC: (a) ações universais; (b) ações que dependam da investigação quanto aos efeitos do ato ou fato ilícito; e (c) ações em que a especificação do objeto dependa da colaboração do réu.

Em ações universais, como nas ações de inventário, a formulação do pedido genérico é plenamente possível, uma vez que a partilha do quinhão hereditário dependerá do pagamento das dívidas e do reconhecimento dos negócios jurídicos consumados em vida pelo *de cujus*. É possível que o passivo consuma todo o ativo e que o inventário tenha resultado negativo.[20]

Admite-se o pedido genérico quando o reconhecimento do ato ou fato ilícito não permita a formulação de pedido determinado de condenação. O autor afirma a existência do ato ou fato (*an debeatur*) mas desconhece a extensão dos danos sofridos, que dependerão de prova pericial a ser produzida na instrução do processo (*quantum debeatur*) e que poderá até depender de futura liquidação por arbitramento (art. 509, I). Em ações de indenização oriundas de acidentes de veículos terrestres o fato é comum, uma vez que a extensão dos danos materiais provocados na vítima poderá depender de inúmeras cirurgias e do quadro de evolução do tratamento.

O pedido ainda poderá ser genérico e sem caracterizar inépcia da inicial quando o réu deva colaborar para a especificação do objeto. Na ação de exigir contas o pedido genérico não é permitido quando se tratar de exame da conta-corrente, pois o titular tem o dever de especificar o período e os lançamentos que entende como incorretos, pois tem o controle sobre a referida movimentação.[21] Por sua vez, tratando-se de prestação de contas contra o inventariante o pedido genérico há de ser admitido, pois aqui o herdeiro não tem controle sobre todos os atos da inventariança durante o período em que o inventariante realizou a movimentação

20. Sobre a ação de inventário e arrolamento, consulte-se o t. III deste *Curso*, p. 223.

21. "De acordo com a jurisprudência desta Corte, o correntista possui interesse processual para exigir a prestação de contas, sendo imprescindível que aponte concreta e fundamentadamente as irregularidades detectadas, não bastando a mera referência genérica a respeito" (STJ, 3ª Turma, AgInt no REsp 1.680.049-SP, rel. Min. Moura Ribeiro, j. 6.3.2018, *DJe* 12.3.2018).

das contas, realizou pagamentos e utilizou alvarás para levantamento ou venda de bens.[22]

A petição inicial poderá ser declarada inepta quando configurada a incongruência lógica entre a causa de pedir e o pedido. Sob o ponto de vista lógico, a petição retrata um silogismo, ou seja, premissas fáticas e jurídicas (causa de pedir) que geram uma conclusão sobre o motivo da postulação (pedido). Este defeito tem se tornado comum pelo crescimento das demandas repetitivas. O aproveitamento e a colagem de textos e a falta de cuidado e esmero na redação da postulação provocam o surgimento de petições teratológicas. É necessário que se conceda prazo para que a parte possa corrigir a incongruência; mas se o defeito não for corrigido não existe outra solução além da extinção pelo art. 485, I, do CPC.[23]

Não há que se falar em inépcia da petição inicial quando o juiz realizar a adaptação do pedido ao procedimento correto, pela ausência de prejuízo ao transcurso da relação processual. Isto era muito comum perante o Código de Processo Civil/1973 nas situações de ajuizamento de pedidos pelo procedimento comum ao invés do sumário, e vice-versa. Aplicam-se o *princípio da máxima aproveitabilidade da petição inicial* e o *princípio da ausência de prejuízo* (*pas de nullité sans grief*).[24]

A petição inicial ainda poderá ser considerada inepta pela presença de pedidos incompatíveis. A incompatibilidade deve ser cuidadosamente analisada. A possibilidade de flexibilização procedimental inserida expressamente no art. 327, § 2º, do CPC permite um olhar diferenciado sobre a cumulação de pedidos. É possível que pedidos aparentemente incompatíveis possam sobreviver ao mesmo procedimento – o que pode ser exemplificado pela possibilidade de cumulação da execução da verba alimentar pelo rito da prisão (art. 528 do CPC) com a execução de verbas pretéritas para o cumprimento de sentença por quantia certa (art. 523 do CPC).

22. Cf.: STJ, AREsp 1.099.772-RS (2017/0108830-2), rel. Min. Luís Felipe Salomão, j. 7.6.2017.

23. "Ação rescisória foi julgada inepta, mesmo após a abertura de prazo para complementação das razões da parte autora, porque, na petição de complementação, ela traz razões dissociadas dos autos e da decisão recorrida" (STJ, 1ª Seção, Pet na AR 5.860-DF, rel. Min. Francisco Falcão, j. 23.8.2017, *DJe* 28.8.2017).

24. O STJ já reconheceu que o pedido de execução formulado erroneamente mas que foi alvo de correção pelo juiz não permite posterior indeferimento da inicial: "A petição inicial não é inepta quando a parte autora ajuíza a ação sob a denominação de 'execução' e o juízo determina seu processamento pelo rito ordinário – Ausência de prejuízo" (STJ, 3ª Turma, REsp 1.705.970-RS, rela. Min. Nancy Andrighi, j. 20.3.2018, *DJe* 26.3.2018).

4.1.2 Extinção pelo abandono do processo pelas partes

O abandono injustificado do processo, por ambas as partes, por período superior a um ano consiste em causa de extinção do processo. A inércia injustificada não permite que a relação processual fique paralisada, sem a prática dos atos processuais necessários para a movimentação dos autos.

É certo que o processo possui escopo social e o juiz deve evitar pronunciamentos que não examinem o mérito; contudo, o prolongamento indefinido de lide sobre a qual as partes não tenham mais interesse torna importante a solução do art. 485, II, do CPC. A extinção põe em relevo a importância da colaboração das partes para o sucesso da marcha processual. O impulso oficial não permite que o juiz possa movimentar o processo sem a participação das partes, o que fugiria da diretriz estabelecida pelo art. 2º do CPC. A iniciativa das partes é essencial para o nascimento da relação processual, a qual se desenvolve por impulso do juiz; mas isto não significa que o juiz possa praticar os atos dialéticos que são essenciais para a prolação da sentença de mérito.

A incidência do dispositivo não é comum, pois a extinção pelo abandono bilateral da relação processual exige que o processo fique paralisado por mais de um ano, sem qualquer movimentação de nenhuma das partes, inclusive de eventuais terceiros interessados, como o assistente. A práxis revela que o dispositivo tem aplicação quando as partes entabulam solução amigável e resolvem abandonar o processo sem comunicação do acordo e sem formular pedido de homologação judicial. O fato geralmente acontece após o período de suspensão convencional requerido pelas partes (art. 313, II), momento em que o juiz as intima para manifestação quanto à continuidade da relação processual.

A sentença de extinção exige a intimação prévia das partes, cuja ausência impede a decretação da extinção, nos termos do art. 485, § 1º, do CPC. Ambas as partes, autor e réu, têm o direito de ser intimadas por carta, mandado ou por meio eletrônico para que tomem ciência da inércia dos procuradores. O prazo concedido para as providências de movimentação será de 5 dias, e sofreu sensível aumento em relação ao Código de Processo Civil/1973, que determinava 48 horas.[25]

25. Inclusive por edital, pois o STJ reconhece a impossibilidade de presunção tácita: "Se a intimação pessoal do autor for frustrada por falta de endereço correto, deve-se proceder à intimação por edital. Somente após, se o autor permanecer silente, é que poderá ser extinto o processo sem resolução do mérito, por abandono de causa. 3. A *ratio* do legislador em determinar a intimação pessoal do autor parece estar atrelada ao fato de o abandono da causa, muitas vezes, decorrer de deficiente atuação de

A necessidade de intimação pessoal revela que será vedado ao juiz decretar a extinção *ex officio*. A norma do art. 485, § 1º, do CPC reconhece que o conceito de parte processual é composto, pois a capacidade processual e a postulatória são diferenciadas pelo legislador com o objetivo de que a parte material não seja surpreendida. Há uma ligação estreita com o art. 10 do CPC.[26]

4.1.2.1 *Extinção pelo abandono do autor e a Súmula STJ-240*

O art. 485, III, do CPC põe em relevo a importância do princípio dispositivo e a necessidade de diligência do autor da demanda tanto na fase cognitiva como na fase executiva. O objetivo do dispositivo é o mesmo revelado pelo inciso anterior. A paralisação imotivada da demanda é perniciosa, e cabe ao autor cumprir com seu dever de movimentação quando intimado. Há uma diferença sensível quanto ao limite temporal da inércia. O art. 485, III, exige o transcurso de 30 dias sem as providências necessárias para a movimentação dos autos. Esta paralisação será contada a partir da intimação válida. A inércia em decorrência dos atos da escrivania ou da secretaria judicial não pode ser imputada ao autor.

O abandono pelo autor merece análise aprofundada, pela existência do verbete 240 do STJ: "A extinção do processo, por abandono da causa pelo autor, depende de requerimento do réu". A leitura da Súmula em muitas situações provocou decisões equivocadas em primeiro e segundo graus de jurisdição. Seu conteúdo demonstra a dificuldade na formação

seu advogado, que, em descompasso com os interesses da parte e sem que esta saiba, deixa de promover atos processuais, embora seja quem possua a capacidade postulatória, inclusive a referente ao dever de atualização nos autos do endereço, na forma exigida pela legislação processual (arts. 106 e 274 do CPC de 2015; arts. 39 e 238 do CPC de 1973). Devem, por isso, ser esgotados os meios legais para a comunicação do autor (e não do advogado) para que manifeste interesse ou não no prosseguimento da demanda, sendo o silêncio entendido como ausência deste (AgInt nos EDcl no REsp 1.703.824-PR, rel. Min. Raul Araújo, 4ª T., j. 13.8.2019, *DJe* 27.8.2019).

26. Neste sentido: "Nos casos que ensejam a extinção do processo sem julgamento do mérito, por negligência das partes ou por abandono da causa (art. 267, incisos II e III, do CPC), o indigitado normativo, em seu § 1º [*CPC/1973 – v. art. 485, II e III, e § 1º, do CPC/2015*], determina que a intimação pessoal ocorra na pessoa do autor, a fim de que a parte não seja surpreendida pela desídia do advogado (AgR no AREsp n. 24.553-MG, rel. Min. Humberto Martins, 2ª Turma, j. 20.10.2011, *DJe* 27.10.2011). 2. O Tribunal de origem informa que houve a regular intimação pessoal da parte autora, que se manteve inerte, e a adoção de entendimento diverso por este Tribunal quanto ao ponto demandaria reexame probatório, o que é vedado, a teor da Súmula n. 7/STJ. 3. Agravo regimental improvido" (STJ, 3ª Turma, AgR no AREsp 339.302-RS, rel. Min. Sidnei Beneti, j. 20.8.2013, *DJe* 5.9.2013).

de precedentes dentro do sistema jurídico. A interpretação literal do verbete levaria ao absurdo de impedir a decretação *ex officio* da extinção quando o réu ainda não tenha sido citado ou, mesmo, quando tenha sido revel na fase conhecimento ou silente na execução, ante a não oposição de impugnação ou embargos.

O abandono não dependerá de pedido expresso da parte contrária quando a relação processual é linear.[27] Parece óbvio o motivo; afinal, se o réu ainda não foi citado para o processo de conhecimento ou de execução, inexiste possibilidade de aplicação do verbete. O juiz poderá decretar *ex officio* a extinção, desde que observada a intimação real ou ficta da parte, com o fim de que possa suprir a deficiência no prazo de cinco dias.

A Súmula STJ-240 também não deverá encontrar aplicação quando, apesar de a relação processual ter sido angularizada, o réu tenha optado pelo silêncio e não tenha oferecido defesa (art. 485, § 6º, do CPC). A revelia do réu na fase conhecimento ou na fase de execução não deve impedir que o juiz possa decretar a extinção do processo *ex officio* sempre que a relação processual não puder ser impulsionada sem o requerimento do autor ou do exequente.[28]

Quando a relação processual está angularizada e com participação do réu ou do executado, a extinção dependerá de pedido formulado pelo réu no processo.[29] Isto significa que o réu deverá ser naturalmente provocado,

27. "Verificando que o autor abandonou a causa por mais de 30 dias, permanecendo inerte após ter sido devidamente intimado, o juiz ordenará o arquivamento dos autos, declarando a extinção do processo, nos termos do art. 267, III, e § 1º, do CPC [*CPC/1973 – v. art. 485, III, e § 1º, do CPC/2015*]. 2. É inaplicável, na presente hipótese, a Súmula n. 240 desta Corte, uma vez que não foi instaurada a relação processual, diante da ausência de citação do réu (...)" (STJ, 4ª Turma, AgInt no AREsp 963.224-RS, rela. Min. Maria Isabel Gallotti, j. 4.5.2017, *DJe* 9.5.2017).

28. "É necessário o requerimento do executado para a extinção da execução somente nos casos em que a execução é embargada" (STJ, 3ª Turma, AgR no REsp 1.495.046-MG, rel. Min. Marco Aurélio Bellizze, j. 1.9.2016, *DJe* 12.9.2016).

29. "O STJ, no que tange à norma do art. 267, III, do CPC [*CPC/1973 – v. art. 485, III, do CPC/2015*], firmou-se no sentido de que não é dado ao juiz extinguir o processo de ofício, sendo imprescindível o requerimento do réu, dado ser inadmissível presumir-se desinteresse do réu no prosseguimento e solução da causa – Enunciado da Súmula n. 240/STJ: 'A extinção do processo, por abandono da causa pelo autor, depende de requerimento do réu' (STJ, AgR no REsp n. 1.494.799-AL, rel. Min. Herman Benjamin, 2ª Turma, j. 10.2.2015, *DJe* 20.3.2015). Ainda: 'Não se faculta ao juiz, na hipótese do inciso III do art. 267 do CPC, extinguir o processo de ofício, sendo imprescindível o requerimento do réu – Inadmissível presumir-se desinteresse do réu no prosseguimento e solução da causa' (REsp n. 168.036-SP, rel. Min. Sálvio de Figueiredo Teixeira, 4ª Turma, j. 5.8.1999, *DJU* 13.9.1999. p. 69). II – Mostra-se inviável a extinção do processo por iniciativa oficial em se tratando de abandono da

mas seu pedido de extinção necessita ser cuidadosamente analisado pelo juiz, pois em algumas situações não será admissível.

A intimação do autor deve ser providenciada para que seja garantida a efetiva oportunidade de movimentação do processo; contudo, desnecessária a intimação por edital. A intimação por edital, reconhecida como legítima pelo STJ,[30] atenta, nesta hipótese, contra os postulados da cooperação e da boa-fé. A parte autora tem o dever de indicar precisamente ao juízo o local de seu domicílio, inclusive em caso de mudança ou afastamento. No mínimo, esta informação deve ser de conhecimento do seu patrono. O desaparecimento da parte autora para fins de cumprimento do art. 485, § 2º, do CPC não justifica a forma editalícia, especialmente quando conste expressamente o endereço da parte na petição e não exista comunicação de sua alteração.[31]

Deve ser lembrado que a intimação pessoal e obrigatória prevista pelo art. 485, § 1º, do CPC refere-se à parte, e não ao seu patrono. Equivocada a exigência de dupla intimação pessoal (parte e patrono). A oportunidade conferida pelo dispositivo diz respeito apenas à parte, pois somente ela pode ser surpreendida. O advogado não será surpreendido, porque já terá sido intimado previamente à parte e será intimado do despacho que determinou a intimação real da parte para as providências necessárias no quinquídio legal.[32]

causa, devendo a desídia do autor ser apenada com a preclusão do ato processual que pretendia praticar" (STJ, 4ª Turma, REsp 203.836-PR, rel. Min. Luís Felipe Salomão, j. 20.11.2008, *DJe* 15.12.2008).

30. Como já ilustrado anteriormente, o STJ entende que não existe a presunção ficta de abandono: "(...). A extinção do processo por abandono da causa pelo autor pressupõe a sua intimação pessoal, que, se for frustrada por falta de endereço correto, deve se perfectibilizar por edital – Precedentes – Recurso especial provido" (STJ, 3ª Turma, REsp 1.596.446-SC, rel. Min. Ricardo Villas Bôas Cueva, j. 14.6.2016, *DJe* 20.6.2016).

31. Neste sentido: "Na hipótese de mudança de endereço pelo autor que abandona a causa, é lícito ao juízo promover a extinção do processo após o envio de correspondência ao endereço que fora declinado nos autos (...)" (STJ, 3ª Turma, REsp 1.299.609-RJ, rela. Min. Nancy Andrighi, j. 16.8.2012, *DJe* 28.8.2012); "A jurisprudência do STJ tem entendimento de que é lícita a extinção do processo quando a intimação do autor for encaminhada ao endereço informado na inicial e seja devidamente comprovado o recebimento do comunicado" (STJ, 3ª Turma, AgInt no AREsp 970.601-PR, rel. Min. Marco Aurélio Bellizze, j. 6.10.2016, *DJe* 20.10.2016).

32. "A jurisprudência do STJ firmou-se no sentido de que 'é obrigatória a intimação do autor, nos casos de abandono da causa, e não de seu advogado, para que não ocorra de a parte ser surpreendida pela desídia de seu procurador (...)' – Agravo regimental não provido" (STJ, 2ª Turma, AgR no AREsp 785.799-RJ, rel. Min. Mauro Campbell Marques, j. 5.11.2015, *DJe* 13.11.2015).

4.1.2.2 *Interpretação restritiva do pedido de extinção*

O pedido do réu para extinguir o processo pelo abandono do autor deve ser alvo de controle rigoroso por parte do juiz. A primazia da decisão de mérito deverá nortear o juiz em sua decisão. A contumácia do autor sobre especificação de provas ou ausência de depósito dos honorários de perícia jamais poderá provocar a extinção da relação processual, mas apenas a preclusão da produção da prova. A demanda será julgada sem a prova que caberia ao autor produzir e com os reflexos do ônus processual não observado.

Em situações especiais, mesmo quando o contraditório tenha sido estabelecido com a participação do réu, a extinção pelo abandono poderá ser a única solução, como na hipótese de falecimento do réu. Não sendo propiciada a habilitação dos herdeiros, o abandono do art. 485, III, do CPC será fundamentado em conjunto com o disposto no art. 313, § 2º, I, do CPC.

Algumas demandas reclamam exame restritivo quanto à possibilidade extinção, como a ação de restauração de autos ou o processo de inventário. No entanto, o STJ reconhece a possibilidade do abandono e extinção quando não existem elementos que permitam reconstruir os autos, ante a necessidade de alimentação documental e movimentação dos autos pela parte interessada.[33] No processo de inventário ainda permanece o entendimento de que prevalece o interesse público nesta modalidade de demanda.[34] Em que pese à importância do procedimento para a reorganização patrimonial dos sucessores, parece-nos que para as demandas em que inexiste participação de incapazes ou do Fisco a extinção pelo abandono não configura hipótese a ser descartada desde a Lei 11.441/2007, que retirou os processos de arrolamento, separação e

33. "Este STJ possui entendimento de ser possível o reconhecimento do abandono da causa, com a consequente extinção do processo sem julgamento do mérito, quando a Fazenda Pública, apesar de devidamente intimada, não promove a restauração dos autos (...)" (STJ, 2ª Turma, Pet no REsp 1.411.189-RJ, rel. Min. Og Fernandes, j. 27.2.2018, *DJe* 8.3.2018).

34. Neste sentido: "Inventário – Extinção – Impossibilidade – Interesse público – Remoção do inventariante – Credor de herdeiro. 1. A inércia do inventariante enseja sua remoção (art. 995, II, do CPC) [*CPC/1973 – v. art. 622, II, do CPC/2015*] ou o arquivamento dos autos. É imprópria a extinção do feito sem julgamento do mérito, nos termos do art. 267, II, do CPC [*CPC/1973 – v. art. 485, II, do CPC/2015*], já que o inventário é de interesse público, guardando peculiaridades próprias que não se coadunam com a norma em questão. 2. Recurso especial conhecido e provido" (STJ, 3ª Turma, REsp 1.537.879-PR, rel. Min. João Otávio de Noronha, j. 26.4.2016, *DJe* 6.5.2016).

divórcio da categoria de processos necessários, em que o interesse de agir se considerava *in re ipsa*. É muito comum as partes ingressarem pela via judicial e abandonarem o feito pela realização superveniente de escritura pública amigável de arrolamento.[35]

4.1.2.3 *Pagamento das despesas processuais*

As despesas processuais devem ser antecipadas pelo autor no momento do ajuizamento da ação, reconvenção ou embargos, conforme o regimento de custas competente. Quando a parte não é beneficiária da justiça gratuita não existe a possibilidade de ajuizamento do pedido sem o preparo inicial. O art. 257 do CPC/1973 determinava o preparo no prazo de 30 dias, sob pena de cancelamento da distribuição.[36] A regra atual foi aperfeiçoada em dois pontos, o que se comprova pela leitura do art. 290 do CPC: "Será cancelada a distribuição do feito se a parte, intimada na pessoa de seu advogado, não realizar o pagamento das custas e despesas de ingresso em 15 (quinze) dias".

Primeiro, o dispositivo tornou expressa a necessidade de intimação do advogado para fins de realizar o pagamento ou a complementação das custas. A extinção não pode prescindir do ato de intimação. Segundo, o prazo para o pagamento das custas iniciais caiu de 30 para 15 dias.

A jurisprudência do STJ já interpretava o dispositivo de modo isolado e não exigia a intimação da parte, nos termos do art. 485, § 1º, do atual CPC, seja para a fase de cognição[37] ou a de execução.[38] Esta orientação não sofreria modificação perante a redação do art. 290 do CPC/2015;

35. V. caso prático de extinção por ausência superveniente de interesse de agir: "Agravo regimental no agravo em recurso especial – Ação de habilitação de crédito – Extinção do processo principal de arrolamento em razão de inventário extrajudicial – Carência da ação (...)" (STJ, 3ª Turma, AgR no AREsp 194.509-MA, rel. Min. Paulo de Tarso Sanseverino, j. 10.2.2015, *DJe* 18.2.2015).

36. CPC/1973: "Art. 257. Será cancelada a distribuição do feito que, em 30 (trinta) dias, não for preparado no cartório em que deu entrada".

37. "Decorrido o prazo de 30 dias sem o recolhimento das respectivas custas, o juiz deve determinar o cancelamento da distribuição da reconvenção, sendo desnecessária a intimação da parte (art. 257 do CPC) [*CPC/1973 – v. art. 290 do CPC/2015*] – Agravo regimental desprovido" (STJ, 3ª Turma, AgR no AREsp 404.161-MG, rel. Min. João Otávio de Noronha, j. 18.9.2014, *DJe* 25.9.2014).

38. "Quem opõe embargos do devedor deve providenciar o pagamento das custas em 30 dias; decorrido esse prazo, o juiz deve determinar o cancelamento da distribuição do processo e o arquivamento dos respectivos autos, independentemente de intimação pessoal – Embargos de divergência providos" (STJ, Corte Especial, EREsp 495.276-RJ, rel. Min. Ari Pargendler, j. 4.6.2008, *DJe* 30.6.2008).

contudo, de acordo com o que já defendemos no t. I deste *Curso*, nada impede que a parte seja intimada, pois a desídia poderá decorrer de seu patrono.[39] A intimação pessoal contribuiu para a efetividade e o nascimento da relação processual e o atendimento ao princípio da primazia da decisão de mérito.

Pela leitura anterior do STJ somente em situações excepcionais a intimação da parte seria possível, como na exigência de remessa prévia ao contador judicial para o cálculo das custas.[40] Seria importante uma revisão neste entendimento.

Outro ponto importante refere-se ao pagamento das custas e dos honorários advocatícios, nos termos do art. 485, § 2º, do CPC. O abandono do processo poderá gerar a condenação do autor nas custas ou em custas e honorários advocatícios. A imputação das despesas processuais quando a relação processual ainda é linear decorre do *princípio da causalidade*. Não cumprindo com seu dever processual de antecipar as despesas para permitir a formação da relação processual, a extinção será determinada, sem a necessidade de manifestação da parte contrária, que sequer foi citada. Na hipótese de a relação processual ter sido angularizada e com oferecimento de contestação (art. 485, § 6º), a participação do réu será essencial para a formulação do pedido de extinção (Súmula STJ-240) e a fixação das despesas do processo ocorrerá pela aplicação do *princípio da sucumbência*.

A quitação das despesas processuais é condição objetiva para permitir novo ajuizamento da demanda, conforme dispõe o art. 486, § 2º, do CPC. O controle deve ser realizado pelo distribuidor, sem prejuízo de que o fato possa ser suscitado como preliminar de contestação. Por óbvio, a exigência poderá estar suspensa pela aplicação do art. 98, § 3º, do CPC quando a parte for beneficiária da assistência judiciária.

4.1.2.4 *A interrupção da prescrição e a sentença processual*

Existe importante discussão sobre os efeitos provocados pela sentença terminativa quanto à prescrição, e que envolvem diretamente os incisos II e III do art. 485 do CPC.[41]

39. V. t. I deste *Curso de Processo Civil*, p. 926.

40. Neste sentido: "A regra geral do art. 257 do CPC [*CPC/1973 – v. art. 290 do CPC/2015*] comporta exceção, como na hipótese de depender da contadoria do juízo o cálculo das custas" (STJ, 2ª Turma, REsp 1.132.771-AM, rela. Min. Eliana Calmon, j. 1.10.2009, *DJe* 14.10.2009).

41. V. nossos comentários anteriores no t. I deste *Curso*, pp. 906 e ss.

A sentença de extinção proferida com fundamento no art. 485 do CPC revela comando declaratório negativo. Este dado leva à necessidade de investigação sobre os efeitos provocados pela citação consumada no processo. O art. 240, § 1º, do CPC modificou a regra que imperava no art. 219 do CPC/1973. A citação acaba por interromper a prescrição a partir do despacho que a ordena e condicionada aos atos materiais de sua efetivação. Ocorre que a sentença terminativa corresponde, como já aludido, a um comando declaratório negativo, ou seja, declara-se que a relação processual inexiste pela sua defecção.

A questão sobre os efeitos materiais da prescrição no processo resolvido sem análise do mérito revela uma confluência importante entre o direito material e o processual. O processo não pode ser utilizado como meio de abuso e para violar a boa-fé na utilização indevida da relação processual (art. 5º do CPC).

A questão ora retratada remete ao art. 175 do CC/1916, que expressamente determinava a não interrupção da prescrição quando se configurasse hipótese de absolvição de instância, ou seja, decisão terminativa. O desfazimento dos efeitos da interrupção da prescrição extintiva ou aquisitiva revela situação de equidade.

Um exemplo poderá demonstrar sua relevância e a impossibilidade que o fato seja analisado apenas sob a ótica processual. Imagine-se um lindeiro que, tomando conhecimento do período de prescrição aquisitiva (usucapião) que será consumado pelo outro vizinho que ocupa um terreno em que ambos são confrontantes, ajuíza ação possessória apenas com o intuito de interromper a posse mansa e pacífica do usucapiente. Este exemplo revelaria uma forma de legitimar o uso abusivo do direito de ação, apenas para provocar a interrupção da prescrição aquisitiva. A demonstração da ausência de condições da ação pela ilegitimidade e falta de interesse deveria desfazer os efeitos da interrupção da prescrição.

Acontece que o STJ formulou posicionamento em repetitivo que a sentença de extinção somente tem o condão de desfazer os efeitos da citação válida quando o fundamento da decisão esteja alicerçado no art. 485, II ou III, do CPC. Este entendimento recepciona parcialmente a redação do art. 175 do CC/1916, que determinava a não interrupção da prescrição quando o processo contivesse vício de forma, por citação circunducta ou por perempção da instância ou da ação.[42] O STJ acabou agasalhando apenas a tese da perempção que é marcada pela inércia das partes.[43]

42. V. nosso *Curso de Processo Civil*, t. I, p. 906.

43. "A citação válida leva à interrupção da prescrição, mesmo nas hipóteses em que a causa é extinta sem resolução do mérito, ressalvadas apenas as hipóteses

4.1.3 Resolução do processo em face de pressupostos processuais negativos

Não se considera a possibilidade de análise do mérito do processo quando presentes fatos jurídicos processuais impeditivos. Nosso sistema exige o atendimento aos pressupostos processuais positivos e negativos.[44] O objeto litigioso do processo somente poderá ser examinado se ultrapassado o exame prévio das condições estruturais da relação processual, o que é atestado pelo exame dos pressupostos processuais. Como já delineado *supra*, a importância dos pressupostos processuais para o nascimento do processo civil é incomensurável. Embora o processo constituísse uma realidade indiscutível, sob o viés prático, desde o Direito Romano, sua sistematização e sua identificação quanto aos pressupostos de diferenciação do direito material somente alcançariam densidade científica no século XIX.[45] Os pressupostos conferiram identidade ao processo civil e permitem a depuração da relação processual para que o juiz possa cumprir com o objetivo maior que é a entrega da prestação jurisdicional por meio de sentença de mérito (art. 487 do CPC).

Houve por bem o legislador separar os pressupostos positivos dos negativos (art. 485, IV e V, do CPC), para frisar a importância do exame da matéria. Esta separação faz parte da tradição da nossa legislação (art. 267, IV e V, do CPC/1973). Os pressupostos negativos caracterizam-se pela proibição de sua constatação na relação processual. Eles não devem estar presentes, e configuram causa de extinção da demanda sem análise do mérito. O maior rigor quanto ao exame isolado de sua incidência também pode ser explicado pela impossibilidade de convalidação destes vícios que afetam a relação processual pela utilização excepcional da ação rescisória na hipótese do art. 485, V, do CPC.[46] O que chama a

do art. 267, II e III, do CPC [*CPC/1973 – v. art. 485, II e III, do CPC/2015*], quais sejam, negligência das partes e abandono de causa. O que não se verificou na espécie. A análise da divisão das despesas processuais e honorários diante da sucumbência recíproca enseja reanálise de provas, conforme precedentes desta Corte (AgR no AREsp n. 681.619-RJ) – Agravo regimental improvido" (STJ, 2ª Turma, AgR no AREsp 726.379-MA, rel. Min. Humberto Martins, j. 15.9.2015, *DJe* 23.9.2015).

44. O exame analítico dos pressupostos processuais e seu desenvolvimento foi realizado no t. I deste *Curso*, p. 389.

45. Oskar von Bülow, *Die Lehre von den Prozesseirenden und die Prozessvoraussetzungen*. Sobre a evolução e a discussão sobre as teorias da relação processual: Köhler, *Der Prozeß als Rechtsverhältnis*, § 2º, pp. 6 e ss.

46. O que abranda, de certo modo, o rigor da perempção e das demais hipóteses. V. o interessante julgado, ainda com referência ao art. 268 do CPC/1973: "À luz do disposto no art. 268 do CPC [*v. art. 486 e § 2º do CPC/2015*], admite esta Corte o

atenção quanto à leitura do art. 485, V, é a necessidade de exame atento quanto aos elementos formadores de cada uma das hipóteses de extinção: (a) perempção; (b) litispendência; e (c) coisa julgada.

A perempção consiste em uma reminiscência histórica do processo civil e com aplicação prática nula.[47] A perempção não foi recepcionada de modo uniforme pela legislação moderna.[48]

Como ilustra Emilio Betti, na era romana a perempção foi retratada como inércia máxima da parte para finalizar o procedimento no período formulário, conforme uma *Lex Julia* que estabelecia prazo máximo de 18 meses para o término da instância.[49]

A perempção acabou sendo mantida no CPC/2015, conforme o art. 486, § 3º: "Se o autor der causa, por 3 (três) vezes, a sentença fundada em abandono da causa, não poderá propor nova ação contra o réu com o mesmo objeto, ficando-lhe ressalvada, entretanto, a possibilidade de alegar em defesa o seu direito".

O que se observa é que nosso sistema conferiu tratamento próprio à perempção, pois, apesar de reconhecer que sua aplicação decorre da inatividade da parte autora, não a equiparou a uma forma de abandono do processo ou a uma causa de decadência ou de prescrição da instância. O Direito estrangeiro confere tratamento variado, que a aproxima da prescrição intercorrente.[50]

Na remota hipótese de configuração da perempção, a parte perderá apenas a faculdade de ingressar com nova demanda, desde que o abandono reste configurado nas três demandas e tenham a mesma causa de pedir e o mesmo pedido. Ainda assim, a parte não será tolhida de opor defesa (art. 190 do CC). O direito de defesa quanto ao mérito (*ius excepcionis*) é expressamente garantido pela parte final do art. 486, § 3º.

A litispendência configura a segunda previsão do art. 485, V, do CPC. Sua configuração dependerá da identidade das ações (*tria eadem*).

cabimento da ação rescisória nas hipóteses em que o juiz acolhe a alegação de perempção, de litispendência ou de coisa julgada (...)" (STJ, 3ª Seção, AgR na AR 4.222-BA, rel. Min. Rogério Schietti Cruz, j. 22.10.2014, *DJe* 28.10.2014).

47. A análise da jurisprudência do STJ mostra apenas um caso com enfrentamento do tema: "Agravo regimental – Indeferimento de inicial – Perempção do art. 268, § 1º, do CPC [*CPC/1973 – v. art. 486, § 3º, do CPC/2015*]. A inércia dos agravantes determinou o indeferimento da inicial – Agravo improvido" (STJ, 1ª Turma, AgR no Ag 387.241-SP, rel. Min. Garcia Vieira, j. 6.12.2001, *DJU* 11.3.2002, p. 209).

48. Pio Ciprotti, "Perenzione", in *Enciclopedia del Diritto*, vol. XXXIII, pp. 1-2.

49. Betti, *Diritto Processuale Civile Italiano*, p. 533.

50. Idem, pp. 534-535.

A pendência de duas ou mais ações idênticas exige que somente uma delas persista. A extinção em relação às demais causas preservará a unidade do pronunciado jurisdicional.[51]

O Código de Processo Civil não estabelece um conceito de *litispendência*. O art. 240 estabelece que a citação será o marco para a indução da litispendência. Com a formação regular da relação processual, duas ou mais causas pendentes podem ser objeto de análise para fins de extinção pelo art. 485, V, do CPC.[52]

A litispendência configura-se quando há identidade total entre as *partes*, a *causa de pedir* e o *objeto da demanda*. O CPC contribuiu para a definição de sua estrutura, como pode ser intuído da redação do art. 337, § 2º: "Uma ação é idêntica a outra quando possui as mesmas partes, a mesma causa de pedir e o mesmo pedido". A definição está alocada no capítulo da resposta do réu, o que demonstra a preocupação do legislador em permitir que o ponto possa ser suscitado como preliminar de contestação. É certo que o juiz poderá conhecer de ofício da matéria, mas o maior controle sobre a litispendência será da parte que já está respondendo a outro processo idêntico.

A litispendência pode ser total ou parcial. O tema da litispendência parcial não é muito explorado, mas quando existem demandas sujeitas ao regime da continência será possível a extinção de uma das ações por absorção. Suponha-se a existência de duas causas ajuizadas, sendo a primeira a causa continente e a segunda a causa contida. A primeira abrange pedido de danos materiais e morais pela prática de ato ilícito. A segunda refere-se a pedido de danos exclusivamente materiais. Ambas as ações dependerão de liquidação de sentença.

Não há dúvida de que a causa maior, denominada de "continente", permitirá a extinção da segunda, uma vez que o pedido formulado pela causa menor, denominada de "contida", já encontra acomodação na primeira demanda. A economia processual permite o reconhecimento de hipótese de litispendência parcial, pois a identidade não é total. As partes e a causa de pedir serão idênticas, mas o pedido de uma engloba a outra. A configuração da litispendência parcial depende do ajuizamento prévio da causa continente.

A litispendência não impede que a parte possa propor nova ação, desde que cessada a causa de extinção. Neste sentido deve ser lida a orientação do art. 486, § 1º, pela necessidade de correção do vício que gerou a extinção do processo.

51. Musielak, *Grundkurs ZPO*, cit., 9ª ed., § 3º, p. 81.

52. Tratamos do ponto no t. I deste *Curso*, p. 401.

A litispendência pode ser conhecida *ex officio* pelo juiz, uma vez que corresponde a matéria de ordem pública, conforme autorização conferida pelo art. 485, § 3º, do CPC. Se o fato trazido a lume pela parte contrária após a contestação é importante, que seja aberto o contraditório para fins do art. 10 do CPC. A litispendência, conforme já decidido, não é causa de suspensão do processo, mas de extinção. Verificada a existência de ações idênticas, ainda que sob procedimentos diversos (*e.g.*: embargos e ação anulatória), a solução será a extinção da causa mais nova.[53]

Não será hipótese de litispendência quando ausente a identidade total entre os elementos da ação. O exemplo fornecido no tópico anterior poderia ser motivo de objeção a esta afirmação. Voltando ao exemplo analisado pelo STJ, em que houve declaração de litispendência entre a ação anulatória e os embargos, existiria pedido imediato diverso entre a ação anulatória e os embargos, tornando incorreta a declaração de litispendência? A resposta deve ser negativa. Não há dúvida de que há diversidade entre a causa de pedir remota e a próxima ou entre o pedido mediato e o imediato. Inexiste, a princípio, diferença entre o pedido de tutela jurisdicional requerido em uma ação anulatória e em uma ação de embargos. Ambas visam à desconstituição do título executivo ou dos atos executivos. O *nomen iuris* da ação é insuficiente para caracterizar a diversidade de pedido ou causa de pedir. A substanciação exigida pelo art. 319, III e IV, do CPC não se apega ao nome da ação, pois se abandonou, há muito tempo, o princípio do nominalismo que informou o processo formulário romano.[54]

A coisa julgada também encontra acomodação como pressuposto processual negativo. Enquanto a litispendência trabalha com ações pendentes e concomitantes, a coisa julgada pressupõe a *distantia temporis* entre duas ações. O art. 337, § 4º, do CPC procura demonstrar a eficácia dinâmica da coisa julgada no processo: "Há coisa julgada quando se repete ação que já foi decidida por decisão transitada em jugado".

Para fins de resolução do processo somente é possível falar em coisa julgada material como meio de efetiva estabilização da demanda. A coisa julgada formal, que é a base dos processos que são resolvidos sem a análise do mérito, não permite o mesmo entendimento. Forma-se apenas um

53. "A litispendência é causa de extinção do processo (art. 267, V, do CPC/1973) [*v. art. 485. IV, do CPC/2015*], não de suspensão, de modo que, na pendência de decisão na ação anulatória, eventual suspensão processual, se preenchidos os requisitos legais, opera-se no processo executivo, e não nos embargos do devedor, que devem ser extintos (...)" (STJ, 1ª Turma, AgInt no AgInt no AREsp 1.041.483-SP, rel. Min. Gurgel de Faria, j. 17.10.2017, *DJe* 15.12.2017).

54. Sobre o ponto, v. a parte histórica analisada no t. I deste *Curso*, p. 219.

estado de preclusão máxima que atinge unicamente a relação processual decidida. Nada impede que novo pedido possa ser ajuizado, como prevê o art. 486 do CPC: "O pronunciamento judicial que não resolve o mérito não obsta a que a parte proponha de novo a ação".

A coisa julgada material projeta sua força pela eficácia que agrega à decisão de mérito, tornando indiscutível seu conteúdo. O sistema ainda prevê a possibilidade de sua desconstituição por meio de ação rescisória no prazo de dois anos do trânsito em julgado da decisão de mérito (art. 966 do CPC). A coisa julgada reflete um dos institutos de maior importância do processo, pois a existência do processo civil está radicada na necessidade de pacificação do conflito, e sem a autoridade da coisa julgada a decisão judicial seria frágil e passível de modificação constante. No momento oportuno será examinada a distinção de sua projeção nos conflitos individuais (*pro et contra*) e coletivos (*secundum eventum probationis*), bem como o regime jurídico de sua atenuação como fruto da jurisprudência em ações que retratam a tutela de direitos fundamentais.[55]

4.1.4 Resolução do processo pela ausência das condições da ação

As condições da ação constituem-se em categorias lógico-jurídicas que abreviam o exame da admissibilidade da demanda.[56] Nosso Código de Processo Civil, influenciado por Liebman, acolheu as controvertidas condições consistentes na possibilidade jurídica do pedido, no interesse de agir e na legitimidade *ad causam*. Trata-se de um reflexo da incorporação da teoria eclética por nosso sistema.

A adoção deste posicionamento torna possível a extinção do processo sem análise do mérito (art. 485 do CPC) tanto para a situação em que inexistir condição da ação como quando ausentes os pressupostos processuais. O postulante deverá ultrapassar estas duas fases prelimina-

55. V. interessante acórdão do STJ que retrata entendimento formulado para fins de tutela do direito de aposentação, que expressa verba alimentar e essencial para a vida e a dignidade do cidadão: "Durante certo tempo debateu-se sobre a natureza da sentença que rejeita a demanda por ausência de provas. Ora, a prova documental e testemunhal é um ônus do autor (art. 373, I, CPC). Todavia, reconhecendo-se a hipossuficiência e a necessidade vital da verba alimentar, o STJ permitia a relativização da coisa julgada, ora pela aplicação do regime das ações coletivas, ora pelo reconhecimento de que a sentença seria processual. Em julgamento repetitivo (REsp n. 1.352.721) foi firmado o entendimento de que se trata de sentença de natureza processual, como meio de uniformizar o entendimento do Colegiado" (STJ, 2ª Turma, AgInt no AREsp 1.122.184-SP, rel. Min. Francisco Falcão, j. 3.4.2018, *DJe* 9.4.2018).

56. O assunto foi objeto de exame específico no t. I deste *Curso*, p. 349.

res para que o mérito possa ser analisado, com prolação da sentença de mérito (art. 487 do CPC).

Da mesma forma que os pressupostos processuais, as condições não estão sujeitas a preclusão e toda decisão que reconheça a ausência de interesse ou legitimidade poderá ser conhecida de ofício pelo juiz, inclusive pelo juízo *ad quem* (art. 485, § 3º, do CPC).

Poderia ser objetado pelo leitor o que título deste item não traduziria mais o espírito do CPC/2015, o qual não contém mais a expressão "condições da ação" na redação do art. 485, VI, ou, ainda, a expressão "carência da ação", que era retratada como preliminar de contestação no art. 301, X, do CPC/1973. As condições da ação eram previstas no art. 267, VI, do CPC/1973: "VI – quando não concorrer qualquer das condições da ação, como possibilidade jurídica do pedido, a legitimidade das partes e o interesse processual". Uma simples comparação com a redação do art. 485, VI, do CPC/2015 permite constatar que o termo não foi repetido, mas isto não significa que nosso sistema não adote mais as condições da ação como medida de apoio para resolução do processo sem a análise do mérito. Embora exista o comprometimento da nova legislação processual com a solução do mérito do processo (arts. 4º e 485, § 7º, do CPC), é inegável que as condições da ação oferecem subterfúgio para o julgamento simplificado do processo pelo magistrado, especialmente em face da proliferação das demandas repetitivas e da necessidade de cumprimento das *Metas* do CNJ. Como será demonstrado a seguir, houve apenas modificação quanto ao enfoque das condições da ação; contudo, sem grande mudança em seu panorama em nosso sistema. Perdeu-se ótima oportunidade de modernizar nosso sistema com a adoção única do binômio *pressupostos processuais/mérito*.

Devem-se à escola de Bolonha[57] os estudos iniciais que permitiram o desenvolvimento da ciência processual, os quais foram aprimorados pelos alemães com a descoberta das *Institutas* de Gaio, em 1816,[58] já que na França e na Itália se aceitavam os conceitos advindos de Celso e Justiniano, conjugados aos estudos e teses sobre a *actio* com base em Donello, Ubero e outros juristas medievais.[59]

Os estudos acerca da natureza da ação crescem no século XIX, onde tiveram seu marco inicial com Savigny, com vinculação estreita ao direito

57. Giuseppe Chiovenda, *La Acción en el Sistema de los Derechos*, pp. 1-3.

58. A descoberta foi realizada pelo alemão Barthold Georg, na Biblioteca Capitular de Verona, atribuída a uma intuição de Savigny (José Rogério Cruz e Tucci/ Luiz Carlos de Azevedo, *Lições de História do Processo Civil Romano*, 1ª ed., p. 31).

59. Chiovenda, *La Acción en el Sistema de los Derechos*, cit., p. 6.

material, uma vez que o direito de ação (*Klagerecht*) era visto como o *ius persequendi* do direito ofendido. Somente mais tarde, com o surgimento da teoria abstrata, a *existência do direito* foi substituída pela *possibilidade jurídica* como condição da ação. Outro passo fundamental foi dado por Bülow, que desvinculou a relação jurídica de direito processual da material, reconhecendo sua autonomia e fixando-lhe os pressupostos processuais.

Liebman, procurando uma síntese entre a teoria concreta e a abstrata, constrói a teoria eclética, onde condiciona a existência da ação a um provimento de mérito. Nosso Código de Processo Civil filiou-se à teoria eclética de Liebman e fundamentou seu sistema no trinômio: pressupostos processuais/condições da ação/mérito.[60] Assim, o juiz, ao receber a petição inicial,[61] deverá observar a existência dos pressupostos processuais de existência e validade, bem como a inexistência de pressupostos processuais negativos, para a formação válida da relação processual.

O que se observa é que nosso sistema processual não abandonou a noção de carência da ação, ainda que a expressão tenha sido repelida.[62]

O art. 485, VI, apenas se refere à legitimidade e ao interesse processual, em harmonia com o disposto no art. 17 do CPC: "Art. 17. Para postular em juízo é necessário ter interesse e legitimidade".

60. Contra, mas em posição isolada: Celso Neves, "Binômio, trinômio ou quadrinômio", *RT* 517, *passim*.

61. Relembre-se que o exame judicial deve ser realizado no recebimento da petição inicial, pois cabe ao juiz de ofício averiguar se as condições e os pressupostos processuais estão presentes, devendo determinar, caso necessário, a possível emenda da inicial (*princípio da aproveitabilidade da petição inicial* – cf.: Araken de Assis, *Manual do Processo de Execução*, p. 258). Não há preclusão temporal, lógica ou consumativa do juiz para o conhecimento das condições e dos pressupostos que geram a nulidade do processo. Não é correto o pensamento que admite juízo implícito pelo simples despacho que ordena a citação. Não se aplica o art. 471 do CPC, pois este trata da preclusão, a qual não ocorre nesta hipótese. Observe-se a simples leitura do art. 329 do CPC, o qual permite o julgamento antecipado da lide pela ocorrência de qualquer das hipóteses do art. 267, incluindo-se o texto expresso do § 3º. Neste sentido, maciça a jurisprudência: *RTJ* 105/1.038 e 153/572 e *RSTJ* 54/129 (*apud* Alexandre de Paula, *Código de Processo Civil Anotado*, 7ª ed., vol. I, pp. 1.313-1.317). V., ainda, o art. 462 do CPC, que deve ser considerado pelo juiz no momento da decisão, inclusive, com relação à apreciação das condições da ação.

62. O art. 301, X, do CPC/1973 determinava como matéria preliminar a carência da ação. Não é necessário muito esforço para antever a insensatez da expressão. Demostrada a ausência de alguma das condições, não teria existido o exercício do direito de ação. Ora, a sentença de extinção pelo art. 267, VI, do CPC/1973 ou do atual art. 485, VI, é a prova legítima do exercício do direito de ação, ainda que sem a resolução do mérito.

4.1.5 A resolução do processo pela existência de convenção de arbitragem

A Lei 9.307/1996[63] reformulou o instituto da arbitragem em nosso sistema, prevendo a possibilidade de que as partes lancem mão do compromisso arbitral ou se valham da existência de cláusula compromissória inserida como negócio jurídico processual como via alternativa para a pacificação do conflito. Exsurge de sua natureza uma função eminentemente preventiva, pois a cláusula compromissória pressupõe um potencial conflito. No compromisso arbitral a situação é diversa, uma vez que ele decorre de um conflito real e já instaurado entre as partes.[64]

A convenção de arbitragem engloba, desta forma, o compromisso arbitral e a cláusula compromissória (art. 3º da Lei 9.307/1996). Outro ponto importante sobre a previsão da convenção como causa de resolução do processo reside na necessidade de sua arguição em sede de contestação (art. 337, X, do CPC). A opção de nosso sistema foi a de tratar a convenção como uma opção das partes e que apenas a elas vincula por meio de autêntico negócio processual (art. 190 do CPC). O juiz não poderá conhecer de ofício da convenção (arts. 337, § 5º, e 485, § 3º).

É possível que existam situações peculiares e que podem estar no controle oficioso, ao menos para verificar a pendência ou julgamento da questão pelo juízo arbitral, o que justifica a segunda parte do art. 485, VII, do CPC: "ou quando o juízo arbitral reconhecer sua competência". Esta parte final reconhece a doutrina da *Kompetenz-Kompetenz* do juízo arbitral.[65] O juízo arbitral é competente para reconhecer sobre sua legitimidade, ou não, para julgar a demanda.[66]

O dispositivo é interessante e confirma a competência do juízo arbitral para analisar com primazia sua viabilidade para julgar a matéria. Surge a indagação sobre *modus operandi* deste dispositivo.

Não podemos esquecer que medidas de urgência e relativas à concessão de tutela provisória podem ter sido requeridas previamente ao Poder

63. V. ainda o Decreto 4.719, de 4.6.2003, que regula a arbitragem internacional junto ao MERCOSUL.

64. Francisco José Cahali, *Curso de Arbitragem*, p. 105.

65. "(...). Segundo a regra da *Kompetenz-Kompetenz*, o próprio árbitro é quem decide, com prioridade ao juiz togado, a respeito de sua competência para avaliar a existência, validade ou eficácia do contrato que contém a cláusula compromissória (art. 485 do NCPC, art. 8º, parágrafo único, e art. 20 da Lei n. 9.307/1996)..." (STJ, 2ª Seção, AgInt no CComp 153.498-RJ, rel. Min. Moura Ribeiro, j. 23.5.2018, *DJe* 14.6.2018).

66. Menezes Cordeiro, *Tratado da Arbitragem*, p. 191.

Judiciário.[67] Na eventualidade de propositura de uma ação ordinária, a prevenção tocará ao juízo que já analisou a medida, e será lícito ao juiz obter informações sobre a instauração efetiva da arbitragem. A informação recebida poderá ser suficiente para constatar a competência e a exclusividade do juízo arbitral para a análise da lide, incluindo a validade da cláusula compromissória. E mais: se for constatado o encerramento da via arbitral, a sentença somente poderá ser desconstituída pela via adequada (art. 33 da Lei 9.307/1996).[68]

Apenas os litígios que envolvam a análise de direitos patrimoniais disponíveis poderão ser objeto de convenção de arbitragem. Interessante peculiaridade deste procedimento centra-se na possibilidade de aplicação do direito estrito, ou da equidade, como forma de solução da disputa. Este último poder inexiste de modo amplo para o juiz togado, no âmbito do processo civil. A equidade somente tem posição de primazia junto aos procedimentos de jurisdição voluntária, mas com total diferenciação em relação ao procedimento contencioso.[69] A existência da convenção de arbitragem configura causa oponível pelo réu à continuidade da relação processual; contudo, cabe verificar se o juiz, tomando conhecimento da sua existência, deve extinguir o processo *ex officio*. O art. 301, § 4º, do CPC, ainda com referência ao compromisso arbitral, informa o modo de solucionar a questão. A existência da convenção não gera matéria de

67. A concessão da tutela provisória pode ser analisada basicamente em dois momentos em face da arbitragem. O primeiro quando ainda não houve a instauração do juízo e o pedido é dirigido ao Poder Judiciário, especialmente para a concessão de medidas cautelares que assegurem a utilidade do juízo arbitral (art. 22-A da Lei 9.307/1996). O segundo quando, após já instaurado o juízo arbitral, exista a necessidade de concessão da tutela provisória. Nesta situação ela será requerida diretamente ao árbitro (art. 22-B, parágrafo único), sem prejuízo da modificação ou convalidação das medidas previamente deferidas pelo Poder Judiciário (art. 22-B, *caput*).

68. Neste sentido pronuncia-se o STJ: "(...). A previsão contratual de convenção de arbitragem enseja o reconhecimento da competência do juízo arbitral para decidir com primazia sobre o Poder Judiciário as questões acerca da existência, validade e eficácia da convenção de arbitragem e do contrato que contenha a cláusula compromissória. A consequência da existência do compromisso arbitral é a extinção do processo sem resolução de mérito, com base no art. 267, inciso VII, do CPC/1973 [*Art. 485, VIII, do CPC/2015*]. 4. Recurso especial provido" (STJ 3ª Turma, REsp 1.550.260-RS, rel. Min. Paulo de Tarso Sanseverino, rel. para o acórdão Min. Ricardo Villas Bôas Cueva, j. 12.12.2017, *DJe* 20.3.2018).

69. *Ex vi* do art. 723, parágrafo único, CPC: "O juiz não é obrigado a observar critério de legalidade estrita, podendo adotar em cada caso a solução que considerar mais conveniente ou oportuna". Sobre o ponto, v. o t. III ("Procedimentos Especiais") deste *Curso*, pp. 459 e ss.

objeção que deva ser conhecida pelo juiz de ofício. Se o réu não arguir sua existência ocorre preclusão lógica.

Ao juiz será concedido o poder de conhecer sobre a divergência relativa à validade da cláusula compromissória quando a exceção oferecida pelo réu (art. 337, X, do CPC) for redarguida pelo autor, nos termos do art. 351 do CPC, de modo excepcional. O próprio art. 7º da Lei 9.307/1996 prevê a possibilidade desta discussão prévia como *conditio sine qua non* para a instauração do juízo arbitral. Como já assinalado, atualmente não cabe mais ao Poder Judiciário a decisão de trancamento de acesso ao juízo arbitral pela mera impugnação da cláusula. É necessário que a discussão seja remetida ao juízo arbitral pela aplicação da *Kompetenz-Kompetenz*. Por outro lado, o acesso ao poder estatal não pode ser trancado quando *a violação e a nulidade cláusula sejam patentes*. A vedação de acesso ao Poder Judiciário representaria violação a direito fundamental processual (art. 5º, XXXV, CF/1988).[70]

Da mesma forma, a cláusula de acesso à jurisdição também se aplica para a proteção do juízo arbitral, como legítima expressão da atividade jurisdicional, especialmente para impedir a aplicação de comandos judiciais estrangeiros em que o tratamento da atividade arbitral é secundado pelo juízo estatal.[71]

4.1.6 Resolução do processo pela desistência da ação

O autor é responsável pelo nascimento do processo. Coube-lhe a propositura da petição inicial, deflagrando a formação da relação processual, inicialmente linear (autor-juiz) e posteriormente tornando-a angular, pela citação do réu. A desistência da ação não representa qualquer renúncia ao direito material e poderá representar negócio processual unilateral ou bilateral.[72]

70. Conforme reconhecido pelo STJ: "O Poder Judiciário pode, nos casos em que *prima facie* é identificado um compromisso arbitral 'patológico', isto é, claramente ilegal, declarar a nulidade dessa cláusula, independentemente do estado em que se encontre o procedimento arbitral – Recurso especial conhecido e provido" (STJ, 3ª Turma, REsp 1.602.076-SP, rela. Min. Nancy Andrighi, j. 15.9.2016, *DJe* 30.9.2016).

71. Neste sentido: "(...). Não compete ao juízo estrangeiro, ao solucionar a questão do compromisso arbitral, determinar a outro juízo que ponha fim ao processo ou mesmo a uma das partes que o faça, sob pena de ferir a disposição inserta no art. 5º, XXXV, da CF. 4. Sentença arbitral estrangeira homologada em parte" (STJ, Corte Especial, SEC 12.781-EX, rel. Min. João Otávio de Noronha, j. 7.6.2017, *DJe* 18.8.2017).

72. José Rogério Cruz e Tucci, *Desistência da Ação*, p. 8.

Primeiramente é necessário estremar e distinguir a *desistência* da *renúncia*. São inconfundíveis as proposições do art. 485, VIII, do CPC e do art. 487, III, "c", do CPC. Aqui se fala em renúncia à pretensão que fundamenta o pedido formulado na *ação* ou na *reconvenção*.

A desistência não impede a propositura de nova ação com o mesmo objeto (*rectius*: pedido). Não é lícito ao juiz ignorar o requerimento de desistência e sentenciar o processo.

4.1.6.1 *A desistência como negócio processual*

Rogério Lauria Tucci abordou com maestria a natureza jurídica do pedido de desistência ao ressaltar a imprecisão do art. 267, § 4º, do CPC/1973, cujos termos foram repetidos pelo art. 485, § 4º, do CPC/2015, ao firmar como condição de bilateralidade da desistência "o mero de decurso de um prazo".[73] O pedido de desistência reflete um ato jurídico *lato sensu*, ou seja, poderá nascer da manifestação *unilateral* do autor, quando o réu ainda não tenha sido integrado à lide, ou refletirá um verdadeiro negócio jurídico processual, essencialmente *bilateral*, marcado pela concordância do réu com o término da relação processual – o que acontecerá após sua integração, com a citação. Realmente, o prazo em nada influencia a desistência do processo. O § 4º chega a aludir que, "decorrido o prazo para a resposta, o autor não poderá, sem o consentimento do réu, desistir da ação". E o que dizer quando ocorrer revelia? Na revelia o prazo fluiu mas o réu se quedou silente. Logo, o escoamento do prazo para resposta não impedirá a desistência unilateral do processo. O mesmo se diga de outra hipótese relativamente comum no foro judicial, quando o réu oferece a contestação antes da própria materialização da citação, gerando a bilateralidade como *conditio sine qua non* para a aplicação do art. 485, VIII, do CPC.[74] Importante salientar que a desistência da ação não impede o prosseguimento da reconvenção. Muito embora seja difícil observar na prática o oferecimento da reconvenção sem a contestação, especialmente após a modificação instrumental operada pelo art. 343 do CPC, ambas as peças são inconfundíveis. A contestação é peça de defesa que não amplia o objeto do processo. A reconvenção é ação autônoma que apenas aproveita a instrumentalidade da contestação para ser oferecida em conjunto. A desistência da ação principal não condiciona ou influencia a reconvenção (art. 343, § 2º), que pode ser proposta ainda que o réu não ofereça a própria contestação (art. 343, § 6º).

73. Rogério Lauria Tucci, *Do Julgamento Conforme o Estado do Processo*, pp. 120-121.

74. Idem, ibidem.

Indubitavelmente, representam pretensões conexas a serem analisadas na mesma sentença (art. 318 do CPC), mas são ações autônomas.

Por fim, cabe analisar o pedido de desistência do autor quando exista litisconsórcio passivo. Será essencial analisar a modalidade de litisconsórcio que submete os réus ao julgamento conjunto. Tratando-se de litisconsórcio facultativo, nenhum óbice haverá quanto ao pedido de desistência em relação a um dos réus, uma vez que os pedidos são independentes e a cumulação subjetiva é operada como fator de otimização da prestação jurisdicional.[75]

4.1.6.2 *O pedido de desistência e a sucumbência*

Um dos reflexos práticos que assumem importância vital quanto ao pedido de desistência refere-se à fixação da verba de sucumbência. É natural que o pedido de desistência seja informado pelo princípio da causalidade. As custas e as verbas honorárias devem ser arcadas por aquele que deu causa ao nascimento do processo. Outra não é a solução anunciada pelo art. 90 do CPC: "Proferida sentença com fundamento em desistência, em renúncia ou em reconhecimento do pedido, as despesas e os honorários serão pagos pela parte que desistiu, renunciou ou reconheceu". Se o pedido de desistência for materializado até antes da citação do réu o autor somente arcará com as custas do processo. A intervenção antecipada do réu no processo não gera a fixação de honorários advocatícios.[76]

Apesar de o mesmo dispositivo regular as situações da desistência, da renúncia e do reconhecimento jurídico do pedido, importante reafirmar que as consequências são absolutamente diversas. O reconhecimento e a renúncia são causas de resolução do processo com análise do mérito (art. 487, III, "a" e "c") e provocam a formação de coisa julgada no processo, impedindo a renovação da demanda.

Em algumas situações a desistência é imposta para o aproveitamento ou extensão de algum benefício processual ou material. O mandado de segurança coletivo permite a formação de coisa julgada coletiva, que favorece todos aqueles que estão dentro do mesmo grupo ou categoria representados no *mandamus* (art. 21 da Lei do Mandado de Segurança).

75. Como ensina Dinamarco: "Em outras palavras, em caso de facultatividade é admissível que o litisconsórcio se desfaça ou se reduza em virtude de uma desistência subjetivamente parcial, sem que isso implique extinção do processo, pois é lícita a continuação deste com as partes remanescentes" (*Litisconsórcio*, 8ª ed., p. 414).

76. "Se a desistência ocorre antes da citação, a parte autora responde apenas pelas custas e despesas processuais" (STJ, 2ª Turma, REsp 638.382-DF, rela. Min. Eliana Calmon, *DJU* 9.5.2006).

Todavia, se existir alguma impetração individual exige-se a desistência da ação para que a futura coisa julgada coletiva possa ser aproveitada *in utilibus* pelo jurisdicionado (art. 22, § 1º).[77]

Em determinadas situações a desistência poderá revelar exigência do direito material. É o que acontece na seara tributária quando o contribuinte pretende beneficiar-se de parcelamento do tributo que é discutido na esfera judicial. A adesão poderá estar condicionada ao reconhecimento do débito e/ou à desistência de todas as ações de impugnação. Como consequência, a extinção poderá gerar verba de sucumbência, pois o parcelamento englobará também as despesas processuais já incorporadas ao cálculo para fins de parcelamento integral.[78]

A fixação da sucumbência também deverá levar em conta a existência de litisconsórcio, ou se o pedido é de desistência total ou parcial.

4.1.6.3 *Limites temporais ao pedido de desistência*

O pedido de desistência merece exame detido quanto ao momento de sua formulação. Este exame é necessário pelo fato de o regime anterior não estabelecer de modo expresso o termo final, que veio imposto pelo art. 485, § 5º, do CPC/2015: "A desistência da ação pode ser apresentada até a sentença".[79]

77. Lei 12.016/2009, § 1º do art. 22: "O mandado de segurança coletivo não induz litispendência para as ações individuais, mas os efeitos da coisa julgada não beneficiarão o impetrante a título individual se não requerer a desistência de seu mandado de segurança no prazo de 30 (trinta) dias a contar da ciência comprovada da impetração da segurança coletiva". V. nossa crítica a este dispositivo, em que defendemos a necessidade de aplicação do diálogo das fontes, com José Miguel Garcia Medina, *Mandado de Segurança Individual e Coletivo*, 2ª ed., p. 205.

78. Neste sentido, v. repetitivo do STJ: "(...). Cuida-se de embargos à execução fiscal promovida pela Fazenda Nacional, em que o embargante procedeu à desistência da ação para fins de adesão a programa de parcelamento fiscal (Lei n. 10.684/2003), razão pela qual não merece reforma o acórdão regional que afastou a condenação em honorários advocatícios, por considerá-los 'englobados no encargo legal de 20% previsto no Decreto-lei n. 1025/1969, o qual substitui, nos embargos, a condenação do devedor em honorários advocatícios'. 6. Recurso especial desprovido – Acórdão submetido ao regime do art. 543-C do CPC [*CPC/1973 – v. art. 1.036 do CPC/2015*], e da Resolução STJ n. 8/2008" (ST, 1ª Seção, REsp 1.143.320-RS, rel. Min. Luiz Fux, j. 12.5.2010, *DJe* 21.5.2010).

79. Posicionamento que já era adotado pelo STJ: "(...). A desistência da ação é instituto de natureza eminentemente processual, que possibilita a extinção do processo, sem julgamento do mérito, até a prolação da sentença. Após a citação o pedido somente pode ser deferido com a anuência do réu ou, a critério do magistrado, se a parte contrária deixar de anuir sem motivo justificado. No caso dos autos, já houve

A fixação do limite é adequada. A entrega da prestação jurisdicional pela sentença de mérito não tornaria possível a desistência de um julgamento já consumado. Não há que se confundir a desistência do recurso com a desistência da ação. A desistência do recurso apenas retroage os efeitos do processo ao momento de prolação da sentença e não depende de homologação judicial e muito menos de anuência da parte contrária.

Uma situação teratológica, criada por interpretação do STF, reside na possibilidade de desistência no mandado de segurança mesmo após a prolação de sentença de mérito, nos termos do RE 669.367/2014.[80] No entanto, a regra do art. 485, § 4º, do CPC é clara: o pedido de desistência para fins de extinção da relação processual sem análise do mérito deverá ser formulado até a fase que antecede a prolação de sentença. Afinal, após a prolação inexiste interesse em desistir do processo, a parte pode simplesmente renunciar ao direito reconhecido na sentença transitada em julgado.

4.1.6.4 *O consentimento do réu e o abuso de direito*

O pedido de desistência não só obedece a limites temporais, mas também esbarrará na necessidade de anuência da parte contrária em algumas situações. Da apresentação da petição inicial até a citação do réu para o oferecimento de defesa inexiste a necessidade de anuência para fins do art. 485, VIII, do CPC. Com a consumação da citação válida torna-se necessária a manifestação do réu no processo.[81]

O réu pode se opor ao pedido de desistência de modo motivado. Mais uma vez demonstra-se que não apenas a decisão judicial deve ser motivada, mas os pedidos formulados pelas partes devem apresentar base de sustentação para conhecimento e deferimento. Por exemplo, considera-se motivada a recusa quando o autor ajuíza duas ou mais ações

inclusive julgamento e provimento do recurso especial interposto pelo Distrito Federal, razão pela qual se mostra impertinente o pedido – Agravo regimental não provido" (STJ, 2ª Turma, AgR na DESIS no REsp 1.436.949-DF, rel. Min. Herman Benjamin, j. 20.5.2014, *DJe* 20.6.2014).

80. V. tomo III deste *Curso de Processo* ("Procedimentos Especiais"), p. 559.

81. "Após a citação, o pedido de desistência da ação depende da anuência do réu para ser deferido – Precedentes do STJ: REsp n. 638.382-DF, 2ª Turma, Min. Eliana Calmon, *DJU* 9.5.2006; REsp n. 627.022-SC, 2ª Turma, Min. Eliana Calmon, *DJU* 13.12.2004; REsp n. 241.780-PR, 4ª Turma, Min. Sálvio de Figueiredo Teixeira, *DJU* 3.4.2000 – Recurso especial a que se nega provimento" (STJ, 1ª Turma, REsp 844.727-BA, rel. Ministro Teori Albino Zavascki, j. 17.8.2006, *DJU* 31.8.2006, p. 282).

e pretende violar o princípio do juiz natural pela desistência do primeiro pedido formulado em juízo.[82]

A aquiescência do réu é essencial para que a desistência surta seus efeitos quando já estiver integrado à relação processual pela citação; contudo, sua recusa, pura e simples, destituída de qualquer fundamentação, tem sido repelida pela jurisprudência como causa obstativa da extinção do processo. A recusa imotivada configura abuso de direito.[83]

A análise da recusa deverá ser ponderada pelo juiz com muito cuidado. O argumento de que o réu não sofre nenhum prejuízo não é convincente, pois os prejuízos não podem ser resumidos apenas às custas e aos honorários advocatícios, dos quais o autor poderá estar isento pela concessão do benefício da assistência judiciária gratuita. O réu tem o direito de obter sentença de mérito que exclua definitivamente a pretensão do autor, mediante julgamento de improcedência (art. 487, I, do CPC). A recusa e a demonstração de seu legítimo fundamento podem decorrer da lei. A Fazenda Pública atua em caráter *secundum legem* na proteção dos interesses primário e secundário. A lei pode condicionar sua aquiescência ou estabelecer parâmetros objetivos para manifestar sua aquiescência com o pedido de desistência, o que torna explícito o dever de fundamentação da petição para fins do art. 485, § 6º, do CPC.[84]

82. "(...). Na hipótese, verifica-se que os autores pretendem desistir da ação para deduzir pretensão assentada em questão conexa em juízo distinto daquele em que tramita a ação em primeiro grau de jurisdição, de modo que a justificativa apresentada pelos réus, ainda que sucinta, é relevante e busca, em última análise, evitar a artificial modificação de regra de competência e a violação ao princípio constitucional do juiz natural. (...). Recurso especial conhecido e provido" (STJ, 3ª Turma, REsp 1.519.589-DF, rela. Min. Nancy Andrighi, j. 10.4.2018, *DJe* 13.4.2018). Assinalamos que este controle quanto ao juiz natural cabe ao distribuidor quando as ações tramitam pelo mesmo juízo, nos termos do art. 286, II, do CPC, ou pela parte contrária, quando ajuizadas em juízos diversos. É possível que a integração eletrônica elimine futuramente esta possibilidade de burla.

83. "Desistência da ação após decorrido o prazo para resposta (§ 4º do art. 267 do CPC) [*CPC/1973 – v. § 4º do art. 485 do CPC/2015*]. Consoante cediço nesta Corte, após o oferecimento da resposta o autor não pode desistir da ação sem o consentimento do réu, devendo eventual recusa, contudo, ser devidamente fundamentada, não bastando a simples discordância, a fim de se afastar inaceitável abuso de direito – Precedentes – Incidência da Súmula n. 83/STJ – Agravo regimental desprovido" (STJ, 4ª Turma, AgR no REsp 1.520.422-DF, rel. Min. Marco Buzzi, j. 23.6.2015, *DJe* 1.7.2015).

84. "(...). A oposição à desistência da ação fundamentada no art. 3º da Lei n. 9.469/1997, que determina que a Fazenda Nacional somente poderá concordar com a desistência se o demandante renunciar ao direito sobre o qual se funda a ação, é motivo suficiente para obstar à homologação do pedido de desistência (precedentes: REsp

4.1.6.5 *Desistência e a esfera administrativa*

O pedido de desistência referido pelo art. 485, VIII, do CPC refere-se à esfera judicial, como causa de resolução do processo. Isto não elimina a importância da desistência como negócio jurídico processual administrativo. Em determinadas situações o acesso ao Poder Judiciário poderá exigir a comprovação do julgamento do recurso ou do pedido de desistência para configurar o interesse processual. O mandado de segurança não poderá ser impetrado enquanto pendente recurso com efeito suspensivo; enquanto não julgado o recurso ou realizada a desistência pela parte interessada, o art. 5º, I, da Lei 12.016/2009 impedirá o processamento do *mandamus*.[85]

A falta de desistência do recurso administrativo poderá consistir em óbice momentâneo para acesso à via jurisdicional, e na esfera tributária representa óbice para acesso aos programas de Refis.[86]

4.1.6.6 *Homologação da desistência em processo coletivo*

A desistência depende da sentença de homologação. Seu conteúdo não é decisório, na medida em que o juiz apenas analisa os aspectos extrínsecos que são obrigatórios.

A análise do juiz leva em consideração não apenas o momento da desistência para valorar sobre a necessidade, ou não, da anuência do réu, mas a natureza da demanda. Tratando-se de processo coletivo a desistência não opera de modo automático e por simples homologação. A proteção ao interesse coletivo confere legitimação extraordinária superveniente ao

n. 1.173.663-PR, rela. Min. Eliana Calmon, 2ª Turma, j. 23.3.2010, *DJe* 8.4.2010; REsp n. 651.721-RJ, rel. Ministro Teori Albino Zavascki, 1ª Turma, j. 12.9.2006, *DJU* 28.9.2006; REsp n. 460.748-DF, rel. Min. João Otávio de Noronha, 2ª Turma, j. 17.6.2006, *DJU* 3.8.2006) 6. Recurso especial provido" (STJ, 1ª Turma, REsp 1.184.935-MG, rel. Min. Luiz Fux, j. 28.9.2010, *DJe* 17.11.2010).

85. "Na forma do art. 5º, I, da Lei n. 12.016/2009, é inadmissível o mandado de segurança em face de ato do qual caiba recurso administrativo com efeito suspensivo, independentemente de caução. (...). Uma vez não ultrapassada a fase de conhecimento do *mandamus*, resta prejudicado o exame do mérito da controvérsia – Agravo regimental não provido" (STJ, 1ª Seção, AgR no MS 21.332-DF, rel. Min. Sérgio Kukina, j. 13.12.2017, *DJe* 18.12.2017).

86. "(...) – Falta de desistência do recurso administrativo, embora possa impedir o deferimento do programa de parcelamento, acaso ultrapassada tal fase, não serve para motivar a exclusão do parcelamento, não se enquadrando em uma das hipóteses previstas nos arts. 7º e 8º da Lei n. 10.684/2003. IV – Recurso especial provido" (STJ, 1ª Turma, REsp 958.585-PR, rel. Min. Francisco Falcão, j. 14.8.2007, *DJU* 17.9.2007, p. 230).

Ministério Público para assumir o polo da ação civil pública (art. 5º, § 3º, da Lei da Ação Civil Pública). Isto revela que nem sempre o pedido de desistência poderá gerar apenas a mera homologação. Da mesma forma, isto não significa que nas ações coletivas a desistência da ação não seja possível. É perfeitamente legítima a atitude de desistência quando o ente coletivo perceba erro ou inviabilidade no processamento do feito. Esta atitude revela boa-fé e cooperação ao encerrar processo que percebe ser inviável no decorrer da instrução. A resistência da parte contrária quanto à desistência no processo coletivo deve ser ponderada pelo juiz com maior profundidade. A parte legitimada poderá perceber que não possui provas suficientes e que não obterá sucesso na demanda. A parte contrária tem o direito de obter o julgamento de mérito, mas quando não for apresentado argumento razoável na resistência o pedido deve ser homologado, pois o julgamento de improcedência *secundum eventum probationis* não fecha a possibilidade de nova propositura da ação coletiva por má gestão processual (art. 103, I e II, do CDC, por *mala gesti processus*). De nada adiantaria obter uma vitória por insuficiência de provas que não eliminaria nova propositura da demanda.

O pedido de desistência também envolve questão relacionada à pendência de processos individual e coletivo relativos a pedido idêntico. Como regra, nosso sistema não segue o modelo de fechamento da via individual quando ocorra o julgamento da questão pela via coletiva (*opt out*). No entanto, se a demanda individual estiver ajuizada e o legitimado tomar ciência da pendência do processo coletivo, existe o perigo de a demanda individual ser julgada improcedente e impossibilitar o transporte *in utilibus* da coisa julgada coletiva para o plano individual. Por este motivo, existe a possibilidade, conferida no art. 104 do CDC, de o legitimado individual pedir a suspensão ou a desistência da ação individual. Caso opte pela desistência, ela deverá ser formulada até a prolação da sentença individual e coletiva.[87]

87. "Para que o pedido de suspensão surta os aludidos efeitos, é necessário que ele seja apresentado antes de proferida a sentença meritória no processo individual e, sobretudo, antes de transitada em julgado a sentença proferida na ação coletiva. Prestada a jurisdição em ambas as demandas, não é mais possível ao interessado buscar que o provimento judicial de uma prevaleça sobre o da outra, porquanto isso representaria clara afronta ao princípio do juiz natural. (...). Dada a falta de litispendência, a ciência quanto à existência de tutela coletiva já obtida pela entidade sindical não implica perda de objeto de ação individual já sentenciada e nem infirma as consequências jurídicas dela advindas. 7. Agravo interno desprovido" (STJ, 1ª Turma, AgInt na Pet no REsp 1.387.022-SC, rel. Min. Gurgel de Faria, j. 14.3.2017, *DJe* 25.4.2017).

4.1.7 Desistência da prova e resolução do processo

Não há que se confundir a desistência da ação com a desistência da prova. Como já assinalado, em virtude de situação excepcional e para fins de proteção a direito fundamental, o STJ admite que o julgamento por insuficiência de provas não permite a formação de coisa julgada, uma vez que trata a hipótese como extinção sem análise de mérito, e não sentença de mérito com formação de coisa julgada *secundum eventum probationis*.[88] O entendimento excepcional para proteger situações peculiares não elimina a regra-base do sistema processual. A insuficiência de provas corresponde ao descumprimento de ônus da parte e provoca o encerramento da relação processual com análise do mérito. Isto demonstra

88. Cf. importante repetitivo formado no STJ: "Tradicionalmente, o direito previdenciário se vale da processualística civil para regular os seus procedimentos; entretanto, não se devem perder de vista as peculiaridades das demandas previdenciárias, que justificam a flexibilização da rígida metodologia civilista, levando-se em conta os cânones constitucionais atinentes à Seguridade Social, que têm como base o contexto social adverso em que se inserem os que buscam judicialmente os benefícios previdenciários. 2. As normas previdenciárias devem ser interpretadas de modo a favorecer os valores morais da Constituição Federal/1988, que prima pela proteção do trabalhador segurado da Previdência Social, motivo pelo qual os pleitos previdenciários devem ser julgados no sentido de amparar a parte hipossuficiente e que, por esse motivo, possui proteção legal que lhe garante a flexibilização dos rígidos institutos processuais. Assim, deve-se procurar encontrar na hermenêutica previdenciária a solução que mais se aproxime do caráter social da Carta Magna, a fim de que as normas processuais não venham a obstar à concretude do direito fundamental à prestação previdenciária a que faz jus o segurado. 3. Assim como ocorre no direito sancionador, em que se afastam as regras da processualística civil em razão do especial garantismo conferido por suas normas ao indivíduo, deve-se dar prioridade ao princípio da busca da verdade real, diante do interesse social que envolve essas demandas. 4. A concessão de benefício devido ao trabalhador rural configura direito subjetivo individual garantido constitucionalmente, tendo a Constituição Federal/1988 dado primazia à função social do RGPS ao erigir como direito fundamental de segunda geração o acesso à Previdência do Regime Geral; sendo certo que o trabalhador rural, durante o período de transição, encontra-se constitucionalmente dispensado do recolhimento das contribuições, visando à universalidade da cobertura previdenciária e à inclusão de contingentes desassistidos por meio de distribuição de renda pela via da assistência social. 5. A ausência de conteúdo probatório eficaz a instruir a inicial, conforme determina o art. 283 do CPC [*CPC/1973 – v. art. 320 do CPC/2015*], implica a carência de pressuposto de constituição e desenvolvimento válido do processo, impondo a sua extinção sem o julgamento do mérito (art. 267, IV, do CPC) [*CPC/1973 – v. art. 485, IV, do CPC/2015*] e a consequente possibilidade de o autor intentar novamente a ação (art. 268 do CPC) [*CPC/1973 – v. art. 486 do CPC/2015*], caso reúna os elementos necessários a tal iniciativa. 6. Recurso especial do INSS desprovido" (STJ, Corte Especial, REsp 1.352.721-SP, rel. Min. Napoleão Nunes Maia Filho, j. 16.12.2015, *DJe* 28.4.2016).

a importância da produção da prova adequada em momento oportuno. A desistência de prova que seria essencial para o autor demonstrar a veracidade de suas alegações abrirá motivação para a improcedência do seu pedido.[89] Esta advertência vale não só para o autor, mas para a parte que tiver a incumbência de produzir a prova, pois nosso sistema atual não trabalha apenas com o ônus estático (art. 373, I, do CPC), mas também com o ônus dinâmico (art. 373, § 1º, do CPC).

4.1.8 Resolução do processo pela intransmissibilidade da ação

A intransmissibilidade da ação foi catalogada como causa de extinção do processo, nos termos do art. 485, IX, do CPC. Em primeiro lugar, cabe analisar se a impossibilidade de transmissão está ligada ao processo ou ao direito material. Não resta a menor dúvida de que a intransmissibilidade se refere a questão inserida na análise do direito material. A lei processual regula a substituição de partes e a sucessão de partes (arts. 103 e 313, § 1º, do CPC), regulando a transmissão da ação *inter vivos* e *causa mortis*, com o fim de reorganizar adequadamente os polos da relação processual.

A questão relativa à transmissibilidade ou intransmissibilidade da pretensão processual deverá ser analisada em face do momento em que ocorre o *fato jurídico morte*.

Como regra, o evento *morte* provoca a natural transmissão dos direitos e pretensões para os sucessores. E nosso sistema conta com um dado importante. Essa transmissão é automática, em virtude do *princípio da "saisine"*.[90] Apesar da transmissão automática, o sistema processual reconhece a necessidade de reorganização do patrimônio jurídico e das ações já ajuizadas. Desta feita, no que tange à esfera processual o primeiro

89. "(...). A partir do momento em que o recorrido, então autor da demanda, desistiu da produção de prova pericial, mesmo que por ele requerida na inicial, incumbia ao juiz decidir a lide, julgando o mérito das questões propostas; nesse caso, entendendo insuficientes as provas produzidas, poderia o prolator da sentença recorrida julgar improcedente a demanda, mas não julgar extinto o processo sem julgamento de mérito por inércia do autor, quando este já havia se manifestado pela desistência da produção de prova pericial. 3. Recurso não conhecido" (STJ, 4ª Turma, REsp 434.758-DF, rel. Min. Hélio Quaglia Barbosa, j. 6.11.2007, *DJU* 26.11.2007, p. 195).

90. Explicamos com maior vagar esse princípio em nosso trabalho sobre a *Usucapião*, 3ª ed., pp. 251-255. A criação deste princípio teve como vetor essencial eliminar a usucapião sobre a herança por parte do testador (*usucapio pro herede*) quando os herdeiros não reclamavam formalmente a herança, pedindo a adição (*aditio*) do quinhão. Em virtude do art. 1.784 do CC, este pedido é desnecessário, pois a transmissão decorre *ex lege*.

caminho será a suspensão do processo para fins de regularizar o polo processual, nos termos do art. 313, § 1º, do CPC.

A natureza do direito material informará se existirá a possibilidade de habilitação dos sucessores no polo processual. A regra é a transmissibilidade da pretensão processual (*perpetuatio legitimationis*).[91]

Algumas pretensões, apesar de serem transmitidas, podem gerar a impossibilidade de continuidade do litígio. É a hipótese de confusão em virtude da morte do ascendente que litigava com seu único herdeiro. Mesmo que a lide retratasse uma demanda patrimonial e transmissível, o evento *morte* provoca a incidência do art. 381 do CC, com a consequente extinção da relação processual. Note-se que a redação do art. 485 do CPC não traz mais a previsão da confusão como causa específica de extinção do processo.[92]

As pretensões não personalíssimas transmitem-se naturalmente com o evento *morte*. A extinção do processo, sem análise do mérito, poderá acontecer apenas se o autor da ação não providenciar a regularização do polo passivo quando ocorrer o falecimento do réu, o que configurará abandono do processo, mas com extinção pelo art. 485, III, do CPC. Na hipótese de falecimento do autor da demanda, e sendo transmissível a pretensão, os sucessores deverão assumir o polo. Caso não integrem a demanda, o processo também poderá ser extinto, nos termos do art. 76, § 1º, I, do CPC.

Algumas pretensões não são passíveis de transmissão, em função da natureza personalíssima do direito material. O pedido de divórcio somente poderá ser pleiteado pelo cônjuge. Com a morte dissolve-se a sociedade conjugal e não existe possibilidade de transmissão da pretensão para qualquer dos herdeiros.[93]

No entanto, para determinadas situações, quando a pretensão já tiver sido ajuizada, ainda que o direito envolvido seja personalíssimo, o sistema jurídico permite a continuidade do processo caso os sucessores assumam o polo processual. Neste exemplo podemos encaixar a previsão do art. 1.601 do CC e seu parágrafo único. O direito de contestar a paternidade é personalíssimo do marido durante a constância do casamento ou da união estável; contudo, se o falecimento ocorrer depois de ajuizada a ação, "os

91. Clito Fornaciari, "Sucessão processual", in *Enciclopédia Saraiva do Direito*, t. 71, p. 208.

92. O art. 267 do CPC/1973 previa a intransmissibilidade e a confusão nos incisos IX e X, respectivamente.

93. O que não significa que os efeitos patrimoniais pelo rompimento da sociedade conjugal não possam ser motivo de debate, como para fins do art. 1.830 do CC.

herdeiros do impugnante têm direito de prosseguir na ação" (art. 1.601, parágrafo único, do CC).

Logo, como regra, se a obrigação assumia natureza *intuitu personae* não há que se falar em sucessão processual, como no caso de morte da alimentanda, ou quando o autor, na qualidade de cônjuge supérstite, pleiteia o benefício de pensão da esposa e vem a falecer durante o procedimento ou, ainda, quando em demanda relativa ao descumprimento do usufruto, entre o nu-proprietário e o usufrutuário, atesta-se a morte deste, gerando a extinção do direito e da ação (art. 1.410, I, do CC). Outras hipóteses aventadas referem-se à morte do interditando ou morte de um dos cônjuges na ação de separação consensual ou divórcio direto. Somente em hipóteses excepcionais, como no exemplo do art. 1.601, parágrafo único, do CC, permite-se a continuidade do processo, uma vez que o falecido tinha expressado sua vontade em defesa de pretensão que tutela o direito da personalidade.

Algumas situações não refletem a possibilidade de aplicação do art. 485, IX, do CPC, como na hipótese de ausência (art. 22 do CC) ou da morte presumida (art. 7º do CC). Nosso sistema não equipara a *ausência* à *morte*. A possibilidade de análise quanto à transmissão da pretensão somente poderia ser invocada quando transcorrido o prazo de um ano e aberta a sucessão provisória.[94] A morte presumida depende de sentença declaratória e terá lugar quando não for possível comprovar de plano a perda da vida do sujeito de direito; contudo, existem provas que demonstram alto grau de probabilidade (*altissima probabilità della morte*).[95]

4.1.8.1 *A transmissão das pretensões alimentares*

Outro ponto importante, e que provoca intensa confusão, refere-se à transmissão do dever alimentar, uma vez que se trata de demanda com grande repercussão prática em juízo. A dívida alimentar é oriunda de um elo especial ou extraordinário, o que justifica seu caráter personalíssimo. De modo corrente, a verba alimentar é oriunda do laço de parentesco ou, mesmo, da formação da relação de afinidade (art. 1.694 do CC).[96] De modo extraordinário, os alimentos podem surgir pelo cometimento

94. Fabio Caldas de Araújo/José Miguel Garcia Medina, *Código Civil Comentado*, p. 92.

95. Paolo Zatti, *Corso di Diritto Civile*, cit., 3ª ed., p. 60.

96. Os alimentos fundados no parentesco ou afinidade exsurgem do art. 1.694 do CC: "Podem os parentes, os cônjuges ou companheiros pedir uns aos outros os alimentos de que necessitem para viver de modo compatível com a sua condição social, inclusive para atender às necessidades de sua educação".

de um ato ilícito, obrigando à constituição de capital para assegurar seu pagamento (art. 533 do CPC).

O art. 1.700 do CC é claro ao definir que a obrigação alimentar é transmissível aos herdeiros do falecido, embora assuma caráter *intuitu personae*: "A obrigação de prestar alimentos transmite-se aos herdeiros do devedor, na forma do *art. 1.694*" (grifos nossos). A orientação do nosso Código foi influenciada pela previsão do art. 23 da Lei do Divórcio, que rompeu a tradição de nosso sistema quanto à intransmissibilidade da dívida alimentar. Basicamente, todos os Países com influência germânica e romana adotam a pessoalidade e a cessação da obrigação alimentar com a morte do alimentante ou do alimentado. Por via de consequência, existindo pendência da ação, encerrar-se-ia o processo judicial de cobrança. O *BGB* alemão representa interessante exemplo tanto para a obrigação alimentar decorrente de parentesco como de reponsabilidade civil no art. 1.615, 1: "A obrigação de prestar alimentos se extingue com a morte do credor ou do devedor".[97]

Os problemas oriundos da interpretação literal do art. 1.700 do CC residem na transmissão automática do "dever alimentar" aos herdeiros, ainda que não exista qualquer título anterior (judicial ou extrajudicial) que pudesse obrigar o credor ao pagamento da verba. O STJ modulou a interpretação do art. 23 da Lei do Divórcio (n. 6.515/1977) e do art. 1.700 do CC para fixar o correto entendimento de que a obrigação alimentar é pessoal e intransmissível e somente alcançará os sucessores quando exista prévio título que obrigue ao pagamento do falecido.[98] Este entendimento privilegia a distinção entre o *dever genérico de prestar alimentos* e o *direito subjetivo a perceber os alimentos*. Somente o último pode ser transmitido por aplicação do *princípio da* ***saisine*** (art. 1.784 do CC).

97. *BGB*, art. 1.615, 1: "Der Unterhaltsanspruch erlischt mit dem Tode des berechtigten oder des Verpflichteten".

98. "Reconhecimento e dissolução de união estável – Celebração de acordo com fixação de alimentos em favor da ex-companheira – Homologação – Posterior falecimento do alimentante – Extinção da obrigação personalíssima de prestar alimentos – Impossibilidade de transmissão ao espólio. 1. Observado que os alimentos pagos pelo *de cujus* à recorrida, ex-companheira, decorrem de acordo celebrado no momento do encerramento da união estável, a referida obrigação, de natureza personalíssima, extingue-se com o óbito do alimentante, cabendo ao espólio recolher, tão somente, eventuais débitos não quitados pelo devedor quando em vida. Fica ressalvada a irrepetibilidade das importâncias percebidas pela alimentada – Por maioria. 2. Recurso especial provido" (STJ, 2ª Seção, REsp 1.354.693-SP, rela. Min. Maria Isabel Gallotti, rel. para o acórdão Min. Antônio Carlos Ferreira, j. 26.11.2014, *DJe* 20.2.2015).

4.1.8.2 *A transmissão da pretensão e as pessoas jurídicas: fusão, cisão, extinção e coligação de empresas*

Como já delineado no tratamento da suspensão do processo, nossa legislação processual não se ocupou de modo específico em regrar as consequências processuais pela *morte ou transformação da pessoa jurídica*. Nas hipóteses de extinção, fusão ou cisão da pessoa jurídica as consequências serão diversas. A extinção da pessoa jurídica não permite que as ações judiciais que não encontrem solução amistosa até o encerramento das atividades simplesmente desapareçam. O sócio-administrador será responsável na fase de liquidação pela condução dos processos em que a pessoa jurídica assumia o polo ativo ou passivo. As hipóteses de fusão, cisão ou coligação não trazem maiores problemas, uma vez que há transformação da pessoa jurídica pela união, separação ou interpenetração. As situações processuais pendentes são alvo de transmissão *inter vivos*, nos moldes do art. 108, e serão provisionadas como ativo ou passivo da pessoa jurídica.

4.1.9 Extinção do processo em face das demais hipóteses legais

A lei processual estabelece que a extinção do processo há de obedecer a outros dispositivos, o que sinaliza que o art. 485 do CPC, apesar de adotar a taxatividade para elencar as hipóteses de extinção sem resolução do mérito, revela que a previsão normativa poderá estar em outras fontes da lei processual.

Um dos clássicos exemplos repetidos pela doutrina refere-se à previsão do art. 486, § 2º, do CPC. O pagamento das despesas processuais anteriores refere-se a um pressuposto processual positivo. A inicial deve estar acompanhada da prova da quitação como condição objetiva de nova propositura do pedido quando anteriormente tenha sido decretada a resolução do processo sem análise do mérito. Outro exemplo de pressuposto processual objetivo para o ingresso da demanda refere-se às situações em que a notificação prévia é condição para o acesso à tutela jurisdicional. Em que pese ao acerto e à atualidade desta orientação, a legislação e a jurisprudência construíram hipóteses em que a fase administrativa ou a notificação prévia são requisitos objetivos de acesso ao Poder Judiciário, sob pena de extinção do processo, como em contratos de alienação fiduciária ou *leasing*, nos termos da Súmula STJ-369.[99] Em determinadas

99. O que também vale para retomada da posse pela extinção do comodato verbal ou escrito (STJ, 4ª Turma, AgR no AREsp 599.532-SP, rela. Min. Maria Isabel

situações, como em ações previdenciárias em que se pleiteia a concessão de benefícios que tutelam a vida e a dignidade do segurado, a exigência mostra-se descabida, especialmente pela dificuldade de acesso na via administrativa.[100]

A inicial da ação rescisória, nos termos do art. 968, II e § 3º, também exige o depósito de 5% sobre o valor da causa, o que consiste em pressuposto processual, sob pena de indeferimento da inicial, com extinção sem resolução de mérito.

O art. 76, § 1º, I e III, do CPC também permite a resolução do processo por ausência de regularização da capacidade processual e/ou postulatória da parte ou de terceiro interessado.

Outra hipótese refere-se ao desatendimento a determinação judicial, que poderá gerar a extinção do processo, nos termos do art. 115, parágrafo único, do CPC.[101] O litisconsorte necessário não pode ser integrado de ofício pelo juiz, uma vez que é vedada a atividade oficiosa de integração da lide (*iussu iudicis*). O juiz deverá alertar a parte sobre a necessidade da integração, em vista da necessidade de a decisão judicial abarcar mais de uma pessoa, cujo desatendimento poderá gerar a resolução do processo nos termos do art. 485, X, do CPC.

Não há mais previsão da confusão como causa específica de resolução do processo, como já alertado no item anterior. Como a confusão ainda admite sua configuração *inter vivos*, também poderá representar forma anômala de extinção do processo. Seus efeitos realmente operam no campo do direito material, o que decorre da simples leitura do art. 381 do CC, e sua aplicação não pode ser esgotada no campo da transmissão *causa mortis*. É possível que os litigantes acabem o litígio pela aquisição do bem por uma das partes. A petição de acordo anexada ao processo encerraria o litígio com base no art. 487, III, "b", do CPC, mas o fator impeditivo para o prosseguimento da demanda também seria a ausência

Gallotti, j. 23.2.2016, *DJe* 3.3.2016) ou, ainda, para a suspensão do contrato de seguro (STJ, 3ª Turma, AgInt no AREsp 1.079.821-RS, rel. Min. Marco Aurélio Bellizze, j. 15.8.2017, *DJe* 25.8.2017).

100. O julgamento proferido pelo STF em 2014 no RE 630.241 demonstra, infelizmente, o desconhecimento por parte de nossa mais alta Corte sobre o funcionamento do INSS, bem como as dificuldades que o cidadão comum enfrenta no seu dia a dia. A procura pela esfera administrativa esbarra em sucessivas greves, ausência de peritos no dia marcado, indeferimentos sistêmicos de pedidos, em face de pleitos que não permitem demora. O posicionamento revela um retrocesso no acesso à tutela jurisdicional integral e adequada.

101. Cf.: STJ, 3ª Turma, REsp 1.677.930-DF, rel. Min. Ricardo Villas Bôas Cueva, j. 10.10.2017, *DJe* 24.10.2017.

de interesse de agir no prosseguimento da demanda, uma vez que autor e réu se fundem na mesma pessoa física ou jurídica (art. 485, VI e X).

4.2 Da resolução do processo pelo art. 487 do CPC

A sentença proferida com fundamento no art. 487 do CPC tem o condão de permitir a estabilização da relação processual, por agregar a eficácia da coisa julgada. Todas as modalidades de sentenças são passíveis de julgamento pelo mérito: declaratórias, constitutivas, condenatórias, mandamentais e executivas *lato sensu*. O juiz não pode declinar da atividade de sentenciar o processo (art. 140 do CPC). A jurisdição é indeclinável e constitui direito fundamental do cidadão em obter a solução do seu conflito de modo efetivo (art. 4º do CPC) e em tempo razoável, inclusive obedecendo-se à ordem cronológica (art. 12 do CPC).

De acordo com o art. 347, conforme já visto, após a manifestação do autor sobre as preliminares e a defesa indireta suscitada pelo réu o juiz determinará as providências preliminares, momento em que é assinalado prazo para regularização da relação processual, com o fim de suprir falhas e nulidades que sejam passíveis de convalidação. O prazo para sanar as eventuais irregularidades será de no máximo 30 dias, nos termos do art. 352, parágrafo único. O não atendimento à determinação de regularização provocará a extinção do processo sem análise do mérito (art. 354, primeira parte).

Na resolução do processo com análise do mérito, nos termos do art. 487, I a V, do CPC, o juiz terá a opção de três caminhos diversos para chegar ao mesmo objetivo. A primeira opção é retratada pelo art. 354 do CPC (segunda parte) dentro do capítulo do julgamento conforme o estado do processo. O julgamento conforme o estado do processo permite que o juiz encerre o processo, com análise do mérito, sem a necessidade de audiência de instrução.

O art. 354 (segunda parte) reflete hipótese de solução do processo com base na autocomposição das partes (art. 487, III) ou de conhecimento de matéria de objeção (art. 487, II). Na primeira hipótese a decisão do juiz é meramente homologatória e referente à conciliação obtida pelo reconhecimento do pedido, renúncia do direito ou transação concernente ao objeto litigioso. Na segunda hipótese o julgador reconhece a incidência da prescrição ou da decadência.

As sentenças com base no art. 485 ou no art. 487, II e III, revelam hipótese de encerramento prematuro da relação, porque é desnecessária a fase de instrução processual. Esta decisão prematura propicia maior celeridade e economia à atividade processual. Os elementos colacionados aos autos autorizam, desde já, a análise do processo com ou sem a análise do mérito, de modo total ou parcial. A decisão parcial (*rectius*: sentença parcial) será alvo de agravo de instrumento (art. 354, parágrafo único).

A sentença proferida com base no art. 487, I, poderá ou não depender da fase instrutória. Tratando-se de matéria de direito ou que contenha matéria de fato mas que permita a apreciação do pedido na fase em que se encontra, poderá ser analisada antecipadamente em sede de ação ou reconvenção (art. 355, I). Em caso de revelia o magistrado também antecipará o julgamento da lide (art. 355, II), desde que não incida qualquer restrição legal (art. 345) ou material (art. 348 – *e.g.*: ausência de suporte probatório) para o julgamento da lide.

O julgamento antecipado também poderá ser parcial (art. 356 do CPC) quando um ou mais pedidos se mostrarem incontroversos no processo ou quando estiver em condições de julgamento, por não depender da produção de qualquer outra prova (art. 355 do CPC).

Importante ressaltar que apenas as hipóteses retratadas pelo art. 487, I e II, do CPC correspondem a soluções estatais do conflito, em que o juiz profere julgamento da lide aplicando o Direito ao caso concreto. As demais formas indicadas pelo inciso III são modalidades de composição por ato bilateral ou unilateral chanceladas pelo Estado-juiz.[102]

4.2.1 *Formas de resolução do processo com análise do mérito*

4.2.1.1 *O acolhimento ou a rejeição do pedido*

O art. 487, I, do CPC determina o encerramento da relação processual pelo acolhimento ou rejeição do pedido formulado na ação ou reconvenção. O Código de Processo Civil/2015 reconhece a autonomia da reconvenção, que poderá ser ofertada mesmo sem a apresentação da contestação (art. 343, § 6º). No entanto, o pedido contraposto ou formulado por meio de resposta em ação dúplice também merecerá a proteção da coisa julgada.

O acolhimento poderá ser parcial ou total. Proíbe-se que a sentença julgue fora (*extra petita*), aquém (*infra* ou *citra petita*) ou, ainda, além do pedido (*ultra petita*).

102. Egas Dirceu Moniz de Aragão, *Comentários ao Código de Processo Civil*, vol. II, p. 420.

Esta decisão terá a aptidão de formar coisa julgada material, requisito essencial para a estabilização do conflito. Dentre as hipóteses ventiladas pelo art. 487 do CPC, a sentença proferida pelo inciso I revela julgamento efetivo da lide com aptidão para a formação de coisa julgada material. O art. 487, I, tem o condão de permitir o cumprimento do art. 4º do CPC, que revela o compromisso da atividade jurisdicional com a satisfação das atividades cognitiva e executiva.

O art. 487, I, revela situação onde o juiz resolve a controvérsia estabelecida por meio de pedido elaborado pelo autor da ação ou da reconvenção. Fala-se que a sentença é de mérito porque a relação jurídica de direito material, suportada pela relação processual, encontra solução definitiva após o trânsito em julgado. Muito embora o juiz analise na fundamentação da sentença o objeto do processo (formado pelo pedido do autor e por todas as defesas apresentadas pelo réu), o julgamento sempre se refere ao pedido. Outro dado de precisão conceitual é o de que o juiz nunca julga a ação, mas o pedido realizado pelo demandante.[103] O pedido é formulado pelo autor, mas o objeto do processo pode ser alargado pelo réu sem a utilização da reconvenção (art. 343 do CPC). Em determinadas situações, em função da instrumentalidade processual, permite-se que o pedido possa ser formulado na peça de contestação sob forma contraposta, o que origina o pedido contraposto, que é típico de procedimentos especiais, como no Juizado Especial (art. 17, parágrafo único, da Lei 9.099/1995), ou, ainda, o pedido dúplice, que está coligado com o pedido formulado pelo autor, como acontece nas ações possessórias (art. 556 do CPC). Nestas situações existe alargamento do objeto litigioso e sobre o qual recairá a eficácia da coisa julgada (art. 502 do CPC).

4.2.1.2 *Resolução pelo reconhecimento da prescrição e da decadência*

A prescrição (art. 189 do CC) e a decadência (art. 207 do CC) correspondem a institutos do direito material e são apontadas como causas específicas para o julgamento do processo com análise do mérito.

É comum junto aos manuais de direito civil a explicação de que a prescrição corresponde à extinção do direito de ação e a decadência corresponde à extinção do próprio direito. O CC/2002 corrigiu esta distorção referente à prescrição ao inserir a redação do art. 189, que

103. Didier Jr./Zaneti Jr., *Curso de Direito Processual Civil*, vol. I, p. 288.

delimita a pretensão (*Anspruch* para os alemães ou *pretesa* para os italianos).[104]

Desta forma, o que prescreve é a pretensão ou a exceção, mas não a ação. A compreensão do significado do termo "pretensão" exige o socorro à doutrina de Pontes de Miranda.[105] No mundo jurídico existem os direitos, as pretensões e as ações. O primeiro elemento corresponde ao direito subjetivo. Certos fatos sociais são coloridos pela norma jurídica, e estes fatos consumados provocam a aquisição de direitos subjetivos aos seus respectivos titulares. Exemplo: a morte corresponde a um fato jurídico *stricto sensu*, e um dos efeitos da extinção da personalidade jurídica é a sucessão *ipso iure*, que opera nos termos do art. 1.784 do CC. Os sucessores possuem o direito de dispor do patrimônio, ou seja, habitá-lo, vendê-lo, doá-lo etc. Caso um terceiro ingresse no imóvel de um dos herdeiros, surge a pretensão, uma vez que houve violação do direito subjetivo de não ser tolhido no exercício do *ius utendi*, *fruendi* e *abutendi*. A pretensão representa o verdadeiro *direito material inflamado*. Em face da impossibilidade de solução dos conflitos pela autotutela fora dos casos permitidos pelo texto legal (art. 1.210 do CC), a parte lesada deverá valer-se da ação judicial para postular a pretensão em juízo. Com isso, é fácil diferenciar os três estágios sucessivos: direito, pretensão e ação. A prescrição ataca o segundo elemento. O direito e a ação restam intactos. Quando o Código Civil determina que "não se pode repetir o que se pagou para solver dívida prescrita" (art. 882, primeira parte), demonstra o acerto da redação do art. 189. Não existe o direito à repetição do valor porque a dívida (*rectius*: *o direito*) ainda existe. Apenas o aniquilamento do direito, ou seja, a decadência, levaria à necessidade de que o pagamento fosse repetido, como no caso de pagamento de tributo cujo fato gerador já era caduco. Mas, e a ação não estaria, por acaso, prescrita? Obviamente que não. Apenas a pretensão que embasa o exercício do direito de ação prescreve.

Desde a modificação operada pela Lei 11.280/2006 a prescrição passou a ser tratada como matéria oficiosa. O Código de Processo Civil/2015 acompanhou essa determinação, de tal modo que prescrição e decadência podem ser conhecidas *ex officio*, desde a fase de apresentação da petição inicial (art. 332, § 1º).

104. José Carlos Moreira Alves, *A Parte Geral do Projeto de Código Civil Brasileiro (Subsídios Históricos para o Novo Código Civil Brasileiro)*, p. 156.
105. Pontes de Miranda, *Tratado de Direito Privado*, t. VI, § 668, p. 135.

A prescrição e a decadência, quando não tenham sido objeto de discussão, exigem a abertura de contraditório prévio, como meio de evitar a surpresa processual. Somente será dispensado o contraditório quando se tratar de hipótese de improcedência liminar do pedido (arts. 332, § 1º, e 488).

A prescrição e decadência revelam julgamento de mérito, e quando sejam decididas por julgamento parcial devem ser atacadas por meio do agravo de instrumento, nos termos do que dispõe o art. 356, § 5º, do CPC, sob pena de preclusão.[106]

4.2.1.3 *Reconhecimento jurídico do pedido*

O reconhecimento jurídico do pedido provoca o encerramento da relação jurídica processual (art. 487, III, "a", do CPC). Por meio desta atitude a parte reconhece o pedido formulado na ação ou na reconvenção.

É inconfundível o reconhecimento jurídico do pedido com a confissão ou a revelia. A confissão opera sobre fatos e não opera o encerramento *ipso iure* do processo. Se a confissão não for coerente com as demais provas do processo, ou disser respeito a direitos indisponíveis (art. 392 do CPC) ou, ainda, prejudicar o litisconsorte (art. 391 do CPC) não operará qualquer efeito. A confissão corresponde a ato processual que pode ser praticado pelo autor ou pelo réu.[107]

A revelia corresponde a uma forma de confissão ficta, mas os efeitos do art. 344 do CPC são obstados pelas causas excludentes do art. 345 ou, mesmo, pela incongruência dos fatos incontroversos com o conjunto probatório oferecido pelo autor (art. 348 do CPC).

O reconhecimento jurídico da ação ou da reconvenção é mais amplo, e corresponde à aceitação dos pedidos mediato e imediato formulados pela parte. Esta aceitação não pode ser parcial, pois neste caso teríamos uma transação, em vista da concessão recíproca de ambas as partes. O juiz

106. "Recurso especial – Processo civil – Decisão interlocutória que afasta a prescrição – Decisão de mérito que desafia o recurso de agravo de instrumento – art. 487, II, c/c art. 1.015, II, do CPC/2015. (...). 4. O novo Código considerou como de mérito o provimento que decide sobre a prescrição ou a decadência (art. 487, II, do CPC), tornando a decisão definitiva e revestida do manto da coisa julgada. 5. Caso a prescrição seja decidida por interlocutória, como ocorre na espécie, o provimento deverá ser impugnado via agravo de instrumento. Já, se a questão for definida apenas no âmbito da sentença, pondo fim ao processo ou a capítulo da sentença, caberá apelação, nos termos do art. 1.009 do CPC. 6. Recurso especial não provido" (STJ, 4ª Turma, REsp 1.778.237-RS, rel. Min. Luís Felipe Salomão, j. 19.2.2019, *DJe* 28.3.2019).

107. Moacyr Lobo da Costa, *Confissão e Reconhecimento do Pedido*, p. 73.

deve realizar controle rígido sobre o reconhecimento do pedido, principalmente para evitar fraude processual. Em vista de direitos indisponíveis e processos obrigatórios, como adoção e interdição, o reconhecimento jurídico do pedido deve ser cuidadosamente cotejado pelo juiz. Na verdade, assim como a renúncia e a transação, o reconhecimento exige a capacidade do renunciante, bem como a disponibilidade do direito.

4.2.1.4 *Transação*

A transação, cuja fonte advém do art. 840 do CC, constitui verdadeiro negócio jurídico material e processual. O encerramento da relação jurídica entre os contendores acontece em face das concessões mútuas. O papel do juiz não está propriamente em julgar, uma vez que a decisão é meramente homologatória da vontade das partes. O juiz deve velar pela liceidade da transação. Assim, tratando-se de verdadeiro negócio jurídico, não poderá ser entabulado acordo com prestações impossíveis, objeto ilícito ou obrigação vedada por lei. Da mesma forma, a transação envolve concessão e disposição do direito, exigindo capacidade do transator.

Quanto ao momento e à forma, admite-se a transação judicial desde que formada a relação processual e realizado pedido de encerramento do litígio por meio concessões recíprocas das partes. Nada impede que a transação assuma feição extrajudicial quando as partes apresentam pedido em juízo para simples homologação de acordo firmado fora do processo (art. 725, VIII, do CPC).

Na transação o juiz poderá homologar o acordo ainda que seu objeto seja maior que aquele inaugurado pela disputa judicial. Permite-se maior rendimento na atividade jurisdicional, conforme redação expressa do art. 515, § 2º: "A autocomposição judicial pode envolver sujeito estranho ao processo e versar sobre relação jurídica que não tenha sido deduzida em juízo". Em suma: a transação permitirá a ampliação subjetiva e objetiva para o fim de solucionar o conflito entre as partes de modo amplo.

4.2.1.5 *Resolução pela renúncia do direito*

A renúncia é atitude exclusiva do autor e não se confunde com a desistência prevista pelo art. 485, VIII, do CPC.[108] Nesta situação o

108. "(...). A renúncia, por sua vez, é ato privativo do autor, pode ser exercida em qualquer tempo ou grau de jurisdição, independe de anuência da parte contrária, causa a extinção do feito com julgamento do mérito (art. 269, V, do CPC) [*CPC/1973 – v. art. 487, III, "c", do CPC/2015*] e impede a propositura de qualquer ação sobre esse mesmo direito. Assim, cuida-se de instituto de direito material cujos efeitos são

autor apenas abdica de desenvolver a relação processual, e, como consequência, deverá arcar com as despesas do processo após a anuência da parte contrária, caso já tenha ocorrido a integração do réu ao processo. Por meio da renúncia o autor abre mão do próprio direito, e isto acarreta consequências radicais, uma vez que o processo se encerrará com julgamento definitivo da pretensão – o que, obviamente, inclui a formação da coisa julgada material.

Na renúncia assim como no reconhecimento e na transação será essencial a capacidade do autor para o ato de disposição. Se houver litisconsórcio unitário, a renúncia de apenas um dos litisconsortes não poderá operar efeito, visto que a atitude dos litisconsortes somente surte eficácia para beneficiar, nunca em prejuízo (art. 117, segunda parte, do CPC). Claro que se se tratar de litisconsórcio simples a renúncia de um dos autores não representará prejuízo para os demais (art. 117, primeira parte, do CPC).

os mesmos da improcedência da ação. (...)" (STJ, AgR no Ag 1.131.013-MG, rela. Min. Eliana Calmon, j. 3.11.2009).

Capítulo IV
AUDIÊNCIA DE CONCILIAÇÃO E MEDIAÇÃO

1. Designação da audiência de conciliação. 2. A obrigatoriedade da conciliação. 3. Dispensa da conciliação. 4. A multa pelo não comparecimento e o voluntarismo da conciliação. 5. Suspensão da audiência. 6. Audiência: espaço e tempo. 7. Representação na audiência. 8. Homologação da autocomposição,

1. Designação da audiência de conciliação

O oferecimento regular da petição inicial provoca o impulso oficial da demanda com a determinação, *ex officio*, da citação. Nada impede que o pedido de citação seja formulado na petição inicial pelo autor, o que é desejável, como meio de indicar ao juízo a forma adequada de cientificar o réu sobre a propositura da demanda. Isto é fundamental para situações de abertura do procedimento com requerimento de citação editalícia (art. 256 do CPC) e com necessidade de formação do procedimento edital (art. 259 do CPC). Esta solução não esconde a regra-matriz de impulso no procedimento comum do Código de Processo Civil/2015, que é marcado pela celebração obrigatória da audiência de conciliação.[1]

A audiência deverá ser designada pelo juiz observando a pauta própria quando ainda não esteja instalado o CEJUSC-PRO. Na hipótese de o juízo já contar com a instalação do centro de conciliação a pauta será independente. Em qualquer uma das duas hipóteses exige-se um intervalo mínimo de 20 minutos, nos termos do art. 334, § 12, do CPC. Esta norma apenas demonstra a preocupação do legislador em permitir um intervalo

1. A tendência de inserir a solução amistosa em primeira e segunda instâncias insere-se com maior vigor no ordenamento europeu na segunda metade do século XX. Na França a inserção da conciliação judicial primeiramente em segunda instância e posteriormente na primeira instância inicia-se após 1995. V.: Loïc Cadiet/Jacques Normand/Amrani Soraya Mekki, *Théorie Générale du Procès*, 2ª ed., p. 520.

adequado para que as partes possam interagir. Este prazo apenas determina o mínimo, mas o juiz deverá orientar a ordenação das audiências com intervalos maiores quando a complexidade ou a especificidade do objeto litigioso (*e.g.*: causa de família) exigirem prazo maior para a tentativa de solução amistosa do processo.

A audiência de conciliação e mediação é marcada pelo princípio da unidade, de tal forma que seu desenvolvimento em mais de uma etapa não compromete os atos acordados para que uma solução ajustada possa ser construída. Isto poderá exigir que o ato seja desenvolvido em mais de uma sessão. O prazo de continuidade não deve exceder a dois meses da primeira sessão (art. 334, § 2º, do CPC), mas nada impede que por comum acordo as partes possam estender sua realização quando algum ato necessário para a concretização do acordo dependa de prazo maior, como a análise de documentação complexa para a formulação de proposta.

Não há dúvida de que a realização da audiência de conciliação pressupõe o preenchimento dos pressupostos processuais e das condições da ação. A ausência dos requisitos mínimos impede a continuidade da marcha processual e permite a resolução do processo sem análise do mérito (art. 331 do CPC). É sempre importante lembrar que o juiz deverá velar pela observância do art. 4º do CPC, e quando possível deve oportunizar o saneamento da relação processual, para o aproveitamento máximo do processo (art. 321 do CPC). O pedido inicial também não permitirá a instauração da fase de conciliação quando possa ser julgado liminarmente pela análise do mérito, nos termos do art. 332 do CPC.

Ao contrário da legislação processual anterior, o réu não é mais citado para o oferecimento imediato da contestação. A integração processual é voltada para a tentativa de autocomposição pela *conciliação* ou pela *mediação*. Primeiramente o réu deverá comparecer à audiência de conciliação, nos termos do art. 334 do CPC, sob pena de aplicação de multa de até 2%, nos termos do § 8º do art. 334 do CPC. Posicionamo-nos contrário à incidência da multa, quando uma das partes manifesta expressamente seu desejo em não conciliar e pede o prosseguimento da relação processual, pois não existe possibilidade de obrigar as partes ao comparecimento para conciliar.[2] O que não é se afigura lícito é que ambas

2. A jurisprudência já reconhece a desnecessidade de realização do ato quando uma das partes manifesta seu desinteresse: "Audiência de Conciliação – R. Despacho que determinou a sua realização – Insurgência – Cabimento – Inócua a designação se uma das partes não pretende se conciliar – Dispensa nessas circunstâncias – Princípios da celeridade processual e da razoável duração do processo – Despacho reformado – Recurso provido (TJSP, 14ª Câmara de Direito Privado,

as partes não se manifestem e não compareçam ao ato, o que configuraria ato atentatório à dignidade da justiça.

Quando frustrada ou inviável sua realização (art. 334, § 4º, I e II, do CPC) o réu oferecerá a contestação ao pedido (art. 335, I e II). Nas ações especiais ou quando não seja possível a fase de conciliação o réu será citado para defesa, e a fluência do prazo obedecerá às regras tradicionais estabelecidas pelo art. 231 do CPC.

A lei processual estabelece que sua realização é compulsória, e somente poderá ser dispensada pelo juiz quando ambas as partes manifestarem desinteresse na sua realização (art. 334, § 4º, I) ou quando a natureza da demanda não permitir a conciliação (art. 334, § 4º, II).

2. *A obrigatoriedade da conciliação*

O art. 334 do CPC foi introduzido com o fim de modificar a cultura litigiosa do sistema brasileiro. O dispositivo tem boa intenção; contudo, com resultado duvidoso. A etapa conciliatória é marcada por sua obrigatoriedade, com permissão de instalação de centros especializados (CEJUSCs) que auxiliem as partes na tentativa de obter uma solução por autocomposição (art. 165 do CPC).[3]

A maior polêmica em relação ao dispositivo reside na obrigatoriedade e na necessidade de dupla renúncia, sob pena de aplicação de multa (art. 334, § 8º, CPC). É discutível a liceidade de obrigar a parte que já anunciou, antecipadamente, sua intenção de não comparecer ao ato, como já afirmado. As normas insculpidas pelo art. 334, §§ 4º e 8º, são cogentes e a jurisprudência tem reconhecido sua aplicação, contudo apresentando divergência quanto à literalidade na sua aplicação.[4]

AgI 2.256.620-53.2019.8.26.0000, rel. Des. Achile Alesina, j. 5.12.2019, Data de Registro 5.12.2019).

3. Os CEJUSCs foram inseridos no Código de Processo Civil como reflexo da criação da Política Judiciária Nacional para o tratamento adequado dos conflitos de interesses, conforme Resolução CNJ-125/2010. A iniciativa antecede o art. 334 do CPC e o art. 27 da Lei Mediação. Cabe ao CNJ (art. 6º da Resolução 125/2010) estabelecer as diretrizes da política judiciária, e que contará em cada tribunal com o apoio do Núcleo Permanente de Métodos Consensuais de Solução de Conflitos/NUPEMEC local, os quais serão responsáveis pela criação e fiscalização dos CEJUSCs em cada de uma das unidades jurisdicionais (art. 7º da Resolução 125/2010).

4. O TJSP reconhece a aplicação da multa: "Processo civil – Execução apoiada em nota promissória – Inconformismo da executada agravante contra a fixação do pagamento de multa no percentual de 2% sobre o valor atualizado do débito exequendo em razão do não comparecimento à audiência de conciliação – Intelecção do art.

O texto legal acaba imputando ao conciliador e ao mediador a nobre tarefa de mudar o prognóstico litigioso do processo, o que exigirá preparo e ambiente adequado para que o ato possa surtir eficácia. Não seria efetivamente adequado deixar o ato inaugural de autocomposição ao encargo do juiz. O magistrado é pressionado por números, e há uma tendência de a audiência conciliatória nem sempre surtir o efeito desejado, pela pressão temporal em caso de ausência de composição célere entre as partes. O ideal é realmente delegar a realização do ato do art. 334 do CPC para equipe técnica que tenha formação adequada, tal como disciplinado pelo art. 165 do CPC. A previsão do Código de Processo Civil ainda não encontrou aplicação uniforme em todo o Brasil, pois em muitas localidades o próprio magistrado é o responsável por cumprir a fase conciliatória, o que provoca a duplicação de sua pauta de audiências. O art. 334, § 1º, não elimina a possibilidade de o juiz ser o responsável pela sua realização, pois admite a ausência de conciliadores e mediadores no juízo.[5]

334, § 8º, do CPC/15 – Pretensão de nulidade da intimação para comparecimento das partes na solenidade, por alegada publicação do ato em nome do advogado que 'não mais labora no escritório do ora signatário há mais de ano e dia e, outrossim, não se sabe por qual motivo não renunciou a este feito, como fez em outras demandas' – Descabimento – Ausente vício na intimação – Inocorrência de cerceamento de defesa – Inteligência do CPC/2015, art. 272, § 2º – Recurso improvido" (TJSP, 16ª Câmara de Direito Privado, AI 22035156920168260000 SP 2203515-69.2016.8.26.0000, rel. Des. Jovino de Sylos, j. 15.3.2019, data de publicação: 15.3.2019). Ainda, no mesmo sentido: "Ação de cobrança. Ausência injustificada do representante legal da empresa agravante e do patrono à audiência de tentativa de conciliação. Advertência prévia. Multa. Cabimento (art. 334, § 8º, do CPC). Ato atentatório à dignidade da justiça. Recurso não provido" (TJSP, Agravo de Instrumento 2223378-06.2019.8.26.0000; Relator (a): Gilberto dos Santos; Órgão Julgador: 11ª Câmara de Direito Privado; Foro de Santa Cruz do Rio Pardo – 2ª Vara Cível; Data do Julgamento: 2.12.2019; Data de Registro: 2.12.2019). O mesmo TJSP reconhece que a multa não deve ser aplicada quando há pedido expresso em sua não realização, bem como reconhece a inexistência de nulidade pela sua não realização: "Não designação da audiência prevista no art. 334, *caput*, do atual CPC, que não constitui motivo para macular a sentença – Partes que podem transigir em qualquer momento processual – Precedentes do TJSP" (TJSP, Apelação Cível 1052206-75.2017.8.26.0002; Relator (a): José Marcos Marrone; Órgão Julgador: 23ª Câmara de Direito Privado; Foro Regional II – Santo Amaro – 1ª Vara Cível; Data do Julgamento: 21.8.2019; Data de Registro: 22.8.2019).

5. A Resolução CNJ-125/2010 tem como fim estabelecer a política nacional de conciliação, e determina que os tribunais deverão criar os mecanismos adequados, conforme os arts. 1º, § 1º, e 8º. Este último dispositivo já previa muito antes do Código de Processo Civil/2015 a necessidade dos centros de conciliação com o fim de gestão das sessões de conciliação e para a orientação dos jurisdicionados. Os CEJUSCs atuam, basicamente, em três atividades: a pré-processual, a processual e a de serviços de cidadania. Caberá ao NUPEMEC identificar a estrutura e a capacidade de cada

3. Dispensa da conciliação

A conciliação corresponde a fase obrigatória pelo Código de Processo Civil/2015, mas em duas hipóteses se admite sua não celebração.

A primeira situação materializa-se quando ambas as partes expressam o desinteresse conjunto ou em separado na realização do ato (art. 334, § 4º, I, do CPC). O desinteresse conjunto parece inviável, mas nada impede que exista negócio processual prévio em que ambas anuíram antecipadamente à não realização do ato em caso de demanda judicial (art. 190 do CPC). Ainda será possível que o autor formule na sua petição inicial pedido expresso de desinteresse. O réu deverá formular seu pedido de não participar do ato em até 10 dias antes da data designada para o ato de conciliação (art. 334, § 5º, do CPC).

Aqui surge uma indagação natural sobre a preclusão para o autor caso modifique seu entendimento após o oferecimento da inicial. Entendemos que é possível, desde que o modifique antes de sua citação, para evitar a surpresa, ou desde que colha expressamente a anuência do réu para a não realização do ato.

A desistência do pedido da audiência poderá envolver a necessidade de manifestação coletiva quando estiver configurado o litisconsórcio ativo ou passivo (art. 334, § 6º, do CPC).

A segunda possibilidade de não realização da audiência é quando não for permitida a autocomposição sobre o objeto litigioso do processo. Em determinadas demandas o objeto litigioso é indisponível, o que torna inviáveis a audiência de conciliação ou a instauração de mediação. O processo de adoção é um exemplo. Não existe a possibilidade de o processo ser solucionado pela simples renúncia dos pais ao poder familiar ou pela concordância com o pedido de adoção. A decisão de adoção representa ação de estado em que há modificação do *status familiae*. São necessários a avaliação técnica e o acompanhamento do Ministério Público para que a decisão constitutiva possa ser proferida pelo juiz. Os processos que envolvem a discussão de interesses da pessoa jurídica de direito público necessitam de análise pontual sobre a viabilidade da audiência do art. 334 do CPC. Em algumas situações a composição poderá ser possível.

É o caso da ação proposta para recomposição dos cofres públicos.

CEJUSC de poder acumular as três funções, em vista da estrutura organizacional. O CEJUSC poderá conter o selo PRE, PRO e CID, que habilitará a unidade a trabalhar em todas as frentes previstas, conforme o art. 10 da Resolução 125/2010. No entanto, enquanto ausente a estrutura adequada, é o ideal que possa atuar pelo menos na função processual (CEJUSC PRO).

A parte ré poderá comparecer ao ato e realizar o pagamento. Embora a pessoa jurídica não possa renunciar aos valores, não há dúvida de que poderá celebrar acordo para receber valores de modo parcelado, com a devida compensação.

A presença da Fazenda Pública, por si só, em juízo não revela a existência de interesse indisponível. Nem sempre o Poder Público comparece para a defesa de interesses primários. Em alguns casos a defesa de interesses secundários revela a defesa de interesses meramente patrimoniais da Fazenda Pública em juízo, o que permite a autocomposição.[6]

4. A MULTA PELO NÃO COMPARECIMENTO E O VOLUNTARISMO DA CONCILIAÇÃO

A multa inserida no art. 334, § 8º, do CPC assume natureza de autêntica *astreinte*, pois se trata de meio de pressão (*moyen de pression*) pelo descumprimento da intimação judicial para o comparecimento à audiência de conciliação. A multa não deveria ser aplicada quando uma das partes previamente manifestasse seu desinteresse em conciliar. Ao contrário, se inexistir qualquer manifestação pelo desinteresse o comparecimento é obrigatório, e a multa sempre deverá ser aplicada. A obrigatoriedade de comparecimento para conciliar é questionável. A manifestação prévia no sentido de não participar do ato revela a boa-fé e a cooperação da parte em assumir antecipadamente que o ato será desnecessário. O juiz poderá incentivar a conciliação em nova fase com o fim de tentar obter a autocomposição das partes.

O princípio basilar que informa todo o processo de mediação e de conciliação é o voluntarismo (*voluntariness*); afinal, "as partes estão pre-

6. No âmbito federal deve ser realizada a leitura da Lei 9.469/1997, com as alterações da Lei 11.941/2009. Desde que não se trate de matéria sumulada pela Advocacia-Geral da União/AGU e não exista evidente erro administrativo, a conciliação poderá ser tentada. V., ainda: (a) Portaria 109/2007 – trata da transação, não interposição ou desistência de recurso perante os Juizados Especiais Federais; Portarias 990 e 1.156; Portaria 915/2009 – especifica as diretrizes de formalização de acordos judiciais pelos órgãos de execução da Procuradoria-Geral Federal para findar litígio judicial; Portarias Conjunta 1 e 90, ambas de 2009 – delegam competências ao Presidente do INCRA, do IBAMA e do ICMBio para autorizar a realização de acordos ou transações em juízo visando a terminar os litígios; e Portaria 377/2011 – regulamenta o art. 1º-A da Lei 9.469/1997. Aponta-se, ainda, a Portaria 6/2011 – cuida de acordos e transações nas ações regressivas acidentárias no âmbito da Procuradoria-Geral Federal.

sentes porque elas querem estar lá, ou, ao menos, não estão compelidas"[7] (tradução nossa).

Um ponto importante fixado pelo art. 334, § 8º, refere-se ao destino da multa. Ela deverá ser recolhida para a União ou para o Estado – o que revela o caráter estatal da *astreinte*.

5. *Suspensão da audiência*

É possível que a audiência designada seja suspensa por motivo de força maior, o que será regido pelo regime geral dos atos processuais (art. 223, §§ 1º e 2º, do CPC). Não será realizada a audiência quando o réu suscitar a incompetência do juízo como matéria preliminar, nos termos do art. 340, § 3º, do CPC. O juiz deverá analisar a preliminar oferecida com a resposta prévia do réu. Note-se que nesta hipótese o réu adiantará o oferecimento da sua defesa, pois o normal seria aguardar o ato de conciliação para a fluência do prazo de contestação (art. 335, I, do CPC). O réu ofertará a contestação integral, não será possível suscitar apenas a incompetência e depois oferecer o restante da contestação, tudo em homenagem ao princípio da eventualidade.

6. *Audiência: espaço e tempo*

O ato de conciliação poderá ser realizado de modo físico ou eletrônico (art. 334, § 7º, do CPC). A possibilidade do modo eletrônico não impede que o ato possa ser realizado, inclusive, por videoconferência. A distância não deverá ser fato impeditivo para a conciliação.

A designação da audiência deverá obedecer a prazos vitais, e, portanto, cogentes. O primeiro é fundamental, porque, como o réu não é mais citado para contestar, mas para conciliar, a audiência deverá ser designada com intervalo de no mínimo 30 dias após o recebimento da petição inicial. E o réu deverá ser citado com antecedência mínima de 20 dias, pois do contrário não terá tempo hábil para poder avaliar o pedido formulado, refletir sobre o pedido e para oferecer a própria defesa quando suscite a incompetência do juízo (art. 340, § 3º, do CPC).

A intimação do autor para a audiência de conciliação e mediação será realizada na pessoa do advogado (art. 334, § 3º, do CPC).

7. "Parties were present because they wanted to be there, or at least were not compelled" (David Spencer/Michael Brogan, *Mediation Law and Practice*, p. 85).

A audiência eletrônica permite sua gravação, inclusive pelas próprias partes, e dispensa a assinatura dos termos. Nos locais em que o processo ainda seja físico o ato deverá ser lavrado e assinado pelas partes. Independentemente da forma de realização, ambas as partes devem estar acompanhadas de seus respectivos advogados (art. 334, § 9º, do CPC).

A presença do defensor constituído, público ou nomeado pelo juízo, é essencial, porque o ato de conciliar, no mínimo, traz a possibilidade de transacionar, desistir ou renunciar, o que exige o esclarecimento técnico sobre as consequências da demanda. O acompanhamento não significa que a parte não possa discordar do seu procurador e celebrar a autocomposição; mas é essencial para a ampla defesa a possibilidade de o procurador realizar o dever de alerta (*Hinweispflicht*) e de aconselhamento técnico (*Aufklärungspflicht*) da parte.

7. Representação na audiência

O ato de conciliação foi considerado obrigatório pelo Código de Processo Civil/2015 e se reconheceu expressamente que a parte poderá estar representada por meio de procuração com poderes especiais para transigir ou negociar. A opção poderia ter sido diversa, ao menos para a pessoa física, exigindo-se a pessoalidade do ato, tal como está cristalizado no Juizado Especial (arts. 9º, § 4º, e 23 da Lei 9.099/1995).[8]

No Código de Processo Civil a possibilidade de representação (art. 115 do CC) é ampla e atinge a pessoa física e a pessoa jurídica. O advogado constituído poderá exercer cumulativamente a posição de preposto, mas os poderes devem ser expressos, pois não estão contidos na cláusula *ad judicia* do art. 105 do CPC.

8. Homologação da autocomposição

O resultado exitoso da audiência de conciliação ou mediação será reduzido a termo e homologado pelo juiz (art. 334, § 11, do CPC). A sentença será proferida com fundamento no art. 487, III, "b", do CPC.

8. No Juizado Especial admite-se a preposição da pessoa jurídica, nos termos do art. 9º, § 4º, da Lei 9.099/1995, sem a necessidade do vínculo empregatício.

Capítulo V
RESPOSTA DO RÉU

1. A manifestação do réu no processo. 2. Contestação: 2.1 O ônus de contestar – 2.2 Prazo da contestação: 2.2.1 Prazo para contestar no litisconsórcio passivo – 2.2.2 Prazo em dobro para contestar – 2.3 Conteúdo da contestação – 2.4 O local de oferecimento da contestação: a competência absoluta e a competência relativa do juízo – 2.5 A contestação e seus elementos: 2.5.1 O princípio da concentração – 2.5.2 A defesa processual por meio de preliminares: 2.5.2.1 Inexistência ou nulidade da citação – 2.5.2.2 Incompetência relativa ou absoluta – 2.5.2.3 Incorreção do valor da causa – 2.5.2.4 Inépcia da petição inicial – 2.5.2.5 A perempção – 2.5.2.6 Litispendência e coisa julgada – 2.5.2.7 Conexão – 2.5.2.8 Incapacidade da parte, defeito de representação ou falta de autorização – 2.5.2.9 Convenção de arbitragem – 2.5.2.10 Ausência de legitimidade ou de interesse processual – 2.5.2.11 Falta de caução ou de outra prestação legal – 2.5.2.12 Indevida concessão do benefício da gratuidade – 2.5.3 A correção do polo passivo na fase da contestação: 2.5.3.1 Procedimento para a mutação do polo passivo – 2.5.4 Defesa de mérito: 2.5.4.1 Impugnação dos fatos – 2.5.4.2 Impugnação do direito – 2.5.4.3 Fatos extemporâneos. 3. Reconvenção: 3.1 Reconvenção, pedido contraposto e ações dúplices – 3.2 A reconvenção e o princípio da economia processual – 3.3 Requisitos para o exercício da reconvenção: 3.3.1 Preparo da reconvenção – 3.3.2 Competência do juízo – 3.3.3 Substanciação da reconvenção – 3.3.4 Legitimidade ativa e legitimidade passiva: 3.3.4.1 Ampliação subjetiva do polo ativo e do polo passivo – 3.3.4.2 Interesse processual na reconvenção – 3.3.5 Recurso cabível contra o indeferimento liminar – 3.3.6 Reconvenção da reconvenção – 3.3.7 Procedimento da reconvenção. 4. Revelia: 4.1 Contumácia e revelia – 4.2 Efeitos da revelia – 4.3 Impossibilidade de incidência dos efeitos da revelia: 4.3.1 A pluralidade de partes – 4.3.2 Litígio sobre direitos indisponíveis: 4.3.2.1 Interesse primário "versus" interesse secundário – 4.3.3 Ausência de documento essencial para o julgamento da lide – 4.3.4 Ausência de fato comprovado ou contraditório – 4.4 Comparecimento tardio do réu revel – 4.5 Nomeação de curador ao revel – 4.6 O papel do assistente na revelia. 5. Reconhecimento jurídico do pedido.

1. A manifestação do réu no processo

A oportunidade de manifestação do réu é essencial para que o comando do art. 5º, LV, da CF/1988 seja cumprido. O contraditório consiste no pilar de sustentação da relação processual e projeta a integração do réu por meio de alguma das formas de manifestação previstas pelo sistema processual.

Dentre as formas de manifestação da vontade do réu perante o procedimento comum em resposta ao pedido formulado pelo autor destacam-se: a *contestação*, a *reconvenção*, o *oferecimento de exceção*, a *revelia* e o *reconhecimento jurídico do pedido*.[1]

A contestação é, sem dúvida, a principal forma de resposta do réu, o que justifica a prioridade em seu tratamento após a fase da conciliação (arts. 335 a 342 do CPC).

Na sequência o Código de Processo Civil prevê a reconvenção (art. 343 do CPC), que corresponde a técnica que permite o alargamento do objeto decisório do juiz, na medida em que permite que o réu formule pedido em relação ao autor da demanda.

A revelia (arts. 344 a 346) revela a contumácia do réu, e seu silêncio também deve ser computado como manifestação lícita de vontade e reconhecido amplamente pelo sistema jurídico (art. 111 do CC).

A exceção também representa forma de resposta que sofreu extrema redução em face da vigente legislação processual. No regime anterior era lícito ao réu oferecer a exceção de suspeição e a de impedimento bem como a exceção de incompetência. No regime atual as exceções são, em regra, apresentadas como preliminares da contestação (art. 335 do CPC), sobrevivendo, ainda, a possibilidade de defesa autônoma com o oferecimento da exceção de suspeição ou impedimento (art. 146 do CPC).[2]

O reconhecimento jurídico do pedido corresponde a forma específica de manifestação do réu que merece reconhecimento autônomo, na medida em que encerra a relação processual de modo definitivo, com atividade de homologação do juízo (art. 487, III, "a", do CPC). Examinaremos de

1. Obviamente, a parte provocada (*provocatio ad agendum*) a integrar a relação processual também se manifesta de outras formas, como na impugnação (art. 525 do CPC) ou nos embargos ou, ainda, por meio da exceção de pré-executividade. Os terceiros que não integram propriamente a relação processual também se manifestam por meio de resposta ao pedido formulado por alguma das partes, como na provocação do *amicus curiae* (art. 138 do CPC) ou o terceiro que deve exibir documentos.

2. Sobre o tema remetemos o leitor para a t. I deste *Curso*, pp. 679-680.

modo específico a contestação, a reconvenção, a revelia e o reconhecimento jurídico do pedido.

2. *Contestação*

A contestação corresponde à principal forma de resposta do réu após sua integração na relação processual. Nos termos do art. 335 do CPC, o réu terá o prazo de 15 dias para ofertar a peça contestatória.[3] A peça poderá ser basicamente dividida em duas partes, representadas pelas questões prévias e pelas questões de fundo. Nas questões prévias são enfrentadas as questões preliminares e prejudiciais. Nas questões de fundo são apreciadas as questões de fato e de direito que compõem as defesas indireta e direta do réu.

2.1 O ônus de contestar

Diferentemente da relação jurídica material, que é marcada essencialmente por direitos, poderes e deveres, a relação processual externa um ponto diferencial, marcada essencialmente pela noção de ônus.[4]

Na relação jurídica material o descumprimento de um dever sujeita o devedor ao inadimplemento absoluto, relativo ou imperfeito. O fotógrafo que esquece do dia da celebração do casamento sujeita-se ao inadimplemento absoluto da relação jurídica, pois a celebração do casamento não poderá ser repetida para a prestação do serviço. O locatário que deixa de pagar pontualmente seu aluguel encontra-se perante um inadimplemento relativo, posto que, apesar do atraso, o pagamento extemporâneo, acrescido dos encargos, sanará a relação jurídica. A concessionária que presta serviço incompleto de reparação do veículo sujeita-se a nova tarefa de reparo, em função do mau adimplemento.

Na relação processual o fenômeno é diverso. A atividade das partes é informada essencialmente pela carga do ônus. A diferença entre a obrigação e o ônus é que o descumprimento da primeira acarreta uma sanção em face do prejuízo gerado na esfera da outra parte da relação jurídica. O credor que está sem receber seu aluguel fica desprovido do rendimento mensal e faz jus a multa, juros e correção monetária, que são imputados ao devedor pelo descumprimento do pagamento pontual. Na

3. Outros sistemas são mais generosos, como o Código de Processo Civil português, que prevê 30 dias (art. 569º-1).

4. Sobre o ponto, com precisão: Menezes Cordeiro, *Tratado de Direito Civil Português*, t. I, pp. 96 e ss.

relação processual a situação é diversa. O réu que não oferece resposta ao pedido do autor descumpre um ônus, e o prejuízo provocado por sua inércia não atinge a parte contrária, mas, sim, sua própria esfera jurídica. É o que se verifica, por exemplo, pelos efeitos da revelia na hipótese de não contestar (art. 344 do CPC). A ausência de cumprimento do ônus provoca prejuízos na esfera da própria parte que descumpre atividade processual que seria devida na fase em que foi convocada. O regime é diverso do direito material.

2.2 *Prazo da contestação*

O réu está sujeito ao princípio da eventualidade, o que significa que deverá concentrar toda sua defesa no prazo concedido para o oferecimento de sua resposta. A contestação deve ser apresentada impreterivelmente no prazo de 15 dias (art. 335 do CPC).[5]

O ponto nodal refere-se ao momento em que o prazo deverá ser computado, o qual é influenciado, basicamente, por dois fatores. O primeiro relativo à modalidade de citação utilizada para a convocação do réu; o segundo, à realização, ou não, da audiência de conciliação e/ou de mediação (art. 334 do CPC).

Quando realizada a audiência de conciliação ou de mediação o termo inicial para o oferecimento da resposta será de 15 dias, contados da sua celebração. Não importa que apenas uma das partes tenha comparecido, inclusive com aplicação de multa para a parte faltante (art. 334, § 8º, do CPC). O ato realizado sem defeito quanto à citação é idôneo para iniciar o prazo para a contestação quando as partes não encerrarem o litígio na fase de conciliação (arts. 334 e 335, I).

É possível que o réu se manifeste expressamente pela desnecessidade da audiência de conciliação, momento a partir do qual fluirá o prazo para a apresentação de sua resposta (art. 334, § 4º). Vale lembrar que nos posicionamos pela desnecessidade de desistência bilateral do ato. Não existe como forçar as partes ao ato de conciliação. No entanto, a fluência do prazo para a apresentação da resposta será computada do protocolo em que conste o pedido de desistência do réu (art. 335, II, do CPC).

A contestação, quando não estiver vinculada ao ato de conciliação, terá seu prazo contado na forma de materialização do ato citatório, nos

5. A título de comparação, o prazo no sistema português é de 30 dias (art. 569º-1). Sobre o ponto: José Lebre de Freitas, *A Ação Declarativa Comum (à Luz do CPC de 2013)*, 4ª ed., p. 101.

moldes do art. 231 do CPC.[6] Nos procedimentos especiais, via de regra, a fase conciliatória não se aplica. Um simples exemplo seria o mandado de segurança, em que o prazo da notificação da autoridade coatora (*rectius*: citação) obedece ao regime geral do art. 231 do CPC, c/c o art. 7º, I, da Lei 12.016/2009.

2.2.1 Prazo para contestar no litisconsórcio passivo

Existindo mais de um réu no polo processual será formado o litisconsórcio passivo. Independentemente da natureza do litisconsórcio quanto ao seu regime de formação (facultativo ou necessário) ou da decisão judicial (unitário ou simples), a fluência do prazo para a resposta obedecerá ao regime previsto pelo art. 335, § 1º, do CPC.

Embora o litisconsórcio represente a coligação processual das partes em função do interesse processual comum, o regime de atividade processual é autônomo, o que é reafirmado pelo art. 118 do CPC: "Cada litisconsorte tem o direito de promover o andamento do processo, e todos devem ser intimados dos respectivos atos".

Este é o motivo pelo qual o regime determinado pelo art. 335, § 1º, revela a autonomia de cada litisconsorte para o pedido de desistência da audiência de conciliação. O prazo para a contestação será computado da apresentação de cada um dos respectivos pedidos de cancelamento da audiência de conciliação.

Em sentido oposto, quando o autor formular pedido de desistência em relação a um dos litisconsortes ainda não citado o prazo de resposta para os demais litisconsortes fluirá da homologação do pedido de desistência. Isto não impedirá a aplicação da regra do art. 231, § 1º, do CPC quando existir mais de um réu remanescente ao pedido de desistência. Deste modo, além da necessidade de fluência do prazo após a homologação da desistência, os réus remanescentes se aproveitarão da fluência do prazo para contestar contado da última data a que se referem os incisos I a VI do art. 231 do CPC.[7]

2.2.2 Prazo em dobro para contestar

Não se deve olvidar que os litisconsortes, desde que prevista a hipótese do art. 229 do CPC, contam com prazo em dobro para suas ma-

6. Sobre as modalidades de citação, v. t. I deste *Curso*, pp. 869 e ss.
7. Araken de Assis, *Processo Civil Brasileiro*, vol. III, p. 186.

nifestações. O regime imposto pelo modelo vigente torna essencial que os litisconsortes sejam representados por *procuradores de escritórios distintos*. O prazo deverá ser computado independentemente da verificação da eventual revelia do coligado, pois não existe como saber de antemão qual será o comportamento processual do litisconsorte, o que não poderia gerar qualquer prejuízo, nos termos do art. 118 do CPC.[8]

2.3 Conteúdo da contestação

Em sua acepção *substancial* a contestação corresponde a uma peça escrita em vernáculo oficial (art. 192 CPC) oferecida pelo réu em contraposição à pretensão formulada pelo autor em sua petição inicial (art. 319 do CPC). Ela poderá conter questões prévias (preliminares e prejudiciais) e questões de fundo e pode ser oferecida na forma física ou eletrônica (art. 193 do CPC).

A manifestação do réu deve ser precisa quanto à contrariedade dos fatos articulados pelo autor, rebatendo os argumentos de direito processual e de direito material. A formulação do pedido de indeferimento por algum dos motivos dos arts. 485 ou 487 do CPC é essencial como elemento de conclusão dos argumentos expostos na fundamentação da contestação. O réu ainda deverá anexar documentos e especificar as provas que deseja, pois este elemento será essencial para a ponderação sobre o julgamento do processo no estado em que se encontra, após as providências preliminares (art. 347 do CPC).

Sob a ótica *formal* a contestação possui certa simetria com a petição inicial. A peça deve ser direcionada ao juízo eleito pelo autor, ainda que a competência do juízo corresponda a uma das questões prévias introduzidas pelo réu (arts. 337, II, e 340 do CPC). A contestação deverá oferecer uma narrativa dos fatos, o que será essencial para a contraposição da causa de pedir e do pedido formulado pelo autor, o que corresponde à substanciação da peça defensiva. O réu deverá indicar em sua peça as provas efetivas dos fatos alegados e elencar a necessidade de produção de outras que possam corroborar os fatos sustentados em sua peça de defesa.

8. Neste sentido: "A regra do art. 191 do CPC [*CPC/1973 – v. art. 229 do CPC/2015*], que confere prazo dobrado para contestar quando os réus atuem com procuradores diversos, tem aplicação independentemente do comparecimento do outro litisconsorte à lide, bastante que apresente a sua defesa separadamente, mediante advogado exclusivo, sob pena de se suprimir, de antemão, o direito adjetivo conferido à parte que, atuando individualmente, não tem como saber se o corréu irá ou não impugnar o feito" (STJ, 4ª Turma, AgInt no AgR no REsp 1.277.860-AM, rel. Min. Luís Felipe Salomão, j. 28.11.2017, *DJe* 1.12.2017).

A contestação não permite que o réu formule pedido em contraposição ao do autor. Os requerimentos comumente formulados, como para o acolhimento da peça e pela improcedência do pedido do autor, não são tecnicamente pedidos. O pedido corresponde à pretensão deduzida em juízo sobre a qual o juiz obrigatoriamente se manifesta, para possibilitar a formação da coisa julgada. Afinal, a estabilização do conflito depende desta declaração para que seja possível o encerramento do litígio.

Por esta razão, o sistema fornece meios específicos para o réu formular seu pedido, por meio da reconvenção ou do pedido contraposto, o que será analisado na sequência. Ainda sob o olhar formal, a contestação deve vir acompanhada do instrumento de mandato processual que confere poderes ao advogado para o preenchimento da capacidade postulatória em juízo.

2.4 O local de oferecimento da contestação: a competência absoluta e a competência relativa do juízo

A regra habitual é a de que a defesa deva ser oferecida perante o juízo em que a petição inicial tenha sido distribuída. Isto não impede que o juízo originário possa reconhecer sua incompetência absoluta. Todo juiz exerce parcela do poder jurisdicional, o que o torna competente para reconhecer sua própria incompetência absoluta (*Kompetenz-Kompetenz*).[9] A incompetência absoluta é tratada como *matéria de objeção* e pode ser conhecida *ex officio* ou, mesmo, por provocação da parte, e consiste em causa de ajuizamento de ação rescisória (art. 966, II, do CPC). A incompetência relativa consiste em mera irregularidade e permite convalidação perante o juízo incompetente quando não seja suscitada pela parte interessada em momento oportuno. Trata-se de *matéria de exceção* e que deve ser alegada como preliminar de contestação, sob pena de preclusão (art. 337, II). Não cabe ao juiz reconhecer a incompetência relativa de ofício (Súmula STJ-33). Há uma tendência de flexibilização da competência territorial, em vista da inexistência de maior gravidade pela sua violação e pela possibilidade de as partes celebrarem convenção processual que possa instituir juízo diverso do domicílio do réu e do autor (art. 190 do CPC).[10]

O regime atual não exige mais o oferecimento de peça autônoma para o conhecimento da incompetência relativa e permite a utilização de

9. Rosenberg/Schwab/Gottwald, *Zivilprozessrecht*, § 172, VI, 3.

10. A princípio nada impede que ambas as partes acordem que a disputa contratual será resolvida em comarca contígua como forma de preservar a intimidade das partes.

mecanismo facilitador para o réu, conforme o art. 340 do CPC. Por meio deste dispositivo, o réu poderá apresentar contestação em seu domicílio suscitando a questão preliminar referente à incompetência, com a obrigação de comunicar o juízo pretensamente incompetente (art. 340 do CPC). Note-se que o prazo conferido pelo art. 340 do CPC não é para o oferecimento de exceção de incompetência, mas da contestação plena, a qual deverá conter como preliminar a incompetência do juízo (art. 337, II, do CPC).

Com o recebimento da peça como preliminar de incompetência, no juízo de domicílio do réu, abrem-se dois caminhos possíveis.

O primeiro é o de que a peça seja encaminhada por meio físico ou eletrônico ao juízo originário quando o ato tenha sido deprecado. A peça será anexada e encaminhada no espelho da deprecata. O CPC/1973 possuía previsão embrionária deste dispositivo por meio do art. 305, parágrafo único.

O segundo é o oferecimento livre da peça perante o juízo em que o réu tem seu domicílio quando utilizada outra modalidade de citação, momento em que a defesa será livremente distribuída e o juízo receptor se tornará prevento em caso de acolhimento da preliminar (art. 340, § 1º, do CPC). Para esta segunda hipótese é fundamental a comunicação imediata do juízo de origem para o adiamento da audiência de conciliação, pois o ato deverá ser remarcado após a definição sobre o juízo competente (art. 340, §§ 3º e 4º, do CPC).

2.5 A contestação e seus elementos

2.5.1 O princípio da concentração

De certo modo o legislador foi didático ao disciplinar o roteiro da contestação. Inicialmente existe o alerta do art. 336 do CPC quanto à necessidade de concentração de todas as possíveis defesas do réu quanto ao pedido formulado pelo autor. Trata-se do *princípio da concentração*, também denominado de *princípio da eventualidade*. Este princípio é histórico, e sua origem data do processo civil romano, no período formulário. As partes eram obrigadas a informar todos os argumentos de ataque e defesa perante o pretor (*litiscontestatio*), o que seria condição essencial para a estabilidade da demanda, na medida em que vincularia as partes com suas alegações (*Die litis contestatio bindet die Parteien*).[11]

11. Para uma análise da concentração no período formulário na fase da *litiscontestatio*: Max Kaser/Rolf Knütel, *Römisches Privatrecht*, § 82, p. 411.

Isto demonstra que a regra da concentração não é exclusiva do réu, embora o art. 336 aparentemente possua maior rigidez que o art. 329, o qual se refere à possibilidade de modificação do pedido pelo autor. O autor, mesmo após oferecer seu pedido inicial, ainda poderá modificar livremente sua pretensão antes da citação do réu. Após a citação necessitará do consentimento da parte contrária, mas mesmo com sua anuência a alteração é limitada pela necessidade de consumação das fases processuais, e somente poderá ser conhecida até a fase de saneamento (art. 357 do CPC).[12]

A concentração é uma exigência da vida e da estabilidade da demanda (*Sicherstellung des geordneten Prozeßvorgangs*).[13] Sem a preclusão das fases para a apresentação dos argumentos plenos, do autor e do réu, o processo jamais terminaria, pela possibilidade de constante modificação dos argumentos de fato e de direito.

Somente em situações excepcionais esta regra poderá ser alterada, como na hipótese do art. 342 ou do art. 493, ambos do CPC; contudo, qualquer fato posterior que venha a ser alegado pelo réu importará a abertura de contraditório, ante a proibição da surpresa, sob pena de nulidade do julgamento (art. 10 do CPC).

2.5.2 A defesa processual por meio de preliminares

Antes de responder ao mérito do pedido formulado pelo autor o réu deverá alegar toda sua defesa processual *direta e indireta*. Esta defesa corresponde às preliminares que estão descritas no art. 337, I a XIII, do CPC.

Conforme já estudado, a relação processual no Direito Brasileiro é informada por um trinômio processual: *pressupostos processuais*, *condições da ação* e *mérito*.[14] Qualquer defeito atinente aos dois primeiros elementos provoca a resolução do processo com base no art. 485 do CPC. Esta defesa processual poderá ser direta ou indireta. A defesa direta assume natureza peremptória e com extinção da relação processual, como na hipótese de reconhecimento da coisa julgada. Em outra situação, a defesa será indireta e com natureza dilatória, como na hipótese

12. Poder-se-ia defender a possibilidade de modificação do objeto litigioso mesmo em fase posterior, por meio de negócio processual (art. 190 do CPC); contudo, desde que sua alteração não implicasse violação à preclusão dos atos processuais, com a necessidade de renovação da fase probatória e desde que observada a disponibilidade sobre o objeto litigioso.

13. Paula Costa e Silva, *Acto e Processo*, p. 487.

14. V. t. I deste *Curso*, p. 343.

de conexão ou incompetência. Nestes dois exemplos não há extinção da relação processual, mas apenas o redirecionamento do processo para o juízo competente.[15]

2.5.2.1 *Inexistência ou nulidade da citação*

A citação corresponde ao ato processual vital para a formação regular do contraditório. Sua proteção alcança matriz constitucional, em vista da impossibilidade de formação de uma decisão com oitiva apenas de uma das partes.[16]

É certo que já existe relação processual linear (autor→juiz) quando o autor oferece a petição inicial, inclusive com possibilidade de improcedência liminar do pedido. A participação do réu poderá ser inexistente, em face da ausência de recurso de apelação (art. 332, § 2º, do CPC).

Embora a relação linear dependa do oferecimento da petição inicial, somente por meio da citação ocorre o aperfeiçoamento angular da relação processual, com a integração do réu ao processo. Sem a citação a relação processual padecerá de vício insanável e que poderá ser configurado pela sua ausência ou defeito. Ambos são equiparados pelo texto legal, mas são inconfundíveis sob a ótica doutrinária. A ausência representa um vício no plano da existência e afeta a validade e a eficácia de qualquer ato processual subsequente. A nulidade da citação representa defecção na forma de materialização do ato. A utilização de meio citatório indevido ou com violação de seus requisitos representa causa clássica de nulidade. O pedido de citação por edital para o réu que tem domicílio certo é causa de nulidade, e deve ser alegada em preliminar. A realização da citação por hora certa sem o cumprimento dos requisitos do art. 253 do CPC (*e.g.*: oficial comparece em horário diverso do informado) representa causa de nulidade.

O vício da citação é gravíssimo, por comprometer a integridade do contraditório. Mas, ainda que represente vício capital, sua sanação é simples. O comparecimento do réu para demonstrar a inexistência ou a nulidade permite o aproveitamento da relação processual, com o recomeço do prazo para contestar (art. 239, § 1º, do CPC). O réu terá

15. O que não se aplica ao Juizado Especial Cível, regido pela Lei 9.099/1995, em que a incompetência territorial é causa de extinção do processo, conforme o art. 51, III, da lei.

16. Como lembra Rogério Lauria Tucci (*Curso de Direito Processual Civil*, vol. II, p. 195), já na Alemanha medieval proclamava-se: “A alegação de um só homem não é alegação; o juiz deve ouvir ambas as partes” (*Eines mannes red ist keine red, der Richter sol die deel verhoeren beed*).

direito a nova fluência do prazo de 15 dias e à decretação da nulidade dos atos anteriormente praticados sem sua ciência. Note-se que alguns atos não dependem de manifestação prévia, pela permissão do contraditório postergado, como na hipótese de concessão de tutela provisória (art. 9º, parágrafo único, do CPC).

2.5.2.2 *Incompetência relativa ou absoluta*

O ponto foi previamente abordado pelos comentários ao local de oferecimento da contestação. Vale ressaltar que a previsão do regime atual é diversa em face do Código de Processo Civil/1973. Não existe mais a possibilidade de o réu oferecer peça autônoma ou incidental para alegar a incompetência relativa. O réu deve formular o pedido de reconhecimento da incompetência relativa ou absoluta como preliminar da contestação (art. 64 do CPC). Mesmo que utilize a faculdade do art. 340 do CPC, não se permite o oferecimento de pedido exclusivo de incompetência, ou seja: o réu deverá oferecer a peça integral contendo a preliminar de incompetência.

A distinção essencial entre o regime da incompetência relativa e da absoluta refere-se ao grau do vício processual. O princípio do juiz natural impede que as partes direcionem a demanda com violação ao princípio do juiz natural. Todavia, na incompetência relativa considera-se que o ajuizamento da ação no foro inadequado não representa violação grave, motivo pelo qual sua convalidação é reconhecida pela lei processual quando o réu não suscite a preliminar (art. 65 do CPC).

Na incompetência absoluta o vício é grave, porque o ajuizamento da demanda em foro inadequado provoca prejuízo para o bom resultado do processo. Imagine-se uma ação de usucapião relativa a um imóvel no Estado de São Paulo sendo julgada no Estado do Paraná. A demanda deve ser analisada pelo juiz que está próximo ao imóvel, para que possa realizar a instrução, coordenar com melhor habilidade a prova pericial e, ainda, realizar eventual vistoria no local. A experiência como juiz revela que a proximidade agrega efeitos benéficos para a melhor decisão da causa. Este é o motivo da regra que determina a competência absoluta funcional para as demandas que envolvam bens imóveis (art. 47 do CPC). Nosso sistema evoluiu, e permite que os atos processuais praticados por juiz absolutamente incompetente possam ser aproveitados pelo juízo competente (*translatio iudicis* – art. 64, § 4º, do CPC).

Já, na incompetência relativa o vício é de menor gravidade. Não sendo alegada no prazo da contestação, o vício é convalidado. O juiz não poderá conhecer de ofício da incompetência relativa (art. 337, § 5º, e Súmula STJ-33).

2.5.2.3 *Incorreção do valor da causa*

Até o regime anterior a impugnação ao valor da causa era formalizada por incidente processual. No regime atual a incorreção do valor atribuído à causa deve ser suscitada como preliminar da contestação. Esta modificação revela que a legislação processual incentivou igualmente a concentração dos atos processuais de defesa na contestação.

As regras de atribuição do valor da causa estão expressas no art. 292 do CPC. Ele não esgota todas as hipóteses, e muitas estão fixadas pela jurisprudência. O juiz poderá realizar o controle oficioso (art. 292, § 3º, do CPC), pois o interesse estatal no recolhimento do valor correto é indiscutível, uma vez que há reflexo sobre a taxa judiciária. Ao réu o prazo da contestação é preclusivo para a impugnação (art. 293 do CPC). Sua diligência é essencial, em vista dos reflexos econômicos que serão gerados pela sucumbência. A impugnação é ampla e deve demonstrar o erro cometido. Ele não se refere unicamente à atribuição do valor econômico do objeto litigioso. Em algumas situações existe cúmulo subjetivo (litisconsórcio) ou objetivo (pedidos), e o valor da causa deve refletir o efetivo proveito econômico do processo.

2.5.2.4 *Inépcia da petição inicial*

A inépcia da petição inicial está configurada no art. 330, § 1º. do CPC. Ela configura forma especial de indeferimento e que está centrada na ausência de inteligibilidade da peça.[17] Em outras palavras: quando for impossível a compreensão da causa de pedir e do pedido. Este é o sentido do dispositivo. São raras as situações de inépcia da petição inicial na fase da contestação. O defeito de inépcia é geralmente detectado na fase inicial, e o juiz, com base no princípio da aproveitabilidade do libelo, determina sua imediata correção, no prazo de 15 dias. É importante que o juiz indique o que deve ser corrigido, porque a decisão de correção deve ser fundamentada (art. 321 do CPC). No sistema anterior era comum o juiz determinar a emenda da petição inicial de modo genérico, e o advogado tinha que descobrir o que estaria errado.

17. A importância do libelo como peça central do pedido era expressamente reconhecida por Lobão com base nas lições de Struvio: "He o Libello o fundamento da acção. (...). Não só se não pode omitir sem nulidade" (Lobão, *Segundas Linhas sobre o Processo Civil*, vol. I, nota 255, p. 124).

Quanto aos vícios que provocam a inépcia, basicamente estão relacionados aos elementos e às condições da ação. A ausência de narrativa lógica que sustente o enlace entre a causa de pedir e o pedido provoca a inépcia. A existência de pedidos incompatíveis, genéricos ou que sejam contraditórios propicia a declaração de inépcia. O pedido genérico somente poderá ser formulado quando autorizado por lei (art. 324, § 1º, do CPC).

O art. 330, § 2º, do CPC vai além, e exige que nas obrigações contratuais o valor a ser impugnado seja discriminado. Isto impede a formulação de pedido genérico no âmbito das relações contratuais e acaba eliminando demandas propostas sem causa de pedir adequada.

2.5.2.5 *A perempção*

A perempção tem origem na preocupação de não eternizar a demanda judicial. As bases de sua construção estão na *Lex Prosperandum* instituída por Justiniano, que fixava prazo determinado para o término do julgamento da demanda.[18]

Nosso sistema foi obtemperado pela influência portuguesa. Origina-se das *Ordenações* a regra de extinção da demanda extinta por mais de três vezes pela mesma causa.

Nossa legislação incorporou esta determinação, conforme leitura do art. 486, § 3º, do CPC. A resolução da demanda por mais de três vezes em função do abandono da causa provocará a recusa da quarta demanda, pelo reconhecimento da perempção. Embora sua repercussão prática seja pequena, a perempção revela importante hipótese de perda da faculdade processual de agir e demonstra a independência da via processual da via material. A perda da possibilidade de ingressar com a demanda não elimina a pretensão do autor, que pode ser objeto de defesa por meio de contestação ou oferecimento de exceção.

2.5.2.6 *Litispendência e coisa julgada*

O réu deve suscitar como preliminar da contestação a existência de litispendência, para impedir o prosseguimento do feito em duplicidade (art. 337, § 3º, do CPC).

A questão principal é como identificar a duplicidade. Nosso sistema adota a teoria do *tria eadem*, ou seja, dos três elementos, que permite

18. Egas Dirceu Moniz de Aragão, *Comentários ao Código de Processo Civil*, vol. II, p. 512.

identificar a duplicidade por meio das partes, da causa de pedir e do pedido (art. 337, § 2º, do CPC). Uma simples observação permite concluir que a diferença essencial entre a litispendência e a coisa julgada reside no elemento temporal. Se uma das ações já estiver julgada a preliminar será de coisa julgada. Como esclarece o art. 337, § 4º: "Há coisa julgada quando se repete ação que já foi decidida por decisão transitada em julgado". Quando ambas estiverem pendentes a preliminar será de litispendência.

A litispendência oferece maiores problemas na sua solução. É necessário solucionar o problema fundamental: qual ação deverá ser extinta? Este ponto exige a identificação de requisitos. O primeiro é o temporal. A demanda ajuizada anteriormente torna prevento o juízo que a tocou. Caberá a este juízo a reunião das demandas para análise da efetiva litispendência, com solução de extinção da ação ajuizada posteriormente, conforme determina o art. 58: "A reunião das ações propostas em separado far-se-á no juízo prevento, onde serão decididas simultaneamente". A prevenção pela regra do art. 59 do CPC é fixada pelo registro ou, ainda, pela primeira distribuição. O registro é suficiente em juízos únicos, mas a distribuição será o critério decisivo nos juízos em que há dualidade ou multiplicidade de Varas com a mesma competência para analisar a ação.

Outro ponto interessante e que foi alvo de consideração na Parte Geral deste trabalho consiste na possibilidade de litispendência parcial.[19] Este ponto não era regrado pelo sistema anterior, mas ganhou previsão adequada no Código de Processo Civil/2015. Em algumas situações duas demandas podem apresentar causas e pedidos parcialmente coincidentes. Uma ação de reparação de dano material e moral proposta para discutir um contrato de compra e venda de área rural acaba conflitando com uma segunda ação de cobrança ajuizada para cobrar as despesas de apascentamento do gado que seria utilizado como meio de pagamento na transação. As despesas de pasto, alimentação e vacina já estariam contidas na primeira ação que foi formulada com pedido genérico. Não há necessidade de uma segunda demanda. Logo, nesta hipótese o juiz poderá reconhecer a litispendência parcial, porque a causa de pedir e o pedido formulado na segunda demanda já estão contidos na primeira demanda. Sendo assim, sempre que a causa continente é ajuizada por primeiro a causa contida deverá ser extinta, com base no art. 337, VI, do CPC. Agora, se a hipótese for inversa, ou seja, a causa contida for ajuizada por primeiro, a solução será aquela preconizada pela parte final do art. 57 do CPC, pois as causas serão "decididas simultaneamente".

19. V. t. I deste *Curso*, p. 401.

A exceção de coisa julgada também provocará a resolução do processo sem análise do mérito, nos termos do art. 337, VII, do CPC. Assim como a litispendência, a coisa julgada insere-a como pressuposto processual negativo. Sua alegação como matéria de defesa é comum, porque o réu sustenta sua consumação após receber a citação para resposta.

É importante observar que em determinados julgamentos a eficácia preclusiva da coisa julgada deverá ser corretamente compreendida. A coisa julgada poderá ser afastada em algumas hipóteses em função de precedente do STJ ou STF ou, ainda, por expressa dicção legal. Atualmente não existe a possibilidade de interpretação literal de qualquer dispositivo, pois é necessário observar a leitura jurisprudencial e a constitucional. Como exemplo citamos a coisa julgada em demandas previdenciárias, em que o STJ reconhece o julgamento por insuficiência de provas (art. 371 do CPC) como causa de resolução pelo art. 485, e não pelo art. 487, do CPC, criando nova hipótese anômala de resolução sem análise do mérito, em vista da hipossuficiência do segurado. Na Lei do Mandado de Segurança o art. 19 permite que a demanda julgada improcedente por inadequação da via eleita possa ser repetida na via ordinária. Se o impetrante necessita de prova robusta diversa da documental, seu direito líquido e certo poderá ser revisitado na via ordinária com pedido de tutela de evidência.

Deste modo, no acolhimento da exceção de coisa julgada o juiz deverá analisar detidamente a natureza do pedido formulado para reconhecer se a hipótese revela causa repetida e que não permita a revisitação da coisa julgada.

2.5.2.7 *Conexão*

Dentro da classificação proposta, a conexão assim como a continência (arts. 56 e 56 do CPC) representam hipóteses de preliminares dilatórias (art. 337, VII). Elas não possibilitam a resolução do processo sem análise do mérito (art. 485 do CPC) e provocam unicamente o deslocamento do processo para o juiz competente. A conexão reputa-se consumada quando duas causas apresentarem identidade de pedidos ou de causa de pedir. Já ponderamos no t. I deste *Curso* que esta identidade não precisa ser total, pois a identidade parcial poderá ser suficiente para a reunião dos processos, inclusive por continência. Em ações que tenham a mesma causa de pedir remota a reunião poderá ser benéfica, em vista da produção conjunta de provas.

A prevenção atualmente é definida pela regra do art. 59 do CPC. A primazia no julgamento caberá ao juiz que tiver a primeira distribuição ou à comarca ou seção judiciária em que a ação for registrada por primeiro.

Não há dúvida de que a conexão exige o deslocamento da causa para o juiz prevento, mas em duas circunstâncias básicas a reunião não ocorrerá. É vedado o conhecimento da conexão ou continência para fins de deslocamento da ação quando se tratar de competência absoluta. E mais: não se reunirão ações para julgamento conjunto quando a fase processual demonstrar a inviabilidade procedimental.

A competência absoluta veda a possibilidade de conexão de causas sujeitas a juízos distintos. A instrumentalidade decisória cede em face da competência absoluta de cada um dos juízos.

Em demandas em que um dos processos já se encontra em fase avançada a conexão não deverá ser reconhecida, exceto quando vantajosa a reunião e a decisão conjunta evitar maior tumulto e contradição entre os processos. O marco temporal delimitado pelo art. 55, § 1º, do CPC não é absoluto. A conexão ou continência não é vedada apenas quando um dos processos esteja sentenciado, mas quando a reunião não representar vantagem pela fase procedimental avançada de um dos processos ou quando inexistir conflito potencial entre os julgados.

2.5.2.8 *Incapacidade da parte, defeito de representação ou falta de autorização*

Os defeitos atinentes à capacidade para ser parte na relação jurídica material, na capacidade processual, na ausência de integração processual ou na capacidade postulatória devem ser alegados como preliminares, embora possam ser suscitados a qualquer momento. O defeito de capacidade e representação exige correção, sob pena de viciar todos os atos processuais. Como matéria de objeção não existe preclusão, mas a parte que alegar o vício em fase posterior poderá arcar com as custas quando esteja comprovado que tinha o conhecimento prévio e apenas prolongou a relação processual de modo malicioso. A boa-fé processual deve ser respeitada por meio da conduta leal e escorreita das partes.

Nem sempre a parte em sentido material coincide com a processual. O infante que necessita de tratamento médico deverá ser representado por seus pais em juízo, porque não possui capacidade processual. Os pais ainda necessitarão contratar um advogado para que a capacidade postulatória seja integrada.

O cônjuge quando não seja casado em regime de separação absoluta de bens necessitará da autorização para ingressar com ações reais (art. 73 do CPC). A autorização configura integração da capacidade processual para determinadas demandas. Sua ausência poderá justificar até procedimento especial para a outorga uxória ou consentimento marital.

Embora o defeito de representação ou capacidade seja grave, ele permite correção em primeira instância (art. 76, § 1º, do CPC) e na fase recursal (art. 76, § 2º, c/c o art. 932, parágrafo único).

2.5.2.9 *Convenção de arbitragem*

Após longo período de debate, inexiste qualquer dúvida sobre a importância da arbitragem como uma das vias de prevenção e solução dos litígios (Lei 9.307/1996).[20] Nosso sistema evoluiu, e reconhece expressamente a arbitragem como meio alternativo de solução de conflitos, conforme dispõe o art. 3º, § 1º, do CPC: "É permitida a arbitragem, na forma da lei". Isto significa que o juiz arbitral exercerá parcela da atividade jurisdicional, com exclusão dos atos satisfativos, que devem ser requeridos por meio de cumprimento de sentença (art. 513 do CPC).

O Código de Processo Civil/2015 prevê um sistema multiportas para a solução dos litígios, de tal forma que não é correto afirmar mais a existência de um monopólio estatal para o exercício da jurisdição. A arbitragem não deixa de representar o exercício de atividade jurisdicional, na medida em que o juiz arbitral produz sentença, e não um mero laudo, que dependa de homologação do juiz togado (art. 515, VII).

A instituição da arbitragem nasce por meio de dois mecanismos básicos: cláusula compromissária ou por meio do compromisso arbitral (art. 3º do CPC). A Administração Pública também poderá celebrar convenção de arbitragem e se sujeitar à sentença arbitral.

Não cabe ao Poder Judiciário avaliar com primazia a validade e a eficácia da convenção de arbitragem. A questão deve ser primeiramente debatida no juízo arbitral, que possui a competência para reconhecer sua legitimidade na condução do conflito *(Kompetenz-Kompetenz)*.[21]

20. V.: STF, SE 5.206/2001, na qual a Corte reconheceu a constitucionalidade da Lei 9.307/1996.

21. Neste sentido: "Recurso especial – Ação declaratória de falsidade cumulada com exibição de documentos – Contratos – Existência, validade e eficácia – Assinatura – Falsidade – Alegação – Convenção de arbitragem – Cláusula compromissória – Competência – Juízo arbitral – *Kompetenz-Kompetenz*. 1. Cinge-se a controvérsia a definir se o juízo estatal é competente para processar e julgar a ação declaratória que deu origem ao presente recurso especial, tendo em vista a existência de cláusula arbitral nos contratos objeto da demanda. 2. A previsão contratual de convenção de arbitragem enseja o reconhecimento da competência do juízo arbitral para decidir com primazia sobre o Poder Judiciário as questões acerca da existência, validade e eficácia

A convenção não deve ser conhecida de ofício pelo juiz (art. 337, § 5º, do CPC). A questão é óbvia. As demandas que se sujeitam ao regime arbitral dizem respeito a direitos patrimoniais e disponíveis. Logo, se as partes renunciam ao juízo arbitral por meio da opção da ação judicial, não poderá o juiz extinguir a demanda e obrigar que a solução siga o regime da Lei 9.307/1996. O silêncio importará renúncia à via arbitral e o prosseguimento da demanda pela jurisdição estatal.

2.5.2.10 *Ausência de legitimidade ou de interesse processual*

Entre os defensores das condições da ação a contestação sempre representou um porto seguro para o ancoradouro da teoria eclética de Liebman. O CPC/1973 elencava no art. 301, X, a carência da ação como preliminar para a extinção do processo. A carência seria configurada pela ausência de uma das condições da ação: (a) possibilidade jurídica do pedido; (b) interesse de agir; e (c) legitimidade de agir. A matéria já foi enfrentada no tratamento da teoria da ação no t. I deste *Curso*.[22] Devemos lembrar que o posicionamento de Liebman não foi abandonado pelo legislador de 2015; ao contrário, ele foi reforçado. Afinal, sabe-se que Liebman reformulou sua teoria na década de 70 do século passado. O interesse de agir e a legitimidade de agir consistem nas duas únicas condições da ação que devem ser observadas pelas partes e pelo juiz.

Esta afirmação é reforçada pela leitura da Parte Geral, especificamente por meio do art. 17: "Para postular em juízo é necessário ter interesse e legitimidade". A matéria é oficiosa, e deverá ser suscitada pelas partes ou até pelo juiz. Não existe preclusão consumativa sobre a matéria, mas devemos lembrar que a obediência à boa-fé processual exige o pronunciamento da falha na primeira oportunidade.

2.5.2.11 *Falta de caução ou de outra prestação legal*

Alguns pressupostos processuais assumem natureza condicionante ao exercício da pretensão processual. Eles podem até ser catalogados como pressupostos objetivos antecedentes. Eles condicionam o nasci-

da convenção de arbitragem e do contrato que contenha a cláusula compromissória. 3. A consequência da existência do compromisso arbitral é a extinção do processo sem resolução de mérito, com base no art. 267, inciso VII, do CPC/1973 [*V. art. 485, VII, do CPC/2015*]. 4. Recurso especial provido" (STJ, 3ª Turma, REsp 1.550.260-RS, rel. Min. Paulo de Tarso Sanseverino, rel. para o acórdão Min. Ricardo Villas Bôas Cueva, j. 12.12.2017, *DJe* 20.3.2018).

22. V. t. I deste *Curso*, p. 343.

mento válido da relação processual. Podemos lembrar, basicamente, de três hipóteses previstas no sistema processual que podem exemplificar a questão: (a) necessidade de depósito do preparo para o ajuizamento da ação rescisória (art. 968, II, do CPC); (b) efetivação do pagamento das custas e dos honorários quando da repropositura de demanda que tenha sido extinta sem análise do mérito, nos termos dos arts. 485 e 486, § 2º, do CPC; e (c) possibilidade de fixação de caução para as custas e despesas para aquele que litiga e não é residente no território brasileiro (art. 92 do CPC).

2.5.2.12 *Indevida concessão do benefício da gratuidade*

A gratuidade da justiça seguia disciplina que era regulada essencialmente pela Lei 1.060/1950. O antigo texto revela um bom diploma, o que, inclusive, levou à revogação parcial do seu texto ante a incorporação materializada de parte do seu conteúdo pelo CPC, como revela a leitura do art. 98 e de seus §§. Por meio do Código de Processo Civil/2015 operou-se a revogação dos arts. 6º e 7º da Lei 1.060/1950.

Isto não elimina uma conclusão inarredável: sua leitura estava defasada em relação ao texto do art. 5º, LXXIV, da CF/1988, que procurou racionalizar a gratuidade da justiça e compatibilizar sua aplicação com a boa-fé processual.

A gratuidade há de ser concedida aos comprovadamente necessitados.[23] A impugnação quanto à concessão indevida do benefício deverá ser realizada como preliminar da contestação. Não há mais formação de incidente autônomo. Isto facilita e permite um ganho operacional na celeridade processual.

2.5.3 A correção do polo passivo na fase da contestação

Ainda dentro da defesa processual, deve ser examinada a possibilidade do pedido de correção formulado pelo réu, com pedido de mutação do polo passivo. Esta modificação seria operada pela sua substituição pela parte ré legítima.

Esta previsão, encartada nos arts. 338 e 339 do CPC, revela uma sobrevivência mitigada da figura da nomeação à autoria que era prevista pelo Código de Processo Civil/1973 como modalidade de intervenção de terceiros. De acordo com os comentários que já tecemos em trabalho

23. V. o que escrevemos no t. I deste *Curso*, p. 528.

específico sobre o tema, esta alteração foi inteligente e importante para otimizar a relação processual.[24]

A nomeação à autoria no regime do Código de Processo Civil/1973 não ofereceu grande rendimento prático. O complexo sistema de dupla nomeação ganhou simplicidade por meio dos arts. 338 e 339 do CPC/2015.

A base da correção do polo passivo está fundada em dois princípios essenciais: (a) boa-fé processual e (b) aparência jurídica. A boa-fé exige que a parte ré informe o autor da ação quando tenha sido erroneamente alocado no polo passivo da demanda.

O art. 339 do CPC estabelece autêntico dever do réu de informar a parte correta, pois, ao sustentar sua ilegitimidade, deverá indicar quem será a parte responsável, sob pena de arcar com a sucumbência e danos suportados pelo autor, ao menos desde a cientificação da parte ilegítima. O papel da boa-fé é claro quanto ao dever de informar e pautar a conduta pela probidade nos atos processuais.

O segundo princípio aflorado pela interpretação art. 338 do CPC é o da aparência jurídica (*Rechtsschein*). A pergunta essencial quanto à aplicado da correção do polo passivo seria: a ilegitimidade de parte não configura preliminar (art. 337, XI) que levaria à resolução do processo? Por que permitir a correção do polo e não decretar a extinção do processo?

O Código de Processo Civil/2015 optou claramente pela primazia do mérito (arts. 4º e 488 do CPC). A opção de evitar decisões que resolvam o processo sem análise do mérito é um compromisso com a efetividade do processo e o acesso à ordem jurídica justa. Lógico que isto não pode ser uma autorização para que o direito de ação seja utilizado como um bilhete que permite o ajuizamento indiscriminado de ações contra qualquer um. A técnica do art. 338 do CPC exige a "aparência jurídica". Em outras palavras: existe erro escusável por parte de quem ingressou com o pedido, e é justamente esse erro que torna possível uma segunda chance para o autor da ação. Imagine-se o proprietário que ingressa com ação possessória contra seu vizinho. Mesmo tentando colher informações sobre a titularidade do imóvel, a área não possui matrícula, sendo ocupada por um posseiro. Ao nominar o polo passivo, descobre na fase da contestação que se tratava de um caseiro, ou seja, do detentor (art. 1.197 do CC). A aparência impedia outra conclusão por parte do autor da ação. O polo será substituído, e o autor arcará com as custas e despesas em relação ao

24. Sobre o ponto, v. nosso *Intervenção de Terceiros*, p. 439.

réu, pela aplicação do princípio da causalidade. Exemplo similar pode ser formulado no sinistro de trânsito quando o autor anota a placa do autor do acidente. Na audiência de conciliação (art. 334 do CPC) percebe-se que o réu é o proprietário anterior do veículo. A transmissão da propriedade de bens móveis ocorre pela tradição (art. 1.267 do CC). Note-se que, nesta hipótese, as custas não devem ser suportadas pelo autor, porque ele confiou no cadastro público de informações, que deveria ter sido atualizado pelo ex-proprietário mediante simples comunicação da venda. Aplicar-se-á também o princípio da causalidade.

2.5.3.1 *Procedimento para a mutação do polo passivo*

O art. 339 do CPC deve ser corretamente interpretado. É possível, excepcionalmente, que a parte ilegítima não conheça a identidade da parte legítima. Em aquisições *a non domino* de boa-fé, como aquelas permitidas pelo art. 1.268 do CC, a parte consuma a propriedade instantânea do bem móvel. O adquirente pode ter sido ludibriado pelo *alienante "a non domino"*, o que impede que possa fornecer dados corretos para a substituição. Na maioria das situações a cadeia de transmissão permitirá a correta identificação do transmitente ou da parte efetiva (possuidor *versus* detentor).

Caberá ao réu, no prazo de 15 dias da contestação, sustentar a preliminar de ilegitimidade. Lógico que em determinadas situações, quando a ilegitimidade é patente e não se trata de aparência jurídica, o juiz deverá resolver o processo sem análise do mérito (art. 485, IV, do CPC). Aplicando-se a teoria da aparência, o réu deverá indicar a parte legítima.

A substituição não é automática. O autor deve concordar, afinal, é o *dominus litis*. A decisão final será sua, e poderá insistir pela permanência ou, ainda, pedir a inclusão na qualidade de litisconsorte, momento em que o juiz deverá realizar a solução do impasse na fase das providências preliminares (art. 352 do CPC). Esta decisão não deve ultrapassar a fase de saneamento (art. 357 do CPC). A construção de uma relação processual viciada, porque está direcionada erroneamente, ou incompleta, pela ausência de um litisconsorte, é fonte de enorme prejuízo.

O autor ainda poderá pedir a desistência do processo quando perceber as dificuldades ou a impossibilidade de localizar o responsável (art. 485, VI, do CPC). Por fim, o autor poderá anuir com a modificação. O prazo será de 15 dias para a emenda. Com a substituição a relação processual seguirá seu curso, para que o juiz delibere sobre as providências preliminares que antecedem o saneamento (compartilhado) do processo.

A parte final do art. 339, § 2º, do CPC reconhece as dificuldades que podem surgir na formação do polo passivo e permite que, ao invés da substituição, o autor também opte pela inclusão do indicado como legitimado como litisconsorte do réu originário. Como inexiste preclusão sobre a legitimidade como condição da ação ou pressuposto processual, nada impede que seja reavaliada a situação da legitimidade passiva, com possibilidade de exclusão em fase posterior.

2.5.4 Defesa de mérito

O réu tem o ônus de realizar a impugnação específica dos fatos que são aduzidos pelo autor na petição inicial. A doutrina moderna atenuou a aplicação da revelia como solução fria e efetiva para o descumprimento do ônus da impugnação, mas ela deve ser aplicada quanto à matéria de fato que tenha sido satisfatoriamente demonstrada pelo autor em sua inicial (art. 343 do CPC). O que é vedado é a aceitação de puras afirmações sem respaldo probatório. Daí a importância de o réu em cumprir com o ônus da impugnação específica.

O art. 336 do CPC é claro: "Incumbe ao réu alegar, na contestação, toda a matéria de defesa, expondo as razões de fato e de direito com que impugna o pedido do autor e especificando as provas que pretende produzir". A impugnação específica somente cede quando a lei processual excepciona sua aplicação por critérios *objetivos* ou *subjetivos*.

Sob a ótica objetiva não incide a revelia pela ausência de impugnação específica quando não se admitir a confissão sobre o fato alegado (art. 341, I, do CPC). A confissão não opera quando o fato não é suscetível de renúncia, quando a parte seja incapaz ou quando o fato exija forma especial para o reconhecimento jurídico.[25]

Não se considera verdadeira a alegação por ausência de impugnação quando a petição inicial estiver desacompanhada de documento essencial para a prova do fato jurídico. O regime de casamento ou a propriedade de bens exigem o documento público como regra para sua validade e eficácia probatória (art. 108 do CC e art. 341, II, do CPC).

A revelia por ausência de impugnação específica não provocará o efeito de presunção de veracidade dos fatos alegados na inicial quando a contestação, em seu conjunto, estiver em contradição com a peça do autor. Este ponto é mais delicado, porque exige análise cuidadosa do

25. Moacyr Amaral Santos, *Prova Judiciária no Cível e Comercial*, 3ª ed., vol. II, p. 33.

juiz quanto ao conteúdo da peça de defesa. Se a leitura da peça permitir concluir que há contradição com o objeto litigioso e os pedidos formulados, a revelia não será aplicada. Isto não impede que o juiz reconheça a deficiência na peça de defesa, o que fortalece o pedido formulado pelo autor (art. 341, III). Na perspectiva subjetiva, a lei processual reconhece a hipossuficiência da parte requerida e permite a impugnação genérica. Esta exceção está prevista no art. 341, parágrafo único, do CPC: "O ônus da impugnação especificada dos fatos não se aplica ao defensor público, ao advogado dativo e ao curador especial". Esta regra é válida tanto para a fase de cognição como na fase de execução.[26]

2.5.4.1 *Impugnação dos fatos*

Os *fatos indiretos ou diretos* que podem ensejar a rejeição do pedido devem ser alegados em uma única fase, em vista da *regra da eventualidade*. Do contrário o réu poderia "guardar uma carta na manga" para a fase final, o que não é permitido, pela necessidade de estabilidade da relação processual e respeito ao contraditório amplo.

Os fatos indiretos podem ser *impeditivos*, *modificativos* ou *extintivos* do direito do autor. Uma ação de natureza condenatória que revela contrato bilateral perfeito entre as partes pode ser excepcionada pela demonstração de fato impeditivo pautado pela *exceptio non adimpleti contractus*. O réu poderá demonstrar que realmente não efetivou o pagamento pelo imóvel em virtude da existência de hipoteca não anunciada na fase do contrato preliminar. O negócio foi entabulado com a condição de entrega do imóvel livre e desimpedido de qualquer ônus. O réu ainda poderá demonstrar em uma ação de cobrança que o valor requerido pelo autor não é correto porque parte dos pagamentos foi efetivada, o que modifica o objeto litigioso fixado pelo autor na petição inicial. Por fim, a pretensão do autor poderá estar encoberta pela prescrição ou o direito poderá ter decaído, o que corresponde a fatos extintivos e que provocam a resolução do processo com análise do mérito (art. 487, II, do CPC).

2.5.4.2 *Impugnação do direito*

O réu também deverá impugnar a causa de pedir próxima fixada pelo autor que revela a impugnação do Direito aplicável ao caso concreto.

26. V. Súmula STJ-196: "Ao executado que, citado por edital ou por hora certa, permanecer revel será nomeado curador especial, com legitimidade para apresentação de embargos".

É possível negar que o fato reconhecido alegado pelo autor faça jus aos danos material e moral, pois teria direito apenas ao dano material.

Aqui surge problema adicional, porque o sistema reconhece a possibilidade de o juiz conhecer do direito mesmo em desconformidade com aquilo que foi alegado na petição inicial e na contestação (*iura novit curia*). As partes podem discutir a relação processual sob a ótica da responsabilidade *extracontratual*, mas o juiz pode chegar à conclusão de que a responsabilidade é *contratual*. Isto altera questões importantes atinentes à composição da verba ressarcitória.

E mais: o sistema reconhece a possibilidade de aplicação do Direito superveniente, como revelam os arts. 342, I, e 493 do CPC. O importante é que o juiz sempre se utilize da regra do art. 10 do CPC, para não provocar surpresa processual. Se a tese jurídica não foi suscitada pelo autor e nem pelo réu como matéria da contestação, o juiz deverá abrir o contraditório ou anunciar a linha decisória na fase de saneamento, como esclarece o art. 357, IV, o qual estabelece a obrigação do juiz de "delimitar as questões de direito relevantes para a decisão de mérito".

2.5.4.3 *Fatos extemporâneos*

O *princípio da eventualidade* cede em relação a determinadas situações jurídicas que estão elencadas pelo art. 342 do CPC.

As questões de fato e de direito podem sofrer alterações no decorrer da relação processual (art. 342, I). O mundo, em suas dimensões fática e jurídica, é dinâmico. Alguns eventos extraordinários, como a morte, podem provocar confusão, com reflexo direto na relação processual (art. 381 do CC). Os julgamentos proferidos pelos tribunais influenciam diretamente, por meio dos precedentes, os julgamentos em curso.

As matérias relativas ao conhecimento oficioso do juiz devem ser declaradas a qualquer tempo e podem ser conhecidas após a contestação, como aquelas relativas às condições da ação ou aos pressupostos processuais (art. 342, II). Algumas matérias, ainda, podem ser conhecidas em qualquer grau de jurisdição, ou, ao menos, até o segundo grau, como a prescrição (art. 342, III).[27]

27. Nas vias extremas, STJ e STF, exige-se o prequestionamento da matéria, ainda que se trate de matéria oficiosa. V.: "A Corte Especial do STJ, em decisão mais recente, assinalou que 'a exigência do prequestionamento prevalece também quanto às matérias de ordem pública'" (STJ, EREsp 805.804-ES, rel. Min. João Otávio de Noronha, j. 3.6.2015).

4. Reconvenção

É lícito ao réu exercer o direito de ação contra o autor formulando pretensão própria e conexa dentro da contestação.[28] Esta possibilidade de contra-ataque é materializada por meio da reconvenção (art. 343 do CPC). Por meio dela aumenta-se o espectro de decisão judicial (*thema decidendum*) pela conexão entre a ação (do autor) e a reação (do réu) que provoca o julgamento concomitantemente (*in simultaneus processus*).[29]

Na acepção técnica, o réu será denominado *reconvinte* e o autor da ação será *reconvindo*. A conexão instrumental entre as peças não elimina a autonomia de ambas. Este ponto é muito bem ilustrado pelo texto do art. 343, § 2º, do CPC. A desistência da ação principal pelo autor e com a concordância do réu não eliminará o prosseguimento da reconvenção de modo automático.

Na hipótese de acordo entre as partes é essencial que ele abranja a *ação* e a *reconvenção* para que o processo seja resolvido integralmente. Esta afirmação é reforçada pela leitura do art. 343, § 6º: "O réu pode propor reconvenção independentemente de oferecer contestação". É possível que o réu seja revel na ação principal e opte por oferecer unicamente a reconvenção.[30] Em suma: a reconvenção, apesar de ser justificada pela conexão com a ação principal ou como fundamento da defesa, não perde sua autonomia enquanto pretensão processual.[31]

28. Gaupp/Stein/Jonas, *Kommentar zur Zivilprozeßordnung*, § 33, 1.

29. Sobre a história da demanda reconvencional: Mario Dini, *La Domanda Riconvenzionale nel Diritto Processuale Civile*, pp. 3-27. Para a evolução histórica da reconvenção no Direito Luso-Brasileiro: Cruz e Tucci, *Da Reconvenção*, pp. 45 e ss.

30. Obviamente, como observa Cruz e Tucci (*Da Reconvenção*, cit., p. 61), nesta situação não há que se falar no exercício da reconvenção como fundamento da defesa, porque ela não foi apresentada nos autos. Logo, exige-se a demonstração da conexão, ainda que de forma ampla.

31. "Nos termos do art. 315, *caput*, do CPC/1973 [*v. art. 343 do CPC/2015*], a reconvenção é cabível quando evidenciada a devida conexão com a ação principal ou com o fundamento da defesa. Contudo, os pleitos formulados na ação principal e na reconvenção são distintos e autônomos, de modo que as condições da ação e os pressupostos processuais devem ser analisados separadamente em cada uma das ações. 2. Por outro lado, conforme dispõe o art. 317 do CPC/1973 [*v. § 2º do art. 343 do CPC/2015*], a extinção da ação principal, no caso a ação monitória, por ilegitimidade passiva dos réus não impede o prosseguimento da reconvenção proposta com objetivo de condenar a autora ao pagamento do dobro do que cobrou indevidamente, tendo como causa de pedir justamente o reconhecimento da ilegitimidade passiva dos réus da ação principal. 3. Agravo interno não provido" (STJ, 4ª Turma, AgInt no AgInt no REsp 1.250.182-PR, rel. Min. Lázaro Guimarães (Desembargador convocado do TRF-5ª Região, j. 8.2.2018, *DJe* 16.2.2018).

3.1 Reconvenção, pedido contraposto e ações dúplices

O Código de Processo Civil/2015 permitiu que o exercício da reconvenção possa ser formalizado dentro da própria contestação. A mudança deve ser aplaudida, porque facilita o exercício do direito de ação. Tradicionalmente, a reconvenção e o pedido contraposto correspondem a técnicas processuais que visam à economia e à simplificação processuais. Entretanto, após a reforma de 2015 podemos afirmar que a reconvenção assumiu o *status* procedimental de um pedido contraposto.

A solução é idêntica à do Direito Português (CPC português, art. 266º-1).[32] Esta simplificação formal aproximou a reconvenção do pedido contraposto, uma vez que a diferença entre ambas as formas se centrava essencialmente na esfera procedimental.

O Código de Processo Civil/1973 (art. 275) limitava a formulação de pedido autônomo pelo réu por meio da reconvenção em face do procedimento sumário e negando-a nos procedimentos especiais. A cognição sumária impedia que a reconvenção pudesse ser ofertada no procedimento sumário (art. 315, § 2º, do CPC/1973).[33] No entanto, o pedido contraposto era permitido, o que também acabou sendo autorizado na seara do Juizado Especial (art. 17, parágrafo único, da Lei 9.099/1995).

O pedido contraposto possui em sua base uma limitação natural de agregar à pretensão processual fatos que são conexos e ligados diretamente aos fundamentos da ação originária. Isto permitiria que o pedido fosse facilmente compreendido pela coligação entre os fundamentos da ação do autor e da reação do réu. A reconvenção assume feição mais ampla, porque permite incluir pedidos de natureza diversa e com maior amplitude, inclusive com ampliação do polo subjetivo na relação processual (art. 343, § 3º, do CPC). Uma ação declaratória não impede que o réu ofereça contestação e reconvenção com natureza condenatória agregando pedido de ressarcimento por danos material e moral. Aqui reside a diferença da reconvenção igualmente em relação às ações dúplices.

O melhor exemplo de ação dúplice (*actio duplex*) é o da ação possessória. Nesta modalidade de ação a resposta oferecida pelo réu é suficiente para que a proteção possessória seja garantida (art. 566 do CPC). A improcedência do pedido do autor provoca resultado positivo, ou seja, confere prestação da tutela jurisdicional ao réu, que terá o reconhecimento automático de sua posse mansa e pacífica contra o autor.

32. José Lebre de Freitas, *A Ação Declarativa Comum (à Luz do CPC de 2013)*, cit., 4ª ed., p. 143.

33. Araken de Assis, *Processo Civil Brasileiro*, vol. II, p. 220.

A mesma situação verifica-se na ação de consignação em pagamento. A improcedência do pedido do autor implica reconhecimento da quitação e extinção da dívida do réu. Não há necessidade de pedido contraposto para seu reconhecimento ou oferecimento de reconvenção.

3.2 A reconvenção e o princípio da economia processual

A reconvenção tem sua base nos princípios da economia e da instrumentalidade das formas.[34] O processo deve render o máximo por meio do menor dispêndio da máquina estatal. Se a ação do autor e a do réu fossem propostas em separado os atos materiais seriam duplicados e os processos seriam provavelmente reunidos para decisão conjunta (art. 55 do CPC). Nada mais coerente e lógico do que seja oferecida a possibilidade de exame conjunto de ambas as pretensões.

3.3 Requisitos para o exercício da reconvenção

Embora a peça assuma natureza conexa, a demanda reconvencional não deixa de revelar o exercício do direito de ação. O réu é citado para se defender no processo, e não para formular pedido que será coberto pela eficácia de imutabilidade da coisa julgada. Para este mister poderá formular pedido por meio da reconvenção (art. 343 do CPC). Logo, a peça reconvencional deve obedecer aos elementos formais e materiais exigidos pelos arts. 319 e 320 do CPC.

3.3.1 Preparo da reconvenção

Como ação autônoma deduzida no bojo da contestação, a peça deverá sujeitar-se ao preparo e o pedido poderá deixar de ser apreciado pela ausência de cumprimento do pressuposto processual objetivo. O fato deverá ser certificado pela escrivania, porque a contestação não poderá deixar de ser movimentada e analisada pelo juiz.

3.3.2 Competência do juízo

A competência será a do juízo processante da ação, que já estará prevento para o recebimento e o conhecimento da reconvenção (art. 55, § 1º, do CPC).[35] É importante que a peça reconvencional não inclua ter-

34. Arruda Alvim, *Novo Contencioso Cível no CPC/2015*, p. 220.
35. Lüke, *Zivilprozessrecht – Erkenntnisverfahren/Zwangsvollstreckung/Europäisches Zivilverfahrensrecht*, 10ª ed., § 20, p. 238.

ceiro que se submeta à competência absoluta (exemplo: União Federal); do contrário a demanda teria que ser deslocada integralmente, o que impediria o processamento conjunto da reconvenção. Nesta hipótese o correto seria a propositura autônoma do pedido, para não inviabilizar o curso da demanda originária, porque as pretensões não poderiam ser reunidas originariamente pela conexão (art. 343 do CPC).

3.3.3 Substanciação da reconvenção

A substanciação do pedido é essencial na reconvenção. A ausência de resposta do autor reconvindo provocará a aplicação dos efeitos da revelia. É essencial a descrição minuciosa dos fatos e fundamentos do pedido. A indicação das provas e a expressão do valor da causa são obrigatórias. É possível que a ação permita julgamento antecipado mas a reconvenção exija a produção de provas testemunhal e/ou pericial. Embora seja possível o julgamento parcial, a experiência revela que o julgamento conjunto é o mais adequado. Não devemos esquecer que os dispositivos são autônomos, inclusive quanto à fixação da verba de sucumbência (art. 85 do CPC). A causa deve ser corretamente valorada, porque a fixação da sucumbência toma em consideração a expressão econômica informada na peça reconvencional.

A demanda reconvencional deve apresentar um elo de ligação com o pedido formulado na ação principal que justifique o julgamento conjunto das pretensões. Desde o estudo de Barbosa Moreira sobre o tema, ainda na vigência do Código de Processo Civil/1973, abandonou-se o critério da necessidade de conexão rígida entre as demandas, ou seja, com base na identidade da causa de pedir ou do pedido. Na verdade, a motivação para a reconvenção pode ser justificada pela ampla forma de conexão prevista pelo art. 55, § 3º, do CPC, o que pode ser classificado como conexão por instrumentalidade.[36] O temor de decisões contraditórias sobre demandas que apresentam necessidade de coerência quanto a uma solução homogênea já justifica a possibilidade de reconvenção.

3.3.4 Legitimidade ativa e legitimidade passiva

A legitimidade ativa e a legitimidade passiva apresentam uma sintonia natural com a posição invertida referente à ação principal. O autor se tornará réu (reconvindo) e o réu se tornará autor (reconvinte). No entanto,

36. O que também denominamos no t. I deste *Curso* (p. 461) de "conexão por homogeneidade".

a lei processual avançou, e desde o Código de Processo Civil/2015 os polos ativo e passivo podem ser subjetivamente ampliados (art. 343, §§ 3º e 4º, do CPC).

3.3.4.1 *Ampliação subjetiva do polo ativo e do polo passivo*

Um dos pontos de inovação em relação ao Código de Processo Civil/2015 refere-se à possibilidade de oferecimento da reconvenção por parte do réu em litisconsórcio com terceiro em face do autor (art. 343, § 4º) ou pelo réu contra o autor e o terceiro (art. 343, § 5º). Percebe-se a possibilidade de ampliação subjetiva do polo ativo e do polo passivo da reconvenção. Pela regra atual não há mais vedação de oferecimento de reconvenção com pedido de usucapião perante uma demanda reivindicatória. A ampliação do polo passivo pela presença de litisconsortes necessários não impede a formulação do pedido autônomo de declaração de domínio.

Ainda que o exemplo da usucapião revele a hipótese de formação de litisconsórcio passivo necessário, entendemos que o art. 343, § 3º, não veda a formação de litisconsórcio facultativo passivo. Não há restrição legal e nem lógica, porque a consequência natural da restrição seria maléfica, pela necessidade de reunião de processos naturalmente conexos (arts. 55, c/c o art. 113, I, II e III).

O que é importante é que o terceiro chamado na reconvenção tenha ligação com a pretensão deduzida na ação ou reconvenção, ou seja: o réu reconvinte necessita de sua participação pela ligação objetiva ou subjetiva. É necessária a coligação do terceiro com o autor ou réu, sendo vedado o direcionamento isolado do pedido para o terceiro (*Eine isolierte Drittwiderklage*).[37]

3.3.4.2 *Interesse processual na reconvenção*

Além da legitimidade para agir, o réu deve demonstrar a necessidade do pedido autônomo na modalidade reconvencional. Em determinadas situações a ausência de conhecimento técnico adequado faz com que se utilize a reconvenção desnecessariamente. É o exemplo clássico das ações possessórias. O réu da ação possessória, quando deduzir exclusivamente a proteção da sua posse, não necessita da reconvenção para que o autor da ação seja reconhecido como o violador da sua posse. A natureza dúplice

37. Lüke, *Zivilprozessrecht – Erkenntnisverfahren/Zwangsvollstreckung/Europäisches Zivilverfahrensrecht*, 10ª ed., § 50, p. 170.

(*actio duplex*) da ação torna desnecessária essa arguição. O mesmo pode ser dito em relação à compensação. A possibilidade de compensação exata entre créditos líquidos, vencidos e exigíveis devidos reciprocamente entre ambas as partes torna desnecessária a reconvenção. A compensação poderá ser suscitada como matéria de defesa indireta na contestação, porque representará fato impeditivo do direito do autor.[38]

A situação modifica-se quando o réu for credor do autor por dívida líquida, certa e vencida mas seu crédito superar o do autor, porque o saldo remanescente depende de pedido condenatório para a formação do título executivo (art. 515, I, do CPC).[39]

3.3.5 Recurso cabível contra o indeferimento liminar

Sempre houve polêmica quanto ao tema da via recursal para a hipótese de indeferimento liminar da reconvenção: agravo ou apelação? Afinal, o indeferimento da reconvenção representa a rejeição, *in limine*, de autêntico pedido formulado pelo réu reconvinte.

A rejeição do pedido formulado em uma petição inicial com encerramento da relação processual, sem (art. 331 do CPC) ou com (art. 332, § 3º, do CPC) análise do mérito, desafia naturalmente o recurso de apelação, inclusive com possibilidade de retratação. Este fato justificou a dúvida sobre qual o recurso cabível no indeferimento liminar da reconvenção pelo Código de Processo Civil/1973. A peça era apresentada de modo concomitante mas autônomo. O *princípio da fungibilidade* era aplicado como meio de permitir a correção em caso de não utilização do recurso cabível, que seria o agravo de instrumento.[40]

38. Clito Fornaciari Jr., *Da Reconvenção no Direito Processual Civil Brasileiro*, p. 36.

39. Araken de Assis, *Processo Civil Brasileiro*, cit., vol. III, p. 224.

40. Como reconhecia o STJ: "(...). Se efetivamente houve extinção do processo, sem prosseguimento do feito, foi proferida uma sentença. Se, ao contrário, se ensejou a continuação do processo, resolvida situação incidente, ainda que tenha sido extinto o feito em relação a um dos litisconsortes, ou quando extinta a reconvenção, a decisão tem natureza jurídica de interlocutória, sendo agravável, portanto. III – O ato pelo qual o juiz exclui um dos participantes do litígio tem natureza jurídica de decisão interlocutória, uma vez que o processo continua no tocante às partes remanescentes. Nesse caso, a decisão sujeita-se à interposição do recurso de agravo. IV – Aplica-se no caso o princípio da fungibilidade, uma vez presente dúvida objetiva a respeito do recurso cabível, e também por inocorrer erro grosseiro e má-fé, sendo dispensável o pressuposto do prazo menor como requisito" (STJ, 4ª Turma, REsp 113.443-PR, rel. Min. Aldir Passarinho Jr., rel. para o acórdão Min. Sálvio de Figueiredo Teixeira, j. 11.12.2001, *DJU* 1.7.2004, p. 195).

Pela regra atual a reconvenção é encartada como pedido autônomo, mas dentro da peça de defesa. A impossibilidade de cisão da peça não autoriza a utilização do recurso de apelação contra "sentença parcial" (*Zwischenurteil*). Nosso sistema não adotou a possibilidade de cisão do julgamento parcial com oferecimento de apelação. O julgamento de parcela do processo representa julgamento antecipado parcial de mérito (art. 356, *caput*, do CPC).

Atualmente inexiste *dúvida objetiva* que justifique a aplicação do *princípio da fungibilidade*. O julgamento apenas encerra parcela do processo e corresponde a autêntica sentença parcial, que desafia expressamente o recurso de agravo, nos termos do art. 356, II, do CPC.

3.3.6 Reconvenção da reconvenção

O autor terá o prazo de 15 dias para oferecer sua resposta por meio da intimação feita ao seu procurador judicial. Além da contestação, o autor reconvindo poderá oferecer nova reconvenção. Nada impede que o autor, com base no novo pedido introduzido pelo réu, possa demonstrar a existência de pretensão conexa ou fundada em causa semelhante que autorize a introdução de uma terceira demanda.

Deste modo, é lícito ao autor propor a reconvenção da reconvenção. Embora não exista limitação ao número de reconvenções, o juiz tem o poder de limitar sua utilização com o fim de evitar o tumulto processual e velar pela duração razoável do processo (art. 139, II, do CPC). No procedimento monitório o legislador impôs limitação à reconvenção sucessiva (art. 702, §6º CPC).[41]

3.3.7 Procedimento da reconvenção

Na apresentação da reconvenção não existe a necessidade de pedir a citação do autor. A peça é oferecida na relação processual em curso; logo, o sistema apenas exige que o pedido reconvencional seja formulado no prazo de 15 dias conferido para a apresentação da contestação (art. 343 do CPC).

O autor reconvindo será intimado na pessoa do seu advogado para responder ao pedido com prazo de 15 dias. A ausência de resposta também sujeita o reconvindo aos potenciais efeitos da revelia, em vista da autonomia do pedido reconvencional.

41. V. este *Curso*, t. III, pp. 356 e ss.

Na hipótese de substituição processual inexiste empecilho para a reconvenção, desde que o réu admita que possui pretensão contra o substituído, e a demanda será proposta contra o autor na qualidade de substituto processual. Esta solução guarda coerência e permite ótimo rendimento processual à reconvenção.

É possível que ocorra a revelia quando o réu não oferecer a contestação. Isto não impede a apresentação autônoma da reconvenção (art. 343, § 6º, do CPC). Da mesma forma, a apresentação da reconvenção com pedido de produção de provas autoriza a não realização do julgamento antecipado parcial quando os fatos forem comuns e essenciais para a prolação da sentença.

4. Revelia

A revelia consuma-se pelo silêncio do réu no processo por não formular defesa adequada no prazo de 15 dias. A apresentação da resposta não representa obrigação do réu, mas faculdade que representa autêntico *ônus*, porque o prejuízo da omissão recai na pessoa do demandado.[42]

Fala-se em "defesa oportuna e adequada". É possível que o réu apresente a defesa no prazo legal mas sem representação processual técnica, ante a ausência de procuração. A falta de capacidade postulatória revelará peça de defesa inexistente.[43]

A consequência da revelia é a presunção de veracidade dos fatos que foram articulados pelo autor no seu pedido inicial (art. 344 do CPC). Houve claro abrandamento quanto ao papel instrumental da revelia com o passar do tempo. O processo não é vocacionado para legitimar inverdades. A verdade processual que nasce do silêncio da parte requerida não pode ser aceita pelo magistrado de modo absoluto, o que está retratado pelo art. 345, IV, do CPC, que impede o reconhecimento da revelia quando "as alegações de fato formuladas pelo autor forem inverossímeis ou estiverem em contradição com prova constante dos autos".

O juiz comprometido com a solução adequada da controvérsia necessita de subsídios mínimos para que o cumprimento do art. 4º do CPC seja efetivo. O julgamento de mérito e a satisfação da atividade executiva exigem maturidade probatória, para que a decisão seja proferida de modo

42. Sobre a teoria do ônus: Menezes Cordeiro, *Tratado de Direito Civil Português*, cit., vol. I., p. 201.

43. O que vale tanto para a petição inicial como para a contestação. Sobre o ponto: Arruda Alvim, *Novo Contencioso Cível no CPC/2015*, cit., p. 224.

fundamentado. A motivação com base na regra do ônus da prova (art. 373 do CPC), na sua versão estática (art. 373, I e II) ou dinâmica (art. 373, § 1º), deve ser evitada, e sua utilização deve ser invocada em último caso.

4.1 Contumácia e revelia

É necessário realizar uma distinção entre a inatividade do réu pela não apresentação de resposta no processo e a inatividade das partes no processo. A primeira é o que caracteriza a revelia, na dicção expressa do art. 344 do CPC: "Se o réu não contestar a ação, será considerado revel e presumir-se-ão verdadeiras as alegações de fato formuladas pelo autor".

Acontece que a relação processual também poderá ser marcada pela inatividade do autor, inclusive motivando a resolução do processo sem a análise do mérito (art. 485, III, do CPC). Esta inatividade é denominada de *contumácia* e pode se referir tanto ao autor como ao réu.[44] Isto autoriza a classificar a revelia como uma espécie de contumácia marcada pela ausência de oferecimento da contestação.

4.2 Efeitos da revelia

A não apresentação da contestação ou sua juntada em tempo inábil são suficientes para a consumação da revelia.

Duas são as consequências básicas da revelia.

A primeira é a presunção de veracidade sobre os fatos que foram informados pelo autor na petição inicial. Não se trata de legitimar todas as afirmações que constam do pedido vestibular. A revelia tem cunho instrumental. É necessário que o autor forneça prova adequada de suas afirmações, a despeito da redação do art. 344 do CPC. Somente existe revelia em face dos fatos jurídicos alegados e comprovados, mas não em relação ao direito.

O segundo efeito da revelia é a fluência dos prazos processuais independentemente de intimação (art. 346 do CPC). A revelia expressa a presunção relativa de desinteresse da parte silente sobre o deslinde da causa.

Isto não impede que seu procurador possa intervir no processo no estado em que se encontra, inclusive pedindo a produção de provas e realizando requerimentos que possam ser apreciados de ofício pelo ma-

44. Como acentua Rogério Lauria Tucci (*Da Contumácia no Processo Civil Brasileiro*, p. 115): "A contumácia é hoje compreendida face ao comportamento da parte no processo, de modo especial como detalhe de sua inatividade".

gistrado. Esta intervenção poderá até impedir o julgamento antecipado da lide, nos termos do previsto pelo art. 355, II, do CPC.

4.3 Impossibilidade de incidência dos efeitos da revelia

A revelia não poderá ser aplicada para algumas situações previstas pelo ordenamento processual. A primeira causa de exclusão para a incidência da revelia é o vício do ato de citação. O ato de angularização tem como fim integrar o réu na relação processual, e por este motivo deve conferir plena cientificação sobre o pedido do autor. A citação por carta, por oficial e, mesmo, a citação por edital devem cumprir os requisitos do art. 250, com especial atenção para os incisos II e III, do CPC, para que o ato de citação realmente cientifique o réu.[45] O mandado de citação cumprido de modo defeituoso, sem a advertência sobre as consequências do não comparecimento, não permite a declaração da revelia, o que também é válido para a pena de confesso, conforme regra do art. 385, § 1º, do CPC.

Somente com a correta cientificação (citação e intimação) do réu os efeitos da revelia podem ser aplicados. A não apresentação da contestação provocará efeitos prejudiciais, pelo descumprimento do ônus de contestar. A lei processual também impedirá a aplicação dos efeitos da revelia em algumas hipóteses que serão examinadas *infra*.

4.3.1 A pluralidade de partes

A primeira refere-se à hipótese de pluralidade de réus, ou seja, quando for configurada a hipótese de litisconsórcio.

A existência do litisconsórcio deve ser compreendida dentro de duas matizes diferenciadas. A primeira relativa ao fato de a matéria ser comum, ou não, ao réu revel. Independentemente da natureza do litisconsórcio (facultativo ou necessário/simples ou unitário), a unidade quanto aos fatos e fundamentos é essencial para esclarecer quanto à possibilidade do efeito da revelia em relação ao coligado silente. Se a matéria é comum e aproveita para a defesa, é inviável falar na incidência dos efeitos da revelia, ainda que o litisconsorte seja silente.[46]

45. CPC, incisos II e III do art. 250: "II – a finalidade da citação, com todas as especificações constantes da petição inicial, bem como a menção do prazo para contestar, sob pena de revelia, ou para embargar a execução; III – a aplicação de sanção para o caso de descumprimento da ordem, se houver; (...)".

46. Neste sentido: Rita Gianesini, *Da Revelia no Processo Civil Brasileiro*, p. 155.

Tratando-se de fatos diversos e que não se estendem para a esfera do litisconsorte a revelia poderá não apenas incidir, mas provocar o julgamento antecipado parcial de mérito (art. 356, II, do CPC). Este ponto representa significativa alteração em relação ao Código de Processo Civil/1973, pois pelo sistema anterior, ainda que reconhecida a revelia, o julgamento antecipado parcial seria inviável, o que obrigaria ao transcurso da relação processual em face de todos os litisconsortes, com aplicação dos efeitos da revelia na fase de prolação da sentença. De qualquer modo, torna-se claro que o litisconsórcio quanto à decisão (simples ou unitário) permitirá o efeito da revelia em face de fatos que digam respeito ao interesse de um dos litisconsortes.[47]

4.3.2 Litígio sobre direitos indisponíveis

O art. 344, II, do CPC/2015 representa hipótese já reconhecida perante o Código de Processo Civil/1973. As lides que retratam direitos indisponíveis não permitem que a solução do processo possa ser fornecida pela aplicação dos efeitos da revelia. A decisão por presunção não é adequada quando existem interesses qualificados como indisponíveis. Isto exige o exame do que se deva entender por "indisponível".

O interesse indisponível pode estar inserido no âmbito do direito privado ou do direito público. No âmbito privado podemos exemplificar com as ações de estado. As ações referentes ao estado da pessoa tutelam autêntico direito fundamental que está relacionado à identidade e à situação jurídica da pessoa. Trata-se de uma projeção de sua dignidade e do direito de ser reconhecida no meio social. As ações de estado alcançam essencialmente três fases da vida do ser humano: seu nascimento, suas relações sociais e sua morte. As ações relacionadas ao nascimento e ao reconhecimento da filiação (exemplo: ação declaratória de investigação de paternidade ou maternidade), as ações relacionadas à mudança do nome, alteração de gênero, as ações de divórcio, separação, reconhecimento de união estável, declaração de morte presumida (art. 7º do CC), revelam interesses indisponíveis. A ausência de resposta não é suficiente para gerar o encerramento antecipado da lide.

Em algumas situações é possível reconhecer efeitos da revelia em ações de estado quando há pedido cumulado. Exemplo: pedido de separação judicial ou divórcio cumulado com partilha de bens. O silêncio quanto à partilha permite a confissão sobre direito patrimonial e dispo-

47. Sobre o ponto abordamos com maior profundidade em nosso estudo *Intervenção de Terceiros*, cit., pp. 100 e ss.

nível. Aqui vale, mais uma vez, a precisa lição de Pontes de Miranda sobre a inexistência de "ações puras". Neste exemplo existe pretensão indisponível (dissolução do vínculo) e disponível (divisão do patrimônio e fixação de alimentos), o que revela a cumulação de pedido constitutivo negativo e condenatório.[48]

4.3.2.1 *Interesse primário "versus" interesse secundário*

No campo do direito público também se manifestam interesses qualificados como indisponíveis. Acontece que no cenário atual nem sempre a Administração Pública é titular de pretensões embasadas em interesses primários. Os interesses primários são aqueles que dizem respeito à coletividade, ou seja, quando a Administração Pública tutela autêntico interesse público e que beneficia todos os administrados.[49] Uma ação anulatória do julgamento das contas apresentadas por prefeito municipal não pode ser decidida por revelia, pois o interesse tutelado no processo é primário, com reflexo em toda a Municipalidade.

No entanto, em algumas situações a Administração Pública comporta-se como um ente particular, defendendo interesse próprio, ou seja, da pessoa jurídica, e não da coletividade. A doutrina italiana produziu magistral estudo que diferencia a atividade administrativa em primária e secundária.[50] O interesse secundário revela o comportamento da Fazenda Pública em juízo no exercício de posição jurídica para a defesa de interesse próprio.[51]

48. Por este motivo, em relação às questões afetas ao estado da pessoa a revelia não pode ser reconhecida: "(...). A não apresentação de contestação ao pedido de divórcio pelo cônjuge virago não pode ser entendida como manifestação de vontade no sentido de opção pelo uso do nome de solteira (CC, art. 1.578, § 2º) – Agravo regimental desprovido" (STJ, 4ª Turma, AgR no AREsp 204.908-RJ, rel. Min. Raul Araújo, j. 4.11.2014, *DJe* 3.12.2014).

49. O STJ na execução fiscal reconhece a impossibilidade dos efeitos da revelia pela perseguição de valores que retornam para a coletividade, o que é correto: "É orientação pacífica deste STJ segundo a qual não se aplica à Fazenda Pública o efeito material da revelia, nem é admissível, quanto aos fatos que lhe dizem respeito, a confissão, pois os bens e direitos são considerados indisponíveis (AgInt no REsp n. 1.358.556-SP, rela. Min. Regina Helena Costa, 1ª Turma, *DJe* 18.11.2016; AgR no REsp n. 1.170.170-RJ, rel. Min. Og Fernandes, 6ª Turma, *DJe* 9.10.2013; e AgR nos ED no REsp n. 1.288.560-MT, rel. Min. Castro Meira, 2ª Turma, *DJe* 3.8.2012) – Recurso especial parcialmente conhecido e, nessa parte, improvido" (STJ, 2ª Turma, REsp 1.666.289-SP, rel. Min. Herman Benjamin, j. 27.6.2017, *DJe* 30.6.2017).

50. Renato Alessi, *Principi di Diritto Amministrativo*, vol. I, p. 203.

51. "A indenização devida por força da teoria do risco administrativo caracteriza o interesse do Estado em não adimpli-la como interesse público secundário, ao

É a hipótese em que a revelia se manifesta em um processo monitório ou em ação de cobrança relativa a combustível utilizado por frota de veículos da pessoa jurídica de direito público. As noções de interesse primário e interesse público secundário são importantes para distinguir a natureza da atividade desenvolvida pela Administração Pública; contudo, a posição de plena supremacia do interesse público sobre o particular é atualmente relativizada pela necessidade de respeito e realização dos direitos fundamentais.[52]

4.3.3 *Ausência de documento essencial para o julgamento da lide*

O inciso III do art. 344 do CPC revela exatamente a impossibilidade de a revelia criar o direito material. Jamais a revelia poderá legitimar pedidos que não estejam instruídos com documentos reputados como essenciais e obrigatórios para o reconhecimento do pedido.[53]

Esta regra encontra exemplo prático no art. 406 do CPC no que tange à exigência do documento público como essencial para a prova do fato jurídico. Um exemplo simples é o estado de filiação. A ação de inventário proposta pelo herdeiro exige a demonstração da filiação, que é comprovada pelo registro de nascimento. Sem esse documento existe falta de legitimidade *ad causam* para a abertura do procedimento.

Outro exemplo que demonstra a necessidade do documento público como da substância do ato é na ação reivindicatória. O autor, para pleitear a devolução do bem imóvel, precisa demonstrar a propriedade, o que deve ser feito pela anexação da certidão do registro do imóvel. Mesmo que o réu não ofereça defesa à pretensão processual, isto não autorizará a procedência do pedido apenas pelo efeito da revelia.

4.3.4 *Ausência de fato comprovado ou contraditório*

O art. 345, IV, do CPC é importante ao estabelecer limites para o reconhecimento da revelia em benefício do autor. O silêncio do réu não possibilita o acolhimento automático do pedido do autor. A inexistência

qual não se destina a interdição do art. 320, II, do CPC [*CPC/1973 – v. art. 345, II, do CPC/2015*] – Embargos de declaração rejeitados" (STJ, 1ª Turma, ED no REsp 1.046.519-AM, rel. Min. Francisco Falcão, rel. para o acórdão Min. Luiz Fux, j. 16.12.2008, *DJe* 10.6.2009).

52. V. a precisa crítica de Marçal Justen Filho, *Curso de Direito Administrativo*, 9ª ed., p. 431.

53. Pinto Ferreira, *Da Resposta do Réu*, p. 124.

de suporte probatório para as alegações deduzidas na inicial impede o julgamento antecipado, nos moldes do art. 356, II, do CPC. O art. 345, IV, diferencia duas hipóteses. Os fatos alegados pelo autor poderão ser inverossímeis. A verossimilhança é essencial para o recebimento da petição inicial, bem como essencial para o acolhimento da tutela provisória. A verossimilhança não representa a certeza, mas a probabilidade do direito afirmado, que está conformado pela prova sumária apresentada na fase inicial do processo. Logo, se os fatos são inverossímeis, eles não apresentam requisito mínimo de prova para a procedência do pedido. O autor ainda poderá se utilizar da fase instrutória para a demonstração, mas não terá direito ao julgamento antecipado. O efeito da revelia também não incidirá quando as provas coligidas forem contraditórias com o pedido formulado. O autor realiza pedido de cobrança sobre faturas em que existe a menção de quitação expressa, ou seja: a contradição não permite o julgamento antecipado.

O juiz poderá tomar duas atitudes. A ausência de provas ou sua contradição autorizam o julgamento pela improcedência, mas o autor ainda poderá pedir o prosseguimento da instrução para a demonstração do seu pedido. A ausência deste requerimento permitirá a decisão pelo descumprimento do ônus da prova (art. 373 do CPC).

4.4 Comparecimento tardio do réu revel

A revelia não impede o réu de participar da relação processual, o qual se sujeitará à fase processual em que realizar a intervenção. A fluência dos prazos em relação ao revel não dependerá de intimação pessoal (art. 346, *caput*, do CPC). Sua intervenção tardia obriga-o a receber o processo na fase em que se encontra.

É possível que o revel especifique provas quando sua intervenção ocorra na fase de saneamento, inclusive auxiliando na fixação dos pontos controvertidos (art. 357, II, do CPC). Poderá pedir a produção da prova pericial e oferecer quesitos. Quando a intervenção ocorrer na fase da audiência de instrução poderá realizar perguntas e, inclusive, pedir a oitiva de testemunha referida.[54]

54. "(...). De acordo com a jurisprudência desta Corte, a produção de provas pelo revel depende de seu requerimento antes de encerrada a fase instrutória, da análise de sua pertinência, limitada à desconstituição dos fatos afirmados na inicial. Afastar o entendimento da Corte local, no sentido de ser não o caso de abertura da via instrutória, demandaria incursão no conjunto fático-probatório dos autos, providência

O comparecimento tardio também poderá surtir eficácia para o reconhecimento da nulidade de sua citação, momento em que terá direito à restituição do seu prazo para o oferecimento da resposta no processo.

4.5 Nomeação de curador ao revel

Existem duas situações que precisam ser diferenciadas.

A primeira, a do revel que reside em local certo e opta por permanecer silente na relação processual, após sua *citação real*. Ele poderá intervir na relação processual nos termos do art. 346, parágrafo único, do CPC.

A segunda refere-se ao revel que é *citado fictamente* (edital ou hora certa). Embora o *fato jurídico processual referente à revelia* esteja consumado, não incidirão os *efeitos da revelia*.

A presunção relativa de veracidade sobre os fatos alegados pelo autor é obstada pela atividade processual do curador nomeado para a defesa do revel. A apresentação da contestação por negativa geral será suficiente para controverter os fatos afirmados pelo autor na petição inicial (art. 341, parágrafo único, do CPC).

4.6 O papel do assistente na revelia

Pelo Código de Processo Civil/1973 a atividade de intervenção do assistente no processo, em face do réu revel, era qualificada como gestão de negócios.[55] O CPC/2015 eliminou a desnecessária inserção de instituto do direito material e qualificou corretamente esta atividade como substituição processual, nos termos do art. 121, parágrafo único: "Sendo revel ou, de qualquer modo, omisso o assistido, o assistente será considerado seu substituto processual".

Existem duas formas de assistência: simples e litisconsorcial.[56] Para ambas as situações a atividade do assistente será considerada como hipótese de substituição processual. A inserção expressa da figura da substituição acabou sendo mais importante em face do *assistente simples*, porque a ausência de relação jurídica com a parte contrária o qualificava

que esbarra na censura da Súmula n. 7/STJ – Recurso especial não conhecido" (STJ, 4ª Turma, REsp 734.328-RN, rel. Min. Raul Araújo, j. 18.11.2014, *DJe* 18.12.2014).

55. Sobre o tema, com grande profundidade de abordagem: Pacchioni, *Trattato della Gestioni degli Affari Altrui*, pp. 448 e ss. Por meio da gestão o gestor assume a posse direta do patrimônio do ausente e submete seus atos a ratificação.

56. Sobre a distinção, v. t. I deste *Curso*, p. 569.

como autêntico gestor processual. Em caso de ingresso posterior do revel no processo sua atividade cessaria e seus atos ainda estariam sujeitos a ratificação. Pelo modelo atual, como autêntico substituto processual, seus atos são válidos, e o revel passará a receber o processo no estado em que se encontra.

Para o assistente litisconsorcial, embora também seja importante sua qualificação expressa como *substituto processual*, sua atividade processual já era diferenciada pela natureza do direito material que permitia sua intervenção. Como está ligado umbilicalmente ao objeto litigioso do processo, os atos processuais praticados no processo já aproveitavam automaticamente ao assistido, inclusive em determinadas situações impedindo a própria revelia. Era o que acontecia quando se tratasse de litisconsórcio unitário. Nesta hipótese encaixa-se o condômino que ingressa na demanda em face da omissão do síndico (art. 75, XI, do CPC). O litisconsórcio na composse e no condomínio, será facultativo-unitário; logo, os atos praticados pelo condômino aproveitam a todo o condomínio, em face do interesse comum.

5. Reconhecimento jurídico do pedido

É lícito ao réu oferecer aquiescência ao pedido formulado pelo autor na demanda (*Anerkenntnis*). Não se trata de solução usual e que representa projeção natural do princípio dispositivo.[57] A atitude de reconhecimento representa o máximo poder de disposição da parte em aderir à pretensão formulada do autor.

O reconhecimento não representa uma carta em branco para o encerramento automático da lide.[58] O juiz deve avaliar se as condições mínimas estão presentes para que o pedido formulado pelo autor possa ser conhecido. Como informa a doutrina alemã, o reconhecimento deve ser vedado em face de objeto litigioso indisponível, como nas ações que envolvam interesses públicos (*öffentliche interessen*).[59] Da mesma forma, a parte não pode reconhecer sobre ponto que não seja juridicamente reconhecido pelo próprio ordenamento jurídico.[60]

57. Lüke, *Zivilprozessrecht – Erkenntnisverfahren/Zwangsvollstreckung/Europäisches Zivilverfahrensrecht*, cit., § 20, p. 235.

58. Moacyr Lobo da Costa, *Confissão e Reconhecimento do Pedido*, p. 80.

59. Lüke, Lüke, *Zivilprozessrecht – Erkenntnisverfahren/Zwangsvollstreckung/Europäisches Zivilverfahrensrecht*, cit., § 20, p. 235.

60. Como o reconhecimento de direitos reais que não estejam tipificados pela lei (*durch ein Anerkenntnis könnte nicht etwa ein neues dingliches Recht geschaffen*

Estas observações permitem que sejam impostos limites objetivos e subjetivos ao reconhecimento jurídico do pedido.[61] Os objetivos referem-se à disponibilidade do direito. Se o objeto se refere a direito indisponível não existe a possibilidade de reconhecimento. Sob a ótica subjetiva, o reconhecimento é inviável em face do litisconsórcio unitário, o que não impedirá ao litisconsorte simples o reconhecimento. O substituto processual não pode reconhecer, pois se trata de ato pessoal.

Como negócio processual unilateral não receptício, o reconhecimento jurídico do pedido será suficiente, quando idôneo, para encerrar a instância com julgamento do mérito, nos termos do art. 487, III, "a", do CPC. O reconhecimento poderá ser da ação ou da própria reconvenção.

Outra consequência do reconhecimento jurídico do pedido é a imputação da responsabilidade das custas e despesas processuais para a parte requerida. Em algumas situações poderá ser aplicado o *princípio da causalidade* para isentar a parte ré das despesas. Quando há precedente que obrigue a via extrajudicial ou administrativa prévia e a parte autora tenha se omitido, poderá ser aplicado o reconhecimento jurídico do pedido, com isenção de custas em benefício do réu.

werden – v.: Lüke, *Zivilprozessrecht – Erkenntnisverfahren/Zwangsvollstreckung/ Europäisches Zivilverfahrensrecht*, cit.,, § 20, p. 235).

61. Clito Fornaciari Jr., *Reconhecimento Jurídico do Pedido*, pp. 19-29.

Capítulo VI

DA ORGANIZAÇÃO E DO SANEAMENTO DO PROCESSO

1. Providências preliminares

Após a fase de conciliação (art. 334 do CPC) e da resposta do réu (arts. 335 a 344 do CPC) abrem-se três possibilidades para o juiz. É necessário avaliar o quadro formado pela contraposição do pedido do autor para que possa ser dado prosseguimento à relação processual. Com o esgotamento do prazo da resposta, abrem-se seguintes opções: (a) *determinação da especificação de provas, pela impossibilidade de julgamento antecipado*; (b) *abertura de prazo para o oferecimento de réplica*; (c) *regularização de falhas processuais*; (d) *saneamento compartilhado do processo*; e (e) *julgamento imediato do processo*.

As providências preliminares atuam na depuração do contraditório e na garantia da igualdade material das partes. Ainda que o réu seja revel, a sentença de procedência ou improcedência necessitará de fundamentação. O silêncio do réu acompanhado por uma petição inicial com material probatório insuficiente exigirá a continuidade do contraditório para que o processo possa render o máximo.

Após a oferta da resposta do réu seria normal que o autor tivesse prazo para se manifestar sobre questões que sequer foram pontuadas pela petição inicial. Sem o prazo para replicar o autor sofreria flagrante violência ao contraditório e ao princípio da não surpresa.

Além disso, a fase das providências preliminares permitirá que o juiz determine a regularização de falhas referentes aos pressupostos processuais e que impedem o prosseguimento regular da relação processual.

1.1 Ausência dos efeitos da revelia

Na hipótese de inatividade do réu, e não sendo hipótese de aplicação dos efeitos da revelia, o juiz determinará a abertura do prazo de cinco dias para que as partes especifiquem suas provas.

O art. 345 do CPC, já analisado, impede expressamente que o juiz considere os efeitos da revelia. A mesma conclusão aplica-se ao réu revel citado fictamente, que será defendido por meio de curador especial.

Na ausência de resposta do réu nem sempre o juiz poderá realizar o julgamento antecipado do processo (art. 355, II, do CPC). É comum a petição do autor não possuir prova documental suficiente para que o pedido possa ser acolhido. Tratando-se de pretensão indisponível, o próprio juiz poderá determinar *ex officio* a produção da prova. É certo que o art. 370 do CPC não faz esta distinção, e confere poder inquisitório amplo ao juiz para a produção da prova que é necessária ao julgamento da causa. No entanto, entendemos que é importante que a atividade probatória do juiz seja residual e atue de modo complementar em demandas de natureza patrimonial e relativas a direitos disponíveis.

O art. 348 do CPC aduz unicamente a intimação do autor, mas a intimação também atinge o revel, o qual apenas não será intimado pessoalmente. Sua intimação será efetuada unicamente por meio do órgão de publicação oficial (art. 346 do CPC).

Na esfera da intimação é importante diferenciar a hipótese da revelia formal e da revelia material. Tratando-se de revelia formal, quando há defesa por meio de curador especial, a intimação será realizada na pessoa do defensor. Na revelia material a intimação será unicamente formalizada por meio da publicação oficial.

1.2 Protestos genérico e específico por provas

A indicação genérica das provas que serão utilizadas no decorrer do processo é informada, respectivamente, pelo autor e pelo réu, na petição inicial (art. 319, VI, do CPC) e na contestação (art. 336 do CPC).

O juiz, ao observar a necessidade de continuidade da relação processual, com a produção de outras provas, deverá abrir a fase de especificação, conforme determina o art. 348 do CPC.[1]

O não atendimento do prazo para a especificação autorizará o julgamento do processo no estado em que se encontra, com a aplicação da regra do ônus probatório, desde que não seja necessária sua inversão. Se ela for necessária, o juiz deverá sanear o feito e alertar sobre a necessidade de inversão, em respeito à vedação da surpresa processual (art. 10 do CPC). Não sendo hipótese de inversão, a preclusão consumativa permitirá a sentença imediata.[2]

1.3 Oferecimento de preliminares, prejudiciais e defesa indireta

Dentre as providências preliminares que podem ser tomadas pelo juiz destaca-se a abertura de prazo para que o autor se manifeste sobre as matérias de defesa que são suscitadas na contestação (arts. 350 e 351 do CPC). Trata-se da réplica do autor. A defesa direta não justifica a abertura do prazo, porque a matéria deduzida na defesa não representaria inovação e não exigiria nova manifestação do autor.

1. "O nosso sistema processual civil é orientado pelo princípio do livre convencimento motivado, cabendo ao julgador determinar as provas que entender necessárias à instrução do processo, bem como indeferir aquelas que considerar inúteis ou protelatórias. 2. Hipótese em que modificar a conclusão do Tribunal de origem, soberano quanto à análise da necessidade produzir provas e do reconhecimento do cerceamento de defesa, demandaria o reexame do contexto fático-probatório dos autos, providência vedada em recurso especial pelo óbice da Súmula n. 7/STJ. 3. O requerimento de provas é dividido em duas fases, a primeira de protesto genérico por produção de provas feito na petição inicial e, posteriormente, a de especificação de provas. 4. Agravo interno não provido" (STJ, 3ª Turma, AgInt no AREsp 909.416-GO, rel. Min. Ricardo Villas Bôas Cueva, j. 16.2.2017, *DJe* 24.2.2017).

2. "(...). É sabido que 'esta Corte já firmou entendimento de que preclui o direito à prova se a parte, intimada para especificar as que pretendia produzir, não se manifesta oportunamente, e a preclusão ocorre mesmo que haja pedido de produção de provas na inicial ou na contestação, mas a parte silencia na fase de especificação' (AgR no AREsp n. 645.985-SP, rel. Min. Moura Ribeiro, 3ª Turma, j. 16.6.2016, *DJe* 22.6.2016) – Incidência da Súmula n. 83/STJ, por ambas as alíneas do permissivo constitucional (...)" (STJ, 3ª Turma, AgInt no AREsp 1.127.166-MG, rel. Min. Marco Aurélio Bellizze, j. 6.2.2018, *DJe* 23.2.2018).

Isto não acontece quando se tratar de defesa formulada por meio de preliminares (art. 351 do CPC) ou de defesa indireta (art. 350 do CPC), porque novos fatos são acrescentados ao processo, sobre os quais o autor deve ter a oportunidade de rebater.

As preliminares estão alocadas no art. 337 do CPC e abrem o contraditório para que o autor possa se manifestar no prazo de 15 dias. Um exemplo importante reside na alegação de ilegitimidade de parte, que abrirá a possibilidade de utilização do art. 338 do CPC. Além das preliminares, a necessidade do contraditório é obrigatória quando o réu deduza fatos indiretos que podem assumir natureza impeditiva, modificativa ou extintiva.

A questão prejudicial quando for suscitada na contestação também permitirá a abertura de prazo para manifestação. A prejudicial revela questão antecedente e lógica que condiciona sua resolução para o julgamento do mérito. Ela poderá ser conhecida na relação processual e agregar a eficácia da coisa julgada, desde que cumpridos os requisitos do art. 503, § 1º, do CPC. Um exemplo interessante é a usucapião alegada como matéria de defesa (Súmula STF-237). A usucapião é prejudicial para a procedência de uma ação reivindicatória. Ela pode ser objeto de reconvenção, ação autônoma ou apenas ser suscitada como prejudicial.[3] Para fins das providências preliminares a existência de questão prejudicial exige o contraditório pleno, inclusive para os fins de agregar a eficácia da coisa julgada.

1.4 Saneamento de vícios processuais

O art. 352 do CPC estabelece como providência preliminar a atividade de depuração da relação processual, que será realizada pelo juiz quando verificar a existência de algum vício ou irregularidade que possa comprometer a relação processual.

É muito provável que a questão tenha sido debatida como preliminar da contestação (art. 337 do CPC), mas nada impede que o juiz perceba o vício após esgotado o prazo da réplica do autor.

A primazia do mérito (art. 4º do CPC) implica esforços do juiz para o aproveitamento máximo do processo. Trata-se de privilegiar a matéria de

3. Especificamente na usucapião, a ausência de reconvenção impede a formação da coisa julgada em relação aos confinantes, Fazenda Pública e terceiros interessados, o que acaba gerando sua eficácia apenas para a paralisação da pretensão reivindicatória em face do autor. Isto autoriza a utilização da questão prejudicial unicamente em face do autor da demanda petitória.

fundo, e não a de forma, o que ficou consignado de modo lapidar no art. 488 do CPC. O juiz pode perceber que existe defeito processual (ausência de procuração), mas analisando o processo após a formação do contraditório percebe que o pedido formulado está prescrito. O saneamento processual será essencial, para permitir que a relação processual possa ser encerrada de modo definitivo (art. 487, I, do CPC).

2. *Julgamento conforme o estado do processo*

O julgamento conforme o estado do processo decorre da maturação da relação processual, nos termos do art. 353 do CPC: "Cumpridas as providências preliminares ou não havendo necessidade delas, o juiz proferirá julgamento conforme o estado do processo, observando o que dispõe o Capítulo X".[4] Ultimadas as providências preliminares, o juiz passa ao exame natural das questões controvertidas pelas partes no processo.

É até possível, embora raro, que o réu apenas conteste o feito, suscitando defesa direta, o que não exigiria qualquer providência preliminar e abriria caminho para o julgamento conforme o estado do processo.

De qualquer forma, uma vez ultimadas as providências dos arts. 347 a 352, abre-se a possibilidade para as seguintes alternativas: (a) julgamento antecipado *sem* análise de mérito, nos termos do art. 485 do CPC, de modo total ou parcial; (b) julgamento antecipado com resolução do mérito pelo reconhecimento de algumas das matérias elencadas pelo art. 487 do CPC de forma total (art. 355) ou parcial (art. 356); e, por fim, (c) o saneamento do processo, para preparação da continuidade da fase instrutória. São as alternativas previstas nas Seções I a IV do Capítulo X do Livro I da Parte Especial.

2.1 *Da extinção do processo*

Ultrapassada a fase das providências preliminares, a solução mais simples para o juiz será reconhecer a existência de defeito processual que provoque a resolução do processo sem a análise do mérito.

Seria desnecessário repetir as críticas em relação ao fato da impropriedade de se falar em "extinção do processo" nos termos utilizados

4. Esta técnica de julgamento é conhecida no sistema alemão, tendo sido introduzida pela Novela de 1924, *Die Entscheidung nach Lage der Akten*, que permite a prolação de sentença conforme o estado da causa quando, por exemplo, o réu não comparece e existe maturação probatória (v. §§ 251a e 331a). Sobre o tema: Rosenberg/Schwab/Gottwald, *Zivilprozessrecht*, 16ª ed., § 105, p. 771.

pela Seção I do Capítulo X do Livro I da Parte Especial do Código de Processo Civil, inaugurada pelo art. 354 do CPC. A sentença não extingue o processo, mas apenas uma fase. Como bem ensina a doutrina alemã, "a sentença encerra o litígio na instância de forma parcial ou total".[5] Somente estará encerrado o litígio com o esgotamento das fases recursais e com a sedimentação da coisa julgada.

O art. 354 sofre de atecnia que já era reconhecida pela doutrina perante o sistema anterior.[6] No mesmo dispositivo foram elencadas causas de resolução da instância pela prolação de sentença com base no art. 485 e no art. 487, II e III, do CPC.[7]

A justaposição das duas formas de resolução do processo parece estranha, pois separando-se os provimentos do art. 487, II e III, do art. 355 do CPC passa-se uma falsa noção de que estas sentenças não teriam força de mérito. Ledo engano. Os provimentos jurisdicionais que reconhecem a força da manifestação da vontade unilateral (art. 487, III, "a" e "c") ou bilateral (art. 487, III, "b") das partes encerram a demanda, com formação de coisa julgada. Estas decisões emanam da autonomia das partes sobre o direito disponível que é objeto de negócio processual (art. 190 do CPC). Da mesma forma, as decisões que reconhecem o encobrimento da pretensão processual pela prescrição (art. 189 do CC) ou a destruição do direito subjetivo pela decadência são igualmente decisões de mérito (art. 487, II, do CPC). A prescrição e a decadência constituem, inclusive, hipóteses de prolação de sentença liminar de mérito, nos termos do art. 487, parágrafo único, do CPC.

Logo, não há que se falar em equiparação entre as sentenças do art. 485 e do 487, II e III, do CPC. O legislador apenas considerou que na presença de negócio jurídico processual unilateral (reconhecimento ou renúncia) ou bilateral (transação), desde que matéria seja relativa a direitos disponíveis, o juiz poderá encerrar a relação processual de modo imediato. O que também valerá para o reconhecimento da prescrição ou da decadência. É a única interpretação que torna possível compreender a presença destes dispositivos no art. 354, *caput*, do CPC.

5. "Das Endurteil beendet den Rechtsstreit ganz oder zum Teil für die Instanz (...)" (Lüke, *Zivilprozessrecht – Erkenntnisverfahren/Zwangsvollstreckung/Europäisches Zivilverfahrensrecht Zivilprozessrecht*, 10ª ed., § 28, p. 311).

6. Rogério Lauria Tucci, *Curso de Direito Processual Civil*, vol. 2, p. 295.

7. Remetemos o leitor para as formas de extinção da relação processual, já analisadas.

O art. 354 ainda permite que o juiz reconheça alguma das matérias que são causa para a resolução do processo, sem a análise do mérito, nos termos do art. 485 do CPC.

O juiz poderá verificar que na fase das providências preliminares tanto o autor como o réu se quedaram inertes, o que poderá provocar a extinção do processo pela inércia conjunta das partes (art. 485, II, do CPC). A inércia poderá ser apenas do autor. Nesta hipótese autoriza-se o encerramento da relação processual desde que exista pedido do réu, conforme a Súmula STJ-240. A leitura desta Súmula deve ser relativizada, especialmente em face da inércia do réu que, não se coaduna com a necessidade de duração razoável do processo. Nada impede que o juiz provoque o réu e em face da sua inércia configure a capitulação do art. 485, II, do CPC. Em qualquer uma das hipóteses é essencial o respeito à intimação pessoal do art. 485, § 1º.

As demais causas, já examinadas por ocasião da extinção da relação processual, também incidem na fase do julgamento conforme o estado do processo. O art. 485, I, do CPC pode ser combinado nesta fase com os incisos IV e VI como causa de resolução. É possível que seja reconhecida a ilegitimidade de parte, com impossibilidade de aplicação da correção do polo passivo (arts. 338 e 339). A demonstração da inépcia do pedido inicial pode ser apurada, de modo seguro, após a formação do contraditório. A decisão poderá reconhecer a ilegitimidade material e processual da parte ativa ou passiva com base no art. 485, I, IV e VI, do CPC.

A fase do julgamento conforme o estado do processo tem a vantagem de oferecer o quadro probatório com o contraditório já formado. Algumas matérias, como o conhecimento da convenção arbitral (art. 485, VII), dependem da integração do réu no processo. A mesma afirmação é válida para que o juízo possa ter conhecimento da coisa julgada ou da litispendência (art. 485, IV). Embora os pressupostos processuais possam ser conhecidos de ofício, é natural que sejam alvo de decisão após a contestação do réu. Isto demonstra a importância da formação angular da relação processual para os fins do art. 354 do CPC.

2.2 Sentença parcial

O juiz poderá proferir sentença parcial (*zwinschenurteil*), nos termos do art. 354, parágrafo único, do CPC. É possível que reconheça a ilegitimidade passiva do réu e aplique sua correção por meio do art. 338 do CPC. A sentença parcial de exclusão será orientada pelo princípio da causalidade e poderá ser impugnada pelo recurso de agravo, porque nosso sistema não reconhece a possibilidade de impugnação de decisões intermediárias fundadas no art. 485 ou no art. 487 por apelação parcial. O fato de o art. 354, parágrafo único, reconhecer o agravo como decisão cabível não elimina a natureza sentencial do provimento, conforme o art. 203, § 1º, do CPC. O reconhecimento da ilegitimidade passiva é causa alicerçada no art. 485, I e VI, do CPC.

2.3 Julgamento antecipado (parcial e total) do mérito

O art. 355 do CPC estabelece técnica processual que permite o encerramento antecipado da relação processual com a análise do mérito quando: (a) não existir a necessidade de produção de provas adicionais; (b) houver revelia e o réu não tiver requerido a produção de outras provas.

É possível que o conjunto probatório formado pela leitura da petição inicial e da contestação autorize o julgamento imediato do processo. É o que se depreende pela leitura do art. 355, I, do CPC.

2.3.1 Questão controversa de direito

O art. 355, I. aduz a desnecessidade de produção de outras provas. O material probatório ofertado pelas partes, em amplo contraditório, autorizará o conhecimento sobre o objeto litigioso do processo quando seja suficiente para o esgotamento da controvérsia de matéria unicamente de direito. Em determinadas hipóteses a prova documental é suficiente e torna desnecessária a fase de instrução para a oitiva de testemunhas ou produção da prova pericial. Determinadas ações permitem a decisão antecipada pelo fato de a discussão estar centrada em matéria de direito. É a situação das ações de natureza declaratória em que se discute a existência de *prescrição* ou *decadência*. Inexiste a necessidade de alongamento da relação processual, permitindo a decisão abreviada, nos termos do art. 355, I, do CPC.

2.3.2 Questão controversa de direito e de fato

É possível que a prova seja desnecessária mesmo quando a controvérsia versar sobre questões de fato e de direito. Estas demandas poderão ser julgadas antecipadamente quando o material probatório seja suficiente para a decisão judicial.

O art. 443 do CPC é expresso: "O juiz indeferirá a inquirição de testemunhas sobre fatos: I – já provados por documento (...)". É possível que a prova documental se reporte a questões técnicas que dispensem a prova pericial (art. 472 do CPC).

O julgamento antecipado não deve ser levado às últimas consequências, pois, se a parte demonstrar a possibilidade de provar fato "aparentemente" incontroverso, o direito de produção da prova não poderá ser negado.[8] Um exemplo hipotético pode ser demonstrado. A parte ingressa com ação de investigação de paternidade com base em laudo prévio produzido extrajudicialmente. A parte controverte o documento técnico (art. 472 do CPC), suscitando a falsidade do laudo, com termo de declaração de funcionário do laboratório. A supressão da instrução será inoportuna.

A técnica de abreviação não pode mutilar o direito de produção da prova, que é corolário de manifestação do contraditório e do direito de influenciar a formação da decisão judicial. É possível, ainda, que a matéria de fato seja incontroversa no processo, o que torna desnecessária sua investigação no processo.

2.3.3 A revelia como causa de antecipação da sentença

Outra hipótese que poderá justificar o julgamento antecipado é a ausência de apresentação de defesa pelo reconhecimento da revelia do réu (art. 355, II, do CPC). A revelia e o reconhecimento dos seus efeitos permitem que o processo seja julgado de modo antecipado. Não se trata de sentença de procedência automática. É possível que o pedido do autor seja julgado improcedente a despeito de ser revel. O juiz pode reconhecer, por exemplo, a prescrição da pretensão.

Não será hipótese de julgamento antecipado quando o réu estiver representado por curador especial, que poderá insistir na produção de prova em instrução, ou pelo procurador do réu que intervier antes da preclusão para o pedido de produção de provas (art. 349 do CPC).

2.3.4 O julgamento sobre (parcela do) pedido incontroverso

A técnica do art. 356 do CPC deve ser aplaudida, por eliminar um grande dissabor do Código de Processo Civil/1973. Houve um erro crasso perante o sistema anterior e fonte de grande confusão com o tratamento do julgamento antecipado parcial de mérito como hipótese de tutela de urgência, nos termos da redação do art. 273, § 3º, do CPC/1973.

8. Com propriedade: Araken de Assis, *Processo Civil Brasileiro*, vol. III, p. 371.

O julgamento parcial da lide não se confunde com a concessão de tutela provisória, ainda que de evidência. Esta confusão pode gerar equívocos perigosos. Um exemplo pode ilustrar a situação. Um casal ingressa com ação de divórcio na qual pretende a dissolução do vínculo de convivência e partilha de bens. Pela redação anterior do Código de Processo Civil parte da doutrina se manifestava, com base na tutela de direitos fundamentais (e.g., o de ser feliz) que o juiz não poderia negar a concessão de tutela de urgência em provimentos declaratórias e constitutivos. Sabe-se da inviabilidade da antecipação da tutela quanto aos efeitos diretos do provimento jurisdicional. Não existe paternidade provisória, homem ou mulher divorciados provisoriamente, dissolução provisória de uma S/A ou declaração liminar de usucapião. A técnica processual não se ajusta a estes provimentos para fins de antecipação direta dos efeitos da tutela.

Com a criação do art. 356 do CPC resolve-se grande parte dos problemas anteriores. Voltando ao exemplo da ação de divórcio, inexistindo controvérsia sobre a dissolução do vínculo, mas apenas quanto à partilha dos bens, o juiz poderá realizar o julgamento antecipado parcial de mérito sobre o pedido de divórcio e postergar para exame final apenas o pedido de partilha de bens.

2.3.5 Julgamento parcial sobre pedidos cumulados

O art. 356 do CPC permite que o juiz análise o mérito de modo parcial. Nosso sistema tratará esta decisão judicial de mérito como interlocutória, a qual poderá ser impugnada pelo recurso de agravo de instrumento (art. 356, § 5º, do CPC).

O conteúdo do comando jurisdicional poderá recair sobre um ou mais dos pedidos (art. 356, *caput*, primeira parte). O autor poderá cumular objetivamente a lide, ou seja, realizar mais de um pedido no mesmo processo. O processo pode conter *cúmulo subjetivo* e/ou *objetivo*. O cúmulo subjetivo é caracterizado pela participação de mais de uma parte no processo, sob alguma das modalidades de litisconsórcio.[9]

A ação de investigação de paternidade cumulada com petição de herança revela um exemplo claro desta situação. As partes podem anuir quanto ao reconhecimento espontâneo da paternidade e controverter unicamente quanto à divisão da herança. Neste exemplo existem dois pedidos formulados que correspondem a duas causas cumuladas em um mesmo processo: (a) declaração de paternidade e (b) divisão do quinhão

9. Sobre o tema, v. nosso *Intervenção de Terceiros*, p. 95.

hereditário. O primeiro pedido é incontroverso, e o segundo é controverso. Deste modo, a lide permite a aplicação da técnica do art. 356, I, do CPC, porque um dos pedidos é incontroverso.

2.3.6 Julgamento parcial sobre parcela do pedido

A técnica do julgamento antecipado parcial de mérito também poderá ser aplicada quando existir parcela incontroversa em relação a um único pedido. Um exemplo ilustrará com clareza a hipótese de incidência. É possível que o autor peça a condenação do réu ao pagamento da quantia de R$ 10.000,00 por um empréstimo pessoal que tenha sido realizado para seu amigo. O réu apresenta contestação nos autos e alega que é devedor apenas de R$ 5.000,00. Sustenta que metade deste valor já foi paga e que demonstrará na instrução probatória a quitação parcial.

A hipótese narrada demonstra que inexiste controvérsia sobre parcela do pedido. O autor formulou um único pedido condenatório, e sobre parte dele inexiste controvérsia. O réu confessa que deve realmente R$ 5.000,00. Esta modalidade era tratada pelo art. 273, § 6º, do CPC/1973 como situação de concessão de tutela antecipada. Sobre a parcela deste pedido não há mais nada a ser provado; logo, permite-se julgamento parcial e definitivo. Não há nada a ser confirmado na fase final, porque o título executivo já estará formado em relação a R$ 5.000,00, como reconhece corretamente o art. 356, § 2º: "A parte poderá liquidar ou executar, desde logo, a obrigação reconhecida na decisão que julgar parcialmente o mérito, independentemente de caução, ainda que haja recurso contra essa interposto". Não há que se falar em decisão provisória, mas, sim, definitiva (art. 356, § 3º, do CPC).

2.3.7 Julgamento parcial sobre pedido maduro

Quando existir parcela do pedido, ou mais de um pedido, em que se visualize a maturidade probatória, o art. 356, II, poderá ser aplicado como técnica de aceleração da prestação jurisdicional.

A diferença em relação às hipóteses anteriormente examinadas é simples. O art. 356, I, trabalha com o julgamento parcial pela inexistência de controvérsia sobre parcela ou em relação a alguns dos pedidos. O art. 356, II, representa a possibilidade de julgamento antecipado mesmo com a existência de controvérsia total, desde que as provas produzidas permitam o julgamento parcial.

Em ação de indenização provocada por acidente de veículo para a reparação de lesão o julgamento sobre os danos materiais poderá exigir a fase alongada da instrução para a definição sobre a natureza permanente ou temporária da lesão e da recomposição dos danos materiais. No entanto, como a fixação dos danos morais é *in re ipsa*, desde que a contestação se limite ao debate sobre o valor da indenização, nada impede que o juiz possa realizar o julgamento parcial sobre os danos morais, antecipando a formação do título executivo sobre parcela do pedido que é composto pelos danos: materiais, estéticos e morais. A parcela dos danos morais pode ser submetida à técnica do art. 356, II, do CPC.

O julgamento parcial também será possível quando um dos pedidos apresentar maturidade probatória para o conhecimento imediato. Em uma ação de nulidade de negócio jurídico cumulada com pedido reivindicatório em relação a três litisconsortes por negócios jurídicos autônomos fundados na mesma procuração falsa (venda *a non domino*) que motivou a compra e venda, apenas um dos réus apresenta defesa, que exige a fase instrutória, como na hipótese de exceção de usucapião (Súmula STF-237). Desta forma, nada impede o julgamento antecipado parcial da lide em relação aos outros dois litisconsortes, pela maturidade probatória.

Outra hipótese naturalmente incluída no art. 356, II, é a situação de revelia do requerido. A inação do réu quanto a impugnar de modo específico os pedidos que são formulados pelo autor na petição inicial abre caminho para o reconhecimento da revelia parcial. É o que permite, dentro das limitações já expostas em relação ao art. 355 do CPC, o julgamento antecipado parcial de mérito.

2.3.8 Liquidação e execução parcial

A decisão proferida pelo juiz para fins de cumprimento do julgamento parcial antecipado de mérito sujeita-se ao recurso de agravo. Ela poderá assumir natureza condenatória, para formação de título executivo judicial, ou poderá provocar execução instantânea, quando o provimento jurisdicional assuma natureza executiva *lato sensu* ou mandamental. Trata-se de decisão definitiva e que não está sujeita a confirmação por ocasião da sentença final (*Endurteil*).

Tratando-se de sentença parcial de natureza condenatória que reconheça a existência de obrigação ilíquida, a parte poderá, desde já, ingressar com o pedido de liquidação (art. 509 do CPC) para promover o cumprimento da decisão judicial. Enquanto pendente o recurso de agravo sobre a decisão que antecipou o julgamento, a liquidação e o cumprimento serão provisórios. Após o julgamento do recurso, com seu trânsito em julgado, a decisão será definitiva.

A existência de recurso não obriga o juiz a exigir, obrigatoriamente, a caução, mas a matéria ficará disciplinada pelos arts. 520 a 522 do CPC enquanto se tratar de execução provisória.

Sob a ótica instrumental, os autos físicos ou eletrônicos exigem a extração de título executivo parcial para a formação de autos suplementares.

3. O saneamento no Código de Processo Civil/1973 e no Código de Processo Civil/2015

O processo deve ser saneado desde a fase inicial, o que permite, inclusive, a prolação de sentença liminar (arts. 330 a 332 do CPC). Isto não impediu o legislador de resgatar o saneamento como fase específica, nos termos do art. 357 do CPC, em vista da importância de sua realização para depurar a relação processual e permitir o bom andamento do processo.

O saneamento corresponde a um forma de impedir que o processo caminhe pela incidência única do *impulso oficial*, o que pode ser prejudicial, pois questões importantes que foram requeridas pelas partes podem passar sem apreciação, comprometendo o bom andamento e a duração razoável do processo, ante a possibilidade de nulificar atos processuais já praticados.

Além disso, a necessidade do saneamento revela que o julgamento de fundo, ou seja, o exame do mérito, não pode ser alcançado sem a produção de outras provas, caso contrário o processo já teria sido encerrado pelo julgamento antecipado.

No CPC/1973 o saneamento poderia ser realizado em gabinete ou na própria audiência de conciliação, que era designada após o oferecimento da resposta pelo réu, nos termos do art. 331. O saneamento em gabinete era possível quando inviável a realização da audiência de conciliação. Quando o ato era designado, o juiz previamente abria o espaço para o oferecimento das propostas de encerramento consensual. Obtida a conciliação, o processo era homologado de plano pelo juiz (art. 331, § 1º, do CPC/1973).

Não obtida a conciliação, inaugurava-se a segunda fase, na qual se realizava o saneamento da demanda. O juiz deveria analisar as questões preliminares pendentes, fixar os pontos controvertidos e deferir as provas especificadas, analisando sua pertinência. Esta ponderação era essencial para justificar a necessidade de designação da audiência de instrução e julgamento. A prova pericial também deveria ser analisada nesta fase, e o juízo deveria decidir sobre sua viabilidade, com nomeação de perito e fixação de prazo para o oferecimento de quesitos. Somente com a apresentação dos quesitos o perito seria intimado para avaliar o trabalho e formular a proposta de honorários.

No Código de Processo Civil/2015 o saneamento é realizado em momento processual diverso. A audiência de conciliação não é mais realizada juntamente com o saneamento, mas como etapa preliminar ao oferecimento da resposta do réu. Não sendo frutífera a tentativa de conciliação ou mediação (art. 334 do CPC), o réu deverá ofertar sua resposta. Tomadas as providências preliminares pelo juízo, incluindo abertura de prazo para a réplica do autor quando sejam suscitadas preliminares e/ou prejudiciais, abre-se a possibilidade de julgamento conforme o estado do processo, previsto como Capítulo X do Título I do Livro I da Parte Especial do Código de Processo Civil.

A opção do Código de Processo Civil/2015 foi pelo saneamento escrito. Apenas excepcionalmente o juiz designará audiência para fins do art. 357, § 3º, do CPC para realizar o saneamento em audiência, momento em que contará com a cooperação das partes. O saneamento é consequência natural da necessidade de organização do processo quando não se consuma o julgamento antecipado pela prolação de sentença processual (*Prozessurteil* – art. 485 CPC) ou de mérito (*Sacheurteil* – art. 487 do CPC).

3.1 O saneamento compartilhado

O saneamento tem como fim regularizar as pendências da relação processual e preparar o julgamento de mérito do processo. A maior mudança em relação ao Código de Processo Civil/2015 reside no fato de o saneamento e a organização serem realizados de modo compartilhado. Trata-se da aplicação do princípio da cooperação (art. 6º do CPC) na fase de saneamento do processo.

Há significativa mudança no papel exercido pelas partes na colaboração para a construção da relação processual. A fase de saneamento e preparação do processo para a instrução e julgamento revela importante exemplo.

As provas são produzidas para formar o convencimento motivado do juiz, e o compartilhamento do saneamento permite que o poder de influenciar a formação da decisão seja garantido para ambas as partes.

As partes terão a garantia de que as questões decididas pelo juiz, dentro das matérias do art. 357 do CPC, somente alcançarão estabilidade após o direito de manifestação sobre o saneamento (art. 357, § 1º, do CPC).

O direito ao contraditório para todas as partes (autor, réu, terceiros intervenientes) é essencial para que as questões controvertidas sejam corretamente delimitadas e para que os meios de prova possam ser exercidos. E, mesmo que o saneamento seja realizado pela forma escrita, o princípio da cooperação será manifesto, pois a estabilização da decisão de saneamento somente se opera com o direito ao contraditório. Logo, não é correto afirmar que o saneamento com a cooperação das partes somente se opera quando há designação da audiência do art. 357, § 3º, do CPC.

3.2 Saneamento e negócio processual

Como meio de expressão do princípio da cooperação e sua projeção multilateral,[10] ou seja, envolvendo não apenas as partes, mas o próprio juiz, permite-se que as partes possam apresentar de plano negócio processual para fins de auxiliar o juízo na preparação do processo (art. 357, § 2º, do CPC).

Nada impede que as partes possam acelerar a marcha processual e utilizando o art. 190 do CPC estabeleçam autocomposição sobre os pontos controvertidos (de fato e de direito) e delimitem as provas que desejam produzir.

Devemos lembrar que esta aplicação não será muito comum, pois a atividade de fixação dos pontos controvertidos sobre as questões fáticas e de direito é mais bem construída, em face de sua complexidade, em audiência própria para este fim. É o que acontecia no CPC/1973 por meio do art. 331, § 2º.

O negócio processual relativo ao saneamento e à organização não deverá ser homologado pelo juiz de plano quando se observar algum vício que comprometa o acordo, como a produção de prova ilícita. Esta forma de solução consensual é importante para determinados meios probatórios, como a prova pericial, que permite a fixação do seu objeto e calendário para produção.

O juiz analisará o negócio processual e, não existindo qualquer óbice ao seu processamento, deverá homologá-lo, o que não o impede

10. Sobre a aplicação do princípio da cooperação, v. o que escrevemos no t. I, deste *Curso*, p. 181.

de determinar a produção de outras provas, em face do poder inquisitório (art. 370 do CPC).

Não seria lícito utilizar o art. 357, § 2º, do CPC como meio de "engessar" a atividade de direção da relação processual, inclusive para evitar nulidades (art. 139, IX, do CPC). É plenamente possível que as provas convencionadas pelas partes sejam insuficientes, e nada impede que o juiz, supletivamente, utilize o art. 370 do CPC como meio de formar o convencimento motivado. Nunca é supérfluo lembrar que a decisão do juiz deve ser motivada, e a falta de substrato probatório obriga-o a proferir decisão com aplicação da regra do ônus probatório, o que deve ser evitado.

Outro ponto importante a ser considerado é que, quando as partes apresentarem negócio processual para homologação, inexiste a possibilidade de utilização do recurso de agravo. Não há como alegar cerceamento de defesa quando as próprias partes definem os meios probatórios que serão utilizados. Aplica-se nesta hipótese a proibição de atos contraditórios, que estão incluídos no *venire contra factum proprium*.[11]

3.3 Solução das questões processuais

Na fase do saneamento são decididas as questões processuais pendentes (art. 357, I). Não são decididas as questões de mérito, do contrário o juiz estaria realizando julgamento total ou parcial de mérito do processo, nos termos do art. 355 e 356 do CPC. Obviamente, existem questões que não podem ser ignoradas nesta fase, como a prescrição e a decadência, as quais autorizam decisão de mérito na fase de saneamento.[12] A bem da verdade, o processo já deveria ter sido encerrado anteriormente. Permite-se que a prescrição e a decadência sejam declaradas como causas de resolução do mérito, desde a fase inicial do processo (art. 332, § 1º, do CPC) e sem qualquer violação ao princípio da não surpresa (art. 487, parágrafo único, do CPC). Acontece que é comum a matéria não ser suscitada na fase apropriada, e a prescrição e decadência constituem matérias de conhecimento oficioso, o que permite sua declaração a qualquer tempo, incluindo a fase de saneamento, desde que observado o art. 10 do CPC.

As questões preliminares suscitadas pelo réu devem ser enfrentadas quando comprometam a regularidade do andamento processual. É certo que algumas questões podem ser deslocadas para a fase posterior quando

11. Sobre a boa-fé processual e o *venire contra factum proprium*, v. t. I do nosso *Curso*, p. 188.

12. Araken de Assis, *Processo Civil Brasileiro*, cit., vol. III, p. 407.

se confundem com a análise do mérito. Um exemplo típico é a legitimidade de agir. A pertinência subjetiva do autor com o objeto litigioso que é discutido no processo poderá depender da atividade instrutória. É a situação em que se discute a falsidade do título de propriedade do autor da ação reivindicatória. Em outras situações este exame poderá ocorrer de plano, como em ações personalíssimas, o que exige decisão imediata, sob pena de procrastinação indevida do processo, com ofensa aos princípios da economia e da duração razoável do processo.[13] As questões processuais pendentes, como a necessidade de conexão ou continência entre as causas, também não podem aguardar o transcurso da instrução. A questão exige decisão imediata, para saber qual juízo será responsável pelos atos instrutórios. O reconhecimento da prejudicialidade externa também é fundamental para determinar a suspensão do processo (art. 313 do CPC). Percebe-se a importância da fase de saneamento para que a relação processual possa ser otimizada, com expurgo de vícios que comprometam sua higidez. Outro ponto importante é a definição sobre a competência do juízo, que deve ser enfrentada na fase de saneamento. Embora seja possível a convalidação dos atos praticados pelo juízo incompetente (art. 64, § 4º, do CPC), determinados atos instrutórios podem exigir a repetição caso demonstrado prejuízo.

3.4 Delimitação das questões fáticas

Na fase do art. 357 do CPC existe a necessidade de fixar as questões fáticas controvertidas. A necessidade da fase de instrução e julgamento somente se justifica em face dos pontos controvertidos que incidem sobre questões fáticas. Quando o processo é composto unicamente por questões de direito o julgamento será antecipado (art. 355, I), pela desnecessidade de produção de outras provas. É possível que o objeto litigioso envolva questões de direito e questões fáticas, contudo sem a necessidade de audiência de instrução e julgamento. As questões fáticas podem estar

13. "A legitimidade ordinária ativa da ação negatória de paternidade compete exclusivamente ao pai registral por ser ação de estado, que protege direito personalíssimo e indisponível do genitor (art. 27 do ECA). Na hipótese, importa ressaltar a natureza personalíssima da ação de paternidade, não cabendo aos sucessores dar início ao processo de impugnação da paternidade, sendo permitido apenas continuar a demanda na hipótese de falecimento do pai, mormente quando o interesse dos recorrentes não é jurídico, mas meramente patrimonial (art. 1.601, parágrafo único, do CC) – Agravo interno não provido" (STJ, 3ª Turma, AgInt no AREsp 1.215.274-MG, rel. Min. Ricardo Villas Bôas Cueva, j. 25.2.2019, *DJe* 1.3.2019).

provadas documentalmente, ou ainda poderá inexistir controvérsia, o que dispensa a atividade probatória (art. 374, III, do CPC).

3.5 Distribuição do ônus probatório

Uma das formas mais claras de expressão do princípio da proibição da surpresa (*Verbot der Überraschungsentscheidung*) pode ser compreendida pela necessidade do dever de alerta das partes (*Hinweispflicht*) quanto à distribuição do ônus da prova.[14] O juiz não pode surpreender o autor ou o réu na fase de prolação da sentença informando que a parte "X" ou "Y" deveria ter produzido determinada prova.

O juiz deve velar pela direção material do processo (*materielle Prozessleitung*). É por este motivo que o saneamento escrito ou oral deve conter a regra sobre a distribuição do ônus da prova. O silêncio quanto à incidência do art. 373 do CPC não permite a aplicação da inversão, sob pena de violação ao contraditório e à ampla defesa. A distribuição do ônus reflete importante regra de julgamento que deve ser aplicada pelo juiz na fase da sentença quando a atividade probatória das partes tenha sido insuficiente. Isto não legitima que as partes sejam surpreendidas por sua incidência sem a definição prévia sobre a distribuição do ônus probatório.

É possível que as partes também estabeleçam convenção processual sobre o ônus probatório, nos termos do art. 373, § 3º, do CPC; contudo, o juiz deverá valorar sobre esta distribuição, pois ela poderá não ser reconhecida quanto dificultar excessivamente a situação jurídica de uma das partes (373, § 3º, II, do CPC).

3.6 Delimitação das questões de direito

Este ponto inovador retrata uma das questões mais importantes e atinentes à mudança de orientação quanto ao princípio *iura novit curia.*[15] Anteriormente foi exposto que a causa de pedir deve conter a causa de pedir remota e a próxima. O juiz tradicionalmente não se fixa aos fundamentos jurídicos que são expostos pelo autor exatamente pela aplicação do princípio *iura novit curia.* Entretanto, a nova fase do processo civil impede que as partes possam ser surpreendidas pela mudança de orientação no tratamento jurídico do objeto litigioso.

14. Rosenberg/Schwab/Gottwald, *Zivilprozessrecht*, cit., 16ª ed., § 77, pp. 482-484.

15. Daniel Amorim Assumpção Neves, *Manual de Direito Processual Civil*, 8ª ed., p. 628.

A incidência do princípio *iura novit curia* nunca representou a supremacia do juiz na relação processual, mas, antes de mais nada, efetiva proteção para as próprias partes, que não deixarão de obter uma resposta sobre o pedido formulado em juízo (art. 140 do CPC – proibição do *non liquet*). Ultrapassou-se a fase do nominalismo, em que a utilização incorreta do *nomen iuris* da ação ou do dispositivo legal aplicável seria motivação para o indeferimento da ação judicial.[16] A adoção do *iura novit curia* representa autêntica reação à primeira fase do processo civil moderno (teoria civilista ou imanentista).[17]

Na fase atual o princípio *iura novit curia* permanece íntegro, exigindo-se apenas a obrigatória ponderação em sua aplicação, em vista da necessidade de proteção integral ao contraditório. Esta visão decorre da releitura constitucional do princípio do contraditório.[18] O art. 10 do CPC proíbe a decisão-surpresa (*Verbot der Überraschungsentscheidung*) e veda que o juiz decida com base em fundamento sobre o qual a parte não tenha tido oportunidade para se manifestar. A doutrina alemã informa que o direito de manifestação deve abarcar não apenas os fatos constitutivos (*Tatsachen*), mas também os fundamentos e as questões jurídicas (*sondern auch zu Rechtsfragen gewähren muß*).[19] Deste modo, percebe-se a importância do art. 357, IV, do CPC, por meio do qual o juiz alertará as partes sobre os pontos controvertidos e sobre a tese jurídica que norteará o julgamento.

A parte poderá ter ingressado com uma ação de indenização formulando pedido com base em responsabilidade extracontratual, mas o juiz adverte (*Hinweis*) a natureza contratual da relação jurídica, na medida em que pode adotar qualificação jurídica diversa sobre o fato jurídico narrado. Esta advertência poderá constar do saneamento escrito ou oral, o que revela a importância da intimação das partes nos moldes do art. 357, § 1º, do CPC, que poderão pedir esclarecimentos e impugnar a qualificação adotada pelo juízo.

3.7 Designação da audiência de instrução

O saneamento é geralmente uma consequência natural para a deflagração da audiência de instrução e julgamento (art. 357, V, do CPC).

16. José Rogério Cruz e Tucci, *A* ***Causa Petendi*** *no Processo Civil*, 2ª ed., p. 160.

17. Sobre a teoria imanentista, v. o t. I deste *Curso*, pp. 344 e ss.

18. Schwab/Gottwald, *Verfassung und Zivilprozeß*, p. 53.

19. Idem ibidem.

Quando o processo não é finalizado pela técnica do julgamento antecipado há uma tendência natural de realização da audiência de instrução e julgamento para a produção da prova testemunhal e para o esclarecimento da prova técnica produzida por meio da perícia, com a oitiva do perito e dos assistentes técnicos (art. 361, I, do CPC) e, inclusive, do *amicus curiae*.

Isto não significa que o saneamento obrigatoriamente exija a produção da prova por meio de audiência de instrução e julgamento. É certo que a prova pericial poderá ser suficiente e tornar desnecessária a realização da oitiva em juízo. Este é um dos motivos pelos quais o art. 357, V, prevê a facultatividade de sua realização. Após o saneamento pode-se chegar à conclusão, com a definição dos pontos controvertidos, de que a prova documental é suficiente para a solução da demanda. A complexidade do processo pode exigir a cooperação das partes em audiência específica para esta definição (art. 357, § 3º, do CPC). Após sua realização, com anuência das partes, o processo poderá estar apto para julgamento.

Nada impede que a decisão do ato de instrução seja postergada para o momento posterior de realização da prova pericial. As partes podem convencionar livremente esta possibilidade (art. 190 do CPC).

Os altos custos de uma prova pericial devem permitir maior liberdade para que as partes, com a colaboração do juízo, possam até inverter a fase de produção da prova. O art. 139, VI, do CPC permite esta forma de gestão processual, que corresponde a uma inversão da fase probatória, o que atende ao interesse das partes e sem prejuízo para a marcha processual. Em algumas situações a prova pericial poderá ser desnecessária em vista dos depoimentos colhidos em juízo e reforçados por documentos adicionais informados ao processo.

A prova pericial, quando deferida, deve ser deflagrada, desde que possível com a observância do art. 465 do CPC, que estabelece o roteiro de sua elaboração (art. 357, § 8º). O juízo fixará no momento do deferimento o objeto da perícia; e, caso as partes estejam presentes, para os fins do art. 357, § 3º, do CPC, poderão oferecer imediatamente os quesitos para resposta.

O oferecimento preliminar dos quesitos é essencial por dois motivos. Primeiro, porque o perito precisa saber a extensão do trabalho e se ele está dentro de sua *expertise*. Segundo, porque os quesitos permitem a elaboração da proposta de honorários. Após a aceitação, o prazo será aquele já definido no calendário ajustado no ato do saneamento oral ou escrito. O prazo dependerá da extensão dos trabalhos e de sua complexidade, sendo essencial que o perito informe o juízo sobre o dia e o horário do início dos trabalhos, para permitir o acompanhamento dos assistentes técnicos (art. 466, § 2º, do CPC).

Em caso de designação da audiência de instrução, as partes devem ser intimadas para oferecer o rol de testemunhas, que não deve ser superior a 10, com a limitação de 3 testemunhas para cada fato (art. 357, § 6º). O juiz poderá limitar o número de testemunhas para a prova de cada fato no decorrer do ato instrutório; logo, exige-se a análise do caso concreto (art. 356, § 7º).

As audiências devem ser realizadas com intervalo adequado, para que a prova testemunhal possa ser produzida em plenitude. O intervalo mínimo de uma hora previsto pelo art. 357, § 9º, do CPC é indevido e supérfluo. A oitiva de uma única testemunha não exige uma hora de intervalo com a próxima audiência em um período em que o processo já é eletrônico e os depoimentos são gravados digitalmente. Isto compete ao juízo, que deverá organizar sua pauta de modo adequado à realidade do seu dia a dia.

Capítulo VII

AUDIÊNCIA DE INSTRUÇÃO E JULGAMENTO

1. A instrução do processo em audiência. 2. Procedimento da audiência de instrução: 2.1 Instalação da audiência e videoconferência – 2.2 Tentativa de conciliação e mediação – 2.3 Poder de polícia na instrução – 2.4 Publicidade da audiência – 2.5 Desenvolvimento da audiência de instrução – 2.6 Modulação temporal da audiência e calendário processual: 2.6.1 Adiamento da instrução – 2.6.2 Adiantamento da instrução e flexibilização procedimental – 2.7 Produção da prova em audiência: 2.7.1 O princípio da oralidade – 2.7.1.1 Identidade física do juiz – 2.7.1.2 Imediação – 2.7.1.3 Concentração dos atos em audiência – 2.8 Princípio da publicidade da audiência – 2.9 Os debates orais – 2.10 Memoriais escritos – 2.11 Prazos sucessivos – 2.12 Documentação da audiência.

1. A instrução do processo em audiência

A audiência de instrução e julgamento representa estágio avançado da relação processual. Não sendo hipótese de julgamento antecipado, pela necessidade de produção de prova pericial e testemunhal, a audiência de instrução será importante para o afloramento do *princípio da oralidade*.

Por meio da audiência de instrução o juiz e as partes podem explorar a riqueza da prova oral. Embora exista certo descrédito em relação à oralidade, pela falibilidade da percepção humana e pela possibilidade de distorção dos fatos probandos, a oitiva das partes e das testemunhas é muito importante para determinadas demandas. Mesmo o perito pode ser ouvido em audiência (art. 361, I, do CPC), para esclarecer pontos que não tenham sido claros na resposta ao laudo ou que dependam de explanação oral para melhor compreensão sobre pontos técnicos.[1]

1. Esta tendência pode ser observada por oitivas que são feitas pelo STF de *amicus curiae* sobre temas de difícil julgamento e que contam com a colaboração

2. *Procedimento da audiência de instrução*

2.1 *Instalação da audiência e videoconferência*

Todos aqueles que participarão do ato instrutório serão previamente intimados. A intimação será formalizada por algum dos meios previstos em lei, e preferencialmente pela modalidade eletrônica, nos termos do art. 270 do CPC.

No dia e hora designados as partes comparecerão à sede do juízo para que o ato de instrução possa ser realizado. É possível que o ato seja realizado por videoconferência, nos termos do art. 453, § 1º, do CPC.[2]

A evolução tecnológica facilitou a produção da prova "fora da terra", ou seja, por meio de carta precatória, carta de ordem ou, mesmo, por meio de carta rogatória. Há clara tendência de que se utilize cada vez menos o recurso das cartas. Além de morosas, elas dependem da cooperação do juízo deprecado ou rogado. Com a utilização da videoconferência é possível criar pautas específicas para a realização do ato eletrônico de instrução, o que produz grande agilidade na fase instrutória e sem sobrecarregar o juízo deprecado, pois não existirá obstrução de sua pauta.

2.2 *Tentativa de conciliação e mediação*

Embora o ato seja destinado à instrução do processo, o juiz deverá sempre tentar a composição entre as partes, sem prejuízo de incentivar a suspensão do processo para fins de solução por meio da autocomposição (conciliação e mediação). Em processos como na seara da família o papel de incentivo do juiz sempre produzirá bons frutos. Não existe preclusão para a autocomposição, ainda que anteriormente a solução alternativa já tenha sido tentada (art. 359 do CPC).

O juiz deve incentivar a conciliação em qualquer fase do processo, especialmente quando perceba a abertura dada por alguma das partes (art. 139, V), o que inclui a própria fase de execução (art. 772, I, do CPC).

2.3 *Poder de polícia na instrução*

O ato de instrução reúne as partes litigantes dentro de um mesmo ambiente físico ou virtual. As partes, os advogados, o Ministério Público

de especialistas que prestam esclarecimentos orais sobre os pontos mais importantes da matéria.

2. Resolução CNJ-105/2010.

e o próprio juiz – enfim, todos os atores processuais – devem guardar a urbanidade. A condução do ato de instrução caberá ao juiz, nos termos do art. 360 do CPC. O poder de polícia está previsto dentro da regra do art. 139, VII, que regula a atividade do juiz na relação processual: "exercer o poder de polícia, requisitando, quando necessário, força policial, além da segurança interna dos fóruns e tribunais".[3]

O poder de polícia é essencial para a direção do ato de instrução. O juiz deve velar pela segurança das partes e garantir o tratamento respeitoso na celebração da audiência. Sua interferência deve ser pontual, na medida em que o ato exige a manifestação livre das partes e a participação dos demais atores processuais. Com a reforma de 2015 o advogado pode realizar diretamente as perguntas, eliminando-se a necessidade de a pergunta ser filtrada primeiramente pelo juiz (*crossover examination*).

No entanto, em muitas situações as partes se excedem na forma de tratamento ou seus procuradores desviam as perguntas do objeto litigioso ou, ainda, induzem as testemunhas em seus depoimentos. Caberá sempre ao juiz recompor qualquer desvio.

Em casos extremos a retirada da sala de audiência poderá ser necessária, sem prejuízo da requisição de força policial (art. 360, III, do CPC).

O juiz deverá garantir que a ata escrita ou eletrônica contenha toda a atividade processual desenvolvida no ato.

2.4 Publicidade da audiência

A audiência de instrução e julgamento é pública (art. 368 do CPC). Em regra, todas as audiências são públicas. O ato de instrução reflete nada mais que a concentração de atos processuais orais que visam a esclarecer os pontos controvertidos relativos ao objeto litigioso.

A publicidade permite que sua celebração seja acompanhada sem qualquer restrição, mas o ato poderá ser restrito quando a demanda envolver pretensão que esteja albergada em alguma das situações descritas pelo art. 189 do CPC. O sigilo não interfere no direito das partes de gravarem o ato processual (art. 367, § 5º, do CPC). O uso da gravação pela parte refere-se a interesse próprio e para a produção de seus argumentos, especialmente na elaboração das alegações finais, quando não forem orais ou remissivas.

3. Com relação ao poder de polícia: José Cretella Jr., *Tratado de Direito Administrativo*, t. 5, pp. 23 e ss.

2.5 Desenvolvimento da audiência de instrução

O elemento temporal é dado marcante na celebração da audiência de instrução. A inversão poderá nulificar o ato, desde que demonstrado o prejuízo na sua realização. Entretanto, nada impede que a ordem estabelecida pelo art. 361 do CPC possa ser modificada por negócio processual (art. 190 do CPC). Este ato é extremamente comum, especialmente quando existe a expedição de cartas precatórias. A oitiva das testemunhas do autor é realizada em outra comarca ou seção. No dia determinado para a instrução com oitiva das testemunhas do réu, na sede do juízo, observa-se que ainda não houve o retorno do ato deprecado, porque o juízo remarcou o ato de oitiva. A audiência, ante a leitura do art. 361, III, do CPC, não poderia ser realizada, em face da inversão processual. Nada impede que o réu preste sua anuência para o aproveitamento do ato e o negócio processual sanará sua realização.

O art. 361 do CPC estabelece a ordem temporal de produção da prova testemunhal. Inicialmente serão tomados os depoimentos dos peritos e assistentes técnicos. Aqui também se encaixa, mesmo sem previsão expressa, o *amicus curiae* (art. 138 do CPC). Como pessoa de confiança do juízo, é possível que sua oitiva seja requisitada, para a explanação de algum ponto técnico.

A oitiva dos peritos e assistentes técnicos é importante, e quando a parte perde a oportunidade de impugnar o laudo pericial sua oitiva é uma forma de obter a possibilidade de contraposição oral às conclusões do trabalho técnico.

Na sequência, quando tenha sido requerido em fase adequada, serão tomados os depoimentos das partes. Deve-se ter o cuidado de que o depoimento seja tomado em separado em relação à primeira oitiva. No depoimento pessoal não se presta compromisso legal, em vista da parcialidade inequívoca. Isto não elimina o dever de lealdade e boa-fé. No sistema alemão fala-se no "dever de verdade" (*Pflicht zu Wahrheit* – §138, I, *ZPO*).[4]

2.6 Modulação temporal da audiência e calendário processual

O ato de instrução poderá ser adiado ou adiantado. De modo excepcional e fundamentado, o ato poderá ser praticado em período diverso do previamente determinado. O adiamento deve ser fundamentado, sob pena de preclusão quanto à produção da prova oral.

4. Prütting/Gehrlein (eds.), *ZPO – Kommentar*, p. 614.

O art. 362 do CPC estabelece as causas para fins de adiamento da audiência. A primeira hipótese refere-se à convenção das partes. Não é necessário que o pedido seja apresentado em conjunto. Uma das partes pode realizar pedido unilateral e contar com a aquiescência expressa ou tácita. Esta modalidade de negócio processual deve ser acatada para fins de adiamento; contudo, o ato não poderá ser repetidamente adiado, para não prejudicar a duração razoável do processo. A hipótese do art. 362, I, revela uma forma de negócio processual e pode ser incrementada com a instauração de um calendário processual (art. 191, § 2º, do CPC).

O calendário processual reflete autêntico negócio processual multilateral, na medida em que exige não só a participação das partes, mas a colaboração do juízo. Afinal, a audiência exige a participação do juiz e sua disponibilidade para a data determinada. O que torna interessante a utilização desta técnica é limitar o tempo da instrução e simplificar os atos de intimação. É possível determinar, desde sua celebração, que a não realização da audiência por ausência imotivada de uma das partes propiciará a conclusão imediata dos autos para prolação de sentença.

2.6.1 Adiamento da instrução

O pedido unilateral de adiamento pela existência de duplicidade de audiências é muito comum em juízo para fins do art. 362, II, do CPC. A rigor, não existe obrigação do juízo em remarcar a audiência pelo fato de o procurador possuir uma audiência designada em data anterior ou posterior. Do contrário as pautas judiciais teriam que ser únicas e interligadas. Cabe ao advogado organizar sua atividade. No entanto, existe a atitude de cooperação habitual dos juízos em permitir o reagendamento do ato quando há comprovação efetiva de outra audiência para a mesma data. O art. 362, II, engloba toda e qualquer causa que impeça o acompanhamento do ato processual físico ou virtual. O impedimento deve ser comprovado até a abertura da audiência, exceto quando impossível a comunicação ao juízo (*e.g.*: acidente sofrido no caminho da audiência).

O adiamento também será possível quando o atraso injustificado for superior a 30 minutos. A regra direciona-se às partes, mas o atraso do juiz também permite que o advogado peça, motivadamente, a redesignação do ato. Afinal, quando o tempo de espera ultrapassa 30 minutos a atividade do procurador também ficará comprometida. Embora a audiência não tenha prazo definido de duração, a oitiva de uma única testemunha por meio digital permite que o procurador possa comparecer em mais de uma audiência no mesmo dia.

O não comparecimento das partes na audiência permite que o juiz possa dispensar a produção da prova (art. 362, § 2º, do CPC), mas é interessante que o juiz, na medida do possível, a produza, porque o juiz não deixa de ser o destinatário final da prova. Embora atualmente se evite utilizar esta menção, porque a prova pertence ao processo, e não ao juiz, não há dúvida de que toda a atividade processual é desenvolvida para influenciar a decisão judicial. O contraditório desenvolve-se exatamente para garantir que ambas as partes possam influenciar o juiz na prolação da sentença por meio da produção de provas.

Obviamente, nosso sistema é informado pelo princípio da aquisição da prova; logo, quando a prova é produzida, ainda que de modo oficioso, com base no sistema inquisitório, sua produção não é realizada a favor ou contra o autor, réu ou Ministério Público, mas, sim, no interesse de alcançar a solução adequada para o processo (tutela jurisdicional adequada – art. 5º, XXXV, da CF/1988). Tratando-se de direitos indisponíveis o juiz não deve jamais aplicar o art. 362, § 2º, do CPC. A prova deverá ser produzida, em vista da importância do direito material posto em causa, que autoriza, excepcionalmente, a utilização do poder inquisitório (art. 370 do CPC).

Na postergação do ato de instrução o pagamento das custas de retardamento será imputado a quem deu causa ao adiamento do ato, em respeito ao *princípio da causalidade* (art. 362, § 3º, do CPC).

2.6.2 Adiantamento da instrução e flexibilização procedimental

A audiência poderá ser adiantada (art. 363 do CPC), e esta possibilidade abre caminho para que o juiz não apenas a celebre em data anterior àquela previamente designada, mas inverta a própria fase processual (art. 139, VI). Nada impede que as partes optem pela realização prévia da audiência de instrução antes da produção da prova pericial. Em ação de usucapião sobre imóvel já matriculado a prova testemunhal poderá ser suficiente, em relação a todos os vizinhos confrontantes, eliminando a necessidade de perícia prévia e desnecessária. Todavia, ao inverter a fase processual, pela flexibilização do procedimento (art. 139, VI), as partes não abrem mão da produção da prova pericial, e não há que se falar em preclusão consumativa. Para tanto é necessário que o pedido de inversão fique expresso na fase de saneamento do processo, nos termos do art. 357 do CPC.

Na hipótese de simples pedido de adiantamento, poderá ser atendido desde que a pauta judicial assim o permita e a parte contrária não apresente recusa motivada. As custas pelo adiantamento serão suportadas pelo requerente quando os atos de intimação já tenham sido cumpridos.

2.7 Produção da prova em audiência

A produção da prova oral em audiência obedece essencialmente ao princípio da oralidade, que pode que pode ser examinado em face de outros três subprincípios: (a) identidade física do juiz; (b) imediação; e (c) concentração dos atos processuais.

2.7.1 O princípio da oralidade

A oralidade foi uma conquista do Código de Processo Civil/1939 e assumiu papel de destaque na fase probatória. Embora atualmente a prova oral seja muito criticada, pela possibilidade de falha e distorção, sua utilidade é indiscutível. Além de franquear o acesso direto do juiz às partes e testemunhas, a prova oral permite que sejam detectados pontos inconsistentes da prova documental. Nem sempre o papel consegue revelar a riqueza de detalhes que pode ser explorada com um bom depoimento em juízo. Isto exige certo preparo e experiência do juiz e dos advogados. Na fase atual, em que se utiliza o sistema de videoconferência, a oralidade tem seu papel fortalecido. O juízo deprecante tem a possibilidade de colher a prova com a gravação efetiva do depoimento do perito, da parte e da testemunha. Isto permite a reflexão e a percepção sobre a veracidade, falsidade, contradição e coerência dos depoimentos.

A fase oral é necessária para determinadas pretensões, e sua força não é revelada apenas para o fim de instrução. Na conciliação a oralidade é essencial para que a autocomposição possa ser alcançada com êxito.

2.7.1.1 *Identidade física do juiz*

Este princípio permanece íntegro perante o Código de Processo Civil/2015 ainda que não tenha sido repetido em sua literalidade perante o art. 131 do CPC/1973. O art. 369 do CPC não desmente a importância do contraditório amplo na produção da prova para o fim de influenciar "eficazmente na convicção do juiz".

Do que adiantaria produzir as provas orais em audiência se o juiz sentenciante não fosse efetivamente o que colheu a prova oral? Há uma natural ligação entre o juiz e a oralidade. As percepções, os gestos, o ambiente em que foi produzida a prova, a forma da resposta – enfim, a prova oral não se resume ao que foi transcrito ou gravado. O juiz que presidiu a sessão deve *preferencialmente* julgar o processo. Este princípio ainda assume maior importância na esfera penal, pois a lide resolve a pretensão penal sob a ótica da liberdade do ser humano.

É óbvio que o juiz não poderá estar preso ao processo *ad aeternum*. Era muito comum e usual um processo ficar paralisado por meses ou até anos na busca do juiz que o sentenciou para solucionar embargos de declaração. Entendia-se que somente o juiz vinculado poderia eliminar a contradição, obscuridade ou omissão. Isto não tem mais cabimento. Como princípio, a identidade deve ser aplicada com coerência. Um magistrado que presidiu complexa instrução e acompanhou o processo por anos acaba por tirar férias e o processo é concluso para o juiz substituto que atua na mesma Vara. Por óbvio que o princípio da identidade deve ser aplicado nesta hipótese, e sem necessidade de maior justificação teórica.

Obviamente, na hipótese de afastamento, licença, promoção ou remoção a situação se altera radicalmente. Não há que se falar em vinculação.

Quando não se obedecer à identidade física pela mudança do julgador, torna-se possível a repetição da prova oral. Se as partes têm o direito de influenciar o julgador, o próprio julgador tem o direito de ser influenciado, e poderá repetir a prova quando sinta a necessidade de maior esclarecimento. É possível que, realizando a oitiva da gravação da prova produzida, tenha novos questionamentos que sejam essenciais para a formação do seu convencimento motivado.

Atualmente esta técnica há de ser minimizada, porque nos depoimentos gravados se permite captar com grande precisão a realidade do depoimento, com as impressões subjetivas em relação ao depoente.

A identidade física do magistrado provoca um efeito inverso em relação ao seu impedimento. O juiz que tenha se vinculado a um processo não poderá jamais realizar seu julgamento em outra instância (*Qui a jugé ne peut rejuger*).[5]

2.7.1.2 *Imediação*

O princípio da imediação atua em contexto especial na fase da instrução. Sua força acabou sendo renovada pela introdução dos meios eletrônicos, que permitem a gravação bem como a realização em tempo real por meio da videoconferência. A imediação representa o contato

5. Loïc Cadiet/Jacques Normand/Amrani Soraya Mekki, *Théorie Générale du Procès*, 2ª ed., p. 605.

direto do juiz na produção da prova oral. Mesmo que não faça perguntas e que apenas coordene a realização da instrução, sua observação atenta aos depoimentos permite a formação de convencimento motivado e o cotejo da prova oral com as demais provas materiais.

A produção do depoimento com o contato direto do julgador com as partes, testemunhas e auxiliares do juízo permite uma compreensão e influência direta quanto aos fatos probandos. Na produção da prova por carta (precatória, de ordem ou rogatória) havia clara depreciação na valoração pelo juízo originário, que somente tinha contato com a leitura dos depoimentos. Agora as impressões são preservadas pela oitiva e observação do depoimento gravado ou, mesmo, pela possibilidade de o juízo deprecante realizar a oitiva direta por meio de sistema audiovisual (art. 363, §§ 4º e 5º, do CPC).

2.7.1.3 *Concentração dos atos em audiência*

A audiência de instrução será una e contínua, com a concentração de todos os seus atos (art. 365 do CPC). A unidade é uma exigência de eficácia da imediação e da identidade física do juiz, que colherá, preferencialmente, a prova em sua integralidade. A cindibilidade da audiência somente se justifica quando há motivo plausível, como a ausência justificada de testemunha, perito ou assistente técnico que devam ser ouvidos. O art. 365 do CPC estabelece a anuência das partes como condição desta partição na audiência; contudo, basta que exista motivo relevante e justificado até a abertura do ato para que a audiência seja adiada ou para que a prova oral seja colhida de modo parcial. É certo que na práxis em muitas situações o juiz determina nova data para a audiência pelo número excessivo de depoimentos. A data deverá ser próxima e com informação no ato, para que todos saiam devidamente intimados.

Quando os atos de instrução não sejam realizados em um só dia, isto não comprometerá a unidade do ato.[6] Não é lícito confundir a unidade com produção temporal única. Mesmo que a audiência não se realize em apenas um dia o ato será reputado único. Isto significa que não existe reabertura de prazo para questões já preclusas e decididas no decorrer da audiência. A continuidade do ato determinará a abertura de fase oral em caráter *ex novo*, ou seja, a partir do ato anteriormente praticado até o julgamento do processo.[7]

6. Nelson Nery Jr./Rosa Maria de Andrade Nery, *Comentários ao Código de Processo Civil – Novo CPC – Lei 13.105/2015*, p. 980.

7. Pontes de Miranda, *Comentários ao Código de Processo Civil*, t. V, p. 31.

O correto é que a instrução somente ocorra depois que as cartas de instrução (precatória, rogatória e de ordem) tenham retornado. A expedição da carta suspende a realização da audiência de instrução quando a prova produzida fora do juízo seja imprescindível e tenha sido requerida até a decisão de saneamento (art. 377 do CPC). Este marcador temporal é importante porque se o pedido de expedição for deferido até a fase de saneamento existirá tempo hábil para que a prova retorne até o momento da realização da instrução na sede do juízo. O pedido de expedição da deprecata após a fase de saneamento não impede sua realização, mas apenas determina a suspensão do processo para os fins do art. 313, V, "b", do CPC.

2.8 Princípio da publicidade da audiência

A audiência é pública e somente poderá ser vedada a participação de outros interessados pela limitação natural do espaço físico, o que revela o exercício do poder polícia.

Como já lembrado, em alguns processos a publicidade é relativizada no interesse público ou no interesse das partes, para a preservação da intimidade, especialmente nas ações de estado da pessoa.[8]

2.9 Os debates orais

A produção da prova oral exige o cumprimento da ordem estabelecida no Código de Processo Civil. Após sua finalização inicia-se a fase dos debates orais, quando as partes têm a possibilidade de apresentar suas últimas palavras, utilizando-se das provas orais como reforço das respectivas teses sustentadas no decorrer do processo. Abre-se o debate para que o autor possa materializar seu memorial oral e sucessivamente para o réu e para o Ministério Público quando for hipótese de sua manifestação (art. 364 do CPC). O prazo será de 20 minutos, prorrogáveis por mais 10 minutos, quando necessário. Se existirem litisconsortes ou terceiros intervenientes (assistentes, chamados ao processo, denunciados) o prazo deverá dividido tomando-se em consideração o tempo da prorrogação, ou seja, 30 minutos a serem divididos entre as partes, sem prejuízo de as partes convencionarem de modo diverso.

8. As ações de estado são aquelas referentes ao estado civil da pessoa e refletem questões judicializadas sobre as três fases da vida: nascimento (registro civil – alteração do nome, reconhecimento da paternidade, maternidade, alteração do prenome, gênero, dentre outras), casamento (divórcio, separação, união estável) e morte (sucessão).

2.10 Memoriais escritos

O juiz poderá permitir que o debate oral seja substituído pela apresentação de memoriais escritos, a pedido das partes ou em face da complexidade da causa e da instrução desenvolvida (art. 364, § 2º, CPC). Tanto o debate oral como os memoriais representam atos e peças processuais facultativos. Afinal, inexiste a possibilidade de mudar a causa de pedir ou, mesmo, o pedido na fase final. No entanto, é indiscutível que no decorrer da instrução existem fatos produzidos que podem justificar a peça como forma de esclarecer e reforçar as teses sustentadas pelo autor e pelo réu ou, mesmo, por terceiros intervenientes. É possível até a utilização do art. 493 do CPC quando seja demonstrada a existência de fato superveniente.

Os memoriais escritos devem ser apresentados em prazos sucessivos de 15 dias, os quais findam com a participação do Ministério Público quando atuar como fiscal da ordem jurídica. Na existência de terceiro interveniente sua apresentação deverá seguir a finalidade do ato interventivo. Tratando-se de assistente simples ou litisconsorcial, após a parte auxiliada (art. 364, § 1º). Na hipótese de intervenção desinteressada, como acontece com o *amicus curiae* (art. 138 do CPC), após a manifestação de ambas as partes.

2.11 Prazos sucessivos

O Código de Processo Civil ainda estabelece a apresentação de memoriais em prazos sucessivos; contudo, esta regra foi pensada sob a ótica do processo físico (art. 364, § 2º, do CPC). Ainda que se tente defender a necessidade de apresentação sucessiva em face da ordem natural do contraditório, a regra perde sentido perante o processo eletrônico. Na fase dos memoriais inexiste possibilidade de inovação. O prazo deveria ser comum, para a efetividade da relação processual. Todavia, o art. 364, § 2º, do CPC estabelece o prazo sucessivo, de 15 dias, assegurando vista dos autos, o que somente será viável perante o processo físico.

Com o fim dos debates e a entrega do memorial, os autos devem ser contados e preparados para a decisão judicial, cujo prazo será de 30 dias. Na prática, este prazo é controlado pelo CNJ pela regra de 100 dias.

2.12 Documentação da audiência

O servidor responsável pela materialização da audiência (escrivão, analista ou técnico judiciário) deverá lavrar termo dos autos, com seu traslado para o processo físico. No processo eletrônico a plataforma permite a gravação direta, dispensando as partes da tradicional assinatura do termo de audiência (art. 367, § 5º).

O servidor deverá reduzir a termo tudo o que se passou na audiência, inclusive as contraditas das testemunhas, com o motivo apresentado pela parte, a defesa da outra parte e a decisão do juiz.

Embora não seja comum, é possível que o juiz até decida em audiência. A sentença deverá ser transcrita e acompanhará o termo, como ato que encerrará a relação processual em primeira instância.

Capítulo VIII
DAS PROVAS

1. A prova e a sua importância em juízo. 2. A prova como objeto do direito material e do processual. 3. Breve notícia histórica sobre as provas judiciais: 3.1 O Direito Romano e o ônus da prova – 3.2 O Direito intermédio e as provas tarifadas – 3.3 Direito moderno – 3.4 Período contemporâneo. 4. A prova e o dever de verdade. 5. Objeto da prova. 6. Desnecessidade de produção da prova: 6.1 Fatos notórios – 6.2 Fatos confessados pelas partes – 6.3 Fatos incontroversos na demanda – 6.4 Fatos presumidos. 7. Presunções legais: 7.1 Presunções simples ("hominis") e os indícios. 8. Prova direta e prova indireta. 9. Princípios do regime probatório: 9.1 Princípio da atipicidade das provas: 9.1.1 Prova eletrônica – 9.1.2 Prova emprestada – 9.1.3 Prova ilícita – 9.2 Princípio do livre convencimento motivado – 9.3 Princípios dispositivo e inquisitório (vedação da prova-surpresa) – 9.4 Princípio da comunhão ou da aquisição da prova: 9.4.1 O dever de colaborar na produção da prova – 9.4.2 O dever de cooperação do terceiro. 10. O ônus da prova: 10.1 O ônus objetivo e o julgamento do mérito – 10.2 O ônus subjetivo e a repartição estática do ônus da prova – 10.3 O ônus subjetivo e a repartição dinâmica do ônus da prova: 10.3.1 A possibilidade de inversão do ônus da prova – 10.3.2 Modalidades de inversão do ônus da prova: 10.3.2.1 A inversão legal – 10.3.2.2 A inversão judicial – 10.3.2.3 A inversão convencional – 10.3.3 A inversão e a proibição da surpresa – 10.3.4 Inversão do ônus probatório e o pagamento das despesas periciais. 11. A prova de fatos negativos ("Negativen"): 11.1 A prova do fato negativo pelo autor. 12. Ata notarial. 13. Depoimento pessoal: 13.1 Depoimento por iniciativa do juiz – 13.2 Depoimento da pessoa física – 13.3 Depoimento pessoal da pessoa jurídica – 13.4 Aplicação da pena de confesso – 13.5 Forma do depoimento pessoal – 13.6 Direito de escusa – 13.7 O dever de verdade ("Pflicht zu Wahrheit"). 14. A confissão: 14.1 Espécies de confissão: 14.1.1 Confissão extrajudicial e confissão judicial – 14.1.2 Confissão simples, qualificada ou complexa – 14.2 Capacidade para confessar ("animus confitendi") – 14.3 A irrevogabilidade e a anulação da confissão. 15. Da prova documental: 15.1 O conceito de documento no Código de Processo Civil – 15.2 Classificação dos documentos – 15.3 Documentos públicos: 15.3.1 O documento público escrito: o instrumento público – 15.4 Documentos particulares: 15.4.1 A data nos documentos particulares: 15.4.1.1 A data em relação aos litigantes e terceiros. O problema da boa-fé – 15.4.2 Autoria do documento particular – 15.4.3 A autenticidade do documento público e do documento privado – 15.4.4 Documentos particulares especiais – 15.4.5 Força probante das cópias documentais – 15.5 A arguição de falsidade do documento: 15.5.1 Objeto da declaração de falsidade – 15.5.2 Falsidade material – 15.5.3 Falsidade ideológica – 15.5.4 Procedimento da arguição – 15.5.5 Despesas processuais na arguição – 15.5.6 Decisão do incidente – 15.6 Documentos eletrônicos – 15.7 Da produção da prova documental: 15.7.1 Momento de produção da prova documental – 15.8 Medidas típicas para a produção probatória (antecipada ou incidental): 15.8.1 A produção antecipada de provas – 15.8.2 Arrolamento de bens como medida instrutória – 15.8.3 Justificação – 15.8.4 Procedimento – 15.8.5 Exibição de documento ou coisa: 15.8.5.1 Exibição autônoma e incidental – 15.8.5.2 Procedimento da exibição de documento: (a) Individuação do documento ou coisa – (b) Finalidade da exibição – (c) Elementos de prova sobre a posse do documento ou coisa – (d) Defesa na exibição – 15.8.5.3 Exibição incidental em procedimentos especiais – 15.8.5.4 Negativa de exibição e suas consequências: (a) Em relação à parte – (b) Em relação ao terceiro – 15.8.6 Sucumbência. 16. Da prova testemunhal: 16.1 Noções prévias – 16.2 A testemunha e o dever de verdade – 16.3 O compromisso legal – 16.4 Limites objetivos e subjetivos da prova testemunhal – 16.5 Prova testemunhal complementar ou substitutiva da prova escrita – 16.6 Prova testemunhal na invalidade contratual – 16.7 Da aptidão para testemunhar: 16.7.1 Testemunhas menores de idade – O depoimento sem "dano" – 16.7.2 O impedimento e a suspeição da testemunha – 16.7.3 O direito de escusa da testemunha – 16.7.4 Local de oitiva da testemunha – 16.8 Da produção da prova testemunhal: 16.8.1 Ordem de produção da prova. Negócio processual e videoconferência – 16.8.2 A intimação das testemunhas: 16.8.2.1 A intimação pelo procurador da parte – 16.8.2.2 Intimação pela via judicial – 16.8.3 Substituição das testemunhas – 16.8.4 A contradita da testemunha – 16.8.5 O modo de produção da prova testemunhal – 16.8.6 Documentação da inquirição – 16.8.7 Desdobramentos da produção da prova testemunhal – 16.9 O direito de indenização da testemunha. 17. A prova pericial: 17.1 Considerações prévias sobre a prova pericial – 17.2 A necessidade da prova pericial – 17.3 Dispensa pela juntada de prova ou parecer técnico – 17.4 Perícias necessárias – 17.5 A prova técnica simplificada – 17.6 A figura do perito: 17.6.1 Nomeação múltipla – 17.6.2 A nomeação do perito e o negócio processual – 17.6.3 A substituição do perito: causas subjetivas e objetivas – 17.6.4 A figura do assistente técnico – 17.7 O objeto da prova pericial – 17.8 Iter procedimental da prova pericial: 17.8.1 Apresentação dos quesitos – 17.8.2 Quesitos suplementares – 17.8.3 A recusa do perito – 17.8.4 Indicação do assistente técnico – 17.8.5 Atitudes do perito após sua nomeação – 17.8.6 Direito de escusa – 17.8.7 Proposta, pagamento, redução e devolução dos honorários periciais – 17.8.8 Honorários periciais e a gratuidade da justiça – 17.8.9 Comprovação da qualificação técnica e contatos profissionais – 17.9 Perícia elaborada por meio de carta rogatória, de ordem ou precatória – 17.10 A perícia e o oferecimento do laudo pericial – 17.11 Perícia sobre o objeto ou a pessoa em estabelecimento oficial – 17.12 Despesas da prova pericial. 18. Inspeção judicial: 18.1 Objeto da inspeção judicial – 18.2 Iniciativa da inspeção – 18.3 O contraditório na inspeção – 18.4 Causas da inspeção judicial – 18.5 O auto de inspeção judicial.

1. A PROVA E A SUA IMPORTÂNCIA EM JUÍZO

As partes oferecem arrazoados (petição inicial, contestação, reconvenção, pedido de reconsideração etc.) durante todo o transcurso da relação processual, por meio dos quais sustentam seus argumentos com o objetivo influenciar a decisão judicial. O juiz é obrigado a reconstruir uma situação já vivenciada pelas partes, e neste ponto o julgador se comporta como um eterno espectador atrasado.

Busca-se a resposta sobre a verdade (*Wahrheit*) ou inverdade (*Unwahrheit*) em relação ao que é afirmado no processo, e a conclusão do juízo depende da prova dos fatos jurídicos ligados ao objeto litigioso do processo.[1]

O Poder Judiciário depara-se com um cenário que deve ser reconstruído e cuja decisão não pode ser alicerçada unicamente na afirmação realizada pelas partes. Embora a boa-fé atue como dado presumido, as versões divergentes exigem que o julgador busque a formação de sua convicção por meio do exame das provas (*durch den Beweis verschafft werden*).[2] Na fase atual o sistema brasileiro concede maior participação ao juiz na construção do material probatório (art. 371 do CPC), na tentativa de suprir a deficiência probatória e oferecer decisão plena ao processo sem a utilização da regra do ônus da prova (art. 373 do CPC).[3]

2. A PROVA COMO OBJETO DO DIREITO MATERIAL E DO PROCESSUAL

O sistema brasileiro adotou o regime misto, que é a base do Direito Italiano, no tratamento jurídico da prova.[4] Nosso regime jurídico adota solução parecida ao conjugar o regime jurídico das provas ao direito material e ao processual. Outros sistemas, como o alemão, regulam o direito probatório no campo processual.[5]

Nada impede que o regramento sobre os fatos jurídicos que serão objeto de prova seja disciplinado no direito material. Por exemplo, a configuração do documento público representado pela escritura públi-

1. Jauenig, *Zivilprozessrecht*, 26ª ed., § 49, p. 191.

2. Lüke, *Zivilprozessrecht – Erkenntnisverfahren/Zwangsvollstreckung/Europäisches Zivilverfahrensrecht Zivilprozessrecht*, 10ª ed., § 22, p. 267.

3. O que revela a mudança de paradigma, inclusive em diplomas estrangeiros. V. o art. 10 do CPC francês: "Le juge a le pouvoir d'ordonner d'office toutes les mesures d'instruction légalement admissibles" ("O juiz tem o poder de ofício de ordenar todas as medidas de instrução legalmente admissíveis").

4. Carnelutti, *La Prova Civile*, pp. 15 e ss.

5. Jauenig, *Zivilprozessrecht*, cit., 26ª ed., § 49, p. 191.

ca é regrada pelo direito material (art. 215 do CC). Isto não elimina a conclusão inevitável de que a discussão sobre sua autenticidade ou veracidade pertencerá ao direito processual (art. 405 do CPC). É na relação processual que se discute a verdade ou a falsidade dos fatos jurídicos. As construções materiais sobre os fatos jurídicos são testadas no processo. O título de propriedade poderá ser objeto de alegação de falsidade; o contrato concluído poderá ser impugnado pela configuração de coação; o testamento poderá ser impugnado pela existência de herdeiros necessários. Todos estes exemplos indicam a necessidade de complementação do regime material ao processual quando o fato jurídico se torna litigioso.

3. *Breve notícia histórica sobre as provas judiciais*

3.1 O Direito Romano e o ônus da prova

Na fase embrionária do Direito Romano, marcada pelas ações da lei (*legis actiones*) e pela rigidez do sistema processual, que admitia somente as ações previstas na Lei das XII Tábuas (*princípio da tipicidade*), inexistiam regras próprias sobre provas. Neste período o julgador possuía liberdade absoluta para valorar sobre as provas trazidas pelas partes. Era a fase da livre apreciação das provas.[6]

Com o desenvolvimento do processo formulário no período da República, os julgamentos foram organizados em centúrias e tribos, com participação dos cidadãos e sem regras jurídicas próprias para a decisão. É certo que há clara prevalência da prova testemunhal, que é condição para a utilização de determinadas ações, como a *legis actio sacramento*, que corresponde à nossa atual ação declaratória. Embora não seja possível visualizar a construção e a estrutura sobre o ônus probatório, narra-se célebre passagem de Gélio (XIV, 2, 26) em que na disputa sobre bens a ausência de provas testemunhais provocaria o julgamento da demanda em favor do réu.[7] Conclui-se pelo embrião da construção do ônus da prova na *actio in sacramento in rem* (coisas) e, ainda, a impossibilidade de julgamento *non liquet*, tal como prevê o atual art. 140 do CPC.

O que parece prevalecer no período clássico é a decisão do árbitro, apoiada nos argumentos de uma de umas partes e nas provas trazidas pelas partes. Este suporte probatório seria suficiente para dar razão a uma das partes para a condenação ou absolvição (*Si paret condemnato/si non paret*

6. Van Wetter, *Pandectes*, vol. I, p. 379.

7. Bethmann-Hollweg, *Der Römische Civilprozeß*, vol. I, § 50, p. 182.

absolvito).[8] É no período clássico que se desenvolve o brocardo que auxiliou na construção do ônus da prova, pelo qual cabe ao autor a iniciativa da prova pelo que afirma em juízo: *Ei incumbit probatio qui dicit, non qui negat*. Isto não elimina o dever do réu de afirmar as exceções para a construção de sua defesa, *reus probat exceptiones*.[9]

No período do Império aparece a terceira fase do processo romano, designada de *extra ordinem*.[10] Neste período são condensadas regras que limitam a apreciação livre dos fatos que são produzidos pelas partes e se desenvolvem as presunções como regras de solução da causa (D. 22.3, *de probationibus et praesumptionibus*). O processo puramente privado passa ao controle do Imperador e a livre apreciação passa a ser controlada por regras que limitam e auxiliam a atividade decisória.[11]

A prova documental (*documenta, tabulae, scripturae*) era permitida e poderia recair sobre documentos públicos e privados. Os primeiros eram aqueles chancelados pelo magistrado ou elaborados pelo tabelião (*tabelliones, personae publicae*). Os documentos públicos comprovam os elementos temporal e espacial (data e local) e a autenticidade da declaração, mas o conteúdo pode ser excepcionado.[12] Os documentos particulares fazem prova entre as partes; e se o documento disser respeito a uma quantia superior a uma libra de ouro ele deve ser assinado na presença de três testemunhas.[13] Neste período reafirma-se que a ausência de provas recairá sobre a pessoa do autor, *affirmanti non neganti incumbit probatio*.

3.2 O Direito intermédio e as provas tarifadas

É no Direito Romano que encontramos a formação dos princípios atuais sobre o direito probatório. Estes princípios não foram imediatamente recepcionados, em face da aplicação do direito costumeiro em virtude da invasão bárbara que propiciou o surgimento do Direito Germano. Em uma primeira fase o Direito intermédio absorveu a influência religiosa e mística, com a prevalência dos juízos divinos (*iudicium Dei*), com

8. Com precisão: Micheli, *La Carga de la Prueba*, p. 17.

9. Van Wetter, *Pandectes*, cit., vol. I, p. 380.

10. Sobre a história do processo civil romano e suas etapas, v. o t. I deste *Curso*, p. 215.

11. Micheli, *La Carga de la Prueba*, cit., p. 19.

12. Van Wetter, *Pandectes*, cit., vol. I, p. 386.

13. Pode-se perceber a preocupação dos romanos com a fragilidade da prova oral e o embrião da previsão do art. 401 do CPC/1973, que limitava a prova testemunhal em até 10 salários-mínimos.

provas de água ou de fogo, dentre tantas que marcaram este período.[14] No desenvolvimento do Direito intermédio, por influência de Bolonha e do Direito Canônico, o escabinato é paulatinamente substituído pelos juízes eclesiásticos, que introduzem regras escritas para o julgamento.[15]

É neste período que surgem as provas legais ou tarifadas como uma reação ao sistema místico e supersticioso que ainda influenciou o período medieval. Os glosadores buscam nas fontes no direito romano as regras lógicas para a solução dos problemas referentes ao ônus probatório.[16]

3.3 Direito moderno

A Revolução Francesa marca o período do Iluminismo e da manifestação do livre pensamento, com influência sobre o direito probatório. No período de formação do Direito Francês é possível observar em Pothier a absorção das regras do Direito comum quanto ao ônus do autor na comprovação das afirmações contra o réu.[17] Passa-se do regime do sistema de rigidez para o sistema de livre apreciação da prova ou da convicção íntima. No período do Racionalismo passa-se para a crença na infalibilidade da razão na apreciação da prova, ainda que fundada em processo com cognição plena e no uso das regras da lógica e da presunção – o que pode ser visualizado na famosa redação do art. 1.315 do Código Napoleônico, ainda vigente: "Aquele que exige a execução de uma obrigação deve prová-la" (*Celui que reclame l'execution d'une obligation doit la prouver*).[18]

Neste período o processo penal passa a utilizar o princípio inquisitório como fundamento de liberdade para a busca da verdade real, em face de sua formatação oral. Em nosso sistema ainda existe influência desta concepção, pela permanência do sistema da livre apreciação no processo do Tribunal do Júri. É o que se denomina de "jurado de consciência".[19]

14. Echandía, *Teoría General de la Prueba Judicial*, vol. I, p. 52.

15. O escabinato era representado pelo julgamento coletivo e efetuado por juízes leigos. Fala-se nos juízos germânicos coletivos em favorecer o réu quando o autor não traga elementos de prova (*Rechtshilferecht*) (Micheli, *La Carga de la Prueba*, cit., p. 24).

16. Em São Tomás de Aquino é possível perceber a formulação da regra de ônus probatório em passagem da *Suma Teológica*, II, 2, *quaes.* 60.

17. Pothier, *Oeuvres de Pothier*, vol. II, n. 728.

18. Obviamente que no período atual a regra possui inúmeras exceções. Para um panorama de sua aplicação atual no Direito Francês: *Code Civil Dalloz*, 2018, p. 1.047.

19. Echandía, *Teoría General de la Prueba Judicial*, cit., vol. I, p. 56.

O processo civil ainda permaneceu atrelado ao regime de prova tarifada e ao processo escrito como meio de solução da causa. O sistema de provas tarifadas somente foi eliminado do processo civil no século XX.

3.4 Período contemporâneo

A fase hodierna é marcada pelo processo civil com matriz constitucional. Nosso sistema trabalha com a liberdade e a atipicidade dos meios probatórios (art. 369 do CPC). Há uma simbiose entre o princípio dispositivo e o inquisitório, com se observa da leitura do art. 370 do CPC, o que permite maior liberdade ao juiz na investigação de fatos que possam ser úteis para decidir o processo de modo fundamentado.

A decisão judicial deve refletir as provas produzidas durante o transcurso da relação processual, em amplo contraditório, que são essenciais para que o mandamento constitucional do art. 93, IX e X, da CF/1988 possa ser cumprido em sua plenitude. Não estamos mais no período em que o julgador possui liberdade imotivada. Toda e qualquer decisão deve ser adequadamente fundamentada em provas (típicas ou atípicas) que demonstrem com propriedade a procedência ou a improcedência (total ou parcial) da demanda.

4. A prova e o dever de verdade

As provas visam a fundamentar as alegações que são produzidas pelas partes e têm como objetivo primaz influenciar a formação da decisão judicial. É possível afirmar a existência do dever da parte de apresentar de modo idôneo a verdade dos fatos deduzidos em juízo. Trata-se de uma das formas de expressão do dever de boa-fé no processo civil (art. 5º do CPC).

Por outro lado, ainda que a relação processual deva permitir a investigação dos fatos para a busca da verdade real, sua concretização poderá acontecer ou não. Inexiste o compromisso de que a relação processual atinja a verdade plena. Para o juiz embasar sua decisão basta a demonstração razoável dos fatos – o que engloba um juízo de melhor probabilidade (*überwiegende Wahrscheinlichkeit*).

É por isso que perde sentido no panorama atual a discussão sobre a busca pela *verdade real* ou *verdade formal* no processo. A verdade real seria o ideal, mas o juiz não trabalha com esta construção, que assume real importância para a discussão filosófica. A verdade real ocupa a seara da fenomenologia e pode ser debatida nos estudos de Platão por meio do "mito da caverna", ou ainda pelo embate de Kant em contraposição ao pensamento tomista. Em suma: alcançar a essência dos fatos seria o ideal, mas tornaria inviável o julgamento de um processo.

O juiz trabalha apenas com os fatos jurídicos que são demonstrados pelas partes no processo. A falha na produção probatória obrigará o juiz a se socorrer das regras relativas ao ônus da prova, nos termos do art. 373, I e II, e § 1º, do CPC.

Nas demandas relativas a direitos fundamentais e indisponíveis abre-se campo de maior poder ao juiz para utilizar o princípio inquisitório na produção das provas, em vista do art. 371 do CPC.

5. *Objeto da prova*

As provas recaem essencialmente sobre *fatos* (*Tatsachen*), e não sobre preceitos normativos (*Rechtssätze*). O Direito não precisa ser provado; e, como bem lembra a doutrina alemã, aplica-se o princípio *iura novit curia.*[20] Em nosso sistema excepcionalmente o Direito poderá ser objeto de prova, como dispõe o art. 376 do CPC: "A parte que alegar Direito municipal, estadual, estrangeiro ou consuetudinário provar-lhe-á o teor e a vigência, se assim o juiz determinar".[21]

As partes devem demonstrar a incidência dos fatos jurídicos que são essenciais para comprovar as situações jurídicas que possam legitimar uma posição jurídica de vantagem (*direitos subjetivos*, *direitos potestativos*, *poderes*). O proprietário que afirma ser o titular do domínio deve demonstrar o título que legitima o ingresso da ação, bem como o direito real violado. Em nosso sistema a propriedade é comprovada por meio de documento público considerado essencial para a atestar a posição jurídica de titularidade (art. 406 do CPC). O possuidor que alega a existência de esbulho deve demonstrar o fato jurídico da posse. O cônjuge que apresenta embargos de terceiro sustentando a exclusão pelo casamento em regime de separação absoluta de bens deve comprovar a relação jurídica matrimonial constituída com pacto antenupcial (art. 406 do CPC) para excluir o ato de constrição judicial.

Isto demonstra que o objeto da prova recai sobre os fatos, e não sobre as afirmações dos fatos. Não interessam as afirmações sobre fatos jurí-

20. Lüke, *Zivilprozessrecht – Erkenntnisverfahren/Zwangsvollstreckung/Europäisches Zivilverfahrensrecht Zivilprozessrecht*, cit., 10ª ed., § 22, p. 261; Musielak, *Grundkurs ZPO*, 9ª ed., p. 257.

21. O que também se aplica ao sistema alemão, conforme o § 293, para o Direito estrangeiro, costumeiro e para estatutos. V.: Musielak, *Grundkurs ZPO*, cit., 9ª ed., p. 258.

dicos, como objeto de prova, porque elas estão dentro da argumentação lógica e silogística das partes no afã de influenciar o julgador.

A prova recai sempre sobre o fato jurídico, que está sujeito a demonstração histórica.[22] O fato pode ser articulado e demonstrado no passado (fato acontecido), no presente (fato vivenciado) ou no futuro (fato condicionado): o fato existiu, existe ou existirá. Sua verificação poderá dizer respeito a um fato efetivo (*prova material*) ou potencial (*indícios*).

Não há dúvida de que a boa retórica influencia de modo poderoso uma decisão judicial, mas por detrás do argumento há de estar demonstrado o fato que o fundamenta. É sobre ele que recairá a prova. É possível que a parte argumente pela inexistência da responsabilidade pelo acidente em vista de o evento ter sido originado de modo fortuito ou por força maior. Todavia, o objeto da prova recairá sobre o fato jurídico, ou seja, sobre o acidente, e seu exame permitirá descobrir se o fato foi voluntário (dolo/culpa) ou involuntário (caso fortuito ou força maior). As afirmações das partes que serão construídas para *imputação* ou *exclusão* da responsabilidade referem-se a afirmações sobre o fato jurídico (sinistro), mas não são objeto de prova.

6. DESNECESSIDADE DE PRODUÇÃO DA PROVA

Para determinadas situações a prova do fato jurídico é considerada desnecessária. O art. 374 do CPC procura simplificar a atividade probatória, em franca aplicação dos princípios da economia processual e da razoabilidade, ao determinar que não necessitam de prova: (a) fatos notórios; (b) fatos afirmados por uma parte e confessados pela parte contrária; (c) fatos admitidos no processo como incontroversos; e (d) fatos em cujo favor milita presunção legal de existência ou de veracidade.

6.1 Fatos notórios

Podem ser considerados notórios (*notorisch*) os fatos que transcendem o foro íntimo do julgador (*Offenkundige Tatsachen*).[23] Este é um ponto sensível, que não permite confusão com a previsão do art. 375 do CPC, que se refere as máximas de experiência. O fato notório não se refere ao conhecimento privado do julgador (*Privatwissen*), mas, sim,

22. Hernando Devis Echandía, *Teoría General de la Prueba Judicial*, cit., vol. I, p. 147.

23. Rechberger/Simotta, *Zivilprozessrecht – Erkenntnisverfahren Zivilprozessrecht*, 7ª ed., vol. I, p. 776.

ao fato que dispensa a produção da prova pela publicidade e obviedade. As máximas de experiência são apenas regras que permitem ao julgador formar seu conhecimento para apreciar de modo lógico os fatos demonstrados no processo.[24]

O fato notório é o *fato jurídico voluntário ou involuntário* de conhecimento comum e que atinge determinada coletividade. Este fato pode ser atestado por outras pessoas além do próprio julgador. Logo, podem ser fixadas duas características para sua admissão: (a) *percepção imediata do fato por um número considerável de pessoas*; e (b) *difusão do fato por meio oral, impresso ou eletrônico*.

O caráter de publicidade é essencial para tornar o fato notório; contudo, o fato não precisa ser universal, mas apenas local.[25] Do contrário seria inviável seu reconhecimento. O fato notório refere-se ao juízo que profere a decisão local, sendo desejável que a notoriedade também atinja o tribunal local.[26] Deste modo, negada a notoriedade, o tribunal poderá rever a matéria fática e reconhecer a necessidade de prova sobre o fato.

6.2 Fatos confessados pelas partes

O Código de Processo Civil estabelece que não serão objeto de prova os fatos afirmados por uma parte e confessados pela parte contrária, nos termos do art. 374, II (*Zugestandene Tatsachen*). Primeiramente é necessário alertar que confissão não se confunde com o reconhecimento jurídico do pedido.[27] A confissão é um meio de prova. Por meio da confissão uma das partes emite uma declaração – expressa (*ausdrücklichen*) ou tácita (*wertet*) – em que admite a certeza da afirmação da parte adversa.[28]

O reconhecimento jurídico do pedido é causa para a resolução do processo com a análise do mérito (art. 487, III, "a", do CPC). A confissão refere-se a fatos cuja admissão poderá influenciar o julgamento do processo de modo considerável.

Tratando-se de direitos disponíveis (art. 345, II), e desde que a confissão seja possível, por não envolver meio probatório tipificado

24. Echandía, *Teoría General de la Prueba Judicial*, cit., vol. I, p. 222.

25. Goldschmidt, *Derecho Procesal Civil*, p. 259.

26. Nelson Palaia, *O Fato Notório*, p. 42.

27. Sobre o ponto: Moacyr Lobo da Costa, *Confissão e Reconhecimento do Pedido*, p. 51.

28. "Das Geständnis ist die Wissenerklärung einer Partei, dass eine tatsächliche Behauptung des Gegners richtig sei" (Rechberger/Simotta, *Zivilprozessrecht – Erkenntnisverfahren Zivilprozessrecht*, cit., 7ª ed., vol. I, n. 775, p. 405).

(art. 406), não há motivo para que sua eficácia não seja reconhecida no processo pelo juiz. A confissão não representa causa para a procedência automática da demanda contra o confitente.

Em determinadas situações é possível visualizar a *confissão qualificada*. Por meio dela admite-se a veracidade das alegações formuladas pelo autor mas como meio de excluir os efeitos jurídicos do pedido. Um exemplo clássico é a confissão do réu quanto ao cometimento de um ato lesivo em legítima defesa, o qual está amparado por causa de exclusão da antijuridicidade – o que a doutrina denomina de "ato prejudicial lícito".[29] Ao confessar a prática do ato a parte almeja provocar a incidência da causa de exclusão da sua ilicitude. É o caso da lesão provocada como meio de repelir injusta agressão que teria sido praticada pelo autor da ação e que impede a procedência do pedido de indenização.

A confissão representa apenas um meio de prova, e seu valor deverá ser sempre considerado em face do conjunto probatório. Ela será de grande valia quando reforçar o juízo de probabilidade (*Wahrscheinlichmachung*) que é utilizado pelo juiz para a decisão da demanda.[30] Neste contexto, como afirma a melhor doutrina, a confissão é elemento adicional e não exime o juiz de uma análise crítica do conjunto probatório ofertado para o julgamento da causa.[31]

6.3 Fatos incontroversos na demanda

Os fatos afirmados por uma parte e não impugnados pela parte adversa acabam se tornando incontroversos na relação processual. Adicione-se a importante advertência de que a matéria não pode envolver direitos indisponíveis ou assunto em relação ao qual não se operam os efeitos da revelia (arts. 344 e 345 do CPC). A incontrovérsia sobre fatos não se confunde com a incontrovérsia sobre um dos pedidos ou sobre parcela deles. Esta última situação será causa de julgamento antecipado parcial da demanda, nos termos do art. 356 do CPC.

As partes têm o ônus de impugnar os fatos que sustentam os pedidos formulados em juízo.[32] A ausência de impugnação torna o fato não

29. Para uma análise do art. 188 do CC: Fabio Caldas de Araújo/José Miguel Garcia Medina, *Código Civil Comentado*, p. 257.

30. Lüke, *Zivilprozessrecht – Erkenntnisverfahren/Zwangsvollstreckung/Europäisches Zivilverfahrensrecht Zivilprozessrecht*, cit., 10ª ed., § 22, p. 257.

31. William Santos Ferreira, *Princípios Fundamentais da Prova Cível*, p. 309.

32. O que atinge não só o réu na fase da contestação (art. 344), mas o autor da demanda em face da reconvenção ou pedido contraposto (arts. 343 e 556 do CPC).

impugnado incontroverso, eliminando a necessidade de prova sobre sua ocorrência. Isto não elimina que o juiz realize a análise crítica do conjunto probatório. Mesmo que o fato não tenha sido impugnado, isto não liberará a parte beneficiada de demonstrar a veracidade de suas alegações de modo fundamentado. É possível que a ausência de impugnação sobre documentos anexados para a cobrança de uma dívida não permita a procedência do pedido pelo reconhecimento oficioso da prescrição.

6.4 Fatos presumidos

O Código de Processo Civil estabelece que não há necessidade de prova em relação aos fatos em favor dos quais milita presunção legal de existência ou de veracidade (art. 374, IV – *vermutete Tatsachen*). O sistema processual trabalha essencialmente com duas formas básicas de presunções: (a) presunções legais (*Rechtsvermutungen*); e (b) presunções simples (*Tatsachevermutungen*).[33]

Antes de mais nada, deve-se compreender que as presunções não se caracterizam como um meio de prova, mas uma técnica que trabalha essencialmente com o ônus da prova (*Beweiserlechterung*).[34] Esta noção já era compreendida no Direito Romano, pois na época de Ulpiano já era consumada a noção de que a presunção poderia ser elidida por prova em contrário (*praesumptum ese debet nisi contrarium approbetur*).

Um simples exemplo da ligação entre a presunção e o ônus da prova está retratado pelo art. 232 do CC, que revela a presunção legal de paternidade: "A recusa à perícia médica ordenada pelo juiz poderá suprir a prova que se pretendia obter com o exame". A prova da paternidade deve ser realizada com a colaboração do pretenso pai. Sem sua anuência não existe no sistema brasileiro a possibilidade de coerção para a realização do exame.[35] Logo, quando a parte descumpre com o dever de colaboração e com o ônus de produção da prova que seria do seu interesse, o sistema fornece solução formal por meio da aplicação da técnica da presunção

33. Sobre sua aplicação no Código alemão (*ZPO*, § 292), v.: Lüke, *Zivilprozessrecht – Erkenntnisverfahren/Zwangsvollstreckung/Europäisches Zivilverfahrensrecht Zivilprozessrecht*, cit., 10ª ed., § 22, p. 265.

34. Para um aprofundamento sobre a questão: Echandía, *Teoría General de la Prueba Judicial*, vol. II, p. 680.

35. Ao contrário de outros sistemas, como o alemão, em que a prova é regulada como matéria processual.

simples ou legal. No exemplo citado a não realização do exame de DNA conduz à presunção da paternidade biológica.[36]

7. *Presunções legais*

As presunções legais correspondem a valorações prévias incorporadas pelo direito objetivo. As presunções legais decorrem do próprio texto legal e podem ser absolutas (*iure et de iure*) ou relativas (*iuris tantum*). Elas estão contempladas no art. 374, IV, do CPC. As presunções absolutas são aquelas que não admitem prova em contrário, e hoje ainda resistem junto ao sistema, mas em número reduzido, como perante o art. 574 do CC. As presunções relativas são aquelas que admitem prova em contrário, ou seja, apesar da existência de uma pré-valoração do sistema jurídico, a parte prejudicada poderá demonstrar a inexistência ou inveracidade do fato principal ou do fato auxiliar. Voltemos ao exemplo da filiação, nos termos do art. 1.597, I, do CC. Trata-se de presunção relativa que permite a prova da inexistência do casamento ou união estável (fato auxiliar) ou da própria filiação por meio do exame de DNA (fato principal).

As presunções também não se confundem com as ficções (*Fiktion*).[37] Na ficção considera-se como fato demonstrado aquilo que se sabe como não ocorrido.[38] É o exemplo do art. 1.784 do CC, em que se considera transmitida a posse sem qualquer interrupção ao herdeiro pela aplicação do *princípio da saisine*. A ficção subsiste como solução de equidade e paz social.

7.1 Presunções simples ("hominis") e os indícios

É necessário diferenciar os indícios das presunções. Ambos não se confundem. Os indícios são considerados meios de prova porque representam elementos reais cujo conjunto permite ao juiz formular uma

36. Entendimento hoje sufragado pela Súmula STJ-301: "Em ação investigatória, a recusa do suposto pai a submeter-se ao exame de DNA induz presunção *juris tantum* de paternidade" (2ª Seção, j. 18.10.2004, *DJU* 22.11.2004, p. 425). Reconhece-se que o dispositivo do art. 232 do CC não estabelece presunção expressa; contudo, acabou sendo a interpretação conferida pelo precedente do STJ.

37. Com precisão, no Direito Austríaco: Rechberger/Simotta, *Zivilprozessrecht – Erkenntnisverfahren*, 7ª ed., vol. I, p. 406.

38. Figura já utilizada no Direito Romano e conhecida na famosa *Fictio legis Corneliae* registrada no *Corpus Iuris Civilis*: *Fictio est falsitas pro veritate accepta.* V.: Sílvio de Macedo, in *Enciclopédia Saraiva do Direito*, vol. 37, p. 160.

presunção simples, denominada também de presunção *hominis*. Embora os indícios (*Indizien*) representem meio indireto de prova (*mittelbarer Beweis*), seu conjunto permite que o juiz deduza a existência de outro fato, o que caracteriza o raciocínio presuntivo.[39] Um exemplo poderá ilustrar a afirmação: a longa marca de frenagem (indício) na pista faz presumir a velocidade exacerbada do veículo que se envolveu no acidente.

Estas presunções que não decorrem da previsão do texto legal e que representam conhecimento do homem médio (*bonus pater familiae*) podem ser aplicadas pelo juiz como máximas de experiência, nos termos do art. 376 do CPC. Por isso são chamadas de presunções *hominis*, *simples* ou *judiciais*.

8. *Prova direta e prova indireta*

Como já afirmado, as presunções não são meios de prova, porque não oferecem qualquer objeto de investigação que possa ser examinado para fim probatório. É por isso que a presunção é classificada como uma *prova indireta*, e não *direta*.[40] A prova direta revela imediatamente o fato probando.[41] A prova indireta demonstra um fato auxiliar por meio do qual permite inferir a existência do fato principal. Um exemplo de presunção é a do art. 1.597, I, do CC, pelo qual são presumidos como filhos havidos na constância do casamento aqueles nascidos 180 dias, pelo menos, após estabelecida a convivência do casal. O fato auxiliar marcado pela convivência conjugal no casamento ou união estável dentro do período legal é suficiente para inferir a presunção de filiação.

9. *Princípios do regime probatório*

9.1 Princípio da atipicidade das provas

As partes têm o direito de produzir as provas que são necessárias para a comprovação dos fatos controvertidos alegados no processo.

39. Lüke, *Zivilprozessrecht – Erkenntnisverfahren/Zwangsvollstreckung/Europäisches Zivilverfahrensrecht Zivilprozessrecht*, cit., 10ª ed., § 22, p. 263.

40. Arruda Alvim, *Manual de Direito Processual Civil*, 14ª ed., vol. II, p. 843.

41. Como ensina Arruda Alvim (*Manual de Direito Processual Civil*, cit., 14ª ed., vol. II, p. 843), a única prova efetivamente direta em nosso sistema seria a inspeção judicial, porque somente ela oferece a imediação efetiva entre o sujeito (juiz) e o objeto (fato probando).

Todos os meios lícitos e morais são admissíveis para a produção da prova. Considera-se ultrapassado o período das provas legais ou tarifadas, quando existia rígido controle sobre o meio de prova que poderia ser utilizado em juízo. A prova tarifada é excepcional, mas resiste em situações específicas, como naquela narrada pelo art. 406: "Quando a lei exigir instrumento público como da substância do ato, nenhuma outra prova, por mais especial que seja, pode suprir-lhe a falta". Este é o motivo por que é inviável reconhecer a revelia para fins de julgamento antecipado (art. 355, II, do CPC) quando o autor não anexa em sua petição inicial documento público comprobatório da propriedade (escritura pública). O pedido de alteração do regime do regime de bens do casal (art. 1.639, § 1º, do CC, c/c o art. 719 do CPC) exige a anexação do documento público (certidão de casamento) e de eventual pacto antenupcial, o qual também só se prova por meio de documento público (art. 1.653 do CC). A morte deve ser comprovada pela certidão de óbito, que é documento indispensável para a demonstração do fato jurídico. Todas estas hipóteses estão tipificadas pelo art. 406 do CPC.[42] Estas exceções não infirmam a regra-base do sistema processual brasileiro, que permite a produção de toda e qualquer prova pelas partes, incluindo a prova eletrônica e a prova emprestada. Mesmo no Direito estrangeiro há uma tendência de atipicidade dos meios probatórios, e atualmente a corrente que defende a natureza restritiva dos meios probatórios (*numerus clausus*) pode ser considerada minoritária.[43] O que pode ser discutido é se a prova atípica (*prove atipiche*) deve ser aceita com idêntica plenitude em relação à prova típica (*prove tipiche*).[44] Cremos que em nosso sistema não deva existir distinção, para não considerar a prova atípica como prova plena (*prove piene*). O juiz deverá valorar todas as provas produzidas e decidir de modo fundamentado.[45] Este é o controle exigido pela Constituição, ou seja: a decisão deverá ser motivada com base nas provas produzidas pelas partes e pelo juízo, não importando se serão típicas ou atípicas, desde que não infrinjam o ordenamento jurídico e sejam moralmente legítimas.

42. Isto não significa que a prova legal não possa ser suprida. Isto poderá exigir procedimento especial de jurisdição voluntária, como a declaração de morte presumida (*Toderklärung*), nos termos do art. 7º do CCB.

43. Luigi Viola, *La Testimonianza nel Processo Civile*, p. 7.

44. Sobre a divergência no Direito Italiano: Luigi Viola, *La Testimonianza nel Processo Civile*, cit., pp. 8-9. Parte da jurisprudência consideraria a prova atípica como prova indiciária (*mero indizio di prova*).

45. William Santos Ferreira, *Princípios Fundamentais da Prova Cível*, cit., p. 73.

9.1.1 Prova eletrônica

No estágio atual a prova eletrônica não pode mais ser considerada totalmente atípica. A atipicidade decorre da ausência de controle quanto à produção do meio probatório. Atualmente os documentos eletrônicos que obedeçam à autenticação pelo ICP-Brasil são presumidamente legítimos em relação ao signatário. O próprio processo, hoje, é predominantemente eletrônico, com a permissão da prática de atos processuais virtuais para o processamento dos autos (art. 193 do CPC).

O grande problema da prova eletrônica está na ausência de controle sobre todas as suas formas de produção, o que ainda permite sua inclusão como prova atípica. É certo que a prova eletrônica pode ser materialmente documentada, como na impressão de mensagens eletrônicas (*e-mails*, telegrama, *Whatsapp* – art. 422, § 3º, do CPC), e com possibilidade de verificação da origem e do destino pelo controle da titularidade da conta. É possível que a página virtual tenha sido deletada até o momento de ingresso do processo, o que pode permitir até a utilização de uma ata notarial como meio de documentar o fato jurídico virtual (art. 384 do CPC).

Entretanto, é indiscutível que uma imagem virtual pode será adulterada, um perfil falso poderá ser criado, o que revela as dificuldades da prova eletrônica e a necessidade de ponderação do juiz em sua aceitação (art. 371).

9.1.2 Prova emprestada

Nos termos do art. 372 do CPC, o juiz poderá admitir a prova produzida em outro processo, atribuindo-lhe o valor que considerar adequado, respeitando sempre o contraditório.

A utilização da prova emprestada entre o juízo cível e criminal deve ser ponderada pela interdependência relativa entre as ambas as esferas. A utilização da prova emprestada na esfera civil não se subordina ao trânsito em julgado do processo criminal. Isto decorre exatamente da independência entre as esferas o que tornaria possível valoração diversa da prova produzida no juízo para o qual ela é transportada.[46]

46. Neste sentido, STJ: "não assiste razão para alegação de que seria ilegal o uso de prova emprestada derivada de processo sem trânsito em julgado, tendo em vista a independência existente entre as instâncias cível, administrativa e criminal, salvo em casos excepcionais, o resultado de uma não contamina a conclusão da outra" (2ª T., AgInt no REsp 1.605.192-/MG, rel. Min. Francisco Falcão, j. 9.4.2019, DJe 12.4.2019).

9.1.3 Prova ilícita

O regime de atipicidade informado pelo art. 369 do CPC esbarra na proibição da produção da prova ilícita. O art. 5º, LVI, da CF/1988 estabelece: "são inadmissíveis, no processo, as provas obtidas por meios ilícitos". O comando constitucional procura proteger o direito fundamental da privacidade (*right to privacy*), que impede a invasão indevida na esfera da vida privada para o fim de obter prova que possa ser utilizada em juízo.

Na esfera do processo penal e do processo civil considera-se ilícita a obtenção de dados telefônicos e telemáticos sem autorização judicial e ordem devidamente fundamentada. Isto não impede que a própria parte que pretenda utilizar os dados de uma gravação telefônica ou dados telemáticos (*e-mails*, mensagens eletrônicas) possa apresentar unilateralmente o conteúdo no processo ou, mesmo, requisitar judicialmente referidos dados (art. 22 da Lei 12.965/2014 – *Marco Civil da Internet*).[47] Em decisão polêmica e inédita o STF decidiu que as informações fiscais e bancárias podem ser compartilhadas pelo COAF com o ministério público ou com a autoridade policial, sem a necessidade de autorização judicial.[48]

A obtenção de provas ilícitas tem o condão de contaminar as demais provas que são derivadas da sua produção, o que a doutrina denomina de "ilicitude por derivação", uma vez que são frutos oriundos de uma

47. "A gravação de conversa entre dois interlocutores, feita por um deles, sem conhecimento do outro, com a finalidade de documentá-la, futuramente, em caso de negativa, nada tem de ilícita, principalmente quando constitui exercício de defesa. II – Existência, nos autos, de provas outras não obtidas mediante gravação de conversa ou quebra de sigilo bancário. III – A questão relativa às provas ilícitas por derivação, *the fruits of the poisonous tree*, não foi objeto de debate e decisão, assim não prequestionada – Incidência da Súmula n. 282-STF. IV – A apreciação do recurso extraordinário, no caso, não prescindiria do reexame do conjunto fático-probatório, o que não é possível em recurso extraordinário – Súmula n. 279-STF. V – Agravo não provido" (STF, Ag no AI 503.617-PR, rel. Min. Carlos Velloso, j. 1.2.2005).

48. V. STF: "É constitucional o compartilhamento dos relatórios de inteligência financeira da UIF [*COAF*] e da íntegra do procedimento fiscalizatório da Receita Federal do Brasil, que define o lançamento do tributo, com os órgãos de persecução penal para fins criminais, sem a obrigatoriedade de prévia autorização judicial, devendo ser resguardado o sigilo das informações em procedimentos formalmente instaurados e sujeitos a posterior controle jurisdicional. 2. O compartilhamento pela UIF e pela RFB, referente ao item anterior, deve ser feito unicamente por meio de comunicações formais, com garantia de sigilo, certificação do destinatário e estabelecimento de instrumentos efetivos de apuração e correção de eventuais desvios" (RE 1.055.941, rel. Min. Dias Toffoli, j. 4.12.2019).

árvore envenenada (*fruits of poisonous tree*).[49] A demonstração de dívida obtida pela interceptação de uma correspondência não permite que o débito possa ser reconhecido. O mesmo é válido para documentos que foram obtidos com violação da cláusula de confidencialidade celebrada em uma sessão de mediação. Não se reconhecerá a nulidade quando o material probatório permitir idêntica conclusão ainda que a prova ilícita não tivesse sido produzida.[50]

9.2 Princípio do livre convencimento motivado

O princípio do livre convencimento motivado determina que a decisão judicial esteja vinculada ao objeto litigioso do processo e aos fatos demonstrados no decorrer da relação processual (art. 371 do CPC). A fase atual não compactua mais com o sistema de livre apreciação ou de convicção íntima. O convencimento judicial há de ser motivado, com base no art. 93, IX, da CF/1988. O controle da decisão judicial se faz por meio da sua fundamentação, permitindo a utilização da via recursal em caso de insatisfação para pedido de integração, anulação ou revisão do julgado.

Toda decisão judicial deve ser fundamentada em provas produzidas em amplo contraditório, o que permitirá influenciar a decisão judicial em relação a todas as partes. Aqui cabe uma ressalva quanto à incidência do princípio inquisitório. Por mais que o juiz possa produzir a prova *ex officio*, as partes precisam ser cientificadas desta produção. Proíbe-se a surpresa processual na produção da prova. É por este motivo que as provas a serem produzidas devem ser recepcionadas na fase de saneamento e quando deferidas posteriormente sempre cientificadas às partes. Há uma limitação ao *iura novit curia*.[51] O juiz poderá utilizar o conhecimento pessoal, mas também de modo fundamentado, com o fim de sustentar a existência de fato notório. Mesmo as máximas de experiência, embora envolvam o conhecimento pessoal do julgador, não escapam da necessidade de fundamentação adequada, que permitirá o controle recursal em relação às partes.

9.3 Princípios dispositivo e inquisitório (vedação da prova-surpresa)

No processo civil caberá às partes a iniciativa na produção das provas. E, por mais que seja reconhecida ao julgador a possibilidade de

49. William Santos Ferreira, *Princípios Fundamentais da Prova Cível*, cit., p. 117.

50. STJ, 6ª Turma, RHC, 98.431-PA, rel. Min. Sebastião Reis Jr., j. 21.2.2019, *DJe* 12.3.2019.

51. Augusto M. Morello, *La Prueba – Tendencias Modernas*, p. 65.

sua produção *ex officio*, o art. 370 do CPC deve ser corretamente compreendido.

O processo civil é informado pelo princípio dispositivo, que corresponde a vetor fundamental para o nascimento da pretensão de tutela jurídica estatal. Logo, as partes têm o ônus de produzir as provas que são essenciais para que a tutela adequada possa ser prestada por meio da atividade jurisdicional (art. 5º, XXXV, da CF/1988).

Ao juiz cabe um papel ativo na relação processual, mas sempre supletivo, pois sua atividade deve ser *secundária*, na acepção literal da palavra, ou seja: somente depois que as partes tenham a oportunidade de produzir as provas o julgador atuará em segundo lugar para eliminar pontos duvidosos que possam atrapalhar o julgamento da causa.

Esta atividade impedirá qualquer quebra de imparcialidade. Na presença de interesses coletivos, interesses públicos ou na proteção de direitos fundamentais, sem dúvida, a atividade oficiosa do juiz é maior. Em demanda de investigação de paternidade, não sendo requerida prova pericial por nenhuma das partes, o juiz poderá determiná-la de ofício. Em demanda referente à concessão de medicamentos contra o Poder Público o juiz pode requisitar a participação de um *amicus curiae*, que fornecerá parecer que protegerá tanto o interesse público (reserva do possível) como o direito à vida (essencialidade, ou não, do medicamento, possibilidade de sua substituição) e a própria coletividade (princípio da solidariedade de acesso ao sistema de saúde).

Como já comentado no item anterior, o princípio inquisitório não permite que a prova seja produzida sem a comunicação das partes, pois se veda a prova-surpresa como consequência da aplicação do art. 10 do CPC (*Verbot der Überraschungsentescheidung*).

9.4 Princípio da comunhão ou da aquisição da prova

As provas devem ser produzidas observando-se as consequências do ônus que recai sobre cada uma das partes em caso de omissão (art. 373 do CPC). No entanto, uma vez produzida a prova, inexiste possibilidade de evitar sua eficácia, ainda que a parte produza prova contrária ao seu interesse.

Aqui exsurge um ponto importante, porque o Código de Processo Civil isenta a parte da produção de prova contrária ao seu interesse, nos termos do art. 379. A impossibilidade de produzir prova contra si consiste em reserva fundamental do sujeito de direito; contudo, se a prova for produzida, não poderá evitar sua incidência. O juiz, ao perceber a existência da prova, deverá levá-la em consideração e valorá-la de acordo com os demais elementos do processo, em atenção ao dever de buscar a verdade integral (*Pflicht zu Wahrheit und Vollständigkeit*).

A comunhão na prova impede que uma das partes renuncie ou desista da prova porque ela deixou de atender ao seu interesse, ou quando perceba que sua produção não lhe interessa mais. Tendo sido apresentado o rol de testemunhas e deferida sua produção, a parte que desistir da oitiva no momento da audiência pode ser obstada pelo pedido da outra parte quanto à oitiva.

Por óbvio, após a consumação da oitiva o pedido de renúncia do depoimento deve ser negado. Da mesma forma, quando o juiz determina a conexão de processos, as provas produzidas permitirão avaliação conjunta, não sendo possível que as partes selecionem apenas as provas que atendam ao seu interesse.[52] A prova produzida é estabilizada no processo e se destina à utilização de todas as partes envolvidas, com especial relevo para o juiz, que será o responsável pelo julgamento do processo.

9.4.1 O dever de colaborar na produção da prova

A produção da prova é essencial para a solução adequada do processo. Sem a produção das provas necessárias para o julgamento do processo será necessário resolver a demanda com subterfúgio à regra do ônus (art. 373 do CPC).

A solução pelo ônus da prova deve ser evitada. A decisão deve ser fundamentada com base na demonstração dos fatos controvertidos. O principal problema é que nem sempre a prova está na posse das partes litigantes. Em muitas situações é necessária a colaboração de terceiros para que o processo possa ser convenientemente instruído.

O Código de Processo Civil expressamente determina, por meio do art. 378, que ninguém se exime do dever de colaborar com o Poder Judiciário para a obtenção da verdade dos fatos. O dever de colaborar é reforçado em relação às partes e a todos os que de alguma forma participam direta ou indiretamente da relação processual pelo art. 77, *caput* e inciso I, do CPC.

As partes e os terceiros interessados (assistente, litisdenunciado, chamado ao processo) estão diretamente vinculados à relação processual. O dever principal de colaboração exige que partes e terceiros interessados compareçam em juízo ou apresentem esclarecimentos quando

52. Echandía, *Teoría General de la Prueba Judicial*, cit., vol. I, p. 110.

existir determinação judicial (art. 379, I e III). A inspeção judicial, como autêntica prova direta, também exige especial colaboração, pela necessidade de que a vistoria possa ser efetuada sem qualquer resistência ou modificação em relação ao objeto litigioso (art. 379, II), sob pena de atentado (art. 77, VI).

9.4.2 O dever de cooperação do terceiro

O terceiro desinteressado, que não participa direta ou indiretamente da relação processual, também está obrigado a colaborar. É comum que terceiros exerçam a guarda e o depósito de bens móveis, imóveis, semoventes, documentos, em benefício de alguma das partes. É possível que o terceiro possua relação jurídica permanente, transitória ou eventual. Não é incomum o juízo necessitar de esclarecimentos sobre exames médicos, documentos contábeis, ou determinar a apresentação de documentos que possam comprovar fatos que foram alegados no processo. A data de aquisição de um veículo, para fins de partilha, poderá motivar a requisição de uma cópia da nota fiscal de venda emitida pela concessionária de veículos. Os documentos contábeis apresentados espontaneamente pelo réu podem propiciar pedido de esclarecimento ao seu contador. Enfim, o dever de colaboração atinge os terceiros que devam auxiliar o juízo na solução do objeto litigioso.

Neste mister, o juiz estará autorizado a utilizar medidas executivas indiretas com o objetivo de incentivar a colaboração do terceiro, ou diretas, quando exercerá medida coercitiva e sub-rogatória (art. 380, parágrafo único). Estas medidas estão autorizadas na Parte Geral como condição de gestão e condução adequada da relação processual (art. 139, IV, do CPC). Nada impede que o documento possa ser apreendido em face do terceiro, o que consiste em técnica de execução direta e com caráter satisfativo. É possível, ainda, que a parte seja induzida ao cumprimento da entrega da coisa ou documento mediante a fixação de astreintes.

A utilização de medidas executivas contra o terceiro (diretas ou indiretas) poderá dar azo ao cabimento dos embargos de terceiro, nos termos do art. 674 do CPC.

10. O Ônus da Prova

Um dos pontos mais importantes do direito probatório diz respeito ao ônus da prova. Sua análise recai sobre a responsabilidade quanto à prova da verdade ou inverdade dos fatos noticiados no processo.

As regras atinentes ao ônus da prova atingem indistintamente todos os sujeitos do processo (art. 373 do CPC). Em relação ao juiz o ônus da prova é comumente estudado sob o prisma *objetivo* (*objektive Beweislast*).[53] Esta modalidade de ônus representa uma *regra de julgamento* que orienta o julgador que se depara com vácuos probatórios que não podem ser preenchidos sequer pela sua atividade inquisitória. As regras relacionadas à carga da prova orientam a formação da decisão quando as partes não cumprem com o dever de instruir a demanda (art. 373, I e II, e § 1º, do CPC). Isto é fundamental, porque o sistema atual não se coaduna com a denegação da prestação jurisdicional por ausência de provas. Logo, o juiz deverá produzir decisão sobre a causa mesmo quando as partes não produzam prova efetiva de suas afirmações em juízo (*non liquet* – art. 140 do CPC).[54]

O ônus da prova também se dirige às partes, porque influencia diretamente a atividade que será desenvolvida na relação processual – o que doutrina denomina de "ônus subjetivo" (*subjektive Beweislast*).[55] Nosso sistema trabalha com um modelo dual, que prevê o ônus estático (art. 373, I e II, do CPC) e o ônus dinâmico (art. 373, § 1º). Pelo ônus estático, que consiste na regra geral do sistema, caberá ao autor a prova dos fatos constitutivos do seu direito e ao réu a dos fatos impeditivos, modificativos ou extintivos. O aperfeiçoamento de nosso sistema permitiu a inclusão do ônus dinâmico, que permite ao juiz modular a distribuição do ônus probatório. A redistribuição do ônus da prova pode estar prevista em lei ou ser reconhecida pelas dificuldades da parte em obter determinada prova; a excessiva onerosidade em sua produção e até pelo fato de sua produção ser mais conveniente em relação a uma das partes (art. 373, § 1º, do CPC).

10.1 O ônus objetivo e o julgamento do mérito

A carga da prova distribuída entre as partes litigantes cria uma regra de julgamento que deve ser aplicada de modo excepcional pelo juiz. A ausência de provas não impede o julgamento da demanda. E mais: este julgamento não será fundado no art. 485, mas no art. 487 do CPC, porque o processo será encerrado com julgamento do mérito. A parte que deixa de produzir a prova que era pertinente no momento adequado não pode repetir sua produção em novo processo. A preclusão impede novo ques-

53. Jauernig, *Zivilprozessrecht*, cit., 26ª ed., § 50, p. 199.

54. Idem, § 50, p. 200. Ainda: Echandía, *Teoría General de la Prueba Judicial*, cit., vol. I, p. 405.

55. Jauernig, *Zivilprozessrecht*, cit., 26ª ed., § 50, p. 199.

tionamento sobre o objeto litigioso por ausência de produção da prova. Em situações excepcionais uma prova ocultada dolosamente ou ignorada poderá permitir a rescisão do julgado (art. 966, VII, do CPC). A jurisprudência, atenta à proteção de direitos fundamentais, também flexibiliza o julgamento de algumas demandas, como as de natureza previdenciária, em que será possível, para certas situações, ingressar com nova ação ainda que o julgamento tenha sido fundado na insuficiência de provas. Em termos práticos ter-se-ia uma demanda por insuficiência probatória julgada pelo art. 485 do CPC.[56]

10.2 O ônus subjetivo e a repartição estática do ônus da prova

O breve escorço histórico sobre a evolução das provas demonstrou que desde o período romano houve uma preocupação em repartir o ônus da prova. O art. 373, I e II, do CPC sedimenta a regra geral de evolução do sistema de provas. O autor deve demonstrar os fatos constitutivos que fundamentam o ajuizamento da demanda. O réu não necessita produzir provas sobre estes fatos, pois a ausência de demonstração acarretará a improcedência do pedido. Esta modalidade de repartição do ônus da prova representa uma separação estática entre a carga do autor e a do réu.

Quando o autor comprovar os fatos constitutivos do seu pedido (art. 373, I) o réu terá o ônus de demonstrar algum fato impeditivo, modificativo ou extintivo do direito do autor (art. 373, II). O réu pode reconhecer a existência da relação jurídica com o autor mas sua extinção pelo pagamento, ou a existência de pagamento parcial que não foi declarado pelo autor ou, mesmo, a impossibilidade de cobrança da dívida porque ainda não existe mora, pela ausência de vencimento.

56. "Previdenciário – Processual civil – Coisa julgada – Denegação do direito com base na ausência ou grave precariedade da prova – Flexibilização dos institutos processuais em matéria previdenciária – Possibilidade em situações excepcionais – Matéria já enfrentada pelo rito do art. 543-C do CPC [*CPC/1973 – v. art. 1.036 do CPC/2015*]; 1. A Corte Especial do STJ, no julgamento do REsp Repetitivo n. 1.352.721-SP, da relatoria do Min. Napoleão Nunes Maia Filho, *DJe* 28.4.2016, fixou a tese de que, não estando o feito devidamente instruído com as provas necessárias ao deslinde da controvérsia, a ação deve ser extinta sem resolução de mérito, a fim de propiciar ao segurado a renovação do ajuizamento da demanda. 2. Nessa linha de raciocínio, revela-se possível, no caso concreto, a excepcional flexibilização da coisa julgada formada em ação anterior, na qual o direito ao benefício previdenciário tenha sido negado em virtude da grave precariedade das provas apresentadas, consoante constatado pelo acórdão local. 3. Recurso especial do INSS a que se nega provimento" (STJ, 1ª Turma, REsp 1.580.083-PE, rel. Min. Sérgio Kukina, j. 23.8.2016, *DJe* 2.9.2016).

10.3 O ônus subjetivo e a repartição dinâmica do ônus da prova

10.3.1 A possibilidade de inversão do ônus da prova

A necessidade da inversão não decorre de uma construção teórica, mas do reconhecimento da impossibilidade de nivelar a distribuição da carga probatória de modo formal para todas as demandas, tal como estabelecido pelo art. 373, I e II, do CPC. É desnecessário ilustrar que em algumas situações os fatos constitutivos podem ser mais bem demonstrados pelo réu do que pelo autor. É o caso das ações ambientais em que se transfere o ônus da prova para o agente poluidor quanto à inexistência de degradação ambiental.[57]

Permite-se que o ônus da prova seja distribuído de modo a atender ao melhor julgamento da causa. A necessidade de produzir a prova representa uma exigência do devido processo legal. A fundamentação racional da decisão judicial exige o substrato probatório adequado e de quem tiver melhor condição de fornecê-lo para o julgamento do processo. Não se trata de aplicar a inversão como técnica de suprimento da omissão da parte, mas de analisar as situações peculiares que podem exigir a necessidade de modulação da carga para não provocar a improcedência da demanda pelo rigor da distribuição estática do art. 373, I e II, do CPC.

10.3.2 Modalidades de inversão do ônus da prova

Em sentido lato, a inversão do ônus da prova pode ser classificada em *legal*, *judicial* ou *convencional*.[58] Preferimos esta classificação pela sua capacidade de organizar de modo claro e lógico as formas de distribuição das cargas probatórias.

10.3.2.1 *A inversão legal*

A inversão legal (*ope legis*) acontece quando há previsão expressa da lei para a alteração do ônus estático previsto pelo art. 373 do CPC. A regra do ônus estático corresponde a evolução oriunda do Direito Romano que fixa a primazia da distribuição do fato constitutivo para o autor e dos fatos impeditivos, modificativos e extintivos para o réu. Desta feita, considera-se a inversão mirando-se a modificação da regra tradicional.

57. Cf. Súmula STJ-618: "A inversão do ônus da prova aplica-se às ações de degradação ambiental" (Corte Especial, j. 24.10.2018, *DJe* 30.10,2018).

58. Daniel Amorim Assumpção Neves, *Manual de Direito Processual Civil*, 8ª ed., p. 659.

A previsão do art. 38 do CDC representa uma forma de inversão legal. O próprio texto normativo estabelece que a demanda proposta pelo consumidor transfere o encargo de provar a veracidade e a liceidade da oferta para o fornecedor.[59] A inversão legal traz uma proteção automática para a parte e encontra previsão no art. 373, § 1º, primeira parte, do CPC: "Nos casos previstos em lei (...)". O art. 373, § 1º, alberga tanto a hipótese de inversão legal (primeira parte) como a hipótese de inversão judicial (segunda parte).

10.3.2.2 *A inversão judicial*

A inversão ainda poderá ser judicial (*ope judicis*). Ela representa a maior alteração do Código de Processo Civil/2015 quanto ao tema probatório. Embora a jurisprudência já reconhecesse sua aplicação, sua sedimentação legal fortaleceu o poder de gestão da prova em relação à autoridade judicial. A análise do caso concreto permitirá que o juiz realize a inversão quando for necessária para o julgamento adequado do processo.

Esta forma de inversão decorre da percepção dos fatos peculiares da demanda que possam exigir a necessidade de que o papel do autor e o do réu sejam invertidos na produção da prova ou, mesmo, que a distribuição seja fixada de forma pontual pelo juiz. As dificuldades impostas pelo caso concreto, como a existência de fato negativo ou de fato que não possa ser produzido senão com grande onerosidade em relação a uma das partes, podem levar o juiz a uma solução diferenciada para o caso concreto.

Nada impede que o juiz determine a produção de documentos específicos pelo autor e pelo réu porque estão na guarda exclusiva de cada uma das partes, ou que a exibição parcial do documento ou do objeto seja repartida entre as partes. Por exemplo, a conferência sobre bens móveis (joias, títulos e veículos) que tenham sido adiantados a cada um dos herdeiros em vida, para fins de comprovação da colação, exige a contribuição da prova por parte de todos que foram beneficiados. O juiz pode determinar não só a inversão, mas a forma de distribuição específica em relação ao fato probando. Em algumas situações há um misto de inversão legal e judicial. A aplicação da inversão não pode sujeitar a parte a uma situação de impossibilidade fática de produção da prova ou de comprovação excessivamente onerosa (art. 373, § 2º, do CPC). A onerosidade e a excessiva dificuldade devem ser analisadas no caso concreto, especialmente em vista da análise dos litigantes e das circunstâncias.

59. CDC, art. 38: "O ônus da prova da veracidade e correção da informação ou comunicação publicitária cabe a quem as patrocina".

A mera dificuldade, sem o esgotamento dos meios de obtenção da prova pelo pedido de exibição documental contra a parte contrária ou terceiro ou, ainda, a comprovação por meio de perícia, não justifica, por si só, a inversão pela aplicação do art. 371, § 1º, do CPC.[60]

O art. 373, § 1º, do CPC permite a combinação da inversão legal e da judicial. A previsão do art. 6º, VIII, do CDC seria um exemplo. Trata-se de hipótese legal e específica de inversão que é disciplinada pelo Código de Defesa do Consumidor em favor do consumidor, mas que não pode ser considerada automática.[61] Exige-se que o juiz analise a incidência do suporte fático para sua aplicação.[62] O art. 6º, VIII, do CDC fixa critérios básicos para sua incidência, o que exige o preenchimento dos requisitos para a subsunção. A hipossuficiência (econômica, técnica ou de informação) e/ou a verossimilhança do fato probando correspondem aos suportes

60. V. interessante julgado em que se analisou a cobrança de direitos autorais em *show* promovido em alto-mar: "*A mera dificuldade de obtenção da prova não justifica a inversão da carga probatória, visto que o autor pode dispor de meios legalmente admitidos para comprovar o fato constitutivo de seu direito, tais como a requisição de documentos em poder dos réus, a oitiva de testemunhas, a realização de fiscalização presencial ou de perícia técnica.* Na hipótese em que o julgamento antecipado da lide ocorre a pedido do autor, com expressa dispensa de dilação probatória, não lhe é lícito alegar posteriormente a negativa de prestação jurisdicional, inclusive por força da preclusão lógica. (...) – Recurso especial parcialmente conhecido e, nessa extensão, não provido" (grifos nossos) (STJ, 3ª Turma, REsp 1.561.671-SP, rel. Min. Ricardo Villas Bôas Cueva, j. 2.10.2018, *DJe* 8.10.2018).

61. "A jurisprudência desta Corte firmou o entendimento de que a inversão do ônus da prova fica a critério do juiz, conforme apreciação dos aspectos de verossimilhança da alegação do consumidor e de sua hipossuficiência (...) – Agravo interno desprovido" (STJ, 3ª Turma, AgInt no AREsp 1.196.902-PR, rel. Min. Marco Aurélio Bellizze, j. 22.3.2018, *DJe* 4.4.2018).

62. "(...) a inversão do ônus da prova não ocorre em todas as situações em que a relação jurídica é de consumo, pois é preciso que as alegações sejam verossímeis, ou a parte seja hipossuficiente. Por outro lado, em linha de princípio, quem afirma um fato positivo tem de prová-lo com preferência a quem sustenta um fato negativo (...) – Recurso especial não provido" (STJ, 4ª Turma, REsp 1.277.250-PR, rel. Min. Luís Felipe Salomão, j. 18.5.2017, *DJe* 6.6.2017).

Ainda: "(...). Segundo a orientação jurisprudencial desta Corte, a inversão do ônus da prova é realizada a critério do juiz mediante a verificação da verossimilhança das alegações da parte, de sua hipossuficiência ou da maior facilidade na obtenção da prova, requisitos cuja apreciação implica análise do acervo fático-probatório dos autos, providência manifestamente proibida nesta instância, ante o óbice da Súmula n. 7/STJ – Agravo interno provido para reconsiderar a decisão agravada, e, em novo julgamento, conhecer do agravo para negar provimento ao recurso especial" (STJ, 4ª Turma, AgInt no AREsp 1.223.936-RS, rel. Min. Raul Araújo, j. 26.3.2019, *DJe* 11.4.2019).

fáticos necessários à sua aplicação. Ambos os requisitos representam uma orientação para que o juiz possa aplicar a inversão. Esta previsão não se confunde com a regra do art. 373, § 1º, do CPC, que representa a distribuição dinâmica do ônus da prova, embora o fim colimado seja idêntico.[63]

10.3.2.3 *A inversão convencional*

A inversão convencional decorre de negócio processual entre as partes (art. 190 do CPC). As partes possuem a liberdade de disciplinar a distribuição da carga probatória em demandas de natureza patrimonial e relativas a direitos disponíveis.

10.3.3 A inversão e a proibição da surpresa

A inversão do ônus da prova não representa regra geral, mas de exceção. Sua aplicação não é automática, pois caso não seja pronunciada expressamente no processo a parte pode ser induzida ao cumprimento do ônus estático revelado pelo art. 373, I e II, do CPC. A melhor interpretação a ser conferida é a de que o juiz deve anunciar a necessidade e o cabimento da inversão na fase de saneamento do processo. O saneamento poderá ocorrer em audiência específica ou mesmo em gabinete, mas o

63. Como reconhece o STJ: "(...). O art. 373, § 1º, do CPC/2015 contempla duas regras jurídicas distintas, ambas criadas para excepcionar a regra geral, sendo que a primeira diz respeito à atribuição do ônus da prova, pelo juiz, em hipóteses previstas em lei, de que é exemplo a inversão do ônus da prova prevista no art. 6º, VIII, do CDC, e a segunda diz respeito à teoria da distribuição dinâmica do ônus da prova, incidente a partir de peculiaridades da causa que se relacionem com a impossibilidade ou com a excessiva dificuldade de se desvencilhar do ônus estaticamente distribuído ou, ainda, com a maior facilidade de obtenção da prova do fato contrário. Embora ontologicamente distintas, a distribuição dinâmica e a inversão do ônus têm em comum o fato de excepcionarem a regra geral do art. 373, I e II, do CPC/2015, de terem sido criadas para superar dificuldades de natureza econômica ou técnica e para buscar a maior justiça possível na decisão de mérito e de se tratar de regras de instrução que devem ser implementadas antes da sentença, a fim de que não haja surpresa à parte que recebe o ônus no curso do processo e também para que possa a parte se desincumbir do ônus recebido. Nesse cenário, é cabível a impugnação imediata da decisão interlocutória que verse sobre quaisquer das exceções mencionadas no art. 373, § 1º, do CPC/2015, pois somente assim haverá a oportunidade de a parte que recebe o ônus da prova no curso do processo dele se desvencilhar, seja pela possibilidade de provar, seja ainda para demonstrar que não pode ou que não deve provar, como, por exemplo, nas hipóteses de prova diabólica reversa ou de prova duplamente diabólica – Recurso especial conhecido e provido" (STJ, 3ª Turma, REsp 1.729.110-CE, rela. Min. Nancy Andrighi, j. 2.4.2019, *DJe* 4.4.2019).

juiz deve anunciar regra que será aplicada na sentença por ocasião de sua prolação. Isto acontece pela necessidade de publicidade sobre a forma de julgamento e condução da instrução probatória. Desta forma evita-se a decisão-surpresa, com ofensa ao contraditório integral.

É possível que a produção da prova decorra de fato posterior e que tenha sido apurado no decorrer da audiência de instrução. Nada impede que o juiz converta o feito em diligência e determine a inversão da produção da prova, permitindo que as partes possam influenciar a decisão judicial.

Pouco importa que a demanda assuma natureza consumerista. A aplicação do art. 6º, VIII, do CDC não elimina a necessidade de que sejam reconhecidas a hipossuficiência do consumidor e/ou a verossimilhança de suas alegações. Estas duas situações devem ser analisadas pelo juiz na fase do art. 357 do CPC. Muito embora o STJ tenha repetido vários julgamentos sobre a desnecessidade de anunciar a inversão em demandas consumeristas,[64] deve ser citado o voto pioneiro e lapidar do Min. Luís Felipe Salomão, que examinou com acuidade e reconheceu a impossibilidade de inversão automática.[65] Em julgado já perante o Código de

64. "(...). Inexiste surpresa na inversão do ônus da prova apenas no julgamento da ação consumerista. Essa possibilidade está presente desde o ajuizamento da ação e nenhuma das partes pode alegar desconhecimento quanto à sua existência. A exigência de uma postura ativa de cada uma das partes na instrução do processo não implica obrigá-las a produzir prova contra si mesmas. Cada parte deve produzir todas as provas favoráveis de que dispõe, mas não se pode alegar que há violação de direito algum na hipótese em que, não demonstrado o direito, decida o juiz pela inversão do ônus da prova na sentença – Recurso especial conhecido e improvido" (STJ, 3ª Turma, REsp 1.125.621-MG, rela. Min. Nancy Andrighi, j. 19.8.2010, *DJe* 7.2,2011).

65. Eis o julgamento: "Recurso especial – Gravidez alegadamente decorrente de consumo de pílulas anticoncepcionais sem princípio ativo ('pílulas de farinha') – Inversão do ônus da prova – Encargo impossível – Ademais, momento processual inadequado – Ausência de nexo causal entre a gravidez e o agir culposo da recorrente. 1. O Tribunal *a quo*, muito embora reconhecendo ser a prova 'franciscana', entendeu que bastava à condenação o fato de ser a autora consumidora do anticoncepcional 'Microvlar' e ter esta apresentado cartelas que diziam respeito a período posterior à concepção, cujo medicamento continha o princípio ativo contraceptivo. 2. A inversão do ônus da prova regida pelo art. 6º, inciso VIII, do CDC está ancorada na assimetria técnica e informacional existente entre as partes em litígio. Ou seja, somente pelo fato de ser o consumidor vulnerável, constituindo tal circunstância um obstáculo à comprovação dos fatos por ele narrados, e que a parte contrária possui informação e os meios técnicos aptos à produção da prova, é que se excepciona a distribuição ordinária do ônus. 3. *Com efeito, ainda que se trate de relação regida pelo Código de Defesa do Consumidor, não se concebe inverter-se o ônus da prova para, retirando tal incumbência de quem poderia fazê-lo mais facilmente, atribuí-la a quem, por impos-*

Processo Civil/2015 nossa Corte Federal reconheceu a importância dos esclarecimentos.[66]

10.3.4 Inversão do ônus probatório e o pagamento das despesas periciais

A aplicação da inversão do ônus da prova interfere em outra controvertida questão: a correlação entre inversão e pagamento de despesas com a produção da prova. Inexiste, em nossa visão, a possibilidade de o juiz obrigar ao adiantamento, porque a inversão consiste em técnica de julgamento. Nada mais coerente que, após o juiz ter declarado a inversão, a parte atingida pela nova distribuição da carga tenha interesse em sua produção. O juiz não poderá coagir ao recolhimento dos honorários para a produção de uma prova pericial, mas a ausência de sua produção poderá impactar na esfera jurídica daquele que deveria ter produzido a prova.

sibilidade lógica e natural, não o conseguiria. Assim, diante da não comprovação da ingestão dos aludidos placebos pela autora – quando lhe era, em tese, possível provar –, bem como levando em conta a inviabilidade de a ré produzir prova impossível, a celeuma deve se resolver com a improcedência do pedido. 4. Por outro lado, entre a gravidez da autora e o extravio das 'pílulas de farinha' mostra-se patente a ausência de demonstração do nexo causal, o qual passaria, necessariamente, pela demonstração ao menos da aquisição dos indigitados placebos, o que não ocorreu. 5. De outra sorte, é de se ressaltar que a distribuição do ônus da prova, em realidade, determina o agir processual de cada parte, de sorte que nenhuma delas pode ser surpreendida com a inovação de um ônus que, antes de uma decisão judicial fundamentada, não lhe era imputado. Por isso que não poderia o Tribunal *a quo* inverter o ônus da prova, com surpresa para as partes, quando do julgamento da apelação. 6. Recurso especial parcialmente conhecido e, na extensão, provido" (grifos nossos) (STJ, 4ª Turma, REsp 720.930-RS, rel. Min. Luís Felipe Salomão, j. 20.10.2009, *DJe* 9.11.2009).

66. "(...). Embora ontologicamente distintas, a distribuição dinâmica e a inversão do ônus têm em comum o fato de excepcionarem a regra geral do art. 373, I e II, do CPC/2015, de terem sido criadas para superar dificuldades de natureza econômica ou técnica e para buscar a maior justiça possível na decisão de mérito e de se *tratar de regras de instrução que devem ser implementadas antes da sentença, a fim de que não haja surpresa à parte que recebe o ônus no curso do processo e também para que possa a parte se desincumbir do ônus recebido*. Nesse cenário, é cabível a impugnação imediata da decisão interlocutória que verse sobre quaisquer das exceções mencionadas no art. 373, § 1º, do CPC/2015, pois somente assim haverá a oportunidade de a parte que recebe o ônus da prova no curso do processo dele se desvencilhar, seja pela possibilidade de provar, seja ainda para demonstrar que não pode ou que não deve provar, como, por exemplo, nas hipóteses de prova diabólica reversa ou de prova duplamente diabólica. 9. Recurso especial conhecido e provido" (grifos nossos) (STJ, 3ª Turma, REsp 1.729.110-CE, rela. Min. Nancy Andrighi, j. 2.4.2019, *DJe* 4.4.2019).

Em ação para a cobrança do seguro a parte pede a prova pericial para comprovar sua incapacidade permanente. A eventual inversão aplicada na demanda seria importante para a seguradora provar a ausência de nexo causal, etiologia da lesão com o acidente ou, mesmo, a capacidade plena do segurado. A ausência da prova gerará a procedência da demanda pelo descumprimento do ônus invertido da prova. Isto não permitirá que o juiz aplique a inversão cumulada com a obrigação de arcar com as despesas processuais requeridas pela parte autora.[67]

11. A prova de fatos negativos ("Negativen")

A comprovação de fatos negativos atormentou os juristas desde a época romana, em que se consumou o famoso brocardo: *negativa non sunt probanda*. A noção de desnecessidade de produção da prova sobre o fato negativo é ainda mal compreendida. O fato negativo em muitas situações não poderá ser demonstrado, em vista da impossibilidade fática de a parte demonstrar algo que não aconteceu.

A conclusão sobre a desnecessidade da prova do fato negativo deve ser corretamente compreendida em face do autor e do réu. Sob a ótica do réu sua apreciação é mais simples quando sua resposta se limita a negar o fato constitutivo afirmado pelo autor. O réu não precisa demonstrar a inexistência do fato afirmado pelo autor. Esta é a regra do processo civil e do processo penal.

Desde o período romano, como já estudado, cabe ao autor a demonstração dos fatos que embasam sua afirmação em juízo – *onus probandi ei incumbit qui dicit*, ou seja: o ônus da prova incumbe à parte que afirma seu direito.[68] Se o autor não conseguir demonstrar de modo suficiente os fatos que embasam seu pedido, a mera negativa do réu é suficiente para que a demanda seja julgada improcedente. O mesmo acontecerá na esfera penal. Se o Ministério Público oferece uma denúncia mas não consegue demonstrar de modo cabal a autoria e a materialidade da infração, o réu

67. "Agravo regimental no agravo em recurso especial – Inversão do ônus da prova – Honorários periciais – Atribuição do ônus de pagamento à parte contrária – Impossibilidade – Precedentes – Agravo não provido. 1. A jurisprudência do STJ orienta-se no sentido de que a inversão do ônus probatório não acarreta a obrigação de suportar as despesas com a perícia, implicando, tão somente, que a parte requerida arque com as consequências jurídicas decorrentes da não produção da prova – Precedentes. 2. Agravo regimental não provido" (STJ, 4ª Turma, AgR no AgR no AREsp 575.905-MS, rel. Min. Raul Araújo, j. 7.4.2015, *DJe* 29.4.2015).

68. *Les Institutes*, t. XX, l. II, § 4º, in Henri Hulot e outros, *Corps de Droit Romain en Latin et en Français*, vol. I, 1806.

será absolvido, pela ausência ou insuficiência de provas (art. 386, II, V e VII, do CPC).

Todavia, a perspectiva de analisar o fato negativo apenas pela contradição do réu ao pedido formulado pelo autor é incompleta e perigosa. Afinal, na fase atual o juiz possui poderes inquisitórios e que poderão ser utilizados para eliminar dúvidas que possam dificultar a prolação da sentença. Isto decorre da impossibilidade de o magistrado se esquivar da prolação de uma sentença pelo simples fundamento da inexistência de provas. O comando judicial deverá encerrar o litígio, com ou sem análise do mérito, mas jamais de modo inconclusivo (*non liquet* – art. 140 do CPC).[69] É óbvio que o art. 370 do CPC não pode ser utilizado de modo indiscriminado, pois esta norma autoriza o juiz a se antecipar em relação às partes na produção do substrato probatório (*ex propria auctoritate*). O princípio inquisitório deve ser utilizado de modo residual, mas é inquestionável que oferece grande subsídio para que o juiz possa decidir a demanda de modo pleno, evitando decisões vazias que são fundadas no ônus da prova. Por este motivo, a mera negativa do réu ao pedido do autor corresponde a uma forma de defesa incompleta.

O réu também poderá fazer afirmações de fatos diversos daqueles elencados pelo autor e que podem impedir, extinguir ou modificar a pretensão formulada na petição inicial. Nesta situação, o réu, sob o prisma probatório, comporta-se como o autor (*reus in exceptione actor est*).[70] Em relação a estes fatos, que correspondem a novas situações jurídicas afirmadas pelo réu (pagamento, prescrição, ausência de mora...), impõe-lhe o art. 373, II, do CPC, o ônus da prova.

11.1 A prova do fato negativo pelo autor

O maior problema em relação ao fato negativo reside em que o pedido formulado pelo autor não pode ser formulado sem sua afirmação. Para o réu a situação é cômoda, porque poderá limitar-se a negar a pretensão do autor. No entanto, o autor não poderá escusar-se da demonstração do fato negativo quando ele compuser o fato jurídico afirmado em sua inicial.

O pedido de usucapião especial em relação a imóvel urbano consiste em um exemplo claro deste raciocínio. Nos termos do art. 1.240 do CC:

69. Bethman-Hollweg, "Über die Beweislast", in *Versuche über einzelne Theil des Civilprozesses*, 1827, V, pp. 319 e ss.; Hermann Fitting, "Die Grundlagen der Beweislast", in *Zeitschrift für Deutschen Civilprozess*, vol. 13, 1889, pp. 1 e ss.

70. Moacyr Amaral Santos, *Prova Judiciária no Cível e Comercial*, 3ª ed., vol. I, p. 95.

"Aquele que possuir, como sua, área urbana de até 250m^2 (duzentos e cinquenta metros quadrados), por 5 (cinco) anos ininterruptamente e sem oposição, utilizando-a para sua moradia ou de sua família, adquirir-lhe-á o domínio, *desde que não seja proprietário de outro imóvel urbano ou rural*".

Como o autor irá demonstrar que não é proprietário de nenhum outro imóvel no território nacional? Embora seja possível e desejável a interligação entre os cartórios de registro de imóveis, ainda não é factível, e não impediria que a parte possuísse bem imóvel não registrado por meio de posse publiciana.[71] A única solução é inserir o fato negativo dentro da regra do art. 373, I e II, do CPC. Se o autor demonstrar que não possui qualquer imóvel no domicílio em que afirma sua posse e o réu não demonstrar nenhum fato impeditivo (outro imóvel), modificativo (aumentou a área usucapienda) ou extintivo (prazo interrompido), o fato negativo estará demonstrado.

Como assevera a doutrina italiana, a demonstração de um fato negativo é mais simples quando é possível sua contraposição por um fato positivo. Isto exige precisão quanto a coordenadas espaço-temporais. Quando afirmo que não cometi um ato ilícito posso provar o fato negativo pela prova de que no mesmo dia (espaço) e no mesmo momento (tempo) me encontrava em outro local.[72]

12. Ata notarial

A ata notarial foi introduzida pelo CPC/2015 como meio de prova típico, nos termos do art. 384. Sua função probatória já era prevista pelo art. 7º, III, da Lei 8.935/1994, que previa a tarefa exclusiva ao tabelião de notas de elaborar a ata notarial.

A ata notarial representa forma de atestar a existência de fato jurídico relevante por meio de um documento público. Neste ponto observa-se uma diferença sensível com a escritura pública. Ambas são documentos públicos, mas a escritura não é voltada a atestar a existência de um fato

71. A formação do registro público eletrônico já consta como determinação do art. 37 da Lei 11.977/2009: "Art. 37. Os serviços de registros públicos de que trata a Lei n. 6.015, de 31 de dezembro de 1973, observados os prazos e condições previstas em regulamento, instituirão sistema de registro eletrônico".

72. Michele Taruffo, *La Prova dei Fatti Giuridici*, Milão, Dott. A. Giuffrè Editore, 1992, p. 118.

jurídico, mas a materializar atos e negócios jurídicos que são essenciais para o tráfico negocial (*Rechtsverkehr*).[73]

A função de documentação da ata notarial pode ser exemplificada por meio da usucapião administrativa. O art. 216-A, I, da Lei 6.015/1973 determina que seja lavrada a ata notarial para fins de comprovação da posse necessária para a consumação da prescrição aquisitiva. A constatação de fatos simples mas transitórios representa utilização ideal para a ata notarial, que tem função similar de preservação, tal como a medida de produção antecipada de prova.

Na lavratura da ata permite-se que possam constar dados representados por sons e imagens em formato eletrônico. Logo, é possível que o tabelião ateste a existência de determinado conteúdo postado na *Internet* bem como resposta fornecida em um conteúdo virtual por aplicativo ou, ainda, por um *e-mail*. Exige-se cautela na apreciação e valor da ata notarial, porque o tabelião apenas poderá atestar o fato visualizado, mas não terá condições de averiguar, por exemplo, a autenticidade da página virtual ou a origem da mensagem eletrônica. Existem limitações naturais quanto ao poder probatório da ata notarial.

O juiz deverá avaliar a ata notarial em conjunto com as demais provas produzidas, para conferir o valor adequado no momento de prolação da sentença.

13. Depoimento pessoal

O depoimento das partes representa modalidade importantíssima de coleta da prova oral, com a peculiaridade de que a oitiva se refere àqueles que são diretamente interessados no resultado do processo (art. 385 do CPC). Este é o motivo pelo qual o depoimento está regrado em seção específica (Seção IV do Capítulo XII do Título I da Parte Especial) e com apoio em normas que não são se coadunam com a produção da prova testemunhal.

O direito de oitiva de cada uma das partes toma em consideração o interesse em obter a confissão da parte contrária. Este é o motivo pelo qual a primeira parte do art. 385 do CPC estabelece regra de oitiva contraposta, ou seja, *cabe a uma parte requerer o depoimento pessoal da outra*. E mais: somente podem ser realizadas perguntas pelo advogado

73. Arruda Alvim, *Manual de Direito Processual Civil*, cit., 14ª ed., vol. II, p. 942.

que solicita o depoimento da parte contrária, e jamais pelo advogado da parte que é alvo do depoimento.[74]

Como ato personalíssimo, e que pode provocar consequências gravosas, não se permite que a parte que ainda não depôs assista ao interrogatório da outra parte. Isto revela a importância do pregão que antecede a audiência para que sejam corretamente identificadas as partes que ingressarão na sala de audiência. O escrivão ou analista deverá exigir a documentação daqueles que participarão do ato, velando pela orientação quanto ao ato de instrução.

13.1 Depoimento por iniciativa do juiz

Acompanhando previsão que já existia perante o Código de Processo Civil/1973 (art. 343), o art. 385, *in fine*, do CPC/2015 também prevê a possibilidade de o juiz determinar o comparecimento pessoal das partes para que possa realizar a oitiva com o fim de esclarecimento sobre fatos que considere importantes para a solução da causa.

O art. 385 do CPC trata este chamamento da parte como depoimento, mas trata-se de figura jurídica diversa, porque o ato de chamamento judicial das partes não provoca a pena de confesso. A possibilidade de interrogatório livre pelo magistrado foi corretamente disciplinada pelo art. 139, VIII, do CPC: "determinar, a qualquer tempo, o comparecimento pessoal das partes, para inquiri-las sobre os fatos da causa, hipótese em que não incidirá a pena de confesso".[75] Este ato de interrogatório judicial tem como fim complementar a prova, mas não provocar a confissão em relação a uma das partes.

13.2 Depoimento da pessoa física

O art. 385 do CPC é naturalmente voltado para o depoimento da pessoa física. A parte não pode requerer sua própria oitiva em juízo. Isto

74. Nosso sistema não admite o que o Direito Português denomina de "depoimento voluntário", nos termos do art. 466º, 1, do CPC português, pelo qual as partes podem voluntariamente apresentar declarações sobre fatos em que tenham intervindo ou de que tenham conhecimento direto. O juiz deverá avaliar as declarações e seu valor (art. 466º, 3), exceto quando se tratar de confissão. Como assevera Abílio Neto (*Novo Código de Processo Civil Anotado*, p. 646), o dispositivo foi recebido com muita reserva, sendo essencial que o juiz vele pela proibição da surpresa.

75. Como já afirmamos no t. I deste *Curso* (p. 649), o poder inquisitório do juiz deverá ser utilizado como medida de exceção (*Ausnahme*); logo, em caráter complementar para a decisão da causa.

é vedado, porque sua versão já está sedimentada por meio da peça inicial ou de defesa. Cabe à parte requerer o depoimento do seu adversário, com o objetivo de obter sua confissão.

O depoimento pessoal não pode ser prestado por interposta pessoa, pois isto eliminaria a possibilidade de confissão.[76] O depoimento pessoal é ato personalíssimo.[77] A confissão pode ser direta ou indireta (art. 385, § 1º, do CPC). A confissão direta é obtida pela admissão em juízo quanto à veracidade dos fatos alegados pela parte contrária. A confissão, sob o ponto de vista retórico, representa juízo positivo sobre os fatos afirmados pela parte adversa e juízo negativo sobre o que afirmou em sua manifestação. Como regra, a confissão provoca consequências negativas sobre o confitente; contudo, é possível que a confissão seja qualificada. Nesta hipótese admite-se o ato ou fato desfavorável para justificar a aplicação de alguma exculpante (legítima defesa ou estado de necessidade – art. 188, I e II, do CC).

A confissão indireta é marcada pela ausência de manifestação da parte. Apesar de ser devidamente intimada, a parte não comparece ou, mesmo quando se apresenta em juízo, nega-se ao dever de colaborar, sem qualquer justificativa legal para a escusa das respostas. Esta atitude permite ao juiz aplicar a pena de confesso.

13.3 Depoimento pessoal da pessoa jurídica

A pessoa jurídica é representada em juízo por seu representante, o qual deve estar devidamente autorizado por meio dos seus atos constitutivos. O contrato ou estatuto social que rege a pessoa jurídica nomeará seus dirigentes. que possuem poderes para autorizar, inclusive. que preposto possa participar da audiência de conciliação ou de instrução e julgamento.

Na maioria das vezes a presença do preposto é o que preserva a utilidade do ato de instrução, porque é a pessoa que tem condições de responder aos questionamentos suscitados pela parte contrária. Tudo dependerá do que motivou sua oitiva em juízo. Aqui pode-se traçar inte-

76. Isto não impede a confissão por pessoa expressamente autorizada, nos termos do art. 390, § 1º, *in fine*, do CPC.

77. Neste sentido: "Processo civil – Recurso especial – Depoimento pessoal – Mandatário com poderes especiais. O depoimento pessoal é ato personalíssimo, em que a parte revela ciência própria sobre determinado fato. Assim, nem o mandatário com poderes especiais pode prestar depoimento pessoal no lugar da parte – Recurso parcialmente provido" (STJ, 3ª Turma, REsp 623.575-RO, rela. Min. Nancy Andrighi, j. 18.11.2004, *DJU* 7.3.2005, p. 250).

ressante paralelo com o mandado de segurança, que exige a integração da autoridade coatora ainda que parte efetiva seja a pessoa jurídica. Isto é essencial, porque somente o preposto que participou da atividade da pessoa jurídica é que apresenta utilidade para a oitiva em juízo. Para tanto exige-se autorização expressa de seus diretores, inclusive com poderes para confissão.[78]

13.4 Aplicação da pena de confesso

Como já exposto, a negativa em comparecer (art. 385, § 1º, do CPC) ou em responder ao que for perguntado (art. 386 do CPC) provoca a incidência da pena de confesso. Somente é possível aplicar a pena de confissão quando a parte é expressamente advertida desta consequência no mandado de intimação. Sem esta advertência a pena de confesso é inoperante. A oitiva determinada *ex officio* pelo juiz, apesar de não existir diferenciação pelo art. 385, § 1º, não pode gerar confissão, como determina o já citado art. 139, VIII, da Parte Geral.

Como incide a pena de confesso no caso concreto? Primeiramente, é importante ter mente que a confissão opera unicamente sobre *fatos*, e não sobre o *pedido*. Logo, a confissão não representa o reconhecimento jurídico do pedido da *ação* ou da *reconvenção* (art. 487, III, "c").

O juiz deverá sopesar, no momento da prolação da sentença, a importância e o peso da confissão direta ou indireta em face do conjunto probatório. Nem sempre a confissão provocará efeito positivo para a parte contrária, especialmente quando o direito discutido em juízo for de natureza indisponível ou quando a exista litisconsórcio, em vista do regime de interdependência dos atos processuais (arts. 117 e 391 do CPC).

13.5 Forma do depoimento pessoal

A parte depoente deverá responder às perguntas que lhe forem indagadas, sendo lícito a consulta de apontamentos breves que tenham como objetivo auxiliá-la quanto a pontos peculiares, como datas e detalhes que dificilmente são guardados pela memória. Fatos passados e com larga distância temporal justificam a utilização de pequenos apontamentos. Não há nada de irregular em sua utilização (art. 387 do CPC).

78. "Processo civil – Depoimento pessoal – Pessoa jurídica – Preposto. A pessoa jurídica pode ser representada em juízo por preposto, ainda que este não seja seu diretor; basta a designação regular – Recurso especial conhecido e provido" (STJ, 3ª Turma, REsp 191.078-MA, rel. Min. Ari Pargendler, j. 15.9.2000, *DJU* 9.10.2000, p. 142).

O depoimento pessoal poderá ser colhido por videoconferência ou com a utilização de qualquer outro recurso tecnológico que permita a oitiva da parte sem a necessidade do seu deslocamento quando residir em outra comarca (art. 385, § 3º). Não existindo a possibilidade de colheita da prova por meio eletrônico, o depoimento deverá ser deprecado. A parte não poderá ser obrigada a comparecer na sede do juízo competente quando residir em comarca diversa.

13.6 Direito de escusa

A parte não é obrigada a depor sobre determinados fatos, conforme autoriza o art. 388 do CPC. A motivação do direito de escusa ao depoimento reflete a proteção ao direito fundamental de não autoincriminação e de proteção à intimidade da parte.

O depoente não é obrigado ao dever de verdade sobre fatos que possam incriminá-lo ou fatos torpes (*Pflicht zu Wahrheit*). Ambos configuram fatos ilícitos, que podem provocar repercussão na esfera civil, criminal e administrativa (art. 388, I).

Não há obrigação do dever de verdade quando o fato indagado possa envolver exposição própria ou de terceiro com relação a questões em relação às quais tenha obrigação legal de privacidade em razão da profissão ou do estado.

Da mesma forma, inexiste obrigação do dever de verdade e sem possibilidade de aplicar a pena de confesso quando os fatos indagados provocarem a exposição própria, do seu cônjuge, companheiro ou parente em linha de sucessão a desonra ou perigo de vida (art. 388, III e IV).

O art. 388, parágrafo único, do CPC estabelece que a autorização para a escusa não prevalece perante ações de estado ou de família. Todavia, o juiz deverá analisar o valor do silêncio nestas demandas, porque a aplicação da pena de confesso é controversa em demandas desta natureza. Como regra, as ações de estado e de família trabalham com pretensões que não estão sujeitas sequer ao efeito da revelia, porque revelam pretensões de direito fundamental e que são indisponíveis.

13.7 O dever de verdade ("Pflicht zu Wahrheit")

A parte não está obrigada a prestar o compromisso como a testemunha, nos termos do art. 458 do CPC; mas isto não a exime do dever da verdade. A parte não deve mentir, mas expressar a realidade sobre os fatos que lhe forem questionados pelo juiz. É por isso que o depoimento quando prestado de modo ético e probo pode levar à confissão.

14. A CONFISSÃO

A confissão já foi considerada "a rainha das provas"; contudo, esta afirmação na fase atual é vista com reserva. A confissão representa apenas mais um meio de prova sobre fatos que são importantes para o deslinde do processo,[79] e deve ser sempre avaliada em face do conjunto ofertado pelas partes no desenvolvimento da relação processual. Mesmo no processo penal a confissão é inoperante quando o réu confessa a autoria do crime, porque sua real participação deve ser avaliada em face do conjunto de elementos. Não é lícito assumir a autoria como meio de preservar o responsável efetivo pelo ato, ainda mais quando o confitente é inimputável.

A confissão representa declaração sobre a ciência de fato próprio, cujo reconhecimento gera posição favorável para a parte contrária. Não é possível confessar um fato sobre terceiro, apenas fatos relativos à pessoa do confitente. Neste conceito são incluídos os próprios litisconsortes, porque a confissão realizada por uma das partes não atinge os demais colitigantes (art. 391 do CPC). No que tange ao próprio casal, embora não se trate de litisconsórcio, a confissão de um cônjuge ou companheiro não valerá sem a do outro, exceto se o regime de união for o de separação absoluta de bens (art. 391, parágrafo único).[80] O regime de legitimação autônoma na separação absoluta também encontra previsão no art. 73, § 1º, I, do CPC no que tange ao direito real imobiliário.

A confissão provoca, como regra, uma situação desfavorável para o confitente, porque beneficia a parte contrária, ainda que em determinadas situações a confissão possa representar um meio de autêntica defesa. É a situação em que a parte confessa a prática de um ato ilícito mas como meio de justificar a invocação de uma excludente de ilicitude (art. 188 do CC).

Muito embora a confissão diga respeito a fatos, e não ao reconhecimento jurídico do pedido, é inegável que ela poderá ter grande peso quanto ao resultado do processo. Por este motivo não se admite a confissão sobre direitos indisponíveis (art. 392 do CPC).

79. Moacyr Amaral Santos, *Prova Judiciária no Cível e Comercial*, 3ª ed., vol. II, p. 32.

80. A união estável deve estar comprovada por documento que ateste a opção da separação absoluta de bens entre os conviventes. V. art. 73, § 3º, do CPC.

14.1 Espécies de confissão

14.1.1 Confissão extrajudicial e confissão judicial

A confissão como meio de prova poderá ser extrajudicial ou judicial. A *confissão extrajudicial* é realizada fora do processo.[81] Ela pode ser anterior à demanda ou, mesmo, realizada após seu ajuizamento. A confissão extrajudicial não depende de forma solene e pode até ser realizada oralmente (art. 394 do CPC). Nesta hipótese excepcional a confissão só não surtirá eficácia quando a lei não exigir prova literal. A prova literal não se confunde com prova legal. A prova literal é essencial para algumas situações, como para a propositura do mandado de segurança ou para a ação monitória. A prova legal refere-se a conceito diverso, porque está presa ao conceito de prova tarifada e com reflexo no art. 406 do CPC. A prova legal representa uma exceção, mas que deve ser observada para aquelas situações especiais em que tem cabimento, como na necessidade do instrumento público para a prova da filiação, do regime de casamento (pacto antenupcial) ou do direito de propriedade dentre outras hipóteses. A confissão extrajudicial oral pode ser comprovada por meio de prova testemunhal, mas seu valor deverá ser avaliado com extrema cautela pelo juízo, como autêntica prova indireta.

A confissão extrajudicial também poderá assumir forma escrita e deve obedecer aos requisitos da capacidade e legitimidade para confessar. A confissão extrajudicial escrita pode ser elaborada por meio de documento particular ou público. Quando elaborada de modo escrito poderá constituir título executivo extrajudicial (art. 784, II, do CPC).

A *confissão judicial* está regulada pelos arts. 389 e 390 do CPC. Ela poderá ser *espontânea* ou *provocada*. A confissão espontânea poderá ser realizada pela parte ou por meio de representante com poderes especiais para o fim de confessar. A procuração *ad judicia* não contém poderes implícitos para os fins do art. 390, § 1º, do CPC.[82]

A confissão provocada decorre do interrogatório da parte em juízo quando requerido pela parte ou pelo juízo. A confissão judicial pode ser antecedente ou incidente. Nada impede que a confissão seja colhida por meio de produção antecipada de prova, nos termos do art. 381 do CPC. Ela será incidental quando colhida durante a fase de instrução regular da demanda.

81. Neves e Castro, *Theoria das Provas e sua Applicação*, p. 114.

82. Cf.: STJ, 3ª Turma, AgR nos ED no REsp 1.403.831-GO, rel. Min. Ricardo Villas Bôas Cueva, j. 15.12.2015, *DJe* 2.2.2016.

14.1.2 Confissão simples, qualificada ou complexa

Quanto aos efeitos que a confissão poderá provocar, ela poderá ser classificada em *simples*, *qualificada* ou *complexa*.[83] Fala-se em confissão simples quando a parte aceita o fato imputado pela parte contrária sem qualquer restrição. Exemplo: "A" sustenta que "B" lhe deve a quantia de R$ 1.000,00; "B" confessa em seu depoimento o empréstimo e que não pagou por impossibilidade de solver a dívida naquele momento. A confissão de "B" não está acompanhada de nenhum fato impeditivo, modificativo, extintivo ou, mesmo, de contraposição direta à relação jurídica de mútuo. A confissão é simples.

A confissão ainda poderá ser qualificada ou complexa. Aqui destaca-se meio polêmico de confissão, porque nesta modalidade não há propriamente uma admissão de fatos que favorecem a parte adversa. Na confissão qualificada reconhece-se o fato afirmado pela parte contrária mas com o acréscimo de fatos jurídicos que mudam sua qualificação jurídica.[84] Muitos são os exemplos fornecidos para sua aplicação, especialmente pela doutrina francesa.[85] Pode-se citar o exemplo da parte que reconhece a entrega de valores mas não por empréstimo, e sim por doação. A confissão qualificada não admite sua divisão, ou seja, é marcada pela indivisibilidade (art. 395, *primeira parte*).

Na confissão complexa, na qual se admite a divisibilidade, a parte confessa o fato e sustenta fatos conexos e intimamente ligados ao fato confessado, que pode ser analisado de modo cindido, desde que devidamente comprovado (art. 395, segunda parte, do CPC). Os fatos novos anulam ou alteram o fato confessado e estão em conexão direta, o que justifica a apreciação conjunta e unitária. O confitente acrescenta novos fatos jurídicos ao fato confessado, modificando sua natureza jurídica e, por consequência, anulando os efeitos contrários da sua confissão. Por mais de uma vez já citamos o exemplo da parte que admite a prática do homicídio mas pautada em legítima defesa (art. 188, I, do CC). Note-se que este exemplo é marcado pela necessidade de exame unitário dos fatos jurídicos e pela possibilidade de cisão dos fatos jurídicos.

A regra formal da indivisibilidade da confissão não era seguida por nosso sistema perante o Código de Processo Civil/1973 (art. 354) e foi acompanhada pelo CPC/2015, conforme pela leitura do art. 395: "A con-

83. José Lebre de Freitas, *A Confissão no Direito Probatório*, p. 236.

84. Moacyr Amaral Santos, *Prova Judiciária no Cível e Comercial*, cit., 3ª ed., vol. II, p. 304.

85. Planiol/Ripert, *Traité Pratique du Droit Civil Français*, vol. II, p. 911.

fissão é, em regra, indivisível, não podendo a parte que a quiser invocar como prova aceitá-la no tópico que a beneficiar e rejeitá-la no que lhe for desfavorável, *porém cindir-se-á quando o confitente a ela aduzir fatos novos, capazes de constituir fundamento de defesa de direito material ou de reconvenção*" (grifos nossos).

Como regra, a confissão deve ser analisada em seu conjunto, ou seja, de modo indivisível. No entanto, nada impede sua divisibilidade, desde que os fatos novos permitam análise autônoma e sejam importantes para eliminar ou modificar os efeitos do fato confessado. O que é importante é que a parte confitente tenha alegado como matéria de defesa (contestação, reconvenção, objeção). Esta exigência do art. 395 aproxima a técnica do CPC da solução alemã do problema, que assenta a questão dentro do ônus da prova.[86] De nada adianta alegar fato novo que possui conexão com o fato confessado e não realizar sua prova. A confissão qualificada ou complexa não poderá ser considerada para beneficiar o confitente, porque o ônus da prova do fato impeditivo, modificativo ou extintivo não terá sido cumprido. Se o fato foi alegado por meio de reconvenção, o próprio fato constitutivo deverá ser provado.

14.2 Capacidade para confessar ("animus confitendi")

O ato jurídico de confessar pode ser reconhecido como uma declaração que tem eficácia eminentemente probatória.[87] Surge a necessidade de examinar o elemento volitivo do confitente, denominado de *animus confitendi*. A doutrina majoritária admite a necessidade de que o confitente reconheça que por meio de sua atitude fornece meio de prova favorável para a parte contrária. Este seria o núcleo do *animus confitendi*.[88] Afinal, como autêntica declaração, deve-se reconhecer a necessidade de capacidade por parte daquele que confessa e que seu ato não esteja maculado por vícios que possam expurgar a validade do ato de reconhecimento.

O art. 393 do CPC não desmente esta afirmação ao admitir que a confissão, a princípio, é irrevogável, mas poderá ser anulada por erro de fato ou coação, ou seja, por vícios inerentes ao ato volitivo de confessar (*animus confitendi*). Os vícios que maculam a manifestação de vontade afetam a expressão de ciência sobre determinado fato.

86. Para uma análise do princípio da indivisibilidade: José Lebre de Freitas, *A Confissão no Direito Probatório*, cit., p. 232.

87. José Lebre de Freitas, *A Confissão no Direito Probatório*, cit., p. 336.

88. Moacyr Amaral Santos, *Prova Judiciária no Cível e Comercial*, cit., 3ª ed., vol. II, p. 76; Arruda Alvim, *Manual de Direito Processual Civil*, cit., 14ª ed., vol. II, p. 959.

A capacidade para confessar não leva em consideração apenas a capacidade jurídica e negocial da parte, mas sua capacidade processual, ao menos em relação à confissão judicial. Para confessar na relação processual é necessário ter capacidade e legitimidade para dispor.

14.3 A irrevogabilidade e a anulação da confissão

Enquanto ato jurídico processual perfeito, a confissão é irrevogável. A parte confitente não tem direito de arrependimento pelo ato de confissão, como expressa o art. 393, primeira parte, do CPC. Isto não impede que a confissão possa ser anulada ou nulificada, o que a submete ao regime dos atos jurídicos.

Como ato de declaração, a confissão poderá estar eivada de nulidade (*e.g.*: agente declarante incapaz) ou anulabilidade (prestada por meio de erro, dolo, coação), o que permite sua impugnação.

A ação é de cunho exclusivo, porque somente poderá ser ajuizada pelo confitente, exceto quando seja incapaz, o que motiva o ajuizamento pelo curador. O caráter personalíssimo da ação é reconhecido pelo art. 393, parágrafo único, pois se admite transmissão parcial da pretensão. Não existe direito originário de anulação da confissão pelos herdeiros quando o falecido não tenha optado em vida pela sua desconstituição pelo ajuizamento da ação de nulidade ou de anulação.

O Código de Processo Civil/2015 não abriu a duplicidade de vias para impugnar a confissão. Pelo regime anterior a invalidade da confissão poderia consistir em causa específica para fins de rescisão da sentença (art. 485, VIII, do CPC/1973).[89] Atualmente a via eleita é a ação anulatória, nos termos do art. 966, § 4º, do CPC, sem prejuízo de que a confissão nula ou viciada possa ser inserida como argumento para fins do art. 504, II, do CPC.[90]

15. Da prova documental

15.1 O conceito de documento no Código de Processo Civil

A prova documental assume papel de destaque dentro dos meios probatórios. Como prova histórica, ela é marcada pela estabilidade e

89. José Carlos Barbosa Moreira, *Comentários ao Código de Processo Civil*, 12ª ed., vol. 5, p. 142. Como ensinou o insigne jurista, a previsão do art. 485, VIII, do CPC/1973 não estava voltada propriamente para a invalidação da confissão, mas da sentença que foi embasada em confissão viciada.

90. Araken de Assis, *Processo Civil Brasileiro*, vol. III, p. 604.

perpetuidade.[91] A prova documental é caracterizada como *prova real*, uma vez que pode ser delimitada no *tempo* e no *espaço* como meio de representação de um fato jurídico.

Embora o documento seja marcado pelo seu traço corpóreo, ou seja, pelo rastro material de sua existência, os tempos atuais exigem que sua concepção seja alargada, para que possa englobar os avanços tecnológicos, especialmente quanto ao *documento eletrônico*.[92] Como a prova documental é real, perene e histórica, nada impede que o documento eletrônico possa ser assimilado a esta realidade.

Apesar de sua intangibilidade, sua admissão no processo é plenamente viável desde que seja possível identificar sua origem e sua autenticidade. Na verdade, ao contrário do que estabelece o art. 439 do CPC, o que importa não é propriamente a possibilidade de sua impressão na forma física, porque o processo atualmente é predominantemente eletrônico. O que realmente importa é o controle em relação à sua formação, o que exige a comprovação quanto à sua *autenticidade*.

Isto é essencial, porque atualmente o processo civil tramita por meio de plataforma eletrônica, de tal modo que o documento será inevitavelmente convertido em meio eletrônico. Como será examinado a seguir, existe clara diferença entre o *documento produzido em ambiente eletrônico* e o *documento convertido ou digitalizado*, como antevê o próprio o art. 441 do CPC. A prática do ato de digitalização não imuniza a autenticidade e a materialidade do documento convertido (art. 195 do CPC).

Percebe-se a necessidade de compreensão larga quanto ao conceito de documento, porque ele não se restringe à prova literal, ou seja, à prova escrita.[93] A noção de documento perante o Código de Processo Civil engloba todo objeto (*corpóreo ou incorpóreo*) a que esteja agregado um conteúdo representativo de fato jurídico que assuma relevância para a decisão judicial.[94]

Esta característica peculiar permite o exame da prova documental com maior amplitude e distanciando a noção de prova documental de

91. Neves e Castro (atualizado por Pontes de Miranda), *Theoria das Provas e sua Applicação*, cit., p. 171.

92. Araken de Assis, *Processo Civil Brasileiro*, cit., vol. III, p. 668.

93. No sistema alemão o documento eletrônico não se insere no conceito de prova documental para fins da *ZPO*, exatamente por não corresponder a uma prova escrita, como informa Musielak: "Eletronische Dokumente sind schon deshalb keine Urkunden im Sinne der ZPO, weil ihnen die Schriftlichkeit fehlt" (*Grundkurs ZPO*, cit., 9ª ed., § 6º, p. 274).

94. Em posição homogênea: José Lebre de Freitas, *A Ação Declarativa Comum (à Luz do CPC de 2013)*, 3ª ed., p. 227.

prova literal, ou seja, de prova escrita. O art. 422 do CPC não discrepa desta orientação ao dispor que: "Qualquer reprodução mecânica, como a fotográfica, a cinematográfica, a fonográfica ou de outra espécie, tem aptidão para fazer prova dos fatos ou das coisas representadas, (...)". O conceito de documento vai além do conceito de prova literal ou escrita.

Isto não elimina a importância da prova literal e sua predominância na relação processual. Em alguns procedimentos a prova literal é essencial, como na propositura da ação monitória (art. 700 do CPC) ou na propositura do mandado de segurança (prova literal representativa de direito líquido e certo – arts. 1º e 6º da Lei 12.016/2009).[95]

15.2 Classificação dos documentos

Os documentos comportam larga classificação para fins de sua sistematização. Contudo, é importante mencionar apenas aquelas que possuem maior relevo prático. Os documentos podem ser *escritos* ou *não escritos*. Os documentos escritos preponderam como prova literal e são essenciais para alguns procedimentos, como no mandado de segurança. O documento escrito poderá ser *físico* ou *eletrônico*. O documento eletrônico, desde que possa ser impresso e representado por elementos de grafia, será considerado documento escrito (art. 439 do CPC). O documento *não escrito* está regulado pelo art. 422 do CPC. Qualquer reprodução mecânica, como a fotográfica, a cinematográfica, a fonográfica, inclusive pela via eletrônica (*áudios de aplicativos, imagens virtuais* etc.), é encartada como documento não escrito.

Os documentos em relação à autoria podem ser *autógrafos* ou *heterógrafos*. Fala-se em documento autógrafo quando há coincidência entre o autor do documento e o autor do fato. É uma característica dos documentos particulares.[96] Em casos especiais, como no testamento hológrafo (art. 1.879 do CC), o documento particular é personalíssimo, o que permite não só a assinatura, mas a própria confecção do documento.[97] O *documento heterógrafo* é aquele em que o autor do documento e o autor do fato declarado não coincidem. É uma peculiaridade dos documentos públicos, em que o oficial público é o autor do documento mas não do ato

95. Sobre o ponto: Fabio Caldas Araújo/José Miguel Garcia Medina, *Mandado de Segurança Individual e Coletivo*, 2ª ed., p. 81.

96. Moacyr Amaral Santos, *Prova Judiciária no Cível e Comercial*, 3ª ed., vol. IV, p. 44.

97. O art. 1.879 do CC permite a reprodução mecânica do conteúdo, mas a autografia e a holografia são formas de garantir a idoneidade do testamento para evitar sua falsidade.

ou fato documentado. Um exemplo simples é a escritura ou procuração por instrumento público.

Sob a ótica material o documento não pode conter rasura que comprometa parte substancial ou, mesmo, qualquer entrelinha, emenda, borrão ou cancelamento (art. 426 do CPC). A par da possível impugnação da parte contra quem o documento é produzido, o juiz deverá avaliar a quebra da *unidade* e da *integralidade* no documento.

Ambas as formas podem assumir a natureza de documentos *públicos* ou *privados*. Analisaremos por primeiro a formação dos documentos públicos, seguindo a topologia do Código de Processo Civil.

15.3 Documentos públicos

O que distingue o documento *público* do documento *particular* é a autoria de sua elaboração. O documento público provém de repartição pública, sendo elaborado por servidor ou funcionário público, autoridade pública de qualquer um dos Poderes ou particular em colaboração com o serviço público (notário ou registrador), o que confere ao documento o atributo de *fé pública.*

O documento público faz prova dos fatos que foram praticados perante a autoridade, que deve ser *competente* e não possuir *impedimento* (art. 148 do CPC). O ato ainda deverá ser elaborado dentro das formalidades legais. A violação da competência ou da isenção da autoridade comprometerá a *autenticidade* do documento, conferindo-lhe o mesmo valor de um documento particular (art. 407 do CPC). A mesma solução é aplicada quando o defeito do documento público não estiver relacionado com a autoria, mas com seu conteúdo, ante a falta de alguma prescrição legal (exemplo: ata notarial de usucapião sem a cientificação dos confinantes).

A presunção legal que recai sobre o conteúdo do documento público alcança somente os fatos que são praticados e percebidos diretamente pela autoridade pública. Não estão cobertos pela presunção legal os fatos que são objeto de declaração de ciência das partes e muito menos aqueles que façam referência a documentos que atestem fatos anteriores e que não foram verificados pela autoridade pública.

15.3.1 O documento público escrito: o instrumento público

Ao documento público escrito atribui-se a qualificação de *instrumento público.* Ele será essencial para a substância de determinados atos e funcionará como autêntica prova tarifada, porque não pode ser substituído por outro meio probatório. A transmissão da propriedade acima do valor previsto pelo art. 108 do CCB exige a utilização de instrumento público, representado pela escritura pública (art. 215 do CC). O casamento firmado com separação absoluta de bens exige o registro do pacto antenupcial, que é elaborado por meio de escritura pública. Nestes exemplos o documento público é essencial para a validade do ato, e sua prova em juízo não poderá ser suprida por outro meio para a comprovação do fato (art. 406 do CC).

15.4 Documentos particulares

Os documentos particulares são emanados por aqueles que não reúnem a condição de autoridade ou oficial público de qualquer um dos três Poderes. O documento particular possui regramento minucioso sob os aspectos peculiares de sua construção para a demonstração de sua autenticidade (arts. 408, 409, 410, 411 e 412 do CPC), porque não possui a presunção legal que informa os documentos públicos (art. 405 do CPC).

O documento particular apenas presume como verdadeiro o fato descrito no seu corpo em relação àquele que o elaborou e assinou, ou que somente o assinou (art. 408 do CPC). O conteúdo material do documento poderá expressar a ocorrência de um evento; contudo, não fará prova deste fato, apenas da declaração por parte de quem a aviou (art. 408, parágrafo único). Disto se conclui que a juntada de declaração de uma testemunha ocular de um acidente não prova a existência do acidente, mas apenas da declaração da pessoa de ter visto um acidente. São situações diversas, o que não eliminará o ônus da prova por parte de quem alegar a existência do sinistro (art. 408, parágrafo único, *in fine*).

Não existindo impugnação sobre o documento particular apresentado, ele provará a declaração realizada pela parte que o subscreve (art. 412 do CPC), e suas afirmações são marcadas pelo *princípio da indivisibilidade*. A declaração é analisada em seu conteúdo integral e tomando-se em consideração o que foi objeto da declaração. Isto não impede que possa recusar fatos que sejam contrários ao seu interesse quando comprovar que os fatos não ocorreram (art. 412, parágrafo único, do CPC). Não há que se confundir esta situação com a indivisibilidade da confissão. Aqui a análise não leva em consideração unicamente a declaração, mas o fato jurídico efetivamente consumado, que, apesar de previsto, pode não ter sido consumado na forma declarada (*e.g.*: adimplemento imperfeito da obrigação).

15.4.1 A data nos documentos particulares

Uma das diferenças entre o documento público e o particular reside no fato de os documentos públicos terem sua data atestada no momento de sua elaboração, como é o caso da escritura pública. A data é obrigatoriamente certificada pelo oficial público no momento de materialização do documento público (art. 215, § 1º, I, do CC). Os documentos particulares, ante sua variedade de construção e atipicidade, exigem regras para que a datação do documento possa valer em relação a terceiros (art. 409, *caput* e parágrafo único, do CPC).

A data corresponde a elemento fundamental para a incidência de tipos normativos essenciais, como a decadência, a prescrição, a fraude contra credores, a configuração da mora. A data pode ser objeto de falsidade material, pois sua adulteração poderá interessar a alguma das partes, o que exigirá o procedimento do art. 430 do CPC.

A data pode ou não coincidir com a consumação do ato ou fato jurídico descrito no documento. Nada impede, por exemplo, que um casal declare a união estável já constituída há mais de 20 anos de convivência. A data do documento que expressa essa declaração conjunta não coincide com o nascimento do ato ou fato jurídico declarado. Logo, a data do documento e a data do ato ou fato jurídico consumado podem ser ou não coincidentes.

15.4.1.1 *A data em relação aos litigantes e terceiros. O problema da boa-fé*

Como regra, a data aposta no documento é a que deve prevalecer entre os litigantes; contudo, surgindo impugnação sobre sua exatidão, ela poderá ser provada por qualquer meio idôneo, nos termos do art. 409 do CPC.

Quando a data do documento necessita ser provada em relação a terceiros surge um elemento adicional que necessita de valoração. A segurança do tráfico negocial (*Rechtsverkehr*) e a necessidade da boa-fé regulam a data de modo especial, marcada por fatos objetivos quando não seja possível definir sua determinação. Em relação aos terceiros o documento será considerado datado no dia em que foi registrado (art. 409, parágrafo único, I, do CPC). O dia do registro da declaração no cartório de título de títulos e documentos considera-se como prova em regime de ampla publicidade (art. 128 da Lei de Registros Públicos). A dúvida sobre a data da assinatura poderá ser dissipada desde a morte de algum dos signatários, ante a impossibilidade física de ser considerada data posterior (art. 409, parágrafo único, II). Também poderá ser definida como data de assinatura aquela em que houve a impossibilidade física da parte. Aqui o evento é diverso e está relacionado com a perda da capacidade da parte de expressar manifestação apta para formar, modificar ou extinguir relações jurídicas (art. 409, parágrafo único, III). A dúvida sobre a data do documento particular também será dissipada em relação ao terceiro quando for possível demonstrar sua apresentação em juízo ou em repartição pública. A apresentação do documento na esfera administrativa confere publicidade, o que também é válido para sua apresentação em juízo, o que poderá ser importante para fins de avaliação da mora, fraude e transmissão do objeto litigioso (art. 409, parágrafo único, IV).

A data do documento particular poderá ser descoincidente com a prática do ato ou fato jurídico. Em muitas situações o documento particular é apenas formalizado para o fim de regularizar situação jurídica já consumada (art. 409, parágrafo único, V). Um exemplo importante é a hipótese de transmissão de bens móveis. Nem sempre a data de transmissão de um veículo corresponde à data aposta no recibo de quitação. A data da tradição do bem é a que consolida a transmissão da posse e propriedade, e acaba sendo fundamental para fins de correta imputação da responsabilidade, autorizando a utilização da figura prevista pelo art. 338 do CPC quando o antigo proprietário seja acionado.[98]

15.4.2 Autoria do documento particular

Não só a data pode ser motivo de impugnação, mas a dúvida pode surgir sobre a autoria do documento particular. A autoria é essencial para a validade do documento. Não há qualquer dúvida quanto à necessidade de que o autor do documento seja pessoa capaz de expressar a declaração que reconhece e subscreve.

Considera-se o autor do documento particular aquele que o fez e assinou. Aqui, o art. 410, I, do CPC retrata o documento autógrafo, quando o autor material e o intelectual representam, via de regra, a mesma pessoa. O conteúdo do documento é presumidamente verdadeiro em face daquele que o elabora e assina ou que apenas o assina (art. 408 do CPC). Confere-

98. "O domínio de bens móveis se transfere pela tradição, mesmo que, em se tratando de veículo, a falta de transferência da propriedade no órgão de trânsito correspondente limite o exercício da propriedade plena (REsp n. 1.582.177-RJ, rela. Min, Nancy Andrighi, 3ª Turma, j. 25.10.2016, *DJe* 9.11.2016). (...) – Agravo interno não provido" (STJ, 4ª Turma, AgInt no REsp 1.338.457-SP, rel. Min. Luís Felipe Salomão, j. 12.3.2019, *DJe* 19.3.2019).

-se a presunção legal de autenticidade pelo reconhecimento da firma do subscritor pelo tabelião (art. 411, I. do CPC). O reconhecimento da assinatura poderá ser firmado como *idêntica* ou como *semelhante*. A primeira pressupõe a presença do signatário, e a segunda é realizada pela comparação com outros documentos. Deve-se reportar à Lei 13.728/2018, que simplificou a exigência do reconhecimento, permitindo que seja realizado pelo próprio funcionário da repartição pública, o que também engloba o reconhecimento de autenticidade de cópias de documentos quando apresentado seu original.

O documento particular ainda poderá ser elaborado por terceiro e assinado pelo declarante, o qual valerá enquanto não impugnado. Logo, a autoria material do documento pode não revelar seu autor efetivo, que é a pessoa que se aproveita de sua elaboração (art. 410, II, do CPC). É o caso de livros, fichários, inclusive arquivos eletrônicos, que são criados por terceiros para que possam ser utilizados pelo autor dos documentos.

Ainda podem existir documentos que foram compostos pelo autor ou são elaborados por sua ordem mas que não são assinados (art. 410, III, do CPC). Em um processo de divórcio litigioso um dos cônjuges utiliza para a prova do padrão de vida do casal o livro diário que era anotado pelo cônjuge varão para o registro das despesas. O diário das despesas, obviamente, não é assinado pelo autor e corresponde a um *assento doméstico* que auxilia o casal na formatação do orçamento mensal, permitindo prova sobre gastos habituais para fins de fixação da pensão alimentícia. Outro exemplo são os documentos civis e empresariais de pessoas jurídicas que não são comumente assinados pelo seu autor. A dissolução parcial de uma sociedade limitada poderá exigir o exame de documentos empresariais e contábeis que não são assinados ou elaborados pelo seu autor (art. 410, III).

15.4.3 A autenticidade do documento público e do documento privado

O *documento público* faz prova plena da sua formação e dos fatos que são praticados perante o servidor, funcionário ou autoridade pública, bem como pelo particular em colaboração (art. 405 do CPC). A autenticidade refere-se à autoria, e o documento público possui presunção legal de autenticidade, presunção que somente pode ser elidida pela prova de sua falsidade (art. 430 do CPC).

O *documento particular* presume-se autêntico quanto à autoria enquanto não existir qualquer impugnação. Em relação ao documento particular presume-se a autoria intelectual quando o tabelião reconhecer a assinatura do signatário (art. 411, I). Esta exigência em algumas situações decorre da lei, como na hipótese do mandato, o qual é firmado sem a presença de testemunhas instrumentárias (art. 659, § 4º, do CC). O documento também será considerado autêntico quando puder ser identificado por qualquer outro meio de certificação, como a assinatura digital realizada por meio eletrônico (art. 411, II). A ausência de impugnação da parte contrária também estabiliza a autoria intelectual do documento (art. 411, III). A declaração judicial de falsidade fará cessar a fé do documento público e do documento particular (art. 427 do CPC).

15.4.4 Documentos particulares especiais

O Código de Processo Civil regulamenta o regime probatório de documentos particulares específicos, como telegramas, radiogramas ou qualquer outra forma de transmissão, como o telex ou o fax (art. 413). Com o avanço tecnológico é cada vez mais rara a utilização do telegrama, mas esta modalidade ainda é o meio preferencial para a convocação de candidatos aprovados em concursos públicos. O radiograma é nada mais que o telegrama via rádio, cuja comprovação pode influenciar a fluência de prazos peremptórios.[99] Estes documentos assumem a força probatória de documentos particulares e devem conter a assinatura do remetente a partir da estação expedidora. A presunção de veracidade do telegrama ou radiograma com o documento original pode ser presumida pela coincidência da data de expedição e de seu recebimento perante o destinatário.

As *cartas* e os *assentos domésticos* estão previstos no art. 415 do CPC e são extremamente úteis para a comprovação de fatos econômicos ligados à vida do casal. Estes documentos são criados em ambiente privado, o que restringe severamente sua utilização. São exemplos as anotações relativas a recebimento de crédito (art. 415, I), de débito (art. 415, II) ou a fatos que podem interessar à declaração ou constituição de direitos (415, III – *e.g.*: tempo de serviço de um empregado do lar).

As *anotações escritas* pelo credor em qualquer parte do documento representativo da obrigação, independentemente da assinatura, fazem prova em benefício do devedor. Será necessário o juiz valorar qual anotação foi realizada, para o fim de avaliar o conjunto probatório (art. 461

99. STJ, 3ª Seção, AgR no MS 2.581-DF, rel. Min. Jesus Costa Lima, rel. para o acórdão Min. Assis Toledo, j. 1.4.1993, *DJU* 23.8.1993, p. 16.556.

do CPC). É usual o credor realizar a quitação parcial ou total no verso do documento. Não há qualquer menção ao local ou à forma de aposição da nota.

O documento poderá ser utilizado pelo devedor, pelo credor ou por terceiro, mas a regra de valoração exigirá que o juiz analise as notas em face do conjunto probatório e com a diretriz do art. 416, *caput*, o qual favorece o devedor (art. 416, parágrafo único). É possível que o credor exerça a pretensão de pagamento e que o documento comprobatório contenha anotação de quitação. Nada impede que o credor demonstre na instrução que a quitação conferida foi inválida, porque o devedor emitiu título *pro solvendo* (cheque) que não foi honrado.

Os *documentos empresariais* também recebem a chancela de documentos particulares. Os arts. 417 e 418 do CPC poderiam ter recebido melhor tratamento por parte do legislador de 2015. Atualmente a escrituração fiscal e contábil de sociedades civis ou empresárias é essencialmente eletrônica. A contabilidade pública possui hoje espelho virtual por meio do Portal da Transparência (Lei Complementar 131/2009).

Os *documentos empresariais* físicos ou eletrônicos fazem prova contra seu autor e são informados pelo *princípio da indivisibilidade*, nos termos do art. 419 do CPC. A indivisibilidade deve ser analisada corretamente. O documento particular não fica imune ao reconhecimento de nulidade de cláusulas que sejam abusivas e nulas, o que pode ser reconhecido de ofício pelo juiz. O que o princípio da indivisibilidade veda é que, em condições normais, a parte queira se aproveitar apenas do conteúdo que lhe é favorável. O documento vale pelo seu todo, o que é essencial para sua correta interpretação. Uma cláusula penal elevada não pode ser analisada de modo isolado, pois exige a leitura de todo o contrato, para que seja compreendida a previsão para o descumprimento total, parcial ou defeituoso, bem como para a eventual excepcionalidade do objeto do contrato. Isto impede que a cláusula possa ser analisada fora do contexto global do documento.[100]

100. "Segundo a jurisprudência do STJ, 'a cláusula penal compensatória visa a recompor a parte pelos prejuízos que eventualmente venham a decorrer do inadimplemento total ou parcial da obrigação, representada por um valor previamente estipulado pelas próprias partes contratantes a título de indenização' (AgR no REsp n. 1.408.010-SP, rel. Min. Ricardo Villas Bôas Cueva, j. 2.12.2014, *DJe* 9.12.2014). 2. Não cabe, em recurso especial, reexaminar matéria fático-probatória e a interpretação de cláusulas contratuais (Súmulas ns. 5 e 7/STJ). 3. Agravo interno a que se nega provimento" (STJ, 4ª Turma, AgInt no AREsp 1.148.115-PR, rela. Min. Maria Isabel Gallotti, j. 7.6.2018, *DJe* 14.6.2018).

Como já analisado, os documentos empresariais, quando sonegados ou retidos indevidamente, podem motivar o pedido de exibição, a pedido da parte ou mesmo de ofício (arts. 420 e 421 do CPC). Várias são as causas que justificam a necessidade de exibição, como a necessidade de apuração de haveres para a dissolução parcial (morte de sócio, separação de um sócio e apuração do valor das cotas) ou total da sociedade (deliberação de encerramento da empresa), impugnação das contas apresentadas por meio das demonstrações financeiras legais – dentre outros motivos. Os litígios entre empresários favorecem a prova do autor que apresentar os livros e registros empresariais que obedeçam às prescrições legais de preenchimento (art. 418 do CPC).

Os *documentos não escritos* representados por reproduções mecânicas de imagens e sons podem ser considerados legítimos para a comprovação dos fatos jurídicos deduzidos em juízo desde que sua conformidade com o documento original não seja impugnada pela parte contra quem foram produzidos (art. 422 do CPC).

Quando as reproduções são retiradas do sítio virtual não basta a menção ao endereço eletrônico e nem mesmo a ata notarial fará prova da veracidade do conteúdo. Será necessário demonstrar a chave de autenticação eletrônica ou realizar perícia para demonstrar a autoria material e intelectual de fotos e mensagens eletrônicas (art. 422, §§ 1º e 3º, do CPC). As mensagens eletrônicas quando impressas assumem a natureza de prova escrita (art. 439 do CPC), mas poderão conter áudio, o que poderá exigir perícia para identificar o remetente e a autoria do som.

Tratando-se de reprodução, portanto, imagem oriunda de periódico, será necessária a juntada de um exemplar da edição quando impugnada a prova pela parte contra quem é produzida (art. 422, § 2º).

O escrivão ou chefe de secretaria pode certificar a conformidade das reproduções de documentos particulares e imagens fotográficas para fins de que sejam utilizadas no processo. Se existir impugnação quanto à falsidade é possível que seja exigido o original, para a realização da prova pericial no processo (art. 423 do CPC). Especificamente em relação aos títulos executivos extrajudiciais exige-se sua apresentação original (art. 425, § 2º, do CPC), e não a mera reprodução. O motivo é impedir a circulação da cártula em vista de sua abstração na hipótese de circulação indevida promovida pelo credor.[101]

101. Pela possibilidade de apresentação do original do título executivo extrajudicial no decorrer do processo: STJ, 3ª Turma, AgInt no AgInt no AREsp 1.090.679-PE, rel. Min. Marco Aurélio Bellizze, j. 24.9.2018, *DJe* 27.9.2018.

O escrivão ou chefe podem certificar, após realizar a conferência entre o original e a cópia do documento particular, mas sempre se deverá intimar as partes para que possa ser aberto o prazo para impugnação. Não sendo impugnada a certificação, a cópia assumirá o valor do documento original. É possível que após finalizado o processo a parte peça o levantamento dos documentos originais, e será essencial a substituição por cópia autenticada pela serventia, para manter a integridade do processo (art. 424 do CPC).

15.4.5 Força probante das cópias documentais

O Código de Processo Civil confere força probatória idêntica à dos documentos originais às certidões textuais subscritas pelo escrivão, chefe de cartório ou funcionário juramentado sobre qualquer peça do processo, incluindo atas de audiências, ou de documentos registrados nos livros judiciais (art. 425, I). A certidão pode ser de inteiro teor (total) ou apenas resumida (parcial). Em algumas situações, como em face de operações de empréstimo ou financiamento, as instituições financeiras exigem certidão de inteiro teor sobre o processo, para que todas as suas fases sejam atestadas.

A mesma força do original é conferida para os traslados dos documentos produzidos perante os notários ou registradores (art. 425, II). Não se trata apenas de traslado do tabelionato de notas, mas de qualquer serviço do cartório extrajudicial. O traslado de todos os gravames na matrícula de um imóvel (penhoras, hipotecas, servidões) será essencial para avaliar a situação do bem imóvel e sua utilidade para o processo.

As cópias de documentos públicos fazem a mesma prova que os originais e podem ser apresentadas para conferência e autenticação por parte do oficial público ou do próprio escrivão ou chefe de secretaria (art. 425, III).

O advogado também poderá conferir autenticidade aos documentos anexados no processo, conforme autorização do art. 425, IV. A responsabilidade é direta do advogado, e a presunção de autenticidade prevalece enquanto o documento não for impugnado. Os extratos digitais de bancos de dados, sejam eles públicos ou privados, fazem a mesma prova que os dados depositados nos bancos de informações, desde que os responsáveis atestem a idoneidade da emissão (art. 425, V).

As reproduções digitalizadas de qualquer documento público ou particular, inseridas no processo pelos órgãos da Justiça, do Ministério Público, bem como de seus auxiliares, pela Defensoria Pública, procuradores públicos, pelas repartições públicas e pelos advogados fazem a mesma prova que os originais, desde que inexista qualquer alegação de adulteração devidamente motivada (art. 425, VI).

Os originais dos documentos anexados no processo como cópias digitalizadas devem ser preservados até o prazo final da ação rescisória; tratando-se de documento essencial para o ajuizamento do processo, como título executivo extrajudicial ou, mesmo, qualquer outro documento relevante para a solução do processo (*e.g.*: exame de DNA feito extrajudicialmente), o juiz poderá determinar seu depósito na secretaria ou cartório judicial (art. 425, §§ 1º e 2º, do CPC). Como já delineado, os títulos extrajudiciais devem ser anexados em sua versão original, para evitar a circulação da cártula e para a preservação da boa-fé objetiva quanto à possível circulação do título.

15.5 A arguição de falsidade do documento

É possível que seja arguida a falsidade do documento por meio do procedimento disciplinado pelos arts. 430 a 433 do CPC.

A falsidade deve ser arguida por iniciativa das partes (art. 430 do CPC), mas isto não elimina a possibilidade de o juiz utilizar o poder inquisitório (art. 370 do CPC) quando existam indícios patentes de falsidade material ou ideológica em relação ao documento. O juiz poderá provocar o nascimento do incidente, mas não da ação incidental (art. 430, parágrafo único).

15.5.1 Objeto da declaração de falsidade

O objeto da arguição reside em reconhecer a declaração de falsidade atinente a vício interno ou externo do documento. Sob o ângulo interno o documento poderá conter vício que recaia sobre o conteúdo das declarações. Sob o ângulo externo o documento poderá conter vícios que afetem sua materialidade.

A falsidade material corresponde a uma *alteração substancial* ou *acessória* da estrutura material do documento.

Já, a falsidade ideológica corresponde a uma alteração quanto ao conteúdo das declarações de uma ou de ambas as partes, e com alteração do conteúdo do documento. A falsidade ideológica reflete divergência sobre as manifestações de vontade das partes, como na inserção de declaração de doação na escritura pública quando as partes acordaram, na realidade, a compra e venda.

Não é muito simples isolar os vícios de consentimento da falsidade ideológica, mas, como regra, os vícios de consentimento não são provados por meio da declaração incidental ou autônoma de falsidade. Os vícios de coação, dolo, simulação, são alvo de discussão na relação processual, sem a necessidade de invocação do art. 430 do CPC. Como alerta a doutrina, o reconhecimento do vício de vontade ou social não invalida o documento.[102]

A arguição de falsidade encontrará solução pelo surgimento de incidente processual ou por meio de ação autônoma incidental, nos termos do art. 430, parágrafo único, do CPC. Na verdade, a previsão da ação autônoma para os fins do art. 19, II, revela a desarmonia entre os redatores do CPC/2015. A eliminação da ação declaratória incidental prevista nos arts. 5º e 325 do CPC/1973 foi ressuscitada de modo indevido e desnecessário. O art. 503, § 1º, já engloba solução satisfatória para a questão prejudicial, e nada impediria que as questões fáticas (art. 19, II) fossem expressamente previstas pelo dispositivo, desde que respeitado o contraditório, para permitir a cognição vertical adequada. Não foi esta a solução adequada. Sendo assim, o objeto da arguição de falsidade encontrará modelo procedimental incidental ou autônomo, conforme previsão do art. 430, *caput* e parágrafo único, do CPC.

15.5.2 Falsidade material

Na *falsidade material* há corrupção da integridade física do documento. Nesta concepção incluem-se a alteração da redação com adição de cláusulas, palavras, cifras, ou uma assinatura que seria essencial e que era omissa na redação original. Os atos de falsidade material comprometem a integridade do documento.

Ela pode consistir na *criação* de um documento ou apenas em sua *alteração*. O ato de criar representa a reprodução de um documento similar mas falso, apócrifo que tem como objetivo influenciar a verdade dos fatos no processo. Ele pode ser representado por um recibo de quitação falso, uma procuração que nunca foi outorgada para fins de transferência da propriedade, uma carta apócrifa que nunca foi escrita. Este defeito compromete o plano da existência, da validade e da eficácia, porque representa documento que nunca foi criado pelo declarante e que não possui validade, por não ter sido criado por manifestação da vontade do declarante, impedindo-o de surtir a eficácia almejada.

102. Araken de Assis, *Processo Civil Brasileiro*, cit., vol. III, p. 785,

A leitura do art. 427, parágrafo único, do CPC, em seus dois incisos, não deixa dúvida de que se refere expressamente à falsidade material, ao prever a cessação da fé pública do documento pelo ato de: "I – formar documento não verdadeiro" (*criação*); e "II – alterar documento verdadeiro" (adulteração). Tais atos de *criação* e *alteração* do documento são marcas indeléveis da falsidade material.

Outro ponto importante reside no ônus da prova quando o documento for impugnado pela parte ou quando a dúvida surgir de perquirição do juízo. A questão vem disciplinada pelo art. 429 do CPC. À parte que suscitar a falsidade caberá o ônus da prova, inclusive quando se tratar de preenchimento abusivo do documento (art. 429, I).

15.5.3 Falsidade ideológica

A falsidade ideológica não se confunde com a material. Enquanto esta atinge a exterioridade do documento, aquela afeta sua interioridade. No falso ideal forma-se um documento para fraudar a verdade. Não existe emenda, acréscimo, adulteração ou rasura, mas conteúdo falso, que não expressa a verdade declarada. O documento elaborado não possui defeito material, mas intelectual.[103]

A falsidade ideológica aparta-se diretamente da falsidade material pela sua autoria. Se existe criação de um documento falso por pessoa diversa daquela que consta na declaração, trata-se de *falsidade material*, e não *ideológica*. Na falsidade ideológica o autor do documento é o próprio falseador, que apenas expressa inverdade em sua declaração. É por isso que sob a ótica penal a pena da falsidade material é superior à da falsidade ideológica, porque o falso material é marcado pela falsidade da autoria e do próprio documento, enquanto na falsidade ideológica o autor da declaração não esconde sua identidade, mas apenas insere uma mentira no documento, consubstanciada por declaração falsa de sua autoria.[104] Aqui percebe-se claramente a distinção entre o vício pessoal e o vício social. A falsidade alegada por meio do art. 430 do CPC não atinge

103. Sylvio do Amaral, *Falsidade Documental*, p. 47.

104. V. arts. 296 a 310 do CP; v.: Guilherme de Souza Nucci, *Código Penal Comentado*, 13ª ed., p. 1.138.

A arguição de falsidade dependerá de iniciativa das partes. A parte contra quem o documento é produzido tem interesse na sua arguição. O Ministério Público tem legitimidade para o procedimento incidental ou autônomo, sem prejuízo de comunicação do fato para a esfera criminal, para o fim de apurar a existência de ilícito criminal. Se o fato estiver sendo apurado na esfera criminal é possível que qualquer uma das partes peça ao juízo a suspensão do processo para os fins do art. 315 do CPC.

os vícios sociais como erro, dolo, coação e fraude. Estes são vícios que atingem a constituição do ato ou negócio jurídico, e devem ser objeto de discussão na ação principal. Um exemplo pode demonstrar a convivência das duas situações no mesmo processo. A parte pode pedir a anulação de um negócio jurídico por coação moral irresistível (art. 151 do CC) e para demonstrar o fundado temor de dano iminente à sua pessoa e à sua família apresenta uma carta falsa com supostas ameaças da parte contrária. A falsidade da carta será alvo de arguição pelo art. 430 do CPC, mas não elimina, por si só, eventual coação, que poderá ser demonstrada por outros meios.

O art. 429, I, do CPC alude expressamente à falsidade do documento e também atribui o ônus da prova para a parte que aponta a existência de sua configuração.

Não há cabimento da arguição de falsidade no processo de execução *lato sensu*, ou seja, no cumprimento de sentença ou na execução de título extrajudicial. Isto não impede o processamento do pedido quando há oferecimento da impugnação ou dos embargos, inclusive com suspensão do processo de execução.

15.5.4 Procedimento da arguição

A arguição, quando incidental, deverá ser suscitada pelo réu no prazo da contestação, ou seja, 15 dias. Tratando-se de documento oferecido na resposta, o autor também contará com igual prazo para suscitar a arguição, no prazo de sua réplica.

Como se permite que documentos novos possam ser anexados ao processo (art. 437, § 1º, do CPC) o prazo de 15 dias deverá ser computado da intimação da juntada do documento (art. 224, § 3º), para que a parte interessada possa realizar a impugnação.

O juiz também poderá reconhecer *ex officio* a falsidade do documento, momento em que o eventual reconhecimento será apreciado como questão incidental (art. 370 do CPC). É possível até que determine a produção de prova pericial para apurar questões que envolvam direitos indisponíveis. Um exemplo simples refere-se à produção de prova pericial em ação de desapropriação quando há suspeita sobre a falsidade do título dominial.

A parte deverá expor os fundamentos do seu pedido de modo preciso e com os contornos que definem a modalidade de falso (material ou ideológico) e a forma de sua demonstração (art. 431 do CPC).

O contraditório sobre a falsidade é essencial, e deve ser observado o prazo de 15 dias para os fins de permitir que a parte contrária possa expor seus argumentos pela autenticidade e integridade do documento impugnado (art. 432 do CPC). A impugnação ao documento permite que a parte contrária retire o documento, e, com isso, a arguição perderá objeto (art. 432, parágrafo único). Isto não eliminará a possibilidade de remessa do fato para o juízo criminal, pois a falsidade sobre documento particular ou público apresentado no processo merece investigação, em vista da gravidade do fato.

A parte que arguiu a falsidade do documento ou o preenchimento abusivo do seu conteúdo deverá realizar a prova em juízo de suas afirmações (art. 429, I, do CPC). Se a impugnação recair sobre a assinatura, ou seja, sobre a autenticidade do documento, o ônus recairá sobre a parte que produziu o documento (art. 429, II, do CPC). Esta última solução é essencial, pois sem a participação do autor material do documento a prova seria impossível.[105]

15.5.5 Despesas processuais na arguição

A parte interessada, ou seja, aquela a quem couber o ônus da prova (art. 429 do CPC), terá a responsabilidade de arcar com a antecipação das despesas processuais. De maior relevo nesta fase é a despesa com a prova pericial. Em sua modalidade incidental não há que se falar no cabimento de honorários advocatícios.[106] Todavia, quando existe a decisão de duas ações, *in simultaneus processus* (art. 433 do CPC), nada mais coerente do que realizar a fixação autônoma de verba honorária.

15.5.6 Decisão do incidente

A leitura dos arts. 430, parágrafo único, e 433 do CPC revela que o incidente de falsidade será resolvido na sentença. O que poderá variar é apenas a possibilidade de sua solução ser acobertada, ou não, pela coisa julgada. Se a parte escolher a via incidental para o reconhecimento da falsidade, a questão será decidida na fundamentação da sentença e

105. "O ônus de provar a autenticidade de assinatura constante de documento é da parte que o produziu – Precedentes – (...)" (STJ, 4ª Turma, AgInt no AREsp 1.175.480-SP, rela. Min. Maria Isabel Gallotti, j. 15.5.2018, *DJe* 21.5.2018).

106. "Não cabe condenação em honorários advocatícios no incidente de falsidade – Precedentes –(...)" (STJ, 4ª Turma, AgInt no REsp 1.439.734-SP, rel. Min. Antônio Carlos Ferreira, j. 5.12.2017, *DJe* 12.12.2017).

sem formação de coisa julgada. Quando a parte optar pela propositura da ação incidental e a falsidade for tratada como questão principal, a sentença deverá acolher sua solução na parte dispositiva, com formação de coisa julgada (art. 433 do CPC). Em ambas as situações o recurso cabível será o de apelação. É até possível que o juiz decida a questão incidental antes da prolação da sentença, mas não há previsão de agravo contra esta decisão, e toda a matéria será deslocada para o recurso de apelação.[107]

15.6 Documentos eletrônicos

Os documentos eletrônicos atualmente são indissociáveis da realidade processual, porque a própria plataforma processual se tornou eletrônica. Toda e qualquer informação que possa ser armazenada e seja objeto de tráfego eletrônico pode ser utilizada como documento eletrônico. O maior problema em relação à sua utilização não está na dificuldade de sua conversão para a forma escrita (mensagem eletrônica) ou na reprodução digital sonora de áudios de aplicativos ou de imagens captadas por câmeras, mas na origem e autenticidade.[108]

O documento eletrônico poderá assumir forma *escrita* ou *não escrita*. A princípio considera-se documento não escrito, mas assumirá a condição de prova escrita quando admitir sua conversão na forma impressa, como sói acontecer com as mensagens eletrônicas (art. 439 do CPC). Quanto aos documentos eletrônicos que forem anexados ao processo e não forem objeto de conversão pelas partes, o juiz deverá avaliar seu valor pela inspeção própria, assegurando às partes o acesso integral aos documentos (art. 440 do CPC).

Os atos processuais ainda podem ser praticados por meio físico ou eletrônico, como a citação ou intimação, mas o processo em breve espaço de tempo tramitará totalmente na forma eletrônica em todo o País.[109]

Os documentos eletrônicos também assumem a forma de documentos particulares ou documentos públicos. Pense-se na prova emprestada representada por um depoimento realizado por videoconferência. Não há dúvida de que esta prova *não escrita e eletrônica* representa um docu-

107. E que dificilmente seria aceita como matéria de agravo, ainda que o STJ tenha flexibilizado a leitura do art. 1.015 do CPC.

108. Aqui destaca-se o papel da Autoridade Certificadora-Raiz (AC-R). V. t. I deste *Curso*, p. 736.

109. Sobre a evolução do processo eletrônico, a assinatura digital e a prática de atos processuais, v. o t. I deste *Curso*, pp. 737 e ss.

mento público, pois foi produzida perante autoridade judicial (art. 10 da Medida Provisória 2.200/2001). O documento eletrônico representado por um *e-mail* será considerado um *documento escrito particular*.

A impugnação do documento eletrônico exigirá prova pericial quando existir dúvida sobre sua autenticidade. Existem problemas que fogem do campo de comprovação da integridade do documento eletrônico.

O acesso de uma pessoa à chave de assinatura digital de outra poderá provocar a emissão de documentos falsos. A prova deste uso indevido não será eletrônica, mas física, e com a possibilidade de prova testemunhal.

É por este motivo que o juiz deve avaliar a prova eletrônica em conjunto com as demais provas produzidas no processo, inexistindo qualquer hierarquia quanto aos meios probatórios.

15.7 Da produção da prova documental

15.7.1 Momento de produção da prova documental

As partes devem oferecer seus documentos na primeira oportunidade de manifestação no processo, sob pena de preclusão. Cabe ao autor instruí-los com a petição inicial e o réu com a contestação (art. 434 do CPC).

As provas não escritas, como reproduções audiofônicas, cinematográficas e mídias, devem ser juntadas no processo na fase inicial de manifestação, para permitir a degravação e a produção em audiência de instrução (art. 434, parágrafo único). Estas provas podem ser objeto de perícia prévia caso exista impugnação (art. 422, §§ 1º e 3º).

Sempre houve certa flexibilidade quanto aos prazos preclusivos para a apresentação da prova documental. O art. 435 do CPC é uma prova desta afirmação. Não há autorização para surpreender a parte com documentos que já estavam em sua posse e não foram juntados no momento oportuno, mas para oferecer documentos novos. Estes documentos são aqueles que não existiam na fase da propositura da ação ou da defesa, ou, ainda, documentos que se referem a fatos que são alegados no decorrer da relação processual. São documentos conexos aos fatos já afirmados pelas partes. O juiz deve velar pelo contraditório e pela boa-fé ao analisar a juntada serôdia de documentos no processo (art. 435, parágrafo único).

As principais diretrizes a serem adotadas na produção da prova documental são a boa-fé e a lealdade processual. As partes devem oferecer os documentos na fase adequada, e o juiz sempre velará pelo contraditório quando existir a comunicação de nova juntada. A parte tem o direito de se manifestar no prazo de 15 dias (art. 437, § 1º, do CPC).

A manifestação sobre os documentos permite a impugnação, que deve englobar todos os possíveis defeitos e impropriedades do documento (art. 436 do CPC). No processo executivo a impugnação do título deve ser específica na peça de impugnação (art. 525, § 1º) ou nos embargos (art. 917, § 3º), sob pena de inépcia da impugnação. A parte pode redarguir a juntada afirmando a falsidade do documento, mesmo sem provocar a formação do incidente (art. 436, II e III). Nestas situações a impugnação deve ser sempre específica, sob pena de não conhecimento dos argumentos. Em relação à falsidade a impugnação específica é essencial, porque, como o fato assume extrema gravidade, há necessidade de ponderação sobre os reflexos gerados na esfera penal, inclusive em caso de afirmação falsa do impugnante (art. 436, parágrafo único).

Será lícito anexar novos documentos para comprovar a inverdade do seu conteúdo (art. 436, IV). Em algumas situações específicas, envolvendo principalmente procedimentos especiais, o juiz tem a possibilidade de dilatar o prazo de manifestação da parte sobre os documentos anexados (art. 437, § 2º, do CPC). Em ações populares, ações de improbidade administrativa, nas ações de prestação de contas, a complexidade documental não se coaduna com o prazo de 15 dias. O exame detalhado poderá exigir sua extensão, para a correta compreensão sobre o objeto litigioso do processo.

A resistência em oferecer documentos que são essenciais para a solução da causa torna possível a utilização da medida de exibição, já analisada (art. 396 do CPC). O juiz poderá requisitar das repartições públicas todos os documentos referentes às partes e que tenham ligação com o objeto litigioso do processo (art. 438 do CPC). É muito comum o pedido de certidões e documentos referentes a processos administrativos (art. 438, I e II). Apesar da previsão da possibilidade de remessa do feito físico, bastará o envio de cópia reprográfica ou eletrônica, com certificação da autoridade administrativa (art. 425, VI), para que surtam a mesma eficácia do documento original (art. 438, §§ 1º e 2º). No mandado de segurança, no art. 6º, § 1º, da Lei 12.016/2009 há prazo específico para a juntada do documento oriundo de repartição pública, sendo de 10 dias. A exiguidade do prazo justifica-se pela impossibilidade de configurar o ato coator sem a juntada do documento.

15.8 Medidas típicas para a produção probatória (antecipada ou incidental)

15.8.1 A produção antecipada de provas

A produção antecipada de provas foi classificada por Calamandrei como medida cautelar conservatória ou assecuratória.[110] Sua finalidade precípua estaria na preservação da prova, para sua utilização futura (função preventiva). Afinal, é possível que no curso do processo a qualidade da prova perca sua eficácia, o que revelaria aspecto relacionado ao *periculum in mora* na sua produção.

No CPC atual a produção antecipada de provas sobrevive perante os arts. 381 a 383, mas sem a característica de ação cautelar. Sua previsão atual é de mera ação probatória autônoma, o que já era defendido pela doutrina processual.[111] No entanto, a natureza preventiva e com feição cautelar ainda permanece, como se observa da leitura do art. 381, I, do CPC. Sendo assim, não é correto afirmar que a medida de produção perdeu sua função preventiva e conservativa (*ad perpetuam rei memoriam*). É importante frisar que esta função preventiva é diferenciada, pois não está vinculada ao ajuizamento de futura ação de conhecimento. Afinal, cristalizar o fato jurídico em determinada coordenada espaço-temporal não significa que a prova foi produzida, mas apenas preservada para uso futuro. Do contrário a recusa da parte em oferecer depoimento antecipado poderia provocar confissão ficta (*ficta confessio*), o que seria inviável, pois somente o juiz da causa principal poderia aplicar esta pena valorando o depoimento em face das demais provas produzidas.[112]

O deslocamento da medida de produção antecipada de provas da seara cautelar deve ser aplaudido, pois confere maior amplitude em sua incidência, o que pode ser verificado pela leitura das hipóteses previstas pelos incisos I a III do art. 381 do CPC. É certo que o legislador não eliminou de sua configuração o requisito atinente ao *periculum in mora*, como se anteveê da redação do art. 381, I, do CPC, o qual prevê *fundado receio de impossibilidade de sua produção ou dificuldade de sua produção no momento de pendência da ação* como elementos justificadores

110. Calamandrei, *Introduzione allo Studio Sistematico dei Provvedimenti Cautelari*, p. 32.

111. Flávio Luiz Yarshell, *Antecipação da Prova sem o Requisito da Urgência e Direito Autônomo à Prova*, p. 416.

112. Com precisão: Ovídio A. Baptista da Silva, *Do Processo Cautelar*, 1ª ed., p. 362.

da produção. Aqui denota-se a função preventiva e assecuratória para a preservação da prova.

Apesar de a medida de produção antecipada de provas ainda prever requisito nitidamente cautelar e que justifica sua utilização *preventiva*, torna-se indiscutível que o Código de Processo Civil atual também a prevê na modalidade *preparatória*.[113] Na função preparatória ressalta o caráter de produção autônoma da prova. Não há uma preocupação com o perigo da demora. A parte requer a produção porque tem interesse autônomo em avaliar o conjunto probatório para fins de futura demanda ou, inclusive, para tentativa de autocomposição. É o que está consagrado pelo art. 381, II, do CPC, que alude à produção da prova como forma de viabilizar "a autocomposição ou outro meio adequado de solução de conflito".

O conhecimento prévio sobre a prova poderá até evitar a propositura de uma ação infundada, uma vez que a parte tem chance de avaliar as reais condições de sucesso da demanda (art. 381, III). Logo, percebe-se como a medida de produção antecipada é importante, e não pode estar vinculada unicamente ao perigo da demora.

15.8.2 Arrolamento de bens como medida instrutória

O arrolamento de bens, como medida nitidamente instrutória – ou seja, quando utilizada para documentação, e não para fins de constrição –, utilizará o procedimento da produção antecipada de provas (art. 381, § 1º, do CPC). O arrolamento é medida de documentação importantíssima, especialmente para preservar a existência e para comprovação da propriedade de bens móveis e semoventes. Como estes bens são transmitidos por tradição (art. 1.267 do CC), muitas vezes sua demonstração futura se torna impossível.

15.8.3 Justificação

No art. 381, § 5º, do CPC o legislador trouxe a extensão do procedimento para a medida de *justificação*. A justificação qualifica-se como autêntica medida de produção autônoma de prova relacionada à existência de algum fato ou de relação jurídica para simples documentação. A medida não assume natureza contenciosa. A colheita do depoimento oral deve

113. Flávio Luiz Yarshell, *Antecipação da Prova sem o Requisito da Urgência e Direito Autônomo à Prova*, cit., p. 417.

ser realizada em contraditório, sob pena de sua ineficácia em relação aos terceiros interessados.

Na justificação não existe o requisito de urgência, mas conveniência quanto à produção da prova. Sua finalidade é a pré-constituição de prova, como dado preliminar de provável demanda futura.

15.8.4 Procedimento

O pedido de produção autônoma de prova poderá recair sobre pessoas ou coisas. É essencial que a petição inicial descreva de modo sumário qual prova será produzida, com uma breve descrição que revele o interesse e a demonstração da legitimidade quanto ao pedido. A descrição de uma das causas do art. 381 do CPC revela as possíveis variações do pedido de produção. A natureza preventiva da medida está prevista pelo art. 381, I, e assume natureza cautelar. A medida também poderá ser requerida com caráter preparatório (art. 381, II e III).

O pedido deve ser oferecido no juízo em que a prova deva ser produzida, a despeito do foro concorrente previsto pelo art. 381, § 2º, do CPC. O foro do domicílio do réu foi estabelecido como concorrente; contudo, o foro do local da prova é preferencial. A opção pelo domicílio do réu poderá assumir preferência apenas quando a prova a ser produzida seja o depoimento pessoal.

A produção antecipada de prova consiste em meio autônomo e não previne a competência para fins de ajuizamento de eventual ação futura (art. 381, § 3º, do CPC). No entanto, esta regra pode ser flexibilizada, definindo-se o foro do local do dano, para permitir a otimização na realização dos atos de instrução, o que decorre de questões práticas e de aplicação do princípio da imediação.[114]

O art. 381, § 4º, do CPC inseriu regra de competência delegada para a Justiça Estadual quando a produção antecipada de prova em relação à União, autarquia federal ou empresa pública não puder ser produzida na Vara Federal, pela ausência de sede da Justiça Federal.

114. STJ, cujo entendimento mitigava a regra do art. 800 do CPC/1973: [*v. art. 299 do CPC/2015*] "A jurisprudência desta Corte Superior entende que poderá haver a mitigação da competência prevista no art. 800 do CPC/1973 quando se tratar de ação cautelar de produção antecipada de provas, podendo ser reconhecida a competência do foro em que se encontra o objeto da lide, por questões práticas e processuais, notadamente para viabilizar a realização de diligências e perícias. 2. Agravo interno desprovido" (STJ, 3ª Turma, AgInt no AREsp 1.321.717-SP, rel. Min. Marco Aurélio Bellizze, j. 15.10.2018, *DJe* 19.10.2018).

Ainda com relação à competência, o pedido formulado para a produção antecipada perante a Justiça Estatal não compromete a utilização da prova perante o juízo arbitral.[115]

Após a apresentação da petição, com a descrição das razões que justificam o pedido de produção antecipada (art. 382, *caput*), o juiz determinará a citação de ofício, embora caiba ao requerente a indicação de quem deverá estar no polo passivo.

A produção antecipada da prova ou do fato a ser provado requer a formação do contraditório em relação àqueles que poderão ser afetados pela prova em demanda futura.

Os interessados poderão requerer a produção de outras provas quando pertinentes e relacionadas com o fato investigado. O juiz deverá analisar a viabilidade da produção conjunta tomando em consideração não só o tempo, mas o perecimento do objeto da prova, em caso de demora excessiva. Isto poderá justificar a negativa de cumulação probatória (art. 382, § 3º).

Após a produção da prova não cabe ao juiz realizar juízo de valor sobre o material colhido. O juiz não poderá se manifestar sobre o fato produzido e suas consequências jurídicas. É por este motivo que não existe a possibilidade de abertura de prazo para oferecimento de defesa ou recurso.

Obviamente, a parte é chamada, e poderá insurgir-se quanto ao cerceamento ou omissão de contraditório. A parte ainda poderá arguir que o procedimento não obedece aos requisitos do art. 381 do CPC ou, mesmo, impugnar valores referentes à prova pericial deferida.[116] O que se veda no procedimento é a oferta de defesa para fins de discussão do direito material que será objeto de ação futura. Neste sentido deve ser interpretado o art. 382, § 4º, do CPC, que nega a possibilidade de defesa ou recurso, salvo contra decisão que negar o direito de produção da prova.

Embora a produção antecipada de prova reflita pedido de jurisdição voluntária, a eventual resistência firmada pela parte contrária tornará o procedimento contencioso, o que provocará a necessidade de fixação de sucumbência.[117]

115. STJ, 4ª Turma, REsp 1.586.383-MG, rela. Min. Maria Isabel Gallotti, j. 5.12.2017, *DJe* 14.12.2017.

116. V. excelente crítica de Daniel Amorim Assumpção Neves, *Manual de Direito Processual Civil*, cit., 8ª ed., p. 682.

117. Neste sentido: "A jurisprudência do STJ possui entendimento no sentido de ser cabível a condenação da parte ré ao pagamento do ônus de sucumbência em ação cautelar de produção antecipada de provas quando ofereça resistência à pretensão

O resultado final do procedimento corresponde a uma sentença judicial homologatória em que se reconhece a produção da prova. O art. 383 do CPC determina que os autos permanecerão em cartório por um mês, para extração de cópias e certidões. Atualmente, com o processo eletrônico, o prazo mensal deve corresponder ao período em que o processo ficará ativo para fins de seu aproveitamento.

15.8.5 Exibição de documento ou coisa

Outra medida que foi deslocada no antigo Livro III do Código de Processo Civil/1973 para o campo probatório refere-se à medida de exibição de documento ou coisa, que está regulada nos arts. 396 a 404 do CPC/2015.

As ações de exibição de documento ganharam larga escala em juízo na última década, especialmente contra instituições financeiras, o que levou o STJ a formar repetitivos sobre a matéria.[118]

autoral. (...)" (STJ, 4ª Turma, AgInt no REsp 1,796.789-PR, rel. Min. Marco Buzzi, j. 26.8.2019, *DJe* 30.8.2019).

Ainda: "Na ação cautelar de produção antecipada de provas somente é devida a condenação da requerida ao pagamento dos ônus da sucumbência quando caracterizada a resistência injustificada à pretensão da requerente, pela parte requerida, e essa restar vencida – Precedentes Súmula n. 83/STJ" (STJ, 4ª Turma, AgInt no AREsp 1.341.504-SP, rel. Min. Luís Felipe Salomão, j. 25.6.2019, *DJe* 28.6.2019).

118. Entendimento comum do STJ referente aos repetitivos refere-se à necessidade de demonstração do interesse de agir pela prévia postulação na seara administrativa. V.: "A 2ª Seção do STJ, no julgamento do REsp n. 1.419.697-RS, submetido ao regime dos recursos repetitivos, definiu que, no tocante ao sistema *scoring* de pontuação, 'apesar de desnecessário o consentimento do consumidor consultado, devem ser a ele fornecidos esclarecimentos, caso solicitados, acerca das fontes dos dados considerados (histórico de crédito), bem como as informações pessoais valoradas' (REsp n. 1.419.697-RS, rel. Min. Paulo de Tarso Sanseverino, 2ª Seção, j. 12.11.2014, *DJe* 17.11.2014). 2. Assim, há interesse de agir para a exibição de documentos sempre que o autor pretender conhecer e fiscalizar documentos próprios ou comuns de seu interesse, notadamente referentes à sua pessoa e que estejam em poder de terceiro, sendo que 'passou a ser relevante para a exibitória não mais a alegação de ser comum o documento, e sim a afirmação de ter o requerente interesse comum em seu conteúdo' (Silva, Ovídio A. Batista da, *Do Processo Cautelar*, Rio de Janeiro, Forense, 2009, fls. 376). 3. Nessa perspectiva, vem a jurisprudência exigindo, sob o aspecto da necessidade no interesse de agir, a imprescindibilidade de uma postura ativa do interessado em obter determinado direito (informação ou benefício), antes do ajuizamento da ação pretendida. 4. Destarte, para efeitos do art. 543-C do CPC [*CPC/1973 – v. art. 1.036 do CPC/2015*], firma-se a seguinte tese: 'Em relação ao sistema *credit scoring*, o interesse de agir para a propositura da ação cautelar de exibição de documentos exige, no mínimo, a prova de: (i) requerimento para obtenção

15.8.5.1 *Exibição autônoma e incidental*

Há uma confusão criada por parcela da jurisprudência quanto ao fato de o Código de Processo Civil/2015 ter eliminado a ação de exibição de documento em vista da supressão do Livro III referente às medidas típicas do processo cautelar perante o Código de Processo Civil/1973. Neste diploma a ação de exibição encontrava previsão nos arts. 844 e 845. Trata-se de entendimento insustentável. Dentro desta visão retornaríamos ao modelo romano de tipicidade das ações, em que vigia o *princípio da estrita formalidade do procedimento* (*forma dat esse rei*).

O Código de Processo Civil/2015 trouxe a previsão da exibição incidental, mas desde que seja pertinente não existe a impossibilidade de sua obtenção por meio de ação preparatória, por meio de tutela provisória antecedente ou por meio de ação autônoma. Nada impede que a parte tenha como objeto único e exclusivo a obtenção do documento, e, uma vez na sua posse, poderá chegar à conclusão quanto à inexistência de pretensão apta para a propositura de outra ação (declaratória, condenatória, constitutiva, mandamental ou executiva). Podemos citar o exemplo do aluguel recebido em benefício de duas pessoas que exercem composse sobre um bem imóvel. A resistência do compossuidor que administra os aluguéis em fornecer a documentação os e recibos relativos ao contrato poderá justificar a ação de exibição autônoma. O pedido é fundamentado para a apresentação e verificação da regularidade do recebimento dos aluguéis e do cumprimento das condições do contrato de aluguel. Esta ação pode ser ajuizada como procedimento autônomo e satisfativo, pois, uma vez verificada a regularidade, nada será feito pelo compossuidor que obteve a exibição. No entanto, caso tenha sido verificado que lhe foi repassado valor inferior ao que realmente estava sendo pago pelo locatário, a medida poderá assumir natureza preparatória para ação de cobrança.

Acertadamente, o STJ percebeu a sobrevivência da ação de exibição autônoma ao lado da exibição incidental mesmo após a promulgação do Código de Processo Civil/2015.[119] O direito de exibição (art. 396 do CPC) assim como o da produção antecipada de provas (art. 381 do CPC)

dos dados ou, ao menos, a tentativa de fazê-lo à instituição responsável pelo sistema de pontuação, com a fixação de prazo razoável para atendimento; e (ii) que a recusa do crédito almejado ocorreu em razão da pontuação que lhe foi atribuída pelo sistema *scoring*'. 5. Recurso especial a que se nega provimento – Acórdão submetido ao regime do art. 543-C do CPC e da Resolução n. STJ-8/2008" (STJ, 2ª Seção, REsp 1.304.736-RS, rel. Min. Luís Felipe Salomão, j. 24.2.2016, *DJe* 30.3.2016).

119. Agora expressamente reconhecido pelo STJ: "É possível o ajuizamento de ação autônoma de exibição de documentos, sob o rito do procedimento comum, na

podem ser exercidos de modo autônomo e correspondem a instrumento importante para a prevenção de litígios futuros (art. 381, III, do CPC).

É possível aplicar o *princípio da fungibilidade* entre a medida de produção antecipada de provas e a de exibição, especialmente quando são exercidas como pedidos autônomos e desvinculados de função preventiva ou preparatória.

15.8.5.2 *Procedimento da exibição de documento*

A exibição poderá ser determinada diretamente pelo juiz para que a parte ou terceiro apresente documento ou coisa de modo incidental no processo (art. 396 do CPC). O poder inquisitório previsto pelo art. 370 do CPC permite tornar-se um autêntico poder-dever, na medida em que o documento se revela essencial para a solução da lide.

A exibição também poderá ser requerida pela parte, o que exige o preenchimento dos pressupostos do art. 397 do CPC. O pedido deverá individuar o documento ou coisa a ser exibido.

O pedido de exibição obedece aos postulados das condições da ação; portanto, a parte requerente deverá demonstrar a legitimidade e o interesse na exibição do documento ou coisa. O pedido deverá ser direcionado contra a parte requerida (art. 398 do CPC) ou contra terceiro (art. 401 do CPC).

(a) Individuação do documento ou coisa

A especificação do documento ou da coisa é essencial. Não se admite exibição absolutamente genérica.[120] É claro que nem sempre a individuação completa é possível, pela ausência de acesso; mas a natureza do documento e sua identificação quanto ao conteúdo a ser exibido se mostram fundamentais, inclusive para que a parte contrária possa exercer adequadamente o contraditório. Em caso de recusa de exibir a busca e

vigência do Código de Processo Civil de 2015" (REsp 1.803.251-SC, rel. Min. Marco Aurélio Bellizze, 3ª T., *DJe* 8.11.2019).

120. "Ação de exibição de documentos – Art. 356, I, do CPC [*CPC/1973 – v. art. 397, I, do CPC/2015*]. 1. Na ação de exibição de documentos é necessário que a parte autora faça a individuação do documento, não sendo suficiente referência genérica que torne inviável a apresentação pela parte ré. Ainda que não seja completa a individuação, deve ser bastante para a identificação dos documentos a serem apresentados. 2. Recurso especial conhecido e provido" (STJ, 3ª Turma, REsp 862.448-AL, rel. Min. Carlos Alberto Menezes Direito, j. 15.5.2007, *DJU* 25.6.2007, p. 236).

apreensão poderá ser utilizada, mas para isso a individuação razoável do documento ou da coisa será essencial.

Como no procedimento de exibição, o STJ fixou a necessidade do pedido administrativo prévio como pressuposto de configuração do interesse de agir; a menção a documento genérico, já fase administrativa, compromete o pedido de exibição.[121] A quantidade de documentos ou sua complexidade não são obstáculos ao pedido de exibição quando há descrição da relação jurídica de quais documentos devem ser exibidos.[122]

Para a exibição de extratos bancários e contratos bancários o STJ firmou entendimento no sentido de que não basta a individuação dos documentos, mas a realização do pedido prévio na esfera administrativa e o pagamento do custo do serviço, quando exigido pela relação de contrato.[123]

(b) Finalidade da exibição

O art. 397, II, do CPC relata a necessidade de indicação da finalidade da prova. Qual a relação do documento ou coisa com os fatos probandos do processo? Esta relação é fundamental, especialmente em face do que dispõe o art. 400 do CPC, pois a recusa ao dever de exibir permite a

121. STJ, 3ª Turma, AgInt no AREsp 956.792-SP, rel. Min. Ricardo Villas Bôas Cueva, j. 2.5.2017, *DJe* 12.5.2017.

122. "A quantidade de documentos cuja exibição é pretendida, por maior que seja, não impede o exercício da ação. É que cabe ao magistrado, autorizada a medida, ordenar o processo de exibição, de forma a atender ao autor sem comprometer as atividades da ré. 2. A indicação de muitos documentos a serem exibidos não traduz pedido genérico quando estão todos identificados por natureza e período. 3. O art. 18 do CComercial não foi revogado pelo art. 381 do CPC [*CPC/1973 – v. art. 420 do CPC/2015*]. Ao contrário, ele trata de uma das hipóteses legais de exibição integral da contabilidade da empresa, referida no próprio art. 381, III, do CPC [*CPC/1973 – v. art. 420, III, do CPC/2015*]. 4. Mesmo depois de revogado o art. 18 do CComercial pelo novo Código Civil, sua norma subsiste no ordenamento, porque repetido no art. 1.191, *caput*, do CC/2002" (STJ, 3ª Turma, REsp 796.729-SP, rel. Min. Humberto Gomes de Barros, j. 13.2.2007, *DJU* 12.3,2007, p. 231).

123. V. repetitivo: "Para efeitos do art. 543-C do CPC [*CPC/1973 – v. art. 1.036 do CPC/2015*], firma-se a seguinte tese: a propositura de ação cautelar de exibição de documentos bancários (cópias e segunda via de documentos) é cabível como medida preparatória a fim de instruir a ação principal, bastando a demonstração da existência de relação jurídica entre as partes, a comprovação de prévio pedido à instituição financeira não atendido em prazo razoável e o pagamento do custo do serviço conforme previsão contratual e normatização da autoridade monetária. 2. No caso concreto, recurso especial provido" (STJ, REsp 1.349.453-MS, 2ª Seção, rel. Min. Luís Felipe Salomão, j. 10.12.2014, *DJe* 2.2.2015).

aplicação da presunção de veracidade quando o pedido seja formulado em relação à parte contrária.[124]

(c) Elementos de prova sobre a posse do documento ou coisa

O último requisito exigido pelo Código de Processo Civil, refere-se aos elementos circunstanciais que indiquem que o objeto da exibição esteja na posse da parte contrária. Este dado é crucial, pelas consequências advindas da não exibição. O mesmo requisito é válido em relação ao terceiro, pois também devem ser indicados os elementos que apontem a posse quanto ao documento ou coisa.

(d) Defesa na exibição

O contraditório será aberto com prazo de resposta de cinco dias (art. 398 do CPC) quando o pedido for direcionado para a parte contrária do processo. Se o pedido for direcionado para terceiro que não pertence à relação processual o procedimento será diferenciado. Afinal, o terceiro não participa do processo; logo, sua integração para fins de exibição exigirá a citação com prazo de resposta de 15 dias (art. 401 do CPC).

Tanto a parte como o terceiro podem exercer o direito de escusa para fins de exibição, nos termos do art. 404 do CPC, quando o documento ou coisa diga respeito a negócios da própria vida da família; à intimidade, e possa gerar violação ao dever de honra; quando a publicidade puder provocar desonra para a parte ou para o terceiro e seus parentes consanguíneo ou afins até o terceiro grau ou, ainda, possibilitar interesse de agir para a propositura de ação penal; quando a exibição violar dever de sigilo profissional; quando outros motivos graves exigirem que o juiz, após juízo de razoabilidade, recuse a exibição; e, por fim, quando existir justificativa legal que determine a recusa da exibição.

A escusa poderá ser parcial, o que permitirá a extração de parte do documento para fins de exibição, por meio da atividade dos auxiliares da Justiça (art. 404, parágrafo único, do CPC).

O direito de recusa à exibição também cede perante algumas hipóteses que estão elencadas no art. 399 do CPC. Não há possibilidade de negativa da exibição quando existir obrigação legal da parte requerida de juntar o documento ou apresentar a coisa. É a hipótese de documentos societários relativos a empresas de capital aberto em que o sócio tem direito à apresentação das demonstrações do exercício. Ainda que o direito de

124. Daniel Amorim Assumpção Neves, *Manual de Direito Processual Civil*, cit., 8ª ed., p. 697.

exibição possa estar condicionado ao custo do serviço (Súmula STJ-389), a apresentação não pode ser negada. [125]

O documento ou coisa deverá ser exibido, sem direito à escusa, quando ele tenha sido citado pela própria parte no processo com o fim de prova e para influenciar o julgamento da lide (art. 399, II).

Por fim, o documento não poderá deixar de ser exibido quando for comum às partes (art. 399, III). Deve ser lembrado que o STJ relativizou este entendimento, porque o dever de exibição também existe quando o documento se refere a uma das partes e a terceiro. Desde que o documento possa ser aproveitado para a prova do fato discutido no processo, sua produção com a participação de um terceiro não pode servir como motivo de recusa. A complexidade atual das atividades negociais, incluindo a teia virtual que sedimenta o comércio eletrônico, exige esta abertura, para que a medida não perca sua eficácia.

O STJ fixou, em tese sobre análise de dados para fins de *scoring*, que o interesse na exibição não se funda propriamente no fato de o documento ser comum as partes, mas, sim, no fato de existir *interesse comum* na sua apresentação. Do contrário o documento armazenado por terceiro não poderia ser exibido, ainda que a inserção do dado tenha sido responsabilidade da parte requerida no processo.[126]

125. Sobre o custo do serviço, v. Súmula STJ-389, para fins de exibição: "A comprovação do pagamento do 'custo do serviço' referente ao fornecimento de certidão de assentamentos constantes dos livros da companhia é requisito de procedibilidade da ação de exibição de documentos ajuizada em face da sociedade anônima".

126. Neste sentido "(...). Assim, há interesse de agir para a exibição de documentos sempre que o autor pretender conhecer e fiscalizar documentos próprios ou comuns de seu interesse, notadamente referentes à sua pessoa e que estejam em poder de terceiro, sendo que 'passou a ser relevante para a exibitória não mais a alegação de ser comum o documento, e sim a afirmação de ter o requerente interesse comum em seu conteúdo' (Silva, Ovídio A. Batista da, *Do Processo Cautelar*, Rio de Janeiro, Forense, 2009, fls. 376). 3. Nessa perspectiva, vem a jurisprudência exigindo, sob o aspecto da necessidade no interesse de agir, a imprescindibilidade de uma postura ativa do interessado em obter determinado direito (informação ou benefício), antes do ajuizamento da ação pretendida. 4. Destarte, para efeitos do art. 543-C do CPC [*CPC/1973 – v. art. 1.036 do CPC/2015*], firma-se a seguinte tese: 'Em relação ao sistema *credit scoring*, o interesse de agir para a propositura da ação cautelar de exibição de documentos exige, no mínimo, a prova de: (i) requerimento para obtenção dos dados ou, ao menos, a tentativa de fazê-lo à instituição responsável pelo sistema de pontuação, com a fixação de prazo razoável para atendimento; e (ii) que a recusa do crédito almejado ocorreu em razão da pontuação que lhe foi atribuída pelo sistema *scoring*'. 5. Recurso especial a que se nega provimento – Acórdão submetido ao regime do art. 543-C do CPC e da Resolução STJ n. 8/2008" (STJ, 2ª Seção, REsp 1.304.736-RS, rel. Min. Luís Felipe Salomão, j. 24.2.2016, *DJe* 30.3.2016).

15.8.5.3 *Exibição incidental em procedimentos especiais*

A medida de exibição incidental é fundamental quando a prova documental é essencial para a averiguação da causa de pedir. Em vista da urgência e da especialidade, a lei processual estabelece a previsão de medidas de exibição incidentais agregadas a procedimentos especiais.

O primeiro exemplo que pode ser citado refere-se ao mandado de segurança, por meio do art. 6º, § 1º, da Lei 12.016/2009, que permite o pedido prévio de exibição do documento que é essencial para a comprovação do ato de ilegal ou abusivo da autoridade coatora. O pedido de exibição é concomitante ao oferecimento da inicial, e sua juntada será essencial para a análise quanto à concessão da liminar. É importante observar que em situações como a do mandado de segurança a resistência da autoridade coatora admite a incidência de medida executiva indireta, o que está autorizado pelo art. 400, parágrafo único, do CPC. Nem sempre o juiz poderá ficar preso à regra de que a não exibição propicia a aplicação da presunção de veracidade do art. 400, *caput*. A inteligência da Súmula STJ-372 deve ser afastada, porque a ausência da juntada se contrapõe ao interesse público em saber se houve, ou não, cometimento de ato ilegal e com potencial responsabilidade administrativa e criminal em relação à autoridade coatora. A impossibilidade de pena de confesso ou revelia para o mandado de segurança reforça a necessidade de apresentação integral dos documentos necessários e requisitados, o que revela a importância dos arts. 139, IV, e 400, parágrafo único, do CPC. Logo, é necessário aplicar o *distinguishing* como técnica de afastamento da Súmula STJ-372. Não se trata de superação, mas apenas de sua inadequação para o caso narrado.

Em outros procedimentos, inclusive com vistas à proteção do interesse coletivo, como na ação popular, há previsão da exibição, conforme o art. 7º, I, "b", da Lei 4.717/1965. O juiz poderá determinar de ofício (art. 370 do CPC) ou a requerimento da parte, conforme elenco realizado na petição inicial da ação popular, os documentos necessários para o conhecimento do ato lesivo ao patrimônio público. O prazo será fixado entre 15 a 30 dias para sua apresentação.

15.8.5.4 *Negativa de exibição e suas consequências*

(a) Em relação à parte

A negativa infundada quanto à exibição provoca consequências diversas em relação à parte e ao terceiro. A parte requerida está integrada ao processo, o que a sujeita ao ônus de sua conduta. Na relação processual as partes estão interligadas pelo ônus, e não por uma obrigação. O descumprimento de um ônus acarreta consequências negativas unicamente para quem o descumpre.[127] A obrigação quando descumprida provoca um prejuízo para a contraparte. É o que acontece em uma relação obrigacional em caso de inadimplemento total, parcial ou adimplemento imperfeito.

O art. 400 estabelece como consequência primária pelo descumprimento do ônus a *presunção de veracidade dos fatos alegados*, os quais seriam demonstrados por meio do documento ou coisa que deveria ter sido apresentado em juízo. Esta presunção é relativa, e pode ser eliminada por outras provas que venham a ser produzidas nos autos.[128]

A presunção de veracidade é decorrência da inércia da parte em não apresentar nenhuma resposta no prazo legal (art. 400, I) ou quando apresentar recusa considerada infundada (art. 400, II).

Em algumas situações a presunção de veracidade não pode ser aplicada na medida de exibição. A ausência de dados fundamentais torna inócua sua aplicação ou, mesmo, indevida, como no mandado de segurança (art. 6º, § 1º, da Lei 12.016/2009).

Para corrigir esta distorção foi muito importante a introdução do art. 400, parágrafo único, do CPC/2015, que prevê a possibilidade de o juiz aplicar medidas *indutivas*, *coercitivas*, *mandamentais* ou *sub-rogatórias* para que o documento seja exibido.

Dentre as medidas executivas diretas e indiretas, torna-se possível a aplicação da multa. Isto não significa que a Súmula STJ-372 esteja superada, pois ela proíbe a incidência da multa: "Na ação de exibição de documentos, não cabe a aplicação de multa cominatória". O art. 400, parágrafo único, apenas revela que nem sempre a presunção de veracidade poderá ser aplicada em caso de descumprimento do ônus de exibição. O STJ reconhece a necessidade de *distinguishing* na intepretação da Súmula 372, o que pode afastar sua incidência em determinadas situações.[129]

127. Sobre o ônus e a obrigação, v. o t. I deste *Curso*, pp. 719 e ss.

128. "A presunção de veracidade de que trata o art. 359 do CPC/1973 [*v. art. 400 do CPC/2015*] é relativa, podendo ser infirmada pelas demais provas dos autos, que devem ser avaliadas em conjunto pelo juízo de origem. 2. Agravo interno a que se nega provimento" (STJ, 4ª Turma, AgInt no REsp 1.205.988-PB, rel. Min. Lázaro Guimarães (Desembargador convocado do TRF-5ª Região), j. 16.8.2018, *DJe* 20.9.2018).

129. "Recurso especial – Ação cautelar inominada ajuizada em face de provedor de acesso à Internet – Ordem judicial para fornecimento de dados visando à identificação de usuário (terceiro), de modo a viabilizar futura ação indenizatória – Fixação de multa diária – Súmula n, 372/STJ – Inaplicabilidade. 1. A multa cominatória (também chamada de *astreintes*, multa coercitiva ou multa diária) é penalidade pecuniária que

(b) Em relação ao terceiro

As medidas executivas devem ser precedidas de amplo contraditório (arts. 401 e 402 do CPC). O terceiro não faz parte da relação processual, e após ser citado poderá oferecer resposta negando a existência do documento ou coisa ou apenas afirmando a impossibilidade de exibição. Em relação ao terceiro não há como se aplicar a regra do art. 400, *caput*; portanto, sua recusa imotivada em exibir permite aplicação de medidas executivas diretas e indiretas. Como medida executiva direta destaca-se a busca e apreensão quando o terceiro não realiza o depósito no prazo de cinco dias após a decisão judicial impositiva (art. 403 do CPC).

caracteriza medida executiva de coerção indireta, pois seu único escopo é compelir o devedor a realizar a obrigação de fazer ou a não realizar determinado comportamento. Cuida-se de uma medida atípica de apoio à decisão judicial, de caráter meramente persuasório e instrumental, não caracterizando um fim em si mesma. 2. No que diz respeito à obrigação de fazer, seu objeto consiste na adoção de comportamento ativo que não se destina preponderantemente a transferir a posse ou titularidade de coisa ou soma ao titular do direito. Para sua constatação, é necessário investigar, dentre os diversos aspectos da prestação (fazer, entregar, pagar), em qual deles reside o núcleo do interesse objetivo. 3. Na hipótese dos autos, verifica-se que a pretensão cautelar reside no fornecimento de dados para identificação de suposto ofensor da imagem da sociedade de economia federal e de seus dirigentes. Assim, evidencia-se a preponderância da obrigação de fazer, consistente no ato de identificação do usuário do serviço de Internet. 4. Tal obrigação, certificada mediante decisão judicial, não se confunde com a pretensão cautelar de exibição de documento, a qual era regulada pelo art. 844 do CPC/1973. Isso porque os autores da cautelar inominada não buscaram a exibição de um documento específico, mas, sim, o fornecimento de informações aptas à identificação do tomador do serviço prestado pela requerida, sendo certo que, desde 2009, já havia recomendação do Comitê Gestor de Internet no Brasil no sentido de que os provedores de acesso mantivessem, por um prazo mínimo de três anos, os dados de conexão e comunicação realizadas por meio de seus equipamentos. 5. Além do mais, as sanções processuais aplicáveis à recusa de exibição de documento – presunção de veracidade dos fatos alegados pelo autor e busca e apreensão (arts. 359 e 362 do CPC/1973) [*v. arts. 400 e 403 do CPC/2015*] – revelam-se evidentemente inócuas na espécie. É que os fatos narrados na inicial – a serem oportunamente examinados em ação própria – dizem respeito a terceiro (o usuário a ser identificado pela requerida), inexistindo, outrossim, documento a ser objeto de busca e apreensão, pois o fornecimento das informações pleiteadas pelas supostas vítimas reclama, tão somente, pesquisa no sistema informatizado da ré. 6. As citadas peculiaridades, extraídas do caso concreto, constituem *distinguishing* apto a afastar a incidência do entendimento plasmado na Súmula n. 372/STJ ('na ação de exibição de documentos, não cabe a aplicação de multa cominatória') e reafirmado no REsp Repetitivo n. 1.333.988-SP ('descabimento de multa cominatória na exibição, incidental ou autônoma, de documento relativo a direito disponível'). 7. Recurso especial não provido" (STJ, 4ª Turma, REsp 1.560.976-RJ, rel. Min. Luís Felipe Salomão, j. 30.5.2019, *DJe* 1.7.2019).

As medidas executivas devem ser precedidas de instrução, porque a ausência de vinculação direta do terceiro com os fatos narrados no processo exige motivação adequada e necessidade de demonstração efetiva quanto ao dever de exibir. Por esta razão, o art. 402 determina a realização de audiência para a tomada de depoimento e oitiva de testemunhas, sem prejuízo de outras medidas instrutórias, ainda que não referidas no dispositivo legal.

15.8.6 Sucumbência

Nos pedidos de exibição autônomos a medida assumirá natureza satisfativa e a fixação de sucumbência é imperiosa quando exista resistência ao pedido formulado. Se a parte formulou o pedido na esfera administrativa e necessitou socorrer-se da via judicial, a juntada do documento revela hipótese de reconhecimento jurídico do pedido e não isenta a parte requerida da sucumbência. Se o pedido de exibição é formulado sem o pedido prévio na esfera administrativa, ainda que seja realizada a juntada e haja o reconhecimento, a sucumbência será fixada de acordo com o princípio da causalidade, ou seja, imputando o pagamento das despesas ao autor do pedido de exibição.[130]

16. Da prova testemunhal

16.1 Noções prévias

A prova testemunhal é marcada pela riqueza e pelo intercâmbio de informações entre pessoas que vivem dentro de um mesmo círculo social.[131] A prova testemunhal historicamente antecede os demais meios probatórios. Um simples exame do período arcaico do processo romano (*legis actiones*) informa que o procedimento era totalmente oral, o que exigia a presença de testemunhas para certificar a obediência ao rito processual, marcado não só pela pronúncia de determinadas palavras, mas pela prática dos gestos sacrais (*manum conserere*).[132]

130. Neste sentido: "(...). Na presente hipótese não está comprovado nos autos que foi realizado o pedido administrativo e que houve recusa injustificada da seguradora em exibir os documentos pleiteados, impondo-se à parte autora os ônus de sucumbência – Incidência das Súmulas ns. 7 e 568/STJ. 4. Agravo interno não provido" (STJ, 3ª Turma, AgInt no AREsp 1.441.082-SP, rel. Min. Ricardo Villas Bôas Cueva, j. 26.8.2019, *DJe* 30.8.2019).

131. Echandía, *Teoría General de la Prueba Judicial*, cit., vol. II, p. 18.

132. Sobre o ponto, v. o t. I deste *Curso*, p. 218.

Embora exista uma crítica aguda em relação à prova oral, em vista da falibilidade do ser humano, sua importância é indiscutível. A lei processual não desmente essa afirmação ao revelar que "a prova testemunhal é sempre admissível, não dispondo a lei de modo diverso" (art. 442 do CPC).

Esta modalidade de prova é produzida por meio da testemunha, que é representada por uma pessoa capaz e desinteressada no feito e que relata ao juízo fatos relacionados ao objeto litigioso, sobre os quais teve conhecimento por qualquer um dos meios de percepção sensível (*de visu* ou *de auditu*). Trata-se, via de regra, de percepção imediata, ou seja, marcada pelo contato direto da testemunha com o fato a ser narrado em juízo (*unmittelbar Wahrnehmung*).[133]

16.2 A testemunha e o dever de verdade

A prova testemunhal depende essencialmente da boa-fé e da lealdade daquele que irá depor (arts. 5º e 6º do CPC). O depoimento oral poderá ser fundamental para colorir os fatos jurídicos narrados na petição inicial. Isto reforça a necessidade de conduta ética da testemunha, representada pelo compromisso de dizer a verdade (art. 458 do CPC). O dever de verdade (*Wahrheitspflicht*) foi elegantemente positivado no Direito Alemão (§ 138 *ZPO*).[134] O dever de verdade dirige-se a todo aquele que participa da construção da relação processual, e o papel da testemunha é fundamental. Cabe à testemunha o dever de prestar afirmação verdadeira e completa sobre os fatos que lhe forem indagados (*Pflicht zur wahrheitsgemäßen und vollständigen Aussage*).[135] O dever de veracidade está relacionado à *verdade subjetiva*.[136] A testemunha tem o dever de relatar o que sabe e o que viu, dentro de sua perspectiva pessoal. Não se procura a "verdade em si". É por esta razão que o depoimento da testemunha deve ser marcado pela "sinceridade", ainda que possa conter falhas de percepção ou de valoração. E o mais importante: a testemunha não pode mentir (*Lüge*).

O dever de verdade está ligado ao caráter ético do processo. Ninguém deve criar pretensões falsas para obter enriquecimento indevido

133. Lüke, *Zivilprozessrecht – Erkenntnisverfahren/Zwangsvollstreckung/ Europäisches Zivilverfahrensrecht Zivilprozessrecht*, cit., p. 296.

134. "As partes devem efetuar as suas declarações sobre as circunstâncias de fato de modo completo e de acordo com a verdade."

135. Musielak, *Grundkurs ZPO*, cit., 9ª ed., § 6º, p. 266.

136. Menezes Cordeiro, *Litigância de Má-Fé, Abuso do Direito de Ação e Culpa In Agendo*, p. 82.

ou posição jurídica inadequada. A relação processual exige a lealdade e probidade das partes e terceiros na relação processual. E mais, a exposição dos fatos conforme o acontecido é uma necessidade ante ao fato de o juiz ser limitado e insuficiente quanto à cognição. Em outras palavras: na condução oficiosa da relação processual, cada decisão judicial é assentada nas declarações e versões que são realizadas no processo, o que exige cautela e atenção no relato dos fatos que contribuirão para a formação do espectro do objeto litigioso e da decisão judicial.

16.3 O compromisso legal

O dever de verdade por parte da testemunha está consignado expressamente no art. 458 do CPC. Antes de iniciar seu depoimento a testemunha será advertida expressamente sobre o dever de sinceridade e as sanções decorrentes de qualquer afirmação falsa.

A testemunha compromissada incorre em sanção penal configurada pelo delito de falso testemunho, art. 342 do CP, cujo núcleo é marcado pelas condutas de "fazer afirmação falsa, ou negar ou calar a verdade como testemunha". Quando a pessoa for incapaz, impedida ou suspeita a eventual oitiva será realizada sem o compromisso e o depoimento será prestado na qualidade de mero informante (art. 447, § 5º, do CPC).

O delito de falso testemunho é cometido tanto pela ação como pela omissão, de tal modo que o silêncio não exime a testemunha desta sanção,[137] exceto quando sua omissão reflita exercício de autodefesa, porque passará da condição de testemunha para a de parte no processo (art. 379, *caput*, do CPC).

16.4 Limites objetivos e subjetivos da prova testemunhal

A prova testemunhal pode ser livremente utilizada, desde que não o seja de modo indevido (art. 442 do CPC). A lei processual não estabelece hierarquia, até porque a prova testemunhal será mais valiosa que a prova documental em face de determinadas pretensões, como aquelas relacionadas às ações de família: em ações de dissolução do vínculo conjugal, definição da guarda, direito de visita – enfim, situações em que a experiência sensível relatada por meio da palavra se sobrepõe ao documento.

137. Guilherme de Sousa Nucci, *Código Penal Comentado*, cit., 13ª ed., p. 1.263.

Em muitas situações a oitiva da parte e das testemunhas é essencial para permitir a correta interpretação dos fatos documentados no processo, o que revela a importância do *princípio da imediação*.

A limitação quanto à utilização da prova testemunhal está ligada à duplicação desnecessária do meio probatório. Não há sentido em ouvir testemunha que tenha anexado uma declaração completa sobre a ciência do fato investigado em juízo. Não há necessidade de realizar a oitiva de testemunhas sobre *fatos incontroversos* no processo. Da mesma forma, não existe qualquer motivo para realizar a oitiva de testemunha sobre fato que tenha sido confessado pela parte. De igual forma, seria despropositado arrolar testemunhas para comprovar defeito técnico em uma construção, o qual depende de avaliação técnica por meio de prova pericial.

Com estes exemplos percebe-se o acerto do legislador em disciplinar no art. 443 do CPC as limitações objetivas na utilização da prova testemunhal. O art. 443, I, estabelece a vedação da prova testemunhal quando o fato já estiver demonstrado por documento ou confissão da parte.

A aplicação deste dispositivo com base nos exemplos supramencionados nem sempre é simples. Em muitos casos a prova testemunhal assume natureza complementar, para reforçar a prova sobre fatos que não estão suficientemente comprovados por documentos, ou, ainda, quando a confissão não se mostrar acompanhada de qualquer outra prova. Uma ação de usucapião acompanhada unicamente do compromisso de compra e venda para comprovar a transmissão da posse poderá exigir a prova testemunhal para a complementação da prova sobre a posse do imóvel. A confissão do devedor sobre a transmissão do bem para terceiro poderá ser insuficiente para a procedência dos embargos de terceiro, e a prova testemunhal, com oitiva dos confinantes, poderá confirmar a ocupação do bem pelo adquirente.

O art. 443, II, veda a prova testemunhal quando o fato somente puder ser demonstrado por documento ou por exame pericial. A prova documental compulsória está prevista pelo art. 406 do CPC, quando o instrumento público for essencial para a comprovação do ato jurídico. A prova do casamento em regime de comunhão universal exige a certidão de casamento com averbação do pacto antenupcial celebrado por instrumento público (art. 1.653 do CC). Esta regra não se aplica apenas para a exigência do instrumento público, mas também para o instrumento particular. O mandato, quando o ato outorgado tiver de ser praticado por escrito, não poderá ser provado por testemunhas (art. 657 do CC).

A prova pericial é considerada essencial para ações de filiação, mas poderá ser insuficiente para a procedência do pedido. Em ação negatória de investigação de paternidade jamais será impedida a produção da prova testemunhal sob o argumento de que o exame negativo de DNA é suficiente para a procedência da demanda. A despeito da prova pericial favorável ao autor, a prova testemunhal poderá demonstrar o elo afetivo, o que impedirá a declaração negativa.[138]

A prova pericial ainda poderá ser apresentada de modo simplificado, o que autoriza a oitiva do perito por meio da técnica prevista pelo art. 464, § 4º, do CPC que será tratada em momento oportuno. Esta técnica é deveras importante para o Juizado Especial, que não permite a produção da prova pericial, momento em que a oitiva de um especialista (*e.g.*: a oitiva de um mecânico sobre acidente envolvendo falha do sistema de freios do veículo) poderá suprir a necessidade da prova sobre ponto essencial para o julgamento da demanda.

Os *limites subjetivos* da prova testemunhal estão disciplinados pelo art. 357, § 6º, do CPC. Cada parte poderá arrolar no máximo 10 testemunhas e com o limite de oitiva de 3 pessoas para cada fato. Nesta limitação não se inserem as testemunhas que são ouvidas pelo poder dispositivo do magistrado (art. 370 do CPC). É possível que o juiz determine a oitiva de testemunhas referidas na audiência e cujo depoimento será essencial para o deslinde do feito (*e.g.*: uma testemunha indica quem realmente teria presenciado o momento exato do acidente). Embora a experiência revele que a prova testemunhal dificilmente ultrapassa o limite legal, torna-se possível que o juiz permita a oitiva de número superior ao décuplo. Tudo dependerá da complexidade e do número de fatos que compuserem os pedidos formulados em juízo. Outra situação corrente em juízo é a dispensa da oitiva de várias testemunhas que atestam a mesma situação. O limite de três testemunhas por fato jurídico é coerente, com reflexo na economia processual e na celeridade do processo.

16.5 Prova testemunhal complementar ou substitutiva da prova escrita

O CPC/1973 vedava a utilização da prova exclusivamente testemunhal, conforme o polêmico art. 401. Este dispositivo vedava a utilização da prova exclusivamente testemunhal para a prova de negócios jurídicos

138. STJ, REsp 1.115.428-SP, rel. Min. Luís Felipe Salomão, j. 27.8.2013. Sobre o ponto: Fabio Caldas de Araújo/José Miguel Garcia Medina, *Código Civil Comentado*, cit., p. 314.

superiores a 10 salários-mínimos.[139] Esta regra também estava sedimentada pelo art. 227, *caput*, do CC, e foi abolida pelo art. 1.072, II, do CPC.

A prova essencialmente testemunhal não poderia ser utilizada para a prova da formação de relações jurídicas negociais; contudo, a jurisprudência abrandava este rigor.[140] Desde que incontroversa a relação negocial, o limite não seria aplicável para a prova da inexecução total, parcial ou defeituosa. Em outras situações, como nas ações previdenciárias, o rigor da repulsa à prova exclusivamente testemunhal foi depurado pela própria jurisprudência ao minimizar o princípio da prova escrita, como na interpretação da Súmula STJ-149: "A prova exclusivamente testemunhal não basta à comprovação da atividade rurícola para a efeito de obtenção de benefício previdenciário". O próprio STJ mitigou o rigor do verbete ao passar a considerar a possibilidade de que a prova testemunhal possa corroborar período não descrito pelo documento.[141]

A não reprodução do art. 401 do CPC/1973 e a revogação do *caput* do art. 227 do CC reforçam a prevalência do *livre convencimento motivado do juiz* no Código de Processo Civil/2015. Não é correto afirmar que o Código de Processo Civil/2015 aboliu a prova exclusivamente testemunhal, porque nem todo negócio jurídico exige a forma escrita para os fins do art. 444 do CPC. Não parece que a sobrevivência isolada do parágrafo único do art. 227 permita esta interpretação. A doutrina repete que o art. 444 representa vedação expressa à utilização da prova testemunhal para

139. V. a redação do art. 401 do CPC/1973: "A prova exclusivamente testemunhal só se admite nos contratos cujo valor não exceda o décuplo do maior salário-mínimo vigente no País, ao tempo em que foram celebrados".

140. Como na demonstração de contratos de intermediação, como a corretagem: "É possível prova exclusivamente testemunhal para comprovar a intermediação de venda de imóvel e demonstrar os efeitos dos fatos em que as partes estiveram envolvidas e as obrigações daí decorrentes" (STJ, 3ª Turma, AgR no REsp 1.342.118-GO, rel. Min. João Otávio de Noronha, j. 17.9.2015, *DJe* 22.9.2015).

141. V. o repetitivo: "(...). Por outro lado, considerando a inerente dificuldade probatória da condição de trabalhador campesino, *o STJ sedimentou o entendimento de que a apresentação de prova material somente sobre parte do lapso temporal pretendido não implica violação da Súmula n. 149/STJ, cuja aplicação é mitigada se a reduzida prova material for complementada por idônea e robusta prova testemunhal*. 5. No caso concreto, o Tribunal *a quo*, não obstante tenha pressuposto o afastamento da Súmula n. 149/STJ para os 'boias-frias', apontou diminuta prova material e assentou a produção de robusta prova testemunhal para configurar a recorrida como segurada especial, o que está em consonância com os parâmetros aqui fixados. 6. Recurso especial do INSS não provido – Acórdão submetido ao regime do art. 543-C do CPC [*CPC/1973 – v. art. 1.036 do CPC/2015*] e da Resolução n. 8/2008 do STJ" (grifos nossos) (STJ, 1ª Seção, REsp 1.321.493-PR, rel. Min. Herman Benjamin, j. 10.10.2012, *DJe* 19.12.2012).

negócios ou contratos; contudo, não nos parece a melhor interpretação.[142] Negócios jurídicos verbais que não dependem de forma escrita não estão limitados pelo art. 444 do CPC.

O art. 444 do CPC está em harmonia com a utilização da *prova testemunhal complementar* quando a lei exigir prova escrita da obrigação. Não há dúvida de que as relações jurídicas negociais de maior impacto econômico e social serão sempre escritas.

Sendo assim, se a lei exigir a prova escrita da obrigação, é admissível a prova testemunhal quando houver início de prova por escrito, a qual deve ser emanada da parte contra a qual se pretende produzir a prova. O art. 444 do CPC não se aplica na hipótese do art. 406, porque nesta situação a prova plena e suficiente somente poderá ser realizada pela apresentação do instrumento público.

A prova testemunhal poderá ser *substitutiva* da prova escrita quando configurada a impossibilidade material e/ou moral de obtenção do documento escrito, seja em função do parentesco, de depósito necessário, de hospedagem em hotel ou das práticas comerciais do local em que a obrigação foi contraída (art. 445 do CPC). Esta regra deriva da práxis. Em muitas situações, como na compra e venda de semoventes, a prova escrita é inexistente e representada pela promessa verbal de pagamento. É inviável exigir que se guardem documentos referentes a atos jurídicos praticados no ambiente familiar, o que atenta contra a confiança e o convívio sadio.

16.6 Prova testemunhal na invalidade contratual

A regra estipulada pelo art. 446, I e II, do CPC/2015 já encontrava previsão no ordenamento anterior. A restrição quanto à utilização da prova testemunhal nos negócios jurídicos prende-se essencialmente à prova de sua formação e existência. Quando a existência do negócio jurídico é incontroversa, as vicissitudes da relação jurídica, como a demonstração dos vícios de consentimento ou da simulação, podem ser provadas exclusivamente pela prova testemunhal. As invalidades do negócio jurídico não encontram limitação pela utilização única da prova testemunhal, porque o objetivo da lei é permitir o combate aos vícios com plenitude de meios probatórios. É possível a prova exclusivamente testemunhal

142. Nelson Nery Jr./Rosa Maria de Andrade Nery, *Comentários ao Código de Processo Civil – Novo CPC – Lei 13.105/2015*, p. 1.064. Realizando leitura que entendemos coerente: Daniel Amorim Assumpção Neves, *Manual de Direito Processual Civil*, cit., 8ª ed., p. 711.

para a demonstração da agiotagem e da cobrança de juros abusivos[143] ou, ainda, a discussão relativa ao estado de perigo (art. 156 do CC), como na hipótese da pessoa que aceita o valor ou depósito-caução em estabelecimento hospitalar para o internamento de familiar, em virtude da fragilidade do momento.

16.7 Da aptidão para testemunhar

A produção da prova testemunhal exige a capacidade da pessoa natural que será responsável pelo depoimento em caráter antecipado (produção antecipada de provas) ou incidental (oitiva em audiência de instrução e julgamento). O Código de Processo Civil restringe os depoimentos das testemunhas que sejam *incapazes*, *impedidas* ou *suspeitas*. A infringência das restrições ao depoimento provocará a nulidade relativa da prova produzida.

A incapacidade processual de depor reflete projeção da regra material prevista pelos arts. 3º e 4º do CC. É preciso lembrar que o regime das incapacidades sofreu radical alteração pelo Estatuto da Pessoa com Deficiência (Lei 13.146/2015).[144]

Por esta razão, não se consideram mais incapazes absolutos as pessoas que possuam enfermidade ou deficiência mental. Não há dúvida de que a pessoa a ser ouvida deve possuir capacidade para exprimir sua vontade. O juiz, ao aplicar o art. 447, § 1º, I e II, do CPC, terá que reler sua incidência, pois a pessoa com enfermidade ou deficiência poderá, dentro da análise do caso concreto, ser ouvida em juízo, inclusive com o auxílio do curador, e o juiz tomará em conta o que for possível para a decisão do processo. A pessoa com deficiência não pode ser excluída *a priori* da participação da relação processual como testemunha, e a impossibilidade de firmar compromisso não impede que possa ser ouvida como informante.

O aspecto mais interessante é que o art. 228 do CC, que também disciplina a aptidão das pessoas que podem testemunhar, passou por expressa revogação dos incisos II e III pelo próprio Estatuto da Pessoa com Deficiência (Lei 13.105/2015).

A impossibilidade de se expressar por meios ordinários não impede a testemunha de ser ouvida em juízo. É o caso das pessoas surdas e/

143. STJ, 3ª Turma, REsp 722.600-SC, rela. Min. Nancy Andrighi, j. 4.8.2005, *DJU* 29.8.2005, p. 342.

144. Tratamos com detalhes da lei nos comentários ao procedimento da interdição no t. III deste *Curso*, pp. 515 e ss.

ou mudas. Para que o depoimento possa ser produzido basta que o juiz nomeie um intérprete que tenha condições de intermediar e reproduzir as manifestações volitivas da testemunha. O art. 447, § 1º, IV, do CPC veda o testemunho do cego e do surdo quando a ciência do fato depender dos sentidos que lhes faltam. Todavia, a questão deve ser corretamente ponderada, porque os demais sentidos podem captar informações que podem ser úteis.

16.7.1 Testemunhas menores de idade – O depoimento sem "dano"

As testemunhas menores de 16 anos (crianças e adolescentes) são consideradas incapazes (art. 447, § 1º, III, do CPC), mas podem ser ouvidas em juízo, desde que tomadas as devidas cautelas na produção da prova oral (art. 447, § 4º). A presença do responsável ou curador não é suficiente. Em determinados depoimentos, especialmente os relacionados a demandas de família, é essencial que o depoimento não produza dano à criança ou adolescente na sua oitiva como vítima ou testemunha (Lei 13.431/2017). A oitiva deverá ser preparada com a presença de equipe multidisciplinar, com escuta especial e com adoção do rito cautelar para crianças com menos de sete anos (art. 11, § 1º, I, da Lei 13.431/2017).

16.7.2 O impedimento e a suspeição da testemunha

As causas de *impedimento* para o testemunho estão previstas no art. 447, § 2º, do CPC e estão relacionadas ao parentesco daqueles que atuam na condição de partes no processo: o cônjuge, o companheiro, o ascendente, o descendente em qualquer grau assim como os colaterais até o terceiro grau. Atinge o impedimento tanto a relação de consanguinidade como a de afinidade. O impedimento poderá cessar se o interesse público exigir ou quando a causa, pela peculiaridade, como nas demandas relativas ao estado da pessoa, exigir o depoimento destas pessoas para a solução adequada do processo.

Aqueles que são partes no processo não podem ser ouvidos como testemunhas (art. 447, § 2º, II). A parte pode ser ouvida por meio de depoimento pessoal requerido pela parte contrária ou pelo juízo. A vedação também se estende a todo aquele que intervém em benefício da parte como tutor, curador ou representante legal da empresa jurídica, da massa falida ou do espólio e condomínio (art. 447, § 2º, III). O juiz que tenha atuado no processo não poderá ser ouvido como testemunha. O juiz da causa também poderá ser arrolado como testemunha, e essa estratégia pode ser utilizada como uma tentativa de retirar o julgador da direção do processo (art. 452 do CPC). Nesta hipótese abrem-se duas possibilidades. A primeira será o reconhecimento pelo juiz quanto ao seu impedimento, por ter ciência de fatos relacionados ao processo. O afastamento impede a desistência de sua oitiva (art. 452, I). A segunda possibilidade é a declaração expressa de desconhecimento sobre qualquer fato relacionado ao processo, momento em que mandará excluir seu nome (art. 452, II). Esta decisão pode ser contestada pela parte mediante a demonstração de prova sobre a ligação do juiz com o processo e a necessidade de sua oitiva. Ao advogado aplica-se a mesma solução, o qual possui o dever de sigilo quanto aos fatos de que tomou conhecimento em vista da relação contratual com seu cliente.

A *suspeição* também impedirá o depoimento como testemunha daquele que seja amigo íntimo ou inimigo da parte (art. 447, § 3º, I, do CPC). A juntada do rol de testemunhas com antecedência permite que a parte contrária possa investigar a natureza da relação das testemunhas com a parte, o que motivará sua contradita (art. 457, § 1º, do CPC). Aquele que comprovadamente tiver interesse no litígio também estará impedido de ser ouvido.

As testemunhas incapazes, impedidas ou suspeitas podem ser ouvidas quando a oitiva se mostrar importante para o processo; contudo, não prestarão o compromisso a que alude o art. 458 do CPC. Nesta hipótese as pessoas arroladas no art. 447, §§ 1º a 3º, serão ouvidas como informantes (art. 447, § 5º, do CPC).

16.7.3 O direito de escusa da testemunha

A testemunha tem o dever de afirmar a verdade e não pode se recusar a prestar o depoimento sobre o que lhe for perguntado em juízo. O deve de colaborar com a verdade não pode ser suprimido pelo silêncio imotivado. Para algumas situações excepcionais o Código de Processo Civil acolhe a possibilidade do direito de escusa. Especificamente na hipótese da testemunha, o direito de escusa está regulado pelo art. 448, I e II, do CPC. As hipóteses nominadas pelos dispositivos representam uma síntese do que está albergado pelo art. 388, I a IV, do CPC. As regras merecem leitura harmonizada e com sobreposição.

A testemunha não terá a obrigação de depor sobre fatos que possam gerar sua autoincriminação, o que esta de acordo coma proteção constitucional do art. 5º, LXIII, da CF/1988. A extensão do direito de autodefesa para evitar sanções criminal, civil e administrativa está recepcionada pelo art. 379, *caput*, do CPC.[145] É certo que sua aplicação será residual em relação à testemunha, mas não impossível, porque a declaração poderá ligá-la aos fatos controvertidos no processo.

O art. 448, I, do CPC permite a escusa com cláusula ampla ao prever a recusa à deposição nas situações em que a declaração possa causar grave dano pessoal, o que inclui a previsão do art. 379 do CPC. O dispositivo estende o direito ao silêncio quando os fatos afirmados também trouxerem prejuízo ao cônjuge, companheiro e aos seus parentes consanguíneos ou afins, em linha reta ou colateral, até o terceiro grau. O motivo de grave dano, quando interpretado com o auxílio do art. 388 do CPC, permite inferir que os fatos podem comprometer a integridade física e moral da testemunha e de seus familiares.

A testemunha também não está obrigada a depor quando os fatos probandos estejam relacionados a questões em relação às quais, pelo estado ou profissão, tenha obrigação legal de guardar sigilo.[146] Aliás, a violação do sigilo funcional é crime tipificado pelo art. 325 do CP.

O momento para o exercício do direito de escusa nasce a partir de quando a testemunha é intimada por alguma das modalidades previstas pelo art. 455 do CPC, e pode ser apresentada por escrito. O segundo momento para o exercício do direito de escusa é no próprio ato da audiência, conforme prevê o art. 457, § 3º, do CPC. No momento de sua oitiva a testemunha pode pedir ao juiz a aplicação do art. 448 do CPC. O juiz, após a oitiva de ambas as partes, deverá decidir de plano. A decisão tem natureza interlocutória e poderá ser inserida na apelação (art. 1.009, § 1º, do CPC). Mesmo com a flexibilização da leitura do rol pelo STJ, apresenta-se remota a possibilidade de conhecimento de agravo de instrumento, embora a hipótese não possa ser descartada.

16.7.4 Local de oitiva da testemunha

Como regra, a testemunha deverá ser intimada para sua oitiva na sede do juízo (art. 449 do CPC). Na hipótese de residir em domicílio diverso a testemunha tem o direito de ser ouvida por meio de carta (art. 453, II). É possível afirmar que a oitiva por meio de carta precatória será

145. V. nossas considerações no t. I deste *Curso*, p. 184.

146. "(...). É prerrogativa do advogado definir quais fatos devem ser protegidos pelo sigilo profissional, uma vez que deles conhece em razão do exercício da Advocacia. Optando por não depor, merece respeito sua decisão – Agravo regimental improvido" (STJ, 6ª Turma, AgR no HC 48.843-MS, rel. Min. Nilson Naves, j. 31.10.2007, *DJU* 11.2,2008, p. 1).

paulatinamente substituída pela videoconferência, conforme autorizado e estimulado pelo art. 453, §§ 1º e 2º, do CPC. A utilização deste recurso tecnológico permite que a imagem e o som sejam transmitidos em tempo real. Há enorme vantagem em relação à oitiva por carta, porque a imediação é garantida em face do juiz da causa, ou seja, não há delegação do ato de instrução. A delegação não é proveitosa, porque dificilmente o juiz deprecado irá realizar o ato de inquirição e instrução com a mesma riqueza que o juiz que dirige a causa. Existindo a possibilidade da videoconferência, *ela é preferencial em relação à prova por meio de carta, porque valoriza os princípios da identidade física e da imediação*. Além disso, a utilização do meio de transmissão por imagem tem o benefício de não prejudicar o andamento dos trabalhos do juízo deprecado.

A testemunha tem o direito de ser ouvida em sua residência ou no estabelecimento em que estiver por motivo de saúde quando puder prestar o depoimento mas não tiver condições de se deslocar até a sede do juízo (art. 449, parágrafo único). Esta providência é muito importante em determinadas demandas, como na declaração de interdição, como autoriza expressamente o art. 751, § 1º, do CPC: "Não podendo o interditando deslocar-se, o juiz o ouvirá no local em que estiver". É comum a oitiva acontecer na residência, casa de repouso ou até no estabelecimento hospitalar.

Outra hipótese para a oitiva da testemunha em sua residência ou no local em que exerce sua função refere-se a todas as autoridades que estão nominadas no art. 454, I a XII, do CPC. Trata-se de prerrogativa de função extremamente discutível no período atual. É certo que a complexidade e a importância das funções nominadas permitem flexibilização do poder de regulamentar o dia de oitiva. Todavia, o privilégio de ser ouvido no local de trabalho ou na residência parece imotivado para o Estado Republicano. O CPC prevê no art. 454 as autoridades dos três Poderes: Presidente da República e seu Vice; os Ministros do STF, do STJ, STM, TSE, TST, TCU e os conselheiros do CNJ; o Procurador-Geral da República e os conselheiros do CNMP; os procuradores-chefes da União, dos Estados e Municípios, incluindo o Defensor-Geral da União e do Estado; os Governadores do Estado e do Distrito Federal; os Desembargadores dos Tribunais Estaduais e Federais, os membros do TCE e do TCDF; o Procurador-Geral de Justiça e os Embaixadores do País que por lei ou tratado concederem a mesma prerrogativa ao embaixador brasileiro. Observa-se que os vereadores foram excluídos da benesse do art. 454 do CPC.

O juiz não possui poder de determinar o dia e a hora. A autoridade indicará data para sua oitiva, incluindo o local (residência ou local de trabalho) e a hora (art. 454, § 1º). O poder de agenda do juiz será restabelecido quando a autoridade não se manifestar sobre a solicitação de oitiva após o período de um mês (art. 454, § 2º) ou quando não comparecer, injustificadamente, ao local no dia e hora indicados (art. 454, § 3º). A oitiva deve ser realizada preferencialmente na sede do juízo.

16.8 Da produção da prova testemunhal

16.8.1 Ordem de produção da prova. Negócio processual e videoconferência

A prova testemunhal será produzida preferencialmente na sede do juízo, sem prejuízo da oitiva por meio de carta ou com a utilização de videoconferência. A produção da prova exige que as testemunhas sejam ouvidas separadamente e sucessivamente, como corolário da unidade da instrução (art. 456 do CPC). O depoimento de uma testemunha não pode ser assistido por aquela que ainda não foi ouvida, sob pena de alterar a verdade dos fatos.

A ordem de oitiva obedece ao modo de formação do processo. Primeiramente serão ouvidas as testemunhas do autor, e posteriormente as testemunhas do réu.

Na hipótese de intervenção de terceiros, como na assistência, as testemunhas arroladas serão ouvidas juntamente com aquelas oferecidas pela parte assistida. As partes podem modular a ordem de produção, o que revela autêntico negócio processual (art. 456, parágrafo único, do CPC). Esta possibilidade é corriqueira em juízo quando há conflito temporal entre a prova produzida na sede do juízo e aquela produzida por meio de carta. É possível que este problema paulatinamente desapareça com a implantação progressiva da videoconferência. Esta forma de oitiva permite que a testemunha possa ser ouvida por sistema digital no mesmo dia em que é produzida a prova na sede do juízo com as testemunhas presenciais. Na verdade, o conceito de testemunha presencial passa a ser *físico* ou *virtual*.

A videoconferência será sempre preferencial em relação à produção da prova por carta precatória. Ela não apenas representa um avanço tecnológico e de economia processual, mas preserva os princípios da imediação e da identidade física do juiz. O responsável pela tomada do depoimento será o juízo deprecante, o que representa enorme vantagem em relação ao método tradicional de produção da prova extraterritorial.

16.8.2 A intimação das testemunhas

O ato de oitiva é precedido necessariamente pela cientificação da testemunha, o que depende de sua regular intimação. O Código de Processo Civil/2015 realizou profunda modificação quanto à iniciativa do ato de intimação, que passa a ser responsabilidade do procurador da parte (art. 455), como regra geral. Caberá ao advogado a responsabilidade pela intimação da testemunha por meio de carta com Aviso de Recebimento, cujo comprovante deverá ser juntado aos autos com pelo menos três dias de antecedência da data da audiência (art. 455, § 1º). A testemunha tem o direito de ser intimada com antecedência mínima de 48 horas para o comparecimento à audiência (art. 218, § 2º, do CPC).

16.8.2.1 *A intimação pelo procurador da parte*

O Código de Processo Civil não estabeleceu requisitos formais para o conteúdo da carta de intimação, mas será essencial que ela contenha os dados essenciais do processo referentes ao pedido formulado, à natureza do processo, dia, hora e local da audiência. No processo serão anexados os comprovantes da intimação representados por uma cópia da carta de intimação e o comprovante do recebimento.

Esta modificação é ousada, e transfere a responsabilidade das diligências referentes à testemunha para a parte. Não se trata de uma faculdade, ou seja, a parte não pode optar pela intimação voluntária ou judicial. Não se tratando de hipótese de intimação judicial obrigatória (art. 454, § 4º), a parte tem o dever de realizar a intimação por meio do seu procurador judicial.

A intimação voluntária, na forma do art. 454, § 1º, poderá não ser materializada por algumas situações especiais: (a) a parte poderá se comprometer a levar a testemunha independentemente de qualquer intimação (art. 454, § 2º); (b) poderá apresentar justificativa informando a necessidade da intimação judicial (art. 454, § 4º, II); (c) a parte poderá demonstrar que cumpriu com o dever do art. 454, § 1º, mas que, apesar da regularidade do ato, a testemunha não compareceu (art. 454, § 4º, I)

O pedido de apresentação espontânea da testemunha também não permite a formulação de escusa para pedido tardio de intimação pela via judicial. Quando a parte optar pela condução voluntária da testemunha, o não comparecimento é presumido como desistência da oitiva. Percebe-se a seriedade e a responsabilidade do ato de condução voluntária.

16.8.2.2 *Intimação pela via judicial*

A intimação judicial está prevista pelo art. 454, § 4º, do CPC. A primeira hipótese refere-se exatamente à frustração da intimação prevista pelo art. 454, § 1º, do CPC. O não atendimento à intimação do procurador judicial permitirá a abertura da via da intimação judicial. Não se trata de via alternativa, mas supletiva.

A segunda hipótese refere-se à frustração do ato. Não sendo possível intimar a testemunha por inoperância do Aviso de Recebimento (art. 454, § 4º, II), nada impede a intimação pessoal por meio do oficial de justiça, pela via judicial.

A intimação judicial também será essencial quando a testemunha for servidor público, o que exigirá a requisição ao superior hierárquico (art. 455, § 4º, III).

Ao Ministério Público, na qualidade de parte ou fiscal da ordem jurídica, concede-se a possibilidade de requerer a intimação pela via judicial. A mesma benesse é concedida para a Defensoria Pública. Isto não exime tanto o Ministério Público como a Defensoria de fornecerem a qualificação completa das testemunhas.

Por fim, a intimação judicial para oitiva em condição especial incidirá nas pessoas nominadas pelo art. 454 do CPC que possuem o direito de serem ouvidos em sua residência ou no local em que exercem suas funções. Trata-se de uma exceção à regra do art. 449 do CPC, pela qual o depoimento deve ser prestado na sede do juízo.

O não atendimento à intimação pelo procurador da parte ou pelo juízo sujeitará a testemunha a condução coercitiva, o que vale tanto para a intimação prevista pelos arts. 454, § 1º, e 455, 4º, do CPC.

16.8.3 Substituição das testemunhas

O rol de testemunhas deve ser apresentado no prazo definido pelos §§ 4º e 5º do art. 357 do CPC, sob pena de preclusão temporal. As partes protestam pela produção de provas na petição inicial e na formulação da contestação. A necessidade da prova testemunhal é uma decorrência da decisão de saneamento, porque é nesta fase que se delibera sobre a necessidade do prosseguimento da instrução e produção da prova oral. Exige-se o depósito prévio do rol para que a parte contrária e o juízo tenham a publicidade sobre a identidade da testemunha. A parte adversa tem o direito de contraditar a oitiva, o que exige o conhecimento prévio, para que possa formular sua impugnação.

Embora deferida a prova, é possível que múltiplos acontecimentos impossibilitem a oitiva da testemunha que foi inicialmente mencionada no rol oferecido em juízo. O rol informado pelo Código de Processo Civil não é taxativo (*numerus apertus*). É importante que o pedido de substituição decorra de motivo legítimo e fundado na boa-fé da parte requerente.

A alteração no estado civil da testemunha é suficiente para justificar a substituição. O estado civil pode ser alterado pelo reconhecimento da *incapacidade superveniente* ou, mesmo, pela *morte* da testemunha (art. 451, I, do CPC). Adiciona-se a enfermidade que torne inviável a possibilidade do depoimento (art. 451, II, do CPC). Se a enfermidade não causar a impossibilidade de manifestação de vontade, mas apenas de deslocamento, não há causa para a substituição, porque o juiz poderá ser deslocar até o local em que se encontre (art. 449, parágrafo único). Nem sempre a enfermidade é causa de substituição. O testemunho da pessoa enferma poderá ser essencial para a solução do processo. É possível que o não comparecimento seja motivado pelo acometimento da doença, e o ato poderá ser remarcado quando seja justificada a necessidade de oitiva da testemunha.

A impossibilidade de localização da testemunha e de sua intimação é motivo legítimo para justificar sua substituição. Não é possível utilizar o pedido de substituição como meio de procrastinação. Não se substitui testemunha que nunca foi identificada como moradora no endereço informado e sobre a qual não se tem notícia da real existência. Esta forma de utilização é vedada pelo art. 77, III, do CPC e consiste em abuso do direito de defesa. A situação é diversa quando a testemunha possuía endereço certo mas mudou para local diverso, ou quando não esteja mais ocupando o antigo posto de trabalho (art. 451, III). Nesta situação a substituição é correta e um direito da parte para comprovar suas afirmações.

16.8.4 A contradita da testemunha

De acordo com a primeira parte da exposição sobre a prova testemunhal, foi asseverado que a testemunha tem o compromisso com a verdade. O dever de verdade no depoimento prestado em juízo é formalizado pelo compromisso expresso firmado perante o juízo, nos termos do art. 458 do CPC.

Antes de iniciar o depoimento o compromisso pode ser afastado *ex officio* pelo juiz quando, no momento da qualificação, a testemunha afirmar a existência de fato que a enquadre em situação de suspeição ou impedimento. A parte pode afirmar a existência de relação de parentesco ou que a testemunha possui interesse direto na causa. O juiz ainda poderá observar que a testemunha é incapaz.

Estas considerações demonstram a importância do ato de qualificação da testemunha. O analista ou escrivão responsável pela preparação da audiência é pessoa chave para a conferência documental.

Alguns fatos não são passíveis de averiguação documental. Isto permite que a parte possa contraditar a oitiva (art. 457, § 1º). A existência de união estável da testemunha com a parte, por exemplo, pode ser causa da contradita.

Sob a ótica procedimental a contradita representa a impugnação da parte quanto à existência de incapacidade, impedimento ou suspeição que pode ser realizada por meio de documento ou por oitiva de até três testemunhas que serão apresentadas no ato e inquiridas em separado (art. 457, § 1º).

A comprovação ou a confissão sobre os fatos contraditados poderão afastar o depoimento, sem prejuízo da oitiva como informante. A própria testemunha poderá requer também o direito de escusa para depor. A escusa, conforme já analisada, refere-se aos fatos descritos pelo art. 448 do CPC. A escusa poderá ser total ou parcial, ou seja, a testemunha pode se negar a responder somente em relação a alguns dos fatos questionados.

Atualmente a diferença entre a oitiva da testemunha e a do informante perde muito sua relevância. A existência de parentesco ou de interesse direto na solução da causa não desqualifica, por si só, o depoimento. O juiz deve avaliar o depoimento com base no conjunto probatório. A experiência revela que depoimentos de informantes muitas vezes são mais ricos e decisivos para a solução da causa aqueles prestados por testemunhas compromissadas. O STJ entende que o delito de falso testemunho não deixará de incidir sobre aquele que não prestou o compromisso quando faltar com a verdade.[147]

A doutrina já alertava que a forma de o juiz externar o compromisso e a advertência das sanções penais deve ser adaptada ao perfil da testemunha.[148] O juiz deve ter a habilidade de expressar a importância de a testemunha dizer a verdade, mas sem inibi-la ainda mais, uma vez que o ato é solene por excelência e pode comprometer o depoimento daquele que se apresenta em juízo.

147. "(...). mostra-se prescindível o compromisso para a configuração do delito de falso testemunho – Precedentes – (...)" (STJ, 6ª Turma, AgR no HC 190.766-RS, rel. Min. Assusete Magalhães, j. 25.6.2013, *DJe* 13.9.2013).

148. Athos Gusmão Carneiro, *Audiência de Instrução e Julgamento*, p. 86.

16.8.5 O modo de produção da prova testemunhal

As partes podem realizar a inquirição direta das testemunhas, sem a necessidade de que a pergunta seja refeita ao juiz da causa. Trata-se de salutar inovação do CPC/2015, como estabelece o art. 459: "As perguntas serão formuladas pelas partes diretamente à testemunha (...)".

O juiz deverá participar de modo ativo da inquirição. É lícito ao juiz não apenas conduzir a audiência, mas participar da construção da prova testemunhal por meio de inquirição anterior ou posterior às partes (art. 459, § 1º). A participação ativa não significa que exista a obrigatoriedade de o juiz realizar a inquirição, mas, sim, controlar sua condução. É importante o juiz velar para que as partes tratem com urbanidade a testemunha, impedindo qualquer atitude de ameaça ou de desrespeito em relação à sua pessoa. As partes podem realizar perguntas diretas, mas isto não impede que a pergunta seja indeferida ou que o juiz determine que ela seja refeita, para evitar inquirição subjetiva ou que reflita pergunta capciosa ou impertinente (art. 459, § 2º).

As perguntas que forem expressamente indeferidas e que não sejam passíveis de reformulação poderão constar do termo de audiência, se a parte o desejar. Isto não será necessário se o depoimento for gravado por sistema audiovisual, porque o ato será totalmente documentado e preservado por meio de gravação eletrônica (art. 460 do CPC).

Embora desejável que o juiz participe da construção da prova, para colmatar pontos que sejam relevantes para a decisão da causa, não há obrigatoriedade de o juiz realizar a inquirição da testemunha, especialmente em demandas relacionadas a direitos patrimoniais e disponíveis.

16.8.6 Documentação da inquirição

O ato de inquirição poderá ser documentado pelo meio físico, ou seja, por digitação, ou utilização de taquigrafia, estenotipia ou qualquer outro meio idôneo. Na modalidade escrita a assinatura do ato de inquirição e do termo da audiência será essencial (art. 460, § 1º, do CPC). Atualmente é progressiva a adoção do processo eletrônico, e os depoimentos presenciais são gravados em sistema digital, assim como aqueles que são praticados por videoconferência. Nada impede que a própria parte possa gravar a audiência, para documentar pessoalmente o ato praticado, e sem necessidade de autorização judicial.

O processo, ainda que tramite na forma física, poderá permitir a gravação da audiência de instrução. Na hipótese de recurso está prevista a possibilidade da degravação e transcrição dos depoimentos, o que revela hipótese excepcional (art. 460, § 2º, do CPC). Esta previsão deve ser considerada anacrônica, pela possibilidade de utilização das mídias pelos tribunais, ainda que não estejam totalmente adaptados ao processo eletrônico.

16.8.7 Desdobramentos da produção da prova testemunhal

Durante a oitiva das testemunhas podem surgir fatos que exijam a continuidade do ato de instrução. O primeiro é representado pela necessidade de oitiva de uma *testemunha referida* pela parte ou por uma testemunha (art. 461, I). A parte ou a testemunha podem fazer referência a uma terceira pessoa que tenha ciência sobre os fatos discutidos no processo. A qualidade de *referida* exige que a parte ignorasse sua existência ou quando, embora conhecida, a parte não tivesse ciência de sua ligação com os fatos descritos na causa. O juiz deverá avaliar a importância e a utilidade de oitiva da testemunha referida. A iniciativa em requisitar a oitiva será da parte ou do próprio juízo.

A testemunha referida não se confunde com a testemunha "por ouvir dizer" (*hearsay witness*). A testemunha "por ouvir dizer" é aquela que não tem conhecimento direto dos fatos, mas por intermédio de uma terceira pessoa que não poderá ser ouvida. O fato que impossibilita a oitiva da testemunha referida – desconhecimento de sua identidade, morte ou desaparecimento – acaba por transformar o depoimento em mera asserção, uma prova meramente circunstancial.[149] Embora o testemunho "por ouvir dizer" deva ser repudiado, em situações excepcionais sua utilização deve ser ponderada com as demais provas produzidas. É o caso da demonstração de posse imemorial quando a soma de posses sucessivas não possa ser atestada, pelo falecimento do primeiro possuidor, ou para a comprovação da idade ou local de nascimento de pessoa que não conte com registro civil e documento para a comprovação de sua origem.

A segunda técnica de complementação do ato de instrução é a acareação (art. 461, II), cujo resultado nem sempre é frutífero. Quando duas ou mais testemunhas apresentarem versões contraditórias, ou quando uma testemunha se contrapõe ao depoimento de uma das partes. A prática revela a pequena utilidade da acareação como meio de obtenção da verdade.

A acareação é nada mais que técnica que determina a reprodução conjunta dos depoimentos contraditórios com o objetivo de que cada um

149. Baker, *The Hearsay Rule*, p. 3.

dos acareados tome conhecimento do depoimento contrário e esclareça os pontos de divergência. O princípio da coleta individual e reservada do depoimento cede à reunião conjunta dos acareados.

O Código de Processo Civil não estabelece procedimento para a acareação (art. 461, II). O juiz deverá reduzir os pontos contraditórios e estabelecer método de inquirição que permita elucidar as contradições. Nada impede que a acareação seja realizada por videoconferência.

16.9 O direito de indenização da testemunha

O art. 378 é claro quanto à inevitabilidade do dever de colaboração com a Justiça: "Ninguém se exime do dever de colaborar com o Poder Judiciário para o descobrimento da verdade".

A indeclinabilidade da função jurisdicional torna obrigatória a colaboração com a prática dos atos processuais que são destinados à entrega da tutela jurídica adequada. Por este motivo, a testemunha não pode se negar a prestar o depoimento em juízo. A intimação para o depoimento não é um convite que pode ser recusado, mas uma obrigação, cuja omissão pode gerar a aplicação de sanção marcada por medida executiva direta de condução coercitiva, sem prejuízo das despesas pelo adiamento do ato (art. 455, § 5º, CPC).[150]

Embora represente um dever processual, a testemunha tem o direito de ser ressarcida das despesas pela sua participação na audiência, como locomoção, acomodação ou gasto pelo tempo despendido. As testemunhas que são servidores públicos deverão ser requisitadas para seu superior hierárquico, e os funcionários do setor privado não sofrerão qualquer desconto ou perda de tempo de serviço (art. 463, parágrafo único, do CPC). As despesas antecipadas pela parte serão imputadas na conta geral, prevalecendo a aplicação do princípio da sucumbência.

150. Seria possível a sanção penal pela desobediência? Na esfera processual penal a resposta é positiva, pelo fato de o art. 219 do CPP trazer previsão expressa dessa cumulação. Na esfera civil prepondera a impossibilidade de sua incidência quando há previsão de sanção civil ou administrativa, sendo inviável a cumulação sem previsão expressa: "Consoante firme jurisprudência desta Corte, para a configuração do delito de desobediência de ordem judicial é indispensável que inexista a previsão de sanção de natureza civil, processual civil ou administrativa, salvo quando a norma admitir expressamente a referida cumulação. (...)" (STJ, 5ª Turma, HC 92.655-ES, rel. Min. Napoleão Nunes Maia Filho, j. 18.12.2007, *DJU* 25.2.2008, p. 352).

17. A PROVA PERICIAL

17.1 Considerações prévias sobre a prova pericial

A prova pericial está regulada pelo art. 464 do CPC e representa meio probatório importantíssimo para a solução de determinados pontos controvertidos em relação aos quais o juiz não possui capacidade técnica ou científica para alcançar conclusão satisfatória utilizando apenas seu conhecimento ou mediante colaboração dos apontamentos das partes.

A célebre afirmação de que "o juiz é o perito dos peritos" (*iudex est peritus peritorum*) deve ser interpretada com atenção, tanto no processo civil como no penal. O sistema brasileiro é pontuado por dois princípios basilares no campo probatório, e já analisados: (a) o princípio do livre convencimento motivado (art. 371 do CPC) e (b) o princípio da liberdade da produção da prova (art. 369 do CPC).

Apesar das críticas da doutrina quanto à expressão "livre convencimento", o juiz possui a liberdade de decidir, mas sempre com base no conjunto probatório ofertado nos autos. A decisão do juiz sempre será controlada por sua motivação, mas com liberdade no exame probatório ofertado pelas partes e oriundo de sua própria atividade inquisitória (art. 370).

Da mesma forma, inexiste hierarquia entre os meios probatórios (art. 369 do CPC). Não há como se afirmar no sistema brasileiro que a prova pericial é superior à prova documental ou testemunhal. Somente a análise do conjunto probatório conduz a uma resposta plausível para a solução da causa. É possível que um exame de DNA seja impugnado por prova testemunhal de um funcionário do laboratório que ateste o recebimento de valores para adulteração do seu resultado. Da mesma forma, a prova testemunhal dos confinantes em ação de usucapião pode relatar que a perícia foi realizada após a alteração do estado de fato da lide (atentado processual – art. 77, VI), prejudicando as conclusões do laudo pericial.[151] Aqui se reafirmam a importância na liberdade de produção e análise das provas e o perigo de admissão de provas tarifadas.

Estas observações não excluem a importância da prova pericial, mas apenas a necessidade de análise do conjunto probatório, e nunca de uma única prova. Neste sentido, o juiz é o *perito dos peritos*, pois pode avaliar a importância de cada uma das provas, inclusive para afastar a

151. Sobre o atentado na pendência da lida: José da Silva Pacheco, *O Atentado no Processo Civil*, pp. 136 e ss.

prova pericial ou determinar sua repetição. É o que estabelece o art. 479 do CPC: "O juiz apreciará a prova pericial de acordo com o disposto no art. 371, indicando na sentença os motivos que o levaram a considerar ou a deixar de considerar as conclusões do laudo, levando em conta o método utilizado pelo perito".

É óbvio que para determinadas causas a relevância da prova pericial será indiscutível, e o juiz alinhará sua decisão às conclusões do laudo, como em ações de filiação (investigação de paternidade, maternidade), ações relativas à conclusão sobre a responsabilidade civil subjetiva (responsabilidade extracontratual ou contratual), ações relacionadas ao estado civil da pessoa (interdição) – dentre outras.

17.2 A necessidade da prova pericial

Apesar de o legislador reconhecer liberdade na produção das provas e a inexistência de hierarquia entre os meios probatórios, estabelece critérios especiais para a admissão da prova pericial.

O motivo é simples. A prova pericial representa um custo elevado para o processo e sua produção, não raras vezes, compromete a celeridade da marcha processual. Com base nestas ponderações, o deferimento da prova pericial deve ser justificado e objeto de deliberação pelo juízo na fase de saneamento (art. 357, II e § 8º, do CPC).

Estas considerações servem de apoio para a compreensão das causas de exclusão da prova pericial. O juiz está autorizado a dispensar a prova pericial quando a conclusão sobre o ponto controvertido não depender de conhecimento especial, seja ele técnico ou científico (art. 464, § 1º, do CPC). A autorização deve ser corretamente interpretada. O juiz não substitui o conhecimento pericial, mas em determinadas situações a necessidade de perícia pode ser dispensada, como na hipótese de violação de marca notória ou quando o deslinde do feito dependa unicamente de cálculos aritméticos, que podem ser realizados com auxílio do contador judicial.

A perícia também não terá cabimento quando o ponto a ser discutido seja de direito, e não de fato. Ao perito é vedada a manifestação sobre questões de direito, pois deverá limitar-se às questões fáticas que lhe são indagadas (art. 473, § 2º, do CPC).

A prova pericial deverá ser dispensada quando o fato probando já estiver suficientemente demonstrado por outros meios de prova (art. 465, § 1º, II, do CPC). É muito comum o pedido aleatório de prova pericial como meio de impugnar títulos executivos judiciais ou extrajudiciais, contudo, sem qualquer especificação quanto aos motivos de ilegalidade quanto à cobrança. O título executivo configura prova documental para fins de configuração de liquidez, certeza e exigibilidade. Por este motivo, os arts. 525, §§ 4º e 5º, e 917, §§ 3º e 4º, do CPC não admitem a alegação de excesso, inclusive por meio de prova pericial, quando não existe demonstração da necessidade de exame analítico da composição do saldo devedor.

A prova pericial não terá cabimento quando o fato não puder ser demonstrado em juízo. Isto acontece com certa frequência pela ausência de formulação de pedido de produção antecipada de provas ou pela não formulação do pedido de arrolamento de bens em momento oportuno. É o que sucede com fatos materiais que desaparecem com o transcurso do lapso temporal. O proprietário que sofreu prejuízo pela ausência de curvas de nível na plantação do seu vizinho não pode pleitear a realização de prova pericial sobre o local meses ou anos após o fato ter acontecido (art. 465, § 1º, III, CPC).

17.3 Dispensa pela juntada de prova ou parecer técnico

O juiz poderá dispensar a realização de prova pericial quando as partes anexarem pareceres técnicos ou documentos elucidativos que tornem desnecessária sua realização (art. 472 do CPC). É possível que o exame de DNA seja dispensado quando o autor faça a anexação de laudo que tenha sido elaborado por médico eleito por ambas as partes em fase extrajudicial. A perícia judicial somente teria cabimento quando existisse fundada dúvida sobre a liceidade do laudo, e não mero inconformismo, pois a prova documental técnica anexada seria suficiente para fundar o pedido de paternidade. Outra forma usual de dispensa da prova pericial reside no oferecimento de laudos técnicos simultâneos para a avaliação de danos, o que foi consagrado pela jurisprudência pelo oferecimento de três orçamentos.[152] A técnica admitida pela jurisprudência é muito útil, porque simplifica o julgamento e torna possível até o ajuizamento de demandas

152. "(...) – Realização, por conta própria, dos reparos necessários no veículo, com a escolha, dentre três orçamentos solicitados, pelo de menor valor, efetivado com equipe especializada do seu quadro de funcionários, tornando os gastos menos dispendiosos, o que evidencia presunção de boa-fé na apresentação dos danos suportados – Precedentes das 2ª e 3ª Turmas desta Corte Superior. 10. Recurso desprovido" (STJ, 1ª Turma, REsp 334.760-SP, rel. Min. José Delgado, j. 6.11.2001, *DJU* 25.2.2002, p. 233).

perante o Juizado Especial, no qual a produção de prova pericial é vedada e sendo causa de extinção do processo (art. 51, II, da Lei 9.099/1995).

A manifestação do *amicus curiae* no processo (art. 138 do CPC) também poderá justificar a desnecessidade de produção da prova pericial quando seu parecer permitir o auxílio na decisão sobre o ponto controvertido, respeitado sempre o devido contraditório.

17.4 Perícias necessárias

O art. 464, § 1º, do CPC estabelece causas para a dispensa da perícia, mas deve ser assinalada a existência de situações especiais em que a prova pericial é compulsória. Assim como existem processos necessários, ou seja, aqueles em que a via jurisdicional é a única forma de obter a tutela (*e.g.*: processo de adoção), pode-se falar na existência de perícia necessária. Alguns processos marcados pela especialidade do objeto litigioso exigem a realização da prova pericial como condição para o juiz prolatar decisão final. É a hipótese do processo de interdição, nos termos do art. 753, *caput* e §§ 1º e 2º, do CPC. No processo de interdição duas provas são consideradas necessárias: (a) inspeção judicial e (b) prova pericial. É até possível que laudo unilateral anterior possa embasar pedido de curatela provisória (arts. 749, parágrafo único, e 750 do CPC), mas a interdição exige a realização de prova técnica por perito judicial. A importância do bem jurídico tutelado (estado civil da pessoa) torna a perícia compulsória. Outro exemplo de prova pericial obrigatória acontece no processo de desapropriação, nos termos do art. 14 do Decreto-lei 3.365/1941. Novamente, a especialidade do objeto litigioso faz com que a prova pericial seja essencial, porque o pagamento será realizado com dinheiro público.[153]

153. Especificamente na ação de desapropriação direta, o STJ fixou entendimento por repetitivo sobre a necessidade de prévia perícia judicial necessária para a imissão provisória, atendendo não só à proteção do interesse público, mas do interesse particular quanto ao mandamento da Constituição que exige indenização "prévia e justa": "Recurso especial – Repetitivo – Art. 543-C do CPC [*CPC/1973 – v. art. 1.036 do CPC/2015*] – Desapropriação – Imissão provisória na posse – Depósito judicial – Valor fixado pelo Município ou valor cadastral do imóvel (Imposto Territorial Urbano ou Rural) ou valor fixado em perícia judicial. Diante do que dispõe o art. 15, § 1º, alíneas 'a', 'b', 'c' e 'd', do Decreto-lei n. 3.365/1941, o depósito judicial do valor simplesmente apurado pelo corpo técnico do ente público, sendo inferior ao valor arbitrado por perito judicial e ao valor cadastral do imóvel, não viabiliza a imissão provisória na posse. O valor cadastral do imóvel, vinculado ao Imposto Territorial Rural ou Urbano, somente pode ser adotado para satisfazer o requisito do depósito judicial se tiver 'sido atualizado no ano fiscal imediatamente anterior' (art. 15, § 1º,

17.5 A prova técnica simplificada

Existe a possibilidade de ser evitada a realização da perícia por meio do deferimento da prova técnica simplificada. Esta interessante inovação não se confunde com a possibilidade de oitiva do perito nomeado na audiência de instrução (art. 361, I, do CPC).

A prova técnica simplificada pode ser encontrada no Juizado Especial por meio do art. 35 da Lei 9.099/1995. Esta técnica permite que a prova pericial tradicional seja substituída pela oitiva do *expert*, sem a necessidade de apresentação de laudo e impugnação escrita. A "oralidade "e a "especialidade" são atributos que marcam a prova técnica simplificada.

A análise sobre sua viabilidade dependerá da iniciativa das partes e do próprio juízo. Em algumas situações sua adoção representará economia processual e celeridade no trâmite.

O art. 464, nos §§ 3º e 4º, do CPC estabelece que o especialista deverá ter formação acadêmica específica na área de conhecimento em que irá prestar seu depoimento e poderá se utilizar de equipamentos de imagens e sons para esclarecer os fatos. A necessidade de formação acadêmica revela exigência que pode ser abrandada e que poderá ser facilmente suplantada pela oitiva de prático que tenha grande experiência em seu ofício. É indiscutível que a causa da falha de um veículo envolvido em acidente possa ser atestada pela oitiva de um experiente mecânico, ainda que não tenha formação acadêmica. A perícia técnica especializada é muito útil em comarcas menores, em que a dificuldade de acesso ao perito permite que o juiz simplifique a forma de produção da prova e admita a participação de práticos com reconhecida atuação em determinados segmentos (art. 156, § 5º, CPC).

Obviamente que em determinadas áreas de especialidade a formação e a titulação são indispensáveis para o esclarecimento de questões médicas (*perito médico*) ou, ainda, para a avaliação de estruturas (*perito*

alínea 'c', do Decreto-Lei n. 3.365/1941). Ausente a efetiva atualização ou a demonstração de que o valor cadastral do imóvel foi atualizado no ano fiscal imediatamente anterior à imissão provisória na posse, 'o juiz fixará, independente de avaliação, a importância do depósito, tendo em vista a época em que houver sido fixado originalmente o valor cadastral e a valorização ou desvalorização posterior do imóvel' (art. 15, § 1º, alínea 'd', do Decreto-lei n. 3.365/1941). Revela-se necessário, no caso em debate, para efeito de viabilizar a imissão provisória na posse, que a Municipalidade deposite o valor já obtido na perícia judicial provisória, na qual se buscou alcançar o valor mais atual do imóvel objeto da apropriação – Recurso especial improvido" (STJ, 1ª Seção, REsp 1.185.583-SP, rel. Min. Benedito Gonçalves, rel. para o acórdão Min. César Asfor Rocha, j. 27.6.2012, *DJe* 23.8.2012).

engenheiro) e explanação sobre contas públicas ou privadas (*perito contador*). A qualificação técnica nem sempre está correlacionada unicamente à formação superior. Em algumas áreas do conhecimento ou de atuação profissional admite-se a desnecessidade do ensino superior, o que não elimina a prova de qualificação para o exercício da profissão, como é o caso de corretores de imóveis e técnicos contábeis.

17.6 A figura do perito

A declaração judicial sobre determinados fatos jurídicos exige o auxílio de pessoa com conhecimentos técnicos e especializados, o que torna necessária a prova pericial (*Beweis durch Sachverständige*).[154] O perito atua como um intermediário entre o juiz e o fato jurídico. A atividade do perito é fundamental para permitir que o juiz possa compreender os fatos jurídicos complexos e, com isso, fundamentar sua decisão judicial de modo adequado. Sua atividade tem como fim auxiliar o juízo (*Gehilfe des Richters*) de acordo com sua *expertise*, que depende de demonstração de conhecimentos científicos, artísticos, comerciais ou da práxis – enfim, de uma especialidade na área em que é chamado para atuar (*besondere Sachkunde in Wissenschaft oder Kunst, Handel oder Gewerbe*).[155]

O art. 465 do CPC determina que o juiz nomeará perito especializado no objeto da perícia. O regramento da atividade do perito está disciplinado na Parte Geral do CPC, que disciplina a atividade dos auxiliares da Justiça (Livro III, Título IV, Capítulo III).

O art. 156 do CPC explicita que o juiz será assistido por perito quando o fato probando depender de conhecimento técnico e científico. A complexidade das relações jurídicas que são objeto de discussão judicial exige a participação crescente do perito. Seu conhecimento técnico ou científico será fundamental para fornecer subsídios à decisão judicial.

A capacidade do perito por meio de sua titulação e *expertise* deve ser previamente comprovada e atualmente é controlada de modo objetivo por meio do cadastro obrigatório realizado no tribunal ou mesmo no juízo (art. 156, §§ 1º e 5º, do CPC). Em relação aos peritos cadastrados cabe ao órgão de classe a verificação da existência de eventuais sanções e da regularidade da inscrição dos profissionais. Esta informação é importante para o zelo quanto à atividade profissional de cada categoria.

154. Musielak, *Grundkurs ZPO*, cit., 9ª ed., § 6º, p. 268.

155. Rechberger/Simotta, *Zivilprozessrecht – Erkenntnisverfahren*, cit., 7ª ed., vol. I, p. 810.

A formação acadêmica e a vinculação do perito ao órgão de classe são dados importantes para sua escolha pelo juiz, mas se trata de requisitos que podem ser relativizados. Ainda existe grande escassez de peritos para atender ao volume de demandas que exigem prova pericial.

A falta de profissional habilitado permite que o juiz nomeie pessoa experiente e que possua conhecimento técnico mas sem titulação.[156] No mesmo sentido, a formação profissional do perito em área afim mas não específica não invalida a perícia por falta de qualificação técnica.[157] A nomeação no despacho com a indicação da qualificação é importante para que futuramente a perícia não seja impugnada por falta de qualificação do *expert* que elaborará o laudo pericial. A publicidade permitirá que a parte faça a impugnação, sob pena de preclusão.[158] Para evitar favorecimentos, a lista do tribunal ou do juízo sempre deverá distribuir as perícias de modo equitativo, desde que observada a homogeneidade quanto à capacidade técnica.

É importante observar que a qualificação técnica não se confunde com a qualificação profissional ou acadêmica. É necessário diferenciar o âmbito de incidência. Um engenheiro com Doutorado em construção civil possui indiscutível qualificação profissional e acadêmica, mas poderá não possuir qualificação técnica para o exercício de uma perícia de natureza diversa da de sua especialização, ainda que dentro da área de Engenharia.

156. "Em ação de arbitramento de honorários advocatícios contratuais não é obrigatória a nomeação de perito técnico para a avaliação do trabalho advocatício realizado – Precedente" (STJ, 4ª Turma, AgR no REsp 748.511-MT, rel. Min. Raul Araújo, j. 11.6.2013, *DJe*18.6.2013).

157. "A norma prevista no art. 12, § 3º, da Lei n. 8.629/1993, ao impor que o laudo de avaliação seja subscrito por engenheiro agrônomo com registro de Anotação de Responsabilidade Técnica/ART, o faz em relação à própria Administração, e não em relação ao auxiliar do juiz, que deve ser um perito de sua confiança (REsp n. 930.043-SE, rel. Min. Luiz Fux, 1ª Turma, *DJe* 25.3.2009) – Precedentes de ambas as Turmas de Direito Público – Recurso especial não provido" (STJ, 2ª Turma, REsp 1.183.084-PR, rela. Min. Eliana Calmon, j. 6.4.2010, *DJe* 14.4.2010).

158. "Controvérsia acerca da alegação de nulidade da perícia por ausência de qualificação técnica do perito, na hipótese em que o juízo indica expressamente a qualificação do perito no despacho de nomeação, mas a parte apenas suscita a nulidade após a elaboração do laudo – Caráter relativo da nulidade – Preclusão na espécie, devido à menção expressa à qualificação do perito no despacho que o nomeou – Interpretação do REsp n. 957.347-DF, rela. Min. Nancy Andrighi, *a contrario sensu* – Agravo regimental desprovido" (STJ, 3ª Turma, AgR no REsp 1.396.974-RJ, rel. Min. Paulo de Tarso Sanseverino, j. 24.4.2014, *DJe* 2.5.2014).

17.6.1 Nomeação múltipla

Quando o juiz observar a existência de perícia com alta complexidade, poderá nomear mais de um perito, o que não é incomum, mesmo dentro de uma mesma área de atuação, quando há grande complexidade na apuração sobre a causa do fato jurídico (art. 475 do CPC). Esta cumulação também é permitida, *mutatis mutandis*, na comediação, quando existe a necessidade de mediadores especialistas em áreas diversas (art. 168, § 3º, do CPC – *e.g.*: um mediador para acompanhar a dissolução do vínculo familiar – divórcio, guarda – e outro para o vínculo patrimonial – *e.g.*: alimentos e bens envolvendo a dissolução parcial de uma sociedade).

17.6.2 A nomeação do perito e o negócio processual

A nomeação do perito poderá decorrer da iniciativa do juiz ou das partes. As partes podem requerer a prova pericial desde a primeira manifestação nos autos, o autor por meio da petição inicial e o réu (art. 319 do CPC) com a formulação de sua defesa (art. 335 do CPC). Os terceiros intervenientes também podem requerê-la, quando admitida sua participação.

Uma vez requerida a prova pericial, seu efetivo exame quanto ao cabimento e deferimento ocorrerá na fase de saneamento, nos termos do art. 357, II, do CPC. É nesta fase que existe a maturação necessária para que o juiz avalie, em conjunto com as partes, a necessidade efetiva de sua realização. Em caso positivo, nesta fase deverá ser realizada a nomeação do perito, com a fixação dos prazos para os fins das etapas discriminadas no art. 465 do CPC.

O juiz ainda poderá determinar a produção da prova pericial *ex officio*, nos termos do que autoriza o art. 370 do CPC, inclusive em segundo grau de jurisdição.[159] Isto poderá acontecer como conversão do feito em diligência, ainda que na fase final, quando a solução de ponto incontroverso dependa da averiguação de conhecimento técnico ou científico. As despesas processuais com o perito são rateadas quando a prova é determinada de ofício (art. 95 do CPC).

As partes também são soberanas para realizar a nomeação do perito de comum acordo, por meio de negócio processual (art. 190 do CPC), como autoriza a norma do art. 471 do CPC.

159. STJ, 2ª Turma, REsp 1.765.772-PR, rel. Min. Herman Benjamin, j. 13.11.2018, *DJe* 17.12.2018.

O requisito para a nomeação coincide com aqueles que são comuns ao negócio processual. As partes devem ser processualmente capazes e estar devidamente representadas (art. 471, I) e o objeto da demanda não pode estar vinculado a direito indisponível. A demanda deve permitir autocomposição (art. 471, II).

A perícia por meio de negócio processual substitui a perícia judicial, mas o requerimento deve ser apresentado em momento oportuno. As partes devem manifestar-se na fase de saneamento. Como o saneamento poderá ocorrer em gabinete e sem a realização da audiência, o prazo para o pedido de nomeação consensual teria como preclusão o esgotamento da intimação da decisão de saneamento, com a nomeação pelo juízo.

17.6.3 A substituição do perito: causas subjetivas e objetivas

A substituição do perito pode acontecer, basicamente, em dois lapsos temporais: (a) no momento de sua nomeação; (b) após sua nomeação.

O art. 468, I, do CPC estabelece que o perito poderá ser substituído por lhe faltar conhecimento técnico ou científico sobre o objeto da perícia. Esta primeira hipótese refere-se ao momento de sua nomeação. A substituição poderá decorrer de iniciativa do próprio perito ou das partes, conforme causa *objetiva* ou *subjetiva* que venha a fundamentar a substituição.

É possível que um corretor nomeado para a avaliação pericial de imóvel rural indique que sua especialidade é voltada apenas para a avaliação de imóveis urbanos (escusa objetiva), ou que é suspeito ou impedido para atuar no processo (escusa subjetiva – arts. 157 e 467 do CPC). Também será possível que a substituição decorra de impugnação das partes, que atestam sua inaptidão para a perícia indicada (causa objetiva). A decisão de acolhimento da impugnação na fase de nomeação (arts. 467 e 468, I) provocará a substituição do perito.

O segundo momento para a substituição é aquele indicado pelo art. 468, II, do CPC e pressupõe o descumprimento do encargo e pode ter como causa a *não entrega do laudo no prazo assinalado* ou a *inaptidão do laudo*. A não entrega decorre de fato objetivo. Cabe ao perito cumprir o prazo estipulado, e quando não há justificativa plausível para a entrega serôdia (ausência de entrega de documento das partes, dificuldades inerentes à complexidade do objeto litigioso) a substituição será obrigatória.

A inaptidão do laudo pericial poderá provocar duas situações básicas. A primeira, e mais radical, será a aplicação do art. 480 do CPC, com a substituição do perito e a nomeação de novo *expert*. A insuficiência técnica do laudo poderá ser reconhecida de ofício ou a pedido das partes. Esta segunda perícia não reabre o prazo para o oferecimento dos quesitos. Ela será guiada pelos mesmos parâmetros que nortearam a primeira perícia. Seu objetivo é corrigir inexatidões ou complementar o laudo quando o perito não atende à ordem judicial (art. 468, § 1º, do CPC). O não atendimento à complementação do laudo e ao esclarecimento requerido pelo juízo consistem em falta grave que inabilita este perito para novas nomeações, sem prejuízo de comunicação ao órgão de classe, para a aplicação de sanção administrativa (art. 158 do CPC).

A nova perícia não substitui a anterior, ou seja, a primeira perícia não deve ser descartada do processo, e o juiz deverá conferir o valor adequado a cada um dos trabalhos periciais realizados no processo (art. 480, § 3º, do CPC).

17.6.4 A figura do assistente técnico

As partes têm o direito de nomear assistentes técnicos para acompanhar a elaboração do trabalho do perito judicial. Sua indicação é facultativa e no interesse da parte, o que torna parcial as conclusões de seu parecer (art. 465, § 1º, do CPC).

A qualificação do assistente também poderá ser impugnada. Sua capacidade técnica é essencial, inclusive para que possa contraditar as conclusões do perito. O assistente oferece parecer técnico e poderá assinar o laudo pericial quando não tiver qualquer discordância quanto às suas conclusões. As despesas com o assistente serão adiantadas por cada uma das partes (art. 95 do CPC), mas devem ser reembolsadas, nos termos do art. 82, § 2º, do CPC, pelo vencido e englobam o conceito de indenização para fins do art. 404 do CC.

O assistente técnico também pode ser substituído nos autos quando incorra nas mesmas causas que o perito e represente motivo de atraso ou empecilho ao bom andamento do processo. O art. 468 do CPC aplica-se ao assistente e exigirá motivação adequada para seu afastamento.[160]

160. Neste sentido: "(...). O recurso especial foi provido, pois, ao revés do que ficou consignado na instância de origem, o STJ, em casos análogos, decidiu ser necessária a motivação do pedido de substituição do assistente técnico – Precedentes (AgR no AREsp n. 142.066-SP, rel. Min. Luís Felipe Salomão, 4ª Turma,, j. 12.11.2013, *DJe* 26.11.2013; REsp n. 655.363-SC, rel. Min. Aldir Passarinho Jr., 4ª Turma, j. 4.12.2008, *DJe* 2.2.2009). 3. Agravo interno não provido" (STJ, 4ª Turma, AgInt no AREsp 1.123.739-SP, rel. Min. Luís Felipe Salomão, j. 7.6.2018, *DJe* 13.6.2018).

17.7 O objeto da prova pericial

A prova pericial recai sobre os fatos jurídicos deduzidos pelas partes no processo e que dependam de *exame*, *vistoria* ou *avaliação* (art. 464 do CPC). O exame recai sobre pessoas ou objetos. Em relação à pessoa poderá referir-se a perícia médica que ateste fato a ela relacionado. Neste exame é importante não apenas a simples averiguação quanto à existência do fato, como uma lesão, deformidade, doença, mas a averiguação da etiologia, ou seja, a investigação de sua origem. Uma ação de natureza acidentária exige que a lesão seja contemporânea ao período de trabalho. O laudo deve cercar-se de todos os elementos fáticos para que a resposta possa ser precisa. A perícia médica não é obrigatória em relação à pessoa. É vedada a perícia compulsória; contudo, a recusa pode ser interpretada como injustificada.[161]

O exame ainda se refere a objetos, e poderá recair sobre livros comerciais, fiscais, contábeis, ou, mesmo, sobre documentos em que se analisa falsidade de uma assinatura. O exame sobre semoventes também é possível, e poderá ser fundamental para a avaliação da qualidade de um rebanho.

As *vistorias* recaem preferencialmente sobre bens móveis e imóveis. A necessidade de avaliação e certificação sobre o estado de fato de um imóvel, sua estrutura, eventual ruína ou prejuízo que venha a causar na propriedade vicinal exige a vistoria do perito. A vistoria também poderá recair sobre veículo que tenha sido negociado e no qual se alegue vício oculto.

A avaliação é muito utilizada na fase executiva quando há impugnação do laudo formulado pelo oficial de justiça ou técnico judiciário. A avaliação é fundamental no processo de execução singular e coletivo. Na ação de insolvência (art. 748 do CPC/1973, c/c o art. 1.052 do CPC/2015) o administrador deve arrecadar e o perito deverá avaliar os bens para fins de concurso universal. Nas ações universais, como a de arrolamento ou inventário (art. 610 do CPC), a avaliação é fundamental para serem estabelecidos o quinhão e a quota-parte de cada herdeiro. Na declaração de ausência (art. 20 do CC e art. 744 do CPC) o procedimento

161. V. art. 232 do CC: "A recusa à perícia médica ordenada pelo juiz poderá suprir a prova que se pretende obter com o exame". A recusa poderá ser avaliada com efeito negativo, mas ainda assim dependerá do exame do contexto fático demonstrado no processo. Especificamente nas ações de estado e para a investigação de paternidade o STJ fixou autêntica presunção por meio da Súmula 301: "Em ação investigatória, a recusa do suposto pai a submeter-se ao exame de DNA induz presunção *juris tantum* de paternidade".

também é obrigatório, para a preservação do patrimônio e para a preparação da sucessão provisória e definitiva.

17.8 Iter procedimental da prova pericial

O deferimento formal da prova pericial postulada pelas partes ocorrerá na fase de saneamento do processo, conforme o art. 357, II, do CPC. A prova poderá ser analisada em audiência, quando o saneamento compartilhado é realizado nos moldes do art. 357, § 3º, do CPC. Abre-se também a possibilidade de o saneamento ser realizado por escrito quando não há necessidade de realização de audiência. É importante lembrar que a prova pericial poderá ser determinada *ex officio*, em vista do art. 370 do CPC.

Uma vez deferida a prova pericial, o juiz nomeará perito de acordo com cadastro oficial (art. 465 do CPC), o qual poderá não ser obedecido em situações excepcionais (art. 156, § 5º, do CPC). O juiz ainda deverá fixar prazo para a realização da prova pericial e entrega final do laudo.

As partes devem ser imediatamente intimadas da nomeação, em obediência ao amplo contraditório, para que, no prazo de 15 dias, tomem as seguintes atitudes: (a) formulação de escusa subjetiva e objetiva do perito; (b) indicação de assistentes técnicos; e (c) apresentação dos quesitos.

17.8.1 Apresentação dos quesitos

No prazo de 15 dias as partes devem formular os quesitos necessários para a elucidação do ponto controvertido. É fundamental que as partes redijam quesitos pertinentes e claros, que elucidem a matéria fática que depende de conhecimento técnico para seu esclarecimento em juízo.

Os quesitos impertinentes e que se refiram a apreciação subjetiva, sobre matéria não posta em juíza, que se refiram a juízo de valor que não possa ser realizado pelo perito ou que digam respeito a matéria de direito, e não a matéria fática, devem ser rejeitados pelo juízo (art. 470, I).

Assim como as partes podem embargar a decisão judicial quando ela se mostre obscura ou contraditória, o juiz poderá determinar que os quesitos sejam reformulados quando a redação seja defeituosa e não permita conclusão objetiva por parte do perito.

O juízo também está autorizado a elaborar quesitos – o que será natural quando a prova for determinada *ex officio* –, os quais serão agregados aos quesitos formulados pelas partes. Os quesitos judiciais são geralmente oferecidos com a nomeação do perito. Em demandas de natureza objetiva, como em ações de seguro obrigatório (Lei 6.194/1973), em que a fixação das indenizações obedece a padrões objetivos, é comum a existência de modelo de quesitação para fins de facilitar o julgamento de demandas repetitivas. O mesmo pode ser dito em processos de interdição, em que o direito fundamental relativo ao estado civil da pessoa autoriza o juiz a formular quesitos para avaliar a situação do interditando.

Sem a apresentação dos quesitos o perito não tem condições para formular a proposta de honorários. É com base nos quesitos que o perito analisará a extensão do trabalho pericial para fins do art. 465, § 2º, I, do CPC.

O prazo de 15 dias para a apresentação dos quesitos é preclusivo e será contado a partir da intimação das partes (art. 270 do CPC). A preclusão consumativa da quesitação é decorrência natural do encadeamento dos atos processuais. O perito necessita avaliar a extensão da perícia para formular a proposta de honorários e para aceitar o encargo que lhe é submetido. Por este motivo, deve ser vista com reserva a interpretação extensiva deste prazo para considerar tempestiva a apresentação enquanto não iniciados os trabalhos do *expert*.[162]

17.8.2 Quesitos suplementares

As partes têm o direito de exaurir o objeto da perícia, o que torna possível a apresentação de quesitos suplementares. As partes podem apresentar quesitos adicionais enquanto o laudo ainda não tenha sido entregue. Isto pode gerar a necessidade de suplementação dos honorários periciais quando envolva aumento do trabalho e seja justificado pelo perito.

Os quesitos suplementares não se confundem com os esclarecimentos. A apresentação do laudo com as respostas aos quesitos inicialmente

162. STJ, ainda de acordo com Código de Processo Civil/1973: "(...). De acordo com firme jurisprudência do STJ, o prazo para indicação do assistente técnico e formulação de quesitos não é preclusivo, de modo que podem ser feitos após o prazo de cinco dias previsto no art. 421, § 1º, do CPC [*CPC/1973 – v. art. 465, § 1º, do CPC/2015*], desde que antes do início dos trabalhos periciais. Na hipótese dos autos, todavia, a Corte de origem assentou que os trabalhos periciais já foram iniciados, sendo forçoso reconhecer a ocorrência da preclusão para a indicação de assistente técnico e formulação de quesitos, resguardada a possibilidade de formulação de quesitos suplementares após a entrega do laudo pericial. 4. Agravo regimental não provido" (STJ, 4ª Turma, AgR no AREsp 775.928-RJ, rel. Min. Luís Felipe Salomão, j. 1.3.2016, *DJe* 15.3.2016).

formulados pode provocar a necessidade de esclarecimentos sobre pontos discorridos pelo perito no laudo apresentado em juízo.

Não é possível apresentar quesitos suplementares para suprir a ausência de quesitos principais.[163] A suplementação tem como fim esclarecer pontos que não foram abordados pelos quesitos inicialmente ofertados. Aparentemente., não é fácil diferenciar o quesito principal do suplementar, mas a prática demonstra que sua distinção é possível. Por exemplo: fixados como pontos controvertidos a existência de anatocismo e juros cobrados acima da média de mercado, resta claro que os dois quesitos principais não podem ser tratados como suplementares. No entanto, há uma tendência de minimizar o rigor pela busca da verdade real.

O que não é lícito, e deve ser repudiado, é a mudança do objeto da perícia por meio dos quesitos suplementares quando se observe que o laudo é desfavorável à tese arguida pela parte.[164]

17.8.3 A recusa do perito

No mesmo prazo de 15 dias destinado à apresentação dos quesitos as partes têm o direito de impugnar a nomeação do perito, pela arguição de suspeição e/ou impedimento (art. 465, § 1º, I, do CPC). Mesmo que as partes não façam a impugnação, nada impede que o próprio perito decline da nomeação quando for intimado (arts. 157 e 467 do CPC).

17.8.4 Indicação do assistente técnico

As partes devem informar seus respectivos assistentes técnicos para que possam ser admitidos e integrados nos trabalhos periciais. O assistente deve possuir qualificação técnica comprovada, pois do contrário não poderá oferecer parecer. O assistente é parcial e não se submete ao regime de suspeição ou impedimento (art. 466, § 1º, do CPC).

Os assistentes têm direito ao contraditório no momento de realização dos trabalhos periciais, o que obriga o perito a informar em juízo, com antecedência mínima de cinco dias, o início dos trabalhos (art. 466, § 2º, do CPC).

163. Arruda Alvim, *Manual de Direito Processual Civil*, cit., 14ª ed., vol. II, p. 1.042.

164. Cf.: STJ, 3ª Turma, AgR no REsp 1.329.159-SP, rel. Min. Ricardo Villas Bôas Cueva, j. 15.12.2015, *DJe* 2.2.2016.

17.8.5 Atitudes do perito após sua nomeação

Esgotado o prazo para que as partes providenciem as diligências do art. 465, § 1º, do CPC, o perito, no prazo de cinco dias, deverá tomar as seguintes providências (art. 465, § 2º, do CPC): (a) *formular sua proposta de honorários*; (b) *apresentar documentação que comprove sua qualificação*; e (c) *habilitar seu endereço eletrônico e contato, caso as informações não estejam cadastradas no sistema do tribunal* (art. 157, § 2º, do CPC). A aceitação da perícia não depende de termo de compromisso (art. 466 do CPC). Esta formalidade inútil foi abolida no transcurso do Código de Processo Civil/1973. O perito deve cumprir escrupulosamente seu encargo, na qualidade de auxiliar da Justiça, sob pena de incidência do art.158 do CPC. O perito tem o *dever de verdade*, na medida em que deve expressar com exatidão, por meio do laudo, as indagações realizadas sobre o objeto examinado.[165]

17.8.6 Direito de escusa

Como já assinalado, o perito poderá recusar a tarefa por fatores subjetivos (arts. 157 e 467 do CPC) ou objetivos (*e.g.*: inaptidão para a área técnica). Note-se que, para fins de escusa, o art. 157, § 1º, amplia esse prazo para 15 dias. Obviamente valerá prazo maior, em vista da importância da questão, pois a perícia deve ser isenta de qualquer vício, sob pena de comprometer o conteúdo do laudo.

O mesmo art. 157, *caput*, fornece cláusula ampla para o oferecimento da escusa (subjetiva e objetiva), permitindo que qualquer motivo legítimo possa ser deduzido pelo perito. Todo e qualquer impedimento que limite a atuação do perito pode ser indagado, e sua apuração pode ser momentânea ou superveniente.[166] Destacam-se como motivos legítimos: (a) matéria sobre a qual o perito não detenha capacitação técnica; (b) perícia que exponha fato sobre o qual possua dever de sigilo profissional; (c) não possuir condições de cumprir o encargo no prazo indicado; (d) possuir interesse na causa, ainda que indireto (*e.g.*: acionista ou quotista).

165. V. nossos comentários no t. I deste *Curso*, p. 691.

166. Moacyr Amaral Santos, *Prova Judiciária no Civil e Comercial*, 3ª ed., vol. V, p. 119.

17.8.7 Proposta, pagamento, redução e devolução dos honorários periciais

Não existindo escusa quanto à nomeação, o perito formulará sua proposta de honorários. O valor de seus honorários deve guardar correlação com a extensão e a complexidade da perícia. Esta avaliação depende da leitura do processo e, principalmente, da análise dos quesitos que foram formulados pelas partes e pelo juízo. É a razão pela qual a aceitação e a formulação da proposta exigem o oferecimento prévio dos quesitos. Os quesitos suplementares, os quais podem ser ofertados durante o trabalho do perito, podem justificar a suplementação dos honorários.

Após o oferecimento da proposta de honorários pelo perito as partes terão o prazo de cinco dias para manifestação, e logo após o juiz fixará o valor (art. 465, § 3º, do CPC). É possível que o perito não concorde com este valor, o que poderá levar à sua substituição – o que revela leitura ampliada do art. 467, parágrafo único, do CPC.

O pagamento é realizado na forma do art. 95 do CPC. A responsabilidade será da parte que pediu a perícia. Quando se tratar de perícia requerida pelo juízo o valor será repartido entre os interessados. Nada impede que as partes estabeleçam forma diversa de repartição, por meio de negócio processual (art. 190 do CPC).

O depósito do valor não autoriza o levantamento integral. O pagamento inicial é limitado a 50% do valor. O valor remanescente somente deverá ser liberado após a entrega do laudo, com a resposta a todos os quesitos (principais e suplementares), bem como os esclarecimentos das partes. Caso as partes optem pelo esclarecimento em audiência (art. 361, I, do CPC), nada impede que o pagamento integral seja deferido por ocasião da entrega do laudo com a resposta aos quesitos.

Em algumas situações o valor de pagamento da segunda parcela da perícia pode ser reduzido ou bloqueado. O valor fixado pelo juiz, nos termos do art. 465, § 3º, pode ser alterado. É possível que o laudo pericial seja deficiente ou inconclusivo. Estas duas situações ainda permitem correção pelos esclarecimentos complementares do perito. Se o laudo, mesmo após as diligências de complementação, se apresentar inconclusivo ou deficiente, porque permite apenas seu aproveitamento parcial, o juiz poderá realizar a redução do valor arbitrado. Na hipótese remota de o perito não ofertar o laudo (art. 468, II, do CPC) o juiz determinará a devolução do valor adiantado, e sua decisão valerá como título executivo, porque reconhecerá a existência de obrigação líquida, certa e exigível contra o auxiliar da Justiça (art. 515, I, do CPC). Esta restituição deverá ser realizada no prazo de 15 dias (art. 468, § 2º, do CPC). A parte que adiantou os valores terá legitimidade para promover execução contra o perito (art. 468, § 3º, do CPC).

17.8.8 Honorários periciais e a gratuidade da justiça

Um dos pontos sensíveis na realização da prova pericial esbarra no obstáculo econômico, em vista do alto custo de sua realização. Quando a parte requerente seja beneficiária da assistência judiciária os trabalhos periciais serão realizados por equipe de auxiliares da Justiça, quando existente. Mesmo quando o perito não pertença ao quadro de servidores da Justiça, nada impede sua nomeação. Como exemplos citem-se os médicos que atuam no Instituto Médico-Legal/IML, que prestam valorosa contribuição para exames relativos à configuração de lesões para diversos fins (*e.g.*: avaliação de pagamento do seguro DPVAT), bem como os peritos grafotécnicos para os fins do art. 478 do CPC.

A possibilidade de nomeação de perito quando há deferimento da assistência judiciária será regrada pelo art. 95, § 3º, I e II. Nos termos do art. 95, § 3º, I o custeio da perícia poderá estar previsto no orçamento dos entes públicos, para que servidor do Poder Judiciário ou órgão público conveniado possa realizar o trabalho pericial. É a solução preferencial, pelo maior controle e integração da atividade. A segunda solução é a prevista pelo art. 95, § 3º, II, do CPC, que é utilizada quando inexiste servidor ou órgão público conveniado. Nesta hipótese a verba orçamentária dos entes públicos prevê rubrica para o pagamento de perícias particulares, cujos valores de remuneração são fixados pelos tribunais ou, quando inexistente a tabela, pelo CNJ.[167]

No que tange aos processos em que o INSS é parte deve ser mencionada a Lei 13.876/2019, que determina o pagamento de uma perícia nos processos em que a autarquia for parte, seja na Justiça Federal ou na Estadual. A prova pericial é essencial em lides relacionadas a ações previdenciárias que tramitam na Justiça Federal (art. 1º) e também na Justiça Estadual, por força da competência delegada (art. 1º, § 1º, da Lei 13.876/2019).

17.8.9 Comprovação da qualificação técnica e contatos profissionais

O perito deverá fornecer, no prazo de sua nomeação (cinco dias) a demonstração de sua qualificação técnica e os contatos profissionais para sua integração na relação processual.

167. Atualmente regulamentada pela Resolução 232/2016.

Estas informações podem ser dispensadas, mas tudo dependerá das informações disponíveis e inseridas no cadastro de alimentação de cada tribunal para fins do art. 157, § 2º, do CPC. A formação do cadastro tem como fim permitir a distribuição equitativa dos serviços periciais e conferir parâmetro objetivo, o que impede a concentração dos trabalhos periciais. Se as informações exigidas pelo art. 465, § 2º, II e III, estiverem no cadastro, sua juntada é desnecessária, e bastará uma certidão do cadastro transportada para o processo.

17.9 Perícia elaborada por meio de carta rogatória, de ordem ou precatória

Algumas situações especiais exigem que a prova pericial não seja produzida na sede do juízo, o que exigirá a expedição de carta (art. 260 do CPC) para a elaboração do laudo. A nomeação do perito não deverá ser realizada pelo juízo deprecante, mas pelo juízo deprecado, o que se revela compreensível (art. 465, § 6º, do CPC). O juízo do local em que a prova será realizada tem melhores condições de avaliar a nomeação, em vista do escopo da prova, especialmente para a diminuição dos custos em sua realização.

17.10 A perícia e o oferecimento do laudo pericial

Após serem ultrapassados os atos preparatórios para a realização da perícia consistentes na nomeação do perito e depósito dos honorários periciais, passa-se à fase de realização da perícia.

O perito deverá informar previamente o juízo da data e local em que os trabalhos serão elaborados, o que permitirá o acompanhamento dos trabalhos pelos assistentes técnicos (art. 474 do CPC). A falta de comunicação poderá comprometer a integridade do laudo.[168] Esta cientificação é importante para as perícias de campo, mas perde sentido quando o exame pericial é documental.

O laudo pericial deve ser redigido em vernáculo e conterá: (a) a exposição sobre o objeto da perícia; (b) a análise técnica realizada sobre o objeto da perícia; (c) o método e a técnica científica utilizados em sua

168. Trata-se de nulidade relativa, e não absoluta, o que exige a demonstração de prejuízo. Neste sentido: STJ, 4ª Turma, AgInt no AREsp 1.274.421-SC, rel. Min. Lázaro Guimarães (Desembargador convocado do TRF-5ª Região), j. 5.6.2018, *DJe* 12.6.2018.

elaboração; e (d) todas as respostas formuladas por meio dos quesitos (art. 473, I a IV).

O que torna valiosa uma perícia é a clareza quanto à análise do objeto e as respostas sucintas e precisas quanto aos quesitos principais e suplementares. O perito deve descrever o objeto da perícia com lógica, para que suas conclusões possam ser aproveitadas. Não se espera juízo de valor, mas juízo de constatação em face dos questionamentos formulados pelas partes, pelo juízo e pelo próprio Ministério Público (art. 473, § 2º, do CPC).

Para fundamentar as conclusões do laudo o perito poderá necessitar de documentos que estejam em poder das partes ou terceiros, e poderá ter acesso integral, para a realização dos trabalhos. A resistência poderá ser vencida com o auxílio do juízo por meio de comando mandamental. Esta faculdade também é conferida aos assistentes técnicos, para que possam produzir seus pareceres.

A forma de exposição do laudo permite que as conclusões narrativas sejam acompanhadas de gráficos e planilhas que demonstrem o modo de execução da perícia e auxiliem na fundamentação de sua conclusão (art. 473, § 3º, do CPC).

A complexidade dos trabalhos periciais permite que o perito peça a dilação do prazo para a entrega do laudo. A regra prevista pelo art. 476 do CPC, que estabelece a concessão de metade do prazo, deve ser analisada no caso concreto, em vista da natureza da prova pericial. Muitas vezes o atraso na perícia decorre de fatores ambientais ou de resistência provocada por uma das partes. O prazo do art. 476 do CPC pode ser modulado.

O laudo deve ser apresentado em juízo dentro do prazo estipulado no momento da nomeação, conforme o art. 465 do CPC. O art. 477 estabelece a necessidade de que a juntada obedeça à antecedência mínima de 20 dias em relação à audiência de instrução e julgamento.

O controle deste prazo deve ser realizado pelo juízo. A designação da pauta deve estar em harmonia com a produção da prova pericial, e o juiz deve prever a possibilidade de contraditório em relação ao laudo. Aconselha-se que a data de instrução seja determinada com prazo mínimo de 30 dias em relação ao prazo final de apresentação do laudo.

Com a juntada do laudo será providenciada a intimação das partes, para que se manifestem no prazo comum de 15 dias. Abre-se a oportunidade para que o Ministério Público também possa apresentar sua impugnação, o que também é deferido ao próprio juízo quando tenha elaborado quesito *ex officio*. Neste mesmo prazo os assistentes técnicos poderão apresentar seus pareceres, com apontamentos de concordância ou discordância em relação ao laudo pericial (art. 477, § 1º, do CPC).

O perito deverá responder a todos os questionamentos no prazo de 15 dias (art. 477, § 2º, do CPC). As dúvidas e impugnações devem ser completamente esclarecidas. Obviamente que se os pareceres apresentarem metodologia que favorece cada uma das partes, o juiz deverá avaliar o trabalho dos assistentes e do perito no momento da fundamentação da sentença.

Após o esclarecimento do perito, se ainda persistirem dúvidas ou contraposições que mereçam melhor clarificação, as partes podem requerer a oitiva do perito e do assistente técnico que se dará na audiência de instrução e julgamento. Apesar de pouca utilizada, esta oitiva é importante, porque permite a articulação da conclusão escrita com o raciocínio desenvolvido pelo *expert*. O assistente também poderá ser indagado sobre o que é importante para acentuar a motivação em face de eventual divergência com o laudo pericial.

17.11 Perícia sobre o objeto ou a pessoa em estabelecimento oficial

O legislador processual acabou regulando a perícia sobre objeto ou pessoa quando realizada por estabelecimento oficial por meio do art. 478 do CPC. Apesar de inexistir dúvida, mesmo antes da previsão legal, sobre o poder de requisição judicial para a descoberta da verdade (art. 378 do CPC), sempre houve resistência quanto ao cumprimento das determinações judiciais por parte do Poder Executivo. Sabe-se das deficiências de estrutura e do volume de trabalho acometido aos profissionais; contudo, a previsão abre justificativa para o melhoramento e a contratação de profissionais por meio de concurso público. O art. 478, § 1º, estabelece que as perícias informadas pela gratuidade devem ter prioridade na sua elaboração. Na verdade, a maioria das perícias é gratuita e referente a laudos penais. O juízo cível deverá atribuir maior elastério para a conclusão da perícia com base no art. 478 do CPC.

O trabalho do perito oficial grafotécnico e documentoscopista é fundamental para assinalar a autenticidade e/ou falsidade de documentos que podem ser essenciais para o julgamento da causa. O perito médico do IML também exerce função importantíssima, pela sua experiência para a solução de questões atinentes à responsabilidade civil e penal e seus reflexos relacionados às indenizações, inclusive para fins de gradação da lesão. Aos peritos oficiais atribui-se o poder conferido pelo art. 473, § 3º, do CPC. No exame de documentos para fins de comparação poderão oficiar para estabelecimentos privados e públicos e marcar entrevistas para o fim de formular o laudo pericial (art. 478, § 3º, do CPC).

17.12 Despesas da prova pericial

Um dos pontos determinantes para o insucesso da prova pericial é seu custo elevado. Neste ponto surge o problema quanto ao pagamento das despesas necessárias para sua realização. Geralmente aquele que necessita de sua realização não possui condição de arcar com seu pagamento. Em relação ao assistente técnico já foi apontada a responsabilidade de cada parte quanto ao adiantamento dos honorários, para fins de reembolso final pelo vencido.

No tocante ao perito a responsabilidade pelo adiantamento das custas é daquele que solicita a produção da prova. A despesa será rateada entre as partes quando requerida pelo juízo ou quando a prova seja requerida por ambas as partes (art. 95 do CPC).

Quando a parte solicitante da prova é beneficiária da assistência judiciária não existe a possibilidade de imputar o pagamento das despesas com base na inversão do ônus da prova.[169] A perícia deverá ser arcada pelo Estado, dentro da regra estabelecida pelo art. 95, § 3º, I e II, e paga com dotação orçamentária específica para que servidor público ou, mesmo, particular execute os trabalhos de perícia, conforme explanações supracitadas. O vencido deverá ressarcir o ente estatal responsável pelo pagamento, e o juiz da causa oficiará à Fazenda Pública para que possa promover a ação de ressarcimento. Se o vencido também for beneficiário da assistência será observada a regra do art. 98, §§ 2º e 3º, do CPC.

18. Inspeção judicial

Dentre os meios probatórios, a inspeção judicial destaca-se, por revelar prova direta por excelência. A inspeção judicial vem regulada pelo art. 481 do CPC, sendo importante instrumento colocado à disposição do juízo para formar a convicção motivada para fins de julgamento da causa.

169. "A jurisprudência do STJ orienta-se no sentido de que a inversão do ônus probatório não acarreta a obrigação de suportar as despesas com a perícia, implicando, tão somente, que a parte requerida arque com as consequências jurídicas decorrentes da não produção da prova – Precedentes. 2. Agravo regimental não provido" (STJ, 4ª Turma, AgR no AgR no AREsp 575.905-MS, rel. Min. Raul Araújo, j. 7.4.2015, *DJe* 29.4.2015).

Como regra, os atos processuais são praticados na sede do juízo (art. 217 do CPC). Entretanto, em circunstâncias excepcionais existe a possibilidade de deslocamento do magistrado da sede do juízo para inspecionar pessoas ou coisas.

Ao que tudo indica, a prova por inspeção judicial já era conhecida dos romanos, e há passagem que demonstra sua utilização na ação de demarcação *(finium regundorum)*. A atividade judicial realizava-se *ex officio* e por meio de supervisão ocular (*oculisque suis subjectis locis*) quanto aos trabalhos de campo.[170]

No período medieval a inspeção passou a integrar o processo penal, e na fase moderna a Ordenação Francesa de 1667 incorporou-a aos feitos civis, o que a tornou um meio de prova comum ao processo civil e ao penal para o período atual.

Sua previsão atual revela importante instrumento que auxiliará o juiz no cumprimento do art. 489, §§ 1º a 3º, do CPC, além de evitar a utilização do ônus da prova como regra de julgamento.

18.1 Objeto da inspeção judicial

A inspeção recai sobre pessoas ou coisas. Sob a ótica da teoria do conhecimento podemos classificar a inspeção como meio de prova direto por excelência, ou seja, não existe intermediação quanto ao ato de intelecção. O juiz tem contato direto, e não por meio de uma testemunha ou perito, quanto ao fato jurídico inspecionado.

Isto não elimina a possibilidade de que a inspeção judicial possa recair sobre fato *direto* ou *indireto*.[171] Nem sempre o fato direto acaba sendo preservado até o momento em que a demanda é ajuizada. Quando a produção antecipada de prova (art. 381 do CPC) não é utilizada na fase adequada, o juiz pode realizar a inspeção sobre o fato indireto, como meio de solucionar o processo. É o que acontece quando o juiz tem contato com fatos indiciários que podem auxiliá-lo no julgamento da causa. Por exemplo, existindo um pedido para a decretação de morte presumida (art. 7º do CC) pela queda de pequena aeronave, o juiz poderá deslocar-se até o local em que o evento aconteceu para se certificar sobre a ocorrência do evento. Em suma: demonstrado o fato indireto, existe possibilidade de conclusão sobre o fato direto (morte presumida – *Todeserklärung*).

170. Passagem de Ulpiano, *Digesto*, 10, "De officio iudicis", Fragmento 08, in Henri Hulot (trad.) e outros, *Corps de Droit Civil Romain en Latin et en Français*, cit., vol. II, p. 68.

171. Echandía, *Teoría General de la Prueba*, cit., vol. II, p. 409.

A inspeção representa meio de prova físico que exige a atividade humana na sua produção por meio da percepção de fatos sensíveis e exteriores relativos a objetos e/ou pessoas. Os fatos interiores relativos à pessoa não são objeto de prova por meio da inspeção. Eles apenas podem fornecer indícios ao juiz, mas a prova sobre o estado da pessoa deve ser realizada por meio de perícia com a participação do profissional habilitado. É o motivo pelo qual o processo de interdição exige a inspeção judicial obrigatória sobre a pessoa, mas aliada à prova pericial, como condição de verificação do estado civil (arts. 751 e 753 do CPC).

A pessoa pode ser inspecionada em relação ao seu aspecto exterior. Em determinadas ações a inspeção sobre a pessoa pode ser importante para definir a etiologia de uma lesão e sua correlação com o fato apontado como ilícito. Em ações de seguro DPVAT, por exemplo, a indenização a ser paga tem seu valor diferenciado pela natureza da incapacidade. A inspeção realizada na própria audiência de instrução, atestando-se a mutilação de um membro, poderá ser atestada como meio de corroborar a prova produzida pelo laudo pericial.

Os objetos móveis, semoventes e imóveis podem ser objeto de inspeção. Em demandas de natureza possessória a presença do juiz no local é importante para que possa concluir sobre os fatos afirmados no processo, especialmente quando há notícia de atentado (art. 77, VI, do CPC). Não é à toa que o art. 565, § 3º, do CPC prevê a importância da inspeção nos conflitos possessórios coletivos, para que o juiz possa examinar o local e obter melhores impressões fáticas para a decisão da causa.[172]

A inspeção realizada pelo magistrado acaba sendo excepcional e difícil de ser materializada, mas quando é realizada permite decisão segura, em vista da apreciação madura dos fatos probandos. Sua utilização poderá ser fundamental para dirimir pontos de insurgência entre as partes em relação a pontos controversos do laudo pericial.[173]

18.2 Iniciativa da inspeção

A inspeção poderá nascer de requerimento das partes ou por iniciativa do juiz. As partes podem requerer, mas o juiz não é obrigado a produzir a prova. Somente a inspeção judicial para fins de interdição pode ser considerada prova compulsória e que, via de regra, é realizada no mo-

172. CPC, § 3º do art. 565: "§ 3º. O juiz poderá comparecer à área objeto do litígio quando sua presença se fizer necessária à efetivação da tutela jurisdicional".

173. STJ, 2ª Turma, REsp 1.383.278-SC, rel. Min. Herman Benjamin, j. 13.12.2016, *DJe* 19.12.2016.

mento do interrogatório do interditando e sem prejuízo do deslocamento do juiz até a casa ou estabelecimento hospitalar em que o interditando esteja internado (art. 751, § 1º, do CPC).

A inspeção oficiosa decorre do poder inquisitório do art. 370 e da autorização do art. 481 do CPC. O juiz poderá determinar sua realização de modo concomitante com a produção da prova pericial. A previsão do art. 482 do CPC não exige que o perito seja nomeado especificamente para acompanhar a inspeção. Apesar do silêncio do texto, o juízo também poderá requerer em sua inspeção o acompanhamento de um *amicus curiae* (art. 138 do CPC).

Isto é importante em demandas possessórias, de usucapião, ações demarcatórias e divisórias, ou mesmo em ações civis públicas relacionadas à defesa do meio ambiente. O juiz poderá aproveitar a presença do perito para dirimir dúvidas relacionadas ao objeto litigioso.

18.3 O contraditório na inspeção

As partes têm direito de participar da inspeção. A publicidade quanto ao ato é essencial para permitir que as partes possam acompanhar o trabalho de campo (art. 483, parágrafo único, do CPC). As partes têm o direito de participar, opinar e fornecer suas impressões sobre o objeto da inspeção (arts. 9º e 10 do CPC). É possível que as inspeções também sejam acompanhadas por assistentes. A ausência de intimação gera a nulidade do ato e a impossibilidade de sua utilização como fundamento da decisão.

18.4 Causas da inspeção judicial

A inspeção judicial não é disciplinada como último meio probatório de modo desarrazoado. Embora o juiz esteja autorizado à produção de provas pelo art. 370 do CPC, sua iniciativa deve ser secundária e residual. Somente quando as partes não conseguirem esclarecer o objeto litigioso de modo convincente o julgador deve lançar mão do poder inquisitório e da realização da inspeção, como autoriza o art. 483, I, do CPC. A inspeção é poderoso instrumento para esclarecer fatos que necessitam de aprofundamento probatório para se alcançar uma decisão fundamentada.

Outra hipótese importante e já mencionada refere-se à impossibilidade de a pessoa ou o objeto serem examinados na sede do juízo. Abre-se a possibilidade de realização da inspeção como meio de dar acesso direto ao julgador ao objeto da prova (art. 483, II, do CPC). A inspeção também será importante quando é necessário reconstituir os fatos. Isto é relativamente comum em ações de indenização. Nem sempre a visualização do croqui ou a descrição do laudo do acidente permitem a apreciação ideal de como o sinistro ocorreu. O deslocamento do juiz ao local dos fatos poderá ser ideal para a solução justa e adequada da lide (art. 483, III, do CPC).[174]

18.5 O auto de inspeção judicial

A inspeção judicial representa ato formal e deve ser obrigatoriamente documentada, nos termos do art. 484 do CPC. As conclusões utilizadas para a fundamentação da sentença com base na inspeção judicial exigem que o ato seja lavrado pelo escrivão, técnico ou analista judiciário que acompanhe a realização do ato.

O magistrado, as partes, seus procuradores e assistentes bem como o próprio *amicus curiae* devem assinar o auto de inspeção. A princípio não existe motivo para recusa desta assinatura, porque o juiz não realiza conclusões nesta fase. O auto corresponde a uma análise sobre os fatos constatados durante o momento da inspeção sobre o objeto ou a pessoa. Obviamente, os fatos constatados podem ser objeto de impugnação, e por isso permite-se a devida instrução do auto por meio de desenhos, gráficos e fotos. Entendemos que uma forma ideal de preservar a percepção do local é a gravação de imagens com áudio para o magistrado. Esta forma permite a preservação fidedigna do ato de inspeção, para eventual recurso e análise do juízo *ad quem*.

174. "A utilização da inspeção judicial como meio de prova se justifica sempre que houver necessidade de o magistrado melhor avaliar ou esclarecer um fato controvertido, ou seja, naquelas situações em que essa percepção não puder ser obtida pelos outros meios de prova comumente admitidos no processo. (...)" (STJ, 3ª Turma, AgR no REsp 1.110.215-RJ, rel. Min. Sidnei Beneti, j. 27.10.2009, *DJe* 6.11.2009).

Capítulo IX
DA SENTENÇA E SUA CLASSIFICAÇÃO

1. A sentença como forma de pronunciamento judicial. 2. Princípio da congruência: 2.1 A congruência e o princípio dispositivo – 2.2 Exceções ao princípio da congruência: 2.2.1 Julgamento "infra" ou "citra petita" – 2.2.2 Julgamento "ultra petita" – 2.2.3 Julgamento "extra petita" – 2.2.4 As inexatidões e erros materiais: alteração e integração da sentença. 3. Elementos estruturais da sentença: 3.1 Relatório – 3.2 Fundamentação: 3.2.1 O conteúdo e a estrutura da fundamentação: 3.2.1.1 A proibição de reprodução literal do ato normativo – 3.2.1.2 O uso indevido de conceitos jurídicos indeterminados – 3.2.1.3 A vedação da motivação-padrão – 3.2.1.4 A motivação deficiente ou omissa – 3.2.1.5 Invocação de precedente desconexo com as questões debatidas – 3.2.1.6 Descumprimento imotivado do precedente – 3.2.1.7 A ponderação e a interpretação na decisão judicial – 3.2.1.8 A fundamentação e os capítulos da sentença – 3.3 Dispositivo. 4. Modalidades de sentença: 4.1 Sentença declaratória: 4.1.1 Efeitos da declaração – 4.1.2 Tutela provisória em ações declaratórias: 4.1.2.1 Tutela provisória na sentença – 4.1.3 A declaração e os direitos fundamentais. A filiação como direito da personalidade – 4.2 Sentença constitutiva – 4.3 Sentença condenatória: 4.3.1 A cognição como pressuposto da execução – 4.3.2 A sentença condenatória genérica e o art. 491 do CPC – 4.3.3 A hipoteca judiciária e o princípio da concentração: 4.3.3.1 Requisitos para o registro da hipoteca judiciária: (a) O contraditório diferido – (b) Existência de decisão condenatória – (c) Direito de preferência – 4.4 Sentença mandamental – 4.5 Sentença executiva "lato sensu". 5. Julgamento das ações relativas às obrigações de fazer e não fazer e entregar coisa: 5.1 A tutela específica e a necessidade de sua proteção adequada – 5.2 Meios de cumprimento da tutela específica: 5.2.1 A tutela específica preventiva – 5.2.2 A tutela específica ressarcitória – 5.2.3 Combinação da tutela preventiva e da ressarcitória – 5.2.4 Culpa, dolo e dano na tutela específica – 5.3 Tutela específica para a entrega de coisa: 5.3.1 A entrega de objeto móvel ou imóvel – 5.3.2 Necessidade da concentração – 5.3.3 Conversão em perdas e danos e a multa – 5.3.4 A tutela específica na emissão de declaração de vontade – 5.4 Eficácia da decisão para emissão de declaração de vontade: 5.4.1 Declaração de vontade: negócios jurídicos monovinculantes ou bivinculantes – 5.4.2 Objeto da declaração de vontade: bens móveis e imóveis. 6. A sentença e os fatos supervenientes ("factum superveniens"). 7. Correções da sentença: erros materiais e cálculos: 7.1 Erro de cálculo e o problema do excesso.

1. A SENTENÇA COMO FORMA DE PRONUNCIAMENTO JUDICIAL

A sentença representa o ponto culminante da relação processual, por meio do qual o juiz profere decisão sobre o objeto litigioso com base no art. 485 ou no art. 487 do CPC, encerrando a fase de conhecimento ou de execução. Com o Código de Processo Civil/2015 a sentença não é mais visualizada como o ato pelo qual o juiz extingue o processo. Aliás, já pelo Código de Processo Civil/1973 esta noção havia sido modificada pela Lei 11.232/2005, porque a redação originária do art. 162, § 1º, do CPC era notoriamente incompleta.[1] O juiz não extingue obrigatoriamente o processo por meio da sentença, mas apenas encerra uma fase da relação processual. A estabilidade da relação processual somente é atingida com o trânsito em julgado, que poderá depender do esgotamento de todas as fases recursais.

Como acentuamos na Parte Geral deste *Curso de Processo*, uma das fontes do problema para classificar corretamente um pronunciamento como sentença ou decisão interlocutória decorre da precariedade de nosso sistema recursal.[2] No modelo brasileiro adotou-se o recurso de agravo para as decisões interlocutórias que são proferidas no *iter procedimental* para a resolução de questões incidentais. Entretanto, muitas decisões proferidas no curso do procedimento possuíam natureza de mérito, ainda que não encerrassem a relação processual. O correto seria interpor o agravo ou a apelação? O problema foi enfrentado pela doutrina, que identificou decisões interlocutórias de mérito, ou seja, com conteúdo de sentença.[3] Nosso sistema não adotou o conceito de *sentença parcial* (*Zwischenurteil*), que poderia resolver a questão. Se nosso sistema reconhecesse efetivamente a sentença parcial, o sistema recursal deveria prever a apelação. Não foi a solução adotada por nosso sistema, que obrigou a incorporar o agravo como recurso cabível para decisões interlocutórias de mérito. É a situação aplicável ao reconhecimento da prescrição ou da decadência sobre parcela do pedido.[4]

1. CPC/1973, § 1º do art. 162 (redação originária): "Sentença é o ato pelo qual o juiz põe termo ao processo, decidindo ou não o mérito da causa".

2. V. t. I deste *Curso*, p. 783.

3. Teresa Arruda Alvim, *Nulidades do Processo e da Sentença*, p. 38.

4. V.: STJ, 4ª Turma, REsp 1.778.237-RS, rel. Min. Luís Felipe Salomão, j. 19.2.2019, *DJe* 28.3.2019.

O Código de Processo Civil/2015 procurou corrigir a redação do Código de Processo Civil/1973 e aperfeiçoou, dentro das limitações de nosso sistema recursal, o conceito de sentença. A sentença passa a ser considerada o pronunciamento judicial que encerra o processo de conhecimento ou o processo executivo com base em algum dos fundamentos dos arts. 485 ou 487 do CPC (art. 203, § 1º). Há clara combinação do elemento finalístico (encerramento da relação processual) com o conteúdo do pronunciamento judicial (arts. 485 ou 487).[5] A decisão interlocutória, por exclusão, será todo pronunciamento judicial de conteúdo decisório que não se enquadre como sentença (art. 203, § 1º, do CPC).

É claro que, se as partes não recorrerem e a sentença assumir natureza preponderantemente declaratória, como na ação de investigação de paternidade ou na ação de usucapião, o julgamento de primeira instância será suficiente para entregar a tutela jurisdicional. Todavia, desde a modificação operada pela Lei 11.232/2005 até as sentenças declaratórias podem ser objeto de cumprimento de sentença, o que decorre da alteração promovida pelo art. 475-N do CPC/1973 e que foi confirmada pela redação do art. 515, I, do CPC/2015. A tradicional visão de que somente a sentença condenatória é apta a iniciar a fase executiva sofre modulação, pois o título executivo apto para o cumprimento é representado por toda decisão judicial que reconheça a exigibilidade de uma obrigação de dar (coisa certa, incerta ou pagamento), fazer ou não fazer.[6]

Percebe-se que desde a reforma operada pela Lei 11.232/2005 a sentença passou a ser o ponto nodal de intersecção entre o processo de conhecimento e o processo de execução, em vista da criação da fase de cumprimento de sentença. O sincretismo processual aproximou a cognição da execução, o que realçou o papel da sentença como elemento de transição para a fase de satisfação da parte vencedora, em cumprimento ao art. 4º do CPC (*princípio da primazia da decisão de mérito*).[7]

Embora a sentença assuma papel preponderante na atividade de estabilização e satisfação, não é lícito ignorar o papel crescente da decisão interlocutória no sistema jurídico. A própria noção de título executivo sofreu relativização, porque, para fins do art. 515, I, do CPC, não é ape-

5. Arruda Alvim, *Manual de Direito Processual Civil*, 14ª ed., vol. II, p. 1.041.

6. O STJ definiu que as regras concernentes ao cumprimento de sentença obedecem à previsão do art. 14 do CPC relativa ao isolamento dos atos processuais: "É aplicável o CPC/2015 ao cumprimento de sentença, iniciado sob sua vigência, ainda que a sentença exequenda tenha sido proferida sob a égide do CPC/73" (REsp 1.815.762-SP, rel. Min Mauro Campbell Marques, 2ª T., *DJe* 7.11.2019).

7. Em relação ao princípio, v. t. I do nosso *Curso*, pp. 175 e ss.

nas a sentença que permite a prática de atos executivos. A decisão que permite a prática de atos executivos deve ser *líquida*, *exigível* e *certa*; contudo, a noção de certeza engloba as decisões que são tomadas em tutela provisória (art. 519 do CPC).

A crise de efetividade de nosso sistema mitigou o papel da sentença como forma de efetivação dos provimentos jurisdicionais, uma vez que o autor pode obter a antecipação dos efeitos da tutela sem a necessidade de esperar o desenrolar de todo o procedimento plenário. A técnica da antecipação valorizou a decisão, inclusive com a possibilidade de estabilização da tutela provisória (art. 304 do CPC).[8]

A valorização da decisão proferida pelo juiz, de maneira *incidenter tantum*, está relacionada aos duros percalços exigidos por parte do autor com o fim de atingir os resultados almejados com o pedido inicial. No entanto, tratando-se a antecipação da tutela de medida provisória, conclui-se que, confirmando-se o substrato probatório no qual o juiz apoiou seu juízo de convencimento, a medida passará de provisória a definitiva quando for proferida a *sentença*.[9] Daí a importância do pronunciamento jurisdicional definitivo, pois ele acomoda as pretensões discutidas na relação processual e alcança estabilidade com o trânsito em julgado.

2. Princípio da congruência

2.1 A congruência e o princípio dispositivo

A correlação entre a ação e sentença, antes de ser postulado legal (art. 492 do CPC), corresponde a um enunciado de bom senso, próprio de um Estado de Direito Democrático. Caso a sentença esteja em discordância com os limites fixados pela causa de pedir e pelo pedido formulado na petição inicial, o comando sentencial estará eivado de nulidade, por julgar além (*ultra petita*), aquém (*infra/citra petita*) ou fora (*extra petita*) do pedido.

A determinação do conteúdo da petição inicial é liberalidade do titular do direito de ação. Como regra, cabe ao autor realizar o pedido no processo, muito embora na prática a contestação contenha, em seu articulado, "pedidos" formulados pelo réu. O réu somente poderá formular

8. Sobre o ponto, v. o que escrevemos em nosso *Curso*, t. I, p. 995.

9. A diferença entre *provisoriedade* e *temporariedade* já havia sido ressalvada por Lopes da Costa em monografia clássica sobre o assunto (*Medidas Preventivas – Medidas Preparatórias – Medidas de Conservação*, p. 10).

pedido, aumentando o espectro da decisão, por meio da reconvenção, pedido contraposto ou quando formulado em ação de natureza dúplice.

O princípio dispositivo representa um limite à intervenção da autoridade judicial. As partes delimitam o objeto da controvérsia por meio da fixação da causa de pedir e do pedido. A decisão judicial deve respeitar esse limite como um sistema de freios e contrapesos, uma autêntica limitação vertical do Estado em relação ao cidadão. Não teria sentido as partes serem surpreendidas pela intervenção estatal em desacordo com o pedido formulado. O que pensar da parte que pede a aplicação da multa contratual com manutenção do liame obrigacional mas que recebe tutela judicial de resolução do negócio jurídico? O julgamento com desvirtuamento da causa de pedir e do pedido acaba por corromper a prestação da tutela jurisdicional. A causa de pedir fixa pela substanciação (art. 319, III) os fatos e fundamentos que alicerçam o pedido imediato. Logo, fixados a causa de pedir e o pedido em proteção possessória (*ius possessionis*), não poderá o juiz conceder tutela petitória (*ius possidendi*).

2.2 Exceções ao princípio da congruência

O sistema jurídico admite, excepcionalmente, a quebra entre a simetria do pedido e da sentença. Ela poderá ser violada sem gerar nulidade da sentença, o que decorre de autorização legal ou por construção jurisprudencial. Como exemplo de autorização legal encontramos a Lei 8.560/1992, que permite que o juiz possa realizar a fixação de alimentos mesmo que o autor não tenha efetivado o requerimento da verba na ação de investigação de paternidade. Trata-se de exemplo clássico de pedido implícito.[10] Outra forma de exceção ao princípio da congruência reside

10. "Na investigação de paternidade, o pedido de alimentos pode vir de modo implícito, pois decorre da lei, sendo mero efeito da sentença de procedência do reconhecimento da relação de parentesco – Precedentes – (...) – Agravo regimental a que se nega provimento" (STJ, 3ª Turma, AgR no REsp 1.197.217-MG, rel. Min. Vasco Della Giustina (Desembargador convocado do TJRS), j. 15.2.2011, *DJe* 22.2.2011).

"Sempre que na sentença de primeiro grau se reconhecer a paternidade, nela se fixarão os alimentos provisionais ou definitivos do reconhecido que deles necessite" (art. 7º da Lei 8.560/1992).

Ainda: "Ausência de pedido explícito de condenação do réu ao pagamento de pensão alimentar – Irrelevância – Inteligência do art. 7º da Lei n. 8.650/1992. Declarada a paternidade do réu, cabe ao sentenciante estabelecer pensão alimentar em favor do autor, caso dela necessite – e ainda que não expressamente requerida –, visto que o pedido de alimentos é implícito, a teor do art. 7º da Lei n. 8.650/1992" (TJSP, 6ª Câmara de Direito Privado, ACi 92.147-4, de Buritama, rel. Des. Antônio Carlos Marcato, j. 4.3.1999, v.u.).

nas matérias de objeção, que podem ser reconhecidas *ex officio*. Aqui vale sublinhar que a oficiosidade das matérias de ordem de pública não permite a surpresa processual, ou seja, quando as matérias não tenham sido ventiladas no decorrer da relação processual (art. 10 do CPC), inclusive pela superveniência de fatos novos (art. 493, parágrafo único), o contraditório deverá ser respeitado.

Outro exemplo importante de autorização legal refere-se às possibilidades de mutação do pedido imediato. Uma delas refere-se à própria ação possessória em que se aplica o princípio da fungibilidade, motivo pelo qual o pedido imediato pode ser concedido, na fase final, de modo diverso do que foi requerido, nos termos do art. 554 do CPC. O pedido de interdito possessório é realizado quando a parte se depara com uma situação de ameaça (art. 567 do CPC); contudo, no momento da decisão liminar, ou final, o juiz poderá se deparar com situação de esbulho. A alteração da causa de pedir próxima (ameaça para invasão) exigirá a concessão da tutela adequada, que não será mais a correspondente ao pedido inicialmente formulado. O art. 554 do CPC (princípio da fungibilidade) cumpre o papel determinado pelo art. 5º, XXXV, da CF/1988, que revela o compromisso constitucional com a concessão da tutela jurisdicional adequada.

Aproveitando, ainda, o exemplo da ação possessória, o STJ permite que se modifique o pedido imediato de tutela específica para tutela reparatória quando seja impossível a reintegração de posse de determinada área.[11] Quando inviável a concessão da tutela específica, o juiz deve as-

11. "(...). O STJ já se manifestou no sentido da possibilidade de conversão da ação possessória em indenizatória, em respeito aos princípios da celeridade e economia processuais, a fim de assegurar ao particular a obtenção de resultado prático correspondente à restituição do bem quando situação fática consolidada no curso da ação exigir a devida proteção jurisdicional, com fulcro no art. 461, § 1º, do CPC/1973 [*V. art. 499 do CPC/2015*]. *A conversão operada na espécie não configura julgamento* ***ultra petita*** *ou* ***extra petita****, ainda que não haja pedido explícito nesse sentido*, diante da impossibilidade de devolução da posse à autora, sendo descabido o ajuizamento de outra ação quando uma parte do imóvel já foi afetada ao domínio público, mediante apossamento administrativo, sendo a outra restante ocupada de forma precária por inúmeras famílias de baixa renda com a intervenção do Município e do Estado, que implantaram toda a infraestrutura básica no local, tornando-se a área bairros urbanos. 6. Não há se falar em violação ao princípio da congruência, devendo ser aplicada à espécie a teoria da substanciação, segundo a qual apenas os fatos vinculam o julgador, que poderá atribuir-lhes a qualificação jurídica que entender adequada ao acolhimento ou à rejeição do pedido, como fulcro nos brocardos *iura novit curia* e *da mihi factum dabo tibi ius* e no art. 462 do CPC/1973 [*v. art. 493 do CPC/2015*] ..." (grifos nossos) (STJ, 1ª Turma, REsp 1.442.440-AC, rel. Min. Gurgel de Faria, j. 7.12.2017, *DJe* 15.2.2018).

segurar o resultado prático equivalente (art. 497 do CPC). Novamente, a possibilidade de mutação do pedido imediato é permitida pela ponderação principiológica. A impossibilidade de reintegrar a parte na área esbulhada decorre da aplicação do princípio da *primazia da realidade subjacente*. Estas duas constatações demonstram a importância do escorreito cumprimento do art. 489, §§ 1º e 2º, do CPC. A conversão *ex officio* da tutela específica em tutela reparatória deve exigir fundamentação ampla e com a ponderação dos interesses em conflito, para sopesar a melhor solução para o caso concreto.

2.2.1 Julgamento "infra" ou "citra petita"

A decisão judicial não poderá ser omissa sobre os pedidos formulados pelas partes. A omissão reflete *déficit* na prestação da tutela, sendo vedada expressamente pelos sistemas constitucional (art. 5º, XXXV) e legal (art. 140 do CPC).

Não se pode confundir o acolhimento parcial com sentença *infra petita*. O acolhimento parcial é perfeitamente lícito e desafia o recurso de apelação por ambas as partes. O acolhimento parcial poderá decorrer da incidência de tese jurídica diversa, que poderá influenciar na extensão do pedido formulado. O juiz poderá reconhecer a incidência dos juros e correção em período diverso do pretendido na inicial. Tal decisão não permitirá o acolhimento do pedido condenatório na extensão formulada, o que reflete julgamento parcial (arts. 487, I, e 490 do CPC).

O julgamento *infra petita* caracteriza a existência de omissão. O juiz simplesmente deixa de apreciar um pedido formulado pela parte. Esta omissão poderá ser constatada inclusive em fase recursal, sem a necessidade de nulificação da sentença, desde que a causa esteja madura para julgamento, nos termos do art. 1.013, § 3º, III, do CPC.

Os embargos de declaração podem ser utilizados como meio de integrar a decisão omissa, inclusive provocando sua mudança. O efeito infringente é admitido em caráter excepcional, porque os embargos representam o meio adequado de suprir a omissão, e com seu suprimento é possível que o dispositivo anterior sofra alteração. O preenchimento da decisão com julgamento sobre matéria não apreciada poderá alterar o resultado do processo. Podemos citar como exemplo a situação em que o autor formulou pedido de condenação do réu em danos materiais e morais. Ao proferir sua decisão, o juiz reconheceu o fato ilícito e condenou o réu ao pagamento de danos materiais, mas foi omisso quanto ao dano moral. Após a interposição dos embargos de declaração o juiz supre a omissão, conhecendo e dando provimento ao recurso para deferir os danos morais (art. 1.022, II, do CPC). Não há dúvida de que o provimento dos embargos acarretará a alteração do julgamento, com o aumento da condenação do réu.

As sentenças ilíquidas, quando proferidas em face de um pedido certo e determinado (arts. 322 e 324 do CPC), representam julgamento aquém do que foi requerido. Se o pedido de liquidação não se justificar pela possibilidade de liquidação imediata, os embargos de declaração terão cabimento para solucionar a questão. Isto não significa que, apesar de o pedido ter sido formulado de modo determinado, o juiz não possa reconhecer a certeza da obrigação (*an debeatur*) e postergar a liquidação do julgado (*quantum debeatur*).[12]

Em situação especial, como na fixação do dano moral, não há que se falar em julgamento *infra petita* se o juiz fixar o valor do dano moral acima do que foi requerido. A Súmula STJ-325 permanece inalterada mesmo em face do art. 292, V, do CPC.

2.2.2 Julgamento "ultra petita"

A sentença não poderá ultrapassar o limite do que foi requerido na petição inicial. Ao contrário da sentença *infra* ou *citra petita*, que poderá ser corrigida por meio dos embargos de declaração, a sentença *ultra petita* desafia o recurso de apelação.

Em algumas situações o STJ já proclamou que não há vício por decisão *ultra petita*, como na ação de alimentos.[13] No entanto, a regra é de que o juiz deve estar adstrito ao pedido e não pode invocar motivos próprios

12. "'Quando o autor tiver formulado pedido certo, é vedado ao juiz proferir sentença ilíquida' (art. 490, parágrafo único, do CPC) [(*sic*) o art. seria p 450 do *CPC/1973; art. 492 CPC/2015*]. 2. Mitigação da norma do art. 490, parágrafo único, do CPC (*sic*) pela jurisprudência desta Corte Superior, admitindo-se a condenação ilíquida quando o juízo está convencido da procedência do *an debeatur*, mas não do *quantum* – Precedentes. 3. Hipótese em que a necessidade de liquidação decorre do acolhimento de uma das razões de defesa. 4. Inocorrência de julgamento *ultra petita*, mas de provimento em menor extensão do que a pleiteada na inicial. 5. Agravo regimental desprovido" (STJ, 3ª Turma, AgR no REsp 1.526.223-RS, rel. Min. Paulo de Tarso Sanseverino, j. 17.5.2016, *DJe* 27.5.2016).

13. "O STJ já firmou o entendimento de que, 'na ação de alimentos, a sentença não se subordina ao princípio da adstrição, podendo o magistrado arbitrá-los com base nos elementos fáticos que integram o binômio necessidade/capacidade, sem que a decisão incorra em violação dos arts. 128 e 460 do CPC' [*CPC/1973 – v. arts. 141 e 492 do CPC/2015*] (REsp n. 1.290.313-AL, rel. Min. Antônio Carlos Ferreira, 4ª Turma, j. 12.11.2013, *DJe* 7.11.2014). (...). 5. Agravo regimental a que se nega

para estender o objeto da decisão quando não há requerimento da parte. A concessão de tutela cautelar, ainda que de ofício, para a proteção de situação emergencial não poderá ser considerado julgamento *ultra petita.*

2.2.3 *Julgamento "extra petita"*

O pedido formulado pela parte deve ser determinado, nos termos do art. 324 do CPC. Esta advertência tem como espelho a previsão final do art. 492, *caput*, que proíbe ao juiz decidir a lide sobre objeto diverso do que foi demandado. O julgamento sobre pedido diverso do que foi formulado representa violação expressa ao princípio dispositivo.

O julgamento *extra petita* pode ser corrigido com a decretação de nulidade total ou parcial da sentença. A nulidade será total quando não seja possível aproveitar o que foi julgado dentro do pedido porque o próprio dispositivo viola expressamente o que foi requerido. Como exemplo podemos citar a decisão que determina a rescisão do contrato quando o autor pediu apenas o abatimento do preço (*actio quanti minoris*). A desconformidade entre o pedido imediato e o pronunciamento judicial é suficiente para a nulificação. Em outras situações a sentença poderá ser corrigida por meio da nulificação do que foi julgado fora do pedido. A parte ingressou com pedido de indenização exclusivamente por danos morais e o dispositivo condena a parte por danos materiais e morais. A sentença poderá ser nulificada parcialmente, para eliminar os danos materiais que não foram objeto de discussão e mesmo assim foram incluídos indevidamente no dispositivo.

Não se trata de julgamento fora do pedido quando o autor formula pedidos alternativos (art. 325 do CPC). O acolhimento de qualquer um dos pedidos satisfaz a pretensão processual. Quando o pedido admitir mais de uma forma de cumprimento (tutela específica, reparatória, reparação na forma específica) o juiz poderá acolher uma das formas de satisfação, ainda que não tenham sido expressamente requeridas pelo autor do pedido (art. 325, parágrafo único).

Não existe julgamento *extra petita* quando o julgador se utiliza de argumentos jurídicos diversos daqueles que são deduzidos pelas partes no processo para acolher ou rejeitar a causa de pedir e o pedido formulados no processo. O que se revela importante, em vista da necessidade de contraditório forte no Código de Processo Civil/2015 é que o juiz abra

provimento" (STJ, 4ª Turma, AgR no AREsp 603.597-RJ, rel. Min. Raul Araújo, j. 16.6.2015, *DJe* 3.8.2015).

o contraditório quando se utilize do princípio *iura novit curia*. O juiz é livre para apreciar a lide com o fundamento jurídico adequado; contudo, deve alertar as partes quando a tese não tenha sido discutida no processo (art. 10 do CPC).

2.2.4 *As inexatidões e erros materiais: alteração e integração da sentença*

Há limite temporal para o juiz modificar a sentença quanto ao seu conteúdo. Após a publicação da sentença o juiz não poderá mais alterar o julgado, sendo lícito afirmar que se configura uma preclusão *pro judicato*.

Esta limitação temporal não alcançará as inexatidões e os erros materiais que tenham sido cometidos pelo julgador. A falibilidade é ínsita ao ser humano, e o juiz não escapa desta constatação. A atividade de julgar assumiu maior complexidade perante o sistema jurídico atual, que trabalha com dois dados notórios: (a) multiplicidade crescente de demandas e (b) especialização dos ramos jurídicos.

A base crescente e exponencial de processos levou o CNJ a estabelecer um sistema de *Metas* a partir do ano de 2009 como meio de estabelecer prioridades para o julgamento dos processos.[14] Esta realidade decorre de vários fatores, dentre eles o crescimento do acesso à Justiça e a materialização de direitos fundamentais.[15] Outro ponto que dificulta o julgamento é a especialização crescente dos ramos jurídicos e dos precedentes sobre um mesmo tema.[16] Estes fatos justificam a criação de mecanismo que possa permitir ao julgador corrigir *erros evidentes* sem necessidade de interposição de recurso pela parte.

O art. 494, I, do CPC/2015 não representa novidade, e pode ser considerado regra tradicional de nosso sistema, conforme previsão do art. 463, I, do CPC/1973. Os erros materiais no dispositivo sentencial afetam diretamente o cumprimento da sentença. A grafia incorreta da qualificação da parte, quando mencionada, ou a inclusão de valor equivocado, em

14. Sobre o histórico das *Metas*: *http://www.cnj.jus.br/gestao-e-planejamento/metas/sobre-as-metas*.

15. V. as considerações traçadas no t. I deste *Curso*, p. 43. O refinamento do sistema jurídico permite, na fase atual, tutelar novas situações, como o *dano temporal*. Sobre o ponto: Gustavo Borges/Maurílio Casas (orgs.), *Dano Temporal – O Tempo como Valor Jurídico*, *passim*.

16. O que torna discutível, hoje, a integridade da Parte Geral dentro dos Códigos modernos. V. a interessante discussão em Menezes Cordeiro, *Tratado de Direito Civil Português*, vol. I, p. 85.

dissonância com aquele reconhecido na fundamentação, permitem que o juiz possa corrigi-los a qualquer tempo.

O erro material pode estar relacionado a qualquer elemento que gere distorção evidente na decisão. O art. 494, I, segunda parte, do CPC menciona expressamente o erro de cálculo. Esta previsão em separado é importante, porque o erro evidente quanto ao cálculo (um dígito a mais ou a menos) ou uma soma em desacordo com as verbas reconhecidas na fundamentação dispensam o oferecimento de recurso. Este ponto é importante, porque o erro evidente incorporado no pedido de cumprimento de sentença também deverá permitir correção a qualquer tempo, sem necessidade de oferecimento de impugnação por excesso de execução. O excesso somente deverá integrar a peça de defesa quando a cobrança derive de valor cobrado indevidamente mas com manifestação expressa do credor e não represente o fruto de erro material. É o que se exige da leitura dos arts. 5º e 6º do CPC.

Os erros materiais que derivem de apreciação equivocada dos fatos decididos pelo juiz também podem ser corrigidos por meio do recurso de embargos de declaração (ar. 494, II, do CPC).

Os embargos de declaração são classificados em nosso sistema como recurso, o que parece inegável pela redação do art. 994, IV, do CPC, o qual obedece ao princípio da taxatividade. A base de um recurso está na insurgência contra o *decisum* do órgão prolator contrário ao interesse defendido, o que delimita a possibilidade de revisão do julgado. Esta revisão tem como base o princípio do *duplo grau de jurisdição*. Nos embargos não há duplo grau, e a impugnação não se dirige à modificação do mérito, mas, sim, à integração da sentença dentro das situações ventiladas pelo art. 1.022 do CPC. O CPC/2015 inseriu expressamente no art. 1.022, III, a possibilidade de o juiz corrigir erro material.

O problema surge quanto aos limites impostos aos embargos de declaração para integrar a sentença (art. 494, II, do CPC) e à restrição do efeito infringente. Ao prolatar a sentença acaba o ofício jurisdicional, e mesmo os embargos não podem ser utilizados para o fim de obter, por via menor, a revisão do julgado. O fim dos embargos dirige-se a propiciar que o juiz se manifeste sobre eventual obscuridade, contradição, omissão, e para eliminar erro material do julgado. O denominado efeito infringente não pode ser admitido para fins de modificar a decisão. No entanto, se o caso for de omissão não há modificação, pois a sentença será apenas completada quanto ao fato que deixou de ser apreciado. Este ato de complementação pode apenas integrar ou levar à própria modificação do julgado. São casos excepcionais, mas se o juiz reconhece a decadência pela via dos embargos de declaração, porque não apreciou a preliminar na fundamentação da sentença, é certo que poderá ocorrer modificação no julgado, que pode ter apreciado favoravelmente a demanda para a parte contrária.

3. Elementos estruturais da sentença

Os elementos estruturais de toda sentença civil são informados pelo art. 489 do CPC. O ato sentencial é importante, uma vez que encerra uma fase vital da relação processual, o que exige que sua forma seja determinada por lei, como ensina a dogmática alemã: "A forma da sentença é determinada pela lei".[17] O Código alemão (*ZPO*) estabelece minúcias quanto à forma da sentença no § 313, o qual inspirou diretamente a formulação do art. 458 do nosso CPC/1973 e, por via de consequência, o art. 489 do CPC/2015.

3.1 Relatório

O relatório é a primeira parte da sentença, e deve informar o sumário dos fatos afirmados na petição inicial e na contestação, bem como dos atos processuais. O relatório, em caso de recurso, deve permitir que o órgão colegiado possa compreender o processo decisório em toda sua extensão, com a identificação do objeto litigioso. Sem isso não é possível saber sobre o que recai a fundamentação. A causa de pedir próxima e a remota precisam constar do relatório, o que levará à compreensão da motivação e do dispositivo. O ideal é que todas as peças citadas no relatório estejam numeradas ou indicadas quanto ao movimento ou fase no processo eletrônico, o que demonstra o conhecimento do processo pelo juízo sentenciante, além de facilitar a identificação do julgamento do processo na instância revisora.

O art. 489, I, do CPC exige elemento supérfluo, como a menção ao nome das partes; contudo, a descrição do sumário do pedido e da contestação representa elemento essencial para que o relatório contenha o extrato do julgamento. As fases processuais principais também necessitam de menção, para a identificação do procedimento e sua liceidade. Pela descrição das fases processuais é possível compreender se o juízo obedeceu ao procedimento comum ou ao especial, bem como se ocorreu eventual supressão de contraditório.

17. "Die Form des Urteils ist vom Gesetz vorgeschrieben" (Peter Lüke, *Zivilprozeßrecht – Erkenntnisverfahren und Zwangsvollstreckung*, 7ª ed., p. 260).

O art. 459 do CPC/1973 não foi repetido pelo Código de Processo Civil/2015; contudo, sua incidência era lógica e importante. Não há dúvida de que sentenças fundamentadas no art. 485 do CPC permitem um relatório sucinto. A concisão não revela omissão. Na sentença terminativa muitas vezes o relatório será brevíssimo, principalmente se tal fato ocorrer na fase inicial do processo. No Juizado Especial Cível, regulado pela Lei 9.099/1995, permite-se a dispensa do relatório, nos termos do seu art. 38: "A sentença mencionará os elementos de convicção do juiz, com breve resumo dos fatos relevantes ocorridos em audiência, dispensado o relatório". A ausência nos demais procedimentos (comum e especial) acarreta a nulidade do julgado, pois o art. 489, I, considera-o parte essencial do julgado.

É importante lembrar que mesmo quando o julgador utiliza a técnica de julgamento *per relationem*, ou seja, adotando a fundamentação em superior instância dos motivos e argumentos do julgador de primeira instância, os requisitos estruturais do art. 489 devem ser obedecidos. Não se permite a mera reprodução.[18]

18. V. interessante julgado do STJ em que se decretou a nulidade de acórdão: "(...). 1. Conforme bem ressaltado pelo ilustre Min. Sérgio Kukina, em esclarecedor voto-vista ao qual adiro, de fato, como afirmado no RMS n. 50.400-MG, rel. Min. Herman Benjamin, *DJe* 10.5.2017, na forma da jurisprudência do STJ, assim como do STF, é admitida a fundamentação *per relationem*, sem que isso vá de encontro à exigência de motivação das decisões. Nessa mesma linha de compreensão: AgInt no AgInt no AREsp n. 903.995-SC, rel. Min. Og Fernandes, *DJe* 2.5.2017, e AgInt no AREsp n, 256.146-RS, rela. Min. Maria Isabel Gallotti, *DJe* 15.3.2017. 2. Entretanto, no caso ora examinado constata-se a presença de máculas que direcionam para o acolhimento da alegada nulidade do acórdão recorrido, ante a sua inobservância aos requisitos do art. 458 do CPC/1973 [*V. art. 489 do CPC/2015*]. 3. Tendo em conta essa estrutura sentencial, e ao se examinar o conteúdo da apelação da autora (fls. 1.274-1.296), verifica-se que foi agitada relevante preliminar processual, reivindicando a nulidade da sentença por ausência de relatório e por falta de fundamentação, já que adotado pelo Juiz sentenciante, como razão de decidir, o tão somente parecer do órgão ministerial oficiante na causa (transcrito na íntegra). 4. Nada obstante, o acórdão da apelação, para além de não mencionar tal preliminar em seu relatório (fls. 1.365), também deixou de decidir sobre ela, haja vista que o parecer do Ministério Público Federal em segundo grau, cuja transcrição lhe serviu de única fonte de fundamentação, *não chegou a se ocupar do apontado vício formal*. 5. Provocado em declaratórios, quando o tema da nulidade da sentença voltou à tona (fls. 1.387), o Colegiado limitou-se a considerar que os pontos contra os quais se insurge *[a embargante]* encerram matéria de mérito, devidamente tratada no voto (fls. 1.395). 6. Ora, por certo que tal porção dos declaratórios (nulidade da sentença) não se confundia com matéria de mérito. Patente, pois, a nulidade dos acórdãos locais no que deixaram de atender aos requisitos do art. 458 do CPC/1973, precisamente no que respeita à confecção de relatório visivelmente deficitário (primeiro acórdão) e fundamentação ausente

3.2 Fundamentação

A fundamentação corresponde a requisito legal e constitucional, *ex vi* dos arts. 489, II, do CPC e 93, IX e X, da CF/1988.[19] O texto constitucional estendeu a motivação para toda e qualquer decisão judicial ou administrativa. A motivação representa a publicidade do móvel do julgador, permitindo o conhecimento de seus critérios, o que representa forma de controle da legalidade e constitucionalidade do julgamento e permite a revisão da decisão judicial. A fundamentação exige que o juiz decida todas as questões de fato e de direito controvertidas e formadas no decorrer da relação processual e que ainda não tenham sido objeto de decisão. As questões são formadas por meio dos pontos de controvérsia entre o autor e o réu.

3.2.1 O conteúdo e a estrutura da fundamentação

O CPC/2015 dedicou especial atenção à fundamentação da sentença, como se conclui pela leitura dos §§ 1º a 3º do art. 489. O legislador procurou delimitar as balizas necessárias para a construção de uma fundamentação adequada, tendo-se em vista, principalmente, o fenômeno da *constitucionalização das decisões judiciais*. A descoberta dos direitos fundamentais materiais e processuais trouxe a aplicação rente da Constituição Federal/1988 às decisões judiciais; contudo, nem sempre de modo adequado. No dia a dia forense tornou-se comum a leitura de decisões

ou desconectada do quanto trazido a julgamento (ambos os acórdãos). 7. No caso, portanto, nulos se revelam os acórdãos recorridos, na medida em que desatenderam às exigências do art. 458 do CPC/73, seja o primeiro deles (fls. 1.365/1.379), ao sequer incluir em relatório o pleito referente à alegada nulidade da sentença, seja o segundo (fls. 1.394-1.398), que, ao responder aos aclaratórios da autora, afirmou que já decidira a questão no acórdão embargado como se de mérito fosse (embora se cuidasse de questão envolvendo preliminar processual). 8. Em suma, a parte recorrente continua credora de prestação jurisdicional recursal quanto à preliminar de nulidade da sentença, que ostensivamente levantou em sua peça apelatória, cujo tema, como visto, acabou tomado e resolvido, equivocadamente, como matéria de mérito pelo Tribunal de origem (assim afirmado, repita-se, no acórdão que rejeitou os declaratórios manejados pela apelante). 9. Agravo interno da particular provido para dar parcial provimento ao recurso especial, a fim de cassar os acórdãos regionais, ensejando a consequente renovação do julgamento da apelação interposta pela parte autora, quando se deverá apreciar e decidir todos os pleitos nela contidos" (STJ, 1ª Turma, AgInt no REsp 1.343.652-RS, rel. Min. Napoleão Nunes Maia Filho, j. 19.10.2017, *DJe* 1.12.2017).

19. Sobre a motivação superficial, sumária e exauriente v. o que escrevemos no t. I deste *Curso*, pp. 155-156.

que, a pretexto de aplicação imediata de direito fundamental, como em demandas relacionadas à saúde, apenas indicavam como fundamento a dignidade da pessoa humana e o respeito ao direito à vida. O mesmo sucede quando há aplicação do texto legal mas sem indicar a relação dos fatos com a norma aplicável, provocando decisões genéricas. Por este motivo, o legislador traçou parâmetros para orientar a construção idônea da fundamentação da decisão judicial.

3.2.1.1 *A proibição de reprodução literal do ato normativo*

Dentre os critérios estabelecidos pelo legislador para evitar a nulidade da fundamentação destaca-se a previsão do art. 489, § 1º, I, do CPC, que proíbe a mera reprodução do ato normativo para o fim de justificar o motivo da decisão. Dentro da teoria geral do processo existe um exemplo de simples compreensão que advém do processo penal e que se refere à rotineira cassação de decisões judiciais em que há mera reprodução do art. 312 do CPP para o fim de fundamentar a decretação da prisão preventiva. A mera menção da necessidade de garantia da ordem pública, da conveniência da instrução criminal ou da preservação da aplicação da lei penal, sem explicitar quais *fatos concretos* justificam o risco à ordem pública, a conveniência da instrução ou a aplicação da lei penal, impede a custódia cautelar. No processo civil, de igual modo, a motivação da tutela provisória ou definitiva deverá realizar a subsunção dos fatos ao ato normativo (lei, decreto, regulamento) invocado na decisão. É necessário explicitar o "porquê" da incidência do ato normativo, o que vai além da mera reprodução do seu texto na decisão judicial, ou mesmo de sua paráfrase, ou seja, quando o juiz apenas reformula o texto legal com outras palavras, mas sem correlacioná-lo à questão decidida.

Mesmo em decisões que contenham motivação sumária, como aquelas relativas ao art. 485 do CPC, o juiz necessita correlacionar o dispositivo legal com o fato jurídico processual. Um exemplo desta situação refere-se às decisões de extinção pelo abandono do processo por ambas as partes ou pelo autor. Não basta mencionar o abandono e extinguir a relação processual. É necessário descrever a conduta omissiva do autor e do réu (art. 485, II), ou apenas do autor (art. 485, III), para justificar a resolução do processo.

3.2.1.2 *O uso indevido de conceitos jurídicos indeterminados*

O emprego de conceitos jurídicos indeterminados sem sua devida concretização na decisão judicial provocará o nascimento de uma decisão não fundamentada (art. 489, § 1º, II). Como ensina a dogmática alemã, o legislador moderno passou a se utilizar do conceito indeterminado nos textos legislativos como forma de permitir sua sobrevivência e adaptação sem a necessidade de constante alteração por parte do Poder Legislativo.[20] O conceito indeterminado permite que os valores sejam revisitados na constância da marcha histórica. Os conceitos jurídicos indeterminados estão presentes em muitos textos normativos e demonstram a utopia de um sistema positivista baseado na mera subsunção do fato à norma jurídica. Os conceitos de "boa-fé", "função social", "valor justo", são exemplos de conceitos vagos que exigem concretização.

O emprego de conceitos indeterminados pode estar albergado em princípios e cláusulas gerais, tanto no direito privado como no direito público. A menção ao princípio da boa-fé compreende o exemplo mais utilizado. A boa-fé corresponde a conceito indeterminado para o direito material (art. 113 do CC) e para o direito processual (art. 5º do CPC). Não basta que a boa-fé seja mencionada como fundamento da decisão. O juiz deve concretizá-la em face do comportamento (*standard*) comprovado no processo. Em algumas situações este comportamento já está valorado até por precedente judicial, como na hipótese da Súmula STJ-92, que qualifica como terceiro de boa-fé aquele que adquire um veículo em relação ao qual inexistia gravame ou restrição anotada junto ao certificado de propriedade.

3.2.1.3 *A vedação da motivação-padrão*

O art. 489, § 1º, III, do CPC nega a existência de motivação quando os fundamentos da decisão possam ser utilizados para qualquer outra decisão judicial. O fenômeno da coletivização do Direito tem produzido demandas repetitivas que incentivam a prolação de decisões genéricas. É até concebível que em demandas em que não se revolva matéria fática a utilização de textos-padrão possa ser admitida como medida de igualdade e segurança jurídica do jurisdicionado. Todavia, o art. 489, § 1º, III, proíbe que decisões genéricas possam ser utilizadas quando o contexto fático seja diverso. Em muitas situações, mesmo com a existência de um precedente, a análise pontual do processo não pode ser ignorada. O precedente poderá ter aplicação parcial ou exigir a fixação de parâmetros concretos para sua incidência.

20. Karl Larenz, *Allgemeneir Teil des Bürgerlichen Rechts*, 9ª ed., § 1, pp. 100-104.

3.2.1.4 *A motivação deficiente ou omissa*

Não é necessário que o juiz examine todos os argumentos trazidos pelas partes no processo para que a decisão possa ser considerada fundamentada. Se assim fosse a atividade decisória se tornaria inviável na fase atual, marcada pela celeridade do meio eletrônico e pela multiplicidade das demandas repetitivas. O art. 489, IV, do CPC é claro em exigir que o juiz enfrente todos os argumentos que sejam contrários à tese fixada na decisão judicial.[21]

O dispositivo não exige que todos os argumentos expostos por ambas as partes sejam motivados pela decisão judicial, mas apenas aqueles que seriam suficientes para infirmar a decisão tomada no processo. A redação legal cria proteção especial para a parte sucumbente, exigindo que o juiz se manifeste expressamente sobre todos os argumentos que ataquem a tese vencedora do processo. Desta forma, se o juiz reconhece a existência de prescrição (art. 189 do CC) para fins de encerramento da relação processual, não necessitará examinar as demais teses da contestação. No entanto, deverá examinar todos os argumentos elencados pela parte sucumbente relativos à não aplicação da prescrição (suspensão, interrupção, imprescritibilidade da pretensão ...).

A invocação de precedente (art. 927 do CPC) não exime o juiz de motivar sua decisão quando a parte sucumbente estabeleça sua inaplicabilidade para o caso concreto ou demonstre sua superação.

3.2.1.5 *Invocação de precedente desconexo com as questões debatidas*

É indiscutível a importância dos precedentes em um contexto de coletivização do Direito. O Código de Processo Civil/2015 reconhece a importância e a força dos precedentes para o fim de racionalizar a justiça e conferir igualdade e segurança jurídica aos jurisdicionados.

A força normativa do precedente não autoriza sua mera transcrição como meio de fundamentação da sentença. Atualmente, juízes singulares e tribunais cada vez mais decidem as questões postas em juízo com a menção aos enunciados de súmulas e de acórdãos formados por meio de recursos repetitivos.

A utilização do precedente como embasamento é desejável e deve ser incentivada; contudo, há de ser realizada a ligação entre o caso analisado e o enunciado da súmula, do recurso repetitivo, do incidente de assunção ou do incidente de resolução de demandas. É necessário que fique clara

21. V. t. I deste *Curso*, p. 158.

no contexto da decisão a ligação entre a causa de pedir analisada e o precedente que fundamenta a decisão judicial. A mera reprodução é causa de nulidade da sentença.

3.2.1.6 *Descumprimento imotivado do precedente*

O art. 489, § 1º, VI, do CPC encerra importante debate sobre a natureza vinculante ou persuasiva dos precedentes. O dispositivo considera como não fundamentada a decisão que deixa de aplicar súmula, jurisprudência ou precedente invocados pela parte sem realizar a devida distinção (*distinguishing*) com o caso concreto ou por não demonstrar sua superação (*overruling*). A vinculação efetiva do juiz com o precedente não se dá em todas as hipóteses do art. 927 do CPC. A restrição ao poder de decidir deve ser autorizada pelo texto constitucional, o que se mostra claro apenas nos incisos I e II do art. 927.[22]

Isto não diminui a importância progressiva dos precedentes no sistema brasileiro. Sua autoridade persuasiva é indiscutível. É desejável que o juiz aplique e respeite sempre o precedente, desde que realizadas a correta análise e a correlação do seu conteúdo com o caso analisado. Os jurisdicionados têm o direito de obter respostas homogêneas para situações similares, o que consolida a confiança perante o sistema judicial pátrio.

3.2.1.7 *A ponderação e a interpretação na decisão judicial*

A atividade de aplicar o Direito ao caso concreto exige a ponderação do julgador quando necessite resolver conflitos entre normas jurídicas, sejam elas representadas por princípios ou regras (art. 489, § 2º, do CPC). O conflito entre regras é tradicionalmente solucionado por comandos que disciplinam o conflito temporal, espacial ou material entre as normas jurídicas (art. 4º da Lei de Introdução às Normas do Direito Brasileiro). O período atual apresenta maior densidade e complexidade, em vista da maior ramificação do sistema jurídico, inclusive propiciando aparente conflito entre leis especiais ou, mesmo, entre princípios constitucionais.

A postura do magistrado não pode se pautar pela mera aplicação de métodos tradicionais. A leitura sistêmica poderá exigir a aplicação do diálogo das fontes (*Dialog der Quellen*) com o fim de harmonizar normas antinômicas, buscando a melhor solução para o jurisdicionado.

22. Nelson Nery Jr./Rosa Maria de Andrade Nery, *Comentários ao Código de Processo Civil – Novo CPC – Lei 13.105/2015*, p. 1.156.

É essencial que o juiz motive de modo adequado qual o critério utilizado na ponderação e na solução de eventual conflito entre regras e princípios. A motivação adequada não é satisfeita pela simples aplicação de uma norma em detrimento de outra, mas com a demonstração analítica das razões que justificam a aplicação de uma e o afastamento de outra.

3.2.1.8 *A fundamentação e os capítulos da sentença*

Em algumas situações a sentença apresentará a necessidade de fundamentação escalonada, o que decorre especialmente do trinômio processual adotado pelo Direito Brasileiro (pressupostos processuais, condições da ação e mérito). Isto significa que o juiz necessita realizar uma organização racional na forma de decidir, realizando cortes para analisar as pretensões deduzidas pelas partes. Estes cortes, que representam unidades autônomas do ato decisório, são definidos como capítulos da sentença.[23] O juiz, ao analisar a demanda, poderá isolar o conteúdo sentencial em duas partes definidas. Na primeira parte enfrentará as preliminares, que compõem as questões referentes aos pressupostos processuais e às condições da ação. Na segunda parte enfrentará o mérito, referente ao objeto litigioso propriamente dito. Pode-se perceber a existência dois capítulos autônomos para a decisão das questões processuais e das questões relacionadas ao direito material. Na hipótese de demandas conexas, em regime de prejudicialidade, por exemplo, uma demanda possessória (art. 554 do CPC) e uma demanda de oposição (art. 682 do CPC), a fundamentação exigirá a formação de um capítulo para a decisão prévia da oposição, e, na hipótese de sua rejeição, um segundo capítulo para a decisão da demanda possessória. Cada uma destas demandas cumuladas poderá conter subcapítulos para o tratamento das questões processuais e materiais. Para fins recursais a visualização dos capítulos da sentença é fundamental para permitir a correta interposição do recurso, ou seja, delimitar o âmbito de devolução da matéria para o tribunal (efeito devolutivo).

Outro importante exemplo de formação de capítulos para fins de decisão reside na hipótese de ação e reconvenção. Como a reconvenção refere-se a ação autônoma oferecida por meio da contestação, o juiz deverá abrir um capítulo autônomo para sua análise. Isto exigirá que o dispositivo também seja dividido em capítulos, porque o julgamento deverá ser realizado em relação à ação e à reconvenção, com duas fixações de sucumbência.

23. Por todos: Cândido Rangel Dinamarco, *Capítulos da Sentença*, 6ª ed., p. 35.

3.3 Dispositivo

O dispositivo deve determinar o acolhimento ou rejeição do pedido, e não, tecnicamente, da ação. A ação é um direito constitucional abstrato e autônomo no qual a parte veicula sua pretensão – esta, sim, objeto de julgamento. Tratando-se de pedido certo, a condenação não poderá ser genérica. O termo *a quo* da correção monetária e dos juros deverá ser clarificado, o que evita maiores transtornos na fase de cumprimento de sentença. Não se permite a fixação do valor em ações condenatórias, mesmo para danos morais, em salários-mínimos, conforme orientação do STJ[24] e STF,[25] em respeito à Lei 6.205/1976. A utilização do salário-mínimo continua permitida apenas para as causas previdenciárias e alimentares.[26]

O dispositivo resguarda o elemento essencial da sentença, sobre o qual recairá a coisa julgada. Isto exige clareza e completude, o que permite, inclusive, o oferecimento de embargos de declaração para o suprimento da omissão (art. 1.022, II, do CPC). A ausência do dispositivo compromete a existência e a validade da sentença, porque não seria possível estabilizar o julgado, ante a ausência de julgamento do mérito da demanda. Embora a coisa julgada não recaia sobre a fundamentação é indiscutível que a *ratio decidendi* ilumina o alcance do dispositivo sentencial.

24. "Danos morais – *Quantum* – Fixação em salários-mínimos – Impossibilidade – Precedentes – recurso parcialmente provido. Na linha da orientação do STF e desta Corte, é vedada a vinculação da indenização por dano moral ao salário-mínimo" (STJ, 4ª Turma, REsp 401.309-RS, rel. Min. Sálvio de Figueiredo Teixeira, *DJU* 12.8.2002).

25. "Fixação de indenização com vinculação a salário-mínimo – Vedação constitucional – Art. 7º, IV, da Carta Magna. O Plenário desta Corte, ao julgar, em 1.10.1997, a ADI n. 1.425, firmou o entendimento de que, ao estabelecer o art. 7º, IV, da Constituição que é vedada a vinculação ao salário-mínimo para qualquer fim, 'quis evitar que interesses estranhos aos versados na norma constitucional venham a ter influência na fixação do valor mínimo a ser observado'. No caso, a indenização por dano moral foi fixada em 500 salários-mínimos para que, inequivocamente, o valor do salário-mínimo a que essa indenização está vinculada atue como fator de atualização desta, o que é vedado pelo citado dispositivo constitucional. Outros precedentes desta Corte quanto à vedação da vinculação em causa – Recurso extraordinário conhecido e provido" (STF, 1ª Turma, RE 225.488, rel. Min. Moreira Alves, *DJU* 16.6.2000, p. 39).

26. "O salário-mínimo pode servir de referência para a fixação de pensão alimentícia – Recurso especial não conhecido" (STJ, 3ª Turma, REsp 12.530-MG, rel. Min. Ari Pargendler, *DJU* 11.6.2001, p. 195).

4. Modalidades de sentença

Tomando-se em consideração a classificação quinária, já adotada no t. I deste *Curso*, permite-se o estudo das sentenças pelas suas eficácias: declaratória, constitutiva, condenatória, mandamental e executiva. Esta classificação deve-se à genial contribuição de Pontes de Miranda. Contudo, sua maior contribuição está em afirmar que não existem ações e sentenças puras. As sentenças possuem eficácias preponderantes, mas nunca exclusivas. Mesmo uma sentença de investigação de paternidade, que é preponderantemente declaratória, também apresentará eficácia condenatória no que tange à fixação da sucumbência.[27]

4.1 Sentença declaratória

A sentença declaratória merece ser estudada por primeiro, muito embora sua autonomia científica advenha após a sentença condenatória, pois seu comando encontra-se na formação das demais espécies de provimentos jurisdicionais.[28] Toda e qualquer sentença sempre terá um mínimo de eficácia declaratória. A base da sentença declaratória está na atividade cognitiva, e não executiva. Quem espera uma sentença declaratória pretende certeza e estabilidade por meio da decisão judicial, e não atividade executiva.

Esta característica delimita o plano de eficácia da sentença declaratória, a qual não poderá ultrapassar a esfera do mundo jurídico (*Sollen*). Em outras palavras: a sentença declaratória é tipo de provimento jurisdicional que não gera a prática de atos executivos, pois sua função exaure-se com a mera declaração da existência ou inexistência de relação ou de um fato jurídico (art. 19, I e II, CPC).

Se, por um lado, há restrição quanto aos efeitos da sentença declaratória no mundo físico, não há limitação quanto ao objeto da declaração. A relação jurídica a ser afirmada ou negada poderá ter conteúdo variado, não existindo restrição quanto ao objeto do direito material a ser discutido.[29]

27. Como asseveram: Araken de Assis, *Manual da Execução*, p. 78; João Batista Lopes, *Ação Declaratória*, p. 31.

28. Como lembra Tomás Pará Filho (*Estudo sobre a Sentença Constitutiva*, p. 26): "Este tipo de tutela, historicamente, foi o último a ser proclamado no plano do direito positivo, embora seja, funcionalmente, o menos complexo".

29. "Als Gegestand einer Feststellungsklage kommem in *Betracht Rechtsverhältnis aller art*, also Schuldverhältnisse aus Vertrag oder Gesetz, absolute Rechte wie das Eigentum oder das Namensrecht" (Peter Lüke, *Zivilprozeßrecht – Erkennt-*

4.1.1 Efeitos da declaração

A sentença declaratória está presa aos limites do pedido, o que não a difere das demais modalidade de sentença. Contudo, os efeitos da declaração são retroativos. A base da declaração está na emissão de juízo de constatação do magistrado que se certifica da ocorrência de certo ato ou fato jurídico. A natureza *ex tunc* está na base do comando declaratório. Tomemos como exemplo a sentença de usucapião. Embora algumas vozes isoladas propugnassem pela sua natureza constitutiva, o texto legal (art. 1.238 do CC) e a própria natureza do instituto não deixam margem a que o juiz, ao atestar a posse mansa e pacífica pelo lapso de tempo necessário para a aquisição da propriedade, apenas declare.[30]

Sendo despida de efeitos materiais – ou seja, perante o mundo físico –, a sentença declaratória apenas irá propiciar a formação da coisa julgada, fonte única da certeza almejada pelo autor. Através da coisa julgada, com a extensão dos efeitos subjetivos e objetivos, exaure-se a prestação jurisdicional. O único efeito condenatório que pode ser visualizado nesta forma de provimento é a condenação em custas e honorários, pois o sucumbente deverá arcar com as despesas judiciais, como bem adverte a doutrina alemã: "A sentença declaratória contém apenas a declaração sobre uma relação jurídica e pode ser executada unicamente quanto à sucumbência"[31] (tradução livre).

nisverfahren und Zwangsvollstreckung, cit., 7ª ed., p. 102). Em vernáculo: "Como objeto da ação declaratória toda e qualquer relação jurídica poderá ser examinada como compromisso de dívida, contrato ou lei, e, ainda, direitos absolutos, como a propriedade ou o direito ao nome".

30. Brinz (*Lehrbuch der Pandekten*, 2ª ed., vol. I, 1873, pp. 506-517) notabilizou-se pela defesa de que a *usucapio* consistiria em meio derivado de aquisição da propriedade. Na usucapião Brinz apoiou-se na lição de Thibaut, que denominava a usucapião de "translativa *usucapio*", deixando clara sua posição: "In der Ersitzung liegt ein Eigenthumsübertragung, kein originärer Erwerb" ("Na usucapião opera-se uma transferência da propriedade, não há aquisição originária" – tradução livre), pois existiu prévia relação jurídica entre a *res* e uma *persona*. Em nosso sistema adotou esse entendimento Caio Mário da Silva Pereira (*Instituições de Direito Civil*, 18ª ed., vol. 4, p. 104). Prevalece o entendimento correto de que a usucapião é modo originário, com efeito retroativo e com duas consequências importantes: (a) ausência de imposto no momento de sua configuração, pois não há transmissão de bens, mas aquisição originária, e (b) efeito liberatório sobre a matrícula do bem de ônus e gravames em relação ao usucapiente. V.: STJ, 4ª Turma, REsp 620.610-DF, rel. Min. Raul Araújo, j. 3.9.2013, *DJe* 19.2.2014.

31. "Feststellungsurteile enthalten nur eine Feststellung über ein Rechtsverhältnis; vollstrect werden kann hier nur die Kostenenentscheidung" (Peter Lüke, *Zivilprozeßrecht – Erkenntnisverfahren und Zwangsvollstreckung*, cit., 7ª ed., p. 257). Ainda, Celso Agrícola Barbi: "A parte da sentença que condenar ao pagamento das

O efeito condenatório é secundário neste caso e não afeta a preponderância da declaração. A eficácia condenatória não existirá nas situações em que o processo findar por autocomposição (art. 487, III, "b", do CPC). A transação é uma modalidade de extinção da sentença que não se coaduna com o provimento declaratório.

4.1.2 Tutela provisória em ações declaratórias

A concessão da tutela provisória em ação declaratória é polêmica seja na fase inicial ou no momento da sentença. Em regra, o recurso de apelação sempre terá duplo efeito (art. 1.012 do CPC). A antecipação confirmada ou deferida na sentença elimina o efeito suspensivo do recebimento do recurso (art. 1.012, § 1º, V). Na sentença declaratória a antecipação não teria o efeito de propiciar a execução, pois, como já se frisou, não há ato executivo a ser praticado.

Entretanto, em vista da nova configuração do art. 515, I, do CPC, algumas sentenças declaratórias podem ser objeto de cumprimento de sentença. Não existe mais a vinculação do cumprimento de sentença com o comando estritamente condenatório.[32] A possibilidade de cumprimento manifesta-se essencialmente na forma de improcedência de ações declaratórias negativas, que acabam projetando comando positivo e apto ao cumprimento pela presença dos elementos essenciais de configuração do título executivo (*liquidez*, *certeza* e *exigibilidade*).

Nas sentenças essencialmente declaratórias antecipar ou confirmar a tutela seria dizer: "Desde já vale o efeito de imutabilidade da coisa julgada". Daí se percebe as restrições que foram apontadas na própria doutrina italiana em face do art. 700 do *Codice di Procedura Civile*. São as palavras de Comoglio, Ferri e Taruffo, que proclamam não ser possível antecipação de um efeito urgente em provimento declaratório quando o comando esteja subordinado ao trânsito em julgado.[33] Na verdade, na ação e na sentença declaratória há uma eficácia dependente do trânsito em julgado, pois o que se busca é a certeza. Com isso, antecipar a certeza

custas em processo de ação declaratória é exequível: cinde-se, assim, a sentença numa parte exequível – a condenação em custas – e em uma parte sem execução – a parte em que é decidida a demanda" (*Ação Declaratória no Processo Civil Brasileiro*, p. 159).

32. Já alertamos sobre este ponto no t. I deste *Curso*, p. 359.

33. Comoglio/Ferri/Taruffo, *Lezioni sul Processo Civile*, pp. 196-197: "Vero è, invece, che non parrebbe possibile ottenere in via urgente l'anticipazione di un effetto giuridico tecnicamente subordinato da un'espressa norma di legge al passaggio in giudicato della sentenza di merito".

é algo contraditório. No entanto, os mesmos doutrinadores admitem que em situações materiais preexistentes ao processo alguns efeitos urgentes poderão ser objeto de antecipação.[34] É o que justifica a possibilidade de antecipação dos efeitos indiretos, e não diretos, dos provimentos declaratórios.[35]

4.1.2.1 *Tutela provisória na sentença*

Na sentença declaratória, como não há execução própria, apenas execução imprópria, apenas os efeitos indiretos são antecipados na sentença, efeitos indiretos como a retirada do nome do autor do órgão de restrição cadastral em eventual ação declaratória de inexistência de relação jurídica.

Na antecipação da tutela provisória na sentença deve ser tomado em consideração o pedido que foi realizado na inicial. Pela necessária correlação entre o pedido e o deferido (art. 492 do CPC), a concessão da tutela na sentença deve levar em consideração a natureza da ação proposta. Exemplo claro e lúcido é lembrado por João Batista Lopes ao analisar especificamente o problema da sustação de protesto. Na verdade, a sustação sempre foi perseguida pela ação cautelar, pois visava a garantir os efeitos da demanda principal. No entanto, a medida, em sua gênese, é satisfativa, o que exige que seu pedido seja requerido como tutela antecipada, sendo um dos efeitos anexos da sentença declaratória ou constitutiva.[36]

4.1.3 A declaração e os direitos fundamentais. A filiação como direito da personalidade

As ações declaratórias embasam pretensões imprescritíveis. A declaração sobre o estado da pessoa não poderia estar sujeita a prescrição ou decadência, ainda mais consistindo em direito inerente à condição do ser humano. O CC deixou clara sua posição quanto ao tema junto ao art. 11. Com relação ao nome e ao prenome, estabeleceu sua proteção no art. 16. O nome e o prenome dependem da certeza quanto à filiação. Conhecer sua origem e sua identidade é dado fundamental.

34. Idem, ibidem: "'Del pari, talvolta si opina che sia concepibile un'anticipazione urgente di taluni effetti di una sentenza di mero accertamento', la cui irretrattabilità è subordinata al giudicato (art. 2.909 c.c)".

35. Sobre a concessão da tutela de urgência em provimentos declaratórios, v. p. 991 do t. I deste *Curso*.

36. João Batista Lopes, *Tutela Antecipada no Processo Civil Brasileiro*, p. 58.

O direito existe em função do ser humano, de modo que seria impensável falarmos em direitos sem um titular. Como informa Pontes de Miranda, houve intensa discussão na Alemanha sobre a existência de direitos sem titularidade, o que só poderia ser concebível em situações transitórias, como no caso do título ao portador ou em hipótese de *res derelicta*, ou *res nullius*, que correspondem a fatos isolados e transitórios.[37] Daí a afirmação de Trabucchi: "Non esiste diritto senza la persona di un titolare, così non c'è persona senza diritti".[38]

Se todo direito está ligado, quanto à sua gênese, ao ser humano, existem alguns direitos que representam valores fundamentais e se tornam essenciais ao garantir a vida, a liberdade, a integridade e todos os atributos inerentes ao ser humano, nos quais se inclui o direito à filiação correta. São direitos de natureza não patrimonial, imprescritíveis, absolutos, irrenunciáveis e inalienáveis.

Os textos constitucionais modernos procuram catalogar estes direitos como *fundamentais*. Muito embora não seja correto falar em hierarquia de normas constitucionais, pois todas se situam no mesmo plano normativo, pode-se referir que tais direitos fundamentais ganham proteção especial. A Constituição Federal/1988 é um exemplo claro desta afirmação ao catalogar os direitos do art. 5º dentre os protegidos por cláusula pétrea (art. 60 § 4º, IV). Os direitos da personalidade, embora absolutos como os direitos reais, dissociam-se destes e são considerados como direitos primários, pois revelam a base de expressão do ser humano, condição de exercício dos demais direitos. Sem a garantia da liberdade de expressão, da intimidade, da vida e outros direitos fundamentais todas as demais formas de relação jurídica restam prejudicadas, visto estar o homem na base da relação jurídica.

O desenvolvimento dos direitos primários passou por fases sucessivas de transformação, o que originou a conhecida classificação dos direitos em gerações. A primeira geração é representada pela valorização do homem enquanto indivíduo, a segunda pelo afloramento dos direitos sociais e a visão do homem em conjunto, a terceira englobando os direitos coletivos e a preocupação como o meio ambiente, o ecossistema, além dos direitos voltados à proteção do homem e de sua inviolabilidade em

37. Mesmo o bem abandonado por renúncia do proprietário poderá ser objeto de apropriação ou arrecadação por parte do Poder Público. A excepcionalidade dos *Rechtsloser* ou direitos sem titularidade está atrelada à própria imprescritibilidade da ação reivindicatória, a qual não estaria sujeita ao prazo do antigo art. 177 do CC/1916 e mesmo do atual art. 205 do CC/2002.

38. Trabucchi, *Istituzioni di Diritto Civile*, 39ª ed., p. 69.

face da sociedade globalizada. Os direitos da personalidade, como dados essenciais da pessoa física e com reflexos na própria pessoa jurídica, não podem ser fixados *numerus clausus*.

Dentro desta linha de análise, o STF reconheceu a possibilidade de relativizar a coisa julgada formada em comando declaratório negativo de paternidade quando a cognição vertical aprofundada, pelo exame de DNA, não tenha sido produzida.[39] Após o primeiro pronunciamento da Corte observa-se uma tendência consolidada no sentido de se admitir a possibilidade de revisão da coisa julgada na busca da identidade genética quando o exame de DNA não tenha sido realizado ou não tenha sido possível por hipossuficiência econômica das partes.[40] Este posicionamento privilegia a proteção ao direito fundamental de personalidade, contudo

39. A primeira decisão do STF em repercussão geral: "*Ementa:* Recurso extraordinário – Direito processual civil e constitucional – Repercussão geral reconhecida – Ação de investigação de paternidade declarada extinta, com fundamento em coisa julgada, em razão da existência de anterior demanda em que não foi possível a realização de exame de DNA, por ser o autor beneficiário da justiça gratuita e por não ter o Estado providenciado a sua realização – Repropositura da ação – Possibilidade, em respeito à prevalência do direito fundamental à busca da identidade genética do ser, como emanação de seu direito de personalidade. 1. É dotada de repercussão geral a matéria atinente à possibilidade da repropositura de ação de investigação de paternidade quando anterior demanda idêntica, entre as mesmas partes, foi julgada improcedente, por falta de provas, em razão de a parte interessada não dispor de condições econômicas para realizar o exame de DNA e o Estado não ter custeado a produção dessa prova. 2. Deve ser relativizada a coisa julgada estabelecida em ações de investigação de paternidade em que não foi possível determinar-se a efetiva existência de vínculo genético a unir as partes em decorrência da não realização do exame de DNA, meio de prova que pode fornecer segurança quase absoluta quanto à existência de tal vínculo. 3. Não devem ser impostos óbices de natureza processual ao exercício do direito fundamental à busca da identidade genética, como natural emanação do direito de personalidade de um ser, de forma a tornar-se igualmente efetivo o direito à igualdade entre os filhos, inclusive de qualificações, bem assim o princípio da paternidade responsável. 4. Hipótese em que não há disputa de paternidade de cunho biológico, em confronto com outra, de cunho afetivo. Busca-se o reconhecimento de paternidade com relação a pessoa identificada. 5. Recursos extraordinários conhecidos e providos" (STF, Tribunal Pleno, RE 363.889, rel. Min. Dias Toffoli, j. 2.6.2011, Acórdão Eletrônico, Repercussão Geral, Mérito, *DJe*-238, divulg. 15.12.2011, publ. 16.12.2011, *RTJ* 223-01, p. 420).

40. "Agravo regimental em recurso extraordinário com agravo – Ação de investigação de paternidade – Impossibilidade de realização de exame de DNA – Relativização da coisa julgada – Tema objeto de repercussão geral – Recurso extraordinário provido – Agravo regimental não provido. 1. A jurisprudência do STF consolidou-se no sentido de que cabe a relativização da coisa julgada em se tratando de ação de investigação de paternidade em que não ocorreu realização de exame de DNA. 2. Agravo regimental, interposto em 25.8.2016, a que se nega provimento" (STF, 1ª

macula instituto essencial ao sistema jurídico, representado pela segurança jurídica da coisa julgada. O tema será abordado *infra*.

4.2 Sentença constitutiva

A sentença constitutiva, da mesma forma que a declaratória, não é vocacionada a gerar efeitos no mundo físico (*Sein*), mas, sim, no mundo jurídico (*Sollen*). A eficácia da sentença constitutiva está em possibilitar a transformação de uma relação jurídica, seja para formá-la, alterá-la ou extingui-la. Esta característica essencial de transformação no mundo jurídico traz como consequência que seus efeitos sejam operados em regra *ex nunc*. Isto não impede que em muitas situações a sentença constitutiva opere efeitos *ex tunc*. É o que se observa quando há procedência das ações anulatórias de vícios do negócio jurídico, como nas hipóteses de erro, dolo ou coação.

Rosenberg já havia detectado esta característica dúplice da sentença constitutiva, pois o efeito será *ex nunc* quando existir a formação de uma nova realidade jurídica, atuando a sentença como direito formativo. Ou, ainda, com efeito retroativo, quando a formação do direito dependa de um fato extraprocessual, mas que dependa de reconhecimento judicial.[41]

Entre a sentença declaratória e a constitutiva a nota de distinção principal está na transformação operada no mundo jurídico, pois na declaração há um juízo de constatação por meio do qual o juiz nada cria ou transforma, e sua atividade se limita ao reconhecimento de uma situação preexistente.[42] Como explica a doutrina alemã, a ação e a sentença constitutiva (*Gestaltungsklagen und -urteile*) diferenciam-se em sua natureza jurídica das ações declaratórias porque não se contentam com a mera afirmação judicial. Vai-se além, pois se busca uma proteção por meio da tutela judicial, que exige algo a mais que a mera declaração. A parte pleiteia um novo efeito (*Wirkungen*) que provoque alteração em relação jurídica do seu interesse.[43]

4.3 Sentença condenatória

Não há dúvida de que a efetividade da sentença condenatória constitui ponto delicado do sistema sincrético inaugurado com a Lei

Turma, AgR no ARE 900.521, rel. Min. Edson Fachin, j. 28.10.2016, Acórdão Eletrônico, *DJe*-242, divulg. 14.11.2016, publ. 16.11.2016).

41. Leo Rosenberg, *Tratado de Derecho Procesal Civil*, vol. II, p. 24.
42. Tomás Pará Filho, *Estudo sobre a Sentença Constitutiva*, cit., p. 42.
43. Rosenberg/Schwab/Gottwald, *Zivilprozessrecht*, 16ª ed., § 91, I, p. 608.

11.232/2005. A sentença condenatória reclama o cumprimento de uma prestação, com a formação de título executivo para sua satisfação (art. 515, I, do CPC). Na sentença condenatória o comando agrega algo que vai além da declaração, pois o não cumprimento do preceito sentencial possibilita o ingresso forçado na esfera do vencido para a prática de atos executivos.[44]

O título executivo será essencial para demonstrar que determinadas pretensões exigem a tutela executiva *stricto sensu* para que o comando sentencial atinja sua eficácia plena. O modelo atual situa a ação condenatória em um sincretismo relativo, o qual é marcado por uma nova fase inaugurada com a prolação da sentença condenatória. Ovídio Baptista da Silva,[45] em passagem extremamente lúcida e com os olhos voltados ao reflexo prático das teorias jurídicas, apontava a dificuldade de explicar para a parte como é possível "ganhar o processo" e ainda necessitar de outra ação para consumar o direito reconhecido. A introdução do cumprimento de sentença como uma fase do processo para o fim de satisfação do direito reconhecido pela sentença condenatória deve ser elogiada. A interligação entre a atividade de conhecimento e a de execução é a base do princípio da primazia do mérito, nos termos do art. 4º do CPC.

4.3.1 A cognição como pressuposto da execução

Tradicionalmente a sentença condenatória representa uma fase anterior na qual se prepara o terreno para o início da atividade executiva. Esta noção está atrelada a ideia de que a esfera jurídica de uma pessoa só poderá ser atingida após a comprovação cabal e definitiva do direito afirmado. Em outras palavras: a prática de atos executivos, que geram modificação no mundo fático, teria como pressuposto o "acertamento" da situação jurídica. Utilizando-se as palavras de Calamandrei, "la llamada 'condena' no basta ella sola (salvo que el obligado, para evitar la sanción con que la misma le amenaza, se determine, sin más, a cumplir voluntariamente la obligación declarada cierta en la condena) para alcanzar los fines de la jurisdicción y hay necesidad, a fin de que la observancia del derecho quede restablecida, de una ulterior actividad jurisdiccional, de la cual la condena, que mira al futuro, es, por decirlo así, el anuncio y la legitimación".[46]

44. Idem, § 89, I, p. 590.
45. Ovídio Baptista da Silva, *Sentença e Coisa Julgada*, 4ª ed., p. 25.
46. Calamandrei, *Derecho Procesal*, vol. 1, p. 169.

Com isso, apenas após o processo de conhecimento estaria *legitimado* o autor (credor) a obrigar o réu (devedor) ao cumprimento *involuntário* da obrigação. Este cumprimento involuntário tem como pressuposto a atividade substitutiva do Estado, que ingressa no patrimônio do executado, possibilitando as atividades executivas sub-rogatórias. As atividades de conhecimento e de execução foram separadas em fases distintas, pois sem o conhecimento exauriente das razões de ambas as partes não seria lícito iniciar uma atividade executiva provisória. Atualmente a execução provisória está integrada ao cumprimento de sentença, conforme leitura do art. 520 do CPC, e atinge igualmente as decisões interlocutórias que concedem a tutela provisória, nos termos do art. 519 do CPC.

4.3.2 A sentença condenatória genérica e o art. 491 do CPC

A sentença condenatória apta para fins de cumprimento é a aquela que não necessita do procedimento de liquidação (arts. 509 a 512), porque preenche os requisitos de certeza (*an debeatur*) e liquidez (*quantum debeatur*) da obrigação.

A iliquidez decorre da impossibilidade de determinação do valor da condenação no decorrer da relação processual de cognição. O art. 324, § 1º, do CPC é tradicional em nosso sistema e acolhe as justificativas que podem ser lançadas pelo autor da ação ou reconvenção para a formulação de requerimento genérico (incisos I a III). O autor nem sempre terá condições de formular pedido determinado em ações universais (inciso I), como nas de inventário ou de petição de herança. O mesmo valerá para as ações de indenização cujo valor não puder ser quantificado no momento de oferecimento do pedido e que dependa de fatos supervenientes (inciso II – *e.g.*: cirurgias reparadoras na vítima). O pedido ainda poderá ser ilíquido quando exista providência que deva ser tomada pelo réu, como na ação de prestação de contas (inciso III). A sentença ou acórdão que reconhecer a necessidade de apuração do saldo indicará a necessidade da liquidação (art. 491, § 2º). O ideal é que o juiz fixe a modalidade de liquidação para fins de preordenar a fase de apuração (art. 491, §1º, do CPC). Quando a sentença exigir apenas cálculo aritmético será importante averiguar se a parte é beneficiária da assistência judiciária, porque a obrigatoriedade do cálculo pelo credor poderá ser dispensada, com a remessa dos autos ao contador judicial.[47]

47. STJ, 3ª Turma, REsp 1.395.281-RJ, rela. Min. Nancy Andrighi, j. 12.11.2013, *DJe* 28.11.2013.

Não se considera o pedido genérico em relação às verbas que devam ser imputadas na sentença independentemente de pedido. Consideram-se compreendidos na condenação, como pedido implícito, os juros legais e a correção monetária e a verba de sucumbência, incluindo-se os honorários advocatícios (art. 322, § 1º, do CPC).

4.3.3 A hipoteca judiciária e o princípio da concentração

O art. 495 do CPC prevê importante e pouco lembrado dispositivo referente à *hipoteca judiciária*. Uma das maiores dificuldades do *credor de quantia certa* refere-se à eficácia do processo de execução. A ausência de bens na fase de cumprimento de sentença poderá ser evitada por mecanismos de prevenção à fraude. Um deles refere-se à hipoteca judiciária, que antecede as medidas previstas pelo art. 799, IX, do CPC.

A hipoteca judiciária confere aplicação ao princípio da concentração (arts. 54 e 55 da Lei 13.097/2015), permitindo que a parte vitoriosa possa averbar a decisão condenatória na matrícula do bem imóvel pertencente ao réu. A hipoteca poderá ser convencional, legal ou judiciária. A hipoteca é um direito real de garantia, nos termos do art. 1.225, IX, do CC. Pode-se afirmar que a hipoteca convencional, ao contrário do que acontece no modelo europeu, representa um direito real enfraquecido em nosso sistema.[48] Nela o acordo de vontades é suficiente para a constituição do direito real.

A hipoteca legal assume função residual e praticamente inoperante. Vale lembrar que o procedimento especial de especialização da hipoteca legal foi eliminado do Código de Processo Civil/2015. A obrigatoriedade dos tutores e curadores de oferecerem bens para assumir o encargo de curadoria ou tutoria tinha como fundamento prevenir responsabilidade civil (art. 1.205 do CPC/1973).

O art. 495 do CPC refere-se à hipoteca judiciária, que não se confunde com a hipoteca legal. A hipoteca judiciária nasce da decisão judicial

48. Aqui não é local para a discussão sobre a questão, mas pode-se afirmar que o fortalecimento da função social da posse sobre bens móveis (Súmula STJ-92) e imóveis (Súmula STJ-308) representou ponto decisivo para o enfraquecimento de determinados direitos reais. No caso da hipoteca, o instituto sofreu maior abalo, por representar direito real de garantia que é formado sem a necessidade da posse. A contraposição entre o direito pessoal e o real levou à jurisprudência a reconhecer a força do compromisso de compra e venda, independentemente de a hipoteca do bem imóvel ser anterior ou posterior. Recentemente o STJ avançou quanto ao fortalecimento da função social da posse, reconhecendo a força do compromisso de compra e venda perante a alienação fiduciária em garantia (STJ, REsp 1.576.164-DF, rela. Min Nancy Andrighi, j. 15.5.2019).

que agrega eficácia condenatória e permite a constituição do direito real.[49] O direito real de hipoteca judiciária é próprio das pretensões condenatórias. No entanto, na fase atual mesmo as ações reais ou reipersecutórias exigem a publicidade do registro da ação para trazer eficácia da decisão judicial em face de terceiros de boa-fé (art. 792, I). O registro da ação é uma obrigatoriedade decorrente do princípio da concentração quando exista eficácia condenatória ou executiva.[50] Por este motivo, não é qualquer sentença que permite inscrição da hipoteca judiciária, como as sentenças meramente homologatórias.[51]

4.3.3.1 *Requisitos para o registro da hipoteca judiciária*

(a) O contraditório diferido

O efeito anexo da decisão judicial constitui a hipoteca judiciária. O art. 495, § 1º, do CPC não deixa dúvida ao dispor: "A decisão judicial produz a hipoteca judiciária". A causa para o direito da parte de registrar a hipoteca é a presença de eficácia condenatória principal ou acessória. A existência de obrigação de pagamento como conteúdo principal do comando judicial é suficiente para permitir o registro (eficácia condenatória principal). Mesmo demandas declaratórias ou constitutivas permitem o direito de constituir a hipoteca judiciária no que tange à satisfação da sucumbência (eficácia condenatória acessória).

O registro da hipoteca judiciária representa efeito anexo da sentença com conteúdo condenatório e seu registro não exige mais contraditório prévio, uma vez que ele poder ser diferido, conforme o art. 495, § 2º, do CPC.[52] O contraditório posterior é uma exigência natural de cientificação e alteridade do processo. Outro ponto fundamental é a necessidade de cientificação de terceiro interessado.

49. Pontes de Miranda, *Tratado de Direito Privado*, t. XX, §§ 2.471, p. 148.

50. Sobre o tema, v. nosso trabalho, *Princípio da Concentração*, p. 62 (no prelo).

51. Pontes de Miranda, *Tratado de Direito Privado*, cit., t. XX, §§ 2.471, p. 155.

52. O entendimento do STJ era prevalente pelo contraditório prévio; contudo, o Código de Processo Civil estabeleceu a possibilidade de a hipoteca ser diretamente inscrita pelo credor, nos termos do art. 495, § 2º. V. o posicionamento anterior do STJ: "'Não obstante seja um efeito da sentença condenatória, a hipoteca judiciária não pode ser constituída unilateralmente; o devedor deve ser ouvido previamente a respeito do pedido – Recurso especial conhecido e provido' (REsp n. 439.648-PR, rel. Min. Ari Pargendler, 3ª Turma, j. 16.11.2006, *DJU* 4.12.2006, p. 294) (...)" (STJ, 3ª Turma, AgR no REsp 1.280.847-SP, rel. Min. Paulo de Tarso Sanseverino, j. 11.3.2014, *DJe* 18.3.2014).

(b) Existência de decisão condenatória

A hipoteca judiciária será materializada perante decisão de natureza condenatória independentemente de sua liquidez e de sua urgência. O ideal é que o juiz envide todos os esforços para evitar a prolação de decisão genérica; contudo, isto não impedirá o registro da hipoteca judiciária.

A existência de decisão condenatória apta a constituir a hipoteca judiciária é aquela que determina o dever da prestação de pagamento (*an debeatur*) ainda que não tenha sido fixado o valor exato da prestação (*quantum debeatur*). Isto é importante, porque nas decisões de conversão da obrigação de fazer em obrigação de pagamento, pela impossibilidade da prestação (*nemo potest cogi ad factum*), o valor é comumente arbitrado em fase de liquidação.

A decisão condenatória não necessita ser definitiva para permitir a constituição da hipoteca judiciária. É da tradição de nosso sistema permitir que a sentença que tenha sido objeto de recurso, com ou sem efeito suspensivo, possa propiciar a constituição da hipoteca judiciária (art. 495, § 1º, II e III, do CPC). O cumprimento provisório da sentença não impede o registro da hipoteca judiciária, inclusive se existir concessão de medida cautelar de garantia sobre o bem. Interessante que mesmo após o fim das cautelares nominadas, anteriormente previstas pelo Código de Processo Civil/1973 (arresto, sequestro, caução, atentado – dentre outras), o legislador ainda faz menção expressa ao arresto (art. 495, § 1º, II, *in fine*).

O procedimento para o registro é simples. A parte interessada deverá providenciar a cópia da sentença para que seja levada junto ao cartório de registro de imóveis. Após o registro a parte afetada será intimada em até 15 dias depois da constituição da hipoteca judiciária. A lei não estabelece prazo de manifestação, mas deverá ser respeitado o prazo mínimo de cinco dias para impugnar a hipoteca judiciária.

A parte responsável pelo registro responde objetivamente pelos prejuízos que forem provocados pela constituição da hipoteca na hipótese de o recurso de apelação ser provido ou de a própria impugnação ao cumprimento de sentença ser julgada procedente e extinguir a relação processual (art. 495, § 5º, do CPC). Os danos serão apurados nos mesmos autos e por meio de liquidação por arbitramento.

(c) Direito de preferência

A hipoteca judiciária não representa simples prenotação para eliminar a boa-fé do terceiro adquirente, mas direito real de garantia que confere o direito de preferência na fase de satisfação da obrigação. Após a expropriação do devedor o juiz deverá determinar o pagamento com base na ordem de preferência, nos termos do art. 908 do CPC.

4.4 Sentença mandamental

A origem da ação e da sentença mandamentais está relacionada ao trabalho pioneiro de Georg Küttner, o qual lançou as bases do instituto em seu estudo sobre os efeitos da sentença (*Die Wirkungen des Urteil ausserhalb des Zivilprozess*).[53] Nesta obra Küttner procura demonstrar a existência de uma classe de sentença autônoma em relação à sentença condenatória.

No comando condenatório há uma predisposição à formação de um título executivo que irá gerar a prática de atos executivos. Na sentença mandamental há uma eficácia principal consubstanciada pela ordem judicial ao cumprimento de uma obrigação. Para Küttner essa "ordem" seria dirigida ao ente estatal, o qual não poderia ficar imune ao controle judicial. Esta característica, segundo o jurista alemão, não permitia sua inclusão nas demais formas categoriais de sentenças já reconhecidas, pois pertenceriam a um grupo inconfundível com as sentenças de declaração, prestação (condenação) e constitutivas, "einer Gruppe von Urteilen, die sich zum Unterschiede von Feststtleguns, Leistung und Gestaltungsurteilen unter dem Namen 'Anordnungsurteile' zusammensassen lassen".[54] Ainda pela falta de maior desenvoltura sobre o assunto, mas com espírito intuitivo, são fornecidos exemplos práticos de hipóteses que não se amoldam aos comandos sentenciais existentes,[55] inclusive invocando os ordenamentos estrangeiros, como o francês, no qual comparara a etimologia dos vocábulos *Anordnt* e *ordonne*, ao se referir à ordem de retificação do estado civil, na qual o juiz pratica o que a doutrina chama de "execução imprópria".[56]

53. Antes mesmo de Küttner, outro jurista alemão lançou bases para a distinção das eficácias sentenciais por meio da análise da força executiva entre a relação obrigacional e a real. Trata-se de Karl Ziebarth (*Realexecution und die Obligation*, 1866), que analisou a eficácia absoluta da relação real com a relativa da relação obrigacional na relação de locação e a influência da natureza absoluta do direito real na fase de execução (*Die Wirkungen der Realexecution*, p. 215) como bases para a distinção entre a sentença condenatória e a executiva *lato sensu*.

54. Küttner, *Die Wirkungen des Urteil ausserhalb des Zivilprozess*, p. 21.

55. Idem, p. 22.

56. Idem, p. 23.

Posteriormente, outro alemão, Goldschmidt, desenvolveu a teoria da ação mandamental para ampliar seu campo de incidência, ou seja, para englobar a possibilidade do comando mandamental ao particular.[57] Na Alemanha a ação/sentença mandamental não recebeu a acolhida merecida, como se observa das palavras de Rosenberg, um dos maiores processualistas alemães do século XX: "Küttner usa un criterio completamente distinto, como ordinariamente en la distinción entre sentencias de prestación, declaración y constitutivas, y toma como punto de partida el efecto, y no el contenido de las sentencias".[58]

Coube, como já salientamos, a Pontes de Miranda a maior contribuição sobre o assunto ao explorar e delimitar o campo de incidência de cada uma das eficácias sentenciais. Atualmente a ação mandamental é categoria indiscutivelmente presente, pois sem ela não há acomodação para o cumprimento da tutela específica no campo das obrigações de fazer, não fazer e dar, com base nos arts. 497, 536 e 538 do CPC.

A sentença mandamental possui mecanismo diferenciado para seu cumprimento e depende essencialmente do *princípio da cooperação*.[59] O juiz emite uma ordem para o cumprimento pelo réu e que depende de sua cooperação para a satisfação do comando sentencial.

Ao contrário da sentença condenatória, em que o título executivo propicia o prosseguimento dos atos executivos independentemente da colaboração do devedor, a sentença mandamental depende da colaboração do réu para o cumprimento escorreito do preceito judicial. Isto acontece porque a marca essencial do comando sentencial reside no cumprimento da tutela específica. A ausência de cumprimento espontâneo provocará a conversão da obrigação de fazer, não fazer ou de dar em perdas e danos, ou seja, pelo equivalente pecuniário. Todavia, esta conversão é perigosa, e não atende ao comando constitucional do art. 5º, XXXV, que prevê *o direito fundamental de tutela jurisdicional adequada* ao cidadão. Isto é válido no plano *individual* como no *coletivo*. Nas ações coletivas o exemplo é simples e evidente. Jamais o dever de não poluir ou desmatar (obrigação de não fazer) poderá ser substituído pelo equivalente pecuniário como medida alternativa.

57. Goldschmidt, *Zivilprozessrecht*, § 14, 4, p. 33.

58. Rosenberg, *Tratado de Derecho Procesal Civil*, cit., vol. II, p. 26.

59. Não é correto afirmar que a relação creditícia não dependa da colaboração do devedor; contudo, há uma distinção entre a mediação e a imediação, que realçam a distinção entre o direito obrigacional e real. Sobre o ponto: Menezes Cordeiro, *Direito das Obrigações*, vol. I, pp. 244 e ss.

A conversão em perdas e danos representa solução criada pela codificação napoleônica em respeito ao princípio da dignidade da pessoa (*nemo potest praecise cogi ad factum*).[60] Nenhuma pessoa poderia ser coagida a uma obrigação de fazer ou não fazer, ainda que a obrigação fosse infungível. Esta solução acompanhou o Direito Romano, que havia abolido a execução sobre a pessoa (*Lex Poetelia Papiria*).[61] Os atos executivos somente poderiam recair sobre o patrimônio, e nunca sobre a pessoa. Logo, toda execução é real, porque os atos executivos recaem apenas sobre o patrimônio (*princípio da realidade*).

A solução moderna para evitar o perecimento da tutela específica e o esvaziamento da tutela mandamental reside na criação de mecanismos especiais de cumprimento da sentença mandamental, representados por atos executivos que não provocam sub-rogação e que são classificados como medidas executivas indiretas.[62] Por meio delas o juiz terá condições de induzir e coagir a parte ao cumprimento da ordem judicial, evitando o perecimento do direito e a necessidade de conversão em perdas e danos.

A evolução da construção do comando mandamental (*Anordnung*) permitiu que a execução possa surtir eficácia pela consumação da sentença e da coisa julgada, como nas situações de infungibilidade jurídica marcadas pela substituição da declaração de vontade da parte pelo comando sentencial, tal como retratado pela figura do art. 501 do CPC. Nesta hipótese o comando mandamental sequer necessita de medida executiva indireta, porque o descumprimento autoriza a substituição da vontade do réu pela execução, sem necessidade de qualquer medida propriamente executiva (*Zwangsvollestreckung ohne Zwang*).[63]

60. Como informa Josserand (*Cours de Droit Positif Civil Français*, vol. I, p. 323), esta concepção advém da famosa redação do art. 1.142 do CC francês: "Toute obligation de faire ou de ne pas faire se résout en dommage et intérêts, en cas d`inexecution de la part du débiteur" ("Toda obrigação de fazer ou de não fazer se resolve em perdas e danos em caso de inexecução por parte do devedor").

61. Sobre a execução no período arcaico e clássico: Kaser/Knütel, *Römisches Privatrecht*, § 81, p. 405.

62. Sobre a distinção entre as medidas executivas diretas e indiretas v., *infra*, os comentários sobre o cumprimento de sentença baseado nos arts. 536 e 538, com base na doutrina alemã (*direkten/indirekten Zwangs*). V.: Gaul/Schilken/Becker-Eberhard/Lakkis/Rosenberg, *Zwangsvollstreckungsrecht*, 12ª ed., § 9, pp. 140 e ss. Sobre os poderes do juiz, nos termos do art. 139, IV, do CPC, v. t. I deste *Curso*, pp. 640-646.

63. Gaul/Schilken/Becker-Eberhard/Lakkis/Rosenberg, *Zwangsvollstreckungsrecht*, cit., 12ª ed., § 9, 141.

4.5 Sentença executiva "lato sensu"

A classificação quinária ainda oferece uma vantagem ao isolar e reconhecer a sentença executiva, também denominada de executiva *lato sensu.*[64] Aplica-se a expressão *lato sensu* neste texto para as sentenças executivas que prescindam da fase de cumprimento de sentença, na forma do art. 513 do CPC. As sentenças condenatórias são classificadas como executivas *stricto sensu*, por exigirem a especificidade de algum dos meios executórios tipificados em lei para a expropriação do devedor.[65]

A sentença executiva não se confunde com a sentença condenatória, pois permite o sincretismo absoluto.[66] Esta afirmação foi combatida com elegância pela doutrina; contudo, sem uma resposta satisfatória.[67] Não há dúvida de que atos executivos são praticados para a satisfação da sentença executiva, mas sem a necessidade de uma nova fase autônoma e marcada por sentença, como acontece com a sentença executiva *stricto sensu* (art. 925 do CPC).

Os atos de cognição e execução não são diferenciados por fases autônomas, como acontece com a sentença condenatória, que depende da fase específica para o cumprimento de sentença. A sentença executiva *lato sensu* teve sua construção originária voltada para as pretensões reais e reipersecutórias; contudo, atualmente expande sua projeção para pretensões pessoais, não sendo correto isolar sua aplicação em função da eficácia *erga omnes* dos direitos reais. Na sentença executiva preponderam atos sub-rogatórios por meio da execução direta. A diferença primordial em relação à sentença preponderantemente condenatória reside na atipicidade dos atos executivos.

Enquanto a sentença preponderantemente condenatória está vinculada aos atos executivos previstos na fase executória para fins de expropriação (art. 825 do CPC), a sentença executiva *lato sensu* beneficia-se da atipicidade dos meios executórios (art. 497 do CPC). O juiz poderá tomar todas as medidas necessárias para o cumprimento da sentença.

O Código de Processo Civil/2015 previu de modo separado a efetivação das obrigações de fazer e não fazer, bem como as obrigações de dar

64. Pontes de Miranda, *Tratado das Ações*, t. I, p. 212.

65. Como apontou Barbosa Moreira, mesmo em Pontes de Miranda, que tratou *ex professo* sobre o tema das sentenças executivas, não há uma distinção precisa, e a utilização da expressão latina *lato sensu* exige sua distinção, para que o acréscimo não seja supérfluo ("Sentença executiva?", *RePro* 114/147).

66. Arruda Alvim, *Manual de Processo Civil*, cit., 14ª ed., vol. II, p. 1.059.

67. José Carlos Barbosa Moreira, "Sentença executiva?", cit., *RePro* 114/147.

coisa (arts. 536 a 538), no capítulo referente ao cumprimento de sentença. Contudo, trata-se de acomodação sistemática. Não existe fase autônoma de cumprimento de sentença para a sentença executiva. O cumprimento de uma sentença de reintegração de posse não depende do procedimento escalonado previsto pelos arts. 513 e ss. Para a reintegração de posse bastará a determinação judicial de reintegração, e não existe fase para a apresentação de impugnação ou embargos pelo réu. A resistência ao cumprimento é reduzida; a defesa poderá ser oferecida apenas para fins de retenção de acessões ou benfeitorias ou quando apresentada por terceiro, por meio dos embargos de terceiro, nos termos do art. 674 do CPC.

O que revela a especialidade da sentença executiva é a possibilidade de combinação da técnica sub-rogatória atípica com a prática de atos coercitivos que marcam a execução indireta. A sub-rogação atípica permite que o juiz tome todas as medidas necessárias para a obtenção da tutela específica ou do resultado prático equivalente (art. 497 do CPC). Por este motivo, ao contrário do que apregoa a doutrina tradicional, a fase atual não permite mais incluir as sentenças executivas *lato sensu* como sentenças condenatórias. A classificação e a distinção sempre são úteis quando facilitam a aplicação da técnica processual. Aquele que ingressa com uma ação de cobrança não pode formar título executivo com a mesma natureza e eficácia em face daquele que reivindica o bem. A distinção exige o exame do direito material, sendo inconfundível a eficácia prática de ambos os comandos.

5. *Julgamento das ações relativas às obrigações de fazer e não fazer e entregar coisa*

5.1 *A tutela específica e a necessidade de sua proteção adequada*

As sentenças mandamentais e as executivas encontram perfeita acomodação como instrumentos processuais para a concretização da tutela específica. Sabe-se que o Código de Processo Civil/1973 não proporcionou em sua versão inicial uma forma adequada para o cumprimento das *obrigações de fazer e não fazer ou de entrega de coisa*. Não havia uma elaboração científica, sob a ótica processual, de instrumentos adequados para a disciplina das tutelas *inibitória*, *reintegratória* e *ressarcitória*.

O CPC/1973 procurou resolver esta deficiência a partir da introdução da tutela antecipada no procedimento comum, mediante a alteração dos arts. 273 e 461. Na década de 1990 o sistema processual brasileiro percebeu a necessidade de garantir a satisfação da tutela específica sem recorrer ao expediente usual de conversão em perdas e danos. Esta noção de conversão da tutela específica em ressarcitória deita suas bases na interpretação do art. 1.142 da codificação francesa.[68]

A impossibilidade de cumprimento da obrigação de fazer ou de entrega propiciava a aplicação do conhecido adágio *nemo potest cogi praecise ad factum*. Desde o período das codificações alertava-se para a necessidade de proteção da dignidade da pessoa e a impossibilidade da prática de atos executivos com violência sobre a pessoa do devedor.[69] A tutela ressarcitória pecuniária tornou-se o meio usual de satisfação da tutela específica em face da resistência do devedor ao seu cumprimento.

Na fase atual esta solução não é satisfatória. O art. 5º, XXXV, da CF/1988 é claro em proteger toda e qualquer situação de ameaça ou lesão. Logo, o sistema necessita proteger não só as situações em que o dano já tenha sido consumado (lesão), mas igualmente aquelas em que ainda existe a possibilidade de evitar sua consumação (ameaça). E mesmo naquelas situações em que o dano tenha sido consumado a tutela específica deve ser priorizada pela técnica da *reintegração na forma específica* ou pelo *ressarcimento na forma específica*. Não sendo possível a utilização de ambas as técnicas, a tutela poderá ser concedida pelo *equivalente pecuniário*.

A tutela específica atua tanto na fase preventiva como na ressarcitória, como meio de cumprimento integral de proteção ao jurisdicionado. Aquele que busca a tutela específica exigirá uma prestação positiva (fazer/entregar) ou negativa (não fazer) e tem o direito de obter a pretensão específica deduzida em seu pedido. É o que estabelece o art. 497 do CPC: "Na ação que tenha por objeto a prestação de fazer ou de não fazer, o juiz, se procedente o pedido, concederá a tutela específica ou determinará providências que assegurem a obtenção de tutela pelo resultado prático equivalente".

5.2 Meios de cumprimento da tutela específica

5.2.1 A tutela específica preventiva

De acordo com o comando do art. 5º, XXXV, da CF/1988 percebe-se facilmente que a tutela específica poderá atuar de modo preventivo para

68. Josserand, *Cours de Droit Civil Positif Français*, vol. II, p. 321.

69. Fenet, *Recueil Complet des Travaux Préparatoires du Code Civil*, vol. XIII, p. 232.

a proteção de uma ameaça ou para restabelecer uma situação marcada pelo dano.

A tutela preventiva ou inibitória assume importância vital para o sistema jurídico. O comprometimento do processo civil clássico com a noção de mecanismo de reação a um direito material violado e marcado pela reparação do dano retardou a visualização da importância da tutela preventiva.[70] Mais importante do que reparar é prevenir, com o fim de evitar qualquer lesão ao interesse individual ou coletivo.

O art. 497, parágrafo único, do CPC reconhece expressamente a possibilidade da tutela preventiva em sua primeira parte, ao prever sua concessão para o fim de inibir a prática de um ilícito, assim como sua reiteração. A proteção da tutela possessória permite simples exemplificação. As ações de interdito proibitório e manutenção de posse representam exemplos de tutela específica, cujos pedidos são fundados na necessidade de proteção judicial em que a parte requer proteção contra potenciais (ameaça) e efetivos (turbação) atos ilícitos do réu, os quais ainda não provocaram um dano. Pode-se, inclusive, demonstrar que estes atos são reiterados e contínuos (atos de turbação), ainda que não tenham gerado o desapossamento do autor. Outro exemplo refere-se à proteção dos direitos da personalidade, que permitem a utilização da tutela preventiva, como reconhece o art. 12 do CC. A proteção da personalidade como direito fundamental absoluto exige mecanismos de prevenção para afastar a agressão sobre a privacidade, a honra, a imagem, do ser humano, seja no âmbito individual ou coletivo.[71]

Jamais a tutela ressarcitória pecuniária poderá substituir a tutela preventiva como meio adequado de proteção à personalidade. Não existe reparação pecuniária que possa restaurar a violação da integridade moral do ser humano. Estes exemplos ainda demonstram que a tutela específica se refere indistintamente a direitos absolutos e relativos, individuais ou coletivos, independentemente de estarem albergados na seara dos direitos obrigacionais, reais ou nos direitos da personalidade.

70. Cristina Rapisarda, *Profili della Tutela Civile Inibitoria*, p. 15.

71. V. a interessante previsão de proteção coletiva inserida pela Lei do Marco Civil, conforme o art. 19, § 4º: "§ 4º. O juiz, inclusive no procedimento previsto no § 3º, poderá antecipar, total ou parcialmente, os efeitos da tutela pretendida no pedido inicial, existindo prova inequívoca do fato e considerado o interesse da coletividade na disponibilização do conteúdo na Internet, desde que presentes os requisitos de verossimilhança da alegação do autor e de fundado receio de dano irreparável ou de difícil reparação".

5.2.2 *A tutela específica ressarcitória*

Além da tutela preventiva, a tutela específica poderá ser pleiteada na modalidade ressarcitória. O ressarcimento poderá ser pleiteado na forma *específica* ou pelo *equivalente*. O *ressarcimento na forma específica* assume, indubitavelmente, a posição de primazia como modalidade de reparação da parte lesada. Ele visa a restabelecer a situação material violada. Não há dúvida de que sua concessão deve ser priorizada, porque representa o meio ideal de alcançar o retorno ao estado anterior (*status quo ante*).

O ressarcimento específico pode ser dividido em tutela reintegratória ou tutela ressarcitória na forma específica.[72] A tutela reintegratória visa ao denominado "efeito repristinatório". O seu objetivo é restabelecer a situação anterior, tal como se o ato ilícito não tivesse sido configurado. A segunda modalidade refere-se à tutela ressarcitória na forma específica e que possui o mesmo objetivo da tutela reintegratória, contudo, requer-se determinada quantia em dinheiro para o fim de restabelecer a situação material violada. O seu objetivo não é a reparação pecuniária, mas a obtenção da tutela específica.

Como exemplo de tutela ressarcitória na modalidade específica podemos lembrar a hipótese da pessoa que é vítima de erro médico. Uma cirurgia errônea rompe a relação *intuitu personae* entre o paciente e o médico. Nada mais natural que o seu pedido de tutela específica seja direcionado para a obtenção dos recursos monetários para que outro profissional possa realizar a reparação do erro cometido. Nesta hipótese, o valor monetário é apenas o meio para a obtenção do fim, ou seja, para a consumação da tutela específica.

A tutela pelo equivalente também está autorizada pelo art. 497 do CPC, em sua parte final. Ela corresponde a uma modalidade secundária de resposta ao pedido de tutela específica. Não sendo possível o restabelecimento da situação anterior ante a impossibilidade da repristinação, o juiz poderá conceder a tutela pelo equivalente.

A doutrina ainda tende a resumir a tutela pelo equivalente à tutela pecuniária. Em suma, não sendo possível a obtenção do resultado anterior à lesão, a parte teria o direito de obter uma indenização equivalente ao prejuízo experimentado (*eguale valore*).[73] Não há dúvida de que a impossibilidade de obtenção da tutela específica reintegratória, seja pela

72. Com pequena divergência de classificação: Paolo Zatti, *Corso di Diritto Civile*, p. 549.

73. Paolo Zatti, *Corso di Diritto Civile*, 3ª ed., pp. 548-549.

resistência invencível do devedor (*nemo potest cogi ad factum*), pela destruição do objeto, pela perda da eficácia temporal da obrigação, dentre outros motivos, acabará por impor o ressarcimento pecuniário como meio de ressarcimento pelo equivalente.

Entretanto, a tutela pelo equivalente permite outras formas de cumprimento. Não sendo possível a repristinação, ainda se torna possível a concessão de medidas alternativas que podem permitir a reparação pelo equivalente.[74] Uma notícia inverídica que tenha sido difundida por meio televisivo ou escrito permite a concessão de tutela ressarcitória pelo equivalente ao determinar que no mesmo horário e com o mesmo tempo de exposição a reportagem seja desmentida. A mesma providência pode ser determinada em relação ao jornal para que a matéria seja publicada com o mesmo destaque para retificar a reportagem abusiva.

5.2.3 Combinação da tutela preventiva e da ressarcitória

As situações reais tratadas no dia a dia forense raramente permitem a concessão isolada da tutela preventiva ou ressarcitória. É comum a necessidade de que as técnicas processuais previstas sejam cumuladas. Uma área de preservação ambiental pode ser objeto de tutela por meio de uma ação civil pública (Lei 7.347/1985) na qual o Ministério Público requer a proibição do desmatamento e de sua reiteração (tutela preventiva), bem como requerer a condenação do réu ao reflorestamento e ao pagamento de danos morais coletivos (tutela ressarcitória).

A proteção da tutela específica poderá ser concedida por meio da tutela provisória com fundamento na urgência ou evidência (art. 294 do CPC). A materialização da tutela provisória ou definitiva autoriza que o juiz tome todas as medidas necessárias para sua implementação. O art. 497, parte final, do CPC prevê uma norma de encerramento, ou seja, um conceito normativo aberto, que não especifica quais medidas podem ser tomadas pelo juiz.

Ao contrário do que se observa na sentença condenatória, as sentenças mandamentais e executivas amoldam-se ao regime do art. 497 do CPC e permitem que o juiz se utilize da execução direta e indireta, com abertura sistêmica quanto aos atos executivos necessários para a salvaguarda do direito material, o que visa a preservar o resulto prático

74. Marinoni/Arenhart/Mitidiero, *Código de Processo Civil Comentado*, pp. 538-539.

da tutela específica.[75] O art. 500 do CPC prevê a possibilidade de fixação da multa para o fim de compelir o réu ao cumprimento da tutela específica determinada como tutela provisória (art. 294 do CPC) ou tutela definitiva (art. 487 do CPC). O regramento quanto à incidência das *astreintes* está delineado pelo art. 537 do CPC, cujos comentários serão oportunamente realizados.[76] O art. 500 fixa a correta separação entre a multa e as perdas e danos. Esta confusão ainda permeia nosso sistema porque o CPC/2015 perdeu a oportunidade de corrigir uma distorção do sistema jurídico para que a multa do art. 537 do CPC fosse recolhida para o Estado. A multa é devida pelo descumprimento da decisão judicial, e não pelo inadimplemento da obrigação. O inadimplemento permite a conversão em perdas e danos, mas consiste em verba inconfundível.

5.2.4 Culpa, dolo e dano na tutela específica

As noções de ilícito e dano sempre estiveram *pari passu,* pois o ressarcimento de um dano material ou moral tem como pressuposto um ato jurídico ilícito. Pergunta-se, então: toda atividade ilícita deve ser seguida de um evento danoso? Não. É neste ponto que se distingue a tutela específica preventiva (inibitória), pois a mesma visa a impedir a prática, a continuação ou a repetição do ilícito.[77] A noção de prevenção do ilícito surge diante da necessidade social de tutela específica para certas situações, onde a tutela de ressarcimento é insuficiente para a proteção dos interesses juridicamente violados. Podemos citar como referência o próprio Direito Italiano através dos arts. 2.599 e 2,600 do *Codice Civile*, o qual trata do problema relativo à concorrência desleal, em que se prevê remédio inibitório independente da existência de culpa ou dano por parte do demandado em juízo.

A demonstração da possibilidade da ocorrência de um ato ilícito sem a existência de dano decorre da modificação da concepção do ato ilícito, o qual se caracteriza como ato *contra ius*, ou seja, como conduta dirigida à violação de uma obrigação sancionada por lei, ainda que não existam prejuízos materiais. Como acertadamente ilustra a doutrina, a culpa, o dolo e o dano são partes integrantes da tutela ressarcitória, mas não da

75. Sobre as formas de execução direta e indireta das sentenças mandamentais e executivas *lato sensu* v. a Parte II deste trabalho, referente ao cumprimento de sentença, Capítulo IX, item 3.

76. V. Parte II, Capítulo IV, item 5.

77. Luiz Guilherme Marinoni, *A Antecipação da Tutela*, 8ª ed., p. 83.

tutela preventiva.[78] Neste ponto, o art. 497, parágrafo único, do CPC é claro ao eliminar a necessidade de exame da culpa ou dolo bem como a valoração do dano em face da tutela preventiva para o fim de impedir a prática, reiteração, continuação ou remoção de um ilícito.

A culpa ou o dolo não se caracterizam como elementos fundamentais de análise na aplicação na tutela preventiva, pois, como a inibição se volta para o futuro, não há possibilidade de valorar antecipadamente o aspecto objetivo de um comportamento ainda não consumado.

A natureza preventiva e específica da tutela inibitória renova o conceito de que a reparação por danos seja a única forma de resposta do ordenamento jurídico contra a violação ao sistema. Sem dúvida, o aspecto individualista da reparação, com raízes no próprio Direito Romano, torna-se superado em vista do crescimento da esfera de proteção, que abrange o interesse coletivo, no qual a tutela preventiva possui enorme importância para a salvaguarda do interesse individual homogêneo, coletivo ou difuso.

5.3 Tutela específica para a entrega de coisa

5.3.1 A entrega de objeto móvel ou imóvel

A tutela específica poderá abranger não apenas a obrigação de fazer ou não fazer, mas a entrega de coisa móvel ou imóvel. As ações reais ou reipersecutórias que fundamentem sua pretensão na entrega do bem móvel ou imóvel permitem que o juiz tome as medidas necessárias para a efetividade da sua devolução.

Na fase atual do sistema jurídico, em que se fortalece a proteção da boa-fé, as ações que veiculam pretensões reais e reipersecutórias sujeitam-se ao princípio da concentração como meio de proteção ao terceiro de boa-fé (art. 54 da Lei 13.097/2015). É fundamental que o autor da ação propicie a publicidade adequada para que o direito de sequela não seja limitado pela proteção ao terceiro de boa-fé.[79]

78. Marinoni/Arenhart/Mitidiero, *Código de Processo Civil Comentado*, cit., p. 590.

79. Esta proteção é atualmente garantida em relação aos bens imóveis e móveis pela utilização dos embargos de terceiro. A Súmula STJ-92 é um exemplo de proteção ao terceiro de boa-fé e de consolidação da *aquisição* ***a non domino***, em harmonia com a leitura do art. 1.268 do CC, desde que respeitada a publicidade. A Súmula STJ-84 em relação aos bens imóveis não exige a publicidade como elemento condicionante na proteção do terceiro, mas isto implicará a sucumbência, pela aplicação do princípio da causalidade (Súmula STJ-301).

Os bens móveis e imóveis podem ser tutelados quando inexista relação jurídica anterior (*sine causa*). O desmembramento da posse direta e indireta sem a existência de negócio jurídico permite que o titular possa pleitear a reivindicação ou imissão na posse, bem como a reintegração de posse. As duas primeiras pretensões são exercidas com base no domínio (*ius possidendi*) e a última com base na posse (*ius possessionis*). Estes exemplos de pretensões relativas à entrega de bem aplicam-se à tutela dos bens móveis e imóveis, sem prejuízo da incidência de eventual procedimento especial. O intercâmbio entre a Parte Geral e a Parte Especial é possível e desejável. Uma ação possessória regulada pelo art. 554 do CPC que não tenha sido postulada no prazo de ano e dia não perderá seu caráter possessório[80] e poderá ser processada pelo procedimento comum (art. 566 do CPC). A ausência de demonstração do prazo de ano e dia não impede que a tutela provisória possa ser concedida pela demonstração do abuso do direito de defesa (art. 311, I, do CPC). Percebem-se a necessidade de diálogo e a riqueza produzida pela interação entre a Parte Especial e a Parte Geral do Código de Processo Civil.

Na entrega de coisa certa assume relevo a técnica de execução direta para fins de satisfação da tutela específica. Isto não impede, ante o caráter executivo e mandamental da ação do art. 498 do CPC, a combinação da execução indireta com a direta, o que torna perfeitamente possível que o juiz fixe multa (execução indireta), sem prejuízo das medidas necessárias para a remoção do bem (execução direta).[81]

5.3.2 Necessidade da concentração

Na entrega de coisa certa o credor da relação jurídica real ou obrigacional não é obrigado a receber coisa diversa da contratada (*aliud pro alio*). Deve ser respeitado o que foi avençado, como dispõe o art. 233 do CC (*pacta sunt servanda*). No entanto, quando a obrigação de dar é marcada pela generalidade surge a necessidade de concentração, nos termos do art. 498, parágrafo único, do CPC e do art. 244 do CC.

Não é possível emitir comando mandamental e executivo para entrega quando o bem não está individualizado. A determinação do gênero e da quantidade exige que a espécie seja concretizada para permitir o correto cumprimento da obrigação. A especificação caberá, a princípio,

80. O que impedirá a exceção de domínio, como exemplo, nos termos do art. 557 do CPC.

81. Sobre os meios de implementação da tutela de entrega de coisa, v. a Parte II deste trabalho, Capítulo IX, item 16.

ao autor, que deverá descrever na petição inicial o bem individualizado. Estas obrigações são marcadas pela fungibilidade do bem.[82] Se o direito de concentração competir ao devedor, o juiz deverá assinalar prazo razoável para que possa cumprir com a individualização dos bens para fins de cumprimento da tutela específica.

Nada impede a concessão da tutela específica liminar, especialmente pela aplicação da tutela de evidência, seja pelo abuso da conduta do réu em procrastinar a concentração (art. 311, I) ou pela evidência do direito afirmado, como acontece nas ações de natureza real e reipersecutória (art. 311, III).

5.3.3 Conversão em perdas e danos e a multa

A tutela específica prepondera sobre a tutela pecuniária. Isto não elimina a força do princípio dispositivo. O autor pode pedir perdas e danos quando o cumprimento da tutela específica se tornar impossível ou quando seu cumprimento defeituoso ou tardio não for mais do seu interesse.

Quando o autor aceita o cumprimento parcial ou defeituoso (adimplemento parcial ou defeituoso), isto não impede a cumulação da tutela específica com a ressarcitória pecuniária. O credor poderá pleitear a indenização por perdas e danos quanto ao prejuízo suportado (art. 236 do CC).

A conversão em perdas e danos não se confunde com a incidência das *astreintes*, como já ressaltado. A multa pelo descumprimento da decisão judicial não se confunde com perdas e danos, que têm referência direta com o objeto litigioso do processo. São verbas inconfundíveis. A multa devida pelas *astreintes* deveria ser direcionada para o Estado. Nas ações coletivas existe destinação diversa, que privilegia a proteção da coletividade (art. 13 da Lei 7.347/1985). A multa possui disciplina específica no cumprimento de sentença por meio do art. 537 do CPC.

5.3.4 A tutela específica na emissão de declaração de vontade

No campo da tutela específica merece tratamento especial a execução da sentença para o suprimento da declaração de vontade. A matéria, antes regulada pelos arts. 466-A, 466-B e 466-C do CPC/1973, foi sintetizada no art. 501 do CPC/2015: "Na ação que tenha por objeto a emissão de declaração de vontade, a sentença que julgar procedente o pedido, uma vez transitada em julgado, produzirá todos os efeitos da declaração não

82. V. nosso *Código Civil Comentado*, escrito em coautoria com José Miguel Garcia Medina, p. 285.

emitida".[83] Nos contratos bilaterais perfeitos ou imperfeitos a resistência de uma das partes ao cumprimento da obrigação poderá ser ultrapassada pela sentença judicial transitada em julgado.

A tutela específica para fins de suprimento da declaração de vontade apresenta interessante evolução para o fim de relativizar o princípio *nemo potest cogi ad factum* ("ninguém pode ser coagido à prestação de um fato").[84]

A possibilidade de substituição da vontade do devedor quanto ao cumprimento do negócio jurídico revela a possibilidade de sub-rogação plena; portanto, a sentença assumirá preponderância executiva.[85] A eficácia mandamental é secundária, pela necessidade de cumprimento dos trâmites de implementação da vontade substituída. Sempre que a atividade sub-rogatória for possível, ela é preferível à aplicação da execução indireta, pois garante o cumprimento da tutela específica. Um exemplo simples reside na eliminação temporária ou definitiva da restrição junto aos órgãos de cadastro. Não há sentido em impor multa diária ao réu quando o juiz pode determinar a eliminação da restrição por simples ofício.[86]

5.4 Eficácia da decisão para emissão de declaração de vontade

Apesar de o art. 501 do CPC mencionar a expressão "declaração de vontade", não se trata de sentença declaratória. Obviamente, a declaração

83. A previsão da tutela específica para emissão da declaração de vontade já era prevista no regime das *Ordenações Filipinas* quando a escritura fosse necessária para a substância do ato (Livro IV, Título 19). Uma visão histórica sintética pode ser consultada em Pedro Henrique Távora Niess, *Da Sentença Substitutiva da Declaração de Vontade*, p. 14.

84. V. interessante evolução em Sydney Sanches, *Execução Específica (das Obrigações de Contratar e de Prestar Declaração de Vontade)*, pp. 3-15, no qual se demonstra a discussão desde Teixeira de Freitas. O ponto de maturação de nosso sistema pode ser considerado o Decreto-lei 58/1937, por meio da redação do art. 16, que possibilitou a adjudicação em caso de resistência à outorga da escritura pública para os compromissos de compra e venda firmados sobre terrenos. Existe um ponto importante para esta solução legislativa. A correção monetária será introduzida legalmente somente em meados da década de 60 do século passado (Lei 4.506/1964, art. 3º; Lei 4.380/1965, art. 5º). Isto provocava situações de injustiça, pois ao final de um compromisso de compra e venda em prestações, sem previsão de reajuste da prestação com cláusula móvel, o vendedor poderia se arrepender e devolver as parcelas sem qualquer atualização.

85. Marinoni/Arenhart/Mitidiero, *Código de Processo Civil Comentado*, cit., p. 597.

86. Solução diversa da *ZPO* alemã (§§ 888 e 889), em que se reconhece possibilidade de imposição de multa.

está contida no comando sentencial, mas a eficácia executiva prepondera, pela possibilidade de satisfação plena pela aplicação da técnica sub-rogatória.

Nada impede que a tutela específica do art. 501 possa ser concedida por meio de tutela provisória (art. 294 do CPC). A redação do dispositivo, em sua acepção literal, parece condicionar a eficácia da tutela ao trânsito em julgado da sentença. Há claro equívoco do legislador, pois a eficácia não está condicionada ao trânsito. Obviamente, a concessão de tutela provisória há de ser marcada por cautela nesta modalidade de tutela específica, em vista dos efeitos que podem ser irradiados para terceiros e, consequentemente, para o tráfico negocial.

5.4.1 Declaração de vontade: negócios jurídicos monovinculantes ou bivinculantes

A possibilidade de tutela específica recai sobre negócio jurídico que vincule apenas uma das partes, quando será monovinculante. A promessa de recompensa é um exemplo de negócio jurídico monovinculante e que obriga ao cumprimento do prometido (art. 854 do CC). Os contratos marcados pela relação bivinculante, também denominados de sinalagmáticos, permitem a aplicação do art. 501 do CPC quando uma das partes se negue a emitir a declaração de vontade. A sentença judicial assumirá natureza executiva ao substituir integralmente (sub-rogação) a declaração de vontade da parte, que seria necessária para a consumação do negócio jurídico.

5.4.2 Objeto da declaração de vontade: bens móveis e imóveis

O art. 501 do CPC refere-se tanto a negócios jurídicos relativos a bens móveis como a imóveis. A inexecução de negócio jurídico relativo a bem móvel ou semovente permite a tutela específica, para que o juiz supra a omissão por meio de decisão judicial.[87] Em relação aos bens móveis e semoventes se há de ter cautela, em vista da proteção da boa-fé objetiva.

87. Interessante decisão do STJ, recaindo sobre valores mobiliários, especificamente, com opção de ações: "Possibilidade de execução específica do compromisso de recompra de ações que, suprindo a declaração de vontade do adquirente (obrigação de fazer), autorize a cobrança do preço (obrigação de dar); arts. 632 e 633 do CPC [*CPC/1973 – v. arts. 815 e 816 do CPC/2015*] – Recurso especial não conhecido" (STJ, 3ª Turma, REsp 856.826-DF, rela. Min. Nancy Andrighi, rel. para o acórdão Min. Ari Pargendler, j. 19.2.2008, *DJe* 5.11.2008).

Os bens imóveis apresentam importante papel na aplicação do art. 501 do CPC, pela sua utilização em face dos contratos preliminares de compra e venda de bem imóvel. A resistência do vendedor em realizar o contrato definitivo, com a outorga da escritura pública, possibilita a execução específica com substituição da declaração de vontade pela decisão judicial.[88]

6. *A SENTENÇA E OS FATOS SUPERVENIENTES ("FACTUM SUPERVENIENS")*

O art. 493 do CPC expressa norma de extrema importância, especialmente na fase atual, em vista da explicitação do princípio da boa-fé e da cooperação dentro do sistema processual civil brasileiro (arts. 5º e 6º).

De acordo com o que foi explanado, por ocasião do enfretamento da resposta do réu, o juiz necessita que a demanda se torne estável, para que possa analisar a contraposição entre o que é requerido pelo autor e o que é contestado pelo réu. Não basta a garantia do contraditório pleno. O processo precisa de maturação, para que a relação processual se torne madura e permita ao juiz analisar todos os pontos controvertidos. Se a cada fase as partes pudessem modificar os fatos postos em discussão, a demanda poderia prolongar-se indefinidamente.

Percebe-se assim, a importância do princípio da eventualidade. O autor deve concentrar todos os fatos e fundamentos que embasam seu pedido no momento de oferecimento da petição inicial (art. 319, III, do CPC), e o réu deve concentrar toda sua defesa no momento de oferecimento de sua contestação (art. 336 do CPC). Com fases isoladas e concentradas permite-se que o juiz analise o caso concreto e profira decisão resguardando a oportunidade isonômica de manifestação das partes.

Acontece que o Direito e a vida são dinâmicos. O juiz não pode se furtar a considerar o Direito superveniente (*ius superveniens*) bem como os fatos supervenientes (*factum superveniens*) que possam influenciar a demanda, desde que respeitados o contraditório, a lealdade, a boa-fé e a

88. "Se o devedor não cumpre a obrigação, improcedente que é o motivo embasador de sua recusa à outorga da escritura definitiva, ao credor é lícito obter a condenação daquele a emitir a manifestação de vontade a que se obrigou, sob pena de, não o fazendo, produzir a sentença o mesmo efeito da declaração não emitida – Precedentes do STJ – Recurso especial interposto pelos réus/reconvintes não conhecido; recurso dos autores/reconvindos conhecido, em parte, e providos" (STJ, 4ª Turma, REsp 306.012-RJ, rel. Min. Barros Monteiro, j. 10.9.2002, *DJU* 17.3.2003, p. 234).

cooperação.[89] O conhecimento do Direito ou do fato superveniente é relevante, porque poderá provocar a alteração do julgamento, seja para fins de *constituição*, *modificação* ou *extinção* da relação jurídica processual.

Esta regra refere-se tanto ao autor como ao réu; contudo, encontra previsão anterior ao art. 493 do CPC, conforme leitura do art. 342, I, do CPC, que fixa limite temporal de alteração das alegações do réu na contestação: "Depois da contestação, só é lícito ao réu deduzir novas alegações quando: *I – relativas a Direito ou a fato superveniente*; (...)" (grifos nossos).

A doutrina tradicional sempre foi severa ao deduzir que somente seria possível aplicar a regra do fato ou do Direito superveniente a tudo que seja posterior ao ingresso da demanda e desde que as partes não tivessem conhecimento no prazo regular de manifestação no processo.[90] A aplicação do art. 493 do CPC leva em consideração a necessidade de sua invocação após a preclusão da fase probatória.[91]

O art. 493 do CPC refere-se tanto ao direito material como ao direito processual superveniente; contudo, deve ser respeitada a cláusula pétrea da irretroatividade da lei material e processual para aquelas situações jurídicas já consolidadas (ato jurídico perfeito e direito adquirido – cf. art. 5º, XXXVI, da CF). Em relação ao Direito considera-se não só a alteração da lei, mas dos precedentes. Não há dúvida de que a orientação dos precedentes firmados em Tribunais Superiores deva ser levada em consideração no momento da prolação da sentença. Por outro lado, é indubitável que as partes não podem ser surpreendidas e que a nova aplicação da lei ou da jurisprudência deverá proporcionar a abertura do contraditório quando o Direito superveniente for constatado de ofício pelo julgador (art. 493, parágrafo único).

Como já afirmado, a alteração que poderá influenciar a demanda diz respeito não só ao *Direito superveniente*, mas também aos *fatos supervenientes*. Aqui cabe considerar se os fatos supervenientes podem, ou não, alterar a causa de pedir.

89. Leonardo Carneiro da Cunha, *A Atendibilidade dos Fatos Supervenientes no Processo Civil*, p. 98.

90. Arruda Alvim, *Manual de Direito Processual Civil*, 18ª ed., vol. II, p. 1.086.

91. "1. O fato novo autorizado pela lei, a teor dos arts. 493 do CPC/2015 e art. 462 do CPC/1973, a ser examinado mesmo na fase recursal, é aquele constitutivo, modificativo ou extintivo do direito apto a influir na solução da lide e superveniente à instrução, circunstâncias que não se verificam na presente hipótese – Precedentes. 2. Agravo interno desprovido" (STJ, 4ª Turma, AgInt no AgInt na Pet no AREsp 616.274-SP, rel. Min. Marco Buzzi, j. 18.10.2018, *DJe* 26.10.2018).

Já vimos que nosso sistema adotou a teoria da substanciação não só como condição de estabilidade da demanda, mas como exigência de respeito ao direito de defesa do réu. A substanciação exige que o autor indique na sua petição os fatos e os fundamentos jurídicos do pedido, ou seja, a causa de pedir remota e a próxima.

A causa de pedir remota não deve sofrer mutação pela aplicação do art. 493 do CPC; contudo, esta vedação não pode ser aplicada para a causa de pedir próxima. Tome-se o exemplo da ação possessória. A causa de pedir remota toma em consideração os fatos originários que fundamentam o pedido de proteção possessória.[92] Logo, a causa de pedir remota em uma ação de reintegração de posse diz respeito à demonstração da posse do autor, o que exigirá a descrição da causa de aquisição da posse (*e.g.*: ocupação originária, *accessio possessionis*, *successio possessionis*, posse publiciana). A causa de pedir próxima revela o fundamento jurídico de proteção à posse (ameaça, manutenção ou esbulho), que justifica o pedido de tutela jurisdicional (pedido imediato), ou seja, a reintegração de posse. Embora excepcional, não é possível negar a possibilidade de *fatos supervenientes* que provoquem alteração da causa de pedir próxima e do pedido imediato. Esta situação é reconhecida pelos Tribunais Superiores, por exemplo, na aplicação do *princípio da primazia da realidade subjacente* nas demandas possessórias, quando não é mais possível conceder o pedido de reintegração de posse, o que provoca a conversão do pedido de restituição em indenização.[93]

A alteração legislativa ou dos precedentes poderá provocar a necessidade de invocação do art. 493 do CPC, especialmente quando afete as condições da ação. As condições devem estar presentes não apenas no momento do ajuizamento do pedido, mas durante todo o iter procedimental, incluindo a fase de sentença. Um exemplo marcante do poder dos precedentes pode ser ilustrado com o julgamento proferido pelo STF com repercussão geral em que ratificou o art. 2º-A da Lei 9.494/1997, no tocante à a necessidade de autorização expressa do associado e sua presença na lista de associados no momento de ajuizamento da ação coletiva ordinária pela associação.[94]

92. Como bem lembra Cruz e Tucci (*A "Causa Petendi" no Processo Civil*, 2ª ed., p. 58), a causa de pedir remota deve ser descrita tanto nas ações fundamentadas em direito pessoal (*sic*, ações reais) como naquelas fundamentadas em direito pessoal (*sic*, ações pessoais).

93. STJ, 1ª Turma, REsp 1.442.440-AC, rel. Min. Gurgel de Faria, j. 7.12.2017, *DJe* 15.2.2018.

94. Mudando a orientação da jurisprudência do STJ e atingindo os julgamentos em curso: "(...). 3. O STF, reconhecendo a repercussão geral da matéria, apreciou e

É possível o reconhecimento da perda da legitimidade de agir ou do interesse processual no curso do processo. No mandado de segurança a correção pela autoridade coatora do ato reputado como ilegal provocará a perda de objeto do *mandamus*, com a consequente extinção do processo, sem a análise do mérito.[95] No mandado de injunção a superveniente publicação da lei no curso do processo supre a omissão, ocasionando a perda de objeto. O juiz não poderá deixar de tomar em consideração o fato superveniente extintivo.[96]

7. *Correções da sentença: erros materiais e cálculos*

A sentença, como projeção de ato intelectivo, está sujeita a falhas. A correção de erros materiais e formais não deve provocar maiores obstáculos para a correta compreensão e execução do julgado. Note-se que o termo "execução" assume configuração ampla. Mesmo as sentenças que

julgou o RE n. 573.232-SC, rel. Min. Ricardo Lewandowski, relator para o acórdão o Min. Marco Aurélio, pacificando que 'as balizas subjetivas do título judicial, formalizado em ação proposta por associação, é definida [*sic*] pela representação no processo de conhecimento, presente a autorização expressa dos associados e a lista destes juntada à inicial' – Precedentes do STJ: REsp n. 1.468.734-SP, rel. Min. Humberto Martins, 2ª Turma, *DJe* 15.3.2016; ED no REsp n. 1.186.714-GO, rel. Min. Mauro Campbell Marques, 2ª Turma, *DJe* 13.4.2016. 4. Também sob o regime da repercussão geral, o Pretório Excelso, no julgamento do RE n. 612.043-PR, definiu que 'a eficácia subjetiva da coisa julgada formada a partir de ação coletiva, de rito ordinário, ajuizada por associação civil na defesa de interesses dos associados, somente alcança os filiados, residentes no âmbito da jurisdição do órgão julgador, que o fossem em momento anterior ou até a data da propositura da demanda, constantes da relação jurídica juntada à inicial do processo de conhecimento' – Precedentes do STJ: REsp n. 1.395.692-SP, rel. Min. Sérgio Kukina, 1ª Turma, *DJe* 23.10.2018; AgInt no AgInt no AREsp n. 1.187.832-SP, rel. Min. Mauro Campbell Marques, 2ª Turma, *DJe* 20.6.2018. 5. O acórdão recorrido está em sintonia com o atual entendimento do STJ, razão pela qual incide, *in casu*, o princípio estabelecido na Súmula n. 83/STJ: 'Não se conhece do recurso especial pela divergência quando a orientação do Tribunal se firmou no mesmo sentido da decisão recorrida' – 6. Recurso especial não conhecido" (STJ, 2ª Turma, REsp 1.797.454-RJ, rel. Min. Herman Benjamin, j. 28.3.2019, *DJe* 28.5.2019).

95. É o caso do cancelamento do concurso após a impetração do mandado de segurança. A autoridade coatora reconhece e corrige o ato administrativo, o que provoca a perda de objeto do *mandamus*. Neste sentido: "(...). Em não havendo utilidade prática da ação mandamental com o cancelamento do certame, exsurge certo que houve a perda superveniente do objeto do *mandamus*. 4. Agravo interno desprovido" (STJ, 1ª Turma, AgInt no RMS 40.609-DF, rel. Min. Gurgel de Faria, j. 28.3.2019, *DJe* 23.4.2019).

96. STJ, 2ª Turma, REsp 1.797.474-TO, rel. Min. Herman Benjamin, j. 11.4.2019, *DJe* 31.5.2019.

não são vocacionadas a propiciar a prática de atos executivos, como as declaratórias ou constitutivas, acabam tendo sua eficácia prejudicada por erros materiais. Em uma sentença declaratória de usucapião a descrição incorreta da área que será objeto da nova matrícula prejudicará o ato de registro. A sentença constitutiva negativa de divórcio exige a menção correta à mudança do sobrenome e aos bens que são objeto de partilha. A sentença condenatória líquida em que o juiz acrescenta um dígito a mais na fixação do dispositivo merece reparo imediato, para não propiciar cumprimento de sentença inexato. A sentença mandamental em que se determina a reintegração de funcionário ao cargo exige menção correta ao cargo e ao nome do funcionário reintegrado. A sentença executiva *lato sensu* em que se determina a reintegração de posse poderá conter erro na descrição da área, o que motivará sua correção, para que os atos executivos não sejam praticados erroneamente.

Os exemplos citados demonstram que os erros evidentes, que demonstram desconexão entre a fundamentação e o dispositivo, permitem correção imediata. Estes erros podem ser corrigidos de ofício ou a pedido da parte. Os erros materiais e as inexatidões da sentença não se sujeitam a preclusão.[97] Logo, inexiste a formação de coisa julgada, o que permite a correção do vício evidente mesmo na fase de cumprimento da sentença. A publicação da sentença realmente encerra a atividade jurisdicional decisória; contudo, não eliminará a possibilidade de correção de erros evidentes (materiais ou de cálculo) de modo célere, por meio de simples pedido da parte (*petitio simplex*) ou de ofício pelo juiz (*ex officio*).

7.1 Erro de cálculo e o problema do excesso

Além dos erros materiais pautados pela desconexão entre o pedido e o decidido na fundamentação, a parte poderá requerer a alteração do erro de cálculo que tenha constado na sentença. Note-se que o erro de cálculo não se confunde com a matéria de excesso da execução (art. 525, § 1º, V, CPC). Este ponto é importante, porque não é lícito corrigir a deficiência do pedido formulado por meio da figura do art. 494 do CPC.

O erro de cálculo que não exige a apresentação de impugnação ou dos embargos refere-se à sentença que tenha concluído sobre o *quantum debeatur* fora dos limites do que foi decidido. É possível que a sentença utilize o valor equivocado mencionado pelo perito na fase de comparação dos cálculos. O valor ainda poderá ser digitado incorretamente, em evidente descompasso com o que foi decidido.

97. Arruda Alvim, *Manual de Direito Processual Civil*, cit., vol. II, p. 1.098.

No entanto, não se trata de erro material quando a sentença não tenha considerado o valor atribuído expressamente por uma das partes. A modificação somente poderá ocorrer pela via recursal. É possível que em uma ação de alimentos uma das partes tenha suscitado compensação pela demonstração de valores de pensão alimentícia já paga. É necessário que o juiz se manifeste expressamente sobre a matéria de defesa (compensação) para que a diminuição do valor possa ser conhecida. Daí a importância de o art. 494, II, do CPC prever a possibilidade de utilização dos embargos de declaração. Nesta hipótese será necessário suprir a omissão do juiz sobre a matéria não enfrentada (existência, ou não, de compensação), cujo conhecimento poderá afetar o valor da condenação (*quantum debeatur*). Nesta situação não se trata de erro que pode ser conhecido de ofício e a qualquer tempo, pois a matéria restará preclusa caso a parte não se manifeste no prazo adequado.[98]

98. Neste sentido: "(...). O erro material é aquele evidente, decorrente de simples erro aritmético ou fruto de inexatidão material, e não erro relativo a critérios ou elementos de julgamento. Fica evidente a pretensão infringente buscada pela embargante, com a oposição destes embargos declaratórios, uma vez que pretende ver alterado o acórdão que não conheceu do agravo regimental, pois a petição enviada via fac símile estava incompleta. 'O art. 4º da Lei n. 9.800/1999 estabelece que deve existir perfeita concordância entre a cópia remetida via fac-símile e o original entregue em juízo, situação que não se verifica na espécie' (ED no AgR nos ED no AgR no RE nos ED no AgR no Ag 1.140.246-MT, rel. Min. Félix Fischer, Corte Especial, j. 12.5.2011, *DJe* 3.6.2011) – Embargos de declaração rejeitados" (STJ, 2ª Turma, ED no AgR no REsp 1.234.057-PR, rel. Min. Humberto Martins, j. 28.6.2011, *DJe* 1.7.2011).

Capítulo X

COISA JULGADA

1. A coisa julgada e a segurança jurídica. 2. A coisa julgada formal e material. 3. Limites da coisa julgada: 3.1 Limites subjetivos da coisa julgada – 3.2 Limites objetivos da coisa julgada. 4. O julgamento da questão prejudicial. 5. A coisa julgada em relações de trato sucessivo. 6. A coisa julgada inconstitucional: 6.1 Os arts. 525 e 535 do CPC e a rescisória do título executivo. 7. A relativização da coisa julgada e a tutela dos direitos fundamentais. 8. A coisa julgada nas ações coletivas: 8.1 Reflexos da coisa julgada coletiva sobre a individual. 9. A eficácia preclusiva da coisa julgada.

1. A COISA JULGADA E A SEGURANÇA JURÍDICA

O art. 5º, XXXV, da CF/1988 estabelece que a lei não prejudicará os direitos adquiridos, o ato jurídico perfeito e a coisa julgada. A proteção constitucional da coisa julgada insere-a como garantia fundamental e alicerce da segurança jurídica.[1]

Os procedimentos judiciais, e inclusive os administrativos,[2] necessitam de estabilidade para que as relações jurídicas não tornem insuportável a vida em sociedade.[3] Outros institutos jurídicos afins possuem a mesma característica, como a prescrição e a decadência. A possibilidade de prescrição do exercício da pretensão (art. 189 do CC) ou da extinção de um direito reflete a mesma noção básica, qual seja: a da necessidade

1. Sobre a origem da coisa julgada e sua presença já no Direito Babilônico: Loïc Cadiet/Jacques Normand/Amrani Soraya Mekki, *Théorie Générale du Procès*, 2ª ed., p. 893.

2. Sobre a coisa julgada na esfera administrativa e as limitações ao poder de revisão: Marçal Justen Filho, *Curso de Direito Administrativo*, 9ª ed., p. 253.

3. Para um apanhado histórico sobre a evolução da coisa julgada: Celso Neves, *Coisa Julgada Civil*, pp. 9-127.

de estabilidade sobre posições jurídicas para o desenvolvimento social e econômico da sociedade.

As noções de coisa julgada e segurança jurídica estão atreladas ao que se denomina de *efeito negativo da coisa julgada*. Como atesta a doutrina francesa, relembrando Montesquieu, tão importante quanto a resposta de uma decisão justa, para as famílias e para a sociedade, é a entrega de uma resposta que encerre a discussão sobre o conflito.[4]

2. A COISA JULGADA FORMAL E MATERIAL

Sob a ótica doutrinária é possível verificar a possibilidade de formação da coisa julgada formal e material. A coisa julgada formal e a material representam institutos jurídicos autônomos, mas sua interligação é natural. A coisa julgada formal é pressuposto essencial para a formação da coisa julgada material.[5]

Fala-se em *coisa julgada formal* quando inexiste possibilidade de modificação da decisão judicial, pelo esgotamento dos mecanismos processuais que poderiam ser utilizados na relação processual. A coisa julgada formal ajusta-se ao conceito de preclusão máxima, ou seja: finda-se a possibilidade da prática de atos processuais para combater a decisão proferida. É por esta razão que a coisa julgada formal corresponde a um fenômeno interno da relação processual.

A coisa julgada material, ao contrário, representa fenômeno externo, porque projeta a imutabilidade da decisão judicial para fora da relação processual.

Como já afirmado, a coisa julgada material pressupõe a formação da coisa julgada formal, e ambas são simultâneas. Não se trata de fenômenos isolados, mas complementares. A diferença essencial é que a coisa julgada material apenas será consumada nas decisões de mérito (art. 487), enquanto a coisa julgada formal representará a preclusão máxima para toda e qualquer decisão judicial que finalizar a relação processual (arts. 485 e 487 do CPC). No entanto, a discussão permite aprimoramento, pois a coisa julgada material tem o compromisso de proteção efetiva (*Rechtsschutz*), pois visa a estabilizar a decisão sobre o objeto litigioso do processo.[6]

4. "Le repôs des familles et de la societé tout entière se fonde no seulement sur ce qui est juste mais sur ce qui est fini" (*apud* Loïc Cadiet, Jacques Normand e Amrani Soraya Mekki, *Théorie Générale du Procès*, cit., 2ª ed., p. 894).

5. Rosenberg/Schwab/Gottwald, *Zivilprozessrecht*, 16ª ed., § 148, p. 1.048.

6. Idem, § 150, p. 1.055.

A formação de coisa julgada formal impede que a questão seja rediscutida na mesma relação processual, mas não impede que nova ação possa ser proposta, ou seja: não elimina a possibilidade de repropositura do pedido. É o que acontece nas situações em que há encerramento prematuro da relação processual nas hipóteses do art. 485 do CPC. No caso de perempção, ainda que se trate de sentença terminativa, haverá perda da faculdade processual na hipótese de consumação da situação prevista pelo art. 486, § 3º, do CPC, e a parte poderá apenas exercer o direito de defesa.

A redação do art. 502 do CPC define o conceito de coisa julgada material e deixa claro que ela não é um efeito da sentença, mas a qualidade que emana da autoridade da decisão judicial tornando-a indiscutível, interna e externamente: "Denomina-se coisa julgada material a autoridade que torna imutável e indiscutível a decisão de mérito não mais sujeita a recurso". Como aponta a doutrina, a substituição do termo "eficácia" constante na redação do Código de Processo Civil/1973 por "autoridade" no Código de Processo Civil/2015 revela precisão elogiável.[7] A coisa julgada não é um efeito da sentença que pode ser alterado posteriormente. Os efeitos de uma sentença condenatória podem ser eliminados por negócio processual na fase de cumprimento.

3. Limites da coisa julgada

A análise da coisa julgada exige ponderação sobre a força de sua incidência. Nada mais natural do que perguntar: (a) Toda e qualquer pessoa fica impedida de rediscutir o conteúdo de uma sentença transitada em julgado? (b) Qual a extensão da decisão que transitou em julgado? A resposta a estas indagações é fundamental, porque a coisa julgada representa pressuposto processual negativo. Sua configuração impede o desenvolvimento regular da relação processual, nos termos do art. 485, V, do CPC.

O exame da extensão subjetiva e objetiva da coisa julgada exige que sejam identificados os elementos que a caracterizam em nosso sistema. O Direito Brasileiro pautou-se pela teoria do *tria eadem*, ou seja, da identidade dos três elementos da ação: *partes*, *causa de pedir* e *pedido*. Esta compreensão está cristalizada pelo art. 337, §§ 1º e 2º, do CPC. Após o art. 337 indicar quais matérias podem ser alegadas como preliminares, o § 1º estabelece que a litispendência e a coisa julgada se verificam quando há reprodução de ação anteriormente ajuizada. E o § 2º do mesmo dispo-

7. Nelson Nery Jr./Rosa Maria de Andrade Nery, *Comentários ao Código de Processo Civil – Novo CPC – Lei 13.105/2015*, p. 1.192.

sitivo é enfático: "Uma ação é idêntica a outra quando possui as mesmas partes, a mesma causa de pedir e o mesmo pedido".[8]

A teoria da tríplice identidade é utilizada também em outros sistemas (v. art. 1.351 do CC francês) e ainda fornece adequada solução para impedir a duplicação de julgados sobre o mesmo *thema decidendum* envolvendo as mesmas partes, ainda que em polos diversos.[9]

A verificação de coisa julgada exige o exame das partes que atuaram no litígio. O conceito de parte está ligado ao de legitimidade de agir, ou seja: é necessário examinar a pertinência da parte com o direito material deduzido em juízo. A vedação de duplicação de demandas com as mesmas partes atinge tanto a esfera pessoal como por representação processual.[10]

A parte poderá estar representada ou substituída processualmente, e se a demanda for conduzida por meio de representante ou substituto processual diverso isto não eliminará a coisa julgada. A coisa julgada atingirá o substituído, cujo direito material é defendido no processo pelo substituto, o qual também não poderá repropor novamente a mesma causa em juízo (art. 18 do CPC).[11] Isto vale tanto para ações individuais como coletivas. Uma demanda repetida por membro do Ministério Público na defesa de incapaz não fugirá da exceção de coisa julgada. Duas demandas coletivas propostas por colegitimados em defesa da mesma categoria (associação e sindicato) não eliminará a formação de coisa julgada quando a primeira ação tenha sido julgada improcedente. Todavia, inexiste a possibilidade de alegação de coisa julgada pela improcedência de uma ação coletiva em face de ação individual. O julgamento da ação coletiva não prejudicará a ação individual, seja em face da litispendência e muito menos da coisa julgada. As partes envolvidas no processo não são idênticas (*tria eadem*). O legitimado coletivo não se confunde com o individual.

Isto não elimina eventual interpenetração entre a coisa julgada individual e a coletiva. É possível que a parte proponha uma ação individual e não peça a suspensão do processo quando estiver pendente uma ação coletiva (art. 104 do CDC). Se a ação individual for julgada improcedente e transitar em julgado a parte não poderá se beneficiar da extensão (*in utilibus*) da coisa julgada coletiva. Daí a importância da suspensão da

8. Sobre a teoria do *tria eadem*: Pescatore, *Spozione Compendiosa della Procedura Civile e Criminale*, pp. 167 e ss.

9. Idem, p. 168.

10. Loïc Cadiet, Jacques Normand e Amrani Soraya Mekki, *Théorie Générale du Procès*, cit., 2ª ed., p. 904.

11. Nelson Nery Jr./Rosa Maria de Andrade Nery, *Comentários ao Código de Processo Civil – Novo CPC – Lei 13.105/2015*, cit., p. 1.238.

ação individual enquanto pendente o exame da ação coletiva, inclusive para a parte não ser surpreendida por eventual prescrição da pretensão individual.[12]

A verificação da coisa julgada também exige o exame da causa de pedir. A *causa de pedir remota* e a *próxima* devem ser idênticas para que a demanda possa ser considerada repetida. Se a causa de pedir próxima for diversa não há como suscitar exceção de coisa julgada.[13] Se a primeira demanda é fundada em causa de pedir por responsabilidade contratual e a segunda por responsabilidade extracontratual, ainda que os fatos originários (acidente) sejam idênticos, a causa não pode ser considerada repetida, porque a causa de pedir próxima será diversa, impedindo a formação de coisa julgada.

A identidade de causas ainda exige o exame do pedido. O pedido mediato e o imediato devem ser idênticos para a configuração da coisa julgada. Nada impede que a parte requeira o mesmo bem da vida por meio de dois pedidos imediatos diversos, sem formação de coisa julgada. A improcedência do pedido de reintegração de posse não impede que a parte pleiteie a retomada do bem por meio de pedido reivindicatório.

12. Neste sentido: "(...). Se a ação individual é anterior ao ajuizamento da ação coletiva, mister que a parte autora pleiteie a suspensão de seu processo no prazo legal, sob pena de não se beneficiar do resultado da ação coletiva. Da mesma forma, abdica dos efeitos da sentença coletiva a parte que resolve dar início e prosseguimento a uma ação ordinária individual sem aguardar o desfecho da ação coletiva com identidade de objeto. 8. Na situação em que o potencial beneficiário da sentença coletiva opta por ajuizar e dar prosseguimento à ação ordinária individual – em vez de aguardar o fim da ação coletiva para então executá-la –, o termo inicial prescricional de eventuais prestações vencidas é o momento em que se ajuíza ação ordinária individual, sendo forçoso interpretar sistematicamente os dispositivos do Código de Defesa do Consumidor (art. 104) e do Código Civil (art. 203). Na hipótese dos autos, a opção do potencial beneficiário da ação coletiva em não aguardar o desfecho do litígio em massa tornou a ação ordinária individual autônoma e independente da demanda coletiva, razão pela qual, *in casu*, a prescrição quinquenal de eventuais parcelas vencidas tem como marco inicial o ajuizamento da ação ordinária individual, e não o da ação coletiva. O acórdão merece reforma quanto ao lustro prescricional, devendo ser delimitada como termo inicial do prazo prescricional quinquenal (Súmula n. 85/STJ) a propositura da ação ordinária individual, e não a da ação coletiva – Recurso especial parcialmente conhecido e, nessa extensão, parcialmente provido" (STJ, 2ª Turma, REsp 1.751.363-SP, rel. Min. Herman Benjamin, j. 25.9.2018, *DJe* 21.11.2018).

13. Alguns sistemas, como o francês, apresentaram uma mudança radical pela restrição da causa de pedir, exigindo que o autor exponha na primeira demanda todos os fatos possíveis, sob pena de preclusão. Trata-se de uma solução, como aponta Cadiet, que leva em consideração o princípio da lealdade e a vedação de posterior surpresa com nova demanda (*loyauté processuelle*), bem como uma forma de controle de fluxo (*gestion de flux*) para aquele sistema.

O esbulho é o fato-base que justifica ambos os pedidos, embora a tutela jurisdicional pleiteada seja diversa. A primeira, possessória; a segunda, petitória – o que impede a alegação de coisa julgada.

3.1 Limites subjetivos da coisa julgada

Os limites subjetivos da coisa julgada circunscrevem o âmbito de quais pessoas são atingidas pela autoridade da decisão judicial (*auctoritas rei iudicatae*).[14] A coisa julgada não pode atingir aquele que não foi parte no processo. Esta é uma consequência natural do Estado Democrático de Direito e do respeito ao devido processo legal (*due process of law*). Apesar de ser indesejável que alguém possa ser atingido diretamente pela decisão judicial sem ter sido parte na relação processual, não se pode fechar os olhos para a realidade. Embora a autoridade da decisão diga respeito às partes, terceiros podem ser fática e juridicamente atingidos pela decisão.[15]

Para situações anômalas, em que o terceiro poderá ser prejudicado pela eficácia da decisão judicial, o sistema prevê meios específicos de reação, como o mandado de segurança (Súmula STJ-202), os embargos de terceiro (art. 674 do CPC) ou o recurso de terceiro prejudicado (art. 996, parágrafo único). Todavia, mesmo que a decisão transite em julgado, sua autoridade não vincula aquele que não foi parte do processo. Neste sentido dispõe o art. 506 do CPC: "A sentença faz coisa julgada às partes entre as quais é dada, não prejudicando terceiros".

Os terceiros que se valerem das formas específicas de intervenção previstas na Parte Geral acabam se tornando partes e são atingidos pela coisa julgada, na medida em que integram a relação processual. A exceção a esta regra diz respeito ao assistente simples (art. 121 do CPC), que é o legítimo terceiro (*Nebenpartei*).

Os sucessores *inter vivos* ou *causa mortis* também são afetados pela coisa julgada (arts. 109 e 110 do CPC). Note-se que os sucessores *inter vivos*, quando não forem autorizados a assumir o polo da relação processual (art. 109, § 1º), poderão ingressar como assistentes litisconsorciais (art. 109, § 2º), submetendo-se inexoravelmente à autoridade da coisa julgada.[16]

14. Allorio, *La Cosa Giudicata Rispetto ai Terzi*, p. 47.

15. Cruz e Tucci, *Limites Subjetivos da Eficácia da Sentença e da Coisa Julgada Civil*, p. 347.

16. Neste sentido: Nelson Nery Jr./Rosa Maria de Andrade Nery, *Comentários ao Código de Processo Civil – Novo CPC – Lei 13.105/2015*, cit., p. 1.239.

Na substituição processual o substituído é atingido pela autoridade da coisa julgada, pois, embora não seja parte formal, é o titular do direito material posto em discussão e sobre o qual deve ser estabilizado o litígio.[17]

Note-se que o art. 472 do CPC/1973, na sua segunda parte, fazia menção à extensão da coisa julgada nas ações de estado para *todos os interessados* quando tivessem sido citados como litisconsortes necessários. O dispositivo legal criava um falso problema, pois, se todos fossem integrados ao processo, não seriam mais terceiros, mas, sim, partes aptas a sofrer o influxo da coisa julgada.

Como já mencionado anteriormente, quando terceiros estejam em relação de subordinação, coordenação ou de conexão com uma das partes em relação à qual se formará a coisa julgada, a reação e a participação do terceiro deverão ser admitidas.[18] Para estas situações o sistema permitirá que o terceiro seja absorvido na própria relação processual (intervenção de terceiro) para que possa ser exercer, na pendência da relação processual, seu direito de manifestação, sem prejuízo de que possa se utilizar de instrumentos processuais autônomos (mandado de segurança/embargos de terceiro) para afastar a eficácia da sentença e da coisa julgada sobre sua esfera jurídica.[19]

A autoridade da coisa julgada e sua eficácia perante as partes e terceiros merecem, ainda, uma ponderação. Não há dúvida de que a coisa julgada vincula apenas aqueles que foram partes no processo e que se submeteram ao contraditório. O autor que obteve a declaração de usucapião e o reconhecimento do seu direito de propriedade formará título judicial com eficácia *erga omnes*. A sentença valerá contra terceiros para todos os fins (reivindicação, formação de garantia por hipoteca, constituição de direito real de gozo como superfície ou servidão). Isto não eliminará a possibilidade de que terceiro interessado que não tenha sido citado para o processo (*e.g.*: credor com garantia real ou titular de direito de gozo) possa insurgir-se contra a propriedade do autor, pois a sentença é inoperante contra sua pessoa, nos termos do art. 506, *in fine*, do CPC. Há que se distinguir entre a autoridade da coisa julgada e os efeitos substanciais da decisão.[20] Afinal, a sentença mesmo antes de transitar em julgado é

17. Allorio, *La Cosa Giudicata Rispetto ai Terzi*, cit., p. 261.

18. Idem, p. 48.

19. V. a crítica de Cruz e Tucci (*Limites Subjetivos da Eficácia da Sentença e da Coisa Julgada Civil*, cit., p. 350) quanto à insuficiência dos meios de impugnação do terceiro.

20. Loïc Cadiet, Jacques Normand e Amrani Soraya Mekki, *Théorie Générale du Procès*, cit., 2ª ed., p. 913.

imperativa e expressa sua autoridade para os fins a que se destina.[21] No entanto, a autoridade da coisa julgada não poderá imobilizar aquele que não participou da relação processual.

3.2 Limites objetivos da coisa julgada

A coisa julgada representa uma necessidade da sociedade moderna. Neste ponto é sempre atual a lição da doutrina italiana, pela qual a coisa julgada torna estéreis discussões futuras sobre a *justiça* ou a *injustiça* da decisão.[22] Isto não significa um descompromisso do Poder Judiciário com a tentativa de fornecer a tutela jurisdicional adequada. A sociedade moderna exige, além da garantia de um processo justo e equilibrado, o direito fundamental de estabilidade, o que somente pode ser alcançado com a finalização do conflito em tempo razoável.[23-24] A coisa julgada representa uma solução de coerência da ordem jurídica para a manutenção da paz social (*Rechtsfrieden*).[25]

E sobre o que recai a coisa julgada? A topologia da coisa julgada centra-se no dispositivo da sentença. É no dispositivo (art. 489, III, do CPC) que o juiz resolve o *thema decidendum* do processo, o qual será iluminado pela *ratio decidendi* da fundamentação. O dispositivo é marcado pela afirmação ou denegação da tutela jurídica requerida pelo autor, ou seja, pela aplicação do *princípio da congruência* entre o pedido e aquilo que é deferido. Como já delineado, o dispositivo poderá padecer de vício de nulidade quando o julgamento for marcado pela omissão (*infra petita*), pelo excesso (*ultra petita*) ou pelo desvio (*extra petita*). Por esta razão,

21. Mario Vellani, *Appunti sulla Natura della Cosa Giudicata*, p. 46.

22. "La cosa giudicata tronca e rende inutile le discussione sulla giustizia o ingiustizia della pronuncia" (Allorio, *La Cosa Giudicata Rispetto ai Terzi*, cit., p. 3). Sobre a coisa julgada injusta, v. *infra*.

23. Sobre a polêmica questão da relativização da coisa julgada: Cândido Rangel Dinamarco, "Relativizar a coisa julgada material", in Carlos Valder do Nascimento (coord.), *Coisa Julgada Inconstitucional*, pp. 33-76. Para uma crítica à relativização, à qual aderimos: Nelson Nery Jr./Rosa Maria Andrade de Nery, *Comentários ao Código de Processo Civil – Novo CPC – Lei 13.105/2015*, cit., p. 1.200. Sobre o ponto teceremos comentários oportunamente.

24. A duração razoável do processo está intimamente ligada à coisa julgada, pois somente ela pode garantir a estabilidade das relações sociais que passaram por conflito. Sem a coisa julgada inexiste segurança e alicerce para que a teia de relações jurídicas possa ser construída de modo sólido, o que é essencial para a economia globalizada.

25. Loïc Cadiet, Jacques Normand e Amrani Soraya Mekki, *Théorie Générale du Procès*, cit., 2ª ed., p. 909.

o dispositivo deve ser marcado pela congruência, ou seja, a correlação com pedidos que foram formulados pelas partes no processo por meio da ação ou reconvenção.

A técnica de construção do dispositivo exige clareza e completude, o que se reflete em todas as modalidades de sentença. Em sentenças de natureza declaratória, como a de usucapião, o dispositivo deverá conter a identificação precisa dos limites da área declarada para a formação da matrícula; em ações constitutivas, como o divórcio, o dispositivo fará menção expressa às modificações do sobrenome, aos quinhões referentes às partilhas, ao valor de pensão; em ações condenatórias o dispositivo deverá retratar com precisão o valor devido, o índice para correção monetária e os juros moratórios e/ou compensatórios devidos no período de apuração para fins de cumprimento voluntário ou involuntário da sentença; nas ações mandamentais o dispositivo conterá o objeto da ordem judicial, com descrição exata da obrigação de fazer, não fazer, dar, e a fixação, quando necessário, de medidas executivas indiretas; nas ações executivas o dispositivo conterá a descrição do objeto da pretensão real, reipersecutória ou obrigacional, como na hipótese do art. 501 do CPC, em que a emissão de declaração de vontade deve ser especificada quanto ao objeto e à finalidade para fins de execução direta.

4. O JULGAMENTO DA QUESTÃO PREJUDICIAL

Os limites objetivos da coisa julgada recaem sobre aquilo que está inserido no dispositivo da decisão judicial. O art. 503 do CPC é enfático ao disciplinar que somente a decisão de mérito será submetida à autoridade da coisa julgada, nos termos do que for decidido. A decisão judicial poderá ser parcial ou total quanto à questão principal deduzida no processo. O julgamento parcial inclui a hipótese prevista pelo art. 356, I e II, do CPC. Deve ser lembrada, com aplausos, a correção pelo legislador do erro cometido no Código de Processo Civil/1973, que inseriu a previsão do julgamento antecipado parcial de mérito como hipótese de concessão de tutela de urgência (art. 273, § 6º, do CPC/1973).

Não ingressam no âmbito da coisa julgada os *motivos* e a *verdade dos fatos* (art. 504, I e II), ainda que sejam relevantes para o julgador determinar o alcance da parte dispositiva da sentença. Há uma razão muito séria e importante para que a motivação e a verdade dos fatos não sejam alcançadas pela coisa julgada. Como assinala a melhor doutrina, a motivação e os argumentos utilizados em sua construção refletem carga valorativa que espelha o momento do julgamento e cujos parâmetros podem ser alterados em função do tempo e do espaço. Deste modo, por meio da motivação o juiz não diz propriamente o que é certo (*was Recht sein soll*), mas o que é certo para aquele momento (*was gegenwärtige Recht ist*).[26] Sem dúvida, a motivação ilumina e informa o alcance do dispositivo, mas sobre ela não recairá a autoridade da coisa julgada. Lembramos que há uma única exceção quanto à imutabilidade da motivação, conforme hipótese prevista pelo art. 123 do CPC, e que se refere ao assistente simples.[27] O assistente simples, ao ingressar na relação processual, não se sujeitará à autoridade da coisa julgada, mas não poderá discutir em outro processo a justiça da decisão, ou seja, a motivação. A rediscussão somente será permitida se comprovar a má gestão processual do assistido, nos termos do art. 123, I e II, do CPC (*mala gesti processus*).

De modo inovador, o Código de Processo Civil/2015 trouxe a possibilidade de incluir diretamente – ou seja, sem a necessidade de ação declaratória incidental – a questão prejudicial para a proteção da coisa julgada. A questão prejudicial refere-se sempre a uma questão antecedente cuja resolução é necessária porque afeta diretamente o julgamento do pedido principal.[28] Para que pudesse ser acobertada pela coisa julgada pelo sistema anterior ou a questão prejudicial já seria incluída como pedido cumulado desde o momento de propositura da ação ou, ainda, excepcionalmente, por meio de ação declaratória incidental durante o transcurso da relação processual (arts. 5º e 325 do CPC/1973). Nestas duas situações a questão prejudicial refletiria matéria que poderia ser analisada como objeto litigioso autônomo.

A questão prejudicial também poderia ser apenas reconhecida e analisada na fundamentação da sentença, contudo sem a possibilidade de formação de coisa julgada. Um exemplo do tratamento *incidenter tantum* da questão prejudicial, e que hoje é considerado uma reminiscência histórica, refere-se ao pedido de petição de herança formulado pelo filho havido fora do casamento até antes da Constituição Federal/1988.

Por mais esdrúxulo que hoje possa parecer, os filhos havidos fora do casamento eram considerados ilegítimos até o período que antecedeu a Constituição Federal/1988. A Lei 883/1949 impedia seu reconhecimento e o direito de sucessão. A Lei do Divórcio (Lei 6.515/1977) modificou o art. 2º da Lei 883/1949 e permitiu o direito de sucessão. Deste modo, na ação de petição de herança a paternidade poderia ser reconhecida como

26. Wilfried Schlüter, *Das **Obiter Dictum***, p. 22.

27. Sobre o ponto, v. nosso estudo *Intervenção de Terceiros*, p. 180.

28. Sobre a distinção entre *ponto*, *questão* e *causa prejudicial*: Thereza Alvim, *Questões Prévias e os Limites Objetivos da Coisa Julgada*, pp. 27-29.

prejudicial interna para garantir o direito sucessório, mas sem possibilidade de declaração autônoma para a formação de coisa julgada para o fim de reconhecimento da filiação.[29]

Pelo Código de Processo Civil/1973 a forma correta de estender a autoridade coisa julgada sobre questão prejudicial não formulada inicialmente, como pedido autônomo, seria por meio da propositura de ação declaratória incidental, nos termos do seu art. 325: "Contestando o réu o direito que constitui fundamento do pedido, o autor poderá requerer, no prazo de 10 (dez) dias, que sobre ele o juiz profira sentença incidente, se da declaração da existência ou da inexistência do direito depender, no todo ou em parte, o julgamento da lide (art. 5º)".

O Código de Processo Civil/2015 não prevê mais a utilização da ação declaratória incidental, mas também possibilita que a autoridade da coisa julgada recaia sobre a questão prejudicial, desde que obedecidos os requisitos do § 1º, I a III, do art. 503.

Há notável ganho de operacionalidade com a formatação oferecida pelo art. 503, § 1º, do CPC, em vista da instrumentalidade quanto ao reconhecimento da questão prejudicial. Sob o ponto de vista prático, a utilização da ação declaratória incidental era rara e inexpressiva perante o Código de Processo Civil/1973. O sistema atual permite que a questão prejudicial possa ser reconhecida no mesmo processo em que se decide a questão principal (*principaliter*). Serão exigidas como condição de reconhecimento e julgamento da questão prejudicial: (a) configuração da relação de dependência entre a questão principal e a questão prejudicial (art. 503, § 1º, I); (b) necessidade de contraditório efetivo sobre a questão prejudicial (§1º, II); (c) competência do juízo para conhecer tanto da questão principal como da questão prejudicial (§1º, III).

5. *A COISA JULGADA EM RELAÇÕES DE TRATO SUCESSIVO*

O art. 505 *caput*, impõe regra de preclusão, na medida em que impede nova decisão sobre questão já examinada no mesmo processo. Apenas situações que podem ser examinadas de ofício, por estarem relacionadas a

29. V. histórico acórdão do STJ: "Filiação incestuosa – Direito à Herança. Com a vigência da Lei n. 6.515/1977, que deu nova redação ao art. 2º da Lei n. 883/1949, o filho incestuoso passou a ter direito a suceder, em igualdade de condições com os legítimos. Não lhe sendo dado, até a Constituição/1988, pleitear o reconhecimento da paternidade, esta haveria de ser examinada e decidida *incidenter tantum*, como questão prejudicial, para o único fim de assegurar-se o direito à herança" (STJ, 3ª Turma, REsp 526-SP, rel. Min. Eduardo Ribeiro, j. 18.9.1990, *DJU* 19.11.1990, p. 13.257).

questões de ordem pública (art. 505, II), podem ser reapreciadas, inclusive na esfera superior.

No que tange ao art. 505, I, do CPC, a redação do dispositivo não representa autêntica exceção ao regime de preclusão da coisa julgada. A norma dispõe: "se, tratando-se de relação jurídica de trato continuado, sobreveio modificação no estado de fato ou de direito, caso em que poderá a parte pedir a revisão do que foi estatuído na sentença". Não se trata propriamente de uma exceção ao regime de preclusão determinado pelo art. 505, que veda nova decisão sobre o que já foi decidido. Em ação de alimentos em que foi fixada pensão em favor do filho nada impede que nova ação possa ser ajuizada, desde que alterado o estado do genitor ou do filho. Esta nova demanda não será mais idêntica à primeira, porque a causa de pedir será diversa. Logo, nas relações de trato continuado não é correto afirmar que não há formação de coisa julgada material. Ela será consumada, e quando existir alteração da causa de pedir e do pedido não existirá exceção de coisa julgada, na medida em que a base fática será diversa.

6. A COISA JULGADA INCONSTITUCIONAL

O período de intensa transformação vivenciado pelo direito material e pelo direito processual alcançou a estrutura de institutos considerados intocáveis, como a coisa julgada. É indiscutível que a coisa julgada consiste na espinha dorsal do processo civil. A possibilidade de invocar a tutela jurisdicional como via adequada de solução dos conflitos exige que a solução alcançada tenha estabilidade. Do contrário o conflito seria eternizado, e o processo civil não representaria uma via de pacificação social (*Rechtsfrieden*) como forma adequada de evitar o uso da força na solução do conflito. É possível afirmar que a estabilidade da decisão também é essencial para os meios alternativos de solução de conflitos (*alternative dispute resolution*/ADR).

Estas considerações prévias justificam a proteção constitucional da coisa julgada, conforme expressa dicção do art. 5º, XXXVI, da CF/1988, ou seja: a alteração legislativa não poderá afetar o direito já adquirido, o ato jurídico que tenha sido consumado sob o regime jurídico anterior e a coisa julgada.

Isto representa uma nota importantíssima quanto ao regime da coisa julgada. Ela foi recepcionada pela Carta Magna como um direito fundamental do cidadão. Afinal, a vida em sociedade seria impensável se conflitos resolvidos de modo racional e por meio de decisão judicial pudessem ser reabertos após decisão definitiva e com o esgotamento dos prazos e recursos disponíveis no sistema processual.

É por esta razão que nos pronunciamos contrários à relativização da coisa julgada. A coisa julgada alberga proteção fundamental, que ultrapassa o interesse individual ou, mesmo, público quanto à modificação do que foi decidido. Mais contraproducente do que relativizar a coisa julgada seria simplesmente introduzir novas hipótese para a rescisão do julgado em vista das hipóteses cerradas do art. 966 do CPC, bem como aumentar ou modular o prazo para situações consideradas sensíveis pelo legislador. Um exemplo desta pretensa modulação, mas incluída de modo equivocado, refere-se às hipóteses do § 15 do art. 525 e do § 8º do art. 535 do CPC, os quais serão brevemente abordados abaixo. Estas duas alterações do Código de Processo Civil/2015 acabam por estender, *ad infinitum*, o prazo da ação rescisória em relação a decisões contrárias ao entendimento firmado pelo STF em sede de controle difuso ou concentrado.[30]

Não se deve permitir que a coisa julgada seja relativizada pela aplicação dos princípios da razoabilidade e da proporcionalidade como meio de ponderação. Esta visão abre autêntico "buraco negro" no sistema jurídico, na medida em que suga a segurança jurídica do sistema como um todo.

6.1 Os arts. 525 e 535 do CPC e a rescisória do título executivo

O tema da coisa julgada inconstitucional com fundamento nos §§ 12 a 15 do art. 525 ou nos §§ 5º a 8º do art. 535 do CPC não revela situações específicas de relativização da coisa julgada. O próprio sistema processual regula a solução de conflito entre a coisa julgada que fundamenta o cumprimento de sentença com a coisa julgada oriunda do controle difuso ou concentrado do STF. Além disso, existe a previsão da ação rescisória como meio hábil para desconstituir a coisa julgada (art. 525, § 15).

Isto não elimina a intensa discussão sobre o potencial conflito entre as duas coisas julgadas. A primeira formada no processo que gera o cumprimento de sentença. A segunda oriunda do pronunciamento do STF em sede de controle difuso ou concentrado de constitucionalidade.[31]

30. Ambos os dispositivos são objeto de comentários na Parte II deste trabalho.

31. Apesar de toda a discussão reinante no período anterior ao Código de Processo Civil/2015 sobre a aplicação dos arts. 475-L, § 1º, e 741, parágrafo único, do CPC/1973 quanto ao cabimento em relação ao controle concentrado ou difuso, a redação atual do art. 525, § 12, ou do art. 535, § 5º, não deixa dúvida de que as decisões do STF se referem tanto ao controle difuso como ao concentrado.

O CPC reconhece a possibilidade de oferecimento de impugnação ao cumprimento de sentença nas hipóteses do art. 525, § 12, ou do art. 535, § 5º, ou seja: quando o título for inexigível porque tenha sido construído com base em *lei* ou *ato normativo* considerados inconstitucionais pelo STF ou quando o título for fundado em interpretação compreendida como inconstitucional.[32] O STF poderá reconhecer a inconstitucionalidade da lei ou do ato normativo em controle abstrato (*erga omnes*) ou difuso (*inter partes*).

No controle abstrato a decisão proferida em ação declaratória de constitucionalidade, ação direta de inconstitucionalidade e arguição de descumprimento de preceito fundamental possui eficácia global, atingindo a todos. No controle difuso a demanda refere-se a uma disputa entre partes determinadas, e o STF afasta a lei ou ato normativo com eficácia limitada às partes litigantes. O art. 52, X, da CF/1988 exige que o Senado Federal, após comunicação formal do STF, extirpe o texto inconstitucional do sistema jurídico, momento a partir do qual a decisão passa a surtir eficácia *erga omnes*, ou seja, valerá para todos, e não somente para as partes do processo. A inexigibilidade também decorrerá de interpretação conforme conferida pelo STF ao texto constitucional, que poderá chegar à conclusão da incompatibilidade da lei ou do ato normativo que fundamenta a existência do título executivo.

De qualquer forma, o STF já havia expressado a impossibilidade de que sua manifestação pudesse ferir a coisa julgada formada anteriormente ao seu julgamento.[33] Este entendimento está incorporado no CPC/2015, por meio do § 14 do art. 525: "A decisão do Supremo Tribunal Federal referida no § 12 deve ser anterior ao trânsito em julgado da decisão exequenda". Este entendimento já havia firmado pelo STF perante o Código de Processo Civil/1973 quando o dispositivo similar foi enfrentado no

32. O que não impossibilita a utilização de outras ações autônomas, como a ação declaratória.

33. V. STF, 2ª Turma, AgR no RE 592.912, rel. Min. Celso de Mello, j. 22.11.2012: "Coisa julgada em sentido material – Indiscutibilidade, imutabilidade e coercibilidade: atributos especiais que qualificam os efeitos resultantes do comando sentencial – Proteção constitucional que ampara e preserva a autoridade da coisa julgada – Exigência de certeza e de segurança jurídicas – Valores fundamentais inerentes ao Estado Democrático de Direito – Eficácia preclusiva da *res judicata* – *Tantum judicatum quantum disputatum vel disputari debebat* – Consequente impossibilidade de rediscussão de controvérsia já apreciada em decisão transitada em julgado, ainda que proferida em confronto com a jurisprudência predominante no STF – A questão do alcance do parágrafo único do art. 741 do CPC [*CPC/1973 – v. art. 535, § 5º, do CPC/2015*] – Magistério da doutrina – Recurso de agravo improvido".

julgamento de agravo regimental com voto-líder do Min. Celso de Mello.[34] Naquela oportunidade foi fixado exatamente o entendimento de que as decisões proferidas em controle de constitucionalidade não poderiam prejudicar a coisa julgada formada anteriormente. Em outras palavras: o próprio STF reconheceu a coisa julgada como garantia fundamental (art. 5º, XXXV, da CF/1988).

O maior problema em relação à coisa julgada inconstitucional acontece quando a decisão emanada em controle difuso ou concentrado pelo STF é *posterior ao trânsito em julgado da decisão exequenda*. A solução oferecida pelo Código de Processo Civil/2015 é inconstitucional e absolutamente fora da razoabilidade. Para esta segunda hipótese a matéria está atualmente disciplinada pelo § 15 do art. 525: "Se a decisão referida no § 12 for proferida após o trânsito em julgado da decisão exequenda, caberá ação rescisória, cujo prazo será contado do trânsito em julgado da decisão proferida pelo Supremo Tribunal Federal". A interpretação literal do dispositivo revela a insegurança jurídica provocada pela sua aplicação. Se o termo inicial do prazo para fins de ação rescisória for computado do trânsito em julgado da decisão proferida pelo STF, o jurisdicionado viverá em eterna insegurança jurídica.[35]

O julgamento proferido pelo STF na ADI 2.418-3-DF não pode ser utilizado como parâmetro para fins de reconhecimento da constitucionalidade integral dos arts. 525, §§ 12 a 15, e 535, §§ 5º a 8º, do CPC. Nessa ação direta de inconstitucionalidade, proposta pelo Conselho Federal da OAB, discutia-se, sob o regime do CPC/1973, a constitucionalidade do seu art. 741, parágrafo único, cujo dispositivo remete atualmente ao art. 535, § 5º, do CPC. Naquele julgamento foi firmado o entendimento no sentido de que a previsão de balizamento da coisa julgada em face de decisão do STF não é inconstitucional. Todavia, nesse julgamento o STF não analisou de modo específico a influência de sua decisão em face de processos em que já tinha ocorrido a formação de coisa julgada, ou seja, nas hipóteses do § 8º do art. 535 e do § 15 do art. 525 do CPC/2015. Por coerência, a linha a ser seguida seria a manutenção do entendimento exposto no AgR no RE 592.912-12, ou seja: a decisão da Corte não pode violar coisa julgada já concretizada em favor do jurisdicionado.

É certo que o STF poderá minimizar o problema provocado pela possibilidade de modulação dos efeitos, conforme previsão dos arts. 525,

34. Arruda Alvim, *Manual de Direito Processual Civil*, vol. II, p. 1.122.

35. Como alerta a doutrina (Nelson Nery Jr./Rosa Maria Andrade Nery, *Código de Processo Civil Comentado*, 10ª ed., p. 1.487), os julgamentos do STF criariam uma *pretensão perpétua*.

§13, e 535, § 6º, do CPC, o que atende à segurança jurídica. Enquanto o STF não se manifestar de modo definitivo sobre a constitucionalidade dos arts. 525, § 15, e 535, § 8º, do CPC, a melhor interpretação em relação à incidência de ambos os tipos normativos é aquela que considera a necessidade de que o julgamento do STF seja proferido em até dois anos do trânsito em julgado da decisão rescindenda. Sendo assim, abrir-se-ia novo prazo, a partir do trânsito em julgado da decisão do STF, para fins de propositura da ação rescisória. Entendemos que é a melhor solução para compatibilizar a aplicação do dispositivo.

7. *A RELATIVIZAÇÃO DA COISA JULGADA E A TUTELA DOS DIREITOS FUNDAMENTAIS*

Outro ponto de relevante discussão relacionado com a coisa julgada refere-se à possibilidade de relativizar a coisa julgada em respeito à proteção de direitos fundamentais. A coisa julgada já possui mecanismo específico de desconstituição por meio da ação rescisória.[36] O art. 966 do CPC oferece hipóteses taxativas para a rescisão de uma decisão de mérito, e o art. 966, § 2º, I e II, estabelece excepcionalmente a possibilidade de rescisão de sentenças terminativas.

A necessidade de rigidez no controle de impugnação da coisa julgada decorre da necessidade de preservação da segurança jurídica, que consiste em pilar de sustentação de todo o sistema. É por este motivo que a ação rescisória ainda se sujeita a rígido prazo decadencial que tem como base o trânsito em julgado da última decisão proferida no processo (art. 975, caput e §2º do CPC).[37]

A partir do ano de 2000 a doutrina passou a desenvolver com maior intensidade a tese da coisa julgada inconstitucional baseada na ofensa aos valores da Constituição.[38]

A possibilidade de flexibilizar a coisa julgada em ações individuais pela aplicação dos princípios da proporcionalidade e razoabilidade é perigosa. Embora o juiz esteja obrigado a fundamentar de modo preciso

36. A ação rescisória será examinada no t. IV deste *Curso*.

37. Excepcionalmente modulado pelos §§ 2º e 3º do art. 975 e ainda sujeito ao elastério examinado perante os arts. 525, § 15, e 535, § 8º, do CPC.

38. Um excelente apanhado destas teses pode ser consultado em Carlos Valder do Nascimento (coord.), *Coisa Julgada Inconstitucional*, *passim*. Nesse estudo eminentes processualistas, como Cândido Rangel Dinamarco (pp. 33-76) e José Augusto Delgado (pp. 77-121), traçam esboço sobre a relativização da coisa julgada em atendimento aos princípios constitucionais.

a aplicação dos princípios e demonstrar sua concretude (art. 489, § 2º, do CPC), a coisa julgada reflete garantia fundamental de estabilidade sistêmica. Inicialmente considerava-se a quebra da coisa julgada unicamente para as ações de investigação de paternidade. Como já ilustramos em outro tomo deste *Curso*, o STF manifestou-se de modo inédito pela possibilidade de relativizar a coisa julgada quando a ação de filiação tenha sido julgada sem o exame de DNA.[39] O sopesamento entre a coisa julgada e a proteção ao direito fundamental de filiação levou o STF a permitir a quebra da coisa julgada, para que nova demanda pudesse ser reproposta. O perigo desta tese está evidenciado na multiplicação de hipóteses de relativização da coisa julgada, especialmente pela falta de um critério objetivo. No campo do direito público o STJ flexibiliza a coisa julgada quando há pagamento excessivo ou indevido em ações de desapropriação.[40] Outro modo encontrado para relativizar a coisa julgada é representado pelo transporte do regime da coisa julgada *secundum eventum probationis* para demandas de natureza individual, como nas ações de filiação ou de natureza previdenciária.[41]

39. V. t. III, p. 373. Trata-se do julgamento do RE 363.889-DF, rel. Min. Dias Toffoli, com a seguinte ementa: "Recurso extraordinário – Direito processual civil e constitucional – Repercussão geral reconhecida – Ação de investigação de paternidade declarada extinta, com fundamento em coisa julgada, em razão da existência de anterior demanda em que não foi possível a realização de exame de DNA, por ser o autor beneficiário da justiça gratuita e por não ter o Estado providenciado a sua realização – Repropositura da ação – Possibilidade, em respeito à prevalência do direito fundamental à busca da identidade genética do ser, como emanação de seu direito de personalidade".

40. "Se a orientação sedimentada nesta Corte é de afastar a coisa julgada quando a sentença fixa indenização em desconformidade com a base fática dos autos ou quando há desrespeito explícito ao princípio constitucional da 'justa indenização', com muito mais razão deve ser 'flexibilizada' a regra quando condenação milionária é imposta à União pela expropriação de terras já pertencentes ao seu domínio indisponível" (STJ, 2ª Turma, REsp 1.015.133-MT, rel. para o acórdão Min. Castro Meira, *DJe* 23.4.2010).

41. Houve intensa discussão no STJ no que tange às demandas de natureza previdenciária. Havia proposta no sentido de reconhecer o julgamento como sendo de mérito e aplicar o regime da coisa julgada *secundum eventum probationis*. Todavia, com o fim de não esbarrar no óbice da Súmula STJ-7, acabou prevalecendo a tese de que em ações previdenciárias o julgamento por insuficiência probatória deve ser fundamentado como hipótese de carência de ação, ou seja, a sentença será terminativa, o que não impediria nova demanda, desde que prova suplementar seja apresentada. Eis o extrato da tese: "(...). Diferentemente seria se o trânsito em julgado fosse *secundum eventum probationis*, ou seja, segundo o resultado da prova, em que, alcançada nova prova, poderia o autor propor nova ação. Tal debate foi travado no REsp n. 1.352.721, submetido ao rito do art. 543-C do CPC [*CPC/1973 – v. art. 1.036 do CPC/2015*],

O correto seria evitar a flexibilização da coisa julgada por meio de modificação do rol do art. 966 do CPC. Da mesma forma que existe prazo diferenciado para a contagem do prazo decadencial quando há descoberta de prova nova (art. 966, § 2º – cinco anos) ou para o termo *a quo* em situação de simulação ou colusão (art. 966, § 3º), nada impede que pretensões específicas sejam protegidas por prazo diferenciado. Isto conferiria objetividade e proteção à coisa julgada, que consiste em princípio basilar para a segurança jurídica.

8. A COISA JULGADA NAS AÇÕES COLETIVAS

O instituto da coisa julgada assume repercussão importantíssima em sede coletiva.[42] Na fase atual torna-se desnecessária qualquer consideração sobre a superação dialética entre o interesse privado e o interesse público, fruto da milenar distinção entre *direito privado* e *direito público*. Os interesses coletivos (*kollektive Interessen*) formam categoria autônoma e mista (*Mischformen*), na medida em que tutelam interesses que dizem respeito ao indivíduo, à coletividade e ao meio social.[43]

A necessidade de disciplinar a tutela processual dos interesses coletivos fez com que florescesse em nosso sistema jurídico um sistema próprio e avançado de tutela por meio de ações coletivas. Neste sistema deve ser destacada a ação popular (Lei 4.717/1965) como diploma em-

em que se rejeitou proposta do Min. Mauro Campbell para que a tese adotada fosse no sentido de que, na ausência de prova constitutiva do direito previdenciário, o processo seria extinto com fulcro no art. 269, I, do CPC [*CPC/1973 – v. art. 487, I, do CPC/2015*], com julgamento de mérito, sendo a coisa julgada material *secundum eventum probationis*. A tese adotada, diferentemente, foi no sentido de que a ausência de conteúdo probatório eficaz a instruir a inicial, conforme determina o art. 283 do CPC [*CPC/1973 – v. art. 320 do CPC/2015*], implica a carência de pressuposto de constituição e desenvolvimento válido do processo, impondo a sua extinção sem o julgamento do mérito (art. 267, IV, do CPC) [*CPC/1973 – v. art. 485, IV, do CPC/2015*] e a consequente possibilidade de o autor intentar novamente a ação (art. 268 do CPC) [*CPC/1973 – v. art. 486 do CPC/2015*], caso reúna os elementos necessários a tal iniciativa (REsp n. 1.352.721-SP, rel. Min. Napoleão Nunes Maia Filho, Corte Especial, j. 16.12.2015, *DJe* 28.4.2016) (...)" (STJ, 2ª Turma, AgInt no AREsp 1.122.184-SP, rel. Min. Francisco Falcão, j. 3.4.2018, *DJe* 9.4.2018).

42. Sobre as ações coletivas – mandado de segurança coletivo, ação popular, ação civil pública e ação de improbidade – v. t. III, deste *Curso*, pp. 543 e ss.

43. Larenz/Wolf, *Allgemeiner Teil des Bürgerlichen Rechts*, 9ª ed., § 1º, p. 10. Dentre as consequências desta autonomia reside a simples consideração de que as antigas teorias que disciplinavam a supremacia do interesse público sobre o interesse particular não se coadunam com os interesses coletivos.

brionário, inclusive no que tange à coisa julgada, pela redação do seu art. 18.[44] Em linha de evolução, deve ser citada a ação civil pública (Lei 7.347/1985), cuja disciplina da coisa julgada coletiva foi maculada pelo polêmico art. 16, que procura restringir a eficácia da coisa julgada pela limitação territorial.[45] O refinamento do procedimento das ações coletivas ganhou força com a promulgação do Código de Defesa do Consumidor (Lei 8.078/1990). Por meio dos arts. 81 a 104 do CDC disciplinou-se de modo minudente a tutela processual dos *interesses individuais homogêneos*, dos *interesses coletivos* ***stricto sensu*** e dos *interesses difusos* (art. 81, parágrafo único, I, II e III, CDC). Outros diplomas complementam a tutela dos interesses coletivos, como a Lei 7.913/1989, que tutela os investidores no mercado de capitais; a Lei 8.069/1990, que protege o interesse da criança e do adolescente (art. 208); a Lei 12.019/2009, que regula (arts. 21 e 22) o mandado de segurança coletivo; a Lei 13.146/2015, que protege o interesse dos portadores de deficiência.

As ações que tutelam o interesse coletivo formam um sistema de proteção integral e permitem a aplicação do *diálogo das fontes* entre os diversos diplomas especiais, como meio de complementação e sinergia entre os modelos normativos que tutelam os direitos coletivos.[46] Nada impede que a Lei da Ação Civil Pública seja complementada pelos dispositivos do Código de Defesa do Consumidor, especialmente quanto ao regime de formação da coisa julgada (art. 103, I, II e III). O diálogo entre as fontes especiais pode ser visualizado pela conexão prevista pelo art. 21 da Lei da Ação Civil Pública, que prevê a aplicação dos dispositivos do Título III do Código de Defesa do Consumidor.[47] E sua aplicação vai muito além. O mandado de segurança coletivo prevê a necessidade de desistência da ação do mandado de segurança individual para o aprovei-

44. Lei 4.717/1965: "Art. 18. A sentença terá eficácia de coisa julgada oponível *erga omnes*, exceto no caso de haver sido a ação julgada improcedente por deficiência de prova; neste caso, qualquer cidadão poderá intentar outra ação com idêntico fundamento, valendo-se de nova prova".

45. Essa redação ainda provoca grande polêmica, especialmente pelos pronunciamentos aparentemente conflitantes entre o STF e o STJ, como analisaremos abaixo, no que tange ao RE 612.043-PR: "A sentença civil fará coisa julgada *erga omnes*, nos limites da competência territorial do órgão prolator, exceto se o pedido for julgado improcedente por insuficiência de provas, hipótese em que qualquer legitimado poderá intentar outra ação com idêntico fundamento, valendo-se de nova prova".

46. Sobre a teoria do diálogo das fontes, v. nosso *Curso*, t. I, p. 264.

47. V. o art. 21 da Lei da Ação Civil Pública: "Aplicam-se à defesa dos direitos e interesses difusos, coletivos e individuais, no que for cabível, os dispositivos do Título III da lei que instituiu o Código de Defesa do Consumidor" (incluído pelo art. 117 do CDC).

tamento da coisa julgada coletiva (art. 22, § 1º[48]). O diálogo entre as leis especiais e a necessidade de conferir melhor proteção ao jurisdicionado exigem que a expressão "desistência" seja lida como "suspensão", tal como preconiza o art. 104 do CDC.[49] E não há dúvida de que o Código de Processo Civil funciona como diploma supletivo do sistema de ações coletivas.

O tratamento dos direitos coletivos por meios de ações especiais suscita o problema de delimitar o alcance subjetivo e objetivo da coisa julgada. Nosso sistema não trabalha com a construção da legitimação ativa para o caso concreto, como no modelo norte-americano (*adequacy*). A legitimação é predefinida pela lei, como se observa da leitura do art. 3º da Lei da Ação Civil Pública ou do art. 82 do CDC.[50] O sistema brasileiro adota a tipificação *numerus clausus*, ainda que de modo concorrente, para o legitimado propor a ação coletiva.

Esta solução levou o Direito Brasileiro a projetar solução diferenciada para o controle da formação da coisa julgada coletiva, que corresponde à técnica do julgamento *secundum eventum litis* ou *secundum eventum probationis*.

Já, na Lei de Ação Popular, conforme redação do já citado art. 18, é possível visualizar sua manifestação: "A sentença terá eficácia de coisa julgada oponível *erga omnes*, exceto no caso de haver sido a ação julgada improcedente por deficiência de prova; neste caso, qualquer cidadão poderá intentar outra ação com idêntico fundamento, valendo-se de nova prova".

O regime de formação *secundum eventum litis* corresponde a um modelo de proteção à coletividade, na medida em que impede a formação

48. Lei 12.016/2009, § 1º do art. 22: "§ 1º. O mandado de segurança coletivo não induz litispendência para as ações individuais, mas os efeitos da coisa julgada não beneficiarão o impetrante a título individual *se não requerer a desistência* de seu mandado de segurança no prazo de 30 (trinta) dias a contar da ciência comprovada da impetração da segurança coletiva" (grifos nossos).

49. Sobre o ponto, v. o que escrevemos, juntamente com José Miguel Garcia Medina, in *Mandado de Segurança Individual e Coletivo*, 3ª ed., p. 123.

50. Sistemática diversa daquela adotada pelo modelo dos EUA, no qual a legitimidade é averiguada no caso concreto em vista do modelo diferenciado de formação da coisa julgada e no qual a estabilização do julgado coletivo exige a representação adequada (*adequacy of representation*), que é averiguada no caso concreto, bem como deve ser concedida a possibilidade de exclusão do jurisdicionado da ação coletiva (*opt out*). São requisitos essenciais para o nascimento da coisa julgada coletiva (*Binding effect*). Sobre o interessante ponto: Jack. H. Friedenthal/Mary Kay Kane/Arthur R. Miller, *Civil Procedure*, § 16.8, pp. 756-764.

da coisa julgada pela insuficiência de provas produzidas no transcurso da relação processual. No processo individual, em face do disposto pelo art. 502 do CPC, a coisa julgada sempre será formada em face do julgamento de mérito em situações de procedência ou improcedência da demanda (*pro et contra*), independentemente da ausência ou insuficiência de provas. Já, nas ações coletivas a solução oferecida pelo legislador é diversa, pois a procedência ou improcedência pelo mérito não são determinantes para a formação da coisa julgada perante o art. 103, I, II e III, do CDC. A coisa julgada material será formada observando-se o conteúdo do julgamento, ou seja, segundo a produção, ou não, de provas (*secundum eventum probationis* – art. 103, I e II, do CDC) ou de acordo com julgamento da lide (*secundum eventum litis* – art. 103, III, do CDC).

Isto não significa, de modo algum, que se possa falar na impossibilidade de formação da coisa julgada coletiva em hipótese de improcedência. O que o legislador procurou inserir, desde a previsão embrionária do art. 18 da Lei da Ação Popular, foi uma proteção diferenciada para o regramento do interesse coletivo. Não seria justo que a coletividade assumisse o ônus da ausência de diligência na atividade processual do legitimado coletivo (*mala gesti processus*). E por este motivo flexibilizou, de modo coerente, a coisa julgada para a hipótese de improcedência por insuficiência probatória. Nos processos em que a improcedência não for fundamentada por insuficiência de provas a coisa julgada será formada no mesmo regime do processo individual (*pro et contra*) em relação às demandas previstas pelo art. 103, I e II, do CDC.

Deste modo, é possível afirmar que o art. 18 da Lei da Ação Popular, o art. 16 da Lei da Ação Civil Pública e o art. 103, I e II, do CDC estabelecem um regime diferenciado para a coisa julgada coletiva. O que é salutar reforçar é que o regime *secundum eventum probationis* foi circunscrito ao art. 103, I e II, do CDC, ou seja, para os interesses difusos e coletivos *stricto sensu*. Aos interesses individuais homogêneos previstos pelo art. 103, III, não se aplica esse regime, pois a coisa julgada se submete ao regime *secundum eventum litis*. A coisa julgada referentes aos interesses individuais homogêneos formar-se-á em situação apenas de procedência (*pro*), e não de improcedência (*contra*).[51] Logo, não importa se a prova produzida na demanda foi plena ou não.[52]

51. Nelson Nery Jr./Rosa Maria de Andrade Nery, *Comentários ao Código de Processo Civil – Novo CPC – Lei 13.105/2015*, cit., p. 1.199.

52. Daniel Amorim Assumpção Neves, *Manual de Direito Processual Civil*, 8ª ed., p. 821.

Na ação coletiva para a tutela de interesses individuais homogêneos a participação do indivíduo no processo coletivo poderá prejudicar eventual ação individual posterior quando exista intervenção processual na lide coletiva, como prevê o art. 103, § 2º, do CDC. Somente aqueles que não tiverem ingressado na lide na qualidade de litisconsortes ou assistentes litisconsorciais poderão ajuizar demanda individual. Deve ser anotado que esta participação toma em consideração a publicidade que é oferecida pelo art. 94 do CDC.

A apreciação e o exame do dispositivo sentencial em ação coletiva não dependerão da expressa menção da improcedência do pedido. É importante que a leitura da fundamentação da sentença permita concluir que o julgamento de improcedência tenha sido causado pela *ausência ou insuficiência probatória.*

A improcedência da demanda não gerará a formação de coisa julgada material, mas meramente formal, o que não impedirá nova propositura da demanda. Obviamente, o autor da nova demanda deverá apresenta-la com novas provas. A mera repetição do pedido anterior provocará sentença de extinção do processo por ausência de condição da ação, ou seja, falta de interesse de agir, pois o pedido na forma apresentada já foi rejeitado anteriormente.

8.1 Reflexos da coisa julgada coletiva sobre a individual

O regime da coisa julgada coletiva foi construído para não prejudicar a formação da coisa julgada individual. Não há que se falar em litispendência entre a ação coletiva e a ação individual; contudo, é indiscutível o regime de interpenetração entre ambos os institutos. A propositura de ação coletiva faculta o pedido de suspensão do trâmite da ação individual enquanto pendente o julgamento da ação coletiva, nos termos do art. 104 do CDC. A parte que propõe a demanda individual terá o prazo de 30 dias, a contar da ciência do ajuizamento do processo coletivo, para pedir a suspensão do processo.

Abrem-se duas possibilidades básicas em face do comando do art. 104 do CPC: (a) a parte realiza o pedido de suspensão e aguarda o julgamento da ação coletiva; (2) a parte prossegue com a ação individual mesmo em face do ajuizamento da ação coletiva. Na primeira alternativa a parte poderá se beneficiar do julgamento da ação coletiva e promover a execução individual do comando genérico (transporte *in utilibus*), conforme permite o art. 103, § 3º, do CDC. A segunda alternativa provoca o risco de a ação individual ser julgada improcedente, o que levaria à formação de coisa julgada individual e impossibilitaria a extensão (*in utilibus*) da coisa julgada coletiva caso a demanda seja julgada procedente.

9. *A eficácia preclusiva da coisa julgada*

A função magna da coisa julgada é permitir a estabilidade da decisão judicial. O art. 508 do CPC enaltece princípio essencial do sistema processual relacionado *ao deduzido e ao dedutível*. Sendo assim, transitada em julgada a decisão de mérito, será considerada preclusa toda a matéria que poderia ter sido alegada na relação processual pelas partes e que pudesse provocar o acolhimento ou a rejeição da demanda.

O comando é direcionado para o autor e para o réu; portanto, todos os fatos que poderiam ter sido alegados na inicial ou na contestação, bem como nas manifestações complementares das partes, serão acobertadas pela coisa julgada. Como alerta a doutrina, o efeito preclusivo recai sobre as explanações, argumentos e provas vinculados à causa de pedir discutida no processo.[53] A invocação de *nova causa pedir*, seja ela *remota* ou *próxima*, é suficiente para afastar a aplicação do art. 508 do CPC. A eficácia preclusiva da coisa julgada atinge apenas os fatos jurídicos que dizem respeito à causa de pedir discutida em amplo contraditório na relação processual estabilizada. Se alguma prova essencial para o julgamento da causa tiver sido suprimida por uma das partes, não se trata de nova propositura de ação, mas de ajuizamento de ação rescisória (art. 966, VII), porque a supressão do documento impediu a correta análise da demanda.[54]

53. Arruda Alvim, *Manual de Direito Processual Civil*, cit., vol. II, p. 1,118.

54. Nelson Nery Jr./Rosa Maria de Andrade Nery, *Comentários ao Código de Processo Civil – Novo CPC – Lei 13.105/2015*, cit., p. 1.242.

Capítulo XI
REMESSA NECESSÁRIA

1. A remessa necessária da sentença. 2. A remessa necessária no Código de Processo Civil/2015. 3. Procedimento da remessa necessária. 4. Hipóteses da remessa necessária: 4.1 Sentenças proferidas contra a Fazenda Pública – 4.2 Sentenças de acolhimento parcial ou total dos embargos à execução fiscal. 5. Desnecessidade da remessa necessária: 5.1 Sentenças de resolução sem análise do mérito – 5.2 Sentenças em que o valor da causa ou do proveito econômico não atinge o valor de alçada – 5.3 Dispensa do reexame em função de precedentes, jurisprudência superior e orientação administrativa – 5.4 O regime de exceção das sentenças ilíquidas.

Na apreciação do reexame necessário não pode passar despercebida a redação § 3º do art. 496 do CPC: "Não se aplica o disposto neste artigo quando a condenação ou o proveito econômico obtido na causa for de *valor certo e líquido* inferior a: (...)" (grifos nossos). É natural que a dispensa do reexame necessário somente possa ocorrer em demandas com natureza condenatória (pagamento), mandamental (fazer ou não fazer) ou executiva (entrega de coisa) quando há discriminação do montante a ser pago ou concentração da prestação a ser satisfeita.

Esta conclusão gerou um regime de proteção para o interesse fazendário, no sentido de obrigar ao reexame necessário as sentenças ilíquidas, na medida em que o valor efetivo da obrigação somente seria conhecido na fase de liquidação. É o que está expresso na Súmula STJ-490: "A dispensa de reexame necessário, quando o valor da condenação ou do direito controvertido for inferior a 60 (sessenta) salários-mínimos, não se aplica a sentenças ilíquidas" (Corte Especial, j. 28.6.2012, *DJe* 1.8.2012). Por este entendimento seria vedado ao juiz ou tribunal dispensar o reexame de sentenças ilíquidas pela estimativa de que a liquidação futura não alcançará os valores de alçada previstos pelo art. 496, § 3º, I, II e III, do CPC (cf. REsp 1.101.727-PR).[1]

No entanto, a Corte Federal parece trilhar caminho diverso, ainda não unânime, após a entrada em vigência do novo CPC/2015.[2] A 1ª T. do STJ procura ressaltar que a percepção de que a causa não ultrapassará o valor estatuído pelo art. 496, § 3º, I, do CPC, permite a dispensa da remessa necessária mesmo em sentenças ilíquidas, especialmente em demandas de natureza previdenciária.[3]

1. A remessa necessária da sentença

A remessa necessária não foi prevista no Livro III da Parte Especial do CPC, pois não se confunde com qualquer um dos meios recursais típicos elencados pelo art. 994.

1. "(...). Ainda de acordo com a jurisprudência do STJ, entende-se que a dispensabilidade do exame obrigatório pressupõe a certeza quanto à não condenação da Fazenda Pública em valor superior ao limite de 1.000 salários-mínimos, conforme prevê o art. 475, § 2º, do CPC/1973 (art. 496, § 3º, I, do CPC/2015) – Precedente: REsp n. 1.664.062-RS, rel. Min. Herman Benjamin, 2ª Turma, j. 13.6.2017, *DJe* 20.6.2017. No caso dos autos, o acórdão recorrido dissentiu da orientação desta Corte quanto ao cabimento do reexame necessário, pois considerou, *por estimativa, que o valor da condenação não excederia 1.000 salários mínimos* – Recurso especial provido" (grifos nossos) (STJ, 2ª Turma, REsp 1.717.256-RS, rel. Min. Francisco Falcão, j. 4.12.2018, *DJe* 11.12.2018).

2. Ainda é predominante o posicionamento pela necessidade da remessa em sentenças ilíquidas, cf. STJ: "Consoante o entendimento desta Corte, estabelecido em julgamento submetido à sistemática dos recursos repetitivos, é obrigatório o reexame da sentença ilíquida proferida contra a União, os Estados, o Distrito Federal, os Municípios e as respectivas autarquias e fundações de direito público (art. 475, § 2º, CPC/1973). 3. Nos termos da Súmula 490 do STJ: 'A dispensa de reexame necessário, quando o valor da condenação ou do direito controvertido for inferior a sessenta salários mínimos, não se aplica a sentenças ilíquidas'. 4. Agravo interno desprovido" (AgInt no AREsp 541.44-RS, rel. Min. Gurgel de Faria, 1ª T., j. 11.11.2019, *DJe* 19.11.2019).

3. Cf. STJ: "As ações previdenciárias, mesmo nas hipóteses em que reconhecido o direito do Segurado à percepção de benefício no valor do teto máximo previdenciário, não alcançarão valor superior a 1.000 salários mínimos. 4. Assim, não obstante a aparente iliquidez das condenações em causas de natureza previdenciária, a sentença que defere benefício previdenciário é espécie absolutamente mensurável, visto que pode ser aferível por simples cálculos aritméticos, os quais são expressamente previstos na lei de regência, e, invariavelmente, não alcançará valor superior a 1.000 salários mínimos. 5. Recurso Especial do INSS a que se nega provimento" (REsp 1.844.937-PR, rel. Min. Napoleão Nunes Maia Filho, 1ª T., j. 12.11.2019, *DJe* 22.11.2019).

A base de configuração do recurso reside na voluntariedade e na sucumbência. A parte prejudicada por uma decisão judicial tem o direito de acesso ao duplo grau de jurisdição para obter a revisão da decisão proferida, desde que configurado prejuízo em sua esfera jurídica (princípio da sucumbência).

No Direito Brasileiro desenvolveu-se essa figura peculiar, que não guarda paralelo com o Direito estrangeiro, representada pela remessa necessária, anteriormente denominada de apelação *ex officio*.[4] Sua origem é fundada no Direito Lusitano e tem como causa uma reação contra o poder inquisitório do juiz no Direito intermédio.[5] No Direito Brasileiro a primeira notícia da apelação *ex officio* surgiu com a Lei de 4.10.1831 que determinava a remessa necessária da sentença proferida contra a Fazenda Nacional.[6] Nosso primeiro Código Processual Civil unificado de 1939 trouxe a previsão da figura no art. 822.[7]

O CPC/73 apresentou sensível modificação no escopo da remessa necessária em vista das alterações processadas no seu art. 475, e o CPC/2015 manteve sua figura, conforme leitura do atual art. 496, que realizou ajustes pontuais na configuração de sua aplicação, especialmente com a definição dos valores de alçada, previstos no § 3º.

2. *A remessa necessária no Código de Processo Civil/2015*

A remessa necessária não se caracteriza como um recurso. A ausência dos atributos essenciais – notadamente: (a) tipicidade, (b) voluntariedade, (c) dialeticidade, (d) preparo e (e) tempestividade – impede que receba a qualificação destinada aos instrumentos processuais nominados no art. 994 do CPC. Existe similaridade quanto aos efeitos produzidos pelo conhecimento e pelo provimento da remessa; contudo, consiste em figura diversa.

4. Alfredo Buzaid, *Da Apelação* ***Ex Officio***, p. 7.

5. Nelson Nery Jr., *Teoria Geral dos Recursos*, p. 76. Seria também, segundo Buzaid (Da Apelação "ex officio", cit., p. 8), uma justificativa para a sua presença não só no processo civil, mas no criminal, como forma de controlar o poder inquisitório nas sentenças criminais.

6. Araken de Assis, *Processo Civil Brasileiro*, vol. III, p. 1.326.

7. Odilon de Andrade, *Comentários ao Código de Processo Civil*, vol. IX, p. 162. Importante lembrar que a reserva legal do art. 822 do CPC/1939 procurava abarcar as situações sensíveis daquele período: *as sentenças que declaravam a nulidade do casamento*, em vista de a regra moral ser sua indissolubilidade; *as sentenças que homologavam o desquite* e as *sentenças proferidas contra a União, o Estado e o Município*.

A voluntariedade está essencialmente ligada ao prejuízo como condição de configuração do interesse em recorrer. Somente há sentido em buscar nova decisão quando configurado prejuízo, para que a parte exerça o direito de recorrer em busca da revisão do julgamento (sucumbência *formal* ou *material*).[8]

Na remessa o rejulgamento da causa não depende de qualquer postulação. Basta a configuração do prejuízo potencial delineado pelo art. 496, I e II, do CPC. A existência de decisão judicial proferida contra a União, os Estados, o Distrito Federal, os Municípios e suas respectivas autarquias e fundações de direito público exige que o juiz faça a remessa dos autos para o juízo de segundo grau competente (art. 496, I). A decisão que acolhe de modo parcial ou total os embargos à execução fiscal também se sujeita ao reexame (art. 496, II).

Como se percebe pela redação do art. 496 do CPC, a remessa não está sujeita à dialeticidade, pois as partes envolvidas na relação processual não são chamadas para se manifestar, porque tudo acontece de modo oficioso. Nem o juiz a justifica e muito menos as partes são chamadas para atuar. O juiz não se torna parte ao promover os atos de remessa.[9]

A doutrina majoritária não confere natureza jurídica de recurso para a remessa, mas de simples *condição de eficácia da sentença condenatória*.[10] A redação do art. 496 convida para esta conclusão: "Está sujeita ao duplo grau de jurisdição, *não produzindo efeito* senão depois de confirmada pelo tribunal, a sentença" (grifos nossos).[11]

Não é simples assimilar esta orientação, porque, se a remessa fosse simples condição de eficácia, deveríamos supor que a sentença dependeria de mera chancela para operar seus efeitos.[12] Não é o que acontece, porque o efeito translativo permite reexame integral, que pode levar à *integração*, *reforma* ou, mesmo, à *anulação da sentença*. O efeito translativo apenas tem limitação quando a reforma possa agravar a situação da Fazenda Pública (proibição de *reformatio in peius*), nos termos da Súmula STJ-45:

8. Aprofundaremos a questão no t. IV deste *Curso*, no tratamento dos *recursos* em espécie.

9. Pontes de Miranda, *Comentários ao Código de Processo Civil* (de 1939), t. V, p. 115.

10. Nelson Nery Jr., *Teoria Geral dos Recursos*, cit., p. 78.

11. STJ, REsp 959.338-SP, rel. Ministro Napoleão Nunes Maia Filho, 1ª Seção, j. 29.2.2012, *DJe* 8.3.2012.

12. V. a bem lançada crítica de Araken de Assis, *Processo Civil Brasileiro*, cit., vol. III, p. 1330.

"No reexame necessário, é defeso, ao tribunal, agravar a condenação imposta à Fazenda Pública".

Estas considerações não eliminam o posicionamento da jurisprudência, que se alinha à doutrina majoritária, quanto à remessa consistir em condição de eficácia e de estabilização do comando judicial. Prepondera a inteligência da Súmula STF-423: ""Não transita em julgado a sentença por haver omitido o recurso *ex officio*, que se considera interposto *ex lege*".[13]

3. Procedimento da remessa necessária

A remessa necessária não possui procedimento especial para sua tramitação. Aplicar-se-á o procedimento da apelação. O juiz deverá fazer constar no dispositivo da sentença que, esgotado o prazo para fins de oferecimento do recurso voluntário, os autos deverão ser encaminhados para o tribunal competente.

A ausência de remessa impede o trânsito em julgado da decisão e autoriza a avocação dos autos pelo tribunal. O trâmite da remessa obedecerá ao procedimento da apelação, inclusive quanto à possibilidade de decisão monocrática. Deve ser lembrada a aplicabilidade da Súmula STJ-253, ainda que editada na vigência do CPC/1973, em face da redação do seu art. 557, relativo aos poderes do relator, e que hoje corresponde ao art. 932 do CPC/2015: "Súmula 253: O art. 557 do CPC, que autoriza o relator a decidir o recurso, alcança o reexame necessário". Os poderes do relator permitem o julgamento para a confirmação da sentença, sua modificação e, mesmo, anulação.

Na remessa necessária a devolução é ampla e operada pelo efeito translativo. Como explica a doutrina, no reexame opera-se autêntico poder inquisitório, na medida em que o tribunal não está limitado pelo efeito devolutivo.[14] O efeito devolutivo é a base do recurso de apelação, pelo qual o tribunal somente poderá conhecer da matéria que foi impugnada e, por consequência, devolvida ao órgão superior para julgamento (*tantum devolutum quantum appellatum*).

Na remessa o efeito translativo opera a devolução total da matéria e sem a proibição da *reformatio in peius*. É por este motivo que não existe proibição de revisão da sentença que tenha sido favorável ao adminis-

13. Neste sentido: STJ, 2ª Turma, REsp 1.677.671-SP, rel. Min. Og Fernandes, j. 19.9.2017, *DJe* 25.9.2017.

14. Nelson Nery Jr., *Teoria Geral dos Recursos*, cit., p. 189.

trado, mesmo quando inexiste recurso da Fazenda Pública. Este posicionamento somente não será valido quando o pronunciamento do juízo *ad quem* puder piorar a situação da Fazenda Pública. Apesar do flagrante tratamento desigual, o entendimento está firmado pela Súmula STJ-45, já mencionada anteriormente.

4. Hipóteses da remessa necessária

4.1 Sentenças proferidas contra a Fazenda Pública

As sentenças proferidas contra a União, os Estados, o Distrito Federal, os Municípios e suas respectivas autarquias e fundações de direito público sujeitam-se ao reexame necessário desde que não seja preenchido o suporte fático de exclusão do art. 496, § 3º, do CPC.

É necessário diferenciar a natureza do comando judicial que impõe a prestação positiva ou negativa contra a Fazenda Pública. As sentenças com eficácia preponderantemente condenatória sujeitam-se naturalmente ao reexame necessário, bem como ao procedimento especial para fins de cumprimento de sentença (art. 534 do CPC). Isto não elimina a necessidade de reexame da causa quando há julgamento desfavorável, ainda que a demanda assuma natureza declaratória, constitutiva, mandamental ou executiva.[15] Um exemplo desta afirmação concentra-se no mandado de segurança, em que o julgamento contrário à Fazenda Pública propicia o reexame necessário em face de sentença mandamental (art. 14, § 1º, Lei 12.016/2009). Não é correto afirmar que nas demandas declaratórias ou constitutivas é essencial avaliar o potencial proveito econômico da causa para fins de reexame. Em demandas desta natureza nem sempre é possível

15. "(...). O reexame necessário é condição imposta a sentenças proferidas em desfavor da União, Estados, Distrito Federal, Municípios, respectivas autarquias, bem como no julgamento de embargos à execução de Dívida Ativa da Fazenda Pública, tendo por escopo garantir a eficácia do provimento jurisdicional após novo exame pelo órgão colegiado, o que, de certa forma, traduz maior segurança jurídica às relações que envolvam a coisa pública. 3. Não há que se aplicar o § 2º do art. 475 do CPC [*CPC/1973 – v. art. 496, § 3º, do CPC/2015*] quando tratar-se de sentenças ilíquidas ou que decidam pretensão que não contenha natureza econômica certa, tampouco àquelas demandas declaratórias, constitutivas ou desconstitutivas cujo provimento, ou não, deixe de albergar parâmetro objetivo a fim de se definir um valor certo a ser estipulado para a condenação – Interpretação do § 2º do art. 475 do CPC firmada pela Corte Especial deste Tribunal Superior no julgamento dos EREsp n. 600.596-RS, da relatoria do Min. Teori Albino Zavascki, *DJe* 23.11.2009. 4. Recurso especial provido" (STJ, 1ª Turma, REsp 1.172.903-PR, rel. Min. Benedito Gonçalves, j. 20.4.2010, *DJe* 3.5.2010).

avaliar os reflexos diretos e indiretos, o que justifica o mesmo tratamento concedido para as sentenças ilíquidas.

Um exemplo importante da evolução da jurisprudência no tratamento da remessa refere-se à sua aplicação analógica para as ações de improbidade.[16] Esta aplicação analógica é proveniente do art. 19 da Lei da Ação Popular. Aqui o raciocínio é diverso. A improcedência da ação coletiva poderá lesar o patrimônio público; logo, a improcedência da ação justifica o reexame necessário. Note-se, ainda, que a remessa nesta hipótese se aplica tanto na situação de carência (ausência de condições da ação e pressupostos processuais) ou pelo mérito (improcedência do pedido). A remessa, quando visualizada pelo art. 496, I e II, do CPC, aplicar-se-á apenas em relação às sentenças de mérito que sejam contrárias ao interesse da Fazenda Pública.

Dentre as demandas que assumem maior volume para fins de reexame necessário, inclusive com grande impacto financeiro para a União Federal, temos as demandas de natureza previdenciária. O grande volume de pedidos para concessão de aposentadorias e benefícios assistenciais contra a autarquia do INSS atrai a incidência obrigatória do art. 496, I, do CPC.[17]

4.2 Sentenças de acolhimento parcial ou total dos embargos à execução fiscal

O reexame necessário corresponde a uma proteção que beneficia a Fazenda Pública, pela necessidade de revisão das sentenças que atingem o

16. "A jurisprudência do STJ se firmou no sentido de que o Código de Processo Civil deve ser aplicado subsidiariamente à Lei de Improbidade Administrativa. Portanto, é cabível o reexame necessário na ação de improbidade, nos termos do art. 475 do CPC/1973 [*Art. 496 do CPC/2015*]. Além disso, por 'aplicação analógica da primeira parte do art. 19 da Lei n. 4.717/1965, as sentenças de improcedência de ação civil pública sujeitam-se indistintamente ao reexame necessário' (REsp n. 1.108.542-SC, rel. Min. Castro Meira, j. 19.5.2009, *DJe* 29.5.2009). 2. O CPC/1973 dispunha em seu art. 475: 'Está sujeita ao duplo grau de jurisdição, não produzindo efeito senão depois de confirmada pelo tribunal, a sentença: I – proferida contra a União, o Estado, o Distrito Federal, o Município, e as respectivas autarquias e fundações de direito público; (...)'. 3. Não há dúvidas, portanto, de que em caso de procedência da ação de improbidade, com condenação definitiva de particular, não há necessidade de reexame necessário, podendo, por consequência, a sentença ser executada provisoriamente. 4. Recurso especial não provido" (STJ, 2ª Turma, REsp 1.733.729-SP, rel. Min. Herman Benjamin, j. 27.11.2018, *DJe* 17.12.2018).

17. STJ, 1ª Turma, AgR no AREsp 691.665-SP, rel. Min. Napoleão Nunes Maia Filho, j. 18.3.2019, *DJe* 26.3.2019.

Erário Público. As sentenças proferidas com acolhimento parcial ou total em face de títulos executivos fiscais provocam a necessidade do reexame. Esta proteção especial à execução fiscal tem como fim preservar o exercício de cobrança da Fazenda Pública na busca de receitas derivadas (art. 9º da Lei 4.320/1964).

O julgamento parcial ou total dos embargos tem o condão de afetar os valores exigidos na execução fiscal, operando a necessidade da remessa dos autos ao tribunal, ainda que inexista recurso voluntário. Na execução fiscal há um grande volume de extinções que são fundadas na prescrição. A prescrição pode ser objeto de embargos, de exceção de pré-executividade ou, mesmo, por iniciativa do magistrado (*ex officio*). A extinção pelo reconhecimento da prescrição ou da decadência não afasta a necessidade do reexame, o qual poderá ser obstado unicamente na hipótese do art. 496, § 3º, do CPC.[18]

5. *Desnecessidade da remessa necessária*

5.1 Sentenças de resolução sem análise do mérito

Como regra, somente as sentenças com análise do mérito (procedência ou improcedência) justificam a remessa necessária, na medida em que a ausência de formação de coisa julgada material torna inútil o reexame necessário. Todavia, na improcedência das ações coletivas a extinção sem análise do mérito justifica a aplicação do reexame, com especial relevo para as ações de improbidade.[19] Na ação de improbidade a construção deste posicionamento toma em consideração a proteção específica do Erário Público, em vista da construção dos tipos dos arts. 9º, 10 e 11 da Lei 8.429/1992.[20]

18. STJ, 2ª Turma, REsp 1.385.172-SP, rela. Min. Eliana Calmon, j. 17.10.2013, *DJe* 24.10.2013.

19. "Nos termos da jurisprudência desta Corte Superior, é aplicável o reexame necessário nas hipóteses de ação civil pública, independentemente da presença de pessoa de direito público no polo passivo, porém não se aplica aos litígios que versem exclusivamente sobre direitos individuais homogêneos. 1.1 Por conseguinte, levando-se em consideração que a hipótese dos autos cuida de direitos difusos de consumidores, torna-se imperioso o reconhecimento da possibilidade de aplicação analógica do art. 19 da Lei n. 4.717/1965, devendo os autos retornar à origem para que se analisem as questões que foram julgadas improcedentes pelo Magistrado de primeiro grau e não foram objeto de recurso voluntário pelas partes. 2. Agravo interno desprovido" (STJ, 3ª Turma, AgInt no REsp 1.690.987-MG, rel. Min. Marco Aurélio Bellizze, j. 21.8.2018, *DJe* 30.8.2018).

20. Sobre a ação de improbidade, v. t. III deste *Curso*, pp. 601 e ss.

5.2 Sentenças em que o valor da causa ou do proveito econômico não atinge o valor de alçada

Esta previsão tradicional e já constante do Código de Processo Civil/1973 foi aperfeiçoada, ao prever valores maiores para fins de reexame em relação a cada uma das entidades federativas. O dispositivo é voltado para as sentenças de natureza condenatória, ou seja, aquelas em que a eficácia preponderante é de pagamento de quantia certa. Para a União Federal e suas respectivas autarquias e fundações públicas inexiste a obrigatoriedade do reexame nas condenações inferiores a 1.000 salários-mínimos (art. 496, § 3º, I, do CPC). Para os Estados, o Distrito Federal e os Municípios que constituam Capital de Estado o valor de alçada para o reexame será de 500 salários. Por fim, para os demais Municípios o valor será de 100 salários-mínimos.

A alteração do Código de Processo Civil/2015 foi interessante, por privilegiar o reexame somente nas demandas que possuam valor econômico expressivo, além de diferenciar a situação dos Municípios que são Capital de Estado da situação dos demais Municípios, eliminando a remessa, sem prejuízo de que a entidade pública possa utilizar o recurso em hipótese de insurgência.

A menção ao proveito econômico também é importante, o que se torna compreensível quando analisamos a figura dos embargos. A ação de embargos, seja na execução fiscal ou na execução pelo Código de Processo Civil, sempre tem natureza preponderantemente declaratória e constitutiva. Seu objetivo é invalidar (declarar ou desconstituir), total ou parcialmente, a prestação contida no título. Deste modo, o que deve ser levado em consideração para fins de remessa necessária no julgamento dos embargos é o proveito econômico obtido pelo executado. Suponha-se a existência de uma execução fiscal promovida pela União com valor de 10 mil salários-mínimos em que o acolhimento parcial dos embargos resultou no proveito econômico de 500 salários-mínimos. A sentença de embargos não estará sujeita ao reexame pelo fato de o proveito econômico não estar tipificado no art. 496, § 3º, I, do CPC.

5.3 Dispensa do reexame em função de precedentes, jurisprudência superior e orientação administrativa

Os precedentes compreendidos em acepção *lato sensu* permitem a dispensa do reexame, nos termos do art. 496, § 4º, do CPC.[21] Serão

21. Daniel Mitidiero/Sérgio Arenhart/Luiz Guilherme Marinoni, *Código de Processo Civil Comentado*, p. 587.

dispensadas de reexame as causas julgadas em conformidade com entendimento firmado por súmula de Tribunal Superior (art. 496, I). O maior problema reside na interpretação e na adequação da súmula ao caso concreto. É necessário analisar sua aplicação específica e verificar sua real adequação. Em algumas hipóteses o julgamento de procedência para a Fazenda Pública pode esconder um prejuízo que justifique o reexame necessário.[22] A jurisprudência superior firmada pelo STJ e pelo STF em julgamento de recursos repetitivos também permite a não aplicação da remessa. É necessário cuidado ao analisar a tese firmada junto ao repetitivo, pois ela poderá não convergir totalmente com o julgamento proferido pela sentença (art. 496, § 4º, II).

A jurisprudência consolidada dos tribunais permite a não aplicação da remessa quando solucionados o incidente de resolução de demandas repetitivas/IRDR e o incidente de assunção de competência/IAC. Aqui também vale a advertência para a importante atividade dos tribunais na consolidação desta jurisprudência, que deve trazer estabilidade e não confusão em sua aplicação pela inabilidade de formar ao mesmo tempo julgamentos abrangentes e precisos (art. 496, § 4º, III).

Outro ponto importante da reforma de 2015, e que atende ao interesse dos procuradores públicos no próprio âmbito interno da Administração Pública, reside na dispensa do reexame quando o pronunciamento judicial final estiver em consonância com entendimento administrativo estabilizado perante o próprio ente público litigante (art. 496, § 4º, IV). O entendimento poderá estar sumulado administrativamente ou consolidado por parecer ou manifestação específica do ente público.

O art. 43 da Lei Complementar 73/1993 estabelece a obrigatoriedade de obediência às súmulas administrativas editadas em relação a todos os órgãos enumerados nos arts. 2º e 17. O parecer administrativo também possui efeito vinculante e obrigatório, nos termos do art. 40, § 1º: "O parecer aprovado e publicado juntamente com o despacho presidencial vincula a Administração Federal, cujos órgãos e entidades ficam obrigados a lhe dar fiel cumprimento". As manifestações finais proferidas em processo administrativo, seguido de amplo contraditório, também vinculam a Administração e formam coisa julgada administrativa em benefício do administrado e poderão dispensar o reexame necessário.

22. V. o exemplo muito bem lembrado por Araken de Assis (*Processo Civil Brasileiro*, cit., vol. III, p. 1.339) no julgamento da ação de desapropriação. A simples incidência equivocada da contagem dos juros moratórios e remuneratórios, em que pese à procedência do pedido de desapropriação, pode justificar a não incidência da hipótese de exclusão do art. 496, § 4º, do CPC.

5.4 O regime de exceção das sentenças ilíquidas

Na apreciação do reexame necessário não pode passar despercebido a redação do *caput* do art. 496, § 3º: "Não se aplica o disposto neste artigo quando a condenação ou o proveito econômico obtido na causa for de *valor certo e líquido* inferior a (...)" (grifo nosso). É natural que a dispensa do reexame necessário somente possa ocorrer em demandas com natureza condenatória (pagamento), mandamental (fazer ou não fazer) ou executiva (entrega de coisa) quando há discriminação do montante a ser pago ou concentração da prestação a ser satisfeita.

Esta conclusão gerou um regime de proteção para o interesse fazendário no sentido de obrigar ao reexame necessário as sentenças ilíquidas, na medida em que o valor efetivo da obrigação somente será conhecido na fase de liquidação.

É o que está expresso na Súmula 490 do STJ: "A dispensa de reexame necessário, quando o valor da condenação ou do direito controvertido for inferior a sessenta salários mínimos, não se aplica a sentenças ilíquidas". Embora redigida sob o regime do CPC/1973, nada muda em sua incidência perante o art. 496, § 3º, do Código vigente, o qual funda a dispensa do reexame na liquidez e certeza da sentença.

É vedado ao juiz ou tribunal dispensar o reexame de sentenças ilíquidas pela estimativa de que a liquidação futura não alcançará os valores de alçada previstos pelo art. 496, § 3º, I, II e III do CPC.[23]

23 Cf. STJ, "Ainda de acordo com a jurisprudência do STJ, entende-se que a dispensabilidade do exame obrigatório pressupõe a certeza quanto a não condenação da Fazenda Pública em valor superior ao limite de 1.000 (mil) salários mínimos, conforme prevê o art. 475, § 2º, CPC/73 [*art. 496, § 3º, I, do CPC/2015*]. Precedente: REsp n.1.664.062-RS, rel. Ministro Herman Benjamin, Segunda Turma, julgado em 13.6.2017, *DJe* 20.6.2017. No caso dos autos, o acórdão recorrido dissentiu da orientação desta Corte quanto ao cabimento do reexame necessário, pois considerou, *por estimativa, que o valor da condenação não excederia 1.000 salários mínimos* (grifo nosso). Recurso Especial provido" (REsp 1.717.256-RS, rel. Min. Francisco Falcão, 2ª T., j. 4.12.2018, *DJe* 11.12.2018).

PARTE II
CUMPRIMENTO DE SENTENÇA

Capítulo I – ***A Tutela Executiva Judicial***

Capítulo II – ***Pressupostos Específicos para o Cumprimento de Sentença***

Capítulo III – ***Da Liquidação de Sentença***

Capítulo IV – ***Do Cumprimento Provisório de Sentença***

Capítulo V – ***Modalidades de Cumprimento de Sentença***

Capítulo VI – ***A Execução Invertida do Devedor***

Capítulo VII – ***Cumprimento de Sentença da Obrigação Alimentar***

Capítulo VIII – ***Cumprimento de Sentença em Relação à Fazenda Pública***

Capítulo IX – ***Cumprimento de Sentença na Tutela Específica***

Capítulo X – ***Da Suspensão e Extinção do Cumprimento de Sentença***

Capítulo I
A TUTELA EXECUTIVA JUDICIAL

1. O direito fundamental à tutela executiva. 2. Objeto do cumprimento de sentença. 3. Os meios de cumprimento da sentença: 3.1 Sincretismo processual relativo e absoluto – 3.2 Coordenação funcional entre a cognição e a execução. 4. Cumprimento espontâneo ou forçado do comando judicial. 5. Princípios fundamentais do cumprimento de sentença: 5.1 A relação entre a fase cognitiva e executiva: 5.1.1 Aplicação supletiva do processo de conhecimento ao processo de execução – 5.1.2 A interação entre a execução judicial e a extrajudicial – 5.2 Princípios estruturantes do cumprimento de sentença: 5.2.1 Princípios fundamentais: 5.2.1.1 Princípio do contraditório – 5.2.1.2 Princípio dispositivo: (a) Deflagração dos atos executivos – (b) Seleção dos meios expropriatórios – (c) Desistência da execução – (c.1) Limite temporal da desistência – (c.2) Desistência sob o ângulo subjetivo – (c.3) A desistência sob o ângulo objetivo – (c.4) As despesas processuais na desistência e a boa-fé – (c.5) A "execução inversa" – (c.6) Limites da execução inversa – (d) Celebração do negócio processual na execução: (d.1) O pacto de "non exequendo" – 5.2.1.3 Princípios da boa-fé e da cooperação: (a) A cooperação dos terceiros na execução: informação, abstenção, concurso e guarda – 5.2.1.4 Princípio do título: (a) Princípios da tipicidade e taxatividade. Distinção – (b) Tipicidade e conversão do título executivo – (c) As funções endoprocessual e extraprocessual do título – 5.2.1.5 Princípio da concentração: (a) A Súmula STJ-84 e a concentração – (b) Concentração e responsabilidade patrimonial – 5.2.1.6 Princípio da realidade – 5.2.1.7 Princípio da responsabilidade objetiva – 5.2.1.8 A celeridade e a crise de efetividade do processo de execução ("Handeln statt Verhandeln") – 5.2.1.9 O princípio da proporcionalidade na execução: (a) Antecedentes históricos e a "Sisachthie" de Sólon (σξIσαχΦεIαυ) – (b) A proporcionalidade e o art. 805 do CPC.

1. O DIREITO FUNDAMENTAL À TUTELA EXECUTIVA

A entrega da prestação jurisdicional corresponde a um direito fundamental do cidadão que abriu mão da autotutela, confiando ao Estado a solução dos conflitos individuais e coletivos (art. 5º. XXV, da CF/1988).[1] Na fase atual a noção de tutela jurisdicional efetiva engloba não só a atividade de cognição, mas também a de execução (art. 4º do CPC).[2] A decisão judicial, por si só, não garante a efetividade do direito ameaçado ou lesado, sendo tarefa essencial do Estado assegurar sua realização prática (*Rechtsstaatsprinzip*). É por este motivo que a proibição da autotutela, como meio de resolução dos conflitos, engloba necessariamente a tutela executiva, que corresponde a ponto nevrálgico do sistema processual, no qual a realização do comando judicial encontra sua satisfação prática (*Durchsetzung privater Rechte*).[3]

Como já reconheceu o Tribunal Europeu dos Direitos do Homem/TEDH, o prazo célere e razoável deve acompanhar tanto a fase de declaração como a de execução e representa elemento indissociável do processo civil ou criminal.[4] O tempo será elemento crucial na fase executiva, especialmente para a satisfação de verbas especiais, como as alimentares (art. 528 do CPC). O tempo, aliado à integração necessária entre a atividade cognitiva e a executiva, desenvolve a noção de *totalidade na prestação da atividade jurisdicional*.

Ainda no modelo europeu, o TEDH proferiu importantíssima decisão promovendo a consagração da tutela executiva como direito fundamental no famoso julgamento "Hornsby *vs.* Grécia" de 19.3.1997. Nesse emblemático julgamento, o já citado art. 6º da Convenção Europeia foi interpretado como aplicável a qualquer esfera da atividade jurisdicional, e não apenas à esfera criminal, bem como expressamente definido que *a atividade executiva deve ser considerada como parte integrante de um processo equitativo*.[5]

1. Sobre o ponto, v. o t. I deste *Curso*, pp. 39 e ss.
2. Baur/Stürner, *Zwangsvollstreckungsrecht*, § 1º, p. 3.
3. Idem, 3, bb, p. 2.
4. V. art. 6º, 1, da Convenção para a Proteção dos Direitos do Homem e das Liberdades Fundamentais: "In the determination of his civil rights and obligations or of any criminal charge against him, everyone is entitled to a fair and public hearing within a reasonable time by an independent and impartial tribunal established by law" ("Na determinação de seus direitos e obrigações civis ou de qualquer acusação penal contra ele, todos têm direito a uma audiência pública e justa dentro de um prazo razoável por um tribunal independente e imparcial estabelecido por lei" – tradução livre). Sobre o ponto: Rui Pinto, *Manual da Execução e Despejo*, p. 14.
5. "Execution of a judgment given by any Court must therefore be regarded as an integral part of the 'trial' for the purposes of art. 6 (art. 6)" ("A execução de um julgamento proferido por qualquer Corte deve ser considerada como parte integrante do processo para os fins do art. 6º" –tradução livre). V.: CEDH, 19.5.1997, "Hornsby *vs.* Greece", *JCP*, 1997, II, p. 22.949.

O Código de Processo Civil/2015 captou com maestria esta visão e integra a função executiva como atividade essencial ao processo civil, pela leitura do art. 4º. O dispositivo demonstra a necessidade do resultado útil de *toda a atividade jurisdicional em tempo adequado* (cognição + execução em tempo razoável): "As partes têm o direito de obter em prazo razoável a solução integral do mérito, incluída a atividade satisfativa". O art. 4º do CPC vai muito além da primazia pela resolução do mérito do processo. A solução efetiva do processo ultrapassa a decisão formal sobre o objeto litigioso e exige a realização prática do direito afirmado. Este talvez seja o maior desafio do processo civil brasileiro atual. Tornar real e útil o comando sentencial que assegurou o direito para o vencedor da demanda.

2. Objeto do cumprimento de sentença

O cumprimento de sentença (art. 513 do CPC/2015) é fruto da reforma operada pela Lei 11.232/2005, que alterou a estrutura do processo de execução no Direito Brasileiro ainda perante a vigência do Código de Processo Civil/1973. Esta modificação teve como objetivo desobstruir e simplificar o processamento da atividade executiva oriunda de títulos executivos judiciais, com especial referência ao cumprimento das prestações de pagamento de quantia representadas pela *sentença civil condenatória*.[6] É certo que o art. 515, I, do CPC não faz mais referência explícita ao termo "sentença", e muito menos "condenatória"; contudo, sabe-se que, na prática, dentre as decisões judiciais compreendidas pelo art. 515, I, do CPC, a sentença civil condenatória é a que sempre ocupou papel de destaque, pelas dificuldades inerentes à sua satisfação.[7]

A maior repercussão prática da introdução do cumprimento de sentença no sistema processual pátrio foi permitir que *a ação de conhecimento, a ação de liquidação de sentença e a execução da sentença* pudessem ser processadas em regime de continuidade, sem a necessidade de procedimentos autônomos. Deste modo, a petição inicial apresentada no

6. Lobão (*Tratado Pratico do Processo Executivo Summario*, p. 113) já diferenciava a via executiva proveniente de sentença das demais formas relativas a títulos extrajudiciais que tinham como fonte direito ou privilégio. A execução de sentenças propiciaria um processo de excussão mais célere, cujos embargos deveriam ser recebidos em apartado e sem efeito suspensivo.

7. Modelos processuais estrangeiros, como o Código de Processo Civil português (art. 703º, 1, "a"), ainda fazem referência à sentença condenatória como título primaz. Sobre os problemas decorrentes desta classificação: José Lebre de Freitas, *A Acção Executiva*, pp. 31-32.

processo de conhecimento (art. 319 do CPC) deflagrará o procedimento, que apenas se encerrará com a satisfação da execução. O cumprimento de sentença representa uma solução de continuidade, na medida em que o processamento dos atos executivos fluirá *sine intervallo*.[8] Isto não significa, de modo algum, a eliminação do processo de liquidação ou de execução. Os atos de cognição (art. 319 do CPC), de liquidação (art. 509 do CPC) e de cumprimento (art. 513 do CPC) apenas estão interligados, mas com fases próprias e inconfundíveis.

Esta solução representa importante simplificação sob a ótica procedimental. A autonomia dos atos processuais operados na fase de conhecimento, de liquidação e de execução é mantida, mas com grande avanço operacional. Ao invés de citar o executado para o cumprimento de sentença, basta que seja intimado (art. 513, § 2º, do CPC). As custas judiciais sofrem diminuição, pela desnecessidade de duplo preparo das custas para a petição inicial e para o cumprimento de sentença.[9] Isto não elimina a necessidade de suplementação por atos que não estavam compreendidos na fase cognitiva (penhora, depósito, averbações), bem como no oferecimento de ações incidentais.[10] A fraude à execução poderá ser constatada desde a fase de citação inicial, na medida em que o ato de cientificação do devedor já ocorrerá na fase de conhecimento (arts. 789 e 792 do CPC), e poderá ser objetivamente constatada em algumas si-

8. Nelson Nery Jr. e Rosa Maria de Andrade Nery, *Comentários ao Código de Processo Civil*, p. 1.260.

9. Nesse sentido, v. a Súmula 59 do TJPR: "Não é exigível o recolhimento de custas iniciais na fase de cumprimento de sentença (art. 475-J do CPC), segundo a sistemática introduzida pela Lei n. 11.232/2005".

10. A questão relativa às custas é polêmica, mas pela ausência de enfrentamento adequado sobre o tema. Devem ser diferenciadas as custas das despesas e dos emolumentos. É evidente que a exigência de novas custas apenas pela deflagração do cumprimento de sentença seria indevida, como acima pontuado. Se o executado, uma vez intimado, realizar o pagamento em 15 dias, não seria lícita a cobra de custas judiciais pelo mero processamento do pedido na fase processual de cumprimento. Obviamente, se forem praticados atos executivos não compreendidos no preparo inicial e referentes aos atos executivos e de defesa (penhora, depósito, perícia, oferecimento de impugnação, preparo recursal da impugnação) que provoquem despesas e custas adicionais, a complementação será essencial. Neste sentido, merece menção o repetitivo firmado pelo STJ sobre a necessidade do preparo no oferecimento da impugnação ou dos embargos: "Para fins do art. 543-C do CPC: [*CPC/1973 – v. art. 1.036 do CPC/2015*] 1.1 Cancela-se a distribuição da impugnação ao cumprimento de sentença ou dos embargos à execução na hipótese de não recolhimento das custas no prazo de 30 dias, independentemente de prévia intimação da parte. Não se determina o cancelamento da distribuição se o recolhimento das custas, embora intempestivo, estiver comprovado nos autos" (STJ, Corte Especial, REsp 1.361.811-RS, rel. Min. Paulo de Tarso Sanseverino, j. 4.3.2015, *DJe* 6.5.2015).

tuações, como no incidente de desconsideração da personalidade jurídica (art. 133, c/c art. 792, § 3º, ambos do CPC).

A reforma operada pelo Código de Processo Civil/2015 incorpora, aperfeiçoa e consolida as alterações introduzidas pelas Leis 11.232/2005 e 11.382/2006. O cumprimento de sentença está integrado ao processo de conhecimento, o que relativiza sua autonomia, pois todo seu desenrolar revela uma sequência natural dos atos processuais já praticados na fase de conhecimento (*postulação*, *defesa*, *instrução* e *decisão*). Com o cumprimento de sentença podemos falar na existência de um *processo sincrético*.[11]

3. Os meios de cumprimento da sentença

Desde a modificação operada pela Lei 11.232/2005 e agora pelo Código de Processo Civil/2015 podemos afirmar que o sistema de cumprimento das decisões judiciais passou por modificação radical em nosso Direito. A fase de cumprimento da sentença exige que seja rememorada distinção já efetuada quanto à diferenciação das eficácias sentenciais. Nem toda sentença necessita de uma fase específica para cumprimento do comando judicial.[12]

Por meio do exame analítico das cargas e eficácias sentenciais chega-se à conclusão de que o processo de conhecimento é apto a propiciar cinco modalidades de sentenças. O exame analítico demonstra que existe uma correlação lógica entre aquilo que foi pedido e o que acabou sendo (in)deferido, o que se denomina de *princípio da congruência*.[13] De acordo com doutrina segura de Pontes de Miranda, podemos classificar as ações e sentenças em *declaratórias*, *constitutivas*, *condenatórias*, *mandamentais* e *executivas*.[14]

11. Este sincretismo tem reflexo prático importante, como já comentado quanto à impossibilidade de cobrança de custas pelo mero requerimento do cumprimento de sentença. Todavia, existem modulações ao sincretismo, como na hipótese de cumprimento de sentença individual em relação a sentença coletiva. Neste sentido, no STJ: "A isenção de custas previstas no art. 18 da Lei n. 7.347/1985, relativa à ação civil pública, abrange somente o processo de conhecimento, não se estendendo ao cumprimento de sentença individual – Precedentes – Agravo interno não provido" (STJ, 4ª Turma, AgInt no AREsp 1.152.512-MS, rel. Min. Luís Felipe Salomão, j. 15.3.2018, *DJe* 20.3.2018).

12. V. nosso *Curso de Processo Civil*, t. I, *Parte Geral*, pp. 363-365.

13. Conforme exame realizado no item 4 do Capítulo III e no item 9 do Capítulo IX.

14. Pontes de Miranda, *Tratado das Ações*, t. I, pp. 117 e ss.

O capítulo referente ao cumprimento de sentença não se dedica propriamente às duas primeiras modalidades sentenciais, o que demonstra que nem toda sentença é vocacionada para a fase de cumprimento.[15] A sentença em que prepondera a eficácia declaratória não necessita de cumprimento por meio de fase autônoma, com a prática de atos executivos. Na sentença declaratória o próprio comando judicial é exauriente e dispensa fase posterior para o cumprimento. É o exemplo clássico da *ação de investigação de paternidade*. Seu objetivo se exaure com a procedência ou improcedência do pedido. Não há que se falar em cumprimento ou execução da sentença.[16] O trânsito em julgado esgota o objeto litigioso e determinará a expedição de mandado de averbação da paternidade no registro civil competente.[17] O mesmo pode ser dito em relação à ação de usucapião, que corresponde ao reconhecimento do direito formativo de propriedade em benefício do possuidor.[18] Não há cumprimento de sentença, mediante a necessidade de prática de atos executivos, nos termos do art. 513 do CPC.[19] O mesmo pode ser afirmado em relação à sentença constitutiva. Uma sentença de adoção possui natureza preponderantemente constitutiva. Ela estabelece um laço familiar indissolúvel entre o adotante e o adotado, provocando uma alteração no mundo jurídico. Isto demonstra que não haverá necessidade de sua execução ou cumprimento forçado. Ela se satisfaz apenas com o pronunciamento judicial, sem a

15. Como asseveram Jauernig/Berger (*Zwangsvollstreckungs und Insolvenzrecht*, § 2, p. 9): "Nicht alle Endurteile sind ihren Inhalt nach vollstreckbar" ("Nem todo o conteúdo de uma sentença definitiva é executável" – tradição livre).

16. Exceto quanto às eficácias secundárias, como a condenatória relativa à fixação dos alimentos assim como a condenação na sucumbência (art. 85 do CPC). A Lei 8.560/1992 estabelece verdadeira exceção ao *princípio dispositivo* ao prever que no reconhecimento da paternidade sempre serão fixados alimentos provisórios ou definitivos de acordo com o art. 7º: "Sempre que na sentença de primeiro grau se reconhecer a paternidade, nela se fixarão os alimentos provisionais ou definitivos do reconhecido que deles necessite".

17. É importante não esquecer que não existe uma ação "pura". As ações possuem eficácias preponderantes. Nos termos do que já foi dito *supra*, a ação de investigação de paternidade permite visualizar a eficácia principal, que é a declaração de paternidade, sem eliminar outras eficácias residuais. Em função do reconhecimento da paternidade ocorrerá modificação no registro civil (eficácia constitutiva) oriunda de uma ordem judicial de averbação (eficácia mandamental) e obrigatoriedade, em determinadas situações (filho criança ou adolescente), de fixação de alimentos (eficácia condenatória – art. 7º da Lei 8.560/1992). Sobre a possibilidade de duplo registro no assento de nascimento (pai biológico e socioafetivo), v. o t. III deste *Curso*, p. 372.

18. Nosso estudo *Usucapião*, 3ª ed., p. 559.

19. Como toda regra possui exceção, a sentença declaratória poderá ser executada e submetida ao regime de cumprimento em casos especiais. Voltaremos ao tópico quando tratarmos em espécie dos títulos executivos.

necessidade da prática de atos executivos que busquem garantir a imperatividade do comando judicial.

As sentenças declaratórias e constitutivas resultam em uma execução imprópria, na medida em que os atos de execução produzem unicamente atos materiais de documentação, os quais são necessários para conferir publicidade e oponibilidade do julgado em relação a terceiros interessados.[20] Como afirmado na "Parte Geral" deste *Curso*, não existem ações e sentenças puras.[21] Sendo assim, a sentença de investigação de paternidade poderá conter a condenação do requerido ao pagamento da verba alimentar e de sucumbência. A eficácia condenatória, ainda que residual e decorrente da declaração de paternidade, permitirá que este capítulo da sentença possa ser alvo de cumprimento (art. 513 do CPC). O mesmo pode ser dito em relação à sentença de usucapião quando algum dos confinantes é condenado na sucumbência após se insurgir contra o pedido formulado pelo usucapiente.

O cumprimento de sentença está vocacionado, naturalmente, para as sentenças *condenatórias*, *mandamentais* e *executivas*. O Código de Processo Civil/2015 deixou isso claro e sistematizou perante o Título II do Livro I da Parte Especial o cumprimento das sentenças preponderantemente condenatórias, mandamentais e executivas, na seguinte sistemática: (a) "Do Cumprimento Provisório da Sentença que Reconhece a Exigibilidade de Obrigação de Pagar Quantia Certa" (Capítulo II, arts. 520-522); (b) "Do Cumprimento Definitivo da Sentença que Reconhece a Exigibilidade de Obrigação de Pagar Quantia Certa" (Capítulo III, arts. 523-527); (c) "Do Cumprimento da Sentença que Reconheça a Exigibilidade de Obrigação de Prestar Alimentos" (Capítulo IV, arts. 528-533); e (d) "Do Cumprimento de Sentença que Reconheça a Exigibilidade de Obrigação de Pagar Quantia Certa pela Fazenda Pública" (Capítulo V, art. 534-535). O cumprimento em relação às sentenças mandamentais e executivas *lato sensu* restou disciplinado no Capítulo VI, "Do Cumprimento de Sentença que Reconheça a Exigibilidade de Obrigação de Fazer, Não Fazer ou de Entregar Coisa" (art. 536-538).

Apesar de a expressão "cumprimento de sentença" ser utilizada pelo Código de Processo Civil/2015 como meio de definir a fase executiva

20. Esta distinção entre a execução própria e a imprópria, embora sem a riqueza da classificação quinária, também foi percebida pela recente doutrina portuguesa. A execução imprópria corresponderia "a qualquer decisão judicial – mesmo sentença proferida numa acção de mera apreciação ou numa ação constitutiva" (Rui Pinto, *Manual da Execução e Despejo*, p. 22).

21. Nosso *Curso de Processo Civil*, t. I, *Parte Geral*, p. 356.

posterior ao processo de conhecimento, não é supérfluo lembrar que o cumprimento se refere tanto à sentença como à decisão interlocutória. Por este motivo, o cumprimento refere-se sempre à decisão judicial *lato sensu*, tal como estabelece o art. 515, I, do CPC. A leitura do dispositivo é clara: "as *decisões* proferidas no processo civil que reconheçam a exigibilidade de obrigação de pagar quantia, de fazer, de não fazer ou de entregar coisa". Por sua redação podemos retirar duas conclusões. A primeira é a de que tanto as decisões interlocutórias proferidas em *julgamentos parciais de mérito* (art. 356, § 2º, CPC) quanto as decisões que nascem pela concessão de *tutela provisória* abrem o caminho para a execução forçada. A segunda, de que o regime de cumprimento de sentença também foi estendido para outros títulos com a mesma força e eficácia da sentença condenatória. A possibilidade de cumprimento de sentença em relação aos comandos declaratórios revela outro importante exemplo.[22] Deve ser reconhecida a superioridade da redação do art. 515, I, do CPC, que, de certa forma, acolhe as demais previsões, na medida em que considera títulos executivos judiciais as decisões proferidas na relação processual civil que reconheçam a exigibilidade da obrigação de pagar quantia, de fazer, de não fazer ou de entregar determinado bem. Os títulos do art. 515 são classificados como judiciais, uma vez que são oriundos de decisão judicial, ainda que desprovida de conteúdo decisório (art. 515, II e V).[23]

3.1 Sincretismo processual relativo e absoluto

A exposição anterior permite concluir que o Código de Processo Civil/2015 conferiu melhor estrutura e organização ao readequar a topologia do cumprimento de sentença, especialmente em relação às sentenças mandamentais e executivas, antes posicionadas nos arts. 461 e 461-A do CPC/1973.

22. Questão pacificada no STJ pelo exame da Corte Especial em 2016: "Para fins do art. 543-C do CPC, [*CPC/1973 – v. art. 1.036 do CPC/2015*] firma-se a seguinte tese: '*A sentença, qualquer que seja sua natureza, de procedência ou improcedência do pedido constitui título executivo judicial*, desde que estabeleça obrigação de pagar quantia, de fazer, não fazer ou entregar coisa, admitida sua prévia liquidação e execução nos próprios autos (...)'" (grifos nossos) (STJ, Corte Especial, REsp 1.324.152-SP, rel. Min. Luís Felipe Salomão, j. 4.5.2016, *DJe* 15.6.2016).

23. Nestes dois casos tomados como exemplo não há propriamente conteúdo decisório na decisão de homologação de conciliação ou transação, em que o juiz apenas realiza juízo de delibação, no qual verifica unicamente a regularidade do acordo e não se fere disposição de ordem pública. O mesmo se diga em relação à aprovação da conta judicial, uma vez que ela é apenas fiscalizada pelo juiz, mas é materialmente elaborada pelo contador judicial.

O grande mérito do Código de Processo Civil/2015 reside em conferir melhor organização e estrutura sistemática ao prever dentro *do Título II do Livro I da Parte Especial (arts. 513-538) todas as formas de cumprimento das decisões judiciais (sentenças* e decisões interlocutórias). Ao contrário do que se poderia pensar, isto não significa que as sentenças mandamentais e executivas tenham perdido sua essência, e muito menos que todas as sentenças submetidas ao regime de cumprimento do art. 513 do CPC passam a ser consideradas condenatórias. Ledo engano. A sistematização oferecida para fins de tratamento da execução das decisões judiciais não elimina a natureza dos provimentos jurisdicionais. A norma processual não pode alterar a realidade que decorre do direito material, o que impede qualquer tentativa de *confusão*, *comistão* ou *adjunção* entre as decisões condenatórias, mandamentais e executivas.

As sentenças e decisões interlocutórias que reconheçam o pagamento de quantia certa e que permitam as medidas executivas sub-rogatórias revelarão um sincretismo relativo entre as atividades de cognição e execução. Os atos praticados na esfera de conhecimento e aqueles praticados na esfera executiva são notoriamente diversos, embora interligados. O cumprimento das sentenças condenatórias até poderá estar submetido a um procedimento diferenciado, como nas execuções de dívidas alimentares ou na exigência de valores contra a Fazenda Pública; contudo, o elemento condenatório torna certa a existência de duas fases interligadas e que apontam para um sincretismo relativo.

Já, as demandas preponderantemente mandamentais e executivas, ainda que disciplinadas dentro do cumprimento de sentença, revelam um *sincretismo absoluto*. Não há propriamente "nova fase" para o cumprimento de uma sentença possessória ou reivindicatória. A fase de conhecimento e a de execução estão umbilicalmente unidas. A sentença judicial transitada em julgado será suficiente para exaurir o cumprimento do dispositivo sentencial, com a retomada do bem. As sentenças reipersecutórias, como na venda com reserva de domínio, no contrato de depósito, são exemplos de decisões em que a execução se dá por mera expedição do mandado de intimação e cumprimento da sentença (*per officium iudicis*). A previsão do cumprimento em relação a estas modalidades sentenciais assume importância para disciplinar a projeção dos atos executivos diretos e indiretos que podem ser utilizados pela parte, cuja sistemática é diversa. Os atos executivos são abertos e marcados pela atipicidade (art. 536 CPC).

O tratamento de todas as modalidades de cumprimento dentro do mesmo Título II é benéfico, pois confere topologia e organização sistemática. Algo bem diverso do que ocorria na legislação anterior, que necessitou adaptar as reformas processuais aos dispositivos processuais ainda concebidos na década de 1970. No entanto, a distinção entre os comandos decisórios não deve ser esquecida. O reflexo prático é muito grande.

Um exemplo poderá ilustrar o afirmado. A não distinção entre o cumprimento de *uma sentença condenatória* em relação a *uma sentença executiva* levaria à possibilidade de que o vencido em uma ação possessória, após receber a ordem de desocupação do imóvel, pudesse oferecer impugnação ao cumprimento de sentença (art. 525 do CPC). A impugnação não será cabível como peça de defesa, pois não existirá fase de cumprimento para a sentença possessória. A sentença é autoexecutável pela simples expedição do mandado *de evacuando*.

3.2 Coordenação funcional entre a cognição e a execução

A exposição *retro* revela a existência de autêntica relação de coordenação funcional entre a fase de cognição e execução.[24] Embora se trate de uma relação de coordenação, não se pode falar em simetria. A estrutura que informa o processo de conhecimento é diversa da estrutura da fase executiva. A coordenação é comprovada pelos dispositivos harmonizadores tais como: arts. 513,[25] *in fine*, 519[26] e 771,[27] *caput* e parágrafo único, do CPC. Estes dispositivos demonstram a integração normativa funcional entre a fase cognitiva e a executiva, sem deixar de lembrar a possibilidade de auxílio da Parte Geral que possui natureza metajurídica.

Esta relação de sucessão entre a cognição e a execução não é obrigatória. Como alerta a melhor doutrina, "o processo de execução não

24. José Lebre de Freitas, *A Acção Executiva*, p. 20.

25. *In verbis*: "Art. 513. O cumprimento da sentença será feito segundo as regras deste Título, observando-se, no que couber e conforme a natureza da obrigação, *o disposto no Livro II da Parte Especial deste Código*" (grifos nossos).

26. *In verbis*: "Art. 519. Aplicam-se as disposições relativas ao cumprimento da sentença, provisório ou definitivo, e à liquidação, no que couber, às decisões que concederem *tutela provisória*" (grifos nossos).

27. *In verbis*:

"Art. 771. Este Livro regula o procedimento da execução fundada em título extrajudicial, e suas disposições aplicam-se, *também, no que couber, aos procedimentos especiais de execução, aos atos executivos realizados no procedimento de cumprimento de sentença, bem como aos efeitos de atos ou fatos processuais a que a lei atribuir força executiva.*

"Parágrafo único. *Aplicam-se subsidiariamente à execução as disposições do Livro I da Parte Especial*" (grifos nossos).

é uma consequência necessária do processo de conhecimento".[28] Isto demonstra que a atividade executiva poderá ser *vinculada* ou *autônoma*. Neste momento trataremos apenas do cumprimento de sentença que representa atividade executiva vinculada a uma fase anterior e necessária de cognição. Ela compreende tanto o cumprimento de sentença como de decisão interlocutória, e que podem se referir a títulos *definitivos* ou *provisórios*. No t. IV deste *Curso* será examinada a atividade executiva autônoma que decorre dos títulos executivos extrajudiciais.

O cumprimento de sentença possui estrutura funcional autônoma, ainda que corresponda a uma fase da relação processual. Esta sucessão de fases não autoriza falar em simetria, pois os princípios informadores da atividade executiva possuem nota peculiar e merecem exame detido – o que será feito na sequência.

4. Cumprimento **espontâneo** *ou* **forçado** *do comando judicial*

O cumprimento da decisão judicial permite a forma espontânea ou forçada.

O cumprimento espontâneo ocorrerá pelo atendimento à determinação judicial dentro do prazo legal. Este prazo é escalonado e progressivo.

Após a prolação da decisão exequenda, mesmo antes do trânsito em julgado, nasce a possibilidade de cumprimento imediato. A parte sucumbente pode iniciar a atividade satisfativa, independentemente do pedido de cumprimento de sentença, conforme explicita o art. 526 do CPC. O cumprimento voluntário oferecido pelo executado atende à duração razoável e demonstra a boa-fé e a cooperação desejável na fase de executiva (art. 5º e 6º CPC). Inexistindo qualquer impugnação do credor, o encerramento do processo será declarado pelo juiz, em vista da satisfação da obrigação (arts. 526, § 3º, c/c art. 924, II, do CPC).[29]

28. "Das Zwangsvollstreckungsverfahren ist nicht eine notwendige Folge des Erkenntnisverfahren" (Brox/Walker, *Zwangsvollstreckungsrecht*, p. 4).

29. Cf., do STJ: "Pagamento voluntário da obrigação – Multa de 10% – Descabimento – Preclusão. 1. Não é devida a multa de 10% prevista no art. 475-J do CPC/1973 [*art. 523 do CPC/2015*] se houve o pagamento voluntário da obrigação pelo devedor, no prazo concedido pelo juiz. 2. Operou-se a preclusão quanto à dilação do prazo para pagamento espontâneo do débito – sem a incidência da multa de 10% –, diante da ausência de impugnação oportuna por parte dos exequentes.3. Agravo interno não provido" (STJ, 3ª Turma, AgInt no REsp 1.450.896-PR, rela. Min. Nancy Andrighi, j. 24.4.2018, *DJe* 2.5.2018).

A segunda fase nasce pelo requerimento do exequente de cumprimento provisório (art. 520 do CPC) ou definitivo (art. 523 do CPC) da decisão judicial. O cumprimento de sentença não se opera *ex officio* e depende da iniciativa da parte interessada. Como alertado, a iniciativa poderá ser do executado (art. 526 do CPC), mas a deflagração usual é por conta do exequente (art. 513, § 1º, do CPC).

Após o oferecimento do requerimento, o pagamento espontâneo é possível dentro do prazo de 15 dias (*tempus iudicati*) para o pagamento de quantia certa, o qual excepcionalmente poderá ser computado em dobro pela integração do art. 229 do CPC.[30] O sistema incentiva este cumprimento ao fixar *astreintes* no montante de 10% sobre o valor devido, em caso de não cumprimento pelo devedor da decisão judicial. O Código de Processo Civil/2015 procurou harmonizar o regime de incidência da multa para a execução provisória e a definitiva. A execução provisória, em que o exequente exerce o direito processual subjetivo de executar mesmo sem a preclusão ou trânsito em julgado, não elimina a incidência da multa (art. 520, § 2º). A vantagem é que o devedor ainda poderá depositar o valor para afastar a incidência da multa sem que a oblação seja interpretada como renúncia ao recurso tempestivamente oferecido (art. 520, § 3º, do CPC). Importante lembrar que existem outras modalidades de cumprimento que se sujeitam a prazo diferenciado, como a obrigação alimentar, em que o lapso temporal será de três dias para pagamento espontâneo. A essencialidade da verba permite e justifica o encurtamento do prazo

30. Cf.: "Cumprimento de sentença – Prazo para pagamento voluntário – Cômputo em dobro em caso de litisconsortes com procuradores distintos.1. O art. 229 do CPC de 2015, aprimorando a norma disposta no artigo 191 do Código revogado, determina que apenas nos processos físicos os litisconsortes que tiverem diferentes procuradores, de escritórios de Advocacia distintos, terão prazos contados em dobro para todas as suas manifestações, em qualquer juízo ou tribunal, independentemente de requerimento. 2. A impossibilidade de acesso simultâneo aos autos físicos constitui a *ratio essendi* do prazo diferenciado para litisconsortes com procuradores distintos, tratando-se de norma processual que consagra o direito fundamental do acesso à Justiça. 3. Tal regra de cômputo em dobro deve incidir, inclusive, no prazo de 15 dias úteis para o cumprimento voluntário da sentença, previsto no art. 523 do CPC de 2015, cuja natureza é dúplice: cuida-se de ato a ser praticado pela própria parte, mas a fluência do lapso para pagamento inicia-se com a intimação do advogado pela Imprensa Oficial (inciso I do § 2º do art. 513 do atual *Codex*), o que impõe ônus ao patrono, qual seja, o dever de comunicar o devedor do desfecho desfavorável da demanda, alertando-o das consequências jurídicas da ausência do cumprimento voluntário. 4. Assim, uma vez constatada a hipótese de incidência da norma disposta no art. 229 do novo CPC (litisconsortes com procuradores diferentes), o prazo comum para pagamento espontâneo deverá ser computado em dobro, ou seja, 30 dias úteis (...)" (STJ, 4ª Turma, REsp 1.693.784-DF, rel. Min. Luís Felipe Salomão, j. 28.11.2017, *DJe* 5.2.2018).

de cumprimento espontâneo (art. 528 do CPC). Em situação especial o pagamento espontâneo poderá ser vedado, como na execução contra a Fazenda Pública, em que o ente público é chamado para impugnar, e não para pagar (art. 535 do CPC).[31]

A execução forçada é a que gera a necessidade de utilização de alguma das modalidades de cumprimento de sentença pelo não atendimento do prazo estabelecido em lei, tornando obrigatória a eleição de um dos meios executivos para a satisfação da prestação contida no título executivo.

5. Princípios fundamentais do cumprimento de sentença

A fase de cumprimento da sentença corresponde ao momento crucial para a parte vencedora do processo. É por meio dela que se realiza a satisfação prática do direito reconhecido pela decisão judicial. As decisões de conteúdo jurisdicional nominadas no art. 515 do CPC assumem papel essencial para a promoção da fase de cumprimento da sentença, na medida em que fundamental o título executivo hábil para desencadear os atos executivos contra a esfera jurídica do executado (art. 515, I-IX, do CPC). O processo de execução, sua teoria geral, as teorias relativas ao título executivo, a doutrina sobre o ato executivo, os meios de constrição e meios de expropriação serão objeto de tratamento específico no t. IV deste *Curso*. Neste momento serão examinados os princípios essenciais que informam a fase de cumprimento da sentença e que também atingem a atividade executiva em relação aos títulos extrajudiciais.

Na "Parte Geral" deste *Curso* examinamos os princípios constitucionais e infraconstitucionais do processo civil aplicados ao processo de

31. O que pode ser flexibilizado, inclusive para fins de cumprimento espontâneo por parte da Fazenda Pública, quando o valor não se sujeite à expedição de precatório. Em determinadas situações a Fazenda se utiliza do art. 526 do CPC para evitar maior encargo por meio de execução inversa. Neste sentido, do STJ: "Na hipótese de cumprimento espontâneo da obrigação de pequeno valor pelo ente público, descabe a condenação ao pagamento de honorários advocatícios – Precedentes (...)" (STJ, 2ª Turma, AgInt no REsp 1.473.684-SC, rel. Min. Og Fernandes, j. 16.2.2017, *DJe* 23.2.2017). No mesmo sentido: "Por conseguinte, havendo cumprimento espontâneo do débito por iniciativa do devedor, não há processo de execução a justificar a fixação da verba honorária – Precedentes: AgR nos ED no AREsp n. 527.295-RS, rela. Min. Marga Tessler (Juíza Federal convocada do TRF-4ª Região), 1ª Turma, j. 7.4.2015, *DJe* 13.4.2015; AgR no AREsp n. 641.596-RS, rel. Min. Og Fernandes, 2ª Turma, j. 17.3.2015, *DJe* 23.3.2015 – Recurso especial provido" (STJ, 2ª Turma, REsp 1.523.885-RS, rel. Min. Herman Benjamin, j. 21.5.2015, *DJe* 4.8.2015).

conhecimento. Seria possível falar na existência de princípios específicos para o processo de execução? A resposta é positiva.

Isto decorre da simples constatação de que os princípios orientadores da fase de conhecimento são voltados para impulsionar corretamente a relação processual para a decisão judicial de mérito (art. 4º do CPC). A relação de coordenação entre a fase de cognição e a de execução não revela autêntica simetria. A atividade executiva é construída sobre panorama diferenciado, no qual os atos praticados pelo credor são pautados pelo reconhecimento de um direito predefinido e representado pelo título executivo. Este ambiente diferenciado oferece oportunidade para a construção de um panorama diferenciado em que princípios basilares, como o contraditório, apresentam enfoque diferenciado em sua conformação.

A primazia do mérito é uma opção clara do Código de Processo Civil, pois somente esta decisão poderá trazer efetiva estabilidade, pela formação da coisa julgada. Isso não elimina uma natural distinção entre a fase cognitiva e a executiva. Enquanto a relação processual de conhecimento é orientada para coordenar os atos processuais com o fim de obter a decisão judicial fundamentada, a atividade executiva tem como fim concretizar o comando judicial.[32] Esta nítida diferenciação torna possível falarmos na existência de princípios específicos que informam o processo de execução (*Vollstreckungsspezifische Verfahrensgrundsätze*).[33]

5.1 A relação entre a fase cognitiva e a executiva

A peculiaridade da atividade executiva justifica a construção de uma principiologia diferenciada, não sendo lícito transportar os clássicos princípios aplicáveis na esfera cognitiva para a executiva (*nicht passende Prinzipien des Erkenntnisverfahren*).[34] Isto não significa o banimento de princípios basilares como os princípios *dispositivo*, da *legalidade*, da *igualdade*, do *contraditório* e da *publicidade*. A afirmação, quando corretamente compreendida, deve ensejar uma releitura destes *princípios fundamentais* quando aplicados na seara executiva. Além destes princípios,

32. Como anota a doutrina alemã (Gaul/Schilken/Becker-Eberhard, *Zwangsvollstreckungsrecht*, § 5º, 59, p. 89): "Im Erkenntnisverfahren geht es um die Beschaffung der Entscheidungsgrundlagen fur den Richter, in den Zwangsvollstreckung um den vollzug" ("O processo cognitivo é sobre a obtenção do fundamento da tomada de decisão para o juiz, e o processo de execução é sobre como implementá-la" – tradução livre).

33. Baur/Stürner, *Zwangsvollstreckungsrecht*, cit., p. 54.

34. Gaul/Schilken/Becker-Eberhard, *Zwangsvollstreckungsrecht*, cit., § 5º, 64, p. 90.

que são essenciais para descrever a relação processual executiva, devem ser mencionados os princípios *específicos* e *estruturais* que fundamentam a prática dos atos executivos, como os princípios do *título*, *da tipicidade*, *da realidade*, *da responsabilidade objetiva*, *da proporcionalidade* e *da concentração*, que refletem a necessidade de efetiva valoração dos atos executivos, da formalidade e publicidade na sua execução, bem como a necessidade de descentralização e cooperação na prática dos atos executivos, sob pena de ineficácia da atividade processual e da satisfação do credor. No tratamento do cumprimento de sentença serão analisados apenas alguns dos princípios fundamentais e estruturais. A matéria será desenvolvida com maior profundidade no t. IV desta coleção.

5.1.1 Aplicação supletiva do processo de conhecimento ao processo de execução

A interação entre o processo de conhecimento e o processo de execução é indiscutível, não só pelo fato de estarem interligados por fases sucessivas no cumprimento de sentença, mas em face da inexistência de uma parte geral da execução devidamente construída e sistematizada. O processo de conhecimento possui maior desenvoltura e seus institutos são historicamente estruturados e voltados para adequar a formação, a suspensão e a extinção da relação processual. Nada mais natural e tentador do que buscar a fonte supletiva da execução no processo de conhecimento.

Esta era a regra retratada pelo art. 598 do CPC/1973 e que foi repetida de modo incompleto pelo art. 771, parágrafo único, do CPC/2015.[35] A incompletude deve-se ao fato de que o legislador não atentou para a modificação estrutural operada no Código de Processo Civil vigente. O art. 598 do CPC/1973 foi escrito quando somente existia a divisão entre o processo de conhecimento e o de execução perante os Livros I e II. O Código de Processo Civil/2015 deslocou os institutos fundamentais para a Parte Geral. Cabe à Parte Geral a difícil tarefa de harmonizar e iluminar o processo de conhecimento e o de execução. Logo, a leitura do art. 771, parágrafo único, deve englobar naturalmente a Parte Geral. Ainda que o processo de execução possa se utilizar da Parte Geral e do processo de conhecimento como fontes supletivas, esta opção é perigosa. A utilização supletiva não pode representar mera transposição, em vista da diferença de escopos entre ambas as formas de prestação da tutela jurisdicional. Um exemplo basta para ilustrar a questão. As formas de intervenção de ter-

35. CPC/2015, parágrafo único do art. 771: "Parágrafo único. Aplicam-se subsidiariamente à execução as disposições do Livro I da Parte Especial".

ceiros não possuem previsão específica no processo executivo, seja para o cumprimento de sentença ou para a execução dos títulos extrajudiciais. Seria lícito transpor todas as formas de intervenção de terceiros previstas na Parte Geral para a seara executiva? A resposta deve ser negativa.

Inegável que determinadas figuras, como a assistência, poderão ter cabimento na fase executiva, mas é absolutamente inviável, por exemplo, permitir a denunciação da lide na fase de satisfação. A assistência tem o objetivo de auxiliar a parte, seja ela autora ou ré no processo de conhecimento ou, mesmo, exequente ou executada no processo de execução. Já, a denunciação da lide exige a discussão sobre o mérito da lide principal e/ou da ação regressiva com o fim de formar título executivo. Esta possibilidade é inadmissível ainda que dentro da formulação de defesa (impugnação ou embargos). Este simples exemplo demonstra o perigo de utilizar de modo indiscriminado a Parte Geral ou mesmo o processo de conhecimento como fonte supletiva e automática do processo de execução.

5.1.2 A interação entre a execução judicial e a extrajudicial

Mais simples e natural é a relação entre o cumprimento de sentença e a execução dos títulos extrajudiciais.[36] O art. 513 do CPC não desmente essa natural simbiose entre a execução judicial e a extrajudicial.[37] A estrutura de toda a atividade executiva esta disciplinada no Livro II da Parte Especial, que se refere à formação processo de execução (partes – art. 778; cumulação de demandas – art. 780; pressupostos para qualquer execução – art. 783); desenvolvimento dos atos executivos (responsabilidade patrimonial do devedor e dos terceiros – art. 789; atos executivos) e aos procedimentos de execução. A separação topológica entre os títulos judiciais (art. 515 do CPC) e extrajudiciais (art. 784 do CPC) foi necessária em vista da introdução do cumprimento de sentença (art. 513 do CPC).

36. Historicamente, a execução judicial e a extrajudicial (ponto a ser examinado com maior vagar no t. IV deste *Curso*) são marcadas por períodos distintos de desenvolvimento. O Direito Romano marca o nascimento do sistema binário de execução, com a distinção entre a fase de conhecimento e a fase de execução. A execução extrajudicial desenvolve-se com elementos novos advindos do processo germânico, no qual a execução imediata é permitida com atividade cognitiva posterior, eventual e incidental. Sobre o ponto: José Alberto dos Reis, *Processo de Execução*, vol. I, pp. 69 e ss.

37. CPC: "Art. 513. O cumprimento da sentença será feito segundo as regras deste Título, observando-se, no que couber e conforme a natureza da obrigação, o disposto no Livro II da Parte Especial deste Código".

Isto não elimina a atividade essencialmente executiva do cumprimento ainda que praticado como uma fase posterior ao processo de conhecimento. O art. 771, *caput*, do CPC deixa isso claro ao determinar, expressamente: "Este Livro regula o procedimento da execução fundada em título extrajudicial, e suas disposições aplicam-se, também, no que couber, aos procedimentos especiais de execução, *aos atos executivos realizados no procedimento de cumprimento de sentença*, bem como aos efeitos de atos ou fatos processuais a que a lei atribuir força executiva" (grifos nossos).

5.2 Princípios estruturantes do cumprimento de sentença

Os princípios estruturantes dizem respeito à teoria geral da execução e serão examinados com maior vagar no t. IV deste *Curso*. Podemos englobar nesta classificação os princípios fundamentais e gerais que informam tanto a relação jurídica processual na fase de conhecimento como na de execução. Isto não elimina a necessidade do enfoque diferenciado, que realça a incidência diferenciada na relação processual executiva.

5.2.1 Princípios fundamentais

5.2.1.1 *Princípio do contraditório*

Dentre os princípios essenciais destaca-se o do contraditório, que foi analisado com maior profundidade na "Parte Geral" deste *Curso* como princípio fundamental do processo civil (art. 5º, LV, da CF/1988).[38] Mesmo com matriz nitidamente constitucional, o contraditório representa direito processual fundamental de incidência imediata e que projeta efeito concreto na base infraconstitucional, regulando toda a movimentação do procedimento judicial.

A preponderância da posição jurídica do credor estabelece uma marcha diferenciada da relação processual executiva, o que acalora discussões sobre a aplicação do princípio da bilateralidade das partes (*Zweiparteiprinzip*). Isto decorre de uma constatação muito simples. No processo de execução o devedor não é chamado para contestar, mas para cumprir com a obrigação retratada pelo título executivo.[39] A eventual defesa apresentada pelo devedor não impede a marcha regular dos atos executivos, e sua suspensão será sempre excepcional.[40] Em suma: ainda

38. Nosso *Curso de Processo Civil*, t. I, *Parte Geral*, p. 113.

39. Jauernig/Berger, *Zwangsvollstresckungs und Insolvenzrecht*, cit., § 1º, p. 6.

40. Note que o art. 525, § 6º, CPC/2015 não exige mais a penhora como condição para a apresentação de defesa, mas apenas como condição para análise do pedido

que o devedor não se manifeste, os atos executivos serão praticados independentemente da sua colaboração, com o fim de satisfação da tutela executiva e consequente extinção do processo (art. 924, II, do CPC).

O sistema processual brasileiro não desconhece a visão diferenciada do princípio do contraditório no cumprimento de sentença. A questão principal é definir se o termo "mitigado" é realmente apropriado para dimensionar sua incidência. O que torna a fase executiva diferenciada é o procedimento que privilegia a presença do título executivo, permitindo a prática progressiva de atos executivos desde a fase inicial e com faculdades processuais especiais em benefício do credor. A manifestação do contraditório na execução sofreu evolução com o desenvolvimento do sistema processual pátrio.

A jurisprudência acabou por sedimentar um tratamento peculiar que garante a possibilidade de defesa na própria relação executiva por meio da "exceção e/ou objeção de pré-executividade", independentemente da apresentação da defesa incidental por meio da impugnação ou dos embargos.[41] Some-se a isso que a ausência de manifestação do devedor na relação executiva impõe ao juiz a nomeação de defensor para fins de defesa (Súmula STJ-196).[42-43] Outro ponto que fortalece a posição do

de suspensão, o qual é excepcional: "§ 6º. *A apresentação de impugnação não impede a prática dos atos executivos*, inclusive os de expropriação, podendo o juiz, a requerimento do executado e *desde que garantido o juízo com penhora*, caução ou depósito suficientes, atribuir-lhe efeito suspensivo, se seus fundamentos forem relevantes e se o prosseguimento da execução for manifestamente suscetível de causar ao executado grave dano de difícil ou incerta reparação" (grifos nossos).

41. A exceção/objeção de pré-executividade revela criação Pontiana e que foi cristalizada em seu famoso parecer nº 95 para a empresa Mannesmann. *Vide*, Pontes de Miranda, *Dez anos de Pareceres*, pp. 125-139.

42. *In verbis*: "Súmula n. 196. Ao executado que, citado por edital ou por hora certa, permanecer revel será nomeado curador especial, com legitimidade para apresentação de embargos". E que alcança inclusive a esfera recursal. Sobre a necessidade do recolhimento das custas, v. STJ, decisão do AgInt proferido no REsp 1.630.607 (DF 2016/0262566-8), rel. Min. Luís Felipe Salomão, j. 15.2.2018. O que também vale para a execução fiscal: v. STJ, 1ª Turma, REsp 685.251-RS, rela. Min. Denise Arruda, j. 21.6.2007, *DJU* 2.8.2007, p. 342).

43. Mesmo perante o Código de Processo Civil/1973 o STJ havia firmado repetitivo pelo qual o curador especial, nomeado para fins da Súmula 196, não necessitaria, por óbvio, oferecer garantia ao juízo. A necessidade desta reafirmação decorria de uma imperfeição gerada pela dissonância entre os regimes do cumprimento de sentença e da execução extrajudicial, pois ambos foram alterados por leis distintas e com regimes distintos (Leis 11.232/2005 e 11.382/2005, respectivamente). No regime de cumprimento o oferecimento de defesa ainda exigiria a penhora para garantia do juízo, enquanto na execução extrajudicial o oferecimento da defesa independeria do

devedor na relação processual executiva é a necessidade de ponderação quanto aos atos executivos e meios expropriatórios, e que será analisado em momento oportuno (art. 805 do CPC).

5.2.1.2 *Princípio dispositivo*

A atividade executiva também é informada pelo princípio dispositivo. Cabe às partes interessadas valer-se da execução judicial ou extrajudicial, manifestando expressamente sua vontade por meio do pedido de tutela executiva. Não cabe ao juiz iniciar os atos executivos de ofício, seja a execução provisória ou a definitiva (art. 513, § 1º, do CPC).[44] A iniciativa da execução radica-se no direito fundamental de liberdade e iniciativa da parte interessada.

O princípio dispositivo merece análise tanto em relação ao exequente como ao executado, e sua investigação exige reflexão sobre quatro pontos básicos: (1) *deflagração dos atos executivos*; (2) *seleção dos meios expropriatórios*; (3) *desistência da execução*; e (4) *celebração do negócio processual*.

(a) Deflagração dos atos executivos

A atividade executiva não é marcada pela oficialidade. Após a prolação da sentença não caberá ao juiz iniciar *ex officio* o seu cumprimento (art. 513 do CPC).[45] O direito de executar ou não o título reflete autêntico direito potestativo da parte. Como alerta a melhor doutrina, na fase executiva o princípio dispositivo projeta-se basicamente sobre duas partículas essenciais: "se" (*Ob*) e "como" (*Wie*).[46]

Para saber "se" a execução será deflagrada será necessário aguardar a atividade das partes. Ela caberá com primazia ao exequente, pois o art. 513, § 1º, do CPC é de natureza cristalina quando determina que o

ato de constrição. A questão foi solucionada pelo CPC/2015 pelos arts. 525, *caput*, e 914, *caput*. Ambos os dispositivos são claros: o devedor poderá *apresentar a defesa independentemente de penhora*.

44. CPC, § 1º do art. 513: "O cumprimento da sentença que reconhece o dever de pagar quantia, *provisório ou definitivo*, far-se-á a requerimento do exequente" (grifos nossos).

45. O que também vale para outros sistemas, como o alemão: "Die Zwangvollstreckung findet nicht von Amts wegen" ("A execução não se inicia de ofício" – tradução livre). V.: Gaul/Schilken/Becker-Eberhard, *Zwangsvollstreckungsrecht*, cit., § 5º, 74, p. 93.

46. Gaul/Schilken/Becker-Eberhard, *Zwangsvollstreckungsrecht*, cit., § 5º, 80, p. 95.

cumprimento de sentença *far-se-á a requerimento do credor*. A iniciativa do exequente na deflagração dos atos executivos reflete a essência do princípio dispositivo. Ele é importante, especialmente pela imputação da responsabilidade objetiva (art. 776 do CPC). Caberá ao exequente ressarcir os prejuízos causados pela execução. Outro ponto importante refere-se à prescrição. A ausência de requerimento para o início do cumprimento de sentença determina a fluência do prazo prescricional, nos termos da Súmula STF-150.[47] O prazo inicial deve ser computado após o término de 15 dias para o pagamento espontâneo, momento a partir do qual a execução poderia ser requerida pelo exequente. Deve ser lembrado que o Código de Processo Civil/2015 inseriu expressamente o instituto da prescrição intercorrente em nosso sistema, o que sobreleva a importância do princípio dispositivo, que é fundamental em todas as fases do processo executivo (art. 924, V, do CPC).[48]

47. STF: "Súmula n. 150. Prescreve a execução no mesmo prazo de prescrição da ação". Verbete plenamente vigente no STF: "Como assentado na decisão agravada, o Tribunal *a quo* decidiu em harmonia com a jurisprudência do STF, que assentou que a execução prescreve no mesmo prazo prescricional da ação (Súmula n. 150 deste Supremo Tribunal). Nesse sentido: (...) (ACO 408-AgR, rel. Min. Marco Aurélio, Plenário, *DJU* 27.6.2003) (...)" (STF, 2ª Turma, AgR no ARE 732.027, rela. Min. Carmen Lúcia, j. 7.5.2013, *DJU* 10.6.2013).

48. Embora prevista sua aplicação *pro futuro*, nos termos do art. 1.056 do CPC, sua aplicação já era reconhecida pela jurisprudência. O STJ disciplinou a questão por meio da decisão proferida no IAC de n. 01, cuja importância exige a transcrição da ementa: Recurso Especial. Incidente de assunção de competência. Ação de execução de título extrajudicial. Prescrição intercorrente da pretensão executória. Cabimento. Termo inicial. Necessidade de prévia intimação do credor-exequente. Oitiva do credor. Inexistência. Contraditório desrespeitado. Recurso Especial provido. 1. As teses a serem firmadas, para efeito do art. 947 do CPC/2015 são as seguintes: 1.1 Incide a prescrição intercorrente, nas causas regidas pelo CPC/73, quando o exequente permanece inerte por prazo superior ao de prescrição do direito material vindicado, conforme interpretação extraída do art. 202, parágrafo único, do Código Civil de 2002. 1.2 O termo inicial do prazo prescricional, na vigência do CPC/1973, conta-se do fim do prazo judicial de suspensão do processo ou, inexistindo prazo fixado, do transcurso de um ano (aplicação analógica do art. 40, § 2º, da Lei 6.830/1980). *1.3 O termo inicial do art. 1.056 do CPC/2015 tem incidência apenas nas hipóteses em que o processo se encontrava suspenso na data da entrada em vigor da novel lei processual, uma vez que não se pode extrair interpretação que viabilize o reinício ou a reabertura de prazo prescricional ocorridos na vigência do revogado CPC/1973 (aplicação irretroativa da norma processual)*(grifo nosso). 1.4 O contraditório é princípio que deve ser respeitado em todas as manifestações do Poder Judiciário, que deve zelar pela sua observância, inclusive nas hipóteses de declaração de ofício da prescrição intercorrente, devendo o credor ser previamente intimado para opor algum fato impeditivo à incidência da prescrição. 2. No caso concreto, a despeito de transcorrido mais de uma década após o arquivamento administrativo do processo,

Mesmo no cumprimento de sentença do Juizado Especial, marcado pela informalidade e pela simplicidade, o requerimento do credor não é dispensado. O art. 52, IV, da Lei 9.099/1995 expressamente determina: "não cumprida voluntariamente a sentença transitada em julgado, *e tendo havido solicitação do interessado*, que poderá ser verbal, proceder-se-á desde logo à execução, dispensada nova citação"[49] (grifos nossos).

(b) Seleção dos meios expropriatórios

O princípio dispositivo, na fase executiva, permite a seleção dos meios expropriatórios por parte do exequente, mas com a participação do executado em sua fixação. No cumprimento das sentenças condenatórias prevalece a tipicidade dos meios expropriatórios e do procedimento que visa a garantir proteção ao regime de afetação dos bens do devedor ao processo de excussão. A seleção entre adjudicar ou arrematar reflete claro exercício do poder dispositivo.

Não se pode olvidar que o processo executivo é posto à disposição do exequente para a satisfação da prestação agregada ao título executivo (art. 797 do CPC). Cabe ao exequente indicar o meio expropriatório a ser empregado na execução (arts. 524, VII, e 798, II, "a"). A liberdade de escolha do meio expropriatório revela marca indelével da posição de supremacia do exequente (*Der Gläubiger kann wählen*).[50] O cumprimento de sentença reflete meio de concretização do comando judicial que deve ser operacionalizado pelo credor, a quem compete indicar o meio expropriatório para a satisfação da obrigação. Não há dúvida de que esta seleção poderá ser impugnada quando o devedor demonstrar que o mesmo resultado poderá ser alcançado por meio menos oneroso, o que representa a possibilidade de ponderação sobre os meios expropriatórios (art. 805 do CPC).[51] A doutrina tem a tendência de negar a ingerência do executado sobre os meios expropriatórios (*Vollstreckungsart*), mas a humanização da execução e a proteção da dignidade da pessoa acabaram

não houve a intimação da recorrente a assegurar o exercício oportuno do contraditório. 3. Recurso especial provido" (REsp 1.604.412-SC, rel. Min. Marco Aurélio Bellizze, 2ª Seção, j. 27.6.2018, *DJe* 22.8.2018).

49. O dispositivo apenas atenua a formalidade do requerimento, que poderá ser verbal e atende ao princípio da simplicidade (art. 2º, lei 9099/95). Recentemente, por meio da lei 13.603/2018, a simplicidade foi também estendida, como princípio norteador, ao juizado especial criminal (art. 62).

50. Baur/Stürner, *Zwangsvollstreckungsrecht*, cit., § 6º, p. 58.

51. Trataremos o princípio da proporcionalidade na execução em tópico específico (v. *infra*, n. 5.2.1.9).

por amenizar esta regra. Um exemplo é a possibilidade do parcelamento previsto pelo art. 916 do CPC. A clara intenção do dispositivo reflete forma de amenizar as consequências da execução, e sua projeção para o cumprimento de sentença não encontra qualquer obstáculo.

(c) Desistência da execução

A ação executiva, seja perante o cumprimento de sentença ou em relação aos títulos extrajudiciais, permite que o exequente exerça a faculdade processual da demanda da execução. A desistência prevista pelo art. 775 refere-se ao processo executivo ou a alguma das medidas executivas postas à disposição do credor. Como é possível a cumulação de execuções, a desistência parcial também englobará a desistência de uma das pretensões cumuladas no processo executivo. A deflagração dos atos executivos decorre da manifestação expressa do exequente (art. 513, § 1º, do CPC). Por simetria, sua manifestação volitiva também poderá provocar a paralisação parcial ou a revogação total da execução, porém com consequências diversas.

Muito embora exista um intercâmbio normativo entre o processo de execução e o processo de cognição (art. 771, parágrafo único), deve ser respeitada a especialidade de ambas as esferas, o que permite a diferenciação da desistência operada na fase de conhecimento (art. 485, §§ 4º e 5º, do CPC) daquela verificada na execução (art. 775 do CPC).

No processo de conhecimento a desistência da ação (*rectius*: demanda) é possível, sem a necessidade de anuência da parte contrária, até o momento que antecede o oferecimento da contestação (art. 485, § 4º, do CPC). Em situações especiais, como no mandado de segurança, este prazo sofre grande elastério, e poderá ultrapassar a prolação da sentença.[52]

(c.1) Limite temporal da desistência – A desistência da execução projetará um *negócio processual unilateral ou bilateral*. Isto significa que o exequente poderá ou não necessitar da concordância do executado

52. Reconhecido pelo STF e aplicado pelo STJ: "Na ação mandamental, é lícito ao impetrante desistir da ação de mandado de segurança, independentemente de aquiescência da autoridade apontada como coatora e a qualquer tempo, mesmo após sentença de mérito, ainda que desfavorável, matéria com repercussão geral reconhecida perante o STF, no RE n. 669.367, da relatoria do Min. Luiz Fux, em 2.5.2013 (...) – Desistência de parte da ação mandamental homologada, preliminar rejeitada e agravo interno improvido" (STJ, 1ª Turma, AgInt no REsp 1.475.948-SC, rela. Min. Regina Helena Costa, j. 2.8.2016, *DJe* 17.8.2016).

para encerrar o processo executivo. Nosso sistema diferencia as hipóteses perante o art. 775, *caput* e incisos I e II, do CPC.

A leitura do art. 775 do CPC não estabelece um limite temporal definido para o exercício da faculdade processual de desistência. Embora nosso Código seja omisso, a legislação portuguesa oferece oportuna fonte de interpretação, ao limitar o exercício da desistência à fase de expropriação do devedor, momento em que terceiros já tenham se habilitado ao processo (art. 843º CPCP/2013). Nesta fase os bens penhorados pela execução não mais estão na livre disposição e fruição do devedor, pois estão afetados ao interesse do credor e dos terceiros interessados que se habilitaram de modo legítimo no processo de execução.

Cremos que o limite temporal não seria propriamente a fase de expropriação, pois a relação processual dependerá de análise concreta. Não existindo licitação positiva, nada impedirá que o exequente desista, ainda que a fase de expropriação já tenha sido alcançada. No entanto, existindo terceiros interessados e habilitados na arrematação, ou na fase de adjudicação, suas pretensões não podem mais ser ignoradas (art. 908 do CPC). A desistência dependeria da anuência dos terceiros, com a elaboração de autêntico *negócio processual plurilateral*.

(c.2) Desistência sob o ângulo subjetivo – A desistência reflete manifestação unilateral e concreta do princípio dispositivo quando seu exercício independe da anuência do devedor. Esta possibilidade concentra-se em duas situações básicas. A primeira quando o exequente exerce a faculdade de desistir da demanda de execução sem que o devedor tenha exercido qualquer resistência. A nomeação de curador especial (Súmula STJ-196) para defesa por negativa geral será suficiente para impedir a incidência do art. 775 do CPC. A segunda quando a formulação de defesa do devedor tenha sido exercitada na relação processual ou de modo incidental, contudo com matéria eminentemente processual. Apresentada defesa por meio de exceção de pré-executividade, embargos ou impugnação, mas com conteúdo processual, não é possível afastar a existência de resistência ao pedido de extinção da execução formulado pelo exequente. A jurisprudência passou a reconhecer que grande parte das peças defensivas, ainda que formuladas por meio de embargos ou impugnação, se referia a questões procedimentais ou relativas aos atos executivos praticados. O ponto foi motivo de disciplina específica pelo CPC/2015 por meio do art. 518: "Todas as questões relativas à validade do procedimento de cumprimento da sentença e dos atos executivos

subsequentes poderão ser arguidas pelo executado nos próprios autos e nestes serão decididas pelo juiz".

Como regra, caberá ao exequente arcar com as despesas processuais, o que encontra respaldo na parte final do art. 775, I, do CPC.[53] A regra é explícita pela incidência do art. 90 do CPC. Todavia, o tema comporta temperamentos, e será examinado na sequência.

A desistência ainda poderá assumir natureza de *negócio processual bilateral* quando a pretensão de desistir esbarrar na atividade defensiva de mérito do executado. Esta bifurcação entre oposição processual e de mérito não é adotada por outros sistemas, e consiste em um refinamento do modelo brasileiro.[54]

Esta solução decorre de posição consolidada pela doutrina e jurisprudência pelo Código de Processo Civil/1973, que diferenciava a oposição de mérito daquela de conteúdo processual. A formulação de defesa séria e fundada por meio de embargos (título extrajudicial) ou impugnação (título judicial) será causa para o não encerramento automático da relação processual executiva (art. 775, II, do CPC). Ao contrário, quando os embargos ou a impugnação contiver matéria unicamente processual, o pedido de desistência do exequente não poderá ser evitado, inclusive porque poderia ter sido formulado por simples exceção na relação executiva (arts. 518 e 775, I, do CPC).

O Código de Processo Civil/2015 não trouxe previsão específica para disciplinar a situação da exceção de pré-executividade que contenha matéria de mérito; contudo, a solução deverá ser inspirada na diferenciação realizada pelo art. 775 do CPC. Se a defesa incidental contiver matéria unicamente processual será aplicado o regime dos arts. 518 e 775, I, do CPC. Na hipótese de a exceção apresentar defesa de mérito, ou seja, com matéria capaz de encerrar a relação executiva e com desconstituição do título executivo, a anuência do devedor será essencial, inclusive com fixação de sucumbência, nos termos do art. 775, II, do CPC. O executado

53. Neste sentido, "A desistência da execução fiscal, após o oferecimento dos embargos, não exime o exequente dos encargos da sucumbência" (Súmula 153/STJ). 2. São devidos honorários advocatícios na hipótese em que o ente público desiste do feito executivo após a citação do devedor e apresentação de defesa, *mesmo corporificada em incidente de pré-executividade* (*grifo nosso*). Precedentes do STJ. 3. Recurso Especial não provido" (REsp 1.702.475-SP, rel. Ministro Herman Benjamin, 2ª T., j. 5.12.2017, *DJe* 19.12.2017).

54. O modelo português não faz esta diferenciação, como se depreende pela leitura do art. 848º, 2: "Se estiverem pendentes embargos do executado, a desistência da instância depende de aceitação do embargante".

tem o direito de que sua defesa seja examinada, com o fim de impedir execução infundada.[55]

Ainda sob o ângulo subjetivo, é necessário pontuar que o ato desistência poderá se deparar com situação de litisconsórcio ativo, passivo ou misto na relação executiva. Será essencial analisar a natureza do litisconsórcio, seja quanto à estrutura de sua formação (facultativo/necessário) quanto aos efeitos da decisão (unitário/simples). A desistência parcial em relação a um dos devedores será ineficaz quando a relação creditória for solidária. Sem a anuência de todos os credores evidente que a desistência não poderá surtir eficácia. A solução poderá ser diversa quando o litisconsórcio for facultativo e a prestação devida assumir natureza divisível. Tudo dependerá do arranjo projetado na relação processual. Importante lembrar o regime geral estabelecido para o litisconsórcio, seja ele ativo, passivo ou misto: os atos isolados não podem prejudicar a posição do colitigante (art. 117 do CPC).[56]

(c.3) A desistência sob o ângulo objetivo – Nosso sistema apresenta situação analítica ao diferenciar: (1) a desistência da ação de execução; (2) a desistência de alguma medida executiva.[57] Outros sistemas, como o português (art. 848º do CPC/2013 português), não fazem esta diferenciação.[58]

A desistência da ação executiva pode ser *total* ou *parcial*. Deve ser reconhecida a possibilidade de cumulação objetiva da execução,

55. Cf.: "São devidos honorários advocatícios na hipótese em que o ente público desiste do feito executivo após a citação do devedor e apresentação de defesa, mesmo corporificada em incidente de pré-executividade – Precedentes do STJ" (STJ, 2ª Turma, REsp 1.702.475-SP, rel. Ministro Herman Benjamin, j. 5.12.2017, *DJe* 19.12.2017).

56. Araken de Assis, *Manual da Execução*, p. 150. V., ainda, nosso estudo específico, *Intervenção de Terceiros*, p. 87.

57. *In verbis*: "Art. 775. O exequente tem o *direito de desistir de toda a execução* ou *de apenas alguma medida executiva*" (grifos nossos).

58. O sistema português, que conta com Código de Processo Civil reformado em 2013, regula a matéria basicamente em dois dispositivos: arts. 848º e 873º. A desistência esbarra no limite temporal da expropriação final do devedor quando o produto da arrematação ou o pedido de adjudicação tenham sido afetados a credores interessados no levantamento (art. 848º, I). Nesse sistema não há diferenciação quanto ao conteúdo da peça defensiva. A apresentação dos embargos condiciona a desistência à aceitação do embargante. O art. 873º revela uma hipótese interessante relacionada à obrigação de fazer. Não sendo suficiente o valor excutido para que a obrigação de fazer seja cumprida às expensas do devedor, o credor poderá pedir a desistência da execução, com o consequente levantamento da quantia obtida.

conforma determina o art. 780 do CPC, o que torna lícito ao exequente desistir de algum dos pedidos cumulados na seara executiva. A regra do art. 780 merece ponderação, especialmente quanto à exigência da identidade de procedimentos. Primeiro porque o ajuste contratual entre as partes permite a flexibilização procedimental seja na fase cognitiva ou na executiva. O art. 771, parágrafo único, faculta a aplicação subsidiária do art. 327, § 2º, do CPC.[59] Este dispositivo é extremamente importante, na medida em que a flexibilização contribuiu para o ajuste e maior celeridade da relação processual. Um simples exemplo pode ser fornecido para esta hipótese. A possibilidade de cumulação do pedido de verba alimentar pelo rito especial do art. 528 do CPC e com o cumprimento de sentença para o pagamento de quantia previsto pelo art. 523 do CPC. É de conhecimento notório que o STJ firmou seu entendimento, por meio da Súmula 309, no sentido de que somente as três últimas prestações que antecedem a execução bem como as que se vencerem nos períodos subsequentes é que viabilizam a execução pelo rito que permite a prisão civil do devedor.[60] Logo, será possível que o credor detenha créditos de duas naturezas, e nada impede a execução cumulada, que será formulada com pedidos diferenciados. A prática consolidou esta execução conjunta, a qual é benéfica para fins de controle do saldo, das medidas executivas e com melhor possibilidade de solução consensual. A possibilidade de desistência da execução por quantia certa pela ausência de bens é possível com permanência da execução pelo rito especial.

A desistência ainda é possível em relação a alguma das possíveis medidas executivas que são praticadas para a satisfação da prestação retratada no título executivo. Como exemplo citamos a desistência da alienação antecipada (art. 852 do CPC) ou a desistência de constrição sobre algum dos bens penhorados, quando a afetação for múltipla, ou ainda a desistência de medidas restritivas como a prenotação (art. 799, IX). A desistência revelará ato unilateral e que não depende de anuência do devedor. A hipótese não se confunde com modificação de medida executiva, como na alteração e substituição da penhora em que o contraditório é fundamental (art. 853 CPC).

59. *In verbis*: "§ 2º. Quando, para cada pedido, corresponder tipo diverso de procedimento, será admitida a cumulação se o autor empregar o procedimento comum, sem prejuízo do emprego das técnicas processuais diferenciadas previstas nos procedimentos especiais a que se sujeitam um ou mais pedidos cumulados, que não forem incompatíveis com as disposições sobre o procedimento comum".

60. STJ: "Súmula n. 309. O débito alimentar que autoriza a prisão civil do alimentante é o que compreende as 3 (três) prestações anteriores ao ajuizamento da execução e as que se vencerem no curso do processo".

(c.4) As despesas processuais na desistência e a boa-fé – O regime geral das despesas processuais está disciplinado na Parte Geral do CPC, especificamente nos arts. 82 a 102, que incluem as regras para a fixação da sucumbência e para a concessão da gratuidade da justiça.[61]

A desistência total ou parcial submete-se ao regime geral regulado pelo art. 90 do CPC: "Proferida sentença com fundamento em *desistência*, em renúncia ou em reconhecimento do pedido, as despesas e os honorários serão pagos pela parte que *desistiu*, renunciou ou reconheceu" (grifos nossos).

O regime geral para a fixação das despesas obedece ao princípio da sucumbência, nos termos do art. 85, § 2º, do CPC. Aquele que desistiu, ou seja, o exequente, arcará com o pagamento de custas e honorários e demais despesas do processo.

Embora a regra geral esteja disciplinada pelo art. 775, I, quanto ao regime aplicável à desistência, a aplicação do *princípio da sucumbência* pode ser excepcionada pelo *princípio da causalidade*. A previsão normativa da boa-fé, estampada pelo art. 5º do CPC, reforça este posicionamento, especialmente quando a diligência que provoque o insucesso da execução decorra de atividade que dependeria do executado ou de terceiro. Um exemplo simples pode ilustrar o ponto. O exequente que toma conhecimento, após o ajuizamento da execução, de que o único bem penhorável foi alienado para terceiro, sem a formalização da transação pelo registro, tem o direito de pedir a desistência sem a imputação de sucumbência. A boa-fé (art. 5º do CPC) do exequente é patente em não movimentar a máquina judiciária e evitar futuro ajuizamento de embargos de terceiro. Tudo isso sem levar em consideração que o STJ, em relação aos embargos de terceiro, isenta o embargado quando ausente a resistência na resposta do pedido.[62]

61. V. o que escrevemos no t. I, "Parte Geral", deste *Curso*, pp. 507-534.

62. "(...). Nos termos da jurisprudência do STJ, prevaleceria o princípio da causalidade se o exequente, diante da propositura dos embargos de terceiro, não tivesse contestado o feito, quando seria, então, sustentável a tese da condenação da embargante na verba honorária. 3. Ao revés, aplica-se o princípio da sucumbência, mostrando-se viável a condenação do embargado nos ônus sucumbenciais, quando configurada pretensão resistida nos embargos de terceiro, ou seja, quando for contestada a ação pelo credor embargado que insiste na manutenção da penhora. Nesse sentido: AgInt no AREsp n. 782.290-PR, rel. Min. Raul Araújo, 4ª Turma, j. 22.8.2017, *DJe* 13.9.2017; AgR no REsp n. 827.791-SC, rela. Min. Eliana Calmon, 2ª Turma, *DJU* 17.8.2007; REsp n. 441.790-PR, rel. Min. João Otávio de Noronha, 2ª Turma, *DJU* 1.8.2006. 4. Agravo interno não provido" (STJ, 4ª Turma, AgInt no REsp 1.278.007-SP, rel. Min. Lázaro Guimarães (Desembargador convocado do TRF-5ª Região), j. 6.2.2018, *DJe* 9.2.2018).

Não seria justo o executado arcar com as despesas para a formulação de sua defesa. A publicidade do ato de transmissão é de responsabilidade do adquirente pela formalização do registro e a informação é do executado, e não do exequente. Isto torna viável a aplicação do princípio da causalidade.

Nas exceções de pré-executividade a fixação de honorários e a imputação das despesas é de rigor quando a peça seja suficiente para paralisar a execução (total ou parcialmente).[63]

(c.5) A "execução inversa" – O princípio dispositivo também deve ser visualizado em relação ao executado sob dupla perspectiva.[64] O executado poderá tomar a iniciativa para evitar a deflagração dos atos executivos e realizar o cumprimento imediato da decisão judicial no prazo de 15 dias (art. 513 do CPC), ou apenas colaborar com a atividade executiva, seja na fase de cumprimento provisório (art. 520, § 3º, do CPC) ou do definitivo (art. 829, § 2º, do CPC).[65]

Mesmo após o escoamento do prazo legal o executado ainda poderá realizar a "execução inversa", nos termos do art. 526 do CPC. Nesta fase ainda será possível evitar o acréscimo da multa legal de 10%, mas desde que o oferecimento ocorra antes de sua intimação hábil em alguma das formas previstas pelo art. 513, § 2º, do CPC.

Não se trata propriamente de execução pelo devedor. O termo acabou sendo cunhado perante a redação original do art. 570 do CPC/1973.[66] O art. 526 do CPC/2015 reflete autêntica consignação judicial pelo oferecimento do valor devido, de acordo com o cálculo realizado pelo executado. A ausência de oposição do exequente, no prazo de cinco dias,

63. Cf.: "A despeito de ter recebido o valor devido, o Banco exequente não requereu a desistência da ação antes que fosse promovida a citação do devedor, omissão que obrigou o executado a oferecer exceção de pré-executividade, justificando a fixação de verba honorária em seu favor, em razão do princípio da causalidade" (STJ, 4ª Turma, AgInt no AREsp 1.018.295-SP, rel. Min. Marco Buzzi, j. 10.10.2017, *DJe* 19.10.2017).

64. Baur/Stürner, *Zwangsvollstreckungsrecht*, cit., § 6º, p. 55.

65. O devedor poderá colaborar depositando o valor ou oferecendo o bem em depósito na execução provisória. Na execução definitiva poderá evitar a prática de atos desnecessários indicando os bens para penhora e facilitando a própria concessão do efeito suspensivo pela atividade de boa-fé e colaboração processual (arts. 5º e 6º do CPC).

66. Eis a redação original: "Art. 570. O devedor pode requerer ao juiz que mande citar o credor a receber em juízo o que lhe cabe conforme o título executivo judicial; neste caso, o devedor assume, no processo, posição idêntica à do exequente". O art. 570 foi revogado posteriormente pela Lei 11.232/2005.

permitirá que o juiz profira decisão extintiva, nos termos do art. 924, II, do CPC. O art. 526 do CPC revela a importância da completude do dispositivo sentencial. Se a sentença ou decisão interlocutória for omissa quanto ao termo *a quo* para a incidência da correção monetária e dos juros (moratórios e/ou compensatórios), bem como do índice aplicável, há grande chance de continuidade do cumprimento, pela insuficiência do depósito (art. 526, § 2º, do CPC).

(c.6) Limites da execução inversa – Ponto interessante e que merece análise seria a expansão da técnica do art. 526 para outras modalidades de cumprimento, além do pagamento de quantia certa. Afinal, o procedimento de consignação permite o depósito da quantia ou da coisa devida (art. 539 do CPC). Tratando-se de obrigação para entrega de coisa determinada, móvel ou imóvel, o interesse do devedor em cumprir a obrigação é legítimo, para evitar os encargos de guarda e conservação do bem.

(d) Celebração do negócio processual na execução

No âmbito da atividade executiva, o negócio processual, indiscutivelmente, poderá contribuir para maior agilidade e fluência dos atos executivos, conforme convenção firmada antecipadamente, ou mesmo, incidentalmente na relação processual executiva. Sob a ótica história é possível antever o nascimento do título executivo extrajudicial como primeira forma de pacto executivo (*pactum executivum*), conforme clássica lição de Briegleb.[67] O surgimento das formas sumárias de execução por meio de instrumentos mais ágeis introduziu a execução aparelhada por títulos de crédito (*executio parata*).

Algumas hipóteses de negócios jurídicos processuais estão estampadas pelo próprio Código de Processo Civil, como na cessão e na sub-rogação, que operam efeitos processuais (art. 778, III e IV, do CPC).[68]

Outro ponto importante para fins de incidência do negócio processual diz respeito ao arranjo da competência. Desde a Lei 11.232/2005, ainda perante o Código de Processo Civil/1973 (art. 475-P, parágrafo único), nosso sistema processual obteve grande aperfeiçoamento com a introdução expressa da relativização da competência territorial para as

67. O nascimento dos títulos executivos extrajudiciais representa forma abreviada e sumária de propiciar, por acordo entre as partes (*pactum executivem*), um meio eficaz para driblar o lento processo de execução herdado do modelo romano. A interessante e preciosa lição pode ser conferida no monumental trabalho do autor, *Einleitung in die Theorie der Summarischen Processe*, § 106, p. 512.

68. Rui Pinto, *Manual da Execução e Despejo*, cit., p. 31.

sentenças condenatórias. O Código de Processo Civil/2015 aperfeiçoou a alteração, como se depreende da redação do art. 516, parágrafo único, ao prever a possibilidade de eleição da via executiva junto ao domicílio do executado ou no local em que estejam os bens a serem objeto da execução. O mesmo se aplica para as situações relacionadas às obrigações de fazer e não fazer. A obrigação poderá ser satisfeita no domicílio do juízo sentenciante, no domicílio do executado ou no local em que a obrigação deva ser satisfeita.

Essa facultatividade expressa a possibilidade de autêntico negócio processual para a celebração de um pacto de competência.[69]

(d.1) O pacto de ***non exequendo*** – Ponto de maior polêmica reside na possibilidade de renúncia antecipada à atividade executiva. A mesma questão transportada para a execução de título extrajudicial corresponderia ao autêntico *pacto de* ***non petendo***. Ambas as figuras são expressões de uma mesma realidade, qual seja, a possibilidade de renunciar, antecipadamente, à pretensão *in executivis*. Dedicamos algumas linhas sobre o tema na Parte Geral, quando abordados os limites do negócio processual no sistema processual brasileiro.[70] Naquela oportunidade ficou esclarecido que os limites do negócio processual são unicamente aqueles estabelecidos pelo art. 190 do CPC. A grande indagação reside justamente em definir quais são as barreiras ao negócio processual. No tratamento do negócio processual executivo inúmeras cláusulas processuais podem ser convencionadas com o fim de predefinir o procedimento em caso de cumprimento de sentença ou da necessidade de execução do título extrajudicial. Isto é importante, porque confere maior segurança, confiança e publicidade aos termos de um eventual incumprimento da relação jurídica substancial. Não antevemos qualquer prejuízo na alteração consensual da ordem de prelação da penhora quando acordada pelas partes, ou mesmo a exclusão de determinados bens de um futuro processo de execução.[71] A definição antecipada sobre o meio de expropriação ou

69. José Lebre de Freitas, *A Acção Executiva*, cit., p. 98.

70. Nosso *Curso de Processo Civil*, cit., t. I, *Parte Geral*, p. 762.

71. Mesmo a impenhorabilidade absoluta do bem de família pode ser afastada por convenção, como na instituição de hipoteca para garantia de dívida voltada para a entidade familiar: "A hipoteca se constitui por meio de contrato (convencional), pela lei (legal) ou por sentença (judicial) e desde então vale entre as partes como crédito pessoal. Sua inscrição no cartório de registro de imóveis atribui a tal garantia a eficácia de direito real oponível *erga omnes*. A ausência de registro da hipoteca não afasta a exceção à regra de impenhorabilidade prevista no art. 3º, V, da Lei n. 8.009/1990; portanto, não gera a nulidade da penhora incidente sobre o bem de família

mesmo a inversão da sua ordem (arrematação antes da adjudicação) são perfeitamente válidas.

Não podemos olvidar que as determinações de prelação, meios de expropriação ou impenhorabilidade são previsões normativas que visam a otimizar a relação executiva e proteger a posição do exequente e propiciar a satisfação pelo meio menos oneroso ao executado (art. 805). Desde que não exista qualquer vício (dolo, coação, ameaça, fraude), nada impede que a convenção processual possa permitir a flexibilização do processo executivo.

No que diz respeito à possibilidade de formulação do *pacto de non exequendo*, ou seja, impossibilidade de utilizar a via executiva, embora excepcional, a hipótese não pode ser negada, desde que as partes sejam capazes e a renúncia não configure cláusula leonina e potestativa em contratos de adesão. O art. 190 do CPC tem como limite a violação da ordem pública, que compreende conceito abrangente e que necessita de adequação ao caso concreto.[72]

A complexidade da seara contratual moderna permite arranjos em que a renúncia ao *pacto de non exequendo* é conatural ao nascimento do vínculo obrigacional.[73] Cada situação deverá ser testada no caso concreto.

ofertado pelos proprietários como garantia de contrato de compra e venda por eles descumprido – Recurso especial provido" (STJ, 3ª Turma, REsp 1.455.554-RN, rel. Min. João Otávio de Noronha, j. 14.6.2016, *DJe* 16.6.2016).

72. Na doutrina portuguesa há um debate sobre a possibilidade do *pacto de non exequendo* em face da redação do art. 809º do CC português. Parte dos processualistas, como Rui Pinto (*Manual da Execução e Despejo*, cit., p. 21) manifesta-se contrária, em vista da proibição do dispositivo, que veda a renúncia do direito material de modo antecipado quando há incumprimento da obrigação. Para outra corrente, como José Lebre de Freitas (*A Acção Executiva*, cit., p. 92), a renúncia é plenamente possível. Em nosso entender, o art. 809º não consiste, mesmo no sistema português, em cláusula de barreira. A questão deve ser analisada sob a ótica da violação da igualdade material na relação de direito material e processual. Afinal, o próprio art. 809º do CC português excepciona sua incidência pela aplicação do art. 800º, 2, do mesmo *Codex*, o qual dispõe: "A responsabilidade pode ser convencionalmente excluída ou limitada mediante acordo prévio dos interessados, desde que a exclusão ou limitação não compreenda actos que representem a violação de deveres impostos por normas de ordem pública". A norma de exceção representa, em sua essência, a limitação expressa pelo art. 189 do nosso CPC/2015.

73. Um simples exemplo ilustrará essa afirmação. A contratação de um pacote para uma viagem ao Nepal com escalada ao cume do monte Everest é reconhecidamente de alto custo. Uma contratação deste porte envolve situação de possível inexecução contratual que está vinculada às condições climáticas para acesso ao local e que visa a resguardar a incolumidade do viajante e é de conhecimento prévio daquele que se submete à vinculação. Isto não elimina a necessidade de pagamento antecipado

A leitura do art. 190 do CPC fornece tessitura para um arranjo que merece análise constante, para o fim de otimizar as relações negociais e contribuir para a otimização da atividade jurisdicional.

5.2.1.3 *Princípios da boa-fé e da cooperação*

A seara executiva é marcada por forte influência dos princípios da boa-fé (art. 5º do CPC) e da cooperação (art. 6º do CPC). A importância do comportamento leal e escorreito, especialmente em relação ao executado, decorre da vedação expressa da prática de atos atentatórios à dignidade da Justiça, nos termos do art. 774 do CPC.

Não há dúvida de que a boa-fé, a cooperação e o diálogo processual dizem respeito a ambas as partes (art. 772, I, do CPC). Isto não elimina o maior comprometimento natural do executado, na medida em que a prática dos atos executivos é realizada contra seu patrimônio. Seria natural a maior tendência de violação à cooperação e à boa-fé ser imputada ao executado. Com a impossibilidade da prisão civil, antes permitida pelo art. 666, § 3º, do CPC/1973 (alterado pela Lei 11.382/2006), a atitude leal e honesta do devedor é essencial para que a execução possa ter resultado útil.[74]

de determinadas despesas, independentemente do sucesso ou não da escalada. Para maior segurança da contratação é lícito firmar cláusula com *pacto de* ***non exequendo***. O contrato (título executivo) não permitirá execução por eventual inadimplemento oriundo da impossibilidade de escalada por condições climáticas desfavoráveis.

74. Embora não façamos o destaque em separado, o princípio da utilidade pode ser considerado como peculiar à atividade executiva, pois sem resultado prático e efetivo descabe a promoção de atos executivos. Nestes termos, bens de baixa liquidez podem ser substituídos para fins de otimizar a execução (art. 848, V). O art. 836 do CPC expressamente determina: "Não se levará a efeito a penhora quando ficar evidente que o produto da execução dos bens encontrados será totalmente absorvido pelo pagamento das custas da execução". Este ponto é interessante, pois para a doutrina que admite as condições da ação na fase executiva deve ser analisado se a hipótese não permite a extinção da execução por ausência de interesse de agir.

O mesmo se aplica para execuções de valor ínfimo que não permitam sequer a recuperação das custas de preparo. A Lei de Responsabilidade Fiscal (Lei Complementar 101/2000), caso fosse aplicada corretamente, eliminaria uma série de execuções fiscais infundadas, que são ajuizadas apenas pelo temor de ato de improbidade, ante a possível renúncia de receita. Todavia, a lei 101/00 prevê expressamente no art. 14, § 3º, II: "Não se levará a efeito a penhora quando ficar evidente que o produto da execução dos bens encontrados será totalmente absorvido pelo pagamento das custas da execução". Estas hipóteses revelam concretamente a necessidade de utilidade na atividade executiva. Sua aplicação deve ser ponderada, pois a dificuldade na obtenção da satisfação total da dívida pode levar ao pedido de suspensão exatamente pelo fato de o devedor não ter bens penhoráveis, nos termos do art. 921, III, do CPC.

A fraude à execução (art. 774, I) consiste em obstáculo sério e que visa a impedir o resultado útil do processo. O devedor tem responsabilidade patrimonial sobre os bens presentes e futuros, os quais estão naturalmente afetados ao cumprimento das obrigações contraídas. A legislação processual e a material têm sido aperfeiçoadas paulatinamente para proteger a circulação econômica dos bens, inclusive para proteger o terceiro de boa-fé, com o fim de evitar que possa ser atingido por manobras de evasão de patrimônio.

O executado deve cooperar, sendo vedada a dissipação do seu patrimônio com o fim de evitar o cumprimento da sentença. O art. 792, I, do CPC considera em fraude *a alienação ou oneração de bens do executado quando já existia lide fundada em direito real ou com natureza reipersecutória, desde que averbada no respectivo registro público*. A Lei 13.097/2015, especialmente pela redação do art. 54, operou poderosa influência neste tópico. A boa-fé passou a assumir conotação objetiva, pela necessidade de cooperação concreta do exequente, que tem o dever de averbar a ação para tornar pública a informação de que o executado está sendo cobrado e que qualquer aquisição do bem gravado será ineficaz em relação ao processo *in executivis*. Esta advertência também vale para as ações de natureza pessoal que possam reduzir o devedor ao estado de insolvência (art. 792, IV, do CPC e art. 54, IV, da Lei 13.097/2015).[75] Dentre as ações que merecem anotação no registro de imóveis destaca-se a ação rescisória, cujo requerimento formulado pela parte visa a proteger a obtenção do efeito concreto do eventual julgamento de procedência.[76]

Ainda, considera-se em fraude e como ato atentatório a situação em que o devedor realiza a alienação do bem após a existência de prenotação juntos aos registros públicos de controle de propriedade sobre bens móveis ou imóveis. Esta situação está expressamente regrada pelos arts. 799, IX, e 828 do CPC. O terceiro adquirente não poderá alegar boa-fé,

75. A Lei 13.097/2015 ainda faz referência ao CPC/1973, mas o dispositivo equivalente seria o citado art. 792, IV, do CPC. Interessante que a Lei 13.097/2015 traz a exigência de que a averbação de ações pessoais somente seja efetivada com autorização judicial, o que diferencia a força da pretensão pessoal em relação à pretensão real ou reipersecutória.

76. Neste sentido: "Agravo regimental – Ação rescisória – Pedido liminar – Averbação no ofício do registro imobiliário. 1. Requerimento de averbação da existência da ação rescisória no ofício do registro de imóveis. 2. Acolhimento do pedido, preservando-se os interesses de terceiros de boa-fé. 3. Agravo regimental provido, vencido o Relator" (STJ, 2ª Seção, AgR na AR 4.878-DF, rel. Min. Paulo de Tarso Sanseverino, j. 24.4.2013, *DJe* 30.4.2013).

pois o gravame torna pública a execução, tornando ineficaz a alienação em relação ao juízo de execução.

As restrições e os gravames anteriores que podem ser gerados pela concessão de tutela cautelar antecedente como arresto ou sequestro também geram a presunção de fraude.

A caracterização da fraude como ato atentatório é importante para garantir a utilidade do processo de execução, mas não pode ser automática. Os atos narrados geram presunção que pode ser elidida no caso concreto. O devedor que faz alienação dos seus bens com a intenção de solver a execução e os vende dentro do preço de mercado para pagamento dos credores não comete qualquer ato atentatório.[77] É por isso que a fraude à execução não ataca a validade do negócio jurídico, mas sua eficácia. Se ocorrer o pagamento da execução, com sua consequente extinção, não existirá qualquer mácula na alienação celebrada com os terceiros.

A resistência maliciosa ao cumprimento de sentença com emprego de ardis e meios artificiosos também representa violação à boa-fé e ao dever de cooperação. A criação de fatos processuais ou, mesmo, a utilização de incidentes ou de defesa destituídos de conteúdo material ou processual representam forma de abuso de direito, que pode ser declarada como atentatória, na medida em que visa unicamente a procrastinar a atividade executiva (art. 774, II, CPC).

O executado que cria obstáculos à consecução dos atos materiais da penhora, do depósito e da remoção dificulta a prática dos atos executivos, o que também caracteriza a prática de ato atentatório (art. 774, III e IV, do CPC).

Ponto de grande importância para o cumprimento de sentença diz respeito à indicação e à localização de bens para fins da penhora. A omissão deve ser intencional, o que pode ser comprovado facilmente, como na penhora posterior à declaração de bens do executado.

A indicação de bens já alienados ou a ausência desta informação quando o credor pede a penhora por desconhecer a transação exigem a fixação da sucumbência para o devedor, em homenagem ao princípio da causalidade, especialmente em face dos embargos de terceiro.

O art. 774 do CPC expressa a importância da boa-fé e da cooperação na execução, sendo importante que os juízes se utilizem da fixação da multa como forma de desestímulo. O juiz poderá fixar multa de até 20% sobre o valor atualizado do débito da execução. Este valor não é referente

77. Salvatore Pugliatti, *Esecuzione Forzata e Diritto Sostanziale*, p. 87.

à litigância de má-fé (art. 80 do CPC). As sanções processuais são diversas, como alerta o art. 774, parágrafo único, *in fine*. Os valores fixados são devidos ao exequente. A cumulação de ambas é possível, contudo é essencial a fundamentação adequada (art. 489, § 2º, do CPC), inclusive para justificar o grau de sua fixação, sob pena de nulidade.[78]

(a) A cooperação dos terceiros na execução: informação, abstenção, concurso e guarda

A cooperação não atinge apenas as partes na demanda, mas todos os sujeitos do processo. Todos aqueles que participam da relação processual devem cooperar, o que inclui os terceiros em acepção *lato sensu*.[79]

A expressão "terceiros" que é absorvida pela redação do art. 6º do CPC não se dirige apenas às figuras típicas previstas nos arts. 119 a 138 do CPC (assistência, denunciação da lide, chamamento ao processo, incidente de desconsideração da personalidade jurídica e *amicus curiae*). Todo aquele que participa e tem influência sobre o desenvolvimento da relação processual é considerado terceiro, sujeitando-se ao dever de cooperar.

O dever de informação (*renseignement*) é essencial para que determinados atos executivos possam ter eficácia. A penhora dependerá, em muitas situações, das informações fornecidas pelo BACEN, CVM, cooperativas, o que dependerá da natureza do ativo que é submetido à execução. Muitas informações são essenciais para a localização física do devedor ou de seus bens. Não é à toa que o art. 772, III, do CPC prevê que o juiz poderá "determinar que sujeitos indicados pelo exequente forneçam informações em geral relacionadas ao objeto da execução, (...)".

Os terceiros não podem opor obstáculos aos atos executivos.[80] O dever de abstenção refere-se à obrigação de não fazer consistente em não criar qualquer tipo de embaraço ao processo executivo, especialmente em relação à obtenção de dados e informações para a localização dos bens. A ocultação ou o desvio poderão estar caracterizados pela simulação ou fraude, o que poderá gerar a necessidade de integração do terceiro à lide (art. 792, § 4º, do CPC).

O dever de concorrer e o de guarda são correlatos. Nas obrigações de entrega de coisa certa o terceiro poderá tornar-se depositário do bem

78. Neste sentido: STJ, 2ª Turma, AgR no REsp 877.904-RS, rel. Min. Humberto Martins, j. 6.11.2007, *DJU* 19.11.2007, p. 219.

79. Sobre o ponto, v. nosso estudo *Intervenção de Terceiros, passim*.

80. Claude Brenner, *Procédures Civiles d'Exécution*, p. 24.

enquanto pendente a relação executiva (art. 808 do CPC). Nas obrigações de fazer o terceiro poderá concorrer com a prática de atos executivos em substituição ao devedor (*concurs*) e sujeito à pena de multa diária em caso de não cumprimento da obrigação (art. 817 do CPC).

O terceiro poderá ser chamado para a guarda e custódia de bens e valores que estejam na sua posse (art. 856, §§ 1º e 2º, do CPC). A eventual negativa quanto à posse ou existência da relação creditícia com o devedor poderá gerar ato excepcional de instrução na relação executiva (art. 856, § 4º, do CPC).

5.2.1.4 *Princípio do título*

Toda e qualquer execução depende da existência de um título executivo que fundamente a deflagração dos atos executivos contra a esfera jurídica do executado (*nulla executio sine titulo*).[81] Esta noção é basilar, e demonstra uma preocupação necessária da atividade do Estado frente ao executado. O patrimônio jurídico da pessoa física ou jurídica não poderá sofrer atos enérgicos de constrição e desapossamento sem a existência do título executivo, que representa o documento formal que fundamenta todos os atos de intromissão na esfera jurídica do executado (*Rechtsgrund*).[82]

O princípio do título abarca tanto a fase de cumprimento de sentença (art. 513 do CPC) como a execução por título extrajudicial (art. 784 do CPC). Pode-se falar em tipicidade cerrada em relação aos títulos previstos pelo art. 515 do CPC, na medida em que a formação do título e seu conteúdo apresentam maior controle e rigidez do sistema jurídico. Os títulos previstos pelo art. 515 do CPC são os que permitem o cumprimento de sentença. Isto é significativo, especialmente em vista da limitação cognitiva que informa a defesa perante o art. 525 do CPC.

Os títulos executivos extrajudiciais são informados por uma tipicidade aberta, na medida em que serão títulos não apenas aqueles expressamente elencados pelo Código de Processo Civil, mas todos aqueles a que a lei expressamente atribuir força executiva (art. 784, XII).

(a) Princípios da tipicidade e taxatividade. Distinção

A existência do título executivo como pressuposto essencial para o início do cumprimento de sentença exige o exame do princípio da

81. José Miguel Garcia Medina, *Execução Civil*, p. 142 e ss.
82. Ferdinando Mazzarella, *Contributo allo Studio del Titolo Esecutivo*, p. 2.

tipicidade (*Typenzwang*). O tratamento deste princípio merece exame específico, em vista da necessidade de investigar os limites do negócio jurídico processual na esfera executiva (art. 190 do CPC).

Em determinados ramos do ordenamento jurídico o princípio da legalidade estrita impõe a *tipicidade* como meio de restringir a autonomia de vontade das partes na incidência e aplicação de determinadas normas jurídicas. Assim acontece no direito penal, no direito tributário ou, mesmo, na seara dos direitos reais. Estes ramos específicos são marcados pelo princípio da estrita legalidade como forma de permitir que somente os tipos previamente delimitados pelo legislador possam assumir relevância dentro deles. Trata-se de opção político-legislativa arraigada às raízes culturais de nosso sistema jurídico e comum a muitos ordenamentos jurídicos. Não há crime sem lei que defina os contornos do tipo penal; não é possível cobrar tributo sem a previsão específica do tipo tributário; não existem direitos reais senão quando previstos pelo ordenamento jurídico.

Em relação aos títulos executivos judiciais (art. 515) e extrajudiciais (art. 784 do CPC) a realidade não é diversa. Apenas os títulos previstos em lei, em relação aos quais o legislador atribua eficácia executiva, podem iniciar o processo de execução. Não há que se falar na possibilidade de criação de títulos executivos pela vontade das partes (art. 190 do CPC). Os limites da atividade executiva revelam zona de reserva legal e protegida por norma de ordem pública que impede a atuação da autonomia das partes. Isto não significa que não exista a possibilidade de utilização do negócio processual no processo de execução. Ao contrário, a possibilidade do negócio processual na esfera executiva é ampla, como já mencionado *supra*, ao se tratar do *pacto de* ***non exequendo***. No entanto, a permissão para ingressar de modo coativo na esfera patrimonial do executado é excepcional. A prática de atos executivos independentemente da cooperação do executado revela o uso da força e de meios executivos que possuem aplicação controlada e regulada expressamente pelo texto legal.

A *tipicidade* não se confunde com a *taxatividade*.[83] A tipicidade descreve o conteúdo normativo e as elementares do tipo. Os tipos podem ser abertos ou fechados. Em determinadas matérias admite-se certa liberdade e autonomia na vontade das partes na construção do tipo, o que permite esta classificação dual. Nos direitos reais, por exemplo, a servidão consiste em direito real típico, mas sua instituição pode ser moldada pela vontade das partes, quanto ao prazo e à finalidade. Logo, podemos falar

83. Sobre a distinção, v. a clássica lição de José de Oliveira Ascensão, *A Tipicidade dos Direitos Reais*, n. 125, 1, p. 331.

na existência de um tipo aberto. Na seara executiva os tipos poderão ser abertos ou fechados, mas todos obedecem à taxatividade. A possibilidade de maior ou menor influência da vontade das partes na sua construção (arts. 515, II e III, e 784, III, do CPC) não elimina a necessidade de sua previsão expressa.

(b) Tipicidade e conversão do título executivo

O título executivo define a natureza da tutela executiva a ser prestada. A exigência de uma obrigação pecuniária, de uma obrigação de fazer ou não fazer ou, ainda, a entrega de coisa certa ou incerta é determinada pelo conteúdo do título executivo.

Nosso sistema incrementou a proteção da tutela específica desde o sistema anterior, com as modificações operadas no art. 461 do CPC/1973, reconhecendo a necessidade de sua implementação como forma de *tutela jurisdicional adequada*. Os títulos judiciais que reconheçam a necessidade de cumprimento da tutela específica ganharam topologia própria para a seara executiva no Código de Processo Civil/2015 (arts. 536-538).

Mesmo que a tutela específica assuma preponderância indiscutível em face da obrigação de fazer ou não fazer e para a entrega de coisa certa, torna-se necessário enfrentar a possibilidade de conversão da *tutela específica* em *tutela ressarcitória*. A hipótese está prevista no art. 499 do CPC: "A obrigação somente será convertida em perdas e danos se o autor o requerer ou se impossível a tutela específica ou a obtenção de tutela pelo resultado prático equivalente". Embora sempre preferível o cumprimento da tutela específica, o autor poderá realizar pedido sucessivo ressarcitório para o caso de insucesso da tutela específica.

O dispositivo revela uma inquietação de ordem prática. Seria necessário, já na fase cognitiva, estabelecer o montante adequado, para permitir a execução alternativa em momento adequado? Ou seria possível converter, no curso do cumprimento de sentença, a tutela específica em ressarcitória?[84] A resposta deve ser positiva para a possibilidade de conversão do título executivo, ainda que não exista quantia previamente

84. Questão problemática que possui solução diversa em sistemas expoentes. No modelo italiano há preferência para que as perdas e danos sejam apuradas em fase cognitiva, por ação própria (Mandrioli, *Corso* ..., t. III, pp. 15-20). O modelo alemão parece inspirar nosso sistema, na medida em que se permite a conversão do título na fase executiva, mas com respeito ao princípio do contraditório (§ 891 da *ZPO*). O sistema alemão exige a prévia audiência para apuração do valor a ser exigido.

apurada.[85] Será importante a liquidação do valor quando constatada a impossibilidade da tutela específica ou sua execução se tornar excessivamente onerosa, motivando o exequente a realizar o pedido de conversão. O pedido de conversão é corolário do princípio dispositivo no processo executivo, e a princípio independerá de análise da culpa para fins de seu deferimento. O mérito da conversão há de ser analisado a posteriori, com abertura de prazo para o oferecimento de defesa do executado, o qual poderá impugnar não só o valor requerido, mas a própria conversão.[86] A mesma solução é válida para a execução dos títulos extrajudiciais, como se infere da leitura do art. 823, parágrafo único.

(c) As funções endoprocessual e extraprocessual do título

O título tem como função basilar delimitar os exatos termos da execução e seus limites, operando efeitos endoprocessuais, na medida em que protegerá a posição do exequente e do executado. O exequente

85. "(...) – Possibilidade de conversão do pedido de obrigação de fazer em perdas e danos quando impossível a tutela específica ou a obtenção do resultado prático correspondente, como meio viabilizador da eficácia do julgamento – Precedentes (...) – Recurso especial parcialmente conhecido e, nessa extensão, não provido" (STJ, 3ª Turma, REsp 1.658.781-CE, rel. Min. Moura Ribeiro, j. 6.3.2018, *DJe* 12.3.2018).

86. V. interessante julgado do STJ: "Na fase de cumprimento de sentença, discute-se a prescindibilidade do exame da culpa pelo inadimplemento como requisito para deferir pedido de conversão da obrigação de fazer em perdas e danos. 2. A lei processual permite a modificação objetiva da lide em caráter excepcional, de modo a permitir, desde logo, que se resolva definitivamente o conflito mediante a conversão da obrigação de fazer ou não fazer em obrigação de natureza pecuniária, em observância ao princípio da celeridade processual, impedindo, ainda, que o credor seja obrigado a aceitar uma tutela específica que não mais lhe satisfaz. 3. A conversão em perdas e danos da obrigação de fazer dispensa pronunciamento sobre a efetiva culpa pelo inadimplemento da prestação. Apresentam-se suficientes para o deferimento do pedido a demonstração de descumprimento da sentença por fato imputável ao devedor e o requerimento de conversão do credor – Inteligência do art. 461, *caput* e § 1º, do CPC de 1973. [*v. arts. 497 e 499 do CPC/2015*] 4. Os autos revelam presentes o vínculo negocial, a violação do negócio jurídico, o liame de causalidade e a mora, demonstrando o inadimplemento por fato imputável ao recorrente, hábeis a amparar a instauração da fase de cumprimento de sentença. 5. A discussão sobre a efetiva culpa pelo descumprimento da obrigação, por constituir, em tese, causa modificativa ou extintiva do direito do credor, pode ser deduzida na impugnação, com fundamento no art. 475-L, VI, do CPC 197] [*v. art. 525, VII, do CPC/2015*]. No caso, o pedido de produção de prova foi considerado acobertado pelo manto da preclusão, segundo o acórdão recorrido, e a recorrente não se insurgiu contra esse fundamento, atraindo a incidência, por analogia, do óbice da Súmula n. 283-STF. 6. Recurso especial parcialmente conhecido e, nessa extensão, não provido" (STJ, 3ª Turma, REsp 1.365.638-SP, rel. Min. Ricardo Villas Bôas Cueva, j. 5.5.2016, *DJe* 12.5.2016).

terá a declaração exata sobre o objeto da execução (pagamento, prestação positiva, negativa, entrega de bem) e o executado saberá os limites de sua responsabilidade patrimonial. Mas o título opera um papel extraprocessual importantíssimo, na medida em que confere publicidade pela aparência jurídica do crédito, propiciando proteção na circulação do crédito.[87] As reformas processuais operadas desde o Código de Processo Civil/1973 (art. 615-A) puseram esse papel em evidência. O crédito não representa uma posição jurídica exclusiva do exequente, e sua oponibilidade é essencial como medida de salvaguarda do seu titular e de proteção à circulação econômica. Este é o motivo pelo qual o ordenamento processual reconheceu a necessidade de medidas pré-executivas para a proteção da circulação do crédito e dos terceiros de boa-fé. Neste sentido deve ser citada a alteração da Lei 13.606/2018, que modificou o processo de inscrição dos contribuintes no cadastro positivo da União Federal, regulado pela Lei 10.522/2002.[88] Os arts. 20-B e 20-C, § 3º, II, permitem à Fazenda Pública averbar a Dívida Ativa não paga, tornando indisponível o patrimônio do devedor. Ainda merecem menção dispositivos do próprio Código de Processo Civil, como a possibilidade de inscrição da sentença condenatória para fins de hipoteca judicial na matrícula do imóvel do devedor (art. 495[89]) ou a averbação da ação de execução municiada pelo título executivo logo após sua distribuição (art. 799, IX).

Além da publicidade, o título executivo representa forma especial de documentação da prestação, conferindo limites à atividade executiva e à possibilidade de intromissão na esfera patrimonial do executado. Tratando-se de título executivo extrajudicial, os títulos executivos ainda conferem possibilidade de ampla circulação pela tradição ou, ainda, pelo endosso quando se tratar de título de crédito (art. 784, I, do CPC). É por esta razão que o início do processo executivo exigirá a retenção do título executivo em juízo (art. 425, § 2º, CPC[90]).

87. Carnelutti, *Teoria Giuridica della Circolazione*, pp. 23-42.

88. Esta lei regulamenta o processo de inscrição do contribuinte no CADIN (Cadastro Informativo dos créditos não quitados de órgãos e entidades federais).

89. *In verbis*: "Art. 495. A decisão que condenar o réu ao pagamento de prestação consistente em dinheiro e a que determinar a conversão de prestação de fazer, de não fazer ou de dar coisa em prestação pecuniária valerão como título constitutivo de hipoteca judiciária".

90. *In verbis*: "§ 2º. Tratando-se de cópia digital de título executivo extrajudicial ou de documento relevante à instrução do processo, o juiz poderá determinar seu depósito em cartório ou secretaria". O juiz deve determinar o depósito com o fim de evitar a circulação indevida do título executivo, que poderá provocar prejuízo em relação a terceiros de boa-fé.

5.2.1.5 *Princípio da concentração*

O princípio da concentração, embora recente em sua formulação, assume importância vital para a utilidade e para a proteção da boa-fé (art. 5º do CPC) A responsabilidade patrimonial do devedor recai sobre os bens presentes e futuros (art. 792 do CPC). A concentração é uma exigência do direito material e do processual e atinge os bens móveis e imóveis que estão sujeitos à futura execução. Cabe ao interessado promover a inscrição do gravame, do ônus, do direito real ou ação de conhecimento e de execução junto ao cadastro público, que é responsável pela *concentração da informação* sobre a titularidade do bem jurídico.

Um dos grandes espinhos do processo de execução residia na definição do momento em que o bem poderia ser considerado a afetado ao processo de execução.

A questão afeta tanto bens móveis como imóveis.

Nos bens móveis a ausência de comunicação ao DETRAN, pelo credor fiduciário, sobre o gravame da alienação fiduciária isentará o terceiro de boa-fé que confiar nas informações obtidas junto ao cadastro do órgão oficial. O mesmo valerá para a ausência de comunicação das operações de *leasing*, ou mesmo da reserva de domínio, que pode ser operada entre particulares (Súmula STJ-92).

Nos bens imóveis as ações, os gravames ou restrições devem estar concentrados na matrícula do imóvel para a proteção do terceiro de boa-fé. O sistema protege aquele que confia nas informações oficiais obtidas junto às entidades responsáveis pela publicidade. A questão foi fortalecida pela Lei 13.097/2015 em relação aos bens imóveis. O art. 54, parágrafo único, estabelece a necessidade de "ação material" por parte do interessado. Cabe ao titular do direito real de garantia, de gravame ou ônus sobre o bem imóvel conferir publicidade junto ao registro imobiliário. O terceiro de boa-fé é titular de proteção especial, inclusive nas situações de evicção (art. 54, parágrafo único, da Lei 13.097/2015). O reflexo desta alteração é enorme junto ao sistema, pois modifica o alcance conferido pelo art. 1.247 do CC brasileiro. Nota-se uma tendência clara no sentido de relativizar o direito de propriedade em detrimento do fortalecimento da circulação econômica e da proteção ao terceiro de boa-fé. Esta tendência foi inaugurada pelo art. 1.268 do CC brasileiro em relação aos bens móveis e respaldada pelo art. 54, parágrafo único, da Lei 13.097/2015.

(a) A Súmula STJ-84 e a concentração

A concentração assume papel de inegável importância no sistema jurídico, porque trabalha em coordenação com a tutela da confiança e da boa-fé. A confiança é essencial para a consistência das cadeias de transmissão negocial (*Rechtsverkehr*). A boa-fé, reconhecida como princípio fundamental pelo Código de Processo Civil (art. 5º), deve ser respeitada nos âmbitos material e processual. Na esfera executiva sua projeção é visível pelos problemas práticos concernentes à extensão das medidas executivas e ao respeito ao terceiro que é atingido pelas medidas constritivas.

A concentração, nos termos dos arts. 54 e 55 da Lei 13.097/2015, procura resguardar a posição daquele que confiou nas informações do registro. Isto não elimina a proteção reconhecida pelo sistema em relação ao possuidor de boa-fé, nos termos da Súmula STJ-84. A ausência de registro sobre bens alienados anteriormente à penhora ou antes da consumação de outras medidas constritivas (arresto, pré-penhora – art. 799, IX) não elimina a proteção da boa-fé do terceiro adquirente. Por sua vez, a boa-fé processual daquele que confiou nas informações públicas não pode ser desconsiderada, o que permite a imputação da sucumbência àquele que não conferiu a publicidade adequada.[91] Trata-se de uma necessidade de aplicação da causalidade.

(b) Concentração e responsabilidade patrimonial

A relação entre o princípio da concentração e a responsabilidade patrimonial na execução é intensa. O tema será examinado com profundidade no t. IV deste *Curso*; contudo, é essencial alertar para a conexão da concentração com a fraude à execução. A leitura do art. 792 do CPC não deixa dúvida de que a caracterização da fraude e da boa-fé do terceiro adquirente dependerá essencialmente da comprovação das informações disponíveis no momento do ato de alienação. Isto reforça a necessidade de que o interessado promova as medidas de salvaguarda de suas pretensões por meio da averbação: das ações de conhecimento fundadas em direito real, ações de natureza reipersecutória em que exista o desmembramento da posse indireta e direta (art. 792, I), das ações de execução para os fins do art. 828 do CPC; das medidas de constrição originadas por concessão

91. Neste sentido deve ser lida a Súmula STJ-303, que não é corretamente compreendida na sua aplicação, pois o verbete deve ser interpretado como causa para a aplicação do princípio da causalidade em benefício do credor, e não para penalizá-lo: "Em embargos de terceiro, quem deu causa à constrição indevida deve arcar com os honorários advocatícios".

de tutela provisória ou, mesmo, em decorrência de sentença, como a hipoteca judiciária (arts. 792, III, e 495); das ações pessoais com eficácia condenatória e que poderiam gerar o comprometimento do patrimônio e da solvabilidade do devedor (art. 54, IV, da Lei 13.097/2015 e art. 792, IV, do CPC).[92]

A alienação fraudulenta para terceiros poderá ser reconhecida no processo e será causa de ineficácia (art. 792, § 1º, do CPC). Não se trata de defeito que atinge o plano da validade (anulação/nulidade), mas apenas a eficácia do ato em face do processo executivo. Isto permitirá que o terceiro eventualmente atingido possa manejar os embargos de terceiro para defender a posse e a propriedade sobre o bem (art. 674 do CPC).

Como meio de respeitar a defesa efetiva na esfera executiva, a declaração de ineficácia que possa atingir terceiro interessado deverá ser precedida de sua intimação (art. 792, § 4º, do CPC). Somente assim o terceiro será respeitado quanto ao *contraditório forte* (art. 10 do CPC), evitando-se a surpresa processual (*Verbot der Überraschungsentscheidung*).[93]

5.2.1.6 *Princípio da realidade*

O cumprimento de sentença deflagra a possibilidade de prática de atos executivos que são direcionados ao patrimônio do devedor (*nur das Vermögen des Schuldners*).[94] A atividade executiva é voltada para a satisfação da prestação contida no título executivo. A pretensão executiva ao cumprimento de sentença pressupõe a ausência de atividade de colaboração do devedor no prazo legal (*tempus iudicati*) para a satisfação do comando judicial, nos termos do art. 523 do CPC.

A vedação da atividade executiva contra a pessoa do executado representa uma conquista do período moderno e que hoje encontra respaldo na proteção da dignidade da pessoa. No Direito Romano houve uma fase em que a execução poderia ser voltada contra a pessoa (período das *legis actiones*). A situação sofreu modificação radical com a edição da famosa

92. O art. 54, IV, da Lei 13.097/2015, mesmo em conexão com o Código de Processo Civil/1973, permite sua adequação pelo diálogo das fontes quando determina: "averbação, mediante decisão judicial, da existência de outro tipo de ação cujos resultados ou responsabilidade patrimonial possam reduzir seu proprietário à insolvência, nos termos do inciso II do art. 593 da Lei n. 5.869, de 11 de janeiro de 1973 – Código de Processo Civil" (v. inciso IV art. 792 do CPC/2015).

93. O que deverá modificar o posicionamento seguido pelo STJ quanto à desnecessidade de intimação do terceiro (v.: STJ, 3ª Turma, ED no RMS 24.293-RJ, rel. Min. Massami Uyeda, j. 5.4.2011, *DJe* 27.4.2011).

94. Jauernig/Berger, *Zwangsvollstreckung und Insolvenzrecht*, § 1, p. 4.

Lex Poetelia Papiria (século 326 a.C.), sendo abolida a possibilidade de execução sobre a pessoa.[95]

O princípio da realidade foi reafirmado no período moderno, após a Revolução Francesa, com o fortalecimento dos direitos individuais e proteção à pessoa. Na esfera civil o reflexo desta tutela exigirá a decantação entre os conceitos de execução *direta* e *indireta*. A questão é natural, pois, na medida em que a pessoa não poderia ser submetida pessoalmente às medidas executivas, as obrigações pessoais, de caráter infungível (obrigações de fazer e de não fazer), não possuíam outra forma de execução além da conversão em perdas e danos. A resistência oferecida pelo devedor não poderia ser vencida com medidas executivas contra a sua pessoa.

A consolidação da proteção ao ser humano é fruto da sistematização dos *direitos de primeira geração* (*rectius*: dimensão), que na seara da execução é sintetizada pela máxima *nemo potest cogi ad factum*. Em outras palavras: nas obrigações de fazer e não fazer ninguém poderia ser compelido ao seu cumprimento. Esta máxima pode ser visualizada na redação do art. 247 do CC brasileiro: "Incorre na obrigação de indenizar perdas e danos o devedor que recusar a prestação a ele só imposta, ou só por ele exequível".

Se inexiste possibilidade de *execução direta* sobre a pessoa, não podemos negar a necessidade e a importância da *execução indireta*. A percepção quanto à insuficiência da tutela ressarcitória como meio hábil para prevenção de atos ilícitos foi suficiente para embasar o surgimento espontâneo das medidas de pressão sobre a pessoa do devedor (*moyen de pression*). No campo da tutela específica, na qual o objeto da prestação não é o ressarcimento, a prestação da tutela jurisdicional efetiva e diferenciada exige mecanismos diferenciados. A execução indireta não visa à sub-rogação, como a execução direta. As medidas executivas exercidas

95. O processo de execução da *manus iniectionem* permitia a "penhora" sobre a pessoa do devedor; contudo, o cidadão romano não poderia ser escravizado dentro de Roma. O devedor poderia ser oferecido em praça pública por três vezes e ser escravizado além das fronteiras do Império (*trans Tiberim*). Seria possível, ainda, matá-lo, e como as despesas de funeral eram caras e obrigatórias para permitir o culto (deuses dos lares), o corpo deveria ser divido em quantos fossem os credores (*tertiis nundis partes secant, si plus minusve secuerunt se fraude esto*). Não existem relatos sobre sua efetiva aplicação, especialmente quanto ao esquartejamento do devedor, como informam Kaser/Knütel (*Römisches Privatrecht*, §§ 81 e 85, I, pp. 405-423). No vernáculo, consulte-se a excelente obra lusitana de A. Santos Justo, *Breviário de Direito Privado Romano*, p. 143.

sobre o devedor têm como objetivo salvaguardar o objeto litigioso, e são extremamente importantes porque tutelam, em grande parte, direitos absolutos e indisponíveis, os quais podem ser de interesse *individual*, *público* ou *coletivo*. A vocação da execução indireta é direcionada para a *tutela inibitória*, enquanto a da execução direta para a *tutela ressarcitória*.

O cumprimento de sentença voltada para a obrigação de não desmatar uma área de preservação permanente em ação civil pública, o cumprimento da ordem de cessação de ameaça ou turbação sobre a posse, são exemplos simples de medidas executivas indiretas que podem ser aplicadas pelo juiz nos termos do art. 139, IV, do CPC. Trata-se de medidas indutivas, executivas e coercitivas que podem ser utilizadas nas obrigações de pagamento, de dar coisa certa ou incerta ou, ainda, na de fazer ou não fazer.[96]

O Código de Processo Civil/2015 criou dispositivo próprio para o cumprimento de sentença das obrigações de fazer e não fazer e para a entrega de coisa, conforme previsão dos arts. 536 *usque* 538. A sistematização é bem-vinda, desde que compreendida a distinção entre o sincretismo relativo e o absoluto, já delineada anteriormente.

5.2.1.7 *Princípio da responsabilidade objetiva*

A atividade jurisdicional executiva representa a concretização do comando judicial (*Durchsetzung*). Sua força e sua inevitabilidade demonstram que o Estado possui a missão de substituir a atividade do devedor que resiste ao cumprimento do título judicial ou extrajudicial. Sem a intervenção estatal prevaleceria o uso da força, colocando em risco a paz social.

A execução provoca transformação inevitável no mundo fático. Alteram-se coativamente a posse e a propriedade dos bens para a satisfação da prestação consubstanciada no título. A gravidade quanto à prática dos atos executivos, em vista dos efeitos gerados na esfera do executado, pressupõe a responsabilidade do exequente pela prática de atos executivos infundados. Entra-se no campo da responsabilidade objetiva, que

96. Note-se que o art. 139, IV, do CPC se refere à execução indireta e à direta, pois se refere não só às medidas indutivas, coercitivas e mandamentais, mas também às medidas sub-rogatórias, que são de execução direta. Vale lembrar que as medidas executivas indiretas também poderão incidir sobre a tutela ressarcitória, conforme dicção final do dispositivo, "inclusive nas ações que tenham por objeto prestação pecuniária".

acompanha não só a execução provisória (art. 520, I, do CPC[97]), como a execução definitiva (art. 776 do CPC[98]).

5.1.2.8 *A celeridade e a crise de efetividade do processo de execução ("Handeln statt Verhandeln")*

Um dos maiores problemas enfrentados na execução reside na crise de efetividade, seja em relação ao cumprimento de sentença ou na execução dos títulos extrajudiciais. Na fase de cumprimento da decisão judicial o exequente já passou por fase anterior de cognição, o que reforça a necessidade de celeridade quanto aos atos executivos. O executado não é chamado para negociar, compor ou contrapor, mas para realizar o cumprimento da prestação encartada no título executivo (*Handeln statt Verhandeln*). O sistema processual procura criar medidas para minimizar o insucesso da execução, mas que depende da celeridade do exequente e dos órgãos judiciais da execução.

Este é um dos fatores que redobram a importância do tempo no processo executivo (*Schnelligkeit*).[99] Sob a ótica do credor/exequente o tempo será essencial para a prioridade na satisfação do débito. De origem germânica, o princípio da prioridade (*prior in tempore, potior in iure*) determina a preferência legal ao exequente que formalizar a primeira penhora.[100] A celeridade ainda será fundamental para que o exequente possa se valer das medidas preventivas com o fim de evitar o desvio de bens da relação processual executiva. Permitem-se desde a prolação da sentença: (1) a hipoteca judiciária (art. 495 do CPC); (2) com o trânsito em julgado da sentença, o protesto (art. 517 do CPC). Com a mera distribuição da execução: (1) o requerimento de medidas urgentes (art. 799, X); (2) o pedido de averbação da ação executiva nos registros públicos, para a proteção de terceiros de boa-fé (arts. 799, IX, e 828). Na visão do devedor, atentando-se à boa-fé processual (*Treu und Glauben*) e ao princípio da cooperação (*Kooperation*), a celeridade no cumprimento da decisão importará menor custo. O cumprimento espontâneo (art. 523 do CPC)

97. *In verbis* (inciso I do art. 520 do CPC): "I – corre por iniciativa e responsabilidade do exequente, que se obriga, se a sentença for reformada, a reparar os danos que o executado haja sofrido".

98. *In verbis*: "Art. 776. O exequente ressarcirá ao executado os danos que este sofreu, quando a sentença, transitada em julgado, declarar inexistente, no todo ou em parte, a obrigação que ensejou a execução".

99. Heusse Damm, *Zwangsvollstreckung für Anfänger*, p. 4.

100. Ou, como preferem os alemães: "Quem chega primeiro, leva" (*Wer zuerst kommt, mahlt zuerst*).

impedirá a imposição das *astreintes* e dos honorários advocatícios (art. 523, § 1º, do CPC). A impossibilidade de pagamento imediato e global da dívida permitirá o parcelamento do débito, nos termos do art. 916, o que poderá ser aplicado também ao cumprimento de sentença. A medida representa maior celeridade e eliminação de defesa procrastinatória.

Desde já deve ser alertado que o art. 515 do CPC é voltado essencialmente à execução das sentenças oriundas de julgamento parcial (art. 356 do CPC) ou total (arts. 355 e 487 do CPC) do mérito. Também devem ser incluídas as decisões interlocutórias, pois a concessão de tutela provisória permite o cumprimento provisório, como reconhece o próprio art. 528 ao dispor sobre a execução da obrigação alimentar.[101]

As teorias sobre o título executivo, a doutrina sobre o ato executivo, os meios de constrição e desapossamento serão objeto do t. IV deste *Curso*.

5.2.1.9 *O princípio da proporcionalidade na execução*

(a) Antecedentes históricos e a "Seisachtheia" de Sólon (*σξΙσαχΦεΙαυ*)

A necessidade de humanizar o processo executivo pode ser constatado no distante horizonte grego quando Sólon, observando a grave crise ateniense, promoveu medida histórica de rejeição ao fardo excessivo, denominada de Seisachtheia.[102] Esta medida, que é considerada excepcional, revelou uma abolição dos débitos em face de situação de calamidade, na qual a interpretação literal do Direito e a consumação rigorosa da execução dos débitos provocariam situação de extrema gravidade (*summa jus, summa injuria*) que também pode ser compreendida pela fábula de Fedra.[103]

101. "No cumprimento de *sentença* que condene ao pagamento de prestação alimentícia ou de *decisão interlocutória* que fixe alimentos, (...)" (art. 528).

102. L. M. L'Homme-Wéry, *La Perspective Eleusenienne dans la Politique de Solon*, p. 26.

103. Passagem também invocada pela fábula de Fedra. V. a interessante comparação feita por Nicolas Cayrol, *Droit de l'Exécution*, p. 314. Fedra, casada com Teseu, acabou se apaixonando pelo filho do rei, Hipólito. O filho rechaçou veemente a investida de Fedra que consegue inverter a situação e imputar a culpa ao filho. Teseu enfurecido invoca Netuno que havia lhe concedido 3 pedidos e pede que o último desejo seja cumprido com a morte de seu filho Hipólito. Após cumprir com o prometido descobriu-se a armação de Fedra e Teseu cai em desgraça. Ao comentar a passagem, Cícero informa que se Netuno não tivesse cumprido com sua promessa, pela literalidade do que foi prometido, a morte do filho poderia ter sido evitada. Afinal, com o cumprimento do desejo não se faria qualquer justiça, ao contrário, cometeu-se uma grande injustiça.

(b) A proporcionalidade e o art. 805 do CPC

Como princípio, a proporcionalidade pode ser observada como uma conquista moderna para o processo de execução.[104] A necessidade de adequar meios e fins pode ser compreendida pela dicção do art. 805 do CPC: "Quando por vários meios o exequente puder promover a execução, o juiz mandará que se faça pelo modo menos gravoso para o executado".

O processo de execução de título judicial ou extrajudicial representa o meio de satisfação do credor, e nesta fase surgem muitas questões importantes sobre a forma de realização do direito afirmado no título. Por mais que a execução por quantia certa esteja sedimentada em meios executórios conhecidos e estabilizados pela doutrina e pela jurisprudência, surgem inúmeras questões de ordem prática quanto à efetivação dos atos executivos.

O Direto Moderno preocupa-se com a satisfação da pretensão executória com a minimização dos danos materiais na esfera do devedor (*Zwangsvollstreckung von Minimalforderung*). A boa-fé processual revela que situação danosa do devedor que se encontra em posição fragilizada deve ser protegida, não para impedir ou dificultar a satisfação de um direito reconhecido, mas para equilibrar o meio executório.

104. Jauernig/Berger, *Zwangsvollstreckungs und Insolvenzrecht*, cit., § 43, p. 7.

Capítulo II

PRESSUPOSTOS ESPECÍFICOS PARA O CUMPRIMENTO DE SENTENÇA

1. O cumprimento da sentença. Disposições gerais: 1.1 Iniciativa do cumprimento: espontâneo ou forçado. 2. A intimação para o cumprimento: 2.1 Intimação e boa-fé processual – 2.2 Intimação "versus" citação. 3. O inadimplemento da decisão judicial: 3.1 Fatos impeditivos da configuração do inadimplemento – 3.2 O inadimplemento e o início do cumprimento. 4. Os títulos executivos judiciais: 4.1 O título executivo do Código de Processo Civil/1973 para o Código de Processo Civil/2015: 4.1.1 Art. 515, I: as decisões proferidas no processo civil com obrigação de pagar, fazer, não fazer ou para entrega de coisa – 4.1.2 Art. 515, II: decisão homologatória de autocomposição judicial – 4.1.3 Art. 515, III: decisão homologatória de autocomposição extrajudicial – 4.1.4 Art. 515, IV: formal e a certidão de partilha – 4.1.5 Art. 515, V: decisão que homologa crédito de auxiliar da Justiça – 4.1.6 Art. 515, VI: sentença penal condenatória – 4.1.7 Art. 515, VII: sentença arbitral – 4.1.8 Art. 515, VIII: sentença estrangeira devidamente homologada – 4.1.9 Art. 515, IX: decisões interlocutórias estrangeiras com "exequatur" – 4.1.10 Cumprimento das decisões interlocutórias de urgência. 5. Competência para o cumprimento de sentença: 5.1 A competência originária dos tribunais – 5.2 Competência do juízo de primeira instância – 5.3 A competência para os demais títulos judiciais – 5.4 Competência com multiplicidade de execuções.

1. O cumprimento da sentença. Disposições gerais

A fase de realização prática da sentença obedece a uma disciplina comum, no que foi bem o legislador ao estabelecer um padrão normativo que alcança todas as decisões sujeitas à efetivação forçada. As normas gerais para a deflagração do procedimento estão previstas nos arts. 513 a 519 do CPC.

1.1 Iniciativa do cumprimento: espontâneo ou forçado

O cumprimento da sentença deveria ser espontâneo, o que evitaria uma série de dissabores para ambas as partes, além do prolongamento desnecessário da relação litigiosa. Todavia, é forçoso admitir que o cumprimento voluntário não é majoritário em juízo.

A iniciativa quanto ao cumprimento poderá ser do executado ou do exequente. Na primeira situação teremos o cumprimento *espontâneo*; e na segunda, o cumprimento *forçado*.

O cumprimento voluntário é a primeira opção, cuja iniciativa será do devedor. Após a publicação da sentença, o cumprimento voluntário deverá ocorrer no prazo de 15 dias, cujo termo legal servirá para o executado providenciar o depósito da quantia determinada pelo julgado.

Não resta dúvida de que a sentença deverá ser líquida para permitir o cumprimento espontâneo, bem como fixar os índices aplicáveis e termos para a incidência de juros e correção monetária, especialmente nas hipóteses de indenização por ilícito absoluto.[1] Estes dados são correspondem a requisitos obrigatórios da petição inicial (arts. 524 e 534 do CPC).

No cumprimento forçado é necessário pedido expresso do credor, como estabelece o art. 513, § 1º, do CPC. É vedado ao juiz iniciar o cumprimento de sentença de ofício, o que atenta contra o princípio dispositivo. É importante lembrar que cabe ao credor a iniciativa, porque a decisão entre iniciar ou não a fase executiva acarreta várias consequências, dentre elas a responsabilidade objetiva em caso de insucesso do cumprimento (art. 776 do CPC). Outro ponto que merece atenção é a possibilidade de prescrição da pretensão executória, nos termos da Súmula STF-150. A inércia do credor após o prazo para o cumprimento voluntário inicia a contagem do lapso temporal para fins de prescrição.

2. A intimação para o cumprimento

Como o cumprimento de sentença não corresponde a uma fase isolada, mas uma fase subsequente ao processo de conhecimento, a satisfação da obrigação para pagamento de quantia ou para cumprimento de qualquer outra prestação toma a intimação como ato essencial para a deflagração do procedimento (art. 513, § 2º, do CPC).

A polêmica que se instalou no regime reformado do CPC/1973 após a inserção do art. 475-J, que inseriu o cumprimento de sentença, não

1. V. Súmulas STJ-37 e 54.

existe mais. O art. 513, § 2º, do CPC/2015 tornou claro que a intimação do devedor será realizada na pessoa do advogado constituído nos autos e que acompanhou o réu na fase de conhecimento (art. 513, § 2º, I). A intimação será realizada preferencialmente pela via eletrônica no *Diário da Justiça*, sem prejuízo de sua intimação direta por meio eletrônico (art. 270 do CPC). Em decisão nos EREsp 1.360.577 o STJ reafirmou que para a exigibilidade da multa fixada pelo descumprimento de ordem mandamental a intimação pessoal do devedor é essencial, não bastando a intimação do advogado.

A vetusta intimação por carta está autorizada quando o devedor for representado pela Defensoria Pública, embora atualmente o Ministério Público, a Defensoria e as Procuradorias Federais e Estaduais estejam amplamente integradas ao processo eletrônico.

O devedor que não tiver procurador constituído nos autos também fará jus à intimação por carta com Aviso de Recebimento (art. 513, § 2º, II). Se o devedor for empresa privada que não seja de pequeno e médio porte ou empresa pública receberá a intimação pela via eletrônica quando não tiver procurador constituído nos autos (arts. 246, § 1º, 270 e 1.051 do CPC).

Por fim, o devedor que tenha sido revel na fase de conhecimento ainda terá direito à intimação por edital, na forma do art. 256 do CPC. Importante esta menção expressa, inclusive quando existe a conversão do mandado monitório em mandado de pagamento, pois a revelia não autorizará o prosseguimento do cumprimento sem a formalização da intimação na forma do art. 513, § 2º, IV, do CPC.

2.1 Intimação e boa-fé processual

No que tange à intimação, a previsão do art. 274, parágrafo único, do CPC expande sua aplicação para a fase de cumprimento de sentença. Nada mais natural; afinal, o regramento da intimação está na Parte Geral, que tem função metajurídica. A necessidade de lealdade e boa-fé das partes na condução da relação processual impede que ocorra a mudança de endereço das partes sem a devida comunicação do juízo. Caso isto ocorra a intimação será considerada efetivada (art. 513, § 3º, do CPC).

Embora o ajuizamento da ação de conhecimento ou o início do cumprimento da sentença estejam dentro do poder potestativo do autor e do vencedor da demanda, o sistema processual exige que na hipótese de cumprimento serôdio – ou seja, quando o cumprimento for iniciado um ano após o trânsito em julgado – a intimação também será feita na pessoa do devedor. É provável que o vínculo com entre o devedor e seu procurador judicial já tenha sido desfeito.

2.2 *Intimação "versus" citação*

Excepcionalmente a intimação dará lugar à citação como ato inaugural para a fase de liquidação ou de cumprimento de sentença. Isto decorre da opção legal de nosso sistema em catalogar como judiciais uma gama heterogênea de títulos executivos, dentre eles alguns que não se originam propriamente da fase de cognição cível. É o que se depreende dos títulos previstos pelo art. 515, VI a IX, do CPC. Valerá a regra inserida no art. 515, § 1º, que exige o ato de citação para o início da fase de cumprimento de sentença ou caso, necessária, a liquidação prévia do título, como nas sentenças penais condenatórias.

3. *O INADIMPLEMENTO DA DECISÃO JUDICIAL*

O tema será esmiuçado no t. IV deste *Curso*, quando analisarmos a teoria geral da execução. Nesta fase, para o tratamento do cumprimento de sentença vale lembrar que toda execução dependerá da presença de um título executivo (judicial ou extrajudicial) e da demonstração do inadimplemento da obrigação nele retratada.

Como estamos analisando o cumprimento de sentença, interessa-nos visualizar o inadimplemento da decisão judicial que abre caminho para o procedimento que toma como base algum dos títulos configurados no art. 515 do CPC.

O inadimplemento está diretamente relacionado com a exigibilidade da obrigação. Podemos falar que uma obrigação é exigível para fins de cumprimento quando na data de propositura da execução a prestação se encontre vencida ou vença mediante a interpelação, o que vale de igual modo para os títulos extrajudiciais.[2]

3.1 *Fatos impeditivos da configuração do inadimplemento*

Eventualmente o inadimplemento poderá não estar configurado, pela necessidade de pressupostos específicos para iniciar o cumprimento da sentença. É o caso do art. 514 do CPC, quando a sentença tenha estabelecido condição ou termo para fins de exigibilidade da obrigação. Não

2. Rui Pinto, *Manual da Execução e Despejo*, p. 229.

bastará a sentença de procedência para permitir o início do cumprimento, mas a verificação da ocorrência do termo ou da condição impostos na decisão judicial. O mesmo deve ser dito em relação às obrigações que dependam de contraprestação simultânea, e que dependerão de anexação de prova por parte do credor, com o oferecimento da petição inicial, de que cumpriu com sua parcela. Sem isso o próprio juiz poderá realizar o controle de admissibilidade da petição inicial com base no art. 787 do CPC.

3.2 O inadimplemento e o início do cumprimento

O inadimplemento para fins de cumprimento de sentença estará configurado, via de regra, pelo trânsito em julgado da decisão judicial. Todavia, existe a possibilidade excepcional do cumprimento provisório (art. 520 do CPC) das decisões interlocutórias e das sentenças que não se submetam ao efeito suspensivo (art. 1.012, § 1º, do CPC).

Mesmo depois o trânsito em julgado o inadimplemento somente estará configurado após o transcurso do prazo concedido para o cumprimento espontâneo (*tempus iudicati*). Ele será de 15 dias para o pagamento das obrigações representadas por quantia certa (art. 523, *caput*). Este prazo não é uniforme, e dependerá da modalidade de cumprimento de sentença. Nas obrigações alimentares, processadas pelo rito especial, o prazo será de 3 dias (art. 528 do CPC). Nas obrigações de fazer ou para entrega de coisa certa o prazo dependerá do que foi fixado na sentença (art. 538 do CPC).

4. Os títulos executivos judiciais

O título configura a causa de pedir essencial para a legitimidade de todos os atos executivos, e corresponde ao elemento central do libelo. Para fins de cumprimento de sentença torna-se essencial analisar em espécie os títulos que conferem viabilidade ao pedido de cumprimento. O título, independentemente de sua origem judicial ou extrajudicial, deve retratar obrigação líquida, certa e exigível.[3]

O poder conferido ao título executivo é imenso, porque autoriza a satisfação material do direito nele reconhecido. A intromissão na esfera fática do devedor é marcada pela prática de atos executivos forçados, o que reforça a magnitude e a importância do título. Este ponto foi

3. Ferdinando Mazzarella e Giovanni Tesoriere, *Diritto Processuale Civile*, p. 257.

examinado por ocasião da análise do princípio da tipicidade, em torno do qual gravita a necessidade de previsão legal expressa para que um documento possa ser caracterizado como título executivo. Independentemente de toda a grande contribuição teórica que marcou a discussão sobre a natureza jurídica do título executivo (ato ou documento), é certo que ele corresponde a um pressuposto essencial e indelével para o início da fase executiva.[4]

4.1 O título executivo do Código de Processo Civil/1973 para o Código de Processo Civil /2015

A distinção entre os títulos judiciais e extrajudiciais não refletia diferença procedimental em face do Código de Processo Civil/1973. O procedimento unificado garantia uniformidade quanto ao procedimento executivo. Aliás, o antigo diploma foi justamente o responsável por modificar o regime dual que prevalecia no Código de Processo Civil/1939 entre a ação executória e a executiva.[5]

A diferenciação entre títulos judiciais e extrajudiciais também constitui a base do Direito alienígena, como o Italiano, conforme o art. 474, e o Direito Português, como se depreende do art. 703º do CPCP/2013.[6] Neste último a inexistência de diferenciação quanto à previsão legal em apartado dos títulos judiciais e extrajudiciais não elimina a limitação no conhecimento dos embargos, conforme os arts. 728º *usque* 730º do CPCP/2013.

O Direito Brasileiro realizou, ainda perante o Código de Processo Civil/1973, uma reforma radical por meio da Lei 11.232/2005, que imprimiu diferenciação expressa entre os regimes de cumprimento de sentença para os títulos judiciais e de execução comum para os títulos extrajudiciais. O Código de Processo Civil/2015 acompanhou e aperfeiçoou esta diferenciação, com a previsão topológica diferenciada entre os títulos

4. Italo Andolina, *Contributo alla Dottrina del Titolo Esecutivo*, pp. 8-9.

5. Para uma visão sobre o regime de 1939: José da Silva Pacheco, *Ações Executivas*, p. 88.

6. Reza o diploma português: "Art. 703º. À execução apenas podem servir de base: a) *as sentenças condenatórias*; b) os documentos exarados ou autenticados por notários que importem constituição ou reconhecimento de qualquer obrigação; c) *os títulos de crédito*, ainda que meros quirógrafos, desde que, neste caso, os factos constitutivos da relação subjacente constem do próprio documento ou sejam alegados no requerimento executivo; d) *os documentos* a que, por disposição especial, seja atribuída força executiva". Sobre o ponto: Abílio Neto, *Novo Código de Processo Civil*, p. 1.188.

judiciais (art. 515) e os extrajudiciais (art. 784) e de seus respectivos procedimentos.

O rol do art. 515 do CPC sofreu sensível diferenciação com o alargamento dos tipos previstos em face da antiga redação do art. 475-N do CPC/1973. Passaremos a examinar cada um dos títulos hábeis para embasar o cumprimento de sentença.

4.1.1 Art. 515, I: as decisões proferidas no processo civil com obrigação de pagar, fazer, não fazer ou para entrega de coisa

Pelo regime conferido art. 515, I, constituem títulos executivos "as decisões proferidas no processo civil que reconheçam a exigibilidade de obrigações de pagar quantia, de fazer, de não fazer ou de entrega de coisa".

A leitura do dispositivo demonstra o rompimento claro com o rol estabelecido originariamente pelo art. 584, I, do CPC/1973, que previa como primeiro título executivo judicial "a sentença civil condenatória". A reforma operada pela Lei 11.232/2005 já tinha mudado este cenário com a redação conferida ao art. 475-N, I, que revogou o art. 584, I, do CPC/1973, e estabeleceu redação muito próxima ao previsto pelo art. 515, I, do CPC vigente.[7]

Com o modelo vigente não há mais menção à expressão "sentença condenatória". Isto significa um ponto de evolução e proteção aos direitos fundamentais processuais, porque permite maior rendimento ao provimento jurisdicional.

A ausência da sentença civil condenatória de modo expresso no dispositivo não a elimina; ao contrário, a fortalece como título executivo e permite que novas modalidades de sentença possam ser inseridas na classificação de títulos executivos, como as declaratórias, as mandamentais e as executivas.

Em relação às sentenças com eficácia mandamental e executiva, a opção do legislador, como já mencionado anteriormente, foi a de criar um capítulo próprio para regular o cumprimento de sentença, conforme os arts. 536 a 538 do CPC. Na verdade, estas sentenças não dependem de fase específica para o cumprimento, mas é indiscutível que atos executivos serão praticados para sua satisfação, o que torna importante

7. Eis a redação do art. 475-N, I, do CPC/1973: "a sentença proferida no processo civil que reconheça a existência de obrigação de fazer, não fazer, entregar coisa ou pagar quantia".

a regulação de sua forma de implementação prática dentro da fase de cumprimento de sentença.[8]

A redação do art. 515, I, expressamente aduz "às decisões que reconheçam a exigibilidade de obrigação de pagar quantia, (...)". A eliminação da expressão "sentença civil condenatória" não foi casual, mas para conferir maior rendimento às decisões judiciais.

Há grande resistência da doutrina em admitir a possibilidade de que uma sentença declaratória possa servir de base para o processo de cumprimento de sentença, seja pela ausência de eficácia executiva expressa ou pela violação do princípio dispositivo.[9] O posicionamento restritivo toma em consideração clássica e rígida distinção entre a eficácia declaratória e a condenatória para fins de classificação do título executivo. Ela pode ser visualizada na doutrina de Satta: "Non tutte le sentenze sono titoli esecutivi, ma solo quelle che siano sucettibili di esecuzione forzata, cioè praticamente abbiano un contenuto condannatorio".[10]

Havia uma noção muito arraigada no sentido de que somente sentenças condenatórias poderiam provocar a formação de títulos executivos, especialmente pelas consequências gravosas que são geradas na fase executiva.

A necessidade da eficácia condenatória preordenaria o nascimento desta espécie de título, o que levaria à impossibilidade de execução de sentenças que atuam apenas no plano normativo, como a declaratória[11] e a constitutiva.[12] Esta visão privilegia o caráter sancionatório do título

8. As sentenças executivas, por exemplo, como a sentença de reintegração de posse de bem imóvel, não dependem de fase de cumprimento, no caso, para que o devedor seja intimado para devolver o imóvel invadido. A sentença é autoexecutável e suficiente para a emissão do mandado de desocupação (*de evacuando*).

9. V. argumentos contrários in Araken de Assis, *Manual da Execução*, p. 221, e Nelson Nery Jr. e Rosa Maria de Andrade Nery, *Comentários ao Código de Processo Civil*, p. 1.264.

10. Satta, *Diritto Processuale Civile*, p. 580.

11. "Processual – Execução de sentença – Sentença declaratória não é suscetível de execução – CPC, 584, I [*CPC/1973*] – Apelo improvido" (TJRS, 19ª Câmara Cível, ACi 70001396555, rel. Des. Mário José Gomes Pereira, j. 10.10.2000).

12. V. o esclarecedor julgado sobre a matéria: "Processo civil – Sentença meramente declaratória – Ausência de condenação – Execução – Impossibilidade – Art. 584, I, CPC [*CPC/1973*] – Doutrina e jurisprudência – Honorários advocatícios – Apreciação equitativa – Razoabilidade – Art. 20, § 4º, do CPC [*CPC/1973 – v. art. 85, § 8º, do CPC/2015*] – Recurso parcialmente provido. I – Na lição de Chiovenda, 'o nome de sentenças declaratórias (*jugements déclaratoires*, *Festsllungsurteils*, *declaratory judgements*) compreende *lato sensu* todos os casos em que à sentença do juiz não se pode seguir execução. Neste largo significado inclui-se todo o acervo das

executivo (Liebman), e não sua natureza de documento judicial apto a iniciar o processo executivo.

No entanto, a mudança operada em nosso sistema não atribuiu mais a exclusividade da formação do título executivo para a sentença condenatória. A previsão típica do art. 515, I, permite flexibilização para inserir a sentença declaratória, de modo pontual e residual, como título executivo. O dispositivo determina, com precisão, que será título executivo judicial toda decisão judicial que reconhecer a exigibilidade de obrigação de pagamento de quantia. Não há menção a "condenar em obrigação".[13]

O reconhecimento da obrigação de pagar quantia pode acontecer em uma sentença declaratória, independentemente da utilização de reconvenção por parte do requerido.[14] Ação declaratória de inexistência de relação jurídica, em que se discuta uma relação jurídica de pagamento, julgada improcedente tem o efeito inexorável de reconhecer a existência da dívida, sua exigibilidade e liquidez quando os argumentos do autor não são acolhidos.[15]

A ausência de pedido expresso, especialmente pela ausência de reconvenção, não compromete que o título possa ser utilizado pelo réu vencedor para iniciar o cumprimento de sentença. O princípio dispositivo será exercitado pela iniciativa do cumprimento de sentença (art. 513, § 1º, do CPC).

O STJ foi o responsável por preconizar essa modificação, mas reconhece que somente a sentença declaratória que reconhecer a exigibilidade de obrigação líquida e certa poderá ter a aptidão de ser executada.[16] Outro ponto a ser lembrado é que admitir a possibilidade de execução

sentenças que rejeitam a demanda do autor' (*Instituições* ..., vol. I, 3ª ed., trad. por J. Guimarães Menegale, São Paulo, Saraiva, 1969, n. 59, pp. 210-211)" (STJ, 4ª Turma, REsp 237.383-SC, rel. Min. Sálvio de Figueiredo Teixeira, *DJU* 21.8.2000, p. 145).

13. Com precisão: José Miguel Garcia Medina, *Novo Código de Processo Civil Comentado*, p. 840.

14. Como expressamente reconhece o STJ: "Ademais, 'a sentença declaratória em ação de revisão de contrato pode ser executada pelo réu, mesmo sem ter havido reconvenção, tendo em vista a presença dos elementos suficientes à execução, o caráter de 'duplicidade' dessas ações e os princípios da economia, da efetividade e da duração razoável do processo' (REsp n. 1.309.090-AL)" (STJ, 3ª Turma, AgR no REsp 1.446.433-SC, rel. Min. Sidnei Beneti, *DJe* 9.6.2014).

15. "As sentenças de cunho declaratório podem ter força executiva, se presentes os elementos necessários à execução, como exigibilidade e certeza da relação – Precedentes" (STJ, 3ª Turma, AgR no REsp 1.446.433-SC, rel. Min. Sidnei Beneti, j. 27.5.2014, *DJe* 9.6.2014).

16. Cf.: STJ, 4ª Turma, AgInt no AREsp 164.051-RJ, rel. Min. Lázaro Guimarães (Desembargados convocado do TRF-5ª Região), j. 14.11.2017, *DJe* 20.11.2017.

da sentença declaratória não significa afirmar que a pretensão executória será imprescritível. Apenas as pretensões puramente declaratórias são imprescritíveis, de tal modo que a pretensão apta a provocar a incidência do art. 515, I, se sujeitará à prescrição, nos termos da Súmula STF-150. No ano de 2016, o STJ firmou, por meio de repetitivo, a exequibilidade das decisões declaratórias quando se reconheça a existência da relação obrigacional.[17]

Como estabelece a dogmática alemã, o conceito de *título executivo* reflete, antes de mais nada, uma opção estatal para conferir por meio da lei (*kraft Gesetzes*) a pretensão executiva a determinados documentos que assumem natureza pública pela sua importância no ordenamento jurídico (*öffentlichen Urkunden*).[18] É certo que esta mesma doutrina nega a possibilidade de execução sobre pretensões declaratórias e constitutivas (*keine Zwangsvollstreckung statt*), mas desde que o preceito seja essencialmente normativo. Realmente, a admissão do cumprimento em relação às sentenças declaratórias é excepcional e residual, mas não deve ser negada, por conferir efetividade e duração razoável ao processo.

A abertura sistêmica conferida pelo art. 515, I, reflete exatamente esta noção ao permitir que o tipo conforme adequadamente a pretensão executiva a toda e qualquer decisão que reconheça a exigibilidade de obrigação, sem a necessidade de sanção expressa por parte do comando judicial.

O art. 515, I, aprimorou a redação do dispositivo antecessor, e não alude mais ao termo "sentença". A modificação foi salutar, pela possibilidade de encartar no termo genérico "decisão" todos os pronunciamentos judiciais passíveis de execução, quais sejam: decisões interlocutórias,

17. "*Processo Civil. Recurso Especial representativo da controvérsia. Art. 543-C do CPC. Exequibilidade de sentenças não condenatórias. Artigo 475-N, I, do CPC.* 1. Para fins do art. 543-C do CPC, firma-se a seguinte tese: 'A sentença, qualquer que seja sua natureza, de procedência ou improcedência do pedido, constitui título executivo judicial, desde que estabeleça obrigação de pagar quantia, de fazer, não fazer ou entregar coisa, admitida sua prévia liquidação e execução nos próprios autos'. 2. No caso, não obstante tenha sido reconhecida a relação obrigacional entre as partes, decorrente do contrato de arrendamento mercantil, ainda é controvertida a existência ou não de saldo devedor – ante o depósito de várias somas no decorrer do processo pelo executado – e, em caso positivo, qual o seu montante atualizado. Sendo perfeitamente possível a liquidação da dívida previamente à fase executiva do julgado, tal qual se dá com as decisões condenatórias carecedoras de liquidez, deve prosseguir a execução, sendo certa a possibilidade de sua extinção se verificada a plena quitação do débito exequendo. 3. Recurso Especial provido" (CE, REsp 1.324.152-SP, rel. Min. Luis Felipe Salomão, j. 4.5.2016, *DJe* 15.6.2016).

18. Gaul/Schilken/Becker-Eberhard, *Zwangsvollstreckungsrecht*, § 10, p. 142.

sentenças e acórdãos. Deste modo, a decisão liminar, a sentença definitiva ou a provisória bem como o acórdão estão devidamente representados no enunciado do art. 515, I, do CPC.

As decisões interlocutórias representadas pelas liminares concedidas como tutelas provisórias sujeitam-se ao regime da execução provisória e podem depender de prévia liquidação (art. 519 do CPC). A execução poderá recair sobre pretensões condenatórias ou, mesmo, mandamentais. As obrigações de fazer e não fazer ou de entrega de coisa certa ou incerta também se sujeitam à concessão de tutela provisória.

As sentenças com (art. 487 do CPC) ou sem resolução do mérito (art. 485 do CPC) proferidas na fase cognitiva ou na executiva são aptas à pretensão do art. 515, I, do CPC. Os acórdãos marcados pelo efeito substitutivo ou mesmo quando se trate de competência originária são plenamente aptos a gerar a pretensão executiva e estão encartados no conceito genérico de *decisão*.

4.1.2 Art. 515, II: decisão homologatória de autocomposição judicial

O diploma processual traz a previsão da decisão homologatória de autocomposição judicial como a segunda modalidade de título executivo judicial (art. 515, II). A solução da lide pela via consensual corresponde a um dos vetores principais do Código de Processo Civil/2015, que modificou a estrutura do procedimento comum para inserir a conciliação como etapa obrigatória (art. 334 do CPC).

As decisões que marcam o nascimento desta modalidade de título são embasadas essencialmente por negócio processual representado pela transação anunciada pelo art. 487, III, "b", do CPC. O CPC/2015 inovou ao estabelecer preceito de maior amplitude conforme a regra do § 2º do art. 515. O regime atual prevê a possibilidade de que a homologação abarque não só matéria que não tenha sido ventilada originariamente no processo, mas também sujeito que não tenha participado da relação processual. A inovação é interessante, porque permite que instrumentos que seriam utilizados no decorrer do processo para provocar a intervenção de terceiros sejam otimizados com a possibilidade de inserção do sujeito no negócio processual entabulado entre as partes. Em demanda em que se discute reinvindicação de uma área em que ocorreu venda *a non domino* nada impede que o tabelião possa participar do acordo homologatório entre as partes para prevenir, desde já, futura responsabilidade que decorreria de sua denunciação ou por meio de demanda autônoma.

Eventual impugnação ao título não elimina a possibilidade de defesa nos termos do art. 525, § 1º, do CPC. Existe grande polêmica quanto à formação de coisa julgada em face da decisão que homologa, pois o ato é essencialmente declaratório. Todavia, é indiscutível a existência de controle judicial sobre a vontade das partes, uma vez que é possível a recusa da homologação. A estabilização da demanda é indiscutível ainda que sua revisão não esteja sujeita à ação rescisória, em face da necessidade de utilizar a ação constitutiva negativa para a impugnação do negócio processual (art. 966, § 4º).

Como aponta a doutrina, a autocomposição para fins de configuração de autêntico título judicial deve conter imputação de prestação ou sanção em caso de descumprimento, para permitir a deflagração do processo executivo.[19] Do contrário o acordo de vontades seria eminentemente declaratório. A forma de cumprimento dependerá do ajuste de vontades e poderá estar vinculada a mecanismo de contraprestação, como na hipótese do art. 787 do CPC, em face de negócios bilaterais perfeitos.

4.1.3 Art. 515, III: decisão homologatória de autocomposição extrajudicial

Na sequência, art. 515, III, está prevista a possibilidade de formação de título executivo judicial pela homologação de autocomposição extrajudicial.

A diferença essencial em relação ao art. 515, II, reside na inexistência de qualquer demanda prévia entre as partes. O inciso III pressupõe apenas a existência de acordo extrajudicial que pode versar sobre qualquer matéria lícita para fins de homologação em juízo. Existem títulos que são extrajudiciais e que nascem pela autocomposição, como o acordo de alimentos referendado pelo Ministério Público. Muito embora o STJ permitisse a execução do acordo de alimentos homologado pelo Ministério Público pelo rito da prisão civil, existia polêmica em sua admissão pelo fato de o art. 733 do CPC/1973 exigir decisão judicial para a aplicação do rito especial.[20] Em muitas situações é comum o Ministério Público

19. Humberto Theodoro Jr., *Processo de Execução*, p. 141.

20. Eis a redação do art. 733 do CPC/1973: "Art. 733. Na execução de *sentença* ou de *decisão* que fixa os alimentos provisionais, o juiz mandará citar o devedor para, em 3 (três) dias, efetuar o pagamento, provar que o fez ou justificar a impossibilidade de efetuá-lo" (grifos nossos). O STJ acabou utilizando o art. 19 da Lei de Alimentos (Lei 5.478/1968) para interpretar que a palavra "acordo" se referia tanto ao acordo judicial quanto ao extrajudicial. Neste sentido: "Execução de alimentos lastrada em título executivo extrajudicial, consubstanciado em acordo firmado perante órgão do

pedir a homologação do acordo em juízo para conferir a natureza de título executivo judicial.

É interessante observar que o ato de homologação deve ser precedido por pedido formulado na via judicial. Há previsão expressa para a utilização do procedimento especial de jurisdição voluntária para a recepção do acordo, nos termos do art. 725, VIII, do CPC, que prevê a possibilidade de homologação do acordo extrajudicial sobre qualquer matéria ou valor.

A homologação do acordo não é dotada de eficácia da coisa julgada material, ainda que caiba ao juiz o dever de fiscalizar o conteúdo da homologação para estabilizar o acordo. Interessante observar que o caráter de voluntariedade e plena disposição entre as partes permite que o próprio conteúdo do título possa ser modificado por livre disposição das partes, sem a necessidade de desfazimento do ato por ação anulatória.[21]

Ministério Público (art. 585, II, do CPC [*CPC/1973 – v. art. 784, II, do CPC/2015*]), derivado de obrigação alimentar em sentido estrito – dever de sustento dos pais a bem dos filhos. 2. Documento hábil a permitir a cominação de prisão civil ao devedor inadimplente, mediante interpretação sistêmica dos arts. 19 da Lei n. 5.478/1968 e 733 do estatuto processual civil. [*CPC/1973 – v. art. 528 do CPC/2015*] A expressão 'acordo' contida no art. 19 da Lei n. 5.478/1968 compreende não só os acordos firmados perante a autoridade judicial, alcançando também aqueles estabelecidos nos moldes do art. 585, II, do estatuto processual civil, conforme dispõe o art. 733 do CPC. Nesse sentido: REsp n. 1.117.639-MG, rel. Min. Massami Uyeda, 3ª Turma, j. 20.5.2010, *DJe* 21.2.2011.3 – Recurso especial provido, a fim de afastar a impossibilidade apresentada pelo Tribunal de origem e garantir que a execução alimentar seja processada com cominação de prisão civil, devendo ser observada a previsão constante da Súmula n. 309 desta Corte de Justiça" (STJ, 4ª Turma, REsp 1.285.254-DF, rel. Min. Marco Buzzi, j. 4.12.2012, *DJe* 1.8.2013).

21. Com precisão: "(...). A coisa julgada material formada em virtude de acordo celebrado por partes maiores e capazes, versando sobre a partilha de bens imóveis privados e disponíveis e que fora homologado judicialmente por ocasião de divórcio consensual, não impede que haja um novo ajuste consensual sobre o destino dos referidos bens, assentado no princípio da autonomia da vontade e na possibilidade de dissolução do casamento até mesmo na esfera extrajudicial, especialmente diante da demonstrada dificuldade do cumprimento do acordo na forma inicialmente pactuada. 5. É desnecessária a remessa das partes a uma ação anulatória quando o requerimento de alteração do acordo não decorre de vício, de erro de consentimento ou quando não há litígio entre elas sobre o objeto da avença, sob pena de injustificável violação aos princípios da economia processual, da celeridade e da razoável duração do processo. 6. A desjudicialização dos conflitos e a promoção do sistema multiportas de acesso à Justiça deve ser francamente incentivada, estimulando-se a adoção da solução consensual, dos métodos autocompositivos e do uso dos mecanismos adequados de solução das controvérsias, tendo como base a capacidade que possuem as partes de livremente convencionar e dispor sobre os seus bens, direitos e destinos. 7. Recurso especial conhecido e provido" (STJ, 3ª Turma, REsp 1.623.475-PR, rela. Min. Nancy Andrighi, j. 17.4.2018, *DJe* 20.4.2018).

O procedimento de natureza não contenciosa pode ser impugnado com base no art. 525, § 1º, do CPC, e seu desfazimento também se sujeita ao regime da ação anulatória, nos termos do art. 966, § 4º, do CPC.

A forma do cumprimento de sentença em relação ao acordo extrajudicial homologado dependerá da natureza da avença e poderá determinar o pagamento de quantia, obrigação de fazer, de não fazer ou, mesmo, de entrega de coisa.

4.1.4 Art. 515, IV: formal e a certidão de partilha

Os herdeiros e sucessores do *de cujus* necessitam regularizar a nova situação patrimonial ocasionada pela morte. A morte constitui fato jurídico *lato sensu*, ordinário, pois está situado dentro dos fatos previsíveis e comuns. A sucessão dentro do Direito Brasileiro está informada pelo *princípio da* ***saisine***. Desta forma, ocorrendo o evento *morte*, consideram-se transmitidos os bens materiais e imateriais aos herdeiros necessários e sucessores, a título universal e singular. Ao contrário do Direito Romano, não há mais necessidade de formalizar o ato de aceitação, através da *aprehensio*. Assim, a realização do inventário ou do arrolamento revela a manifestação de um procedimento verdadeiramente administrativo que visa a reorganizar a situação dos sucessores. Independentemente da forma contenciosa ou voluntária, a finalização do procedimento é marcada pela expedição do formal ou pela certidão de partilha.[22]

É por meio do formal ou da certidão que é homologada a partilha consensual ou decidida a partilha contenciosa (com auxílio do partidor e do contador) para atribuir de modo equânime e proporcional os quinhões aos respectivos herdeiros e demais sucessores.

O formal corresponde aproximadamente a uma escritura pública judicial que permite que os bens imóveis possam ser adjudicados aos respectivos herdeiros dentro da divisão determinada pela sentença judicial. Tratando-se de bens móveis ou com valor inferior a cinco salários-mínimos dispensa-se o rigor do formal e permite-se a expedição de uma certidão de partilha para que veículos, dinheiro ou outros bens móveis possam ser transferidos aos herdeiros. Embora não mencionado pelo dispositivo, o alvará judicial também deve ser incluído como título judicial (Lei 6.858/1980).

22. Sobre o procedimento do inventário e arrolamento, v. o t. III deste *Curso*, pp. 211-278.

Como títulos executivos, o formal ou a certidão habilitam pedidos de cumprimento de sentença em relação ao inventariante, aos herdeiros e sucessores a título universal ou singular.[23]

O formal e a certidão configuram justo título e o princípio da *saisine* habilita a defesa petitória e possessória em relação a terceiros, desde que sejam utilizadas as vias adequadas. Não é lícito exigir o cumprimento de sentença com base no formal, certidão ou alvará judicial em face de terceiro. O art. 515, III, é claro ao prever a natureza de título executivo judicial unicamente em relação aos legitimados passivos previstos no dispositivo.

4.1.5 Art. 515, V: decisão que homologa crédito de auxiliar da Justiça

O regime anterior previa a formação de título executivo em relação aos créditos provenientes da atividade dos auxiliares da Justiça, mas o catalogava como título executivo extrajudicial. O regime atual realiza uma separação para diferenciar as custas, emolumentos e honorários oriundos do desenvolvimento da relação processual daqueles que se originam de emolumentos e da atividade concernente ao foro extrajudicial (art. 784, XI, do CPC).[24]

As custas e os emolumentos judiciais derivam da atividade dos auxiliares da Justiça que estão expressamente nominados no art. 149 do CPC. Como regra, as despesas das custas, que são fixadas pela Lei de Organização Judiciária para a propositura da ação, são adiantadas pela parte. Os emolumentos devidos pela atividade de serventuários, como os oficiais de justiça, que, além de receberem seu salário, possuem parcela móvel de remuneração por seus emolumentos. Os honorários são fixados pela participação de terceiros que, via de regra, não possuem vínculo com o Poder Público, como intérpretes e peritos nomeados pelo juízo.

Os valores que não são adiantados devem ser cotados e aprovados pelo juiz na conta final do processo para sua homologação. As verbas que são devidas aos cofres públicos e que não forem pagas submetem-se a um regime diferenciado, porque serão posteriormente inscritas como dívida pública, e por isso devem ser informadas pelo escrivão ou analista judiciário na conta final, caso não sejam recolhidas. Não importa que as custas sejam de origem penal ou civil, a homologação confere natureza judicial ao título.

23. Sobre a diferença entre herdeiro *singular* e *universal*, v. nosso estudo com José Miguel Garcia Medina, *Código Civil Comentado*, p. 1.269.

24. Sobre a diferenciação: *Enciclopedia Saraiva do Direito*, t. 31, p. 153.

Importante ressaltar, como já salientado, que os emolumentos referentes ao foro extrajudicial, ainda que em decorrência de ato que tenha sido produzido no processo, constituirão título executivo extrajudicial (art. 784, XI), habilitando o notário ou registrador à sua execução na forma do Livro II da Parte Especial do Código de Processo Civil.

A liquidez dos valores que são arbitrados não impõe grandes dificuldades para a homologação. As custas são fixadas por lei. Os emolumentos são em regra fixados por lei com aplicação de escala móvel, o que dependerá da Lei de Organização Judiciária local no âmbito das Justiças Estaduais. Os honorários são arbitrados pelo juiz com prévio contraditório, e quando exista convênio firmado com os tribunais há de ser respeitada a tabela fixada pela Resolução CNJ-232/2016.

4.1.6 Art. 515, VI: sentença penal condenatória

A intercomunicabilidade entre a esfera cível e a penal está expressamente configurada pela possibilidade de que a sentença penal condenatória se estabeleça como título executivo hábil para dar início ao processo de execução.

O fato jurígeno possibilita, em alguns casos, a incidência múltipla de normas jurídicas. Muitas vezes o bem jurídico é tutelado por normas jurídicas diversas, ocasionando a necessidade de previsão junto ao ordenamento dos efeitos produzidos em cada uma das esferas jurídicas de atuação. O sistema brasileiro adotou o princípio da interdependência entre a esfera cível e a penal. O art. 935 do CC brasileiro reza: “A responsabilidade civil é independente da criminal; não se podendo questionar mais sobre a existência do fato, ou sobre quem seja o seu autor, quando estas questões se acharem decididas no juízo criminal”.

O CPP também determina nos arts. 63 *usque* 66 interações entre a esfera civil e a penal, permitindo a suspensão da demanda civil até a solução da lide penal. Esta suspensão nasce com o objetivo de regular a prejudicialidade externa, evitando posteriores decisões contraditórias.

A leitura dos arts. 935 do CC e 63 do CPP deixa clara a possibilidade de que a ação civil seja intentada independentemente da ação criminal. No entanto, reconhece-se o poder vinculativo da sentença absolutória criminal quando exista pronúncia sobre a negativa da autoria ou da materialidade. Afinal, tais fatos não podem ser novamente discutidos na esfera cível. No direito penal o tipo de injusto necessita da comprovação da autoria e da materialidade, requisitos indispensáveis para a adequação típica.

Da mesma forma, a configuração de conduta típica com excludente de antijuridicidade impossibilita a *actio civilis ex delicto*. O agente que praticar fato lesivo em legítima defesa, estado de necessidade ou em cumprimento do estrito dever legal encontra-se sob o manto protetor da exclusão da ilicitude (art. 188, I, CC).

Apenas no estado de necessidade regulamenta-se a possibilidade da exigência da reparação mesmo sendo o ato lícito, nos termos dos arts. 929, 930 e 188, II, do CC. Nas demais hipóteses, como a absolvição por insuficiência de provas ou por descriminante da culpabilidade, o fato de não constituir crime não gera qualquer obstáculo na exigência da reparação do dano causado. Aliás, em algumas situações o fato poderá não constituir crime, mas ato/fato ilícito para fins de improbidade administrativa.[25]

A sentença penal condenatória exige a liquidação prévia, sendo aconselhável a utilização da liquidação por artigos, agora denominada de "liquidação pelo procedimento comum" (art. 511 do CPC). No processo criminal questões como a compensação de culpas não guardam espaço para discussão pela aplicação de princípios diversos. Em muitos casos a necessidade de averiguação de um fato novo exigirá um procedimento adequado para sua demonstração, acarretando a necessidade de cognição ampla para o fato probando. Não caberá em processo de liquidação eventual denunciação da lide para se obter a garantia no pagamento da indenização. No processo de liquidação realiza-se apenas averiguação do *quantum*, e não do *an debeatur*, lembrando-se que o terceiro não participou do processo criminal, o que impede a utilização de figuras de intervenção de terceiro para o fim de imputar responsabilidade (*an debeatur*).[26]

Atualmente a sentença penal condenatória poderá conter um capítulo líquido e outro ilíquido, em virtude da permissão de fixação de valor mínimo para a reparação no juízo penal, conforme prevê o art. 387, IV, do CPP. Já expressamos nosso ceticismo quanto à fixação do valor mínimo

25. Neste sentido: "'A circunstância de o agravante ter sido absolvido em ação criminal, pelo mesmo fato, sob o fundamento de que a conduta não constitui crime (art. 386, III, do CPP) não impede a instauração de ação de improbidade administrativa, dada a independência entre as esferas administrativa, civil e criminal' (STJ, AgInt no REsp n. 1.658.173-ES, rel. Min. Mauro Campbell Marques, 2ª Turma, *DJe* 27.9.2017). Nesse sentido: STJ, RMS n. 32.319-GO, rel. Min. Sérgio Kukina, 1ª Turma, *DJe* 22.9.2016; REsp n. 1.344.199-PR, rel. Min. Og Fernandes, 2ª Turma, *DJe* 1.8.2017)" (STJ, 2ª Turma, AgInt no REsp 482.579-GO, rela. Min. Assusete Magalhães, j. 5.4.2018, *DJe* 12.4.2018).

26. Discussão ventilada mas não decidida: STJ, 4ª Turma, AgR no AREsp 6.508-MG, rel. Min. Marco Buzzi, j. 27.6.2017, *DJe* 1.8.2017.

para fins de danos materiais ou morais na sentença penal condenatória. Os problemas inerentes ao contraditório e à duplicação da via executiva tornam o regime operacional tortuoso. De qualquer forma, é importante lembrar que a fixação de qualquer espécie de dano na sentença penal condenatória exige pedido expresso formulado na queixa-crime ou na denúncia. Não há possibilidade da realização da fixação *ex officio* e sem a existência de amplo contraditório.[27]

A possibilidade de concomitância entre a ação penal e a ação civil (*actio civilis ex delicto*) está expressamente consagrada no sistema, como se depreende da possibilidade de suspensão da ação civil com base no art. 315, § 2º, do CPC, permitindo-se a suspensão do juízo cível pelo prazo máximo de um ano. O objetivo é evitar pronunciamentos contraditórios.[28]

A possibilidade de revisão criminal não oferece qualquer obstáculo ao cumprimento da sentença penal condenatória (art. 622 do CPP). Eventual sucesso na revisão poderá provocar pedido de ressarcimento em face do exequente por responsabilidade objetiva, uma vez que a execução teria sido infundada, nos termos do art. 776 do CPC. Isto não elimina a necessidade de averiguação da causa da revisão criminal ante a possibilidade de a absolvição não eliminar o direito de indenização.

No cumprimento da sentença penal condenatória e no seu processo de liquidação prévia o devedor será obrigatoriamente citado, uma vez que inexiste relação cível anterior. Logo, será essencial a formação do contraditório originário, como estabelece o art. 515, § 1º, do CPC, com prazo de 15 dias.

27. "(...). No mais, este STJ, em relação à fixação de valor mínimo de indenização a título de danos morais, nos termos do art. 387, IV, do CPP, entende que se faz indispensável o pedido expresso do ofendido ou do Ministério Público, este firmado ainda na denúncia, sob pena de violação ao princípio da ampla defesa. 7. Adequada a fixação de valor mínimo de indenização à vítima, porque o Ministério Público requereu a fixação desse *quantum* no momento do oferecimento da denúncia. 8. O agravo regimental não merece prosperar, porquanto as razões reunidas na insurgência são incapazes de infirmar o entendimento assentado na decisão agravada. 9. Agravo regimental improvido" (STJ, 6ª Turma, AgR no REsp 1.626.962-MS, rel. Min. Sebastião Reis Jr., j. 6.12.2016, *DJe* 16.12.2016).

28. "É faculdade do juiz cível suspender a ação reparatória de danos morais até a resolução definitiva do processo criminal caso julgue haver prejudicialidade entre as demandas. Não há nulidade devido ao processamento simultâneo, sobretudo quando demonstrada a ausência de prejuízo no caso concreto – Incidência dos princípios da independência das instâncias e da instrumentalidade das formas (...) – Recurso especial não provido" (STJ, 3ª Turma, REsp 1.677.957-PR, rel. Min. Ricardo Villas Bôas Cueva, j. 24.4.2018, *DJe* 30.4.2018).

4.1.7 Art. 515, VII: sentença arbitral

O Código de Processo Civil estabelece a força de título executivo judicial para a sentença arbitral. Pacificada a discussão sobre a natureza jurisdicional desse provimento, inexiste motivo para que não seja classificada como ato judicial passível de cumprimento de sentença.

A Lei 9.307/1996 remodelou a arbitragem no Direito Brasileiro e implementou poderoso instrumento para a solução efetiva das controvérsias privadas. Alguns juristas contestaram a natureza jurisdicional desta modalidade; contudo, a própria previsão do art. 515, VII, demonstra que a opção do legislador foi diversa. O sistema arbitral adotado guarda grande semelhança com a autocomposição vigente no sistema romano, especificamente no processo formulário. Em uma primeira fase (*in iure*) as partes comprometiam-se a solucionar o litígio perante um árbitro nomeado pela vontade de ambos (*iudex*), o que levava à celebração da *litiscontestatio*.[29] Este instituto é similar à convenção de arbitragem prevista junto ao art. 3º da Lei da Arbitragem (Lei 9.307/1996): "As partes interessadas podem submeter a solução de seus litígios ao juízo arbitral mediante convenção de arbitragem, assim entendida a cláusula compromissória e o compromisso arbitral".

A arbitragem cinge-se aos conflitos de interesses relativos a direitos patrimoniais disponíveis (art. 1º). Permite-se às partes a escolha do próprio Direito a ser aplicado, desde que não fira normas de ordem pública interna. A sentença proferida pelo árbitro (*iudex*) terá força executiva, nos termos do art. 31 da lei. Como o título é judicial, a impugnação não será de cognição horizontal ampla, nos termos do art. 525, § 1º, do CPC. No entanto, além das matérias previstas junto a esse dispositivo, outras poderão ser alegadas, como as do art. 33, § 3º, da Lei 9.307/1996. Tratando-se de sentença arbitral estrangeira, o juízo de delibação do STJ deve ser realizado com a conjugação dos arts. 34 *usque* 40 da lei e 960, § 4º, do CPC.

4.1.8 Art. 515, VIII: sentença estrangeira devidamente homologada

O art. 515, VIII, refere-se à "sentença estrangeira, homologada pelo Superior Tribunal de Justiça". Originariamente a incumbência era do STF, mas com a Emenda Constitucional 45/2004 houve alteração da

29. Sobre a natureza deste instituto e suas controvérsias, v.: Max Kaser, *Direito Privado Romano*, p. 470.

competência. Cabe ao presidente do STJ a homologação de sentenças estrangeiras (art. 216-A do Regimento Interno).

Desde já se excluem os títulos estrangeiros extrajudiciais. Estes poderão ser executados diretamente, e a verificação dos requisitos estabelecidos pelo art. 784, § 2º, caberá ao juiz federal competente para a execução, com o respeito à formação de nova relação processual, nos termos do art. 515, § 1º, do CPC.

A execução de sentença estrangeira depende do juízo de delibação. Este juízo é condição de eficácia do julgado, uma vez que o mesmo não poderá produzir qualquer efeito enquanto não for conferido o *exequatur* pelo STJ, nos termos do art. 961 do CPC.

A primeira condição que possibilita o exame extrínseco do julgado pelo STJ centra-se na inexistência de qualquer ofensa à soberania nacional, à ordem pública e aos bons costumes e à dignidade da pessoa humana (art. 216-F do Regimento Interno do STJ e art. 966, V, do CPC).

O exame formal, nos termos do art. 216-D do Regimento Interno do STJ, fulcra-se na análise da competência do juiz estrangeiro para decidir a questão. Neste caso, o presidente do STJ deverá observar se não houve invasão da competência originária da Justiça Brasileira, o que poderá impedir o processo de homologação (art. 964 do CPC).

As regras de competência internacional concorrente e exclusiva estão presentes nos arts. 21, 22 e 23 do CPC, respectivamente. Os arts. 21 e 22 revelam hipótese de competência relativa; já, o art. 23 traz situação de competência absoluta, privilegiando o foro brasileiro (*forum rei sitae*). A validade da sentença torna imprescindível o amplo contraditório, bem como o trânsito em julgado e não ofender a coisa julgada no Brasil. Em caso de revelia não há ofensa ao contraditório, pois a contumácia não revela impossibilidade de cumprimento da decisão.

Exige-se, ainda, que a sentença seja definitiva, coberta pelo efeito do trânsito em julgado, dentro das formalidades cabíveis no local de sua formação (art. 216-D, III, do Regimento Interno do STJ). Por fim, o documento deverá estar autenticado pelo cônsul brasileiro e acompanhado de tradução oficial, o que pode ser dispensado por acordo e convenção internacional (art. 963, V, do CPC).

O processo de homologação exige a citação do requerido mediante carta de ordem a ser cumprida em seu domicílio, e a contestação deverá ser sumária, pois o réu poderá apenas impugnar o descumprimento das exigências formais da homologação. O STJ não analisa a justiça da decisão. Existindo impugnação do requerido, do curador ou do Procurador-Geral da República, caberá a análise por parte do Plenário, o que será desnecessário em caso de falta de impugnação, decidindo de plano o presidente do STJ (arts. 216 e 216-K do Regimento Interno do STJ).

As sentenças de divórcio consensual estrangeiras não dependerão de homologação para que surtam eficácia no juízo brasileiro, embora seu conteúdo vital não seja passível de cumprimento, em vista de sua natureza constitutiva negativa. Todavia, é inegável que disposições relativas à partilha e ao pagamento de pensão poderão estar inseridas na fundamentação e no dispositivo sentencial. O Provimento 53/2016, do CNJ, regula o procedimento para a averbação direta da sentença estrangeira de divórcio, sem a necessida de juízo de delibação do STJ.

A sentença penal estrangeira também está sujeita ao regime de homologação para que possa ser liquidada e submetida ao regime de cumprimento de sentença no juízo brasileiro (art. 790 do CPP).[30]

4.1.9 Art. 515, IX: decisões interlocutórias estrangeiras com "exequatur"

As decisões interlocutórias estrangeiras, assim como as sentenças, submetem-se ao regime de cumprimento, com a necessidade do *exequatur*, que estará sujeito ao regime de cooperação internacional eventualmente firmado pelo Brasil (art. 26 do CPC).

A competência para o cumprimento também estará circunscrita ao juízo federal que tomará as medidas necessárias para a efetivação da carta rogatória. Não cabe ao juízo local revisar a urgência e a conveniência da medida de urgência (art. 962, § 3º, do CPC).

4.1.10 Cumprimento das decisões interlocutórias de urgência

O CPC atual incorporou a expressão "decisão judicial" no rol do art. 515, o que é de boa técnica. Em todo caso, as decisões provisórias ganharam previsão específica no art. 505 do CPC. O regime previsto para o cumprimento provisório da sentença informará a execução das medidas

30. CPP: "Art. 790. O interessado na execução de sentença penal estrangeira, para a reparação do dano, restituição e outros efeitos civis, poderá requerer ao Supremo Tribunal Federal [*rectius: STJ, em vista da Emenda Constitucional 45/2004 – inserção nossa*] a sua homologação, observando-se o que a respeito prescreve o Código de Processo Civil".

de urgência (*tutela de urgência* e *tutela da evidência*).[31] Apesar de estarem genericamente elencadas no art. 515 do CPC, as decisões interlocutórias de natureza condenatória são títulos executivos judiciais provisórios e encontram menção específica nos arts. 528 (execução da liminar de alimentos) e 537, § 3º, do CPC (execução provisória das *astreintes*). Na medida em que a execução não depende mais da configuração da *certeza* como elemento essencial para a prática dos atos executivos, não há como negar a possibilidade da execução das medidas liminares.[32] A concessão da antecipação de tutela poderá ocorrer no procedimento comum,[33] nos procedimentos especiais[34] e no procedimento sumariíssimo.[35]

5. Competência para o cumprimento de sentença

A análise da competência reside em aspecto fundamental na relação processual executiva instaurada, pela necessidade de cumprimento da sentença. Tratando-se de pressuposto processual de existência e validade, eventual incompetência poderá comprometer toda a atividade desenvolvida. Parece natural responder pela competência automática do juízo que proferiu a decisão que agora se cumpre. Entrementes, nem tudo é tão simples. Muitos dos títulos elencados no art. 515 do CPC não derivam

31. Como sói acontecer com as antecipações de alimentos provisórios (STJ, 4ª Turma, AgR no Ag 1.257.761-SP, rel. Min. Aldir Passarinho, j. 7.10.2010, *DJe* 20.10.2010).

32. A regra quanto aos três atributos clássicos da obrigação contida no título (judicial ou extrajudicial) ainda persiste: *certeza*, *liquidez* e *exigibilidade*. Entretanto, nas situações de concessão de tutela de urgência o requisito da certeza é relativizado, uma vez que sua configuração depende da configuração da coisa julgada, ainda inexistente.

33. O que está disciplinado pelos arts. 269 e ss. do CPC. Muito embora o capítulo regule a aplicação de todas as formas de antecipação de decisão judicial: *tutela de urgência, da evidência* e a *cautelar*, o regime de cumprimento provisório da sentença aplica-se preferencialmente à tutela de urgência e à de evidência, as quais possuem conteúdo satisfativo. A tutela cautelar possui escopo diverso, pautado para a proteção do objeto litigioso que será discutido na lide principal. Lembramos, em todo caso, que sempre deverá ser aplicado o princípio da fungibilidade entre as medidas de urgência.

34. A antecipação de tutela concernente aos procedimentos especiais pode ser visualizada, por exemplo, nas ações possessórias, nas ações de despejo e no mandado de segurança, que permitem a execução imediata da decisão interlocutória.

35. A concessão da tutela de urgência no procedimento sumariíssimo que informa os Juizados Especiais (Lei 9.099/1995) é polêmica; entretanto, sua eliminação corresponderia a uma restrição indevida no acesso à Justiça, especialmente aos mais necessitados. A inexistência do recurso de agravo não impede sua concessão, pela possibilidade de utilização excepcional do mandado de segurança (art. 5º da Lei do Mandado de Segurança). Sobre o ponto, v. nosso estudo com José Miguel Garcia Medina, *Mandado de Segurança Individual e Coletivo*, p. 75.

de processo de cognição anterior, o que torna crucial a definição do local para iniciar o regime de cumprimento, tal como sucede com as sentenças arbitrais, as estrangeiras e a sentença penal.

5.1 A competência originária dos tribunais

A competência para o cumprimento da sentença está disciplinada no art. 516, com remissão natural às decisões oriundas do art. 515 do CPC. Apesar de o *caput* do dispositivo fazer menção apenas às sentenças, ele abarca, obviamente, os acórdãos que são prolatados em grau de recurso ou em competência originária e que inauguram o inciso I do art. 516.[36]

Em causas de competência originária dos Tribunais Superiores, especialmente em relação ao mandado de segurança, apenas a eficácia condenatória da decisão judicial dependerá de cumprimento.[37] Os atos executivos necessários para a implementação da decisão serão praticados através dos juízos de primeira instância, mediante carta de ordem. Em todo caso, a direção e o cumprimento dos atos seguirão a rogo do relator (art. 888, I), a quem cabe a determinação da prática dos atos executivos.

5.2 Competência do juízo de primeira instância

Tratando-se de causa processada no primeiro grau de jurisdição, a competência natural recairá sobre o juízo responsável pela prolação da sentença. Aqui não importa o efeito substitutivo do acórdão, nos termos do art. 962 do CPC. A competência para o cumprimento da sentença ou decisão interlocutória tem natureza funcional e, a princípio, seria *absoluta*. No entanto, desde o regime instaurado pela Lei 11.232/2005 (art. 475-P, parágrafo único, do CPC/1973) houve modificação neste entendimento. A possibilidade expressa de *foros concorrentes* para ultimar os atos executivos torna a competência *relativa*, com possibilidade de eleição do foro competente pelo exequente (art. 516, parágrafo único). Esta solução é preferível e elimina a necessidade da execução por carta precatória, que provocou inúmeros conflitos de competência, ao ponto de o STJ editar a Súmula 46: "Na execução por carta, os embargos do deve-

36. As sentenças confirmadas em grau de recurso e que tenham sido conhecidas pelo tribunal são substituídas pelo acórdão proferido. Trata-se do efeito substitutivo dos recursos, nos termos do art. 962 do CPC.

37. Devemos relembrar que toda ação e toda sentença possuem mais de uma eficácia. Assim sendo, a ordem ilegal corrigida pela via do *mandamus* será comunicada imediatamente por ofício, *fax* ou meio eletrônico à autoridade coatora, sem prejuízo do cumprimento da sentença quanto às verbas pecuniárias.

dor serão decididos no juízo deprecante, salvo se versarem unicamente vícios ou defeitos da penhora, avaliação ou alienação dos bens". Agora, com a aplicação do art. 516, parágrafo único, o cumprimento e a prática dos atos executivos já poderão começar no juízo onde estão depositados os bens do devedor, o que representa solução simplificadora.

O art. 516, II, c/c o parágrafo único, também se aplica a outros títulos previstos pelo art. 515 do CPC. As sentenças homologatórias vinculam o juízo que reconheceu a validade da conciliação ou transação. O mesmo deve ser dito quanto ao juízo que homologou o inventário ou arrolamento que culminaram com a expedição do formal ou da certidão. Nesta última hipótese, tratando-se de mera certidão pelo arrolamento de bens móveis, a execução poderá ser processada no domicílio do terceiro correspondente ao local em que o bem está depositado. O acordo extrajudicial também será cumprido no juízo responsável pela sua homologação.

5.3 A competência para os demais títulos judiciais

O art. 516, III, elenca o juízo cível como competente para o cumprimento da sentença penal condenatória, da sentença arbitral e da sentença estrangeira. A novidade em relação a estes títulos reside na ausência de processo de conhecimento prévio à formação do título. Via de regra, a sentença penal condenatória exigirá o procedimento de liquidação pelo procedimento comum (art. 511 CPC) pela possibilidade de serem suscitados *fatos novos*.

5.4 Competência com multiplicidade de execuções

É possível a instauração de conflito de competência quando exista multiplicidade de execuções. É salutar e conveniente que as execuções sejam reunidas perante um único juízo. Esta solução acaba sendo natural, pois o juízo em que estão localizados os bens do devedor acaba centralizando toda a atividade executiva.[38]

38. "Conflito positivo de competência – Justiça do Trabalho e Justiça Federal – Duas arrematações sobre um único imóvel – Data do registro.

"1. Cinge-se a controvérsia à duplicidade de arrematação do mesmo imóvel ocorrida no âmbito da Justiça do Trabalho em execução trabalhista e da Justiça Federal em processo de execução fiscal.

"2. Havendo duas arrematações sobre o mesmo bem imóvel, a carta de arrematação que primeiro for registrada definirá qual será o juízo competente para decidir eventuais demandas possessórias – Precedentes do STJ.

"3. No presente caso, o oficial do Registro Imobiliário formulou consulta ao TJRJ a respeito do registro da carta de arrematação, tendo em vista o recebimento de cartas expedidas pelos dois Juízos (execução fiscal e execução trabalhista).

"4. Em analogia ao entendimento do STJ, que define a competência em função da carta que primeiramente tiver sido registrada, deve prevalecer, no caso concreto, a data da primeira prenotação, com base no art. 186 da Lei n. 6.015/1973.

"5. *In casu*, o Juízo Federal expediu carta de arrematação em favor do arrematante na execução fiscal em 27.4.2010, a qual foi prenotada no Registro Imobiliário em 29.4.2010; ao passo que o Juízo Trabalhista somente emitiu a carta de arrematação em 6.7.2010, com prenotação no Registro Imobiliário em 9.7.2010. Portanto, deve prevalecer a competência do Juízo da execução fiscal.

"6. Em relação ao memorial apresentado pelas empresas interessadas, registro ser inaplicável o precedente relativo ao REsp n. 866.191-SC (rel. Min. Teori Albino Zavascki, 1ª Turma, *DJe* 28.2.2011), pois naquele não houve discussão sobre duplicidade de arrematação (hipótese dos presentes autos), mas, sim, debateu-se a efetivação de pedido de penhora posterior à arrematação pendente de registro.

"7. Agravo regimental não provido" (STJ, 1ª Seção, AgR no CComp 118.003-RJ, rel. Min. Herman Benjamin, j. 12.12.2012, *DJe* 8.3.2013).

Capítulo III
DA LIQUIDAÇÃO DE SENTENÇA

1. Natureza jurídica da liquidação. 2. A liquidação do título extrajudicial. 3. Liquidação no interesse do credor e do devedor. 4. A liquidação e a condenação genérica. 5. A liquidação "zero". 6. Limites da liquidação da sentença e a fidelidade ao título. 7. Procedimento da liquidação: 7.1 Petição inicial – 7.2 Meios de liquidação e a causa de pedir – 7.3 Liquidação por cálculo do credor com auxílio do contador judicial: 7.3.1 Controle do cálculo pelo juiz – 7.3.2 A atividade suplementar do contador judicial: (a) créditos contra a Fazenda e (b) créditos de natureza alimentar – 7.3.3 A planilha e a necessidade de simetria – 7.4 Liquidação por arbitramento: 7.4.1 Novos fatos e fatos omitidos – 7.5 Liquidação pelo procedimento comum ou por artigos. 8. Angularização da relação processual de liquidação. 9. A competência para a liquidação. 10. Decisão na liquidação. 11. Verbas sucumbenciais na liquidação.

1. Natureza jurídica da liquidação

A prolação da sentença com eficácia condenatória poderá não ser suficiente para o cumprimento do art. 4º do CPC. A primazia do mérito exige o desenvolvimento completo da atividade jurisdicional, o que engloba a fase de satisfação. Em determinados casos a sentença poderá depender do procedimento de liquidação. A necessidade da liquidação surge em função da distinção entre o *an debeatur* e o *quantum debeatur*.

Na fase de liquidação a relação processual cognitiva segue para o acerto do *quantum debeatur*. A definição sobre a natureza jurídica da fase de liquidação assumiu polêmica com a reforma implementada pela Lei 11.232/2005, ainda perante o Código de Processo Civil/1973. Naquele momento foi utilizada a técnica alemã de emenda legislativa, com a divisão do art. 475 do CPC/1973 por letras. O procedimento de liquidação foi segmentado entre os arts. 475-A a 475- H do CPC/1973.

Com a reforma surgiu a necessidade de definir se a liquidação ainda continuaria a presentar uma ação autônoma, ou se representaria um incidente processual antecedente ao processo de execução.

Não há, tecnicamente, uma nova relação processual, porque a ação de liquidação se desenvolve de modo integrado, mas não há dúvida de que o objeto da liquidação não se confunde com o da sentença condenatória. A liquidação não corresponderá a uma nova relação processual, mas a uma fase integrada que se desenvolve por meio de pretensão própria e com o exercício de pretensão cognitiva com natureza constitutiva.[1] A natureza constitutiva é da essência do procedimento de liquidação, cuja natureza se torna clara quando é realizada pelo procedimento comum (art. 511 do CPC). Não é correto classificar de modo dual a natureza jurídica da liquidação e tratá-la como pretensão autônoma na liquidação por artigos e como incidente na liquidação por arbitramento.[2]

A natureza complementar não desfigura sua autonomia, na medida em que a pretensão posta na ação de liquidação não se confunde com o objeto do processo de conhecimento ou de execução. Na genial acepção de Pontes de Miranda, referindo-se à liquidação e à execução: "(...) duas ações, fundadas em duas pretensões diferentes, uma a liquidar e outra a executar, dois processos ligados pela finalidade".[3] A liquidação revela a pretensão exclusiva, que pode se desenvolver em processo sincrético ou autônomo.

É possível que o juiz não tenha conseguido definir o valor da condenação na fase de conhecimento. É o caso típico de uma demanda que envolva sinistro com vítima que necessita de diversas cirurgias reparadoras. O juiz poderá, mesmo antes da definição sobre o valor total da reparação, fixar os danos morais e relegar para liquidação por arbitramento a definição dos danos materiais. A liquidação será uma fase necessária para completar o título judicial.

Em outra perspectiva: a liquidação poderá revelar o nascimento de processo autônomo e desvinculado da fase de cognição. Isto revela que a liquidação não decorre apenas como fase complementar do procedimento comum, e poderá assumir configuração de processo autônomo. O art. 515, § 1º, do CPC determina que o devedor será citado para cumprimento ou para liquidação da sentença em relação aos incisos VI a IX.

1. Nelson Nery Jr. e Rosa Maria de Andrade Nery, *Comentários ao Código de Processo Civil*, p. 1.246.

2. Sobre o ponto: Valter F. Simioni Silva, *Cumprimento da Sentença*, p. 43.

3. Pontes de Miranda, *Comentários ao Código de Processo Civil*, t. IX, p. 513.

Esta advertência do texto informa que o procedimento de liquidação não decorre necessariamente da relação processual civil. O processo penal também está vocacionado à formação de título executivo, que poderá ensejar cumprimento de sentença, com a necessidade de liquidação (art. 515, VI, do CPC). A sentença arbitral (art. 515, VII) também poderá exigir a liquidação; e o mesmo pode ser dito em relação às decisões estrangeiras (art. 515, VIII e IX, do CPC).

Há uma lógica natural de que a liquidação deve preceder o processo de execução. É possível, ainda que revele hipótese residual, que a liquidação seja posterior ao processo de execução. Nesta última hipótese encontramos a liquidação por execução injusta, nos termos do art. 776 do CPC. O fim do processo executivo pelo sucesso na defesa oferecida pelo devedor ou pelo reconhecimento de matéria de apreciação oficiosa pelo magistrado (prescrição, decadência) provocará o dever de indenizar. A indenização exigirá a liquidação dos danos.

A certeza quanto à prestação nem sempre é acompanhada da delimitação do valor a ser efetivamente desembolsado pelo réu. Sem esta definição o cumprimento voluntário ou o forçado esbarram na necessidade da liquidação. Neste ponto o CPC/2015 foi feliz, pois o art. 509 estabelece que a sentença condenatória ilíquida confere legitimidade tanto ao credor como ao devedor. A legitimidade para liquidar será abordada na sequência.

No que tange à eficácia do provimento que se origina na liquidação já afirmamos nosso posicionamento quanto à sua natureza preponderantemente constitutiva. O argumento central desta construção prende-se à eficácia *ex nunc* do provimento. Ele reforça a autonomia da pretensão de liquidação, pois, apesar de a sentença condenatória ter firmado a certeza sobre o dever de reparar, será possível que o liquidante falhe na demonstração do dano, o que poderá provocar o fenômeno da liquidação "zero" (v. *infra*, item 5). Isto demonstra que o provimento de liquidação inova no mundo jurídico.[4]

4. Neste sentido: Araken de Assis, *Manual da Execução*, p. 438. Parcela da doutrina frisa a impossibilidade da eficácia declaratória, porque a retroatividade do comando tornaria inviável o reconhecimento da iliquidez (Nelson Nery Jr. e Rosa Maria de Andrade Nery, *Comentários ao Código de Processo Civil*, cit., p. 1.246). O argumento não parece correto, primeiro porque a eficácia declaratória negativa retroagiria apenas ao pedido inicial de liquidação. Todavia, atividade probatória desenvolvida na fase de arbitramento ou por artigos não representa mera chancela do título judicial, o que justifica a natureza constitutiva do provimento.

2. *A LIQUIDAÇÃO DO TÍTULO EXTRAJUDICIAL*

A liquidação corresponde a uma forma de complementação e integração do título judicial. O título executivo extrajudicial poderá se submeter também ao processo de liquidação; contudo, de modo excepcional. A liquidação de título extrajudicial é residual.[5]

Em qualquer das hipóteses cabíveis, a liquidação do título extrajudicial decorre de fenômeno superveniente e da necessidade de sua apuração para permitir o transcurso da via executiva. A liquidação poderá decorrer da completa transformação do título extrajudicial em judicial, ou apenas de sua integração.

Na primeira situação a transformação do título extrajudicial em judicial revela fenômeno superveniente, pela impossibilidade de entrega da coisa (art. 809, § 1º). É certo que nesta situação não há propriamente liquidação, mas completa transformação da execução extrajudicial em judicial.

Este fenômeno abarca de modo idêntico a obrigação de fazer ou não fazer, em que a impossibilidade de cumprimento ou o desfazimento do ato também provoquem a necessidade de apurar danos por meio da liquidação (art. 823, parágrafo único).[6] A transformação do título não é primazia do nosso sistema, é conhecida de outros ordenamentos processuais, como o português (art. 867º do CPC/2013 português).[7] Não se confunde a liquidação com o preenchimento de pressupostos específicos para o início da relação processual executiva, em relação a determinados títulos, como a necessidade de especificação na obrigação de entrega de coisa incerta (art. 811 do CPC), ou por discussão incidental relativa ao depósito, pelo devedor, de coisa diversa da avençada no título executivo extrajudicial. O incidente poderá revelar recusa legítima (*aliud pro alio*) e até ausência de pressuposto processual específico para o início da execução, pela licitude na recusa (art. 788 do CPC).[8]

5. Com precisão: Araken de Assis, *Manual da Execução*, cit., p. 421.

6. V.: STJ, 4ª Turma, REsp 327.650-MS, rel. Min. Sálvio de Figueiredo Teixeira, j. 26.8.2003, *DJU* 6.10.2003, p. 273.

7. Abílio Neto, *Novo Código de Processo Civil Anotado*, p. 1.332.

8. Com a precisão habitual, Pontes de Miranda (*Comentários ao Código de Processo Civil*, cit., t. IX, p. 518), ao eliminar as situações de individuação do objeto do campo da liquidação: "A liquidação da sentença é necessária se o objeto da ação executiva não foi determinado pelo gênero e pela qualidade. Se o foi, de liquidação não se precisa, porque a escolha ou cabe ao devedor, que para escolher é citado, ou ao credor, que já indica na petição inicial o que escolheu".

A segunda situação decorre de mera integração. Um exemplo fecundo é o da apuração do valor das benfeitorias ou acessões quando se exerce o direito de retenção. O art. 810 é cristalino ao determinar a prévia liquidação das benfeitorias, desde que sejam indenizáveis.[9] Esta advertência refere-se exclusivamente ao título extrajudicial, porque quando se trate de direito de retenção oriundo de título judicial a questão deverá ter sido discutida na fase de instrução, sob pena de preclusão.[10]

Os títulos nominados no art. 784 do CPC não necessitam, como regra, de qualquer procedimento para liquidação. A ausência de liquidez do título é causa de nulidade da execução. A necessidade de cálculos aritméticos não compromete, em hipótese alguma, a execução (art. 786, parágrafo único[11]).

3. *Liquidação no interesse do credor e do devedor*

O interesse em liquidar recai naturalmente na figura do credor, uma vez que não poderá iniciar a atividade executiva sem a definição exata da responsabilidade do devedor. Este acerto é essencial para possibilitar o contraditório na fase de cumprimento do título. O devedor somente poderá exercitar de modo regular o contraditório quando souber a quantia que será exigida do seu patrimônio. Não é à toa que o art. 524 do CPC exige que o credor discrimine de modo analítico o valor cobrado, com a informação dos índices utilizados para correção monetária, para os juros moratórios, o termo inicial e final dos acessórios e demais encargos porventura cabíveis.

Isto não elimina o interesse do devedor em realizar o pedido de liquidação. Sem sua definição não será possível realizar o pagamento voluntário da obrigação, eximindo-se da multa coercitiva do art. 523, § 1º, do CPC e do acréscimo das custas e da sucumbência na fase de cumprimento de sentença. Esta fase precede a impropriamente denominada "execução

9. Liquidação reconhecida pelo STJ como legítima, desde o CPC/1973, com base no art. 628 (*v. art. 810 e parágrafo único do CPC/2015*). V.: 2ª Turma, REsp 1.251.180-SP, rel. Min. Herman Benjamin, j. 4.2.2016, *DJe* 9.9.2016.

10. "(...) o direito de retenção por benfeitorias realizadas deve ser exercido no momento da contestação de ação de cunho possessório, sob pena de preclusão – Precedentes: AgR no REsp n. 1.273.356-SP, rel. Min. João Otávio de Noronha, 3ª Turma, *DJe* 12.12.2014 (...)" (STJ, 2ª Turma, REsp 1.659.643-PR, rel. Min. Herman Benjamin, j. 25.4.2017, *DJe* 5.5.2017).

11. CPC, parágrafo único do art. 786: "Parágrafo único. A necessidade de simples operações aritméticas para apurar o crédito exequendo não retira a liquidez da obrigação constante do título".

inversa", que é prevista pelo art. 526 do CPC. Neste procedimento o devedor tem a possibilidade de realizar autêntica consignação do valor devido para finalizar definitivamente a relação processual. O devedor consciente e que deseja encerrar o litígio poderá depositar o valor que entender devido; contudo, não há dúvida de que poderá previamente realizar a liquidação da prestação para ter a possibilidade de consignar o montante correto.

Caso não o faça, o autor poderá impugnar o valor depositado, no prazo de cinco dias, o que provocará uma fase de liquidação forçada, nos termos do que dispõe o art. 526, §§ 1º e 2º, do CPC. A decisão judicial determinará o acerto sobre o valor da prestação, para possibilitar o reconhecimento da insuficiência e o prosseguimento pela diferença.

O art. 509 do CPC permite que o devedor exerça a pretensão de liquidar em relação a qualquer um dos procedimentos previstos (art. 509, I e II). O interesse de agir é justificado pela extinção do vínculo obrigacional e como forma de possibilitar o pagamento voluntário ou sua consignação (art. 526 do CPC).

4. A liquidação e a condenação genérica

A liquidação corresponde a procedimento excepcional, pois o juiz deve evitar a prolação de sentença genérica. A decisão ilíquida é contraproducente e não permite a efetividade do comando judicial (art. 4º do CPC). No Juizado Especial, que é marcado pela oralidade, pela celeridade, efetividade, simplicidade e economia processual (art. 2º da Lei 9.099/1995), a condenação genérica é vedada, pela impossibilidade de liquidação (art. 38, parágrafo único).

O juiz tem o dever de evitar ao máximo as decisões genéricas, o que corresponde também a um dever do autor quando formaliza seu pedido em juízo. Esta vedação decorre exatamente da aplicação do *princípio da correlação* ou *congruência*. O juiz, ao analisar o pedido, deve decidir de modo certo e determinado sobre o que foi requerido (art. 324 do CPC). A prolação da decisão líquida reflete a efetividade da tutela jurisdicional quanto ao pedido formulado pelo autor. Acontece que em determinadas situações o próprio sistema processual reconhece a impossibilidade de o autor formular o pedido determinado na petição inicial.[12]

12. No Juizado Especial, como já afirmado, não se permite sentença genérica, ainda que o pedido tenha sido genérico (art. 38, parágrafo único, da Lei 9.099/1995). Isto reforça a necessidade de averiguação e controle do pedido inicial, porque na seara do Juizado não é possível a realização da perícia. A prova técnica somente pode ser

O art. 324, § 1º, I a III, do CPC elenca situações específicas em que a parte poderá formular a petição com a descrição de pedido genérico. Nas ações universais o autor poderá encontrar dificuldade de descrever todo o objeto do processo, o que justificará a formulado do pedido amplo ou genérico.

Uma ação de inventário litigioso (art. 324, §1º, I CPC) não permitirá que o herdeiro, legatário ou terceiro interessado possa ter acesso a todos os bens que compõe o acervo da herança. Será necessário formar o contraditório com pedido de apresentação dos bens por parte daqueles que exercem a posse e a administração (viúva/companheira meeira, herdeiros, administradores do falecido) para que a relação de ativos e passivos seja apresentada e permita a formulação de quinhão certo para fins de divisão.

Um sinistro que tenha provocado fato jurídico ilícito (*e.g.*, morte ou invalidez em acidente de trânsito) propiciará o pedido de reparação de danos materiais e morais (viúva e filhos) e/ou morais (pais e irmãos), o que não poderá não ser quantificável desde a fase inicial (art. 324, § 1º, II, do CPC). Tratando-se de sinistro que exija cirurgia reparadora, é possível que a vítima, na fase da instrução probatória, ainda não tenha obtido a reparação integral e necessite de outras cirurgias, que dependerão do seu quadro de evolução. O art. 491, II, do CPC estabelece exatamente esta previsão ao dispor que a sentença poderá não fixar a extensão da obrigação quando "a apuração do valor devido depender da produção de prova de realização demorada ou excessivamente dispendiosa, assim reconhecida na sentença".

A ação também poderá conter pedido genérico quando a colaboração processual do réu for essencial para que o pedido possa alcançar liquidez quanto ao seu objeto (art. 324, § 1º, III, do CPC). Nas ações de prestação de contas o princípio da cooperação revela sua magna importância. A existência de sociedade, copropriedade, composse, motiva pedidos de prestação, os quais não podem ser formulados de modo líquido quando a parte interessada não tenha acesso à administração do bem.

A faculdade conferida pelo art. 324, § 1º, do CPC reflete a possibilidade do pedido genérico. A autorização não se estende para a sentença, mas em alguns casos será inevitável. O segundo exemplo fornecido em relação ao art. 324, § 1º, II, do CPC é uma hipótese clara. A necessidade de diversas cirurgias impede que o juiz possa suspender indefinidamente o processo. E nem seria justo com a vítima, que poderá realizar o cumpri-

realizada de modo simplificado, o que torna ainda mais difícil o processamento de pedidos genéricos.

mento definitivo quanto aos danos morais e quanto aos danos materiais incontroversos. Os danos materiais e estéticos referentes às cirurgias que ainda serão realizadas poderão ser alvo de liquidação futura por arbitramento.

É interessante notar que alguns procedimentos especiais, como a prestação de contas ou a ação de dissolução parcial de sociedade, embutem o procedimento de liquidação como segunda fase. Nestes procedimentos, após reconhecida a legitimidade do pedido da parte, a apuração dos danos exigirá sua liquidação no próprio procedimento, ainda que em uma segunda fase. Esta liquidação dependerá apenas da perícia. Mesmo em pedidos que não são vocacionadas para o cumprimento de sentença a liquidação do objeto do processo será essencial. Um exemplo é a ação demarcatória. Trata-se de ação declaratória e com força executiva. Ela não é vocacionada para a formação de título judicial nos termos do art. 515, I, do CPC. No entanto, seu procedimento bifásico demonstra a necessidade da liquidação do objeto do processo por meio da perícia. Uma vez reconhecidas a propriedade e a necessidade de demarcar, somente a prova pericial poderá arbitrar a linha divisória, inclusive com força reivindicatória.[13]

Não reputamos correto afirmar que as sentenças genéricas, ao menos no procedimento comum, possam estar resumidas às hipóteses previstas pelo art. 324 do CPC.[14] O desenvolvimento da relação processual poderá revelar que o pedido determinado formulado pelo autor está incorreto, e, tratando-se de demanda patrimonial em benefício de incapaz, nada impede que o próprio Ministério Público possa pedir a fixação do dano material por liquidação quando se mostrar vantajoso para a recomposição integral da lesão.

5. *A liquidação "zero"*

A apuração do valor tende a ser atividade meramente complementar e necessária quando a sentença não tiver condições de apurar *opportuno tempore* a liquidez do título executivo. O tema não pode ser considerado sem eficácia prática, pois acabou gerando sua afetação na Corte Federal e decisão em relação aos Temas 613 e 733 perante o STJ.[15] Algumas situa-

13. Sobre o ponto, v. nosso *Curso de Processo Civil*, t. III, *Procedimentos Especiais*, p. 178.

14. Antônio Carlos Matteis de Arruda, *Liquidação de Sentença*, p. 88.

15. Julgamento no qual se definiu exatamente a possibilidade de configuração de liquidação "zero" mesmo quando configurada a responsabilidade objetiva: "(...).

ções exigem a liquidação como etapa obrigatória, como na apreciação da indenização oriunda da condenação na esfera criminal. Como será visto adiante, na liquidação por artigos, agora denominada de "liquidação pelo procedimento comum" (art. 511 do CPC), a interpenetração entre o processo civil e o penal impede que determinados fatos jurígenos possam ser valorados na esfera penal. Por via de consequência, a liquidação torna-se obrigatória; do contrário questões como a compensação de culpas seriam suprimidas indevidamente (art. 945 do CC).

Esta situação demonstra que nem sempre a sentença cível terá determinado o *quantum debeatur*, embora fixe o dever de reparar. A impossibilidade de definição do valor no momento da prolação da sentença decorrerá da *fragmentação do fato lesivo na esfera jurídica da vítima*, o que exigirá atividade complexa em sua avaliação. A certeza da obrigação permite o diferimento da liquidação, uma vez que o ordenamento não permite que o juiz se omita quanto ao pronunciamento integral, pela vedação ao *non liquet* (art. 140 do CPC). Isto é essencial em casos em que o valor da condenação dependa da evolução do quadro da vítima, como em um acidente de trabalho, em que o montante da indenização exigirá, por exemplo, a demonstração de três situações possíveis em relação à vítima: (a) recuperação total; (b) recuperação parcial, com declaração de invalidez parcial; ou (c) ausência de recuperação, com declaração de invalidez total. O amadurecimento sobre o quadro da vítima não permitirá essa valoração no momento da produção da prova na fase de cognição.

Independentemente da modalidade de liquidação, exige-se a demonstração dos fatos que justifiquem o pedido do valor devido. É possível que a parte interessada não produza a prova necessária para a concreti-

Quando reconhecido o direito à indenização (*an debeatur*), o *quantum debeatur* pode ser discutido em liquidação da sentença por arbitramento, em conformidade com o art. 475-C do CPC. [*CPC/1973 – v. art. 509, I, do CPC/2015*] *Não comprovada a extensão do dano (quantum debeatur), possível enquadrar-se em liquidação com 'dano zero', ou 'sem resultado positivo', ainda que reconhecido o dever da União em indenizar (an debeatur)*. A eficácia da Lei n. 4.870/1965, que previa a sistemática de tabelamento de preços promovida pelo IAA, estendeu-se até o advento da Lei n. 8.178/1991, que instituiu nova política nacional de congelamento de preços – Resolução do caso concreto: inexistência de ofensa ao art. 333, I, do CPC, [*CPC/1973 – v. art. 373, I, do CPC/2015*] na medida em que o autor não comprovou a ocorrência de efetivo dano, necessário para fins de responsabilidade civil do Estado, por descumprimento dos critérios estabelecidos nos arts. 9º e 10 da Lei n. 4.870/1965 – Recurso especial não provido – Acórdão submetido ao regime do art. 543-C do CPC [*CPC/1973 – v. art. 1.036 do CPC/2015*] e da Resolução n. 8/2008 do STJ" (STJ, 1ª Seção, REsp 1.347.136-DF, rela. Min. Eliana Calmon, j. 11.12.2013, *DJe* 7.3.2014).

zação do valor certo. Esta situação pode levar ao que se denomina de *liquidação "zero"*.

Na liquidação por artigos (art. 511 do CPC) abra-se campo fértil para visualizar o fenômeno da liquidação "zero" com maior facilidade. Como exemplo citamos a compensação de culpas. Embora não possa ser utilizada na esfera criminal, sua configuração na esfera cível é plenamente possível e poderá ser causa da inexistência de valor para execução. A compensação poderá resultar em efeito prático importante, pois na esfera penal os fatos lesivos recíprocos podem ser apurados em conexão, mas sem compensação. Na esfera cível, o art. 945 do CC permite seu reconhecimento.[16] Sob o aspecto prático, sua configuração é diminuta, mas ela deve ser considerada, em vista da complexidade das relações jurídicas.

Outra situação diversa e que pode configurar a liquidação "zero" refere-se à ausência probatória do dano efetivo na esfera jurídica da vítima.[17] Ainda que o devedor tenha sido condenado ao cumprimento da prestação, a inércia ou insuficiência probatória do credor provocará a ineficácia da sentença condenatória.[18] O maior reflexo prático reside na formação de coisa julgada sobre o *quantum debeatur*, o que impede nova propositura de liquidação.[19]

6. Limites da liquidação da sentença e a fidelidade ao título

Cabe ao juiz definir na sentença a forma de liquidação do julgado. Entretanto, não ofende a coisa julgada a escolha de modo diverso, con-

16. Fabio Caldas de Araújo e José Miguel Garcia Medina, *Código Civil Comentado*, p. 694.

17. Luiz Rodrigues Wambier, *Liquidação de Sentença*, pp. 99-100.

18. "(...). Não se admite a indenização de lucros cessantes sem a efetiva comprovação, rejeitando-se lucros presumidos ou hipotéticos, dissociados da realidade efetivamente comprovada. Ainda que reconhecido o direito de indenizar, '*não comprovada a extensão do dano (**quantum debeatur**), possível enquadrar-se em liquidação com 'dano zero', ou 'sem resultado positivo*' (REsp n. 1.347.136-DF, processado sob o regime do art. 543-C do CPC/1973, [*art. do CPC/2015*] rela. Min. Eliana Calmon, 1ª Seção, *DJe* 7.3.2014) – Agravo interno improvido" (grifos nossos) (STJ, 4ª Turma, AgInt nos ED no AREsp 110.662-SP, rel. Min. Lázaro Guimarães (Desembargador convocado do TRF-5ª Região), j. 5.6.2018, *DJe* 12.6.2018).

19. "Na fase liquidatória, ainda que definido o *an debeatur*, é admitida a liquidação 'zero', quando se verifica a inexistência de débito em favor do credor, em decisão que põe fim ao processo com julgamento de mérito e eficácia definitiva" (STJ, 3ª Turma, REsp 1.549.467-SP, rel. Min. Marco Aurélio Bellizze, j. 13.9.2016, *DJe* 19.9.2016).

forme disciplina a Súmula STJ-344.[20] O que não será lícito modificar na fase de liquidação são as questões definidas em relação ao *an debeatur*.[21]

O art. 509, § 4º, do CPC não deixa qualquer dúvida quanto à impossibilidade de ser rediscutida na fase de liquidação a lide que examinou o mérito da sentença condenatória, ou mesmo modificar seu dispositivo. A sentença liquidanda será a causa de pedir da liquidação, o que impede que a decisão a ser proferida nesta fase possa inovar, modificar ou, mesmo, suprir eventuais omissões.

Desta feita, sendo fixados os critérios para fins de correção monetária e juros moratórios, com definição dos termos inicial e final, bem com o índice a ser aplicado, descabe sua modificação na fase de liquidação.[22] Isto não se confunde com a omissão da correção monetária ou dos juros legais. Esta omissão pode ser suprida tanto na fase de conhecimento como na liquidação ou na fase de execução. A correção monetária representa mera recomposição do valor da moeda e não representa inovação, mas mera recomposição do valor que é objeto de integração na sentença (*quantum debeatur*). Os juros realmente representam um acréscimo pela existência da mora, mas sua admissão é expressamente permitida pela inteligência da Súmula STF-254: "Incluem-se os juros moratórios na liquidação, embora omisso o pedido inicial ou a condenação".[23]

Tratando-se de omissão que represente ausência ou erro na fixação de uma verba condenatória principal (dano moral ou material) ou acessória (sucumbência), o erro não poderá ser corrigido por meio da liquidação. Será necessário que a correção seja obtida pela via recursal, a qual poderá afetar a liquidação quando ainda pendente a análise do recurso interposto (art. 512 do CPC).

A regra de fidelidade ao título estampada pelo art. 509, § 4º, do CPC não é contraditória à liquidação "zero" (sobre este tema, v. *infra*). A dissociação natural entre a certeza da obrigação (*an debeatur*) e o valor da

20. Súmula STJ-344: "A liquidação por forma diversa da estabelecida na sentença não ofende a coisa julgada" (Corte Especial, j. 7.11.2007, *DJU* 28.11.2007, p. 225).

21. Dinamarco, *Execução Civil*, 8ª ed., pp. 565 e ss.

22. "Nos termos da jurisprudência consolidada nesta Corte, não é possível, na fase de liquidação ou cumprimento de sentença, alterar o critério estabelecido, no título exequendo, para a fixação dos juros de mora, sob pena de ofensa à coisa julgada – Precedentes" (STJ, 3ª Turma, AgInt no AREsp 1.104.000-GO, rel. Min. Moura Ribeiro, j. 6.3.2018, *DJe* 12.3.2018).

23. "Mesmo não tendo constado da decisão condenatória a incidência de juros moratórios, a inclusão pode ser feita de ofício em qualquer momento da execução (Súmula 254)" (STF, 1ª Turma, ED no RE 162.890, rel. Min. Ilmar Galvão, j. 3.6.1997, *DJU* 19.9.1997).

obrigação (*quantum debeatur*) está prevista pelo art. 491, I e II. Não há contradição entre o pronunciamento judicial de cognição que reconhece a certeza e o pronunciamento judicial da liquidação que reconhece a inexistência de valor para fins de cumprimento de sentença. A regra da fidelidade não é atacada pela liquidação "zero", que pode nascer pela compensação de danos, ausência de expressão econômica do dano ou, mesmo, da insuficiência probatória do liquidante.

7. *Procedimento da liquidação*

Como existem formas diversas de apuração do valor devido para fins de cumprimento de sentença, há necessidade de traçar algumas considerações sobre o procedimento da liquidação. A necessidade de averiguar os pressupostos processuais objetivos essenciais – *petição inicial, formação do contraditório pela intimação ou citação* e *competência* – revela pontos fundamentais para evitar a nulidade do procedimento.

7.1 Petição inicial

Em qualquer uma das modalidades de liquidação – cálculo do credor, arbitramento ou pelo procedimento comum – o pedido há de ser formulado por petição, que obedecerá à estrutura do art. 319 do CPC, com as adaptações necessárias ao meio de liquidação utilizado.[24] Como já afirmado, a liquidação corresponde a uma ação com natureza constitutiva que se processa em solução de continuidade. Sua finalidade é integrar a sentença condenatória que reconheceu apenas o *an debeatur* e que diferiu o *quantum debeatur* para momento oportuno.[25]

7.2 Meios de liquidação e a causa de pedir

A causa de pedir será diferenciada pelo meio utilizado pelo credor para conferir liquidez ao título executivo. Neste ponto surge a necessida-

24. Antônio Carlos Matteis de Arruda, *Liquidação de Sentença*, cit., p. 125.

25. Apesar da referência às sentenças condenatórias como vocacionadas para o procedimento de liquidação, isto não significa que as sentenças com eficácia preponderantemente declaratória, constitutiva, mandamental e executiva não possam ser objeto de liquidação. Estes comandos judiciais podem necessitar da liquidação de verbas acessórias, como as sucumbenciais, ou verbas especiais, como a liquidação de danos processuais, como expressa o art. 81, § 3º, do CPC. Note-se que esta verba não é acessória, mas especial, e representa o reconhecimento do dano provocado pela litigância de má-fé, nos termos do que dispõe o art. 80 do CPC.

de de examinar quais as hipóteses albergadas pelo art. 509 do CPC para permitir que o credor e o devedor possam pedir a liquidação do título executivo.

7.3 *Liquidação por cálculo do credor com auxílio do contador judicial*

Não existe propriamente pretensão autônoma na liquidação por cálculo aritmético (art. 509, § 2º, do CPC). A antiga modalidade de liquidação por cálculo do contador foi abolida na reforma operada pela Lei 8.894/1994 ainda perante o art. 604 do CPC/1973, mas não de modo absoluto. O objetivo de sua eliminação foi o de atribuir o bônus e o ônus ao credor. Em suma: a posição de vantagem decorrente da formação do título executivo exige que o credor especifique e discrimine pormenorizadamente o valor a receber. Como alertava a doutrina, o primeiro argumento que justificava a derrogação da liquidação por cálculo do contador era justamente a inexistência de iliquidez.[26] A eliminação do cálculo pelo contador pode ser comparada a outra importante reforma que foi realizada posteriormente pela Lei 11.232/2005, referente à extirpação da fase de avaliação dos bens penhorados (art. 475-J, § 2º, do CPC/1973).[27] Estas duas fases representavam uma delonga inútil no processo de execução. Na liquidação que dependa unicamente de cálculo aritmético inexiste motivação para formação de contraditório prévio, que apenas atrasaria a fase de cumprimento de sentença. Os eventuais erros crassos que possam ser cometidos pela parte podem ser corrigidos pelo juiz, a quem cabe o controle *ex officio* da regularidade da petição inicial. Nada impede que o juiz determine a emenda (art. 801 do CPC) quando exista descumprimento ou erro manifesto na descrição dos elementos do art. 524 do CPC – (a) valor devido, (b) índice aplicável, (c) termo inicial e final para fins de incidência da correção monetária e juros, (d) compensações determinadas na sentença que diminuam o valor exequendo.

O que ficou certo desde a Lei 8.898/1994 é que não existe obrigação do juízo de realizar a preparação do cálculo para o credor. A atribuição do montante é ônus do exequente, cujo contraditório diferido permitirá o oferecimento da impugnação em momento adequado. O excesso é matéria que deve ser arguida pelo executado na fase de defesa (art. 525,

26. Dinamarco, *Execução Civil*, cit., 8ª ed., p. 552.

27. O dispositivo não foi repetido no CPC/2015 na fase de cumprimento de sentença e foi alocado no art. 870, que estabelece: "A avaliação será feita pelo oficial de justiça". Trataremos da teoria geral da execução no t. IV deste *Curso*.

§ 4º, do CPC), ou ainda por meio de exceção de pré-executividade, pois não depende de atividade probatória e se refere a requisito essencial da petição inicial da execução.

7.3.1 Controle do cálculo pelo juiz

Tratando-se de liquidação por cálculo aritmético, o art. 509, § 2º, está diretamente conectado ao art. 524, pois caberá ao credor oferecer a petição inicial do cumprimento de sentença com memória analítica dentro dos parâmetros delineados pelo título executivo quando a impulsão depender apenas do cálculo matemático para a apuração dos valores.

A abolição da utilização do contador judicial teve como grande objetivo conferir celeridade e efetividade, eliminando o agravo de instrumento como meio de impugnar o cálculo judicial na fase inicial da execução. A responsabilidade em oferecer o cálculo correto não permite que o juiz modifique o que é requerido na execução; apenas quando o erro for crasso, como no erro de atribuição de valor quando se adiciona um dígito a mais, provocando clara distorção (R$ 150.000,00 ao invés de R$ 15.000,00).

Isto significa que quando o erro for evidente e o juiz tiver condições de visualizar que foi inserida verba indevida, que viola expressamente a liquidez e a exigibilidade do título, existe a possibilidade de realizar o controle oficioso. A ausência de liquidez, certeza ou exigibilidade confere ao juiz o poder de controle quanto ao nascimento da via executiva.[28]

A cooperação processual e a lealdade processual (arts. 5º e 6º do CPC) permitem que o erro material seja corrigido sem a necessidade de apuração de excesso. Não há necessidade da impugnação para a correção de erro material, e caso proposta ela pode ser recebida como mera peça de exceção, o que não provocará sequer a fixação de sucumbência. Esta correção é autorizada expressamente em relação à sentença, nos termos do art. 494, I, do CPC: "Art. 494. Publicada a sentença, o juiz só poderá alterá-la: I – para corrigir-lhe, de ofício ou a requerimento da parte, inexatidões materiais, ou *erros de cálculo*; (...)". Este erro de cálculo

28. Neste sentido responde o STJ: "No sentido de que o título executivo que 'abrange crédito inexistente equipara-se àquele que contém obrigação inexigível, matéria alegável *ex officio*', e de que 'a adequação entre o valor executado e o título correspondente constitui matéria de ordem pública, controlável não apenas por provocação do devedor, como também por iniciativa oficial, inclusive em grau de apelação'" (STJ, REsp 802.011-DF, rel. Min. Luiz Fux, *DJe* 19.2.2009; REsp 928.631-DF, rel. Min. Teori Albino Zavascki, *DJe* 5.11.2007).

poderá induzir a petição inicial da execução em equívoco, justificando sua emenda e correção *ex officio* na fase de cumprimento por mera petição (art. 518 do CPC).

O poder dispositivo impera na formulação do pedido, e, não sendo hipótese de correção de erro material, o executado deverá oferecer impugnação quando for necessário o aprofundamento probatório ou por exceção de pré-executividade quando for suficiente a prova documental. De qualquer modo, oferecida a execução e não sendo hipótese de correção oficiosa, o juiz deverá deflagrar o cumprimento com base no valor requerido pelo exequente, mas sem prejuízo de que a penhora recaia sobre montante que o juiz entenda como adequado (art. 524, § 2º, do CPC). Esta regra deve ser entendida como meio de aplicação da proporcionalidade e não elimina a necessidade de fundamentação do juiz. A penhora aquém deve ser excepcional, pois a execução possui mecanismos de correção pela defesa que será apresentada pelo devedor (art. 525 do CPC) ou, mesmo, por terceiro (art. 674 do CPC) quando a penhora for excessiva ou atingir bem já alienado. E o devedor ainda contará com a responsabilidade objetiva, que será liquidada e executada nos mesmos autos quando demonstrado o dano processual (art. 776 do CPC).

7.3.2 A atividade suplementar do contador judicial: (a) créditos contra a Fazenda e (b) créditos de natureza alimentar

A regra do art. 509, § 2º, do CPC não significa que o contador judicial não possa ser chamado excepcionalmente para elaborar a conta, bem como verificar ou atualizar os cálculos, auxiliando o juízo em face da defesa incidental (art. 518 do CPC) ou autônoma oferecida pelo devedor (art. 524, § 2º, do CPC). No que concerne à elaboração do cálculo pelo contador, a jurisprudência flexibilizou sua incidência. A primeira situação diz respeito aos créditos liquidandos ou exequendos contra a Fazenda Pública. Seria até possível invocar a proteção do interesse público para justificar a importância do contador judicial, mas a complexidade de determinadas matérias na fase de liquidação e execução, em face de matérias como a desapropriação, restituição de tributos ou implantação de benefício previdenciário híbrido, autoriza a intervenção do contador judicial.[29]

29. "(...). Como reconhece o STJ, 'em face da natureza da condenação, observa-se que a execução por meio de mera memória dos cálculos sem que haja análise pela contadoria judicial é temerária, haja vista ainda a quantidade de óbices apresentados

Outra hipótese assimilada pela jurisprudência refere-se a processos em que existe a concessão da assistência judiciária para pedido de verba alimentar.[30] A liquidação por cálculo do contador assume importância crucial para os processos regidos pelo art. 98 do CPC, porque auxilia os defensores dativos, que prestam relevante auxílio para o funcionamento da máquina judiciária.

Estas atuações do contador são em caráter de auxílio, e não com o intuito de preparar o cumprimento provisório ou definitivo da decisão judicial. Vale lembrar que o juiz deverá iniciar o cumprimento provisório ou definitivo com base no valor requerido pelo credor, pois não pode reduzir o pedido *ex officio*, o que será matéria de impugnação pelo excesso (art. 525, § 4º, do CPC).

No trabalho de verificação do cálculo por ordem do juiz, o valor encontrado pelo contador judicial poderá ser diverso do apresentado pelo credor ou devedor. É possível que seja até superior ao valor exequendo, o que não configura julgamento além do pedido (*ultra petita*), porque a conta tem como único objetivo conformar o título executivo ao processo executivo por meio da liquidação.[31]

7.3.3 A planilha e a necessidade de simetria

A planilha assumiu papel de destaque com a reforma operada pela Lei 11.232/2005 e com o reforço do art. 524 do CPC. A deflagração dos atos executórios exige a correta discriminação dos valores que são exigidos pelo credor. O juiz deve realizar a verificação de conformidade entre o título e o cálculo. A planilha é a projeção analítica do valor atualizado constante no título executivo.

pela Fazenda Pública (...)'" (STJ, 1ª Turma, REsp 1.061.007-PB, rel. Min. Francisco Falcão, j. 16.12.2008, *DJe* 10.6.2009).

30. Cf.: STJ, 4ª Turma, AgInt no AREsp 1.082.073-SP, rel. Min. Luís Felipe Salomão, j. 24.10.2017, *DJe* 6.11.2017.

31. "O acolhimento dos cálculos elaborados por contador judicial em valor superior ao apresentado pelo exequente não configura julgamento *ultra petita*, uma vez que, ao adequar os cálculos aos parâmetros da sentença exequenda, garante a perfeita execução do julgado – Precedentes: AgR no REsp n. 1.482.653-SP, rel. Min. Mauro Campbell Marques, *DJe* 5.11.2014; REsp n. 901.126-AL, rel. Min. José Delgado, *DJU* 26.3.2007; REsp n. 389.190-SC, rel. Min. Castro Meira, *DJU* 13.3.2006; AgR no Ag n. 568.509-MG, rel. Min. Luiz Fux, *DJU* 30.9.2004 (...)" (STJ, 1ª Turma, AgR no REsp 1.183.264-ES, rel. Min. Napoleão Nunes Maia Filho, j. 9.8.2016, *DJe* 23.8.2016).

Sem a correta informação do valor a ser executado não existe possibilidade de defesa efetiva pelo devedor, que não contará com meio hábil para formalizar sua impugnação.

O cálculo do credor, que deverá espelhar o título executivo, tem uma relação de simetria com a defesa do devedor. Ambas as peças devem ser analíticas, para permitir o efetivo contraditório. O credor que falha na tarefa de discriminar corretamente o débito sofrerá interpelação judicial para emenda (art. 801 do CPC), a qual, não atendida, provocará a extinção da via executiva. O devedor que não oferece defesa específica impugnando o cálculo do credor de modo analítico não terá sua peça conhecida quanto ao excesso (art. 525, § 4º, do CPC).

As atividades do credor, do devedor e do próprio contador judicial deverão ser facilitadas paulatinamente com a integração do sistema eletrônico na via judicial. É perceptível a melhoria contínua, embora ainda estejamos longe do ideal. O CNJ deverá fornecer programa eletrônico para cálculo judicial, que ainda está em fase de análise e estudo pelo Departamento de Tecnologia e Informática/DTI. A vantagem desta implantação será a adequação da planilha com os diversos índices que tenham sido fixados em precedentes, o que auxiliará de modo considerável os jurisdicionados (art. 509, § 3º, do CPC).

7.4 Liquidação por arbitramento

A liquidação por arbitramento corresponde ao procedimento de cognição vertical limitada para a definição do *quantum debeatur*. Sua utilização pressupõe a postergação da prova técnica para a fase de liquidação. Não é correto afirmar que a diferença essencial entre a liquidação por arbitramento e a por artigos funda-se na existência de fatos novos em relação à segunda modalidade.

Na liquidação por arbitramento realiza-se *nova prova* sobre fato já reconhecido, ou seja, fato empiricamente reconhecido pela sentença condenatória genérica (art. 491, I e II), mas que não poderia ser avaliado corretamente no momento da decisão judicial. Dentro desta ótica, o valor não deixa de ser um fato novo, ao menos sob a ótica temporal. Por este motivo, não parece correta a distinção ontológica entre a liquidação por arbitramento e por artigos apenas pela existência de um fato novo.[32]

32. Critério que era utilizado pelo CPC/1939, conforme redação do art. 909, II, que determinava o cabimento da liquidação por arbitramento "quando, para fixar o valor da sentença, não houver necessidade de provar fato novo".

Ela poderá decorrer da fixação da sentença, por negócio processual entre as partes (art. 190 do CPC) ou quando exigido pela natureza do objeto de liquidação, que poderá depender exclusivamente da prova técnica para a determinação do *quantum debeatur* (art. 509, I, do CPC).

É comum que a fixação da forma de liquidação ocorra na sentença do procedimento comum, mas a utilização de modalidade mais ampla, como o procedimento comum, não permite seu indeferimento, nos termos da Súmula STJ-344: "A liquidação por forma diversa da estabelecida na sentença não ofende a coisa julgada".

A mudança da forma de liquidação fixada na sentença não compromete o procedimento e deverá ser avaliada no caso concreto. Uma leitura do art. 510 do CPC não deixa dúvida de que o procedimento por arbitramento corresponde a uma *perícia diferida.* O pedido formulado na petição inicial referir-se-á à integração da sentença condenatória, pela necessidade de comprovação de fatos essenciais para a avaliação do montante devido e que não eram passíveis de elucidação no momento da produção probatória no procedimento comum. O fato ainda poderia não estar maduro para sua apreciação (art. 491, I, do CPC), ou representar custo excessivo para sua elucidação naquela oportunidade ou, ainda, dependente de prova que viesse a trazer delonga excessiva ao julgamento da lide (art. 491, II, do CPC).

Em acepção ampla, mesmo a liquidação por arbitramento não deixa de representar uma integração da sentença por um fato novo, ou seja, constituído por uma nova prova que não foi produzida no momento adequado.[33]

Não sendo possível a liquidação no transcurso do momento de produção da prova, surge a necessidade de arbitrar o valor em momento oportuno. As hipóteses são as mais variadas. Desde o acidente em que se defina a certeza do dever de reparar e que relegue para arbitramento o valor total das despesas médicas, uma vez que as demais já foram fixadas na sentença. Outra situação peculiar é a segregação da prova técnica em duas fases: a primeira em que se atesta apenas o dano, que é suficiente para a procedência do pedido e para a preservação da prova; a segunda realizada em fase de liquidação com o intuito apenas de apurar o valor devido, como na lavoura contaminada por agrotóxico pulverizado por avião da

33. Como ensina Pontes de Miranda (*Comentários ao Código de Processo Civil*, t. IX, p. 534): "A liquididade obtém-se por arbitramento quando não cabe a liquidação por simples cálculo do contador, há necessidade de se *provar fato novo*" (grifos nossos).

propriedade vizinha. Em muitas situações a liquidação por arbitramento acaba sendo naturalmente convertida em liquidação pelo procedimento comum. Podem surgir questões que, embora definidas na sentença condenatória, exijam provas e contraditório amplo. A fuga do espectro técnico e pericial com necessidade de contraditório sobre outros fatos exigirá a liquidação pelo procedimento comum. Há uma fungibilidade natural entre os procedimentos que não pode gerar qualquer nulidade quando o juiz perceba a necessidade de alargar o procedimento.[34] Esta afirmação leva em consideração a projeção da sentença condenatória genérica.

7.4.1 Novos fatos e fatos omitidos

Não será lícito incluir *novos fatos* que não foram objeto de decisão. A liquidação deve respeito e fidelidade ao título executivo primário. Há uma regra natural de fidelidade entre a liquidação e a sentença genérica (art. 509, § 4º, do CPC).[35] Não é possível liquidar lucro cessante quando o pedido tenha sido restrito aos danos estéticos na fase de conhecimento. É importante diferenciar *fato omisso* de *fato novo*. O fato omitido não gera possibilidade de conhecimento para fins de liquidação. Mesmo que a omissão tenha sido do magistrado, exige-se integração do julgado pelo

34. Atualmente há uma distinção muito tênue entre a liquidação por arbitramento e a por artigos. A questão pode ser evidenciada no exemplo do sinistro com postergação na avaliação dos danos. É possível encartar a hipótese como liquidação por artigos ou arbitramento, o que dependerá da análise do caso concreto (v.: Nelson Nery Jr. e Rosa Maria de Andrade Nery, *Comentários ao Código de Processo Civil*, cit., p. 1.250, em que usam o exemplo para liquidação por artigos). Os fatos novos que justificam a liquidação por artigos são apenas os que exigem cognição e debate sobre sua valoração e que não podem ser aferidos unicamente pela perícia. Na hipótese de sinistro o fato ilícito é conhecido e pode ser alvo de pleno debate. O que se discute na fase de liquidação resume-se unicamente na comprovação de sua extensão. Os valores e despesas referentes a danos emergentes já podem ter sido fixados em sentença, mas o dano estético e o reparador podem depender de avaliação pericial, que é postergada para a fase de liquidação por acordo entre as partes ou pela fixação da sentença, em vista da impossibilidade de sua definição oportuna por ocasião da prolação da sentença condenatória (art. 491, I e II, CPC). Sua fixação é postergada para definição exata, com respeito ao contraditório e mediante produção de pareceres (art. 472 do CPC), perícia consensual (art. 471, § 3º) ou por meio de perícia judicial (art. 465 do CPC), nos termos do art. 510 do CPC. A utilização da liquidação por artigos deve ser excepcional, por imprimir novo procedimento comum e com maior tempo de solução; mas se a sentença genérica não delimitou a forma de composição dos danos emergentes, lucros cessantes, e exige cognição sobre sua extensão, a liquidação por artigos será inevitável.

35. Dinamarco, *Execução Civil*, cit., p. 565.

oferecimento do recurso (embargos de declaração/apelação). O fato novo para fins de arbitramento refere-se à prova nova que não foi produzida e que revelará o fato jurídico necessário para a integração da sentença.

Oferecido o pedido de liquidação por arbitramento, o art. 510 permite que a parte ofereça desde já parecer técnico, nos termos do que dispõe o art. 472 do CPC. A leitura do art. 510 permite a formação do contraditório prévio, com a resposta a ser oferecida pela parte contrária, com prazo a ser fixado pelo juiz, para contraditar o parecer oferecido. Existindo anuência ao pedido formulado pelo liquidante, o juiz já terá condições de homologar o parecer arbitrando o valor. Inexistindo consenso, pela contrariedade dos pareceres, existe a possibilidade de nomeação de perito por negócio processual ou por fixação do juízo. Será utilizado o procedimento previsto pelos arts. 464 a 480 para disciplinar o *modus operandi* da realização da perícia consensual ou judicial.

A sentença poderá exigir arbitramento *total* ou *parcial*. Na hipótese de pedido referente a danos materiais e morais inexiste, como regra, motivo para postergar a segunda verba para a fase de liquidação.[36] A sentença poderá ter fixado dano moral e dano material, mas relegado apenas o dano material para fins de arbitramento. A liquidação será parcial.

Não existe impedimento ao processamento da liquidação, mesmo com a pendência de recurso (art. 512 do CPC). Não importa que tenha sido atribuído efeito suspensivo ao recurso interposto. O efeito suspensivo atribuído pelo relator (art. 932, II, do CPC) apenas impedirá o cumprimento provisório da sentença, mas não sua liquidação.

O provimento do recurso do réu poderá tornar o procedimento de liquidação ineficaz quando afetar a integralidade da sentença condenatória, ou apenas modificar os parâmetros da liquidação, quando o provimento for parcial.

7.5 Liquidação pelo procedimento comum ou por artigos

A liquidação pelo procedimento comum é utilizada nas situações de maior complexidade. Em determinadas situações existe a necessidade

36. "Verificada a ocorrência de danos morais decorrentes do protesto indevido, deve o juiz fixar, desde logo, o valor da indenização, sendo desnecessária a remessa à liquidação por arbitramento. Em apreço ao princípio da economia processual, e tratando a hipótese de dano moral *in re ipsa*, nada impede que o valor da indenização seja fixado em sede de recurso especial – Recurso especial parcialmente provido" (STJ, 3ª Turma, REsp 782.969-PR, rela. Min. Nancy Andrighi, j. 17.8.2006, *DJU* 4.9.2006, p. 270).

de conjugar títulos com formação híbrida, como a sentença penal condenatória que fixa reparação civil (art. 387, IV, do CPP). Eliminou-se a expressão "artigos", que decorria da tradição de articular, item por item, os danos a serem objeto de apreciação.[37] Atualmente isto é desnecessário, pois a petição inicial apenas exige a descrição livre dos fatos novos que justificam o pedido de liquidação.

Uma das razões plausíveis para que o procedimento comum seja invocado é a necessidade de maior amplitude probatória para a demonstração dos *fatos novos*. Não se trata de simples operação matemática para apurar o valor devido, ou da realização de prova técnica para definir a extensão de fato ilícito já reconhecido na fase de cognição.

A liquidação pelo procedimento comum abre a possibilidade de contraditório sobre fatos que não eram passíveis de averiguação na fase anterior. Não se deve, como já alertado, confundir *fato novo* com *prova nova*. Do contrário dificilmente a liquidação por arbitramento não se transformaria sempre em liquidação por artigos. O fato novo para fins de liquidação por artigos pressupõe a impossibilidade de se alegar o fato em fase anterior, ou que o fato assuma natureza superveniente (art. 491 do CPC), exigindo o contraditório para avaliar sua extensão.

A sentença condenatória penal representa o exemplo clássico da primeira hipótese. Não existindo a possibilidade de discutir na seara penal fatos que somente podem ser invocados na esfera cível, a parte deve indicar todos os fatos novos que são decorrentes do fato jurídico já reconhecido, mas que devem ser provados originalmente no processo de liquidação. Por exemplo, o reconhecimento do homicídio praticado contra o pai de família torna certa a obrigação de reparar (*an debeatur*); contudo, a extensão e a quantificação dos danos materiais e morais bem como aqueles que serão legitimados a postulá-los dizem respeito ao procedimento de liquidação. A apuração pelo procedimento comum é decorrência natural da necessidade de amplo contraditório para análise dos danos emergentes, lucros cessantes, bem como do período de incidência.

A liquidação por artigos também poderá ser uma consequência do processo civil. A sentença poderá definir que dentro de determinado período (desde o cometimento do ato ilícito até o restabelecimento da vítima) serão devidos danos emergentes e lucros cessantes.[38] O reconhecimento do dano na sentença condenatória não transforma a apuração do

37. Pontes de Miranda, *Comentários ao Código de Processo Civil*, cit., t. IX, p. 539.

38. Sobre a distinção entre *danos emergentes*, *lucros futuros* e *perda de uma chance*: Lagostena/Rubini, *La Liquidazione del Danno*, pp. 85 e ss.

seu valor em um fato propriamente novo. O fato jurídico já foi reconhecido, apenas deverá ser apurado o montante devido, o que poderá depender de provas que não se resumem a uma avaliação técnica. Um taxista que alcançou reabilitação um ano após a sentença condenatória ter sido proferida poderá pedir a liquidação pelo procedimento comum conjugando não apenas a prova técnica relativa à média de ganhos auferida pela análise do quilômetro rodado, mas pela prova documental de inspeção veicular, pela prova testemunhal que corroborará sua renda diária e comprovação de período de jornada no local de seu trabalho.

8. *Angularização da relação processual de liquidação*

A liquidação necessita ser angularizada para a formação do contraditório regular. Quando se tratar de procedimento oriundo da fase cognitiva, o desenvolvimento da relação processual em continuidade não exige a citação, mas a intimação, nos termos dos arts. 510 e 511 do CPC, que deverá ser realizada preferencialmente na modalidade eletrônica (art. 270 do CPC). A liquidação por arbitramento exigirá a intimação das partes na pessoa do seu procurador para oferecer a resposta em prazo a ser fixado pelo juiz, o qual deverá ser de no mínimo 15 dias, em simetria com o prazo convencional de resposta previsto no procedimento comum (art. 335 do CPC).

Na liquidação pelo procedimento comum o requerimento do autor ensejará a intimação do advogado ou da sociedade de advogados para oferecer contestação no prazo de 15 dias, cujo procedimento seguirá, quanto aos demais atos, o que está disciplinado no Livro I da Parte Especial do Código de Processo Civil.

Tratando-se de liquidação referente a títulos que não são decorrentes do processo de conhecimento – como a sentença penal condenatória transitada em julgado (art. 515, VI), a sentença proferida em juízo arbitral (art. 515, VII), a sentença estrangeira homologada pelo STJ (art. 515, VIII) ou decisão interlocutória estrangeira (art. 515, IX) –, o liquidando deverá ser citado. A citação é decorrente do reconhecimento expresso da natureza autônoma da liquidação para títulos que exigem a formação de relação processual específica para a apuração do *quantum debeatur*.

9. *A competência para a liquidação*

Não há menção expressa sobre o juízo competente para o exercício da pretensão de liquidar. Deve ser respeitada a mesma regra aplicada para o fim de cumprimento da sentença. Afinal, já existe o título executivo, o qual precisa unicamente de integração para a definição do valor (*quantum debeatur*). A regra a ser aplicada é a do art. 516 do CPC. Sua leitura revela que a liquidação estará vinculada, a princípio, ao juízo cível que formou o título executivo (art. 516, II). Isto não impede que a liquidação possa ser processada no domicílio do executado ou no local em que estejam localizados os bens que serão objeto dos atos executivos na fase de cumprimento da sentença (art. 516, parágrafo único).

Em relação aos títulos executivos que não têm vinculação originária com o juízo cível, como a sentença penal condenatória transitada em julgado, a liquidação poderá ser oferecida no domicílio do executado ou no local em que os bens do devedor estejam localizados. Se o devedor possuir bens em diversos locais abre-se foro de liquidação alternativo para o credor.

10. Decisão na liquidação

Uma das questões mais tormentosas que envolvem a redação do art. 203, §§ 1º e 2º, do CPC reside na definição da natureza jurídica da decisão que encerra o processo de liquidação. Como já alertamos, o Código de Processo Civil/2015 não guarda mais sintonia com a classificação anteriormente utilizada na redação originária do Código de Processo Civil/1973, em que a natureza jurídica do ato judicial era definida com base no recurso cabível.[39]

O Código de Processo Civil vigente entende que sentença é o ato que encerra a fase cognitiva ou executiva em primeira instância de acordo com alguma das situações previstas nos arts. 485 ou 487. A decisão interlocutória é definida por exclusão, ou seja, ela estará configurada quando não for materializado julgamento que configure sentença.

Com base nesta diferenciação, seria coerente classificar o pronunciamento positivo sobre a liquidação como sentença. Não há dúvida de que a decisão que encerra a fase de liquidação revela natureza de sentença, porque, julgando-se o mérito da liquidação se integrará a sentença condenatória genérica com procedência do pedido liquidatório (art. 487, I, do CPC). O argumento fortalece-se quando ela é fruto de genuíno processo autônomo, como na liquidação da sentença penal condenatória, em que se inicia nova relação processual com citação do liquidando (art. 515,

39. V. nosso *Curso de Processo Civil*, t. I, *Parte Geral*, p. 786.

§ 1º, do CPC).[40] Além disso, a liquidação, ainda que disciplinada como fase intermediária entre o processo de cognição e a execução, guarda sua autonomia, e o cumprimento de sentença não pode ser iniciado *ex officio*.

Entretanto, esta não foi a solução encampada pela doutrina majoritária e pela jurisprudência do STJ.[41] Desde a reforma operada pela Lei 11.232/2005 sedimentou-se o entendimento de que o ato judicial que julga a liquidação procedente representa decisão que encerra uma fase intermediária e que abre caminho para o cumprimento de sentença, sujeitando-a ao agravo de instrumento, nos termos do art. 1015, parágrafo único. Impede-se o próprio reconhecimento da fungibilidade entre a apelação e o agravo de instrumento em face do pronunciamento que liquida a sentença.[42]

Não se incluem nesta classificação apenas as decisões que extinguem a liquidação e impedem sua repropositura. Tratando-se de decisão de mérito que reconheça matéria como pagamento, compensação ou prescrição, o pronunciamento judicial resolverá o processo por sentença, propiciando o oferecimento do recurso de apelação.[43] O mesmo é válido para a situação excepcional de liquidação "zero", porque o credor não terá condições de prosseguir com o cumprimento de sentença, autorizando a utilização do recurso de apelação.

Na liquidação por cálculo do credor, em que não há propriamente fase para liquidação, também será possível a utilização do agravo de instrumento para controle da decisão judicial que aprecia em sede liminar ou que se manifesta sobre a atualização dos cálculos no decorrer da execução. Este posicionamento é decorrente da leitura da Súmula STJ-118, que foi formada perante o Código de Processo Civil/1973 e continua válida

40. Daniel Amorim Assumpção Neves, *Manual de Direito Processual Civil*, p. 782.

41. Nelson Nery Jr. e Rosa Maria de Andrade Nery, *Comentários ao Código de Processo Civil*, cit., p. 1.255.

42. Cf.: STJ, 2ª Turma, REsp 1.075.865-MG, rel. Min. Og Fernandes, j. 20.3.2018, *DJe* 23.3.2018.

43. "O ato judicial proferido no âmbito do incidente de liquidação extingue o próprio processo, determinando inclusive o arquivamento dos autos; sua natureza já não será de simples decisão interlocutória que 'decide a liquidação', mas de verdadeira sentença (CPC, art. 162, § 1º), [*CPC/1973 – v. art. 203, § 1º, do CPC/2015*] contra a qual o recurso cabível será o de apelação (CPC, art. 513) [*CPC/1973 – v. art. 1.009 do CPC/2015*] (STJ, REsp 1.090.429-RJ, rel. Min. Teori Albino Zavascki, 1ª Turma, j. 20.5.2010, *DJe* 26.5.2010) – 2. Agravo interno não provido" (STJ, 2ª Turma, AgInt no AREsp 1.054.164-RJ, rel. Min. Mauro Campbell Marques, j. 15.8.2017, *DJe* 21.8.2017).

perante o sistema atual: "O agravo de instrumento é o recurso cabível da decisão que homologa a atualização do cálculo da liquidação".

11. Verbas sucumbenciais na liquidação

Não seria compreensível se toda a atividade jurisdicional desenvolvida em amplo contraditório na fase de liquidação não gerasse a necessidade de imputação das despesas.

No procedimento por arbitramento a sucumbência engloba despesas processuais de menor porte, pela sumariedade do procedimento de cognição. Na fase de liquidação pelo procedimento comum a sucumbência abrangerá o desenvolvimento de todos os atos processuais, incluindo a eventual perícia judicial utilizada para a definição do *quantum debeatur*. O STJ entende que a perícia, ainda que não mencionada expressamente na decisão judicial, deve ser incluída na conta geral das despesas processuais.[44]

A liquidação como fase autônoma propicia a aplicação do princípio da sucumbência tomando como parâmetro o valor inicialmente ilíquido que se torna líquido por meio do procedimento. É possível que a liquidação seja parcial (art. 509, § 2º, do CPC); logo, nem sempre a sucumbência tomará como base o valor integral do pedido definido na fase conhecimento (art. 491 do CPC).

44. "É adequada a inclusão dos honorários periciais em conta de liquidação quando o dispositivo da sentença com trânsito em julgado condena o vencido, genericamente, ao pagamento de custas processuais. Quem tem razão não deve sofrer prejuízo pelo processo. Surpreender o vencedor da demanda com a obrigação de arcar com os honorários periciais apenas e tão somente porque a sentença condenava o vencido genericamente ao pagamento de 'custas' e não 'despesas' representa medida contrária ao princípio da sucumbência e até mesmo à própria noção da máxima eficiência da tutela jurisdicional justa – Embargos de divergência conhecidos e não providos" (STJ, Corte Especial, EREsp 1.519.445-RJ, rel. Min. Og Fernandes, rela. para o acórdão Min. Nancy Andrighi, j. 19.9.2018, *DJe* 10.10.2018).

Capítulo IV
DO CUMPRIMENTO PROVISÓRIO DE SENTENÇA

1. A provisoriedade do comando judicial. 2. O cumprimento provisório e a duração razoável do processo. 3. Requisitos do cumprimento provisório: 3.1 Iniciativa do exequente: 3.1.1 A responsabilidade objetiva no cumprimento provisório – 3.1.2 Cumprimento provisório da parte controversa – 3.2 A fixação da caução: 3.2.1 Momento temporal da caução – 3.2.2 A dispensa da caução: 3.2.2.1 Verba de natureza alimentar – 3.2.2.2 Premência do credor – 3.2.2.3 Pendência do agravo –3.2.2.4 Decisão em conformidade aos precedentes – 3.2.3 Procedimento para a fixação da caução. 4. Cumprimento provisório e o efeito repristinatório e a tutela da boa-fé. 5. A execução provisória das "astreintes": 5.1 A fixação de multa no cumprimento provisório. 6. Do cabimento de sucumbência no cumprimento provisório. 7. A formação dos autos no cumprimento provisório. 8. Defesa no cumprimento provisório.

1. A PROVISORIEDADE DO COMANDO JUDICIAL

O art. 520 do CPC inaugura o capítulo relativo ao cumprimento provisório da sentença que reconhece a obrigação de pagar quantia certa. A provisoriedade é uma consequência da continuidade da relação processual em face da pendência de recurso interposto contra o título executivo, sem a eficácia suspensiva. Logo, eventual acolhimento do recurso poderá reverter os atos executivos, o que exige a disciplina do legislador quanto ao procedimento e aos efeitos gerados pela execução provisória.

É desnecessário relembrar a crítica doutrinária que se faz à expressão "execução provisória" (agora pode ser projetada para o "cumprimento provisório"). Na verdade, a provisoriedade diz respeito ao título que embasa a execução.[1]

1. Federico Carpi, *La Provvisoria Esecutorietà della Sentenza*, p. 6.

O desenvolvimento histórico do regime da apelação demonstra que o princípio do duplo grau, concebido na fase pós-clássica do Direito Romano, posteriormente recepcionado pelos glosadores e pelo Código Napoleônico, respeitava o princípio *appellatione pendente nihil innovandum*.[2] Deste modo, o Direito moderno encartou a excepcionalidade da atividade executiva pelo fato de o efeito suspensivo compor a base do recurso de apelação.[3] O CPC/2015 estruturou o cumprimento provisório nos arts. 520 a 522.

No sistema atual só há sentido em falar de cumprimento provisório em face de títulos executivos judiciais. A execução extrajudicial fundada nos títulos previstos no art. 784 do CPC, bem como por aqueles previstos em leis especiais (art. 784, XII), é sempre definitiva. O título executivo extrajudicial nasce definitivo porque depende apenas do preenchimento dos requisitos legais para a prévia cognição judicial e o início dos atos executivos. Não foi recepcionado o esdrúxulo entendimento firmado no transcorrer do Código de Processo Civil/1973 quanto à admissão de execução provisória em relação ao título extrajudicial.[4] Com base nesta previsão, uma execução inicialmente definitiva tornava-se, posteriormente, provisória pela mera apresentação dos embargos, o que representava incoerência.[5]

O termo "sentença" deve ser interpretado como "decisão judicial" para fins de cumprimento provisório, pois são passíveis de execução antecipada *acórdãos*, *sentenças* e *decisões* que contenham carga condenatória para fins do art. 515, I, do CPC. Basta que ainda não sejam definitivos, pela insurgência recursal despida de efeito suspensivo. O relator poderá conceder efeito suspensivo enquanto pendente análise do agravo de instrumento contra decisões interlocutórias, ou mesmo em relação à apelação. Excepcionalmente, ações autônomas de impugnação, como o

2. Ricardo Orestano, *Appello*, pp. 94-154.

3. Calamandrei, *La Cassazione Civile*, t. I, pp. 395 e ss.

4. E que decorria da segunda parte da redação do art. 587 do CPC/1973: "É definitiva a execução fundada em título extrajudicial; *é provisória enquanto pendente apelação da sentença de improcedência dos embargos do executado, quando recebidos com efeito suspensivo (art. 739)*". Na verdade, a redação original do Código de Processo Civil/1973 não gerava essa distorção, que foi consumada pela alteração da Lei 11.232/2005. A questão havia sido alvo de atenção pelo STJ, que formulou a Súmula 317: "É definitiva a execução de título extrajudicial, ainda que pendente apelação contra sentença que julgue improcedentes os embargos".

5. Araken de Assis, *Manual da Execução*, p. 463; Daniel Amorim, *Manual de Direito Processual*, p. 1.084.

mandado de segurança, podem impedir o cumprimento provisório pela concessão da liminar contra a decisão judicial combatida.

2. *O cumprimento provisório e a duração razoável do processo*

O *fator tempo* está intimamente ligado ao cumprimento provisório da sentença. Ainda que a função social e jurídica do processo almeje a certeza quanto à declaração da pretensão afirmada em juízo, não há dúvida de que a função econômica e a própria estabilidade das relações jurídicas reclamam agilidade e eficiência.[6]

Muito antes da previsão do art. 5º, LVXVIII, incluído pela Emenda Constitucional 45/2004, a Constituição norte-americana previa na sua VI Emenda, de 1798, a necessidade de julgamento célere em relação aos processos criminais (*right to a speed trial*). No Direito moderno a visão constitucional sobre a celeridade como garantia fundamental do cidadão iluminou os principais sistemas processuais.[7]

A necessidade de agilidade torna possível conferir execução imediata a decisões judiciais que ainda estejam sob crivo do contraditório na esfera recursal. Desde que inexista o efeito suspensivo, conclui-se que o sistema jurídico opta pela execução provisória como meio de garantir a efetividade ao direito já afirmado, ainda que não tenha sido esgotada a possibilidade de defesa do réu, ora executado. Com a possibilidade da decisão judicial provisória, o *fator tempo* pesará sobre o polo passivo da relação processual, e não mais sobre o polo ativo, como meio de racionalizar o funcionamento do sistema jurídico. A execução provisória tem como ponto de distinção em relação à execução definitiva a necessidade de caução. O julgamento definitivo que confirma a execução provisória torna-a definitiva e libera a caução eventualmente prestada pelo credor. Na hipótese de reforma parcial ou total ou anulação da decisão judicial o

6. "Ressalte-se que a prestação jurisdicional firmou-se como um verdadeiro direito público subjetivo do cidadão na Constituição da República. Assim, o Poder Judiciário não é fonte de justiça segundo suas próprias razões, como se fosse um fim e a sociedade um meio. O Judiciário foi criado pela sociedade para fazer justiça, para que os cidadãos tenham convivência harmoniosa. Portanto, é dever do Judiciário dar a resposta buscada pelo cidadão no prazo razoável. A justiça humana se presta aos vivos e em prol da vida que se julga" (STF, Pleno, EI na AR 1.244, rela. Min. Carmen Lúcia, j. 22.9.2016, *DJe* 30.3.2017).

7. Nicolò Trocker, *Processo Civile e Costituzione*, p. 270. Ainda: Vicenzo Vigoriti, *Garanzie Costituzionali del Processo Civile*, p. 127.

devedor retornará ao estado anterior, com possibilidade de indenização (art. 520, II, do CPC).

3. Requisitos do cumprimento provisório

3.1 Iniciativa do exequente

O cumprimento provisório ou definitivo depende da iniciativa da parte exequente. O cumprimento de sentença está vinculado ao princípio dispositivo, pois a atividade executiva nasce pelo pedido expresso. A ausência de requerimento de cumprimento faz com que o processo seja remetido ao arquivo, iniciando-se o prazo de prescrição da pretensão executiva (Súmula STF-150). Não cabe ao juiz iniciar o cumprimento definitivo, e muito menos o provisório, porque o exequente tem o direito de aguardar o julgamento do recurso para evitar a responsabilidade objetiva quanto a eventuais prejuízos que possam ser gerados pela execução infundada.

Os prejuízos gerados pela atividade executiva na hipótese de o recurso obter provimento parcial ou total serão imputados objetivamente ao exequente, nos termos do art. 520, I, do CPC. A responsabilidade objetiva é a regra geral que informa a reparação da atividade executiva infundada, e tem suporte no art. 776 do CPC.

Importante relembrar que a iniciativa do cumprimento provisório não diz respeito apenas à obrigação de pagar quantia certa. O cumprimento provisório também engloba, *mutatis mutandis*, os procedimentos atinentes às obrigações de fazer, não fazer ou de dar coisa (art. 520, § 5º, do CPC). Isto é importante, porque uniformiza o regime de cumprimento, e deve ser levado em consideração que uma sentença poderá conter multiplicidade de eficácias. Mesmo uma sentença possessória, que é marcada pelo sincretismo absoluto, poderá conter determinação de demolição sobre uma benfeitoria ou acessão. Enquanto pendente a análise do recurso de apelação o pedido de demolição pode levar o juiz a exigir a caução, nos termos do art. 520, § 4º, do CPC.

3.1.1 A responsabilidade objetiva no cumprimento provisório

A responsabilidade objetiva será apurada nos próprios autos, ou seja, a reversão da execução ensejará pedido de liquidação dos danos com aproveitamentos dos autos da execução. Será necessário demonstrar a relação de causalidade entre o ato executivo e o prejuízo sofrido, o que exigirá liquidação por arbitramento. O prejuízo deve ser expressamente demonstrado. Não basta o pedido de fixação da quantia para fins de reparação apenas pelo insucesso da execução, pois não há que se falar em dano presumido.[8]

Os atos executivos que podem provocar a necessidade de reparação são variados. Mesmo atos preparatórios, como a prenotação (art. 799, IX), são suficientes para a incidência do dever de reparar. Uma simples anotação da ação de execução na matrícula de imóvel rural poderá inviabilizar o financiamento de uma safra agrícola, fato suficiente para apurar a perda de uma chance (*perte d'un chance*).[9] A recomposição do dano é focada naturalmente nos danos materiais que os atos executivos possam ter provocado; contudo, o dano moral pode ser cumulado. Não há qualquer dúvida de que uma demanda executiva infundada ou modificada em seu valor pode repercutir negativamente na esfera moral do executado e com abalo de sua esfera íntima e negocial.

A modificação parcial do valor da execução, em vista do recurso interposto, também poderá gerar a indenização. Nesta situação os atos executivos foram praticados com excesso, o que poderá acarretar prejuízo considerável ao executado.[10]

3.1.2 Cumprimento provisório da parte controversa

É possível que o cumprimento de sentença permita a convivência da execução definitiva com a execução provisória. Quando o recurso seja dirigido apenas em relação a parte da decisão, isto permite o surgimento de parte incontroversa na demanda, em relação à qual não existe mais qualquer discussão entre as partes.

A parte *incontroversa* refere-se à execução definitiva (art. 523 do CPC) e pode conviver com a execução provisória da parte *controversa* (art. 520 do CPC). Nas sentenças penais condenatórias a fixação do valor mínimo, já transitado em julgado, permite a execução definitiva, mas sem

8. STJ, 3ª Turma, AgR no REsp 1.371.833-PR, rela. Min. Nancy Andrighi, j. 3.9.2013, *DJe* 9.9.2013.

9. Fabio Caldas de Araújo e José Miguel Garcia Medina, *Código Civil Comentado*, p. 237.

10. "Como regra, ante a possibilidade de modificação do título judicial que ampara a execução provisória, ao credor é imposta a responsabilidade objetiva de reparar os eventuais prejuízos causados ao devedor, restituindo-se as partes ao estado anterior. Nessas hipóteses, a apuração dos danos sofridos pelo executado poderá ocorrer nos mesmos autos, mediante liquidação por arbitramento" (STJ, 3ª Turma, REsp 1.576.994-SP, rel. Min. Marco Aurélio Bellizze, j. 21.11.2017, *DJe* 29.11.2017).

prejuízo da liquidação e execução do valor complementar (art. 387, IV, do CPP). É possível que recurso pendente sobre o valor complementar modifique a liquidação em andamento, que tramitará pelo procedimento comum (art. 511 do CPC), tendo-se em vista a possibilidade de invocação de *fatos novos* na esfera cível, como a compensação de culpas.

3.2 A fixação da caução

O cumprimento provisório sujeitar-se-á à prestação de caução *suficiente* e *idônea*, que deverá ser prestada nos próprios autos e arbitrada de plano pelo juiz (art. 520, IV, do CPC). A caução representa uma garantia para a hipótese de reversão dos atos executivos e para a garantia do executado.

A despeito da literalidade do art. 520, IV, do CPC, percebe-se que a caução somente será necessária quando o cumprimento provisório atingir estágio avançado marcado pela satisfação da atividade executiva por meio dos seguintes atos: (a) *levantamento de depósito em dinheiro*; (b) *transferência da posse*; (c) *alienação da propriedade*; ou (d) *alienação de direitos reais menores*.

Percebe-se que a caução será necessária para que a satisfação integral do cumprimento provisório possa surtir eficácia. Os atos supramencionados demonstram que a atividade executiva já alcançou a fase de expropriação compulsória. A penhora sobre dinheiro não depende de nenhum ato suplementar, além da transferência para o credor com o fim de propiciar a satisfação da execução. A transferência da posse assume particular relevância em relação aos bens móveis, na medida em que a tradição opera a transferência da posse e da propriedade (art. 1.267 do CC), inclusive convalidando transmissão *a non domino* em face de terceiro (art. 1.268 do CC). Em relação aos bens imóveis a transferência da posse também opera efeito estabilizador, como reconhece a Súmula STJ-84. A alienação da propriedade revela ato singular, pela transmissão econômica e jurídica do bem e sua importância é ainda maior quando envolve a participação de terceiros de boa-fé quando o ato de alienação se opera pela arrematação ou pela adjudicação. Os direitos reais desmembrados também assumem importância econômica quando permitida sua transferência.

3.2.1 Momento temporal da caução

A caução não configura pressuposto processual para a formulação do pedido de cumprimento provisório. Não se trata de requisito formal para a procedibilidade inicial do pedido.[11] A caução apenas será necessária na fase de satisfação da execução provisória, momento em que o juiz ainda valorará sua necessidade. Caso seja necessária, determinará seu oferecimento, com prazo para que o credor ofereça garantia real ou fidejussória. A questão será alvo de decisão que estará dentro do controle do agravo de instrumento (art. 1015, parágrafo único, do CPC).

3.2.2 *A dispensa da caução*

A caução é dispensada em hipóteses taxativas que tomam em consideração a natureza do crédito, a premência do credor e a fase processual. As previsões estão tipificadas nos incisos I a IV do art. 521 do CPC. Note que o art. 521 do CPC exige que o juiz realize a análise ponderada, nos termos do que determina o parágrafo único: "Parágrafo único. A exigência da caução será mantida quando a dispensa possa resultar manifesto risco de grave dano ou difícil e incerta reparação". O conceito indeterminado do parágrafo único permite exatamente a ponderação, motivo pelo qual a previsão não oferece qualquer obstáculo em sua aplicação. Na fase executiva, por mais que prepondere o interesse do credor na satisfação da prestação, exige-se a ponderação, uma vez que a causa da resistência poderá encontrar sustentação na garantia fundamental de subsistência digna. O dispositivo remete implicitamente ao art. 8º do CPC.

Por esta razão, a dispensa da caução nas situações narradas pelo art. 521 do CPC exigirá, sempre, a análise do caso concreto. A tensão entre a satisfação do credor e o agravamento da situação do devedor reflete a incidência direta do art. 805 do CPC. A boa-fé também deverá ser tomada em consideração para a dispensa da caução, especialmente em vista dos potenciais efeitos ao terceiro de boa-fé.[12]

3.2.2.1 *Verba de natureza alimentar*

A primeira previsão para a dispensa da caução refere-se à obrigação de natureza alimentar (art. 521, I). Independentemente da origem da verba alimentar, indenizatória ou por motivo de parentesco, a caução será dispensada. Este ponto é interessante, porque revela indistinção quanto à

11. "Na execução provisória, a prestação de caução pode ser exigida apenas no momento da efetivação de atos que impliquem alienação de domínio ou levantamento de depósito, e não como condição à propositura da ação, ocasião em que o risco de dano é meramente potencial (...)" (STJ, 3ª Turma, AgR no AREsp 262.239-MG, rel. Min. Sidnei Beneti, j. 5.2.2013, *DJe* 21.2.2013).

12. Araken de Assis, *Manual da Execução*, cit., p. 480.

origem da verba. Isto reforça a necessidade de mudança de entendimento quanto à possibilidade de utilização do rito da prisão civil para a execução da verba alimentar indenizatória, tema a ser enfrentado na sequência. O que importa para fins do art. 521, I, é reconhecimento de que a caução representa obstáculo perigoso, que compromete a dignidade e a vida do credor.

Pelo CPC/1973 existia um limite quantitativo para a dispensa da caução, nos termos do art. 475-O, § 2º, I. O dispositivo previa que a execução provisória dispensaria a caução quando o valor exigido não ultrapassasse 60 salários-mínimos. A jurisprudência enfrentou o tema e passou a autorizar a execução provisória sem levar em consideração o limite legal.[13] O art. 521, I, do CPC apenas incorporou a leitura da jurisprudência que prestigiava o tratamento especial da verba alimentar, que é marcada pela sua essencialidade, definitividade e irrepetibilidade.

3.2.2.2 *Premência do credor*

O art. 521, II, permite o afastamento da caução quando o credor demonstrar estado de necessidade. O Código de Processo Civil/2015 acabou incorporando solução oriunda da jurisprudência mas que não contava com previsão legal no sistema anterior.[14]

A previsão envolve juízo de proporcionalidade estrita (art. 8º do CPC). É necessário justificar com base na situação concreta a necessidade do credor que justifique a dispensa da caução. Ponderam-se nesta situação a impossibilidade do credor de prestar a caução e a urgência e necessidade em obter a satisfação da execução.

A demora deverá representar mal maior do que a impossibilidade de prestar a caução. Não existe sentido no fato de o autor lograr êxito

13. "A jurisprudência desta Corte Superior tem admitido, em se tratando de verba de natureza alimentar, a dispensa da caução na execução provisória – Precedentes (...)" (STJ, 4ª Turma, AgR no AREsp 277.114-RS, rel. Min. Luís Felipe Salomão, j. 19.11.2015, *DJe* 24.11.2015).

14. V. repetitivo firmado pelo STJ: "Na linha dos precedentes desta Corte Superior de Justiça, é possível deferir o levantamento de valor em execução provisória, sem caucionar, quando o tribunal local, soberano na análise fática da causa, verifica, como na hipótese, que, além de preenchidos os pressupostos legais e mesmo com perigo de irreversibilidade da situação, *os danos ao exequente são de maior monta do que ao patrimônio da executada* – (...) – Recurso especial parcialmente conhecido e, nessa parte, não provido – Acórdão sujeito ao regime do art. 543-C do CPC [*CPC/1973 – v. art. 1.036 do CPC/2015*] e da Resolução STJ n. 8/2008" (grifos nossos) (STJ, 2ª Seção, REsp 1.145.353-PR, rel. Min. Ricardo Villas Bôas Cueva, j. 25.4.2012, *DJe* 9.5.2012).

na demanda de cognição e mesmo alcançando a fase de execução não ter condições de satisfação, pela impossibilidade de prestar a caução. A negativa da tutela jurisdicional representaria violação à primazia do mérito e violação ao princípio da igualdade material na relação processual. Afinal, aos hipossuficientes deve ser conferido tratamento que permita o acesso aos mecanismos processuais e o alcance do objeto do processo.

3.2.2.3 *Pendência do agravo*

O agravo de instrumento pendente para fins do art. 1.042, II e III, do CPC não possui o condão de autorizar a caução. Ela deve ser dispensada. O legislador realiza juízo de probabilidade sobre reversão do título já confirmada em segunda instância. O art. 1.042, II, determina a inadmissibilidade do recurso especial ou extraordinário quando a decisão de origem estiver em consonância com a orientação jurisprudencial dos Tribunais Superiores. A probabilidade de êxito recursal é valorada como negativa, o que autoriza a dispensa da caução. O mesmo vale para o art. 1.042, III, que prevê a inadmissão do recurso extraordinário pela negativa de repercussão geral, seja em função do art. 1.035, § 8º, quando já exista decisão prévia do STF sobre a questão ou quando o recurso tenha sido sobrestado e é afetado pela decisão do caso paradigma afetado, nos termos do art. 1.039, parágrafo único. Deste modo, o agravo de instrumento manejado contra a decisão do presidente ou do vice-presidente do tribunal de segunda instância que nega seguimento ao recurso especial ou extraordinário não exige caução.

3.2.2.4 *Decisão em conformidade aos precedentes*

A caução ainda poderá ser dispensada quando a decisão exequenda estiver harmonia com súmula do STF ou do STJ, bem como quando estiver em conformidade com acórdão proferido em julgamento de casos repetitivos. A ligação do art. 521, IV, com o art. 927 tem como objetivo fortalecer as decisões colegiadas.

3.2.3 Procedimento para a fixação da caução

A fixação da caução pode ser requerida pelo exequente ou determinada *ex officio* pelo juiz. Não é correto o entendimento de que o interesse único e exclusivo da caução é do exequente, portanto seria vedado ao juiz determinar a aplicação do art. 521 do CPC.

O interesse do juiz está em velar pela efetividade da tutela executiva; e; como gestor do processo; deve determinar a fixação da caução; evitando a surpresa. *Ultima ratio*, a caução corresponde a uma medida cautelar, e nada impede que o juiz possa concedê-la *ex officio* com o fim de otimizar a prestação da tutela jurisdicional.

A fixação da caução exige contraditório, para permitir que o exequente possa oferecer caução idônea, no prazo de cinco dias (art. 218, § 3º, do CPC). A caução poderá ser real ou fidejussória ou em espécie. Nada impede que o exequente peça o levantamento da quantia, ou seja, a transferência do valor penhorado para sua conta, com imediato bloqueio até a solução final do processo. A transferência fica sob condição suspensiva, ou seja, até a convolação da execução provisória em definitiva.

O executado também deverá se manifestar sobre a caução oferecida. O contraditório é essencial para que possa oferecer impugnação sobre a qualidade da garantia ofertada em juízo. A insurgência contra a decisão judicial que estabilizar a caução poderá render o recurso de agravo, em face da previsão do art. 1.019, parágrafo único, do CPC.

4. Cumprimento provisório e o efeito repristinatório e a tutela da boa-fé

O cumprimento provisório poderá ser esgotado. Com ou sem prestação da caução, a execução poderá ultimar a fase de satisfação, ainda que o título não tenha perdido seu caráter de provisório ante a pendência do recurso. O duplo grau estende a espada de Dâmocles sobre a relação executiva com base na redação do art. 520, II, do CPC.

A leitura do dispositivo não oferece maior dificuldade, porque estabelece o retorno ao *status quo ante* como consequência da improcedência da execução. Na hipótese de a execução ter alcançado seu fim será necessária a fixação de perdas e danos por meio de liquidação por arbitramento nos próprios autos (art. 520, II, *in fine*). Se ainda estiverem pendentes os atos de satisfação, a atividade executiva será paralisada, sem prejuízo do pedido de reparação, porque os atos preparatórios também podem ter provocado dano material e moral (prenotação, penhora, depósito).

O CPC/2015 aprimorou o efeito repristinatório, em face da redação do art. 475-O, II e § 2º, do CPC/1973. O art. 520, § 4º, prevê a necessidade de compatibilizar o efeito repristinatório com a boa-fé processual. O dispositivo prevê que não será possível desfazer os atos executivos já consumados. A regra está em conexão direta com o espírito da reforma da Lei 11.382/2006, que procurou fortalecer a participação do terceiro interessado na execução, na qualidade de arrematante. Uma das causas de ineficácia da atividade executiva residia no manejo indiscriminado de recursos e ações autônomas e incidentes com o fim de desestimular o terceiro arrematante de participar da hasta pública.

Na tentativa de melhorar o rendimento da relação processual, duas alterações fundamentais foram realizadas pelo legislador. Primeiro, a permissão para que o terceiro pudesse desistir da arrematação na hipótese de apresentação dos embargos de arrematação. Os embargos de segunda fase foram suprimidos pela reforma de 2015, mas se manteve a possibilidade de desistência quando o devedor faça a impugnação por meio de ação autônoma (art. 903, § 5º, do CPC). Trata-se de clara valorização da boa-fé processual e material. Aquele que arremata confia na liceidade e certificação do bem que foi verificado previamente pela justiça para seu oferecimento a público. A segunda modificação é a sedimentação da hasta pública em favor do terceiro de boa-fé (art. 903, *caput*), tornando hígido o ato de alienação em face do arrematante e deslocando uma possível procedência dos embargos ou da ação autônoma (art. 903, § 4º) para a reparação de danos em favor do executado.

O reflexo destas alterações revela a força da boa-fé (art. 5º do CPC) e a necessidade da confiança nas transações autorizadas pela via judicial, sob pena de falência do processo de execução, já tão combalido. O art. 520, § 4º, nada mais é que o reflexo deste fortalecimento da posição do terceiro de boa-fé que confiou na hasta pública: "§ 4º. A restituição ao estado anterior a que se refere o inciso II não implica o desfazimento da transferência de posse ou da alienação de propriedade ou de outro direito real eventualmente já realizada, ressalvado, sempre, o direito à reparação dos prejuízos causados ao executado".

Note-se que o posicionamento atual de nosso sistema não privilegia mais o direito de sequela mesmo em face de bem arrematado *a non domino*.[15] Nosso sistema evoluiu quanto ao tratamento do terceiro de boa-fé de modo exponencial, ultrapassando a noção de inevitabilidade da reivindicação (art. 1.247, parágrafo único, do CC). Pelo sistema anterior

15. No campo dos bens móveis a alienação voluntária ou forçada protege a aquisição *a non domino*, conforme o art. 1.268 do CC, que incorpora, com temperamentos, a regra de Bourjon: a posse de boa-fé propicia a transmissão da propriedade (*en fait de meubles, la possession vaut titre*). Nos bens imóveis a evicção pode ser alegada para infirmar a arrematação, mas atualmente o terceiro de boa-fé conta com proteção firme pelo princípio da concentração, nos termos do art. 54, parágrafo único, da Lei 13.097/2015.

o proprietário poderia reivindicar o bem alienado em hasta e os prejuízos seriam requeridos, pelo arrematante, em relação ao executado.[16]

A proteção é concedida ao adquirente de boa-fé. Isto significa que o art. 520, § 4º, do CPC presume a integridade da relação jurídica de transmissão operada no momento da assinatura do auto de arrematação ou adjudicação. É certo que, tratando-se de adjudicação, não existirá qualquer empecilho quanto ao desfazimento do ato de transferência, pois não existirá prejuízo a terceiro em caso de resolução da execução provisória.

O art. 903, § 1º, ainda permite que o juiz possa conhecer das matérias de nulidade da arrematação, quando provocado no prazo de 10 dias da assinatura do auto, antes da expedição da carta de arrematação ou da ordem de entrega do bem móvel (art. 903, § 3º). Neste interregno a ação de impugnação não será necessária para a análise das matérias elencadas nos incisos I a III do art. 903, § 1º, do CPC. O arrematante somente será afetado quando concorrer com o vício, como na hipótese de não depositar o preço.[17]

A ação de impugnação autônoma não afetará a posição do terceiro que estiver de boa-fé. Sua participação na ação que visa à desconstituição da alienação judicial é compulsória, motivo pelo qual é chamado como litisconsorte necessário (art. 903, § 4º). Embora a qualidade da formação seja necessária, a solução da lide poderá ser diversa. Em outras palavras: a procedência da ação de impugnação não afetará a posição do arrematante de boa-fé (art. 903, *caput*, *in fine*). Somente o arrematante de má-fé estará sujeito ao efeito desconstitutivo. Por este motivo, ainda que o litisconsórcio assuma o caráter de *necessário* quanto à formação do polo passivo, ele será *simples* quanto à decisão, pois o dispositivo sentencial poderá ser diverso para os corréus do processo.[18]

5. *A execução provisória das "astreintes"*

A multa poderá ser executada provisoriamente, e o CPC/2015 põe fim à polêmica sobre seu cabimento, conforme o art. 537, § 3º. A multa

16. Para uma visão sobre a questão: Paulo Barbosa de Campos Filho, *Da Evicção do Arrematante*, em especial pp. 87-93.

17. Neste sentido: Araken de Assis, *Manual da Execução*, cit., p. 481.

18. "A interpretação do art. 694 do CPC [*CPC/1973 – v. art. 903 do CPC/2015*] indica que a procedência de eventuais embargos do executado não fundados em vício intrínseco à arrematação não afeta a eficácia desse ato e os interesses do arrematante, terceiro de boa-fé que, ademais, não lhe deu causa. Nesse sentido" (STJ, 4ª Turma, AgR no REsp 1.328.153-SP, rel. Min. Luís Felipe Salomão, *DJe* 2.12.2014).

representa autêntica medida de execução indireta, e poderá ser exigida na fase de cumprimento provisório, uma vez que constitui título hábil para fins do art. 515, I. A restrição imposta pelo legislador diz respeito à satisfação integral do valor. Seu levantamento somente será permitido após o trânsito em julgado. Deste modo, percebe-se que não há autorização para a ultimação da atividade executiva, porque o valor referente à multa é acessório. Sua execução não se insere na essencialidade da prestação, em vista de seu caráter de execução indireta.

5.1 A fixação de multa no cumprimento provisório

Outro importante ponto refere-se à possibilidade de fixação da multa no cumprimento provisório. O Código de Processo Civil/2015 inovou ao se chocar frontalmente com a jurisprudência formada no STJ que vedava, corretamente, sua fixação.[19]

Não há sentido em fixar a obrigatoriedade da multa perante um procedimento marcado pela incerteza. O cumprimento provisório nem sempre é utilizado pelo credor, o qual muitas vezes teme a possibilidade de provimento do recurso pendente, o que atrairia a responsabilidade objetiva. Da mesma forma, parece excessivo fixar multa coercitiva em face do devedor que resiste legitimamente pelo manejo do recurso contra o título exequendo?[20]

O art. 520, § 2º, do CPC, primeira parte, trouxe a previsão expressa quanto à fixação das *astreintes* no cumprimento provisório. Ao menos o legislador foi coerente em considerar que o depósito voluntário poderá ser realizado para fins de elidir a multa enquanto pendente o recurso (art. 520, § 3º). Como consequência do depósito surge o questionamento subsequente de saber se o valor depositado não poderia ser levantado por meio de caução.

Entendemos que a resposta deva ser positiva. O valor depositado quando ofertado para impedir a incidência da multa não poderá ser considerado pagamento, mas o cumprimento provisório terá seu seguimento, e nada mais natural que o ato de penhora recaia sobre o valor oferecido. O que poderá ser avaliado é a necessidade de caução, em face da natureza da dívida executada para fins de levantamento da quantia (at. 521 do CPC).

19. Neste sentido: STJ, 4ª Turma, ED no AgInt no AREsp 156.220-PR, rel. Min. Marco Buzzi, j. 20.2.2018, *DJe* 27.2.2018.

20. No mesmo sentido: Daniel Amorim Assumpção Neves, *Manual de Direito Processual Civil*, p. 1.093.

6. *Do cabimento de sucumbência no cumprimento provisório*

A segunda parte do art. 520, § 2º, do CPC expressa outro ponto polêmico e contrário à jurisprudência da Corte Federal formada perante o Código de Processo Civil/1973 por meio da técnica do recurso repetitivo.[21] Não era admitida a fixação de honorários advocatícios na fase inicial do cumprimento provisório. O incentivo ao pagamento espontâneo e imediato seria discutível quando o devedor ainda exercia meio recursal legítimo para impedir o sucesso da via executiva. O posicionamento do STJ era coerente, mas acabou não vingando perante o atual Código de Processo Civil.

Com a atual sistemática, a propositura da execução provisória será suficiente para tornar obrigatória a fixação da verba de sucumbência inicial, e isto torna ainda mais importante a responsabilidade objetiva no cumprimento provisório. Além de a verba sucumbencial aumentar a base de constrição em face do patrimônio do devedor, a sucumbência também será fixada em caso de extinção do cumprimento provisório, seja em decorrência do sucesso do recurso pendente ou da própria impugnação oferecida pelo devedor (art. 520, § 1º, do CPC).[22]

7. *A formação dos autos no cumprimento provisório*

O cumprimento provisório depende de pedido específico, sendo vedada, com maior razão, a atuação *ex officio* do magistrado. A responsabilidade objetiva do credor e o efeito repristinatório exercem influência sobre o interesse do exequente em iniciar a fase executiva enquanto o recurso não conferir definitividade ao título executivo.

A opção pelo cumprimento provisório exigirá a apresentação do pedido ao juízo competente (art. 522 do CPC). A competência não ofe-

21. "Para efeitos do art. 543-C do CPC, [*CPC/1973 – v. art. 1.036 do CPC/2015*] firmam-se as seguintes teses: 1.1 Em execução provisória descabe o arbitramento de honorários advocatícios em benefício do exequente. 1.2 Posteriormente, convertendo-se a execução provisória em definitiva, após franquear ao devedor, com precedência, a possibilidade de cumprir, voluntária e tempestivamente, a condenação imposta, deverá o magistrado proceder ao arbitramento dos honorários advocatícios. 2. Recurso especial provido" (STJ, Corte Especial, REsp 1.291.736-PR, rel. Min. Luís Felipe Salomão, j. 20.11.2013, *DJe* 19.12.2013).

22. "É cabível o arbitramento de honorários de sucumbência em caso de extinção do procedimento de cumprimento provisório de decisão judicial (...)" (STJ, 4ª Turma, AgInt nos ED no REsp 1.555.825-DF, rel. Min. Marco Buzzi, j. 10.4.2018, *DJe* 19.4.2018).

rece grandes problemas. Como regra, será do juízo sentenciante, mas com possibilidade de cumprimento provisório em juízo diverso em face da competência funcional distinta. Podemos exemplificar a situação do juízo penal que realiza fixação de dano material e moral na sentença penal condenatória, com julgamento em segunda instância e que ainda está sob análise de apelos extremos (STJ e STF), mas sem efeito suspensivo. O cumprimento provisório da sentença penal permitirá a própria execução civil dos efeitos reparatórios, sob a égide do art. 520 do CPC.

A petição para fins de cumprimento provisório não deixa de observar os requisitos do art. 319 do CPC. O art. 522, parágrafo único, determina as peças que deverão acompanhar o pedido.

Para fundamentar a causa de pedir remota será essencial a anexação do título exequendo, representado pela decisão judicial (decisão interlocutória, sentença, acórdão), bem como o recurso interposto, que comprovará a ausência de trânsito em julgado. Na verdade, não interessa apenas a comprovação do recurso, mas do seu recebimento no juízo *ad quem* sem o efeito suspensivo (art. 522, parágrafo único, II). Será possível que a ausência de efeito suspensivo decorra da concessão da tutela provisória em fase inicial ou, mesmo, na sentença. Nesta hipótese o juízo *ad quem* não deverá conceder a suspensão da liminar ou da concessão da tutela na sentença.

Além da juntada do título executivo e da peça recursal, a legitimidade para o pedido de cumprimento provisório dependerá da juntada das procurações outorgadas pelas partes, o que permitirá a intimação dos defensores e o conhecimento dos poderes conferidos para atuação em juízo. Tratando-se de autos eletrônicos, perante o juízo prolator da decisão, a petição inicial eletrônica poderá ser oferecida com menção aos documentos e sua fase de juntada. Na hipótese residual de o processo ainda tramitar na forma física, os documentos serão anexados pelo procurador, que poderá certificar sua autenticidade (art. 522, parágrafo único).

8. *Defesa no cumprimento provisório*

Apesar da tímida previsão do art. 520, § 1º, do CPC, que alude à possibilidade de o devedor, "se quiser", apresentar defesa nos termos do art. 525 do CPC, inexiste dúvida quanto à importância do oferecimento da impugnação.

O devedor poderá suscitar todas as matérias elencadas no art. 525, que incluem questões de ordem processual e material. É possível que seja suscitada a *querela nullitatis*, que poderá corresponder a ponto também invocado no recurso de apelação. Não deve ser ignorado o fato de que o devedor poderá pleitear o oferecimento de caução para impedir o cumprimento provisório e que poderá ser representada pelo valor oferecido inicialmente para evitar a incidência da multa. A aplicação do art. 525, § 6º, permite esta solução em relação ao cumprimento definitivo, e que também se estende para o cumprimento provisório. É certo que este efeito suspensivo também poderá decorrer de decisão superveniente do relator, que poderá suspender o cumprimento provisório quando atribuir efeito suspensivo ao recurso interposto contra a decisão judicial que formou o título executivo (art. 1.012, § 4º, do CPC).

Outro ponto que merece atenção diz respeito à possibilidade de acolhimento da impugnação enquanto pendente o recurso. Os objetos da impugnação e do recurso são independentes, pois a defesa apresentada deve conter matéria superveniente à sentença. As matérias alcançadas pela preclusão garantem a independência entre a fase cognitiva e a executiva (art. 525, § 1º, VII). Todavia, esta independência não é total. Existem vícios que não se convalidam, como a nulidade ou inexistência de citação, e ambas as questões podem ser suscitadas tanto na fase recursal como na defesa da impugnação (art. 525, § 1º, I).

Capítulo V

MODALIDADES DE CUMPRIMENTO DE SENTENÇA

1. O cumprimento de sentença por quantia certa. 2. Meios de expropriação do devedor para o cumprimento por quantia certa. 3. A necessidade do requerimento para o cumprimento de sentença. 4. O princípio dispositivo na tutela pecuniária e na tutela específica. 5. Intimação (e citação) para o cumprimento na quantia certa. 6. A petição inicial no cumprimento de sentença por quantia certa: 6.1 Elementos de identificação das partes e do juízo: 6.1.1 Legitimação ativa e passiva e o litisconsórcio no cumprimento: 6.1.1.1 Legitimação ativa ordinária no cumprimento – 6.1.1.2 Legitimação ativa extraordinária – 6.1.1.3 Legitimação passiva ordinária – 6.1.1.4 Legitimação passiva extraordinária – 6.2 A competência para o cumprimento na quantia certa – 6.3 Elementos essenciais do libelo: causa de pedir e pedido – 6.4 A cumulação de execuções: 6.4.1 Modalidades de cumulação objetiva – 6.4.2 Requisitos da cumulação: 6.4.2.1 Identidade entre exequente e executado – 6.4.2.2 Identidade de juízos – 6.4.2.3 Identidade procedimental – 6.5 O pedido de tutela provisória – 6.6 Instrução e cálculo analítico do requerimento inicial – 6.7 Indicação dos bens a serem penhorados: 6.7.1 Penhora em conta única no BACEN. Resolução CNJ-61/2008 – 6.8 A cobrança das custas e despesas no cálculo do requerimento de cumprimento – 6.9 Valor da causa no cumprimento de sentença – 6.10 Controle da petição inicial: 6.10.1 Correção "ex officio" da planilha. 7. Auxílio do contador judicial. 8. A exibição prévia de documentos. 9. Do cumprimento da sentença e o"tempus iudicati". 10. Procedimento expropriatório no cumprimento de sentença para pagamento de quantia: 10.1 Penhora e avaliação: 10.1.1 Momento da avaliação – 10.1.2 A materialização e a documentação da penhora – 10.1.3 A penhora e a proteção ao terceiro de boa-fé. Súmulas STJ-84, 92 e 134: 10.1.3.1 A boa-fé, a fraude à execução e a Súmula STJ-375 – 10.1.3.2 A concentração ("Richtigkeit des Grundbuch") e o conflito entre terceiros de boa-fé – 10.1.4 A penhora e o cumprimento de sentença por carta precatória. 11. Defesa do executado pela impugnação no cumprimento por quantia certa: 11.1 A defesa heterotópica – 11.2 A impugnação ao título: 11.2.1 Prazo para a impugnação – 11.2.2 A petição inicial na impugnação: 11.2.2.1 Legitimidade para a impugnação – 11.2.2.2 Autonomia das impugnações – 11.2.2.3 Competência para o oferecimento da impugnação – 11.2.2.4 Fundamentos da impugnação: (a)

Falta ou nulidade da citação ("querela nullitatis insanabilis") – (b) Ilegitimidade de partes – (c) Inexequibilidade do título ou inexigibilidade da obrigação – (d) Penhora incorreta ou avaliação errônea: (d.1) Erro subjetivo e desconsideração da personalidade jurídica – (d.2) Erro objetivo da penhora – (d.3) Avaliação incorreta – (e) O excesso de execução e o erro de cálculo ("exceptio erroris calculationis"): (e.1) O excesso e o princípio da suficiência – (e.2) O excesso e o princípio da simetria – (e.3) Cumulação indevida de execuções – (f) Incompetência absoluta ou relativa do juízo da execução – (g) Fatos jurídicos supervenientes à sentença – (h) Controle concentrado e incidental de constitucionalidade na impugnação: (h.1) Direito intertemporal. 12. Tutela de urgência na impugnação: 12.1 Concessão da liminar suspensiva e garantia do juízo – 12.2 Requisitos para a concessão da liminar na impugnação – 12.3 Atos de organização da atividade executiva e a liminar suspensiva – 12.4 Contracautela do exequente para a sequência do cumprimento. 13. A reação do exequente e a apresentação de defesa na impugnação: 13.1 Defesa superveniente à impugnação. 14. Procedimento da impugnação. 15. Julgamento da impugnação.

1. O CUMPRIMENTO DE SENTENÇA POR QUANTIA CERTA

O cumprimento de sentença por quantia certa está disciplinado nos arts. 523 a 527 do CPC quanto ao seu procedimento. Sua posição de primazia no regime de cumprimento é histórica. No processo civil romano a condenação de pagamento em quantia certa (*Geldkondemnation*) obteve formação prioritária no regime do processo formulário (*omnia iudicia pecuniaria esse debent*).[1]

Sob a ótica topológica do Código de Processo Civil/2015 sua inserção é adequada, porque vem disciplinada posteriormente à fase de liquidação e ao regime geral de formação do cumprimento de sentença (art. 513-517), incluindo o cumprimento provisório (art. 520-522). O cumprimento de sentença por quantia representa uma das formas mais importantes de execução do devedor em virtude da formação de um título judicial. Em algumas situações a exigência de quantia pode assumir procedimento diferenciado, em virtude da natureza da obrigação pecuniária. É o caso da obrigação alimentar, que permite meio especial de cobrança do devedor, conforme será estudado quando for examinado o procedimento dos arts. 528 e 529 do CPC. Em outra hipótese o procedimento de cumprimento por quantia certa assumirá rito diferenciado em face do sujeito que participa da relação processual. É o que se visualiza no cumprimento de sentença contra a Fazenda Pública, conforme os arts. 534 e 535 do CPC.

1. Gaul/Schilken/Becker-Eberhard, *Zwangsvollstreckungsrecht*, § 9º, 29, p. 141.

O cumprimento de sentença ainda poderá assumir procedimento diferenciado pelo objeto da obrigação. O cumprimento por quantia certa não deixa de ser obrigação de dar, mas pautada pela especificidade da entrega de pecúnia para sua satisfação. Quando for necessária a tutela específica, a obrigação de dar abrangerá tanto o dever de entrega de coisa certa ou incerta (art. 538 CPC) ou ainda, o cumprimento de um dever de fazer e não fazer (arts. 536 e 537), cujos procedimentos são marcados pelo sincretismo absoluto e pela atipicidade dos meios executivos. Mesmo assim com a existência de regimes próprios para o cumprimento da tutela específica, a possibilidade de conversão superveniente da obrigação de dar ou de fazer/não fazer em perdas e danos revela a importância do procedimento regulado pelos arts. 523 a 527 do CPC.

O cumprimento de sentença para pagamento de quantia pode ser provisório ou definitivo. O cumprimento provisório já foi examinado anteriormente, e aproveita toda a disciplina do cumprimento definitivo, com as modificações que lhe são peculiares, especialmente quanto à necessidade da caução. A garantia, embora possa ser excepcionada, representa forma de atenuar o risco do recurso ainda pendente. É lícito afirmar que a caução representa a nota distintiva do cumprimento provisório (art. 520, IV, do CPC).

O procedimento do art. 523 do CPC pressupõe a estabilidade do título executivo que se origina de sentença condenatória líquida. A sentença condenatória genérica permite que medidas de garantia possam ser tomadas para assegurar a futura execução (art. 495, § 1º, I), mas o cumprimento definitivo somente será possível após o procedimento de liquidação. Dentre as medidas de garantia destaca-se a hipoteca judiciária (*Judikatshypothek*), que revela a importância do princípio da concentração. Esta medida corresponde, em um primeiro momento, a autêntico meio de pressão (*Zwangshypothek*) que poderá forçar o cumprimento voluntário após o trânsito em julgado.[2] Já na fase de cumprimento impedirá que terceiros possam invocar a boa-fé pela afetação do bem desde a fase de prolação da sentença. E na sequência do procedimento de cumprimento será lícito ao credor pedir a expropriação do bem do devedor, com a venda judicial para satisfação da obrigação.[3]

2. Brox/Walker, *Zwangsvollstreckungsrecht*, p. 493.

3. Embora a hipoteca judiciária represente um efeito da sentença condenatória, exige-se o contraditório para sua constituição. O Código de Processo Civil informa que sua constituição pode ser firmada de modo imediato, o que se mostra importante para evitar fraude. O contraditório é postecipado, o que é essencial, pois o bem pode estar dentro de classe especial, como o bem de família por exemplo. O posicionamento do Código de Processo Civil/2015 choca-se com a posição do STJ, que exige

O cumprimento de sentença refere-se à sentença total ou parcial. O art. 523 do CPC permite expressamente o cumprimento definitivo em relação à parte incontroversa da demanda. Reforça-se neste ponto a necessidade de classificação do provimento pelo seu conteúdo (art. 203, § 1º, do CPC). Muito embora o julgamento da parte incontroversa receba o tratamento de decisão interlocutória, sua natureza é de autêntica sentença parcial e intermediária (*Zwischenurteil*). Todavia, como já salientado anteriormente, nosso sistema não englobou esta classificação, conferindo a natureza de decisão interlocutória de mérito para o provimento judicial que encerra parcela do mérito (art. 356, § 5º, do CPC).[4]

2. *Meios de expropriação do devedor para o cumprimento por quantia certa*

Não serão examinados em espécie os meios expropriatórios para o cumprimento de sentença neste t. II. Os meios de realização material dos títulos judicial e extrajudicial serão especificados no t. IV deste *Curso*. Isto não impede de explicitar o regime de cumprimento das obrigações pecuniárias.

O cumprimento para pagamento de quantia certa pode resultar na apreensão da quantia necessária para solver o valor retratado no título executivo. A penhora sobre quantia suficiente para solver a dívida retratada pelo título será apta a propiciar a extinção da execução por título judicial (art. 523 do CPC) ou extrajudicial (art. 824 do CPC), com cumprimento específico da obrigação pecuniária (art. 924, II, do CPC).

A resistência do devedor ao cumprimento da sentença autoriza que o credor possa lançar mão dos meios expropriatórios previstos pelo art. 825 do CPC. Por meio deles permite-se que o credor se utilize da técnica sub-rogatória.

O art. 825, I a III, do CPC descreve os meios expropriatórios que podem ser utilizados pelo exequente caso não ocorra o cumprimento voluntário ou quando infrutífera a penhora em espécie.

contraditório prévio: "'1. Não obstante seja um efeito da sentença condenatória, a hipoteca judiciária não pode ser constituída unilateralmente; o devedor deve ser ouvido previamente a respeito do pedido – Recurso especial conhecido e provido' (REsp n. 439.648-PR, rel. Min. Ari Pargendler, 3ª Turma, j. 16.11.2006, *DJU* 4.12.2006, p. 294)" (STJ, 3ª Turma, AgR no REsp 1.280.847-SP, rel. Min. Paulo de Tarso Sanseverino, j. 11.3.2014, *DJe* 18.3.2014). Este posicionamento está ultrapassado pela dicção expressa do Código de Processo Civil/2015, o qual entendemos ser mais coerente com o objetivo da medida.

4. V. nosso *Curso de Processo Civil*, t. I, *Parte Geral*, p. 788.

O primeiro meio expropriatório posto à disposição da parte exequente é a adjudicação. É importante alertar o leitor de que esta ordem não corresponde ao que previa originariamente o Código de Processo Civil/1973. Naquele sistema a arrematação correspondia ao meio preferencial. A atitude do legislador reformador ainda perante o sistema anterior, por meio da Lei 11.382/2006, modificou a ordem dos meios expropriatórios, permitindo que o credor possa se antecipar e pedir a adjudicação antes da arrematação. Certamente, a intenção do legislador deve ser elogiada, porque permitiu a finalização do procedimento executivo de modo abreviado e com economia processual.

Acontece que existe um detalhe crucial que poderá trazer enorme prejuízo ao devedor com a preferência da adjudicação sobre a arrematação. Desde a Lei 11.232/2005 inexiste a fase de avaliação judicial. Sua desnecessidade como fase autônoma foi confirmada pelo atual ordenamento. O não cumprimento voluntário da obrigação no prazo de 15 dias acarretará a expedição do mandado de penhora e avaliação (art. 523, § 3º, do CPC).

A eliminação da avaliação tem como pressuposto um dado lógico. As incorreções do laudo de avaliação elaborado pelo oficial de justiça são automaticamente corrigidas pelas regras de mercado. Em outras palavras: se o bem foi avaliado por preço inferior ao do mercado, o aumento do valor será natural, pela oferta pública que atrairá um número maior de pessoas para a hasta. Se o valor de avaliação foi excessivo, a ausência de lances permitirá que o bem seja oferecido por valor inferior. A motivação é realmente adequada, especialmente no período atual, com a dispersão da hasta pública eletrônica, que não permite mais vendas judiciais secretas e restritas às pessoas que estão na comarca ou seção judiciaria em que o bem é leiloado.

Todo o processo tem como pressuposto que o bem seja levado para arrematação. Este é ponto que merece atenção. Como a adjudicação antecede a arrematação, é importante que o devedor tome atenção quanto ao laudo oferecido pelo oficial ou técnico judiciário. A ausência de formação técnica poderá gerar distorção na avaliação, o que despertará o interesse do exequente em adjudicar o bem por valor inferior ao valor de mercado, provocando prejuízo ao executado que não impugnar a avaliação em tempo oportuno. Logo, a ordem de expropriação do art. 825 do CPC inspira atenção.

A adjudicação corresponde a uma forma de dação em pagamento judicial. Após a penhora e avaliação (art. 875 do CPC) abre-se a opção ao exequente de adjudicar (art. 876 do CPC). Não existindo manifestação, abre-se a possibilidade de alienação, que poderá ocorrer por iniciativa particular ou por leilão eletrônico ou presencial (art. 879, I e II, do CPC). A alienação pela via judicial acaba sendo a via de opção preferencial do exequente. Na hipótese de o bem penhorado permitir fruição com a preservação da propriedade para o devedor, a técnica de penhora sobre percentual de faturamento poderá ser utilizada (art. 866 do CPC). Esta técnica de sub-rogação é de difícil implementação, pela necessidade de nomeação de administrador judicial; mas nada impede que seja elaborado negócio processual para que a execução seja paga de modo parcelado com base no faturamento da empresa, o que pode facilitar a solução do litígio.

3. *A NECESSIDADE DO REQUERIMENTO PARA O CUMPRIMENTO DE SENTENÇA*

Para que a fase executiva tenha cabimento é necessário que o título não dependa de liquidação. O pedido do credor deverá estar embasado em condenação líquida e certa cuja extensão já tenha sido definida por ocasião da prolação da sentença (art. 491 do CPC).

Ao contrário do que acontece com o cumprimento das obrigações de fazer e não fazer ou para entrega de coisa, em que as medidas executivas podem ser de iniciativa *ex officio*, o cumprimento para pagamento de quantia exige a obediência ao *princípio dispositivo*.

A incidência do art. 523 do CPC impede o cumprimento de sentença *ex officio*. O início da atividade executiva depende de requerimento do exequente. Esta previsão é válida tanto em relação ao cumprimento provisório como em face do definitivo, nos termos do disposto pelo art. 513, § 1º, do CPC. Mesmo na seara do Juizado Especial (art. 52, IV, da Lei 9.099/1995) não se dispensa o requerimento do credor, ainda que a menor formalidade autorize o início do cumprimento por mero requerimento verbal.[5]

A atividade executiva é marcada pelo princípio da responsabilidade objetiva, sendo vedado ao juiz tomar sua iniciativa. O princípio dispositivo assume importância singular na esfera executiva. Cabe ao credor ponderar sobre o início da atividade executiva. Outro dado importante é que a pretensão executiva estará sujeita ao prazo prescricional (Súmula

5. Lei 9.099/1995, inciso IV do art. 52: "IV – não cumprida voluntariamente a sentença transitada em julgado, *e tendo havido solicitação do interessado, que poderá ser verbal*, proceder-se-á desde logo à execução, dispensada nova citação; (...)" (grifos nossos).

STF-150[6]), o que reforça a impossibilidade de atuação oficiosa pelo magistrado. O princípio dispositivo permite que o credor avalie com segurança a viabilidade prática do cumprimento de sentença. A inexistência de bens poderá levar o credor a um período de espera para iniciar o cumprimento, pois a deflagração dos atos executivos gera despesas que são suportadas inicialmente pela parte exequente (custas, contratação de profissional). A inexistência de bens que possam suportar o cumprimento de sentença para fins de satisfação do exequente não impede o início do procedimento. O exequente poderá intimar o devedor para cumprimento voluntário, nos termos do art. 523 do CPC; e, caso não encontre bens, o processo poderá ficar suspenso, aguardando a localização de patrimônio para fins de satisfação do título (art. 921, III, do CPC). Isto não eliminará a fluência do prazo prescricional intercorrente sobre a pretensão executiva (art. 924, IV, do CPC).

4. O PRINCÍPIO DISPOSITIVO NA TUTELA PECUNIÁRIA E NA TUTELA ESPECÍFICA

A diferença entre o regime de cumprimento do art. 523 (pagamento de quantia) e dos arts. 536 a 538 (obrigação de fazer e não fazer/entrega de coisa) expõe claramente a diferença entre o sincretismo relativo e o absoluto que marca a diferenciação de tratamento entre a tutela pecuniária e a tutela específica. Na tutela específica a eficácia mandamental e a executiva permitem que o ato de cognição e o de execução sejam tratados como uma única realidade, de tal modo que os atos executivos atípicos são decorrência do próprio comando judicial e não dependem da iniciativa da parte. A sentença que fixa o dever de fazer, abster-se ou entregar já exprime sua eficácia mandamental, sem necessidade obrigatória da iniciativa da parte.[7] Apesar da previsão do art. 536 do CPC quanto à formulação de requerimento pela parte, ele realmente se mostra subsidiário, como informa a boa doutrina.[8]

No cumprimento de sentença pelo art. 523, ao contrário, exige-se a exposição analítica da petição inicial, do contrário o executado não po-

6. Súmula STF-150: "Prescreve a execução no mesmo prazo de prescrição da ação".

7. Como se depreende do art. 536 do CPC: "Art. 536. No cumprimento de sentença que reconheça a exigibilidade de obrigação de fazer ou de não fazer, o juiz poderá, *de ofício ou a requerimento*, para a efetivação da tutela específica ou a obtenção de tutela pelo resultado prático equivalente, determinar as medidas necessárias à satisfação do exequente" (grifos nossos).

8. Araken de Assis, *Manual da Execução*, p. 819.

derá realizar sua defesa de modo adequado. Para que o cumprimento de sentença ganhe efetividade o juiz deve mudar sua postura no momento de prolação da sentença condenatória. O juiz deve evitar a prolação de sentenças condenatórias, limitando-se a julgar procedente o pedido do autor com os devidos acréscimos legais. A formulação de condenação genérica é prejudicial para ambas as partes.

Para o autor ela provoca dificuldades na formação do cálculo exato, abrindo margem para o oferecimento da impugnação (art. 525 do CPC), que poderia ser evitada se o juiz cumprisse com o que determina o art. 491 do CPC: "Na ação relativa à obrigação de pagar quantia, ainda que formulado pedido genérico, *a decisão definirá desde logo a extensão da obrigação, o índice de correção monetária, a taxa de juros, o termo inicial de ambos e a periodicidade da capitalização dos juros, se for o caso*" (grifos nossos).

A não fixação dos limites também prejudica o executado, que não terá segurança para oferecer o valor para fins de cumprimento espontâneo, ou por meio da consignação do art. 526 do CPC. A possibilidade de erro na apresentação do cálculo torna mais prudente esperar pela iniciativa do credor, sob pena de o executado arcar com multa e honorários advocatícios sobre a eventual diferença que for reconhecida (art. 526, § 2º, do CPC). É importante a utilização dos embargos de declaração para suprir a omissão do art. 491, *caput* (art. 1.022, II, do CPC).

5. *Intimação (e citação) para o cumprimento na quantia certa*

O regime geral da intimação para o cumprimento de sentença está disciplinado pelo art. 513, § 2º, do CPC. A lógica não poderia ser diferente. A lei processual presume que o advogado que representou o executado na fase de conhecimento também exercerá sua representação na fase executiva. O art. 105, § 4º, do CPC estabelece, expressamente: "§ 4º. Salvo disposição expressa em sentido contrário constante do próprio instrumento, a procuração outorgada na fase de conhecimento é eficaz para todas as fases do processo, inclusive para o *cumprimento de sentença*" (grifos nossos).

Este é o motivo pelo qual a intimação é direcionada naturalmente ao procurador constituído nos autos e que atuou na fase de conhecimento. A intimação é formalizada pelo *Diário* impresso ou eletrônico (art. 513, § 2º, I). Não se trata de faculdade, mas de meio obrigatório. O art. 513, § 2º, estabelece regras cogentes para que o contraditório seja formado de modo válido na fase de cumprimento. É a partir da intimação válida que será contado o prazo do art. 523, *caput*, inclusive para permitir a fixação da multa e a incidência de honorários advocatícios.[9]

É possível que a procuração não seja válida para a fase de cumprimento, contendo ressalva expressa, ou que tenha ocorrido renúncia ao mandato. Para estas situações, em que o executado não tenha advogado para a formulação de defesa, sua intimação será realizada por meio de Aviso de Recebimento (art. 513, § 2º, II). É possível que sua intimação também ocorra por meio eletrônico, nos termos do art. 246, § 1º, do CPC, quando a citação tenha sido eletrônica na fase de conhecimento (art. 513, § 2º, III). Nos processos em que ocorra a atuação da Defensoria Pública a intimação também será realizada por Aviso de Recebimento.

A mudança de endereço físico ou eletrônico não invalida a intimação pelo art. 513, § 2º, II e III, do CPC quando tenha sido realizada a comunicação do juízo, ainda que essa mudança de domicílio seja provisória (art. 274, parágrafo único). A cooperação e a boa-fé processual exigem a comunicação da alteração (art. 513, § 3º).

Se o devedor foi revel no processo de conhecimento, a intimação deverá ser realizada por edital, nos termos do art. 256 do CPC.

Quando o requerimento de cumprimento de sentença seja iniciado após um ano do trânsito em julgado será necessário que a intimação seja realizada de modo especial, com a utilização do Aviso de Recebimento com entrega no endereço cadastrado do devedor, o que gera a incidência do art. 274, parágrafo único, do CPC.

É possível que o cumprimento de sentença exija a citação para a deflagração do ato de citação, e não da intimação, para a aplicação do art. 523 do CPC. A necessidade de angularização é uma exigência em relação a alguns títulos, conforme dispõe o art. 515, § 1º, do CPC: "Nos casos dos incisos VI a IX, o devedor será citado no juízo cível para o cumprimento da sentença ou para a liquidação no prazo de 15 (quinze) dias".

Desta feita, quando o cumprimento de sentença disser respeito a (a) sentença penal condenatória transitada em julgado, (b) sentença arbitral,[10] (c) sentença estrangeira homologada pelo STJ e (d) decisão

9. Sobre os honorários, v. a Súmula STJ-517: "São devidos honorários advocatícios no cumprimento de sentença, haja ou não impugnação, depois de escoado o prazo para pagamento voluntário, que se inicia após a intimação do advogado da parte executada" (STJ, Corte Especial, j. 26.2.2015, *DJe* 2.3.2015).

10. V. repetitivo do STJ: "O Código de Processo Civil, assim como a Lei da Arbitragem, confere a natureza de título executivo judicial à sentença arbitral,

interlocutória estrangeira com o devido *exequatur*, o ato inicial para a angularização da relação processual será a citação para a liquidação prévia ou para o cumprimento de sentença.

6. *A PETIÇÃO INICIAL NO CUMPRIMENTO DE SENTENÇA POR QUANTIA CERTA*

6.1 Elementos de identificação das partes e do juízo

O procedimento de cumprimento por quantia certa dependerá do oferecimento de petição, que será construída de acordo com o disposto no art. 524 do CPC. Segue-se a estrutura básica prevista pelo art. 319 do CPC, com as mudanças naturais entre a fase cognitiva e a executiva. A qualificação das partes e do juízo poderá ser desnecessária quando o cumprimento represente efetiva sequência do processo de conhecimento. Todavia, é possível a mutação no polo ativo ou no passivo em virtude de sucessão processual (*inter vivos* ou *causa mortis*), ou ainda pelo fato de o cumprimento referir-se a sentença proferida em outro juízo (sentença penal, sentença arbitral, sentença arbitral ou judicial estrangeira). Nesta hipótese os dados exigidos pelo art. 319, II, do CPC serão essenciais, inclusive o CPF ou CNPJ, para eventual recolhimento de tributos por ocasião da expedição do alvará judicial de levantamento de quantia. A informação da identificação fiscal é essencial na fase atual, porque os primeiros atos executivos são voltados para a busca de ativos circulantes do devedor, e que são representados por depósitos à vista, aplicações financeiras e valores mobiliários. Somente a correta identificação fiscal permitirá a busca destes ativos perante o BACEN e a CVM. Atualmente, o Sistema BACENJUD inclui as sociedades corretoras e distribuidoras de títulos e valores mobiliários, permitindo que a renda variável também seja objeto de penhora *online*.[11]

distinguindo apenas o instrumento de comunicação processual do executado. Com efeito, em se tratando de cumprimento de sentença arbitral, a angularização da relação jurídica processual dar-se-á mediante citação do devedor no processo de liquidação ou de execução em vez da intimação promovida nos processos sincréticos (nos quais ocorrida a citação no âmbito de precedente fase de conhecimento). Eis, portanto, a única diferença procedimental entre o cumprimento da sentença proferida no processo civil e o da sentença arbitral (...)" (STJ, Corte Especial, REsp 1.102.460-RJ, rel. Min. Marco Buzzi, j. 17.6.2015, *DJe* 23.9.2015).

11. A autorização foi explicitada pela CVM por meio do Ofício Circular 7/2017, de 27.12.2017, que institui cronograma progressivo para a implantação do acesso via BACENJUD 2.0.

6.1.1 Legitimação ativa e passiva e o litisconsórcio no cumprimento

A legitimidade corresponde a pressuposto processual subjetivo para fins de condução da relação processual executiva. Os temas referentes às condições da ação e aos pressupostos processuais aplicados na tutela executiva serão abordados com maior profundidade no t. IV deste *Curso*, em que será tratada a teoria da execução.[12]

No cumprimento de sentença a legitimação processual deve ser examinada quanto aos polos ativo e passivo. É fundamental que os atos executivos praticados na fase de cumprimento tenham a correta indicação quanto aos polos ativo e passivo.

Tanto a legitimação ativa quanto a passiva para o cumprimento de sentença obedecem à regra geral do art. 17 do CPC. Para realizar o cumprimento de sentença o exequente deve estar nominado de modo *originário* ou *derivado* no título executivo judicial. No polo passivo a regra é similar, porque somente aquele que está abrangido pelo título poderá se sujeitar aos atos executivos da fase de cumprimento. Esta primeira abordagem leva em consideração a legitimação ativa e a passiva originária e que toma como base a análise do título judicial. A legitimação poderá ser ordinária ou extraordinária.

A cumulação subjetiva de pretensões na fase de cumprimento não enfrenta qualquer obstáculo. A projeção do litisconsórcio formado na fase de conhecimento para a fase de cumprimento é natural tanto para o polo ativo como para o passivo. Deve ser lembrado que a restrição ao cúmulo subjetivo na fase de cumprimento se refere apenas àquelas situações em que mais de um exequente se coliga no polo ativo com base em título executivo judicial diverso. Vale a advertência: não se permite a formação de litisconsórcio ativo facultativo contra o mesmo devedor por títulos diversos. O art. 780 do CPC veda a cumulação subjetiva facultativa para não agravar a situação do devedor. Permite-se apenas o litisconsórcio ativo quando a pluralidade subjetiva decorra de obrigação retratada pelo mesmo título judicial. Como exemplo citamos a formação de título executivo judicial condenatório em desfavor do executado em virtude de acidente de veículo provocado contra duas vítimas que pertencem a famílias diversas.

Na seara executiva não se aplica a benesse do prazo em dobro para os litisconsortes, conforme regra prevista pelo art. 229 do CPC. O art. 915, § 3º, do CPC veda esta extensão e deve ser aplicado também para

12. O tema dos pressupostos processuais e das condições da ação foi examinado no t. I deste *Curso*, p. 389.

o regime de cumprimento de sentença. Como regra geral, os prazos para manifestação são contados a partir da intimação de cada um dos litisconsortes (art. 915, § 3º, do CPC), e o efeito suspensivo concedido pelo oferecimento da impugnação não se estende automaticamente aos demais litisconsortes quando o fundamento é exclusivo (art. 525, § 9º, do CPC).

O litisconsórcio poderá ser *facultativo* ou *necessário*. O litisconsórcio necessário assume configuração peculiar para a modalidade passiva, sendo causa de nulidade do cumprimento de sentença quando não for observado.[13] Os efeitos do cumprimento atingirão cada um dos executados dentro de suas respectivas responsabilidades e limitações constantes do título executivo. Um exemplo pode ser citado no que tange ao cumprimento de sentença em face do devedor e do fiador. O cumprimento de sentença da fiança será limitado ao valor da apólice reconhecido na sentença condenatória, o que tornará diversa a atividade executiva desenvolvida contra ambos os executados, uma vez que nem sempre o valor integral da condenação poderá ser exigido do fiador.

6.1.1.1 *Legitimação ativa ordinária no cumprimento*

A legitimação ordinária (ativa ou passiva) representa a regra geral.[14] Nela há uma coincidência entre os titulares do direito afirmado e do combatido, sob a ótica material e processual. Deste modo, as consequências da decisão judicial atingem as mesmas partes que postulam e que contrariam a pretensão executiva retratada na relação processual.

A legitimação ordinária ativa materializa-se quando o cumprimento é realizado pela parte que obteve sucesso na demanda promovida na fase de conhecimento. A legitimação ordinária do vencedor é uma consequência de sua posição de vantagem haurida pela formação do título executivo que o habilita a formular o requerimento de cumprimento nos termos do art. 513, § 1º, conforme prevê o art. 778 do CPC: "Pode promover a execução forçada o credor a quem a lei confere título executivo". A legitimidade é auferida essencialmente pela posição jurídica do sujeito em face do ato jurídico praticado e que na fase de cumprimento exige a análise do conteúdo do título executivo.[15]

13. Cf.: STJ, 3ª Turma, REsp 1.653.141-SP, rel. Min. Paulo de Tarso Sanseverino, j. 26.6.2018, *DJe* 29.6.2018.

14. Donaldo Armelin, *Legitimidade para Agir no Direito Processual Civil Brasileiro*, p. 117.

15. Idem, p. 11.

A legitimação passiva decorre da posição de sujeição da parte que sofreu a condenação na fase de conhecimento, no juízo arbitral ou que tenha sido responsável pelo ilícito penal cujos danos materiais são requeridos por meio do cumprimento.

A legitimação ativa e a passiva poderão assumir formas derivadas em decorrência das modificações das situações fáticas que atingem a todos de modo voluntário ou involuntário.

De *modo voluntário* é possível que ocorra a alienação do objeto litigioso com mutação no polo ativo ou no passivo com possíveis efeitos integradores da relação processual, especialmente pela posição do cessionário que assume o polo ativo da relação executiva ou do terceiro que assume a dívida para fins de pagamento. As regras gerais aplicáveis aos títulos judiciais e extrajudiciais no art. 778, § 1º, do CPC indicam as causas derivadas de legitimação ordinária ativa, destacando-se a demonstração da cessão e da sub-rogação (art. 778, § 1º, III e IV), que não dependem de autorização do executado (art. 778, § 2º, do CPC).

De *modo involuntário*, a morte de qualquer uma das partes, no polo ativo ou passivo, provoca a alteração subjetiva derivada da sucessão dos herdeiros na fase de cumprimento, com transmissão automática da posição (*princípio da **saisine*** – art. 1.784 do CC), o que provoca a incidência do art. 778, § 1º, II do CPC.

6.1.1.2 *Legitimação ativa extraordinária*

A legitimação extraordinária leva em consideração a autorização legal para que terceiro que não tenha vinculação direta com o direito material deduzido em juízo possa conduzir o requerimento de cumprimento de sentença.[16] Uma das hipóteses clássicas refere-se à atuação do Ministério Público na posição de legitimado extraordinário superveniente.[17] O art. 778, § 1º, I, do CPC, fiel ao regime estrito da substituição processual, estabelece expressamente que o Ministério Público restará habilitado "nos casos previstos em lei". A reserva legal é essencial, porque somente por previsão expressa uma pretensão individual ou coletiva pode ser conduzi-

16. Sobre a origem da substituição processual: Waldemar Mariz de Oliveira Jr., *Substituição Processual*, pp. 86-89.

17. "(...). O Ministério Público tem legitimidade subsidiária para a liquidação e execução da sentença coletiva, caso não haja habilitação por parte dos beneficiários, nos termos do art. 100 do CDC – Precedentes. 11. Recurso especial parcialmente provido" (STJ, 3ª Turma, REsp 1.599.142/SP, rela. Min. Nancy Andrighi, j. 25.9.2018, *DJe* 1.10.2018).

da por um terceiro. Uma das hipóteses clássicas de autorização do Ministério Público para atuar em regime de legitimação extraordinária na fase de cumprimento é a do art. 16 da Lei 4.717/1965. Quando o cidadão não executar as verbas de procedência na ação popular, caberá ao Ministério Público a promoção, em 60 dias, do cumprimento de sentença. Trata-se de dever de ofício a reposição ao Erário dos prejuízos reconhecidos pela sentença na ação popular.[18]

6.1.1.3 *Legitimação passiva ordinária*

A legitimação, como instituto do direito material e processual, revela instituto transitivo, o que exige a análise do polo passivo. O polo passivo está vocacionado para o devedor reconhecido no título executivo. A advertência do art. 779, I, do CPC refere-se também ao que foi nominado expressamente como obrigado à satisfação da obrigação judicialmente reconhecida.

As formas derivadas de legitimação passiva também são reconhecidas nas formas voluntária e involuntária.

De modo voluntário sobressai a assunção de dívida por terceiro, nos termos do art. 779, III, do CPC. O consentimento do credor será obrigatório para que a substituição do polo possa ser concretizada. A ausência de anuência permitirá que o cessionário intervenha no processo na qualidade de assistente litisconsorcial, em vista do interesse direto no deslinde favorável do cumprimento de sentença.

Na forma involuntária a legitimidade passiva também se sujeita à inexorável sucessão processual pelo evento *morte*, nos termos do art. 779, II, do CPC.

6.1.1.4 *Legitimação passiva extraordinária*

Sob a ótica da legitimação passiva extraordinária o sistema processual brasileiro apresenta notas distintivas essenciais quanto ao clássico binômio dívida (*Schuld*) e responsabilidade (*Haftung*).

A legitimação passiva extraordinária repousa na autorização de vinculação de determinadas pessoas consideradas devedoras *ultra titulum* porque estão obrigadas ainda que originariamente não estejam previstas no título executivo. É uma consequência da responsabilidade patrimo-

18. Sobre a ação popular e a legitimação do Ministério Público consulte-se o t. III deste *Curso*, p. 646.

nial prevista pelos arts. 790 e 791 do CPC. Coube ao romanista Brinz[19] a delimitação dual[20] do conteúdo obrigacional. Foram os alemães os responsáveis pela dissecação do conteúdo obrigacional em duas partes claras e distintas: *o débito* e *a responsabilidade*. Estes dois elementos representam uma constante em qualquer vínculo obrigacional, e apenas em situações excepcionais um dos elementos estará ausente, como nas obrigações naturais. Todo aquele que estabelece relação jurídica obrigacional (*Schuldverhältnis*) sujeita seu patrimônio como garantia da dívida a ser paga (art. 789 do CPC).

O sistema permite que em determinadas situações alguém que não está diretamente vinculado à origem da relação obrigacional (*Schuld*) possa se comprometer à satisfação do vínculo obrigacional (*Haftung*). É o que acontece com o fiador do débito. Aqui vale uma importante observação. O fiador somente poderá ser executado diretamente quando o título assumir natureza extrajudicial (art. 799, IV, do CPC). No polo passivo do cumprimento de sentença, o fiador somente terá legitimidade para responder pela satisfação quando tenha integrado a fase de conhecimento, conforme dispõe expressamente o art. 513, § 5º: "§ 5º. O cumprimento da sentença não poderá ser promovido em face do fiador, do coobrigado ou do corresponsável que não tiver participado da fase de conhecimento".[21] O fiador que não participou do processo de conhecimento de modo ori-

19. Brinz, *Lehrbuch der Pandekten*, vol. II, § 274, p. 302.

20. Não se deve confundir o elemento dual com a classificação do próprio negócio jurídico subjacente, que também é base para a definição do negócio em unilateral, quando gera obrigação para apenas uma das partes, ou bilateral, quando há reciprocidade. Certo é que no campo obrigacional a relação jurídica é preponderantemente recíproca: "Es gibt Rechtsverhältnis, na denen nur einige individuell bestimmte Personen, meist nur zwei, beteligt sin; so vor allem die Schuldverhältnisse" (Karl Larenz, *Allgemeiner Teil des Bürgerlichen Rechts*, § 13, 12, p. 256).

21. Neste sentido: "O alcance subjetivo da sentença, à luz do disposto nos arts. 458, 472 e 568, I, do CPC, [*CPC/1973 – v. arts. 489, 506 e 779, I, do CPC/2015*] reclama a expressa indicação das partes que serão por ela alcançadas – em especial dos que integrarão o polo passivo na execução –, sob pena de não ser constituído título judicial contra aquele a que, não obstante tenha figurado na demanda, não foi imposta nenhuma obrigação pelo comando sentencial. 2. Na espécie, o fiador, além de não ter sido efetivamente citado na ação de despejo e cobrança de alugueres, não foi expressamente condenado pela sentença exequenda ao pagamento dos alugueres e encargos atrasados. Assim, ante a ausência de título executivo judicial em relação ao fiador executado, impõe-se a sua exclusão do polo passivo da execução" (STJ, 4ª Turma, AgR nos ED nos ED no AREsp 615.101-SP, rel. Min. Luís Felipe Salomão, j. 6.10.2015, *DJe* 14.10.2015).

ginário ou que tenha sido inserido por meio do chamamento do processo (art. 130, II e III) não poderá participar do polo passivo.[22]

A mesma solução deve prevalecer para situações em que se pretende atingir o terceiro que é titular do bem vinculado por garantia real. Existindo demanda anterior, o cumprimento deve permitir sua participação, inclusive por denunciação da lide, quando há dissociação entre a posse direta e a indireta, para que possa se manifestar em amplo contraditório.[23] Solução diversa poderá legitimar o terceiro titular de direito real quando se tratar de hipótese diversa e marcada pela ambulatoriedade e sequela do direito real, como na hipótese de obrigação *propter rem*. A necessidade de satisfação da dívida atinge o titular independentemente de ter participado do processo de conhecimento.[24]

O art. 790, I, do CPC estabelece a responsabilidade executiva do sucessor do polo passivo a título singular em demandas de natureza real ou reipersecutória. Aquele que adquire o bem litigioso e não obtém a anuência do autor da ação para a extromissão processual (art. 109, § 1º, do CPC) ficará vinculado, sem prejuízo de atuar no processo na qualidade de assistente litisconsorcial (art. 109, § 2º, do CPC).

O cônjuge ou companheiro(a) que não tenha participado da relação processual na fase de conhecimento poderá ser atingido na via executiva quando o patrimônio, comum ou próprio, responda pela dívida (art. 790, IV, do CPC). A responsabilidade e a legitimidade extraordinária não são automáticas. As situações devem ser analisadas no caso concreto. Se ambos participaram da relação processual de conhecimento inexiste óbice ao cumprimento em regime de litisconsórcio passivo. O problema se apresenta quando apenas um dos membros da sociedade conjugal figurou no polo passivo.

22. Sobre o chamamento ao processo do fiador, v. nosso estudo *Intervenção de Terceiros*, p. 311.

23. Situação que era expressa pelo art. 70, II, do CPC/1973 e que hoje está absorvida pelo art. 125, II, do CPC/2015.

24. "(...). A obrigação *propter rem*, em razão de decorrer da titularidade de um direito real, ostenta os atributos da sequela e da ambulatoriedade. O débito condominial, de natureza *propter rem*, é indispensável para a subsistência do condomínio, cuja saúde financeira não pode ficar ao arbítrio de mudanças na titularidade dominial. A finalidade da obrigação *propter rem* é garantir a conservação do bem ao qual ela é ínsita. A obrigação de pagamento dos débitos condominiais alcança os novos titulares do imóvel que não participaram da fase de conhecimento da ação de cobrança, em razão da natureza *propter rem* da dívida. 6. Em caso de alienação de objeto litigioso, a sentença proferida entre as partes originárias estende seus efeitos ao adquirente ou ao cessionário – Recurso especial conhecido e provido" (STJ, 3ª Turma, REsp 1.653.143-DF, rela. Min. Nancy Andrighi, j. 16.5.2017, *DJe* 22.5.2017).

Se o casal possui regime de bens com separação absoluta e patrimônios delimitados, o cônjuge afetado por ato constritivo não poderá estar no polo passivo e terá legitimidade para oferecer embargos de terceiro para defender seu patrimônio.[25] Esta situação é mais simples nos casos de separação absoluta de bens. Todavia, nada impede que possam ser manejados a impugnação ou os embargos de terceiro (art. 674, § 2º, I, do CPC) para a defesa no regime de separação parcial ou de comunhão, desde que os bens sejam particulares ou não sujeitos à dívida constituída. O STJ apenas ressalva, independentemente do regime, as dívidas contraídas em benefício da família, nos termos do art. 1.644 do CC, e reconhece, de modo pacífico, que o aval prestado pelo marido em firma da qual é sócio transfere o ônus da prova para a mulher quanto ao não aproveitamento da dívida para o seio familiar.[26]

A dívida *propter rem* que recai sobre bem de família que pertence a ambos os cônjuges ou companheiros atrai a legitimidade extraordinária, independentemente da formação de litisconsórcio passivo necessário no cumprimento de sentença.[27]

A separação de fato do casal também opera efeitos sobre a impossibilidade de comunicação de dívidas. O exame do caso concreto é

25. Cf. o STJ, reafirmando que a assunção conjunta da dívida autoriza os embargos ou impugnação, mas não os embargos de terceiro: "O cônjuge só será parte legítima para opor embargos de terceiro quando não tiver assumido juntamente com seu consorte a dívida executada, caso em que, figurando no polo passivo do processo de execução como corresponsável pelo débito, não lhe é legítimo pretender eximir seu patrimônio como 'terceiro' – Precedente da Corte Especial do STJ" (STJ, 4ª Turma, AgInt no AREsp 790.350-ES, rel. Min. Antônio Carlos Ferreira, j. 6.4.2017, *DJe* 18.4.2017).

26. "Tratando-se de dívida contraída por um dos cônjuges, a regra geral é a de que cabe ao meeiro o ônus da prova de que a dívida não beneficiou a família, haja vista a solidariedade entre o casal" (STJ, 4ª Turma, AgR no AREsp 427.980-PR, rel. Min. Luís Felipe Salomão, j. 18.2.2014, *DJe* 25.2.2014). Mais recentemente: "A jurisprudência desta Corte consolidou entendimento de que os bens indivisíveis, de propriedade comum dos cônjuges casados no regime de comunhão de bens, podem ser levados à hasta pública na execução, desde que reservada ao cônjuge meeiro do executado a metade do preço obtido. 2. Entretanto, o Tribunal de origem concluiu que não ficou comprovado que os valores cobrados foram revertidos em benefício do executado e/ou cônjuge. (...) – Agravo interno da União desprovido" (STJ, 1ª Turma, AgInt no AREsp 1.127.248-PE, rel. Min. Napoleão Nunes Maia Filho, j. 28.11.2017, *DJe* 6.12.2017).

27. "Os cônjuges, coproprietários de imóvel, respondem solidariamente pelas despesas de condomínio, mas esta responsabilidade não implica litisconsórcio necessário em razão da natureza pessoal da ação de cobrança de cotas condominiais" (STJ, 3ª Turma, AgR no AREsp 213.060-RJ, rel. Min. Sidnei Beneti, j. 16.10.2012, *DJe* 6.11.2012).

fundamental, mas mesmo no direito sucessório a separação de fato por mais de dois anos provoca reflexos patrimoniais severos (art. 1.830 do CC). A separação fática, mesmo sem registro da partilha, permite a defesa pelos embargos de terceiro, mas a boa-fé e a confiança no registro deverão ser cotejadas no caso concreto, para análise da manutenção do ato constritivo.[28] A possibilidade de defesa autônoma do patrimônio do cônjuge ou do(a) companheiro(a) é garantida pela Súmula STJ-134.[29]

6.2 A competência para o cumprimento na quantia certa

O pedido deverá conter o juízo a que se dirige, cujo direcionamento já é preferencialmente realizado pela via eletrônica. Geralmente o feito será processado no juízo em que a sentença condenatória tenha sido proferida, mas existe a possibilidade de modificação da competência, como autoriza o art. 516, parágrafo único, do CPC. Além do juízo em que foi proferida a condenação, existe a possibilidade de exigir o cumprimento no local em que o devedor reside ou naquele domicílio em que os bens estão situados, o que facilitará a prática dos atos de satisfação, bem como sua centralização perante um único juízo.

6.3 Elementos essenciais do libelo: causa de pedir e pedido

O requerimento conterá a descrição da causa de pedir marcada pelo título executivo judicial e pelo não cumprimento voluntário, que corresponde ao inadimplemento. O título e o inadimplemento correspondem aos elementos essenciais que permitem a deflagração do requerimento de cumprimento.

O título judicial embasado em alguma das hipóteses previstas pelo art. 515 do CPC embasará o pedido de cumprimento. Será essencial analisar os requisitos formais de sua validade e o inadimplemento da obrigação retratada pela cártula para que os atos executivos possam ser autorizados. A decisão para pagamento de quantia (art. 515, I) deverá ser líquida. A iliquidez originária, como na sentença penal condenatória,

28. "O entendimento do Tribunal de origem de que a falta de registro da separação não possui o condão de afetar o direito de propriedade da ex-cônjuge em decorrência de dívida contraída por ex-marido está em conformidade com precedentes desta Corte Superior – Agravo regimental não provido" (STJ, 4ª Turma, AgR nos ED no AREsp 336.404-RS, rel. Min. Luís Felipe Salomão, j. 14.10.2014, *DJe* 21.10.2014).

29. Súmula STJ-134: "Embora intimado da penhora em imóvel do casal, o cônjuge do executado pode opor embargos de terceiro para defesa de sua meação".

tornará obrigatória o procedimento de liquidação (art. 515, VI). A sentença estrangeira somente estará apta para ser cumprida quando a autorização prévia for demonstrada por meio do processo de homologação (art. 515, VIII). Os títulos nominados no art. 515 do CPC representam a causa de pedir remota, na medida em que comprovam o fato jurídico-base que legitima o procedimento da fase de cumprimento. Além da existência do título judicial hígido, a causa de pedir próxima deve estar configurada igualmente. Trata-se do inadimplemento. A demonstração da obrigação inadimplida é essencial para permitir o início da fase de cumprimento.

O pedido na execução obedece ao princípio dispositivo. Cabe ao exequente eleger o meio executório, como regra. O pedido de cumprimento de pagamento de quantia certa permite que o meio executório seja eleito na fase inicial (art. 825 do CPC). O pedido de cumprimento sobre o valor da condenação engloba as verbas acessórios (juros e correção monetária), as quais são consideradas implícitas. As prestações periódicas não necessitam de pedido expresso quanto à inclusão quando a natureza da obrigação seja parcelar e duradoura (art. 323 do CPC).

Exemplo clássico de prestação periódica refere-se ao cumprimento do pagamento da verba alimentar poder ser requerido pela via geral ou especial. Esta última exige o preenchimento dos requisitos específicos para permitir o acesso ao rito do art. 528, § 8º, do CPC.

O procedimento não conterá pedido para produção de provas, mas para a prática dos atos executivos com o fim de satisfazer a obrigação de pagamento de quantia certa.

O pedido de cumprimento poderá ser total ou parcial. Permite-se o cumprimento parcial quando a parte formule seu pedido com base no art. 356, I, hipótese em que a decisão exequenda abarcará apenas parcela do pedido ou parte incontroversa da demanda (art. 356 do CPC). É fundamental que o pedido seja líquido, do contrário será necessária a liquidação prévia (art. 356, § 1º, do CPC).

O cumprimento também será parcial quando a decisão apresente parte líquida e parte ilíquida. A existência de parte ilíquida da decisão não impedirá o processamento simultâneo do pedido de liquidação e de cumprimento (art. 509, § 1º, do CPC). A sentença penal condenatória poderá conter a fixação de danos mínimos (art. 387, IV, do CPP), o que não elimina a necessidade de liquidação pelo procedimento comum para o conhecimento da indenização integral (art. 511 do CPC).

6.4 A cumulação de execuções

Não existe óbice ao cúmulo objetivo na esfera executiva em relação ao título judicial ou extrajudicial. A regra geral vem disciplinada pelo art. 780 do CPC: "O exequente pode cumular várias execuções, ainda que fundadas em títulos diferentes, quando o executado for o mesmo e desde que para que todas elas seja competente o mesmo juízo e idêntico o procedimento". No cumprimento de sentença a previsão da cumulação está retratada como uma das causas de impugnação, conforme o art. 525, § 1º, V, do CPC: "V – excesso de execução ou *cumulação indevida de execuções*" (grifos nossos).

6.4.1 Modalidades de cumulação objetiva

O cúmulo objetivo pressupõe a soma de pedidos entre o mesmo autor e o mesmo réu do processo.[30] A cumulação objetiva pode ser doutrinariamente classificada em *simples*, *sucessiva*, *alternativa* ou *eventual*. Na *cumulação simples* encontramos a hipótese prevista pelo art. 780 do CPC. É a situação em que dois ou mais pedidos autônomos são formulados pelo exequente contra o executado. Isto é comum nas searas cambial e cambiariforme, em que as obrigações são autônomas e permitem que mais de um título seja cumulado contra o devedor. O fato foi expressamente reconhecido pelo STJ por meio da Súmula 27: "Pode a execução fundar-se em mais de um título extrajudicial relativos ao mesmo negócio". A *cumulação sucessiva* é quando um pedido está interligado ao outro de tal modo que a procedência do antecedente é indispensável para o sucesso do subsequente. Não se trata da hipótese retratada pelo art. 780 do CPC. Um exemplo simples é a cumulação do pedido de investigação de paternidade com petição de herança. A reivindicação do quinhão só pode ser obtida com o sucesso da investigação. O *cúmulo alternativo* representa opção oriunda da formação do vínculo obrigacional entre exequente e executado em que tenha sido convencionada a possibilidade de adimplemento da obrigação por meio de mais de um modo (arts. 252 do CC e 325 do CPC). O *cúmulo eventual* representa a formulação de mais de um pedido para possibilitar o resultado útil do processo. Dois ou mais pedidos são formulados sucessivamente, mas para o atendimento de apenas um. O primeiro pedido é o principal, e os demais são secundários, porque serão analisados sucessivamente quando o primeiro não puder ser deferido. Aqui temos o exemplo do pedido de tutela específica

30. Costa e Silva, *Tratado do Processo de Execução*, t. I, p. 707.

(obrigação de fazer) cumulado com pedido subsidiário de tutela pecuniária (obrigação de pagar). O segundo será analisado apenas quando o primeiro não for viável. Para fins do art. 780 do CPC interessa-nos apenas o cúmulo simples.

A cumulação deverá ser inicial, mas se reconhece a possibilidade de cumulação posterior em caráter excepcional, inclusive *ex officio*, em obediência aos princípios da economia processual e da utilidade da execução. A questão foi disciplinada pela Súmula 515 no âmbito da execução fiscal: "A reunião de execuções fiscais contra o mesmo devedor constitui faculdade do juiz".[31] O cúmulo posterior pressupõe a transitividade do polo, ou seja, o mesmo credor e o mesmo devedor para todos os processos.

6.4.2 Requisitos da cumulação

6.4.2.1 *Identidade entre exequente e executado*

O art. 780 do CPC revela regra singular ao estabelecer pressupostos específicos para a cumulação. Exige-se a identidade entre o exequente e o executado quando mais de um título seja objeto do processo executivo.

A vedação para a cumulação de pretensão executiva oriunda de diversos credores, por títulos diversos, em relação ao devedor revela a inaplicabilidade pura e simples das regras de cumulação subjetiva previstas pela Parte Geral (art. 113, II e III). Não basta a afinidade ou a conexão pela causa de pedir ou pedido para permitir a cumulação das execuções. Somente se permite a cumulação subjetiva e objetiva quando o próprio título executivo estabeleça a formação do vínculo obrigacional do qual decorra o litisconsórcio ativo ou passivo. A solidariedade pode revelar esta situação excepcional (art. 113, I) na qual se reconhece a formação de pretensão comum de dois ou mais credores, com a sujeição de dois ou mais devedores. Um acidente em que se envolvem dois veículos que são ocupados por mais de uma pessoa revela exemplo em que os exequentes poderão cumular os pedidos de cumprimento de sentença em face dos executados culpados pelo acidente, sem qualquer óbice do art. 780 do CPC. A formação do vínculo subjetivo decorrerá da sentença condenatória proferida na fase de conhecimento (arts. 495 e 515, I, do CPC) ou até

31. Cf. STJ, com formação originária na interpretação do art. 28 da Lei de Execução fiscal e que gerou repetitivo no STJ: "(...). A reunião de processos contra o mesmo devedor, por conveniência da unidade da garantia da execução, nos termos do art. 28 da Lei n. 6.830/1980, é uma faculdade outorgada ao juiz, e não um dever (...)" (STJ, 1ª Seção, REsp 1.158.766-RJ, rel. Min. Luiz, Fux, j. 8.9.2010, *DJe* 22.9.2010).

mesmo da sentença condenatória proferida na esfera penal (art. 387 do CPP c/c art. 515, VI, do CPC).

A vedação à coligação de credores ou devedores com base em títulos executivos distintos representa o reconhecimento das dificuldades que seriam enfrentadas especialmente pelo devedor na formulação de sua defesa, além do tumulto processual na prática de atos executivos, o que torna a admissão da cumulação um fato excepcional. A coligação de credores representa solução legal para as situações de insolvência do devedor quando se forma o concurso universal de credores (*par conditio creditorum*).

As Súmulas STJ-27[32] e 515[33] não representam propriamente exceções, mas uma reafirmação da aplicação do art. 780 e da necessidade de racionalização da atividade executiva.

6.4.2.2 *Identidade de juízos*

A cumulação objetiva depende da competência homogênea do juízo que irá processar todos os pedidos cumulados. Na fase atual a incompetência do juízo sofre severa atenuação pela regra do art. 516, parágrafo único, do CPC. Isto não elimina situações em que a cumulação é indevida, por retratar títulos executivos oriundos de jurisdições comuns diversas (federal e estadual) ou de jurisdição comum e especial (estadual e trabalhista).

É possível que o exequente opte pela cumulação dos cumprimentos perante o local em que os bens do devedor estão situados; e, não existindo situação de competência absoluta, o cumprimento poderá ser cumulado perante um único juízo. Não é supérfluo lembrar que a incompetência relativa não pode ser arguida *ex officio* pelo juiz, em face da Súmula STJ-33.

6.4.2.3 *Identidade procedimental*

Além da identidade entre as partes e da competência comum para fins de cumulação objetiva, o art. 780 ainda repete regra anacrônica que exige a identidade de procedimento.

32. Súmula STJ-27: "Pode a execução fundar-se em mais de um título extrajudicial relativo ao mesmo negócio".

33. Súmula STJ-515: "A reunião de execuções fiscais contra o mesmo devedor constitui faculdade do juiz".

A identidade de procedimento pode ser analisada exclusivamente dentro do cumprimento de sentença em que se visualiza o procedimento comum e o especial para a exigência de quantia certa contra devedor solvente. O art. 523 do CPC revela o procedimento para o recebimento de créditos comuns; os arts. 528 e 534 do CPC, o procedimento para a exigência de créditos especiais relativos a débitos alimentares e contra a Fazenda Pública. Nesta análise ainda seria possível incluir a discussão sobre a possibilidade de cumular execuções relativas a créditos simples mas oriundos de títulos executivos judiciais e extrajudiciais.

A interpretação literal do dispositivo levaria a uma negativa geral para qualquer forma de cumulação objetiva em que o procedimento seja diverso. Na fase atual, desde a reforma operada pela Lei 11.232/2005, a diversidade procedimental entre a satisfação do título judicial e a do extrajudicial representaria um reforço a este argumento.

Isto não impede uma releitura do dispositivo em relação à possibilidade de modulação quanto à exigência de identidade de procedimentos para a cumulação. O procedimento é essencial para a materialização da atividade jurisdicional cognitiva e da executiva. Ele representa a garantia do contraditório e a publicidade dos atos praticados na relação processual, mas o atual regime processual permite a flexibilização do procedimento por contribuição das partes (art. 190) e do juízo (arts. 327, § 2º, e 139, VI, do CPC). Sempre que o procedimento puder ser otimizado para a melhor tutela do direito, sua flexibilização não poderá ser negada.

Como exemplo desta aplicação citamos a cumulação do pedido de verba alimentar relativa a alimentos pretéritos e atuais. A necessidade e a importância da verba alimentar justificam a possibilidade de cumulação do pedido pelo rito da prisão civil (art. 524, § 3º) e pelo cumprimento por quantia certa (art. 524, § 8º) perante os mesmos autos. O art. 327, § 2º, do CPC permite que o juiz realize a adaptação de pedidos que estejam regidos por procedimentos diversos. Na hipótese da verba alimentar, a diferença quanto ao procedimento está refletida no elemento temporal do pedido. A verba sujeita ao cumprimento de sentença é idêntica, mas o lapso temporal diferencia o modo de cumprimento. Somente as três últimas prestações anteriores ao ajuizamento permitem o rito da prisão civil (art. 528, § 7º). As prestações alimentares anteriores ao trimestre do ajuizamento deverão ser exigidas pelo rito por quantia certa (art. 528, § 8º). A cumulação de ambas as verbas não oferece maior sacrifício e exigirá que o juiz compatibilize e harmonize a prática de atos executivos simultâneos e harmônicos para a satisfação da pretensão alimentar. Esta modalidade de cumulação já acontece na esfera prática e revela situação que agora possui justificativa legal para sua adequação procedimental.

6.5 O pedido de tutela provisória

A providência liminar de urgência não é estranha ao cumprimento de sentença e ao processo executivo em geral. No regime anterior o juiz já estava expressamente autorizado a tomar medidas urgentes para a preservação do objeto da execução (art. 615, III, do CPC/1973). Insere-se dentre as medidas urgentes o poder geral de cautela do juiz para preservar a utilidade do processo executivo.[34]

A concessão de medida urgente na feição cautelar assume importância manifesta para prevenir especialmente o desaparecimento de bens. Esta proteção é conferida com destaque pelo art. 799, IX, do CPC, permitindo que o credor possa averbar no registro público o ajuizamento da execução e dos atos executivos. Esta averbação é essencial em face do princípio da concentração (arts. 54 e 55 da Lei 13.097/2015).[35] Mesmo na fase de prolação da sentença condenatória autoriza-se a averbação como medida premonitória (art. 495 do CPC).

A concessão de tutela de urgência para fins de alienação antecipada de bens também pode ser requerida na petição inicial para a preservação do valor do bem indicado, que pode consistir em manifesta vantagem para ambas as partes (art. 852 do CPC). O poder geral de cautela autoriza a tomada de decisões que preservem os bens penhorados, inclusive a remoção do depositário para evitar o perecimento, ocultação ou desaparecimento dos bens.

6.6 Instrução e cálculo analítico do requerimento inicial

Obrigatoriamente a petição inicial conterá os dados essenciais para permitir a demonstração do valor exato que é objeto do cumprimento de sentença: (a) o índice de correção monetária; (b) os juros aplicados para a composição do débito e as taxas aplicadas; (c) termos final e inicial

34. "(...) – Possibilidade da penhora, com fundamento no poder geral de cautela do juízo da execução cível. O valor penhorado, porém, deve ser submetido ao juízo do inventário, competente para análise da qualidade do crédito e sua eventual impenhorabilidade, em razão de um herdeiro ser menor e presumidamente dependente da verba alimentar herdada de seu falecido pai (...)" (STJ, 3ª Turma, REsp 1.678.209-PR, rel. Min. Paulo de Tarso Sanseverino, j. 2.10.2018, *DJe* 8.10.2018).

35. V. comentário no item 5.2.1.5, "(a)".

da correção monetária e dos juros; (d) periodicidade da capitalização de juros com indicação de sua periodicidade (mensal, semestral e anual); (e) especificação dos eventuais descontos obrigatórios.

A correção monetária representa simples atualização do valor da dívida (Lei 6.899/1981). Como regra geral, a correção é devida desde a data do ato ou fato ilícito. Importante verificar se a sentença condenatória realizou a fixação de valor determinado na sentença, ou se o valor decorre de processo de liquidação, quando a correção passará a incidir do não cumprimento do valor fixado. Não há como fixar um termo *a quo* único para a correção monetária, que dependerá do caso concreto. Existem diversos prazos fixados pelos precedentes, mas que obedecem, de um modo global, à regra geral mencionada.[36] No requerimento inicial contra a Fazenda Pública existe critério diferenciado para a atualização do débito, nos termos do art. 1º-F da Lei 9.494/1997. Percebe-se a importância de a correção monetária ser indicada com seus termos inicial e final precisos, pois o excesso poderá provocar a oposição de impugnação por excesso de execução.

Os juros também devem ser especificados no requerimento inicial. Os juros podem ser moratórios ou remuneratórios. Os juros, em sua essência, correspondem a uma compensação pecuniária pelo uso temporário do capital alheio.[37] O atraso no cumprimento da obrigação provoca a incidência dos juros moratórios, que deve ser especificada quanto à periodicidade e ao percentual. A composição dos juros poderá ser contratual e levará em conta a natureza da relação jurídica para avaliação quanto a pontos importantes, como a possibilidade, ou não, de capitalização.

36. Mencionamos como exemplos em sede de recurso repetitivo do STJ (1) *a correção dos débitos oriundos do cheque em ação monitória*: "(...). Em qualquer ação utilizada pelo portador para cobrança de cheque, a correção monetária incide a partir da data de emissão estampada na cártula, e os juros de mora a contar da primeira apresentação à instituição financeira sacada ou câmara de compensação (...)" (STJ, 2ª Seção, REsp 1.556.834-SP, rel. Min. Luís Felipe Salomão, j. 22.6.2016, *DJe* 10.8.2016); (2) *débitos referentes a seguro DPVAT*: "Para os fins do art. 543-C do CPC: [*CPC/1973 – v. art. 1.036 do CPC/2015*] a incidência de atualização monetária nas indenizações por morte ou invalidez do seguro DPVAT, prevista no § 7º do art. 5º da Lei n. 6.194/1974, redação dada pela Lei n. 11.482/2007, opera-se desde a data do evento danoso (...)" (STJ, 2ª Seção, REsp 1.483.620-SC, rel. Min. Paulo de Tarso Sanseverino, j. 27.5.2015, *DJe* 2.6.2015); (c) *ou mesmo por súmula*: "As diferenças de correção monetária resultantes de expurgos inflacionários sobre os saldos de FGTS têm como termo inicial a data em que deveriam ter sido creditadas" (Súmula STJ-445, 1ª Seção, j. 28.4.2010, *DJe* 13.5.2010).

37. João de Matos Antunes Varela, *Das Obrigações em Geral*, vol. 1, p. 898.

O parâmetro-base será aquele que foi delineado na sentença que formou o título judicial (art. 491 do CPC). Os juros podem ser moratórios e/ou remuneratórios. Os juros moratórios decorrem do atraso no cumprimento da obrigação, e a mora poderá ser *ex re* ou *ex persona*. A mora *ex re* decorre da consumação do termo de vencimento, sem a necessidade de interpelação extrajudicial ou judicial. Na mora *ex persona* o atraso somente se configura com a interpelação expressa por meio de notificação extrajudicial ou judicial. A interpelação judicial é realizada por meio da citação, nos termos do art. 240 do CPC. A citação válida operada na fase de conhecimento consistirá na data-base para o cálculo de juros moratórios, desde que a mora não tenha sido configurada em período anterior. Os juros remuneratórios também devem estar especificados quando cabíveis, e são devidos pelo reconhecimento dos lucros cessantes, danos emergentes ou, mesmo, por natureza contratual (mútuo, financiamento). É importante a análise do título judicial para o detalhamento dos juros remuneratórios.[38] As instituições financeiras não se sujeitam aos limites da Lei da Usura para fins de incidência do teto de 12% ao ano (Súmula STF-596) quanto à fixação dos juros remuneratórios. Este ponto deverá estar definido pelo título judicial formado com a prolação da sentença (art. 491 do CPC).

Não há impossibilidade de cumulação de juros moratórios com remuneratórios na planilha de execução.[39] Ambos decorrem de fatos jurídicos diversos.

Os juros devem ser especificados quanto ao período de incidência: mensal, semestral, anual.[40] Havia grande controvérsia sobre a possibilidade de capitalização em operações de empréstimo bancário, o que

38. Por exemplo, em uma desapropriação os juros compensatórios são contados desde a perda efetiva do bem, o que acontece na imissão provisória (desapropriação direta – Súmula STJ-69 e Súmula STF-164) ou da ocupação ilícita e apossamento (desapropriação indireta – Súmula STJ-114).

39. Como se reconhece na própria jurisprudência, Súmula STJ-12: "São cumuláveis juros compensatórios e moratórios".

40. Leis especiais, como o Decreto-lei 167/1967, permitem a capitalização em cédulas rurais, industriais e comerciais: "Esta Corte firmou entendimento de que o art. 5º do Decreto-lei n. 167/1967 autoriza a capitalização mensal de juros nas cédulas de crédito rural, industrial e comercial, desde que pactuado (...). No julgamento do recurso repetitivo REsp 1.333.977-MT esclareceu-se que, no tocante à fixação do período de capitalização mensal de juros, a 'autorização legal está presente desde a concepção do título de crédito rural pela norma específica, que no particular prevalece sobre o art. 4º do Decreto n. 22.626/1933 (Lei de Usura), e não sofreu qualquer influência com a edição da Medida Provisória 1.963-17/2000 (2.170-36/2001)' (AgR no REsp n. 1.339.209-MT, rel. Min, Luís Felipe Salomão, 4ª Turma, j. 16.6.2015,

levou à criação da cédula de crédito bancário com previsão expressa de anatocismo (art. 28, §1º, I lei 10.931/04).

Dentre os descontos obrigatórios devem ser computados não apenas os impostos, mas também pagamentos que já tenham sido realizados até a fase de cumprimento. Em ações de indenização por ato ilícito praticado em que a vítima tenha recebido o DPVAT, o valor de cumprimento deverá ser realizado com o desconto.[41] O mesmo se aplica em relação aos demais valores que sofrem separação necessária, como na hipótese de verbas devidas em regime de litisconsórcio, ou quando existem verbas oriundas do mesmo título mas com causas diversas, como na execução autônoma dos honorários em relação ao título executivo condenatório. Os eventuais impostos devidos e que sofrem retenção também devem ser subtraídos da planilha demonstrativa.

6.7 Indicação dos bens a serem penhorados

A especificação dos bens que são passíveis de penhora representa um ônus do exequente. Lembramos que a indicação dos bens para penhora não impede que o devedor possa pedir a substituição por outro com menor onerosidade, desde que não enfraqueça a garantia do credor e não viole a ordem de prelação (art. 829, § 2º, do CPC). Cabe ao juiz decidir o pedido com observância da proporcionalidade (art. 805 do CPC).

A ocultação dolosa de bens e de sua localização, pelo devedor, ainda que na posse de terceiros, ou a ausência de indicação de sua propriedade atual pelo devedor representam atos atentatórios à dignidade da Justiça (art. 774, V).

6.7.1 Penhora em conta única no BACEN. Resolução CNJ-61/2008

O juízo poderá receber informações cadastrais das empresas que fornecem antecipadamente as contas indicadas para eventuais penhoras. A Resolução CNJ-61/2008 permite que pessoas físicas e jurídicas possam realizar o pedido de cadastramento de uma única conta para atender às

DJe 23.6.2015). (...)" (STJ, 4ª Turma, AgInt no AREsp 924.488-SP, rel. Min. Marco Buzzi, j. 8.5.2018, *DJe* 18.5.2018).

41. "O valor do seguro obrigatório deve ser deduzido da indenização judicialmente fixada (Súmula n. 246/STJ), sendo que essa dedução efetuar-se-á mesmo quando não restar comprovado que a vítima tenha recebido o referido seguro – Precedentes" (STJ, 4ª Turma, ED no AgR no AREsp 127.317-RS, rel. Min. Luís Felipe Salomão, j. 14.4.2015, *DJe* 20.4.2015).

ordens de constrição judicial. O expediente é comumente utilizado pelas grandes corporações, que indicam as contas para que as ordens judiciais de restrição sejam direcionadas. Desta forma, não há interferência nas operações diárias da empresa. Estas pessoas jurídicas possuem saldos provisionados em seus passivos contábeis para despesas com litígios judiciais e provisionam em contas específicas porque a urgência da medida não permite que no pedido de bloqueio ao BACEN seja realizada primeiro a consulta de todas as contas existentes para tão só depois se determinar o bloqueio. A minuta é geralmente realizada para o bloqueio direto, sem a consulta prévia. Deste modo, a solução adotada pela resolução é importante, e deve ser observado o cadastro formalizado. A inexistência de saldo redirecionará a ordem automaticamente para outra conta que possua numerário (art. 7º da Resolução 61/2008); logo, cabe à pessoa física ou jurídica manter numerário na conta indicada.

6.8 A cobrança das custas e despesas no cálculo do requerimento de cumprimento

As custas também devem ser preparadas para possibilitar o cumprimento de sentença. No cumprimento de pagamento por quantia certa discutiu-se se seria correta a cobrança de custas por estarmos perante uma fase, e não perante uma nova ação.

O fato de o cumprimento corresponder a uma fase não elimina a necessidade das custas, em face do funcionamento da máquina judiciária, com o prolongamento da relação processual. As custas serão devidas quanto aos atos praticados na fase de cumprimento de sentença.

O art. 523 do CPC permite que as despesas processuais oriundas do processo de conhecimento sejam cobradas na conta geral da execução. A procedência do pedido condenatório permite o ressarcimento integral, pois no conceito de perdas e danos das obrigações pecuniárias incluem-se custas e honorários advocatícios, conforme redação cristalina do art. 404 do CC: "As perdas e danos, nas obrigações de pagamento em dinheiro, *serão pagas com atualização monetária segundo índices oficiais regularmente estabelecidos, abrangendo juros, custas e honorários de advogado, sem prejuízo da pena convencional*" (grifos nossos).

É possível que inexistam custas na fase de conhecimento, mas cuja cobrança seja devida na fase de cumprimento. É o que acontece na execução individual de ações coletivas para pagamento de quantia.[42]

42. "A isenção de custas previstas no art. 18 da Lei n. 7.347/1985, relativa à ação civil pública, abrange somente o processo de conhecimento, não se estendendo ao

6.9 *Valor da causa no cumprimento de sentença*

Mesmo sem a previsão expressa do art. 524 do CPC, o valor da causa é uma consequência natural do pedido de satisfação da pretensão econômica reconhecida pelo título judicial. O art. 319, V, estabelece como requisito indispensável do pedido de postulação judicial o valor da causa e que também se aplica na fase de cumprimento de sentença.

O valor da causa é essencial na fase de cumprimento de sentença. De sua fixação emergem importantes atribuições da fase executiva, como a base para a fixação da multa de 10% ou para os honorários em sede inicial ou final. O valor da causa deverá espelhar o proveito econômico perseguido pelo exequente, que é representado pelo montante atualizado da dívida exequenda.

O valor excessivo e discrepante do título judicial condenatório poderá ser combatido por exceção de pré-executividade ou pela peça de impugnação (art. 525, § 1º, V, do CPC).

6.10 *Controle da petição inicial*

O descumprimento dos requisitos essenciais para a formulação do pedido permite o controle oficioso da petição inicial. O desatendimento aos pressupostos processuais positivos ou negativos permitirá a resolução do feito sem análise do mérito, desde que o defeito não seja ou não possa ser corrigido no prazo de 15 dias (art. 801 do CPC). O art. 4º do CPC abrange igualmente a fase de cumprimento, e todos os esforços necessários para o aproveitamento da tutela executiva devem ser envidados para a efetividade da prestação da tutela jurisdicional. A necessidade de discriminação analítica da petição inicial é uma exigência do contraditório. O devedor necessita saber exatamente qual a composição do valor total cobrado no cumprimento de sentença.

6.10.1 Correção "ex officio" da planilha

A leitura da peça inicial de cumprimento de sentença permite que o juiz realize o controle sobre o dado fundamental do pedido: *o valor da execução*. Embora não exista mais a fase de liquidação por cálculo do contador judicial, isto não significa que o juiz não possa exercer controle sobre o pedido inicial. Isto é crucial, porque o requerimento

cumprimento de sentença individual – Precedentes" (STJ, 4ª Turma, AgInt no AREsp 1.152.512-MS, rel. Min. Luís Felipe Salomão, *DJe* 20.3.2018).

de cumprimento deve espelhar o título executivo judicial (art. 491 do CPC). Os parâmetros delimitados na fase de conhecimento devem ser observados quanto às verbas principais e acessórias, incluindo o índice fixado e o termo inicial e final porventura indicados e a forma de imputação das despesas processuais. A utilização de índice diverso, a existência de cálculo inicial com compensação de verba sucumbencial (art. 85, § 14, do CPC), o período incorreto de incidência dos juros moratórios, especialmente quando apenas parte da verba tenha sido alvo de liquidação, refletem algumas das possíveis causas de controle da petição inicial.

A discrepância evidente entre o título exequendo e o requerimento de cumprimento obriga ao controle oficioso. A parte poderá alegar o excesso por meio de impugnação quando necessária a produção probatória, mas até mesmo pela exceção de pré-executividade (art. 518 do CPC) a matéria poderá ser abordada quando for evidente o erro cometido na petição inicial de cumprimento.[43]

7. *Auxílio do contador judicial*

Para estas situações em que o juiz observe a dissonância entre o título judicial e o requerimento formulado pelo credor acompanhado de sua planilha o juiz deverá valer-se do apoio do contador judicial para verificar se os cálculos fornecidos realmente obedecem ao parâmetro inicialmente fixado. Mesmo que se trate de direito patrimonial disponível, a questão tutelada pelo art. 524, §§ 1º e 2º, é diversa. A proteção tem como fundamento a higidez dos atos executivos constritivos que serão praticados no desenvolvimento da relação processual. O controle inicial atua na prevenção de prejuízos que podem acontecer pela interferência da atividade estatal na autorização dos atos executivos, que são de extrema gravidade para a esfera do devedor. Este controle também poderá evitar pretensões incidentais ou autônomas que alongam a fase executiva, comprometendo a celeridade e a economia processual.

Por este motivo, o art. 524, § 1º, do CPC autoriza que o pedido inicial de cumprimento seja modulado pelo juiz quanto à penhora, ao menos até a verificação realizada pelo contador, que não deverá ter efeito suspensivo sobre o requerimento de cumprimento. Enquanto pendente de

43. "A alegação de excesso de execução, em exceção de pré-executividade, não é cabível, salvo quando esse excesso for evidente (...)" (STJ, 4ª Turma, REsp 1.522.479-RJ, rel. Min. Luís Felipe Salomão, j. 6.12.2016, *DJe* 2.2.2017).

convalidação, o juiz deferirá a penhora, mas sobre o valor que entender adequado, desde que de modo fundamentado.

Com o fim de não se criar fase processual e insegurança na fase de cumprimento, autoriza-se o prazo de 30 dias para que o contador possa elaborar a conta de verificação, cujo prazo somente pode ser excedido excepcionalmente e com autorização expressa do juízo.

A Contadoria Judicial também pode ser utilizada em suprimento excepcional ao cálculo aritmético pelo exequente (art. 509, § 2º, do CPC) quando a parte for beneficiária da assistência judiciária.[44] Esta utilização é importante em cumprimentos de sentença relativos a verba alimentar. É correto afirmar que as reformas processuais nunca eliminaram a possibilidade de o cálculo ser realizado pelo contador judicial, apenas tornaram sua utilização restrita.[45]

O cálculo fornecido pelo contador judicial deve ser alvo de contraditório, para que as partes possam tomar ciência de eventual correção ou até confirmação dos cálculos apresentados pelo credor na fase de cumprimento. A ausência de impugnação torna a matéria preclusa quando o tema é debatido na fase inicial, sem possibilidade de nova discussão, por excesso na fase de impugnação.[46]

44. "O STJ já se manifestou pela possibilidade do beneficiário da assistência judiciária gratuita utilizar, sob a sua responsabilidade, os serviços da Contadoria Judicial, nos termos do art. 475-B, § 3º, do CPC – Agravo regimental não provido" (STJ, 2ª Turma, AgR no AREsp 766.033-RS, rel. Min. Mauro Campbell Marques, j. 27.10.2015, *DJe* 5.11.2015).

45. Nesse sentido: STJ, 3ª Turma, REsp 1.200.099-SP, rela. Min. Nancy Andrighi, j. 6.5.2014, *DJe* 19.5.2014.

46. "Cumprimento de sentença – Modificação dos cálculos do contador – Intimação das partes – Ausência de manifestação no momento apropriado – Preclusão – Precedentes – Recurso desprovido – Decisão mantida.

"1. Inexiste omissão no acórdão de origem quando este, apesar de não adotar a tese do recorrente, presta jurisdição integral à lide.

"2. Segundo o Tribunal de origem, devidamente intimado dos cálculos do contador e deferida a carga, o agravante insurgiu-se somente em face da fixação de honorários na execução, tendo ocorrido preclusão para se manifestar sobre os cálculos realizados.

"3. Nos termos da jurisprudência do STJ, há preclusão consumativa em contestar os cálculos apresentados pelo contador judicial se, devidamente intimada a se manifestar sobre os citados cálculos, a parte permanece inerte – Precedentes.

"4. Agravo interno não provido" (STJ, 4ª Turma, AgInt no AREsp 927.514-RS, rel. Min. Lázaro Guimarães (Desembargador convocado do TRF-5ª Região), j. 14.8.2018, *DJe* 21.8.2018).

8. *A EXIBIÇÃO PRÉVIA DE DOCUMENTOS*

Em determinadas circunstâncias o atendimento ao disposto no art. 524, *caput*, do CPC poderá exigir a posse de documentos que estão na posse do devedor ou de terceiros. O art. 524, § 3º, autoriza a ordem de exibição, sob pena de desobediência. A aplicação da multa pelo ato atentatório é medida mais eficaz (art. 774, II e parágrafo único).

O fenômeno pode acontecer na fase de conhecimento ou mesmo em procedimentos especiais, como no mandado de segurança, em que o pedido de tutela liminar depende da demonstração do direito líquido e certo (art. 6º, § 1º, da Lei 12.016/2009). Na fase executiva a exibição de documentos pode ser determinada pelo juiz para permitir que os atos executivos sejam praticados sem qualquer lesão a terceiros (art. 773 do CPC). É comum o pedido de exibição de documentos fiscais para possibilitar a penhora sobre bens móveis e imóveis. Sobre estes documentos sigilosos o juiz deverá determinar o bloqueio de acesso eletrônico ou físico, para coibir terceiros que não estejam habilitados no processo (art. 773, parágrafo único).

9. *DO CUMPRIMENTO DA SENTENÇA E O "TEMPUS IUDICATI"*

O esgotamento da via recursal ou o próprio trânsito em julgado da decisão de primeira instância é suficiente para deflagrar o cumprimento de sentença quando não seja realizada a satisfação espontânea e imediata da obrigação estampada no título executivo (art. 515 do CPC).

Nota-se pela redação do art. 523 do CPC que foi estabelecido um prazo mínimo que medeia entre a estabilização da sentença e o início da fase de cumprimento. No Direito Romano havia previsão semelhante, o que representava um período mínimo para reflexão e cumprimento espontâneo da sentença pelo devedor. Como ensina Max Kaser, no período clássico concedia-se o prazo de 30 dias entre a prolação da sentença e o início do processo executivo, o que era denominado *tempus iudicati*.[47]

O procedimento atual estabelece um prazo menor, e que será de 15 dias, para o devedor realizar o cumprimento voluntário da obrigação. Na

47. "Die Urteilerfüllungsfrist (*tempus iudicati*) seit den XII Tafeln (3, 1) 30 Tage im klassichen Prozeß (...)" ("O tempo de cumprimento da sentença no processo civil romano clássico era de 30 dias" – tradução livre) (Max Kaser, *Das römische Privatrecht: Abschnitt. Die nachklassischen Entwicklungen*, p. 441). Eis a redação do texto da Lei das XII Tábuas: "Aquele que confessa dívida perante o magistrado ou é condenado terá 30 dias para pagar" (Sílvio A. B. Meira, *A Lei das XII Tábuas*, p. 169).

hipótese de esgotamento do prazo sem o pagamento o débito exequendo será acrescido das verbas acessórias, representadas pela multa de 10%, e dos honorários advocatícios, fixados, no mínimo, em 10% sobre o valor da execução (art. 523, § 1º, do CPC).

O prazo deverá ser contado pela regra geral do art. 219 do CPC, pelo qual somente serão computados os dias úteis. O início da contagem dependerá da modalidade de cientificação eleita pelo exequente, nos termos do art. 231 do CPC.

10. Procedimento expropriatório no cumprimento de sentença para pagamento de quantia

A expedição do mandado para fins de penhora e avaliação pelo oficial de justiça é uma consequência do não pagamento tempestivo do valor total da dívida no prazo de 15 dias. O pagamento parcial não libera o devedor, e apenas provoca quitação parcial da dívida, com o prosseguimento pelo valor pendente, sobre o qual incidirão, proporcionalmente, a multa de 10% e os honorários advocatícios (art. 513, § 2º, do CPC).

O parcelamento do art. 916 do CPC está expressamente excluído para a fase de cumprimento de sentença (art. 916, § 7º, do CPC); contudo, cremos que sua aplicação deve ser incentivada e pode ser utilizado o negócio processual. É óbvio que o negócio modifica a natureza potestativa que aparentemente informa o art. 916 do CPC. Todavia, sabe-se que o poder do devedor é limitado na imposição do parcelamento, mesmo na execução extrajudicial. O credor pode se opor legitimamente ao parcelamento quando existe comprovação de que o devedor pode arcar com o valor integral da execução, sem a necessidade do parcelamento.

De qualquer forma, no cumprimento de sentença, inexistindo patrimônio hábil que permita a satisfação do débito, não existe razoabilidade para impedir a aceitação do parcelamento como meio hábil de satisfação (art. 805).[48]

48. No regime anterior, em que não existia a vedação expressa hoje presente no § 7º do art. 916 do CPC, o STJ manifestava-se pela aplicabilidade do parcelamento no cumprimento de sentença, asseverando que não se tratava de direito puramente potestativo: "O parcelamento previsto no art. 745-A do CPC [*CPC/1973 – v. art. 916 do CPC/2015*] pode ser requerido também na fase de cumprimento da sentença, dentro do prazo de 15 dias previsto no art. 475-J, *caput*, do mesmo diploma legal. [*CPC/1973 – v. art. 523 do CPC/2015*] Contudo, o referido direito não é potestativo do devedor, cabendo ao credor impugná-lo, desde que apresente motivo justo e de forma fundamentada, sendo certo que o juiz poderá deferir o parcelamento se verificar

10.1 Penhora e avaliação

Como consequência da resistência ao cumprimento voluntário após regular intimação (art. 513, § 2º, do CPC), o devedor estará sujeito ao procedimento expropriatório, cujo marco inicial é formalmente delimitado pela penhora e avaliação. Os bens indicados na petição inicial pelo exequente (art. 524, VII) serão objeto de constrição judicial para separação do patrimônio do devedor. Quando o exequente não localizar bens, o devedor poderá ser intimado para indicar quais e onde estão localizados os bens, sob pena de atentado à dignidade da Justiça (art. 774, V). Trata-se de colaboração compulsória imposta ao executado sob pena de multa e sem prejuízo de outras sanções.

A penhora constitui ato executivo por excelência,[49] revelando importância invulgar ao ensejar a intromissão do Estado-juiz no patrimônio do devedor (*Die Pfändung ist ein staatlicher Hoheitsakt des Vollstreckungsorgans*).[50] Não podemos olvidar que, dentro da classificação dos atos executivos, a penhora se caracteriza por ser medida constritiva que delimita o início (*la prima misura*) do procedimento de expropriação contra o devedor solvente.[51] A penhora poderá recair sobre bens corpóreos ou incorpóreos (*Sache oder ein Recht*), assumindo peculiar formalização em relação a esta última categoria.

Desde a reforma operada pela Lei 11.232/2005 a avaliação dos bens é realizada por estimativa pelo oficial de justiça (art. 870 do CPC). Eliminou-se a avaliação como fase específica do processo de execução dos títulos judiciais e extrajudiciais sob o argumento de que eventual

atitude abusiva do exequente. 2. No caso, o parcelamento foi indeferido com base na oposição da credora, conduta não considerada abusiva pelos magistrados de origem, esbarrando a alteração do julgado no óbice contido da Súmula n. 7 do STJ. 3. Agravo regimental não provido" (STJ, 3ª Turma, AgR no REsp 1.577.155-SP (2016/0004714-1), rel. Min. Ricardo Villas Bôas Cueva, j. 12.4.2016, *DJe* 19.4.2016).

49. Sobre a penhora no Direito anterior: Paula Baptista, *Compêndio de Theoria e Pratica do Processo Civil Comparado com o Comercial (de Acordo com as Reformas de 1871 a 1907)*, p. 561; ainda Pereira e Souza, com atualização por Teixeira de Freitas, *Primeiras Linhas do Processo Civil*, p. 321; Corrêa Telles, anotado por Teixeira de Freitas e Pontes de Miranda, p. 53, nota 1.

50. Em harmonia com a doutrina alemã, sobre o assunto: Lüke, *Zivilprozessrecht (Erkenntnisverfahren und Zwangsvollstreckung)*, § 74, pp. 444 e ss. Em vernáculo: "A penhora consiste em ato de soberania estatal praticado pelo órgão da execução".

51. Pontes de Miranda, *Comentários ao Código de Processo Civil*, t. X, p. 214. Ainda: Elio Fazzalari, *Lezione di Diritto Processuale Civile*, vol. II, pp. 34 e ss.; Araken de Assis, *Manual do Processo de Execução*, p. 463; José Alberto dos Reis, *Processo de Execução*, vol. II, pp. 89 e ss.; José Frederico Marques, *Instituições de Direito Processual Civil*, t. V, pp. 181 e ss.

distorção do laudo permite impugnação ou, ainda, correção pelo próprio mercado no momento em que a hasta pública for realizada. A avaliação com valor abaixo do mercado seria facilmente corrigida pela disputa entre os licitantes. Na hipótese de a avaliação estar acima do valor de mercado a ausência de lances provocaria a alienação pelo melhor preço, corrigindo-se, igualmente, a distorção do laudo oficial. Esta sistemática seria ideal se a alienação judicial fosse o meio preferencial de satisfação, mas não é. O art. 825 do CPC representa modificação na ordem de preferência dos meios expropriatórios e teve origem na modificação do art. 647 do CPC/1973 pela Lei 11.382/2006.[52]

Esta observação revela os problemas que podem surgir quando o exequente opte por adjudicar os bens, pois a adjudicação é a primeira modalidade de expropriação que segue a avaliação (art. 876 do CPC). Percebe-se a importância da avaliação correta para que a adjudicação não seja utilizada como expediente que possa agravar a situação do executado.

É por este motivo que o juiz poderá nomear avaliador oficial quando exista impugnação das partes ou quando o objeto penhorado exija conhecimentos técnicos específicos para a realização da avaliação (art. 870, parágrafo único[53]).

10.1.1 Momento da avaliação

A avaliação deverá ser realizada concomitantemente ao ato de penhora, mas existem situações que levarão o oficial a fixar uma estimativa, sem prejuízo de o juiz nomear um avaliador especializado, dependendo da natureza do bem penhorado (870, parágrafo único). A penhora que incida sobre objetos de arte, joias, fundo de comércio, multipropriedades, dentre outros bens, exige a participação de avaliador especializado. A avaliação poderá ser desnecessária por perda de objeto, como na hipótese em que o

52. Conforme o art. 2º da Lei 11.382/2006:

"Art. 2º. A Lei n. 5.869, de 11 de janeiro de 1973 – Código de Processo Civil, passa a vigorar com as seguintes alterações:

"(...).

"'Art. 647. (...): I – na adjudicação em favor do exequente ou das pessoas indicadas no § 2º do art. 685-A desta Lei; II – na alienação por iniciativa particular; III – na alienação em hasta pública; IV – no usufruto de bem móvel ou imóvel.'"

53. CPC, parágrafo único do art. 870: "Parágrafo único. Se forem necessários conhecimentos especializados e o valor da execução o comportar, o juiz nomeará avaliador, fixando-lhe prazo não superior a 10 (dez) dias para entrega do laudo".

bem penhorado é desapropriado no momento em que o credor se sub-roga nos direitos do devedor quanto ao valor depositado.[54]

A decisão sobre a nomeação de avaliador especializado deve ser fundamentada. Isto significa que o juiz deverá analisar o conteúdo da vistoria e do laudo anexado pelo oficial de justiça, nos termos do art. 872 do CPC. O oficial de justiça deverá indicar quais parâmetros foram utilizados para a estimativa dos valores que foram apontados no laudo anexado, inclusive anexando fotos, documentos e cálculos que corroborem sua avaliação.

O avaliador nomeado também deverá apresentar seu laudo de modo fundamentado (art. 872, *caput*) e, caso exista impugnação razoável, ele deverá esclarecer os pontos, sem prejuízo de sua substituição por novo avaliador.

É possível a dispensa do avaliador mesmo em face da maior complexidade do bem apreendido quando ambas as partes aceitarem a estimativa do oficial de justiça. Deve prevalecer a vontade das partes quando exista a disponibilidade patrimonial (art. 871, I). A norma processual autoriza a interferência *ex officio* do juiz na determinação da avaliação e da reavaliação (arts 871, parágrafo único, e 873, III) quando existirem sérias dúvidas sobre o erro na avaliação. Cremos que esta aplicação deva ser residual, em vista da disponibilidade material da pretensão envolvida; mas será imperativa quando a pretensão executiva for direcionada ao patrimônio de incapaz ou pessoa presumidamente hipossuficiente (idosos e superidosos – Lei 13.466/2017).

A avaliação é desnecessária quando os bens móveis apreendidos tenham cotação na Bolsa de Valores (art. 871, II e III) em qualquer um dos seus mercados secundários de negociação (à vista ou futuros), seja em relação a ações (título mobiliários) ou *commodities* (mercadorias: soja, café etc.).

Outro ponto fundamental diz respeito à preclusão da reavaliação. É possível que a discussão travada na impugnação em que houve concessão do efeito suspensivo possa exigir a reavaliação do bem penhorado (art. 873 do CPC). Isto é muito importante, porque após finalizada a fase da penhora e avaliação se iniciarão os atos de expropriação (adjudicação, alienação por iniciativa particular, alienação judicial ou apropriação dos frutos e rendimentos de empresa). A possibilidade da adjudicação pelo credor exige que a avaliação reflita o valor real dos bens penhorados, já que a inexistência de licitação compromete a correção do valor pelo mercado.

54. STJ, 3ª Turma, REsp 1.628.170-RJ, rel. Min. Moura Ribeiro, j. 13.12.2016, *DJe* 16.2.2017.

A reavaliação pode ser requerida até a fase que antecede o ato de expropriação. Após a consumação da adjudicação ou arrematação a reavaliação não será mais possível, pela preclusão consumativa da fase processual.[55]

A reavaliação deverá respeitar o princípio do contraditório (art. 874 do CPC). Após sua elaboração o juiz poderá, a requerimento da parte interessada (exequente ou executado), aumentar ou reduzir a penhora. A manifestação prévia é fundamental. Não é lícito olvidar que a atividade executiva é desenvolvida em benefício do credor. Na hipótese de redução da penhora o exequente tem o direito de indicar os bens para fins de permanência da penhora. O devedor será ouvido e poderá pontuar aspectos relativos à impenhorabilidade, impossibilidade de divisão cômoda do bem, que deve ser excluído, desobediência na ordem de prelação. De qualquer modo, o juiz não poderá reduzir a penhora *ex officio* (art. 874, I). A mesma conduta é válida na hipótese contrária, para o fim de ampliação da penhora. O pedido de ampliação deverá ser precedido de oitiva das partes, cabendo ao exequente indicar os bens para fins de reforço do ato de constrição. O devedor deverá manifestar-se antes da ampliação e também poderá impugnar o pedido quanto aos bens indicados pelo credor e até mesmo oferecer bens para fins de permitir o prosseguimento da fase de expropriação.

10.1.2 A materialização e a documentação da penhora

A penhora deverá respeitar as regras específicas que disciplinam os limites de sua efetivação (arts. 833 e 834 do CPC), a sua ordem (art. 835) e a documentação para fins de segurança do ato e depósito dos bens penhorados (art. 837 a 844 do CPC).[56] Não se deve esquecer que a penhora não é mais condição para a defesa no cumprimento de sentença, mas apenas para a concessão do efeito suspensivo na peça de impugnação (art. 525, § 6º, do CPC). A penhora devidamente formalizada e cujo

55. "Nos termos da jurisprudência desta Corte, 'em qualquer das hipóteses previstas nos incisos do art. 683 do diploma adjetivo civil, o pedido de reavaliação do bem penhorado deverá se dar antes da sua adjudicação ou alienação. Tendo, *in casu*, o pleito sido requerido quando já ultimado o ato expropriatório (após a arrematação), não há como afastar a sua preclusão' (REsp n. 1.014.705-MS, rel. Min. Massami Uyeda, 3ª Turma, j. 24.8.2010, *DJe* 14.9.2010) (...)" (STJ, 4ª Turma, AgInt nos ED no REsp 1.397.272-MG, rela. Min. Maria Isabel Gallotti, j. 7.6.2018, *DJe* 14.6.2018).

56. Os atos executivos em espécie (penhora, avaliação, depósito e meios de expropriação) serão examinados com profundidade no t. IV deste trabalho.

bem tenha sido depositado deve ser cientificada ao executado (art. 841 do CPC) na pessoa do seu advogado ou sociedade de advogados a que pertença. Se o executado estiver presente no ato da penhora, poderá ser intimado pessoalmente, suprindo-se o ato de cientificação. Não estando presente no local e inexistindo advogado habilitado nos autos, a intimação pessoal, preferencialmente pela via postal, será essencial, sob pena de nulidade dos atos de expropriação (art. 841, § 3º, do CPC).

A comprovação da propriedade dos bens é importante para evitar que o ato constritivo afete posição jurídica de terceiro. A penhora indevida poderá ser combatida por meio dos embargos de terceiro (art. 674 do CPC), que revelam instrumento processual hábil para desfazer ato constritivo indevido sobre o patrimônio do proprietário ou possuidor prejudicado pelo ato da penhora. Admite-se simples petição para sua desconstituição desde que demonstrada a ausência de propriedade (art. 518 do CPC).

Na penhora de ativos financeiros, que assume preferência na ordem de prelação, a demonstração é simples.[57] A petição inicial estará instruída com a qualificação do executado e sua identificação fiscal. Isto permitirá que o sistema eletrônico (BACENJUD, INFOJUD, RENAJUD) identifique os bens que estão registrados em nome do executado.

A penhora sobre bens imóveis e móveis depende de certidão atualizada demonstrando a propriedade atual. Apesar de o art. 845, § 1º, do CPC estabelecer que a penhora será realizada por termo nos autos quando existir a comprovação da propriedade do bem imóvel ou a certidão de existência do bem móvel, sua materialização depende da publicidade para que o ato possa surtir eficácia em relação a terceiros. Sem a publicidade a penhora será válida mas ineficaz em relação terceiro.

O princípio da concentração (art. 54 da Lei 13.097/2015) assume importância vital para a segurança da atividade executiva e sua utilidade para o exequente, ao mesmo tempo em que fornece contornos objetivos na identificação da fraude à execução (art. 792 do CPC).

57. "É pacifico no âmbito desta Corte que, dentre os bens penhoráveis, o dinheiro é preferencial aos demais, de acordo com a ordem legal estabelecida no Código de Processo Civil. A necessidade de substituição da garantia por outro bem é admitida somente em hipóteses excepcionais, desde que não ocasione prejuízo ao exequente" (STJ, 4ª Turma, AgInt no AREsp 1.288.361-SC, rel. Min. Luís Felipe Salomão, j. 11.9.2018, *DJe* 17.9.2018).

10.1.3 A penhora e a proteção ao terceiro de boa-fé. Súmulas STJ-84, 92 e 134

Os bens imóveis e móveis devem pertencer ao executado. Este é motivo pelo qual o juiz somente deve autorizar a penhora quando exista a comprovação da propriedade no momento da apreensão e depósito (art. 839 do CPC). Ainda que a penhora esteja formalizada por termo nos autos, o ato somente se torna eficaz quando há publicidade.

Cabe ao exequente providenciar a averbação da penhora nos registros públicos. A penhora sobre bem imóvel depende da sua averbação no registro de imóveis competente, para a presunção absoluta de seu conhecimento. Não se trata de providência do juízo, mas do exequente, motivo pelo qual o art. 844 dispõe que o registro independe de mandado judicial. A penhora de veículos depende da averbação no DETRAN.

Mesmo antes da efetivação da penhora o exequente, atendendo ao princípio da concentração, poderá averbar a distribuição das ações de conhecimento ou de execução (art. 799, IX, e art. 54, I a IV, da Lei 13.097/2015) para prevenir terceiros da afetação do bem ao processo de conhecimento ou de execução. Esta medida impede que a boa-fé possa ser sustentada como causa de exclusão do bem da penhora e demais atos de expropriação.

Os bens móveis dependem da apreensão efetiva para materializar a penhora. O numerário em conta-corrente ou os ativos em custódia na Bolsa de Valores devem estar depositados em conta do devedor para que o bloqueio possa ser realizado. Os bens imóveis dependem apenas da comprovação da titularidade.

Em algumas situações o bem imóvel ou móvel pode ter sido negociado, com a transmissão da posse para o comprador sem a devida publicidade.

A transmissão da propriedade móvel consuma-se com a tradição nos termos do art. 1.267 do CC. Por mais que o sistema eletrônico ainda acuse que o veículo está em nome do executado ou que existem semoventes registrados em seu nome perante órgãos de inspeção, a tradição é o ato que define a propriedade sobre os bens móveis. A Súmula STJ-92 explicita este posicionamento e coloca em evidência a necessidade de publicidade do gravame, cuja ausência consumará a boa-fé do terceiro adquirente. Neste mesmo posicionamento deve ser lembrada a importante Súmula STJ-132: "A ausência de registro da transferência não implica a responsabilidade do antigo proprietário por dano resultante de acidente que envolva o veículo alienado". Por meio deste verbete percebe-se que o registro não opera força constitutiva sobre os bens móveis. O credor que indicou o bem para penhora terá que pedir a substituição do bem quando comprovada a tradição anterior. É importante frisar que se o proprietário ingressar com embargos de terceiro, o credor não poderá ser condenado em sucumbência. A confiança na informação do cadastro público e a negligência do proprietário atual quanto à transferência demonstram a necessidade de aplicação do princípio da causalidade Quem deu causa para a constrição indevida arcará com as despesas do processo.

Em relação aos bens imóveis o art. 1.245 do CC determina que o registro é o ato constitutivo da propriedade no Direito Brasileiro. O registro do domínio ou de outro direito real (art. 1.225 do CC) confere objetividade à proteção da boa-fé. O terceiro confia na exatidão das informações que são depositadas no registro de imóveis (*Der öffentliche Glaube an die Richtigkeit des Grundbuch*).[58] Este é o motivo pelo qual se exige a atitude positiva do exequente de inserir as informações sobre a penhora no registro de imóveis para conferir a presunção absoluta sobre o conhecimento da ação executiva contra o devedor.[59]

A existência de negócio jurídico de transmissão da propriedade para terceiro em momento anterior ao ajuizamento da ação ou da penhora pode ser combatida por meio do oferecimento de embargos de terceiro. A Súmula STJ-84 protege e reconhece a força da função social e econômica da posse de boa-fé: "É admissível a oposição de embargos de terceiro fundados em alegação de posse advinda do compromisso de compra e venda de imóvel, ainda que desprovido do registro".

10.1.3.1 *A boa-fé, a fraude à execução e a Súmula STJ-375*

Não examinaremos em detalhes o art. 792 do CPC, que trata da fraude à execução, o que será detalhado no t. IV deste *Curso*. Lembramos, nesta fase, que qualquer alienação posterior ao registro da penhora será ineficaz, em vista da dicção do art. 844 do CPC. O registro torna absoluta a presunção de conhecimento do terceiro. Este entendimento reflete a construção jurisprudencial sobre tema, e que havia sido consolidada

58. Hans Armich Weirich, *Grundstücksrecht*, § 12, p. 214.

59. A redação do art. 844 do CPC explicita a presunção absoluta pelo registro da penhora: "Art. 844. Para presunção absoluta de conhecimento por terceiros, cabe ao exequente providenciar a averbação do arresto ou da penhora no registro competente, mediante apresentação de cópia do auto ou do termo, independentemente de mandado judicial".

perante o Código de Processo Civil/1973 com a Súmula STJ-375: "O reconhecimento da fraude à execução depende do registro da penhora do bem alienado ou da prova de má-fé do terceiro adquirente".

Pela leitura do verbete percebe-se que a configuração da fraude à execução também estará consumada quando o terceiro tiver adquirido o bem com ciência da existência de demanda que poderia levar o alienante à insolvência no momento da alienação (art. 792, IV, do CPC). E como se comprovaria esta ciência?

O STJ tentou definir a questão por meio de interessante repetitivo, que procura objetivar o ato de ciência do terceiro pela citação quanto à existência de demanda capaz de reduzir o devedor à insolvência. Atualmente a matéria tem que ser analisada com a contribuição do *princípio da concentração*.[60]

A Lei 13.097/2015 consolida o entendimento até então prevalente e de modo assertivo e correto. A aferição da boa-fé e da fraude pela citação válida, em ação de conhecimento (art. 792, I) ou de execução (art. 792,

60. Esse repetitivo trabalha com elementos importantes para definir de modo objetivo a ciência do terceiro pela averbação premonitória, pela citação e pelo registro da penhora. O julgado refere-se ao Código de Processo Civil/1973, mas com aproveitamento total, pois não houve mudança de orientação da vigente legislação processual. Deve ser agregado o princípio da concentração como acréscimo sobre o tema: "Recurso repetitivo – Art. 543-C do CPC [*CPC/1973 – v. art. 1.036 do CPC/2015*] – Fraude de execução – Embargos de terceiro – Súmula n. 375/STJ – Citação válida – Necessidade – Ciência de demanda capaz de levar o alienante à insolvência – Prova – Ônus do credor – Registro da penhora – Art. 659, § 4º, do CPC [*CPC/1973 – v. art. 844 do CPC/2015*] – Presunção de fraude – Art. 615-A, § 3º, do CPC. [*CPC/1973 – v. § 4º do art. 828 do CPC/2015*] 1. Para fins do art. 543-C do CPC, firma-se a seguinte orientação: 1.1 É indispensável citação válida para configuração da fraude de execução, ressalvada a hipótese prevista no § 3º do art. 615-A do CPC. 1.2 O reconhecimento da fraude de execução depende do registro da penhora do bem alienado ou da prova de má-fé do terceiro adquirente (Súmula n. 375-STJ). 1.3 A presunção de boa-fé é princípio geral de Direito universalmente aceito, sendo milenar a parêmia: a boa-fé se presume; a má-fé se prova. 1.4 Inexistindo registro da penhora na matrícula do imóvel, é do credor o ônus da prova de que o terceiro adquirente tinha conhecimento de demanda capaz de levar o alienante à insolvência, sob pena de tornar-se letra morta o disposto no art. 659, § 4º, do CPC. 1.5 Conforme previsto no § 3º do art. 615-A do CPC, presume-se em fraude de execução a alienação ou oneração de bens realizada após a averbação referida no dispositivo. 2. Para a solução do caso concreto: 2.1 Aplicação da tese firmada. 2.2 Recurso especial provido para se anular o acórdão recorrido e a sentença e, consequentemente, determinar o prosseguimento do processo para a realização da instrução processual na forma requerida pelos recorrentes" (STJ, Corte Especial, REsp 956.943-PR, rela. Min. Nancy Andrighi, rel. para o acórdão Min. João Otávio de Noronha, j. 20.8.2014, *DJe* 1.12.2014).

IV), não configura critério seguro pela simples demonstração processual do ato, mas pela sua averbação no registro público correspondente, como ônus da parte interessada.

Jamais o terceiro de boa-fé teria condições de retirar certidões em todos os distribuidores do País para saber se corre demanda capaz de tornar o devedor insolvente para fins do art. 792, IV. Nas demandas de natureza real ou reipersecutória o problema seria menor, pela competência absoluta limitar a pesquisa do terceiro, para fins do art. 792, I. Acontece que o art. 54 da Lei 13.097/2015 transfere o ônus da concentração das informações de interesse sobre o bem para o autor da ação: "Art. 54. Os negócios jurídicos que tenham por fim constituir, transferir ou modificar direitos reais sobre imóveis são eficazes em relação a atos jurídicos precedentes, nas hipóteses em que não tenham sido registradas ou averbadas na matrícula do imóvel as seguintes informações: (...)".

Deste modo, se o autor de uma ação reivindicatória quiser obter segurança efetiva para que o bem litigioso não seja alienado para um terceiro, ele deverá averbar a existência da ação e da citação na matrícula do imóvel, desde seu ajuizamento (art. 54, I, da Lei 13.097/2015). Se a ação tiver natureza reipersecutória o procedimento é idêntico. Nas demandas de natureza pessoal em que o vínculo obrigacional tenha que ser construído ou reconhecido o pedido de averbação deverá ser autorizado pelo juiz (art. 54, IV, da lei).

A importante contribuição do princípio da concentração não contraria o repetitivo do STJ, mas o fortalece, com a orientação de que caberá ao autor da ação de conhecimento ou à parte exequente, no cumprimento de sentença ou execução extrajudicial, a providência de publicidade para controverter a boa-fé do terceiro adquirente.

10.1.3.2 *A concentração ("Richtigkeit des Grundbuches") e o conflito entre terceiros de boa-fé*

Tema delicado, e que será examinado com maior profundidade no tratamento da arrematação, diz respeito ao potencial conflito entre o terceiro arrematante e aquele que celebrou negócio jurídico anterior com o devedor. O terceiro arrematante que registra o bem merece proteção preferencial sobre o terceiro que celebrou negócio jurídico e não conferiu publicidade.

Ambos são qualificados como terceiros de boa-fé; contudo, na cadeia de aquisição, a proteção ao arrematante deve prevalecer, não só pelo fato de ter constituído direito real com eficácia *erga omnes*, mas pela necessidade de proteção do tráfico negocial chancelado pelo Poder Público. A confiança na venda judicial pela arrematação decorre da publicidade e certificação dos atos executivos. O terceiro arrematante não deve ser afetado após a expedição da carta, e muito menos após seu registro, nos termos do art. 903 do CPC. O terceiro que não registrou a aquisição falhou quanto à publicidade e proteção do bem e terá sua posição jurídica fragilizada pelo art. 54, parágrafo único, da Lei 13.097/2015: "Parágrafo único. Não poderão ser opostas situações jurídicas não constantes da matrícula no registro de imóveis, inclusive para fins de evicção, ao terceiro de boa-fé que adquirir ou receber em garantia direitos reais sobre o imóvel, ressalvados o disposto nos arts. 129 e 130 da Lei n. 11.101, de 9 de fevereiro de 2005, e as hipóteses de aquisição e extinção da propriedade que independam de registro de título de imóvel". O terceiro adquirente anterior arcará com sua negligência e omissão em não realizar o registro e resolverá sua situação em perdas e danos por meio de ação autônoma.[61]

10.1.4 A penhora e o cumprimento de sentença por carta precatória

O oficial de justiça deverá realizar a penhora e a avaliação no local em que os bens do devedor forem encontrados quando não seja realizado o cumprimento voluntário no prazo de 15 dias (art. 523 do CPC). A penhora poderá ser materializada em face do terceiro, que poderá ostentar a qualidade de possuidor ou detentor (art. 845, *caput*). Ou do possuidor direto, que está na posse temporária do bem *(auf Zeit)* em virtude do desmembramento da posse (art. 1.197 do CC), pela existência de direito real de garantia ou de gozo, ou mesmo direito pessoal, pela existência de vínculo contratual, como na locação do bem imóvel. O detentor, que é aquele que cumpre as instruções do possuidor (*Besitzdiener*), também poderá ser cientificado da penhora, o que corresponde a dizer que sua vinculação de guarda e custódia será com a Justiça, e não mais com o possuidor ou proprietário do bem.

61. V. interessante julgado do STJ: "(...). Antes do registro imobiliário do título há apenas direito pessoal ou obrigacional entre as partes que firmaram o negócio jurídico, de modo que, consequentemente, com a efetivação do registro cria-se um direito oponível perante terceiros (efeito *erga omnes*) com relação à transferência do domínio do imóvel. Sob esse enfoque, ausente a formalidade, considerada essencial pela lei ao negócio realizado, não se pode admitir que o título seja oponível ao terceiro de boa-fé que arremata judicialmente o imóvel e promove, nos estritos termos da lei, o registro da carta de arrematação (...)" (STJ, 3ª Turma, REsp 1.636.694-MS, rela. Min. Nancy Andrighi, j. 25.9.2018, *DJe* 1.10.2018).

Quando os bens estiverem localizados em domicílio diverso daquele onde se processa o cumprimento de sentença será necessária a expedição de carta. Como consequência, os demais atos de avaliação e alienação serão processados perante o juízo em que estão localizados, que será o responsável, igualmente, pela decisão dos incidentes que acompanhem os atos de sua responsabilidade, quais sejam: penhora, avaliação e alienação dos bens (Súmula STJ-46).

11. Defesa do executado pela impugnação no cumprimento por quantia certa

O executado poderá oferecer impugnação ao cumprimento de sentença, nos termos do art. 525 do CPC. A possibilidade de contraposição aos atos executivos projeta o princípio do contraditório na fase executiva, ainda que de modo mitigado.[62] A impugnação corresponde aos antigos embargos à execução contra a execução fundada em título judicial. Sua substituição pela impugnação ocorreu com a Lei 11.232/2005, por meio do art. 475-M do CPC/1973. O CPC/2015 manteve a impugnação como meio principal de defesa do executado na fase de cumprimento de sentença, nos termos do art. 525.

Por meio da impugnação o executado ataca o título executivo e a relação processual executiva. O executado exerce autêntica pretensão, e não mera defesa. O objetivo principal é a desconstituição do título executivo com formação de coisa julgada. Não se trata propriamente de uma peça de defesa, do contrário o princípio da eventualidade (art. 336 do CPC) impediria que pontos não suscitados nos embargos não pudessem mais ser alegados por meio de ações autônomas (508 do CPC).

O executado também poderá articular sua defesa por meio de exceção de pré-executividade.[63] A exceção refere-se tanto a matérias de ordem pública atinentes ao procedimento ou ao título como a matérias de ordem privada que permitam o conhecimento imediato, sem a necessidade de dilação probatória. O art. 518 do CPC recepcionou a figura da exceção, que não se subordina a prazo determinado, como a impugnação. A exceção está direcionada preferencialmente a combater vícios que atingem a relação processual executiva desde sua formação até a fase de satisfação, o que elimina a existência de preclusão para conhecimento das matérias predominantemente de ordem pública. Alguns fatos específicos

62. Romano Vaccarella/Giovanni Verdi, *Codice di Procedura Civile Commentato*, Livro III, p. 53.

63. Sobre a exceção, v. subitem 13.1.

relacionados aos pressupostos essenciais da relação executiva (*título* e *inadimplemento*) podem ser sustentados pela exceção, com possibilidade de decisão de mérito, como na hipótese de pagamento ou prescrição da pretensão executiva, gerando, inclusive, a fixação de sucumbência.[64] Sobre a exceção de pré-executividade voltaremos ao assunto oportunamente.

Em síntese, podemos afirmar que a fase executiva prevê dois meios principais de defesa do executado: (a) *impugnação contra títulos executivos judiciais* (art. 525 do CPC) e (b) *embargos contra títulos executivos extrajudiciais* (art. 917 do CPC). Como meio secundário apresenta-se a *exceção de pré-executividade*, que exerce papel de grande importância, mas com limitação em sua cognição horizontal e vertical (art. 518 do CPC). Os terceiros que não fazem parte do processo de cumprimento de sentença e que não tenham responsabilidade secundária pelo débito do devedor (art. 790 do CPC) poderão apresentar defesa por meio dos *embargos de terceiro* (art. 674 do CPC).[65]

11.1 A defesa heterotópica

O executado também poderá ser valer do ajuizamento de ação autônoma que excepcionalmente poderá influir no procedimento de cumprimento de sentença ou na execução de título extrajudicial. Como regra, a propositura de uma ação de cognição não interfere na fase de execução (art. 784, § 1º, do CPC). O oferecimento da impugnação e dos embargos, como ações de contraposição à pretensão executiva, não impede que o direito de defesa do devedor possa ser exercido por meio de ação proposta em outro *topos*, ou seja, fora da seara executiva. É por este motivo que esta modalidade de defesa é denominada de *heterotópica*.[66]

Enquanto a impugnação do art. 525 do CPC reflete uma defesa endoprocessual, pela formação de um incidente processual, a ação autônoma heterotópica reflete o exercício de defesa pela propositura de uma ação de conhecimento prejudicial à ação de execução. A defesa heterotópica pode ser oriunda do procedimento comum (ação declaratória de inexistência de relação jurídica ou de vício insanável – *querela nullitatis*),

64. "(...). Segundo a orientação jurisprudencial pacífica desta Corte Superior, são devidos honorários advocatícios sucumbenciais pelo exequente quando acolhida exceção de pré-executividade, ainda que parcialmente (...)" (STJ, 3ª Turma, AgInt no REsp 1.615.173-SP, rel. Min. Marco Aurélio Bellizze, j. 17.4.2018, *DJe* 20.4.2018).

65. Sobre os embargos de terceiro consulte-se o t. III deste *Curso*, pp. 281 e ss.

66. Sobre o tema: Sandro Gilbert Martins, *A Defesa do Executado por Meio de Ações Autônomas*, pp. 169 e ss.

ação anulatória ou, ainda, por meio de procedimento especial, como o mandado de segurança (Lei 12.016/2009). Elas provocam o surgimento de questão prejudicial que subordina de modo antecedente a solução da ação executiva pela impugnação do título executivo.[67]

Pode-se afirmar que o art. 785 do CPC, que tem origem no sistema processual lusitano, tem como objetivo imunizar o título executivo extrajudicial da proliferação de ações heterotópicas, que retiram a estabilidade do processo de execução e a confiança dos terceiros de boa-fé que participam dos atos de alienação judicial. Oportunamente voltaremos a comentar este dispositivo no t. IV deste *Curso*.

11.2 A impugnação ao título

No regime anterior a defesa apresentada pelo devedor contra a execução de um título judicial era denominada de embargos e provocava a suspensão automática do processo de execução (art. 741, c/c art. 791, I, do CPC/1973).[68] Com a importante reforma introduzida pela Lei 11.232/2005 imprimiu-se uma divisão procedimental entre o título

67. "(...). Em regra, o ajuizamento de ação relativa ao débito constante do título não inibe o credor de promover-lhe a execução (CPC, art. 585, § 1º). [*CPC/1973 – v. art. 784, § 1º, do CPC/2015*] A finalidade da norma é não impedir a execução calcada em título de dívida líquida e certa pelo simples fato da propositura de ação de cognição, cujo escopo temerário pode ser o de obstar ao processo satisfativo, retirando a força executória do título. 3. Contudo, esse dispositivo deve ser interpretado com temperamento, notadamente nas hipóteses em que se vislumbra a possibilidade de um total esvaziamento da ação de execução, em decorrência do desfecho da revisional, sob pena de se frustrar o resultado útil desta última. Entendimento, esse, que se aplica ao caso, especialmente se considerado o fato de que a ação declaratória foi ajuizada anteriormente à propositura da ação executiva, bem como que havia penhora assegurando o débito das parcelas vencidas até a data do ajuizamento da ação de execução" (STJ, 3ª Turma, AgInt no AREsp 944.374-SP, rel. Min. Marco Aurélio Bellizze, j. 14.8.2018, *DJe* 24.8.2018).

68. O efeito suspensivo *ex lege* dos embargos nasce de modo preciso no sistema processual por meio da Lei 8.953/1994, pela qual o art. 739, § 1º, do CPC/1973 passou a ter a seguinte redação: "Os embargos serão sempre recebidos com efeito suspensivo". Apesar de inexistir o efeito suspensivo expresso antes dessa alteração, a suspensão era admitida pela doutrina que antevia nos embargos uma questão prejudicial, "a eficácia suspensiva dos embargos decorre não do simples enunciado da referida norma legal, pois encontra sua razão de ser num princípio lógico-jurídico que atuaria por si só, na ausência de lei expressa" (Humberto Theodoro Jr., *Processo de Execução*, p. 443). Podemos observar a grande evolução ocorrida, desde então, sobre o tema. A necessidade de efetividade e celeridade na via executiva tornou o efeito suspensivo, atualmente, excepcional.

executivo judicial e o extrajudicial, criando o cumprimento de sentença (arts. 475-I a 475-R do CPC/1973).

O CPC/2015 confirmou a estrutura de separação entre o procedimento para a execução do título judicial e do extrajudicial. Quanto à defesa, manteve-se a impugnação como processo incidental hábil para desconstituir o título executivo dentro do rol elencado pelo art. 515, § 1º, com importantes alterações em relação ao regime anterior. A impugnação representa processo incidental em que o executado exerce autêntico direito de ação em que a pretensão assume eficácia declaratória e/ou constitutiva negativa como objeto do pedido. A impugnação volta-se essencialmente contra o título executivo judicial (art. 525, § 1º, I, II, III, V e VII), mas também pode atingir vícios da própria relação processual (art. 525, § 1º, IV).

Perante o art. 525 do CPC a peça de impugnação será apresentada *nos mesmos autos independentemente da concessão, ou não, do efeito suspensivo.*[69] Esta padronização facilita seu modo de processamento e não compromete sua autonomia.[70]

A impugnação, quanto à sua essência, não é uma peça de defesa, mas é inegável que pode assumir a feição de uma contestação, uma vez que nosso sistema não criou instrumentos processuais diferenciados para combater unicamente a matéria de fundo ou de forma no cumprimento de sentença ou na execução do título extrajudicial. Por meio da impugnação o executado pode formular pedido de impugnação do título (art. 525, III), o que revela autêntico exercício do direito de ação; e ao mesmo tempo suscitar vícios formais e defeitos do procedimento, como a ilegalidade da penhora ou da avaliação, o que configura matéria de defesa (art. 525, IV). Mesmo que a impugnação possa apresentar similitudes com uma peça defensiva, seu objeto é autônomo. Além disso, admitir a natureza de contestação implicaria reconhecer a incidência do princípio da eventualidade, com a concentração obrigatória de toda a matéria de ataque na impugnação, em virtude da preclusão consumativa (art. 336 do CPC).

Em outros sistemas, como no alemão, as questões relativas à violação dos pressupostos processuais e defeitos do procedimento (*Gegen Mängel des Verfahrens*) podem ser suscitadas na execução, como simples matéria de defesa, e são alegadas por meio de instrumento específi-

69. José Miguel Garcia Medina, *Novo Código de Processo Civil Comentado*, p. 868.

70. Pelo regime anterior prevalecia a regra do art. 475-M, § 2º: "Deferido efeito suspensivo, a impugnação será instruída e decidida nos próprios autos e, caso contrário, em autos apartados".

co, denominado de *Erinnerung*.[71] Para o ataque à pretensão executiva consubstanciada no título e com formação de coisa julgada sobre sua inexequibilidade utiliza-se a *Vollstreckungsgegenklage*.[72] No Brasil a impugnação cumpre ambas as funções.[73]

É por isso que parte da doutrina admite a natureza mista na classificação da impugnação: ação e defesa.[74] Todavia, isto não a transforma em peça de defesa.[75] É inegável que as matérias que podem ser deduzidas no art. 525, § 1º, permitem a formulação de pretensão voltada à extinção da execução com formação de coisa julgada. Por este motivo, há nítido exercício do direito fundamental de ação. O pedido de declaração de prescrição da pretensão executiva, de ilegitimidade *ad causam* e *ad processum*, pela intransmissibilidade da obrigação ao sucessor, o reconhecimento do pagamento, a declaração de confusão, são algumas das hipóteses que provocam a extinção da relação processual executiva com formação de coisa julgada.

A exceção de pré-executividade também cumpre a função de impugnar as questões formais, e pode ser invocada com base no art. 518 do CPC.[76] Entretanto, a exceção não possui um regime delimitado, como a impugnação. Esta forma de defesa, que ataca essencialmente as questões relacionadas ao procedimento executivo, deverá ser apresentada nos próprios autos, por simples petição e com todos os documentos necessários para a demonstração de plano da matéria suscitada.

71. Jauernig/Berger, *Zwangsvollstreckungs und Insolvenzrecht*, § 10, p. 37.

72. Idem, p. 40.

73. Com precisão quanto ao ponto; Haroldo Pabst, *Natureza Jurídica dos Embargos do Devedor*, pp. 20-23. No Direito atual: Araken de Assis, *Manual da Execução*, cit., p. 1.641.

74. Neste sentido: Nelson Nery Jr. e Rosa Maria de Andrade Nery (*Comentários ao Código de Processo Civil*, p. 1.299): "Misto de ação e defesa, a impugnação caracteriza-se como incidente ao cumprimento de sentença".

75. A discussão sobre a natureza jurídica dos embargos foi exposta de modo brilhante por Haroldo Pabst (*Natureza jurídica dos Embargos do Devedor*, cit., em especial pp. 147-192), que demonstrou os problemas de importação dos modelos estrangeiros para a realidade brasileira. A tese de Pabst hoje não nos parece correta, em vista do modelo que foi construído após as reformas das Leis 11.232/2005 e 11.382/2006, porque atualmente o devedor não precisa mais garantir o juízo para formular sua contraposição pela impugnação ou embargos. Mas seu trabalho põe em evidência a solução ambivalente conferida para a impugnação e para os embargos no sistema brasileiro.

76. A criação da exceção de pré-executividade é doutrinária e tem como base o Parecer 95 de Pontes de Miranda. Falaremos sobre a exceção *infra*. Para consulta do parecer: *Dez Anos de Pareceres*, t. 4, pp. 125-137.

11.2.1 Prazo para a impugnação

O Código de Processo Civil/2015 determina que o prazo para o oferecimento da impugnação será de 15 dias. Este prazo fluirá de modo automático a partir do não pagamento voluntário da obrigação, nos primeiros 15 dias assinalados pelo art. 523 do CPC. Não há necessidade de nova intimação; logo, a fluência dependerá da forma de intimação já materializada por ocasião da intimação para o pagamento voluntário, nos termos dos arts. 219, 224 e 231 do CPC.

O art. 525 do CPC trouxe duas grandes modificações em relação ao regime anterior, que influenciam a contagem do prazo da impugnação.

A primeira é a possibilidade de o executado oferecer a impugnação independentemente da penhora. A fluência do prazo da impugnação não é mais contada a partir da intimação da penhora.

As Leis 11.232/2005 e 11.382/2006, embora tenham propiciado nítido avanço no processo de execução na vigência do Código de Processo Civil/1973, acabaram por sedimentar um desnivelamento entre a execução dos títulos judicial e extrajudicial. O cumprimento de sentença exigia a penhora como condição de defesa (art. 475-J, § 1º, do CPC/1973[77]), de tal modo que o prazo para a impugnação era computado da intimação da penhora. Na execução por título extrajudicial desde a Lei 11.382 a penhora foi excluída como condição de oferecimento da defesa (art. 736 do CPC/1973[78]). O regime atual igualou o tratamento da execução judicial e da extrajudicial, e ambas podem ser apresentadas independentemente da garantia do juízo.

A segunda modificação refere-se à possibilidade de aplicação do prazo em dobro para os litisconsortes que forem defendidos por procuradores que pertençam a escritórios diversos, em vista do permissivo do art. 525, § 3º, do CPC. O dispositivo remete à aplicação do art. 229 do CPC na fase de impugnação. É certo que nesta fase sua incidência já pode ser considerada residual, e com o tempo será completamente abolida, na medida em que o prazo em dobro não é computado para autos eletrônicos (art. 229, § 2º).

77. CPC/1973, § 1º do art. 475-J: "§ 1º. Do auto de penhora e de avaliação será de imediato intimado o executado, na pessoa de seu advogado (arts. 236 e 237), ou, na falta deste, o seu representante legal, ou pessoalmente, por mandado ou pelo correio, podendo oferecer impugnação, querendo, no prazo de 15 (quinze) dias".

78. CPC/1973: "Art. 736. O executado, independentemente de penhora, depósito ou caução, poderá opor-se à execução por meio dos embargos".

A previsão do prazo em dobro é incoerente com a natureza da impugnação. Como a impugnação representa o ajuizamento de autêntico pedido incidental para desconstituir o título executivo ou para declarar a inexistência da relação jurídica, não há sentido em duplicar o prazo para o exercício da pretensão de oposição. Nos embargos a regra é absolutamente oposta, conforme o art. 915, § 3º, do CPC. Parece que o legislador procura diferenciar, equivocadamente, a *impugnação* dos *embargos* pelo oferecimento desta de modo autônomo e daquela de modo incidental nos autos, como se a forma de apresentação da peça pudesse definir sua natureza jurídica. Se isto fosse lícito, teríamos que concluir que a reconvenção, por ser apresentada nos mesmos autos, não seria mais uma ação autônoma, mas nova modalidade de defesa do réu.[79]

11.2.2 A petição inicial na impugnação

A impugnação reflete exercício incidental do direito de ação como meio de oposição à execução judicial incoada. O impugnante não foge do regime geral do art. 319 do CPC. A peça deve conter estrutura básica e lógica que permita identificar os pressupostos processuais essenciais e o objeto da impugnação: *juízo*, *identificação das partes*, *causa de pedir*, *pedido* e *provas a serem produzidas*. Embora seja desejável a solução conciliatória, não existe a previsão de etapa obrigatória para a conciliação entre as partes nesta fase (art. 319, VII, c/c art. 334, do CPC). O juiz pode chamar as partes para autocomposição em qualquer fase do procedimento de cognição ou de execução (arts. 139, V, e 772, I). Na fase de execução a posição de supremacia do credor, pela posse do título executivo, revela o principal motivo de sumarização dos procedimentos de defesa, o que não impede a atividade conciliatória do juiz e das partes, inclusive por meio de negócio processual (art. 190 do CPC).

11.2.2.1 *Legitimidade para a impugnação*

O exercício da pretensão de impugnar a execução caberá ao executado. Incluem-se nesta acepção tanto o devedor originário como o eventual responsável. O terceiro vinculado é aquele que possui responsabilidade *ultra titulum*, porque sua vinculação advém da lei (*ex lege* – art. 790 do CPC). O terceiro absolutamente desvinculado, e que não tem qualquer relação com o processo de cumprimento de sentença, poderá utilizar os

79. Como bem observou, José Miguel Garcia Medina, *Novo Código de Processo Civil Comentado*, cit., p. 868.

embargos de terceiro quando seja atingido por algum ato executivo (art. 674 do CPC). O polo passivo da impugnação será ocupado pela pessoa do exequente. A qualificação específica das partes, com identificação fiscal e de domicílio, pode ser dispensada quando há coincidência com as partes já litigantes na relação executiva.

11.2.2.2 *Autonomia das impugnações*

A existência de litisconsórcio passivo no cumprimento de sentença não interfere na autonomia de cada litisconsorte quanto à propositura de sua impugnação. O prazo para o oferecimento de cada uma das peças de impugnação é contado individualmente, conforme as regras dos arts. 219, 224 e 231 do CPC.

Os litisconsortes não necessitam mais da segurança do juízo para oferecer sua resposta. No regime anterior discutia-se se o litisconsorte poderia aproveitar a garantia do juízo firmada por outrem para oferecer sua resposta. Trata-se de questão ultrapassada, porque o oferecimento da peça não depende da penhora ou caução para permitir o oferecimento da impugnação. A garantia do juízo ainda é necessária como requisito para a concessão do efeito suspensivo.

O art. 525, § 9º, do CPC vai além, e permite a extensão do benefício da suspensão para aqueles que não impugnaram quando o fundamento da defesa for comum e puder aproveitar aos demais executados. Quando a defesa apresentada for exclusiva a extensão não será possível.

No entanto, condicionar a concessão do efeito suspensivo à garantia do juízo quando estão presentes os requisitos para a concessão da tutela provisória poderá representar restrição inconstitucional ao direito à defesa quando aplicada de modo indiscriminado. A necessidade da penhora como garantia do juízo é o reflexo de uma postura mais séria do legislador quanto à efetividade da execução que tenha lastro em título executivo judicial. O efeito suspensivo realmente há de ser excepcional nesta fase, sob pena de malferir a atividade executiva, com reflexos na segurança do próprio tráfico negocial. Entretanto, em situações especiais a liminar deve ser concedida para aquele que não tem bens suficientes para oferecer ao juízo, mas que demonstra a presença dos requisitos de probabilidade do direito afirmado e de perigo quanto à irreversibilidade da medida, que não pode ter seu pedido de tutela descartado pela hipossuficiência econômica.

O argumento para esta autorização é simples. O devedor pode utilizar ações heterotópicas, cuja liminar exigirá apenas o preenchimento dos requisitos da tutela de urgência ou de evidência (art. 297 do CPC).

Esta liminar poderá paralisar a execução mesmo sem a existência de bens penhorados. Logo, em regime excepcional, preenchidos os requisitos dos arts. 300 e 311 do CPC, não se deve negar a suspensão do cumprimento de sentença pela ausência de garantia do juízo.

Nada impede que o juiz possa conceder o efeito suspensivo com base no poder geral de cautela, mesmo sem a existência de garantia ofertada pelo executado, quando seja manifesto o prejuízo e evidente o direito afirmado pelo executado em juízo. Esta solução não deve ser aplicada ao devedor que possui bens suficientes para oferecer como garantia ou que oculta seu patrimônio, em manifesta afronta aos atos executivos (art. 774, II, III e V, do CPC).

11.2.2.3 *Competência para o oferecimento da impugnação*

A necessidade de controle unificado da execução e da impugnação provoca uma *vis attractiva* natural da competência para a decisão de ambos os processos pelo juízo do cumprimento de sentença. O oferecimento incidental da impugnação tem como escopo o combate da relação executiva e não permite solução diversa.

A regra do art. 516 do CPC não governa propriamente a competência para o oferecimento da impugnação, mas do cumprimento de sentença. Quando o cumprimento de sentença tramitar perante o juízo responsável pela formação do título judicial nada mais natural que a impugnação seja oferecida no mesmo juízo de modo incidental (art. 516, II, do CPC).

É possível a dissociação entre o juízo de formação do título e o da satisfação do cumprimento de sentença. Nesta situação, o juízo que decidiu a causa e formou o título expedirá carta precatória para que o juízo deprecado cumpra os atos de constrição e expropriação. Isto poderá ser evitado quando o credor perceber a vantagem de iniciar a execução diretamente no local em que estão os bens (art. 516, parágrafo único). O exequente deverá pedir a remessa dos autos de cumprimento de sentença para o local em que domiciliados o executado ou seus bens, com o fim de facilitar a satisfação do título. Nesta hipótese a impugnação será oferecida no juízo para onde foi realizada a remessa dos autos.

Se o cumprimento for mantido no juízo originário e apenas forem deprecados os atos de satisfação, a impugnação deverá seguir o que determina a Súmula STJ-46. A dissociação entre juízo deprecante e juízo deprecado permitirá que a impugnação possa ser oferecida em qualquer um dos juízos, no prazo legal. A competência será do juízo deprecado para a decisão sobre a penhora e demais atos; e do juízo deprecante para as questões relacionadas ao título executivo e vícios anteriores à penhora (art. 914, § 2º, do CPC).

11.2.2.4 *Fundamentos da impugnação*

A petição inicial da impugnação deverá indicar os elementos essenciais que justificam a paralisação ou extinção da relação executiva. A indicação da causa de pedir e a formulação do pedido exigem que o impugnante descreva em sua peça alguma das matérias elencadas no art. 525, § 1º, do CPC.

Uma das diferenças essenciais entre a oposição de defesa incidental no cumprimento de sentença e na execução extrajudicial diz respeito à tipicidade cerrada do art. 525, § 1º, do CPC.

A sumariedade de cognição na impugnação em contraposição à amplitude dos embargos à execução (art. 917, VI) decorre da preclusão consumativa das matérias que já foram decididas na primeira fase de cognição (art. 508 do CPC). É importante tomar a sentença transitada em julgado como elemento de separação para fins de aplicação do art. 525, § 1º, do CPC. Tomemos como exemplo a prescrição. Para fins de impugnação, o art. 525, § 2º, VII, prevê a prescrição como matéria de defesa, como meio de extinção da execução (art. 924, III, do CPC). Logo, somente poderá ser alegada a prescrição superveniente à formação do título executivo (Súmula STF-150). A prescrição anterior que não foi reconhecida pela sentença trata-se de matéria preclusa, e que não poderá mais ser ressuscitada na fase de cumprimento.[80] Analisaremos as possíveis causas de pedir da peça de impugnação, perante os sete incisos do art. 525, § 1º, do CPC:

(a) Falta ou nulidade da citação (*querela nullitatis insanabilis*)

A primeira matéria elencada como causa para a apresentação da impugnação refere-se à revelia que tenha ocorrido no processo de conhecimento pela *falta* ou *nulidade* da citação.

O defeito quanto ao ato de citação representa o vício de maior gravidade da relação processual, porque compromete de modo cabal

80. Neste sentido: "(...). Com o trânsito em julgado da sentença, surge a eficácia preclusiva da coisa julgada, impedindo que se alegue, na fase de cumprimento do julgado, inclusive matéria de ordem pública, como a prescrição ocorrida integralmente no processo de conhecimento – Precedentes. 4. Agravo interno desprovido" (STJ, 4ª Turma, AgInt no REsp 1.711.344-PE, rel. Min. Antônio Carlos Ferreira, j. 21.8.2018, *DJe* 28.8.2018).

o *princípio do contraditório*, que representa garantia fundamental do jurisdicionado (art. 5º, LV, da CF/1988 e arts. 9º e 10 do CPC).[81] Não é à toa que a jurisprudência o considera vício de natureza trans-rescisória, porque não está limitado ao prazo preclusivo de dois anos (art. 975 do CPC).[82]

A falta ou nulidade de citação permite uma diferenciação entre o vício que macula a *existência* e a *validade* do título executivo.[83] Sob o aspecto prático esta diferenciação perde importância, porque ambas as hipóteses são causas para o reconhecimento da nulidade do processo de conhecimento.

Dentro desta visão operacional, a jurisprudência permite que o vício de ausência ou nulidade de citação possa ser reconhecido por mera petição (*petitio simplex*), ação rescisória, por ação constitutiva negativa fundada em *querela nullitatis insanabilis* ou por meio de impugnação (art. 525, § 2º, I) ou dos embargos (art. 917 do CPC).[84]

Na hipótese de ausência de citação o réu foi ignorado por completo na relação processual. Já, na situação de nulidade o réu poderá ter sido *aparentemente* citado (*in ius vocatio*). Um exemplo simples: o endereço declinado era antigo e o autor da ação conhecia seu atual paradeiro; ou a citação foi realizada diretamente pela *via ficta* ainda que o réu possuísse

81. Ao mesmo tempo em que a ausência ou citação nula configura o vício de maior gravidade, ele permite sanação plena em caso de comparecimento espontâneo do réu, momento em que fluirá o prazo para a apresentação de sua defesa (art. 239, § 1º, do CPC).

82. "O vício de nulidade de citação é o defeito processual de maior gravidade em nosso sistema processual civil, tanto que elevado à categoria de vício trans-rescisório, podendo ser reconhecido a qualquer tempo, inclusive após o escoamento do prazo para o remédio extremo da ação rescisória, mediante simples alegação da parte interessada" (STJ, 3ª Turma, REsp 1.625.697-PR, rel. Min. Ricardo Villas Bôas Cueva, j. 21.2.2017, *DJe* 24.2.2017).

83. Com aprofundamento sobre o tema: Pontes de Miranda, *Comentários ao Código de Processo Civil*, t. XI, p. 92.

84. Sobre o desenvolvimento histórico da *querela nullitatis* deve ser consultada a tradução de Liebman das *Instituições* de Chiovenda, na nota 92 do t. III. É no Direito intermédio, sobre influência germânica, que a sentença nula (*querela nullitatis*) passou a ser considerada sanável (*sanabilis*) ou insanável (*insanabilis*). A primeira era convalidada pelo simples decurso do tempo. A segunda não teria prazo de convalidação. Com o tempo unificou-se o regime, fixando-se prazo para algumas matérias e para outras não. O art. 525, § 2º, I, do CPC representa a sobrevivência de uma *querela nullitatis insanabilis* que pode ser alegada a qualquer tempo, sem o prejuízo de ser invocada por simples petição, na apelação, na ação rescisória ou, mesmo, na impugnação.

domicílio certo. O oferecimento de contestação pelo curador especial não terá o condão de convalidar o ato de citação.[85]

(b) Ilegitimidade de partes

A ilegitimidade na fase de cumprimento deve se ater ao campo definido pelos arts. 778 e 779 do CPC. A ilegitimidade configura pressuposto processual de validade da relação processual no cumprimento de sentença. Sua permanência como matéria de impugnação confirma a natureza autônoma do cumprimento de sentença em relação ao processo de conhecimento. É possível a impugnação, por exemplo, da execução individual da sentença coletiva pela parte que não estava associada no momento do ajuizamento da ação coletiva ordinária (art. 2-A, parágrafo único, da Lei 9.494/1997).[86]

85. "A inexistência ou a nulidade da citação correspondem a vícios insanáveis que, no entender da doutrina e da jurisprudência deste Tribunal Superior e do STF, podem ser apreciados a qualquer tempo, não se submetendo a prazo prescricional ou decadencial – Precedentes: REsp n. 1.449.208-RJ, rel. Min. Moura Ribeiro, rel. para o acórdão Min. Ricardo Villas Bôas Cueva, 3ª Turma, *DJe* 27.11.2014; AR n. 569-PE, rel. Min. Mauro Campbell Marques, 1ª Seção, *DJe* 18.2.2011; REsp n. 1.015.133-MT, rela. Min. Eliana Calmon, rel. para o acórdão Min. Castro Meira, 2ª Turma, *DJe* 23.4.2010; HC n. 92.569, rel. Min. Ricardo Lewandowski, 1ª Turma, *DJe*-074, 25.4.2008; RE n. 96.374, rel. Min. Moreira Alves, 2ª Turma, *DJU* 11.11.1983. Desse modo, tanto a citação inexistente como a citação inválida (inquinada de nulidade absoluta) autorizam a propositura de ação anulatória com viés de *querela nullitatis*, a qual não se encontra sujeita a prazo de prescrição ou decadência. 2. A jurisprudência deste Tribunal Superior firmou compreensão no sentido de que é necessário o esgotamento de todos os meios de localização dos réus para que se proceda à citação por edital. No caso dos autos, as instâncias ordinárias, à luz do contexto fático-probatório, chegaram à conclusão de que a citação por edital nos autos da execução fiscal desenvolveu-se sem que fossem exauridas as diligências necessárias para a realização da citação pessoal da sociedade empresária executada. Infirmar o entendimento a que chegaram as instâncias de origem, de modo a albergar as peculiaridades do caso e verificar o possível esgotamento dos meios de localização da executada, enseja o revolvimento do acervo fático-probatório dos autos, o que se mostra inviável em sede de recurso especial, por óbice da Súmula n. 7/STJ: 'A pretensão de simples reexame de prova não enseja recurso especial'. 3. A declaração de nulidade do processo a partir da citação acarreta a nulidade, por derivação, de todos os atos processuais subsequentes – Precedentes: REsp n. 730.129-SP, rel. Min. Paulo de Tarso Sanseverino, 3ª Turma, *DJe* 3.11.2010; HC n. 28.830-SP, rel. Min. Félix Fischer, 5ª Turma, *DJU* 19.12.2003, p. 527; REsp n. 36.380-RJ, rel. Min. Hélio Mosimann, 2ª Turma, *DJU* 15.12.1997, p. 66.351). 4. Recurso especial não provido" (STJ, 2ª Turma, REsp 1.358.931-PR, rel. Min. Mauro Campbell Marques, rel. para o acórdão Min. Og Fernandes, j. 16.6.2015, *DJe* 1.7.2015).

86. Cf.: STJ, 1ª Turma, AREsp 454.098-SC, rel. Min. Napoleão Nunes Maia Filho, j. 7.12.2017, *DJe* 15.12.2017. Nesse julgado se reconhece o novo posicionamento

A legitimidade do art. 525, § 2º, II, refere-se unicamente ao processo de cumprimento de sentença. Não é lícito ao impugnante discutir a legitimidade de agir ou processual oriunda do processo de conhecimento. Esta matéria já estará estabilizada pela formação do título executivo judicial ao qual se agregou a eficácia de imutabilidade da coisa julgada.

(c) Inexequibilidade do título ou inexigibilidade da obrigação

A *inexequibilidade* ou *inexecutabilidade* do título representa a ausência de aptidão do título para iniciar a fase executiva. Sua verificação pode estar dissociada da *exigibilidade*, que é analisada no campo do direito material.

Na doutrina estrangeira alude-se à incoerência de se estabelecer a exigibilidade como condição da exequibilidade, ou seja, para qualificá-la como pressuposto do interesse processual, porque sua função final seria a mesma, qual seja, impossibilitar o início da execução.[87] Este posicionamento não nos parece correto. Uma obrigação poderá ser exigível ainda que não possa ser executável. O réu condenado ao pagamento de quantia certa pelo cometimento de ato ilícito encontra-se perante obrigação exigível desde a publicação da sentença, embora o título ainda não seja passível de exequibilidade. Somente após o transcurso do prazo de 15 dias para pagamento voluntário (*tempus iudicati*) o procedimento de cumprimento de sentença poderá ser deflagrado, desde que o título expresse liquidez. O art. 517 do CPC prevê expressamente que o protesto do título judicial somente poderá ser materializado depois de esgotado o prazo previsto do art. 523 do CPC. Logo, exequibilidade e exigibilidade são conceitos que não se confundem, embora sejam afins. Vários são os exemplos que podem ser mencionados. A prescrição da pretensão executiva reflete a perda da eficácia executiva do título, acarretando sua inexecutabilidade, sem tocar na exigibilidade da obrigação. A maior prova disso está na irrepetibilidade da dívida quando paga espontaneamente (art. 882 do CC). A prescrição não atinge o direito, mas o exercício da pretensão cognitiva ou executiva.

do STF, que conferiu interpretação literal ao art. 2-A da Lei 9.494/1997, ao menos para as ações coletivas do art. 5º, XXI da CF/88: "Nas ações coletivas propostas contra a União, os Estados, o Distrito Federal, os Municípios e suas autarquias e fundações, a petição inicial deverá obrigatoriamente estar instruída com a ata da assembleia da entidade associativa que a autorizou, acompanhada da relação nominal dos seus associados e indicação dos respectivos endereços".

87. Rui Pinto, *Manual da Execução e Despejo*, p. 228.

É possível que o autor tenha ingressado com ação pedindo exclusivamente uma declaração sobre a existência da obrigação, mas sem pedido de condenação do réu. O art. 20 do CPC estabelece: "É admissível a ação meramente declaratória, ainda que tenha ocorrido a violação do direito". Não existindo a condenação em face do pedido expresso de declaração, forma-se um título inexequível, pela falta de aptidão para a execução.

A inexequibilidade pode ser temporária, quando a sentença condenatória ainda não transitou em julgado e o processo se encontra em grau de recurso com efeito suspensivo.[88]

A exigibilidade compõe com a liquidez e a certeza os três atributos essenciais para que o título executivo seja apto a produzir seus efeitos em juízo. A exigibilidade é componente do direito material ligado ao fator temporal do incumprimento da obrigação. Por este motivo ela está indissociavelmente ligada à complementação da causa de pedir. A obrigação exigível é a obrigação atual.[89]

Como elemento complementar, a exigibilidade é obstada pela ausência de constituição da mora do devedor. Em determinadas situações a mora opera independentemente de qualquer ato de interpelação, o que caracteriza a mora *ex re* (*dies interpelat pro homine*). Em outras situações a exigibilidade depende da interpelação específica do executado para que o procedimento *in executivis* possa ser deflagrado.[90]

No cumprimento de sentença a ausência de exigibilidade poderá obstar ao cumprimento de sentença quando o executado demonstrar na impugnação que a obrigação reconhecida no título executivo deveria ser satisfeita a prazo, e não à vista (art. 788 do CPC – *aliud pro alio*) ou quando tenha sido estabelecido que o pagamento somente seria realizado mediante contraprestação que não foi cumprida pelo exequente (art. 787 do CPC).

88. Pontes de Miranda, *Comentários ao Código de Processo Civil*, cit., t. XI, p. 112.

89. Rui Pinto, *Manual da Execução e Despejo*, cit., p. 227.

90. O que configure a regra das obrigações cambiais e cambiariformes. A necessidade do protesto pode ser abrandada. A jurisprudência passou a dispensá-lo em algumas hipóteses, como em relação ao cheque em que a simples apresentação e não pagamento já presumem a cientificação do devedor, momento a partir do qual serão computados os juros moratórios. Neste sentido o repetitivo do STJ: "Em qualquer ação utilizada pelo portador para cobrança de cheque, a correção monetária incide a partir da data de emissão estampada na cártula, e os juros de mora a contar da primeira apresentação à instituição financeira sacada ou câmara de compensação" (STJ, 2ª Seção, REsp 1.556.834-SP, submetido ao rito do art. 543-C do CPC/1973, [*v. art. 1.036 do CPC/2015*] rel. Min. Luís Felipe Salomão, j. 22.6.2016, *DJe* 10.8.2016).

(d) Penhora incorreta ou avaliação errônea

A impugnação permite que os defeitos atinentes ao ato da penhora e da avaliação também possam ser objeto da impugnação (art. 525, § 1º, IV, do CPC). Estas matérias dizem respeito à regularidade da relação processual e podem ser objeto de exceção de pré-executividade (art. 518 do CPC).

A penhora incorreta pode exigir correção subjetiva e objetiva. Sob a ótica subjetiva, a constrição sobre bens que não pertencem ao devedor pode suscitar o ajuizamento de embargos de terceiro pelo terceiro de boa-fé que seja atingido indevidamente pelo ato de apreensão. Nada impede que o defeito possa ser conhecido *ex officio* ou por mera petição.

A formalização da penhora exige a comprovação da propriedade sobre os bens imóveis, semoventes ou móveis e deve ser realizada pelo credor quando for sua a indicação dos bens, ou pelo devedor, quando ocorra oferecimento ou pedido de substituição dos bens penhorados (art. 847, § 2º, do CPC). O oferecimento de bens por parte do executado provoca a necessidade de formação de litisconsórcio passivo necessário na hipótese de ajuizamento de embargos de terceiro. O credor e o devedor assumirão o polo passivo, inclusive para fins de arcar com a sucumbência (Súmula STJ-303).

(d.1) Erro subjetivo e desconsideração da personalidade jurídica – O erro subjetivo quanto à penhora apontado pelo executado poderá propiciar o oferecimento do incidente de desconsideração da personalidade jurídica (art. 133 do CPC). O bem penhorado poderá não constar mais como ativo da sociedade executada ou ter sido transferido da pessoa física para a pessoa jurídica. Estas duas situações abrem a possibilidade de formação do incidente de desconsideração em sua modalidade direta ou indireta.[91]

O objeto da desconsideração é tornar ineficazes os atos de alienação e retornar o acervo de bens para o processo de execução. Trata-se de uma das formas de reconhecer a fraude à execução, e exige a adoção do procedimento disciplinado na Parte Geral (art. 795, § 4º, do CPC).

(d.2) Erro objetivo da penhora – O erro objetivo da penhora pode gerar o excesso de execução, que consiste em causa autônoma de impugnação (art. 525, § 1º, V, do CPC). A penhora indiscriminada de contas do devedor pelo sistema BACEN, sem o pedido de consulta prévia, pode

91. Sobre o ponto, nosso estudo, *Intervenção de terceiros*, pp. 322-356.

gerar ato constritivo sobre numerário superior ao representado pelo título executivo, o que não deixa de configurar erro, que pode ser corrigido de ofício.

A penhora sobre bem diverso daquele está especificado na concentração ou sobre o qual recai o pedido do exequente também configura situação de erro objetivo da penhora. A penhora formalizada sobre bem que tenha proteção absoluta, nos termos do art. 833 do CPC, também pode ser impugnada, sem prejuízo de sua exclusão por pedido formulado por simples petição (art. 518 do CPC).

(d.3) Avaliação incorreta – A avaliação adequada sobre os bens penhorados é de suma importância para o devedor. A ausência de sua impugnação imediata ou por meio de impugnação poderá gerar prejuízo irreversível pela preclusão consumativa.

A eliminação da avaliação como fase processual partiu de um pressuposto simples. Eventual excesso ou insuficiência do laudo poderá ser corrigido no momento da oferta em hasta pública. Acontece que os meios expropriatórios sofreram alteração na ordem de preferência, e a adjudicação corresponde a modo preferencial, conforme o art. 825 do CPC. O erro na avaliação poderá interessar ao credor, que poderá formular pedido de adjudicação.

Isto reforça a importância da impugnação da avaliação quando exista erro em sua elaboração. A impugnação da avaliação deve ser fundamentada, e a alegação de erro genérico merece o mesmo tratamento conferido para o excesso de execução (art. 525, § 4º, do CPC). Em muitas situações o problema da avaliação está centrado na sua defasagem em virtude do tempo decorrido entre o laudo e o ato de expropriação. O pedido de atualização da avaliação deve ser formulado e pode ser a base da impugnação (art. 873, II, do CPC).

(e) O excesso de execução e o erro de cálculo (*exceptio erroris calculationis*)

(e.1) O excesso e o princípio da suficiência – O exequente deve buscar a satisfação do seu direito representado pelo título executivo. O título pontua o limite do direito do exequente sobre o patrimônio do executado. Qualquer tentativa de expropriação em valor superior ao débito configura excesso, que pode ser combatido por meio de impugnação.

O processo expressa o direito da parte lesada de recompor seu patrimônio, com o objetivo de retornar à situação anterior. A tutela jurisdicional não confere lucro a ninguém. Isto é muito claro na seara executiva. Os atos de constrição praticados pelo exequente devem obedecer ao princípio da suficiência.[92] Isto não significa que o valor penhorado deve corresponder exatamente ao valor da dívida. Ao contrário, é importante que a penhora seja realizada em valor superior, mas não em patamar excessivo. Sabe-se que entre o ato da penhora até a efetiva satisfação o valor do débito sofrerá incremento, pois outras despesas ainda serão agregadas à conta judicial, além da própria correção monetária e dos juros moratórios.

(e.2) O excesso e o princípio da simetria – O exequente tem a obrigação de apresentar os cálculos analíticos para permitir que o executado possa defender-se de modo efetivo. O art. 524 do CPC estabelece a necessidade de demonstração analítica dos valores exigidos, com a indicação da evolução do débito. Este é o sentido da exigência do dispositivo quando alude a "demonstrativo discriminado e atualizado do crédito". O credor não pode simplesmente indicar o valor, pois a dívida deve ser decomposta, com apresentação dos índices de correção monetária, juros aplicados (moratórios e compensatórios) e forma de cálculo utilizada na construção da planilha de débito.

Se o exequente é obrigado à apresentação analítica do crédito, nada mais coerente do que exigir a mesma atitude do executado que sustenta a existência de excesso no cumprimento de sentença. Trata-se de regra de simetria. A inicial analítica exige defesa analítica, como se depreende do art. 525, § 4º, do CPC, que exige do executado a declaração imediata do valor devido, com apresentação discriminada e atualizada do seu cálculo.[93]

Era muito comum o executado apresentar impugnação genérica, apenas como meio de paralisar o processo de execução. Com a Lei 11.232/2005 o cenário sofreu grande alteração, pela eliminação do efeito suspensivo *ope legis* e pela necessidade de impugnação específica do valor pelo executado.

O executado que não informar o valor que entende como correto, com o respectivo demonstrativo de seus cálculos, terá sua defesa liminarmente rejeitada quando o excesso for o único argumento de defesa. Se a

92. Francisco Antônio de Oliveira, *Manual da Penhora*, p. 54.

93. "A alegação genérica de excesso de execução, sem correlação com as exatas disposições do título executivo e com as particularidades do caso concreto, atrai a incidência da Súmula n. 284/STF" (STJ, 4ª Turma, AgR no AREsp 547.340-SC, rel. Min. Luís Felipe Salomão, j. 23.9.2014, *DJe* 30.9.2014).

peça contiver outras matérias o excesso será desconsiderado por ocasião da decisão da impugnação (art. 525, § 5º).

(e.3) Cumulação indevida de execuções – A violação ao regime de cumulação de execuções previsto pelo art. 780 do CPC abre a possibilidade de impugnar o cumprimento de sentença. O assunto da cumulação foi tratado na formulação do pedido de cumprimento.

O regime anterior não previa de modo expresso a cumulação de execuções para o procedimento de cumprimento de sentença.

A cumulação representa ferramenta processual interessante, por otimizar e economizar o tempo da relação processual executiva, que é marcada pela prática de atos materiais como penhora, avaliação e alienação judicial. Nada mais saudável que todos estes atos sejam concentrados, ou seja, que os mais diversos títulos entre o mesmo credor e devedor possam ser concentrados no mesmo processo.

A cumulação será indevida quando os requisitos do art. 780 do CPC forem descumpridos. Não se permitem: (a) violação da identidade entre o credor e o devedor; (b) incompetência do juízo para o processamento de todos os títulos; (c) procedimento diverso em relação aos títulos executivos.

A coligação de diversos credores, por títulos diversos, é vedada e pode ser objetada como matéria de impugnação. Nada impede que o mesmo credor possua mais de um título judicial contra o mesmo devedor. É possível que o juiz tenha fixado valor mínimo na sentença penal condenatória, incluindo os danos morais (art. 387, IV, do CPP).[94] Este título pode ser cumulado com o valor restante da condenação, que será objeto de liquidação pelo procedimento comum (art. 511 do CPC).

Como já advertido anteriormente, o cumprimento de sentença exige que os requisitos do art. 780 do CPC sejam avaliados de modo diferenciado. No que tange à cumulação subjetiva de credores e devedores, nos polos ativo e passivo, é importante ressaltar que o art. 780 veda a cumulação autônoma de vários credores contra o mesmo devedor mas não impede o cumprimento de sentença quando o título judicial tenha sido formado por vários credores contra um ou mais devedores, pelo reconhecimento da solidariedade ativa ou passiva. O litisconsórcio, ativo e/ou passivo, reconhecido pela sentença deverá ser respeitado.

94. Exige-se o pedido expresso na denúncia ou queixa: "Admite-se a fixação de valor mínimo para reparação de danos morais, nos termos do art. 387, IV, do CPP, desde que haja pedido expresso do Ministério Público na denúncia. (...)" (STJ, 6ª Turma, REsp 1.739.851-DF, rel. Min. Nefi Cordeiro, j. 16.10.2018, *DJe* 6.11.2018).

O juízo deverá ser competente para o conhecimento de todos os títulos apresentados. Quando existirem sentenças oriundas de esferas diversas (federal e estadual) o processamento da cumulação será indevido. Na hipótese de incompetência relativa em relação ao título cumulado, o fato, por si só, não provoca a impossibilidade de cumulação, porque o juiz não pode reconhecê-la *ex officio* (Súmula STJ-33).

O procedimento para o processamento dos títulos cumulados deve ser homogêneo. Anteriormente ao regime das Leis 11.232/2005 e 11.382/2006 o procedimento para os títulos judiciais e extrajudiciais era idêntico, e nada impedia que uma cambial fosse cumulada com uma sentença condenatória. Hoje o regime procedimental é diverso, sendo inviável a cumulação de título judicial com título extrajudicial.

Alertamos a que a cumulação de pedidos deve ser otimizada com o CPC/2015, e os procedimentos, quando diversos mas passíveis de compatibilização, podem gerar cumulação, como permite o art. 327, § 2º. Sob a ótica prática é comum o processamento conjunto da execução de alimentos pelo rito genérico (quantia certa) com o rito especial (prisão civil), quando a petição diferencia corretamente as verbas pretéritas, atuais e vincendas – o que facilita, inclusive, a formulação de acordo para autocomposição e resolução do processo.

(f) Incompetência absoluta ou relativa do juízo da execução

A impugnação permitirá que a incompetência absoluta ou a relativa possam ser suscitadas como matérias da impugnação (art. 525, § 1º, VII). Não existe mais necessidade de apresentação de peça autônoma, cuja obrigatoriedade era marcante em relação à exceção de incompetência relativa perante o Código de Processo Civil/1973. O Código de Processo Civil/2015 procurou eliminar ao máximo os incidentes processuais, concentrando as matérias de ataque e defesa. Esta modificação atingiu tanto a fase executiva como a fase cognitiva (art. 337, II, do CPC)

Sempre houve distinção quanto ao *modus operandi* para que ambas as matérias pudessem ser conhecidas, não apenas quanto à forma, mas também quanto à iniciativa da postulação. A incompetência absoluta pode ser suscitada a qualquer momento por simples petição. A matéria tem natureza oficiosa. A incompetência relativa depende de postulação da parte, o que não se modifica em face do Código de Processo Civil/2015. Apesar da desnecessidade de apresentação de peça autônoma, a Súmula STJ-33 impede o conhecimento da incompetência relativa *ex officio* por parte do juiz. Percebe-se com certa frequência que essa regra muitas vezes não é obedecida. O volume de demandas crescente e a pressão das metas do CNJ acabam por gerar a declaração *ex officio* em causas de competência relativa, o que não é correto.

As regras que definem o regime de competência para o processamento do cumprimento de sentença estão descritas no art. 516 do CPC. Vários são os títulos judiciais que podem ser objeto de cumprimento de sentença.

A competência para o cumprimento da sentença assume natureza funcional e absoluta nas causas que são de competência originária do tribunal. As causas julgadas originariamente pelos tribunais, como a rescisão de seus julgados, são posteriormente cumpridas perante o próprio tribunal, ainda que os atos materiais sejam realizados por meio de carta de ordem (art. 260 do CPC).

Nas causas decididas em primeira instância a competência para o cumprimento de sentença é relativa, mas sem prejuízo do reconhecimento da competência funcional entre jurisdições diversas (federal e estadual). Desde a Lei 11.232/2005 modificou-se a secular regra de atribuição de competência absoluta e funcional indiscriminada ao juízo de primeira instância para a execução dos seus julgados. A modificação foi chancelada com o art. 516, parágrafo único, do CPC, que tornou relativa a competência para o cumprimento de sentença quanto aos títulos relativos aos seus incisos II e III.

Isto se aplica para o cumprimento das decisões relativas ao pagamento de quantia, sejam oriundas de processo de conhecimento (sentença condenatória civil), ou de processo arbitral (sentença arbitral) ou do processo penal (sentença penal condenatória). Nas sentenças executivas *lato sensu*, que estão inseridas no art. 515, I, do CPC, a competência continua sendo funcional e absoluta, como regra, para a obrigação de entrega de bem imóvel. Embora a existência de efetivo cumprimento de sentença em ações de sincretismo absoluto seja discutível, é certo que nestas ações, em vista da natureza do direito material realizado na sentença, não existe qualquer sentido em aplicar a regra do art. 516, parágrafo único. Como exemplo citamos o cumprimento de sentença de uma ação possessória, cuja competência para os atos de cumprimento (art. 536 do CPC) agrega-se ao juízo do local do imóvel (competência funcional).

(g) Fatos jurídicos supervenientes à sentença

O executado poderá suscitar matérias que podem modificar ou até extinguir o título executivo. O rol exemplificativo do art. 525, § 1º, VII, do CPC aponta para autênticas modalidades diretas ou indiretas de extinção do vínculo obrigacional, como pagamento, novação, compensação, transação ou prescrição, desde que sejam posteriores à decisão judicial que formou o título executivo.

O elemento temporal é o grande divisor de águas para legitimar a impugnação do executado. A impugnação não pode representar meio indevido de reavivar questões que estão preclusas. A eficácia da coisa julgada advinda com a prolação da sentença deve ser respeitada. O princípio da eventualidade é exigência da dialeticidade e da segurança jurídica do processo. As partes possuem fases para a formulação de seus pedidos e para a apresentação das suas defesas. O processo somente alcança um fim quando este preceito é observado (art. 508 do CPC). Por isso a advertência final do art. 525, § 1º, VII, do CPC – "desde que supervenientes à sentença" – assume importância fundamental.

Outro ponto que merece atenção é o exame da extensão da coisa julgada sobre as matérias que poderiam ter sido alegadas na fase de conhecimento.[95] Em algumas hipóteses a coisa julgada poderá não se formar, pelas limitações da cognição. Em determinadas situações o procedimento judicial poderá impor limitações que não subtraem à parte o direito de alegar matéria em fase posterior ou, mesmo, por meio de outro procedimento. É o caso clássico do mandado de segurança, em vista de sua limitação horizontal e vertical (art. 19 da Lei 12.016/2009).[96]

(h) Controle concentrado e incidental de constitucionalidade na impugnação

Os art. 525, em seus §§ 12 a 15, procura disciplinar a influência do controle de constitucionalidade do STF sobre o processo executivo. A importância e a polêmica sobre a matéria são inquestionáveis. O controle de constitucionalidade permite que o STF possa modular a aplicação de seus julgados, conforme previsão do art. 27 da Lei 9.868/1999. Como

95. "Nas execuções de título judicial, os embargos do devedor ficam restritos às matérias supervenientes não arguidas na fase de cognição, sob pena de preclusão. Segundo o entendimento desta Corte, na execução contra a Fazenda Pública os embargos poderão tratar de matérias cognoscíveis desde que não constitua ofensa à coisa julgada. (...) – Agravo interno não provido" (STJ, 2ª Turma, AgInt no REsp 1.639.176-PE, rel. Min. Mauro Campbell Marques, j. 8.6.2017, *DJe* 14.6.2017).

96. Se o ato coator depender da produção de prova pericial ou testemunhal o mandado de segurança não impedirá que a matéria seja suscitada pela via ordinária. Sobre o tema, v. nosso estudo com José Miguel Garcia Medina, *Mandado de Segurança Individual e Coletivo*, 3ª ed. (no prelo).

estabelecer os limites da influência deste julgamento modulado sobre os processos que já estão em fase de cumprimento de sentença?

O sistema de controle de constitucionalidade brasileiro é misto, ou seja, permite-se que o controle sobre a constitucionalidade de uma lei ou ato normativo possa ser realizado pelo juiz de primeira instância na forma difusa (*incidenter tantum*) ou por meio concentrado, cuja tarefa compete ao STF.

O art. 525, § 12, do CPC estabelece que também são consideradas inexigíveis as obrigações constantes em títulos executivos fundados em leis ou atos normativos que tenham sido declarados inconstitucionais pelo STF. Esta redução também poderá decorrer da atividade interpretativa do STF sobre a lei ou ato normativo: "§ 12. Para efeito do disposto no inciso III do § 1º deste artigo, considera-se também inexigível a obrigação reconhecida em título executivo judicial fundado em lei ou ato normativo considerado inconstitucional pelo Supremo Tribunal Federal, ou fundado em aplicação ou interpretação da lei ou ato normativo tido pelo Supremo Tribunal Federal como incompatível com a Constituição Federal em controle de constitucionalidade concentrado ou difuso".

O reconhecimento de inconstitucionalidade superveniente como causa para a impugnação do título executivo foi inserido já no regime anterior, conforme os arts. 475-L, § 1º, e 741, parágrafo único, do CPC/1973. O legislador reformador determinou expressamente, no art. 1.057 do CPC, regra de transitoriedade para a aplicação do o art. 525, §§ 14 e 15, que somente deverão incidir para as decisões que transitarem em julgado posteriormente à vigência do Código de Processo Civil/2015. As decisões anteriores devem ser regidas pelos arts. 475-L, § 1º, e 741, parágrafo único, do CPC/1973.[97]

A diferença entre os regimes é clara. O Código de Processo Civil vigente reconhece a necessidade de utilização da ação rescisória como condição de extirpação da coisa julgada formada em contrariedade ao controle concentrado ou difuso, nos termos do art. 525, § 15. Não será suficiente a impugnação. A impugnação será efetiva e suficiente para a paralisação do cumprimento quando a decisão tomada em controle concentrado ou difuso seja anterior ao julgamento que formou o título executivo.[98] Neste caso, a decisão contém vício que permite seu aponta-

97. Sobre a origem do dispositivo: Araken de Assis, *Manual da Execução*, cit., pp. 1.665-1.666.

98. Esta solução se coaduna com pronunciamento anterior do STF, no AgRg, RE 592.912, 2ª T., Min Celso de Mello, J.03.04.2012. Neste julgamento ficou assentado

mento por meio de impugnação, sem a necessidade da ação rescisória, nos termos do art. 525, § 14. Note-se que em muitas situações o STF, em controle concentrado, poderá modular sua decisão para excluir as causas pendentes, o que contribui para a estabilidade e a segurança jurídica (art. 525, § 13).

Quando a demanda é processada no interregno do trânsito em julgado da decisão proferida em controle, o juiz deve levar em consideração os fatos supervenientes para fins de proferir sua decisão, nos termos do art. 493 do CPC. Caso cometa o equívoco de julgar de modo diverso, a impugnação será o caminho hábil, nos termos do art. 525, § 12, do CPC.

O que nos parece absolutamente incoerente é a forma vaga como foi disciplinada a questão para fins de contagem do lapso temporal do art. 525, § 15, do CPC, ou seja, quando as decisões do STF forem posteriores à decisão estabilizada que formou o título executivo. Se o STF proferir a decisão posterior, muitos anos após o fim do cumprimento de sentença, o prazo para a ação rescisória seria contado da decisão final sobre a constitucionalidade da lei ou ato normativo? Cremos que não. O prazo de dois anos não pode superar o prazo decadencial para a extirpação do próprio título executivo. Do contrário estaria instalada a insegurança jurídica, especialmente pelo fato de as ações de controle não se submeterem a prazos prescricionais ou decadenciais. Seria necessário confiar exclusivamente no bom-senso do STF para fins de modulação do seu pronunciamento, conforme regra do §13 do art. 525.

(h.1) Direito intertemporal – O art. 1.057 do CPC estabeleceu importante regra de transição entre o regime de aplicação do art. 525, §§ 12 e 15, e do art. 535, §§ 7º e 8º, em relação à previsão dos arts. 475-L, § 1º, e 741, parágrafo único, do CPC/1973.

Já na vigência do Código de Processo Civil/1973 o STJ havia editado a Súmula 487, pela qual se fixava a impossibilidade de aplicação do seu art. 741, parágrafo único, às sentenças transitadas em julgado anteriormente à sua vigência.

Com a mudança operada pelo Código de Processo Civil/2015 quanto à eficácia e à incidência do controle de constitucionalidade superveniente, uma regra de transição também seria necessária. O legislador disciplinou de modo expresso a questão no art. 1.057. O motivo é simples. O Código de Processo Civil vigente limita a eficácia da impugnação para impedir

o entendimento de que os julgamentos do STF não poderiam prejudicar decisões já estabilizadas.

a executividade do título quando a decisão do STF em controle concentrado ou difuso for anterior à decisão que forma o título. Se a decisão for posterior o meio processual adequado para desconstituir o título será a ação rescisória, nos termos do art. 525, § 15.

Por este motivo, as decisões transitadas em julgado anteriormente à vigência do Código de Processo Civil/2015 não se submetem a esta diferenciação, pois este limite temporal não pode ser utilizado para orientar o julgamento das demandas estabilizadas perante a redação dos arts. 475-L, § 1º, e 741, parágrafo único, do CPC/1973.

12. *Tutela de urgência na impugnação*

12.1 *Concessão da liminar suspensiva e garantia do juízo*

A impugnação será oferecida nos próprios autos e não conterá efeito suspensivo automático.[99] O dispositivo é claro em determinar que a apresentação do pedido "não impede a prática dos atos executivos" (art. 525, § 6º, do CPC). O efeito suspensivo depende de requerimento da parte interessada.

No regime anterior (art. 475-M do CPC/1973) o juiz poderia receber a peça de impugnação nos próprios autos ou determinar seu apensamento. No regime anterior tudo dependeria da concessão de efeito suspensivo. Pelo regime atual o oferecimento da peça é incidental.

Desde a reforma operada pela Lei 11.232/2005, com a introdução do art. 475-M no CPC/1973, e posteriormente, com a inserção do art. 739-A

99. Como ensina Pontes de Miranda (*Comentários ao Código de Processo Civil*, cit., t. XI, p. 37), a tradição dos embargos no Direito Brasileiro é de que a peça não contenha efeito suspensivo. Da mesma forma, a natureza jurídica da impugnação ou dos embargos não pode ser definida pelo modo de materialização da peça. Pouco importa que a peça seja apresentada de modo autônomo ou incidental; como dizia Pontes de Miranda (*Comentários ao Código de Processo Civil*, cit., t. XI, p. 37), "nada obsta a que se processem *nos mesmo autos*, segundo a tradição de nosso Direito (na esteira de Francisco de Caldas e Manuel Antônio Monteiro, *Tratado Prático*, 113), em *apenso aos autos*". A apresentação nos mesmos autos ou em apenso está relacionada ao melhor meio de organização da atividade processual. Afinal, se o efeito suspensivo é concedido, todos os atos processuais executivos são paralisados, o que motiva sua apresentação nos próprios autos. Sem o efeito suspensivo a apresentação em apenso parece mais adequada para não baralhar a prática de atos simultâneos da execução e da ação de impugnação ou de embargos. No entanto, a opção legislativa do Código de Processo Civil/2015 foi a de estabelecer a apresentação incidental da impugnação independentemente da concessão do efeito suspensivo nos próprios autos. Isto não a transforma em peça de defesa.

pela Lei 11.382/2006, foi eliminado o efeito suspensivo automático (*ope legis*) tanto na impugnação como nos embargos.

O Código de Processo Civil/2015 ratificou a orientação de eliminar o efeito suspensivo automático (*ope legis*) e adotou o efeito suspensivo por ato do juiz, devidamente fundamentado, mediante requerimento da parte interessada (*ope iudicis*) e desde que cumpridos os seguintes requisitos: (a) *probabilidade do direito afirmado em face do título executivo*; (b) *perigo de dano iminente com o prosseguimentos dos atos executivos*; e (c) *garantia do juízo* (art. 525, § 6º). Este entendimento acabou prevalecendo mesmo em face de diploma especial, como na execução fiscal. [100]

100. Na execução fiscal, que é regida por lei especial, o STJ harmonizou o pedido de suspensão da execução com a leitura do art. 739-A do CPC/1973, [*CPC/2015, art. 919*] ou seja, exigindo que, além do oferecimento do bem, a parte demonstre os fundamentos do seu pedido e a necessidade de urgência na paralisação. Neste sentido: "(...). A previsão no ordenamento jurídico pátrio da regra geral de atribuição de efeito suspensivo aos embargos do devedor somente ocorreu com o advento da Lei n. 8.953, de 13.12.1994, que promoveu a reforma do processo de execução do Código de Processo Civil de 1973 (Lei n. 5.869, de 11.1.1973 – CPC/1973), nele incluindo o § 1º do art. 739 e o inciso I do art. 791. 2. Antes dessa reforma, e inclusive na vigência do Decreto-lei n. 960, de 17.12.1938, que disciplinava a cobrança judicial da Dívida Ativa da Fazenda Pública em todo o território nacional, e do Código de Processo Civil de 1939 (Decreto-lei n. 1.608/1939), nenhuma lei previa expressamente a atribuição, em regra, de efeitos suspensivos aos embargos do devedor, somente admitindo-os excepcionalmente. Em razão disso, o efeito suspensivo derivava de construção doutrinária que, posteriormente, quando suficientemente amadurecida, culminou no projeto que foi convertido na citada Lei n. 8.953/1994, conforme o evidencia sua 'Exposição de Motivos' – Mensagem n. 237, de 7.5.1993, *DOU* 12.4.1994, Seção II, p. 1.696. 3. Sendo assim, resta evidente o equívoco da premissa de que a LEF e a Lei n. 8.212/1991 adotaram a postura suspensiva dos embargos do devedor antes mesmo de essa postura ter sido adotada expressamente pelo próprio Código de Processo Civil/1973, com o advento da Lei n. 8.953/1994, fazendo tábula rasa da história legislativa. 4. Desta feita, à luz de uma interpretação histórica e dos princípios que nortearam as várias reformas nos feitos executivos da Fazenda Pública e no próprio Código de Processo Civil de 1973, mormente a eficácia material do feito executivo, a primazia do crédito público sobre o privado e a especialidade das execuções fiscais, é ilógico concluir que a Lei n. 6.830, de 22.9.1980 – Lei de Execuções Fiscais/LEF – e o art. 53, § 4º, da Lei n. 8.212, de 24.7.1991, foram em algum momento ou são incompatíveis com a ausência de efeito suspensivo aos embargos do devedor. Isto porque quanto ao regime dos embargos do devedor invocavam – com derrogações específicas sempre no sentido de dar maiores garantias ao crédito público – a aplicação subsidiária do disposto no Código de Processo Civil/1973, que tinha redação dúbia a respeito, admitindo diversas interpretações doutrinárias. 5. Desse modo, tanto a Lei n. 6.830/1980 – LEF – quanto o art. 53, § 4º, da Lei n. 8.212/1991 não fizeram a opção por um ou outro regime, isto é, são compatíveis com a atribuição de efeito suspensivo ou não aos embargos do devedor. Por essa razão, não se incompatibilizam com o art. 739-A do CPC/1973 (introduzido pela Lei n. 11.382/2006), que condiciona

12.2 Requisitos para a concessão da liminar na impugnação

Exige-se que a concessão da liminar suspensiva do cumprimento de sentença obedeça aos requisitos estabelecidos pelo texto normativo de forma cumulada, em vista da excepcionalidade da suspensão do cumprimento de sentença (art. 525, § 6º, CPC), o que também se aplica ao regime da execução por título extrajudicial (art. 919, § 1º, do CPC).

O impugnante, em obediência ao princípio dispositivo, deverá formular pedido expresso para a concessão do efeito suspensivo. O requerimento deverá estar fundamentado em requisitos objetivos que são semelhantes aos exigidos para a concessão da tutela provisória cautelar (art. 300 do CPC). A concessão da liminar suspensiva tem como objetivo resguardar a esfera patrimonial do executado até a solução final da impugnação. Sua eficácia é essencialmente preventiva.

a atribuição de efeitos suspensivos aos embargos do devedor ao cumprimento de três requisitos: apresentação de garantia, verificação pelo juiz da relevância da fundamentação (*fumus boni juris*) e perigo de dano irreparável ou de difícil reparação (*periculum in mora*). 6. Em atenção ao princípio da especialidade da LEF, mantido com a reforma do Código de Processo Civil/1973, a nova redação do art. 736 do CPC dada pela Lei n. 11.382/2006 – artigo que dispensa a garantia como condicionante dos embargos – não se aplica às execuções fiscais diante da presença de dispositivo específico, qual seja, o art. 16, § 1º, da Lei n. 6.830/1980, que exige expressamente a garantia para a apresentação dos embargos à execução fiscal. 7. Muito embora por fundamentos variados – ora fazendo uso da interpretação sistemática da LEF e do Código de Processo Civil/1973, ora trilhando o inovador caminho da teoria do 'Diálogo das Fontes', ora utilizando-se de interpretação histórica dos dispositivos (o que se faz agora), essa conclusão tem sido a alcançada pela jurisprudência predominante, conforme ressoam os seguintes precedentes de ambas as Turmas deste STJ. Pela 1ª Turma: AgR no Ag n. 1.381.229-PR, 1ª Turma, rel. Min. Arnaldo Esteves Lima, j. 15.12.2011; AgR no REsp n. 1.225.406-PR, 1ª Turma, rel. Min. Hamilton Carvalhido, j. 15.2.2011; AgR no REsp n. 1.150.534-MG, 1ª Turma, rel. Min. Benedito Gonçalves, j. 16.11.2010; AgR no Ag n. 1.337.891-SC, 1ª Turma, rel. Min. Luiz Fux, j. 16.11.2010; AgR no REsp n. 1.103.465-RS, 1ª Turma, rel. Min. Francisco Falcão, j. 7.5.2009. Pela Segunda Turma: AgR nos ED no Ag n. 1.389.866-PR, 2ª Turma, rel. Min. Humberto Martins, *DJe* 21.9.2011; REsp n. 1.195.977-RS, 2ª Turma, rel. Min. Mauro Campbell Marques, j. 17.8.2010; AgR no Ag n. 1.180.395-AL, 2ª Turma, rel. Min. Castro Meira, *DJe* 26.2.2010; REsp n. 1.127.353-SC, 2ª Turma, rela. Min. Eliana Calmon, *DJe* 20.11.2009; REsp n. 1.024.128-PR, 2ª Turma, rel. Min. Herman Benjamin, *DJe* 19.12.2008. 8. Superada a linha jurisprudencial em sentido contrário inaugurada pelo REsp n. 1.178.883-MG, 1ª Turma, rel. Min. Teori Albino Zavascki, j. 20.10.2011 e seguida pelo AgR no REsp n. 1.283.416-AL, 1ª Turma, rel. Min. Napoleão Nunes Maia Filho, j. 2.2.2012, e pelo REsp n. 1.291.923-PR, 1ª Turma, rel. Min. Benedito Gonçalves, j. 1.12.2011. 9. Recurso especial provido – Acórdão submetido ao regime do art.543-C do CPC e da Resolução STJ n. 8/2008" (STJ, 1ª Seção, REsp 1.272.827-PE, rel. Min. Mauro Campbell Marques, j. 22.5.2013, *DJe* 31.5.2013).

Caberá ao executado demonstrar o *fundamento jurídico que justifique a paralisação dos atos executivos* pela probabilidade do direito demonstrado na peça de impugnação, bem como o perigo e prejuízo potencial em sua esfera patrimonial em caso de ultimação dos atos executivos. Nem sempre o efeito repristinatório será simples, e poderá ser excessivamente gravoso para o devedor, o que justifica a concessão do efeito suspensivo. O juiz deve ponderar o ***periculum in mora*** *atual e* ***in rem verso***, ou seja, os danos potenciais que serão arcados pelo executado na hipótese de necessidade de reversão do cumprimento de sentença. Os fundamentos relevantes e o perigo no prosseguimento dos atos executivos ainda devem ser conjugados com elemento essencialmente objetivo representado pela *caução do juízo*.

Além do requerimento do executado com demonstração da probabilidade do direito e do prejuízo pela continuidade da fase executiva, o art. 526, § 6º, do CPC exige expressamente a garantia do juízo. A garantia poderá ser materializada pela penhora sobre bens móveis, semoventes ou imóveis. Permite-se a apresentação de garantias por meio de caução bancária ou o próprio depósito da quantia. Nesta última hipótese é importante frisar que a quantia não é oferecida como pagamento. O rigor da caução pode ser atenuado em situações específicas, como na defesa oferecida pelo curador especial. A visualização de defeito em relação ao título que exija a paralisação imediata dos atos executivos pode ser suscitada pelo curador e sem a necessidade de garantia do juízo.[101]

A concessão da liminar poderá ser total ou parcial (art. 525, § 8º, CPC). A concessão parcial nasce dos próprios limites do pedido de impugnação do executado, mas nada impede que o juiz negue a amplitude

101. A questão foi analisada ainda no regime anterior pelo STJ, por meio de interessante repetitivo, em face da redação do art. 737 do CPC/1973: "A teor da antiga redação do art. 737, inciso I, do CPC, 'não são admissíveis embargos do devedor antes de seguro o juízo: I – pela penhora, na execução por quantia certa; (...)' (revogado pela Lei n. 11.382/2006). 2. 'Ao executado que, citado por edital ou por hora certa, permanecer revel será nomeado curador especial, com legitimidade para apresentação de embargos' (Súmula n. 196 do STJ). 3. É dispensado o curador especial de oferecer garantia ao juízo para opor embargos à execução. Com efeito, seria um contrassenso admitir a legitimidade do curador especial para a oposição de embargos mas exigir que, por iniciativa própria, garantisse o juízo em nome do réu revel, mormente em se tratando de Defensoria Pública, na medida em que consubstanciaria desproporcional embaraço ao exercício do que se constitui um *munus* público, com nítido propósito de se garantir o direito ao contraditório e à ampla defesa. 4. Recurso especial provido – Observância do disposto no art. 543-C, § 7º, do CPC, [*CPC/1973 – v. art. 1.040 do CPC/2015*] c/c os arts. 5º, inciso II, e 6º da Resolução n. 08/2008" (STJ, Corte Especial, REsp 1.110.548-PB, rela. Min. Laurita Vaz, j. 25.2.2010, *DJe* 26.4.2010).

total do pedido e a conceda parcialmente. O controle da decisão judicial de recebimento da impugnação está inserido no regime do agravo de instrumento, conforme expressa previsão do art. 1.015, parágrafo único, do CPC.

O princípio dispositivo limita o efeito da liminar ao postulante quando exista litisconsórcio passivo e desde que o fundamento da defesa seja exclusivo (art. 525, § 9º, do CPC). Existindo matéria comum marcada pelo vínculo da solidariedade passiva, a suspensão será essencial em relação a todos os devedores.

12.3 Atos de organização da atividade executiva e a liminar suspensiva

A concessão da liminar na impugnação não suspende ou prejudica os atos de substituição, reforço ou redução da penhora. Estes atos são essenciais para a ordem e preparação dos atos de alienação. A penhora, que representa a garantia de sucesso do processo de execução, não poderá ficar "manca" pela concessão da liminar. Sua materialização é essencial como meio de evitar a procrastinação da via expropriatória, especialmente em face da presença de título executivo que alicerça o processo de execução. A avaliação também não será obstada (art. 525, § 7º, CPC). Lembramos que desde a reforma operada pela Lei 11.232/2005 inexiste fase para a avaliação. Eliminou-se este incidente, atribuindo-se ao oficial de justiça ou técnico judiciário a atribuição de realizar a penhora e a avaliação. O motivo é simples. As distorções pontuais que digam respeito ao excesso ou à insuficiência da avaliação serão resolvidas pelas regras de mercado no momento da arrematação. Obviamente, a necessidade de avaliação por perito judicial poderá ser essencial em casos específicos, como na hipótese de impugnação que visa a impedir o exercício da adjudicação por valor vil. Atualmente a fase de adjudicação precede a fase de arrematação; logo, o dever de atenção do executado há de ser redobrado.

12.4 Contracautela do exequente para a sequência do cumprimento

É possível que o exequente anule o efeito da liminar quanto à paralisação dos atos executivos, conforme prevê o art. 525, § 10, do CPC. O exequente poderá oferecer caução para o fim de encobrir a eficácia da liminar. Trata-se de medida de contracautela para o fim de ultimar os atos executórios. Embora seja residual a concessão de liminar na fase de cumprimento, o expediente é importante, especialmente para o exequente que antevê os prejuízos que serão provocados até a solução final do incidente.

A caução é avaliada pelo juiz em face do caso concreto, e poderá ser real ou pessoal. O valor deve ser proporcional, ou seja, deve ser computado não apenas o valor executado, mas uma quantia adicional que leve em conta a margem de segurança pelo tempo de pendência do incidente e a necessidade de atualização da conta até a fase de satisfação. A prestação da caução deve ser submetida ao contraditório e também se submete ao regime recursal do art. 1.015, parágrafo único, do CPC.

O STJ, em interessante *leading case* de 2015, reconheceu a força do título executivo e a necessidade de que pedidos de sustação de protesto, para fins de deferimento judicial por liminar, sejam embasados por caução idônea, o que se alinha ao entendimento da excepcionalidade de concessão da liminar para paralisar a força executiva do título judicial ou extrajudicial.[102]

13. A REAÇÃO DO EXEQUENTE E A APRESENTAÇÃO DE DEFESA NA IMPUGNAÇÃO

O Código de Processo Civil/2015 foi extremamente lacônico na previsão normativa da peça de impugnação. Não houve previsão sequer do prazo para o oferecimento da resposta do impugnado. Isto não elimina o direito de sua manifestação. O prazo para a resposta da impugnação será de 15 dias, o que guarda simetria com o prazo para o oferecimento da impugnação.[103] Tratando-se de procedimento incidental, a integração do

102. Neste sentido: "Sustação de protesto extrajudicial – Recurso especial representativo de controvérsia – Art. 543-C do CPC [*CPC/1973 – v. art. 1.036 do CPC/2015*] – Tutela cautelar para sustação de protesto cambiário. A teor do art. 17, § 1º, da Lei n. 9.492/1997, a sustação judicial do protesto implica que o título só poderá ser pago, protestado ou retirado do cartório com autorização judicial – Medida que resulta em restrição a direito do credor – Necessidade de oferecimento de contracautela, previamente à expedição de mandado ou ofício ao cartório de protesto para sustação do protesto. 1. Para fins do art. 543-C do CPC, a legislação de regência estabelece que o documento hábil a protesto extrajudicial é aquele que caracteriza prova escrita de obrigação pecuniária líquida, certa e exigível. Portanto, a sustação de protesto de título, por representar restrição a direito do credor, exige prévio oferecimento de contracautela, a ser fixada conforme o prudente arbítrio do magistrado. 2. Recurso especial não provido" (STJ, 2ª Seção, REsp 1.340.236-SP, rel. Min. Luís Felipe Salomão, j. 14.10.2015, *DJe* 26.10.2015).

103. Em homenagem ao princípio da simetria, o prazo para a resposta na impugnação fazendária (art. 535 do CPC) deverá ser de 30 dias.

impugnado há de ser feita por meio do advogado, por meio de intimação preferencialmente eletrônica (art. 270 do CPC).

O juiz exercerá o controle oficioso sobre a peça de impugnação e sua resposta. O indeferimento liminar da impugnação é possível. Os princípios da primazia do mérito (art. 4º) e da aproveitabilidade da petição inicial nem sempre terão cabimento quando a ausência de condições da ação ou de pressupostos processuais seja patente. Cada caso deve ser analisado de modo pontual. Mesmo a intempestividade, que consiste em requisito objetivo e facilmente identificável, pode ser obstada pela demonstração de fato superveniente. A ilegitimidade apontada na impugnação não se analisa do mesmo modo que na esfera de conhecimento, em vista dos mecanismos específicos de sucessão do título executivo.

O procedimento probatório da fase de impugnação está restrito às matérias que podem ser ventiladas. Sendo assim, se a impugnação contiver matéria já preclusa pela eficácia da coisa julgada na esfera de conhecimento, o indeferimento liminar deverá ser observado, pela impossibilidade e desnecessidade de dilação probatória.

13.1 Defesa superveniente à impugnação

O art. 525, § 11, traz previsão que aparentemente coincide a com a do art. 518, na medida em que ambas se referem à utilização da exceção de pré-executividade. O art. 518 traz norma geral de sua utilização, sem qualquer marco temporal preclusivo, inclusive porque sua utilização poderá ser necessária mesmo antes da fluência do prazo para a impugnação. No art. 525, § 11, observa-se a concessão de via superveniente por meio do controle incidental e por mera petição (*petitio simplex*), mas com fixação de preclusão temporal.

Uma vez esgotado o prazo para a apresentação da impugnação, os fatos posteriores ou, ainda, aqueles que podem ser conhecidos *ex officio*, como os relativos à penhora, devem ser impugnados no lapso temporal de 15 dias. Após o transcurso ocorrerá a estabilização da relação processual. Na seara executiva esta regra é muito importante, porque no regime anterior inexistia qualquer limite para a utilização da exceção de pré-executividade. Após serem ultimados todos os complexos atos de preparação de uma alienação judicial, a parte suscitava violação da ordem de prelação, o que prejudicava a eficácia e a celeridade do processo executivo. O marco preclusivo será contado da comprovada ciência do fato ou da intimação quanto ao ato processual que foi praticado na fase executiva. Entendemos que o prazo preclusivo alcança as nulidades processuais que são passíveis de convalidação, mas, obviamente, elas não se referem a nulidades absolutas relativas à ausência de pressupostos ou condições da ação executiva.

Não se deve olvidar de que o procedimento da exceção de pré-executividade ainda é orientado pelo importante repetitivo do REsp 1.110.925-SP do STJ, que condiciona o processamento da exceção a dois pressupostos básicos que orientam a aplicação genérica do art. 518 do CPC: (a) a matéria deve ser passível de cognição oficiosa e (b) o procedimento não deve exigir dilação probatória e permitir decisão com base na prova documental apresentada.

Estes dois vetores continuam válidos para o processamento da exceção, com a atenção de que as nulidades passíveis de convalidação se submetem ao regime de preclusão informado pelo art. 525, § 12, do CPC.[104]

14. Procedimento da impugnação

Em absurdo descaso, nada foi regrado sobre o procedimento da impugnação. Por necessidade de harmonia e lógica, o procedimento comum deverá guiar os atos procedimentais da impugnação, sem a necessidade de audiência de conciliação pelo Centro Judiciário de Solução de Conflitos e Cidadania/CEJUSC, mas realizada pelo próprio magistrado, sob pena de alongamento do procedimento.

A produção de prova, dentro das matérias eleitas (art. 525, § 1º, do CPC) é ampla e permite cognição aprofundada, inclusive com suscitação de litispendência, quando seja proposta demanda heterotópica com a mesma finalidade.

15. Julgamento da impugnação

O julgamento da impugnação permitirá o acolhimento ou não das razões expostas pelo executado. O julgamento de procedência total que acarrete a extinção da via executiva reflete julgamento que encerra a relação processual e desafia o recurso de apelação. Na hipótese de procedência parcial, sem extinção da via executiva, o recurso cabível será o agravo de instrumento. Nesta segunda hipótese os exemplos são variados, como: (a) cumulação indevida de execuções, com extinção de um dos processos ou apenas a determinação de separação; (b) excesso

104. Sobre o regime de nulidades, v. o t. I deste *Curso de Processo Civil, Parte Geral*, p. 947.

de execução; ou (c) extinção em relação a um dos litisconsortes. Apesar do silêncio do Código de Processo Civil/2015, este posicionamento foi mais recentemente encampado pelo STJ.[105] A decisão de resolução total poderá ser concedida tanto com base no art. 485 ou no art. 487 CPC e tem alicerce combinado com o art. 924.

105. "Recurso especial – Processual civil – Recursos – Código de Processo Civil//2015 – Decisão que encerra fase processual – Sentença contestada por apelação – Decisões interlocutórias proferidas na fase executiva, sem extinção da execução – Agravo de instrumento. 1. Dispõe o parágrafo único do art. 1.015 do CPC/2015 que caberá agravo de instrumento contra decisões interlocutórias proferidas na fase de liquidação de sentença ou de cumprimento de sentença, no processo de execução e no processo de inventário. Por sua vez, o art. 1.009 do mesmo diploma informa que caberá apelação em caso de 'sentença'. 2. Na sistemática processual atual, dois são os critérios para a definição de 'sentença': (I) conteúdo equivalente a uma das situações previstas nos arts. 485 ou 489 do CPC/2015; e (II) determinação do encerramento de uma das fases do processo, conhecimento ou execução. 3. Acerca dos meios de satisfação do direito, sabe-se que o processo de execução será o adequado para as situações em que houver título extrajudicial (art. 771 do CPC/2015), e nos demais casos ocorrerá numa fase posterior à sentença, denominada cumprimento de sentença (art. 513 do CPC/2015), no bojo do qual será processada a impugnação oferecida pelo executado. 4. A impugnação ao cumprimento de sentença se resolverá a partir de pronunciamento judicial, que pode ser sentença ou decisão interlocutória, a depender de seu conteúdo e efeito: se extinguir a execução, será sentença, conforme o citado art. 203, § 1º, parte final; caso contrário será decisão interlocutória, conforme o art. 203, § 2º, CPC/2015. 5. A execução será extinta sempre que o executado obtiver, por qualquer meio, a supressão total da dívida (art. 924 do CPC/2015), que ocorrerá com o reconhecimento de que não há obrigação a ser exigida, seja porque adimplido o débito, seja pelo reconhecimento de que ele não existe ou se extinguiu. 6. No sistema regido pelo novo Código de Processo Civil, o recurso cabível da decisão que acolhe impugnação ao cumprimento de sentença e extingue a execução é a apelação. As decisões que acolherem parcialmente a impugnação ou a ela negarem provimento, por não acarretarem a extinção da fase executiva em andamento, têm natureza jurídica de decisão interlocutória, sendo o agravo de instrumento o recurso adequado ao seu enfrentamento. 7. Não evidenciado o caráter protelatório dos embargos de declaração, impõe-se a inaplicabilidade da multa prevista no § 2º do art. 1.026 do CPC/2015 – Incidência da Súmula n. 98/STJ. 8. Recurso especial provido" (STJ, 4ª Turma, REsp 1.698.344-MG, rel. Min. Luís Felipe Salomão, j. 22.5.2018, *DJe* 1.8.2018).

Capítulo VI
A EXECUÇÃO INVERTIDA DO DEVEDOR

1. Retrospecto do cumprimento pelo devedor. 2. Objeto e procedimento do cumprimento pelo devedor. 3. Cumprimento voluntário e obrigação ilíquida.

1. Retrospecto do cumprimento pelo devedor

O art. 526 do CPC, já abordado anteriormente, quando do tratamento do princípio dispositivo e da liquidação no interesse do devedor, permite que o devedor possa se antecipar e realizar o cumprimento espontâneo da sentença. Esta possibilidade não representa inovação. O art. 570 do CPC/1973 trazia previsão similar e havia sido suprimido na reforma da Lei 11.232/2005.[1] É forçoso reconhecer a impropriedade científica do art. 570 do CPC/1973, na medida em que se torna inviável o devedor assumir a mesma posição jurídica do credor e promover autoexecução.

O CPC/1939 também possuía dispositivo similar e com rendimento muito mais interessante no art. 886, o qual merece transcrição, para comparação: "Se, dentro em 30 (trinta) dias, contados da data em que se tornar exequível a sentença, o vencedor não lhe promover a liquidação ou a execução, o vencido poderá citá-lo, para instaurar a execução no prazo de 10 (dez) dias, *sob pena de não responder pelos juros de mora e danos resultantes de força maior*" (grifos nossos).

A comparação com o texto de 1939 permite concluir pela sua superioridade, ao prever o incentivo para o executado promover a satisfação da obrigação, isentando-o das consequências da mora e do prejuízo su-

1. CPC/1973: "Art. 570. O devedor pode requerer ao juiz que mande citar o credor a receber em juízo o que lhe cabe conforme o título executivo judicial; neste caso, o devedor assume, no processo, posição idêntica à do exequente". O art. 9º da Lei 11.232/2005 revogou o art. 570 do CPC.

perveniente quando o credor demonstre inércia na execução. Pela redação do art. 570 do CPC/1973 não se previa mais a extensão do privilégio do art. 886 do CPC/1939, mas o depósito tinha como objetivo eliminar a incidência de juros e correção monetária.[2]

A comparação dos dois dispositivos citados com a atual redação do art. 526 do CPC demonstra que o legislador não ofereceu nenhum benefício para a tomada iniciativa do devedor. Para o devedor o incentivo é apenas moral. Seria melhor que o legislador de 2015 sequer tivesse ressuscitado o instituto, porque a possibilidade de oferecer o pagamento decorre de pretensão de tutela jurídica do devedor e não necessita de previsão expressa. O direito de extinguir o vínculo material ou processual é indiscutível e pode ser exercido voluntariamente após a prolação da sentença, sem a necessidade de aguardar a iniciativa do cumprimento.

2. *Objeto e procedimento do cumprimento pelo devedor*

A leitura do art. 526 está direcionada ao pagamento de quantia certa, embora entendamos que a pretensão de tutela do devedor não o impeça de aplicar o procedimento para a obrigação de entrega de coisa ou para a obrigação de fazer. O oferecimento da entrega do bem ou da prestação de fazer em determinado prazo poderá ser aceita ou impugnada pelo credor no prazo de cinco dias.

Para o pagamento de quantia o devedor deverá realizar o oferecimento do valor mediante a demonstração dos valores por meio de planilha analítica e atualizada. O art. 526 do CPC estabelece como prazo preclusivo para seu exercício a intimação para o cumprimento de sentença. No entanto, qual a diferença entre o oferecer a quantia de modo antecipado ou esperar a intimação para o pagamento em 15 dias, nos termos do art. 523 do CPC? A resposta é simples: nenhuma. O legislador não estabelece qualquer incentivo para o oferecimento antecipado pelo devedor. Aliás, a inércia, tanto devedor como do credor, poderá gerar o arquivamento do processo, com futura decretação de prescrição (Súmula STF-150).

O legislador deveria, ao menos, privilegiar a boa-fé e a lealdade do devedor, isentando-o da aplicação da multa, inclusive sobre a diferença, facultando o recolhimento da quantia faltante no mesmo prazo de cinco dias. Ao contrário, a impugnação do valor depositado permitirá que o credor levante o valor incontroverso e o juiz deverá aplicar a multa de

2. Pontes de Miranda, *Comentários ao Código de Processo Civil*, t. IX, p. 113.

10% e honorários de 10% sobre o valor restante, prosseguindo a execução pelo saldo em aberto (art. 526, § 2º, do CPC).

Apenas o silêncio do autor, no prazo concedido para a impugnação, será apto a permitir que o juiz declare extinto o processo (art. 526, § 3º, do CPC), o que guarda semelhança com solução adotada no procedimento de consignação em pagamento (art. 539, § 2º, do CPC).

A impugnação oferecida pelo credor deverá ser resolvida, e o juiz precisará do auxílio do contador judicial para verificar a exatidão dos cálculos apresentados. A decisão que acolher a impugnação renderá o recurso de agravo, nos termos do art. 1.015, parágrafo único, do CPC.

3. Cumprimento voluntário e obrigação ilíquida

Cabe uma última observação para que seja realizada a conexão com a fase de liquidação da sentença. Como já alertado no comentário ao art. 509, o sistema processual reconhece expressamente o interesse do devedor em realizar o pedido de liquidação de sentença. Na hipótese de liquidação procedente, com definição judicial do *quantum debeatur*, a defesa do credor será inoperante (art. 526, § 1º, do CPC), desde que o devedor realize o depósito devidamente atualizado.

Capítulo VII

CUMPRIMENTO DE SENTENÇA DA OBRIGAÇÃO ALIMENTAR

1. *Os alimentos e sua proteção constitucional*

É possível fixar o nascimento da obrigação alimentar no Direito Romano por meio da figura da manumissão, o que demonstra que sua causa não estava ligada essencialmente ao vínculo familiar.[1]

Com o período medieval e a forte influência do Cristianismo os alimentos ganharam proteção especial, pela mudança do modelo familiar. Passa-se da família *agnatícia* para a família *cognatícia*, ou seja, como forma de proteção de subsistência entre os entes ligados por consanguinidade ou afinidade.

Atualmente o modelo de família mudou. As relações que moldam o modelo familiar ainda são marcadas pelas consanguinidade e afinidade, contudo outras formas de constituição do núcleo familiar são reconhecidas pela mutação social e proteção constitucional (art. 227 da CF/1988).[2]

É certo que a Constituição Federal reconhece a importância e a magnitude do dever alimentar ao disciplinar sua essencialidade e permitir a prisão civil (art. 5º, LXVII). Em nosso sistema apenas subsiste, expressamente, a possibilidade de prisão civil contra o devedor de alimentos.[3] Esta possibilidade está materializada exatamente na fase de cumprimento de sentença, conforme o art. 528, § 3º, do CPC. O devedor poderá ficar preso por um a três meses. A excepcionalidade da prisão decorre justamente da essencialidade da verba alimentar, bem como de sua peculiaridade que será examinada a seguir.

1. Eram três as formas de libertação de um escravo em Roma, e a aquisição do estado civil de liberto ocorria por meio da *manumissio censu*, *manumissio vindicta* ou *manumissio testamento*. A manumissão *censu* ocorria pela inscrição do nome do escravo pelo *Parterfamiliae* na lista quinquenal do censo de cidadãos; a *vindicta*, pela libertação formal por meio de rito especial (uso de uma varinha); a *testamento*, por meio da inscrição do escravo como homem livre no testamento. A libertação do escravo em vida acabou provocando o nascimento de um dever de retribuição, o qual assume a natureza de encargo alimentar inserido no regime jurídico do *Patronato*. Sobre o tema: Max Kaser, *Direito Privado Romano*, § 16, II, p. 113.

Percebe-se que a obrigação alimentar não era uma decorrência natural do nascimento do(a) filho(a) ou da celebração de núpcias. Como esclarece Max Kaser: "Justiniano só em casos excepcionais reconhece o dever de prestar alimentos entre os cônjuges" (*Direito Privado Romano*, § 58, VI, p. 327).

2. Sobre o ponto, v. nosso estudo com José Miguel Garcia Medina, *Código Civil Comentado*, p. 1.180.

3. Desde a incorporação do Pacto de São José, expressamente reconhecida pelo STF no *leading case* RE 466.343, j. 3.12.2008.

2. Notas distintivas da verba alimentar

A verba alimentar é marcada pela sua *essencialidade*, *impenhorabilidade*, *irrepetibilidade* e *irrenunciabilidade*. As notas distintivas da obrigação alimentar justificam a criação de procedimento próprio para o cumprimento da sentença (arts. 528 a 533 do CPC).

A essencialidade da verba alimentar é revelada pela proteção à vida como direito fundamental consagrado pelo art. 5º, *caput*, da CF/1988. O ser humano necessita suprir suas necessidades básicas para manter seu estado vital. Esta conclusão, por si só, justifica a criação de um procedimento especial dentro do cumprimento de sentença para garantir a satisfação da dívida alimentar, com a utilização de meio excepcional de execução indireta: a *prisão civil*.

A verba alimentar ainda possui atributos específico que a protegem do processo de execução, exceto quando a dívida exequenda também assuma natureza alimentar (art. 834, § 2º, do CPC). Do contrário a verba alimentar não poderá ser alvo de medida constritiva de penhora (art. 834, IV, do CPC). A impenhorabilidade é garantia para a subsistência do devedor. A satisfação do credor não se faz a qualquer custo, o que revela uma equação de proporcionalidade balizada pelo próprio texto legal.

3. Alimentos indenizativos

Sobre a possibilidade da prisão civil em relação a dívidas alimentares provenientes de ato ilícito inexiste vedação pelo Código de Processo Civil/2015.[4] Este posicionamento já era defensável perante o Código de Processo Civil/1973, especialmente após a reforma operada pela Lei 11.232/2005. A jurisprudência do STJ firmou-se em posicionamento contrário, criando uma distinção, a nosso ver, equivocada.[5]

A prisão civil deve ser analisada no caso concreto quanto ao seu cabimento, e a origem da verba alimentar não permite diferenciação apta

4. "*Habeas corpus* – Devedor de alimentos – Ato ilícito – Prisão civil – Possibilidade, sob a égide do Código de Processo Civil de 2015, de determinar a prisão civil do executado por débitos alimentares decorrentes de ato ilícito – Precedente desta Câmara Cível – Inteligência do art. 5º, LXVII, da CF e dos arts. 139, IV. e 528 do CPC – Segurança denegada – Unânime" (TJRS, 11ª Câmara Cível, HC 70075539338, rel. Des. Antônio Maria Rodrigues de Freitas Iserhard, j. 28.3.2018).

5. "*Habeas corpus* – Prisão civil – Alimentos devidos em razão de ato ilícito. Quem deixa de pagar débito alimentar decorrente de ato ilícito não está sujeito à prisão civil – Ordem concedida" (STJ, 3ª Turma, HC 92.100-DF, rel. Min. Ari Pargendler, j. 13.11.2007, *DJU* 1.2.2008, p. 1).

a impedir a utilização do procedimento especial do art. 528 do CPC. Não há como afirmar que os alimentos devidos a uma família composta pela viúva e filhos menores não são urgentes. A verba alimentar oriunda da prática de ato ilícito (*e.g.*, homicídio provocado por acidente de veículo) não pode sofrer qualquer distinção quando comparada aos alimentos oriundos da relação de parentesco.

O que parece razoável no estado atual da matéria é apenas submeter os alimentos indenizativos aos mesmos pressupostos para a adoção do rito especial que foram estipulados pela Súmula STJ-309, e que estão integrados ao art. 528, § 7º, do CPC: "§ 7º. O débito alimentar que autoriza a prisão civil do alimentante é o que compreende até as 3 (três) prestações anteriores ao ajuizamento da execução e as que se vencerem no curso do processo".

O que não seria possível seria impor ao alimentante o pagamento de toda a verba pretérita. Como regra, a sentença condenatória retroagirá sua eficácia indenizativa ao momento da prática do ato ilícito. O montante acumulado deverá ser cobrado pelo rito geral da expropriação; contudo, as três últimas parcelas podem ser cobradas pelo rito especial, sem prejuízo da determinação da constituição de capital (art. 533 do CPC).

4. Procedimentos para a execução dos alimentos

A verba alimentar sujeitar-se-á à execução pela via judicial (arts. 523, 528 e 529 do CPC) ou extrajudicial (arts. 911 e 912 do CPC). Interessa-nos neste momento a via judicial para fins do cumprimento da decisão interlocutória ou sentença.

O cumprimento de sentença pode ser operado por procedimento geral ou especial. O procedimento especial é o que prevê a possibilidade da prisão civil (art. 528, § 3º, do CPC) ou a execução por meio do desconto direto da obrigação alimentar na folha de pagamento do devedor (art. 529). A aplicação do procedimento de execução por meio da prisão civil acabou sofrendo restrição com a evolução da jurisprudência do STJ. A via genérica é aquela prevista pelo atual art. 528, § 8º, do CPC. Neste dispositivo permite-se o cumprimento de sentença pelo rito da quantia certa, nos termos dos arts. 523 e ss. do CPC.

5. Facultatividade dos meios executórios

A seleção dos meios executórios caberá ao credor de alimentos. O Código de Processo Civil/2015 operou modificação pontual na matéria por meio da revogação dos arts. 16 a 18 da Lei 5.478/1968, que corresponde à Lei Especial de Alimentos. Os dispositivos revogados estabeleciam uma ordem natural de utilização dos meios expropriatórios, além de não estarem adaptados à inserção do regime de cumprimento de sentença.

O art. 16 da Lei 5.478/1968 estabelecia a ordem preferencial do desconto em folha para a execução direta da verba alimentar. Nos termos do art. 17 da mesma lei, somente o insucesso da primeira via executória geraria a possibilidade de utilização dos meios restantes, ou seja, a prisão civil e a execução por quantia certa.

Embora os dispositivos tenham sido revogados, é inegável que caberá ao juiz a interferência no procedimento selecionado. Não se trata de eliminar o princípio dispositivo que está expresso no art. 528, § 8º, do CPC: "O executado pode optar (...)". A execução por meio do desconto em folha é inegavelmente menos onerosa para o Poder Judiciário e confere segurança e previsibilidade de recebimento para o devedor.

Embora sua efetividade seja indiscutível, sua utilização apresenta melhores resultados quando a fixação decorre do ajuste de vontades ou por meio de fixação judicial inicial (liminar) ou final (sentença). Isto minora, ou até mesmo evita, a necessidade de combinação de outros meios executórios para a cobrança de verbas atrasadas. A preferência pelo desconto revela aplicação do princípio da proporcionalidade na esfera executiva. O devedor poderá requerer a aplicação preferencial do art. 529 do CPC (art. 805, parágrafo único).

A facultatividade pelo rito da execução permite a celebração de negócio processual (art. 190 do CPC). Não será incomum que devedores de alimentos possam celebrar acordos sobre a pensão alimentícia e selecionar o meio executório, inclusive para afastá-lo expressamente. O desconto em folha, por exemplo, para funcionários com altos cargos, como diretores e gerentes, poderá provocar constrangimento. Nada impede que o acordo convencione o pagamento direto em conta bancária, como meio de minimizar o impacto do meio executório na esfera do devedor. A proteção da intimidade do devedor também deve ser levada em consideração, especialmente quando inexiste problema de solvabilidade.

6. A Súmula STJ-309 e as verbas pretéritas

Vale lembrar que o Código de Processo Civil/1973 não trazia qualquer restrição quanto à utilização do rito especial da prisão civil para o pagamento das verbas alimentares pretéritas.[6] Hoje ela está restrita à execução das três últimas prestações anteriores ao ajuizamento, bem como às parcelas que se vencerem no decorrer da relação processual (art. 528, § 7º, do CPC).

A polêmica instaurou-se pelo fato de muitas prisões civis se transformarem em autêntica forma de execução direta. Muitas verbas alimentícias não eram cobradas logo após o vencimento, provocando um acúmulo que tornava inviável a quitação da dívida alimentar por ocasião da citação para pronto pagamento. A prisão civil deixava de ser forma de pressão para se tornar autêntica pena privativa de liberdade aplicada ao devedor inadimplente.

O divisor de águas quanto à utilização do procedimento especial e do geral retratado pela redação dos §§ 7º e 8º do art. 528 do CPC advém da edição da Súmula STJ-309: "O débito alimentar que autoriza a prisão civil do alimentante é o que corresponde as 3 (três) prestações anteriores ao ajuizamento da execução e as que se vencerem no curso do processo".

Esta solução acabou por provocar uma bipartição no processo, para permitir que o rito especial do cumprimento de sentença seja direcionado apenas para as prestações vencidas recentemente e para aquelas que se vencerem no decorrer da relação processual executiva. As verbas pretéritas anteriores aos três meses do ajuizamento e decorrentes de decisão judicial somente poderão ser executadas pelo rito de cumprimento por quantia certa, nos termos do art. 523 do CPC.

Neste ponto surge questão interessante relativa à possibilidade de cumulação do procedimento especial (art. 528 do CPC) com o procedimento geral de cumprimento de sentença (art. 523 do CPC). Entendemos que é possível a cumulação na medida em que há plena condição de compatibilizar, nos mesmos autos, a convivência da execução das verbas sujeitas ao rito da prisão com aquelas destinadas ao cumprimento por quantia certa.

A possibilidade de coordenação de procedimentos, especialmente na tutela de direitos fundamentais, como na hipótese de verba alimentar, é salutar e autorizada pelo comando do art. 327, § 2º do CPC.[7] Do contrário

6. Devemos lembrar, ainda, que a reforma da Lei 11.232/2005 foi deficiente, pois não fazia menção à execução da verba alimentar como hipótese de cumprimento de sentença (art. 732 do CPC/1973). Muitos juízes remetiam os acordos e sentenças para o rito da execução extrajudicial. O Código de Processo Civil/2015 corrigiu essa distorção.

7. CPC, § 2º do art. 327: "§ 2º. Quando, para cada pedido, corresponder tipo diverso de procedimento, será admitida a cumulação se o autor empregar o procedimento comum, sem prejuízo do emprego das técnicas processuais diferenciadas pre-

os procedimentos correriam em paralelo, por meio de processos conexos. A unificação permitiria melhor coordenação para controlar os limites da execução e dos atos executórios em relação a cada um dos pedidos cumulados.[8] A flexibilização procedimental pode ser reconhecida para facilitar o andamento processual.[9]

O STJ admite a produção de prova no tríduo legal como medida procedimental de flexibilização para a proteção do devedor quanto à impossibilidade de pagar os alimentos. Note-se que este posicionamento destoaria da visão tradicional que impede atos de instrução por incompatibilidade procedimental. Conclui-se que a adaptação da oitiva ao tríduo representa solução de proporcionalidade entre o direito de executar uma verba fundamental com a possibilidade de defesa.[10]

7. *Procedimento para a execução dos alimentos pelo rito especial*

7.1 *Execução pelo rito da prisão civil*

7.1.1 *O título executivo na obrigação alimentar*

A obrigação alimentar deverá estar suportada por título executivo hábil para sujeição ao procedimento de cumprimento disciplinado pelos

vistas nos procedimentos especiais a que se sujeitam um ou mais pedidos cumulados, que não forem incompatíveis com as disposições sobre o procedimento comum".

8. Esta possibilidade já era admitida por parcela da doutrina mesmo antes da previsão do art. 327, § 2º, e do art. 139, VI, do CPC (v.: Maria Berenice Dias, *Alimentos aos Bocados*, p. 238).

9. Esta possibilidade fundamenta-se na celeridade *in re ipsa* da verba alimentar e no respeito à paternidade responsável, que exige a concentração de esforços para a solução do inadimplemento alimentar: "O princípio da paternidade responsável consta da CF em seu art. 227, *caput*, e representa uma das facetas da dignidade humana. O direito a alimentos é urgente pela mera circunstância de que visa a garantir a própria sobrevivência do beneficiário, não havendo espaço para interpretação diversa" (STJ, 3ª Turma, REsp 1.557.248-MS, rel. Min. Ricardo Villas Bôas Cueva, j. 6.2.2018, *DJe* 15.2.2018).

10. Neste sentido: "Nessa senda, não se verifica, *a priori*, nenhuma impossibilidade de a escusa ao pagamento ser realizada por meio de oitiva de testemunhas, prova perfeitamente aceitável, mesmo na excepcional execução do art. 733 do CPC/1973. [*CPC/2015, art. 528*] No entanto, o tríduo é peremptório, porque o risco alimentar do executado é premente, devendo a justificativa ser produzida neste intervalo, e, nessa linha, o mero protesto pela produção de prova testemunhal não pode ser aceito, porquanto fatalmente se estenderá além da janela temporal de justificativa permitida na legislação – Recurso não provido" (STJ, 3ª Turma, REsp 1.601.338/SP, rel. Min. Ricardo Villas Bôas Cueva, rela. para o acórdão Min. Nancy Andrighi, j. 13.12.2016, *DJe* 24.2.2017).

arts. 528 a 533 do CPC. O Código de Processo Civil/2015 reconhece como títulos a *sentença* e a *decisão interlocutória*. Como já ficou esclarecido, esta via é destinada apenas às três últimas prestações vencidas antes do ajuizamento da ação de cumprimento bem como para as parcelas vincendas no decorrer do processo.

Houve clara evolução na sistematização da matéria com o reconhecimento expresso das decisões interlocutórias como títulos para fins de cumprimento desde a Lei 11.232/2005. Esta afirmação não se refere propriamente à execução da verba alimentar. O art. 733 do CPC/1973, em sua redação originária, trazia expressamente a possibilidade de "execução da sentença ou de decisão".[11] Com o CPC/2015 acabou sendo consolidada pela redação do art. 515, I, a possibilidade de execução das "decisões judiciais", o que engloba sentenças e decisões interlocutórias.

As decisões e sentenças que propiciam o cumprimento são essencialmente condenatórias, o que é revelado pela própria dicção do art. 528 do CPC. Isto não significa que somente a sentença condenatória possa ser apta a formar título executivo alimentar. A ação de investigação de paternidade é preponderantemente declaratória, mas a eficácia condenatória secundária se faz presente, para garantir o direito de subsistência em caso de procedência do pedido, ou mesmo por meio de concessão de tutela provisória (art. 7º Lei 8.560/1992). A obrigação alimentar também poderá nascer pelo acordo formulado entre as partes e homologado pelo juízo, ou quando referendadoa pelo Ministério Público (art. 784, IV). Nestas duas últimas hipóteses não se configuram os títulos executivos como decorrência de eficácia condenatória.[12]

O título executivo com fundamento na obrigação alimentar poderá ser decorrente do procedimento comum ou especial (Lei 5.478/1968), cujo cumprimento seguirá o procedimento executivo sumário delineado pelo rito dos arts. 528 a 536 do CPC.

São exemplos de ações sujeitas ao procedimento comum: (a) ação de investigação de paternidade; (b) ação de separação judicial contenciosa; e (c) ação de divórcio contencioso. Todas estas ações tramitarão pelo

11. Embora com interpretação restritiva: Pontes de Miranda, *Comentários ao Código de Processo Civil*, t. X, p. 479.

12. "Recurso especial – Obrigação alimentar em sentido estrito – Dever de sustento dos pais a bem dos filhos – Execução de acordo extrajudicial firmado perante o Ministério Público – Descumprimento – Cominação da pena de prisão civil – Possibilidade" (STJ, 4ª Turma, REsp 1.285.254-DF, rel. Min. Marco Buzzi, j. 4.12.2012, *DJe* 1.8.2013).

procedimento comum (art. 318 do CPC) e permitem que o juiz possa fixar liminarmente a obrigação alimentar.[13]

Como ação especial encontra-se a tradicional ação de alimentos regida pela Lei 5.478/1968. A ação de alimentos possui rito sumário, com abreviação do procedimento, que prevê a concentração dos atos processuais após a fase da liminar para obtenção da conciliação e instrução em único ato (art. 6º da Lei 5.478/1968). A fixação liminar dependerá da prova da filiação e deverá ser realizada pelo juiz com observância do binômio necessidade/possibilidade. Os atos inquisitórios para instrução podem ser utilizados, em vista da importância da verba e da sua urgência (art. 370 CPC). Em muitas situações a prova anexada aos autos é frágil, o que não deve impedir a fixação provisória. Tanto a decisão liminar quanto a sentença de alimentos configuram títulos executivos para os fins do art. 528 do CPC.

7.1.2 Título judicial e título extrajudicial

Perante o Código de Processo Civil/1973 existia séria polêmica sobre a possibilidade de utilizar o rito especial da prisão civil quando o título representativo da verba alimentar fosse extrajudicial. O art. 733 do CPC/1973 fazia alusão à "execução de sentença ou de decisão".

Com o CPC/2015 a possibilidade da utilização do rito especial, com previsão da prisão civil, está expressa no art. 911, parágrafo único. Os títulos oriundos de conciliação, mediação ou acordos referendados com a participação do Ministério Público podem adotar o rito especial.

A solução é correta, pois a mesma advertência realizada quanto aos alimentos indenizativos vale para os títulos extrajudiciais. A verba alimentar, independentemente do fato jurídico originário ou da forma utilizada para sua constituição, é essencial para a subsistência do alimentando e garante a subsistência da vida. A execução dos títulos extrajudiciais alimentares será examinada no t. IV deste *Curso*.

7.1.3 Formação da relação processual alimentar

7.1.3.1 *O requerimento do credor e a petição inicial*

A obrigação alimentar fixada por meio de decisão interlocutória ou sentença depende de requerimento expresso do credor. O cumprimento

13. Nas ações de investigação de paternidade reside polêmica sobre a possibilidade do rito de execução.

de sentença não pode ser iniciado *ex officio*. Esta regra é universal, insculpida no art. 513, § 1º, *in fine*, do CPC. Apenas a parte interessada pode iniciar a atividade executiva, especialmente em vista do art. 776 do CPC, que prevê a responsabilidade executiva objetiva do exequente em caso de insucesso da atividade executiva.

A decisão judicial exequenda deve conter os requisitos do art. 524 do CPC, independentemente da adoção do rito especial (arts. 528, § 7º, e 529) ou do geral (art. 528, § 8º).

Os requisitos formais para a qualificação das partes são essenciais, e na fase de execução o rigor é maior, pelo fato de os atos executivos atingirem a esfera patrimonial do devedor. O incremento do processo eletrônico e os instrumentos existentes para a imobilização do patrimônio (BACEN, INFOJUD, RENAJUD, Sistema de Informações Eleitorais/SIEL, dentre outros) exigem o fornecimento de dados precisos sobre a identificação civil e fiscal do executado (art. 524, I).

Como o cumprimento de sentença poderá levar ao encarceramento do devedor em regime fechado (art. 528, § 4º), o valor do débito deve ser corretamente descrito, para permitir a defesa do executado.

O valor deverá indicar o termo inicial e o final de cobrança, com o esclarecimento dos índices aplicados para a correção monetária e para os juros moratórios. O termo inicial poderá variar de acordo com a natureza do título que está sendo executado. Para fins de adoção do rito especial é importante a discriminação das três últimas parcelas, com correção monetária e juros legais.

Na ação de investigação de paternidade em que não exista a fixação liminar de alimentos os juros moratórios e a correção monetária são contados a partir da sentença; mas se houve a fixação de alimentos provisórios o termo inicial é contado a partir da tutela provisória.[14] Na ação de alimentos (Lei 5.478/1968) em que há prova pré-constituída a correção e os juros são contados a partir da decisão liminar de deferimento da verba.

É importante que a petição inicial apresente relação dos bens passíveis de penhora, porque o credor poderá optar pelo procedimento de cumprimento por quantia certa (art. 528, § 8º) no decorrer da relação processual ou, ainda, cumular o pedido quando existirem verbas temporalmente distintas. Entendemos que esta cumulação é possível, embora

14. "Os juros moratórios, na ação de alimentos, incidem a partir do vencimento da parcela alimentícia fixada por decisão judicial – Recurso não conhecido" (STJ, 4ª Turma, REsp 717.068-RS, rel. Min. César Asfor Rocha, j. 13.2.2007, *DJe* 17.3.2008).

com ritos distintos, porque o juiz pode compatibilizar os procedimentos, nos termos do art. 327, § 2º, do CPC.

Nas demandas alimentares o número de jurisdicionados hipossuficientes é consideravelmente grande. Em grande parte dos processos é necessária a nomeação de defensores, especialmente quando inexiste defensor público. Para estas situações deve ser admitida a possibilidade de remessa dos autos ao contador judicial para a elaboração do cálculo das pensões em atraso. Nos processos em que há o reconhecimento do benefício da assistência a utilização do cálculo do contador judicial é essencial.[15] Trata-se de uma exceção ao art. 509, § 2º, do CPC, pois desde a reforma da Lei 8.898/1994 não existe mais a liquidação por cálculo do contador judicial. Todos os cumprimentos de sentença, como regra, são instruídos com cálculos elaborados pelo credor. O CNJ deverá facilitar o trâmite do processo eletrônico, com o desenvolvimento de programa de cálculo oficial (art. 509, § 3º, CPC) o que permitirá, futuramente, que o próprio defensor realize a atualização dos cálculos em processos dessa natureza. A atualização correta dos valores é essencial para que a defesa do executado possa apontar eventual excesso ou demonstrar que alguns meses mencionados no petitório já foram quitados.

7.1.4 Protesto da decisão judicial nos alimentos

A decisão alimentar poderá ser protestada, desde que ultrapassado o prazo de três dias para pagamento da dívida sem qualquer atitude por parte do devedor. Trata-se de salutar inovação do Código de Processo Civil/2015. O protesto, como instituto jurídico, consiste em medida de jurisdição voluntária já conhecida. O Código de Processo Civil vigente prevê a notificação, a interpelação e o protesto (art. 726, § 2º) como institutos que têm por finalidade dar publicidade sobre manifestação de vontade a outrem sobre assunto juridicamente relevante, como a necessidade de pagamento de uma dívida vencida (art. 726, § 1º, do CPC). Não há confusão entre o protesto judicial e o extrajudicial. Ambos são realizados nos termos da Lei 9.492/1997, cujo procedimento é extremamente útil para os títulos executivos extrajudiciais, inclusive para configurar a mora *ex persona* para fins de execução. No protesto judicial não haverá

15. Neste sentido: "O STJ já se manifestou pela possibilidade de o beneficiário da assistência judiciária gratuita utilizar, sob a sua responsabilidade, os serviços da contadoria judicial, nos termos do art. 475-B, § 3º, do CPC. [*CPC/1973 CPC/2015: art. 509m § 2º*] 2. Agravo regimental não provido" (STJ, 2ª Turma, AgR no AREsp 766.033-RS, rel. Min. Mauro Campbell Marques, j. 27.10.2015, *DJe* 5.11.2015).

necessidade do procedimento contraditório prévio previsto pelo art. 14 da Lei 9.492/1997, pois já foi concedida oportunidade para pagamento na via judicial. O protesto direto poderá ser formalizado pelo tabelião.

Não havia previsão do protesto da sentença judicial, embora todo e qualquer documento ou título representativo de débito pudesse ser alvo de protesto (art. 1º da Lei 9.492/1997).[16] O protesto tem grande carga de efetividade, dependendo do perfil do devedor. A restrição alcançada pela medida pode comprometer as atividades comerciais e civis do devedor. De nada adiantará que o devedor subtraia ou oculte seus bens quando não puder estabelecer relações empresariais ou civis para a prática de sua atividade econômica.

Nos termos da previsão originária do art. 517 do CPC, o protesto para fins de cumprimento da obrigação alimentar deverá ser realizado em relação a título definitivo, e não provisório. Apesar de esta advertência não constar do art. 528, § 1º, do CPC, que determina a aplicação do art. 517 no que couber para fins de materialização do protesto, trata-se de medida de resguardo. A liminar concedida sem a oitiva do réu não retrata a segurança necessária para fins do protesto.

O protesto é realizado mediante translado da decisão acompanhada de certidão da escrivania sobre a autenticidade, ou, de acordo com a redação literal do dispositivo, por meio de certidão de inteiro teor com a menção do título e sua descrição, com todos os elementos necessários para a formação do instrumento de protesto, nos termos do art. 517, § 2º, do CPC.

O protesto representa apenas uma declaração sobre fato jurídico. Suas consequências são negativas para o devedor. O protesto pode ser eliminado por sentença judicial que desconstitua o título executivo judicial. O art. 517, § 3º, do CPC permite que o executado, às suas expensas, possa realizar a anotação sobre o ajuizamento de ação rescisória que faça a impugnação da decisão exequenda. A medida é de duvidosa consequência positiva e prática para o devedor.

O modo operacional para o levantamento do protesto está descrito pelo art. 517, § 4º, do CPC. O protesto judicial não poderá ser cancelado diretamente pelo tabelião. O pagamento poderá ser realizado diretamente ao devedor, que poderá comunicar ao processo, e o juiz determinará o cancelamento. O pagamento também poderá ser oferecido ao tabelião,

16. Lei 9.429/1997: "Art. 1º. Protesto é o ato formal e solene pelo qual se prova a inadimplência e o descumprimento de obrigação originada em títulos e outros documentos de dívida".

o qual comunicará o juízo e aguardará a ordem para o cancelamento do protesto judicial.

7.1.5 A intimação do devedor e fixação de honorários advocatícios

O devedor será intimado pessoalmente para o pagar ou comprovar o pagamento ou, ainda, para oferecer defesa sumária, no prazo de três dias, nos termos do art. 513, § 2º, do CPC. Não se trata de citação, mas intimação, uma vez que o procedimento é para o cumprimento de sentença. A citação será cabível quando se tratar de execução alimentar baseada em título executivo extrajudicial (art. 911, *caput*), a qual será examinada no t. IV deste *Curso*. A intimação será realizada, como regra, na pessoa do advogado que representou o devedor na fase de conhecimento (art. 513, § 2º, I, do CPC).

O transcurso *in albis*, sem qualquer manifestação, provocará a certificação da inércia nos autos, com a conclusão ao magistrado para a decretação da prisão. O prazo de três dias deverá ser contado em dias úteis. A intimação deverá ser pessoal, pela gravidade das consequências advindas quanto ao incumprimento da obrigação alimentar.

A decisão judicial positiva que autoriza o procedimento de cumprimento de sentença pelo rito da coerção exige a fixação liminar de honorários advocatícios, os quais devem ser fixados no patamar mínimo de 10% para caso de pronto pagamento (art. 523, § 1º, do CPC). Embora silente sobre a fixação da verba honorária, não há dúvida sobre a necessidade de sua fixação.

7.1.6 Cumprimento por carta precatória

O cumprimento por carta precatória (física ou eletrônica) é comum. A obrigação alimentar é marcada pela estabilidade, e as partes envolvidas na relação jurídica nem sempre permanecem em seus domicílios originários. O cumprimento de sentença da verba alimentar envolve situação especial e que não permite solução pela aplicação literal do art. 914, § 2º, do CPC: "§ 2º. Na execução por carta, os embargos serão oferecidos no juízo deprecante ou no juízo deprecado, mas a competência para julgá-los é do juízo deprecante, salvo se versarem unicamente sobre vícios ou defeitos da penhora, da avaliação ou da alienação dos bens efetuadas no juízo deprecado".

Desde a alteração promovida no art. 747 do CPC/1973 e agora confirmada pelo art. 914, § 2º, do CPC/2015 criou-se uma separação de funções entre o juízo deprecante e o deprecado. Esta regra é válida para a execução por quantia certa, mas não se amolda às execuções especiais. Na execução especial pelo rito da prisão o juiz deprecado deverá apenas cumprir a ordem para recepcionar o pagamento ou a defesa.

O pagamento no prazo poderá ser conhecido pelo juízo deprecado.[17] Trata-se de fato objetivo e que impede o cumprimento da ordem de prisão ou obriga à expedição do alvará de soltura. O pagamento provoca a devolução do processo para decretação de extinção pelo juízo deprecante.

O devedor pode optar por apresentar a justificativa, que poderá ser apresentada no juízo deprecado ou no juízo deprecante; contudo, caberá ao juízo deprecante a análise da matéria que se refere aos fatos ocorridos no juízo originário.

7.1.7 Defesa do executado e o ônus da prova

No prazo de três dias o executado deverá formular sua defesa, nos termos do art. 528, §§ 1º a 3º, do CPC. É possível que no prazo legal o devedor comprove a regularidade das pensões e seu pagamento, o que será causa de extinção do cumprimento (art. 924, II, do CPC).

A estrutura da peça de defesa permite que o executado sustente argumentos semelhantes aos que compõem a contestação (art. 335 do CPC). O executado poderá suscitar preliminares e prejudiciais em primeiro lugar. Como preliminar podemos indicar a inadequação do rito processual pelo fato de as prestações exigidas não corresponderem ao termo estabelecido pelo art. 528, § 7º, e Súmula STJ-309; a ilegitimidade passiva na obrigação alimentar é personalíssima;[18] a prescrição das verbas alimentares. Como defesa direta poderá sustentar o pagamento das parcelas. Como defesa indireta poderá sustentar a quitação parcial destas verbas e a necessidade de ajuste no valor exequendo; a maioridade e a desnecessidade da verba alimentar; a impossibilidade de prestar a verba, pela modificação na situação econômica.

A vocação da peça de defesa não está voltada à cognição exauriente quanto ao "dever de prestar alimentos". Esta discussão não pertence ao processo de execução. A exoneração ou a modificação do valor da verba alimentar devem ser alcançadas por meio hábil, representado pela ação

17. Maria Berenice Dias, *Alimentos aos Bocados*, cit., p. 285.

18. "Os alimentos ostentam caráter personalíssimo, por isso, no que tange à obrigação alimentar, não há falar em transmissão do dever jurídico (em abstrato) de prestá-los" (STJ, 4ª Turma, REsp 1.130.742-DF, rel. Min. Luís Felipe Salomão, j. 4.12.2012, *DJe* 17.12.2012).

de revisão prevista pelo art. 13 da Lei 5.478/1968 ou por meio de ação ajuizada pelo procedimento comum.

O acolhimento da defesa poderá encerrar a relação executiva em situações especiais, como no reconhecimento do pagamento, da ilegitimidade, da prescrição; ou apenas paralisar momentaneamente o exercício da pretensão executória pelo rito da prisão, como na hipótese do reconhecimento da hipossuficiência momentânea do executado. A defesa sumária a ser apresentada no tríduo legal é vocacionada à demonstração de *impossibilidade temporária* que retrate inadimplemento involuntário. Em muitas situações percebe-se que a escusa representa apenas uma resistência voluntária do devedor que tem condições de realizar o pagamento mas voluntariamente cria obstáculos ao pagamento da verba alimentar. A prisão civil direciona-se com primazia para devedores que se pautam por esta atitude.

O pagamento parcial do débito alimentar não é suficiente para impedir a decretação da prisão civil.[19] Todavia, se o pagamento ocorreu antes de iniciada a execução, os valores devem ser recalculados pelo contador judicial com nova intimação do devedor para pagamento.

A alegação de insuficiência econômica, por si só, não tem o condão de paralisar a decretação da prisão.[20] O juiz deverá analisar a defesa com base nos dados fornecidos pelo devedor. A experiência nos revela que não existe solução pronta para o exame deste argumento. Não é correto afirmar que o desemprego não justifica a elisão do decreto de prisão. Quem atua em demandas alimentares e conhece de perto a crise econômica enfrentada pelo País sabe que o encarceramento do alimentante em

19. Conforme posição dominante do STJ: "A jurisprudência dominante do STJ segue no sentido de que o não pagamento integral das parcelas alimentares devidas autoriza a prisão civil do devedor de alimentos – Precedentes" (STJ, 3ª Turma, RHC 95.852-SP, rel. Min. Moura Ribeiro, j. 10.4.2018, *DJe* 19.4.2018).

20. "As alegações de ocorrência de desemprego ou de existência de outra família ou prole são insuficientes, por si sós, para justificar o inadimplemento da obrigação alimentícia – Precedentes. O pagamento parcial da dívida executada não impede a decretação da prisão civil – Precedentes. A regra do art. 528, § 7º, do CPC/2015 apenas incorpora ao direito positivo o conteúdo da preexistente Súmula n. 309/STJ, editada na vigência do Código de Processo Civil/1973, tratando-se, assim, de pseudonovidade normativa que não impede a aplicação imediata da nova legislação processual, como determinam os arts. 14 e 1.046 do CPC/2015. É ônus do recorrente demonstrar cabalmente a perda do caráter urgente ou alimentar da prestação, devendo, na ausência de elementos concretos a esse respeito, submeter a sua irresignação ao juízo da execução de alimentos, a quem caberá examinar as alegações do alimentante, observado o contraditório – Recurso em *habeas corpus* conhecido e desprovido" (STJ, 3ª Turma, RHC 92.211-SP, rela. Min. Nancy Andrighi, j. 27.2.2018, *DJe* 2.3.2018).

nada contribuirá para a solução da questão. A presunção há de ser sempre pela boa-fé do executado, ainda mais em face de obrigações alimentares marcadas pelo vínculo familiar.

A realidade informa que a prisão civil poderá agravar a situação de pessoas humildes, especialmente em pequenas cidades, em que o executado realiza seu sustento como diarista, ou seja, é remunerado pelo serviço diário em propriedades e glebas rurais. Em pequenos Municípios ou mesmo em grandes cidades em que o contrato de trabalho seja diferenciado cada dia de encarceramento apenas agravará ainda mais a situação do exequente e a do executado.

Isto não significa que a prisão não possa ser determinada como meio de coerção, mas sua efetivação nos termos do art. 805 do CPC deve ser sopesada, pois ela não representa meio de satisfação. Em famílias hipossuficientes é muito comum observar-se extensa prole em mais de um núcleo familiar, o que exige ponderação e solução alternativa, para não penalizar ainda mais a situação social dos jurisdicionados.

São muito importantes a sensibilidade do juiz e do Ministério Público para tentar soluções alternativas e o esforço para a construção de solução ajustada ao caso concreto. É óbvio que em muitas situações a ausência de anotação em carteira apenas esconde atividade informal do alimentante ou, ainda, ganhos superiores, o que é comum em salários de representantes comerciais, gerentes e todos os profissionais que recebam remuneração variável. O ônus da prova quanto à demonstração da escusa em realizar o pagamento é do executado. Contudo, a práxis revela que a regra do ônus estático necessita ser revisitada em ações fundamentais, como na execução da verba alimentar. É importante o juiz realizar, ainda que dentro do tríduo legal, a oitiva das partes utilizando seu poder inquisitório (art. 370 do CPC). Não há como firmar presunção de recusa ao pagamento, ainda mais em demandas alimentares marcadas pelo vínculo parental. Embora seja inadequada a via sumária para a ação de revisão de alimentos (art. 13 da Lei 5.478/1968), o pedido de revisão/exoneração permitirá que o executado possa pleitear tutela provisória que certamente influenciará a via executiva.[21]

21. Embora inadequada a via estreita do *habeas corpus* para conhecer matéria de fato, excepcionalmente o STF já permitiu a delibação da matéria, pela flagrante demonstração de incapacidade financeira: "A jurisprudência do STF é no sentido de que a incapacidade econômica do alimentante não serve, por si só, de supedâneo para evitar a decretação de prisão civil, tendo em vista que o *habeas corpus* não é via adequada para análise de questões de provas. (...). Observam-se, no caso concreto, peculiaridades aptas a afastar o decreto prisional. É que, conforme consta da decisão formalizada pelo Tribunal de Justiça estadual, o paciente não possuía rendimen-

O STJ, analisando a confluência entre a ação revisional e a execução de decisão liminar, declarou a impossibilidade de cobrança das verbas provisórias quando julgada procedente a ação de exoneração. A decisão liminar de alimentos não representa direito subjetivo do alimentante, e a decisão exoneratória tem eficácia *ex tunc*.[22]

Em situações em que não se nega o débito mas se discute apenas a forma de correção das verbas acessórias o oferecimento de valor diverso permite a abertura de contraditório e remessa dos autos ao contador, para solução do impasse. A existência de excesso deve ser apurada e impede a decretação da prisão até sua solução.

A defesa que contenha o argumento de pagamento da verba alimentar poderá exigir a conversão do feito em diligência para verificação do contador judicial e manifestação do exequente. Não se mostra lícita a emissão imediata da ordem de prisão, sem análise dos documentos e argumentos trazidos pelo executado em juízo. Esta atitude violaria o contraditório forte marcado pelo art. 10 do CPC. O Código de Processo Civil/2015 veda a decisão-surpresa, especialmente em face da restrição da liberdade.

Um dos argumentos mais comuns em juízo refere-se à maioridade dos filhos. O STJ, em sua fase inicial, chegou a reconhecer que a maioridade seria fato jurídico ordinário que poderia ser declarado após sua

tos suficientes para o pagamento da pensão alimentícia inicialmente determinada (R$ 765,00), que lhe demonstra a incapacidade de pagá-la. Diante disso, uma vez que não houve inadimplemento voluntário e inescusável do débito alimentar, entendo a inidoneidade da decisão que decretou a prisão civil do paciente. Ademais, a prisão civil para efeitos de pagamento de pensão alimentícia vencida tem o condão de viabilizar o adimplemento. Mas, se o alimentante não tem posses suficientes para cumprir com a obrigação, não seria o encarceramento capaz de modificar-lhe a situação fática" (STF, 2ª Turma, HC 106.709, voto do Relator, Min. Gilmar Mendes, j. 21.6.2011, *DJe* 15.9.2011).

22. "À luz da jurisprudência desta Corte, a sentença definitiva exoneratória da obrigação de pagamento de alimentos retroage com eficácia *ex tunc* independentemente do caso. Uma vez demonstrado em sede de juízo exauriente, observados o contraditório e a ampla defesa, que a obrigação imposta liminarmente não deve subsistir, resta vedada a cobrança dos denominados alimentos provisórios, sob pena de enriquecimento sem causa. A 2ª Seção, no julgamento dos EREsp n. 1.181.119-RJ, ao interpretar o art. 13, § 2º, da Lei n. 5.478/1968, concluiu, por maioria, que os alimentos provisórios não integram o patrimônio jurídico subjetivo do alimentando, podendo ser revistos a qualquer tempo, porquanto provimento *rebus sic stantibus*, já que não produzem coisa julgada material (art. 15 da Lei n. 5.478/1968). A sentença exoneratória que redimensiona o binômio necessidade/possibilidade segue a mesma lógica das ações congêneres revisionais, devendo seus efeitos retroagir à data da citação" (STJ, 3ª Turma, REsp 1.426.082-MG, rel. Min. Ricardo Villas Bôas Cueva, j. 2.6.2015, *DJe* 10.6.2015).

consumação temporal e com instrução sumária nos autos.[23] Havia certa discussão sobre a necessidade de ingressar com ação autônoma para o genitor obter a exoneração. Posteriormente o STJ emitiu o verbete 358: "O cancelamento de pensão alimentícia de filho que atingiu a maioridade está sujeito a decisão judicial, mediante contraditório, ainda que nos próprios autos". Permite-se que o fato possa ser conhecido nos autos da execução, mas é possível que a necessidade de aprofundamento probatório apenas autorize o acolhimento da justificativa, com concessão de prazo para a demonstração da exoneração definitiva pela via ordinária.

A brevidade do prazo de resposta atende ao *princípio da essencialidade* da verba alimentar. Apesar da sumariedade do prazo de defesa, o STJ admite até a produção de prova testemunhal, mas desde que dentro do tríduo, o que exigirá agilidade do devedor e do juízo. É inquestionável que a prova testemunhal poderá ser o único recurso para resguardar a incolumidade física do devedor que não tenha condições de arcar com o débito alimentar.[24]

Apresentada a defesa e sendo necessária a produção da prova, o juiz deverá proferir sua decisão somente após o fechamento do quadro probatório. A decisão poderá render o recurso de agravo de instrumento para a revisão das questões de fato e de direito, sem prejuízo da interposição simultânea do *habeas corpus*, em que a via é estreita, pois a ação fundamental permite unicamente o conhecimento da matéria de direito.

7.1.7.1 *A defesa pelo adimplemento substancial*

O executado comumente sustenta como fato impeditivo de sua prisão civil o adimplemento substancial. Na esfera contratual a teoria do adim-

23. STJ, 4ª Turma, REsp 347.010-SP, rel. Min. Ruy Rosado de Aguiar, j. 25.11.2002, *DJU* 10.2.2003, p. 215.

24. "O exíguo prazo de três dias concedido ao alimentante para pagar ou justificar o não pagamento de pensões alimentícias em atraso tem como objetivo primário garantir a sobrevida do alimentado, pois o atraso nos alimentos pode levá-lo à carência crônica dos mais básicos meios de subsistência. 2. Nessa senda, não se verifica, *a priori*, nenhuma impossibilidade de a escusa ao pagamento ser realizada por meio de oitiva de testemunhas, prova perfeitamente aceitável, mesmo na excepcional execução do art. 733 do CPC/1973. [*V. art. 528 do CPC/2015*] 3. No entanto, o tríduo é peremptório, porque o risco alimentar do executado é premente, devendo a justificativa ser produzida neste intervalo, e, nessa linha, o mero protesto pela produção de prova testemunhal não pode ser aceito, porquanto fatalmente se estenderá além da janela temporal de justificativa permitida na legislação. 4. Recurso não provido" (STJ, 3ª Turma, REsp 1.601.338-SP, rel. Min. Ricardo Villas Bôas Cueva, rela. para o acórdão Min. Nancy Andrighi, j. 13.12.2016, *DJe* 24.2.2017).

plemento substancial revela a valorização do sujeito de direito na relação jurídica, o que permite a flexibilização na aplicação do inadimplemento como causa de rescisão da relação contratual. Este é o motivo pelo qual o juiz não permite que um contrato com 90% das parcelas pagas possa ser rescindido, especialmente quando o objeto contratual se coaduna com a manutenção da dignidade do sujeito de direito (exemplos: devolução de carro utilizado como táxi, de uma casa com função de moradia).

Na esfera alimentar a questão é delicada. Os bens jurídicos conflitantes não permitem solução simples. O STJ sempre se posicionou pela possibilidade da prisão do devedor ainda que o pagamento da verba alimentar fosse parcial.[25] E mais: no julgamento do HC 439.973/2018 firmou posicionamento rigoroso quanto à inaplicabilidade do adimplemento substancial. O posicionamento não pode servir de julgamento-paradigma porque, independentemente da quantia paga, a análise do caso concreto e da motivação que gerou o inadimplemento deve ser levada em consideração e ponderada para fins de ajustar a decisão (arts. 8º e 489, § 2º, do CPC).

7.1.7.2 *A defesa pela transitoriedade da verba alimentar e a Súmula STJ-358*

Os alimentos são devidos enquanto manifesta a necessidade do alimentando para sua sobrevivência. Até o fim da menoridade a necessidade dos alimentos decorre da situação de hipossuficiência dos filhos. Após a maioridade a necessidade da verba alimentar pode ser questionada pelo genitor, mas a cessação do pagamento não pode ocorrer apenas pela cessação do estado de incapacidade absoluta. A pensão até então vigente deve ser mantida, sem prejuízo da comprovação sumária, nos próprios autos da execução, do fato impeditivo para fins de evitar a prisão civil. É o que dispõe a Súmula STJ-358: "O cancelamento de pensão alimentícia de filho que atingiu a maioridade está sujeito a decisão judicial, mediante contraditório, ainda que nos próprios autos".

Este posicionamento permite que o devedor possa sustentar fato impeditivo para fins de prisão civil. A melhor interpretação do verbete é a de que o devedor deve ter a possibilidade de defesa para fins de impedir sua prisão no rito sumário, mas a efetiva exoneração, quando não puder ser demonstrada por prova documental, dependerá da ação de exoneração.

25. STJ, 4ª Turma, AgR no HC 295.091-SP, rel. Min. Luís Felipe Salomão, j. 4.9.2014, *DJe* 11.9.2014.

Na hipótese do cônjuge os alimentos devem ser fixados por prazo determinado, como regra. Obviamente, esta afirmação leva em consideração a análise do caso concreto. A realidade social vivenciada pelo casal, a idade e as circunstâncias podem modular o limite temporal de modo amplo. Em algumas situações especiais a reinserção de um dos cônjuges no ambiente de trabalho é muito difícil, ainda que possua formação superior, em face do tempo e do projeto de vida construído em função do casamento ou da união estável. Uma médica, engenheira ou advogada que optou por auxiliar o marido e se quedou fora do mercado de trabalho por anos certamente dependerá de longo período para adaptação.[26] Cada situação poderá receber solução diferenciada. Em muitas situações a pensão poderá referir-se a uma complementação da renda. O que não se permite é que pessoas que vivem dentro da mesma condição social e profissional possam se utilizar do pensionamento como medida punitiva ou de enriquecimento indevido.

7.1.7.3 *Pagamento em pecúnia e "in natura"*

A satisfação da prestação alimentar poderá ocorrer em pecúnia ou *in natura*. A experiência em juízo revela que a impossibilidade momentânea de repasse monetário permite ajuste para a entrega dos alimentos *in natura*, o que elide o decreto de prisão ou cessa sua incidência. O cumprimento da prestação alimentar *in natura* é excepcional e decorre de ajuste entre alimentante e alimentado ou de decisão judicial que reconheça a possibilidade de cumprimento após o exame concreto.[27] Em casos excepcionais, o alimentante que trabalhe em um mercado tem condições de fornecer alimentos, pelo ajuste com seu patrão, mantendo a subsistência do alimentado. Admite-se o pagamento misto, em pecúnia e *in natura*, como na hipótese do desconto de plano de saúde no qual o alimentado é dependente, bem como por meio do pagamento de aluguel e impostos sobre o bem utilizado para moradia.

26. "Nos termos da jurisprudência atualmente consolidada no STJ, os alimentos entre ex-cônjuges devem ser fixados, como regra, com termo certo, somente se justificando a manutenção por prazo indeterminado do pensionamento em face de situação excepcional, como a incapacidade permanente para o trabalho ou a impossibilidade de reinserção no mercado de trabalho" (STJ, 4ª Turma, REsp 1.558.070-SP, rel. Min. Marco Buzzi, rela. para o acórdão Min. Maria Isabel Gallotti, j. 25.10.2016, *DJe* 1.12.2016).

27. "Embora admissível em tese, a prestação de alimentos *in natura* depende da aquiescência do credor ou de prévia decisão judicial que autorize a modificação do modo de prestar a obrigação – Precedentes"' (STJ, 3ª Turma, HC 430.419-MS, rela. Min. Nancy Andrighi, j. 27.2.2018, *DJe* 2.3.2018).

Não é lícito ao alimentante modificar unilateralmente a forma de prestar os alimentos; contudo, nos processos da seara alimentar não existe solução pronta. Em determinadas situações a modificação decorre de absoluta impossibilidade de cumprimento da obrigação pelo pagamento em pecúnia. Caberá ao magistrado analisar o caso concreto, inclusive com reconhecimento de compensação da prestação *in natura* com a pecuniária, quando observar a existência de enriquecimento ilícito.[28]

O reconhecimento do pagamento da pensão alimentícia obriga ao recolhimento imediato do mandado de prisão ou sua cessação imediata (art. 528, § 6º, do CPC). Quando o pagamento for realizado por meio de depósito em caixa eletrônico com utilização de envelope ou por depósito de cheque, o mero depósito não configura pagamento imediato (*pro solvendo*) e será necessária a confirmação da compensação para a aceitação da quitação (*pro soluto*).

7.1.8 Prisão civil do executado

O não pagamento da verba alimentar ou o indeferimento da justificativa apresentada perante o juízo acarretarão a decretação da prisão civil do executado. A prisão civil é modalidade de pressão que caracteriza execução indireta. A execução indireta não se confunde com a execução direta. As medidas executivas diretas provocam a satisfação da obrigação e a extinção do processo executivo por meio da sub-rogação (excussão de bens com pagamento do credor). A execução indireta representa interessante técnica de coerção (*moyen de pression*) e sua incidência não provoca sub-rogação; ou seja, ainda que a medida seja aplicada, ela não acarretará a extinção da obrigação. A questão está expressamente retratada pelo art. 528, § 5º, do CPC na hipótese da verba alimentar: "§ 5º. O cumprimento da pena não exime o executado do pagamento das prestações vencidas e vincendas".

Os sistemas jurídicos modernos passaram a utilizar as medidas executivas indiretas para garantir o cumprimento de decisões judiciais referentes à tutela específica. Destacam-se as *astreintes* e a prisão civil como modalidades clássicas que visam a conferir eficácia operacional aos

28. "Esta Corte tem manifestado que a obrigação de o devedor de alimentos cumpri-la em conformidade com o fixado em sentença, sem possibilidade de compensar alimentos arbitrados em espécie com parcelas pagas *in natura*, pode ser flexibilizada para afastar o enriquecimento indevido de uma das partes – Precedentes. 2. Agravo interno não provido" (STJ, 4ª Turma, AgInt no REsp 1.560.205-RJ, rel. Min. Luís Felipe Salomão, j. 16.5.2017, *DJe* 22.5.2017).

comandos mandamentais. A prisão civil no sistema brasileiro está restrita ao débito alimentar, conforme previsão constitucional (art. 5º, LXVII). Desde a recepção do Pacto de São José pelo STF, em dezembro/2009, por meio do RE 466.343, eliminou-se a possibilidade da prisão civil para o depositário infiel contratual e processual.[29] Posteriormente, com o fim de impedir o pronunciamento *incidenter tantum* dos demais juízes, o STF emitiu a Súmula Vinculante 25: "É ilícita a prisão civil de depositário infiel, qualquer que seja a modalidade do depósito".

A prisão civil está limitada ao período mínimo de 30 e ao máximo de 90 dias (art. 528, § 3º, do CPC).[30] O cumprimento da medida não extingue a dívida não paga e considera-se possível que o juiz module o prazo temporal dentro do limite mínimo e máximo, pois o objetivo da medida executiva é forçar ao cumprimento da obrigação alimentar.[31]

A decisão que decreta a prisão civil permite a utilização do *habeas corpus* contra a ilegalidade do decreto de prisão. O *habeas corpus* consiste em via estreita; logo, não permite produção probatória. O raciocínio em sua utilização é similar ao do mandado de segurança, pois deve ser demonstrada de plano a ilegalidade do decreto de prisão. Exemplos: o juiz determina a prisão por prazo superior ao permitido (100 dias) ou determina a prisão logo após despachar a inicial, sem aguardar o escoamento do prazo para o pagamento ou apresentação de justificativa que possa elidir a prisão.

O regime de cumprimento da pena de prisão civil é o fechado, não sendo permitido o acolhimento do preso civil com o preso penal. Esta advertência consta do art. 201 da Lei de Execução Penal.

29. "A subscrição pelo Brasil do Pacto de São José da Costa Rica, limitando a prisão civil por dívida ao descumprimento inescusável de prestação alimentícia, implicou a derrogação das normas estritamente legais referentes à prisão do depositário infiel" (STF, Pleno, HC 87.585, rel. Min. Marco Aurélio, j. 3.12.2008, *DJe* 26.6.2009).

30. Prazo sufragado pelo STF perante a vigência do Código de Processo Civil/1973: "Nos termos do que dispõe o § 1º do art. 733 do CPC, [*CPC/1973 – v. § 3º do art. 528 do CPC/2015*] o juiz poderá decretar a prisão do devedor de alimentos pelo prazo de um a três meses" (STF, 1ª Turma, AgR no HC 117.229, rel. Min. Marco Aurélio, j. 18.2.2014, *DJe* 20.3.2014).

31. "Não há óbice legal para que a prisão civil, técnica de coerção típica disponível para assegurar o cumprimento tempestivo das obrigações de conteúdo alimentar, seja modulada ou ajustada, quanto à forma ou ao prazo, para atender às suas finalidades essenciais" (STJ, 3ª Turma, REsp 1.698.719-SP, rela. Min. Nancy Andrighi, j. 23.11.2017, *DJe* 28.11.2017).

O Código de Processo Civil/2015 coloca fim ao conflito sobre o prazo máximo, pois se considera ultrapassado o prazo máximo previsto pelo art. 19 da Lei 5.478/1968, que era de 60 dias.

O pedido de prisão civil pode ser renovado em juízo contra o mesmo devedor, mas não pelo mesmo débito já executado pela via coercitiva. Os valores que geram a possibilidade de novo pedido devem corresponder a período diverso, sob pena de se burlar o tempo máximo de prisão estabelecido pelo texto legal.[32]

7.1.9 A atipicidade das medidas de coerção na verba alimentar

A possibilidade conferida pelo art. 139, IV, do CPC, o qual está previsto na Parte Geral, abre novo universo para que o juiz possa render efetividade ao processo executivo.[33] A prisão civil sempre se destacou como meio coercitivo; contudo, o sistema atual é aberto quanto aos poderes conferidos ao juiz para a tutela específica e ressarcitória, especialmente em face da tutela da verba alimentar, que corresponde a um direito fundamental de subsistência.

A fixação e a extensão dos poderes conferidos ao juiz devem ser testadas pela jurisprudência. Há de ser ter muito cuidado, especialmente pela necessidade de o juiz fundamentar sua decisão de modo adequado, nos termos do art. 489, § 1º, do CPC. Como exemplo citamos a ordem de pagamento de pensão alimentícia por meio do cartão de crédito do alimentante. Esta opção é duvidosa e delicada, pois interfere em relação constituída com terceiro (operadora do cartão), que não pode arcar com débitos que não dizem respeito à operação convencionada.

32. Como esclarece Pontes de Miranda: "Pode ser-lhe requerida a prisão pelo não cumprimento de quaisquer outras dívidas, diferentes, posteriores àquela" (*Comentários ao Código de Processo Civil*, cit., t. X, p. 484).

33. "A autorização constitucional e legal para que se utilize a prisão civil como técnica de coerção do devedor de alimentos não significa dizer que se trata de medida de deferimento obrigatório e irrefletido, devendo ser examinadas, sempre, as circunstâncias que permeiam a hipótese em juízo de ponderação entre a máxima efetividade da tutela satisfativa e a menor onerosidade da execução. Na hipótese, além de o devedor estar comprovadamente desempregado, consignou-se que a credora não está em situação de risco iminente de vida, pois é pessoa maior, capaz e que se recolocou profissionalmente no ano de 2013, de modo que, nesse contexto específico, os alimentos, indiscutivelmente devidos até que haja a eventual exoneração por sentença, deverão ser executados sem a possibilidade de decretação da prisão civil, podendo o Juízo de primeiro grau, inclusive, valer-se de outras medidas típicas e atípicas de coerção ou sub-rogação, como autoriza o art. 139, IV, do CPC/2015" (STJ, 3ª Turma, HC 422.699-SP, rela. Min. Nancy Andrighi, j. 26.6.2018, *DJe* 29.6.2018).

7.1.10 Competência para o cumprimento da verba alimentar

A verba alimentar permite que o cumprimento de sentença, pelo rito geral ou especial, possa ser ajuizado no domicílio do alimentando. A regra é supletiva ao previsto pelo art. 516, parágrafo único, do CPC. O artigo permite uma flexibilização ao consentir que o cumprimento possa ocorrer no domicílio atual do executado ou no local de seus bens. Em vista da natureza da verba e sua especialidade, confere-se a prerrogativa de execução no seu domicílio, o que guarda harmonia com a regra protetiva do art. 53, II, do CPC para a ação de alimentos em que também se faculta o ajuizamento no domicílio do alimentando.

7.1.11 Meios de impugnação ao decreto de prisão

O exequente e o executado possuem meios de impugnar a decisão que acolhe ou rejeita a defesa.

O executado dispõe essencialmente de dois instrumentos recursais para combater a decisão que rejeita a defesa e decreta a prisão civil pelo prazo de 30 a 90 dias.

O primeiro é representado pelo agravo de instrumento, que consiste em recurso típico de nosso sistema processual. O sistema recursal brasileiro é marcado pelo princípio da tipicidade, e a decisão de prisão como é proferida no processo de execução amolda-se ao disposto no art. 1.015, parágrafo único, do CPC.

A decisão que soluciona o contraditório estabelecido nos termos do art. 528, caput e § 3º, do CPC é interlocutória. Não se extingue a relação executiva, exceto quando acolhido o pagamento, o que poderá provocar a extinção da relação executiva nos termos dos arts. 924, II, e 925 do CPC.

A decisão que rejeita a defesa oferecida propiciará a emissão do decreto de prisão e possibilitará o manejo do agravo de instrumento e do *habeas corpus* (art. 5º, LXVIII, da CF/1988).

O agravo possui devolução ampla quanto à matéria de fato e de direito, permitindo que o tribunal possa reavaliar as matérias que foram alvo de discussão e de decisão no juízo *a quo*. A suspensão do decreto de prisão deverá ser requerida por meio do efeito suspensivo ao relator (art. 932, II, do CPC), pois a simples interposição do recurso não permite a suspensão da ordem de prisão.

O *habeas corpus* também se configura como meio processual eficaz. Não se trata de um recurso, mas de ação fundamental e basilar que protege direito fundamental essencial marcado pela liberdade de locomoção. Seu cabimento exclui naturalmente a utilização do mandado de segurança, nos termos do art. 5º, LXIX, da CF/1988.[34] A utilização do *habeas corpus*, quando realizada de modo correto, é preferencial, em vista de sua rapidez na tramitação, o que é essencial para a proteção da liberdade. Não é supérfluo lembrar que, ao contrário do agravo de instrumento, que permite a correção do *error in judicando* e *in procedendo*, a via estreita do *habeas corpus* não permite o reexame de matéria fática. Logo, a via ficará restrita ao *error in procedendo* como (a) inadequação do rito, (b) violação ao contraditório, (c) decretação de prisão sem análise da defesa – enfim, matérias que possam ser conhecidas sem a necessidade de revolvimento de matéria fática.

7.1.12 *Execução por meio de desconto em folha de pagamento*

A segunda modalidade especial prevista pelo art. 529 do CPC consiste na execução da verba alimentar com expedição de comando mandamental para o desconto em folha de pagamento do alimentando. Sua utilização é facultativa, e não obrigatória.

A opção pelo desconto é inteligente e corresponde a meio menos gravoso para o devedor e mais eficaz para o credor. O art. 19 da Lei 5.478/1968 estabelecia o rito pelo desconto como preferencial, mas com a revogação do dispositivo pelo art. 1.072 do CPC desparece a preferência *ex lege*.

Como existe a necessidade de compatibilizar o meio executório, nos termos do art. 805 do CPC, nada impede que as obrigações vincendas sejam requeridas pela via do desconto pelo credor quando acordo celebrado para repasse mensal não tenha sido cumprido pelo devedor. Este pedido de alteração do meio executório é relativamente comum em juízo. Os atrasos ou repasses a menor também podem motivar o pedido para a alteração do meio executório, nos termos do art. 529 do CPC. A fixação da verba de sucumbência nas ações provenientes de ato ilícito também se submete a dispositivo específico para fins de formação da verba de sucumbência (art. 85, § 9º, do CPC).

7.1.12.1 *Procedimento do desconto das verbas vincendas e vencidas*

O desconto em folha será requerido como meio de cumprimento especial da sentença ou decisão interlocutória que reconheça a obrigação

34. Sobre o ponto, v. nosso estudo com José Miguel Garcia Medina, *Mandado de Segurança Individual e Coletivo*, 2ª ed., pp. 3-10.

alimentar. Esta modalidade de execução recai sobre todos os funcionários públicos, militares, diretores, gerentes e empregados regidos pela Consolidação das Leis do Trabalho cuja relação de trabalho, devidamente formalizada, permita o desconto da verba alimentar na folha de pagamento.

A petição inicial conterá a discriminação da parcela a ser descontada, por meio de ofício do juízo para a autoridade, empresa ou empregador, os quais assumirão o dever de implantar, sob pena de crime de desobediência, sem prejuízo de apurar perdas e danos.

O pedido deverá conter os dados necessários para o desconto: nomes completos do exequente e do executado, CPF de ambas as partes, menção ao tempo de duração do desconto e o número da conta bancária para que seja realizado o depósito (art. 529, § 1º, do CPC).

A entidade responsável pelo desconto não é parte no processo de cumprimento de sentença, mas atua como terceira. Todos os sujeitos do processo – ou seja, as partes, auxiliares e terceiros – têm o dever de boa-fé e colaboração na relação processual (arts. 5º e 6º do CPC). O terceiro deve cumprir com exatidão o comando mandamental, não criando qualquer embaraço para a implantação do pagamento (art. 77, IV, do CPC). A violação consiste em ato atentatório à dignidade da justiça, com possibilidade de aplicação de multa de até 20% sobre o valor da execução (art. 77, § 2º, c/c 774, IV, do CPC), sem prejuízo de apuração de perdas e danos. É fundamental que o terceiro seja advertido da sanção no mandado judicial de cumprimento da decisão.

A efetivação do desconto em folha não é imediato, o que poderá gerar a necessidade de que o primeiro pagamento seja repassado diretamente ao devedor. O desconto será obrigatório a partir da primeira parcela vencida após o protocolo do ofício judicial. É fundamental que o ofício contenha os dados essenciais do exequente e do executado, os quais devem ser extraídos da petição inicial.

Esta modalidade de execução é muito eficaz como meio de ajuste e finalização do processo de alimentos. É comum a audiência de conciliação, instrução e julgamento resultar em acordo, com utilização do cumprimento de sentença pelo desconto (art. 529 do CPC). Isto não impede que sua utilização decorra de procedimento próprio e que decorra do não cumprimento voluntário do pagamento fixado por decisão judicial ou acordo.

É salutar a previsão expressa do art. 529, § 3º, do CPC, que incorpora jurisprudência formada sobre o art. 16 da Lei 5.478/1968, atualmente revogado. O entendimento pautou-se pela conclusão de que as verbas pretéritas poderiam ser cobradas, em descontos futuros, desde que o rendimento do executado não fosse comprometido ao ponto de inviabilizar sua subsistência.[35]

7.1.12.2 *Conversão do desconto em folha*

A ineficácia superveniente do meio de desconto em folha não é fato incomum, pelo rompimento do vínculo laboral da empresa ou instituição com o devedor. É possível a readequação perante do desconto junto ao novo empregador. Caso contrário o exequente poderá optar pelo cumprimento de sentença pelo rito especial da prisão (art. 528 do CPC) ou pela penhora de bens do executado (arts. 528, § 8º, e 831 do CPC). A seleção do meio executório reflete a incidência do princípio dispositivo na seara executiva (art. 775 do CPC).

7.1.12.3 *Defesa na fase do desconto*

A apresentação da impugnação decorre do direito natural de impugnação do executado, nos termos do art. 525 do CPC. O prazo para seu oferecimento deve ser contado da comprovação da efetivação do desconto pela comunicação da averbação pelo órgão pagador, ou quando não realizada a comunicação, pela ciência inequívoca do devedor no dia de desconto em seu salário.

A concessão de efeito suspensivo não pode impedir o levantamento mensal das quantias necessárias para a subsistência do alimentando, o que ficou expresso pela inteligência do art. 528, § 8º, do CPC. É natural que, dependendo da motivação do pedido, o desconto poderá ser modulado quando se demonstre o sucesso em ação revisional para modificar o valor. Além da impugnação, a ação revisional reflete opção lícita (art. 13 da Lei de Alimentos), embora sem eficácia pretérita, pois os efeitos da sentença retroagem até a data da citação.

7.1.13 Execução da verba alimentar pelo rito geral da quantia certa

De acordo com o exame dos meios executórios especiais (prisão e desconto), foram anotadas a facultatividade e a possibilidade de escolha

35. Neste sentido: "(...). É possível, portanto, o desconto em folha de pagamento do devedor de alimentos, inclusive quanto a débito pretérito, contanto que o seja em montante razoável e que não impeça sua própria subsistência. 5. Recurso especial parcialmente provido" (STJ, 4ª Turma, REsp 997.515-RJ, rel. Min. Luís Felipe Salomão, j. 18.10.2011, *DJe* 26.10.2011).

daquele que é mais conveniente ao exequente. A interferência judicial é viável quando necessário compatibilizar a disciplina legal (impossibilidade de prisão relativa a verbas pretéritas) ou a incidência da proporcionalidade como regra de harmonização entre o interesse do exequente e a menor onerosidade ao devedor. O cumprimento pelo rito da quantia certa obedece aos ditames gerais já examinados do art. 523 do CPC, conforme dicção do art. 528, § 8º.

7.1.13.1 *Princípio dispositivo e o requerimento do credor*

A execução na modalidade da quantia certa depende de requerimento do credor (arts. 513, § 1º, e 523 do CPC). A necessidade de pedido do credor informa que é vedado ao juiz iniciar o cumprimento *ex officio*. O princípio dispositivo na execução está em conexão com o princípio da responsabilidade objetiva, que imputa ao exequente o pagamento dos danos provocados pela execução injusta (art. 776 do CPC).

Nos termos do que afirmamos na primeira parte do tratamento da verba alimentar, entendemos possível a cumulação de execuções pelo rito da prisão e desconto com o cumprimento por quantia certa. A flexibilização procedimental permite que o juiz possa otimizar a relação processual, processando *in simultaneus processus* pedidos alimentares com delimitação das verbas pretéritas e vencidas. Esta possibilidade decorre da aplicação dos arts. 327, § 2º, e 139, VI, do CPC.

Esta afirmação não modifica o disposto no art. 528, § 8º, quanto à impossibilidade de processar a mesma verba alimentar por dois ritos. A opção pela via da quantia certa impede que o mesmo valor seja cobrado pelo rito especial da prisão ou do desconto em folha. No entanto, períodos diversos podem ser cumulados com a utilização de ritos distintos.

7.1.13.2 *Cumprimento e efeito suspensivo*

O cumprimento pelo rito da quantia certa é facultativo e exclui a possibilidade de prisão civil, como já afirmado. Outro ponto interessante, e que reflete a especialidade da execução alimentar, reside na *essencialidade da verba*, o que provoca a impossibilidade de o efeito suspensivo ser concedido para fins de retenção do levantamento mensal do valor fixado em decisão provisória ou definitiva.

A constrição sobre o montante a ser executado poderá referir-se as parcelas atrasadas que geram a incidência de penhora sobre o patrimônio do devedor. Quando a penhora recair sobre ativos financeiros do devedor

– depósito em conta, aplicações em poupança, fundos ou sobre valores mobiliários (ações, debêntures) –, o devedor poderá apresentar defesa por meio de impugnação (art. 525 do CPC) sustentando o excesso, prescrição ou, mesmo, a impossibilidade de pagamento da verba alimentar pela declaração de indignidade quanto ao alimentando (art. 1.708, parágrafo único, do CC). Determinadas matérias que podem ser suscitadas sem maiores problemas em face de obrigações pecuniárias comuns, como a compensação ou a renúncia, enfrentam restrição expressa na verba alimentar (art. 1.707 do CC).[36]

O devedor, em face da matéria suscitada, poderá pedir a concessão do efeito suspensivo (art. 525, § 6º, do CPC); contudo, o deferimento não impedirá o levantamento das parcelas mensais que sejam suficientes para o sustento do alimentando (art. 528, § 6º, do CPC). Esta modulação provocará a concessão de efeito parcial, com bloqueio de levantamento da quantia referente aos atrasados e liberação da parcela para mantença mensal do alimentando.

7.1.13.3 *Requerimento inicial da execução por quantia*

O exequente formulará pedido observando o art. 513, §§ 1º e 2º, do CPC. Tratando-se de quantia certa, será essencial que a petição inicial contenha os requisitos do art. 524 do CPC, com a especificação do montante atrasado e do valor mensal a ser pago, uma vez que se trata de obrigação periódica.

Os valores devem possuir descrição analítica, com menção aos índices utilizados para fins de correção monetária e cômputo dos juros de mora. Os bens passíveis de penhora devem ser indicados pelo exequente (arts. 524, VII, e 829, § 2º, do CPC).

7.1.13.4 *Meios expropriatórios e satisfação da obrigação alimentar*

Após a formulação da petição inicial o devedor será intimado, na forma dos arts. 513 e 523 do CPC, para fins de pagamento voluntário, no prazo de 15 dias. Embora rara, a hipótese de adimplemento antecipado também é possível, por meio do art. 526 do CPC.

O não pagamento no prazo de 15 dias após a intimação acarretará o pagamento de multa de 10% incidente sobre o valor do débito acrescido de mais 10% a título de verba honorária.

36. Fabio Caldas de Araújo e José Miguel Garcia Medina, *Código Civil Comentado*, cit., 2ª ed., p. 1.173.

O não pagamento no prazo permitirá o protesto da decisão judicial e a expedição do mandado para penhora e avaliação, o qual respeitará o meio expropriatório selecionado pelo exequente, nos termos do art. 825 do CPC.

Os atos de penhora e avaliação não impedem a apresentação da defesa por meio de impugnação. A penhora, elemento de segurança do juízo, não é mais condição para o oferecimento de defesa no processo de execução, nos termos expressos do art. 525 do CPC, e que será apresentada nos próprios autos.

No que tange ao regime de concorrência (art. 908 do CPC), não é supérfluo relembrar que o crédito alimentar possui preferência absoluta na ordem de satisfação, em face da proteção conferida à vida do alimentando. Esta conclusão, mais que natural, não se tornou explícita no texto normativo, como lembra a doutrina.[37] Isto não impede que o débito alimentar seja tratado com prioridade absoluta em eventual concurso a ser valorado pelo juiz nos termos do art. 908 do CPC.

Os honorários advocatícios são considerados verba alimentar e com preferência absoluta na ordem de satisfação, uma vez que essenciais para a subsistência do advogado, não apenas para fins da expropriação por alienação, mas para penhora sobre faturamento.[38]

7.1.14 Execução provisória da verba alimentar

A execução provisória da verba alimentar consiste em tema polêmico, e que exige atenção. O art. 531, § 1º, do CPC trouxe regra procedimental específica para duplicação de autos em face de decisão judicial ainda não transitada em julgada.

A necessidade de execução em autos apartados demonstra que a execução ainda não é definitiva, mas isto não significa que seu regime seja disciplinado pelo princípio da repristinação, que norteia a execu-

37. Araken de Assis, *Manual da Execução*, p. 1.313.

38. "A Corte Especial do STJ, no julgamento dos ED nos EAREsp n. 387.601-RS, rel. Min. Benedito Gonçalves, *DJe* 4.3.2015, consolidou o entendimento de que os honorários advocatícios são considerados verba alimentar, sendo possível a penhora de verbas remuneratórias para o seu pagamento. 2. É vedada a penhora de verbas salariais do devedor, exceto para pagamento de dívidas de caráter alimentício, como ocorre no caso de honorários advocatícios, sendo, assim, possível a penhora de 30% da verba salarial para seu pagamento – Incidência à hipótese das Súmulas ns. 83 e 568 deste Sodalício. 3. Agravo interno não provido" (STJ, 4ª Turma, AgInt no AREsp 1.116.597-DF, rel. Min. Lázaro Guimarães (Desembargador convocado do TRF-5ª Região), j. 26.6.2018, *DJe* 29.6.2018).

ção provisória (art. 520, II, do CPC). Os alimentos são marcados pela irrepetibilidade, o que visa a desestimular o inadimplemento e garantir a subsistência do alimentando.[39] Aqui não é local adequado para o tratamento do tema, mas a irrepetibilidade passa por revisão no sistema jurídico atual, pela necessidade de compatibilizar sua incidência com o princípio da boa-fé.[40]

O regime procedimental da execução provisória aplicado à verba alimentar a coloca em patamar especial. A execução e o levantamento estão disciplinados pelos arts. 521, IV, e 528, § 8º, do CPC.

Não será exigida caução, independentemente da origem da verba alimentar (parentesco ou indenizativos), e a concessão de efeito suspensivo na impugnação não impede o levantamento da prestação mensal para subsistência, sendo vedada sua compensação.

7.1.15 Alimentos e crime de abandono material

O Código de Processo Civil/2015 tornou expresso o dever do magistrado de reportar à esfera criminal o descumprimento voluntário e inescusável da obrigação alimentar, o que configura o delito previsto pelo art. 244 do CP. Não há dúvida de que a apuração do abandono independe da previsão explícita do Código de Processo Civil. A comunicação retrata dever de ofício do juiz e do Ministério Público que atuam na esfera cível. Esta comunicação toma em consideração o desamparo e o descumprimento voluntário e inescusável do *dever de prover*, nos termos do art. 523 do CPC.

É importante que o juiz valore corretamente a causa de inadimplemento do dever de sustento. O dolo é elemento indissociável do tipo penal, pois o delito se configura quando o alimentante procura criar obstáculos infundados para o pagamento da verba alimentar.

A condenação na esfera criminal permitirá a execução da sentença na esfera cível para fins de fixação de danos patrimoniais e extrapatrimoniais por meio de liquidação pelo procedimento comum.[41]

39. Maria Berenice Dias, *Alimentos aos Bocados*, cit., p. 32.

40. Comprovada a má-fé do alimentado, não há como impedir o pedido de repetição, sob pena de se legitimar o enriquecimento indevido, o abuso de direito e o *venire contra factum proprium* no sistema jurídico.

41. "O descumprimento da obrigação pelo pai, que, apesar de dispor de recursos, deixa de prestar assistência material ao filho, não proporcionando a este condições dignas de sobrevivência e causando danos à sua integridade física, moral, intelectual e psicológica, configura ilícito civil, nos termos do art. 186 do CC de 2002. Estabelecida

7.1.16 Alimentos derivados de ato ilícito e a constituição de capital

As possíveis classificações relativas aos alimentos permitem uma separação entre a verba alimentar decorrente da relação de consanguinidade e afinidade, que decorrem das relações de parentesco (art. 1.591 a 1.595 do CC), daquela oriunda do cometimento de ato ilícito (arts. 948 e 950 do CC).[42] As verbas oriundas das relações de parentesco são classificadas como legítimas; e as decorrentes de ato ilícito como indenizativas.[43]

Esta classificação sob a ótica da proteção constitucional dos alimentos não parece mais adequada, inclusive para fins de distinção quanto aos meios executórios. A possibilidade de utilização do meio coercitivo não pode mais ser atrelada à origem do fato jurídico, mas, sim, pela análise do efeito provocado pelo ato/fato ilícito.

O legislador já havia equiparado ambas as verbas quanto à origem alimentar desde a edição da Lei 11.232/2005, ao eliminar a necessidade de caução para a verba alimentar ou oriunda de ato/fato ilícito (art. 475-O, § 2º, II, do CPC/1973). O art. 521, I do CPC vigente foi além, e reconheceu a desnecessidade de caução para a execução do crédito alimentar *independentemente de sua origem*.

É inconcebível realizar a separação entre os meios executórios tão só pela origem da verba alimentar. Uma decorre do vínculo parental, outra pela perda da fonte de sustento de uma família (*la perte de subsides*), mas ambas possuem natureza alimentar. Outro argumento que reforça este entendimento reside na dicção do art. 100, § 1º, da CF/1988, que excepciona a ordem cronológica para o pagamento dos precatórios de natureza alimentar, compreendidas nesta concepção as verbas oriundas de morte ou invalidez provenientes de ilícitos reconhecidos em ações de responsabilidade civil.[44]

a correlação entre a omissão voluntária e injustificada do pai quanto ao amparo material e os danos morais ao filho dali decorrentes, é possível a condenação ao pagamento de reparação por danos morais, com fulcro também no princípio constitucional da dignidade da pessoa humana – Recurso especial improvido" (STJ, 4ª Turma, REsp 1.087.561-RS, rel. Min. Raul Araújo, j. 13.6.2017, *DJe* 18.8.2017).

42. Sobre o ponto: Fabio Caldas de Araújo e José Miguel Garcia de Medina, *Código Civil Comentado*, cit., 2ª ed., p. 696.

43. Araken de Assis, *Manual da Execução*, cit., p. 1.302.

44. CF, § 1º do art. 100: "§ 1º. Os débitos de natureza alimentícia compreendem aqueles decorrentes de salários, vencimentos, proventos, pensões e suas complementações, benefícios previdenciários *e indenizações por morte ou por invalidez, fundadas em responsabilidade civil*, em virtude de sentença judicial transitada em julgado, e

O que se revela lícito é aplicar a distinção entre verba pretérita, atual e futura para fins de avaliar o meio executório adequado. As prestações vencidas não permitirão o rito da prisão e devem ser consideradas dentro da disciplina da Súmula STJ-309 e da redação do art. 528, § 7º, do CPC. As verbas atuais permitem o rito da prisão pela sua atualidade e essencialidade. O valor futuro e apurado para fins de constituição de capital não está dentro do regime de execução.

A constituição de capital consiste em medida acautelatória que previne futura execução. É uma forma de garantia, algo semelhante à hipoteca judiciária, que decorre similarmente da eficácia da sentença condenatória (art. 494, § 1º, do CPC).

Na prática, são raras as hipóteses de constituição de capital nos moldes preconizados pelo art. 533 do CPC e nos termos da Súmula STJ-313: "Em ação de indenização, procedente o pedido, é necessária a constituição de capital ou caução fidejussória para a garantia de pagamento da pensão, independentemente da situação financeira do demandado".

O preceito sumular possui caráter programático, mas pouco prático. É desnecessário pontuar sobre a importância e a finalidade da constituição de capital ou, ainda, *mutatis mutandis*, da especialização da hipoteca legal para o tutor e o curador (art. 759 do CPC).

O maior problema é a hipossuficiência financeira dos réus, que gera ineficácia na determinação de constituição de capital, cujo objetivo é a garantia do pagamento mensal da prestação alimentar arbitrada. A urgência e a essencialidade dos alimentos permitem a provisão antecipada de capital para a garantia do débito certo e periódico.

7.1.16.1 *Constituição de capital e patrimônio de afetação*

O efeito imediato da sentença condenatória reside em tornar certa a obrigação de indenizar. Há clara lacuna normativa sobre o *modus operandi* para a constituição da garantia do capital.

A aplicação do art. 533 do CPC dependeria do trânsito em julgado da sentença de eficácia preponderantemente condenatória? A sentença que depender de liquidação permite a constituição de capital? A pendência de recurso com efeito suspensivo impede a constituição? A sentença penal condenatória permite a formação do capital?

serão pagos com preferência sobre todos os demais débitos, exceto sobre aqueles referidos no § 2º deste artigo" (grifos nossos).

A mesma disciplina aplicada para a constituição da hipoteca judiciária (art. 495 do CPC) deve fornecer os subsídios para a afetação do patrimônio do devedor. O tempo será o maior inimigo para a constituição do capital, pois o devedor poderá tentar ocultar ou dissipar seu patrimônio.

A sentença condenatória, ainda que não tenha transitado em julgado, não impede que o interessado tome medidas preventivas para a constituição do capital. Além de efetivar a hipoteca judiciária com o fim de afetar bem imóvel que ficará gravado durante o período de existência da obrigação alimentar, o credor também poderá realizar pedido para afetação de outros bens móveis, como aplicações financeiras ou posições acionárias. Este pedido representa autêntica execução provisória com pedido de medida acautelatória, nos termos do art. 799, VIII, do CPC. O conjunto destas medidas é essencial para a garantia e eficácia do art. 533 do CPC e vale para sentenças genéricas que ainda dependam de liquidação, independentemente de sua origem civil (art. 515, I, CPC) ou penal (art. 515, VI, do CPC).

A disciplina legal imposta pelo art. 533 do CPC aos bens gravados é a mesma conferida ao patrimônio de afetação (Lei 10.931/2004). Os bens gravados são separados temporariamente do patrimônio do devedor quanto ao seu poder de disposição. Os bens serão inalienáveis e impenhoráveis durante a vigência da obrigação alimentar (art. 533, § 1º, do CPC).

7.1.16.2 *Modulações no regime de constituição de capital*

A constituição de capital consiste em medida gravosa para o devedor. A afetação do patrimônio pode ser prejudicial para o desenvolvimento de suas atividades habituais que geram a renda mensal para pagamento da prestação alimentar. Ciente destas vicissitudes, o sistema jurídico permite a modulação na incidência do art. 533 do CPC.

O executado poderá requerer a substituição do patrimônio afetado por outros bens do seu patrimônio ou, ainda, oferecer garantia fidejussória em valor compatível com o capital já assegurado. Permite-se a dispensa da constituição quando o devedor pertença ao quadro de pessoa jurídica com capacidade notória de solvabilidade e pagamento. Esta aplicação deve ser ponderada, pois a pessoa jurídica pode ser sólida, mas o vínculo de trabalho não. O dispositivo possui melhor acomodação para funcionários públicos.

O pagamento habitual e pontual poderá provocar pedido de redução com o passar do tempo, ou, mesmo, o aumento do valor. Tudo dependerá da modificação das circunstâncias que envolvam o credor e o devedor (art. 533, § 3º, do CPC).

(a) Termos *a quo* e *ad quem* para o pagamento e constituição do capital

O montante do capital a ser garantido deve levar em consideração o valor a ser indenizado. É comum que a execução das verbas pretéritas acumule uma soma elevada até o momento de estabilização da obrigação pela sentença judicial. Os valores são corrigidos desde o momento de configuração do ato ilícito para fins de correção monetária e juros de mora.[45]

A fixação da verba alimentar poderá ser realizada com base no salário-mínimo (art. 533, § 4º, do CPC). A fixação do valor em um salário-mínimo consiste em regra quando inexiste comprovação sobre a efetiva situação financeira do executado.

Os gravames incidentes sobre o patrimônio afetado do devedor podem obter liberação gradual, o que dependerá do prazo estipulado para a obrigação alimentar e seu valor total. O adimplemento pelo tempo estipulado fará cessar o desconto em folha ou as restrições impostas quanto à alienação (art. 533, § 5º, do CPC).

7.1.16.3 *Prazo do pensionamento e ressarcimento do INSS*

Nos atos/fatos ilícitos que provoquem a morte o pensionamento alimentar é atrelado ao período estimado de vida da vítima, ou seja, toma-se em consideração a vida útil daquele que faria o provimento de sua família. O STJ posiciona-se pelo tempo de vida médio previsto pela tabela do IBGE no momento do óbito para fins de ressarcimento para a viúva e incapazes.[46] Os filhos possuem direito ao recebimento até completarem 25 anos, momento em que se presume a independência pessoal

45. "O pensionamento mensal devido à viúva deve ser fixado com base na renda auferida pela vítima no momento da ocorrência do ato ilícito, devidamente comprovada. Não comprovado o exercício de atividade laborativa remunerada, o seu valor deve ser estabelecido em Reais, equivalente a um salário-mínimo e pago mensalmente. (...). É fixada a data do evento danoso como aquela para início do pagamento da pensão, assim como termo *a quo* para incidência dos juros moratórios" (STJ, 4ª Turma, REsp 1.428.206-RJ, rel. Min. Luís Felipe Salomão, j. 2.2.2017, *DJe* 16.3.2017).

46. STJ, 2ª Turma, AgR no REsp 1.388.266-SC, rel. Min. Humberto Martins, j. 10.5.2016, *DJe* 16.5.2016.

e financeira.[47] O pensionamento também é devido quando há redução da capacidade laboral. Os eventuais pagamentos feitos pelo INSS para fins de cobertura do segurado podem ser objeto de ressarcimento contra o responsável.[48]

47. STJ, 2ª Turma, AgInt no REsp 1.600.692-PB, rela. Min. Assusete Magalhães, j. 17.8.2017, *DJe* 24.8.2017.

48. "O agente que praticou o ato ilícito do qual resultou a morte do segurado deve ressarcir as despesas com o pagamento do benefício previdenciário, mesmo que não se trate de acidente de trabalho, nos termos dos arts. 120 e 121 da Lei n. 8.213/1991, c/c os arts. 186 e 927 do CC – Recurso especial improvido" (STJ, 2ª Turma, REsp 1.431.150-RS, rel. Min. Humberto Martins, j. 23.8.2016, *DJe* 2.2.2017).

Capítulo VIII

CUMPRIMENTO DE SENTENÇA EM RELAÇÃO À FAZENDA PÚBLICA

1. A Fazenda Pública como devedora

A Fazenda Pública sempre contou com proteção especial na esfera processual, seja ocupando o polo ativo, seja o passivo ou. Mesmo. na qualidade de terceira interessada.[1] O Erário Público pertence a toda a coletividade, e a proteção ao patrimônio público consiste em justificativa, a nosso ver, plausível para que mecanismos especiais sejam aplicados ao regime do processo de cognição e execução.

A proteção constitucional marcada pela imprescritibilidade, inalienabilidade e impenhorabilidade dos bens públicos impede que pretensões condenatórias sejam satisfeitas pelo regime geral do cumprimento por

1. V. a intervenção anômala permitida pela Lei 9.469/1997. Sobre o ponto, v. nosso trabalho *Intervenção de Terceiros*, p. 208.

quantia certa. O art. 534 do CPC representa modalidade especial inserida na estrutura do processo civil e que faz parte de nossa tradição.[2]

Esta forma privilegiada de cumprimento não permite sua extensão para outros entes que assumam natureza concorrencial, ainda que pertençam à Administração indireta, como empresas públicas[3] e sociedades de economia mista.[4] O cumprimento pelo art. 534 do CPC não representa privilégio apenas pela proteção contra a prática de atos executivos, mas pela possibilidade de pagamento por meio de regime especial, ou seja, pela expedição de precatório. Enquanto o devedor é obrigado ao pagamento imediato, sob pena de expropriação, a Fazenda Pública terá a possibilidade de realizar o pagamento de acordo com a ordem cronológica de apresentação dos precatórios e dentro das possibilidades do seu orçamento.

2. *Objeto do procedimento especial*

O procedimento dos arts. 534 e 535 do CPC não se aplica de modo indiscriminado, ou seja, não se refere a toda e qualquer prestação. As prestações que informem obrigações de fazer, não fazer, ou entrega de coisa não se sujeitam ao regime especial. Somente as prestações para pagamento de quantia se sujeitam ao regime diferenciado, porque a sa-

2. Para o exame da execução no Código de Processo Civil/1939 (art. 918, parágrafo único): Amílcar de Castro, *Comentários ao Código de Processo Civil de 1939*, t. X, p. 143. No regime anterior aos Códigos Estaduais, v. a *Consolidação Ribas*, pp. 632 e ss.

3. "Incabível aplicar à empresa pública a regra da execução pela via do precatório" (STF, 2ª Turma, AgR no RE 1.028.771, rel. Min. Gilmar Mendes, j. 1.12.2017, *DJe* 14.12.2017.

4. "Os privilégios da Fazenda Pública são inextensíveis às sociedades de economia mista que executam atividades em regime de concorrência ou que tenham como objetivo distribuir lucros aos seus acionistas" (STF, Pleno, RE 599.628, rel. para o acórdão Min. Joaquim Barbosa, j. 25.5.2011, *DJe* 17.10.2011, Tema 253). Excepcionalmente pode ser reconhecida a prestação de serviço público primário por meio de uma sociedade de economia mista, sem regime jurídico privado e concorrencial, o que confere a possibilidade de estender o privilégio do art. 534 do CPC: "A jurisprudência da Suprema Corte é no sentido da aplicabilidade do regime de precatório às sociedades de economia mista prestadoras de serviço público próprio do Estado e de natureza não concorrencial. A Casal, sociedade de economia mista prestadora de serviços de abastecimento de água e saneamento no Estado do Alagoas, presta serviço público primário e em regime de exclusividade, o qual corresponde à própria atuação do Estado, haja vista não visar à obtenção de lucro e deter capital social majoritariamente estatal" (STF, 2ª Turma, AgR no RE 852.302, rel. Min. Dias Toffoli, j. 15.12.2015, *DJe* 29.2.2017). Ainda: STF, Pleno, ADPF 387, rel. Min. Gilmar Mendes, j. 23.3.2017, *DJe* 25.10.2017.

tisfação da prestação não permite a penhora ou apropriação imediata dos valores da Fazenda Pública.

O regime especial da execução seria ineficaz se não existisse mecanismo de proteção no processo de conhecimento. É o motivo pelo qual a Lei 9.494/1997 blindou a Fazenda Pública quanto à possibilidade de concessão de tutela antecipada, em fase liminar ou mesmo na sentença, para fins de pagamento de quantia.[5] Nas demais modalidades não existe proteção especial, sujeitando-se a Fazenda Pública aos meios executórios dos arts. 536 e 537 do CPC, bem como à possibilidade de concessão de liminar em tutela provisória nas hipóteses de obrigação de fazer (Súmula STF-729).[6]

3. O procedimento da execução contra a Fazenda Pública

Embora as obrigações devidamente empenhadas no orçamento tivessem que ser satisfeitas dentro do período em que a despesa foi gerada, sabe-se que a realidade acaba sendo diversa. Em muitas situações os serviços prestados ou bens fornecidos não são pagos no exercício financeiro em que a despesa é gerada. Isto causa grande impacto nos fornecedores que dependem do pagamento para a subsistência da empresa e para o giro do seu capital. Outro ponto preocupante é o prazo de prescrição, que favorece a Fazenda Pública, submetendo o credor ao prazo prescricional quinquenal quando não procure a via judicial para a formação do título executivo ou quando não execute o título possuído.[7]

5. Lei 9.494/1997: "Art. 1º. Aplica-se à tutela antecipada prevista nos arts. 273 e 461 do Código de Processo Civil o disposto nos arts. 5º e seu parágrafo único e 7º da Lei n. 4.348, de 26 de junho de 1964, no art. 1º e seu § 4º da Lei n. 5.021, de 9 de junho de 1966, e nos arts. 1º, 3º e 4º da Lei n. 8.437, de 30 de junho de 1992".

6. Súmula STF-729: "A decisão na ADC n. 4 não se aplica à antecipação de tutela em causa de natureza previdenciária." A ADC 4 blindou o art. 1º da Lei 9.494/1997, impedindo que os juízes em primeira instância realizassem o controle difuso, ante o efeito vinculante. Neste sentido: "A jurisprudência do STF tem afirmado a não incidência dos efeitos vinculantes da ADC n. 4 aos casos em que o provimento antecipado é concedido em sede de sentença definitiva. (...). 3. Ademais, nos termos do já afirmado na decisão monocrática, o STF tem jurisprudência assentada no sentido de que não viola a autoridade da ADC n. 4 o deferimento de tutela antecipada para inclusão, em folha de pagamento de servidores, do percentual de 11,98% (ou outro índice), resultado da incorporação de diferenças relacionadas ao erro na conversão de Cruzeiro Real em URV" (STF, 1ª Turma, AgR na Rcl 10.051, rel. Min. Roberto Barroso, j. 17.2.2017, *DJe* 13.3.2017).

7. V. o Decreto-lei 20.910/1932: "Art. 1º. As dívidas passivas da União, dos Estados e dos Municípios, bem assim todo e qualquer direito ou ação contra a Fazenda

O privilégio da Fazenda Pública quanto ao procedimento de execução decorre do art. 100 da CF/1988, que prevê regime especial para o pagamento dos seus débitos. Como existe a presunção de solvabilidade do Poder Público, inexiste motivo para que seus bens possam ser alvo de penhora e apreensão. Além disso, razões de natureza política, social e econômica desaconselham que os bens públicos estejam sujeitos ao regime comum de expropriação. Os serviços públicos não podem estar sujeitos a interrupção ou perturbação por ordens judiciais de constrição sobre o patrimônio utilizado para seu fornecimento.

Todas estas considerações revelam que o sistema moderno prevê capítulo especial para o tratamento do processo civil quando se disciplina a relação jurídica de direito público. Isto não significa que o Estado mereça posição de supremacia inconteste.

Esta visão é ultrapassada, pois o compromisso do Estado Moderno não se centra na construção de feixe normativo para sua proteção com base no postulado da supremacia do interesse público sobre o particular.[8] O direito subjetivo público representa, antes de mais nada, a possibilidade de o cidadão exigir a proteção contra o Poder Público (*der Bürger verlangen kann*), bem como o exercício de autêntica pretensão por violação a direitos fundamentais (*der Bürger subjetive Rechte (Ansprüche) gegenüber der Verwaltung hat*) e para exigir o cumprimento do seu papel ordenador.[9]

No Brasil o sistema de proteção ao Estado não visa propriamente a uma defesa do cidadão, mas a uma restrição do acesso à Justiça. Basta a leitura da Lei 9.494/1997 para perceber a construção histórica de restrição ao acesso à Justiça contra a Administração Pública, o que hoje não se restringe apenas à concessão de liminares.

No âmbito da fase satisfativa, o Código de Processo Civil/2015 repetiu a previsão da proteção no que tange à esfera do cumprimento de sentença, que era albergada no regime de 1973. A maior inovação reside na introdução expressa da execução extrajudicial no art. 910 do CPC/2015, o que foi importante para eliminar o entendimento equivocado de que todo e qualquer débito fazendário deveria estar sujeito ao reexame

Federal, Estadual ou Municipal, seja qual for a sua natureza, prescrevem em 5 (cinco) anos contados da data do ato ou fato do qual se originarem". Este prazo é especial e prevalece sobre o do CCB. V. AgRg no AREsp 290.162-DF, rel. Min. Assusete Magalhães, 2ª T., j. 12.8.2014, *DJe* 22.8.2014.

8. Com precisão: Harmut Maurer, *Allgemeines Verwaltungsrecht*, § 8º, p. 165.

9. Idem, § 8º, p. 166.

necessário prévio para permitir a via executiva.[10] A inclusão da execução extrajudicial sedimentou o entendimento firmado pela Súmula STJ-279.

4. O conceito de Fazenda Pública para fins do art. 534 do CPC

Um dos pontos de maior importância reside em definir o conceito de *Fazenda Pública*. A expressão assume importância vital para que o processamento da execução recaia sobre procedimento especial. Como aponta a doutrina, a expressão "Fazenda Pública" tornou-se sinônimo de *Estado em juízo*.[11] Por este motivo, quando alguma pessoa jurídica de direito público assume o polo processual ativo ou passivo ela pode ser designada de Fazenda Pública.

O art. 100 da CF/1988 submete os credores ao procedimento do art. 534 do CPC quando inexista a possibilidade de execução por quantia certa, em vista da impenhorabilidade do bem público. Isto decorre da vinculação do polo passivo ao Erário Público. As expressões "Fazenda Pública", "Erário Público" e "Poder Público" são afins para representar a União, os Estados, os Municípios, o Distrito Federal, bem como suas autarquias e fundações e as agências executivas e reguladoras que possuem a natureza de autarquias especiais.[12] Não se incluem no conceito de Fazenda Pública as empresas públicas e as sociedades de economia mista que integram a Administração indireta e são personificadas com tipologia oriunda do direito privado.[13]

Esta definição é importante, porque delimita o polo passivo da relação executiva, ou seja, a legitimidade *ad causam* e *ad processum* para o acesso ao procedimento especial do art. 534 do CPC.

5. A execução pela obrigação de dar e fazer

O procedimento especial disciplinado pelos arts. 534 e 535 do CPC diz respeito unicamente às obrigações para pagamento por quantia certa. A proteção especial conferida pelas legislações infraconstitucional (arts. 101 e 102 do CC), constitucional (art. 183, § 3º, e 191, parágrafo único) e jurisprudencial (Súmula STF-340) impede a penhora e demais atos de

10. Avanço que também foi sedimentado na possibilidade do procedimento monitório contra a Fazenda Pública. Sobre o ponto consulte-se o t. III deste *Curso, Procedimentos Especiais*, p. 399.

11. Leonardo José Carneiro da Cunha, *A Fazenda Pública em Juízo*, p. 15.

12. José da Silva Pacheco, *Tratado das Execuções – Execução Fiscal*, p. 122.

13. Leonardo José Carneiro da Cunha, *A Fazenda Pública em Juízo*, cit., p. 18.

expropriação contra a Fazenda Pública. As demais pretensões executórias relacionadas às obrigações de dar ou fazer não se sujeitam ao rito especial.

A execução para o cumprimento de uma obrigação de dar coisa certa ou incerta ou para a satisfação de uma obrigação de fazer ou não fazer cumpre-se por prestação *in natura*. Não há afetação direta do Tesouro Público, o que impede qualquer privilégio quanto ao meio de satisfação nessas modalidades de cumprimento.

Deve ser realizada dupla advertência. Se a obrigação de dar ou fazer se tornar impossível, sua transformação em obrigação pecuniária mudará a natureza da execução. Daí, será natural e obrigatória a adoção do rito especial previsto pelos arts. 534 e 535 do CPC. A segunda observação diz respeito à fixação das *astreintes* (art. 537 do CPC). É plenamente possível impor meio de coerção indireta contra a Fazenda Pública como forma de proteção da tutela específica. O cumprimento da decisão provisória ou definitiva que fixou *astreintes* será realizado pelo procedimento especial do art. 534 do CPC.

Esta fixação poderá decorrer tanto da fase de antecipação de tutela ou de sentença.[14] Permite-se a execução provisória da multa (art. 537, § 3º, do CPC); contudo, sua exigibilidade em relação à Fazenda ficará suspensa, quanto à expedição do precatório, até o trânsito em julgado da decisão que confirmar a procedência da obrigação de dar ou fazer. A definitividade é uma exigência do art. 100 da CF/1988.

6. *Execução definitiva e execução provisória*

A expedição do precatório para fins de pagamento subordina-se à estabilidade do título exequendo judicial ou extrajudicial.[15] A questão foi pacificada após a modificação na redação do art. 100, §§ 1º e 5º, da CF/1988 (Emenda Constitucional 62/2009), que subordinam a expedição da ordem de pagamento ao trânsito em julgado da decisão. O STJ interpretou a vedação por meio da leitura do art. 2º-B da Lei 9.494/1997, utilizando a técnica da interpretação literal, o que permite autorizar a execução provisória para situações não albergadas pelo dispositivo.[16]

14. Humberto Theodoro Jr., *Processo de Execução e Cumprimento de Sentença*, p. 388.

15. Neste sentido, *Fórum Permanente de Processualistas Civis*/FPPC: "Enunciado 532. A expedição do precatório ou da RPV [*Requisição de Pequena Valor*] depende do trânsito em julgado da decisão que rejeita as arguições da Fazenda Pública executada".

16. "A jurisprudência do STJ firmou-se no sentido de que 'a vedação de execução provisória de sentença contra a Fazenda Pública restringe-se às hipóteses

A pendência de recurso perante a impugnação ou perante os embargos, quando se tratar de execução extrajudicial ou judicial, não impede a expedição sobre parcela incontroversa, que será considerada transitada em julgado para fins de pagamento – o que hoje encontra previsão expressa no § 4º do art. 535 do CPC: "§ 4º. Tratando-se de impugnação parcial, a parte não questionada pela Fazenda Pública será, desde logo, objeto de cumprimento".[17]

O STJ, como já afirmado, confere interpretação restritiva ao comando elencado pelo art. 2º-B da famosa Lei 9.494/1997, que reflete diploma distorcido, com proteção processual excessiva para a Fazenda Pública. O dispositivo proíbe expressamente aos servidores da ativa o pagamento de vantagens e dispõe que "a sentença que tenha por objeto a liberação de recurso, inclusão em folha de pagamento, reclassificação, equiparação, concessão de aumento ou extensão de vantagens a servidores da União, dos Estados, do Distrito Federal e dos Municípios, inclusive de suas autarquias e fundações, somente poderá ser executada após seu trânsito em julgado". Acontece que, ao conferir interpretação literal e restritiva, o STJ entende, por exemplo, que a vedação não atinge os servidores inativos, somente os ativos.[18]

Não deve ser esquecida a advertência de que o rito especial dos arts. 534 e 535 do CPC se refere unicamente às obrigações de pagamento. Tratando-se de tutela específica (obrigação de fazer, não fazer e dar coisa certa) não existe qualquer empecilho na concessão de execução provisória da decisão liminar ou da sentença.[19]

previstas no art. 2º-B da Lei n. 9.494/1997' (STJ, AgR no REsp 1.458.437-DF, rel. Min. Humberto Martins, 2ª Turma, j. 23.9.2014, *DJe* 6.10.2014) (...)" (STJ, 2ª Turma, REsp 1.652.795-RS, rel. Min. Herman Benjamin, j. 28.3.2017, *DJe* 18.4.2017).

17. Entendimento que já prevalecia no STJ perante o Código de Processo Civil/1973 (cf. 5ª Turma, AgR no Ag 924.602-PR, rel. Min. Napoleão Nunes Maia Filho, j. 19.6.2008, *DJe* 4.8.2008).

18. "As vedações previstas no art. 2º-B da Lei n. 9.494/1997, que dizem respeito à liberação de recursos públicos para pagamento a servidores públicos determinados em sentença, devem ser interpretadas restritivamente, de modo que, à míngua de previsão legal, não alcançam os pagamentos devidos aos servidores inativos e pensionistas, em cumprimento provisório de sentença – Precedentes. 2. Recurso especial a que se nega provimento" (STJ, 2ª Turma, REsp 1.732.322-SP, rel. Min. Og Fernandes, j. 17.5.2018, *DJe* 28.5.2018).

19. Neste exemplo citamos a concessão de tutela referente à obrigação de fazer: "Firme é a jurisprudência do STJ no sentido de que 'é cabível a execução provisória de sentença que garante a nomeação e posse de candidato a cargo público efetivo antes do trânsito em julgado, porquanto, nesse caso, não há pagamentos pretéritos, mas apenas a retribuição pelo efetivo serviço prestado'" (STJ, 1ª Turma, AgInt no REsp 1.392.498-DF, rela. Min. Regina Helena Costa, *DJe* 5.5.2017).

7. Formação e constituição da relação processual contra a Fazenda Pública

O art. 534 do CPC não destoa do que já foi explanado por ocasião do tratamento do art. 524. O nascimento da relação processual dependerá do oferecimento de petição inicial que preencha os requisitos essenciais do libelo.

A qualificação completa da parte, com sua identificação fiscal (art. 534, I), é essencial. Note-se que em algumas situações a parte exequente deverá atentar a que a parte executada poderá não ter personalidade jurídica, mas apenas personalidade judiciária.[20] Este dado é importante, pela possibilidade expressa da execução extrajudicial contra a Fazenda Pública perante o Código de Processo Civil/2015 (art. 910).

A legitimidade ativa recairá sobre o titular do crédito exequendo, nos termos do art. 778 do CPC. Um dado peculiar, e que reflete a negociação sobre créditos fazendários, diz respeito à possibilidade de execução pelo cessionário. Como o pagamento por meio do precatório não é imediato, sujeitando-se à ordem prevista pelo art. 100 da CF/1988, muitos titulares de créditos fazendários acabam realizando a cessão dos seus créditos com descontos generosos, em autêntica "operação de desconto de título". A cessão do crédito está regulada pelo art. 286 do CC. Na cessão apenas se exige a notificação do devedor, para evitar o pagamento errôneo ao credor aparente. A notificação tem a função de anunciar a transferência do crédito. No caso específico da cessão do precatório exige-se dupla notificação, nos termos do art. 100, § 14, da CF/1988, porque não apenas a Fazenda Pública precisa ser cientificada, mas o tribunal que será o responsável por formalizar o pedido à Administração de requisição do pagamento.[21]

Não existe necessidade de concordância da Fazenda Pública para que a cessão possa ser consumada (art. 100, §13, da CF/1988).[22] Outra

20. "A Câmara Municipal não tem personalidade jurídica, mas tão somente personalidade judiciária, só podendo vir a juízo defender seus direitos institucionais. Cabe ao Município, e não à Câmara de Vereadores, figurar no polo passivo da ação ajuizada pelo INSS fundada em dívida oriunda do não recolhimento de contribuições previdenciárias de servidores municipais que nela desempenham suas funções – Recurso improvido" (STJ, 1ª Turma, REsp 199.885-PR, rel. Min. Garcia Vieira, j. 20.4.1999, *DJU* 7.6.1999, p. 62).

21. CF, § 14 do art. 100: "§ 14. A cessão de precatórios somente produzirá efeitos após comunicação, por meio de petição protocolizada, ao tribunal de origem e à entidade devedora".

22. O que já estava frisado em repetitivos do STJ: "A liberdade da cessão de crédito constitui a regra, em nosso ordenamento jurídico, tal como resulta da primeira

questão, que não se confunde com a possibilidade da cessão, diz respeito ao direito da Fazenda Pública de recusar o crédito cedido nas execuções fiscais quando há oferecimento do crédito como garantia do juízo. A questão foi pacificada pela Súmula STJ-406: "A Fazenda Pública pode recusar a substituição do bem penhorado por precatório".[23]

A descrição da *causa debendi* estará retratada pelo título executivo, mas o dado de maior relevância para fins de permitir a defesa da Fazenda refere-se à especificação do valor executado.

A discriminação do débito com sua evolução e composição das verbas acessórias, representadas pelos juros e correção monetária, exige planilha analítica e que obedeça aos parâmetros legais e jurisprudenciais. O art. 534, nos seus incisos III e IV, do CPC exige a demonstração da evolução da dívida, com a discriminação dos juros aplicados e do índice utilizado, o que também valerá para a correção monetária e qualquer outra verba acessória que venha a ser requerida.

Sob a ótica legal é obrigatória a observância do art. 1º-F da Lei 9.494/1997 (nos termos da Lei 11.960/2009), com as modulações do STF para o cálculo da correção monetária e dos juros.[24] Isto é fundamental,

parte do art. 286 do vigente CC, cujo similar era o art. 1.065 do CC de 1916, o que, de resto, é corroborado, em sua compreensão, pelos arts. 100, § 13, da CF e 78 do ADCT, que preveem a cessão de créditos consubstanciados em precatórios. A natureza da obrigação, a vedação legal expressa e cláusula contratual proibitiva constituem as exceções. (...) – Acórdão submetido ao regime do art. 543-C do CPC e da Resolução STJ n. 8/2008" (STJ, 1ª Seção, REsp 1.119.558-SC, rel. Min. Luiz Fux, rel. para o acórdão Min. Arnaldo Esteves Lima, j. 9.5.2012, *DJe* 1.8.2012). V., ainda, o REsp 1.091.443-SP.

23. Na execução fiscal a recusa toma como base não a ilegalidade ou irregularidade da cessão, mas a existência de outros bens que apresentem maior liquidez.

24. Consulte-se o julgado do Plenário do STF no RE 870.947-SE, sobre a aplicação da correção monetária e dos juros para dívidas de natureza comum e tributárias. Nesse julgamento o STF afastou a TR como fator de correção monetária e autorizou a utilização do índice de correção da poupança para os juros moratórios. Deste modo, o Min. Luiz Fux, que proferiu o voto que firmou a tese, determinou a seguinte interpretação: "Sob o regime de repercussão geral, o STF apreciou o tema referente ao regime de atualização monetária e de juros moratórios incidente sobre condenações judiciais da Fazenda Pública, na forma do art. 1º-F da Lei n. 9.494/1997, com a redação dada pela Lei n. 11.960/2009, tendo fixado as seguintes teses: '(1) O art. 1º-F da Lei n. 9.494/1997, com a redação dada pela Lei n. 11.960/2009, na parte em que disciplina os juros moratórios aplicáveis a condenações da Fazenda Pública, é inconstitucional ao incidir sobre débitos oriundos de relação jurídico-tributária, aos quais devem ser aplicados os mesmos juros de mora pelos quais a Fazenda Pública remunera seu crédito tributário, em respeito ao princípio constitucional da isonomia (CRFB, art. 5º, *caput*); quanto às condenações oriundas

ante a impossibilidade de aplicação indiscriminada da capitalização simples ou composta, que trazem reflexos diretos no cálculo dos débitos fazendários (art. 534, V).[25] Deve, ainda, ser ressalvada a forma de cálculo específico para débitos de natureza previdenciária (art. 41-A da Lei 8.213/1991).[26]

Na hipótese de litisconsórcio *facultativo-simples* cada um dos débitos deve ser discriminado, para permitir que os valores individuados não sejam somados para fins de impedir a expedição da Requisição de Pequeno Valor/RPV, ou mesmo para que precatório não deixe de ser corretamente individualizado. As verbas serão tratadas de modo autônomo quando as situações jurídicas forem distintas em relação a cada um dos exequentes.[27]

de relação jurídica não tributária, a fixação dos juros moratórios segundo o índice de remuneração da caderneta de poupança é constitucional, permanecendo hígido, nesta extensão, o disposto no art. 1º-F da Lei n. 9.494/1997, com a redação dada pela Lei n. 11.960/2009; e: (2) O art. 1º-F da Lei n. 9.494/1997, com a redação dada pela Lei n. 11.960/2009, na parte em que disciplina a atualização monetária das condenações impostas à Fazenda Pública segundo a remuneração oficial da caderneta de poupança, revela-se inconstitucional ao impor restrição desproporcional ao direito de propriedade (CRFB, art. 5º, XXII), uma vez que não se qualifica como medida adequada a capturar a variação de preços da economia, sendo inidônea a promover os fins a que se destina'".

25. No cálculo das verbas devidas são fundamentais a discriminação da natureza da dívida exequenda e o período da cobrança. Atento aos possíveis períodos, o STJ reconhece a necessidade de diferenciar os débitos anteriores a 2009, em face da modificação operada pela Lei 11.960/2009. Anteriormente a correção seria mensal e desde o Código Civil/2002 com aplicação de juros de 0,5% ao mês. Logo, é importante discriminar corretamente o período para diferenciar o período de incidência do art. 1º-F da Lei 9.494/1997.

26. Nos débitos previdenciários a atualização monetária será realizada com base no INPC: "As condenações impostas à Fazenda Pública de natureza previdenciária sujeitam-se à incidência do INPC, para fins de correção monetária, no que se refere ao período posterior à vigência da Lei n. 11.430/2006, que incluiu o art. 41-A na Lei n. 8.213/1991. Quanto aos juros de mora, no período posterior à vigência da Lei n. 11.960/2009, incidem segundo a remuneração oficial da caderneta de poupança" (STJ, 1ª Seção, REsp 1.495.146-MG, rel. Min. Mauro Campbell Marques, j. 22.2.2018).

27. Neste sentido: "Nos termos da jurisprudência desta Corte, 'proposta a execução do precatório em regime de litisconsórcio ativo facultativo, o juízo acerca da possibilidade de execução por meio de Requisição de Pequeno Valor (art. 100, § 3º, da CF) e, consequentemente, do cabimento da verba honorária, deve levar em consideração o crédito individual de cada exequente (AgR no REsp n. 1.220.727-RS, rel. Min. Benedito Gonçalves, *DJe* 7.12.2011). 2. Agravo interno a que se nega provimento" (STJ, 1ª Turma, AgInt no AREsp 684.663-RS, rel. Min. Sérgio Kukina, j. 2.8.2018, *DJe* 8.8.2018).

8. Cabimento dos honorários advocatícios

Na execução pelo rito especial não caberá a fixação de *astreintes* pelo não pagamento voluntário no prazo legal (art. 534, § 2º, do CPC). O regime de direito público informa a necessidade do pagamento pela expedição do precatório após o reconhecimento por sentença judicial da dívida em relação à Fazenda Pública.

O regime dos precatórios não corresponde apenas a uma forma de previsão e proteção do Erário para permitir a programação e o ajuste orçamentário na solvência de suas dívidas. O pagamento por meio do precatório representa a vitória da publicidade e da impessoalidade na solução dos débitos, com obediência às exceções previstas pela própria Constituição Federal/1988, que possuem preferência mas não deixam de obedecer à ordem de apresentação.[28]

Em vista da inevitabilidade do processamento do precatório, formou-se posicionamento quanto ao não cabimento da verba honorária quando a Fazenda Pública não ofereça resistência ao cumprimento de sentença. Afinal, a expedição do precatório deverá aguardar o prazo de 30 dias para eventual defesa. A questão foi expressamente normatizada pelo art. 1º-D da Lei 9.494/1997 que originariamente contava com a Medida Provisória 2180-35/2001: "Art. 1º-D. Não serão devidos honorários advocatícios pela Fazenda Pública nas execuções não embargadas".

O CPC/2015 acolheu expressamente este entendimento por meio do art. 85, § 7º, com redação completa sobre a questão: "§ 7º. Não serão devidos honorários no cumprimento de sentença contra a Fazenda Pública que enseje expedição de precatório, desde que não tenha sido impugnada". Em função da inexistência de expedição do precatório, as obrigações de pequeno valor (RPV) permitem a fixação de honorários na expedição, conforme redação do art. 100, § 3º, da CF/1988.[29]

28. O pagamento do precatório é disciplinado pela ordem cronológica de sua apresentação. Todavia, ao lado dos créditos comuns existem os créditos especiais mencionados no art. 100, § 1º, da CF/1988, que correspondem às verbas alimentares. Dentre os credores das verbas alimentícias ainda deve ser organizada lista preferencial para os idosos e portadores de deficiência ou portadores de doenças graves, bem como seus sucessores, para fins de recebimentos prioritário. Deve ser lembrado que o pagamento ainda deve levar em consideração a preferência, dentre os idosos, aos que tenham mais de 80 anos, nos termos da Lei 13.466/2017, que alterou, em seu art. 2º, o Estatuto do Idoso (Lei 10.741/2003).

29. CF, § 3º do art. 100: "§ 3º. O disposto no *caput* deste artigo relativamente à expedição de precatórios não se aplica aos pagamentos de obrigações definidas em leis como de pequeno valor que as Fazendas referidas devam fazer em virtude de sentença judicial transitada em julgado".

9. Intimação para o cumprimento de sentença

A Fazenda Pública será intimada na pessoa do seu representante judicial para formular a defesa no prazo especial de 30 dias. Não existe a aplicação do prazo em dobro para a resposta.

O Código de Processo Civil/1973 conferia originariamente o prazo de 10 dias para defesa, o qual foi aumentado para 30 dias pela Medida Provisória 2.180-35/2001, posteriormente convalidada pelo art. 1º-B da Lei 9.494/1997. O art. 535 do CPC vigente apenas manteve o prazo especial para a Fazenda Pública formular sua defesa.

A competência para o ingresso do pedido não oferece maiores dificuldades nesta hipótese. Tratando-se de execução de título executivo judicial, a competência obedecerá ao art. 516, II, do CPC. Não existe a possibilidade de deslocamento da competência a pedido do credor, pois o regime especial do art. 534 do CPC não se sujeita ao rito expropriatório.

10. A defesa da Fazenda Pública por meio da impugnação

Apresentada a petição inicial com juízo positivo de admissibilidade, o representante judicial da Fazenda Pública será intimado para impugnar a execução requerida com prazo especial de 30 dias.

A peça de defesa será apresentada nos autos de cumprimento de sentença. Não há que se falar em autonomia da peça. Os autos de impugnação serão oferecidos no processo de cumprimento de sentença.

10.1 O conteúdo da peça de impugnação

A peça defensiva é limitada às matérias constantes do art. 535, I a VI, do CPC, já examinadas perante o tratamento do art. 525. Trata-se de execução judicial, e não extrajudicial, na qual inexiste limitação para a matéria de defesa. A fase prévia de cognição e reexame necessário provoca preclusão quanto a matérias que não poderão ser novamente suscitadas.

O art. 535 prevê, em simetria com o disposto no art. 525, § 1º:

(1) *A falta ou nulidade de citação* no processo de conhecimento que tenha provocado indevidamente a revelia do réu. Como já salientado, o sistema de nulidades processuais é diverso. O princípio da instrumentalidade determina o aproveitamento máximo dos atos processuais. Não é à toa que mesmo a ausência de citação permite convalidação pelo comparecimento espontâneo do réu ou do executado, nos termos do art. 239, § 1º do CPC. O problema reside quando a nulidade provoca a re-

velia do réu/executado com prejuízo absoluto em sua esfera processual, o que configura a *querela nullitatis insanabilis*. Nesta hipótese o defeito é de tal gravidade que a sentença nula poderá ser desconstituída pela apresentação da impugnação, por meio de exceção de pré-executividade, por mera petição ainda na fase de conhecimento (*petitio simplex*),[30] por ação rescisória ou, ainda, por meio de ação anulatória em que se alegue a *querela nullitatis insanabilis*.

(2) *A ilegitimidade de parte* para fins de extinção da execução por algum defeito relacionado aos arts. 778 e 779 do CPC.

(3) *A inexequibilidade do título ou inexigibilidade da obrigação*, pois a obrigação retratada pelo título necessita de aptidão imediata para ser alvo de execução. A obrigação deve ser exigível, o que representa a necessidade de demonstração explícita do inadimplemento da obrigação. Se a obrigação ainda não é exigível não poderá ser submetida a execução. Esta impossibilidade poderá ser momentânea, como na ausência de liquidação. A inexigibilidade atrela-se à atualidade da dívida, o que motiva a impossibilidade de execução quando o inadimplemento não estiver configurado pelo vencimento da obrigação. Nos termos do art. 535, § 5º, do CPC, considera-se, ainda, inexigível o título executivo quando a base de sua constituição for fundada em lei ou ato normativo considerados inconstitucionais pelo STF.

O título que esteja fundada em lei ou ato normativo, como na hipótese de título executivo formado pelo Tribunal de Contas, considerado inconstitucional, por meio de declaração em controle concentrado ou difuso, não poderá ser objeto de execução.[31] O dispositivo não apresenta fonte de grande distúrbio prático, pois o STF tende a modular o efeito da decisão com preservação das situações já atingidas pelo efeito da lei ou ato normativo expurgado. Em suma, a modulação referida no § 6º do art. 535 do CPC opera, por regra, com eficácia *ex nunc*. Em todo caso, a decisão do STF somente terá aptidão para fulminar o título executivo

30. Neste sentido: "(...) nulidade por falta de citação poderá ser suscitada por meio de ação declaratória de inexistência por falta de citação, denominada *querela nullitatis*, ou, ainda, por simples petição nos autos, como no caso dos autos. 5. Recurso especial provido" (STJ, 2ª Turma, REsp 1.105.944-SC, rel. Min. Mauro Campbell Marques, j. 14.12.2010, *DJe* 8.2.2011).

31. O leitor atento observará que o texto legal não faz distinção entre o controle concentrado ou difuso para fins de inexigibilidade do título, o que confere ao recurso extraordinário grau de objetivação semelhante ao controle concentrado. Embora, na prática, o art. 52, X, da CF/1988 não alcance mais a expressão e a função a que se destina, é duvidoso encampar a tese de mutação constitucional para a equiparação de ambas as formas de controle.

quando proferida antes do trânsito em julgado da decisão exequenda (art. 535, § 7º, do CPC). Bastará que a parte suscite na impugnação ou nos embargos a decisão do STF para fins de declarar inexigível o título executivo. Esta solução elimina dúvida quanto ao marco temporal.

A única dúvida poderia ser gerada pela interpretação literal do art. 535, § 8º, do CPC, que aparentemente confere prazo indeterminado para a propositura da ação rescisória, pois o dispositivo estabelece que "o prazo será contado do trânsito em julgado da decisão proferida pelo Supremo Tribunal Federal". Como alerta a doutrina, as ações de controle são perpétuas.[32] Realmente, as ações de controle são declaratórias e expressam pretensões que podem reconhecidas a qualquer tempo. Se o termo *a quo* da ação rescisória fosse contado a partir da decisão do STF, e não da decisão exequenda, teríamos uma insegurança jurídica, pelo prolongamento indefinido da inexigibilidade do título. Logo, o prazo de dois anos poderá ser contado do trânsito em julgado posterior da decisão do STF, desde que ainda não tenha sido esgotado o prazo decadencial de rescisão do título exequendo.[33] Este mesmo posicionamento deve ser adotado na leitura do art. 525, § 15, do CPC.

O título ainda poderá ser inexequível no momento em que se pleiteia seu cumprimento. Um exemplo importante para fins de cumprimento contra a Fazenda Pública é justamente a ausência de reexame necessário. A ausência do reexame em sentenças condenatórias que exijam a revisão revela a ausência de eficácia executiva, tornando o título inexequível.

(4) *O excesso de execução* consiste em matéria de simetria, pois, se o credor tem o dever de apresentar seu pedido com planilha analítica, a Fazenda Pública deverá realizar a impugnação específica, sob pena de rejeição imediata da defesa quando o excesso for a única matéria alegada (art. 535, § 2º do CPC).

(5) *A cumulação indevida* de execuções também impede o processamento da execução. É certo que a cumulação indevida comporta temperamentos. É possível a adaptação de procedimentos que aparentemente seriam inconciliáveis, conforme autorização do art. 327, § 2º, do CPC.

(6) *A incompetência absoluta ou relativa do juízo*, o que respeitará basicamente a regra do art. 516, I e II, do CPC.

(7) *Qualquer fato impeditivo, modificativo ou extintivo* que seja posterior ao encerramento do processo na fase de cognição. A prescrição da

32. Nelson Nery Jr. e Rosa Maria de Andrade Nery, *Comentários ao Código de Processo Civil*, p. 1.309.

33. Idem, p. 1338.

pretensão executiva, a compensação realizada na esfera administrativa, a dação em pagamento por meio de recebimento de bem público são exemplos de defesa oponível. No que tange à compensação deve ser ressalvado o pronunciamento do STF por meio da ADI 4.425, de 2013, que reconheceu a inconstitucionalidade parcial do art. 100 da CF/1988 ao vedar a compensação automática prevista pelo art. 100, §§ 9º e 10, da CF/1988.[34]

A suspeição e o impedimento também podem ser objeto de arguição, com observância do procedimento dos arts. 146 a 148 do CPC; mas não se trata de matéria propriamente de defesa, mas apenas de fato impeditivo de atuação do juiz, e que pode ser alegado para evitar a nulidade da relação processual. A matéria não deverá ser arguida dentro da peça de impugnação, para evitar a paralisação e confusão quanto à prática de atos executivos que assumem natureza urgente e podem ser requeridos ao substituto legal, enquanto pendente de processamento o incidente (art. 146, § 3º, do CPC).

11. Expedição do precatório

Após o julgamento da impugnação oferecida pela Fazenda Pública, ou na hipótese de não ser oferecida peça de defesa no prazo de 30 dias, caberá ao juízo processante expedir o precatório em favor do exequente para o pagamento das verbas devidas pela Fazenda Pública. O precatório não é expedido diretamente para a Fazenda Pública, mas requisitado por intermédio do presidente do tribunal competente.[35]

Há uma vinculação natural, mas não necessária, entre o juízo e o tribunal competente. Nas situações de competência delegada (art. 109, § 3º, da CF/1988) a requisição do juízo estadual em causas previdenciárias é dirigida ao presidente do tribunal federal competente (TRF).

34. "O regime de compensação dos débitos da Fazenda Pública inscritos em precatórios, previsto nos §§ 9º e 10 do art. 100 da CF, incluídos pela Emenda Constitucional n. 62/2009, embaraça a efetividade da jurisdição (CF, art. 5º, XXXV), desrespeita a coisa julgada material (CF, art. 5º, XXXVI), vulnera a separação dos Poderes (CF, art. 2º) e ofende a isonomia entre o Poder Público e o particular (CF, art. 5º, *caput*), cânone essencial do Estado Democrático de Direito (CF, art. 1º, *caput*)" (STF, Pleno, ADI 4.425, rel. para o acórdão Min. Luiz Fux, j. 14.3.2013, *DJe* 19.12.2013). A decisão modulou os efeitos da declaração para eficácia prospectiva ao comando constitucional impugnado, validando as compensações já realizadas até o julgamento de 2015 e estendendo a possibilidade por cinco exercícios financeiros seguintes a contar de 1.1.2016.

35. Celso Ribeiro Bastos e Ives Gandra Martins, *Comentários à Constituição do Brasil*, vol. 4, t. III, p. 116.

Como já delineado, a expedição do precatório refere-se a uma exigência constitucional que preserva a Fazenda Pública e o cidadão. A proteção fazendária, pela possibilidade de organizar o pagamento dos seus débitos em face da lei orçamentária. O cidadão, pelo recebimento do seu crédito com obediência à ordem cronológica de sua apresentação, o que reflete publicidade e impessoalidade.

Questão importante e polêmica refere-se à discussão sobre a possibilidade de transação judicial ou extrajudicial pela Fazenda Pública. Sabe-se que os representantes judiciais podem realizar transações quando autorizados legalmente, inclusive propiciando maior benefício para a Administração. Todavia, o instrumento de transação não pode servir de burla ao princípio da impessoalidade. A questão deve ser examinada no caso concreto e não deve representar forma de privilegiar politicamente o credor. O art. 100 da CF/1988 impõe dever expresso de obediência à ordem cronológica sobre débitos reconhecidos por sentença judicial. Seria possível afirmar que aqueles não judicializados permitiriam pagamento imediato por transação extrajudicial. A resposta deve ser negativa, especialmente quando a dívida, embora reconhecida no orçamento fazendário (empenhada), não tenha sido satisfeita no período adequado.

A quebra excepcional do princípio da ordem cronológica pode ser reconhecida, mas com fundamentação adequada e que passará pelo crivo do julgamento do Tribunal de Contas, com análise da legalidade e de eventual cometimento de improbidade administrativa.[36]

11.1 Ordem e liquidação do pagamento

A ordem de pagamento será realizada pela apresentação do pedido perante o presidente do tribunal competente. O protocolo confere objetividade e garante a preferência pela ordem de apresentação, excetuando-se os débitos de pequeno valor (RPV) e os débitos alimentares compreendidos no art. 100, §§ 1º e 2º, da CF/1988, que estarão incluídos em uma segunda lista de prioridade. Em tese, nada impede que o pagamento do débito, após o encerramento da discussão judicial, possa ser imediato quando não existam débitos em atraso. Esta situação é excepcionalíssima, e caso o credor perceba o pagamento indevido, por meio de acordo, ou pagamento direto, com quebra da ordem cronológica, o presidente poderá determinar o sequestro (art. 100, § 6º, da CF/1988).

36. V. interessante julgado da 2ª Turma do STJ em que houve reconhecimento da violação da impessoalidade e da ordem cronológica no REsp 1.322.391-AP (rel. Min. Herman Benjamin, j. 19.9.2013, *DJe* 30.9.2013).

Toda a atividade de atualização do precatório (art. 100, § 5º, da CF/1988) e sua requisição ao órgão pagador correrão por determinação e atividade do presidente. Sua responsabilidade está consignada no texto constitucional, que prevê crime de responsabilidade por ação ou omissão que provoque retardamento ou frustração do pagamento das verbas devidas.

A atualização obedecerá ao critério definido pelo STF no julgamento da ADI 4.425, que diferencia as dívidas tributárias e não tributárias para fins de incidência de correção monetária e juros de mora.[37]

Não existe a possibilidade de fracionar o crédito para burlar a expedição do precatório e auferir a vantagem do pagamento imediato determinado pelo art. 100, § 3º, da CF/1988. A renúncia é possível, mas não o fracionamento, nos termos da vedação constitucional do art. 100, § 8º. Não se enquadra na hipótese de fracionamento a execução individual de sentença coletiva em que foi reconhecida a tutela de direitos individuais homogêneos. A execução e a expedição ou não do precatório dependerão da análise concreta da execução individual.[38]

Existe a possibilidade de que o crédito reconhecido pelo precatório possa ser utilizado para a compra de imóveis públicos, o que decorre da alteração propiciada pela Emenda Constitucional 62/2009.

11.2 A preferência das verbas alimentares

A liquidação dos débitos fazendários sujeita-se primordialmente à ordem cronológica. O texto apenas excepciona da ordem cronológica as

37. "Confere-se eficácia prospectiva à declaração de inconstitucionalidade dos seguintes aspectos da ação direta de inconstitucionalidade, fixando como marco inicial a data de conclusão do julgamento da presente questão de ordem (25.3.2015) e mantendo-se válidos os precatórios expedidos ou pagos até esta data, a saber: (i) fica mantida a aplicação do índice oficial de remuneração básica da caderneta de poupança (TR), nos termos da Emenda Constitucional n. 62/2009, até 25.3.2015, data após a qual (a) os créditos em precatórios deverão ser corrigidos pelo Índice de Preços ao Consumidor Amplo Especial (IPCA-E) e (b) os precatórios tributários deverão observar os mesmos critérios pelos quais a Fazenda Pública corrige seus créditos tributários; e (ii) ficam resguardados os precatórios expedidos, no âmbito da Administração Pública Federal, com base nos arts. 27 das Leis ns. 12.919/2013 e 13.080/2015, que fixam o IPCA-E como índice de correção monetária" (STF, Pleno, QO na ADI 4.425, rel. Min. Luiz Fux, j. 25.3.2015, *DJe* 4.8.2015).

38. "Não viola o art. 100, § 8º, da CF a execução individual de sentença condenatória genérica proferida contra a Fazenda Pública em ação coletiva visando à tutela de direitos individuais homogêneos" (STF, Pleno, ARE 925.754, repercussão geral, rel. Min. Teori Zavascki, j. 17.12.2015, *DJe* 3.2.2016).

verbas de origem alimentar e aquelas referentes a pessoas idosas e portadoras de necessidades especiais. Aliás, o art. 100, em seus §§ 1º e 2º, da CF/1988 estabelece um concurso de preferências: (a) créditos alimentares com pessoas acima de 60 anos, portadores de moléstia grave e pessoas com deficiência; (b) créditos alimentares; e (c) créditos comuns. Dentre os créditos alimentares inserem-se os honorários advocatícios, conforme reconhece a Súmula Vinculante STF-47.[39]

11.3 Precatório requisitório e litisconsortes

Na hipótese de litisconsórcio entre os exequentes, ou mesmo para fins de expedição da requisição para pagamento da verba honorária, o pedido autônomo deve ser formalizado antes da expedição da ordem. Após o processamento do precatório ocorre preclusão para fins de desmembramento e requerimento de RPV.[40]

11.4 Precatório sobre parte incontroversa da demanda

O art. 535, § 4º, do CPC/2015 inovou ao prever expressamente a possibilidade de solução parcial da demanda contra a Fazenda Pública quando exista parte incontroversa. Esta solução, embora já fosse reconhecida pela jurisprudência, reafirma a necessidade de expedição do precatório sobre a parte não impugnada ou embargada da demanda. Não

39. Súmula Vinculante STF-47: "Os honorários advocatícios incluídos na condenação ou destacados do montante principal devido ao credor consubstanciam verba de natureza alimentar cuja satisfação ocorrerá com a expedição de precatório ou requisição de pequeno valor, observada ordem especial restrita aos créditos dessa natureza".

40. Nestes termos: "A 1ª Seção do STJ, no julgamento do REsp n. 1.347.736-RS, na forma do art. 543-C do CPC/1973, [*v. art. 1.036 do CPC/2015*] admitiu a execução autônoma dos honorários de sucumbência mediante requisição de pequeno valor mesmo quando o valor principal siga a sistemática dos precatórios. Estabeleceu que, em se tratando de crédito autônomo do causídico, inexiste fracionamento do montante executado, podendo o profissional promover a sua execução nos autos em regime de litisconsórcio ativo voluntário. 2. O Plenário do STF, no exame do RE n. 564.132-RS, também admitiu o direito do advogado à execução autônoma, destacando, porém, que a separação dos valores deve ocorrer antes da expedição do ofício requisitório. 3. No caso, foi ajuizada uma única execução pela parte e expedido apenas um precatório, ficando desconfigurado o alegado direito. A decisão ora impugnada, portanto, está consonante com a jurisprudência do STJ e a do STF. 4. Recurso em mandado de segurança a que se nega provimento" (2ª Turma, RMS 41.561-RS, rel. Min. Og Fernandes, j. 20.3.2018, *DJe* 23.3.2018).

há que se falar em fracionamento ou duplicidade ou qualquer violação ao art. 100, §§ 4º e 8º, da CF/1988.[41]

12. Retificação dos cálculos

A preservação do interesse público no pagamento correto da dívida permite que o presidente do tribunal exerça papel ativo na retificação do valor requisitado (*quantum debeatur*). Mesmo após a expedição da requisição do precatório pelo juízo de origem existirá a possibilidade de revisão do cálculo, nos termos do art. 1º-E da Lei 9.494/1997.[42] Não há invasão de competência, porque não existe a possibilidade de revisão sobre o *an debeatur*.

13. O pagamento por requisição de pequeno valor/RPV

As obrigações de pequeno valor não estão sujeitas à expedição do precatório, nos termos do art. 100, § 3º, da CF/1988. No pagamento de RPV aplica-se regime similar ao das verbas sujeitas a precatório no que tange à inexistência de cômputo de juros moratórios entre a conta de liquidação e o efetivo pagamento, que deverá ocorrer até 60 dias após a intimação do ente devedor.[43] A correção monetária será devida desde a elaboração do cálculo.[44]

Nas execuções de pequeno valor, ainda que não embargadas, caberá a fixação de honorários sucumbenciais, pois a vedação contida no art. 1º-D da Lei 9.494/1997 ("Não serão devidos honorários advocatícios pela Fazenda Pública nas execuções não embargadas") é interpretada restritivamente pelo STJ.[45] Desde a edição da Medida Provisória 2.180-

41. "Execução – Precatório – Duplicidade. Longe fica de conflitar com o art. 100, § 4º, da CF enfoque no sentido de ter-se a expedição imediata de precatório relativamente à parte incontroversa do título judicial, dando-se sequência ao processo quanto àquela impugnada por meio de recurso" (STF, 1ª Turma, RE 458.110, rel. Min. Marco Aurélio, j. 13.6.2006, *DJU* 29.9.2006).

42. Lei 9.494/1997: "Art. 1º-E. São passíveis de revisão, pelo presidente do tribunal, de ofício ou a requerimento das partes, as contas elaboradas para aferir o valor dos precatórios antes de seu pagamento ao credor".

43. V.: STJ, Corte Especial, repetitivo REsp 1.143.677-RS, rel. Min. Luiz Fux, j. 2.12.2009, *DJe* 4.2.2010.

44. "É devida correção monetária no período compreendido entre a data de elaboração do cálculo da RPV e sua expedição para pagamento" (STF, Pleno, ARE 638.195, rel. Min. Joaquim Barbosa, j. 29.5.2013, *DJe* 13.12.2013, Tema 450).

45. "A jurisprudência desta Corte firmou-se no sentido de que nas execuções contra a Fazenda Pública ajuizadas após a vigência da Medida Provisória n. 2.180-

35/2001, que foi convertida na Lei 9.494/1997, havia proibição da fixação de verba sucumbencial em execuções não embargadas, o que acabou sendo repetido pelo art. 85, § 8º, do CPC. As exceções construídas pelo STJ residem na hipótese da RPV e nas execuções individuais referentes a ações coletivas, nos termos da Súmula 345: "São devidos honorários advocatícios pela Fazenda Pública nas execuções individuais de sentença proferida em ações coletivas, ainda que não embargadas". A questão foi mais recentemente pacificada pelo julgamento pela Corte Especial do STJ quanto ao Tema 973, que examinou a Súmula 345 à luz do Código de Processo Civil/2015: "O art. 85, § 7º, do CPC/2015 não afasta a aplicação do entendimento consolidado na Súmula n. 345 do STJ, de modo que são devidos honorários advocatícios nos procedimentos individuais de cumprimento de sentença decorrente de ação coletiva, ainda que não impugnados e promovidos em litisconsórcio".

14. *Sequestro das verbas públicas*

Em sua acepção clássica o sequestro refere-se a medida cautelar que visa a assegurar a separação de patrimônio jurídico para a satisfação de futura pretensão. Sua previsão típica estava no art. 822 do CPC/1973. Apesar da eliminação do Livro III do Código de Processo Civil e das cautelares típicas, o legislador de 2015 sabe da importância desta medida cautelar, ao ponto de rememorá-la expressamente, no art. 301 do CPC, como exemplo de concessão de tutela de urgência.

O sequestro de verbas públicas não deixa de revelar autêntica medida cautelar tomada pelo presidente do tribunal, de ofício ou mediante provocação da parte interessada, quando exista notícia de violação da ordem no cumprimento do art. 100 da CF/1988.

O art. 100, § 6º, da CF/1988 expressa a possibilidade do sequestro quando algum credor informar a violação na ordem de satisfação do precatório. A necessidade do sequestro ainda estará justificada quando não for alocada dotação orçamentária suficiente para a satisfação do débito.

O conhecimento do pedido e sua autorização serão de competência do presidente do tribunal, mas a execução e o cumprimento da medida serão do juízo requisitante. O valor sequestrado deverá ser depositado na

35/2001 e não embargadas os honorários advocatícios serão devidos quando se tratar de débitos de pequeno valor – Precedente: AgInt no REsp n. 1.699.633-RS, rel. Min. Sérgio Kukina, 1ª Turma, *DJe* 1.6.2018. 2. Agravo interno não provido" (STJ, 1ª Turma, AgInt no REsp 1.483.109-SC, rel. Min. Benedito Gonçalves, j. 2.8.2018, *DJe* 9.8.2018).

conta especial do tribunal para pagamento do(s) credor(es) preterido(s). Da decisão que indefere o pedido de sequestro é cabível mandado de segurança, cujo prazo de 120 dias deve ser contado da última decisão proferida pelo presidente.[46]

46. STJ, 1ª Turma, AgInt no REsp 1.363.441-SP, rela. Min. Regina Helena Costa, j. 14.8.2018, *DJe* 20.8.2018.

Capítulo IX
CUMPRIMENTO DE SENTENÇA NA TUTELA ESPECÍFICA

1. Obrigação de fazer/não fazer e de entregar coisa. 2. Técnica processual diferenciada. 3. Execução direta e indireta ("direkten oder indirekten Zwangs"). 4. Execução direta na tutela ressarcitória e específica. 5. A execução indireta na tutela específica e ressarcitória. 6. A pessoa ("Zwangshaft/Sicherheitsarrest") e o patrimônio ("Zwangsgeld") na execução indireta. 7. Conteúdo da tutela específica nas obrigações de fazer e não fazer: 7.1 Fungibilidade e infungibilidade da obrigação. 8. Meios de execução indireta para a tutela específica: multa e prisão civil. 9. Princípio da congruência na tutela específica. 10. Cooperação no cumprimento da tutela específica. 11. A coerção patrimonial pela multa no Código de Processo Civil/2015: 11.1 A titularidade da multa – 11.2 Procedimento de fixação da multa – 11.3 Cabimento e adequação da multa – 11.4 Periodicidade da multa – 11.5 Valor da multa – 11.6 Revisão da multa. 12. A prisão civil no Código de Processo Civil. 13. Medidas executivas sub-rogatórias. 14. A atipicidade dos meios executórios. 15. O procedimento para o cumprimento de sentença nas obrigações de fazer e não fazer: 15.1 O contraditório no cumprimento da decisão – 15.2 Conversão da obrigação de fazer em perdas e danos. 16. Cumprimento de sentença para entrega de coisa: 16.1 A concentração do objeto – 16.2 Medidas executivas diretas e indiretas – 16.3 Procedimento para o cumprimento de entrega de coisa – 16.4 O direito de retenção e a Súmula STJ-335.

1. Obrigação de fazer/não fazer e de entregar coisa

O Código de Processo Civil/2015 promoveu importante alteração ao prever capítulo específico para a disciplina do cumprimento das sentenças que se referem à concessão de tutela específica.

Como já abordado na fase introdutória do cumprimento de sentença, a tutela específica representa hipótese clara de sincretismo absoluto.[1]

1. V. Capítulo I, subitem 3.1.

A simples leitura do art. 536 do CPC não desmente esta conclusão. Não existe uma fase com procedimento específico para o desenvolvimento de atos sequenciais para o cumprimento da sentença que determine uma obrigação de fazer ou não fazer.[2] A sentença assume natureza preponderantemente mandamental e executiva *lato sensu* e permite a prática de atos executivos como decorrência da satisfação do comando judicial.[3] Por este motivo podemos concluir que as sentenças de natureza preponderantemente condenatória, nas quais se pleiteia a satisfação de obrigação pecuniária, estão submetidas a um *sincretismo relativo*. A fase de conhecimento entrelaça-se à fase executiva mediante técnica processual que oferece solução de continuidade ao procedimento judicial.[4] Isto propicia maior celeridade, efetividade e economia judicial.[5]

2. *Técnica processual diferenciada*

O cumprimento de sentença nas obrigações de fazer e não fazer revela a necessidade de técnica processual diferenciada para o cumprimento efetivo do art. 5º, XXXV, da CF/1988. O jurisdicionado pode pleitear acesso à ordem jurídica para a proteção de situações de *ameaça* ou *lesão*, sendo vedada a omissão do Poder Judiciário (*non liquet* – art. 140 do CPC e art. 5º, XXXV, da CF).

A ordem jurídica justa e que atenda ao anseio do jurisdicionado não permite que todas as situações jurídicas sejam solucionadas com isometria procedimental pelo Poder Judiciário. Isto revela a insuficiência da classificação trinária das ações (ações declaratórias, constitutivas e condenatórias) e a superioridade da classificação quinária (ações declaratórias, constitutivas, condenatórias, mandamentais e executivas *lato sensu*).[6]

2. Daniel Amorim Assumpção Neves, *Manual de Direito Processual Civil*, p. 1.098.

3. Sobre o tema: Sérgio Muritiba, *Ação Executiva* **Lato Sensu** *e Ação Mandamental*.

4. Leonardo Santana de Abreu, "A unificação da cognição com a execução: a ação unitária", in Sérgio Cruz Arenhart/Daniel Mitidiero (coords.) e Rogéria Dotti (org.), *O Processo Civil Entre a Técnica Processual e a Tutela dos Direitos. Estudos em Homenagem a Luiz Guilherme Marinoni*, pp. 269-284.

5. O CPC/2015 confere maior efetividade às sentenças condenatórias, como se observa da redação do art. 139, IV, *in fine*, ao permitir a incidência da execução indireta nas sentenças que condenem em obrigação pecuniária. Sendo assim, não há mais discussão quanto à possibilidade de se fixar multa: diária, semanal, quinzenal ou na periodicidade eleita para o cumprimento de uma sentença condenatória.

6. V. t. I deste *Curso*, pp. 356-365.

Não se trata de mera classificação doutrinária. Seria impensável submeter a tutela específica ao rito da execução por quantia certa. Somente é possível pensar na adoção do rito de pagamento quando existir a *conversão da tutela específica em tutela ressarcitória.*[7] Isto pode acontecer em situações peculiares, como a manifestação expressa do exequente, ou quando a obrigação se torne impossível quanto ao seu cumprimento, ainda que pela forma equivalente, o que autorizará seu cumprimento pelo rito da execução por quantia certa (art. 499 do CPC). Na sequência examinaremos o cumprimento das obrigações de fazer fungíveis e infungíveis.

3. Execução direta e indireta ("direkten oder indirekten Zwangs")

No cumprimento das obrigações de fazer e não fazer exsurge a importância de distinção entre a execução direta e a indireta.[8] Não se trata de técnicas contrapostas, mas complementares, e que auxiliam na efetivação da tutela executiva. Em diversas passagens desta obra acentuamos a importância do art. 4º do CPC, que enaltece o *princípio da primazia do mérito*, o qual depende da efetividade da atividade *cognitiva* e *executiva*.

Na atividade executiva o cumprimento de sentença permitirá a utilização de técnicas sub-rogatórias, com o fim de satisfazer a pretensão executiva retratada no título. A técnica de sub-rogação pode ser utilizada tanto na tutela específica como na tutela ressarcitória, com pesos diferenciados.

Na tutela ressarcitória, em que há formação do título executivo com obrigação para o pagamento de quantia certa (arts. 515, I, e 523 do CPC), prevalece a execução direta como meio de satisfação da pretensão executiva (art. 825 do CPC). Caberá ao credor eleger algum dos meios expropriatórios dispostos pelo Código de Processo Civil quando o devedor não realizar o cumprimento voluntário da obrigação (art. 523 do CPC). A utilização da técnica de sub-rogação representa a possibilidade de o Estado-juiz substituir a figura do devedor, sem que o devedor possa impedir os atos executivos (*ohne Mitwirkung des Schuldners*); ou seja,

7. A tutela ressarcitória pressupõe classificação. É possível o ressarcimento pelo equivalente pecuniário ou pelo ressarcimento específico. Esta última modalidade pode ser dividida em tutela de ressarcimento pecuniário específico ou tutela reintegratória. Sobre esta classificação, v. o tratamento aos arts. 497 a 500 do CPC, no item 4, abaixo.

8. Gaul/Schilken/Becker-Eberhard, *Zwangsvollstreckungsrecht*, § 9, p. 140.

sua não manifestação de vontade, ou mera negativa, é inoperante quanto à força emanada do título executivo.[9]

4. Execução direta na tutela ressarcitória e específica

A execução direta é marcada pela atividade executiva sub-rogatória, na qual a prática dos atos executivos provoca a transformação do mundo fático por meio da expropriação ou qualquer ato material de satisfação da obrigação. Como consequência, o credor obtém a satisfação da obrigação constante do título executivo, gerando a extinção do cumprimento de sentença por meio de sentença (art. 925 do CPC).

Na *tutela ressarcitória* prepondera a técnica sub-rogatória, mas a utilização da execução indireta, em que não há sub-rogação, não é vedada. Como comentado acima, o quadro atual mostra que a execução direta e a indireta atuam em sintonia para a efetividade da tutela jurisdicional. O art. 139, IV, *in fine*, do CPC atribuiu a possibilidade de efetivação da tutela das obrigações pecuniárias com a utilização de medidas indutivas e coercitivas. Na fase atual não existe vedação a que o cumprimento de uma decisão judicial condenatória possa ser acrescido de medida coercitiva representada pela multa (art. 537 do CPC).

Na *tutela específica* também é plenamente possível a utilização da atividade executiva com sub-rogação, como ensina a dogmática alemã. No exercício da pretensão executiva de restituição de bens (*Erwirkung der Herausgabe von Sachen*) a prática de atos executivos em substituição ao devedor, para o fim de satisfação da pretensão executiva, é essencial. Podemos pensar em *pretensões reais* ou *reipersecutórias* como simples exemplos de ilustração. O esbulhador que se nega a devolver a propriedade não permite outra medida além da medida executiva de retomada forçada do bem, o que corresponde a uma execução direta. A atividade executiva atípica preenche o comando dos arts. 497 e 536 do CPC, porque a medida de retomada forçada é adequada para o esgotamento da tutela requerida. O descumprimento de contrato de depósito de uma tela de arte permite que o depositante exerça a pretensão reipersecutória. O direito real sobre a tela permite que a eficácia *erga omnes* e o direito de sequela justifiquem a necessidade do ato executivo de reintegração forçada do bem móvel. A execução direta será essencial para a satisfação da pretensão reipersecutória, que é marcada pelo desdobramento da posse indireta (depositante) e da posse direta (depositário).

9. Idem, § 9, pp. 140-141.

Situação interessante em que se manifesta a execução direta, mesmo tratando-se de tutela específica, ocorre na obrigação de declarar vontade, que corresponde a autêntica execução ficta (*Fiktionswirkung ein Mittel der Zwangsvollstreckung*). Nesta modalidade, prevista pelo art. 501 do CPC, não há necessidade da execução indireta como técnica de pressão, pois a execução direta é eficaz e obtida por meio da declaração de vontade do Estado-juiz, em substituição ao devedor recalcitrante. Sua consumação acontece no momento em que ocorre o trânsito em julgado da decisão que estabiliza a emissão de declaração.[10] Trataremos em momento oportuno desta forma de cumprimento de sentença.

5. *A EXECUÇÃO INDIRETA NA TUTELA ESPECÍFICA E RESSARCITÓRIA*

O período moderno é marcado por constante e progressiva diminuição do uso da força contra o ser humano, seja na aplicação de sanção criminal ou civil. A abolição da *Lex Poetelia Papiria* no processo executivo romano e a imposição natural do *princípio da realidade* no processo executivo não desmentem esta afirmação.[11]

Sabe-se que as medidas executivas não são privilégio do processo de execução e podem ser empregadas com grande utilidade no processo de conhecimento e no cautelar. É por meio desta conclusão que surge a necessidade de identificar a possibilidade da execução *indireta* e da *direta* (*direkten oder indirekten*) no sistema atual.[12] No tópico anterior foi abordada a importância da execução direta como meio de satisfação do cumprimento de sentença condenatória e da sentença executiva *lato sensu*. Em ambas as formas de provimento jurisdicional a atividade executiva é atividade essencial para o alcance da satisfação. Enquanto a execução direta é fundada na atividade de sub-rogação, a execução indireta apresenta efeito oposto. Não existe sub-rogação quando são praticados atos executivos indiretos, que são marcados por atos coercitivos que induzam o executado ao cumprimento da obrigação.

As medidas coercitivas não visam à substituição do executado, mas à prática de atos que pressionem o devedor ao cumprimento da determinação judicial ("mesures qui renforçant l'effectivité du jugement").[13]

As medidas coercitivas são de vital importância para a efetividade da tutela específica. Elas se aplicam como medidas de apoio ao cumprimento

10. Idem, § 9, p. 141.
11. V., *retro*, Capítulo I, subitem 5.2.1.6.
12. Araken de Assis, *Manual da Execução*, 12ª ed., §§ 6º e 7º, pp. 140-145.
13. Nicolas Cayrol, *Droit de l'Exécution*, p. 173.

da tutela específica (obrigações de fazer, não fazer e dar coisa), as quais necessitam da participação do réu para a satisfação da ordem judicial. Por este motivo, o sistema permite medidas de pressão e ameaça (*Androhung*) quando o cumprimento da ordem judicial necessite da participação do réu ou executado.[14] Na execução indireta a materialização do ato judicial (*Durchsetzung*) de coerção não provoca a satisfação do comando judicial, o que a caracteriza como medida de apoio. Este é o motivo por que é classificada como uma execução indireta, pois a consumação do ato executivo de pressão não gera a satisfação da pretensão executiva.

O art. 501 do CPC reflete situação inusitada, pois a infungibilidade jurídica na prestação da declaração de vontade propiciaria a incidência de técnica de execução indireta. Acontece que o próprio dispositivo autoriza ao juiz que emita a declaração de vontade, em autêntica operação de ficção jurídica legal que acaba correspondendo a uma medida de sub-rogação (*gesetzliche Fiktionswirkung*).[15]

6. *A pessoa ("Zwangshaft/Sicherheitsarrest") e o patrimônio ("Zwangsgeld") na execução indireta*

Como autêntica medida de apoio, com natureza coercitiva, que auxilia no cumprimento de ordens judiciais (*Zwangsmittles*), a execução indireta não corresponde a um desvio do *princípio da realidade*. Este princípio determina que a atividade executiva de satisfação da pretensão executiva deve ser direcionada para o patrimônio do devedor. Como a execução indireta não interfere no núcleo da obrigação constante do título executivo, não há desvio do princípio da realidade.

A execução indireta nasce como exigência natural do sistema jurídico. O Direito Romano e o Direito Medieval acompanharam a tradição histórica do desenvolvimento do binômio cognição/execução. Primeiro seria necessária a construção de um título executivo para depois propiciar sua satisfação pela via executiva. A *via executiva* permitia duas formas

14. Gaul/Schilken/Becker-Eberhard/Lakkis/Rosenberg, *Zwangsvollstreckungsrecht*, 12ª ed., § 9º, p. 141.

15. Por este motivo, a doutrina alemã, corretamente, entende não existir sentido na fixação de medidas indiretas, pois o juiz poderá aplicar diretamente a solução sub-rogatória ao caso concreto (Gaul/Schilken/Becker-Eberhard/Lakkis/Rosenberg, *Zwangsvollstreckungsrecht*, cit., 12ª ed., § 9º, p. 141). *Mutatis mutandis*, a mesma solução pode ser aplicada em outras situações, como nos pedidos desnecessários de fixação de multa diária contra instituição financeira para que retire a restrição indevida no SERASA ou SPC. Basta a emissão de ordem judicial direta para a eliminação da restrição, o que se afigura mais efetivo e rápido.

básicas de satisfação da obrigação: (a) tutela geral (*Generalexekution*), pela apreensão do patrimônio para venda em hasta pública pela *manus injectio*; ou (b) execução específica (*Spezialexekution*) com a apreensão do bem e devolução ao patrimônio do credor pela *pignoris capio*.[16]

O período moderno passa a exigir novas soluções do sistema jurídico. Nem toda execução representa exigência de soma pecuniária do devedor, em que as obrigações descumpridas se convertem automaticamente em perdas e danos.

Nas obrigações de fazer e não fazer sempre prevaleceu a noção de que seu descumprimento provocaria a conversão em obrigação de pagamento de quantia, cuja regra é confirmada pelo art. 247 do CC (obrigação de fazer): "Incorre na obrigação de indenizar perdas e danos o devedor que recursa a prestação a ele só imposta, ou só pode ele exequível".[17]

Esta regra decorre de formulação que foi fortalecida no período da Revolução Francesa com a proteção conferida à incolumidade da pessoa e a proteção de sua esfera individual. Consagrou-se a impossibilidade de que medidas executivas diretas pudessem atingir a pessoa do executado pela construção da regra de proteção *nemo potest cogi ad factum*: *ninguém pode ser coagido ao cumprimento de uma obrigação de fazer, seja ela fungível ou infungível*. A solução correta seria sempre a conversão da obrigação insatisfeita em perdas e danos.

Esta regra provocou graves distorções e se acentua quanto se percebe que muitas obrigações de fazer, e especialmente de não fazer, se referem à tutela de direitos fundamentais do ser humano. A contraposição entre o dever de cumprimento de um dever fundamental e a proteção da esfera jurídica do devedor desenvolveu a medida executiva indireta como ferramenta processual indispensável para a efetividade da tutela específica.

7. *Conteúdo da tutela específica nas obrigações de fazer e não fazer*

A tutela específica diz respeito a direitos *relativos* ou *absolutos*. Sua aplicação é ampla, o que não é desmentido pela própria dicção do art. 536, § 5º, do CPC: "§ 5º. O disposto neste artigo aplica-se, no que couber, ao cumprimento de sentença que reconheça deveres de fazer e de não fazer de natureza não obrigacional". O procedimento do art. 536 aplica-se in-

16. Sobre a *legis actio per pignoris capionem*, vide Tomo I deste *Curso*, p. 224.
17. Fabio Caldas de Araújo e José Miguel Garcia Medina, *Código Civil Comentado*.

distintamente a todos os deveres de fazer ou não fazer, independentemente da natureza da pretensão (real ou pessoal).

Não há como estabelecer uma aplicação preferencial das medidas executivas indiretas para os direitos absolutos que tutelam a intimidade, a propriedade e a vida. É certo que a reação do sistema processual em face de pretensões processuais absolutas oferece maior intensidade e rapidez, mas isto está relacionado à previsão de procedimento especial ou à produção da prova probatória simplificada. A execução da obrigação alimentar é um exemplo simples. Quando a verba alimentar se refere a uma situação de risco para a saúde e manutenção da vida do alimentado, o procedimento especial do art. 528 do CPC garante a formulação do pedido com o auxílio da prisão civil.

Nos direitos relativos a aplicação das medidas executivas indiretas é plenamente possível, inclusive contra a Fazenda Pública. No mandado de segurança o descumprimento de uma ordem judicial para reintegração do funcionário ao seu cargo ou função pública poderá gerar a aplicação de *astreintes*.[18]

As medidas executivas indiretas referem-se tanto a direitos individuais como a coletivos. Tanto o processo individual, regido essencialmente pelo Código de Processo Civil, como o processo coletivo, que possui matriz em leis especiais (LACP, CDC, LAP, LI), sendo regido por procedimento especial, permitem a aplicação das medidas executivas indiretas para a tutela jurídica das diversas formas de manifestação da pretensão processual.

7.1 Fungibilidade e infungibilidade da obrigação

A obrigação de fazer ou não fazer refere-se à conduta positiva ou negativa do devedor. A conduta positiva pode ser marcada pela existência de uma prestação fungível (*Vertrebare Handlungen*) ou infungível (*Nicht vertrebare Handlungen*). As obrigações fungíveis e infungíveis sujeitam-se ao regime do art. 536 do CPC. As obrigações fungíveis assumem vantagem material na esfera da satisfação, na medida em que a prestação realizada por terceiro poderá assumir resultado prático equivalente que atenda ao interesse do credor.

18. Cf., do STJ, ainda com referência ao art. 461 do CPC/1973 (art. 497 do CPC/2015): "É entendimento consolidado nesta Corte a possibilidade de cominação da multa prevista no art. 461 do CPC contra a Fazenda Pública, em caso de descumprimento de obrigação de fazer. (...)" (STJ, 1ª Turma, AgInt no REsp 1.554.394-RS, rela. Min. Regina Helena Costa, j. 3.5.2018, *DJe* 14.5.2018).

A fungibilidade permite que, na esfera da ação de conhecimento, o credor formule pedido de tutela específica combinada com tutela ressarcitória. A mulher que foi alvo de erro médico em cirurgia plástica pede determinada quantia para contratação de outro cirurgião para a correção do defeito. O pedido da quantia não tem fim de reparação meramente pecuniária, mas para a obtenção da tutela específica pelo equivalente.

Nas obrigações infungíveis há maior dificuldade na obtenção da tutela específica quando exista a negativa de prestar pelo executado. Fora a incidência da multa, não existe em nosso sistema a possibilidade da aplicação de outras medidas executivas de coerção contra a pessoa. A prisão civil é restrita aos débitos de natureza alimentar. O juiz pode tomar outras medidas executivas atípicas, desde que não atentem contra a pessoa do devedor, em vista do poder geral de tutela específica conferido pelo art. 536, § 1º, do CPC.

O princípio *nemo potest cogi ad factum* determina que ninguém pode ser compelido fisicamente a prestação positiva de modo compulsório, o que modernamente também veda a aplicação da coerção pessoal.[19] Quando a infungibilidade é material, a conversão em perdas e danos será o caminho natural, pela impossibilidade de cumprimento forçado.

8. Meios de execução indireta para a tutela específica: multa e prisão civil

Na execução indireta nosso sistema prevê medidas de coerção patrimonial (*Zwangsgeld*) ou pessoal (*Zwangshaft*) que visam a induzir o devedor ao cumprimento da obrigação.[20] Como medida de coerção patrimonial é possível a fixação de multa em caso de descumprimento de ordem judicial. Como medida de coerção pessoal existe a possibilidade de restrição da liberdade pessoal por meio da prisão civil (*Beschränkungen der persönlichen Freiheit*). Embora não exista vedação específica quanto à possibilidade de aplicação conjunta (multa + prisão), ao menos na obrigação alimentar, em que a prisão civil é permitida, deve ser repelida a tese de cumulação.[21] Na imposição das medidas executivas indiretas

19. Thomas/Putzo, *ZPO – Kommentar*, p. 1.235.

20. Brox/Walker, *Zwangsvollstreckungsrecht*, § 35, p. 527. Ainda: Gaul/Schilken/Becker-Eberhard/Lakkis/Rosenberg, *Zwangsvollstreckungsrecht*, cit., 12ª ed., § 9º, p. 139.

21. Em tese seria possível promover a execução de alimentos pelo rito da prisão civil e cumular medida coercitiva de multa, em vista do art. 139, IV, do CPC. Todavia, como informa a doutrina alemã, as medidas executivas indiretas devem ser aplicadas

deve ser preferível a aplicação da medida menos gravosa, o que reflete implicitamente a aplicação do princípio da proporcionalidade (*Grundsatz der Verhältnismäßigkeit*).[22]

A importância das medidas executivas indiretas pode ser observada no lineamento do Direito Europeu. O Tratado da União Europeia prevê, no art. 260, 1 e 2, que o incumprimento pelo Estado-membro de alguma das obrigações assumidas pelo Bloco permitirá que o Tribunal de Luxemburgo emita provimento de natureza mandamental fixando *astreintes* contra o Estado insurgente.[23]

9. Princípio da congruência na tutela específica

Tratando-se de pedido referente a obrigação de fazer ou não fazer, há uma tendência natural de satisfação do pedido do autor quanto à concessão da tutela específica. Não se pode confundir a concessão da tutela *ex officio*, como autoriza o art. 536 do CPC, com a violação ao princípio da adstrição ou da congruência.

A forma de cumprimento da sentença proferida nos termos do art. 497 do CPC sujeita-se à vontade soberana do credor. O princípio dispositivo garante-lhe a iniciativa e a disponibilidade da atividade executiva. Isto engloba o direcionamento dos atos executivos. O autor poderá for-

pelo Poder Judiciário e são extremamente gravosas, o que recomenda sua aplicação isolada, e não cumulada: "Die Wahl zwischen Zwangsgeld und Zwangshaft steht dem Gericht zu; beide können aber nicht nebeneiander angeordnet werden" ("A escolha entre o meio de coerção patrimonial e pessoal caberá ao tribunal, mas ambas as medidas não devem ser aplicadas em conjunto" – tradução livre) (Gaul/Schilken/Becker-Eberhard/Lakkis/Rosenberg, *Zwangsvollstreckungsrecht*, cit., 12ª ed., § 9º, p. 1.185). A diretiva adotada no modelo alemão é pela aplicação da medida menos gravosa (*Zwangsgeld*) para a mais gravosa (*Zwangshaft*), em respeito à proporcionalidade.

22. Brox/Walker, *Zwangsvollstreckungsrecht*, cit., n. 1.087, p. 528.

23. Art. 260 do Tratado sobre o Funcionamento da União Europeia (JO C 202 de 7.6.2016, p. 161 – v.: *https://eur-lex.europa.eu/legal-content/PT/TXT/?uri=celex:12016E260*): "Se o Tribunal de Justiça da União Europeia declarar verificado que um Estado-membro não cumpriu qualquer das obrigações que lhe incumbem por força dos tratados, esse Estado deve tomar as medidas necessárias à execução do acórdão do Tribunal. 2. Se a Comissão considerar que o Estado-membro em causa não tomou as medidas necessárias à execução do acórdão do Tribunal, pode submeter o caso a esse Tribunal, após ter dado a esse Estado a possibilidade de apresentar as suas observações. *A Comissão indica o montante da quantia fixa ou da sanção pecuniária compulsória, a pagar pelo Estado-membro, que considerar adequado às circunstâncias. Se o Tribunal declarar verificado que o Estado-membro em causa não deu cumprimento ao seu acórdão, pode condená-lo ao pagamento de uma quantia fixa ou progressiva correspondente a uma sanção pecuniária*" (grifos nossos).

mular, desde a petição inicial, pedido ressarcitório sucessivo ou principal. O ressarcimento ainda poderá ser requerido como medida de conversão após a sentença, o que poderá gerar a necessidade de liquidação. O tempo transcorrido até a solução final do processo poderá justificar o desinteresse na obtenção da tutela específica.

Isto significa que o art. 536 do CPC permite ao juiz tomar as medidas necessárias mesmo sem o requerimento da parte, para a garantia da tutela específica reconhecida na sentença, mas nada impede que a parte formule pedido diverso e requeira a conversão da tutela específica em pecuniária.

10. Cooperação no cumprimento da tutela específica

Como a participação do executado na satisfação da tutela específica assume importância crucial para o sucesso da tutela reintegratória, especialmente quando a sub-rogação não seja adequada, o art. 536, § 3º, do CPC reforçou a necessidade da cooperação do executado (art. 6º).

A atitude maliciosa e dolosa em resistir a cumprir as medidas judiciais tomadas para garantir o cumprimento dos deveres de fazer ou não fazer, bem como para a entrega de coisa, é passível da aplicação da pena de litigância de má-fé (art. 80, IV, do CPC), o que acarretará a incidência de multa de 1% a 10% sobre o valor da execução, sem prejuízo da imputação de arcar com todas as despesas geradas pelo incumprimento da ordem judicial, que poderá gerar a necessidade de liquidação nos próprios autos (art. 81, § 3º, do CPC).

Afigura-se, ainda, a possibilidade de responder pelo crime de desobediência, mas apenas se as sanções civis não surtirem eficácia, uma vez que a jurisprudência do STJ e a do STF repelem a aplicação cumulada da sanção civil e administrativa com a penal.[24]

24. Neste sentido: "Com efeito, nos termos da jurisprudência desta egrégia Corte Superior de Justiça, '(...). O crime de desobediência é subsidiário e somente se caracteriza nos casos em que o descumprimento da ordem emitida pela autoridade não é objeto de sanção administrativa, civil ou processual' (AgR no HC n. 345.781-SC, 5ª Turma, rel. Min. Reynaldo Soares da Fonseca, *DJe* 31.5.2016). II – A jurisprudência do STJ e a do STF têm por consolidada a aplicação dessa orientação ao delito previsto no art. 1º, inciso XIV, do Decreto-lei n. 201/1967. A respeito, e em casos análogos aos dos autos, ou seja, em que se imputou a prefeito a conduta prevista no art. 1º, inciso XIV, do Decreto-lei n. 201/1967 por descumprimento de liminar em ação civil pública ou mandamental, para o qual a autoridade judicial estipulara multa diária, destacam-se precedentes dessa colenda Corte Superior e do Pleno do STF: HC 92.655-ES, 5ª Turma, rel. Min. Napoleão Nunes Maia Filho, *DJU* 25.2.2008; HC n. 68.144-MG, 5ª Turma, rel. Min. Gilson Dipp, *DJU* 4.6.2007; Inq 3.155, Tribunal

11. A coerção patrimonial pela multa no Código de Processo Civil/2015

A multa está regulada no campo do cumprimento de sentença das obrigações de fazer ou não fazer no art. 537 do CPC. Houve maior preocupação do legislador processual de 2015 em detalhar a aplicação da multa na execução da tutela específica. No sistema anterior a multa estava disciplinada no art. 461, §§ 2º e 5º, do CPC, sem o detalhamento oferecido pelo art. 537 do CPC vigente. Outro ponto importante, e já mencionado neste estudo, refere-se à amplitude de sua incidência. Anteriormente existia discussão sobre a possibilidade de sua aplicação nas obrigações pecuniárias. A multa tinha seu campo de incidência delimitado para a tutela específica referente às obrigações de fazer, não fazer e dar coisa certa ou incerta. Nas obrigações de pagamento existia grande resistência em sua aplicação. O art. 139, IV, do CPC expressamente determinou a possibilidade desta aplicação, ao regular os poderes expressos do juiz: "IV – determinar todas as medidas indutivas, coercitivas, mandamentais ou sub-rogatórias necessárias para assegurar o cumprimento de ordem judicial, *inclusive nas ações que tenham por objeto prestação pecuniária*" (grifos nossos).

Esta previsão de nosso ordenamento é avançada quando comparada a outros sistemas, que, mesmo após reformas recentes, ainda tendem a aplicar a multa apenas em situações relacionadas à tutela específica.[25]

11.1 A titularidade da multa

Infelizmente o Código de Processo Civil/2015 não corrigiu o erro crasso de nosso sistema e insiste em atribuir o valor da multa para a parte, e não para o Estado (art. 537, § 2º) em demandas individuais.[26] O legislador de 2015 deveria ter aderido ao posicionamento publicístico alemão, no qual a multa é direcionada para o Estado, e não para a parte.[27]

Pleno, rela. Min. Carmen Lúcia, *DJe* 11.10.2011 – Agravo regimental não provido" (STJ, 5ª Turma, AgR no AREsp 1.175.205-GO, rel. Min. Félix Fischer, j. 12.12.2017, *DJe* 18.12.2017).

25. Como é o caso do sistema italiano, com aparente restrição à tutela específica e com impossibilidade de incidência em determinadas relações de direito público (v.: Arieta/Santis/Montesano, *Corso Base di Diritto Processuale Civile*, p. 934).

26. No processo coletivo a multa é direcionada para o recolhimento dos cofres públicos com finalidade de reparação da coletividade, como acontece com o art. 13 da Lei da Ação Civil Pública/LACP.

27. Para um breve panorama sobre o Direito Comparado quanto às medidas executivas indiretas: Nicola Picardi, *Manuale del Processo Civile*, p. 592. Na Itália, a partir de 2015 houve nova disciplina introduzida no Livro IV, com a previsão "Delle

Afinal, a incidência da multa é decorrência do descumprimento de uma ordem judicial.[28] Não há dúvida de que este comando mandamental é oriundo da provocação da parte, mas o direito material retratado na lide já possui mecanismos de reparação da parte. Os juros de mora, os juros compensatórios e a multa contratual são acessórios que reequilibram a posição da parte prejudicada.

A multa deveria ser direcionada para o recolhimento aos cofres públicos, porque o descumprimento da ordem judicial é que gera sua incidência, e sem ligação ontológica com a obrigação material retratada na lide. O art. 500 do CPC expressa esta diferenciação de modo cristalino: "A indenização por perdas e danos dar-se-á sem prejuízo da multa fixada periodicamente para compelir o réu ao cumprimento específico da obrigação".

Esta distorção gerou o enfraquecimento da multa no Direito Brasileiro, e o motivo está intimamente ligado ao descumprimento de dois princípios vetores: a *boa-fé* (art. 5º do CPC) e a *cooperação* (art. 6º do CPC). De simples instrumento de auxílio e pressão para forçar ao cumprimento da obrigação insatisfeita, a multa passou se tornar fonte de enriquecimento ilícito, especialmente em demandas consumeristas. O ajuizamento de demandas repetitivas agravou esta situação. Pedidos indiscriminados de aplicação da multa começaram a surgir em juízo. A ausência de resposta oportuna aos pedidos judiciais, ante a ausência de estrutura das pessoas jurídicas, tornou sua incidência uma forma de duplicar o resultado do processo. O STJ chegou a emitir a Súmula 372 ("Na ação de exibição de documentos, não cabe a aplicação de multa cominatória") na tentativa de conter sua aplicação – o que também não se mostra razoável, pela impossibilidade de nivelar todas as situações por meio de um precedente.[29] Como os tribunais visualizam a multa como fator de enriquecimento indevido, especialmente quando ela ultrapassa

Misure di Coercizione Indireta" (v.: Arieta/Santis/Montesano, *Corso Base di Diritto Processuale Civile*, cit., p. 934).

28. Reconhecendo que a solução do art. 537, § 2º, não foi a mais adequada: Marinoni/Arenhart/Mitidiero, *Novo Código de Processo Civil Comentado*, 2ª ed., p. 671.

29. N exibição preparatória ou incidental de documentos a multa seria realmente indevida, porque a negativa seria causa de admissão dos fatos que seriam noticiados pelo documento, ou seja, aplica-se a pena de confissão, conforme o art. 400 do CPC. No entanto, em determinadas situações, como no mandado de segurança, a exibição prévia ou concomitante ao oferecimento do pedido (art. 6º, § 1º, da Lei 12.016/2009) é condição para a demonstração do direito líquido e certo (*rectius*: pretensão líquida e certa) e não há possibilidade de pena de confissão contra a Fazenda. Logo, a fixação de multa para a autoridade coatora, pela não exibição, será fundamental.

ou se aproxima do valor da obrigação discutida no processo, há uma tendência de sua diminuição na esfera recursal.

11.2 Procedimento de fixação da multa

As *astreintes*, como o próprio texto legal indica (art. 537), não dependerão de pedido da parte e poderão ser aplicadas de ofício pelo juiz. A necessidade de tutela adequada para o cumprimento da decisão judicial permite que sua incidência não dependa de pedido expresso da parte. A multa está diretamente conectada com a decisão judicial proferida na esfera de conhecimento, sob a forma de tutela provisória ou definitiva, bem como na fase de execução, por ocasião da deflagração dos atos executivos. Não há que se falar em decisão *ultra*, *extra* ou *infra petita*, pois o juiz está autorizado a aplicar medidas indutivas, coercitivas e sub-rogatórias para a eficácia da tutela jurisdicional (art. 139, IV, do CPC). Não é supérfluo reforçar que as medidas coercitivas podem ser utilizadas mesmo para o cumprimento de obrigações pecuniárias representadas pela exigência de pagamento de quantia certa contra devedor solvente.

11.3 Cabimento e adequação da multa

O cabimento da multa no cumprimento das obrigações de fazer, não fazer, dar coisa e nas de natureza pecuniária deve ser ponderada no caso concreto. Esta advertência assume maior importância no sistema atual, porque no regime do Código de Processo Civil/2015 o juiz poderá realizar sua imposição na fase de cumprimento independentemente do pedido da parte ou da sua fixação na sentença.

A multa não deve ser aplicada de modo indiscriminado, o que vale como advertência para qualquer medida de execução indireta. A pressão sobre o devedor deve ser exercida quando esteja evidenciada a resistência injustificada ao cumprimento da ordem judicial. A análise do cabimento da multa leva em consideração a natureza da obrigação estampada no título executivo e as partes que litigam no processo. O juiz deverá observar se a medida é adequada e proporcional. Conclui-se que a adequação também exigirá a ponderação sobre os elementos *subjetivos* e *objetivos* da relação processual.

Como elemento subjetivo deve ser realizada a verificação da situação das partes envolvidas na relação processual e sua situação de igualdade material. A conduta recalcitrante da parte em cumprir com a obrigação cuja resistência é injustificada autoriza sua fixação imediata.

A multa será essencial como meio de nivelar a desigualdade de armas entre as partes litigantes. A ausência de entrega de documentos essenciais e que estão sob guarda legal de uma das partes representa claro exemplo da necessidade de imposição da multa. O acesso a todo o procedimento administrativo que levou à exoneração de um funcionário público não pode ser negado para fins de propositura do mandado de segurança (art. 6º, § 1º, da Lei 12.016/2009). A obrigação de entrega justifica a imposição da multa em caso de negativa pela Administração Pública.[30] Sob a ótica subjetiva, ainda deve ser observada a proteção que deve ser conferida ao consumidor, em que a multa exerce importante papel para compelir o fornecedor do bem ou serviço ao cumprimento das determinações judiciais, especialmente quanto à formação do cadastro de informações sobre o consumidor.

Como elemento objetivo, o respeito à tutela dos direitos fundamentais torna essencial o reforço ao cumprimento dos deveres de sua manutenção. A desigualdade de forças entre o particular e o Estado justifica maior gravidade na fixação da multa contra os entes públicos, para a tutela de direitos fundamentais. Em muitas situações a omissão do Poder Público impede o acesso à Justiça, como na hipótese de não fornecimento de documentos ou na omissão de prestação de bens ou serviços essenciais ao cidadão.[31]

30. V. repetitivo do STJ que reconhece as *astreintes* contra empresa pública (CEF) para entrega dos extratos de FGTS: "(...). Recurso repetitivo julgado pela 1ª Seção do STJ, com fulcro no art. 543-C do CPC, [*CPC/1973 – v. art. 1.036 do CPC/2015*] firmou o entendimento de que 'a responsabilidade pela apresentação dos extratos analíticos é da Caixa Econômica Federal – enquanto gestora do FGTS –, pois tem ela total acesso a todos os documentos relacionados ao Fundo e deve fornecer as provas necessárias ao correto exame do pleiteado pelos fundistas' (REsp n. 1.108.034-RN, rel. Min. Humberto Martins, 1ª Seção, j. 28.10.2009, *DJe* 25.11.2009). A *ratio essendi* da norma é desestimular a inércia injustificada do sujeito passivo em cumprir a determinação do juízo, mas sem se converter em fonte de enriquecimento do autor/exequente. Por isso que a aplicação das *astreintes* deve nortear-se pelos princípios da proporcionalidade e da razoabilidade. 5. Precedentes: REsp n. 998.481-RJ, rela. Min. Denise Arruda, 1ª Turma, *DJe* 11.12.2009; AgR no REsp n. 1.096.184-RJ, rel. Min. Mauro Campbell Marques, *DJe* 11.3.2009; REsp n. 1.030.522-ES, rela. Min. Eliana Calmon, 2ª Turma, j. 19.2.2009, *DJe* 27.3.2009; REsp n. 836.349-MG, rel. Min. José Delgado, *DJU* 9.11.2006 – Recurso especial improvido para reconhecer a incidência da multa – Acórdão sujeito ao regime do art. 543-C do CPC e da Resolução n. 8/2008 do STJ" (STJ, 1ª Seção, REsp 1.112.862-GO, rel. Min. Humberto Martins, j. 13.4.2011, *DJe* 4.5.2011).

31. Neste sentido, o STJ pacificou a possibilidade de *astreintes* para a imposição do dever fundamental de fornecimento de medicamentos pela Fazenda Pública, por meio de repetitivo: "Processual civil – Recurso especial representativo de controvérsia – Art. 543-C do CPC/1973 [*v. art. 1.036 do CPC/2015*] – Ação ordinária de obrigação de fazer – Fornecimento de medicamento para o tratamento de moléstia – Imposição

Não só a tutela de direitos fundamentais justifica a imposição da multa. A proteção de interesses particulares relacionados a contratos pautados pelo *pacta sunt servanda* em que exista a necessidade de tutela específica justifica sua incidência quando a parte contrária não justifique o incumprimento. O desrespeito à confiança e à boa-fé objetiva pode

de multa diária (*astreintes*) como meio de compelir o devedor a adimplir a obrigação – Fazenda Pública – Possibilidade – Interpretação do conteúdo normativo inserto no § 5º do art. 461 do CPC/1973 [*v. art. 536, § 1º, do CPC/2015*] – Direito à saúde e à vida. 1. Para os fins de aplicação do art. 543-C do CPC/1973, é mister delimitar o âmbito da tese a ser sufragada neste recurso especial representativo de controvérsia: possibilidade de imposição de multa diária (*astreintes*) a ente público para compeli-lo a fornecer medicamento a pessoa desprovida de recursos financeiros. 2. A função das *astreintes* é justamente no sentido de superar a recalcitrância do devedor em cumprir a obrigação de fazer ou de não fazer que lhe foi imposta, incidindo esse ônus a partir da ciência do obrigado e da sua negativa de adimplir a obrigação voluntariamente. 3. A particularidade de impor obrigação de fazer ou de não fazer à Fazenda Pública não ostenta a propriedade de mitigar, em caso de descumprimento, a sanção de pagar multa diária, conforme prescreve o § 5º do art. 461 do CPC/1973. E, em se tratando do direito à saúde, com maior razão deve ser aplicado, em desfavor do ente público devedor, o preceito cominatório, sob pena de ser subvertida garantia fundamental. Em outras palavras, é o direito-meio que assegura o bem maior: a vida – Precedentes: AgR no AREsp n. 283.130-MS, rel. Min. Napoleão Nunes Maia Filho, 1ª Turma, *DJe* 8.4.2014; REsp n. 1.062.564-RS, rel. Min. Castro Meira, 2ª Turma, *DJU* 23.10.2008; REsp n. 1.062.564-RS, rel. Min. Castro Meira, 2ª Turma, *DJU* 23.10.2008; REsp n. 1.063.902-SC, rel. Min. Francisco Falcão, 1ª Turma, *DJU* 1.9.2008; e AgR no REsp n. 963.416-RS, rela. Min. Denise Arruda, 1ª Turma, *DJU* 11.6.2008. 4. À luz do § 5º do art. 461 do CPC/1973, a recalcitrância do devedor permite ao juiz que, diante do caso concreto, adote qualquer medida que se revele necessária à satisfação do bem da vida almejado pelo jurisdicionado. Trata-se do 'poder geral de efetivação', concedido ao juiz para dotar de efetividade as suas decisões. 5. A eventual exorbitância na fixação do valor das *astreintes* aciona mecanismo de proteção ao devedor: como a cominação de multa para o cumprimento de obrigação de fazer ou de não fazer tão somente constitui método de coerção, obviamente não faz coisa julgada material, e pode, a requerimento da parte ou *ex officio* pelo magistrado, ser reduzida ou até mesmo suprimida, nesta última hipótese caso a sua imposição não se mostrar mais necessária – Precedentes: AgR no AgR no AREsp n. 596.562-RJ, rel. Min. Moura Ribeiro, 3ª Turma, *DJe* 24.8.2015; e AgR no REsp n. 1.491.088-SP, rel. Min. Ricardo Villas Bôas Cueva, 3ª Turma, *DJe* 12.5.2015. 6. No caso em foco, a autora, ora recorrente, requer a condenação do Estado do Rio Grande do Sul na obrigação de fornecer (fazer) o medicamento 'Lumigan', 0,03%, de uso contínuo, para o tratamento de glaucoma primário de ângulo aberto (CID H 40.1). Logo, é mister acolher a pretensão recursal, a fim de restabelecer a multa imposta pelo Juízo de primeiro grau (fls. 51-53). 7. Recurso especial conhecido e provido, para declarar a possibilidade de imposição de multa diária à Fazenda Pública – Acórdão submetido à sistemática do § 7º do art. 543-C do CPC de 1973 [*v. art. 1.040 do CPC/2015*] e dos arts. 5º, II, e 6º da Resolução STJ n. 8/2008" (STJ, 1ª Seção, REsp 1.474.665-RS, rel. Min. Benedito Gonçalves, j. 26.4.2017, *DJe* 22.6.2017).

provocar prejuízos que afetam o tráfico negocial e justificam a incidência de astreintes.

11.4 Periodicidade da multa

A concretização da multa na relação processual não representa poder discricionário do juiz. Existe a possibilidade de fixação da multa de forma diária, semanal, quinzenal ou mensal. O regime a ser aplicado dependerá da natureza da obrigação. Em obrigações de natureza periódica nada impede que seja fixada multa que acompanhe o vencimento da obrigação, o que se revela interessante para obrigações alimentares, em vista da essencialidade da verba, cujo atraso representa grave violação para a saúde e o sustento material do alimentando. A fixação periódica poderá ser realizada com valores fixos ou progressivos.[32] O juiz poderá fixar a incidência em valor determinado (100 Reais por dia), ou com valor que progressivamente aumenta com o transcurso do lapso temporal de incumprimento (100 Reais por dia de atraso, com acréscimo de 10% sobre cada dia de incumprimento). Ela poderá ser diária, semanal, quinzenal, mensal; enfim, o juiz tem poder discricionário nesta fixação, que guardará relação com a natureza da obrigação que deve ser cumprida.

11.5 Valor da multa

Não existe valor mínimo ou máximo para a fixação da multa. O valor deve obedecer ao princípio da proporcionalidade. A multa não deve ser módica ao ponto de não estimular o cumprimento da obrigação, mas seu valor não deve ser excessivo ao ponto de gerar o enriquecimento ilícito de uma das partes. A excessividade também provoca sensação de descaso para o devedor, pois sabe que o valor não será concretizado faticamente, pela sua hipossuficiência. Há consenso doutrinário quanto à necessidade de que o valor da multa deva ser expressivo ao ponto de incutir na parte atingida o temor pelo não cumprimento da ordem judicial; mas deve ser fixada com amparo na verificação da capacidade econômica do devedor.[33]

32. Alguns sistemas, como o alemão, estabelecem valor máximo de 25.000 Euros para a incidência da multa em obrigações de natureza infungível, conforme o § 888 da *ZPO*: "Das einzelne Zwangsgeld darf den Betrag von 25.000 Euro nicht übersteigen" ("A multa não pode superar o montante de 25.000 Euros") (v.: Thomas/Putzo, *ZPO – Kommentar*, cit., p. 1.236).

33. Luiz Guilherme Marinoni/Sérgio Cruz Arenhart/Daniel Mitidiero, *Código de Processo Civil Comentado*, cit., 2ª ed., p. 670.

O valor também deve levar em consideração a natureza do bem jurídico tutelado. Isto poderá justificar a fixação de valores elevados contra a própria Fazenda Pública, especialmente quando se tutela direito fundamental relacionado à vida.[34]

Como já afirmado, o grande descrédito sobre a incidência da multa em nosso sistema decorre de que seu direcionamento para a parte exequente torna frequente sua diminuição nas instâncias superiores. Os operadores não possuem grande preocupação com sua incidência prolongada porque sabem que o valor será futuramente reduzido. Isto não aconteceria, ou, ao menos, seria extremamente excepcional, se a multa fosse recolhida para os cofres públicos, pois o valor seria considerado indisponível, pela natureza pública do valor da multa.

11.6 Revisão da multa

Sobre a multa sedimentou-se o entendimento de que existe autêntica *cláusula rebus sic stantibus* após sua incidência.[35] Muito embora o valor da multa possa constar do dispositivo sentencial, não há formação de coisa julgada material sobre ele. É por esta razão que o juiz, desde que de modo fundamentado, poderá modificar ou até excluir a multa por fatores supervenientes.

A revisão também poderá provocar o aumento do seu valor no decorrer da relação processual. Como medida coercitiva, o papel da multa é motivar a parte ao cumprimento da decisão, sob pena de agravamento de sua situação jurídica. Na avaliação sobre sua incidência exige-se coerência do magistrado.[36] Em uma obrigação alimentar, ainda que referente às três últimas prestações, qual o impacto positivo da imposição de multa ou

34. "A apreciação dos critérios previstos no art. 537 do CPC/2015 para a fixação do valor da multa diária ensejaria o reexame de matéria fático-probatória, o que é inviável em sede de recurso especial. Excepcionam-se apenas as hipóteses de valor irrisório ou exorbitante. 2. No caso dos autos, o valor diário de R$ 500,00 não se mostra excessivo, a ensejar a sua revisão por esta Corte Superior, mormente por se tratar do direito à saúde, que exige urgência. 3. Agravo interno do Estado de Pernambuco a que se nega provimento" (STJ, 1ª Turma, AgInt no AREsp 1.163.027-PE, rel. Min. Napoleão Nunes Maia Filho, j. 18.9.2018, *DJe* 28.9.2018).

35. "As *astreintes*, por serem um meio de coerção indireta ao cumprimento do julgado, não ostentam caráter condenatório, tampouco transitam em julgado, o que as afasta, na vigência do Código de Processo Civil/1973, da base de cálculo dos honorários advocatícios – Agravo interno não provido" (STJ, 3ª Turma, AgInt no REsp 1.595.679-DF, rel. Min. Ricardo Villas Bôas Cueva, j. 6.2.2018, *DJe* 23.2.2018).

36. Em sistemas como o francês o poder conferido ao magistrado é imenso, ao ponto de se classificar as *astreintes* como medida de *imperium* do juiz, o qual não está

prisão sobre o devedor que está em situação comprovada de desemprego? A função das medidas executivas é pressionar o devedor que possui condições de cumprir com a obrigação, mas jamais sujeitá-lo a uma situação de maior debilidade e que dificulte ainda mais sua recuperação.

12. A prisão civil no Código de Processo Civil

Como medida de *coerção pessoal* nosso sistema admite a *prisão civil*. Ela poderá incidir em decorrência de decisão provisória, definitiva ou, mesmo, na execução, mas sempre restrita ao pedido de verba alimentar. Esta restrição, a princípio indevida, em função da leitura do art. 5º, LXVII, da CF/1988, decorre do julgamento proferido pelo STF nos RE 349.703 e 466.343, de dezembro/2008.

A decisão do STF deve ser parcialmente elogiada. Não há dúvida de que o reconhecimento da validade e incorporação do Pacto de São José da Costa Rica em nosso sistema representa o comprometimento do sistema jurídico brasileiro com a proteção dos direitos humanos e dos direitos fundamentais. Mesmo antes de o STF se manifestar sobre o tema o STJ já considerava inaplicável a prisão civil aos contratos de depósito irregular, nos termos da redação do seu art. 652. Por sua vez, como seria de se esperar, o STF foi obrigado a se manifestar sobre a aplicação do Pacto. O STF inicialmente posicionou-se pela licitude da prisão civil para as situações de depósito regular e irregular, incluindo os contratos de alienação fiduciária. Em 2006 o Min. Gilmar Ferreira Mendes reabriu a discussão, posicionando-se pela aplicação do Pacto de São José de modo integral.

Em dezembro/2008 o STF decidiu no sentido da *inconstitucionalidade* da prisão civil do depositário infiel – estendendo tal inconstitucionalidade inclusive à hipótese de prisão de depositário *judicial* –, orientação que não nos parece ajustar-se com precisão ao que dispõe o Pacto de São José da Costa Rica. Editou o STF, assim, a Súmula Vinculante 25, segundo a qual "é ilícita a prisão civil de depositário infiel, qualquer que seja a modalidade do depósito". A orientação firmada pelo STF foi seguida pelo STJ, que editou a Súmula 419: "Descabe a prisão civil do depositário judicial infiel". Esta solução do STF parece desconhecer que sistemas avançados, como o alemão e o inglês, reconhecem a possibilidade de prisão civil pelo descumprimento da ordem judicial, por diversos motivos (*contempt of Court*).[37] A eliminação, em nosso sistema, da prisão

sequer obrigado a motivar a decisão que a fixa, inclusive quanto ao valor: "Il n'a pas à motiver sa décision" (Nicolas Cayrol, *Droit de l'Execution*, cit., p. 50).

37. Langan/Lawrence, *Civil Procedure*, p. 222.

civil do depositário judicial demonstra o descompasso com a realidade vivenciada pelo Poder Judiciário em primeira instância e o distanciamento das decisões judiciais da sua real efetividade.

O processo de execução foi paulatinamente minado e o devedor não foi realmente protegido, mas igualmente prejudicado. Um exemplo poderá ilustrar perfeitamente a questão. Até antes da adoção integral do Pacto de São José o juiz permitia que o devedor ficasse na posse do bem penhorado até a fase final do processo executivo, o que contribuía, muitas das vezes, para a manutenção de sua atividade comercial e formulação de um acordo. Agora, sem a possibilidade da prisão civil do infiel depositário judicial, o credor requer, imediatamente, a remoção dos bens, logo após o ajuizamento da execução, cuja medida dificilmente pode ser negada pelo magistrado. E mais: se o devedor desaparece com os bens antes da remoção, o juiz somente pode consolar o credor pelo seu infortúnio processual.

Quanto à prisão civil por dívida alimentar não há grande polêmica. A prisão civil encontra-se restrita aos débitos alimentares. Como autêntica medida executiva indireta, a prisão civil não provoca a sub-rogação. Ela também atua como medida de pressão e cuja incidência não satisfaz a execução deflagrada.

Como medida executiva indireta, a prisão não elimina o débito (*Schuld*) ou, mesmo, a responsabilidade do devedor (*Haftung*), quando aplicada. Os alimentos não deixam de ser verba essencial para a subsistência do alimentando, autêntico direito fundamental para sua sobrevivência. O direito à vida justifica a possibilidade de constrição da liberdade individual, desde que respeitados determinados parâmetros para sua incidência (art. 528, § 1º, do CPC).

A proteção do direito à vida, que radica a matriz da prisão civil por alimentos, provoca o debate sobre a possibilidade de sua aplicação extensiva para outras situações em que o direito existencial for colocado em risco. A interpretação extensiva poderia parecer impossível pelos cânones da hermenêutica tradicional, mas a interpretação constitucional para a aplicação da prisão civil ganha densidade quando seu objetivo é o mesmo, ou seja, garantir a integridade do sujeito de direito. Isto é importante em situações especiais, como em demandas da saúde, quando se atesta a existência do medicamento mas há negativa quanto à obrigação de dar coisa certa. O não cumprimento poderá acarretar a morte da pessoa. A ausência da medida de prisão civil no sistema brasileiro (*Contempt of Court*) representa grande déficit no cumprimento de decisões referentes à tutela específica, sendo necessária a revisitação do instituto, para a garantia de proteção máxima ao sujeito de direito.

A prisão civil pode ser aplicada indistintamente para alimentos oriundos de relação de parentesco ou por indenização derivada da prática de ato ilícito. É necessário que a medida realmente seja necessária e aplicada como recurso final pelo juiz, pela recalcitrância imotivada do devedor (*letzes Executionsmittel*). Nosso sistema reconhece a severidade da prisão civil, o que justificou a modulação da Súmula STJ-309.[38]

O devedor de alimentos deve ser separado dos presos provisórios e definitivos da esfera penal, conforme o art. 201 da Lei de Execução Penal/ LEP. O período de prisão civil deverá ser cumprido em regime fechado (art. 528, § 4º, do CPC).

13. Medidas executivas sub-rogatórias

No cumprimento das obrigações de fazer e não fazer a técnica sub-rogatória assume papel destacado, por atingir o objetivo da tutela específica. A ordem judicial poderá determinar técnica sub-rogatória quando o cumprimento do comando não dependa da colaboração da parte (*Mitwirkung des Schuldners*) e com a entrega da prestação jurisdicional adequada.[39] O cumprimento da ordem judicial pela execução direta permite que as sentenças executivas e condenatórias sejam cumpridas pela prática de atos executivos *típicos* e *atípicos*. No cumprimento de sentenças executivas *lato sensu* o juiz poderá aplicar a execução direta em *sincretismo absoluto*, uma vez que a cognição e a execução são realizadas em uma única fase. Para a entrega de coisa certa imóvel (art. 538 do CPC) ou para a reintegração de posse (art. 560 do CPC) o juiz poderá determinar a imissão imediata na posse do bem, sem prejuízo de outras medidas atípicas que permitam o cumprimento da tutela específica. A atipicidade das medidas executivas no cumprimento de uma sentença executiva *lato sensu* é fruto da necessidade do juiz de adequar a medida ideal para que o conteúdo do comando seja cumprido com a preservação do objeto litigioso.

38. "Admissibilidade da prisão civil do alimentante por dívida atual, correspondente às três últimas prestações anteriores ao ajuizamento da execução, acrescidas das que se vencerem no curso do processo (Súmula n. 309/STJ) – Ausência de justificativa hábil a afastar a obrigação alimentar, mormente considerando que, conforme reconhecido na origem, o acordo celebrado para adimplemento das prestações atrasadas, em montante bastante razoável, nunca foi cumprido" (STJ, 3ª Turma, RHC 47.387-SP, rel. Min. João Otávio de Noronha, rel. para o acórdão Min. Paulo de Tarso Sanseverino, j. 20.11.2014, *DJe* 27.11.2014).

39. Gaul/Schilken/Becker-Eberhard/Lakkis/Rosenberg, *Zwangsvollstreckungsrecht*, cit., 12ª ed., § 9º, pp. 140-141.

Isto não acontece nas sentenças condenatórias para pagamento de quantia. A ordem de pagamento será cumprida por atividade executiva sub-rogatória, mas em outra fase, ou seja, projeta-se um *sincretismo relativo*. Na fase de cumprimento da sentença serão praticados atos executivos típicos, pois a invasão na esfera patrimonial não é fruto de tutela específica, mas ressarcitória. Por este motivo, os atos executivos sofrem controle, porque nem todos os bens que pertencem ao devedor podem ser utilizados para a sub-rogação e pagamento da dívida.

As medidas executivas atípicas são importantes tanto na tutela inibitória (ameaça) como na tutela ressarcitória (indenização: *in natura* ou pelo *equivalente pecuniário*). A tutela específica na modalidade inibitória preserva o bem jurídico tutelado e evita a lesão, que poderá ser irreparável, uma vez que o equivalente pecuniário é apenas um paliativo quando está em jogo a proteção de direitos fundamentais individuais (vida, saúde, incolumidade física) ou coletivos (meio ambiente).

14. A ATIPICIDADE DOS MEIOS EXECUTÓRIOS

Como já afirmado, a técnica sub-rogatória permite que o juiz lance mão de medidas atípicas, as quais não guardam previsão específica no ordenamento processual e permitem maleabilidade para assegurar o cumprimento da tutela específica.

A inexistência de procedimento específico para o cumprimento de sentença nas obrigações de fazer e não fazer está relacionada à natureza do direito tutelado e do comando judicial proferido. A sentença de procedência representa a entrega de *tutela jurisdicional diferenciada*, cuja implementação deve ser ajustada pelo juiz no caso concreto. Esta já era a solução oferecida pelo art. 461 do CPC/1973, e não poderia ser diferente perante o Código de Processo Civil/2015. O sincretismo absoluto entre a fase de conhecimento e a de execução permite o cumprimento imediato do comando sentencial, exigindo técnica processual diferenciada.

Na implementação dos comandos mandamentais e executivos não existe propriamente uma fase para o cumprimento. Desde a sentença o juiz está autorizado, *ex officio* (art. 536 do CPC), a tomar as providências necessárias para evitar o perecimento da pretensão jurídica protegida pela tutela estatal. Como não há fase procedimental típica para o cumprimento, o sistema processual autoriza que o juiz tome as medidas necessárias para a realização prática da sentença. Percebe-se que atividade cognitiva e a executiva permitem que o juiz lance mão de medidas adequadas ao caso concreto para permitir que a tutela executiva específica surta sua eficácia.

É o que acontece, por exemplo, em uma sentença possessória. O comando de reintegração de posse determinado no dispositivo é suficiente para que a ordem judicial seja cumprida imediatamente (eficácia mandamental), assegurando-se, em caso de resistência, a expedição do mandado, com autorização de reforço policial para o cumprimento forçado da de decisão de desocupação (eficácia executiva). Se o oficial de justiça não conseguir cumprir a medida, o reforço policial já estará autorizado para a efetivação da ordem de reintegração. Nenhum outro ato será necessário. A tutela específica autoriza esta situação pela urgência e necessidade de tratamento diferenciado, sob pena da ineficácia do provimento jurisdicional. Este é o motivo da previsão sequencial das *astreintes* no art. 537, que revelam que na satisfação da tutela específica é possível a cumulação das medidas executivas indiretas e diretas. A multa, como expressamente prevê o dispositivo, "independe de requerimento da parte". As medidas executivas indiretas compõem importante instrumento para a efetividade da tutela específica.

O Código de Processo Civil põe em relevo especial a missão do juiz no cumprimento das decisões indutivas, coercitivas, mandamentais ou sub-rogatórias que são necessárias para a garantia de acesso à *tutela jurisdicional adequada* (art. 139, IV). Seria impensável submeter todas as pretensões reconhecidas por sentença ao procedimento de cumprimento da sentença condenatória. Embora a tutela ressarcitória pelo equivalente pecuniário ocupe papel de destaque inegável no cenário jurídico e econômico, a tutela específica na modalidade inibitória representa forma especial e preferencial de satisfação da pretensão. A tutela específica representa a forma legítima de cumprimento da missão magna do processo, que é recompor a situação anterior para a parte que tenha sido ameaçada ou lesada. No entanto, como sua realização não pressupõe a conversão em perdas e danos, mas a satisfação específica da obrigação, com ou sem a participação do devedor, o sistema exige meios diferenciados para a execução, o que justifica a regra aberta do art. 536, § 1º: "§ 1º. Para atender ao disposto no *caput*, o juiz poderá determinar, entre outras medidas, a imposição de multa, a busca e apreensão, a remoção de pessoas e coisas, o desfazimento de obras e o impedimento de atividade nociva, podendo, caso necessário, requisitar o auxílio de força policial".

A leitura do dispositivo torna clara a possibilidade de que o juiz combine a execução indireta (multa) com a direta (busca e apreensão, remoção de pessoas e coisas, desfazimento de obras, impedimento de atividade nociva).

15. O PROCEDIMENTO PARA O CUMPRIMENTO DE SENTENÇA NAS OBRIGAÇÕES DE FAZER E NÃO FAZER

No cumprimento da sentença para a exigência de quantia certa, em que a eficácia condenatória prepondera, pela formação de título submetido ao regime do art. 515, I, do CPC, prevalece a necessidade de observância do princípio dispositivo para o início da fase satisfativa.

No procedimento para o cumprimento das obrigações de fazer e não fazer (art. 536 do CPC) assim como para as obrigações de entregar coisa (art. 538 do CPC) prepondera a concessão *ex officio* para a deflagração dos atos executivos. Tudo decorre da natureza dos provimentos jurisdicionais, que são eminentemente mandamentais e executivos. Logo, em vista do sincretismo absoluto, a sentença é suficiente como ato de esgotamento da fase de cognição e para a deflagração da fase executiva. Um exemplo simples acontece na sentença de reintegração de posse, em que o juiz, após conceder prazo mínimo de desocupação, determina, *ex officio*, a expedição do mandado *de evacuando*. A decisão final já permite que o juiz determine "as medidas necessárias à satisfação do exequente" (art. 536 do CPC).

Isto não elimina o direito de postulação do exequente. Ele poderá expressamente manifestar o pedido de conversão do cumprimento da obrigação em perdas e danos, o que reflete o exercício do princípio dispositivo.

15.1 O contraditório no cumprimento da decisão

Como a sentença assume natureza preponderantemente mandamental e executiva, não existe propriamente fase para que o pronunciamento judicial seja cumprido. O sincretismo absoluto, por sua vez, não elimina a necessidade do contraditório, inclusive para fins de aplicação das medidas executivas diretas ou indiretas que terão cabimento para o cumprimento da decisão *provisória* ou *definitiva*. Não há propriamente fase para impugnação ou embargos. Todavia, em vista da clara opção realizada pelo Código de Processo Civil/2015 quanto ao *contraditório forte* (art. 10), a deflagração de medidas executivas diretas ou indiretas deve ser antecedida de um prazo mínimo que permita o cumprimento da decisão (*e.g.*, fixação de multa diária na hipótese de não cumprimento no prazo determinado) ou a prática do ato material que satisfaça integralmente o comando (desocupação do imóvel no prazo fixado, sob pena de retirada compulsória do imóvel, remoção de obstáculo, cessação de atividade nociva).

Seguindo esta trilha, o legislador determinou a aplicação do art. 525, no que couber, à tutela das obrigações de fazer e não fazer (art. 536 § 4º, do CPC), o que gera a concessão de prazo mínimo de 15 dias para manifestação.

A necessidade de contraditório não impedirá o cumprimento da medida executiva. A urgência deve ser avaliada pelo juiz perante o caso concreto. A desocupação de um imóvel poderá demandar prazo razoável. Nem sempre será necessária a aplicação imediata da ordem de desocupação quando a parte manifeste voluntariamente o acatamento da decisão mas requeira, em tempo oportuno, a dilação de prazo para o cumprimento da ordem judicial.

A necessidade do contraditório decorre da gravidade das medidas executivas diretas e indiretas na esfera jurídica e fática da parte contrária. Obviamente, a urgência da medida poderá até provocar o diferimento do contraditório, mas ele não pode ser suprimido.[40] Embora exista argumento contrário, pautado pela efetividade e duração razoável do processo, o contraditório é essencial, e sua observância não será o fator de inefetividade da via executiva na tutela específica. Com o Código de Processo Civil/2015 veda-se a surpresa processual (*Verbot der Überraschungsentscheidung* – art. 10 do CPC), o que justifica o contraditório forte em nossa ordem processual.

O Direito Brasileiro incorporou a necessidade do contraditório prévio na execução das medidas indiretas, que são largamente utilizadas para o cumprimento da decisão provisória ou da sentença mandamental ou executiva. O STJ consolidou este entendimento por meio da Súmula 410, inclusive afirmando ser necessária a intimação pessoal, e não na pessoa do advogado. A aplicação de sanção deve ser de conhecimento efetivo daquele que irá sofrer sua aplicação, e, por consequência, em face daquele a quem realmente incumbe a prática do ato determinado pela decisão judicial.[41]

40. O § 891 da *ZPO* alemã prevê a necessidade do contraditório prévio na aplicação de medidas executivas no cumprimento das obrigações fungíveis (*Vertrebare Handlungen*) ou infungíveis (*Nicht vertrebare Handlungen*): "Vor der Entscheidung ist der Schuldner zu hören" – "Antes da decisão o devedor deve ser ouvido" – tradução livre). Sobre o ponto, v.: Thomas/Putzo, *ZPO – Kommentar*, cit., p. 1.245.

41. Entendimento recepcionado pela 2ª Seção do STJ perante o atual Código de Processo Civil: "(...). 1. 'A prévia intimação pessoal do devedor constitui condição necessária para a cobrança de multa pelo descumprimento de obrigação de fazer ou não fazer – Entendimento compendiado na Súmula n. 410, editada em 25.11.2009, anos após a entrada em vigor da Lei n. 11.232/2005, o qual continua válido em face do ordenamento jurídico em vigor – Esclarecimento do decidido pela 2ª Seção nos

Após a promulgação do Código de Processo Civil/2015 há intensa discussão sobre a viabilidade da necessidade de intimação pessoal para a exigência da multa.[42] Cremos que a intimação pessoal deva ser comprovada como requisito para a exigência da multa, porque o cumprimento do ato executivo é responsabilidade final da parte. Sua ciência inequívoca evitará a incidência desnecessária da multa, visto que sua utilidade apenas está restrita a forçar o cumprimento da obrigação judicialmente determinada.

15.2 Conversão da obrigação de fazer em perdas e danos

A possibilidade da conversão da tutela específica em tutela ressarcitória pelo equivalente pecuniário decorre de duas hipóteses, conforme clara leitura do art. 499 do CPC: "A obrigação somente será convertida em perdas e danos se o autor o requerer ou se impossível a tutela específica ou a obtenção de tutela pelo resultado prático equivalente".

A primeira hipótese de conversão em perdas e danos resultará da aplicação do princípio dispositivo. Embora seja correto afirmar a primazia da tutela específica pela técnica reintegratória, o princípio dispositivo impera no sistema positivo brasileiro. Cabe ao interessado optar pela tutela específica, com a reintegração na posição jurídica anterior à ameaça ou lesão (*reintegrazione in forma especifica*), ou pedir o equivalente pecuniário (*risarcimento per equivalente-eguale valore*).[43]

A segunda hipótese não decorre da eleição do exequente, mas da impossibilidade material da prestação reconhecida como devida pela sentença. Na tutela específica referente aos deveres de fazer ou de entregar coisa a impossibilidade fática de cumprimento da sentença representa situação frequente.

EAg n. 857.758-RS' (REsp 1.349.790-RJ, 2ª Seção, *DJe* 27.2.2014). 2. Agravo interno a que se nega provimento" (STJ, 4ª Turma, AgInt no REsp 1.726.817-MG, rel. Min. Antônio Carlos Ferreira, j. 4.9.2018, *DJe* 12.9.2018).

42. A 1ª Seção do STJ fixou posicionamento pela desnecessidade da intimação pessoal do devedor para a incidência da multa após a introdução do processo sincrético pela Lei 11.232/2005, o que teria alterado a validade da Súmula 410, posicionamento do qual discordamos: "(...). Segundo entendimento do STJ, após a vigência da Lei n. 11.232/2005, é desnecessária a intimação pessoal do executado para cumprimento da obrigação de fazer imposta em sentença, para fins de aplicação das *astreintes*. 3. Cabe ao STJ examinar a insurgência à luz do ordenamento jurídico e impor a aplicação de sua jurisprudência, ainda quando advém alteração de entendimento entre o período que intermedeia a interposição do reclamo e seu definitivo julgamento. 4. Agravo interno desprovido" (STJ, 1ª Turma, AgInt no AREsp 62.961-RJ, rel. Min. Gurgel de Faria, j. 26.6.2018, *DJe* 8.8.2018).

43. Paolo Zatti, *Corso di Diritto Civile*, p. 549.

Isto já foi reconhecido, por mais de uma vez, em demandas de natureza possessória quando a incidência do *princípio da primazia da realidade subjacente* desautoriza o cumprimento da tutela específica de desocupação e entrega do bem imóvel (arts. 536, § 1º, e 538 do CPC).

Esta situação de impossibilidade de cumprimento da tutela específica, especialmente em ordens judiciais de desocupação que não são cumpridas em tempo oportuno, acaba atraindo a própria responsabilidade estatal sobre o ato e a possibilidade da conversão em perdas e danos.[44]

44. V. interessante acórdão do STJ em que se reconhece a conversão e a responsabilidade por desapropriação nos termos do instigante instituto previsto no art. 1.228, §§ 4º e 5º, do CC: "Processual civil e administrativo – Reintegração de posse – Caso concreto – Impossibilidade – Invasão do imóvel por milhares de famílias de baixa renda – Omissão do Estado em fornecer força policial para o cumprimento do mandado judicial – Apossamento administrativo e ocupação consolidada – Ação reintegratória – Conversão em indenizatória – Posterior exame como desapropriação judicial – Supremacia do interesse público e social sobre o particular – Indenização – Responsabilidade do Estado e do Município – Julgamento *extra petita* e *reformatio in pejus* – Não ocorrência – Legitimidade *ad causam* – Justo preço – Parâmetros para a avaliação – Supressão de instância – Cálculo do valor – Liquidação de sentença. 1. O Plenário do STJ decidiu que 'aos recursos interpostos com fundamento no Código de Processo Civil/1973 (relativos a decisões publicadas até 17.3.2016) devem ser exigidos os requisitos de admissibilidade na forma nele prevista, com as interpretações dadas até então pela jurisprudência do STJ' (Enunciado Administrativo n. 2). 2. Hipótese em que a parte autora, a despeito de ter conseguido ordem judicial de reintegração de posse desde 1991, encontra-se privada de suas terras até hoje, ou seja, há mais de duas décadas, sem que tenha sido adotada qualquer medida concreta para obstar à constante invasão do seu imóvel, seja por ausência de força policial para o cumprimento do mandado reintegratório, seja em decorrência dos inúmeros incidentes processuais ocorridos nos autos ou em face da constante ocupação coletiva ocorrida na área, por milhares de famílias de baixa renda. 3. Constatada, no caso concreto, a impossibilidade de devolução da posse à proprietária, o Juiz de primeiro grau converteu, de ofício, a ação reintegratória em indenizatória (desapropriação indireta), determinando a emenda da inicial, a fim de promover a citação do Estado e do Município para apresentar contestação e, em consequência, incluí-los no polo passivo da demanda. 4. O STJ já se manifestou no sentido da possibilidade de conversão da ação possessória em indenizatória, em respeito aos princípios da celeridade e economia processuais, a fim de assegurar ao particular a obtenção de resultado prático correspondente à restituição do bem, quando situação fática consolidada no curso da ação exigir a devida proteção jurisdicional, com fulcro no art. 461, § 1º, do CPC/1973. [*v. art. 499 do CPC/2015*] 5. A conversão operada na espécie não configura julgamento *ultra petita* ou *extra petita*, ainda que não haja pedido explícito nesse sentido, diante da impossibilidade de devolução da posse à autora, sendo descabido o ajuizamento de outra ação quando uma parte do imóvel já foi afetada ao domínio público, mediante apossamento administrativo, sendo a outra restante ocupada de forma precária por inúmeras famílias de baixa renda com a intervenção do Município e do Estado, que implantaram toda a infraestrutura básica no local, tornando-se a área bairros urbanos.

6. Não há se falar em violação ao princípio da congruência, devendo ser aplicada à espécie a teoria da substanciação, segundo a qual apenas os fatos vinculam o julgador, que poderá atribuir-lhes a qualificação jurídica que entender adequada ao acolhimento ou à rejeição do pedido, como fulcro nos brocardos *iura novit curia* e *da mihi factum dabo tibi ius* e no art. 462 do CPC/1973. [*V. art. 493 do CPC/2015*] 7. Caso em que, ao tempo do julgamento do primeiro grau, a lide foi analisada à luz do disposto no art. 1.228, §§ 4º e 5º, do CC/2002, que trata da desapropriação judicial, chamada também por alguns doutrinadores de desapropriação por posse-trabalho ou de desapropriação judicial indireta, cujo instituto autoriza o magistrado, sem intervenção prévia de outros Poderes, a declarar a perda do imóvel reivindicado pelo particular em favor de considerável número de pessoas que, na posse ininterrupta de extensa área, por mais de cinco anos, houverem realizado obras e serviços de interesse social e econômico relevante. 8. Os conceitos abertos existentes no art. 1.228 do CC/2002 propiciam ao magistrado uma margem considerável de discricionariedade ao analisar os requisitos para a aplicação do referido instituto, de modo que a inversão do julgado, no ponto, demandaria o reexame do conjunto fático-probatório, providência vedada no âmbito do recurso especial, em face do óbice da Súmula n. 7 do STJ. 9. Não se olvida a existência de julgados desta Corte de Justiça no sentido de que 'inexiste desapossamento por parte do ente público ao realizar obras de infraestrutura em imóvel cuja invasão já se consolidara, pois a simples invasão de propriedade urbana por terceiros, mesmo sem ser repelida pelo Poder Público, não constitui desapropriação indireta' (AgR no REsp n. 1.367.002-MG, rel. Min. Mauro Campbell Marques, 2ª Turma, j. 20.6.2013, *DJe* 28.6.2013). 10. Situação em que tal orientação não se aplica ao caso estudado, pois, diante dos fatos delineados no acórdão recorrido, não há dúvida de que os danos causados à proprietária do imóvel decorreram de atos omissivos e comissivos da Administração Pública, tendo em conta que deixou de fornecer a força policial necessária para o cumprimento do mandado reintegratório, ainda na fase inicial da invasão, permanecendo omissa quanto ao surgimento de novas habitações irregulares, além de ter realizado obras de infraestrutura no local, com o objetivo de garantir a função social da propriedade, circunstâncias que ocasionaram o desenvolvimento urbano da área e a desapropriação direta de parte do bem. 11. O Município de Rio Branco, juntamente com o Estado do Acre, constituem sujeitos passivos legítimos da indenização prevista no art. 1.228, § 5º, do CC/2002, visto que os possuidores, por serem hipossuficientes, não podem arcar com o ressarcimento dos prejuízos sofridos pelo proprietário do imóvel (*ex vi* do Enunciado n. 308 do Conselho da Justiça Federal). 12. Diante da procedência parcial da ação indenizatória contra a Fazenda Pública Municipal, tem-se aplicável, além do recurso voluntário, o reexame necessário, razão pela qual não se vislumbra a alegada ofensa aos arts. 475 e 515 do CPC/1973, [*v. arts. 496 e 1.013 do CPC/2015*] em face da reinclusão do Estado do Acre no polo passivo da demanda, por constituir a legitimidade *ad causam* matéria de ordem pública, passível de reconhecimento de ofício, diante do efeito translativo. 13. A solução da controvérsia exige que sejam levados em consideração os princípios da proporcionalidade, da razoabilidade e da segurança jurídica, em face das situações jurídicas já consolidadas no tempo, de modo a não piorar uma situação em relação à qual se busca a pacificação social, visto que 'é fato público e notório que a área sob julgamento, atualmente, corresponde a pelo menos quatro bairros dessa cidade (Rio Branco), onde vivem milhares de famílias, as quais concedem função social às terras em litígio, exercendo seu direito fundamental social à moradia'. 14. Os critérios para a apuração do valor da justa indenização serão analisados na fase de liquidação de

16. CUMPRIMENTO DE SENTENÇA PARA ENTREGA DE COISA

O art. 538 do CPC prevê o procedimento para a entrega de coisa e determina a aplicação do procedimento relativo às obrigações de fazer e não fazer, naquilo em que for compatível.

O sincretismo absoluto também é característica ínsita à obrigação de dar, o que reflete situação já prevista pelo Código de Processo Civil/1973 perante o art. 461-A [*art. 498 do CPC/2015*]. Na obrigação de entrega o exequente busca a satisfação do comando judicial para a apreensão imediata do bem móvel ou imóvel.

A decisão interlocutória ou sentença assume eficácia preponderantemente executiva, pois se busca a realização do ato material de apreensão do bem. O procedimento para o cumprimento da entrega de bem móvel ou imóvel corresponde a técnica processual genérica que pode ser utilizada de modo suplementar aos procedimentos especiais.

O cumprimento de sentença de ação possessória em que não exista a possibilidade de concessão da liminar, ou quando a reintegração tenha sido concedida apenas na fase de sentença, é similar ao disposto no art. 538 do CPC. Aliás, para as ações que não são tipicamente possessórias, como naquelas em que existe procedimento cumulado (*e.g.*, rescisão de contrato de compra ou de comodato cumulado com reintegração de posse), o pedido reipersecutório deve ser cumprido com o auxílio do art. 538 do CPC.

16.1 A concentração do objeto

O cumprimento de sentença refere-se tanto a coisa certa quanto a incerta. A fase de satisfação já pressupõe a especificação da coisa na fase de conhecimento quando se tratar de execução judicial. Tratando-se de execução para entrega de coisa incerta, nos termos do art. 498, parágrafo único, do CPC, o autor deverá indicar na petição inicial o bem que deverá ser entregue quando a especificação for de sua responsabilidade. Do contrário caberá ao réu, em prazo a ser assinalado pelo juiz.

Deve ser lembrada a dessemelhança entre a regra material e a processual sobre o assunto. No campo contratual a individuação da *res*

sentença, não tendo sido examinados pelo Juízo da primeira instância, de modo que não podem ser apreciados pelo Tribunal de origem, tampouco por esta Corte Superior, sob pena de supressão de instância. 15. Recursos especiais parcialmente conhecidos e, nessa extensão, desprovidos" (STJ, 1ª Turma, REsp 1.442.440-AC, rel. Min. Gurgel de Faria, j. 7.12.2017, *DJe* 15.2.2018).

representa um direito do devedor (art. 244 do CC). O não cumprimento da obrigação no prazo avençado, com a correspondente individualização, torna necessária a ação judicial, momento em que o direito de especificar é estabelecido para o credor (art. 498, parágrafo único, do CPC).

16.2 Medidas executivas diretas e indiretas

Na entrega de coisa a tutela específica é marcada naturalmente pela técnica sub-rogatória como meio preferencial de satisfação da parte. A entrega do bem móvel ou o apossamento sobre o bem imóvel tornam natural a preferência pela sub-rogação como meio de satisfação do cumprimento de sentença. A execução indireta é plenamente justificável e pode ser considerado meio menos gravoso para a obtenção da satisfação. Sob a ótica da razoabilidade é preferível, pois evita o conflito material para a execução da ordem de entrega.

A incidência da técnica processual dependerá sempre da análise da lide. A entrega de um bem imóvel público ocupado por uma coletividade certamente exigirá a técnica de sub-rogação, que poderá ser aplicada de ofício pelo juiz. A fixação de multa diária não surtirá qualquer eficácia, em vista da hipossuficiência econômica daqueles que serão atingidos pela sua incidência.

16.3 Procedimento para o cumprimento de entrega de coisa

A leitura do art. 538 do CPC permite concluir pela inexistência de um procedimento típico para o cumprimento da obrigação de entrega. Ele será aplicado, *mutatis mutandis*, de acordo com as regras previstas para a obrigação de fazer e não fazer.

O procedimento de cumprimento exige a intimação prévia do devedor para o cumprimento da sentença por alguma das formas estabelecidas pelo art. 513 do CPC. A regra-matriz será a intimação por meio de publicação oficial na pessoa do advogado do devedor (art. 513, § 2º, I). Na ausência de defensor utilizam-se as demais hipóteses para a intimação do cumprimento.

Nos termos do art. 498, parágrafo único, a sentença (ou decisão interlocutória) deverá conter a especificação do bem a ser entregue. Sob o aspecto prático não há dúvida de que na maioria das situações a concentração do bem deverá ocorrer na fase de conhecimento. Isto não elimina a possibilidade de que o próprio título judicial possa conter a necessidade de especificação. Isto pode acontecer não só como decorrência de obrigações alternativas, mas de oferecimento de dação em pagamento como modalidade de extinção da obrigação, sem a especificação do bem. Logo, a necessidade de concentração também se refere à petição inicial do cumprimento de sentença para fins do art. 538 do CPC.

O devedor, ora executado, poderá apresentar defesa peculiar na fase de satisfação, e voltada para a impossibilidade fática de cumprimento da tutela específica. O contraditório deve ser concedido, com prazo mínimo de 15 dias para a entrega do bem. Não se trata de prazo suspensivo para impugnação ou embargos, ou a sentença executiva perderia sua razão de existir. Este prazo deve ser assinalado para o cumprimento da obrigação, no qual o devedor poderá formular petição para defesa sumária.

A apresentação de defesa pressupõe a especificação prévia do objeto a ser entregue, quando a obrigação estiver vinculada unicamente pelo gênero. A especificação é essencial para a aplicação das medidas executivas.[45] A impossibilidade de entrega poderá exigir a conversão do procedimento para o cumprimento por quantia certa (art. 523).

16.4 O direito de retenção e a Súmula STJ-335

Na obrigação para a entrega de coisa o possuidor de boa-fé poderá exercer o direito de retenção ou de levantamento das benfeitorias. Apesar de o art. 538, § 2º, do CPC fazer referência apenas às benfeitorias, o direito também engloba as acessões.

O ponto essencial do art. 538, § 2º, do CPC é a necessidade de cautela por parte do executado para controverter a matéria na fase da contestação no processo de conhecimento. É neste momento que o direito de retenção deve ser discutido, com todas as implicações oriundas do direito material (arts. 1.219 *usque* 1.222 do CC), com especial relevo para a incidência da Súmula STJ-335, que se aplica especificamente para contratos de locação: "Nos contratos de locação, é válida a cláusula de renúncia à indenização das benfeitorias e ao direito de retenção". O direito de compensação, o valor de indenização pelo custo ou pelo preço atual, a possibilidade de levantamento, são questões que necessitam de contraditório prévio.

O silêncio sobre referidas questões provoca o efeito preclusivo, que torna inoperante a impugnação ou apresentação de exceção de pré-

45. Lembramos que a defesa não pode alegar perecimento do objeto quando não há especificação, pela aplicação da regra genus nos perit, nos termos do art. 246 do CC. Sobre o ponto, Fabio Caldas de Araújo e José Miguel Garcia Medina, *Código Civil Comentado*, cit., p. 326.

-executividade na fase de cumprimento de sentença. A necessidade de atenção ao exaurimento da via de conhecimento é importante, lembrando que a via do recurso especial é inoperante para o fim de revisar conteúdo fático que tenha sido decidido nas instâncias originárias (Súmula STJ-7).

A indenização reconhecida para fins de ressarcimento ao devedor poderá ser objeto de liquidação quando o direito de reter tenha sido reconhecido mas sem a apuração necessária para sua indenização. Pela obediência ao princípio da fidelidade do título, exige-se o reconhecimento expresso pela sentença do direito de retenção das benfeitorias ou acessões, ainda que ilíquidas e sujeitas ao procedimento de liquidação.[46]

46. Neste sentido: "Ação reivindicatória julgada procedente – Ausência de previsão do direito de retenção na sentença – Reconhecimento da boa-fé das duas partes – Respeito à coisa julgada – Obediência ao princípio da fidelidade ao título (...) – Liquidação de sentença prolatada em ação reivindicatória de imóvel com área de 242ha, que reconhecera o direito dos autores a perdas e danos e o direito dos réus a serem indenizados pelas benfeitorias realizadas, determinando a compensação dos valores, mas omitindo-se acerca do seu direito de retenção – Impossibilidade de se alterar o comando da sentença exequenda, especialmente diante do reconhecimento expresso da boa-fé das duas partes – Respeito ao princípio da fidelidade do título – Recurso especial desprovido" (STJ, 3ª Turma, REsp 1.186.099-ES, rel. Min. Paulo de Tarso Sanseverino, j. 25.9.2012, *DJe* 28.9.2012).

Capítulo X

DA SUSPENSÃO E EXTINÇÃO DO CUMPRIMENTO DE SENTENÇA

1. Suspensão do cumprimento de sentença. 2. A tutela de urgência e a suspensão da execução: 2.1 Aplicação supletiva da suspensão da fase cognitiva (arts. 313 e 315 do CPC): 2.1.1 Art. 313, I – 2.1.2 Art. 313, II – 2.1.3 Art. 313, III – 2.1.4 Art. 313, IV – 2.1.5 Art. 313, V – 2.1.6 Art. 313, VI e VII – 2.1.7 Art. 313, VIII – 2.2 Concessão do efeito suspensivo na impugnação ou nos embargos – 2.3 Suspensão e incidentes da execução – 2.4 Suspensão por ausência de bens ou de licitantes – 2.5 Suspensão pelo parcelamento – 2.6 Prática de atos urgentes na fase de suspensão do cumprimento de sentença – 2.7 Da extinção da execução no cumprimento de sentença: 2.7.1 Extinção prematura da relação processual executiva – 2.7.2 Extinção pelo cumprimento voluntário ou involuntário – 2.7.3 Extinção pela prescrição: 2.7.3.1 A prescrição intercorrente na execução fiscal.

1. Suspensão do cumprimento de sentença

Não só a relação processual cognitiva pode exigir a suspensão dos atos processuais. A crise da relação processual também atinge a esfera executiva sendo relativamente frequente a paralisação dos atos processuais praticados na fase de cumprimento. Apesar da suspensão do processo estar regulada na parte geral do CPC (arts. 313 a 315) o legislador adicionou figuras específicas para a fase executiva, como se observa da leitura do art. 921 do CPC.

As causas de suspensão da seara executiva exigem exame diferenciado, em virtude das diferenças estruturais entre a fase cognitiva e a executiva.[1] A interação entre ambas as esferas é benéfica, inclusive expressamente incentivada pelo art. 318, parágrafo único, do CPC.

1. Carlos Furno, *La Sospenzione del Processso Esecutivo*, p. 8.

É natural a coexistência de causas comuns de suspensão entre a fase de conhecimento e a de execução; contudo, é necessário respeitar as vicissitudes de cada uma das formas de prestação da tutela jurisdicional.[2]

A suspensão é sempre excepcional e obedece ao *princípio da tipicidade*. Não se pode ignorar que a suspensão da relação processual atenta contra a duração razoável do processo (art. 5º, LXXVIII, da CF/1988).[3] Apesar de inevitável em determinadas situações, a causa da suspensão deve ser combatida, e o juiz deve zelar pela solução do óbice que impede a marcha do processo.

A suspensão do cumprimento de sentença poderá ser *necessária* ou *voluntária*.[4] Na suspensão necessária não existe margem de apreciação para o juiz. O acontecimento do fato jurídico devidamente comprovado na relação processual provoca a suspensão da marcha processual. Esta hipótese é retratada pelo art. 313, I, do CPC. A perda da capacidade processual impede o prosseguimento do processo sem a regularização do polo processual afetado. Os atos eventualmente praticados são nulos, porque materializados sem o respeito ao contraditório substancial. Nesta classificação também deve ser incluída a suspensão atípica, que nasce por determinação direta do juiz (*iussu iudicis*) e que deverá ser devidamente fundamentada.[5]

A suspensão voluntária é marcada pela consumação de negócio processual (arts. 313, II, e 922) em que as partes acordam na suspensão da relação processual com o objetivo de finalizar a atividade executiva por autocomposição.

2. *A tutela de urgência e a suspensão da execução*

Durante o período em que vigora a suspensão do processo é defeso a todas as partes a prática de atos processuais (art. 314 do CPC). Isto não

2. Francesco Bucolo, *La Sospensione nell'Esecuzione*, p. 7.

3. Nicola Picardi, *Manuale del Processo Civile*, p. 374.

4. Carlos Furno, *La Sospenzione del Processso Esecutivo*, cit., p. 9.

5. A doutrina italiana distingue a suspensão por ato do juiz em vinculada ou discricionária (Nicola Picardi, *Manuale del Processo Civile*, cit., p. 374). A suspensão por ato do juiz refere-se ao poder de condução e gestão da relação processual (art. 139 do CPC). O ato é excepcional e deve ser fundamentado de modo adequado. É comum, por exemplo, a determinação de suspensão com realização de mutirão para períodos específicos em que o Poder Judiciário conta com a colaboração gratuita de peritos para a realização de exames médicos. A suspensão do processo para sua inclusão na pauta coletiva é benéfica e justifica a paralisação dos atos processuais até o período de efetivação da perícia. Do contrário o processo correria o risco de ser julgado no estado em que se encontra e sem a realização da prova que seria essencial para seu deslinde.

elimina a possibilidade de concessão de tutela de urgência, especialmente na modalidade cautelar. O art. 799, VIII, do CPC prevê a possibilidade de o exequente "pleitear, se for o caso, medidas urgentes". O próprio juiz pode exercer o poder geral de cautela quando observar desvios no processo executivo, ainda que a relação processual esteja suspensa.

Pode acontecer que durante o prazo de suspensão convencional ou obrigatória o juiz receba a notícia de desvio ou depredação do bem penhorado. O juiz poderá reconhecer o atentado (art. 77, § 2º, do CPC) e determinar medidas urgentes que preservem os bens apreendidos como garantia do juízo.

A concessão de tutela provisória poderá afetar a esfera jurídica de terceiro, o que não impedirá que a pessoa afetada possa se utilizar dos meios adequados para sustar os efeitos da decisão proferida (art. 674 do CPC).

A tutela de urgência não é um privilégio do exequente. O executado também poderá pleitear medida urgente para a salvaguarda de sua posição jurídica. É comum o cometimento de excessos no processo de execução contra o executado, o que justifica a amplitude do agravo e a concessão da tutela de urgência em primeiro ou segundo graus. Dentre as hipóteses mais comuns citam-se o excesso de penhora ou a penhora que recai sobre bem protegido pelo art. 833, fatos que justificam a concessão de tutela de urgência como meio de correção do ato executivo.[6]

2.1 Aplicação supletiva da suspensão da fase cognitiva (arts. 313 e 315 do CPC)

2.1.1 Art. 313, I

A suspensão da relação executiva será necessária quando ocorrer a morte ou perda da capacidade processual de qualquer uma das partes. Não se incluem os demais sujeitos do processo, como o juiz ou o promotor, porque possuem substitutos legais para o exercício da função. A suspensão da execução obedecerá, quanto aos prazos, às determinações do art. 313, § 2º, I e II, e § 3º. Anteriormente a morte ou perda da capacidade permitia a suspensão máxima de um ano. Na versão atual, na hipótese de morte do réu o autor deverá providenciar a regularização do polo passivo no prazo máximo de seis meses (art. 313, § 2º, I). O falecimento do autor comunicado nos autos obrigará a que o espólio ou os herdeiros do faleci-

6. Cf.: STJ, 2ª Turma, AgInt no Pedido de Tutela Provisória/TP 998-RO, rel. Min. Francisco Falcão, j. 1.3.2018, *DJe* 6.3.2018.

do assumam o polo, em prazo a ser designado pelo juiz. A regularização somente não será possível quando o direito for intransmissível (art. 313, § 2º, II). A morte do procurador de qualquer uma das partes exigirá a suspensão do cumprimento pelo prazo de 15 dias, para que novo procurador seja habilitado nos autos. As consequências de descumprimento do prazo são diversas, pois o autor negligente provocará a extinção do processo sem análise do mérito e o réu terá que arcar com o prosseguimento do feito à sua revelia (art. 313, § 3º).

2.1.2 Art. 313, II

A suspensão do processo executivo poderá acontecer por negócio processual entre as partes. O acordo de vontades representa poderosa ferramenta na fase executiva e tem o condão de permitir duas soluções básicas. A primeira é a novação da execução, com sua consequente extinção, uma vez que ocorrerá a eliminação do antigo vínculo obrigacional. Em caso de descumprimento do acordo o exequente deverá promover nova execução, ainda que nos mesmos autos.[7] A segunda possibilidade é quando o acordo apenas estabelece prazo ou parcelamento do valor executado, sem mudança do objeto da execução, o que motivará a suspensão do processo até o cumprimento do que foi acordado. Nos termos do art. 922, parágrafo único, do CPC, o processo retomará seu curso quando o conteúdo do acordo não for cumprido no prazo e modo avençados.[8]

2.1.3 Art. 313, III

A suspensão da execução também incidirá quando for oferecida a exceção de suspeição ou impedimento em relação ao magistrado que é competente para o processamento da via executiva (art. 313, III, do CPC).

7. "A transação devidamente homologada na instância de origem constitui título executivo judicial (art. 475-N, III, do CPC/1973, correspondente ao art. 515, II, do CPC/2015) e, na hipótese de descumprimento da obrigação, a parte interessada pode fazer valer os termos do acordo, promovendo a respectiva execução, nos próprios autos, perante o juízo sentenciante – Agravo interno desprovido" (STJ, 1ª Turma, AgInt nos ED no REsp 1.405.186-SC, rel. Min. Gurgel de Faria, j. 5.6.2018, *DJe* 3.8.2018).

8. Nestes termos: "Em se tratando de execução suspensa em razão de acordo celebrado entre as partes, nos termos do art. 792, *caput*, do CPC de 1973, [*v. art. 922 do CPC/2015*] sem que haja *animus novandi*, se houver descumprimento deste por parte do devedor, o feito deve ser retomado com base no título executivo originário (CPC/1973, art. 792, parágrafo único), [*v. art. 922, parágrafo único, do CPC/2015*] não podendo o julgador extinguir em definitivo a execução" (STJ, 3ª Turma, AgInt no REsp 1.432.616-SP, rel. Mini. Marco Aurélio Bellizze, j. 27.6.2017, *DJe* 3.8.2017).

No cumprimento de sentença se poderia objetar contra o oferecimento da exceção de suspeição ou impedimento pela preclusão da fase de conhecimento (art. 146 do CPC). O argumento não é válido. As causas que justificam o impedimento ou a suspeição do juiz podem ser supervenientes, o que é corriqueiro, pois a movimentação da carreira nem sempre permite que o juiz sentenciante seja o responsável pelo cumprimento da sentença. Além disso, a competência para o cumprimento de sentença poderá ser alterada, por opção do credor, para o local em que o devedor tem seu domicílio ou para o juízo em que estão situados os bens que sofrerão os atos expropriatórios (art. 516, parágrafo único, do CPC).

A vigente legislação processual trouxe importante advertência quanto à impossibilidade de criação de fato superveniente, por qualquer das partes, com o intuito de retirar o julgamento ou a execução do juiz natural. Este expediente está expressamente repelido pelo art. 144, § 2º, do CPC: "§ 2º. É vedada a criação de fato superveniente a fim de caracterizar impedimento do juiz".

A exceção de suspeição ou impedimento deve ser arguida no prazo geral determinado na Parte Geral do Código de Processo Civil, que é de 15 dias a partir do conhecimento do ato ou fato que gere a impossibilidade de julgamento da causa pelo magistrado. O art. 525, § 2º, realiza referência expressa aos arts. 146 e 148.

A arguição da suspeição ou impedimento será suficiente para suspender o processo executivo, e caberá ao juiz substituto praticar os demais atos urgentes do processo, pelo menos até a decisão do incidente, na hipótese de o juiz titular não se afastar espontaneamente do processo. A manutenção da suspensão do processo após a arguição da suspeição ou impedimento dependerá da decisão de recebimento do relator (art. 146, § 2º). Por decisão fundamentada poderá determinar o prosseguimento do feito quando inexistam motivos plausíveis e comprovados quanto à parcialidade do juiz (art. 146, § 2º, I), ou determinará a suspensão do feito com base nas provas coligidas, até a decisão final do incidente (art. 146, § 2º, II).

2.1.4 Art. 313, IV

O art. 313, IV, do CPC determina hipótese inovadora de suspensão quando comparado ao Código de Processo Civil/1973. A multiplicidade de causas submetida à apreciação do tribunal pela formação do incidente de resolução de demandas repetitivas será causa de suspensão obrigatória dos processos afetados.

A admissão do incidente é causa obrigatória de suspensão dos processos individuais ou coletivos que tramitem dentro de um Estado ou Região (TJ ou TRF). A suspensão é, antes de mais nada, medida racional e que preza pela igualdade material e pela segurança jurídica dos jurisdicionados. A retomada da marcha processual dependerá do trânsito em julgado da decisão do incidente. A decisão proferida pelo tribunal local desafiará recursos especial e extraordinário, o que poderá postergar o trânsito em julgado (art. 982, § 5º). O recurso, especial ou extraordinário, interposto contra a decisão local tem efeito suspensivo *ope legis* e se presume a repercussão geral (*in re ipsa*), nos termos do art. 987, § 1º, do CPC. Somente com a decisão final da tese julgada pelo STJ ou pelo STF terminará a suspensão do art. 313, IV, com a estabilização da tese que deverá ser aplicada em todo o território nacional, nos processos individuais e coletivos (art. 987, § 2º). A suspensão também poderá ser determinada pelo processamento dos julgamentos repetitivos, nos termos do art. 1.037, II, do CPC. Após a admissão de processamento dos repetitivos a suspensão será necessária pelos motivos elencados para o Incidente de Resolução de Demandas Repetitivas/IRDR. A multiplicidade de causas em todo o território exige a suspensão por motivo de segurança e igualdade. Esta suspensão não foi expressamente elencada pelo inciso IV, mas está incluída no inciso VIII do art. 313.

2.1.5 Art. 313, V

Na execução a prejudicialidade também poderá afetar a prestação da tutela jurisdicional. Como informa a doutrina italiana, a prejudicialidade externa ao processo em curso pode ser manifestada, basicamente, em face da pendência de causas (a) civis, (b) penais e (c) administrativas.[9]

Na esfera da execução não pode ser ignorada a importância da questão prejudicial. A execução de um formal de partilha, ainda que direcionado exclusivamente ao inventariante, poderá sofrer reflexo de uma ação de petição de herança que autorize a suspensão da execução pela possível readequação do formal de partilha. Isto evidencia que a leitura do art. 784, § 1º, do CPC deve ser relativizada, pois a independência da ação executiva não é total. Há muito tempo a autonomia da execução é testada por ações heterotópicas que possuem o condão de suspender a execução judicial e a extrajudicial.[10] Admite-se com maior força a

9. Nicola Picardi, *Manuale del Processo Civile*, cit., pp. 376-377.

10. "A ação de conhecimento somente enseja suspensão de processo de execução de cédula rural se reconhecido por sentença que o devedor preenche os requisitos

suspensão da execução quando a ação de conhecimento é proposta antecipadamente, o que representaria uma apresentação de embargos com função preventiva.[11]

A lide penal também exerce grande influência sobre a lide civil. Os arts. 313, V, "a", e 315 do CPC são fontes de suspensão pelo art. 921, I. A questão prejudicial penal poderá exercer poderosa influência sobre a via executiva, ainda que de modo excepcional. A incidência do art. 315 é vocacionada a regular a interpenetração entre o processo civil e o criminal. A solução sobre a autoria e a materialidade na esfera penal consiste em fator de economia processual e de efetividade, na medida em que se evitam pronunciamentos contraditórios. O art. 315 regula dois prazos de suspensão de três meses e de um ano que são referentes, respectivamente, (a) ao período para o ajuizamento da ação penal após a *notitia criminis* e (b) ao prazo de conclusão da ação penal ajuizada.

Mesmo após a prolação de sentença penal condenatória é possível que a via executiva possa ser excepcionalmente suspensa. O ajuizamento de uma revisão criminal em que tenha sido deferida liminarmente a suspensão da execução da pena poderá influenciar a marcha dos atos executivos, pela possibilidade de desconstituição do título que fundamenta os atos de expropriação. Esta hipótese certamente permitirá que o juiz aplique, por analogia, o art. 315 do CPC, em vista da prejudicialidade heterotópica oriunda da esfera penal.

legais para a securitização de dívida rural – Precedente – 3. Agravo interno não provido" (STJ, 4ª Turma, AgInt no REsp 1.445.634-MT, rel. Min. Luís Felipe Salomão, j. 27.6.2017, *DJe* 1.8.2017).

11. Neste sentido: "(...). Se é certo que a propositura de qualquer ação relativa ao débito constante do título não inibe o direito do credor de promover-lhe a execução (CPC, art. 585, § 1º), [*CPC/1973 – v. art. 784, § 1º, do CPC/2015*] o inverso também é verdadeiro: o ajuizamento da ação executiva não impede que o devedor exerça o direito constitucional de ação para ver declarada a nulidade do título ou a inexistência da obrigação, seja por meio de embargos (CPC, art. 736), [*CPC/1973 – v. art. 914 do CPC/2015*] seja por outra ação declaratória ou desconstitutiva. Nada impede, outrossim, que o devedor se antecipe à execução e promova, em caráter preventivo, pedido de nulidade do título ou a declaração de inexistência da relação obrigacional. Ações dessa espécie têm natureza idêntica à dos embargos do devedor, e, quando os antecedem, podem até substituir tais embargos, já que repetir seus fundamentos e causa de pedir importaria litispendência. Assim como os embargos, a ação anulatória ou desconstitutiva do título executivo representa forma de oposição do devedor aos atos de execução, razão pela qual quebraria a lógica do sistema dar-lhes curso perante juízos diferentes, comprometendo a unidade natural que existe entre pedido e defesa (...) – Recurso especial parcialmente conhecido e, nessa parte, parcialmente provido" (STJ, 1ª Turma, REsp 899.979-SP, rel. Min. Teori Albino Zavascki, j. 23.9.2008, *DJe* 1.10.2008).

A esfera administrativa poderá exercer influência, ainda que em menor grau, uma vez que nosso sistema, ao contrário do italiano, é marcado pela unidade da jurisdição. A fase de liquidação ou de execução de uma ação de improbidade poderá sofrer influxo de processo administrativo da pessoa jurídica lesada em que se apure o valor a ser ressarcido pelo agente, por meio de complexa perícia, que poderá ser utilizada como prova emprestada para a via executiva. Este exemplo fundamenta a hipótese de incidência do art. 313, V, "b", do CPC. Outra hipótese aplicável diz respeito ao disposto no art. 313, VII. O julgamento administrativo pelo Tribunal Marítimo para a apurar a existência de acidente marítimo autoriza a suspensão do processo de conhecimento ou de execução quando a matéria ventilada nos embargos possa depender de fato qualificado que pode ser demonstrado na esfera administrativa.

2.1.6 Art. 313, VI e VII

A suspensão da relação processual será necessária quando presente algum evento anormal que impeça não só a fluência do prazo, mas a prática dos atos processuais. Esta diferenciação é essencial. Cada evento deve ser analisado no caso concreto. Em determinadas situações a suspensão da fluência do prazo não representa causa de suspensão do processo. A morte de um serventuário, com o respectivo fechamento do fórum por portaria judicial, exigirá a suspensão da fluência dos prazos no dia do falecimento, mas não a suspensão do processo e da prática dos atos processuais. Em outra situação, como a mudança do prédio do fórum pela inauguração de nova sede, a suspensão do processo será essencial. Até o pleno restabelecimento dos serviços judiciários a prática de atos processuais deverá ser vedada, pela impossibilidade de documentação física ou eletrônica dos atos processuais. Outras situações podem gerar a paralisação dos serviços judiciários, como o incêndio do prédio, seu alagamento ou ruína.

As questões postas sob exame do Tribunal Marítimo para análise de fatos relacionados a acidentes ou de sua competência administrativa também obstam o curso do processo. A suspensão é importante para a produção da prova pericial. Entretanto, o prazo obedece ao máximo de 1 (um) ano e a decisão administrativa poderá ser revista pelo poder judiciário.[12]

12. Cf. STJ, AgInt no REsp 1.606.542-SP, rel. Min. Moura Ribeiro, 3ª T., j. 23.5.2017, *DJe* 2.6.2017.

2.1.7 Art. 313, VIII

Existem outras hipóteses não ventiladas pelo art. 313 mas que atraem a necessidade de suspensão do processo. A tipicidade do art. 313 não é exaustiva. Um exemplo simples pode ser demonstrado, pela necessidade de regularização da capacidade postulatória ou processual. O art. 313, I, refere-se à perda da capacidade processual, mas em determinadas hipóteses existe a necessidade apenas de regularização, o que acaba sendo disciplinado pelo art. 76 do CPC, mediante suspensão do processo até que a parte promova o saneamento, sob pena de sanção.

É importante ressaltar que houve significativa mudança quando comparamos a redação do art. 265 do CPC/1973 e a redação do art. 313 do CPC/2015. Antes de mais nada, as causas de suspensão estão elencadas dentro da Parte Geral, e não mais no processo de conhecimento. A redação do art. 313 é ampla e atualizada com os novos institutos do Código de Processo Civil (art. 313, IV). O CPC/1973, ao se referir ao processo de conhecimento, limitava a suspensão da execução aos incisos I a III do art. 265. O Código vigente não estabelece mais esta restrição – o que foi salutar, pela própria modificação introduzida pelo atual diploma, que ampliou as hipóteses de suspensão do processo.

2.2 Concessão do efeito suspensivo na impugnação ou nos embargos

A suspensão do cumprimento de sentença é classificada como necessária quando o juiz conceder o efeito suspensivo na peça de impugnação ou embargos. Apesar do tratamento homogêneo em relação a ambas as peças, o art. 921, II, do CPC foi expresso ao prever unicamente a suspensão em relação aos embargos. A suspensão do processo executivo pela impugnação acaba sendo encartada pela previsão do art. 313, VIII, do CPC.

O art. 525, § 6º, prevê a possibilidade de concessão do efeito suspensivo por ocasião da apresentação da impugnação, o que também está previsto para os embargos à execução, conforme o art. 919, § 1º. Em ambas as hipóteses a suspensão não impedirá a consumação do ato de penhora. A exigência de garantia da execução tem como objetivo evitar o esvaziamento do objeto do processo executivo.

A regra que prevaleceu no Código de Processo Civil/1973 até a reforma operada pela Lei 11.232/2005 era a da suspensão automática do processo de execução, sendo necessário apenas o recebimento expresso ou tácito dos embargos. A suspensão decorria da expressa disposição do art. 739, § 1º do CPC/1973 (*ope legis*).[13] Uma das mais importantes alterações foi justamente a eliminação da suspensão automática, a qual deverá ser valorada pelo juiz no caso concreto (*ope iudicis*). A modificação operada pela Lei 11.232/2005 e confirmada pelo vigente Código de Processo Civil representa um avanço, pois torna a suspensão excepcional e sujeita ao preenchimento de requisitos especiais. A não suspensão da execução pela apresentação de peça defensiva assume maior envergadura no cumprimento de sentença. O título executivo já foi submetido ao crivo do contraditório na fase de conhecimento, o que justifica o maior rigor quanto à efetividade dos atos executivos em benefício do credor.

A suspensão poderá ser total ou parcial e dependerá do pedido formulado na peça de defesa. Sobre o valor incontroverso não existirá óbice à continuidade da relação processual executiva. A suspensão parcial não impedirá a execução definitiva sobre a parte incontroversa da demanda, o que se aplica à execução especial contra a Fazenda Pública, permitindo-se a expedição parcial do precatório ou da RPV (art. 535, § 4º, do CPC).

Os requisitos exigidos e que devem ser observados pelo juiz no momento de concessão do efeito suspensivo assemelham-se aos pressupostos de concessão da tutela de urgência. Antes de realizar a análise quanto à concessão do efeito suspensivo não pode ser olvidado que o juiz deverá examinar o cabimento da própria impugnação. A tempestividade bem como o cabimento da matéria de impugnação contra o título devem ser analisados previamente e podem gerar a rejeição imediata da peça. O impugnante poderá lançar mão do recurso de agravo contra a decisão de rejeição. O recebimento expresso ou tácito da impugnação exigirá a análise da concessão do efeito suspensivo.

O devedor terá que descrever fundamento relevante em sua peça, o que equivale a dizer que os argumentos expendidos devem expressar alta probabilidade de êxito da impugnação, ao ponto de justificar a concessão do efeito suspensivo. Aliado à probabilidade do direito, exige o art. 525, § 6º, do CPC que o prosseguimento da execução possa gerar grave dano ou com reparação incerta. A atividade executiva é gravosa em sua essência, o que justifica o princípio da responsabilidade objetiva. No entanto, em determinadas hipóteses o juiz deverá valorar o efeito que o ato executivo causará na esfera jurídica do executado. O efeito suspensivo poderá ser obstado quando o exequente apresentar contracautela, nos termos do art. 525, § 10, mediante caução idônea, que será analisada pelo juiz quanto à suficiência do valor e à qualidade da garantia.

13. José Alonso Beltrame, *Dos Embargos do Devedor*, pp. 135-136.

No que toca aos embargos – cujo análise será realizada no tomo final desta coleção –, lembramos que o art. 921, II, do CPC faz referência ao efeito suspensivo pela sua apresentação. A concessão do efeito suspensivo dependerá da apresentação da peça defensiva, que tem como fim a desconstituição do título executivo. O juiz analisará o preenchimento dos pressupostos processuais e o cabimento dos embargos como condição de concessão do efeito suspensivo. A suspensão não é automática. Ela dependerá também de pedido formulado pela parte e de decisão fundamentada do magistrado quanto ao preenchimento dos requisitos do art. 919, § 1º, do CPC. Apesar de a concessão da suspensão nascer de ato judicial (*ope judicis*), isto não significa que exista discricionariedade judicial. Preenchidos os requisitos para a concessão da tutela provisória (art. 296 do CPC) e garantido o juízo pela penhora, depósito da quantia exigida ou pelo oferecimento de caução idônea, a suspensão do processo é obrigatória.

Apesar de não existir menção à concessão de contracautela pelo embargado, não há dúvida quanto à possibilidade de sua adoção, como medida de restabelecimento da execução. O art. 919, § 2º, prevê que a cessação das circunstâncias que motivaram o ato permite, a requerimento da parte, a modificação ou revogação da suspensão. Logo, a prestação de caução idônea pelo embargante é motivo justificador da eliminação do efeito suspensivo. Deve ser lembrada a necessidade de contraditório sobre o oferecimento da caução e da retirada do efeito suspensivo anteriormente concedido.

Nos embargos à execução a suspensão do processo poderá dizer respeito a apenas parte do objeto da execução, o que autoriza a concessão da suspensão parcial (art. 919, § 3º). Isto reflete diretamente na exigência de eventual garantia, que será, naturalmente, parcial. Independentemente de ser parcial ou total, a concessão do efeito suspensivo não impede os atos de apreensão na execução para a garantia do juízo. A paralisação do processo pode ser extremamente prejudicial para a futura satisfação da pretensão executiva. A existência do título executivo (judicial ou extrajudicial) representa prova pré-constituída com presunção de liquidez, certeza e exigibilidade. O sobrestamento dos atos executivos deve ao menos ser realizado com a efetivação dos atos de garantia. Nesta fase o ônus do tempo não pode ser suportado pelo credor sem ao menos a garantia de que a execução será frutífera após a decisão dos embargos (art. 919, § 5º).

A atividade executiva demonstra suas nuanças em relação ao processo de conhecimento em diversos pontos. Um deles diz respeito à autonomia da atividade executiva, mesmo quando existem litisconsortes. Além de o prazo de defesa ser computado de modo individual (art. 915, § 1º), o pedido de suspensão formulado por um dos exequentes não abarcará necessariamente o coexecutado (art. 919, § 4º). Em determinadas situações o efeito suspensivo será naturalmente estendido, como na hipótese de o único bem penhorado pertencer a todos os executados.

2.3 Suspensão e incidentes da execução

A apresentação da exceção de pré-executividade não tem permissivo legal para gerar a suspensão da relação executiva. É comum observar a paralisação indevida do processo executivo pela sua apresentação, mas o tratamento a ser conferido é o mesmo destinado à impugnação recebida sem efeito suspensivo. O contraditório incidental à execução não deve suspender os atos executivos. Como a matéria da exceção é de cognição vertical limitada, o juiz deve zelar pela decisão célere do incidente, exatamente para não atrapalhar os atos processuais executivos, ou mesmo para a economia da relação processual em caso de acolhimento parcial ou total da defesa.

O incidente de desconsideração da personalidade jurídica tem cabimento na fase de execução e terá o condão de suspender os atos executivos (art. 133 do CPC). Muito embora tenha sido classificado como incidente dentro da Parte Geral e no capítulo da intervenção de terceiros, o pedido de desconsideração é exercitado por pretensão autônoma cumulada com pedido inicial ou por processo incidental.[14] O ajuizamento do pedido de desconsideração exige a suspensão do processo executivo, com a necessária intimação de terceiro que possa ser atingido pela decisão do incidente.

A apresentação de embargos de terceiros na fase executiva revela outra causa de suspensão do processo executivo (art. 674 do CPC). Apesar de não estar nominado nas hipóteses do art. 921, o oferecimento dos embargos encaixa-se na previsão genérica do art. 313, V, "a", e VIII, do CPC. A solução dos embargos de terceiro é prejudicial ao deslinde da ação executiva.

A formulação do pedido de remição de bens impede o prosseguimento do feito enquanto não for decidida a liberação, conforme o art. 876, § 5º do CPC, podendo os terceiros concorrer para fins de adjudicar. A formação do incidente gerará suspensão imprópria da execução até sua solução.[15]

14. V. nosso estudo *Intervenção de Terceiros*, pp. 332-352.
15. Araken de Assis, *Manual da Execução*, p. 710.

2.4 Suspensão por ausência de bens ou de licitantes

O art. 921, III, do CPC refere-se à ausência de bens penhoráveis. O princípio da utilidade norteia a atividade processual, com destaque na fase executiva. Sua incidência pode ser detectada na redação do art. 836, que impede o oficial de justiça de formalizar o ato da penhora quando os bens em posse do devedor forem insuficientes para a continuidade da fase de expropriação. Percebe-se que a existência de bens não é suficiente para impulsionar a atividade executiva. É necessário que a execução possa apresentar resultado útil. Outro interessante dispositivo que justifica a incidência prática do princípio da utilidade e norteia a proteção das contas públicas diz respeito ao art. 14, § 3º, II, da Lei de Responsabilidade Fiscal. Este dispositivo tem íntima correlação com o processo de execução, pois autoriza a não cobrança de débitos fiscais quando o produto não seja suficiente para suportar as despesas de sua exigência. Isto é importante, porque a inércia quanto à cobrança poderia configurar improbidade administrativa por renúncia fiscal. O dispositivo, pouco conhecido dos operadores, pode ser utilizado para fins de não promoção de execuções fiscais infrutíferas.

É até possível que o devedor possua patrimônio superior ao valor da execução mas os bens que compõem seu acervo podem estar protegidos pela impenhorabilidade, conforme regra do art. 833 do CPC. A impossibilidade de penhora deverá ser analisada com muita cautela. Existem situações em que a proteção legal impede que determinado bem possa ser alienado por cláusulas expressas de inalienabilidade ou de concessão do bem em garantia exclusiva.[16]

A ausência de patrimônio apto para a execução provocará a suspensão do processo executivo, abrindo caminho para a prescrição intercorrente, que configura causa de extinção do processo de execução (art. 924, V, do CPC).[17]

16. Como nos embargos de terceiro utilizados pelo doador com cláusula de inalienabilidade do bem: "O doador retém o exercício de parte do direito de dispor da coisa, ainda que necessite da aquiescência do donatário para tanto. Daí exsurge o direito latente do doador de preservar os efeitos da cláusula até a ocorrência do termo ou condição que lhe imponha fim" (STJ, 3ª Turma, REsp 856.699-MS, rela. Min. Nancy Andrighi, j. 15.9.2009, *DJe* 30.11.2009).

17. "Em conformidade com a orientação jurisprudencial firmada no Tema 1 do Incidente de Assunção de Competência (IAC) – REsp n. 1.604.412-SC –, precedente de observância obrigatória, nos termos do art. 927, III, do CPC/2015, nas execuções paralisadas sem prazo determinado, inclusive no caso de suspensão por ausência de bens penhoráveis (art. 791, III, do CPC/1973), [*v. art. 921, III, do CPC/2015*] o prazo prescricional da pretensão de direito material anteriormente interrompido reinicia

A ausência de bens aptos para a execução pode configurar situação diversa e representada pela insolvência civil. Configura-se o estado de insolvência quando o passivo do devedor seja superior ao seu ativo. Aqui não é hipótese de suspensão da execução para aguardar eventual mudança na situação patrimonial. O devedor deverá ser submetido ao rito especial do art. 748 do CPC/1973.[18]

A suspensão do processo também será inevitável quando, apesar de existirem bens passíveis de expropriação, não se apresentarem licitantes interessados em sua aquisição. Nesta lista insere-se o exequente que se nega a exercer a adjudicação. Após 15 dias da licitação frustrada, e com certificação da ausência do pedido de adjudicação, não restará outra alternativa além da suspensão do processo. Caberá ao exequente a iniciativa de diligenciar na tentativa de encontrar outros bens que possam apresentar maior solvabilidade; do contrário a suspensão será inevitável. Após um ano da decisão de suspensão ou da inércia comprovada da parte cientificada sobre a ausência de bens, será computado o prazo para fins de conhecimento da prescrição intercorrente. Sua aplicação orienta-se pela incidência do art. 202, parágrafo único, do CC e pela Súmula STF-150. Antes da decretação deverá ser dada oportunidade para que a parte interessada possa comprovar alguma causa impeditiva da prescrição (arts. 10 e 921, § 5º, do CPC).

Na seara dos Juizados Especiais Cíveis a ausência de bens não configura causa para a suspensão da relação processual. O art. 53, § 4º, da Lei 9.099/1995 determina: "Não encontrado o devedor ou inexistindo bens penhoráveis, o processo será imediatamente extinto, devolvendo-se os documentos ao autor". O aparente rigor do dispositivo é justificado pela natureza do Juizado Especial. Sua vocação é direcionada para as causas de menor complexidade e que podem obter solução imediata. A celeridade, a

após o transcurso de um ano do último ato do processo. Além disso, a prescrição pode ser conhecida de ofício, desde que assegurado o prévio contraditório, a fim de possibilitar ao credor a oposição de fato obstativo, em vez do impulsionamento do processo – providência própria do abandono processual (...)" (STJ, 3ª Turma, AgInt no AREsp 983.554-PR, rel. Min. Marco Aurélio Bellizze, j. 14.8.2018, *DJe* 24.8.2018).

18. O rito da execução por quantia certa contra devedor insolvente é marcado pela universalização do concurso de credores. Afasta-se a regra *prior in tempore, potior in iure* e aplica-se *a par conditio creditorum*. É o que está expresso pelo art. 797 do CPC/2015: "Ressalvado o caso de insolvência do devedor, em que tem lugar o concurso universal (*par conditio creditorum*), realiza-se a execução no interesse do exequente que adquire, pela penhora, o direito de preferência sobre os bens penhorados". O Código de Processo Civil/2015 não regulou o novo rito da insolvência. Até a edição de lei especial os casos antigos e novos serão regulados pelo rito do Código de Processo Civil/1973, conforme dicção expressa do art. 1.052 do CPC/2015.

simplicidade e a efetividade impedem que a suspensão do processo possa ser aplicada nesta esfera.[19]

2.5 *Suspensão pelo parcelamento*

A possibilidade de parcelamento do débito exequendo, a princípio, estaria apenas restrita à execução extrajudicial. É o que dispõe expressamente o art. 916, § 6º, do CPC: "§ 6º. O disposto neste artigo não se aplica ao cumprimento de sentença".

A opção do parcelamento foi inserida pela reforma da Lei 11.382/2006, que acrescentou, ainda na vigência do CPC/1973, o art. 745-A. Não existia vedação expressa para sua utilização em relação ao cumprimento de sentença. A dúvida provocou decisões variadas na jurisprudência, com a formação de posicionamento flexível pelo STJ quanto à permissão de aplicação do parcelamento ao cumprimento de sentença.[20]

A opção do art. 916, § 6º, do CPC é nítida quanto ao tratamento diferenciado entre o título judicial e o extrajudicial. O credor não se submeterá ao direito formativo do devedor em exigir o parcelamento quando se tratar de cumprimento de sentença. Cremos que a solução legislativa foi muito dura, e permite a flexibilização por interpretação principiológica. A efetividade da execução e a menor onerosidade representam vetores que incidem tanto na execução judicial como na extrajudicial. A vedação de parcelamento não se justifica pela maior densidade e força do título judicial. O parcelamento diz respeito não à causa (título), mas ao efeito gerado pela atividade executiva, que é a satisfação.

É certo que o direito do devedor não é propriamente potestativo. Existindo patrimônio solvável e que permita satisfação integral, sem a necessidade de parcelamento, obviamente, o credor de título judicial tem o direito de receber o valor devido por meio de uma única prestação. O parcelamento poderá ser negado tanto no cumprimento de sentença como na execução extrajudicial.[21]

19. V. nossos comentários sobre a Lei dos Juizados Especiais Estaduais e Federais no t. III deste *Curso*, pp. 666-694.

20. "Segundo a jurisprudência deste STJ, não há óbices para a aplicação do art. 745-A do CPC/1973 ao cumprimento de sentença, ou seja, nada impede a requisição, por parte do executado, de parcelamento da dívida constante no título executivo judicial. 2. Agravo interno desprovido" (STJ, 4ª Turma, AgInt no REsp 1.620.904-SP, rel. Min. Marco Buzzi, j. 21.9.2017, *DJe* 2.10.2017).

21. "Contudo, o referido direito não é potestativo do devedor, cabendo ao credor impugná-lo, desde que apresente motivo justo e de forma fundamentada, sendo certo que o juiz poderá deferir o parcelamento se verificar atitude abusiva do exequente.

Todavia, sabe-se que esta situação não é muito frequente. E mais: ainda que exista patrimônio passível de penhora para fins de adjudicação ou arrematação, o recebimento parcelado com correção das parcelas é muito mais vantajoso sob os aspectos temporal e econômico. Por esta razão, eventual pedido de extensão do parcelamento para o cumprimento de sentença pode ser plenamente ajustado por negócio processual. A vedação do art. 916, § 6º, deve ser interpretada unicamente como uma mitigação ao poder potestativo do devedor, mas não quanto à incidência do instituto do parcelamento na fase de cumprimento de sentença.

O regime de postulação do parcelamento bem como seu procedimento e incidentes serão analisados no t. IV deste *Curso*, no tratamento da teoria da execução e do procedimento da execução extrajudicial.

2.6 Prática de atos urgentes na fase de suspensão do cumprimento de sentença

A fase executiva exige cautelas. No cumprimento de sentença ou na fase execução de título extrajudicial a suspensão da relação processual não permite que outros atos processuais sejam praticados. Esta regra é comum àquela examinada no art. 314 do CPC. No processo de conhecimento, seja em relação ao procedimento comum ou especial, os atos urgentes podem exigir a prática de atos acautelatórios para não esvaziar o objeto litigioso e, principalmente, para proteger o objeto litigioso de modificações que possam afetar o julgamento do processo.

A suspensão está diretamente ligada ao atentado processual. A figura do atentado perdeu a previsão típica que existia no art. 879 do CPC/1973, mas não sua importância. Atualmente retratada como proibição de conduta da parte (art. 77, VI), sua infração configura ato atentatório à dignidade da Justiça e com as duras sanções do art. 77, § 7º, do CPC.

O ajuizamento da ação, com formação da relação processual válida, torna o objeto litigioso, o que é suficiente para configurar o atentado. Logo, assume maior gravidade a atitude daquele que viola o estado da lide quando a própria relação processual está suspensa, ou seja, em fase posterior ao ajuizamento da ação. Ninguém pode tentar interferir

2. No caso, o parcelamento foi indeferido com base na oposição da credora, conduta não considerada abusiva pelos Magistrados de origem, esbarrando a alteração do julgado no óbice contido da Súmula n. 7 do STJ. 3. Agravo regimental não provido" (STJ, 3ª Turma, AgR no REsp 1.577.155-SP, rel. Min. Ricardo Villas Bôas Cueva, j. 12.4.2016, *DJe* 19.4.2016).

no estado de fato da lide para obter modificação que possa favorecer o julgamento do processo.

Isto não vale para o processo de execução. Ajuizada impugnação e concedido o efeito suspensivo, não é lícito ao devedor que é depositário do bem penhorado alterar sua natureza, com violação ao objeto do processo. Por exemplo, a madeira de lei aceita pelo credor para garantia é substituída por madeira de baixa qualidade. Estes atos configuram atentado.

Assim como na fase de cognição, a fase de cumprimento permite a concessão de medidas urgentes, que podem ter conteúdo variável. O juiz pode conceder medidas urgentes especialmente com o fim de acautelar a execução, como permitem os arts. 799, IX, e 828 do CPC. Até medidas que assumem natureza de antecipação de tutela podem ser concedidas no período de suspensão, como a alienação antecipada de bens, cuja efetivação poderá ser benéfica para o próprio devedor, na medida em que a venda antecipada evitará a depreciação do bem e o acúmulo de despesas de conservação, que onerariam ainda mais sua situação jurídica.

2.7 Da extinção da execução no cumprimento de sentença

A extinção do cumprimento de sentença é fundamental para que o art. 4º do CPC seja devidamente satisfeito. A prestação da tutela jurisdicional em tempo razoável exige a plenitude da fase de cognição e da fase de execução.

O art. 924 do CPC prevê causas de extinção da execução, mas de modo incompleto. Adotando-se a classificação dual referente aos arts. 485 e 487 do CPC, a extinção no cumprimento de sentença pode referir-se à extinção por defeitos nos pressupostos processuais e condições da ação executiva (art. 485) ou rejeição ou acolhimento da pretensão executiva (art. 487 do CPC).[22]

O intercâmbio entre o processo de conhecimento e o de execução contribui para que as formas de extinção do cumprimento de sentença possam ser examinadas com maior amplitude, em vista do limitado espectro oferecido pelo art. 924 do CPC.

22. No último tomo deste curso (t. IV) faremos uma abordagem sobre a teoria geral da execução, em que será discutida a projeção das condições da ação e do mérito para o plano da execução. A via executiva não é vocacionada para discussão sobre o mérito. Na execução, o título executivo deve ser atacado por via incidental e específica (impugnação ou embargos), mas como negar que o reconhecimento da prescrição por meio de uma exceção de pré-executividade não encerre a relação processual com análise de mérito (art. 487, II, do CPC)?

A opção pela extinção da via executiva, sem a satisfação da pretensão do credor, deve ser excepcional. Vale a advertência traçada pelo art. 485, § 7º, quanto ao exercício do juízo de retratação em relação às decisões que extinguem o processo sem a análise do mérito. A advertência do art. 488 do CPC é igualmente importante para a ação executiva ou para o pedido incidental formulado por meio da impugnação ou pelos embargos. O juiz deverá sempre zelar pela necessidade de exaurimento da tutela jurisdicional pela prolação de decisão de mérito.

2.7.1 *Extinção prematura da relação processual executiva*

O cumprimento de sentença poderá ser afetado pela ausência dos pressupostos processuais, nas diversas fases da relação processual executiva. A petição inicial oferecida para cumprimento, nos moldes dos arts. 523, 528, 534, 536 ou 538 do CPC, deve preencher os requisitos essenciais aplicados a cada uma das modalidades de cumprimento, para permitir o prosseguimento da atividade executiva. Além da ausência dos pressupostos, determinadas atitudes omissivas (inércia) ou comissivas (desistência) causam a extinção antecipada da relação processual executiva. O fenômeno é comum ao que acontece no processo de conhecimento, o que permite a utilização das hipóteses consagradas pelo art. 485 do CPC.

A decisão de extinção será inevitável quando, oportunizado o prazo de emenda, a parte exequente não providenciar a regularização de defeito processual sem o qual a relação processual não puder prosseguir (art. 485, I).

A extinção ainda poderá decorrer de atos subsequentes, como a morte ou perda da capacidade processual durante a tramitação da execução, sem o cumprimento da regularização. Outras providências determinadas em relação ao exequente, como o preparo da publicação edital para a alienação judicial do bem, podem caracterizar a inércia para fins de extinção (art. 485, III). A extinção pode ser o resultado da inércia de ambas as partes, o que acarreta a extinção do cumprimento pela desídia (art. 485, II).

Outras causas podem afetar a relação de cumprimento de sentença, dentre elas a incompetência do juízo, a suspeição ou o impedimento do juiz, mas sem provocar a extinção do cumprimento. A suspeição ou impedimento, enquanto pendente a relação processual, determina eventual nulidade dos atos executivos, com remessa ao juiz competente. É salutar que na fase executiva os atos de garantia sejam preservados até deliberação do novo magistrado.

A incompetência absoluta ou relativa não provoca a extinção da via executiva, exceto quando se tratar da hipótese prevista pelo art. 53, § 4º, da Lei 9.099/1995. No Juizado Especial Cível a incompetência do juízo não provoca o deslocamento da causa. A celeridade, a simplicidade e a impossibilidade de suspensão do processo no Juizado justificam essa opção radical.

A configuração de litispendência ou coisa julgada sobre a relação executiva impede o próprio nascimento da relação executiva, mas mesmo com a implantação do processo eletrônico ainda não existe segurança quanto ao filtro sobre a duplicidade de processos pendentes ou sobre a existência de processo já julgado. A inexistência de integração entre os sistemas das diversas Justiças representa um primeiro obstáculo, que deverá ser ultrapassado com o aprimoramento da técnica e dos esforços do CNJ. Os pressupostos processuais positivos relacionados à pessoa do executado, como a ilegitimidade processual para a execução, possuem o condão de extinguir a via executiva.

Embora polêmica a aceitação das condições da ação, é indiscutível a opção do legislador pela sua manutenção perante o CPC/2015, conforme leitura do art. 17. Ao menos o legislador atual foi coerente em corrigir a adoção da teoria eclética em nosso sistema, eliminando a possibilidade jurídica do pedido.[23] A legitimidade de agir está diretamente relacionada ao título executivo, seja para permitir ao credor a propositura do cumprimento de sentença ou para o devedor se sujeitar ao processo de excussão. A legitimidade passiva na seara executiva, seja em relação ao título judicial ou ao extrajudicial, deve ser analisada *cum grano salis*. A ponderação sobre o polo passivo na fase de execução decorre da existência do devedor *ultra titulum*, o qual, mesmo sem estar mencionado no título, acabará vinculado à execução por força da lei. Neste ponto é importante mencionar o art. 790 do CPC, que estende a responsabilidade executiva para determinados sujeitos, como o sócio, quando a empresa não possuir patrimônio para arcar com o cumprimento da sentença condenatória.[24]

23. Sobre o ponto, v. o que foi escrito no t. I deste *Curso*, p. 349.

24. O tema da responsabilidade patrimonial será examinado no t. IV deste *Curso*. O sócio, por exemplo, poderá estar automaticamente vinculado quando sua responsabilidade for ilimitada. O sócio ainda poderá pedir o benefício de ordem (art. 795, § 1º, do CPC). Quando participar de uma sociedade limitada, a extensão dos atos executivos não pode ser automática, e dependerá da desconsideração da personalidade jurídica, sendo obrigatória a utilização do incidente do art. 133 do CPC, nos termos do art. 795, § 4º.

O interesse de agir diz respeito à necessidade, utilidade e adequação da via executiva. Interessante que neste ponto houve mudança sensível quanto aos títulos executivos extrajudiciais em vista do art. 785 do CPC/2015. A propositura de ação de conhecimento embasando a causa de pedir com título executivo extrajudicial exigível sempre foi exemplo clássico de ausência de interesse, pela desnecessidade da ação de conhecimento. Atualmente, o art. 785 permite a opção pela via de conhecimento quando o titular da cártula quiser agregar a eficácia da coisa julgada material ao documento extrajudicial.

A relação executiva ainda poderá ser extinta pela desistência do credor. O princípio da disponibilidade da execução tem configuração especial para o titular da cártula. A execução, enquanto não impugnada ou embargada, confere maior poder ao credor, que poderá dispor da execução pela desistência imotivada (art. 775, *caput*), arcando com as custas e despesas do processo. Mesmo quando propostos a impugnação ou os embargos, versando a matéria ventilada unicamente sobre questões processuais, o direito de desistir revela exercício de poder potestativo. Somente na hipótese de existir oposição do devedor fundada em matéria de mérito a desistência dependerá de aquiescência do devedor (art. 775, II, do CPC). De acordo com o art. 486 do CPC, que se aplica ao processo executivo, a desistência da execução não impede a renovação da demanda. É fundamental não confundir a desistência com a renúncia, cuja configuração impede nova propositura de ação executiva (art. 924, IV). O STJ, atento a essa diferença, exige que o ato de extinção, quando vise a formar coisa julgada para o fim de impedir a repropositura, seja expresso.[25] Em outras palavras: o juiz deve atentar para a fundamen-

25. Nestes termos, v. o interessante julgado em que se realiza a contraposição: "(...). O decisório não atendeu aos requisitos estabelecidos pelos arts. 794 e 795 do CPC/1973 (os quais foram reproduzidos, com acréscimos, nos dispositivos dos arts. 924 e 925 do CPC/2015). É que, para haver uma sentença extintiva da execução, na forma do art. 794 do CPC/1973, o ato judicial deve ser conclusivo quanto aos seguintes pontos: (a) satisfação da obrigação; (b) existência de transação ou de qualquer outro meio de remissão total da dívida; (c) renúncia ao crédito. 3. Assim, mesmo que não se exija esteja transcrito o art. 794 do CPC/1973 no inteiro teor da decisão – o que não se afirma aqui, o contrário –, o magistrado há de expor, com clareza e expressa menção, uma das hipóteses descritas legalmente como aptas para a extinção do feito executivo. Em nenhum momento o decisório afirma ter sido o débito pago integralmente (obrigação satisfeita), ter havido transação ou remissão total da dívida ou, por fim, ter ocorrido renúncia ao crédito. Tais conclusões não podem ser tomadas por mera inferência somente pelo fato de a decisão haver indeferido 'a elaboração de requisição complementar'. 4. Ademais, a redação do art. 795 do CPC/1973 (re-

tação adequada, como exige o art. 489, §§ 1º e 2º, do CPC. Somente a motivação elimina a obscuridade e a vagueza da decisão, permitindo que a sentença do art. 925 do CPC possa encerrar a via executiva, com esgotamento do objeto da execução.

O cumprimento de sentença poderá se tornar inviável quando o título executivo formado na fase de conhecimento não permitir a execução, pela intransmissibilidade do objeto do processo (art. 485, IX, do CPC). O exemplo mais decantado pela doutrina desta situação é a dívida alimentar. Apesar de a dívida alimentar ser transmissível, ela está limitada às forças da herança. Não existe a possibilidade de extensão *ex officio*, por responsabilidade *ultra titulum*, porque não se transmite *ex lege* o dever de prestar alimentos.[26] Não se trata de vedação da imposição do *dever alimentar* aos herdeiros. É preciso diferenciar as hipóteses. Não há dúvida de que o filho, por exemplo, poderá exigir o pagamento de uma pensão alimentar do seu irmão quando o pai tenha falecido. O vínculo de parentesco autoriza este pedido (arts. 1.694 e 1.696 do CC). O que não se permite é o redirecionamento automático da execução para atingir o patrimônio do irmão que não foi parte no processo alimentar. Sendo assim, o título alimentar formado contra o falecido será executado com base na herança deixada pelo falecido. O valor que ultrapassar esse limite não poderá ser cobrado automaticamente dos herdeiros, e a execução deverá ser extinta (art. 485, IX).[27] O alimentando deverá ingressar pela via própria contra os herdeiros para a formação de novo título.

pristinado no dispositivo do art. 925 do CPC/2015) é de uma clareza solar ao dispor que 'a extinção só produz efeito quando declarada por sentença'. Dessa forma, se o juiz não 'declara' através de um ato judicial típico denominado 'sentença', não se pode dizer, por simples inferência, tenha havido extinção da execução. 5. No caso dos autos, além de não haver qualquer menção a uma das hipóteses de extinção do feito executivo, sequer se mencionou que, ainda assim, fora prolatada uma sentença extintiva da execução. 6. O aresto recorrido violou os arts. 794 e 795 do CPC/1973 ao enquadrar o decisório em tais dispositivos legais, por mera inferência, deixando, portanto, de conhecer da postulação legítima oposta pela recorrente a título de agravo de instrumento. 7. Recurso especial provido" (STJ, 2ª Turma, REsp 1.393.824-PR, rel. Min. Og Fernandes, j. 5.12.2017, *DJe* 13.12.2017).

26. "Os alimentos ostentam caráter personalíssimo, por isso, no que tange à obrigação alimentar, não há falar em transmissão do dever jurídico (em abstrato) de prestá-los" (STJ, 4ª Turma, REsp 1.130.742-DF, rel. Min. Luís Felipe Salomão, j. 4.12.2012, *DJe* 17.12.2012).

27. Na hipótese de acordo celebrado com a ex-companheira: "Observado que os alimentos pagos pelo *de cujus* à recorrida, ex-companheira, decorrem de acordo celebrado no momento do encerramento da união estável, a referida obrigação, de natureza personalíssima, extingue-se com o óbito do alimentante, cabendo ao espólio

Outras hipóteses específicas podem levar ao encerramento da relação processual executiva, embora com menor incidência prática, como a perempção, que representa pressuposto processual negativo (art. 485, § 3º, do CPC). É possível que o credor tenha dado causa à extinção da ação executiva por abandono. A inércia impedirá a propositura da ação pela quarta vez, em vista da preclusão por perempção. Ainda poderá ser invocado como causa de extinção o não cumprimento de requisitos específicos, como o pagamento das despesas do processo que tenha sido anteriormente extinto (art. 486, § 2º, do CPC). Se o exequente pediu a desistência do cumprimento de sentença e pede novo cumprimento, o pagamento das despesas anteriores (custas e honorários) torna-se requisito processual específico para viabilizar nova fase executiva. Estas hipóteses estão encartadas na previsão do art. 485, X, do CPC.

2.7.2 Extinção pelo cumprimento voluntário ou involuntário

Para fins de cumprimento de sentença podemos encartar o pagamento direto ou indireto como primeira forma de extinção.

O devedor poderá realizar o pagamento voluntário após deflagrada a via executiva (art. 523 do CPC) ou quando o pagamento nasça de modo indireto pela necessidade da utilização dos meios de sub-rogação (adjudicação, arrematação ou remição). O pagamento, direto ou indireto, gerará sentença de extinção, nos termos dos arts. 924, II e III, e 925 do CPC.

Nestas formas de extinção são incluídas todas as modalidades de expropriação. Desde a alienação por iniciativa particular, a adjudicação, a arrematação ou penhora sobre frutos e rendimentos da empresa, para as modalidades de cumprimento por quantia certa, ou o cumprimento pelo devedor, ou com auxílio de terceiro, nas hipóteses de tutela específica.

Já alertamos para a diferença entre a desistência e a renúncia à execução. A previsão do art. 924, IV, do CPC deve ser expressa e clara ao ponto de não gerar dúvida sobre a atitude do credor. A renúncia impede nova propositura e encerra a relação executiva por meio de sentença definitiva com base no art. 487 do CPC.

recolher, tão somente, eventuais débitos não quitados pelo devedor quando em vida. Fica ressalvada a irrepetibilidade das importâncias percebidas pela alimentada. Por maioria. 2. Recurso especial provido" (STJ, 2ª Seção, REsp 1.354.693-SP, rela. Min. Maria Isabel Gallotti, rel. para o acórdão Min. Antônio Carlos Ferreira, j. 26.11.2014, *DJe* 20.2.2015).

2.7.3 *Extinção pela prescrição*

A prescrição intercorrente foi expressamente incluída como causa de extinção da execução judicial e extrajudicial, conforme o art. 924, V, do CPC.

A inércia do autor poderá estar protegida por ordem judicial (***ope iudicis***) ou por previsão da lei (***ope legis***) nas situações que autorizam a suspensão do processo (art. 313 do CPC). Esta proteção não é absoluta, mas temporária. O prazo máximo de inércia admitido pelo sistema processual será de um ano (art. 313, § 4º, do CPC), o qual, findo, não obstará à continuidade da fluência do prazo de ***prescrição intercorrente***.[28]

Para fins de cumprimento de sentença, a prescrição intercorrente deve ser computada a partir da paralisação dos atos executivos, ainda que não tenha suporte em atitude negligente do credor (art. 921, §§ 1º e 2º). A prescrição intercorrente encontra seu suporte fático pelo transcurso do lapso temporal e independe da configuração de culpa por parte do exequente. Ao julgar o Incidente de Assunção de Competência 1 o STJ firmou entendimento no sentido de que a prescrição intercorrente incide desde antes do Código de Processo Civil/2015.[29] A origem da prescrição intercorrente encontra sua matriz no art. 202, parágrafo único, do CC e

28. Arruda Alvim, "Prescrição intercorrente", in Mirna Cianci, *Prescrição no Novo Código Civil*, pp. 27-28.

29. *"Recurso Especial. Incidente de assunção de competência. Ação de execução de título extrajudicial. Prescrição intercorrente da pretensão executória. Cabimento. Termo inicial. Necessidade de prévia intimação do credor-exequente. Oitiva do credor. Inexistência. Contraditório desrespeitado. Recurso Especial provido.* 1. As teses a serem firmadas, para efeito do art. 947 do CPC/2015 são as seguintes: 1.1 Incide a prescrição intercorrente, nas causas regidas pelo CPC/73, quando o exequente permanece inerte por prazo superior ao de prescrição do direito material vindicado, conforme interpretação extraída do art. 202, parágrafo único, do Código Civil de 2002. 1.2 O termo inicial do prazo prescricional, na vigência do CPC/1973, conta-se do fim do prazo judicial de suspensão do processo ou, inexistindo prazo fixado, do transcurso de um ano (aplicação analógica do art. 40, § 2º, da Lei 6.830/1980). 1.3 O termo inicial do art. 1.056 do CPC/2015 tem incidência apenas nas hipóteses em que o processo se encontrava suspenso na data da entrada em vigor da novel lei processual, uma vez que não se pode extrair interpretação que viabilize o reinício ou a reabertura de prazo prescricional ocorridos na vigência do revogado CPC/1973 (aplicação irretroativa da norma processual). 1.4. O contraditório é princípio que deve ser respeitado em todas as manifestações do Poder Judiciário, que deve zelar pela sua observância, inclusive nas hipóteses de declaração de ofício da prescrição intercorrente, devendo o credor ser previamente intimado para opor algum fato impeditivo à incidência da prescrição. 2. No caso concreto, a despeito de transcorrido mais de uma década após o arquivamento administrativo do processo, não houve a intimação da recorrente a assegurar o exercício oportuno do contraditório. 3. Recurso Especial

obedece à simetria de prazo da contagem da prescrição na fase de conhecimento (Súmula STF-150). No julgamento do IAC ainda foi solucionada a questão relativa ao direito intertemporal, em vista da previsão do art. 1056 que prevê o termo inicial da prescrição intercorrente a partir da vigência do CPC/2015. O art. 1056 somente se aplicará para aqueles processos que se encontravam suspensos no momento da entrada em vigor do CPC/2015.

A suspensão do lapso do prazo de prescrição não pode ser obtido por manifestações sucessivas do credor que não são materializadas em juízo. O mero ato postulatório não interrompe ou suspende a prescrição.[30]

A culpa caracterizada pela negligência ou omissão na prática dos atos processuais poderá ensejar a extinção da execução, pela incidência do art. 485, II e III, do CPC, mesmo sem prazo para a decretação da prescrição. Obviamente que a inércia prolongada também preencherá o suporte fático de configuração da prescrição, mas com grande diferença. Enquanto a decisão pelo art. 485 do CPC revela hipótese de extinção sem análise do mérito e permite a repropositura da execução, a extinção pela prescrição é causa de extinção com análise do mérito, nos termos do art. 487, II, do CPC.

Pelo art. 485, II, o abandono bilateral pode ser decretado quando as partes celebram negócio processual modificando os termos da execução e abandonam o processo após o término do prazo estabelecido para comunicar o cumprimento das condições estabelecidas. Sem a notícia de cumprimento não existe possibilidade de extinguir a execução por cumprimento. A ausência de comunicação pelo exequente e executado, após o cumprimento da intimação pelo art. 485, § 1º, do CPC, autorizará a extinção do processo. Nesta hipótese não se aplica a Súmula STJ-240, pois a inércia é bilateral.

O art. 921 do CPC é falho, porque a decretação da prescrição não se limita à modalidade intercorrente. O conhecimento da prescrição não estará necessariamente atrelado à inércia dos atos executivos. Quando o cumprimento de sentença for extemporâneo e o credor o tiver iniciado em face de pretensão executiva prescrita (Súmula STF-150), o juiz também

provido (STJ, 2ª Seção, REsp 1.604.412-SC, rel. Min. Marco Aurélio Bellizze, j. 27.6.2018, *DJe* 22.8.2018)

30. Cf. STJ, "A efetiva constrição patrimonial e a efetiva citação (ainda que por edital) são aptas a interromper o curso da prescrição intercorrente, não bastando para tal o mero peticionamento em juízo, requerendo, *v.g.*, a feitura da penhora sobre ativos financeiros ou sobre outros bens" (STJ, 1ª Seção, REsp 1.340.553-RS, rel. Min. Mauro Campbell Marques, j. 12.9.2018).

poderá declará-la e extinguir a execução. A matéria poderá ser ventilada na relação executiva ou na impugnação.

A prescrição intercorrente não dependerá de decisão ou despacho que determine a impulsão dos autos.[31] Sua decretação dependerá apenas do transcurso do prazo de prescrição da pretensão executória, contado a partir de um ano quando não existir prazo fixado para a suspensão do processo.

É imprescindível que antes da decretação da prescrição intercorrente seja dada oportunidade de manifestação ao exequente, com o fim de que possa informar a existência de algum fato impeditivo ou suspensivo que tenha interferido na contagem do prazo prescricional. Esta intimação é necessária por obediência ao art. 10 do CPC, mas deve ser frisado que o início da contagem do prazo independe de intimação do exequente, pois bastará a inércia para a fluência da prescrição intercorrente.[32]

2.7.3.1 *A prescrição intercorrente na execução fiscal*

A previsão do art. 925, V, representa importante inovação do CPC/2015. O Código de Processo Civil/1973 não contava com previsão expressa, e sua aplicação exigia a aplicação analógica do art. 40 da Lei de Execução Fiscal/LEF (n. 6.830/1980). A comparação entre o regime de incidência do art. 40, §§ 1º a 5º, da LEF com o art. 921, §§ 1º a 5º, do CPC revela diferença sutil e que foi motivada especialmente pelos julgamentos do Incidente de Assunção de Competência e do recurso repetitivo sobre a aplicação da prescrição na execução fiscal.

O início do lapso temporal para a contagem da prescrição intercorrente não necessitará mais da decisão de arquivamento dos autos em vista de não terem sido encontrados bens no prazo de um ano, período em que

31. O STJ definiu os contornos de aplicação da prescrição intercorrente no Código de Processo Civil/2015 na decisão do Incidente de Assunção de Competência/IAC 1: "Incide a prescrição intercorrente, nas causas regidas pelo Código de Processo Civil/1973, quando o exequente permanece inerte por prazo superior ao de prescrição do direito material vindicado, conforme interpretação extraída do art. 202, parágrafo único, do CC de 2002" (STJ, IAC no REsp 1.604.412-SC, rel. Min. Marco Aurélio Bellizze, j. 27.6.2018).

32. "O contraditório é princípio que deve ser respeitado em todas as manifestações do Poder Judiciário, que deve zelar pela sua observância, inclusive nas hipóteses de declaração de ofício da prescrição intercorrente, devendo o credor ser previamente intimado para opor algum fato impeditivo à incidência da prescrição. 2. Agravo interno desprovido" (STJ, 3ª Turma, AgInt no REsp 1.735.082-RS, rel. Min. Marco Aurélio Bellizze, j. 24.9.2018, *DJe* 27.9.2018).

o processo passaria a ser considerado suspenso, para busca de ativos do devedor (art. 921, III, e §§ 1º e 2º, e art. 40, *caput* e § 2º, da LEF). O STJ passou a aplicar posicionamento pautado pela celeridade e efetividade. Não encontrados bens do devedor, ou não realizada a citação hábil do devedor no prazo assinalado, inicia-se o cômputo do prazo de prescrição, em atendimento ao contido na Súmula STJ-314: "Em execução fiscal, não localizados bens penhoráveis, suspende-se o processo por um ano, findo o qual se inicia o prazo da prescrição quinquenal intercorrente".[33]

Deve ser assinalado que anteriormente as partes deveriam ser intimadas da decisão de suspensão, com abertura de prazo para a Fazenda Pública. Atualmente não há mais necessidade de decisão de suspensão para a fluência do prazo de prescrição intercorrente.

A fluência do prazo de prescrição intercorrente será iniciada automaticamente após a Fazenda Pública tomar ciência inequívoca da inexistência de bens e não existir suspensão do prazo por pedido formal da Fazenda ou por petição em que se requeira diligência.[34] Tratando-se de cumprimento de sentença, será a aplicada a Súmula STF-150, que fornece isometria entre o lapso de prescrição na fase de conhecimento e na fase de execução.

33. "(...). Não havendo a citação de qualquer devedor por qualquer meio válido e/ou não sendo encontrados bens sobre os quais possa recair a penhora (o que permitiria o fim da inércia processual), inicia-se automaticamente o procedimento previsto no art. 40 da Lei n. 6.830/1980, e respectivo prazo, ao fim do qual restará prescrito o crédito fiscal. Esse o teor da Súmula n. 314/STJ: 'Em execução fiscal, não localizados bens penhoráveis, suspende-se o processo por um ano, findo o qual se inicia o prazo da prescrição quinquenal intercorrente' (...)" (STJ, 1ª Seção, REsp 1.340.553-RS, rel. Min. Mauro Campbell Marques, j. 12.9.2018, *DJe* 16.10.2018).

34. "(...). Nem o juiz e nem a Procuradoria da Fazenda Pública são os senhores do termo inicial do prazo de um ano de suspensão previsto no *caput* do art. 40 da LEF, somente a lei o é (ordena o art. 40: '(...) o juiz suspenderá ...'). Não cabe ao juiz ou à Procuradoria a escolha do melhor momento para o seu início. No primeiro momento em que constatada a não localização do devedor e/ou ausência de bens pelo oficial de justiça e intimada a Fazenda Pública, inicia-se automaticamente o prazo de suspensão, na forma do art. 40, *caput*, da LEF. Indiferente aqui, portanto, o fato de existir petição da Fazenda Pública requerendo a suspensão do feito por 30, 60, 90 ou 120 dias a fim de realizar diligências, sem pedir a suspensão do feito pelo art. 40 da LEF. Esses pedidos não encontram amparo fora do art. 40 da LEF, que limita a suspensão a um ano. Também indiferente o fato de que o Juiz, ao intimar a Fazenda Pública, não tenha expressamente feito menção à suspensão do art. 40 da LEF. O que importa para a aplicação da lei é que a Fazenda Pública tenha tomado ciência da inexistência de bens penhoráveis no endereço fornecido e/ou da não localização do devedor. Isso é o suficiente para inaugurar o prazo, *ex lege* (...)" (STJ, 1ª Seção, REsp 1.340.553-RS, rel. Min. Mauro Campbell Marques, j. 12.9.2018, *DJe* 16.10.2018).

No que toca ao art. 1.056 do CPC ("Considerar-se-á como termo inicial do prazo da prescrição prevista no art. 924, V, inclusive para as execuções em curso, a data de vigência deste Código"), deve ser afastado qualquer entendimento quanto à possibilidade de aplicação da prescrição intercorrente apenas a partir da vigência do Código. Não se ignora o entendimento, especialmente em matéria de prescrição (aquisitiva ou extintiva), quanto à impossibilidade de aplicação retroativa, pela sua natureza mutiladora. Esta é a tradição de nosso sistema, especialmente quando a nova figura faça o encurtamento do prazo (*abkürzung*).[35] Nas hipóteses de modificação dos prazos de usucapião e com aplicação das novas figuras instituídas pelo Código Civil foram instituídos prazos de suplementação, sem restrição à possibilidade de contagem do prazo na lei anterior (art. 2.029 do CC).[36] Este é o motivo pelo qual o art. 1.056 foi interpretado pelo STJ como não impedindo a consumação de prescrição intercorrente que já tenha sido configurada pelo regime do Código de Processo Civil/1973, pois, ainda que não existisse sua previsão expressa, o instituto era conhecido e aplicado na execução comum, com apoio do art. 40 da LEF. A aplicação literal do art. 1.056 do CPC/2015 somente terá cabimento para as execuções que se encontravam suspensas até o início da sua vigência, conforme decisão proferida no IAC 1.[37]

O art. 40, § 5º, da LEF determina a desnecessidade de manifestação da Fazenda com o fim de economia processual e otimização das finanças públicas para a decretação da prescrição nas execuções de pequeno valor.[38] A Lei de Execução Fiscal privilegia o princípio da utilidade, que é

35. Sobre o ponto, v. nosso estudo *Usucapião*, 3ª ed., p. 322.

36. V.: Fabio Caldas de Araújo e José Miguel Garcia Medina, *Código Civil Comentado*, p. 1.356.

37. "(...). O termo inicial do art. 1.056 do CPC/2015 tem incidência apenas nas hipóteses em que o processo se encontrava suspenso na data da entrada em vigor da novel lei processual, uma vez que não se pode extrair interpretação que viabilize o reinício ou a reabertura de prazo prescricional ocorridos na vigência do revogado Código de Processo Civil/1973 (aplicação irretroativa da norma processual). 1.4 O contraditório é princípio que deve ser respeitado em todas as manifestações do Poder Judiciário, que deve zelar pela sua observância, inclusive nas hipóteses de declaração de ofício da prescrição intercorrente, devendo o credor ser previamente intimado para opor algum fato impeditivo à incidência da prescrição (...)" (STJ, 2ª Seção, REsp 1.604.412-SC, rel. Min. Marco Aurélio Bellizze, j. 27.6.2018, *DJe* 22.8.2018).

38. Vale uma advertência sobre a aplicação deste instituto e, de um modo geral, na extinção de pequenos débitos para sua incidência restrita aos débitos fazendários da União Federal. É o exemplo da Portaria 75/2002, que estabelece o teto de R$ 20.000,00. Nos débitos de outras entidades autárquicas, ainda que federais, deve ser realizada a intimação, *ad cautelam*, pois a fixação de patamar mínimo não pode abranger a atividade específica dessas autarquias. V. interessante repetitivo do STJ

um marco da responsabilidade fiscal (conforme o art. 14, § 3º, II, da Lei Complementar 101/2000).[39]

que analisa questão similar: "Ao apreciar o REsp n. 1.363.163-SP (rel. Min. Benedito Gonçalves, *DJe* 30.9.2013), interposto pelo Conselho Regional de Corretores de Imóveis do Estado de São Paulo/CRECI-2ª Região, a 1ª Seção entendeu que a possibilidade de arquivamento do feito em razão do diminuto valor da execução, a que alude o art. 20 da Lei n. 10.522/2002, destina-se exclusivamente aos débitos inscritos como Dívida Ativa da União pela Procuradoria da Fazenda Nacional ou por ela cobrados. 2. Naquela assentada, formou-se a compreensão de que o dispositivo em comento, efetivamente, não deixa dúvidas de que o comando nele inserido refere-se unicamente aos débitos inscritos na Dívida Ativa da União pela Procuradoria-Geral da Fazenda Nacional ou por ela cobrados, de valor consolidado igual ou inferior a R$ 10.000,00. 3. Não se demonstra possível, portanto, aplicar-se, por analogia, o referido dispositivo legal às execuções fiscais que se vinculam a regramento específico, ainda que propostas por entidades de natureza autárquica federal, como no caso dos autos. 4. Desse modo, conclui-se que o disposto no art. 20 da Lei n. 10.522/2002 não se aplica às execuções de créditos das autarquias federais cobrados pela Procuradoria-Geral Federal. 5. Recurso especial provido para determinar o prosseguimento da execução fiscal – Acórdão submetido ao regime estatuído pelo art. 543-C do CPC [*CPC/1973 – v. art. 1.036 do CPC/2015*] e Resolução STJ n. 8/2008" (STJ, 1ª Seção, REsp 1.343.591-MA, rel. Min. Og Fernandes, j. 11.12.2013, *DJe* 18.12.2013).

39. O dispositivo é clara aplicação do princípio da utilidade, previsto no art. 836 do CPC e pelo art. 14, § 3º, II, da Lei de Responsabilidade Fiscal (Lei Complementar 101/2000), que não considera renúncia de receita pública "cancelamento de débito cujo montante seja inferior ao dos respectivos custos de cobrança".

BIBLIOGRAFIA

ALBERS, Jan, BAUMBACH, Adolf, HARTMANN, Peter, e LAUTERBACH, Wolfgang. *Zivilprozessordnung*. Munique, Beck, 2007.

ALEXY, Robert. *Teoria dos Direitos Fundamentais*. Trad. Virgílio Afonso da Silva. 2ª ed., 4ª tir. São Paulo, Malheiros Editores, 2015.

__________. *Theorie der Grundrechte*. Zweite Auflage. Frankfurt am Main, Suhrkamp, 1994

ALLORIO, Enrico. *La Cosa Giudicata Rispetto ai Terzi*. Ristampa. Milão, Giuffrè, 1992.

ALMEIDA, Cândido Mendes de. *Ordenações Filipinas*. Livro III e IV. Reimpressão da edição de 1870. Lisboa, Fundação Calouste Gulbenkian, 1985.

ALPA, Guido. *I Principi Generali*. 2ª ed. Milão, Giuffrè, 2006.

ALSINA, Hugo. *Tratado Teórico-Práctico de Derecho Procesal Civil y Comercial*. t. I. Buenos Aires, Ediar, 1963.

AMARAL SANTOS, Moacyr. *Primeiras Linhas de Direito Processual Civil*. 25ª ed. São Paulo, Saraiva, 2007.

ANDOLINA, Italo, e VIGNERA, Giuseppe. *Il Modello Costituzionale del Proceso Civile Italiano*. Torino, G. Giappichelli, 1990.

ARANGIO-RUIZ, Vincenzo, e GUARINO, Antonio. *Breviarum Iuris Romani*. Milão, Giuffrè, 1943.

ARAÚJO, Fabio Caldas de. "Breves considerações sobre o agravo (instrumento e retido)". In: MEDINA, José Miguel Garcia, *et alii*. *Os Poderes do Juiz e o Controle das Decisões Judiciais: Estudos em Homenagem à Professora Teresa Arruda Alvim Wambier*. São Paulo, Ed. RT, 2008.

__________. *Intervenção de Terceiros*. São Paulo, Malheiros Editores, 2015.

__________. *Posse*. Rio de Janeiro, Forense, 2007.

__________. "Teoria geral do registro civil". In: ARRUDA ALVIM NETTO, José Manoel de, *et alii* (coords.). *Lei dos Registros Públicos Comentada*. Rio de Janeiro, Forense, 2014 (pp. 28-154).

__________. *Usucapião*. 3ª ed. São Paulo, Malheiros Editores, 2015.

__________. *Curso de Processo Civil – Parte Geral*. Tomo I. São Paulo, Malheiros Editores, 2015.

__________. *Curso de Processo Civil. Procedimentos Especiais*. Tomo III. São Paulo, Malheiros Editores, 2018.

ARAÚJO, Fabio Caldas de, e MEDINA, José Miguel Garcia. *Código Civil Comentado*. São Paulo, Ed. RT, 2014.

__________. *Mandado de Segurança Individual e Coletivo*. 2ª ed. São Paulo, Ed. RT, 2012.

ARAÚJO, Fabio Caldas de, *et alii*. *Lei de Registros Públicos Comentada*. Rio de Janeiro, Forense, 2014; 2ª ed. Rio de Janeiro, Forense, 2016.

ARAÚJO, Fabio Caldas de, GAJARDONI, Fernando, e MEDINA, José Miguel Garcia. *Procedimentos Especiais e Cautelares*. 5ª ed. São Paulo, Ed. RT, 2014.

ARENS, Peter. *Willensmängel bei Parteihandlung im Zivilprozeß*. Freiburg, Gehlen, 1968.

ARIETA, Giovanni. *I Provvedimenti d'Urgenza*. Padova, Cedam, 1985.

ARRUDA, Antônio Carlos Matteis de. *Liquidação de Sentença*. São Paulo, Ed. RT, 1981.

ARRUDA ALVIM, Thereza. *O Direito Processual de Estar em Juízo*. São Paulo, Ed. RT, 1996.

__________. *Questões Prévias e os Limites Objetivos da Coisa Julgada*. São Paulo, Ed. RT, 1977.

ARRUDA ALVIM NETTO, José Manoel de. "As normas processuais civis". In: FERRAZ, Sérgio (coord.). *A Norma Jurídica*. Rio de Janeiro, Freitas Bastos, 1980.

__________. *Aspectos Polêmicos e Atuais sobre os Terceiros no Processo Civil*. São Paulo, Ed. RT, 2004.

__________. *Comentários ao Código de Processo Civil*. Vols. II e III. São Paulo, Ed. RT, 1977.

__________. *Manual de Direito Processual Civil*. 18ª ed., v. II. São Paulo, Ed. RT, 2019.

__________. "Prescrição intercorrente". In: CIANCI, Mirna. *Prescrição no Novo Código Civil*. São Paulo, Saraiva, 2005.

__________. *Tratado de Direito Processual Civil*. V. I. São Paulo, Ed. RT, 1990; v. II, 2ª ed. São Paulo, Ed. RT, 1990.

__________ (coord.). *Lei dos Registros Públicos Comentada*. Rio de Janeiro, Forense, 2014; 2ª ed. Rio de Janeiro, Forense, 2016.

ARRUDA ALVIM NETTO, José Manoel de, CAMBLER, Everaldo Augusto, e LAIZO, Alexandre (coords.). *Lei de Registros Públicos Comentada*. Rio de Janeiro, Forense, 2014.

ASCENSÃO, José de Oliveira. *Direito Civil – Sucessões*. Coimbra, Coimbra Editora, 1977.

__________. *Teoria Geral do Direito Civil*. 13ª ed. Coimbra, Almedina, 2006.

ASSIS, Araken de. *Cumulação de Ações*. 4ª ed. São Paulo, Ed. RT, 2004.

__________. *Doutrina e Prática do Processo Civil Contemporâneo*. São Paulo, Ed. RT, 2001.

__________. *Manual da Execução*. 12ª ed. São Paulo, Ed. RT, 2009.

__________. *Processo Civil Brasileiro – Parte Geral*. V. I, ts. I e II; v. II, ts. I e II. São Paulo, Ed. RT, 2015.

ASSIS, Jacy de. *Processos de Procedimento Edital*. Uberlândia, Ed. Faculdade de Direito da Universidade, 1974.

ASTONE, Francesco. *Venire Contra Factum Proprium – Divieto de Contraddizione e Dovere di Coerenza nei Rapporti tra Privati*. Napoli, Jovene Ed., 2006.

ATARDI, Aldo. "Preclusione". In: *Enciclopedia del Diritto*. t. XXXIV.

AUBRY, Charles, e RAU, Charles. *Cours de Droit Civil Français*. t. VIII.

ÁVILA, Humberto. *Teoria dos Princípios – Da Definição à Aplicação dos Princípios Jurídicos*. 16ª ed. São Paulo, Malheiros Editores, 2015; 19ª ed. 2019.

AZEVEDO, Luiz Carlos de. *O Direito de Ser Citado*. São Paulo, Resenha Universitária, 1980.

BANDEIRA DE MELLO, Celso Antônio. *Curso de Direito Administrativo*. 32ª ed. São Paulo, Malheiros Editores, 2015; 34ª ed, 2019.

BARBI, Celso Agrícola. *Comentários ao Código de Processo Civil*. 9ª ed. Rio de Janeiro, Forense, 1994.

BARBOSA, Antônio Alberto Alves. *Da Preclusão Processual Civil*. 2ª ed. São Paulo, Ed. RT, 1992.

BARBOSA, Ruy. "Posse de direitos pessoais". In: *Clássicos do Direito Brasileiro*. São Paulo, Saraiva, 1986.

BARBOSA MOREIRA, José Carlos. "A antecipação da tutela jurisdicional na reforma do Código de Processo Civil". *RePro* 81. São Paulo, Ed. RT, 1996.

_________. *A Conexão de Causas como Pressuposto da Reconvenção*. São Paulo, Saraiva, 1979.

_________. *Comentários ao Código de Processo Civil*. t. V, 12ª ed. Rio de Janeiro, Forense, 2005.

_________. "Convenções das partes sobre matéria processual". In: *Doutrinas Essenciais do Processo Civil*. t. III; *RePro* 33. São Paulo, Ed. RT, 2011.

_________. *A conexão de causas como pressuposto da reconvenção*. Rio de Janeiro, Saraiva, 1979.

_________. "Medida cautelar liminarmente concedida e omissão do requerente em propor a tempo a ação principal". In: *Estudos em Homenagem a Ovídio Baptista da Silva*. Porto Alegre, Sérgio Antônio Fabris Editor, 1991.

_________. *O Novo Processo Civil Brasileiro*. 18ª ed. Rio de Janeiro, Forense, 1996.

_________. *Temas de Direito Processual*. 4ª Série. São Paulo, Saraiva, 1989; 5ª Série.

BARROS, Hamilton de Moraes e. *Comentários ao Código de Processo Civil*. 2ª ed., v. IX. Rio de Janeiro, Forense, 1977.

BAUDRY-LACANTINERIE, Gabriel, e HOUQUES-FOUCARDE, Maurice. *Traité Théorique et Pratique de Droit Civil – Des Personne*. t. I. Paris, L. Larose & L. Tenin, 1907.

BAUMBACH, Adolf, ALBERS, Jan, HARTMANN, Peter, e LAUTERBACH, Wolfgang. *Zivilprozessordnung*. Munique, Beck, 2007.

BAUMGÄRTEL, Gottfried. "Wesen und Begriff der Prozesshandlung". *Archiv für die Zivilistisch Praxis*. Berlim, Franz Wahlen, 1957; Köln, Heymanns, 1972.

BAUR, Fritz. *Estudos sobre Tutela Jurídica Mediante Medidas Cautelares* (*Studien zum einsteiweiligen Rechtsschutz*). Trad. de Armindo Edgar Laux. Porto Alegre, Safe, 1985.

BAUR, Fritz, e GRUNSKY, Wolfgang. *Zivilprozeßrecht*. V. 9, 9ª ed. Berlim, Luchterhand, 1997; 12ª ed. Berlim, Luchterhand, 2006.

BAUR, Fritz, e STÜRNER, Rolf. *Sachenrecht*. 17ª ed. Munique, C. H. Beck'sche sbuchhandlung, 1999.

_________. *Zwangsvollstreckunsrecht* (*Processo de Execução*) (continuação da obra de Adolf Schönke). Heidelberg, UTB/C. F. Müller , 1996.

BECKER-EBERHARD, Ekkehard, GAUL, Hans Friedhelm, LAKKIS, Panajotta, ROSENBERG, Leo, e SCHILKEN, Eberhard. *Zwangsvollstreckungsrecht*. 12ª ed. Munique, C. H. Beck, 2010.

BELLINETTI, Luiz Fernando. *Sentença Civil: Perspectivas Conceituais no Ordenamento Jurídico Brasileiro*. São Paulo, Ed. RT, 1994 (Coleção Enrique Tullio Liebman – V. 29).

BERGER, Christian, e JAUERNIG, Othmar. *Zwangsvollstreckung- und Insolvenzrecht*. Munique, C. H. Beck, 2007.

BERNHARDT, Wolfgang. *Grundriß des Zivilprozeßrechts*. Tübingen, Mohr, 1951.

BETHMANN-HOLLWEG, August von. *Zivilprozess des gemeinen Rechts*. 1ª ed., t. VI. Bonn: bei Adolf Marcus (1864), reimpr. Scientia Aalen, 1959.

__________. *Der Römische Zivilprozess* (*Processo Civil Romano*). vols. I e II. Bonn: bei Adolf Marcus (1864), reimpr. Scientia Aalen, 1959.

BETTI, Emilio. *Diritto Processuale Civile Italiano*. 2ª ed. Roma, Societá Editrice del Foro Italiano, 1936.

BITTENCOURT, C. A. Lúcio. *O Controle Jurisdicional da Constitucionalidade das Leis*. 2ª ed. Rio de Janeiro, Forense, 1968.

BLOMEYER, Arwed. *Zivilprozessrecht – Erkenntnisverfahren*. 2ª ed. Berlim, Duncker & Humblot, 1985.

BOCHENEK, Antônio César. *Competência Cível*. São Paulo, Ed. RT, 2004.

BODDA, Pietro. *Diritto Processuale Amministrativo*. 4ª ed. Turim, Giappichelli, 1949.

BOLARD, George. "La matière du procès et le principe dispositif". In: GUINCHARD, Serge (dir.). *Droit et Pratique de la Procédure Civile*. 6ª ed. Paris, Dalloz, 2009.

BONAVIDES, Paulo. *Curso de Direito Constitucional*. 30ª ed. São Paulo, Malheiros Editores, 2015; 34ª ed. 2019.

BONFANTE, Pietro. *Istituzioni di Diritto Romano*. 9ª ed. Milão, Vallardi, 1932.

BONINI, Giotto. *Il Processo Civile*. Milão, Fratelli Bocca Editori, 1943.

BORGES, Marcos Afonso. *Da Ação Discriminatória*. São Paulo, José Bushatsky Editor, 1976.

BRAGA, Sidney da Silva. *Iniciativa Probatória do Juiz no Processo Civil*. São Paulo, Saraiva, 2004.

BRANCO, Paulo Gustavo Gonet, e MENDES, Gilmar Ferreira. *Curso de Direito Constitucional*. 8ª ed. São Paulo, Saraiva, 2013.

BRAND, Anne-Banu, e EGLI, Margareta. *Repetitorium Zivilprozessrecht*. 2ª ed. Zurique, Orell Füssli , 2014.

BRINZ, Alois von. *Lehrbuch der Pandekten*. t. II. Erlangen, 1879 (reedição histórica da Keip Goldbach de 1997).

BROGAN, Michael, e SPENCER, David. *Mediation Law and Practice*. Cambridge, 2006.

BROX, Hans, e WALKER, Wolf-D. *Zwangsvollstreckungsrecht*. 10 Auflage, Munique, Vahlen , 2014.

CAHALI, Yussef Said. *Aspectos Processuais da Prescrição e da Decadência*. São Paulo, Ed. RT, 1979.

__________. *Honorários Advocatícios*. São Paulo, Ed. RT, 1997.

CALMON DE PASSOS, J. J. *Comentários ao Código de Processo Civil*. V. III e v. X, t. I. São Paulo, Ed. RT, 1984.

__________. *Esboço de uma Teoria das Nulidades Aplicada às Nulidades Processuais*. Rio de Janeiro, Forense, 2002.

CAMBLER, Everaldo Augusto, ARRUDA ALVIM NETTO, José Manoel de, e LAIZO, Alexandre (coords.). *Lei de Registros Públicos Comentada*. Rio de Janeiro, Forense, 2014.

CANARIS, Claus-Wilhelm. *Direitos Fundamentais e Direito Privado*. Coimbra, Almedina, 2003.

__________. *Pensamento Sistemático e Conceito de Sistema na Ciência do Direito*. Lisboa, Fundação Caloustre Gulbenkian, 2002.

__________. *Systemdenken und Systembegriff in der Jurisprudenz*. 2ª ed. Berlim, Duncker & Humblot, 1983.

CAPPELLETTI, Mauro. *Appunti sulla Tutela Giurisdizionale di Interessi Collettivi o Diffusi*. Pádua, CEDAM, 1976.

CAPPELLETTI, Mauro, e GARTH, Bryant (eds.). *Access to Justice – A World Survey*. V. I. Milão, Giuffrè, 1978.

CARAVANTES, José de Vicente y. *Tratado Histórico, Crítico Filosófico de los Procedimientos Judiciales en Materia Civil*. V. 2. Madrid, Gaspar y Roig, 1852.

CARNACINI, Tito. *Il Litisconsorzio nelle Fasi di Gravame*. Pádua, CEDAM, 1937.

CARNEIRO, Athos Gusmão. *Audiência de Instrução e Julgamento – Aspectos Teóricos e Práticos*. 2ª ed. Rio de Janeiro, Forense, 1983.

__________. *Jurisdição e Competência*. 18ª ed. São Paulo, Saraiva, 2012.

CARNELUTTI, Francesco. *Diritto e Processo*. Nápoles, Morano Editore, 1958.

__________. *Processo di Esecuzione*. V. 2. Pádua, Cedam, 1931.

__________. *Instituciones del Derecho Procesal*. Trad. Sentís Melendo. Buenos Aires, El Foro, 1997.

__________. *Sistema del Diritto Processuale Civile*. Vols. I e II. Pádua, CEDAM, 1936.

CARVALHO, Affonso José de. *Inquirição Cível*. São Paulo, Saraiva, 1924.

CARPI, Federico. "La tutela d'urgenza fra tutela, 'sentenza anticipata' e giudizio di merito". *Rivista di Diritto Processuale* 40/680 e ss.

CARPI, Federico, COLESANTI, Vittorio, e TARUFFO, Michele. *Commentario Breve al Codice di Procedura Civile*. 4ª ed. Pádua, CEDAM, 2002.

CARVALHO, Milton Paulo de. *Do Pedido no Processo Civil*. Porto Alegre, Sérgio Antônio Fabris Editor, 1992.

CARVALHO DE MENDONÇA, J. X. *Tratado de Direito Comercial Brasileiro*. t. III e t. VII. Rio de Janeiro, Freitas Bastos, 1958.

CASTRO, Amílcar de. *Direito Internacional Privado*. t. II. Rio de Janeiro, Forense, 2008.

CASTRO, Luiz Augusto de Araújo. *O Brasil e o Novo Direito do Mar: Mar Territorial e Zona Econômica Exclusiva*. Brasília, Fundação Alexandre Gusmão, 1989.

CASTRO, Torquato. *Ação Declaratória*. São Paulo, Saraiva, 1942.

CASTRO FILHO, José Olímpio de. *Abuso do Direito no Processo Civil*. Rio de Janeiro, Forense, 1960.

CASTRO MENDES, Aluísio Gonçalves de. *Competência Cível da Justiça Federal*. 2ª ed. São Paulo, Ed. RT, 2006.

CASTRO NUNES, José de. *Teoria e Prática do Poder Judiciário*. Rio de Janeiro, Forense, 1943.

CASTRO Y BRAVO, Federico de. *La Persona Jurídica*. Madrid, Civitas, 1984.

CAYROL, Nicolas. *Droit de l'Exécution*. Paris, LGDJ, 2013.

CHAINAIS, Cécile, GUINCHARD, Serge, e FERRAND, Frédérique. *Procedure Civile*. 3ª ed. Paris, Dalloz, 2013.

CHIOVENDA, Giuseppe. "Cosa giudicata e competenza". In: *Saggi di Diritto Processuale Civile*. t. II.

__________. *Instituciones de Derecho Procesal Civil*. Vols. I e II. Trad. de E. Gomes Orbaneja. Madri, Editorial Revista de Derecho Privado, 1940.

__________. *Istituzioni di Diritto Processuale Civile*. 3ª ed., vols. I e II. Nápoles, Jovene, 1936.

__________. "L'azione nel sistema dei diritti". In: *Saggi di Diritto Processuale Civile*. t. I (pp. 3-99).

__________. *La Acción en el Sistema de los Derechos*. Trad. de Santiago Sentís Melendo. Bogotá, Editorial Themis, 1986.

__________. *Principii di Dirittto Processuale Civile*. Nápoles, Jovene, 1923.

__________. *Saggi di Diritto Processuale Civile (1894-1937)*. t. I; *Saggi di Diritto Processuale Civile*. t. II.

__________. "Romanismo e germanismo nel proceso civile". *Saggi di Diritto Processuale Civile (1894-1937)*. t. I, pp. 181-238.

__________. "Sul litisconsorzio necessario". In: *Saggi di Diritto Processuale*. t. II.

CIANCI, Mirna. *Prescrição no Novo Código Civil*. São Paulo, Saraiva, 2005.

CINTRA, Antônio Carlos de Araújo. *Do Chamamento à Autoria*. São Paulo, tese para concurso à Livre-Docência na USP, 1971.

CIRULLI, Massimo. *La Nuova Disciplina dei Rimedi Contro i Provvedimenti Cautelari*. Pádua, CEDAM, 1996.

COLESANTI, Vittorio, CARPI, Federico, e TARUFFO, Michele. *Commentario Breve al Codice di Procedura Civile*. 4ª ed. Pádua, CEDAM, 2002.

COMOGLIO, Luigi Paolo, FERRI, Corrado, e TARUFFO, Michele. *Lezioni sul Processo Civile*. Bolonha, Il Mulino, 1995; 4ª ed., vols. I e II. Bolonha, Il Mulino, 2006.

COMPARATO, Fábio Konder. *Novos Ensaios e Pareceres de Direito Empresarial*. Rio de Janeiro, Forense, 1981.

Corps de Droit Civil Romain en Latin et en Français. t. VI. Trad. de Henri Hulot, Jean-François Berthelot, Pascal-Alexandre Tissot e Alphonse Bérenger Fils. 1804 (reimpr. Scientia Aalen, 1979).

CORRÊA, Alexandre, e SCIASCIA, Gaetano. *Direito Romano*. t. I. São Paulo, Saraiva, 1953.

CORRÊA TELLES, José Homem. *Doutrina das Ações*. Rio de Janeiro, Garnier, 1902.

CORREIA, André de Luizi. *A Citação no Direito Processual Civil Brasileiro*. São Paulo, Ed. RT, 2001 (Coleção Enrico Tulio Liebman – V. 46).

COSACK, Konrad. *Lehrbuch des Deutschen bürgerlichen Rechts*. V. 2, 5ª ed. Iena, von Gustav Fischer, 1912; v. 1, 6ª ed. Iena, von Gustav Fischer, 1913.

COSTA, Mario Júlio de Almeida. 12ª ed. *Direito das Obrigações*. Coimbra, Almedina, 2009.

COSTA, Moacyr Lobo da. *A Intervenção Iussu Iudicis no Processo Civil Brasileiro*. São Paulo, Saraiva, 1961.

__________. *Breve Notícia Histórica do Direito Processual Civil Brasileiro e de sua Literatura*. São Paulo, Ed. RT, 1970.

COSTA, Salvador da. *Os Incidentes da Instância*. 7ª ed. Coimbra, Almedina, 2014.

COSTA E SILVA, Antônio Carlos. *Tratado do Processo de Execução*. t. I.

COSTA E SILVA, Paula. *Acto e Processo*. Coimbra, Coimbra Editora, 2003.

COUTO E SILVA, Clóvis do. *A Obrigação como Processo*. São Paulo, José Bushatsky Editor, 1976.

__________. *Comentários ao Código de Processo Civil*. V. XI, t. I. São Paulo, Ed. RT, 1977.

COUTURE, Eduardo J. *Fundamentos del Derecho Procesal Civil*. Buenos Aires, Depalma, 1951.

__________. *Os Mandamentos do Advogado*. 3ª ed. Porto Alegre, Sergio Fabris, 1979.

CREIFELDS, Carl. *Rechtswörterbuch*. 19ª ed. Munique, C. H. Beck, 2007.

CRUZ E TUCCI, José Rogério. *Da Causa Petendi*. São Paulo, Ed. RT, 2002.

__________. *Limites Subjetivos da Eficácia da Sentença e da Coisa Julgada Civil*. São Paulo, Ed. RT, 2007.

__________. *Tempo e Processo*. São Paulo, Ed. RT, 1977.

CRUZ E TUCCI, José Rogério, e AZEVEDO, Luiz Carlos de. *Lições de História do Processo Civil Romano*. São Paulo, Ed. RT, 1996.

CUNHA, Oscar da. *A Homologação da Sentença Estrangeira e o Direito Judiciário Civil Brasileiro*. Rio de Janeiro, Typ. do Jornal do Comércio Rodrigues & C., 1933.

CUNHA. Leonardo Carneiro da. *A Fazenda Pública em Juízo*. 15ª ed. Rio de Janeiro, Forense, 2019.

D'ALESSIO, Francesco. *Diritto Amministrativo Italiano*. V. 2. Turim, UTET, 1934.

DENIEUL, Jean-Marie. *Petit Traité de l'Écrit Judiciaire*. 12ª ed. Paris, Dalloz, 2014.

DIDIER JR., Fredie. *Curso de Direito Processual Civil – Teoria Geral do Processo e Processo de Conhecimento*. V. I. Salvador, Juspodivm, 2007.

__________. *Recurso de Terceiro Prejudicado*. São Paulo, Ed. RT, 2003.

DIDIER JR., Fredie, e MAZZEI, Rodrigo (orgs.). *Processo e Direito Material*. Salvador, Juspodivm, 2009.

DIDIER JR., Fredie, FARIAS, Cristiano Chaves de, GUEDES, Jefferson Cárus, *et alii*. *Comentários ao Código Civil Brasileiro*. V. XV. Salvador, Juspodivm.

DINAMARCO, Cândido Rangel. *A Instrumentalidade do Processo*. 15ª ed. São Paulo, Malheiros Editores, 2013.

__________. *A Reforma da Reforma*. 6ª ed. São Paulo, Malheiros Editores, 2003.

__________. *Capítulos de Sentença*. 6ª ed. São Paulo, Malheiros Editores, 2014.

__________. *Fundamentos do Processo Civil Moderno*. 6ª ed., v. I. São Paulo, Malheiros Editores, 2010.

__________. *Instituições de Direito Processual Civil*. 6ª ed., v. II. São Paulo, Malheiros Editores, 2009.

__________. "Intervenção de terceiro em processo cautelar". *Justitia* 46(125)/47-54. São Paulo, abril-junho/1984.

DINAMARCO, Cândido Rangel, *et alii*. *Teoria Geral do Processo*. 31ª ed. São Paulo, Malheiros Editores, 2015.

DINI, Mario. *I Provvedimenti d'Urgenza nel Diritto Processuale Civile*. 4ª ed. Milão, Giuffrè, 1973.

DINIZ, Maria Helena. *Compêndio de Introdução à Ciência do Direito*. 21ª ed. São Paulo, Saraiva, 2010.

__________. *Lacunas do Direito*. 9ª ed. São Paulo, Saraiva, 2009.

DORIA, Rogéria Dotti. *A Tutela Antecipada em Relação à Parte Incontroversa da Demanda*. São Paulo, Ed. RT, 1999.

DOUCHY-OUDOT, Mélina. *Procédure Civile*. 6ª ed. Issy-les-Moulineaux, Gualino, 2014.

DUGUIT, Leon. *Traité de Droit Constitutionnel*. t. I. 1921.

EGLI, Margareta, e BRAND, Anne-Banu. *Repetitorium Zivilprozessrecht*. 2ª ed. Zurique, Orell Füssli , 2014.

ESPÍNOLA, Eduardo. *Código do Processo do Estado da Bahia Annotado*. t. I. 1916.

ESTELLITA, Guilherme. *Do Litisconsórcio no Direito Brasileiro*. Rio de Janeiro, Forense, 1955.

FABBI, Alessandro. "Privatizing civil justice through procedural agreements: a Comparative Law analysis". Disponível em *http://www. law. nyu. edu/sites/default/files/upload_documents/AlessandroFabbi2. pdf* (acesso em 1.10.2015).

FACHIN, Luiz Edson. "Coisa julgada no processo cautelar". *RePro* 49/43. São Paulo, Ed. RT, 1988.

__________. *Intervenção de Terceiros*. São Paulo, Ed. RT, 1989.

FARIA, Jorge Leite Areias de. *Direito das Obrigações*. vols. I e II. Coimbra, Almedina.

FAVOREU, Louis, *et alii*. *Droit Constitutionnel*. 17ª ed. Paris, Dalloz, 2015.

FAZZALARI, Elio. *Istituzioni di Diritto Processuale*. 6ª ed. Padova, Cedam, 1992.

__________. "Sentenza civile". In: *Enciclopedia del Diritto*. t. XLI. Padova, Giuffrè, 1977.

FERRAND, Frédérique, CHAINAIS, Cécile, e GUINCHARD, Serge. *Procédure Civile*. 3ª ed. Paris, Dalloz, 2013.

FERRAND, Frédérique, e GUINCHARD, Serge. *Procédure Civile – Droit Interne et Droit Communautaire*. 32ª ed. Paris, Dalloz, 2014.

FERREIRA, Pinto. *Da Resposta do Réu*. São Paulo, Saraiva, 1986.

FERRARA, Francesco. *Teoría de las Personas Jurídicas*. Madrid, Editorial Reus, 1929.

FREITAS, José Lebre de. A Ação Executiva. 7ª ed. Coimbra, Gestlegal, 2017.

__________. *A Ação Declarativa Comum*. 4ª ed. Coimbra, Gestlegal, 2017.

__________. *Introdução ao Processo Civil*. 3ª ed. Coimbra, Coimbra Editora, 2013.

__________. *A Falsidade do Direito Probatório*. 2ª ed. Coimbra, Almedina, 2013.

__________. *A Confissão no Direito Probatório*. 2ª ed. Coimbra, Coimbra Editora, 2013.

FRICERO, Natalie. "Conditions relatives à la rédaction". In: GUINCHARD, Serge (dir.). *Droit et Pratique de Procédure Civile*. 14ª ed. Paris, Dalloz, 2014.

__________. "Garanties de nature procédurale: équite, publicité, célérité et laïcité". In: GUINCHARD, Serge (dir.). *Droit et Pratique de la Procédure Civile*. 14ª ed. Paris, Dalloz, 2014.

__________. *Procédure Civile*. Paris, LGDJ, 2014.

FRICERO, Natalie, e JULIEN, Pierre. *Procédure Civile*. Paris, LGDJ, 2014.

FRIEDENTHAL, Jack H., KANE, Mary Kay, e MILLER, Arthur R. *Civil Procedure*. Minnesota, West Publishing, 1997.

FROMONT, Michel. "Droits Fondamentaux dans l'Ordre Juridique de la RFA". *Recueil d'Études en Hommage a Charles Eisemann*. Paris, Cujas 1975, pp. 49-64.

FUTNER, Georg. *Das Urteil im Zivilprozess*. Munique, C. H. Beck, 1985.

FUX, Luiz. *Intervenção de Terceiros*. São Paulo, Saraiva, 1990.

GAJARDONI, Fernando, ARAÚJO, Fabio Caldas de, e MEDINA, José Miguel Garcia. *Procedimentos Especiais e Cautelares*. São Paulo, Ed. RT, 2014.

GARCÍA DEL CORRAL, Justiniano. *Cuerpo del Derecho Civil Romano*. Trad. do original alemão de Hermann e Osenbrüggen Kriegel. t. I. Barcelona, 1889.

GARCÍA MORENTE, Manuel. *Fundamentos de Filosofia – Lições Preliminares*. V. I. São Paulo, Mestre Jou, 1967.

GARTH, Bryant, e CAPPELLETTI, Mauro (eds.). *Access to Justice – A World Survey*. V. I. Milão, Giuffrè, 1978.

GATTI, Edmundo. *Teoría General de los Derechos Reales*. Buenos Aires, Abeledo-Perrot, 1975.

GAUL, Hans Friedhelm, BECKER-EBERHARD, Ekkehard, LAKKIS, Panajotta, ROSENBERG, Leo, e SCHILKEN, Eberhard. *Zwangsvollstreckungsrecht*. 12ª ed. Munique, C. H. Beck, 2010.

GAUPP, Ludwig, e STEIN, Friedrich. *Zivilprozessordnung*. V. I. Tübingen, Mohr, 1934.

GEHRLEIN, Markus, e PRÜTTING, Hans (eds.). *ZPO-Kommentar*. Luchterhand , 2014 e 2015.

GERAIGE NETO, Zaiden. *O Princípio da Inafastabilidade do Controle Jurisdicional*. São Paulo, Ed. RT, 2003.

GIACOMO, Fazio. *Trattato sulla Perenzione*. Florença, Fratelli Bocca, 1882.

GIANESINI, Rita. *Da Revelia no Processo Civil Brasileiro*. São Paulo, Ed. RT, 1997.

GIANOTTI, Edoardo. *A Tutela Constitucional da Intimidade*. Rio de Janeiro, Forense, 1987.

GIERKE, Otto Friedrich von. *Deutsches Privatrecht I*. Munique/Leipizig, 1917.

GILISSEN, John. *Introdução Histórica ao Direito*. 2ª ed. Lisboa, Fundação Calouste Gulbenkian, 2010.

GIRARD, Paul-Frédéric. *Manuel Élémentaire de Droit Romain*. 7ª ed. Paris, Librairie Arthur Rousseau, 1924.

GLÜCK, Christian Friedrich von. *Ausführliche Erläuterung der Pandekten nach Hellfeld*. 2ª ed., v. II, 1800; 2ª ed., v. III, Primeira Parte. Erlangen, Balm & Enre, 1867.

__________. *Commentario alle Pandette*. Trad. de Arricchito. Libro II, com notas de Ferrini e Serafini. Milão, Vallardi, 1901.

GOLDSCHMIDT, James. *Der Prozeß als Rechtslage*. Berlim, 1925 (reimpr. da 2ª ed. Scientia Aalen, 1986).

__________. *Derecho Procesal Civil*. Barcelona, Editorial Labor, 1936.

__________. *Teoría General del Proceso*. Trad. espanhola. Barcelona, Editorial Labor, 1936.

__________. *Zivilprozessrecht*. Berlim. von Julius Springer, 1929.

GOTTWALD, Peter, e SCHWAB, Karl H. *Verfassung und Zivilprozeß*. Gieseking Bielefeld, 1982.

GOTTWALD, Peter, ROSENBERG, Leo, e SCHWAB, Karl H. *Zivilprozessrecht*. 16ª ed. Munique, C. H. Beck'schle, 2004.

GORPHE, François. *De la Apreciacion de las Pruebas*. Buenos Aires, Bosch Editores, 1950.

GRABENWARTER, Christoph, e HOLOUBEK, Michael. *Verfassungsrecht/Allgemeines Verwaltungsrecht*. Viena, 2009.

GRUNSKY, Wolfgang, e BAUR, Fritz. *Zivilprozeßrecht*. 9ª ed., v. 9. Berlim, Luchterhand, 1997; 12ª ed. Berlim, Luchterhand, 2006.

GUASP, Jaime. *Derecho Procesal Civil*. t. I. Madrid, Civitas, 2002.

GUINCHARD, Serge. *Droit Processuel. Droit Commun et Droit Comparé du Procès Équitable*. 4ª ed. Paris, Dalloz, 2007; 5ª ed. Paris, Dalloz, 2009; Paris, Dalloz, 2011.

__________. "Les sources du droit processuel – Le procès, aperçu historique". In: GUINCHARD, Serge, *et alii*. *Droit Processuel. Droit Commun et Droit Comparé du Procès Équitable*. 5ª ed. Paris, Dalloz, 2009; Paris, Dalloz, 2011 (pp. 5-54).

__________ (dir.). *Droit et Pratique de la Procédure Civile*. 6ª ed. Paris, Dalloz, 2009.

GUINCHARD, Serge, CHAINAIS, Cécile, e FERRAND, Frédérique. *Procédure Civile*. 3ª ed. Paris, Dalloz, 2013.

GUINCHARD, Serge, e FERRAND, Frédérique. *Procédure Civile – Droit Interne et Droit Communautaire*. 31ª ed. Paris, Dalloz, 2012.

GUINCHARD, Serge, e VINCENT, Jean. *Procédure Civile*. 24ª ed. Paris, Dalloz, 1996; Paris, Dalloz, 2014.

HARTMANN, Peter, ALBERS, Jan, BAUMBACH, Adolf, e LAUTERBACH, Wolfgang. *Zivilprozessordnung*. Munique, C. H. Beck, 2007.

HAUSMANNINGER, Herbert. *Die Bona Fides des Ersitzungsbesitzers im klassischen römischem Recht*. Viena/Munique, Herold, 1964.

HELLWIG, Hans-Jürgen. *Zur Systematik des Zivilprozeßrechtlichen Vertrages*. Bonn, Ludwig Röhrscheid, 1968.

HERON, Jacques. *Droit Judiciaire Privé*. Paris, Montchrestien, 1991.

HUFEN, Friedhelm. *Verwaltungsprozessrecht*. Munique, C. H. Beck, 2013.

HULOT, Henri, *et alii*. *Corps de Droit Civil Romain en Latin et en Français*. t. VI. Paris, Metz, 1804 (reimpr. Scientia Aalen, 1979).

JAUERNIG, Othmar. *Bürgerliches Gesetzbuch mit Gesetz zur Regelung des Rechts der allgemeinen Geschäftsbedingungen*. Munique, C. H. Beck, 2007.

__________. *Kommentar – Bürgerliches Gesetzbuch mit Allgemeinem Gleichhandlungsgesetz*. Munique, 2007.

__________. *Verhandlungsmaxime, Inquisitionsmaxime und Streitgegenstand*. Tübingen, Mohr, 1967.

__________. *Zivilprozessrecht*. 26ª ed. Munique, C. H. Beck, 2000.

JAUERNIG, Othmar, e BERGER, Christian. *Zwangsvollstreckung- und Insolvenzrecht*. Munique, C. H. Beck, 2007.

JOOST, Detlev. *Muniqueer Kommentar zum Bürgerlichen Gesetzbuch*. V. VI ("*Sachenrecht*"). 3ª ed. Munique, C. H. Beck'sche, 1997 (§§ 854-872).

JULIEN, Pierre, e FRICERO, Natalie. *Procédure Civile*. Paris, LGDJ, 2014.

JUSTEN FILHO, Marçal. *Curso de Direito Administrativo*. 11ª ed. São Paulo, Ed. RT. 2015.

KASER, Max. *Das Römische Zivilprozessrecht*. Munique, C. H. Beck, 1996.

KASER, Max, e KNÜTEL, Rolf. *Römisches Privatrecht*. Munique, C. H. Beck, 2008.

KLOEPFER, Michael. *Verfassungsrecht*. Vs. I e II. Munique, C. H. Beck, 2011.

KNÜTEL Rolf, e KASER, Max. *Römisches Privatrecht*. Munique, C. H. Beck, 2008.

KÜTTNER. Georg. *Urteilwirkung ausserhalb des Zivilprozessrecht*. Munique, C. H. Beck, 1914.

LACERDA, Galeno. *Despacho Saneador*. Porto Alegre, Sérgio Antônio Fabris Editor, 1985.

__________. *O Novo Direito Processual Civil e os Feitos Pendentes*. Rio de Janeiro, Forense, 1974.

LAIZO, Alexandre, ARRUDA ALVIM NETTO, José Manoel de, e CAMBLER, Everaldo Augusto (coords.). *Lei de Registros Públicos Comentada*. Rio de Janeiro, Forense, 2014.

LAKKIS, Panajotta, BECKER-EBERHARD, Ekkehard, GAUL, Hans Friedhelm, ROSENBERG, Leo, e SCHILKEN, Eberhard. *Zwangsvollstreckungsrecht*. 12ª ed. Munique, C. H. Beck, 2010.

LAMBAUER, Mathias. *Do Litisconsórcio Necessário*. São Paulo, Saraiva, 1982.

LANGAN, Peter St. John Hevey, e LAWRENCE, D. G. *Civil Procedure*. 2ª ed. Sweet & Maxwell Ltd., 1976.

LARA, Betina Rizzato. *Liminares no Processo Civil*. 2ª ed. São Paulo, Ed. RT, 1994.

LARENZ, Karl. *Metodologia da Ciência do Direito*. 5ª ed. Lisboa, Fundação Calouste Gulbenkian, 2009.

LARENZ, Karl, e WOLF, Manfred. *Allgemeiner Teil des Bürgerlichen Rechts*. Munique, C. H. Beck, 2012.

LASPRO, Oreste Nestor de Souza. *Duplo Grau de Jurisdição no Direito Processual Civil*. São Paulo, Ed. RT, 1995 (Coleção Enrico Tullio Liebman – V. 33).

LASSALE, Ferdinand. *Théorie Systématique des Droits Acquis*. t. I. Paris, Giard & Brière, 1900.

LAURENT, François. *Principes de Droit Civil*. Bruylant-Christophe, 1869.

LAUTERBACH, Wolfgang, ALBERS, Jan, BAUMBACH, Adolf, e HARTMANN, Peter. *Zivilprozessordnung*. Munique, C. H. Beck, 2007.

LAWRENCE, D. G., e LANGAN, Peter St. John Hevey. *Civil Procedure*.

LEÃO, Adroaldo. *O Litigante de Má-fé*. 2ª ed. Rio de Janeiro, Forense, 1986.

LENZA, Pedro. *Teoria Geral da Ação Civil Pública*. 2ª ed. São Paulo, Ed. RT, 2005.

LIEBMAN, Enrico Tullio. "Il principio del contraddittorio nel processo civile italiano". In: *La Protezione Giuridica del Lavoratore – Il Principio del Contraddittorio nel Processo Civile, Penale, Amministrativo*. Milão, 1966.

__________. *Manuale di Diritto Processuale Civile*. 5ª ed. Milão, Giuffrè, 1992.

LIGENTHAL, Zachariae von. *Geschichte des griechisch-römischen Rechts*. Berlin, Weidemann, 1892.

LIMA, Hermes. *Introdução à Ciência do Direito*. 26ª ed. Rio de Janeiro, Freitas Bastos, 1980.

LOBÃO, Manuel de Almeida e Sousa de. *Segundas Linhas sobre o Processo Civil*. 3 ts. Lisboa, Imprensa Nacional, 1855. t. I.

__________. *Tratado Encyclopedico Compendiario, Pratico e Systematico dos Interdictos e Remedios Possessorios Geraes e Especiaes*. Lisboa, Imprensa Nacional, 1867.

__________. *Tratado Pratico do Processo Executivo Summario*. Lisboa, 1868.

LOPES, João Batista. *Ação Declaratória*. 6ª ed. São Paulo, Ed. RT, 2009.

__________. *Tutela Antecipada no Processo Civil Brasileiro*. 2ª ed. São Paulo, Saraiva, 2003.

LOPES DA COSTA, Alfredo Araújo Lopes da. *Da Citação no Processo Civil*. Belo Horizonte, Imprensa Oficial de Minas Gerais, 1927.

__________. *Direito Processual Civil Brasileiro*. t. I, 2ª ed. Rio de Janeiro, Forense, 1959.

__________. *Manual Elementar de Direito Processual Civil*. Rio de Janeiro, Forense, 1956.

__________. *Medidas Preventivas – Medidas Preparatórias – Medidas de Conservação*. Imprensa Oficial, 1953.

LOPES JR., Aury. *Direito Processual Penal e sua Conformidade Constitucional*. 13ª ed. São Paulo, Saraiva, 2016.

LOPES-CARDOSO, Eurico. *Manual dos Incidentes da Instância em Processo Civil*. Coimbra, Almedina, 1965.

LÜKE, Wolfgang. *Zivilprozessrecht – Erkenntnisverfahren/Zwangsvollstreckung//Europäisches Zivilverfahrensrecht*. 10ª ed. Munique, C. H. Beck, 2011.

MACHADO GUIMARÃES, Luiz. "Preclusão, coisa julgada, efeito preclusivo". In: *Estudos de Direito Processual Civil*. São Paulo, Jurídica e Universitária, 1969.

MAISTO, Filippo. *Il Diritto Intertemporale*. Nápoles, Edizione Scientifiche Italiane, 2007.

MANCA, Antonio. "Accordo". In: *Novissimo Digesto Italiano*. Turim, UTET, 1959

MANCUSO, Rodolfo de Camargo. *Ação Civil Pública*. 13ª ed. São Paulo, Ed. RT, 2014.

__________. *Jurisdição Coletiva e Coisa Julgada*. 2ª ed. São Paulo, Ed. RT, 2007.

MANDRIOLI, Crisanto. *Corso di Diritto Processuale Civile*. Pádua, Giappichelli, 2012.

MANIGK, Alfred. *Willenserklärung und Willensgeschäft – Ein System der juristischen Handlungen*. Berlim, von Franz Vahlen, 1907.

MANTHE, Ulrich. *Geschichte des römischen Rechts*. Munique, C. H. Beck, 2015.

MARCO, Carla Fernanda de. *Arbitragem Internacional no Brasil*. São Paulo, RCS Editora, 2005.

MARINONI, Luiz Guilherme. *Questões do Novo Direito Processual Civil Brasileiro*. Curitiba, Juruá, 2001.

__________. *Tutela Cautelar e Tutela Antecipatória*. São Paulo, Ed. RT, 1992.

MARIZ DE OLIVEIRA JR., Waldemar. *Substituição Processual*. São Paulo, Ed. RT, 1971.

__________. *Teoria Geral do Processo Civil*. V. 1. São Paulo, Ed. RT, 1973.

MARQUANT, Robert. *L'État Civil et l'État des Personnes*. Paris, Masson, 1977.

MARQUES, Cláudia Lima. "O 'diálogo das fontes' como método da nova Teoria Geral do Direito: um tributo a Erik Jayme". In: *Diálogo das Fontes: do Conflito à Coordenação de Normas do Direito Brasileiro*. São Paulo, Ed. RT, 2012.

MARQUES, José Frederico. *Ensaio sobre a Jurisdição Voluntária*. 2ª ed. São Paulo, Saraiva, 1959.

__________. *Instituições de Direito Processual Civil*. 2ª ed., vs. I, II e III. Rio de Janeiro, Forense, 1962.

MARTÍNEZ, Herman J. *Procesos con Sujetos Múltiples*. V. I. Buenos Aires, Ediciones La Rocca, 1994.

MARTINS, Ana Maria Guerra. *Manual de Direito da União Europeia*. Coimbra, Almedina, 2014.

MARTINS, Sandro Gilbert. *A Defesa do Executado por Meio de Ações Autônomas – Defesa Heterotópica*. São Paulo, Ed. RT, 2002 (Coleção Enrico Tullio Liebman – V. 50).

__________. *Processo, Procedimento e Ato Processual – O Plano da Eficácia*. Rio de Janeiro, Elsevier, 2012.

MATHIASS, Bernhard. *Lehrbuch des Bürgerliches Rechtes*. 4ª ed. Berlim, Häring, 1904.

MAXIMILIANO, Carlos. *Hermenêutica e Aplicação do Direito*. 18ª ed. Rio de Janeiro, Forense, 1999.

MAYER, Otto. *Derecho Administrativo Alemán*. V. II, 2ª ed. Buenos Aires, Depalma, 1982.

MAYER-MALY, Theo. *Römisches Recht*. Viena, 1999.

MAYNZ, Charles. *Cours de Droit Romain*. Vs. I e III. Paris, Durand et Pedone, 1870.

MAZZEI, Rodrigo. "Litisconsórcio sucessivo: breves considerações". In: DIDIER JR., Fredie, e MAZZEI, Rodrigo (orgs.). *Processo e Direito Material*. Salvador, Juspodivm, 2009 (pp. 223-246).

MAZZEI, Rodrigo, e DIDIER JR., Fredie (orgs.). *Processo e Direito Material*. Salvador, Juspodivm, 2009.

MEDAUAR, Odete. *A Processualidade no Direito Administrativo*. 2ª ed. São Paulo, Ed. RT, 2008.

MEDICUS, Dieter. *Allgemeiner Teil des BGB*. Heidelberg, C. F. Müeller, 2006.

MEDINA, José Miguel Garcia. *Código de Processo Civil Comentado*. 1ª ed., 2ª tir. São Paulo, Ed. RT, 2011.

__________. *Constituição Federal Comentada*. São Paulo, Ed. RT, 2012.

__________. *Execução*. V. 3 ("Processo Civil Moderno"). São Paulo, Ed. RT, 2008.

__________. *Execução Civil – Teoria Geral – Princípios Fundamentais*. 2ª ed. São Paulo, Ed. RT, 2004.

MEDINA, José Miguel Garcia, ARAÚJO, Fabio Caldas de, e GAJARDONI, Fernando. *Procedimentos Especiais e Cautelares*. São Paulo, Ed. RT, 2014.

MEDINA, José Miguel Garcia, e ARAÚJO, Fabio Caldas de. *Código Civil Comentado*. São Paulo, Ed. RT, 2014.

__________. *Mandado de Segurança Individual e Coletivo*. 3ª ed. São Paulo, Ed. RT, 2018.

MEDINA, José Miguel Garcia, e WAMBIER, Teresa Arruda Alvim. *Processo Civil Moderno – Parte Geral e Processo de Conhecimento*. V. I. São Paulo, Ed. RT, 2010.

MEDINA, José Miguel Garcia, *et alii*. *Os Poderes do Juiz e o Controle das Decisões Judiciais: Estudos em Homenagem à Professora Teresa Arruda Alvim Wambier*. São Paulo, Ed. RT, 2008.

MEIRELLES, Hely Lopes. *Direito Municipal Brasileiro*. 17ª ed., 2ª tir. São Paulo, Malheiros Editores, 2014.

MELLO, Celso de Albuquerque. *Direito Internacional Público*. V. I. 9ª ed. Rio de Janeiro, Renovar, 2002.

MENDES, Aluísio Gonçalves de Castro. *Competência Cível da Justiça Federal*. 3ª ed. São Paulo, Ed. RT, 2009.

MENDES, Gilmar Ferreira. *Direitos Fundamentais e Controle de Constitucionalidade*. 3ª ed. São Paulo, Saraiva, 2004.

MENDES, Gilmar Ferreira, e BRANCO, Paulo Gustavo Gonet. *Curso de Direito Constitucional*. 10ª ed. Saraiva, 2013.

MENDONÇA LIMA, Alcides de. *Dicionário do Código de Processo Civil Brasileiro*. 2ª ed. São Paulo, Ed. RT, 1994.

MENESTRINA, Francesco. *La Pregiudiziale nel Processo Civile*. Milão, Giuffrè, 1993.

MENEZES CORDEIRO, António. *Da Boa-Fé no Direito Civil*. 2ª reimpr. Coimbra, Almedina, 2001.

__________. *Da Modernização do Direito Civil*. V. I. Coimbra, Almedina, 2004.

__________. *Direito das Obrigações*. V. I. Lisboa, AAFDL, 1994.

__________. *Introdução ao Direito da Prestação de Contas*. Coimbra, Almedina, 2008.

__________. *Litigância de Má-Fé, Abuso do Direito de Ação e* ***Culpa In Agendo***. Coimbra, Almedina, 2014.

__________. *O Levantamento da Personalidade Colectiva no Direito Civil e Comercial*. Coimbra, Almedina, 2000.

__________. *Tratado da Arbitragem*. Coimbra, Almedina, 2015.

__________. *Tratado de Direito Civil Português*. V. I, ts. I e II. Coimbra, Almedina, 2000; v. I, ts. III e V. Coimbra, Almedina, 2004.

MENGONI, Luigi. *Gli Acquisti a Non Domino*. Milão, Giuffrè, 1975.

MESQUITA, Miguel. *Apreensão de Bens em Processo Executivo e Oposição de Terceiro*. Coimbra, Almedina, 1998.

MILLER, Arthur R., FRIEDENTHAL, Jack H., e KANE, Mary Kay. *Civil Procedure*. 4ª ed. Hornbook Series, Thomson/West, 2005.

MILMAN, Fábio. *Partes, Procuradores, Litisconsórcio e Intervenção de Terceiros*. Porto Alegre, Verbo Jurídico, 2007.

MITIDIERO, Daniel. *Colaboração no Processo Civil*. São Paulo, Ed. RT, 2011.

MOITINHO DE ALMEIDA, L. Pedro. *Providências Cautelares Não Especificadas*. Coimbra, Coimbra Editora, 1979.

MONIZ DE ARAGÃO, Egas Dirceu. *A Correição Parcial*. São Paulo, José Bushatsky Editor, 1969.

__________. *Comentários ao Código de Processo Civil*. V. II. 9ª ed. Rio de Janeiro, Forense, 2000.

MONTEIRO, António Pinto, NEUNER, Jörg, e SARLET, Ingo Wolfgang. *Direitos Fundamentais e Direito Privado. Uma Perspectiva de Direito Comparado*. Coimbra, Almedina, 2007.

MONTEIRO, João. *Direito das Acções*. São Paulo, Typographia Duprat & Co., 1905.

__________. *Teoria do Processo Civil*. Ed. 1956, atualizada por Carvalho Santos.

MONTELEONE, Girolamo. *Diritto Processuale Civile*. Milão, Cedam.

MONTESANO, Luigi. *I Provvedimenti d'Urgenza nel Processo Civile*. Napoli, 1955.

MONTESQUIEU. *Do Espírito das Leis*. São Paulo. Difel, 1962.

MORAES, Alexandre de. *Direito Constitucional*. 30ª ed. São Paulo, Atlas, 2014.

MOREIRA, Jônatas de Paula. *História do Direito Processual Brasileiro*. Barueri/SP, Manole, 2002.

MOREIRA ALVES, José Carlos. *Da Alienação Fiduciária em Garantia*. 3ª ed. Rio de Janeiro, Forense, 1973.

__________. *Direito Romano*. 8ª ed., v. 1. Rio de Janeiro, Forense, 1992.

__________. *Posse – Estudo Dogmático*. Vols. I e II, t. I. Rio de Janeiro, Forense, 1997.

MOREL, René. *Traité Élémentaire de Procédure Civile*. Paris, Recueil Sirey, 1949.

MORTARA, Lodovico. *Commentario del Codice e delle Leggi di Procedura Civile*. V. IV, 4ª ed. Milano, Franceso Vallardi, 1922.

MURITIBA, Sérgio. *Ação Executiva Lato Sensu e Ação Mandamental*. São Paulo, Ed. RT, 2005 (Coleção Enrico Tullio Liebman – V. 58).

MUSIELAK, Hans-Joachim. *Grundkurs ZPO*. 9ª ed. Munique, C. H. Beck, 2007.

MÜTHER, Theodor. *Sulla Dottrina dell'Actio Romana, dell'Odierno Diritto de Azione, della Litiscontestatio e della Successione Singolare nelle Obbligazioni*. Firenze, Sanzoni, 1954.

MÜTHER, Theodor, e WINDSCHEID, Bernhard. *Polemica Intorno all'Actio*. Trad. de Ernest Heinitz. Florença, Sansoni, 1954.

NAVARRO, Odilon. *Manual Theorico e Pratico dos Escrivães*. São Paulo, C. Teixeira Editores, 1921.

NAVES, Cândido. *Impulso Processual e Poderes do Juiz*. Belo Horizonte, Graphica Santa Maria, 1949.

NERY, Rosa Maria de Andrade, e NERY JR., Nelson. *Código de Processo Civil Comentado*. 10ª ed. São Paulo, Ed. RT, 2007.

__________. *Comentários ao Código de Processo Civil – Novo CPC – Lei 13.105/2015*. São Paulo, Ed. RT, 2015.

__________. *Constituição Federal Comentada*. São Paulo, Ed. RT, 2006.

NERY JR., Nelson. "O juiz natural no direito processual civil comunitário europeu". *RePro* 101. São Paulo, Ed. RT, 2001.

__________. *Teoria Geral dos Recursos*. 6ª ed. São Paulo, Ed. RT, 2004.

NERY JR., Nelson, e NERY, Rosa Maria de Andrade. *Código de Processo Civil Comentado*. 10ª ed. São Paulo, Ed. RT, 2007.

__________. *Comentários ao Código de Processo Civil – Novo CPC – Lei 13.105/2015*. São Paulo, Ed. RT, 2015.

NEUNER, Jörg. "A influência dos direitos fundamentais no direito privado alemão". In: MONTEIRO, António Pinto, NEUNER, Jörg, e SARLET, Ingo Wolfgang. *Direitos Fundamentais e Direito Privado. Uma Perspectiva de Direito Comparado*. Coimbra, Almedina, 2007.

NEUNER, Jörg, MONTEIRO, António Pinto, e SARLET, Ingo Wolfgang. *Direitos Fundamentais e Direito Privado. Uma Perspectiva de Direito Comparado*. Coimbra, Almedina, 2007.

NEVES, Celso. "Binômio, trinômio ou quadrinômio". *RT* 517. São Paulo, Ed. RT, 1978.

NOYES, Henry S. "If you (re)build it, they will come: contracts to remake the rules of litigation in arbitration's image". Disponível em *http://www. law. harvard. edu/students/orgs/jlpp/Vol30_No2_Noyesonline. pdf* (acesso em 12.10.2015).

OLIVEIRA NETO, Olavo de. *Conexão por Prejudicialidade*. São Paulo, Ed. RT, 1994.

Ordenações Filipinas. Livros II e III. Lisboa, Fundação Caloustre Gulbenkian, reimpr. de 1870.

ORESTANO, Ricardo. *L'Appello Civile in Diritto Romano*. 2ª ed. Turim, Giappichelli, 1953.

OTERO, Paulo. *Ensaio sobre o Caso Julgado Inconstitucional*. Lisboa, Lex, 1993.

__________. *Instituições Políticas e Constitucionais*. V. I. Coimbra, Almedina, 2009.

PACHECO, José da Silva. *O Atentado no Processo Civil*. Rio de Janeiro, Borsoi, 1958.

PARÁ FILHO, Tomás. *Estudos sobre a Sentença Constitutiva*. São Paulo, 1973.

PAULUS, Christoph G. *Zivilprozessrecht: Erkenntnisverfahren und Zwangsvollstreckung*. 3ª ed. Berlim/Heidelberg, Springer, 2004.

PEREIRA E SOUZA, Joaquim José Caetano. *Primeiras Linhas sobre o Processo Civil*.

PINTO, Rui. *Manual da Execução e Despejo*. 1ª ed. Coimbra, Coimbra Editora, 2013.

PIZZOL, Patrícia Miranda. *A Competência no Processo Civil*. São Paulo, Ed. RT, 2003 (Coleção Enrico Tullio Liebman – V. 55).

PLANCK, Julius Wilhelm von. *Die Mehrheit der Rechtsstreigkeiten im Prozeßrecht*. Göttingen, Dieterichzen Buchhandlung, 1844 (reimpr. Scientia Aalen da ed. de 1844).

PONTES DE MIRANDA, F. C. *Comentários à Constituição da República dos Estados Unidos do Brasil (1934)*. Vs. I e II. Rio de Janeiro, Editora Guanabara.

__________. *Comentários à Constituição de 1967 com a Emenda n. 1 de 1969*. V. III, 2ª ed. São Paulo, Ed. RT, 1974.

__________. *Comentários ao Código de Processo Civil (1939)*. 2ª ed., vs. I e II. Rio de Janeiro, Forense, 1939; v. VI, Rio de Janeiro, Forense, 1939.

__________. *Comentários ao Código de Processo Civil (1973)*. Vs. I, II, IV, XII, XIII e XV. Rio de Janeiro, Forense, 1976.

__________. *Tratado da Ação Rescisória dos Julgados*. 4ª ed. Rio de Janeiro, Forense, 1964.

__________. *Fontes e Evolução do Direito Civil Brasileiro*. 2ª ed. Rio de Janeiro, Forense, 1981.

__________. *Tratado das Ações*. Vs. I e VI. São Paulo, Ed. RT, 1971.

__________. *Tratado de Direito Privado – Parte Geral*. 4ª ed., 2ª tir., vs. I, V e VI. São Paulo, Ed. RT, 1983.

__________. *Tratado de Direito Privado – Parte Especial*. 4ª ed., vs. X, XI, XV e LVI. São Paulo, Ed. RT, 1983.

PORTO, Sérgio Gilberto. *Coisa Julgada Civil*. Rio de Janeiro, Aide, 1996.

__________. *Doutrina e Prática dos Alimentos*. Rio de Janeiro, Aide, 1985.

PRÜTTING, Hans, e GEHRLEIN, Markus (eds.). *ZPO-Kommentar*. Luchterhand, 2015.

PRÜTTING, Hans, e SCHWAB, Karl H. *Sachenrecht*. 29ª ed. Munique, C. H. Beck, 2000.

PUCA, Antonio. *La Citazione nel Giudici Civili*. Florença, Giuseppe Pellas, 1883.

PUGLIATTI, Salvatore. *Esecuzione Forzata e Diritto Sostanziale*. Milão, Giuffrè, 1935.

PUNZI, Carmine. *Il Processo Civile – Sistema e Problematiche*. V. I. Turim, Giappichelli, 2008.

PUNZI, Carmine, e SATTA, Salvatore. *Diritto Processuale Civile*. 30ª ed. Pádua, CEDAM, 2000.

PUTZO, Hans, e THOMAS, Heinz. *Zivilprozessordung*. Munique, C. H. Beck, 2008.

RAU, Charles, e AUBRY, Charles. *Cours de Droit Civil Français*. V. VIII, 4 ª ed. Paris, Marchal Bilard, 1869.

REALE, Miguel. *Lições Preliminares de Direito*. 27ª ed. São Paulo, Saraiva, 2009.

RECASÉNS SICHES, Luis. *Filosofía del Derecho*. 19ª ed. México, Editorial Porrúa, 2009.

REDENTI, Enrico. *Il Giudizio Civile con Pluralità di Parti*. Milão, Giuffrè, 1960.

REDENTI, Enrico, e VELLANI, Mario. *Diritto Processuale Civile*. Milão, Giuffrè, 1995.

REIMUNDÍN, Ricardo. *Prohibición de Innovar como Medida Cautelar*. Buenos Aires, Astrea, 1979.

REIS, José Alberto dos. *A Figura do Processo Cautelar*. Porto Alegre, Coleção Ajuris/19, 1985.

__________. *Código de Processo Civil Anotado*. V. V. Coimbra, Coimbra Editora, 1984.

__________. *Processo de Execução*. 3ª ed. (reimpr.), V. I. Coimbra, Coimbra Editora, 1985.

REZEK, Francisco. *Direito dos Tratados*. Rio de Janeiro, Forense, 1984.

RIBAS, Antônio Joaquim. *Consolidação das Leis do Processo Civil*. 3ª ed. 1915.

ROCCO, Alfredo. *La Sentenza Civile*. Milão, Giuffrè, 1962.

ROCHA, Ibraim. *Litisconsórcio, Efeitos da Sentença e Coisa Julgada na Tutela Coletiva*. Rio de Janeiro, Forense, 2002.

ROCHA, José de Albuquerque. *Nomeação à Autoria*. São Paulo, Saraiva, 1983.

RODOVALHO, Thiago. *Abuso de Direito e Direitos Subjetivos*. São Paulo, Ed. RT, 2012.

RODRIGUES, Júlio César Souza. *Medidas Acautelatórias no Processo de Execução*. São Paulo, Saraiva, 2002.

RODRIGUES, Marcelo Abelha. *Manual de Execução Civil*. Rio de Janeiro, Forense Universitária, 2006.

__________. *Suspensão da Segurança*. São Paulo, RT, 2014.

ROENICK, Hermann Homem de Carvalho. *Intervenção de Terceiros*, Rio de Janeiro, Aide, 1995.

ROQUE, José Sebastião. *Arbitragem – A Solução Viável*. São Paulo, Ícone, 1997.

ROSENBERG, Leo, BECKER-EBERHARD, Ekkehard, GAUL, Hans Friedhelm, LAKKIS, Panajotta, e SCHILKEN, Eberhard. *Zwangsvollstreckungsrecht*. 12ª ed. Munique, C. H. Beck, 2010.

ROSENBERG, Leo, GOTTWALD, Peter, e SCHWAB, Karl H. *Zivilprozessrecht*. 16ª ed. Munique, C. H. Beck'schle, 2004.

ROUBIER, Paul. *Le Droit Transitoire (Conflits des Lois dans le Temps)*. 2ª ed. Paris, Dalloz e Sirey, 1960.

ROUSSEAU, Jean-Jacques. *Contrat Social, Précédé de Discours, Lettre à d'Alembert sur les Spectacles*.

__________. *Du Contrat Social ou Principe du Droit Politique*. Paris, Garnier.

SALES, José Roberto da Cunha. *Tratado das Nulidades dos Actos do Processo Civil Accommodato ao Foro do Brazil*. Rio de Janeiro, Garnier, 1884.

SALOMÃO, Jorge. *Da Coisa Julgada nas Ações de Estado*. Rio de Janeiro, Freitas Bastos, 1966.

SANCHES, Sydney. *Denunciação da Lide no Direito Processual Civil Brasileiro*. São Paulo, Ed. RT, 1984.

SANSEVERINO, Milton, e KOMATSU, Roque. *A Citação no Direito Processual Civil*. São Paulo, Ed. RT, 1977.

SARLET, Ingo Wolfgang, MONTEIRO, António Pinto, e NEUNER, Jörg. *Direitos Fundamentais e Direito Privado. Uma Perspectiva de Direito Comparado*. Coimbra, Almedina, 2007.

SATTA, Salvatore. "Accordo". In: *Enciclopedia del Diritto*. t. I. Milão, 1978.

__________. *Diritto Processuale Civile*. Atualização de Carmine Punzi. Pádua, CEDAM, 2000.

SATTA, Salvatore, e PUNZI, Carmine. *Diritto Processuale Civile*. 30ª ed. Pádua, CEDAM, 2000.

SAVIGNY, Friedrich Carl von. *Das Recht des Besitzes*. Scientia en Aalen, 1990 (reimpr. da edição de Viena, 1865).

__________. *Geschichte des römischen Rechts im Mittelalter*. 7 vols., reimpr. de 1834. Bad Homburg.

__________. *Histoire du Droit Romain au Moyen Age*. t. II (trad. Charles Guenoux). Paris, Charles Hingray Éditeur, 1839.

__________. *System des heutigen Römischen Rechts*. V. II. Reedição, Scientia Aalen. 1981.

__________. *Traité de la Possession en Droit Romain*. 7ª ed. Trad. de Henri Staedtler. Paris, Auguste Durand Éditeur, 1866.

__________. *Vermischte Schriften*. Berlim, 1850 (reimpr. da 2ª ed. Scientia Aalen, 1981).

SCAVONE JR., Luiz Antônio. *Manual da Arbitragem*. 5ª ed. São Paulo, Ed. RT. 2014.

SCHIEDERMAIR, Erst Gerhard. *Vereinbarungen im Zivilprozeß*. Bonn, 1935.

SCHILKEN, Eberhard, BECKER-EBERHARD, Ekkehard, GAUL, Hans Friedhelm, LAKKIS, Panajotta, e ROSENBERG, Leo. *Zwangsvollstreckungsrecht*. 12ª ed. Munique, C. H. Beck, 2010.

SCHLAICH, Klaus, e KORIOTH, Stefan. *Das Bundesverfassungsgericht*. 7ª ed. Munique, C. H. Beck, 2007.

SCHWAB, Karl H. *El Objeto Litigioso* (Trad. *Der Streitgegegnstand im Zivilprozess*, 1954), Buenos Aires, EJEA, 1968.

SCHWAB, Karl H., e GOTTWALD, Peter. *Verfassung und Zivilprozeß*. Gieseking Bielefeld, 1982, 1984 e 1989.

SCHWAB, Karl H., e PRÜTTING, Hans. *Sachenrecht*. 29ª ed. Munique, C. H. Beck, 2000.

SCHWAB, Karl H., GOTTWALD, Peter, e ROSENBERG, Leo. *Zivilprozessrecht*. 16ª ed. Munique, C. H. Beck'schle, 2004.

SCHWEIGER, Matthias Michael. *Intertemporales Zivilprozessrecht*. Berlim, Duncker & Humblot, 2011.

SCIASCIA, Gaetano, e CORRÊA, Alexandre. *Direito Romano*. V. I. São Paulo, Saraiva, 1949.

SEABRA FAGUNDES, M. *Dos Recursos Ordinários em Matéria Civil*. Rio de Janeiro, Forense, 1946.

__________. *O Controle dos Atos Administrativos pelo Poder Judiciário*. 4ª ed. Rio de Janeiro, Forense, 1967.

SEMON, Hans M. "O debate oral no processo civil alemão". In: *Processo Oral – Coletânea de Estudos de Juristas Nacionais e Estrangeiros*. Rio de Janeiro, Forense, 1940.

SERICK, Rolf. *Rechtsform und Realität Juristischer Personen*. Berlim/Tübbingen, Walter de Gruyter & Co., 1955.

SHIMURA, Sérgio. *Título Executivo*. São Paulo, Saraiva, 1997.

SILVA, Ovídio A. Baptista da. *Comentários ao Código de Processo Civil*. V. XIII.

__________. *Do Processo Cautelar*. Rio de Janeiro, Forense, 1996.

SIMOTTA, Daphne A., e RECHBERGER, Walter H. *Zivilprozessrecht. Erkenntnisverfahren*. 7ª ed. Viena, Manz, 2009.

SOARES, Teresa Luso. *A Conversão do Negócio Jurídico*. Coimbra, Almedina, 1986.

SOEHRINGER, Kay. *Die Nachfolge in Rechtslagen aus Prozessverträgen*. Berlim, Carl Heymanns, 1968.

SOUZA, Gelson Amaro de. *Do Valor da Causa*. 4ª ed. São Paulo, Ed. RT, 2011.

SPENCER, David, e BROGAN, Michael. *Mediation Law and Practice*. Cambridge, 2006.

SPURZEM, Michael, GOEBEL, Frank-Michael, GOTTWALD, Uwe, MÖNNIG, Peter, e PRUSSEIT, Wolf. *Zivilprozessrecht*. Deutscher Anwalt & Institut der Anwaltschaft GmbH, 2005.

STAHL, Walter E. *Beiladung und Nebenintervention*. Berlim, Duncker & Humblot, 1969.

STEIN, Friedrich, e GAUPP, Ludwig. *Zivilprozessordnung*. V. I. Tübingen, Mohr, 1934.

STRICLER, Yves. *Procédure Civile*. Paris, Larcier, 2013.

STÜRNER, Rolf, e BAUR, Fritz. *Sachenrecht*. 17ª ed. Munique, C. H. Beck'sche, 1999.

__________. *Zwangsvollstreckunsrecht* (continuação da obra de Adolf Schönke). Heidelberg, UTB/C. F. Müller, 1996.

TALAMINI, Eduardo. *Coisa Julgada e sua Revisão*. São Paulo, Ed. RT, 2005.

TARDIN, Luiz Gustavo. *Fungibilidade das Tutelas de Urgência*. São Paulo, Ed. RT, 2006 (Coleção Temas Fundamentais do Direito – V. 4).

TARUFFO, Michele. *La Motivazione della Sentenza Civile*. Pádua, CEDAM, 1975.

TARUFFO, Michele, CARPI, Federico, e COLESANTI, Vittorio. *Commentario Breve al Codice di Procedura Civile*. 4ª ed. Pádua, CEDAM, 2002.

TARUFFO, Michele, COMOGLIO, Luigi Paolo, e FERRI, Corrado. *Lezioni sul Processo Civile*. Bolonha, Il Mulino, 1995; 4ª ed., vs. I e II. Bolonha, Il Mulino, 2006.

TARZIA, Giuseppe. "Il contraddittorio nel processo esecutivo". In: *Esecuzione Forzata e Procedure Concorsuali*. Padova, Cedam, 1994.

TEIXEIRA, Sálvio de Figueiredo. *Prazos e Nulidades em Processo Civil*. 2ª ed. Rio de Janeiro, Forense, 2012.

TESORIERE, Giovanni, e MAZZARELLA, Ferdinando. *Corso di Diritto Processuale Civile*. 4ª ed. Padova, CEDAM, 2009.

THAMAY, Rennan Faria Krüger, ARRUDA ALVIM, Eduardo, e GRANADO, Daniel Willian. *Processo Constitucional*. São Paulo, Ed. RT, 2015.

THEODORO JR., Humberto. *Curso de Direito Processual Civil*. 20ª ed., v. I. Rio de Janeiro, Forense, 1997.

THOMAS, Heinz, e PUTZO, Hans. *Zivilprozessordung*. Munique, C. H. Beck, 2008.

TOMMASEO, Ferruccio. *I Provvedimenti d'Urgenza – Struttura e Limiti della Tutela Anticipatoria*. Pádua, CEDAM, 1983.

TRUTTER, Josef. *Bona Fides im Zivilprozesse – Eine Beitrage zur Lehre von der Herstellung der Urteilsgrundlage*. Munique, R. Oldenbourg, 1982 (reimpr. Scientia Aalen, 1972).

TUCCI, Rogério Lauria. *Da Ação e do Processo Civil na Teoria e na Prática*. Rio de Janeiro, Forense, 1985.

__________. *Curso de Direito Processual Civil – Processo de Conhecimento*. V. 3. São Paulo, Saraiva, 1989.

TUCCI, Rogério Lauria, e CRUZ E TUCCI, José Rogério. *Devido Processo Legal e Tutela Jurisdicional*. São Paulo, Ed. RT, 1993.

VALLADÃO, Haroldo. *Julgamento Além do Pedido*. [s.e.]. Rio de Janeiro, 1944.

VELLANI, Mario. *La Conversioni del Sequestro Conservativo in Pignoramento*. Milão, Giuffrè, 1955.

VIOLA, Luigi. *La Testimonianza nel Processo Civile*. Milão, Giuffrè, 2012.

VINCENT, Jean, e GUINCHARD, Serge. *Procedure Civile*. 24ª ed. Paris, Dalloz, 1996; Paris, Dalloz, 2014.

VINCENT, Jean, e PRÉVAULT, Jacques. *Voies d'Exécution et Procédure de Distribution*. 19ª ed. Paris, Dalloz, 1999.

VIOLIN, Jordão. *Ação Coletiva Passiva: Fundamentos e Perfis*. Salvador, Juspodivm, 2008.

VUITTON, Jacques, e VUITTON, Xavier. *Les Référés*. 2ª ed. Paris, Litec, 2006.

WACH, Adolf. *Arrestprozeß in seiner geschichtlichen Entwicklung*. Lípsia, 1869 (reimpr. Scientia Aalen, 1973).

__________. *Der Arrest in Zivilprozess*. Leipizig, H. Haessel, 1868.

__________. *Handbuch des Deutschen Zivilprozessrechts*. t. I. Lípsia, Duncker & Humblot, 1885.

__________. *La Pretensión de Declaración*. Buenos Aires, EJEA, 1889.

__________. *Manual de Derecho Procesal Civil*. V. I. Buenos Aires, EJEA, 1977.

__________. *Vorträge über die Reichs-Zivilprozessordnung*. Bonn, Bei Adolph Marcus, 1896.

WAGNER, Gerhard. *Prozessverträge: Privatautonomie im Verfahrensrecht*. Tübingen, Mor Siebeck, 1998.

WALTER, Franz. *Willensmängel bei Parteihandlungen im Zivilprozeß*. Breslau, E. Broeger, 1931.

WAMBIER, Teresa Arruda Alvim. *Nulidades do Processo e da Sentença*. 7ª ed. São Paulo, Ed. RT, 2013.

WAMBIER, Teresa Arruda Alvim, e MEDINA, José Miguel Garcia. *Processo Civil Moderno – Parte Geral e Processo de Conhecimento*. V. I. São Paulo, Ed. RT, 2010.

WAMBIER, Teresa Arruda Alvim, *et alii*. *Direito Jurisprudencial*. V. II, São Paulo, Ed. RT, 2015.

WANDERLEY, Allan Weston de Lima. *A Eficácia do Direito à Saúde*. Casacavel/PR, Assoeste.

WASSERMAYER, Heinz. *Der Prima Facie Beweis*. Münster, Aschendorffsche, 1954.

WATANABE, Kazuo. *Controle Jurisdicional (Princípio da Inafastabilidade do Controle Jurisdicional no Sistema Jurídico Brasileiro)*. São Paulo, Ed. RT, 1980.

__________. *Da Cognição no Processo Civil*. 3ª ed. São Paulo, Bookseller, 2005.

WEBER, Adolph Dieterich. *Ueber dir Proceßkosten deren Vergütung und Kompensation*. 3ª ed. Schweirin und Wismar, 1793.

WEIZSACKER, Carl. *Das Römische Schiedsreichteramt unter Vergleichung mit dem Officium Judicis*. Tübingen, H. Laupp'schen Buchhandlung, 1879.

WETZELL, Georg Wilhelm. *System des ordentlichen Zivilprozesses*. Lipsia, 1878.

WINDSCHEID, Bernhard. *Die actio des Römischen Rechts*. Dusseldorf, Julius Buddeus, 1856.

__________. *Lehrbuch des Pandektenrechts*. V. I. Frankfurt am Main (1906), reimpr. (2ª ed.) Scientia Aalen, 1984.

WINDSCHEID, Bernhard, e MÜTHER, Theodor. *Polemica Intorno all'Actio*. Trad. de Ernest Heinitz. Florença, Sansoni, 1954.

WOLF, Manfred, e LARENZ, Karl. *Allgemeiner Teil des Bürgerlichen Rechts*. Munique, C. H. Beck, 2012.

YARSHELL, Flávio Luiz. *Tutela Jurisdicional*. São Paulo, Atlas, 1998.

ZANETI JR., Hermes, e DIDIER JR., Fredie. *Curso de Direito Processual Civil*. V. IV, 2ª ed. Salvador, JusPodiVum, 2007.

ZEISS, Walter. *Zivilprozeßrecht*. 3ª ed. Tübingen, Mohr, 1978.

ZIPPELIUS, Reinhold, e WÜRTERNBERGER, Thomas. *Deutsches Staatsrecht*. Munique, C. H. Beck, 2008.

ZITELMANN, E. *Las Lagunas del Derecho*. Trad. de A. Posada. Buenos Aires, Ed. Losada, 1949.

* * *